Plutarch

Griechische und Römische Heldenleben

PLUTARCH

GRIECHISCHE UND RÖMISCHE

HELDENLEBEN

1. Teil: Die Griechen

THEMISTOKLES · PERIKLES · ALKIBIADES · DION
ALEXANDER · AGIS

2. Teil: Die Römer

CORIOLAN · DIE GRACCHEN · SULLA · POMPEIUS
CÄSAR · CICERO · BRUTUS

ÜBERTRAGEN UND HERAUSGEGEBEN VON

WILHELM AX

VMA-VERLAG WIESBADEN

Griechische Heldenleben:
Sechste, durchgesehene und vermehrte Auflage

Römische Heldenleben:
Fünfte, durchgesehene und vermehrte Auflage

Titelbild: Kopf des Brutus

VMA-Verlag 1996
Wiesbaden

Lizenzausgabe mit freundlicher Genehmigung des
© Alfred Kröner Verlag Stuttgart
Kröner TB Nr. 66 und 67

Druck und Bindung: Graphischer Großbetrieb Pößneck GmbH
ISBN 3-928127-30-6

Plutarch

Griechische Heldenleben

INHALT

Vorwort IX

Einleitung XI

Themistokles 1

Perikles 35

Alkibiades 76

Dion 119

Alexander 169

Agis 253

Anmerkungen 273

Übersicht über die griechische Geschichte . 299

Römische Heldenleben . . . . . nach Seite 302

VORWORT

Das Altertum der Griechen und Römer, der beiden den Deutschen stammverwandten Völker des Mittelmeerbeckens, hat durch seine unversiegliche Schöpferkraft ein so unendliches Vermächtnis an Schätzen des Geistes hinterlassen, daß jede Zeit auf ihre Frage, die sie an die Alten richtet, ihre Antwort erhält. Immer wieder haben die verschiedensten Epochen der abendländischen Geistesgeschichte aus diesem Reichtum geschöpft, und jedem Zeitalter wußte die Antike das Rechte zu geben. In dieser Weise sind die einzelnen Seiten jener vergangenen Zeit abwechselnd ins Blickfeld gerückt. Wandelt sich aber die Form, in der die Zeit die Welt der Antike anschaut, so erwächst den Philologen die Pflicht, auf die Forderungen ihrer Tage zu hören und als getreue Hüter des ihnen anvertrauten Schatzes diesen Forderungen Genüge zu leisten. So ist jetzt der Augenblick gekommen, den Plutarch der „Heldenleben" einer Zeit, die dem Heroischen all ihre Gedanken zuwendet, lebendig zu machen.

Für die Verdeutschung sollte die alte Übersetzung von Kaltwasser (1799–1806) als Unterlage dienen. Sie hat für ihre Zeit bedeutende Verdienste gehabt. Aber es schien doch richtiger, die Übersetzung neu vorzunehmen; dabei sind allerdings manche glückliche Wendungen, die Kaltwasser gefunden hatte, gern übernommen worden. Im allgemeinen ist die Übersetzung frei gehalten und bemüht sich vor allem, griechischen Satzbau in deutschen umzuwandeln.

Als Text diente die Teubner-Ausgabe von Linskog-Ziegler, soweit sie erschienen ist, sonst die alte von Sintenis. Auch wurde die Ausgabe der Loeb Classical Library mit Dank benutzt.

Die Einleitung umfaßt ein gutes Stück der Geistesgeschichte Europas. Aber es schien nötig, das allmähliche Werden der Menschengestaltung bis Plutarch hin darzustellen. Vielleicht noch wichtiger war es, an Plutarch wie an einem Beispiel das Fortleben antiken Geistesgutes durch die Jahrtausende aufzuzeigen.

Wilhelm Ax

VORBEMERKUNG ZUR 6. AUFLAGE

Daß nunmehr die 6. Auflage der „Griechischen Heldenleben" notwendig geworden ist, beweist aufs neue die Unsterblichkeit des großen und ewig jungen Menschenschilderers Plutarch.

Die Anlage des Bandes und die Grundsätze, nach denen die Auswahl aus der übergroßen Zahl der Biographien getroffen wurde, sind unverändert geblieben. Neu aufgenommen sind die Lebensbilder „Dion" und „Agis", in denen sich das Scheitern der Bemühungen um die Verwirklichung der staatspolitischen Ideen Platons und die Selbstzerfleischung des späten Griechenlandes durch sinnlose Fehden darstellen.

Wilhelm Ax

Die Plastik der Griechen ist durch die Jahrhunderte ihres Schaffens hindurch die große Kunst der Menschendarstellung gewesen. Mit einer seltsamen Zähigkeit mühten sich die Künstler, den Geheimnissen des menschlichen Körpers nachzuspüren und, was ihre Augen sahen und ihre Hände erfanden, gab ein Meister dem anderen weiter, bis schließlich am Ende der langen Reihe die herrlichsten Gestalten wie in müheloser Kunst geschaffen erscheinen. Aber was die griechische Kunst schenkt, ist bis an die Zeit der hellenistischen Plastik heran niemals der einfache Mensch des Alltags, es sind Göttergestalten oder Menschen, die durch den Adel der Schönheit heroisiert erscheinen.

Deshalb ist es für die Literatur des griechischen Volkes doch auch charakteristisch, daß in dem ersten Werk, das die Griechen der abendländischen Kultur als Vermächtnis hinterlassen haben, ein Held im Mittelpunkt der Erzählung steht: Achill in der Ilias. Sie gibt nicht das friedliche Bild eines in der Ruhe des eigenen Hauses sich rundenden Lebens, sondern erzählt vom Groll eines Kriegsmannes, dessen junges Leben unter der Mahnung der Götter steht, daß der Ruhm köstlicher ist als das Leben. Ihm tritt der große Dulder Odysseus zur Seite, stark genug, gegen das Geschick aufzutreten, das die Götter über ihn verhängen, bis zum letzten Augenblick des Freiermordes ein Mann der Kraft, des Geistes wie des Körpers. Ilias und Odyssee schildern den Groll und die Irrfahrten, die eine längere oder kürzere Spanne des Lebens dieser Männer ausgefüllt haben. Aber von der Jugend des Achill, von seinem Leben nach der Rückgabe der Leiche des Hektor, von dem Leben des Odysseus als König von Ithaka, ehe der Kampf um Troja begann, von den langen zehn Jahren des Kampfes vor der fernen Feste hören wir nichts. Es sind Geschichten *aus* dem Heldenleben der beiden, aber es sind keine *Heldenleben*. Es sind keine Biographien. Dafür war der griechische Geist noch nicht geweckt.

Aber es bedeutete doch immerhin Großes, daß die Dichter sich die Taten der *Männer* gewählt hatten, denn auf diese Zeiten, in denen Rittertum und Kolonialkämpfe den Boden abgegeben hatten, auf dem Männer als Individualitäten hatten aufstehen können, folgte die Periode der Polis, die den aristokratischen Individualismus verschmähte, die den Mann zum Bürger machte. In dieser Polis wuchs die Kraft des namenlosen Bürgervolkes empor in den endlosen Kämpfen, die hadernde Eifersucht zwischen Nachbarstädten entfacht hatte, und in den Kaufmannsunternehmungen, zu denen Wagemut und Handelsgeist die Städter bis in die fernen Winkel des Mittelmeeres und Schwarzen Meeres geführt hatten. Das war keine Zeit, in der der Gedanke an eine Biographie hätte entstehen können. Seine Probe hat dieser Bürgergeist bestanden in den weltgeschichtlichen Schlachten, als das Mutterland mit seiner Flotte und seiner kampferprobten Phalanx den Sieg über die tapferen Scharen des persischen Großkönigs erfocht. Es waren kaum einige Jahrzehnte nach Marathon und Salamis vergangen, als von den Griechenstädten des kleinasiatischen Festlandes ein neuer Geist ins Mutterland zog. Dort war ein neues Denken lebendig geworden, das für die Geistesgeschichte des Abendlandes von umwälzender Wirkung werden sollte. Man hatte dort zum erstenmal in der Geschichte des Denkens gewagt, die Frage nach dem Woher, nach der Entstehung der Welt nicht mehr im mythischen Sinne, sondern rational, nur mit Hilfe des überlegenden Logos zu stellen. Man hatte gewagt, an das Bestehende die Frage nach dem Sinn zu richten. Nun waren die Götter, die menschlichen Einrichtungen und Sitten, der Staat und die Familie zum Gegenstand des grübelnden Prüfens geworden. Man fragte nicht mehr: „Was ist?" Man fragte: „Wie ist es geworden? Wie hat es sich entwikkelt?" Diese Gedanken drangen nun auch ins Mutterland hinüber. Gewiß, in Sparta etwa oder in Boiotien fielen solche Keime auf harten, unfruchtbaren Boden. Doch in Athen, das dem ionischen Geist schon wegen seiner Stammesverwandtschaft aufgeschlossen war, fand solche Problemstellung willige Aufnahme. Jetzt heftet sich das Interesse auf den Einzelmenschen in seiner Entwicklung, in dem Werden und Sichwandeln seines geistigen Seins. Aischylos, der noch zur Generation der Perserkriege gehört, kennt in seinen Tragödien solche Fragen noch nicht. Ein Charakter wie der des Prometheus ist wie aus einem Guß. Aber bei Sophokles macht sich der Wandel in den Anschauungen leise bemerkbar, bis bei Euripides die Entwicklung beendet ist. Er ist der Schöpfer des Seelendramas geworden. Seine Medea, zerrissen von Liebe und Haß, schwankend zwischen klugem Nachgeben und wilder Rachsucht, ist in die Kunst und Literatur der abendländischen Welt als ein Symbol solcher Seelenzergliederung eingegangen. Da ist die Aufgabe erfüllt, ein Menschenherz in dem Auf und Ab der Triebe und Gedanken lebendig werden zu lassen. Die Einzelpersönlichkeit ist für die Kunst als Gegenstand der Dichtung gewonnen worden. Sicherlich steht Euripides auch unter dem Einfluß der Sophisten; der Satz des Protagoras „Der Mensch ist das Maß aller Dinge" war für den Subjektivismus von so starker Wirkung, daß Platon sich in seiner Bekämpfung nicht genug tun konnte. Aber dieses Eindringen der Persönlichkeit in das philosophische und künstlerische Denken war nur möglich, weil der geistige Boden Athens gelockert und empfänglich geworden war für das Wirken der großen Persönlichkeit. Denn die Generationen von den Perserkriegen an bis in die ersten Jahre des peloponnesischen Krieges hinein hatten zwei Persönlichkeiten an der Spitze des Staates gesehen, die das Maß gewöhnlicher Menschen überragten: Themistokles und Perikles. Themistokles war es gewesen, der den Sieg bei Salamis überhaupt erst möglich gemacht hatte, siegreich gegen alle kleinliche Mißgunst seiner Neider und gegen den fast unüberwindlich scheinenden Unverstand seiner Mitbürger. Gewiß hatten die Athener unter Miltiades bei Marathon einen herrlichen Sieg über die Perser erfochten; aber *Griechenland* hatte nur durch Themistokles bei Salamis den Gegner so schwer getroffen, daß der König das Land verließ und den Zug verloren gab; selbst die Spartaner neideten Themistokles solchen Ruhm nicht. Als dann in den nächsten Jahrzehnten Athen seine Macht über die Inseln und Küsten des Ägäischen Meeres ausdehnte, mochte sich Aristeides als Organisator des Attischen Bundes das Lob des ‚Gerechten‘ verdienen, aber der geniale Staatsmann des Attischen Bundes und seiner Hauptstadt Athen war Perikles. Vor dieser einen Persönlichkeit schwand der Bürgergeist der Vergangenheit dahin: der Mann als die große Persönlichkeit stand den Griechen verehrungswürdig vor Augen. Da war der Moment gekommen, in dem wir zurückschauend den Beginn der Biographie erwarten sollten. Es brauchte ja nur der Historiker zu kommen, der die Seelenschilderung, die Euripides in seinen Tragödien gelehrt hatte, aufnahm in die Geschichtsschreibung und sie auf Perikles anwandte. Aber es kam anders: Thukydides hat die Zeit des Perikles geschildert und das erste Werk geschaffen, das den Namen eines Geschichtswerkes verdient. Aber was er schaffen wollte, ging nicht auf die Darstellung des Einzelmenschen; er wollte nur die Tatsachen selbst in der denkbar strengsten Objektivität sprechen lassen. Solcher Objektivität, die er mit unerbittlichem Ernst von sich forderte, hätte er widersprochen, wenn er ein persönliches subjektives Urteil über die Menschen hätte fällen wollen. Darum stellt er nur die Taten der Männer hin, damit sie durch sich selbst auf den Leser wirken. Allerdings wird hier und da in kurzen Worten auf den Charakter des Menschen hingewiesen, aber das ist dann das Urteil der Zeitgenossen oder der Nachwelt, nicht des Thukydides. Selbst die Reden, in denen seine größte Kraft der Schilderung liegt, geben nicht das Bild des Redners, mit einziger Ausnahme der Reden, die Thukydides dem Perikles in den Mund legt. Aus ihnen baut sich in der Tat das Bild des Mannes auf, in dem die Geschichte Athens in dieser Zeit sich verkörperte, aber es ist das Bild des Staatsmannes, nicht des Menschen. Alles Persönliche, Individuelle ist abgestreift, so daß Perikles nur als Politiker vor unseren Augen steht. Man geht vielleicht nicht fehl, wenn man in dieser Objektivität des Thukydides einen bewußten Gegensatz gegen die Strömung sieht, die in Euripides zur Gestaltung der Einzelpersönlichkeit geführt hatte. Aber sein Widerstand war vergeblich, denn Männer wie Sokrates in seiner eigenwilligen, seiner Eigenheit sich stets bewußten Art oder Alkibiades, der sein Wesen immer wieder den Mitbürgern mit betonter Absicht vor Augen stellte und sie dadurch zur Liebe oder zum Haß zwang, forderten geradezu heraus zu einer Schilderung ihres Lebens. Wie ungeheuer die Macht der Persönlichkeit des Sokrates war, zeigt Platon, dessen ganzes Schaffen ein langes Leben hindurch um das Wesen seines Lehrers kreiste. Platon hat die Biographie seines Meisters geschrieben, aber nicht als Historiker, sondern als Dichter. Darum wird der Streit in Ewigkeit kein Ende nehmen, ob die *historischen* Einzelheiten bei Platon oder Xenophon besser überliefert sind. Platon lehnt die objektiv-historische Methode des Thukydides ab: er weiß, daß sie niemals das Wesen des Menschen als ein Ganzes wiederzugeben vermag. Aber als Dichter schafft er die gewaltigen Bilder Symposion, Apologie und Phaidon: Sokrates als der Lehrer, der zu den höchsten Bezirken der Erkenntnis führt, Sokrates vor seinen Richtern, Sokrates in der Stunde des Todes. So wahr kann kein Historiker das Bild eines Menschen schaffen, wie hier der Künstler Platon einen Toten wieder zum Leben erweckt.

Aber das Ergebnis war, daß auch Platon nicht die Biographie im wissenschaftlichen Sinn geschaffen hat. Dazu ist erst Aristoteles vorgedrungen; denn mit ihm beginnt die systematische Arbeit der Wissenschaft. Er ist der große Organisator wissenschaftlicher Arbeit geworden, wie sie in den Akademien und wissenschaftlichen Gesellschaften weiterlebt. Er hat selbst auf den verschiedensten Gebieten das Material gesammelt als Grundlage für die wissenschaftliche Forschung, an die sich dann die darstellerische Formung anschließen sollte. Zum Gegenstand solcher im strengen Sinne wissenschaftlichen Arbeit haben Aristoteles und seine Schüler im Peripatos auch den Menschen gemacht. Jetzt war die Zeit gekommen für die Schilderung der Persönlichkeit, mochte es sich um die großen Männer der Geschichte oder die kleinen namenlosen Menschen des Alltags handeln.

Theophrast, dessen ‚Charakterstudien' noch heute durch ihre schlichte Menschlichkeit fesseln, war Schüler des Aristoteles. In unermüdlicher Kleinarbeit hat er die Menschen seiner Zeit beobachtet und seine Beobachtungen wie in einem Mosaik zusammengesetzt, so daß jetzt das Bild des Schwätzers und des Taktlosen, des Geizhalses und des Abergläubischen mit all ihren menschlichen Schwächen vor uns steht. Aber noch erinnert die ganze Art, wie die ‚Studien' aufgebaut sind, daran, daß Theophrast von Hause aus Naturwissenschaftler war, für den die Beobachtung, Sammlung und Sichtung die gegebene Methode ist. Die Biographie des Peripatos, wie sie später weitergelebt hat und von den Gelehrten des alexandrinischen Museions weitergeführt wurde, stammt aus der von Aristoteles begründeten *Geschichte der Wissenschaften.* Aristoteles hatte schon begonnen, das nötige Material zu sammeln, um aus ihm das chronologische Gerüst für die Geschichte etwa der Rhetorik oder der dramatischen Dichtung aufzubauen; er stellte auch die Theorien der Wissenschaften zusammen und, weil er das Material zur Hand hatte, schrieb er für einen weiteren Leserkreis einen Abriß über die Dichter, wie er auch über die Philosophen Monographien verfaßte.

Als dann Athen immer mehr herabsank, als in Alexandria die Ptolemaier in dem Museion mit königlicher Freigebigkeit der Wissenschaft eine Stätte schufen, da konnte die alexandrinische Philologie die chronologische und biographische Forschung des Peripatos fortsetzen. Ihr stand ein ungeheuer viel größeres Material für ihre Arbeit zur Verfügung, als Aristoteles und seine Schüler es je hatten beschaffen können. Was es an griechischer Literatur in Dichtung und Wissenschaft noch irgendwo gab, wurde gesammelt und in der Bibliothek des Museions der wissenschaftlichen Forschung nutzbar gemacht. So ging hier die Arbeit im Sinne des Aristoteles weiter. Aber wir wissen davon leider nur aus kümmerlichen Resten und blassen Notizen oder müssen unsere Kenntnis schöpfen aus Zitaten, die spätere Schriftsteller den Werken der peripatetischen und alexandrinischen Biographie entnommen haben. Aber trotz der Trümmerhaftigkeit dieser Überlieferung sehen wir mit genügender Deutlichkeit, daß die peripatetische wie die alexandrinische Biographie eben aus dem Grunde, weil sie im Gefolge der Geschichte der Wissenschaften im Kreise des Aristoteles entstanden war, fast nur Persönlichkeiten der Literatur und der Wissenschaft schilderte. Gewiß hat es auch Einzelbilder großer Staatsmänner und Kriegshelden gegeben; aber sie sind so selten, daß ihre geringe Zahl das Überwiegen der literargeschichtlichen Biographien nur um so deutlicher macht. Alle diese Schilderungen sind charakteristisch für das, was der Grieche *Bios* nennt. Der Bios im literarischen Sinne ist für den Griechen nicht die Summe der äußeren Lebensereignisse, sondern die Art, *wie* der Mensch lebt. Man trifft den Sinn des Wortes, wenn man es im Sinne von ‚Charakter‘ versteht. Alle Tatsachen verdienen nur dann Aufnahme in den Bios, wenn sich in ihnen der Mensch ausprägt. Nur darauf, *wie der Mensch ist*, geht das Interesse des Griechen. Darin sieht er die höhere Wahrheit: die historische Exaktheit in der Abfolge der Ereignisse ist gleichgültig, wenn nur die Erzählung das Wesen des Menschen widerspiegelt. So entsteht durch die Aneinanderreihung der Einzelbilder schließlich das Bild des Menschen, wie er vor dem Auge des Verfassers steht. Aber man darf trotz des Vorbildes, das Euripides in seinen Dramen gegeben hatte, in der Biographie keine psychologische Entwicklung suchen. Daß des Menschen Charakter sich wandeln kann, daß in den einzelnen Zeiten seines Lebens bald diese, bald jene Seite hervortritt, daß der Charakter des jungen Menschen sich durch Zeit und Umgebung, durch hartes Schicksal oder leichtes, unbeschwertes Dasein formt, davon hören wir in solchen Biographien nichts. Man spürt nichts davon, daß neben den heiteren, hellen Seiten des Charakters oft tiefe Abgründe drohen. Wenn Alexander die indischen Söldner, die sich ihm ergeben haben, wider alles Kriegsrecht niedermachen läßt, so tadelt Plutarch (S. 234) die Tat als einen bösen Flecken auf Alexanders Charakterbild; aber für das Dämonische in dem Wesen dieses Mannes, das so unvermittelt neben seiner rührenden, reinen Sorge für die Freunde oder für die schöne Gattin des großen Gegners Dareios steht, hat er keinen Blick. Wie der Charakter einmal geformt ist, so erscheint er diesen Biographen als unveränderlich. Fast hat man den Eindruck, als handle es sich für die Verfasser nicht um die einzelne historische Persönlichkeit mit ihrer verwirrenden Fülle der verschiedensten, sich widersprechenden und doch wieder in einer höheren Einheit sich aufhebenden Charakterzüge, sondern vielmehr um das Ziel, den Charakter hinzustellen als nachahmenswertes Vorbild oder als abschreckendes Beispiel. Solchem Wollen gegenüber ist die Verantwortung für die historische Treue der berichteten Einzelereignisse gering. Historische Absicht liegt den Biographen fern; aber für alles Moralische steht ihr Sinn offen.

Dadurch berührt sich die Biographie mit dem Enkomion, mit der Lobrede auf den Verstorbenen. Auch sie will ein Bild von dem Wesen des Verstorbenen geben, aber dies Bild soll nur seine guten Eigenschaften in den Vordergrund stellen, es soll ein Denkmal der Liebe sein. Den Anforderungen an die historische Treue, die ein moderner Mensch zu stellen gewohnt ist, entspricht auch das Enkomion nicht.

Viel mehr ist es nicht, was wir über die griechische Biographie mit Sicherheit sagen können; es ist ja nur ein Trümmerfeld, das uns übrig geblieben ist. Das erste Werk griechischer Geschichtsschreibung, das uns dann wenigstens zu einem Teil erhalten blieb, ist ein Denkmal des politischen Umschwungs in der Welt des Mittelmeerbeckens. Als Polybios die Geschichte seiner Zeit schrieb, wurde es die Geschichte der größten Zeit der römischen Republik, eine Tatsache, die als Symbol für das Wesen der beiden Völker so überaus charakteristisch ist. Die Griechen machten keine Politik mehr, die eine Geschichtsschreibung verdiente; die Römer machten Geschichte, aber um sie zu schildern, mußte ein Grieche kommen. Jedoch Biographisches in der Form, die wir suchen, liegt auch Polybios fern, so lebenswahr die Großen der Zeit vor uns erstehen. In der Zeit der römischen Republik schreibt Cornelius Nepos *de viris illustribus*, ein Werk, das durch Vergleichung von Römern und Griechen wie ein Vorläufer der plutarchischen *Vergleichenden Lebens-beschreibungen* anmutet. Aber der Blickpunkt war verschieden. Nepos und seine Zeitgenossen mußten noch versuchen, gegenüber der Größe der griechischen Kultur den Erfolg nachzuweisen, den die Römer mit ihrer Nachahmung gehabt hatten. Die römische Kaiserzeit bringt Tacitus und vor allem Sueton, der gleich zwei Sammlungen Biographien verfaßt hat: *De viris illustribus* und die *Caesares*. Aber die *viri illustres* sind nur Männer der Literatur: Dichter, Philosophen, Redner, Grammatiker usw. Diese *Vitae* stehen ganz in der Reihe der peripatetisch-alexandrinischen Biographie, Staatsmänner und Feldherren sind ausgeschaltet. Neben sie treten die *Caesares,* die Biographien der römischen Kaiser von Cäsar bis zum Ende der Flavier.

Damit ist die römisch-griechische Biographie auf einem wichtigen Höhepunkt angelangt. Denn was in der griechischen Biographie nur selten als Ausnahme sich fand, ist bei Sueton zu einer neuen Literaturgattung geworden. Dazu mußte der Anblick der politischen Form des Regiments ja verführen, da in ununterbrochener Abfolge ein Kaiser dem anderen folgte, wie die gelehrte Welt es bei den Häuptern der Philosophenschulen gewohnt war. So hatten denn die Biographien der Philosophen häufig die Form der Diadoche gehabt, indem die Philosophen in ihrer Aufeinanderfolge als Schulhäupter nacheinander abgehandelt wurden. Es kam aber hinzu, daß im Gegensatz zu der Reihe der jährlich wechselnden Konsuln, deren Einfluß auf die große Politik wie das Leben des Einzelnen doch nur beschränkt gewesen war, die Persönlichkeit des Kaisers viel stärker in das Leben der Nation eingriff. Ob ein Nero oder ein Hadrian an der Spitze des Reiches stand, spürte eine Welt. So ergab es sich, daß eine Geschichte der Kaiserzeit zur Geschichte der Regenten werden konnte. Freilich spielte auch das Interesse an der Persönlichkeit als solcher eine Rolle. Aber daß jetzt an die Stelle der Männer aus der literarischen Welt die Kaiser traten, war doch eben nur in Rom denkbar. Neben Sueton steht Tacitus, auch er schrieb eine Geschichte der Kaiserzeit, auch er konnte an den Persönlichkeiten der Kaiser nicht vorübergehen. Doch die Form seines Geschichtswerkes war die alte, annalistische geblieben, in der sich die Erzählung der Ereignisse dem Ablauf der Jahre anschloß; es ist die Form der Historiographie im Gegensatz zur Biographie. Aber wenn Tacitus auch als Künstler Sueton weit überragt, Nachfolger in den nächsten Jahrhunderten hat nur Sueton gefunden. Es mußten zwei Jahrhunderte vergehen, ehe Ammian die Form des Tacitus wieder aufnahm. So stark ist die Wirkung der suetonischen Biographie auf die römische Geschichtsschreibung gewesen.

In derselben Zeit etwa, da Sueton literarisch tätig war, hat Plutarch seine Lebensbeschreibungen der Griechen und Römer geschrieben.

PLUTARCH, DER MENSCH UND DER SCHRIFTSTELLER
(Etwa 46 bis etwa 120 n. Chr.)

Daß er Biographien schrieb, ist nach der Entwicklung, die wir bis hierher verfolgt haben, nicht überraschend. Das Neue liegt in dem Geist, in dem er Römer und Griechen nebeneinanderstellte. Denn die Zeit war reif geworden für eine solche Vergleichung der Männer Griechenlands und Roms unter einem neuen Gesichtspunkt. Rom war so stark von dem Bann der griechischen Kultur erfaßt worden, daß sein geistiges Leben ohne Griechenland verdorrt wäre. Die römische Literatur, Philosophie und Kunst war nicht nur überhaupt erst in der Schule der Griechen zur Blüte gekommen, sie zog auch immer wieder ihre Kraft aus dem geistigen Nährboden des griechischen Mutterlandes. Politisch konnte der römische Mensch nur mit einem leisen Lächeln der Geringschätzung auf die ‚Graeculi‘, die ‚Griechlein‘ schauen. Aber daß das politisch bezwungene Griechenland durch seine Kultur den rauhen Sieger bezwungen und jegliche Kunst dem bäurisch unkultivierten Latium geschenkt hatte, erkannte Horaz (Episteln 2, 1, 156) mit aller Deutlichkeit. Aber Griechenland war einst doch auch eine politische Macht gewesen. Es hatte Europa gerettet vor dem Siege des Ostens, als der Perser Griechenland, das Land der geistigen Freiheit, mit dem orientalischen Despotismus bedrohte. Auch die großen Männer der folgenden griechischen Geschichte, Perikles, Alkibiades, Alexander waren Helden gewesen im Kriege wie in der Staatskunst. Griechenland konnte doch, auch wenn Roms Macht jetzt unüberwindlich schien, seiner heldischen Vergangenheit mit Stolz gedenken. Plutarch war Hellene durch und durch, er liebte sein Vaterland und dessen Geschichte aus glühendem Herzen. Er war aber auch klug genug, um die politischen Kräfte seiner Zeit klar zu durchschauen, um zu sehen, daß die politische Führung den Händen der Griechen endgültig entglitten war. So schmerzlich der Patriot dies empfand, er mußte doch bei ruhiger Überlegung zugeben, daß die römische Herrschaft seinem Vaterland Ruhe und friedliche Entwicklung verbürgte. Seit Augustus dem entsetzlich mörderischen Kampf der Bürgerkriege ein Ende gemacht hatte, seit die Welt in aufrichtiger Verehrung dem Friedensbringer mit dem ehrenden Titel des rettenden Heilands gedankt hatte, war der Friede eingekehrt und der Krieg an die Grenzen des Reiches verbannt. Darum konnte es Plutarch gewiß als Pflicht erscheinen, die Gestalten der römischen Geschichte seinem Volke vor Augen zu stellen.

Historisches Denken hatte ihn seine Heimat gelehrt. Etwa um die Mitte des ersten nachchristlichen Jahrhunderts wurde er in Chaironeia in Boiotien geboren. Boiotien war alter historischer Boden. Den Tanzplatz des Ares hat Epameinondas, der gewaltige Kriegsheld der Boioter, die boiotische Ebene einst genannt. Bei Plataiai hatten die Griechen 479 die Reste des persischen Heeres geschlagen und den Sieg von Salamis damit zu Lande ergänzt. Bei Chaironeia selbst waren die Griechen 338 Philipp unterlegen, dem fremden Eroberer aus dem Norden, der Griechenlands Freiheit endgültig ein Ende machte. Bei Chaironeia und Orchomenos hatte auch Sulla 86 gekämpft und Archelaos bezwungen, den General des kleinasiatischen Mithradates, der mit blutiger Energie den Kampf gegen die Ausdehnung der römischen Herrschaft nach Osten gewagt hatte. In dieser Landschaft wuchs Plutarch zu historischem Denken auf. Der Löwe auf dem Schlachtfeld von Chaironeia, das Denkmal verlorener

Griechenfreiheit, grüßte ihn, wie er nach seiner Wiederaufrichtung auch heute dem Griechenlandfahrer von der Vergangenheit erzählt.

Was wir von Plutarchs Vorfahren wissen, gibt uns das Bild einer Familie, die seit undenklichen Generationen zu Chaironeia gehört. Aus dieser Verbundenheit mit seinem Heimatboden erwuchsen Plutarch die stärksten Kräfte. Die Familie hat immer zu den begüterten Kreisen der Stadt gehört. Er erzählt selbst von seinem Urgroßvater Nikarchos. Sein Großvater Lamprias hat schon Verbindung mit römischen Kreisen gehabt; er muß ein nicht ungebildeter, jovialer alter Herr gewesen sein, von dessen geistreichem Wesen der Enkel viel geerbt hat. Plutarchs Vater Autobulos erzog den Sohn in der Atmosphäre eines gebildeten Hauses; aber er wußte, daß die Kleinstadt seinem Sohn nicht genug geistige Nahrung bieten konnte, und schickte ihn, wie wir es von so vielen Vätern später berühmt gewordener Männer wissen, nach Athen. Dort muß Plutarch seinen rhetorischen und philosophischen Unterricht fleißig besucht haben. Freilich ist er weder Rhetor noch Philosoph von Beruf geworden, aber er hat später in seiner Heimat manche Hörer aus dem Kreise seiner Verwandten und Freunde um sich gesammelt, vor denen er über philosophische Fragen Vorlesungen hielt; auch bei seinem Aufenthalt in Rom hat er in dieser Weise gewirkt. Aber nach der Sitte der damaligen Zeit waren solche Vorlesungen ohne Beobachtung der Regeln und Gesetze der Rhetorik undenkbar; auch finden sich in Plutarchs ältesten Werken Spuren der Rhetorik genug. Philosophie trieb er bei Ammonios, von dem er in seinen Schriften öfters spricht (S. 34 und Anmerkung). Das Beste, was er seinen Hörern geben konnte, war das Interesse für mathematische Studien, wie es schon Platon in seinen Schülern zu wecken sich bemüht hatte. Plutarch hat aber den Lehren der Akademie nicht ohne Skepsis gegenübergestanden, allerdings nicht, weil er mit selbständigem Urteil in Zweifelsfragen sich für oder gegen eine bestimmte Lehre hätte entscheiden mögen. Es war eine gewisse Bescheidenheit und Schüchternheit, von der sich der feinbesaitete Mann nicht hat befreien können.

Von Athen kehrte Plutarch nach Chaironeia zurück und hat
dort in der Stadtverwaltung offenbar wegen der Zugehörig-
keit zu der angesehenen Familie bald eine Rolle gespielt.
Jedenfalls ist er schon in jungen Jahren mit einem politischen Auftrag als Gesandter nach Korinth zum römischen
Prokonsul, der Griechenland verwaltete, geschickt worden.
Einige Jahre später ging er in politischen Angelegenheiten
im Auftrag seiner Heimatstadt nach Rom. Überhaupt muß
er, wie schon sein Vater und Großvater, manchen Verkehr
mit römischen Freunden gehabt haben, und Römer, die aus
politischen oder geschäftlichen Gründen oft genug nach
Griechenland kamen, sind in seinem Haus in Chaironeia
ein- und ausgegangen. Der Aufenthalt in der Weltstadt
Rom, in der sich ihm die Herrschaft des Reiches in ihrer
überwältigenden Macht darstellte, muß seinem politischen
Denken die Richtung gegeben haben; Rom ist ihm die „un-
besiegbare und hochberühmte Stadt". Hatte er in seiner
Heimat die Wirkungen der römischen Herrschaft gespürt,
so trat ihm jetzt Rom selbst in seiner ganzen Größe entgegen. Gewiß hat er in diesen Monaten, als er in Italien weilte,
noch nicht den Plan gefaßt, die Helden aus der Vergangenheit der bewunderten Stadt zu schildern; aber der Keim zu
einem solchen Entschluß mag schon damals gelegt sein.
Plutarch ist auch später, als er wieder in Charoneia lebte,
noch oft auf Reisen gegangen. Man spürt es in seinen Werken, daß er die Orte Griechenlands, von denen er spricht,
selbst besucht hat. Sicher ist er auch in Alexandria gewesen,
das als der Hauptpunkt des antiken Welthandels und als
Sitz der alexandrinischen Gelehrsamkeit eine seltsame Mischung zweier Welten bildete. Aber nicht einmal die pro-
funde Wissenschaft des Museions und seine Literatur scheint
auf Plutarch Eindruck gemacht zu haben. Er, der aus der
klassischen griechischen Literatur eine Fülle von Zitaten
über seine Werke streut, hat an der ziselierten, pretiösen
alexandrinischen Dichtung offenbar keinen Geschmack gefunden. Ob er auf seinen Reisen wirklich bis Sardes gekommen ist, wie manche wissen wollen, bleibt unentschieden.
Von seinem Familienleben spricht Plutarch oft. Es ist eine

rechte Liebesheirat gewesen, die er mit Timoxena schloß. Die Eltern des Paares wollten von der Verbindung nichts wissen, aber die Ehe wurde glücklich. Rührend ist der Brief, in dem Plutarch, der auf der Reise die Nachricht vom Tode eines der Kinder bekam, seine Gattin mit zarten Worten zu trösten versuchte. Er ist gewiß ein guter Ehemann und Vater gewesen. Deshalb mochte er sich auch von Chaironeia nicht trennen. Er wollte die Kleinstadt nicht verlassen, damit sie nicht noch kleiner würde, wie er selbst scherzend sagte. Manches öffentliche Amt hat er bekleidet, denn er war der Überzeugung, daß auch der Philosoph sich nicht zu gut dünken dürfe, dem Staat im öffentlichen Leben seine Kräfte zu widmen. Eine Zeitlang hat er auch die Baupolizei geleitet, wobei es denn auch zu seinen Pflichten gehörte, die Straßenreinigung des Städtchens zu überwachen. Aber er wußte, daß nicht das Amt den Mann adelt, sondern der Mann das Amt. So war er fest verwurzelt in seiner Heimat, und die Ferne mit ihren Ehren oder der Aussicht auf die hohe Staatslaufbahn lockte ihn nicht. Römischer Bürger ist er gewesen, auch Ehrenbürger von Athen. Erst in seinen späteren Jahren hat er den Ruf ins Priesteramt nach Delphi nicht ausschlagen mögen oder können; er hat eins der beiden lebenslänglichen Ämter der regierenden Priester Apollons übernommen. Aber deshalb hat er den Wohnsitz in Chaironeia nicht aufgeben müssen; bis Delphi sind es kaum 30 km in der Luftlinie. Gewiß hat er schon früher Beziehungen zu Delphi gehabt, und die Religion der Väter ist ihm immer Herzenssache gewesen. Vielleicht hat er zu manchem, was in Delphi geschah oder was ihm als Priester an Pflichten dort oblag, nicht von vornherein freudig Ja gesagt. Aber er hat sich redlich Mühe gegeben, Glaube und Philosophie zu vereinen, ohne doch Auswüchse verteidigen zu wollen.

So war der Mensch Plutarch, eine gütige, anspruchslose Natur, die im kleinen Kreis ihr Genüge findet, obwohl seine geistige Kraft ihn auch in den hohen Stellen des öffentlichen Lebens im römischen Reich bewährt hätte. Aber der Mensch, wie er in seinen Werken sich aussprach, hat ja eine viel stärkere Wirkung ausgeübt, als wenn er ein noch so hohes Amt bekleidet hätte. So hat sich dieses Menschenleben in köstlicher Mühe erfüllt und aus kleinem Kreis heraus segenspendend auf seine Zeit und die Nachwelt gewirkt. Sein irdisches Leben muß etwa in den ersten Jahren der Regierung des Hadrian (117–138 n. Chr.) zu Ende gegangen sein.

Im Beginn seiner literarischen Arbeit hat er sich mit den verschiedensten Dingen beschäftigt, bis ihn die moralphilosophische Schriftstellerei packte. Er hat einige streng philosophische Bücher geschrieben, die allerdings doch mehr Umsetzen fremden Gutes in seinen eigenen Stil als Erzeugnisse selbständigen philosophischen Denkens sind. Aber viel wichtiger sind doch seine populären Bücher moralphilosophischen Inhalts, in denen er gar nicht den Anspruch erhebt, höchste Philosophie zu bieten, sondern aus der Wärme seines Herzens heraus den Menschen in den kleinen und großen Nöten des Lebens zu helfen sucht, die Tugenden lobt und die Laster tadelt. Einem jungen Paar widmete er als Hochzeitsgeschenk ein Büchlein Ehevorschriften. Er weiß aber auch über Aberglauben und Schuldenmachen zu sprechen oder über die Frage, ob der Mann auch im Alter sich noch an der Staatsleitung beteiligen soll. Den guten Herodot, der sich über die Boioter unfreundliche Worte erlaubt hatte, zieht er vor sein Gericht. Er behandelt Literarisches und Historisches, dazu Theologisches und rein Philosophisches. So entrollt sich ein buntes Bild vor dem Leser, der immer wieder über die Verschiedenheit dieser Fülle staunt. Denn Plutarch hat viel gelesen und dabei sich Auszüge gemacht. Gewiß hat er selbst Bücher besessen; aber auch in Athen muß er die Bibliotheken fleißig benutzt haben.

Auch für seine ‚Vergleichenden Lebensbeschreibungen'. Man hat sich viel den Kopf zerbrochen, welche Quellen Plutarch benutzt hat. Dabei hat sich herausgestellt, daß Plutarch in der Auswahl seiner Quellen sehr klug zu Werke ging und daß er oft auf die besten Historiker zurückgriff. Er muß weither sein Material zusammengetragen haben; nicht nur aus den Historikern der hellenistischen Zeit, auch aus der klassischen Periode der griechischen Geschichtsschreibung.

Dazu gab es doch auch schon vor ihm Biographien und Memoiren. Den Tod Alexanders erzählt er nach dem königlichen Hofbericht (S. 250). Lobreden, wie sie für Verstorbene gehalten und veröffentlicht waren, mußten ihm dienen. Aber auch in den Komödien fand er viel Wissenswertes (S. 60). Wenig Mühe machten Fälle, in denen Plutarch schon eine Biographie seines Helden vorlag. Dann brauchte er nur die Lesefrüchte, die er gesammelt hatte, einzufügen und das Ganze in seinen Stil umzugießen. Schwieriger war es, wenn eine solche Biographie noch nicht vorlag, auch das biographische Material in seinen Quellen spärlich floß. Dann kann man manchmal die Mühe spüren, die ihm die Arbeit machte. Plutarch hat sein Werk ‚Vergleichende Lebensbeschreibungen‘ genannt. Denn er hat immer einen Griechen und einen Römer nebeneinandergestellt, wie er es am Anfang des Perikles, Dion und Agis selbst sagt. In vielen Fällen hat er noch eine Vergleichung der beiden Helden angehängt. Es war bei den Griechen beliebte Sitte, solche Vergleiche durchzuführen, aber wichtig ist, daß bei Plutarch das Gefühl durchbricht für die Einheit der griechisch-römischen Welt und ihrer Kultur, daß er die Zeitepoche, die wir als Altertum bezeichnen, als ein Ganzes sah. Sein Werk ist das monumentale Denkmal für die Aussöhnung der beiden stammverwandten Kulturvölker des Altertums.

Programmatisch für das Ziel, das Plutarch sich mit seinen Biographien gesteckt hat, ist die Wahl des Heldenpaares, das die Sammlung einleiten sollte, uns aber durch die Ungunst der Überlieferung verlorengegangen ist: Epameinondas, der edelste Freiheitsheld der griechischen Geschichte, der für eine kurze Zeit Boiotien die Führung in Griechenland erfocht, und als sein Gegenbild der jüngere Scipio Africanus in der idealisierten Gestaltung, wie sie Polybios geschaffen hatte. Geschichte in der Form der Biographie wollte Plutarch geben, aber mit demselben Ziel, das er in den moralphilosophischen Schriften verfolgt hatte. Die Bilder, die er hinstellt, sollen den Enthusiasmus wecken, denn auch für ihn wie für Goethe war die Begeisterung das Beste, was wir von der Geschichte haben. Aber er war ein viel zu feiner Kenner der menschlichen Seele, als daß er als Moralprediger aufgetreten wäre. Ihm genügt es, die Taten und die Person seines Helden sprechen zu lassen. Er war tief überzeugt, daß die Erzählung von seinem Heldentum allein schon zu edlen Taten begeistert. Das hat er selbst in der Einleitung zu seinem ‚Perikles' ausgesprochen (S. 36), und es ist gewiß kein Zufall, daß er gerade die Lebensbeschreibung des Perikles für die Darlegung seines Ziels gewählt hat. Nicht jeder junge Mensch kann ein Perikles werden, aber die Vaterlandsliebe eines Perikles, die Ehrlichkeit seines Wollens, die Lauterkeit seiner Gesinnung, die Erhabenheit seines Strebens ein langes Menschenleben hindurch in einer Stellung, die manchen zum Übermut hätte verführen können, das alles spricht laut zum Herzen und „formt den Charakter des Betrachtenden nicht durch Nachahmung, sondern begeistert ihn zum Entschluß schon durch die bloße Betrachtung der Tat". Mit einer solchen Gesinnung hat Plutarch auf seine Zeit und auf Epochen der folgenden Jahrhunderte gewirkt, die für heldisches Denken empfänglich waren. Darin liegt seine Größe, die auch in unserer Zeit Anerkennung finden wird, wenn sie die Schätze der Vergangenheit nutzbar machen will.

Demgegenüber verschlägt es nicht viel, wenn der Historiker Plutarch viel und oft gescholten wurde. Freilich hat Rudolf Hirzel versucht, ihn als Historiker zu verteidigen. Aber mir scheint, Plutarchs Größe als Heldenbiograph ist so überragend, daß man ruhig eingestehen darf, daß er im strengen Sinne kein Historiker ist. Er muß selbst eine klare Anschauung von dem Verlauf der Geschichte gehabt haben, das liest man immer wieder zwischen den Zeilen heraus. Aber ein Geschichtswerk im antiken oder modernen Sinn zu schreiben, ist gar nicht seine Absicht. In seinem ‚Alexander' ist ein gewisses Gerippe des historischen Geschehens da; man erfährt, wo die einzelnen Anekdoten sich abspielen, und der gewaltige welthistorische Hintergrund leuchtet mit den Namen Granikos, Issos, Gaugamela, Susa, Persepolis, Indien hervor. Aber von den Schlachten etwa werden nur Geschichten erzählt, die für den Menschen Alexander wichtig sind.

Alles Strategische fehlt, über das Topographische herrscht Unklarheit, von dem Verlauf auch nur einer Schlacht sich ein Bild zu machen, ist unmöglich. Der Mensch Alexander, der Mensch Perikles ist doch in höherem Sinne historisch wahr und wirkt als Nacheiferung heischendes Vorbild. Mehr hat Plutarch nicht gewollt, und mehr als er gewollt von seinem Werk zu fordern, ist ein unbilliges Verlangen.

Die Kunstform der Biographien ist einzigartig. Plutarch schreibt undatiert, ohne eine Jahreszahl zu geben. Aber trotzdem soll der Ablauf des Lebens in dem Gang der Erzählung deutlich werden. Diese Darstellung erfordert eine besondere Kunst, und es geschieht oft, daß die Zeitlinien sich überschneiden, weil Plutarch Zusammengehöriges, auch wenn es zeitlich auseinanderliegt, als Einheit sieht. Denn für ihn steht die Schilderung des Charakters im Vordergrund. So unterbricht er oft den Gang der Handlung, um Zeit für die Darstellung des Charakters zu gewinnen. Dadurch entsteht die Kunstform seiner Biographien, gekennzeichnet durch die Spannung zwischen fortschreitender Handlung und verweilender Charakterschilderung.

Seine Sprache ist nicht das gesprochene Griechisch seiner eigenen Zeit. Wie seine Zeitgenossen hat er die Sprache der großen klassischen Zeit wieder aufgenommen, ein gefährliches Unternehmen für jemand, der nicht die innere Kraft besaß, die ihn vor geistloser Nachahmung eines fremden Stils bewahrte. Aber Plutarch war eine zu eigene Persönlichkeit, als daß nicht auch die Sprache den Menschen verraten sollte. Sie ist schlicht und sachlich, aber doch durchweht von der warmen Empfindung, die der Schriftsteller seinen Helden entgegenbringt, und wenn es darauf ankommt, weiß er mit edler Begeisterung zu schildern. Besonders im ‚Perikles‘ erhebt sich seine Sprache zu dichterischer Höhe, wenn er mit der ganzen Liebe des vergangenheitsstolzen Griechen die Bauten auf der Akropolis schildert, oder wenn er seinen Helden in den letzten Stunden seines großen Lebens zeichnet. An anderer Stelle wirkt er wieder durch seine Kühle erschütternd, wie bei der Erzählung von der tödlich verlaufenden Krankheit Alexanders.

So ist das Werk dieses liebenswürdigen Mannes. Aber der Schilderung dieses Werkes und dieses Mannes würde ein Höchstes fehlen, wollte man nicht von dem *Nachleben* sprechen. Denn als in den ersten Regierungsjahren Hadrians Plutarchs Leben zu Ende ging, gewannen seine Werke ein eigenes Leben, dessen Wirkung durch die Jahrtausende ging. Man darf sein Fortleben und die Kraft seines Wirkens nicht neben Platon oder Aristoteles stellen, die in entscheidenden Augenblicken der europäischen Geistesgeschichte mit der ganzen Wucht ihrer philosophischen Persönlichkeiten wirkten. Aber wenn man das Fortleben Plutarchs, wie es Hirzel klassisch geschildert hat, in den einzelnen Jahrhunderten überschaut, staunt man über die Fülle der Liebe, die diesem Mann immer wieder entgegengebracht wurde. Schon in den ersten Jahrhunderten nach seinem Tode waren seine Werke in den Händen der Alten wie der Jungen. Man machte Auszüge aus seinem moralphilosophischen Werk, um sich an den Gedanken des Weisen von Chaironeia zu erbauen. Mehr noch wirkten seine ‚Vergleichenden Lebensbeschreibungen‘ als das Bild von der Einheit der alten Welt. Durch die Rhetorenschulen wurde Plutarch auch den Christen bekannt, und wenn sich auch manche Kirchenväter gegen das Studium der Heiden wandten, Plutarch hat bei vielen von ihnen Gnade gefunden. Daß der Grieche Plutarch bei den Byzantinern länger lebendig geblieben ist als im weströmischen Reich, ist leicht verständlich. Deshalb haben wir aus dem Mittelalter auch nur seltene Spuren Plutarchs. Erst seit dem 14. Jahrhundert hören wir in Italien von Handschriften des Plutarch, der jetzt wenigstens bei einigen hochgelehrten Männern wieder Schätzung findet. Aber er kam ja einer der hervorstechendsten Regungen der Renaissance entgegen: dem Kult der Persönlichkeit. So mußten seine ‚Heldenleben‘ dieser Zeit besonders gefallen. Die ‚Moralia‘ wurden schon 1509 in Venedig, die Biographien in Florenz 1517 bei Aldus Manutius zum erstenmal in griechischer Sprache gedruckt und damit dem Abendland neu gewonnen. Aber immer steht er im Schatten des Platon und des Aristoteles: Raffael hat ihn in der ‚Schule von Athen‘ nicht dargestellt. Im

Deutschland der Reformation findet Plutarch in beiden
streitenden Parteien Freunde und Anhänger. Melanchthon
und Zwingli liebten ihn. Auch Hans Sachs kennt den Philosophen und Historiker Plutarch gut und bringt seine Gedanken unter das Volk. Überhaupt beginnt jetzt die Zeit
der Verdeutschung, die Plutarch doch erst wieder recht lebendig machen konnte. Ja, in Frankreich entsteht im 16.
Jahrhundert eine Übersetzung, die klassisch werden sollte:
das Werk des Abbé *Amyot* macht Plutarch am Königshof
wie in den Häusern der Bürger populär; J. J. Rousseau, Ra-
cine, selbst Goethe und Herder in Straßburg lasen ihren
Plutarch in der Amyotschen Übersetzung. Plutarch mußte
gerade im 16. und 17. Jahrhundert als der Schilderer des
heroischen Lebens auf Frankreich stark wirken, das in diesen Jahrzehnten den Begriff des Heroischen über alles stellte.
Der große Condé ließ sich im Kriegslager aus den Biographien des Plutarch vorlesen. Und jenseits der Pyrenäen weiß
Cervantes seinen Helden kein besseres Vorbild zu nennen
als die Helden des Plutarch. Von der Wirkung Plutarchs in
England braucht man nur den Namen Shakespeares zu nennen; er hat gewiß alle Biographien gelesen, nicht im Ori-
ginal, sondern in der Übersetzung, die North nach der französischen Übersetzung des Amyot gemacht hatte. Aber selbst
durch diese doppelte Bearbeitung hindurch hat der Geist
des Griechen auf den Nordländer gewirkt: besonders die
Römerbiographien mit dem unbändigen Stolz dieser Männer auf die Größe ihres Reiches spiegeln sich in seinen Dramen wieder. Und wenn Plutarch Shakespeare nur zu einer
einzigen Szene inspiriert hätte, der Leichenrede des Antonius auf Cäsar, es wäre übergenug. Doch ist Plutarchs Einfluß viel größer gewesen, als diese kurzen Sätze andeuten
können.
Im Frankreich des ausgehenden 18. Jahrhunderts muß Plutarch den Höhepunkt seiner Wirkung erreicht haben. Man
kann kaum einen der Großen des Geistes nennen, der nicht
in seinem Plutarch gelebt hätte. Alle Ideen, die in diesen
Jahrzehnten einander überstürzten, glaubte man aus Plutarch herauslesen zu können. Die Philanthropen fanden in

ihm den Vertreter der Humanität. Die Tyrannenhasser und Freiheitshelden erklärten ihn als einen der ihren, und dieses Mißverständnis hatte zur Folge, daß man nicht mit Unrecht Plutarch für mitschuldig an der französischen Revolution gehalten hat. So ungeheuer war sein Einfluß in dieser Zeit. Napoleon hat sich von ihm begleiten lassen von der Jugend bis auf den Thron und noch nach seinem Sturz.

In Deutschland hatte in demselben Jahrhundert Friedrich der Große ein wahrhaft plutarchisches Heldenleben geführt. Er liebte seinen Plutarch, dessen Kenntnis ihm seine französische Bildung vermittelt hatte. Der Philosoph auf dem Thron verehrte die moralphilosophischen Schriften ebenso wie die Lebensbeschreibungen. „Ich finde da lehrreiche Ereignisse jeder Art, für jedermann beachtenswert, der seine Pilgerschaft durch diese Hölle, genannt Welt, zurücklegt." Auf Lessing hat Plutarch kaum gewirkt; aber im Sturm und Drang schlug das Heroentum der ‚Heldenleben' verwandte Saiten an. Jean Paul kann sich nicht genug tun, immer von neuem auf die Biographien hinzuweisen als das lebendigste Lehrbuch der Moralphilosophie. Selbst Beethoven fehlt nicht in der Reihe der begeisterten Liebhaber Plutarchs. Schiller, dessen Begeisterung sich so leicht an allem Edlen und Hohen entzündete, hat in seinen jungen Jahren in ihm den Prediger der Größe und Freiheit gesehen und sich von ihm führen lassen. Dem Historiker Plutarch ist er immer treu geblieben. Lange hat er sich mit dem Plan getragen, einen ‚Deutschen Plutarch' zu schreiben. Vielleicht hätte er dann auch eine Biographie Friedrichs des Großen geschrieben, in der sich die Größe des Verfassers und die Würde des Gegenstandes die Waage gehalten hätten.

Doch trat allmählich eine Reaktion gegen den Überschwang der Plutarchbegeisterung ein. Der Neuhumanismus besonders Winckelmanns suchte im Altertum die Schönheit und die Kunst, nicht mehr die Sittlichkeit. Homer, Sophokles und Platon drängten Plutarch in den Hintergrund. Auch die Romantik, die ihren Blick auf das vaterländische Mittelalter richtete, ging an Plutarch vorbei, und die Wissenschaft, die der Geschichtsschreibung neue Gesetze gab, konnte an

Plutarchs moralisch aufgefaßter Geschichte kein Genüge finden. Carlyle lehnte Plutarch ab, aber sein ‚Friedrich der Große‘ ist doch aus einer Plutarch verwandten Art der Heldenverehrung entstanden. In Deutschland nahmen sich um die Jahrhundertwende fast nur noch die Philologen seiner an und leisteten durch Quellenforschung und Textkritik wertvolle Arbeit. Aber dem gebildeten Publikum war er entglitten und in den Schulen hatte er kein Heimatrecht mehr. Daß aber das Interesse für die grandiosen Lebensbilder großer Männer bei der Jugend ebenso wie bei dem gebildeten Leser nicht erstorben war, erwies sich, als Kröners Taschenausgabe in der Zeit zwischen den Weltkriegen eine Auswahl aus den griechischen und römischen Lebensbeschreibungen vorlegte. Plutarch hat auch in unserer Zeit, da die Jugend nach Vorbildern verlangt, dem deutschen Volk viel zu sagen.

THEMISTOKLES

(Um 525—459 v. Chr.)

Themistokles' niedrige Herkunft stand seinem Ruhm und Ansehen im Wege; denn sein Vater Neokles aus dem Demos Phrearrhioi in der Phyle Leontis gehörte in Athen nicht zu den vornehmen Kreisen. Mütterlicherseits war Themistokles sogar nur Halbbürger, wie es im Epigramm heißt: „Habrotonon heiß ich, Thrakerin nur bin ich von Geburt; doch gebar ich den Griechen – dessen rühme ich mich – den Helden Themistokles!"

Phanias dagegen sagt, Themistokles' Mutter sei nicht Thrakerin, sondern Karerin gewesen. Er nennt sie Euterpe, nicht Habrotonon. Neanthes gibt Halikarnaß in Karien als ihre Vaterstadt an. Damals hatte man in Athen diesen Halbbürgern das sogenannte Kynosarges als Platz für Leibesübungen angewiesen. Es liegt vor den Toren der Stadt und ist Herakles geweiht; denn auch er gehörte als Sohn einer sterblichen Mutter nicht zu den höchsten Göttern, sondern galt nur als Halbgott. Themistokles, der Halbbürger, brachte einige junge Leute aus der vornehmen Gesellschaft dazu, mit ihm nach dem Kynosarges zu gehen und dort mit ihm zum Kampf sich zu salben. Offenbar hat er durch diese List die Trennung zwischen Bürgern und Halbbürgern aufgehoben. Daß er mit dem Geschlecht der Lykomiden in Verbindung stand, ist bekannt; denn er ließ das Mysterienheiligtum in Phlya, das den Lykomiden gehörte und in den Perserkriegen ein Raub der Flammen wurde, auf eigene Kosten wiederherstellen und ausmalen; so berichtet wenigstens Simonides.

2. Alle Quellen stimmen darin überein, daß schon im Knaben ein wahrer Feuergeist steckte. Ein scharfer Verstand war ihm angeboren, und Neigung trieb ihn zu weitausschauenden Unternehmungen und zur politischen Laufbahn. Wenn er in Stunden der Muße und Erholung die Bücher beiseitelegen durfte, beschäftigte er sich nicht wie seine Kameraden mit kindlichem Spiel, sondern er blieb für sich und übte sich

darin, seine Gefährten in fingierten Reden anzuklagen oder
zu verteidigen. So sehr fiel er durch sein Gebaren dem Lehrer auf, daß der wohl manchesmal zu ihm sagte: „Du wirst
etwas ganz Großes werden im Guten oder im Bösen." Un-
terrichtsfächer, die den Charakter bilden oder Liebenswürdigkeit und Anstand des Gebildeten verleihen sollen, lernte
er ungern und widerwillig. Wenn es sich aber um Fächer
handelte, die den Verstand schärfen oder auf das praktische
Leben vorbereiten, bemerkte man, wie er sich mit einem
Feuereifer darauf stürzte, der weit über seine Jahre hinausging, als wenn er einer inneren Stimme folge. So kam es,
daß er späterhin in Unterhaltungen mit Menschen von aner-
kannter Bildung und vornehmem Anstand, die ihn verspot-
ten zu können glaubten, sich allzu grob wehrte. „Ich kann",
sagte er, „zwar nicht Leier spielen, auch weiß ich nicht mit
einer Harfe umzugehen, aber unter meinen Händen wächst
ein kleiner, unscheinbarer Staat zu Größe und Ruhm."
Immerhin behauptet Stesimbrotos, Themistokles habe Vorträge des Anaxagoras gehört und sei Schüler des Naturphilo-
sophen Melissos gewesen; doch versieht er sich in der Chronologie. Denn Melissos war Feldherr der Samier, als Perikles, der viel jünger ist als Themistokles, Samos belagerte, und
Anaxagoras war Perikles' vertrauter Freund. Mehr Glauben
verdienen also wohl die Quellen, die Themistokles zum Anhänger des Phrearrhiers Mnesiphilos machen. Dieser war
weder Redelehrer noch gehörte er zu den sogenannten Na-
turphilosophen, er vertrat vielmehr eine Richtung, die man
damals „Weisheit" nannte. In Wirklichkeit war es nichts
weiter als die Fähigkeit, sich mit Dingen der Politik zu beschäftigen und praktische Dinge mit scharfem Verstand zu
erfassen, wie wenn sich die Überlieferung der Lehrer Solons
auf ihn vererbt hätte. Später verquickten diese Leute solche
Wissenschaft mit dem Prozeßwesen und verloren schließlich
den Zusammenhang mit der Praxis, so daß ihre Übungen
nur noch in Reden über fingierte Fälle bestanden. Das waren
die Männer, die man Sophisten nannte. Mnesiphilos' Schüler war Themistokles noch im Anfang seiner politischen
Laufbahn.

In seinen frühesten Anfängen war er wechselnd und unbeständig in seinen Neigungen und Entschlüssen. Er überließ sich ganz seinen angeborenen Trieben, die, wenn sie ohne Unterricht und Erziehung emporschießen, bei allen Handlungen in Extreme verfallen und sich oftmals zum Bösen hinreißen lassen. Das gab er später selbst zu mit dem Bemerken, auch die wildesten Füllen würden einmal ausgezeichnete Pferde, wenn sie gehörig abgerichtet und gebändigt würden. Wenn aber einige Anekdotenerzähler hinzufügen, sein Vater habe ihn enterbt und seine Mutter sich aus Kummer über die Schande des Sohnes das Leben genommen, so ist das zweifellos erfunden; im Gegenteil erzählen einige Quellen, sein Vater habe ihn, um ihn von dem Gedanken an die Politik abzubringen, an den Strand geführt; dort habe er ihm die alten verfallenen Triëren gezeigt, um die sich niemand mehr kümmerte, und ihm bedeutet, so mache es das Volk mit den Staatsmännern, wenn sie dienstuntauglich geworden seien.

3. Schnell scheint indessen die Politik Themistokles in ihren Bann gezogen zu haben, während noch jugendlicher Feuereifer und Ehrgeiz ihn beseelte. Diese Ehrliebe trieb ihn von Anfang an, immer der Erste zu sein; deshalb suchte er in der Stadt geradezu die Feindschaft der Männer in angesehenen Stellungen; vornehmlich war es Aristeides, ein Sohn des Lysimachos, der bei allen Gelegenheiten gerade den entgegengesetzten Weg ging. Diese Feindschaft scheint schon aus ihren Jugendjahren zu stammen, da beide nach dem Zeugnis des Philosophen Ariston den schönen Stesileos von Keos liebten, wie der Philosoph Ariston erzählt. Das war der Anfang ihrer dauernden Feindschaft, und so blieben sie auch im politischen Leben Gegner. Freilich scheint auch die Verschiedenheit ihrer Natur und ihres Charakters die Zwietracht noch erbitterter gemacht zu haben. Aristeides war von ruhiger Gemütsart und untadeliger Gesinnung; er nahm am Staatsleben nicht teil, um die Gunst des Volkes zu gewinnen oder Ruhm zu ernten: in seiner Festigkeit und Gewissenhaftigkeit ließ er sich nur von der reinsten Absicht leiten. Deshalb konnte es nicht ausbleiben, daß er sich Themistokles

oftmals widersetzte und seinen wachsenden Einfluß zurück-
dämmte, wenn er das Volk zu allerlei Unternehmungen verleiten und kostspielige Neuerungen einführen wollte. So
trat er Themistokles auf dem Weg zum Ruhm entgegen.
Themistokles soll ja in seinem Ehrgeiz so verblendet gewesen
sein, sich von seiner Sucht nach großen Taten derart haben
hinreißen lassen, daß man ihn nach der Schlacht bei Marathon, als Miltiades' siegreiche Führung gegen die Perser in
aller Welt verkündet wurde, trotz seiner Jugend nur in tiefen Gedanken sah. Nachts schlief er nicht, wollte auch von
den gewohnten Gelagen nichts wissen, und als man verwundert fragte, weshalb er sich so verändert habe, gab er zur
Antwort: „Miltiades' Siegeszeichen läßt mich nicht schlafen."
Alle Leute nämlich hielten die Niederlage der Perser bei
Marathon für das Ende des Krieges. Nur Themistokles sah,
weiter vorausschauend, in ihr das Vorspiel noch größerer
Kämpfe, auf die er sich selbst und seine Vaterstadt im Dienst
aller Griechen vorbereiten müßte.

4. Seine erste Tat war, daß er in der Volksversammlung
aufstand und allein den Vorschlag zu machen wagte, es sollten die Einkünfte aus dem Silberbergwerk des Laureion, die
nach altem Brauch unter die Athener verteilt wurden, statt
dessen zum Bau von Triëren für den Krieg gegen Aigina
verwandt werden. Dieser wurde damals in Griechenland mit
größter Heftigkeit geführt, und die Aigineten beherrschten
mit ihrer übermächtigen Flotte das Meer. Durch diese List
wußte Themistokles seine Landsleute mit leichter Mühe seinen Wünschen gefügig zu machen. Denn er hütete sich wohl,
mit Dareios und seinen Persern zu drohen: die waren weit
weg, und es war keine Gefahr, daß sie wieder anrückten;
vielmehr benutzte er im richtigen Augenblick Haß und Eifersucht seiner Mitbürger gegen die Aigineten, um seine Rü-
stungspläne durchzuführen. Von dem Geld aus dem Laureion wurden hundert Triëren gebaut, die man später auch
in der Seeschlacht gegen Xerxes verwandte. So führte Themistokles seine Vaterstadt nach und nach unversehens an die
See heran mit der Begründung, ihr Landheer sei nicht einmal
den Grenznachbarn gewachsen, während sie mit einer See-

macht die Perser bezwingen und Griechenland beherrschen könnten. Aus standfesten Hopliten machte er, wie Platon sagt, seebefahrene Leute. So zog er sich den Vorwurf zu, er habe seinen Athenern Schild und Speer genommen und sie an die Ruderbank gefesselt. Miltiades widersprach zwar der Vorlage, doch brachte Themistokles sie durch, wie Stesimbrotos erzählt. Ob er den Buchstaben der Verfassung damit verletzt hat oder nicht, muß einer gelehrten Untersuchung vorbehalten bleiben. Daß aber das Heil der Griechen vom Meer her kam und jene Triëren Athens Macht wieder festigten, dafür ist Xerxes selbst der beste Zeuge. Denn während sein Landheer kampffähig blieb, ließ er nach seiner Niederlage zur See bei Salamis alles im Stich, weil er wußte, daß er es nun nicht mehr mit den Griechen aufnehmen könne. Und wenn er Mardonios zurückließ, so sollte der meiner Meinung nach weniger die vollständige Unterwerfung Griechenlands durchführen als vielmehr den Griechen die Verfolgung unmöglich machen.

5. Viele behaupten, Themistokles sei wegen seiner Freigebigkeit ein geschickter Geldmann gewesen. Er veranstaltete gern prächtige Opfermahlzeiten und gab seinen Gastfreunden kostspielige Gelage: das kostete viel Geld. Andere wieder werfen ihm so schnöden Geiz und Habsucht vor, daß er sogar den Anteil am Opfermahl, den man ihm ins Haus schickte, verkaufte. Als der Pferdehändler Diphilides, den er um ein Füllen bat, es ihm nicht geben wollte, drohte er ihm, in kurzem sein Haus in ein hölzernes Pferd zu verwandeln. Damit wollte er ihm zu verstehen geben, er wolle ihn in Familienzwistigkeiten und Prozesse mit seinen Verwandten verwickeln.

Sein Ehrgeiz kannte keine Grenzen. Es lebte damals in Athen ein Zitherspieler Epikles aus Hermione, der wegen seiner Kunst bei den Athenern sehr beliebt war. Zu dieser Zeit war Themistokles noch ein junger Mann und noch in keiner Weise hervorgetreten. Trotzdem lud er den berühmten Künstler ein, bei ihm vor geladenen Gästen zu spielen; denn er liebte es, ein großes Haus zu machen. Ja, er ging sogar nach Olympia und suchte dort Kimon mit üppigen

Festessen, prunkvollen Zelten und glänzendem Aufwand zu übertrumpfen. Damit fand er allerdings bei den Griechen keinen Anklang. Denn Kimon war ein junger Mann aus angesehenem Hause, dem man solche Auswüchse zugute halten konnte. Der andere aber, der ja noch unbekannt, nur ein Emporkömmling mit unzureichenden Mitteln war, geriet in den Verdacht der bloßen Prahlerei.

Themistokles trug auch als Chorege bei der Aufführung von Tragödien den ersten Preis davon. Solche Konkurrenzen wurden schon damals mit hartnäckigem Ehrgeiz ausgetragen. Zum Andenken an diesen Sieg weihte er eine Tafel mit der Inschrift: „Themistokles aus Phrearrhioi führte die Choregie, Phrynichos leitete als Dichter die Aufführung, Adeimantos war Archon."

Trotz alledem war er der Liebling des einfachen Volkes; konnte er doch ohne Besinnen jeden Bürger beim Namen nennen, und bei Streitigkeiten hielt er sich als Richter unparteiisch und genau an das Gesetz. So sagte er einmal als Feldherr zu Simonides von Keos, der Unbilliges von ihm verlangte: „Sowenig du gegen das Versmaß verstoßen darfst, wenn du ein guter Dichter werden willst, sowenig wäre ich ein gerechter Führer, wenn ich dir gegen das Gesetz einen Gefallen tun wollte." Ein andermal sagte er spottend zu demselben Simonides, es sei unsinnig, die Korinther zu verhöhnen, die doch eine so ansehnliche Stadt bewohnten, während er von sich selber trotz seiner Häßlichkeit Bilder machen lasse. So wuchs sein Einfluß und seine Beliebtheit bei der großen Menge. Schließlich konnte er mit ihrer Hilfe Aristeides stürzen und durchsetzen, daß er durch das Scherbengericht aus der Stadt gewiesen wurde.

6. Zu der Zeit, da die Perser schon gegen Griechenland heranrückten und die Athener über die Wahl des Führers berieten, sollen alle anderen freiwillig auf das Feldherrnamt verzichtet haben, da sie aus Furcht vor der drohenden Gefahr die Verantwortung nicht auf sich nehmen wollten. Nur Euphemides' Sohn Epikydes, Führer der Masse und ein hinreißender Redner, aber feige und bestechlich, bewarb sich um den Oberbefehl und hatte alle Aussicht, bei der Wahl

die meisten Stimmen zu bekommen. Themistokles aber, heißt es, war voller Sorge, es wäre alles verloren, wenn man Epikydes die Führung anvertraute, und kaufte ihm um Geld seinen Ehrgeiz ab. Lobend erwähnt man auch sein Vorgehen gegen den Dolmetscher, der im Gefolge der Gesandten des Perserkönigs Erde und Wasser forderte. Denn wenn auch sein Amt als Dolmetscher es erforderte, Griechisch zu sprechen, ließ Themistokles ihn doch verhaften und hinrichten auf Grund eines Volksbeschlusses, er habe die Sprache der Griechen für Forderungen der Perser mißbraucht. Bekannt ist auch die Geschichte von Arthmios von Zeleia: auf Themistokles' Vorschlag wurden ihm sowie seinen Kindern und Nachkommen die bürgerlichen Ehrenrechte abgesprochen, weil er es gewagt hatte, persisches Gold nach Griechenland zu bringen. Sein größtes Verdienst aber lag darin, daß er den Bürgerkriegen der Griechen ein Ende machte, die Städte miteinander aussöhnte und sie beredete, ihre Feindseligkeiten angesichts des Krieges gegen den äußeren Feind mindestens aufzuschieben; der Arkader Cheileos soll dabei sein treuer Helfer gewesen sein.

7. Nach Übernahme des Oberbefehls versuchte er zunächst die Bürger auf die Triëren zu bringen; er wollte sie bewegen, die Stadt zu verlassen und weit entfernt von Griechenland den Kampf mit den Feinden auf dem Meer aufzunehmen. Er fand jedoch bei vielen Athenern Widerstand, und so führte er zusammen mit den Spartanern ein Heer nach dem Tempetal, um dort Thessalien zu decken; denn man wußte damals noch nicht, daß die Thessaler mit den Persern gemeinsame Sache machten. Als die Griechen aber ihre Stellung dort kampflos aufgaben und nach dem Anschluß der Thessaler an den Großkönig das Land bis nach Boiotien hin auf seiten der Perser stand, da leuchtete den Athenern Themistokles' Vorschlag, zur See die Entscheidung herbeizuführen, schon mehr ein, und er wurde mit einer kleinen Flotte ausgeschickt, um die Meerenge von Artemision zu halten. Dort wollten die Griechen den Spartanern unter Eurybiades den Oberbefehl übertragen. Die Athener aber, die nach ihrer eigenen Angabe mehr Schiffe hatten als die übrigen zusam-

men, wollten sich den anderen nicht unterordnen. Themistokles erkannte die Gefahr und trat persönlich den Führerposten an Eurybiades ab, redete auch den Athenern gut zu: wenn sie sich jetzt im Kampf bewährten, so würde ihnen, dafür bürge er, in Zukunft ganz Griechenland freiwillig folgen. Dem Führer Themistokles also vor allem verdankte Griechenland seine Rettung, Athen aber den zweifachen Ruhm, den Feind durch Tapferkeit, die Bundesgenossen durch Nachgiebigkeit überwunden zu haben.

Als die persische Flotte bei Aphetai landete, war Eurybiades starr vor Schrecken über die Zahl der Schiffe, die ihm gegenüber lagen; als ihm überdies zu Ohren kam, daß weitere zweihundert jenseits von Skiathus herumfuhren (um ihm in den Rücken zu fallen), wollte er sich schleunigst weiter nach Griechenland zurückziehen und die Küsten des Peloponnes anlaufen, um die Verbindung zwischen Flotte und Landheer herzustellen. Denn die Seemacht des Perserkönigs kam ihm unüberwindlich vor. Sein Rückzug machte den Euboiern ernstliche Sorge, die Griechen möchten sie im Stich lassen. Deshalb schickten sie Pelagon mit einer beträchtlichen Geldsumme an Themistokles, um heimlich mit ihm Verhandlungen anzuknüpfen. Themistokles nahm das Geld, wie Herodot erzählt, und gab es dem Eurybiades.

Unter den Athenern auf der Flotte machte der Kommandant des Heiligen Schiffes, Architeles, ihm die größten Schwierigkeiten. Dieser wollte ohne Zögern nach Hause fahren, weil er seinen Matrosen den Sold nicht mehr bezahlen konnte. Deshalb hetzte Themistokles die Mannschaften noch mehr gegen ihn auf. Sie rotteten sich zusammen, um ihm sein Essen wegzunehmen. Architeles verzagte und trug schwer daran; da schickte Themistokles ihm in einer Kiste eine Mahlzeit Brot und Fleisch und verbarg darunter ein Talent Silber. Zugleich forderte er ihn auf, sogleich zu essen, am anderen Tag aber für seine Leute zu sorgen, sonst würde er aller Welt erzählen, daß er Geld vom Landesfeind angenommen hätte. Das berichtet Phanias von Lesbos.

8. Die Gefechte, die Griechen und Perser sich damals in der Meerenge lieferten, waren für die Entscheidung des Krieges

zwar nicht von großer Bedeutung. Aber die Griechen machten die wertvolle Erfahrung und lernten durch Tatsachen
im Angesicht der Gefahr, daß nicht die Unzahl der Schiffe,
nicht der prächtige Schmuck der Schiffsschnäbel, weder das
prahlerische Geschrei der Perser noch ihre wilden Schlachten-
gesänge kampfgewohnte und wagemutige Männer schrecken
können; vielmehr kommt es darauf an, Mann gegen Mann
in dichtem Handgemenge die Entscheidung zu suchen, ohne
sich um solches Blendwerk zu kümmern. Das hat auch wohl
Pindar erkannt, wenn er von der Schlacht bei Artemision
singt: „Dort richteten Athens tapfere Söhne den schimmernden Eckpfeiler der Freiheit auf." Denn des Sieges Anfang
ist der Mut.

Artemision heißt der Teil von Euboia, der sich von Hestiaia
in nördlicher Richtung an der Küste hin erstreckt; ihm fast
gegenüber liegt Olizon, das einst zum Reich des Philoktet
gehörte. In einem Hain erhebt sich dort ein kleiner Tempel
der Artemis Proseoa, umgeben von einem Kranz von Säulen
aus einem weißen Stein. Reibt man diesen Stein, so nimmt er
Farbe und Geruch des Safran an. Auf einer dieser Säulen
las man die Verse:

Über die zahllosen Scharen des medischen Landes gewannen
Einst die Söhne Athens herrlichen, glänzenden Sieg.
Hier in diesen Gewässern zerstörten sie Persiens Flotte,
Weihten, o Artemis, dann dankbar dies Heiligtum dir.

An der Küste zeigt man heute noch eine Stelle, auf der man
mitten in den Sanddünen schwarzen Staub und Überbleibsel
von Verbrennung bis tief in den Boden hinein findet. Dort
mögen wohl die Toten auf den Schiffstrümmern verbrannt
sein.

9. Als dann bei Artemision das Unglück an den Thermopylen bekannt wurde, als man hörte, Leonidas sei gefallen,
Xerxes habe den Paß besetzt und beherrsche so den Zugang
nach Griechenland, gaben die Griechen ihre Stellung im
Norden auf und bezogen weiter südlich neue Stellungen.
Dabei durften die Athener, die sich überall ausgezeichnet
hatten und stolz auf ihren Ruhm waren, den Rückzug dek-

ken. Auf dieser Fahrt lief Themistokles alle Plätze an, wo die Feinde notwendigerweise landen und Schutz suchen würden, und ließ weithin sichtbar Inschriften einmeißeln auf Steinen, die schon zufällig dort standen oder er ließ sie auf Plätzen aufstellen, die zum Ankern und Wasserholen geeignet waren. Diese Inschriften enthielten eine Mahnung an die Ioner, sie sollten, wenn möglich, noch jetzt von den Persern abfallen und zu ihren Stammesgenossen zurückkehren: Griechen, nicht Perser, seien ihre Väter, Griechen die Vorkämpfer für ihre Freiheit gewesen. Sonst aber sollten sie wenigstens in den Schlachten das Barbarengesindel auf alle mögliche Weise zu hindern und zu schädigen suchen. Er hegte die leise Hoffnung, solche mahnenden Worte würden die Ioner zum Abfall bestimmen oder doch wenigstens die Perser argwöhnisch und dadurch unsicher machen.

Inzwischen fiel Xerxes vom Gebirge her durch die Doris in Phokis ein. Obwohl er die phokischen Städte in Brand steckte, rührten die Griechen doch keinen Finger zur Hilfe, auch nicht, als die Athener sie an ihre Verdienste zur See bei Artemision erinnerten und baten, man möge, um Attika zu decken, den Feind in Boiotien erwarten. Niemand hörte auf sie, man dachte nur an den Peloponnes und wollte alle Streitkräfte dort zusammenziehen, auch den Isthmos von Korinth durch eine Mauer von Meer zu Meer befestigen: da ergriff wilder Zorn über den schmählichen Verrat die Athener, mutlos und niedergeschlagen sahen sie sich von den übrigen Griechen verlassen. Konnten sie doch nicht daran denken, allein den Kampf gegen Zehntausende aufzunehmen. Das einzige Mittel, das ihnen allein in ihrer schlimmen Lage als zwingende Notwendigkeit übrigblieb, nämlich die Stadt preiszugeben und sich auf die Schiffe zu retten, verwarfen die meisten mit Unwillen. Sie wollten keinen Sieg und brauchten keine Rettung, wenn sie die Tempel und die Gräber der Vorfahren dem Feind preisgeben mußten.

10. Da gab Themistokles es auf, mit menschlichen Gründen die Masse zu überzeugen: den Dichtern im Theater gleich setzte er die Göttermaschine in Bewegung und nahm seine Zuflucht zu Götterzeichen und Orakelsprüchen. So deutete er es als

böses Vorzeichen, daß die heilige Schlange in jenen Tagen aus ihrem Gehege auf der Akropolis verschwunden zu sein schien; die Priester fanden die Speise, die sie ihr täglich vorsetzten, unberührt und erzählten der Menge mit Themistokles' Worten, die Göttin habe die Stadt verlassen und weise ihnen den Weg nach dem Meer. Auch nutzte er den alten Orakelspruch noch einmal beim Volk aus: nichts anderes als die Schiffe bedeute jene *hölzerne Mauer,* und *göttlich* nenne Apollon die Insel Salamis, nicht etwa *elend* oder *unglücklich,* weil sie einem großen, für die Griechen wichtigen Ereignis den Namen geben werde. Er setzte sich schließlich durch und stellte den Antrag: ‚Die Athener empfehlen ihre Stadt der Obhut ihrer Schutzgöttin Athene; Dienstpflichtige begeben sich auf die Schiffe, Kinder, Frauen und Sklaven retten sich, wie sie können.' Der Antrag wurde angenommen, und so brachten die meisten Athener ihre Eltern und Frauen nach Troizen, wo sie von den Einwohnern herzlich aufgenommen wurden. Nach einem Volksbeschluß wurden sie auf öffentliche Kosten verpflegt und bekamen jeder täglich zwei Obolen, außerdem durften die Kinder überall Obst pflücken und erhielten obendrein freien Unterricht. Antragsteller war der Troizenier Nikagoras.

Aristoteles berichtet, der Areopag habe, da die Staatskasse der Athener leer gewesen sei, von sich aus jedem Soldaten acht Drachmen auszahlen lassen; so sei es vor allem sein Verdienst gewesen, wenn die Triëren vollständig bemannt werden konnten. Kleidemos bezeichnet auch dies als listige Maßnahme des Themistokles. Als die Athener, so berichtet er, nach dem Peiraieus hinabziehen wollten, sei der Medusenkopf am Standbild der Athene verschwunden gewesen; Themistokles habe nun so getan, als suche er, und habe beim Nachforschen eine große Summe Geld unter altem Gerümpel gefunden und herausgeholt. Dies verteilte er unter die Mannschaft als Zuschuß zu den Verpflegungsgeldern. Als so die ganze Stadt aufs Meer hinausfuhr, überfiel sie gewaltiger Jammer bei diesem Schauspiel, andere staunten über den kühnen Mut der Athener, die ihre Familie am fremden Ort unterbrachten und dann ungerührt von den tränenreichen

Klagen und Umarmungen ihrer Eltern nach Salamis hinüberfuhren. Voll Mitleid gedachte man aber der Athener,
die man wegen ihres hohen Alters in der Stadt zurücklassen
mußte. Und zu Tränen rührten die zahmen Haustiere, die
ihren Herren heulend und winselnd bis an die Schiffe nachliefen. So erzählt man von dem Hund, der Perikles' Vater
Xanthippos gehörte: er habe sich von seinem Herrn nicht
trennen wollen, sei ins Wasser gesprungen und neben dem
Schiff hergeschwommen. Als er aber die Insel erreicht hatte,
fiel er infolge der Überanstrengung tot zu Boden. Man zeigt
dort noch heute eine Stelle mit dem Namen Kynossema, wo
er begraben sein soll.

11. Das war Themistokles' erste Großtat. Als er merkte, wie
die Athener ihren Aristeides nicht vergessen konnten und
besorgten, er möchte in seiner Verärgerung zu den Persern
übergehen und so der Sache der Griechen empfindlich schaden – er war ja vor Beginn des Krieges auf Themistokles'
Betreiben durch das Scherbengericht verbannt worden –,
stellte er den Antrag, es sollte denen, die nur zeitweilig verbannt seien, freistehen, zurückzukehren und mit Rat und
Tat in Gemeinschaft mit den übrigen Bürgern sich für die
Sache des Vaterlandes einzusetzen.

Eurybiades aber, der durch Spartas Ansehen das Kommando
über die Flotte hatte, verlor angesichts der drohenden Gefahr vollkommen den Kopf, wollte die Anker lichten und
zum Isthmos fahren, wo das Landheer der Peloponnesier
versammelt war. Themistokles jedoch widersetzte sich ihm
und dabei soll ein denkwürdiges Gespräch stattgefunden
haben. Als Eurybiades zu ihm sagte: „Bei den Wettspielen,
Themistokles, schlägt man die Kämpfer mit dem Stock, wenn
sie vor dem Startzeichen die Schranken verlassen", meinte
er: „Freilich, aber wenn sie zurückbleiben, bekränzt man sie
nicht." Schon hob Eurybiades den Stock, um nach ihm zu
schlagen, da rief Themistokles: „Schlag zu, aber hör mich
an." Voll Staunen über seine kaltblütige Ruhe hieß Eurybiades ihn reden. Themistokles kam also wieder auf den
Anfang ihrer Unterredung zurück und mußte dabei von
einem der Umstehenden hören, ein Vaterlandsloser habe

kein Recht, angesessene Bürger zum Verlassen und zur Preis-
gabe ihrer Heimat anzustiften. Da wandte sich Themistokles zu ihm und verwies ihm solche Rede: „Freilich, du Nichts-
würdiger, haben wir Haus und Stadt verlassen, da wir nicht
Sklaven werden wollten, um leblose Dinge zu retten. Aber
siehe, unsere Stadt ist doch die mächtigste unter allen Griechenstädten: hier diese zweihundert Schiffe, die euch zu retten gewillt sind, wenn ihr euch denn retten lassen wollt;
wenn ihr aber noch einmal an uns zu Verrätern werdet und
abzieht, so mag mancher Grieche schnell die Gewißheit bekommen, daß die Athener eine freie Stadt gewonnen haben
und ein Land, das dem verlorenen an Wert nicht nachsteht."
So sprach Themistokles, und Eurybiades nahm sich seine
Worte zu Herzen aus Furcht, die Athener möchten sie ihrem
Schicksal überlassen und fortsegeln. Und als der Eretrier den
Versuch machte, gegen ihn zu reden, meinte Themistokles:
„Dürft ihr überhaupt mitreden über den Krieg, die ihr, wie
der Tintenfisch, am Maul ein Schwert habt, aber kein Herz
in der Brust?"

12. Während Themistokles vom Deck des Schiffes herab also
sprach, soll eine Eule von der rechten Seite her auf das Tau-
werk geflogen sein, wie von manchen berichtet wird. Das
gab den Ausschlag für die Stimmung der Spartaner, und
nun wurden alle Vorbereitungen zur Seeschlacht getroffen.
Doch als die feindliche Flotte auf der Höhe von Phaleron
sich der Küste von Attika näherte und hinter ihrer Unzahl
die Gestade verschwanden, als dann der König selbst mit
dem Landheer in die Ebene am Meer hinabzog und nun
seine ungeheure vereinigte Streitmacht vor aller Augen dastand, da dachten die Griechen nicht mehr an Themistokles'
bittende Vorstellungen. Wieder sahen die Peloponnesier
sehnsüchtig nach dem Isthmos und wurden sehr ärgerlich,
wenn jemand ihnen ihren Rückzugsplan ausreden wollte.
Sie setzten also den Abzug für die nächste Nacht fest und
gaben den Steuerleuten ihre Anweisungen. Das aber konnte
Themistokles nicht ertragen, daß die Griechen den Vorteil
aufgeben wollten, den ihnen ihre Stellung in der Meerenge
bot, und statt dessen sich auflösen und in ihre Städte gehen

wollten. Deshalb ging er mit sich zu Rat und bediente sich des Sikinnos, um durch eine List die Griechen zur Schlacht zu zwingen. Sikinnos war ein persischer Kriegsgefangener, aber dem Themistokles treu ergeben, der Lehrer seiner Kinder. Ihn schickte er heimlich zu Xerxes und ließ ihm sagen: „Themistokles, der Feldherr der Athener, stellt sich auf die Seite des Perserkönigs und beeilt sich, ihm zu melden, daß die Griechen heimliche Flucht versuchen wollen. Er warnt ihn also, die Griechen entkommen zu lassen, rät ihm vielmehr, den günstigen Augenblick, wo sie keine Verbindung mit ihrem Landheer haben und in Verwirrung sind, zum Angriff zu benutzen und die Flotte zu vernichten." Xerxes nahm die Ratschläge, die ehrlich gemeint schienen, an, sandte den Kommandanten der Schiffe insgeheim Befehl, das Gros der Schiffe in aller Stille zu bemannen, zweihundert aber sofort auslaufen zu lassen, mit ihnen die Durchfahrt auf beiden Seiten zu sperren und die Inseln zu blockieren, damit kein Feind entrinnen könne.

Aristeides, Lysimachos' Sohn, bemerkte zuerst, was vorging, und eilte zu Themistokles' Zelt, obgleich er wahrlich sein Freund nicht war; denn durch ihn war er in die Verbannung geschickt, wie wir erzählt haben. Themistokles trat heraus und hörte, daß sie von den Persern umzingelt seien. Da er aber schon vorher von Aristeides' Ehrenhaftigkeit überzeugt war und sich jetzt über sein Kommen ganz besonders freute, entdeckte er ihm den Anschlag, den er mit Sikinnos' Hilfe ausgeführt hatte, und beschwor ihn, da er das Vertrauen der Griechen in noch größerem Maße besitze als er selbst, seine Leute zur Annahme der Schlacht in der Meerenge zu bewegen. Aristeides lobte Themistokles' Klugheit, wandte sich nun an alle Kommandanten und Triërarchen und sprach ihnen freudigen Kampfesmut zu. Als sie noch immer unschlüssig blieben, erschien ein tenisches Schiff unter Führung des Panaitios, das zu den Griechen übergehen wollte, und brachte sichere Kunde von der Einschließung. Da machten die Griechen endlich aus der Not eine Tugend und entschlossen sich mit Erbitterung für den Kampf.

13. Beim Morgengrauen saß Xerxes, um die Aufstellung der

Flotte besser übersehen zu können, auf der Höhe am Meer, nach dem Bericht des Phanodemos oberhalb des Herakleions, wo ein schmaler Meeresarm die Insel Salamis von Attika trennt; nach Akestodoros spielte sich diese Szene an der Grenze von Megara über den sogenannten ‚Hörnern‘ ab. Xerxes saß auf einem goldenen Thronsessel und ließ zahllose Schreiber an seine Seite treten, deren Aufgabe es war, den Verlauf der Schlacht aufzuzeichnen.

Themistokles nahm an der Reeling des Admiralsschiffes das heilige Opfer vor. Es wurden ihm drei Gefangene von erlesener Schönheit vorgeführt, auffallend durch prächtige Kleidung und goldenen Schmuck. Es hieß, sie seien Söhne der Sandake, der Schwester des Königs, und des Artayktes. Als der Priester Euphrantides ihrer ansichtig wurde, schlug aus dem Opferfeuer die Flamme leuchtend empor, und in demselben Augenblick hörte man von der rechten Seite ein Niesen. Da ergriff der Seher Themistokles' Hand und gab ihm den Befehl, in feierlicher Opferhandlung und unter Gebet alle drei Jünglinge dem Dionysos Omestes darzubringen; nur so werde Griechenland Heil und Sieg zuteil werden. Themistokles entsetzte sich über dies furchtbare Seherwort. Doch das Volk, das in gefährlichen Kämpfen und mißlicher Lage lieber von ungewöhnlichen und wunderlichen als von natürlichen und sinnvollen Mitteln Hilfe erwartet, rief wie aus einem Munde die Gottheit an, trieb die Gefangenen an den Altar und erzwang die Opferung, wie der Priester sie befohlen hatte. So berichtet ein gelehrter und glaubwürdiger Geschichtsschreiber, Phanias von Lesbos.

14. Über die Zahl der Perserschiffe berichtet der Dichter Aischylos in seinen *Persern* mit einer Genauigkeit, als wüßte er sie aus eigenem Erleben: „Dagegen dienten dort dem Xerxes tausend Schiffe. Ich weiß es ganz gewiß – und noch zweihundertundsieben von größter Schnelligkeit. So heißt die Kunde." Die Athener hatten einhundertundachtzig Schiffe, jedes mit achtzehn Streitern auf dem Vordeck, von denen vier Bogenschützen, die übrigen Hopliten waren.

Den Zeitpunkt der Schlacht hat Themistokles offenbar mit derselben Klugheit und Einsicht gewählt wie den Ort.

Denn er stellte seine Schiffe nicht eher den feindlichen zum
Kampf entgegen, als bis zur gewohnten Stunde ein frischer
Wind vom Meer her die Wellen in die Meerenge hinein-
trieb. Dieser Wind brachte den flachen und niedrigen Schiffen der Griechen keine Gefahr. Die Schiffe der Perser aber
mit ihrem hochaufragenden Bug und Verdeck waren schwer-
fällig und ließen sich deshalb bei dem Seegang schlecht
steuern. Sie legten sich quer vor die Schiffe der Griechen, die
scharf angriffen und nur auf Themistokles sahen, der ja in
jeder Lage einen Ausweg wußte. Auf ihn zielte also Xerxes'
Admiral Ariamenes mit Pfeil und Lanze von seinem hohen
Schiff wie von einer Mauer herab; er war ein tapferer Held,
der unerschrockenste und gerechteste unter Xerxes' Brüdern.
Da nahmen ihn Ameinias von Dekelea und Sokles, die zusammen auf einem Schiff dienten, aufs Korn. Als die Schiffe
Bug gegen Bug zusammenstießen und mit ihren ehernen
Schnäbeln so fest ineinanderfuhren, daß sie wie ein Schiff
waren, sprang Ariamenes auf ihr Schiff hinüber. Da drangen
sie auf ihn ein, töteten ihn mit ihren Speeren und warfen
ihn über Bord. Als sein Leichnam später zwischen den Schiffstrümmern herumtrieb, erkannte die Königin Artemisia ihn
und ließ ihn zu Xerxes bringen.

15. In diesem Augenblick der Schlacht soll von Eleusis her
ein helles Licht herübergeleuchtet haben; auch will man aus
der Ebene von Thriasos bis zum Meer hin ein lautes Jubelgeschrei vernommen haben; es war, als wenn eine große
Menschenmenge den Mysterienfestzug des Jakchos begleitete.
Aus der jubelnden Menge schien allmählich eine Wolke in
die Höhe zu steigen, vom Lande her nach dem Meer hinzuziehen und sich auf die Schiffe wieder herabzusenken. Andere glaubten wunderbare Erscheinungen zu sehen, wie ge-
harnischte Männer von Aigina her die Hände nach den griechischen Schiffen ausstreckten. Man vermutete, es seien die
Aiakiden; zu ihnen hatten nämlich die Griechen vor der
Schlacht um Hilfe gefleht. Als erster erbeutete der athenische
Kommandant Lykomedes ein Schiff; er nahm ihm die Kenn-
zeichen ab und weihte sie dem lorbeergeschmückten Apollon
in Phlya. Die anderen schlugen sich mit den Persern herum,

die in der Meerenge nur in einzelnen Abteilungen kämpfen konnten und deshalb zahlenmäßig nicht mehr überlegen waren. Und obwohl die Perser bis zum Abend Widerstand leisteten, wurden die Griechen ihrer doch endlich Herr und erfochten, wie Simonides sagt, jenen herrlichen, vielbesungenen Sieg, schöner als alle Seesiege, die je Griechen oder Perser errungen haben. Ihn erkämpften die Griechen in ihrer Einigkeit durch ihre nie ermüdende Tapferkeit, Themistokles durch seine alles überschauende Klugheit.

16. Nach der Schlacht versuchte Xerxes in seiner Erbitterung über die Niederlage über schnell aufgeworfene Dämme seine Fußtruppen nach Salamis hinüberzubringen und versperrte den Griechen auf diese Weise die Durchfahrt. Themistokles, der Aristeides auf die Probe stellen wollte, machte zum Schein den Vorschlag, man solle jetzt nach dem Hellespont segeln und die Schiffsbrücke der Perser zerstören, um, wie er sagte, Asien in Europa gefangenzusetzen. Diese Worte erregten Aristeides' Unwillen: „Bis jetzt haben wir nur einen Gegner im Kampf kennengelernt, der in üppigem Leben und Schwelgereien verweichlicht ist. Wenn wir ihm aber den Rückzug aus Griechenland abschneiden und die Furcht ihn an der Spitze seines ungeheuren Heeres zum Äußersten treibt, dann wird er nicht mehr unter goldenem Baldachin gemächlich dem Kampf zusehen. Dann wird er alles aufs Spiel setzen und in der Gefahr selbst allen zur Seite stehen. So wird er den begangenen Fehler wiedergutmachen und seine bedrohte Sache besser vertreten. Anstatt die vorhandene Brücke einzureißen, Themistokles, wäre es besser, womöglich noch eine dazuzubauen, um den Unhold schleunigst aus Europa hinauszujagen." „Dann wäre es also", meinte Themistokles, „wenn dein Vorschlag Anklang findet, an der Zeit, sogleich Rat zu schaffen, wie wir ihn am schnellsten aus Griechenland loswerden." Alle waren einverstanden, und so schickte Themistokles einen königlichen Eunuchen Arnakes, den man in der Schlacht gefangen hatte, an Xerxes mit der Meldung, die Griechen beabsichtigten, nach ihrem Sieg zum Hellespont zu fahren und die Brücke zu zerstören. Er, Themistokles, rate ihm voller Sorge, schleunigst nach

Hause zurückzukehren und nach Asien hinüberzugehen. Er selbst werde inzwischen allerlei Verzögerungen erfinden, um seine Mitkämpfer an der Verfolgung zu hindern. Bei dieser Nachricht verlor Xerxes den Kopf und trat eiligst den Rückmarsch an. Die Probe bestand Themistokles' und Aristeides' einsichtsvoller Plan in dem Treffen mit Mardonios, als sie bei Plataiai den letzten Entscheidungskampf nur mit dem kleinsten Teil von Xerxes' Streitmacht zu bestehen hatten.

17. Unter den griechischen Städten soll sich nach dem Zeugnis Herodots Aigina am meisten ausgezeichnet haben. Themistokles aber erkannten alle ohne ihren Willen den Ehrenpreis zu, obwohl sie es ihm in ihrem Neid nicht gönnten. Denn als die Feldherrn nach ihrer Rückkehr auf den Isthmos ihre Stimmsteine vom Altar nahmen, um mit ihnen den Tapfersten zu ehren, da bezeichnete jeder sich selbst als den Tapfersten, als den Zweiten nach sich Themistokles. Die Spartaner aber holten ihn nach Sparta. Dort bekam Eurybiades allerdings den Kranz von Ölzweigen als Preis für seine Tapferkeit, Themistokles aber als Anerkennung seiner Weisheit. Dazu schenkten sie ihm den schönsten Wagen, den sie in ihrer Stadt hatten, gaben ihm auch ein Geleit von dreihundert jungen Kriegern bis zur Grenze mit. Als dann bei den nächsten olympischen Spielen Themistokles im Stadion erschien, vergaßen die Zuschauer, wie berichtet wird, völlig die Kämpfenden, sahen den ganzen Tag nur auf ihn und zeigten ihn den Fremden unter freudigem Händeklatschen; er selbst gestand seinen Freunden voll Freude, jetzt ernte er den Lohn für seine Mühen um Griechenland.

18. Er war ja allerdings auch eine ehrgeizige Natur, wenn man nach den Anekdoten urteilen will, die über ihn im Umlauf sind. Als er von seiner Vaterstadt zum Flottenkommandanten gewählt war, erledigte er eigene oder öffentliche Angelegenheiten nicht mehr einzeln der Reihe nach, sondern er verschob alles auf den Tag, an dem er abreisen sollte. Damit wollte er, wenn er vieles auf einmal erledigte und dabei noch alle möglichen Leute abfertigte, den Eindruck eines wichtigen, einflußreichen Mannes erwecken. Und als er am Meeresufer die angeschwemmten Leichen besichtigte und

an ihnen die Armbänder und Halsketten sah, ließ er selbst sie liegen, machte aber seinen Freund, der ihn begleitete, darauf aufmerksam mit dem Bemerken: „Nimm's für dich; du bist ja kein Themistokles." Zu Antiphates, einem schönen Jüngling, der früher sehr von oben auf ihn herabgesehen hatte und sich jetzt ebenso eifrig um die Gunst des berühmten Mannes bewarb, sagte er: „Mein guter Junge, zwar etwas spät, aber schließlich sind wir beide doch zur Vernunft gekommen."

Auch beklagte er sich, daß die Athener ihn nicht achteten und bewunderten, sondern es mit ihm machten wie mit einer Platane, unter der man beim Unwetter Schutz sucht, um ihr bei gutem Wetter ihre Zweige und Blätter abzurupfen.

Einem Seriphier, der ihm vorhielt, er habe seinen Ruhm nicht sich selbst, sondern seiner Vaterstadt zu verdanken, entgegnete er: „Das ist richtig. Als Seriphier wäre ich kaum zu Ansehen gekommen und du schwerlich, wenn du als Athener geboren wärest." Als einer seiner Mitfeldherrn glaubte, er habe der Stadt einen guten Dienst erwiesen, brüstete er sich vor Themistokles damit und verglich seine Verdienste mit Themistokles' Taten. Da erzählte er ihm ein Gleichnis: „Mit dem Hauptfesttag fing einst der nächste Tag Streit an und warf ihm vor, er sei erfüllt von ermüdenden Anstalten, während er selbst den Leuten Muße schenke und Genuß dessen, was sie mühevoll vorbereitet hätten. Der Festtag aber erwiderte: ‚Ganz recht; aber wenn ich nicht wäre, wärest du auch nicht.' Und wenn ich", so fuhr Themistokles fort, „damals nicht gewesen wäre, wo wäret ihr jetzt?"

Von seinem Sohn, der gern seine Mutter und durch sie Themistokles selbst tyrannisierte, sagte er im Scherz, er besitze am meisten Einfluß in Griechenland; denn die Athener herrschten über die übrigen Griechen, er regiere die Athener, seine Frau regiere ihn, über sie sei aber sein Sohn der Herr. Da er es liebte, bei allem etwas Besonderes zu sein, so ließ er beim Verkauf eines Landgutes bekanntmachen, zu seinen Vorzügen gehöre auch ein guter Nachbar. Als sich zwei Athener gleichzeitig um die Hand seiner Tochter bewarben,

wies er den Wohlhabenden ab und gab sie dem anderen,
der nur einen guten Namen sein eigen nannte, „denn ich
suche einen Mann ohne Geld und nicht Geld ohne Mann".
So gab er sich in seinen Aussprüchen.

19. Unmittelbar nach der Schlacht bei Salamis begann er
sogleich Athen wieder aufzubauen und zu befestigen, nachdem er, wie Theopomp berichtet, die Ephoren in Sparta
bestochen hatte, keinen Einspruch zu erheben; aber die meisten Quellen wollen wissen, er hätte sie hinters Licht geführt. Er kam in dieser Sache angeblich als Gesandter nach
Sparta; da machte man ihm den Vorwurf, daß man in
Athen doch wieder Mauern baue, und als gar Polyarchos
eigens in dieser Sache als Bote von Aigina herbeikam und
öffentlich Klage führte, da leugnete Themistokles und verlangte, man solle doch Leute nach Athen schicken, die sich
von der Wahrheit seiner Worte überzeugen könnten. Seine
Absicht dabei war, durch den Aufschub Zeit für den Mauerbau zu gewinnen und gleichzeitig die spartanischen Gesandten den Athenern als Geiseln in die Hände zu spielen, die
für seine eigene Sicherheit bürgen sollten. Er hatte richtig
gerechnet. Denn als die Spartaner die Wahrheit erfuhren,
ließen sie ihn trotzdem unbehelligt, wenn sie ihn auch mit
heimlichem Groll im Herzen gehen ließen.

Nun baute er den Peiraieus aus, weil er die günstige Lage
der Häfen erkannt hatte, und machte so aus Athen eine
wirkliche Seestadt, obwohl er damit den Grundsätzen der
alten attischen Könige zuwiderhandelte. Diese hatten sich
nämlich, so heißt es, alle Mühe gegeben, das Augenmerk der
Bewohner vom Meer fort auf die Ausnutzung des Bodens
zu lenken und sie an ein Leben ohne Schiffahrt zu gewöhnen. Deshalb hatten sie die Fabel verbreitet, wie Athena
im Streit um den Besitz des attischen Landes Poseidon besiegte, als sie den Richtern den Ölbaum zeigte. Aber er kne-
tete nicht, wie Aristophanes sagt, Peiraieus und Athen zu
einem Teig, sondern er führte gleichsam Athen zu seiner
Hafenstadt hinab und damit das feste Land zum Meer. Die
Folge war denn auch, daß er dem niederen Volk die größere
Macht gegenüber dem Adel in die Hände legte und es über-

mütig machte, weil nun Matrosen, Rudermeister und Steuerleute an die Macht kamen. Deshalb wurde auch die Rednerbühne auf der Pnyx, die so aufgestellt war, daß die Redner
aufs Meer sahen, später von den dreißig Tyrannen nach dem
Land hingedreht. Denn die Herrschaft über das Meer, so
glaubten sie, sei die Mutter der Demokratie, während ein
Volk von Ackerbauern eher zur Oligarchie neigt.

20. Mit dem Ausbau der Flotte verband Themistokles weitere Pläne. Als nämlich nach Xerxes' Abzug die griechische
Flotte in Pagasai überwinterte, hielt er in Athen vor dem
Volk eine Rede des Inhalts, er wisse etwas sehr Nützliches
und Heilsames, was man aber der großen Menge nicht gut
verraten könne. Da riefen die Athener, er solle es dem Aristeides ins Ohr sagen, und wenn der damit einverstanden
sei, so solle es geschehen. Themistokles eröffnete also dem
Aristeides, er habe vor, die Schiffswerften der übrigen Griechen zu verbrennen. Aristeides erklärte darauf vor allem
Volk, es gäbe nichts Vorteilhafteres, aber auch kein größeres Unrecht als Themistokles' Vorhaben. Also forderten die
Athener, Themistokles solle seinen Plan aufgeben.

Als bei den Sitzungen der Amphiktyonen die Spartaner den
Ausschluß aller Städte von der Amphiktyonie forderten, die
dem Kampf gegen die Perser ferngeblieben waren, war es
wieder Themistokles, der fürchtete, es möchten Thessaler
und Argiver, ja selbst die Thebaner aus dem Bund ausgeschlossen werden; da dann Sparta in jedem Fall die Stimmenmehrheit bekommen hätte und alles sich nach dessen
Wünschen hätte richten müssen, trat er für die Städte ein
und setzte bei den Pylagoren seinen Willen durch. Er stellte
ihnen vor, nur einunddreißig Städte hätten an dem Kampf
teilgenommen und davon seien die meisten ganz unbedeutend. Es sei unerträglich, wenn außer den zwei oder drei
größeren Städten ganz Griechenland von dem Bund ausgeschlossen würde. Damit machte er sich nun wieder bei den
Spartanern höchst unbeliebt; aus Rache brachten sie Kimon
wieder zu Ehren und machten ihn zum politischen Gegenspieler des Themistokles.

21. Auch bei den Bundesgenossen war er nicht gern gesehen,

denn er fuhr von Insel zu Insel und trieb Geld ein. Als er
mit einer Geldforderung zu den Andriern kam, soll er –
nach Herodot – erklärt haben, zwei Gottheiten führe er mit
sich, die Göttin der Überredung und die Göttin der Gewalt.
Darauf soll er die Antwort bekommen haben: „Auch bei
uns wohnen zwei allmächtige Gottheiten, Armut und Mangel, die uns untersagen, dir Geld auszuhändigen." Der Dichter Timokreon von Rhodos aber schilt in einem seiner Lieder Themistokles mit bitteren Worten, er habe um Geld
die Rückkehr von Verbannten erwirkt, ihn selbst aber, seinen vertrauten Gastfreund, um schnöden Gewinnes willen
verraten. Die Stelle lautet: „Lobe du nur immer Pausanias,
Xanthippos oder Leotychidas; ich lobe mir Aristeides, den
besten Mann, der je vom heiligen Athen kam. Denn Leto
haßt Themistokles, den Lügner, den Bösewicht, den Verräter, den verworfene Gewinnsucht trieb, seinem Gastfreund
Timokreon die Rückkehr in sein Vaterland Jalysos zu vereiteln. Er ließ sich drei Talente Silber geben, machte sich
davon und fuhr ins Verderben. Mit Unrecht führt er manche
heim, raubt anderen Vaterland und Leben. So hielt er denn,
mit Silber beladen, lachend am Isthmos offene Tafel und
ließ kaltes Fleisch reichen. Man aß und wünschte ihm noch
in derselben Stunde den Tod."
Noch frecher und unverhohlener lästert Timokreon gegen
Themistokles nach seiner Verurteilung und Verbannung in
einem Lied, dessen Anfang lautet: „Laß, Muse, den Ruhm
des Liedes unter den Griechen erschallen, wie sich's geziemt."
Es heißt, Timokreon habe wegen seiner perserfreundlichen
Gesinnung in die Verbannung gehen müssen und Themistokles selbst habe seine Stimme dafür abgegeben. Als daher
auch Themistokles der Freundschaft mit den Persern beschuldigt wurde, sang Timokreon auf ihn: „Timokreon also
ist nicht der einzige, der mit den Persern es hielt. Der
Schelme gibt's noch mehr; fürwahr, ich bin nicht allein der
Fuchs in der Fabel, es gibt auch andere Füchse."
22. Der Neid gegen Themistokles hatte in den Herzen der
Athener schon so großen Raum gewonnen, daß sie willig
solchen Verleumdungen ihr Ohr liehen. Es mußte dem Volk

wirklich schon bald lästig werden, wie er es immer und immer wieder an seine Verdienste erinnerte. Auf solche Vorwürfe hielt er ihm vor: „Wird es euch denn auch zuviel, wenn ihr öfters von denselben Leuten Gutes empfangt?"
Auch dadurch zog er sich den Unwillen des Volkes zu, daß er der Artemis einen Tempel weihte und ihr den Beinamen Aristobule gab, als wolle er sich damit als den besten Ratgeber Athens und Griechenlands bezeichnen. Diesen Tempel errichtete er in der Nähe seines Hauses in Melite, an der Stelle, wohin jetzt die Henker die Leichen von Hingerichteten werfen und wohin sie die Kleider und Stricke derer, die durch Erhängen ihrem Leben ein Ende gemacht haben und abgeschnitten sind, zu bringen pflegen. Noch zu meiner Zeit stand im Tempel der Aristobule ein Standbild des Themistokles, dessen Antlitz dieselben herrischen Züge zeigte wie sein Inneres.
Endlich wandten die Athener das Scherbengericht auch gegen ihn selbst an, um sein Ansehen und seinen Einfluß zu brechen, wie sie es mit allen machten, deren Macht ihnen lästig wurde, weil sie sich nach ihrer Ansicht mit dem Grundsatz der Gleichheit aller in der Demokratie nicht vertrug. Denn der Ostrakismos war eigentlich keine Strafe, er war nur ein Trost für den Neid der lieben Mitbürger und ein Mittel, die Leute abzukühlen, die ihre Lust daran finden, große verdiente Männer zu stürzen, und so ihrem Unwillen Luft zu machen.
23. Als er sich nach seiner Verbannung in Argos aufhielt, passierte die Geschichte mit Pausanias, die seinen Feinden Veranlassung gab, auch gegen ihn vorzugehen. Leobotes, der Sohn des Alkmaion aus Agryle, klagte Pausanias des Hochverrats an und die Spartaner schlossen sich der Klage an. Pausanias hatte nämlich seine Verräterei anfangs vor Themistokles geheimgehalten, obwohl er eng mit ihm befreundet war; als er aber erfuhr, daß Themistokles die Macht verloren hatte und schwer daran trug, wagte er es, ihn zum Mitwisser des Verrats zu machen, zeigte ihm Briefe vom Perserkönig und rief ihn zur Rache gegen die niederträchtige Undankbarkeit der Griechen auf. Themistokles wies Pausa-

nias' Ansinnen zurück und lehnte die Teilnahme am Verrat rundheraus ab, hütete sich aber wohl, von der Sache mit irgend jemand zu sprechen oder sie gar zu verraten. Denn er hoffte, Pausanias werde von selbst sein Vorhaben aufgeben oder die Sache werde sonst irgendwie ans Licht kommen, da sich Pausanias ohne jede Überlegung mit so ungereimten und aussichtslosen Plänen trug. Als Pausanias dann zu Tode gekommen war, fanden sich später Briefe und Schriftstücke, die Themistokles der Mitwisserschaft verdächtig machten. Die Spartaner schlugen gewaltigen Lärm um die Sache, und Themistokles' Neider in Athen erhoben Anklage. Fern von der Heimat konnte er sich nur schriftlich verteidigen. Dabei benutzte er zu seiner Verteidigung die Anklagen, mit denen man früher seine Verbannung begründet hatte: seine Gegner hätten ihn, wiewohl fälschlich, bei seinen Mitbürgern als einen Mann dargestellt, der zwar unaufhörlich danach strebe, der Erste im Staat zu sein, aber von Natur nicht dazu geschaffen und auch nicht gewillt sei, einen Herrn über sich zu dulden; wie sollte er daran gedacht haben, sich und Griechenland unter die Herrschaft von Barbaren, geschweige denn von Landesfeinden zu beugen? Trotzdem ließ sich das Volk von den Anklägern beschwatzen und schickte Leute aus mit dem Befehl, ihn zu verhaften und in die Stadt zu bringen zur Aburteilung durch die Griechen.

24. Themistokles merkte noch rechtzeitig den Verrat und setzte nach Kerkyra über, weil er der Stadt früher einmal einen guten Dienst erwiesen hatte. Als er nämlich dort in einem Streit mit den Korinthern Schiedsrichter gewesen war, hatte er die strittige Sache dahin entschieden, daß die Korinther zwanzig Talente bezahlen und die Insel Leukas, die von beiden gemeinsam besiedelt sei, mit den Kerkyraiern zusammen besitzen sollten. Von dort kam er auf seiner Flucht nach Epeiros, und weil ihn Athener und Spartaner ständig verfolgten, floh er weiter zu dem Molosserkönig Admetos, jagte damit allerdings einer aussichtslosen Hoffnung nach. Admetos war einmal mit einem Anliegen zu den Athenern gekommen, aber Themistokles, der damals der

mächtigste Mann im Staat war, hatte ihn höhnisch abgewiesen. Diesen Schimpf trug Admetos ihm noch immer nach,
und es war zu erwarten, daß er sich bei der ersten Gelegenheit an ihm rächen würde. Als Themistokles nun aber selbst
ins Unglück geraten war, fürchtete er den augenblicklichen
Groll seiner Landsleute mehr als den verjährten Zorn eines
Königs und unterwarf sich seiner Gnade. Seltsam und ungewöhnlich war die Art, wie er es tat. Er nahm Admetos'
kleinen Sohn auf den Arm und fiel so vor dem Altar nieder;
denn das ist bei den Molossern die feierlichste und heiligste
Form der Bitte, die man kaum abschlagen darf. Es wird
auch berichtet, Admetos' Gemahlin Phthia habe Themistokles nahegelegt, in dieser Form seine Bitte vorzutragen, und
ihren Sohn neben ihn an den Altar im Hause gesetzt. Andere wieder erzählen, Admetos selbst habe ihm den Vorschlag gemacht und mit ihm wie in einer Tragödie die Bitt-
szene aufgeführt, damit er aus guten Gründen seinen Verfolgern die Auslieferung verweigern könne. Dorthin brachte
ihm der Acharner Epikrates auch seine Frau und seine Kinder, die er heimlich aus Athen entführt hatte. Stesimbrotos
berichtet, Kimon habe ihn deswegen später verurteilt und
hinrichten lassen.

Dazu stimmt aber nicht, was Stesimbrotos weiter erzählt.
Entweder hat er seinen eigenen früheren Bericht vergessen
oder er läßt Themistokles seine Familie vergessen. Denn er
erzählt weiter, Themistokles sei nach Sizilien gefahren und
habe den Tyrannen Hieron um die Hand seiner Tochter
gebeten mit dem Versprechen, er wolle ihn dafür zum
Herrn von Griechenland machen. Dann erst, als Hieron ihn
abgewiesen habe, sei er nach Asien gesegelt.

25. Das ist aber wenig wahrscheinlich. Denn Theophrast
gibt in seiner Schrift ‚Vom Königtum' einen anderen Bericht. Als Hieron einst Rennpferde nach Olympia schicken
und dort ein prächtiges Zelt aufbauen ließ, soll Themistokles vor allen Griechen geraten haben, das Zelt des Tyrannen zu zerstören und die Pferde vom Wettrennen auszu-
schließen.

Anders Thukydides' Bericht: Danach hat Themistokles den

Landweg nach dem Ägäischen Meer eingeschlagen und sich in Pydna eingeschifft, ohne sich den Mitreisenden zu erkennen zu geben. Unterwegs trieb der Sturm das Fahrzeug nach Thasos, das in dieser Zeit von den Athenern belagert wurde. Da wurde es Themistokles unheimlich. Er gab sich dem Reeder und dem Kapitän zu erkennen. Mit Bitten und Drohungen wandte er sich an sie, ja, er versprach ihnen, selbst die falsche Anklage bei den Athenern würde er nicht scheuen, sie hätten ihn wohl erkannt, sich aber von vornherein mit Geld bestechen lassen, ihn mitzunehmen. So setzte er es durch, daß sie Thasos nicht anliefen, sondern ihren Kurs auf Asien nahmen.

Einen großen Teil seines Vermögens brachten seine Freunde heimlich nach Asien in Sicherheit. Das übrige aber, dessen man habhaft werden konnte, wurde beschlagnahmt. Nach Theopomp waren es hundert Talente, nach Theophrast achtzig, und dabei hatte Themistokles, bevor er zu Amt und Würden gelangte, kaum drei Talente sein eigen genannt.

26. Nach seiner Ankunft in Kyme erfuhr er, daß hier an der Küste viele auf der Suche nach ihm waren, unter anderen auch Ergoteles und Pythodoros; denn da der König zweihundert Talente auf seine Ergreifung gesetzt hatte, so war es ein einträglicher Fang für Leute, die aus allem ein Geschäft zu machen suchen. Deshalb floh er weiter nach dem äolischen Städtchen Aigai, von niemand erkannt außer von seinem Gastfreund Nikogenes. Er war der reichste Mann in Äolien und hatte enge Beziehungen zu den persischen Großen. Bei ihm hielt er sich einige Tage verborgen, und hier geschah es, daß Olbios, der Nikogenes' Kinder erzog, nach einem Opfermahl von seinem Gott begeistert in die ekstatischen Worte ausbrach:

„Überlaß der Nacht die Stimme, überlaß ihr Rat und Sieg."
Bald darauf begab Themistokles sich zur Ruhe. Da träumte ihm, eine Schlange ringele sich um seinen Leib und winde sich nach seinem Hals hinauf. Als sie das Gesicht berührte, war es plötzlich ein Adler, der seine Fittiche um ihn breitete und ihn hoch in die Luft weithin forttrug. Dann erschien

plötzlich ein goldener Heroldstab; auf diesen stellte ihn der
Adler so fest und sicher hin, daß er wie von unheimlicher
Furcht und schwerem Alpdruck befreit war. Nikogenes
sorgte nun dafür, daß er seine Flucht fortsetzen konnte, und
ersann eine List. Die Barbaren im allgemeinen, besonders
aber die Perser, sind von Natur überaus eifersüchtig auf
ihre Frauen. Alle Ehefrauen, auch Sklavinnen und Nebenfrauen, bewachen sie ohne Unterschied streng. Nur wer zur
Familie gehört, darf sie sehen; sie leben eingesperrt in ihrem
Hause. Die Wagen, in denen sie auf ihren Reisen fahren,
sind ringsum mit Zelttuch dicht verhängt. Ein solcher Wagen
wurde für Themistokles hergerichtet. Er setzte sich hinein
und fuhr ab, und wenn unterwegs jemand fragte, wer darin
sei, so sagten seine Begleiter, es sei ein griechisches Mädchen,
das sie aus Ionien zu einem Höfling des Perserkönigs
brächten.

27. Thukydides und Charon von Lampsakus erzählen, Themistokles habe die Audienz nach dem Tode des Xerxes bei
seinem Sohn gehabt. Dagegen lassen Ephoros, Deinon, Kleitarch, Herakleides und andere ihn noch zu Xerxes selbst
kommen. Am besten stimmt die Chronologie des Thukydides, obgleich auch sie mir keineswegs gesichert erscheint.
Für Themistokles nahte nun die Entscheidung über sein
Schicksal. Zunächst wandte er sich an den Staatskanzler
Artabanos mit den Worten: „Ich bin Grieche und habe den
Wunsch, in einer Audienz mit dem König über wichtige
Angelegenheiten zu sprechen, die für ihn selbst auch von
großer Bedeutung sind." Artabanos erwiderte: „Andere
Völker, andere Sitten, Fremdling. Was die einen für schick-
lich halten, gilt anderen nicht als recht. Recht für jeden ist
es aber, die Sitten des eigenen Volkes hochzuhalten und zu
befolgen. Ihr Griechen, heißt es, schätzt die Freiheit und
Gleichheit über alles. Bei uns Persern ist unter vielen guten
Gesetzen das vornehmste, den König zu verehren und vor
ihm niederzufallen als dem Abbild des Gottes, der über
alles seine schützende Hand hält. Wenn du also getreu unseren Sitten dich zu dem Fußfall verstehen willst, so wird
man dir eine Audienz gewähren. Sonst mußt du Unterhänd-

ler zu ihm schicken. Denn der König darf nach unserer Väter Sitte niemand anhören, der nicht vor ihm niederfällt." Aufmerksam hatte Themistokles die Worte angehört. „Ich bin ja gerade gekommen", sprach er, „um Macht und Ansehen des Königs zu stärken und zu mehren. So werde ich mich nach euren Sitten richten, da es im Sinn des Gottes ist, der über die Perser waltet. Und nicht nur das: in Zukunft sollen, soviel an mir liegt, noch mehr Untertanen den mächtigsten König anbeten. So steht also der Unterredung, die ich wünsche, nichts im Wege." „Aber", versetzte Artabanos, „wie heißt der Fremdling, den wir dem König melden sollen? Deine Klugheit ist größer, als man sie bei einem gewöhnlichen Menschen vermutet." „Niemand", antwortete Themistokles, „soll eher als der König meinen Namen erfahren." So berichtet Phanias, während Eratosthenes in seinem Buch ‚Über den Reichtum' noch hinzufügt, Themistokles habe sich durch eine Frau aus Eretria, die bei Artabanos lebte, Zusammenkunft und Unterredung erwirkt.

28. So erhielt also Themistokles Zutritt zum König. Schweigend stand er nach dem hergebrachten Fußfall da, und erst auf die Frage des Königs, die er durch den Dolmetscher an ihn richtete, begann er seine Erzählung: „Ich, Themistokles aus Athen, komme auf der Flucht vor meinen eigenen Landsleuten, den Griechen, zu dir, Majestät. Viel Leid tat ich den Persern, aber mehr Gutes, als ich die Griechen hinderte, die Verfolgung aufzunehmen. Denn als mir die Befreiung Griechenlands gelungen war und keine Gefahr von euch mehr drohte, konnte ich auch euch einen Dienst erweisen. Ich bin bereit, mein Schicksal zu tragen, und komme, um die Huld eines gnädig versöhnten Herrn zu empfangen oder unvergessenen Zorn abzubitten. Rufe du selbst meine Feinde als Zeugen auf, daß ich euer Wohltäter war, und benutze mein Unglück, um deine Großmut zu zeigen, nicht um deinen Groll zu sättigen. Läßt du mich am Leben, so hast du einen Unglücklichen gerettet, der an deinem Hofe Schutz sucht; läßt du mich umbringen, so stirbt nur ein Feind der Griechen." Um seiner Erzählung noch mehr Nachdruck zu verleihen, erwähnte Themistokles schließlich noch sein Traum-

gesicht im Hause des Nikogenes und das Orakel des Zeus
von Dodona. Dieser habe ihm befohlen, zum Namensvet-
ter des höchsten Gottes zu gehen, und er habe das Orakel
so verstanden, daß der Perserkönig gemeint sei. Denn er sei
der einzige, der ebenso wie der Gott Würde und Namen des
höchsten Königs in sich vereinige. Der König hörte Themistokles' Rede schweigend an; doch bewunderte er im stillen
seinen klugen Sinn und seine kühne Unerschrockenheit. Seiner Umgebung gestand er, ihm sei ein großes Glück widerfahren. Denn schon immer habe er den bösen Geist Ahriman
durch Gebete bewegen wollen, seinen Feinden den gesunden
Menschenverstand zu rauben, so daß sie allemal die Besten
aus dem Lande jagten. Nach einem Dankopfer an die Götter veranstaltete er ein Freudengelage, und in der Nacht
darauf soll er mitten im Schlaf dreimal voller Freude gerufen haben: „Jetzt ist Themistokles aus Athen in meinen
Händen."
29. Früh am anderen Morgen berief er den Rat seiner Vertrauten und ließ Themistokles vor sich kommen, der jetzt
recht niedergeschlagen war. Mußte er doch erleben, daß die
Höflinge, sobald sie seinen Namen erfahren hatten, ihn in
ihrer Wut mit Schmähungen überhäuften. Ja, als er am Chi-
liarchen Roxanes vorbeiging und alle anderen den Thron
des Königs schweigend umstanden, mußte er von ihm den
unterdrückten Seufzer hören: „O du schillernde griechische
Schlange, des Königs guter Geist hat dich hierhergeführt."
Als Themistokles aber vor den König trat und in die Knie
sank, hob ihn der König huldvoll auf, redete freundlich zu
ihm und meinte scherzend, er sei ihm zweihundert Talente
schuldig; denn da Themistokles sich selbst ausgeliefert habe,
sei es nicht mehr als recht und billig, als daß er die Belohnung bekomme, die für den Überbringer ausgesetzt sei. Darüber hinaus machte er ihm tröstend noch allerlei Versprechungen und bat ihn, freimütig und nach Belieben über die
Lage in Griechenland zu sprechen. Themistokles aber gab
eine ausweichende Antwort: „Bunten Teppichen, allergnä-
digster König und Herr, gleicht des Menschen Rede. Rollst
du das bunte Gewebe auseinander, so erkennst du deutlich

und klar die eingewebten Muster. Schlägst du es aber zusammen, so erscheinen dieselben Bilder undeutlich und verzerrt. Darum laß mir Zeit, meine Rede zu überdenken." Der König, dem das Gleichnis gefiel, gewährte ihm die erbetene Frist von einem Jahr, so daß Themistokles Zeit hatte, die persische Sprache hinreichend zu lernen. Nach Ablauf der Frist hatte er eine Privataudienz beim König. Dabei ließ er die Höflinge in dem Glauben, es handle sich bei der Unterredung um griechische Angelegenheiten. Weil aber gerade damals der König an seinem Hof und unter seinen Freunden viele Veränderungen und Beförderungen vornahm, sahen ihn die Großen am Hofe mit neidischen Augen an. Denn sie vermuteten, Themistokles rede freimütig mit dem König auch über solche Dinge. Hatte er doch weit größeres Ansehen am Hof als einer von den Fremdlingen, die am persischen Hof Gastrecht genossen. So wurde er zu Jagden und Hoffestlichkeiten eingeladen und sogar der Königinmutter vorgestellt, zu deren Gemächern er freien Zutritt bekam. Auch die Magier mußten ihn auf Befehl des Königs in die Geheimnisse ihrer Kunst einweihen.

Einst sollte Demaratos aus Sparta, der auch in Persien lebte, sich eine Gnade ausbitten. Er wünschte sich die Erlaubnis, mit einem Königshut auf dem Kopf durch die Straßen von Sardes zu reiten. Mithropaustes aber, des Königs Vetter, tippte ihm an die Tiara und meinte: „Unter deiner Tiara sitzt ja noch nicht einmal ein Gehirn. Du wirst nicht Zeus, auch wenn du den Blitz in die Hand nimmst." Demaratos zog sich durch seine übermütige Bitte den Zorn des Königs zu, der unversöhnlich schien. Da war es Themistokles, der sich für ihn verwandte und durch seine Fürsprache den Zwist aus der Welt schaffte.

Auch die späteren Könige, unter denen der alte Streit zwischen Griechen und Persern wieder aufflammte, sollen jedem Griechen, den sie sich verpflichten wollten, die schriftliche Versicherung gegeben haben, er solle noch höher stehen als Themistokles. Man erzählt auch folgende Geschichte von ihm: Als er bei den Persern schon in hohem Ansehen stand und viele ihm huldigten, wurde einst ein reichbesetzter

Tisch vor ihn gestellt. Da soll er zu den Kindern gesagt haben: „Wahrlich, wir wären verloren, wenn wir nicht verloren wären." Drei Städte, so berichten viele Historiker, soll der König ihm geschenkt haben: Magnesia für das Brot, Lampsakos für den Wein und Myus für den Nachtisch. Neanthes von Kyzikos und Phanias fügen noch zwei hinzu: Perkotes für das Bett und Palaiskepsis für die Kleidung.

30. Um jene Zeit fügte es sich, daß Themistokles in Sachen der Griechen nach dem Küstengebiet reisen mußte. Unterwegs versuchte der Satrap von Oberphrygien, ein Perser namens Epixyes, ihn aus dem Wege zu räumen, und hatte für diesen Zweck schon längst ein paar Pisiden gedungen. In dem Dorf Leontokephalon sollten sie ihn nachts im Schlaf umbringen. Als er nun einmal Mittagsschlaf hielt, erschien ihm die Göttermutter im Traum und sprach: „Meide, Themistokles, des Löwen Haupt, damit du dem Löwen nicht in die Klauen fällst. Gib mir aber für den guten Rat deine Tochter Mnesiptolema als Dienerin." Bestürzt über diesen Traum verließ Themistokles nach einem Dankgebet an die Göttin die Landstraße, machte einen Umweg um Leontokephalon und übernachtete auf freiem Felde. Nun war eins von den Lasttieren, die das Zelt trugen, ins Wasser gefallen, und die Diener hatten die nasse Zeltleinwand zum Trocknen aufgehängt. Da stürmten die Pisiden mit dem Schwert in der Hand heran, und weil sie in dem schwachen Mondlicht nicht deutlich erkennen konnten, was da hing, hielten sie es für das Zelt des Themistokles, meinten auch, er schliefe darin. Sie kommen heran und heben den Vorhang hoch, da dringen die Posten auf sie ein und nehmen sie gefangen. So war Themistokles der Gefahr entronnen, und um der Göttin für ihr hilfreiches Erscheinen seine dankbare Verehrung zu beweisen, ließ er in Magnesia der Dindymene einen Tempel erbauen und machte seine Tochter Mnesiptolema zur Priesterin.

31. Als er nach Sardes kam und gerade Zeit hatte, betrachtete er die Tempelbauten mit ihren unzähligen Weihgeschenken und fand dabei im Tempel der Göttermutter die sogenannte Wasserträgerin, eine zwei Ellen hohe Bronze-

figur. Als ihm noch in Athen die Wasserleitungen unterstanden, hatte er sie anfertigen lassen aus den Strafgeldern
der Leute, die beim Entwenden und Ableiten des Wassers
ertappt waren. Ob es ihm nun leid tat, daß das Bildwerk
wie eine Kriegsgefangene in fremden Landen stand, oder
ob er den Athenern zeigen wollte, was er in Persien erreichen könnte, genug, er wandte sich an den Satrapen von
Lydien mit der Bitte, die Mädchenfigur nach Athen zurück-
zuschicken. Der Perser wurde aber ärgerlich und drohte, er
werde es dem König schreiben. In seiner Angst flüchtete
Themistokles zu den Frauen des Serails, gewann sie mit
Geld und besänftigte den Zorn des Satrapen, sah sich aber
in Zukunft besser vor.

Denn jetzt mußte er auch schon den Neid der Barbaren
fürchten. Es trifft nämlich nicht zu, Themistokles sei in
Asien herumgereist, wie Theopomp erzählt. Er hatte vielmehr in Magnesia seinen festen Wohnsitz, wo er reiche Einkünfte bezog und geehrt wurde wie die edelsten Perser.
Lange Zeit konnte er dort ungestört leben. Denn der König
fand in den inneren Provinzen seines Landes so viel zu tun,
daß er keine Zeit hatte, sich um die Griechen zu kümmern.
Als aber Ägypten mit Unterstützung der Athener abfiel,
als griechische Ruderer bis auf die Höhe von Kypros und
Kilikien fuhren und als Kimon über die Meere herrschte,
wurde der König aufmerksam. Er erkannte die Notwendigkeit, die Griechen anzugreifen und ihrer wachsenden Macht,
die den Persern gefährlich werden könnte, Einhalt zu tun.
Sofort wurden Heere aufgeboten, Feldherren ins Feld be-
ordert. Schließlich ergingen Botschaften des Königs an Themistokles mit dem Befehl, gegen die Griechen mitzuziehen
und sein Versprechen wahr zu machen. Da fühlte Themistokles, daß aller Zorn gegen seine Landsleute verraucht
war; er machte sich nichts aus einer ehrenvollen Stellung im
Krieg gegen die Griechen. Er hielt das Unternehmen kaum
für ausführbar, weil die Griechen damals gerade hervorragende Feldherren gewählt hatten und das Glück besonders Kimon bei allen seinen kriegerischen Unternehmungen
zur Seite stand. Vor allem befiel ihn Scham, wenn er daran

dachte, wie hell sein Ruhm im Glanze seiner Taten und seiner Siegeszeichen erstrahlt war, und so wollte er ein ruhmvolles Leben ruhmvoll enden. Nach einem feierlichen Opfer nahm er Abschied von der Schar seiner Freunde und trank Ochsenblut. So wird allgemein überliefert, doch nennen andere Quellen ein schnellwirkendes Gift als Todesursache. Themistokles starb zu Magnesia im fünfundsechzigsten Lebensjahr nach einem Leben als Staatsmann und Feldherr. Als der König den Grund und die Art seines Todes erfahren hatte, soll er ihn noch inniger verehrt und für seine Freunde und seine Familie mit wahrhafter Güte gesorgt haben.

32. Themistokles hinterließ von seiner Gemahlin Archippe, einer Tochter Lysanders von Alopeke, drei Söhne: Archeptolis, Polyeuktos und Kleophantos. Den dritten, sonst unbedeutenden, erwähnt Platon als hervorragenden Reiter. Von den beiden ältesten war Neokles schon als Kind an einem Pferdebiß gestorben, Diokles war von seinem Großvater adoptiert. Außerdem hatte Themistokles mehrere Töchter. Mnesiptolema von seiner zweiten Gemahlin heiratete ihren Stiefbruder Archeptolis; Italia wurde die Gemahlin des Panthoides von Chios, Sybaris heiratete den Athener Nikodemos. Nach Themistokles' Tode bekam sein Bruderssohn Phrasikles Nikomache von ihren Brüdern zur Gemahlin. Er war zu diesem Zweck nach Magnesia gekommen. In seinem Hause wurde Themistokles' jüngste Tochter, Asia, erzogen.

Die Einwohner von Magnesia haben auf ihrem Marktplatz das prächtige Grabmal des Themistokles. Wenn aber Andokides in seiner Rede ‚An die Freunde' behauptet, die Athener hätten die Gebeine des Themistokles heimlich entführt und in alle Winde verstreut, so darf man ihm keinen Glauben schenken. Denn mit dieser Lüge will er nur die Oligarchen gegen das Volk aufhetzen. Und wenn Phylarchos in seiner Geschichte wie in einer Tragödie die Göttermaschine arbeiten und Neokles und Demopolis, die Söhne des Themistokles, auftreten läßt, so will er mit dieser Erfindung, wie auch der Einfältigste merken kann, nur Rührung und Mitleid erwecken. Der Erzähler Diodor in seiner Schrift ‚Berühmte Grabstätten' sagt wohl mehr auf Grund einer Vermutung als eines wirklichen Wissens, daß gegenüber dem Vorgebirge von Alkimos eine Landzunge liegt, die den großen Hafen des Peiraieus umschließt. Wenn man um diese Landzunge herum in das ruhige Wasser der Bucht kommt, so steht auf einer riesigen Plattform ein hoher Aufbau wie ein Altar. Das soll nach Diodor Themistokles' Grab sein. Er führt auch den Komiker Platon als vermeintlichen Zeugen an:

> Dein Grabmal pranget einst an einem schönen Platz.
> Seefahrer werden es aus jedem Lande grüßen.
> Es wird die Schiffe sehn, die aus- und einwärts segeln,
> Und zuschaun, wenn in heißem Kampf die Schiffe streiten.

Noch zu meiner Zeit genossen die Nachkommen des Themistokles in Magnesia Vergünstigungen, deren sich auch mein vertrauter Freund und Mitschüler beim Philosophen Ammonios, der Athener Themistokles, erfreute.

PERIKLES

(Um 500 — 429 v. Chr.)

Augustus sah einst in Rom, wie einige reiche Fremde junge
Affen und Hunde im Arm trugen und zärtlich liebkosten.
Da fragte er sie, ob denn bei ihnen die Weiber keine Kinder
zur Welt brächten, und gab ihnen mit dieser wahrhaft
fürstlichen Rede einen verdienten Verweis: verschwendeten
sie doch die uns eingeborene Liebe und Zärtlichkeit, auf die
nur Menschen Anspruch haben, an Tiere. Da in unserer
Seele von Natur der Trieb wohnt, zu lernen und zu sehen,
ist es da nicht billig, Menschen zu tadeln, die das Gute und
Nützliche vergessen, weil sie nur an Dinge denken, die zu
sehen und zu hören nicht verlohnt? Freilich, unsere Sinne
verhalten sich dem Eindruck der äußeren Welt gegenüber
nur passiv und müssen wohl jeden Eindruck, mag er nützlich oder unnütz sein, in sich aufnehmen; wer aber seinen
Verstand gebrauchen will, dem hat es die Natur gegeben,
nach Belieben jederzeit willkürlich seine Aufmerksamkeit
auf bestimmte Dinge hinzuwenden oder sich von ihnen ab-
zuwenden. Daher soll der Mensch immer nur nach dem
Besten streben, nicht allein um es zu betrachten, sondern um
durch die Betrachtung Förderung zu erfahren. Denn wie
dem Auge *die* Farbe am zuträglichsten ist, deren anmutige
Frische Freude erweckt und zugleich das Sehen stärkt, so
soll man seine Seele auf solchen Anblick richten, der durch
die Freude zu dem ihr eigentümlichen Guten hinführt.
Dies gilt in besonderem Maß von den Taten großer Männer; denn sie wecken bei allen, die sie näher betrachten, Eifer
und mutigen Entschluß zur Nachahmung. Bei anderen Dingen folgt der Bewunderung ja nicht sogleich das Verlangen,
das Bewunderte nachzuahmen; im Gegenteil finden wir oft
an einem Werk Vergnügen und verachten trotzdem den
Meister. An Purpurgewändern und wohlriechenden Salben
haben wir oft unsere Freude; aber Färber und Salbenköche
bleiben für uns geringe und schmutzige Handwerker. Anti-

sthenes gab also die rechte Antwort, als man ihm Ismenias als trefflichen Flötenspieler pries: „Gewiß ist er ein schlechter Mensch, sonst wäre er kein so trefflicher Flötenspieler." Ähnlich antwortete König Philipp seinem Sohne Alexander, der bei einem Gastmahle meisterhaft und voller Anmut Zither spielte: „Schämst du dich nicht, so schön zu spielen? Es ist schon genug, wenn ein König sich die Zeit nimmt, Zitherspielern zuzuhören, und er erweist den Musen viel Ehre, wenn er anderen bei solchen Wettkämpfen zuschaut."
2. Wer sich mit niedriger Arbeit abgibt, verschwendet seine Mühe an unnütze Dinge: ein deutliches Zeichen, daß ihn das Schöne wenig kümmert. Und kein edler Jüngling hat noch, wenn er den Zeus in Olympia oder die Hera in Argos sah, darum gleich ein Pheidias oder Polyklet werden wollen; und ebensowenig ein Anakreon, Philemon oder Archilochos, soviel Freude er auch an ihren Werken hatte. Denn wenn ein Werk durch seine Schönheit anspricht, so braucht sein Schöpfer deshalb noch nicht Achtung zu verdienen. So ist es auch nutzlos, Dinge zu betrachten, die in der Seele nicht den Eifer, sie nachzuahmen, nicht den feurigen Trieb, nicht das unverdrossene Streben, dem Vorbild ähnlich zu werden, wecken. Das Heldentum allein fordert uns durch die Taten unmittelbar auf, sie nicht nur zu bewundern, sondern es ihren Helden gleichzutun. An den Gütern des Glückes schätzen wir nur Besitz und Genuß, aber am Heldentum die Taten. Besitz und Genuß erwarten wir von andern, Heldentaten tun wir für die andern. Denn das Gute zwingt uns zu sich und weckt sogleich den Entschluß zur Tat; es formt den Charakter des Betrachtenden nicht durch Nachahmung, sondern begeistert ihn zum Entschluß schon durch die bloße Betrachtung der Tat.
Dies hat mich denn auch bewogen, die Lebensbeschreibungen berühmter Männer fortzusetzen. In diesem Buch habe ich Perikles und Fabius Maximus, Hannibals großen Gegner, geschildert. Denn sie glichen sich in manchen edlen Charakterzügen, am stärksten in ihrer Milde, Gerechtigkeit und der Gabe, die Unbill ihres Volkes und ihrer Amtsgenossen zu ertragen: zwei Männer, die ihrem Vaterland ein langes

Leben treu dienten. Ob ich meinen Zweck erreicht habe, mag der Leser entscheiden.

3. Perikles stammte aus der Phyle Akamantis, aus dem Demos Cholargos, und von beiden Eltern her aus vornehmem Haus und Geschlecht. Denn Xanthippos, der bei Mykale die Feldherren des Königs von Persien schlug, heiratete Kleisthenes' Nichte Agariste. Dieser hatte einst die Söhne des Peisistratos vertrieben, mit entschlossenem Mute die Tyrannis beseitigt, Gesetze erlassen und eine Verfassung gegeben, die in ihrer weisen Abgewogenheit Einheit und Wohlfahrt des Staates förderte. Agariste träumte einst, sie habe einen Löwen geboren. Wenige Tage später brachte sie Perikles zur Welt. Man fand an seinem Körper nichts auszusetzen, nur der Kopf war unverhältnismäßig lang. Daher tragen fast alle seine Bildsäulen einen Helm, offenbar wollten die Künstler ihn nicht kränken. Aber die attischen Dichter nannten ihn deshalb Schinokephalos, Meerzwiebelkopf; denn Schinos brauchen sie zuweilen für Skilla, Meerzwiebel. Der Komiker Kratinos wagt von ihm in seinen ‚Cheirones' das spöttische Wort: „Der alte Kronos zeugt' einst in der Zwietracht Armen den mächtigsten Tyrann. Die Götter nennen ihn Kephalegeretas." Ähnlich in der ‚Nemesis': „Komm, sel'ger Großkopf Zeus, der Gastfreundschaft Beschützer." Und Telekleides sagt, Perikles sitze bald in der Stadt mit schwerem Haupte, ratlos über die Händel, bald lasse er im stillen Kämmerlein aus seinem elfschläfrigen Kopfe lautes Getümmel hervorbrechen. Eupolis erkundigt sich in seinen ‚Demoi' nach all den Demagogen, die aus der Unterwelt heraufgestiegen waren, und als zuletzt auch Perikles genannt wird, fragt er: „Was führtest du das Haupt der Unterwelt herauf?"

4. Sein Lehrer in der Musik war, wie die meisten Quellen berichten, Damon, in dessen Namen man die erste Silbe kurz aussprechen müsse. Nach Aristoteles hat ihn Pythokleides in der Musik unterrichtet. Damon war, wie es scheint, ein echter Sophist. Für ihn war die Musik nur ein Deckmantel, um seine sophistische Gewandtheit vor der großen Menge geheimzuhalten. Er war des Perikles vertrauter

Freund. In der Staatskunst betreute er ihn wie den Sports-
mann der Trainer und Fechtmeister. Doch merkte man
bald, daß für Damon die Leier nur ein Vorwand war, und
verbannte ihn deshalb als Ränkeschmied und Tyrannenfreund durch das Scherbengericht auf zehn Jahre. Den Komödiendichtern lieferte er manchen Stoff für ihre Spöttereien. So läßt Platon ihn fragen: „Fürs erste sage mir, ich
bitte dich, hast du, o Cheiron, wie es heißt, den Perikles erzogen?" Auch hörte Perikles Zenon von Elea. Dieser beschäftigte sich wie Parmenides mit der Naturphilosophie;
dabei hatte er sich eine ungemeine Fertigkeit erworben, seine
Gegner in der Debatte zu widerlegen und durch starke Ein-
würfe in die Enge zu treiben. Davon spricht Timon von
Phleius an irgendeiner Stelle: „Und die gewaltige Stärke
des Zenon, der ohne zu fehlen jeden mit zwiefacher Zunge
besiegt."
Perikles verkehrte am meisten mit Anaxagoras von Klazomenai. Er war es, der Perikles jene Kraft, jenen festen und
standhaften Mut, das Volk zu leiten, lehrte und überhaupt
seinen Charakter zur Würde und Vollkommenheit erzog.
Ihm gaben seine Zeitgenossen den Beinamen Nus, *Verstand;* bewunderten sie doch seine tiefe Einsicht in das
Wesen der Welt. Vielleicht gaben sie ihm den Namen aber
auch, weil er zuerst als Prinzip der Weltordnung nicht den
Zufall, noch die Notwendigkeit, sondern den *Verstand*
setzte, der selbst rein und lauter aus dem Chaos die gleich-
artigen Teile absonderte.
5. Diesen Mann bewunderte Perikles über die Maßen, von
ihm wurde er in die Erkenntnis der Himmelserscheinungen
und Himmelskörper eingeführt. Solcher Lehre verdankte er
es, wenn sein Wesen und Sinn würdevollen Ernst, seine
Rede Erhabenheit spiegelte, die sich von niedriger und be-
rechnender Schmeichelei rein hielt. Ihm verdankte er auch
das ernste Gesicht, das sich nur selten zu einem Lächeln ver-
zog, den gelassenen Gang, den anständigen Faltenwurf des
Mantels, den auch bei seinen Reden keine Erregung in Unordnung brachte, den ruhigen Tonfall der Stimme und
manche andere Eigenschaften, die jedermann mit Staunen

erfüllten. Ja, als ihn einst auf dem Markt ein unverschämter Kerl den ganzen Tag schmähte und lästerte, ertrug er es
schweigend und erledigte sogar dabei einige wichtige Angelegenheiten. Gegen Abend ging er seelenruhig nach Hause,
immer gefolgt von diesem Menschen, der ihm unablässig die
ärgsten Grobheiten nachrief. Als er dann ins Haus treten
wollte – es war schon dunkel –, befahl er einem Bedienten,
eine Laterne zu nehmen und den Mann nach Hause zu
bringen.

Aber der Dichter Ion will wissen, Perikles habe in seinem
Verkehr mit den Menschen Eitelkeit und heimlichen Stolz
nicht verbergen können, und in seine Großsprecherei habe
sich immer viel Hochmut und Verachtung gegen andere gemischt. Dagegen lobt er den Takt, die Höflichkeit und die
Herzensbildung, die Kimon im Umgang zeigte. Doch ist auf
Ions Urteil nicht viel zu geben; für ihn gehört der Scherz
zur Tugend, wie zur Tragödie das Satyrspiel. Wenn die
Leute die herbe Strenge des Perikles Hochmut und Ehrsucht
nannten, so hielt Zenon ihnen vor, sie sollten nur selbst
ebenso ehrsüchtig sein; denn wer in seinem Auftreten auch
nur äußerlich edle Würde zeige, werde sich unvermerkt an
das Edle gewöhnen und es liebgewinnen.

6. Allein die Würde des Auftretens war nicht der einzige
Gewinn, den Perikles dem Umgang mit Anaxagoras verdankte; wahrscheinlich von ihm lernte er auch die Verachtung des Aberglaubens, der bei ungewöhnlichen Erscheinungen die Menschen schreckt, weil sie ihre Ursachen nicht kennen und in ihrer Torheit vor dem Walten der Götter in
Furcht erbeben. Davon befreit nur die Naturphilosophie;
sie läßt zugleich statt des bänglichen, furchtsamen Aberglaubens auf dem Boden froher Hoffnung unbeirrbare Fröm-
migkeit erwachsen.

Eines Tages, erzählt man, wurde Perikles ein Widderkopf
mit einem einzigen Horn von seinem Landgut gebracht. Als
der Seher Lampon das feste, starke Horn mitten auf der
Stirn sah, gab er die Erklärung, alle Gewalt, die jetzt unter
die beiden im Staate herrschenden Parteien des Thukydides
und Perikles geteilt sei, werde sich auf den Mann vereinigen,

bei dem sich dieses Wunder ereignet habe. Anaxagoras zer-
legte die Hirnschale und zeigte, wie das Gehirn die Höhle
nicht ganz ausfüllte, sondern spitz wie ein Ei von allen
Seiten der Hirnschale nach der Stelle hindrängte, wo die
Wurzel des Horns ihren Anfang nahm. Damals erntete
Anaxagoras bei allen Beifall. Aber bald mußte er den Ruhm
an Lampon abtreten: als nämlich Thukydides gestürzt und
alle Macht im Staate in Perikles' Hände gekommen war.
Meines Erachtens hatten beide, der Philosoph und der Seher, recht, denn der eine hatte die Ursache des Zeichens
richtig erkannt, der andere die Bedeutung. Anaxagoras sollte
untersuchen, woher es gekommen und wie es entstanden sei,
Lampon, zu welchem Zweck es geschehen und was es bedeute. Wenn man aber behauptet, die Entdeckung der Ursache vernichte das Vorzeichen als solches, so vergißt man,
daß man mit den göttlichen Zeichen zugleich auch die von
den Menschen ersonnenen Zeichen verwirft, zum Beispiel
den Klang des Gongs, das Leuchten der Fackel, den Schatten
der Sonnenuhr, Dinge, die in wohlüberlegter Absicht ver-
fertigt sind, um als Zeichen für einen bestimmten Vorgang
zu dienen. Doch gehört das wohl eher in einen anderen Zusammenhang.

7. In seinen jüngeren Jahren hatte Perikles große Scheu vor
dem Volk. Denn seine Ähnlichkeit mit dem Tyrannen Peisistratos war überraschend, und alte Leute bemerkten mit
Entsetzen, wie sehr er ihm im Wohllaut der Stimme und in
seiner schnellen, geläufigen Art zu sprechen glich. Da er
überdies großen Reichtum besaß, aus einer vornehmen Familie stammte und Freunde von mächtigem Einfluß hatte,
so fürchtete er die Verbannung durch das Scherbengericht.
Deshalb mied er die Politik, aber im Kriege war er ein tapferer, beherzter Soldat. Als Kimon nach dem Tode des Aristeides und der Verbannung des Themistokles fast die ganze
Zeit außerhalb Griechenlands in Kriege verwickelt war,
entschloß er sich, auf die Seite des Volkes zu treten; so
wählte er die Partei der besitzlosen Menge, nicht die der
wohlhabenden Minderheit, obwohl er in seinem Herzen gewiß kein Demokrat war. Aber er fürchtete, wie es scheint,

den Verdacht, er wolle Alleinherrscher werden, und er bemerkte auch, daß Kimon als eifriger Aristokrat der Liebling
der Vornehmen war. Deswegen schlug er sich denn zum
Volk, um sich Sicherheit für seine Person und gegen Kimon
einen mächtigen Anhang zu verschaffen.

Sofort änderte er auch sein Auftreten. Nur einen Weg sah
man ihn in der Stadt noch gehen, auf den Markt und zum
Rathaus. Er nahm keine Einladungen mehr an und verzichtete auf jede fröhliche Geselligkeit, so daß er während seiner ganzen langen Regierung bei keinem seiner Freunde zu
Gaste war, außer bei der Hochzeit seines Vetters Euryptolemos; aber auch hier blieb er nur bis zum Trankopfer nach
dem Essen und entfernte sich dann sofort. Denn in lustiger
Gesellschaft kann leicht jeder Stolz Schiffbruch erleiden, und
es ist schwer, im vertrauten Umgang Würde und Ansehen
zu behaupten. Gleichwohl erweist sich bei wahrer Größe
immer die Eigenschaft als die schönste, die im täglichen Leben
am deutlichsten hervortritt, und in dem Auftreten wahrhaft
großer Männer erscheint dem Fernstehenden am wunderbarsten ihr persönlicher Verkehr mit den Vertrauten. Indes
vermied Perikles auch einen steten Verkehr mit dem Volk,
und damit es seiner nicht so bald überdrüssig würde, pflegte
er sich ihm nur dann und wann zu zeigen. Daher nahm er
nicht bei jedem Anlaß das Wort, trat auch nicht immer vor
dem Volke auf, sondern machte sich rar wie das salaminische
Schiff – so drückt sich Kritolaos aus – und erledigte selbst
nur die wichtigsten Geschäfte; die anderen ließ er durch
seine Freunde und durch ergebene Politiker besorgen. Unter
ihnen nennt man Ephialtes, der die politische Macht des
Areiopags brach und den Bürgern, wie Platon sagt, die Freiheit wie lauteren Wein zu reichlich einschenkte. Dadurch
wurde das Volk, um mit den Komödiendichtern zu reden,
so unbändig, daß es wie ein wildes Pferd sich keinem Zügel
mehr fügen wollte, sondern Euboia biß und die Inseln an-
sprang.

8. Nach diesem Stil seines Lebens und der Größe seiner Gesinnung stimmte Perikles seinen Vortrag wie ein Instrument; dabei baute er oft auf den Lehren des Anaxagoras

auf, und so härtete er die Kunst seiner Rede in den Erkenntnissen der Naturphilosophie wie in einem Stahlbad. Deshalb mußte er alle andern Redner übertreffen, weil er, wie der unsterbliche Platon sagt, den Stolz der Gesinnung und die Kraft der Tat mit seinen angeborenen hohen Gaben durch die Erkenntnis der Natur verband und, was aus dieser Philosophie anwendbar war, mit der Kunst des Vortrages verschmolz. Davon bekam er denn auch den Beinamen *Der Olympier,* wenn auch manche glauben, man habe ihm diesen wegen der prachtvollen Gebäude gegeben, mit denen er die Stadt schmückte, andere wegen seiner großen Leistungen als Staatsmann und Feldherr. Ebenso wahrscheinlich ist es, daß der Ruhm seines Namens auf seinen vielen großen Eigenschaften beruhte. Freilich, die Komödien der Dichter seiner Zeit, die im Scherz und im Ernst sich oft mit ihm beschäftigten, zeigen, daß er den Beinamen vor allem wegen der Gewalt seiner Rede erhielt; er donnere, sagen sie, und blitze, wenn er zum Volke rede, und auf der Zunge trage er einen furchtbaren Donnerkeil. Über diese Beredsamkeit erzählt man sich auch ein Scherzwort des Thukydides, des Sohnes des Milesias. Thukydides gehörte nämlich zu der Partei der Aristokraten und war Perikles' politischer Gegner. Als ihn einst der Spartanerkönig Archidamos fragte, ob er oder Perikles der bessere Ringer sei, antwortete er: „Wenn ich ihn auch zu Boden werfe, bestreitet er doch, gefallen zu sein, behält recht und überredet selbst Leute, die ihn haben fallen sehen."

Bei alledem war Perikles in seinem Vortrag sehr vorsichtig. Wenn er zur Rednerbühne ging, betete er zu den Göttern, ihm möge ja nicht unwillkürlich ein Wort entfallen, das dem Thema der Beratung nicht angemessen sei. Schriften hat er nicht hinterlassen, außer den von ihm verfaßten Volksbeschlüssen. Daher kennt man eigentlich nur wenige Aussprüche von ihm, wie etwa: Man müsse Aigina vom Peiraieus wie Eiter aus dem Auge wegwischen; oder den Ausspruch, er sehe schon den Krieg gegen Athen vom Peloponnes heranziehen. Als einst Sophokles bei einem Kriegsunternehmen zur See mit ihm zusammen das Kommando führte und einen schönen Knaben pries, sagte er: „Sophokles, ein Feldherr soll nicht nur die Hände, sondern auch die Augen rein halten." Stesimbrotos erwähnt, in der Leichenrede zu Ehren der auf Samos gefallenen Athener habe er gesagt, sie seien unsterblich geworden wie die Götter: „Denn wir sehen die Götter nicht selbst, schließen aber aus den Ehren, die sie genießen, und den Wohltaten, die sie uns erweisen, auf ihre Unsterblichkeit. Dasselbe gilt für die Tapferen, die ihr Leben für das Vaterland dahingegeben haben."

9. Thukydides beschreibt die Regierung des Perikles als eine Art Aristokratie: dem Namen nach sei sie zwar eine Demokratie gewesen, in Wahrheit aber eine Herrschaft in den Händen des ersten Mannes. Nach anderen Quellen freilich war er es, der zuerst das Volk verwöhnte, indem er Land für überseeische Siedlungen verteilen, Eintrittsgelder für die Theater verschenken und Tagegelder für Dienste, die man dem Staat geleistet hatte, ausgeben ließ. So wurde das bis dahin bescheidene und arbeitsame Volk unter dem Einfluß dieser staatlichen Maßnahmen verschwenderisch und übermütig. Also wird es nötig sein, den Ursachen dieser Veränderung in den Begebenheiten selbst nachzugehen.

Da Perikles, wie bemerkt, im Anfang dem großen Ansehen Kimons die Waage halten mußte, suchte er sich beim Volk beliebt zu machen. Aber er besaß bei weitem nicht Reichtum und Gut wie jener, der damit den Armen half, für alle, die kamen, täglich offene Tafel hielt, die Alten kleidete, sogar auf seinen Landgütern die Zäune wegreißen ließ, damit man dort nach Belieben Früchte holen könne. In solchen demagogischen Künsten kam Perikles freilich Kimon gegenüber immer zu kurz; deshalb griff er, wie Aristoteles sagt, auf den Rat des Damonides von Oia zu dem Mittel, öffentliche Gelder an das Volk zu verteilen. So bestach er gar bald den Pöbel durch Schauspielgelder, Richtersold, Belohnungen und Schenkungen, um ihn gegen den Einfluß des Areiopags gebrauchen zu können. Zu dessen Mitgliedern gehörte er selbst nicht, denn das Los machte ihn niemals zum Archon Eponymos, Thesmothetes, Basileus oder Polemarchos. Diese Ämter wurden nämlich von alters her durch das Los vergeben, und wer sich in ihnen bewährt hatte, rückte in den Areiopag ein. Als Perikles nun den stärkeren Anhang im Volk gewonnen hatte, zerbrach er die Macht dieser Körperschaft; durch Ephialtes ließ er ihr die Entscheidung in den meisten Angelegenheiten abnehmen und erreichte es, daß Kimon als Spartanerfreund und Volksfeind verbannt wurde. Und doch war Kimon der Mann, den an Adel und Reichtum kein Bürger übertraf, der die herrlichsten Siege über die Perser erfochten und die Stadt mit Reichtum und Beute erfüllt hatte, wie ich in seinem Leben erzählt habe. So groß war die Gewalt, die Perikles über das Volk hatte.

10. Nun war das Scherbengericht in Athen eine Einrichtung, durch die nach dem Gesetz die Verbannung auf zehn Jahre ausgesprochen wurde. Als die Spartaner jedoch in dieser Zeit mit einem starken Heer in das Gebiet von Tanagra einfielen und die Athener ihnen sofort entgegenzogen, kam Kimon aus der Verbannung zurück, trat bewaffnet in die Abteilung seiner Phylengenossen ein und wollte die Gefahr mit den übrigen Bürgern teilen, um sich von dem Vorwurf der Spartanerfreundlichkeit durch die Tat zu reinigen. Allein Perikles' Freunde traten zusammen und jagten ihn wieder fort, denn die Zeit seiner Verbannung sei noch nicht abgelaufen. Darum scheint auch Perikles gerade in dieser Schlacht mit besonderer Tapferkeit gefochten und sich vor allen ausgezeichnet zu haben, ohne sein Leben zu schonen. Aber auch Kimons Anhänger, die Perikles ebenfalls des Einverständnisses mit den Spartanern beschuldigt hatte, fielen sämtlich in diesem Gefecht. An der Grenze Attikas geschlagen, mußten die Athener für den nächsten Sommer auf einen schweren Kampf gefaßt sein. Deshalb reute sie ihr Vorgehen gegen Kimon, und sie wünschten ihn zurück. Perikles bemerkte diese Stimmung und säumte nicht, dem Wunsche des Volkes entgegenzukommen. Er fertigte sogleich selbst das Dekret aus, das Kimon zurückrief, und dieser vermittelte dann auch nach seiner Heimkehr den Frieden zwischen den beiden Staaten; denn die Spartaner schätzten ihn, wie sie Perikles und die übrigen Demokraten ablehnten.

Nach anderen Nachrichten hat Perikles Kimons Rückberufung erst beantragt, als dessen Schwester Elpinike einen geheimen Vertrag zwischen ihnen vermittelt hatte. Nach ihm sollte Kimon mit einer Flotte von zweihundert Schiffen über See Krieg führen und das Land des Großkönigs verwüsten, Perikles sollte indessen in der Stadt die Herrschaft ausüben. Elpinike hatte, wie man glaubt, schon früher einmal Perikles für Kimon gewonnen, als dieser auf Leben und Tod angeklagt war; Perikles gehörte nämlich zu den Anklägern, die das Volk bestellt hatte. Als Elpinike zu ihm kam und für ihren Bruder bat, sagte er lächelnd: „Alt bist du, Elpinike, viel zu alt für solche Dinge!" Doch nahm Perikles in der Verhandlung nur ein einziges Mal das Wort, um wenigstens der Form zu genügen, und hatte so, als er wegging, dem Kimon weniger geschadet als die übrigen Ankläger. Also verdient Idomeneus wahrhaftig keinen Glauben, wenn er Perikles beschuldigt, er habe seinen Freund und Parteigenossen, den Demokraten Ephialtes, aus Neid und Eifersucht auf seinen Ruhm hinterlistig aus dem Wege geräumt. Ich weiß nicht, woher er diese galligen Vorwürfe gegen den Mann hat, der vielleicht nicht ohne Tadel war, aber gewiß edel in der Gesinnung und ehrliebend, unfähig zu einer so grausamen, tierischen Leidenschaft. Ephialtes war freilich für die Aristokraten ein Schrecken, und wenn sich jemand an den Staatseinkünften oder dem Volk vergriff, verfolgte er ihn mit unerbittlicher Strenge; deshalb stellten seine Feinde ihm nach und ließen ihn schließlich durch Aristodikos von Tanagra umbringen. So erzählt Aristoteles die Sache.

11. Kimon starb auf einem Feldzug in Kypros als Kommandant der athenischen Flotte. Aber schon früher hatten die Aristokraten bemerkt, daß Perikles der mächtigste Mann unter den Bürgern geworden war. So hatten sie nur den einen Wunsch, es möchte ihm jemand im Staate den Widerpart halten und seiner Macht die Spitze abbrechen. Sie fürchteten, sonst würde seine Herrschaft überhaupt keine Schranken mehr kennen. Sie stellten also Thukydides von Alopeke gegen ihn auf, einen verständigen Mann, einen Verwandten des Kimon. Er war zwar nicht ein so großer

Kriegsmann wie dieser, mehr ein geschickter Volksredner und Politiker. Aufmerksam beobachtete er die Lage in der Stadt, kämpfte mit Perikles auf der Rednerbühne und stellte so das Gleichgewicht in der Führung des Staates bald wieder her. Er litt nicht, daß die bessere Gesellschaft sich wie bisher unter das Volk mengte und sich mit ihm abgab, denn da verlor ihre Macht in der Menge den Glanz; sondern dadurch, daß er sie aus der Masse zu lösen und zu einem Ganzen zusammenzuschließen suchte, verschaffte er ihrem Einfluß durch den Zusammenschluß Gewicht und machte sie, fast möchte man sagen, zum Zünglein an der Waage. Denn es ging schon seit alters ein verborgener Riß durch das Volk wie beim Eisen und gab leise Kunde von dem Zwist zwischen der aristokratischen und demokratischen Partei, aber erst der ehrgeizige Wettstreit dieser beiden Männer schnitt eine tiefe Wunde in die Bevölkerung, so daß man den einen Teil *Demos* oder *Volk* und den anderen *Oligoi* oder *Wenige* nannte. Deshalb ließ Perikles auch gerade damals dem Volke die Zügel schießen und trieb seine Politik dem Volke zuliebe. Er wußte immer in der Stadt ein feierliches Schauspiel, bald einen öffentlichen Schmaus oder Aufzug zu veranstalten und die Bürger mit geschmackvollen Belustigungen zu unterhalten. Jahr für Jahr ließ er sechzig Schiffe in See gehen, auf denen viele Bürger dienten und für acht Monate ihren Sold bekamen, um Drill und Dienst auf dem Kriegsschiff kennenzulernen. Überdies schickte er tausend Bürger als Siedler nach dem Chersones, fünfhundert nach Naxos, halb soviel nach Andros, tausend nach Thrakien, die sich unter den Bisaltern niederlassen sollten, andere nach Italien, als Sybaris wieder aufgebaut wurde, das nun den Namen Thurioi bekam. Seine Absicht dabei war, die Stadt von dem arbeitslosen und eben deswegen unruhigen Gesindel zu befreien, der Not des Volkes abzuhelfen, zugleich auch eine Besatzung unter die Bundesgenossen zu legen und sie so einzuschüchtern und von aufrührerischen Gedanken abzubringen.

12. Was aber der Stadt Athen den köstlichsten Schmuck schenkte, was bei den anderen Völkern staunende Bewunde-

rung weckte und heute allein noch für Griechenland Zeugnis davon ablegt, daß des attischen Reiches Macht und Herrlichkeit in den alten Zeiten keine leere Dichtung ist – der Bau der heiligen Tempel –, das schalten unter allen Staatshandlungen des Perikles seine Gegner am lautesten, und darüber schmähten sie in den Volksversammlungen am bissigsten. Da schrien sie: „Das Volk hat seinen guten Namen verloren, da es den Bundesschatz, der allen Griechen gemeinsam gehört, aus Delos zu sich nach Athen geholt hat. Und die gültigste Entschuldigung gegenüber den Beschwerden der Bundesgenossen, daß es nämlich den Schatz aus Furcht vor den Persern dort weggeholt hat, um ihn an einem sicheren Orte aufzubewahren, hat Perikles ihm jetzt genommen. Nun glaubt Griechenland, den ärgsten Schimpf zu erleiden und mit offenbarer Tyrannei behandelt zu werden, da es sehen muß, wie wir mit den Beiträgen, die es nur gezwungen für den Krieg gegen die Perser aufgebracht hat, unsere Stadt vergolden und ausschmücken, die sich mit köstlichen Steinen, Bildern und Tempeln von tausend Talenten behängt wie ein eitles Weib."

Dagegen stellte Perikles dem Volke vor, die Athener seien den Bundesgenossen für jene Gelder keine Rechenschaft schuldig, denn für sie führe Athen seine Kriege und beschütze sie gegen die Perser. „Die Bundesgenossen haben ja kein Pferd, kein Schiff, keinen Mann gestellt, sondern nur Geld beigesteuert, und das gehört nicht denen, die es geben, sondern denen, die es bekommen, wenn sie nur leisten, wofür es ihnen gegeben. Wenn aber der Stadt Athen an Kriegsbedarf nichts mehr fehlt, dann soll man den Überfluß verwenden für Unternehmungen, die für die Zukunft unsterblichen Ruhm, für den Augenblick reichen Verdienst versprechen. Dann werden Handel und Wandel sich beleben, Bedürfnisse aller Art entstehen und jedem Beruf, jeder Hand zu tun geben. So werden sie fast die ganze Stadt in Verdienst setzen, und wenn sie sich schmückt und verschönt, wird sie sich zugleich auch aus eigener Kraft nähren."

Den Waffenfähigen brachte tatsächlich der Kriegsdienst reichliches Auskommen aus dem Bundesschatz. Allein Peri-

kles hatte den Wunsch, daß auch die Masse der nicht einge-
stellten Arbeiter von dem Verdienst nicht ausgeschlossen
sein, ihn aber auch nicht im Müßiggang ohne Arbeit einstecken solle. Deshalb legte er dem Volke entschlossen große
Pläne für Bauten und umfassende Entwürfe für Unternehmungen vor, deren Ausführung sich über eine lange Zeit er-
strecken würde. So sollten die Bürger zu Hause so gut wie
die Mannschaften auf den Kriegsschiffen, im Heere oder in
den Festungen Gelegenheit haben, auch ihrerseits Lohn aus
dem Bundesschatz zu bekommen. Was man brauchte, waren
Steine, Erz, Elfenbein, Gold, Zypressen- und Ebenholz. Zu
deren Bearbeitung gehörten Arbeiter, wie Zimmerleute, Bildhauer, Kupferschmiede, Steinmetzen, Färber, Goldarbeiter,
Elfenbeinarbeiter, Maler, Sticker und Bildschnitzer; für den
Transport brauchte man zur See Kaufleute, Matrosen,
Schiffsoffiziere, zu Lande Wagenbauer, Pferdehalter, Fuhr-
leute, Seiler, Leineweber, Sattler, Straßenbauer und Berg-
leute. Jedes Handwerk hatte noch wie ein Feldherr ein eigenes Heer von ungelernten und Gelegenheitsarbeitern unter
sich, die bei der Arbeit als Handlanger dienten. Auf diese
Weise konnten die mancherlei Arbeiten sozusagen über jedes
Alter, über jeden Stand reichen Gewinn ausbreiten und ausstreuen.

13. Als so die Bauten emporwuchsen in ihrer stolzen Größe,
unnachahmlich in dem Reiz ihrer Formen, als die Handwerker wetteiferten, das Handwerk zur Kunst emporzu-
heben, da war doch das Wunderbarste die Schnelligkeit.
Denn keins dieser Werke, glaubte man, würde je durch die
Arbeit vieler Geschlechter nacheinander fertig werden: aber
sie alle wurden in der glänzenden Zeit dieser einen Regierung vollendet, und doch soll einst Zeuxis, als er hörte, Agatharchos bilde sich viel auf seine Schnellmalerei ein, gesagt
haben: „Ich brauche viel Zeit dazu." Denn schnellfertige
Arbeit kann einem Kunstwerk nicht die dauernde Stärke,
noch die vollendete Schönheit geben: aber die Zeit, die der
Künstler verschwenderisch an die Ausführung seines Werkes wendet, zahlt reichlich ihren Zins durch die Dauer seiner
Schöpfung. Um so größere Bewunderung verdienen deshalb

auch die Bauten des Perikles: in kurzer Zeit geschaffen für
ewige Zeit. Denn in seiner Schönheit trug schon damals
gleich jeder Bau in seinem Glanze den Adel des Alters, trägt
er noch heute den Adel der Frische wie am ersten Tag. So
blüht seine Jugend ewig; unberührt von der Zeit, wahrt sie
die Schönheit, als trügen die Werke den ewigen Hauch einer
nie alternden Seele in sich.

Die Oberleitung bei all diesen Werken hatte Pheidias, während die einzelnen Bauten außerdem noch ihre bedeutenden
Baumeister und Künstler hatten. So erbauten Kallikrates
und Iktinos den hundert Fuß langen Parthenon, den Bau
des Mysterienheiligtums in Eleusis begann Koroibos, er errichtete auch die Säulen zu ebener Erde und verband sie mit
den Architraven; nach seinem Tode fügte Metagenes aus
Xypete den Fries und die oberen Säulen hinzu, und Xenokles von Cholargos brachte die gewölbte Öffnung am Allerheiligsten an. Den Bau der langen Mauern übernahm Kallikrates, und Sokrates erzählt, er habe Perikles selbst den
Vorschlag dazu machen hören; aber Kratinos macht sich
über das langsame Fortschreiten dieses Baues lustig: „Sie
führet Perikles schon längst mit Worten auf, doch fördert
er sie nicht mit Werken." Das Odeion, das im Innern eine
große Zahl Sitze und viele Säulenreihen enthielt, und dessen
Bedachung gleichmäßig von allen Seiten in eine Spitze auslief, soll als Abbild oder Nachahmung des persischen Königs-
zeltes gedacht gewesen sein. Auch dieser Bau wurde unter
der Aufsicht des Perikles errichtet. Daher spottete Kratinos
wieder einmal über ihn in den *Thrakerinnen:* „Ei seht, da
nahet sich der Meerzwiebelkopf Zeus Perikles, er trägt auf
seinem Scheitel das Odeion, froh, daß er der Acht entgangen
ist." Damals war es, als Perikles aus Ehrgeiz zum erstenmal
den Vorschlag durchsetzte, an dem panathenischen Fest einen
musikalischen Wettkampf zu veranstalten. Er wurde selbst
zum Preisrichter erwählt und setzte das Programm fest, nach
dem die Wettspieler singen oder Flöte und Zither spielen
sollten. Seitdem veranstaltete man im Odeion ständig musikalische Wettspiele.

Die Propyläen der Burg wurden von dem Baumeister Mne-

sikles innerhalb von fünf Jahren vollendet. Bei diesem Bau
ereignete sich ein Wunder, das den Menschen kündete, die
Göttin Athena wolle dem Werke nicht fern bleiben, sondern
selbst mit Hand anlegen und die Vollendung fördern. Der
tüchtigste und eifrigste unter den Künstlern glitt aus und
stürzte aus der Höhe herab, so daß er schwer verletzt von
den Ärzten aufgegeben wurde. Als Perikles sich darüber
grämte, erschien ihm die Göttin im Traum und verordnete
ein Heilmittel, durch dessen Gebrauch Perikles den Mann
leicht und schnell wieder gesund machte. Aus Dankbarkeit
errichtete er der Athena Hygieia auf der Akropolis ein
Bronzestandbild neben dem Altar, der, wie man sagt, schon
vorher dort gestanden hatte.

Pheidias selbst fertigte das goldene Standbild der Athena
an; er wird auch in einer Inschrift am Sockel als Künstler
genannt. Ebenso lag eigentlich die ganze Bauleitung in seiner Hand, und er führte, wie schon erwähnt, dank seiner
Freundschaft mit Perikles die Aufsicht über alle Künstler.
Dies brachte dann dem einen Neid, dem anderen Verleumdung ein: Pheidias gebe vornehmen Frauen in seinem Hause
Gelegenheit zum Stelldichein mit Perikles unter dem Vorwande, daß sie seine Arbeit besehen wollten. Den Komödiendichtern lieferte das Gerede willkommenen Stoff. Sie
verschrien Perikles als argen Lebemann, beschuldigten ihn
sträflichen Umganges mit der Frau des Menippos, seines
Freundes und Unterfeldherrn, und warfen ihm vor, sein
bester Freund Pyrilampes zöge nur deshalb so viele Vögel
auf, um den Frauen, mit denen Perikles verkehrte, Pfauen
zum Geschenke zu machen. Aber solche Leute sind ja von
Profession Spötter, und daß sie die Schmähungen gegen
große verdiente Männer bei jeder Gelegenheit dem Neide
des Pöbels wie einem bösen Dämon als Opfer darbringen,
kann niemand wundernehmen, wenn nicht einmal Stesimbrotos von Thasos sich scheut, Perikles wie in einem Märchen das abscheulichste Verbrechen mit seiner Schwieger-
tochter öffentlich aufzubürden. So schwer und mühsam
scheint die Wahrheitfindung in der Geschichte zu sein. Denn
die Nachkommen finden bei der Prüfung der Begebenheiten,

daß ihnen der Ablauf der Zeit hindernd im Wege steht;
wenn aber die Zeitgenossen von Handlungen und Lebenswandel eines Mannes berichten, dann entstellen Neid und
Feindschaft, Gunst und Schmeichelei die Wahrheit.

14. Als Thukydides und seine Partei gegen Perikles wüstes
Geschrei erhoben, er verschleudere das Geld und richte die
Finanzen des Staates zugrunde, fragte er das Volk in einer
Versammlung, ob die Ausgaben zu groß seien. Auf die Ant-
wort: „Ja, sehr groß!" sagte er: „Nun, so sollen die Aus-
gaben nicht euch, sondern mich treffen. Aber ich werde auch
nur meinen Namen auf alle die Werke einmeißeln lassen."
Kaum hatte Perikles so gesprochen, als ihm alle mit lautem
Geschrei zuriefen, er solle die Gelder verbrauchen und keinen Pfennig sparen. Taten sie es nun aus Bewunderung für
seine stolze Großmut oder weil sie gleich ihm nach dem
Ruhm verlangten, den die Bauten ihnen bringen sollten?
Schließlich aber mußte Perikles den Kampf mit Thukydides
im Scherbengericht wagen, siegte, verdrängte seinen Gegner
und löste den politischen Klub seines Gegners auf. 15. So
waren die politischen Zwistigkeiten behoben, Friede und
Eintracht in die Stadt eingekehrt. Nun war die Zeit gekommen, da Perikles Athen und alles, was zu ihm gehörte, in
seine Hände nahm: Einkünfte, Flotte und Heer, Kriegsschiffe, Inseln und Meer, das weite Reich im Lande der Griechen und im Lande der Barbaren, die ganze Herrschaft, die
unter dem Schutz unterworfener Völker, befreundeter Könige, verbündeter Fürsten stand. Aber nun war er nicht mehr
derselbe Mann, zeigte sich nicht mehr so gefällig gegen das
Volk, nicht mehr so geneigt, dem Verlangen des großen
Haufens zu folgen und nachzugeben wie ein Schiff dem
Winde, sondern die bisherige schlaffe und oft nachgiebige,
um Volksgunst buhlende Regierung kam ihm vor wie eine
zärtliche und weichliche Melodie; so stimmte er sie um in
eine aristokratische und königliche Herrschaft. Und da er
seine Macht zum Besten des Staates untadelig und redlich
gebrauchte, so ließ sich das Volk von ihm eigentlich immer
gern durch die überredende und belehrende Kraft seines
Wortes führen. Es gab freilich auch Zeiten, in denen es ihm

grollte; dann zog er die Zügel an und zwang es mit seiner
Stärke zu seinem eigenen Guten wie ein Arzt, der bei
einer langwierigen, schweren Krankheit bald mit harmlosen
Leckerbissen, bald mit scharfen Mitteln und bitteren Arz-
neien zu heilen versucht. Denn freilich fehlt es bei einem
solchen Haufen, wie zu erwarten, nicht an Launen und Leidenschaften aller Art, doch Perikles allein verstand die
Kunst, sie geschickt zu behandeln. Furcht und Hoffnung
waren ihm wie zwei Steuerruder, um dem trotzigen Übermut dieses Volkes beizeiten Einhalt zu tun oder es in seiner
Niedergeschlagenheit aufzurichten und zu trösten. Dadurch
bewies er, daß die Redekunst, wie Platon sagt, Seelenfüh-
rung ist und ihre vornehmste Aufgabe die Behandlung der
Seelenregungen, die wie Töne oder Saiten der Seele sind,
die man geschickt greifen oder zupfen muß. Solche Macht
über die Menschen verlieh ihm aber nicht einfach die Gewalt
seiner Rede, sondern, wie Thukydides sagt, der Ruf, den
ihm sein Lebenswandel verschaffte, und das Vertrauen zu
ihm. Denn seine Unbestechlichkeit und seine Erhabenheit
über äußere Güter waren offenkundig: der Mann, der eine
große Stadt zu der größten und reichsten machte, der an
Macht über Könige und Fürsten hinauswuchs, die ihn sogar
zum Vormund ihrer Söhne setzten, hat das ererbte väterliche Vermögen nicht um eine einzige Drachme vermehrt.
16. Allerdings, nur Thukydides schildert die Macht des Perikles, wie sie wirklich war. Was die Komödiendichter sich
erlauben, ist pure Bosheit: die *neuen Peisistratiden* nannten
sie ihn und seine Anhänger und verlangten von ihm, er solle
die Tyrannis abschwören, denn sie vertrage sich nicht mit
der Demokratie, und seine Herrscherstellung sei ihnen eine
Last. Telekleides sagt, die Athener hätten ihm übergeben
„die Steuern der Städte und die Städte selbst, sie zu binden
oder zu lösen, steinerne Mauern, bald sie zu bauen, bald
wieder niederzureißen, Bündnisse, Macht, Stärke, Frieden,
Reichtum und Glückseligkeit".
Und in solcher Machtfülle lebte er nicht einen vorbeihuschen-
den Augenblick, es war nicht der Glanz einer Regierung, die
nur einen Sommer blieb: vierzig Jahre lang war er der Erste

unter Männern wie Ephialtes, Leokrates, Myronides, Kimon, Tolmides und Thukydides, und nach dem Sturz und der Verbannung des Thukydides erhielt er nicht weniger als fünfzehn Jahre lang jahraus, jahrein die höchste Macht und Gewalt in dem Strategenamt, das sonst doch jährlich wechselte. Aber trotz der Fülle der Macht ließ er sich niemals von der Liebe zum Gelde hinreißen.

Aber es war doch nicht so, daß er sich etwa um Gelderwerb gar nicht gekümmert hätte; der rechtlich erworbene Reichtum, den er von seinem Vater ererbt hatte, sollte ihm nicht durch die Finger rinnen, ihm aber auch keine Unruhe bringen oder Zeit für wichtigere Dinge rauben. So traf er denn Anstalten, um die Vermögensverwaltung nach seiner Idee einfach und doch sorgfältig einzurichten. Er verkaufte jährlich seine Ernte als Ganzes und ließ dann alles, was man in seinem Haushalt brauchte, auf dem Markt einzeln einkaufen. Das paßte seinen Söhnen, als sie heranwuchsen, nicht recht. Auch für die Frauen war er kein freigebiger Familienvater, und sie murrten, daß man ihnen das Haushaltsgeld immer nur für einen Tag und auf das genaueste zuteilte, daß nicht wie in anderen großen, reichen Häusern ein Überschuß blieb, sondern jede Ausgabe, jede Einnahme kärglich abgezählt und abgemessen wurde. Dabei war es nur ein einziger Bediener, Euangelos, der diese peinlich genaue Verwaltung im Hause des Perikles führte, wie kein anderer dafür begabt oder auch von Perikles selbst zu solcher Wirtschaftsführung angeleitet. Das war freilich ein Widerspruch zu den Grundsätzen des Anaxagoras, der selbst aus Begeisterung und Seelengröße sein Haus aufgegeben und seine Ländereien unbebaut als Schafweide hatte liegen lassen. Aber das Leben eines spekulierenden Philosophen ist – sollte man meinen – ein ander Ding als das Leben eines Staatsmannes. Der Philosoph bedarf ja keiner Werkzeuge, bedarf nicht der Dinge dieser Welt, wenn er in den Ideen des Schönen lebt. Für den Staatsmann aber, der seine Kräfte in den Dienst der menschlichen Not stellt, ist Reichtum nicht nur eine Notwendigkeit des Lebens, sondern sogar gut und edel, wie auch für Perikles, der vielen Armen half.

Und doch war es mit Anaxagoras nicht anders. Erzählt man
doch, Perikles, selbst überhäuft mit Geschäften, habe sich um
ihn nicht kümmern können; verhüllten Hauptes habe Anaxagoras in seinem Alter dagelegen und sich durch Hunger
töten wollen. Als dies Perikles zu Ohren kam, eilte er bestürzt zu seinem Freunde, flehte ihn inständigst an, sein Leben zu erhalten, voller Klagen, nicht so sehr um den Freund
wie um sich selbst, daß er den staatsmännischen Rat eines
solchen Mannes verlieren solle. Da enthüllte Anaxagoras
sein Haupt und sagte: „Perikles, wer der Leuchte bedarf,
der schüttet Öl hinein."
17. Als sich allmählich bei den Spartanern der Neid auf die
wachsende Macht der Athener regte, da suchte Perikles das
Volk zu noch größerem Stolz und Selbstvertrauen zu erziehen. So veranlaßte er einen Volksbeschluß, daß alle Griechen
aus allen Teilen Europas und Asiens, große wie kleine Staaten, eingeladen werden sollten, Abgeordnete nach Athen zu
einem Kongreß zu schicken. Dort wollte man über den Neu-
bau der griechischen Tempel, die von den Persern verbrannt
waren, beraten, ferner über die Opfer, die man noch von
den Perserkriegen her als Gelübde für Griechenland den
Göttern schuldete, wie auch über die Sicherheit der Meere
und einen dauerhaften Frieden. Zu diesem Zweck entsandte
Athen zwanzig Männer, die über fünfzig Jahre alt waren.
Fünf von ihnen sollten die Ioner und Dorer in Asien und
auf den Inseln bis in die Gegend von Lesbos und Rhodos
einladen; fünf andere gingen in die Gegenden des Hellespont und Thrakiens bis nach Byzanz, und noch fünf andere
nach Boiotien, Phokis und dem Peloponnes und von dort
durch Lokris in die Nachbarstaaten bis nach Akarnanien und
Ambrakien. Die übrigen reisten über Euboia zu den Oitaiern
am Malischen Meerbusen, zu den Phthiotern, Achaiern und
Thessalern. Alle diese Völker suchten sie zu bereden, nach
Athen zu kommen und an den Beratungen über den Frieden
und die gemeinsamen Interessen Griechenlands teilzunehmen.
Aber es kam nichts dabei heraus, und es fanden sich keine
Abgeordneten der Staaten ein, weil, wie man sagt, die Spar-
taner im stillen dagegen arbeiteten und jener Antrag zuerst

im Peloponnes verworfen wurde. Ich habe dies hier ange-
führt, um von dem Geiste und den weitgreifenden Plänen
dieses Mannes einen Beweis zu geben.

18. Als Feldherr war er besonders durch seine Vorsicht berühmt. Er ließ sich, wenn es auf ihn ankam, niemals in ein
Gefecht ein, dessen Ausgang ungewiß oder das zu riskant
war. Es gab freilich Feldherren, die alles auf eine Karte gesetzt und glücklichen Erfolg davongetragen hatten. Aber in
ihnen sah Perikles seine Vorbilder nicht, wenn auch das Volk
solche Männer mit Bewunderung überhäufte, sondern sein
Wort an die Bürger lautete immer, wenn es nach ihm ginge,
sollten sie für alle Zeit unsterblich bleiben. Als er sah, daß
Tolmaios' Sohn Tolmides, verlockt von seinem Glück und
dem Ruhm, den er sich durch seine Taten erworben hatte,
gerade zur ungünstigsten Zeit einen Einfall in Boiotien vor-
bereitete und aus den tapfersten und ehrgeizigsten jungen
Bürgern schon an die tausend beredet hatte, neben den Söldnern als Freiwillige mit ihm zu ziehen, suchte er ihn in der
Volksversammlung davon abzubringen. Damals fiel das berühmte Wort, wenn er denn auf Perikles nicht hören wolle,
so werde er gut daran tun, die weiseste Ratgeberin abzuwarten, die Zeit. Für den Augenblick fand Perikles damit
nicht gerade viel Beifall; aber als wenige Tage darauf die
Nachricht einlief, Tolmides sei in dem Gefecht bei Koroneia
geschlagen und geblieben, auch hätten viele Bürger ihr Leben
verloren, da stieg Perikles in der Achtung und Liebe seiner
Mitbürger, weil man seine kluge Besonnenheit und seine
Liebe zur Vaterstadt erkannt hatte.

19. Von allen seinen Feldzügen brachte ihm keiner mehr
Ehre als der Zug nach dem Chersones, weil er die dortigen
Griechen rettete. Denn er stärkte nicht nur die Macht dieser
Städte durch tausend Athener, die er als Siedler dorthin
führte, sondern sicherte auch die Landenge durch Mauern
und Schanzen von einem Meere zum andern und schützte
dadurch die Halbinsel gegen die Streifzüge der benachbarten Thraker. So machte er dem Krieg ein Ende, unter dem
das Land zu leiden gehabt hatte, weil überall an seinen Grenzen Barbaren lebten und Räuberbanden sich herumtrieben.

Sein Ruhm drang aber auch weit über sein Land hinaus, als
er mit einer Flotte von hundert Trieren von Pegai bei Megara auslief und um den Peloponnes herumfuhr. Denn er
verwüstete nicht nur, wie vorher Tolmides, die Ortschaften
an der Küste, sondern drang auch tief ins Land ein und
zwang mit den Hopliten von seinen Schiffen die Feinde,
hinter den Mauern Schutz zu suchen, wo ihnen noch immer
vor seinem Angriffe bange war. Nur die Sikyonier wagten
Widerstand und stellten sich ihm bei Nemea zur Schlacht.
Aber er blieb Sieger und errichtete auf dem Schlachtfeld sein
Siegeszeichen. Aus Achaia, das mit Athen verbündet war,
nahm er Soldaten auf seine Schiffe und ging mit der Flotte
nach der gegenüberliegenden Küste, fuhr am Fluß Acheloos
vorbei und verheerte Akarnanien. Auch schloß er Oiniadai
mit einer Mauer ein und verwüstete und plünderte ihr Gebiet. Dann segelte er nach Athen zurück. Der Erfolg seines
Zuges war, daß die Feinde in ihm den furchtbaren Gegner,
die Mitbürger den vorsichtigen und doch kühnen Feldherrn
sahen. Denn auf dem ganzen Feldzuge war der Expedition
kein Mißgeschick widerfahren, nicht einmal durch Zufall.
20. Auch ins Schwarze Meer fuhr er mit einer mächtigen,
verschwenderisch ausgerüsteten Flotte. Den Griechenstädten
dort erfüllte er alle ihre Wünsche und verkehrte mit ihnen
in seiner vornehmen Art. Den Barbaren aber, die dort lebten, und ihren Königen und Fürsten führte er die Macht der
Athener, ihre Furchtlosigkeit und Kühnheit vor Augen, denn
sie fuhren übers Meer, wie es ihnen gefiel, und herrschten
zur See unumschränkt. In Sinope ließ er dreizehn Schiffe und
eine kleine Truppe unter Lamachos zur Unterstützung gegen den Tyrannen Timesilaos zurück. Als dieser mit seinen
Anhängern vertrieben war, führte Perikles einen Volksbeschluß herbei, daß sechshundert Freiwillige aus Athen nach
Sinope fahren, sich dort niederlassen und die Häuser und
Ländereien aus dem Besitz der Anhänger des Tyrannen unter sich verteilen sollten.
Allein in anderen Fällen fügte er sich nicht so den Einfällen
und Wünschen des Volkes und ließ sich keineswegs mit fortreißen, als es, stolz auf Macht und Glück, auf den Gedanken

kam, mit Ägypten Händel zu suchen und die Seeprovinzen des persischen Reiches zu bekämpfen. Viele waren auch schon von jener unseligen und unglücklichen Liebe zu Sizilien besessen, die Alkibiades und seine Freunde späterhin immer mehr entflammen sollten. Manche träumten auch von Etrurien und Karthago, eine Hoffnung, die gar nicht so grundlos war, denn Athens Machtgebiet dehnte sich immer weiter aus, und das Glück strömte ihnen zu bei ihren Unternehmungen.

21. Aber Perikles trat ihren überspannten Wünschen entgegen und setzte ihrem geschäftigen Treiben Schranken. Den größten Teil der Macht verwendete er darauf, zu erhalten und zu befestigen, was man jetzt besaß. Er hielt es schon für einen großen Erfolg, die Spartaner in Schach zu halten, und arbeitete ihnen entgegen, wo er nur konnte, vor allem in dem Heiligen Kriege. Die Spartaner waren nämlich mit einem Heer nach Delphi gezogen und hatten den Tempel, der bis dahin den Phokern gehörte, den Delphern übergeben; aber gleich nach ihrem Abzuge marschierte Perikles mit Truppen dorthin und setzte die Phoker wieder in den Besitz des Tempels. Nun hatten die Delpher früher schon den Spartanern die Promantie, das heißt das Recht, das Orakel zuerst zu befragen, verliehen und auf die Stirn eines ehernen Wolfes eingegraben. Perikles nahm dasselbe Recht für Athen in Anspruch und ließ es auf demselben Wolf auf der rechten Seite eingravieren.

22. Daß Perikles recht daran tat, die Macht der Athener auf Griechenland zu beschränken, zeigten die Ereignisse. Zuerst fielen die Euboier ab, und Perikles ging mit einer Truppe hinüber. Gleich darauf lief die Nachricht ein, daß Megara zu den Feinden übergegangen sei und der spartanische König Pleistonax mit einem Heere an der Grenze von Attika stehe. Perikles kehrte daher wegen dieses Krieges in Attika selbst schleunigst aus Euboia zurück, wagte allerdings die Herausforderung zum Kampf wegen der Übermacht und Tapferkeit des Feindes nicht anzunehmen. Aber er hatte bemerkt, daß Pleistonax wegen seiner Jugend gern auf den Rat des Kleandrides hörte, den die Ephoren ihm als Aufseher und Ratgeber mitgegeben hatten. Perikles versuchte es also heim-

lich mit Bestechung und brachte Kleandrides durch Geld
auch bald dahin, mit den Peloponnesiern aus Attika abzurücken. Als sich das spartanische Heer dann aufgelöst hatte
und die Mannschaften in ihre Dörfer zurückgekehrt waren,
verurteilten die Spartaner in ihrem Zorn den König zu einer
schweren Geldstrafe. Wegen ihrer Höhe konnte er sie nicht
bezahlen und verließ deshalb Sparta. Kleandrides, der freiwillig in die Verbannung gegangen war, wurde zum Tode
verurteilt. Er war der Vater des Gylippos, der später die
Athener in Sizilien überwand. Auch dem Sohn hat offenbar
die Natur die Habsucht als Familienkrankheit vererbt; denn
auch Gylippos verfiel nach glänzenden Heldentaten der
Schande und wurde aus Sparta verbannt. Darüber haben
wir in dem Leben des Lysander ausführlich berichtet.

23. In der Rechnung über die Kosten dieses Feldzuges hatte
Perikles eine Summe von zehn Talenten eingesetzt unter
dem Titel *Für Notwendiges*. Das Volk war damit zufrieden, ohne weiter nachzuforschen oder das Geheimnis wissen
zu wollen. Einige, unter ihnen der Philosoph Theophrast,
erzählen, es seien alle Jahre zehn Talente von Perikles nach
Sparta gegangen, womit er alle offiziellen Persönlichkeiten
gewonnen und den Krieg vermieden habe, nicht um Frieden,
sondern um Zeit zu erkaufen; denn er wollte ungestört
rüsten, um den Krieg dann um so nachdrücklicher führen zu
können.

Nunmehr zog er wieder gegen die Aufständischen, ging mit
fünfzig Schiffen und fünftausend Hopliten nach Euboia hinüber und unterwarf die Städte dort. In Chalkis begnügte er
sich damit, die sogenannten Hippobaten (Ritter), die Reichsten und Angesehensten der Stadt, zu verbannen. Dagegen
vertrieb er die Bewohner der Hestiaiotis samt und sonders
und besiedelte ihr Land mit Athenern, gegen diese allein so
unerbittlich, weil sie ein attisches Schiff gekapert und die
Mannschaft niedergemacht hatten.

24. Als hierauf zwischen den Athenern und Spartanern ein
Friede auf dreißig Jahre zustande kam, ließ Perikles die
Expedition gegen Samos beschließen unter dem Vorwande,
die Samier seien dem Befehl, den Krieg gegen Milet abzu-

brechen, nicht gefolgt. Da sich aber das Gerücht hält, Perikles habe den Krieg gegen Samos Aspasia zu Gefallen unternommen, so ist es an der Zeit, die Frage zu stellen, welche Kunst und Macht diese Frau besessen hat, daß sie sich die größten Staatsmänner zu Willen machte und selbst Philosophen zu Lobsprüchen begeisterte.

Daß Aspasia aus Milet stammte und eine Tochter des Axiochos war, ist unbestritten. Man sagt ihr nach, sie habe sich Thargelia, eine Ionerin aus der alten Zeit, zum Muster genommen und nur einflußreiche Männer umworben. Thargelia war eine berühmte Schönheit gewesen, reizvoll und witzig, die mit vielen Griechen verkehrt hatte. Heimlich hatte sie alle ihre Liebhaber für den Großkönig gewonnen, und weil es einflußreiche, mächtige Männer waren, hatte sie mit ihrer Hilfe den Samen persischer Gesinnung in den kleinasiatischen Griechenstädten ausgestreut. Perikles aber habe, so erzählen die einen, Aspasia wegen ihrer Weisheit und politischen Klugheit geschätzt, denn auch Sokrates besuchte sie zuweilen mit seinen Schülern, und ihre Vertrauten brachten oft ihre Frauen mit zu ihr, um sie zu hören, obgleich sie nicht gerade ein ehrbares, anständiges Gewerbe trieb, sondern viele Hetären in ihrem Hause hatte. Aischines sagt, der Viehhändler Lysikles, ein Mann aus kleinen Verhältnissen, habe nach Perikles' Tode Aspasia geheiratet und sei deshalb einer der angesehensten Männer in Athen geworden. Und in dem Menexenos des Platon liegt, so scherzhaft auch der Anfang dieses Gespräches ist, wenigstens so viel historische Wahrheit, daß diese Frau in dem Rufe stand, viele Athener suchten sie wegen ihrer Beredsamkeit auf.

Aber mag dem sein, wie ihm wolle, Perikles scheint doch eher wahre Liebe zu Aspasia empfunden zu haben. Denn er hatte eine Verwandte zur Gemahlin, die in erster Ehe mit Hipponikos vermählt gewesen war und diesem Kallias, *den Reichen*, geboren hatte. Aus ihrer Ehe mit Perikles stammten zwei Söhne, Xanthippos und Paralos. Da sie aber auf die Dauer nicht miteinander leben konnten, gab er sie mit ihrer Einwilligung einem anderen zur Frau und nahm nun selbst Aspasia. Er liebte sie so innig, daß er sie, wie man

sagt, alle Tage zweimal, wenn er auf den Markt ging und
wenn er wieder nach Hause kam, umarmte und küßte. In
den Komödien aber heißt sie die neue Omphale, Deianeira,
zuweilen auch Hera. Kratinos nennt sie geradezu eine Buhlerin: „Und ihm gebar die Göttin der Unzucht Hera Aspasia, die geile Buhlerin mit unverschämten Augen." Auch
scheint er von ihr einen unehelichen Sohn gehabt zu haben,
nach dem er in den Demoi des Eupolis fragt: „Wie, lebt
noch mein Bastard?", worauf Myronides also antwortet:
„Er wäre längst ein Mann, wenn er nicht fürchtete die
Schande von der Hure."
So weit soll aber der Aspasia Name und Ruhm gedrungen
sein, daß sogar Kyros, der mit dem Großkönig um den Thron
Persiens kämpfte, Milto, der geliebtesten unter seinen Frauen,
den Namen Aspasia gab. Sie war von Geburt eine Phokaie-
rin aus Ionien, die Tochter eines Hermotimos. Als Kyros in
der Schlacht gefallen war, kam sie zum Perserkönig und gewann großen Einfluß auf ihn. Weil mir diese Geschichte über
dem Schreiben einfiel, konnte ich es nicht über mich bringen,
sie zu übergehen.
25. Man gibt nun Perikles Schuld, er habe den Krieg gegen
Samos hauptsächlich der Milesier wegen auf Aspasias Bitte
unternommen, denn in dem Kampfe, den Samos und Milet
um Priene führten, hatten die Samier die Oberhand. Als die
Athener sie aber aufforderten, den Krieg abzubrechen und
die Festsetzung der gegenseitigen Bedingungen Athen zu
überlassen, weigerten sie sich. Perikles ging also mit einer
Flotte nach Samos und setzte die regierenden Oligarchen ab;
auch ließ er sich fünfzig der angesehensten Bürger und ebenso viele Kinder als Geiseln stellen, die er nach Lemnos
schickte. Man erzählt, die Geiseln hätten ihm jeder ein Talent als Bürgschaft angeboten, und die Gegner der demokratischen Herrschaft noch mehr. Auch soll der Perser Pissuthnes ihm aus Wohlwollen für die Samier zehntausend Goldstatere übersandt haben, um sich für die Stadt zu verwenden. Allein Perikles nahm nichts an, sondern verfuhr mit
Samos, wie er beschlossen hatte, führte die Demokratie ein
und segelte nach Athen zurück.

Als Pissuthnes aber ihre Geiseln auf Lemnos heimlich befreit
hatte, fielen die Samier gleich wieder ab und rüsteten sich
zum Kriege. Perikles lief also zum zweiten Male gegen sie
aus, denn sie wollten nun einmal nicht Ruhe halten, noch
sich beugen, sondern waren fest entschlossen, den Kampf um
die Seeherrschaft mit den Athenern aufzunehmen. Es kam
also bei der Insel Tragiai zu einem erbitterten Gefecht, in
dem Perikles entscheidend siegte und mit vierundvierzig
Schiffen siebzig feindliche, von denen zwanzig mit Infanterie besetzt waren, in die Flucht schlug.

26. Auf siegreicher Verfolgung überrumpelte Perikles den
Hafen und begann die Belagerung der Stadt. Aber die Samier hatten trotz allem noch Mut genug, Ausfälle zu machen
und vor den Mauern sich zur Wehr zu setzen. Als aber eine
zweite, größere Flotte von Athen ankam und Samos völlig
eingeschlossen war, segelte Perikles mit sechzig Schiffen auf
die hohe See, wie die meisten Quellen berichten, um den
phoinikischen Schiffen, die den Samiern zu Hilfe kamen, ent-
gegenzufahren und sich weit von Samos mit ihnen zu schlagen, nach der Ansicht des Stesimbrotos aber, um Kypros anzugreifen. Doch das ist nicht wahrscheinlich. Aber gleichgültig, was er bezweckte, die Fahrt war ein Mißerfolg; denn
kaum war er abgesegelt, als Melissos, der Sohn des Ithagenes,
seine Mitbürger zum Angriff auf die Athener beredete. Melissos, ein Philosoph, führte damals nämlich das Heer der
Samier und bemerkte voll Verachtung die geringe Zahl der
athenischen Schiffe und die Unerfahrenheit ihrer Führer.
Die Samier siegten denn auch, machten viele Gefangene und
versenkten manches Schiff. So waren sie wieder Herren zur
See, und während es ihnen vorher an Kriegsmaterial gefehlt
hatte, konnten sie es nun wieder aufstapeln. – Nach Aristoteles ist auch Perikles selbst vorher schon in einem Seegefecht
von Melissos überwunden worden.

Die Samier vergalten jetzt den gefangenen Athenern Gleiches
mit Gleichem und ließen ihnen eine Eule auf die Stirn brennen, denn die Athener hatten ihnen eine Samaina einge-
brannt. Die Samaina ist ein Schiff mit hochgebogenem Bug
in Form eines Schweinerüssels, geräumig und bauchig, so daß

es als Frachtsegler wie als Schnellsegler gleich brauchbar ist.
Seinen Namen hatte es davon, daß es zuerst auf Samos nach
der Erfindung des Tyrannen Polykrates gebaut wurde. Auf
diese Brandzeichen soll auch ein Vers des Aristophanes an-
spielen: „Wie reich an Zeichen ist das Volk der Samier."
27. Auf die Nachricht von der Niederlage der Flotte eilte
Perikles zur Hilfe herbei. Melissos wagte den Kampf mit
ihm, aber Perikles siegte, verjagte die Feinde und schloß die
Stadt ringsherum mit einer Mauer ein. Er wollte nämlich
lieber Geld und Zeit verschwenden, als mit Wunden und
Gefahren seiner Mitbürger den Sieg und die Eroberung der
Stadt erkaufen. Die Athener wollten von solcher Zeitver-
schwendung nichts wissen, sondern kämpfen. Da er dagegen
machtlos war, teilte er das Heer in acht Abteilungen auf und
ließ sie losen. Die Abteilung, in der die weiße Bohne gezogen
wurde, durfte feiern und sich's bequem machen, während
die anderen Dienst taten. Und wer einen Feiertag macht,
nennt ihn noch heute nach dieser weißen Bohne einen *weißen*
Tag, erzählt man.
Bei dieser Gelegenheit soll Perikles nach dem Bericht des
Ephoros Belagerungsmaschinen verwendet haben, eine viel-
bewunderte neue Erfindung: es sei nämlich ein Ingenieur
Artemon bei ihm gewesen. Weil er lahm war und sich in
seiner Sänfte herumtragen ließ, wo seine Anwesenheit erforderlich war, habe man ihn Periphoretos genannt. Aber das
bestreitet Herakleides Pontikos auf Grund eines Gedichtes
des Anakreon, in dem Artemon Periphoretos schon viele
Menschenalter vor den Ereignissen des Samischen Krieges
erwähnt wird. Anakreon erzählt, er sei ein üppiger Weich-
ling gewesen und dabei so schüchtern und furchtsam, daß er
meistens zu Hause saß und einen ehernen Schild von zwei
Sklaven über sich halten ließ aus Angst, es könne ihm etwas auf den Kopf fallen; und wenn er einmal gezwungen
war auszugehen, ließ er sich in einer niedrigen Sänfte ganz
nahe an der Erde herumtragen, und deshalb hieß er Periphoretos.
28. Im neunten Monat mußten die Samier sich endlich ergeben. Perikles riß ihre Mauern nieder, nahm ihnen alle

Schiffe weg und legte ihnen hohe Tribute auf. Einen Teil des Geldes zahlten sie sofort, für die termingerechte Zahlung des Restes mußten sie Geiseln stellen. Duris aus Samos weiß dazu noch eine tragische Geschichte zu erzählen. Er wirft Perikles und den Athenern brutale Grausamkeit vor, doch wissen davon weder Thukydides noch Ephoros oder Aristoteles zu berichten. Es kann ja auch nicht wahr sein, wenn Duris erzählt, Perikles habe die Triërarchen und Seesoldaten der Samier auf den Markt von Milet bringen und ans Kreuz binden lassen; als sie zehn Tage lang gelitten hätten, habe er schließlich den Befehl gegeben, ihnen mit Knüppeln die Schädel einzuschlagen und ihre Leichen unbeerdigt zu lassen. Aber Duris pflegt sich selbst in Fällen, an denen er selbst kein Interesse hat, in seiner Erzählung nicht immer an die Wahrheit zu halten; in diesem Falle hat er offenbar erst recht die Leiden seiner Vaterstadt übertrieben, um die Athener zu verleumden.

Als Perikles nach dem Sieg über Samos nach Athen zurückkehrte, veranstaltete er eine Totenfeier zu Ehren der Gefallenen dieses Krieges und hielt ihnen nach alter Sitte am Grabe die Gedächtnisrede, für die er Lob und Beifall erntete. Als er von der Rednerbühne herabstieg, empfingen ihn die Frauen und schmückten ihn wie einen siegreichen Wettkämpfer mit Kränzen und Bändern. Nur Elpinike ging auf ihn zu und sagte: „Gewiß, Perikles, deine Taten verdienen Bewunderung und Kränze, da du uns um so viele brave Bürger gebracht hast, nicht, wie mein Bruder Kimon, im Kriege mit Phoinikern und Medern, sondern durch Unterwerfung einer verbündeten und verwandten Stadt!" Perikles, sagt man, lächelte und antwortete gelassen mit dem Verse des Archilochos: „Du, altes Weib, bedienst dich noch der Salben?"

Auf den Sieg über Samos war Perikles, wie Ion sagt, ganz besonders stolz; er pflegte zu sagen, Agamemnon habe für die Eroberung der Barbarenstadt Troia zehn Jahre gebraucht, er selbst für die Eroberung der ersten und mächtigsten Stadt der Ioner nur neun Monate. Und dieser Stolz war berechtigt, denn der Krieg gegen Samos hatte auf des Messers Schneide gestanden, fast hätte die Stadt Samos, wie

Thukydides erzählt, den Athenern die Herrschaft über die Meere entwunden.

29. Nicht viel später, als schon die Wogen des Peloponnesischen Krieges heranbrandeten, beredete er das Volk, den Kerkyraiern Hilfe gegen Korinth zu schicken und die seemächtige Insel auf ihre Seite zu ziehen, ehe der offene Krieg mit Sparta ausbräche. Die Athener bewilligten diese Hilfe, und Perikles schickte Lakedaimonios, einen Sohn Kimons, fast zum Hohn für ihn, mit nur zehn Schiffen dahin. Denn das Haus des Kimon war immer eng befreundet mit den Spartanern; damit man also Lakedaimonios, wenn ihm auf diesem Zuge keine Heldentat gelingen sollte, um so mehr wegen eines Einverständnisses mit Sparta verdächtigen sollte, gab er ihm nur so wenige Schiffe und schickte ihn gegen seinen Willen ab. Überhaupt machte er Kimons Söhnen ständig Schwierigkeiten: seien sie doch nicht einmal dem Namen nach echte Bürger, sondern Fremdlinge und Ausländer; denn der eine hieß Lakedaimonios, der andere Thessalos, der dritte Eleios, und ihre Mutter, so glaubte man, war eine Arkaderin. Freilich mußte Perikles wegen dieser zehn Schiffe manchen Tadel hören, bildeten sie doch für die Freunde nur eine geringe Hilfe, boten den Feinden aber einen willkommenen Anlaß zur Beschwerde. So schickte er gleich noch mehrere Schiffe ab nach Kerkyra, die aber erst nach dem Seegefecht ankamen.

Als die Korinther sich in ihrer Empörung in Sparta über die Athener beschwerten, traten die Megarer auf die Seite der Korinther. Sie beklagten sich, daß man sie aus allen Märkten und Häfen, die unter der Herrschaft der Athener ständen, ausschließe und vertreibe; das sei ein Verstoß gegen alle gemeinsamen Rechte und Abmachungen der Griechen. Die Aigineten, die ebenfalls Unrecht und Gewalt erlitten zu haben glaubten, beklagten sich darüber nur im geheimen in Sparta; sie wagten es nicht, öffentlich über die Athener Beschwerde zu führen. In diesem Augenblick fiel auch Poteidaia, eine korinthische Kolonie, die aber zum athenischen Reich gehörte, ab und wurde von den Athenern belagert: das beschleunigte den Ausbruch des Krieges noch mehr. Freilich

kamen Gesandte nach Athen, und selbst der Spartanerkönig
Archidamos versuchte die meisten Beschwerden in Güte zu
erledigen und auf die Bundesgenossen beruhigend einzuwirken. So hatte es den Anschein, daß wenigstens die anderen
Ursachen nicht zum Krieg mit den Athenern führen würden, wenn sie sich nur bewegen ließen, den Volksbeschluß
gegen Megara aufzuheben und sich mit ihnen zu versöhnen.
Daher fiel auf Perikles allein die Schuld an diesem Kriege,
weil er sich solchem Beschluß am hartnäckigsten widersetzte
und das Volk drängte, bei seiner Feindschaft gegen Megara
zu verharren.

30. Man erzählt, es sei in dieser Sache eine spartanische Gesandtschaft nach Athen gekommen. Als Perikles sich entschuldigte, das Gesetz verbiete, eine Tafel mit einem Volksbeschluß abzunehmen, habe Polyalkes, einer der spartanischen Gesandten, zu ihm gesagt: „Du sollst ja die Tafel nicht
abnehmen. Drehe sie doch nur um: das verbietet kein Gesetz." So geistreich das Wort auch erschien, Perikles gab
nicht nach. Es muß sich also wohl um einen persönlichen
Groll gegen Megara gehandelt haben. Freilich, vor der Öffentlichkeit erhob er Anklage, die Megarer hätten sich einen
Teil des Heiligen Feldes angeeignet, und führte einen Volksbeschluß herbei, man solle denselben Herold zu ihnen und
zu den Spartanern schicken, um über die Megarer Klage zu
führen.

Mit diesem Beschluß suchte Perikles eine einsichtsvolle und
anständige Beurteilung seiner Maßnahmen zu erreichen. Aber
als Anthemokritos, den man als Herold gesandt hatte, wie
man glaubte, auf Anstiften der Megarer ermordet war, beantragte Charinos in der athenischen Volksversammlung
gegen sie rücksichtslose und unversöhnliche Feindschaft; jeder Megarer, der seinen Fuß auf attisches Gebiet setze, solle
mit dem Tode bestraft werden und die Feldherren bei Ab-
legung ihres feierlichen Eides schwören, jährlich zweimal in
das Gebiet von Megara einzufallen. Endlich solle Anthemokritos bei dem thriasischen Tor, das jetzt Dipylon heißt, beigesetzt werden. Allein die Megarer leugnen die Schuld an
der Ermordung des Anthemokritos und schieben alles auf

Perikles und Aspasia. Dabei zitieren sie die bekannte viel-
berufene Stelle aus den Acharnern: „Als aber ein Haufe
junger Leut' gen Megara ging und wein- und liebetrunken
dort die Hure Simaitha fing, da wurden die Megarer fuchs-
teufelswild ob so großen Leids und raubten Aspasien zween
Huren ihrerseits." (Droysen.)

31. Den wahren Grund zum Kriege wird man schwerlich
ermitteln, aber daß der Volksbeschluß gegen die Megarer
nicht aufgehoben wurde, daran geben alle einstimmig Perikles schuld. Doch sagen die einen, er habe sich aus Gründen
des Prestiges und in dem klaren Wissen um das Beste der
Stadt gegen die Aufhebung des megarischen Psephismas gesträubt, denn er erblickte in jener Zumutung einen Versuch
der Feinde, ob man nachgeben würde, und ein Nachgeben
betrachtete er als Eingeständnis eigener Schwäche. Andere
aber glauben, er habe nur aus Trotz und Streitsucht, um die
Macht der Athener zu zeigen, alle Vorschläge der Spartaner
verworfen.

Noch ärger aber ist eine andere Beschuldigung, für die allerdings sehr viele Zeugen vorhanden sind. Der Bildhauer Pheidias hatte, wie oben erzählt, die Anfertigung der Athena-
statue übernommen. Da er ein Freund des Perikles war und
großen Einfluß auf ihn besaß, hatte er schon aus diesem
Grunde viele persönliche Feinde und Neider; außerdem aber
wollten einige gern an ihm die Probe machen, wie das Volk
eine Anklage gegen Perikles selbst aufnehmen würde. So
brachten sie einen von Pheidias' Gehilfen, Menon, dazu, sich
als Bittsteller auf den Markt zu setzen und um Schutz und
Sicherheit zu bitten bei der Klage, die er gegen Pheidias an-
strengen wolle. Das Volk gewährte ihm diesen Schutz, und
nun wurde die Sache in einer Volksversammlung förmlich
untersucht, ohne daß sich Pheidias der geringste Unterschleif
nachweisen ließ. Denn er hatte gleich anfangs auf Perikles'
Rat das Gold so geschickt auf der Statue angebracht, daß
man es mit leichter Mühe ganz abnehmen und wiegen konnte,
was Perikles denn auch damals die Kläger tun hieß. Aber
der wahre Grund für den Neid und Haß gegen Pheidias
war der Ruhm seiner Werke, vor allem die Tatsache, daß er

in dem Amazonenkampf, den er auf dem Schilde dargestellt hatte, sich selbst in der Gestalt eines kahlköpfigen Greises, der mit beiden Händen einen Stein in die Höhe hob, abbildete und auch ein prächtiges Bildnis des Perikles im Kampf gegen eine Amazone mit anbrachte. Besonders geschickt ist die Erfindung, wie Perikles mit der Rechten den Speer vor sein Gesicht hält, offenbar, um die Ähnlichkeit zu verdecken, die man aber von den Seiten her doch erkennen kann. Pheidias wurde daher ins Gefängnis gebracht und starb an einer Krankheit oder, nach einigen, an dem Gift, das ihm seine Feinde beigebracht hatten, um Perikles in den schändlichsten Ruf zu bringen. Dem Ankläger Menon verlieh das Volk auf Glykons Vorschlag Befreiung von allen Abgaben und befahl dabei den Feldherren, für die Sicherheit des Mannes Sorge zu tragen.

32. Um diese Zeit erhob man auch gegen Aspasia Anklage wegen Gottlosigkeit. Kläger war der Komödiendichter Hermippos; er beschuldigte sie, sie nähme auch freigeborene Frauen bei sich auf, die mit Perikles verbotenen Umgang hätten. Ferner stellte Diopeithes den Antrag, wer nicht an die Götter glaube oder über Himmelserscheinungen und Himmelskörper Vorträge halte, solle unter Anklage gestellt werden; er wollte Perikles auf dem Umwege über Anaxagoras in Verdacht bringen. Das Volk vernahm und glaubte mit Behagen solche Verleumdungen. Deshalb fand auch ein Antrag des Drakontides Bestätigung, Perikles solle über seine Ausgaben bei den Prytanen Rechenschaft ablegen und die Richter sollten in diesem Falle mit Stimmsteinchen abstimmen, die sie von dem Altar der Göttin auf der Akropolis genommen hätten. Hagnon beseitigte jedoch diesen Punkt aus dem Volksbeschluß und setzte dafür hinein, der Gerichtshof solle aus fünfzehnhundert Richtern bestehen, wenn jemand wegen Unterschlagung, Bestechung oder eines andern Frevels Klage erheben wolle.

Aspasia freizubitten, gelang Perikles, freilich gegen alles Recht, weil er, wie Aischines erzählt, bei der Verhandlung in bittere Tränen ausbrach und die Richter um Mitleid anflehte. Um Anaxagoras war er aber so besorgt, daß er ihn aus Athen fortschickte. Da aber seine Freundschaft mit Pheidias im Volk soviel böses Blut gegen ihn gemacht hatte, wollte er es nicht auf eine Verhandlung ankommen lassen. Aus diesem Grunde ließ er den erwarteten, unter der Asche schon lange glimmenden Krieg in volle Flammen ausbrechen in der Hoffnung, daß dann die Anklage in alle Winde zerflattern und der Neid gegen ihn ein Ende finden werde; in den Nöten und Gefahren müßte die Stadt sich ja ihm allein anvertrauen bei seiner Macht und seinem Ansehen. Das sind also die Gründe, wie man berichtet, weshalb Perikles dem Volk nicht gestattet habe, den Spartanern wegen des megarischen Psephismas nachzugeben, aber die Wahrheit kennt keiner.

33. Allein die Spartaner wußten wohl, daß sie mit den Athenern leichteres Spiel haben würden, wenn Perikles erst einmal gestürzt wäre. Deshalb verlangten sie, die Athener sollten sich von dem Fluche reinigen, der, wie Thukydides erzählt, wegen des kylonischen Frevels von mütterlicher Seite auf Perikles lag. Doch hatte dieser Versuch einen unerwünschten Erfolg für sie; denn nicht in Verdacht und Schande geriet Perikles bei seinen Mitbürgern, sondern ihr Vertrauen und ihre Ehrfurcht wuchsen um so mehr, als sie den Haß und die Furcht sahen, die in den Feinden gegen Perikles lebten. Darum gab er auch, ehe noch Archidamos mit den Peloponnesiern in Attika einfiel, das Versprechen, er wolle seine Ländereien und Güter der Stadt überlassen, falls Archidamos etwa das übrige Attika verwüsten, seine Landgüter aber schonen sollte um ihrer Gastfreundschaft willen oder um seinen Gegnern Gelegenheit zu böser Nachrede zu geben. Jetzt fielen die Spartaner und ihre Bundesgenossen mit einem starken Heere unter Führung des Königs Archidamos in Attika ein, verwüsteten das Land und rückten bis Acharnai vor. Dort setzten sie sich fest in der Hoffnung, die Athener würden solchen Schimpf nicht dulden und sich aus Zorn und Stolz zur Wehr setzen. Allein Perikles hielt es für zu gefährlich, gegen sechzigtausend Peloponnesier und Boiotier – denn so stark war das Heer, das den ersten Einfall machte – zu kämpfen und die Stadt selbst aufs Spiel zu setzen.

Manche freilich wollten lieber den Kampf und trugen schwer
an dem Geschehenen. Perikles suchte sie zu beruhigen: „Ge-
fällte Bäume wachsen schnell wieder, aber der Verlust an
Männern ist nicht so leicht wieder zu ersetzen." Auch hütete
er sich, das Volk zu einer öffentlichen Versammlung zu berufen, denn er fürchtete, man könne ihn gegen seinen Willen
zum Kampf zwingen. Sondern, wie der Kapitän bei auf-
kommendem Sturm auf hoher See alles festmachen und die
Segel reffen läßt und seine Kommandos gibt, ohne sich um
die Tränen seekranker und ängstlicher Passagiere zu kümmern, so auch Perikles: er ließ die Tore schließen, stellte zur
Sicherheit der Stadt überall Posten auf und traf seine Entscheidungen nur nach seinem Willen, Geschrei und Murren
der Bürger ließen ihn kalt. Aber alle kamen sie zu ihm gelaufen, die Freunde mit Bitten, die Feinde mit Drohungen
und Klagen. Sie rotteten sich zusammen, sangen Spottlieder
auf ihn und höhnten bitter seine Feldherrnkunst: feige sei
sie und gebe den Feinden alles preis. Auch Kleon machte sich
jetzt breit, und weil das Volk Perikles haßte, ging er der
Menge um den Bart. Das zeigen deutlich genug die Verse
des Dichters Hermippos: „Du König der Satyrn, was willst
du die Lanze nicht in die Hand nehmen und weißt doch
immer so schön und trefflich über den Krieg zu sprechen?
Doch es wohnt in dir die Seele des Teles, und des blanken
Schwertes geschärfte Spitze macht dir schon Bangigkeit und
Zähneklappern, so sehr auch der bissige Kleon dich reizet."
34. Aber nichts machte auf Perikles Eindruck. Er ertrug Verachtung und Feindschaft in stiller Gelassenheit. Während er
eine Flotte von hundert Schiffen nach dem Peloponnes
schickte, fuhr er selbst nicht mit, sondern blieb zu Hause,
um die Stadt in fester Hand zu halten, bis die Peloponnesier wieder abgezogen waren. Um indes die gefährliche Stimmung zu dämpfen, die trotz des Abzuges der Feinde wegen
des Krieges herrschte, verteilte er Geld an die Leute zur
Unterstützung und brachte neue Ansiedlungen in Vorschlag.
So vertrieb er sämtliche Aigineten und verteilte die Insel
durchs Los unter athenische Bürger. Ein Trost für sie war es,
daß auch die Feinde unter dem Kriege zu leiden hatten.

Denn die Flotte, die um den Peloponnes herumfuhr, ver-
wüstete große Gebiete, viele Dörfer und kleine Städte. Zu
Lande machte Perikles selbst einen Einfall in das Gebiet von
Megara, das er ganz verheerte.

Die Kriegslage war also derart, daß die Spartaner trotz der
Verluste, die sie zu Lande den Athenern beibrachten, selber
auf See die Leidtragenden waren. Deshalb hätten sie den
Krieg nicht lange fortgesetzt, sondern bald abgebrochen –
wie Perikles übrigens von Anfang an vorhergesagt hatte –,
wenn Götterhand nicht in die Pläne der Menschen eingegriffen hätte. Vor allem war es die Pest, die jetzt in der
Stadt ausbrach und die Blüte der Jugend, die Kraft des
Staates, dahinraffte. An Leib und Seele litten sie, und in
ihrer Erbitterung schoben sie die Schuld auf Perikles. Wie
ein Fieberkranker an seinem Arzt oder seinem Vater, versuchten sie sich an ihm zu vergreifen. Gern schenkten sie
seinen Feinden Gehör, án der Seuche sei die Zusammendrän-
gung der Landbevölkerung schuld: mitten im Sommer seien
Unzählige in kleinen Häusern, in engen, heißen Hütten zu-
sammengepfercht, untätig säßen sie in ihren Behausungen
herum und seien doch ein tätiges Leben in frischer, freier
Luft gewohnt. Schuld daran sei Perikles, der die Massen
wegen des Krieges aus den Dörfern hinter die Stadtmauern
geholt habe und all diesen Leuten nicht einmal etwas zu tun
gäbe. Wie Vieh halte er sie eingesperrt, daß sie sich untereinander anstecken müßten, und gar von Abwechslung und
Erholung sei keine Rede.

35. In dem Wunsch, gegen solche Stimmung ein Heilmittel
zu finden und gleichzeitig die Feinde zu stören und zu beunruhigen, rüstete er hundertundfünfzig Schiffe aus und bemannte sie mit einer großen Zahl der besten Hopliten und
Reiter. So stark war diese Macht, daß die Bürger wieder
Hoffnung schöpften, die Feinde in Schrecken gerieten. Schon
war die Flotte klar zum Auslaufen, schon hatte Perikles
seine Triëre bestiegen, als die Sonne sich verfinsterte und es
auf einmal so dunkel wurde, daß alle in Bestürzung gerieten, denn sie sahen darin ein ungeheuerliches Vorzeichen.
Als Perikles die ratlose Ängstlichkeit seines Kommandanten

bemerkte, hielt er ihm seinen Mantel vor die Augen, bedeckte ihn damit und fragte, ob das schrecklich oder das
Vorzeichen für ein schreckliches Ereignis sei. „Nein", sagte
der Kapitän. „Was willst du denn dann?" meinte Perikles.
„Ist denn die Sonnenfinsternis etwas anderes? Höchstens,
daß das Ding, das die Sonne verfinstert hat, größer ist als
mein Mantel." Jedenfalls erzählt man in den Philosophenschulen die Geschichte so.

Perikles lief nun aus, aber der Erfolg dieser Expedition
scheint den Vorbereitungen wenig entsprochen zu haben.
Zwar belagerte er das heilige Epidauros und hatte Hoffnung, es zu erobern, aber die Seuche verdarb alles. Sie befiel
nicht allein die Athener und rieb sie auf, sondern alle, die
irgendwie mit dem Heere zu tun hatten. Er suchte zwar die
Athener, die deswegen gegen ihn erbittert waren, zu trösten
und ihnen wieder Mut zu machen, aber er konnte ihren
Zorn nicht eher mildern, noch sie begütigen, als bis er sie
abstimmen ließ und ihnen dadurch die Möglichkeit gab, ihm
das Kommando zu nehmen und eine Geldbuße aufzuerlegen,
die nach der geringsten Angabe fünfzehn, nach der höchsten
aber fünfzig Talente betrug. Kläger in diesem Prozeß war
nach Idomeneus Kleon, nach Theophrast Simmias, während
Herakleides Pontikos den Namen Lakratidas nennt.

36. Dieser Verdruß, den ihm seine Mitbürger bereiteten,
sollte nicht lange dauern, denn das Volk verlor seinen Zorn
gegen ihn wie die Biene den Stachel mit einem einzigen
Stich. Aber der Kummer in seinem eigenen Hause lastete
schwer auf ihm. Durch die Pest hatte er manche seiner besten
Freunde verloren, und seine Familie war schon seit langer
Zeit durch Uneinigkeit zerrüttet. Xanthippos, der älteste
von seinen ebenbürtigen Söhnen, selbst verschwenderisch
veranlagt, hatte auch noch eine ebenso prachtliebende junge
Frau, Tochter des Teisandros und Enkelin des Epilykos, geheiratet und war mit der peinlichen Genauigkeit seines Vaters, der ihm das Geld in kleinen Summen knapp zuzählte,
sehr unzufrieden. Er schickte also zu einem seiner Freunde
und lieh sich von ihm, angeblich im Auftrage seines Vaters,
Geld. Als der Freund es zurückforderte, verklagte ihn Peri-

kles sogar vor Gericht. Das verdroß denn Xanthippos, das Jüngelchen, so sehr, daß er überall über seinen Vater herzog und sich über dessen Beschäftigungen im Hause und seine philosophischen Gespräche mit den Sophisten lustig machte: als damals ein Wettkämpfer im Fünfkampf den Epitimos von Pharsalos mit einem Speere aus Versehen getroffen und getötet hatte, habe Perikles einen ganzen Tag damit verschwendet, mit Protagoras die Frage zu untersuchen, ob man dem Speer oder eher dem Werfer oder den Kampfrichtern im strengsten Sinne die Schuld an diesem Unfall beimessen solle. Außerdem aber soll Xanthippos die schändliche Verleumdung über seine eigene Frau ausgestreut haben, wie Stesimbrotos erzählt, und überhaupt soll Xanthippos bis an seinen Tod mit dem Vater in unversöhnlicher Feindschaft gelebt haben. Er starb an der Pest. Um diese Zeit verlor Perikles auch seine Schwester und die meisten seiner Verwandten und Freunde, die ihm in der Leitung des Staates die besten Dienste geleistet hatten.

Aber in allem Leid zerbrach die edle Größe seiner Seele nicht, und keiner hat ihn je weinen sehen, nicht an der Bahre, nicht am Grabe eines seiner Liebsten, bis er auch Paralos, den letzten seiner ebenbürtigen Söhne, verlor. Dieser Schlag traf ihn tief, doch heldenhaft versuchte er seine männliche Haltung zu bewahren. Als er aber dem Toten den Kranz auf die Stirn drückte, überwältigte ihn der Schmerz bei diesem Anblick, daß er in lautes Weinen ausbrach und die Tränen nicht stillen konnte, und es war ihm doch noch nie in seinem Leben solches widerfahren.

37. Die Athener machten mit den anderen Feldherren im Kriege und mit den Politikern schlechte Erfahrungen. Keiner von ihnen besaß den gewichtigen Einfluß, der den Aufgaben der Regierung in solchen Zeiten gewachsen gewesen wäre. Sie sehnten Perikles bald zurück und riefen ihn wieder zur Rednerbühne und zum Feldherrnzelt. Er aber lag in seinem Kummer niedergeschlagen zu Hause, und erst Alkibiades und seine Freunde konnten ihn bewegen, sich wieder in der Öffentlichkeit zu zeigen. Das Volk tat Abbitte für seinen Undank. Als er dann die Geschäfte wieder übernommen

hatte und zum Feldherrn gewählt war, bat er das Volk, das
Gesetz über das Bürgerrecht unebenbürtiger Kinder, das er
einst selbst eingebracht hatte, wieder aufzuheben, damit sein
Name und sein Geschlecht nicht ganz unterginge, weil ihm
ebenbürtige Söhne fehlten. Es verhielt sich aber mit diesem
Gesetz so. Perikles hatte vor geraumer Zeit, als er auf der
Höhe seiner Macht stand und selbst, wie gesagt, mehrere
rechtmäßige Söhne hatte, ein Gesetz bestätigen lassen, daß
nur diejenigen als Athener gelten sollten, deren Vater und
Mutter Athener seien. Als nun der König von Ägypten dem
Volk ein Geschenk von vierzigtausend Scheffeln Weizen
übersandte und diese unter die Bürger verteilt werden sollten, da gab es einen Prozeß nach dem andern um das Voll-
bürgerrecht von Leuten, die man bis dahin übersehen oder an
die man nicht gedacht hatte. Manche fielen auch Denunzianten zum Opfer. Fast fünftausend wurden nicht als Vollbürger anerkannt und in die Sklaverei verkauft. An voll-
bürtigen Athenern wurden bei dieser Durchprüfung 14 040
bestätigt und behielten ihr Bürgerrecht. Es war freilich hart,
daß ein Gesetz, das an Tausenden vollzogen war, von demselben Mann, der es gegeben hatte, wieder aufgehoben werden sollte. Aber das bittere Leid, das Perikles in seiner Familie betroffen hatte, erschien dem Volk als Buße für seinen
Hochmut und Stolz und rührte sein Herz. Man glaubte,
nachdem er so hart gebüßt, verdiene er menschliche Nachsicht, und bewilligte ihm, seinen unebenbürtigen Sohn in
seine Phratrie einzuschreiben und ihm seinen eigenen Namen
zu geben. Dieser wurde später, nachdem er bei den Arginu-
sen die Peloponnesier zur See geschlagen hatte, mit seinen
Kollegen im Kommando von dem Volk zum Tode verurteilt.

38. Um diese Zeit scheint die Pest auch Perikles ergriffen zu
haben. Es war nicht ein schneller akuter Anfall wie in den
meisten Fällen; sie verlief vielmehr schleichend und langwierig, unterbrochen von Zeiten der Besserung. So verzehrte
sie langsam die Kräfte seines Körpers und brach die Stärke
seiner Seele. Aus dieser Zeit der Krankheit erzählt Theophrast ein Erlebnis in seinen ‚Charakterstudien‘, da er die

Frage untersucht, ob der Charakter der Sklave des Glückes
sei und ob körperliche Leiden ihn so beeinflussen könnten,
daß er den Weg der Tugend verläßt. Perikles, so erzählt
Theophrast, zeigte einem Freund, der ihn auf seinem Kran-
kenlager besuchte, ein Amulett, das ihm seine Frauen um
den Hals gehängt hätten, als wolle er sagen, es müsse ihm
doch sehr schlecht gehen, daß er sich sogar solche Possen gefallen lasse.

Als er dem Ende nahe war, saßen die Besten der Bürger und
die Freunde, die ihm noch geblieben waren, an seinem Kran-
kenbett, sprachen viel von der Größe und Macht seiner Persönlichkeit und zählten seine Erfolge auf und seine Siegeszeichen (es waren neun), die er als siegreicher Feldherr für
die Vaterstadt hatte aufrichten lassen. Die Freunde waren
des Glaubens, er verstehe von diesen Reden nichts mehr und
habe schon die Besinnung verloren. Allein er hörte aufmerksam zu und fiel ihnen plötzlich ins Wort: er sei erstaunt,
daß sie in ihren Worten nur priesen, was er weniger sich
selbst als dem Glück verdanke und wessen sich schon viele
Feldherren rühmen könnten; aber von seinem schönsten und
stolzesten Verdienst sprächen sie nicht. „Denn kein athenischer Bürger", fügte er hinzu, „hat um meinetwillen Trauer
angelegt."

39. So verdient denn dieser Mann Bewunderung wegen seiner Güte und Milde, die er auch im Drang der Geschäfte und
in einer Welt voll Anfeindungen bewahrte, vielleicht noch
mehr wegen seines Seelenadels, denn unter allen seinen edlen
Taten galt ihm als schönste, daß er in der Fülle seiner Macht
dem Haß und Neid keinen Einfluß auf seine Handlungen
eingeräumt und Unversöhnlichkeit einem Gegner gegenüber
nicht gekannt habe. Und mich dünkt, die Freundlichkeit seines Wesens, die Unbescholtenheit und Reinheit seines Wan-
dels in den Lockungen der Macht waren allein Grund genug, daß sein närrischer und hochtrabender Spottname ‚Der
Olympier' alles Tadelnde verlor und zum Ehrennamen
wurde. Denn auch die Götter, so glauben wir, sind die
Herren und Könige der Welt, weil sie Urheber sind des
Guten, unschuldig am Bösen. Die Dichter freilich machen

uns irre mit den unglaublichsten Vorstellungen von den Göttern, aber sie finden sich schließlich in ihren eigenen Erzählungen selbst nicht mehr zurecht. Denn der Ort, an den sie die Götter versetzen, ist ihnen ein Ort des Friedens und der Ruhe, unberührt von Wolken und Wind, unter einem heiteren, lachenden Himmel, strahlend im reinen Glanze des ewigen Lichtes. Denn nur ein Leben dieser Art könne den Seligen und Unsterblichen angemessen sein, so meinen die Dichter. Die Götter selbst aber schildern sie uns voll Unruhe, Bosheit, Zorn und anderen Leidenschaften, die selbst einem vernünftigen Menschen nicht anstünden. Aber das gehört auf ein anderes Blatt.

Im Verlauf der politischen Ereignisse spürten die Athener bald schmerzlich den Verlust ihres Perikles. Da wuchs in ihren Herzen unstillbar das Verlangen nach ihm auf. Solange er lebte, fühlten sie sich bedrückt von seiner Macht und Herrschaft, als wenn er sie nicht ans Licht lassen wollte. Als er ihnen aber nun aus dem Wege gegangen war und sie andere Politiker und Volksführer über sich ergehen lassen mußten, da gestanden sie es sich selbst, daß es nie einen Charakter gegeben habe, zurückhaltender in der feierlichen Würde und ernster in seiner Güte und Milde. Seine vielgeschmähte Stärke aber, die man einst Monarchie und Tyrannis genannt hatte, war, wie sich jetzt erwies, ein heilsamer Schutz der Verfassung gewesen. Denn jetzt brach über die Stadt all die Verderbnis und Gemeinheit herein, die Perikles einst mit fester Hand am Boden gehalten hatte, daß sie nicht im hellen Lichte ohne Herren über sich zum unheilbaren Übel heranwachsen konnte.

ALKIBIADES

(Um 450—404 v. Chr.)

Das Geschlecht des Alkibiades führt seinen Stammbaum nach der Überlieferung auf Aias' Sohn Eurysakes zurück; mütterlicherseits gehörte er zu dem Hause des Alkmaion, da seine Mutter Deinomache Megakles' Tochter war. Sein Vater Kleinias hatte sich in der Seeschlacht bei Artemision mit einer Triëre, die er auf seine eigenen Kosten ausgerüstet hatte, rühmlich hervorgetan und fiel später in der Schlacht gegen die Boioter bei Koroneia. Alkibiades aber bekam des Xanthippos Söhne, Perikles und Ariphron, die mit ihm verwandt waren, zu Vormündern. Man behauptet mit gutem Grund, er habe es verstanden, Sokrates' Zuneigung und Freundschaft für seinen Ruhm auszunutzen. Denn so berühmt auch Nikias, Demosthenes, Lamachos, Phormion, Thrasybulos und Theramenes zu ihrer Zeit waren, so kennen wir doch von ihnen allen nicht einmal den Namen der Mutter; dagegen wissen wir sogar, daß Alkibiades' Amme, die aus Sparta stammte, Amykla und sein Hofmeister Zopyros hießen, wie uns Antisthenes und Platon überliefert haben.

Von Alkibiades' Schönheit nur wenige Worte: sie überdauerte alle Lebensalter und machte ihn wie als Kind so auch als Jüngling und Mann immer gleich anziehend und liebenswürdig. Denn nicht bei allen schönen Menschen, sagt Euripides, ist auch der Herbst noch schön; diesen Vorzug teilte Alkibiades bei der herrlichen Anlage und Bildung seines Körpers nur mit wenigen. Zwar soll er beim Sprechen mit der Zunge angestoßen haben, aber in seinem Mund klang es fast angenehm, und seine Rede verlor dadurch nichts von ihrer einnehmenden und gefälligen Anmut. Von diesem Lispeln spricht Aristophanes an der Stelle, wo er den Theoros verspottet: „Und lispelnd sagt dann zu mir Alkibiades: ,Ei sieh! Theolos hat ja einen Labenkopf!' Nun, Alkibiades hat lispelnd wahr geredet." Auch Archippos verhöhnt den

Sohn des Alkibiades: „Er geht mit Pracht einher und schleppt
den Mantel nach; um seinem Vater recht in allem gleich zu
scheinen, trägt er den Nacken krumm und lispelt, wenn er
spricht."

2. Sein Charakter war späterhin recht ungleich und verän-
derlich, wie es bei dem Schicksal großer Männer im Wechsel
des Glücks leicht zu begreifen ist. Viele heftige Leidenschaften hatte die Natur ihm mitgegeben; die stärkste war seine
Ehrliebe und die Begierde, in allem der Erste zu sein. Das
berichten schon Anekdoten aus seiner Kindheit. Als er beim
Ringen von seinem Gegner fest umschlungen wurde und
niedergeworfen zu werden fürchtete, suchte er mit dem
Mund dessen Arme zu fassen und sich so aus seiner Lage zu
befreien. Der Gegner ließ ihn gleich los und sagte: „Pfui,
Alkibiades, du beißt ja wie die Weiber." „Nein", versetzte
er, „wie die Löwen." Als Knabe spielte er in einer engen
Gasse mit seinen Freunden Würfel. Als er gerade werfen
sollte, kam ein Lastwagen heran. Zuerst bat er den Fuhrmann, ein wenig zu warten; der Wurf war nämlich gerade
in den Weg gefallen, den das Fuhrwerk nehmen mußte. Der
Fuhrmann war aber ein ungehobelter Bauer und hörte nicht
auf ihn, sondern fuhr weiter. Die Kinder liefen auseinander,
nur Alkibiades legte sich der Länge nach vor dem Wagen
aufs Gesicht und rief dem Fuhrmann zu, er solle nur zu-
fahren, wenn er Lust hätte. So hielt der Mann endlich seinen
Wagen an, und alle, die es sahen, liefen schreiend und aufgeregt zusammen.

Als es ans Lernen ging, folgte er den Lehrern willig; nur
vom Flötenspiel wollte er nichts wissen, denn das gehöre
sich nicht für einen freien, edlen Mann. „Plektron und Leier",
sagte er, „verderben Miene und Haltung des Freien nicht.
Aber die Flöte entstellt das Gesicht so, daß kaum der beste
Freund es noch wiedererkennt. Außerdem gestattet die Leier,
zur Begleitung zu sprechen und zu singen, während die Flöte
den Mund verstopft und am Singen und Reden hindert.
Mögen denn die Kinder der Thebaner Flöte blasen, denn sie
kennen die gebildete Unterhaltung nicht. Aber die Gründe-
rin unserer Stadt ist Pallas Athene und Apollon der Gott

unserer Väter: sie hat die Flöte weggeworfen, er sogar einen
Flötenspieler geschunden." Mit solchen Gründen, die er bald
im Ernst, bald im Scherz vorbrachte, verleidete er sich und
anderen das Flötenspiel. Unter den Knaben erzählte man
sich bald, Alkibiades tue wohl daran, solche Kunst zu ver-
abscheuen und alle, die sie lernten, lächerlich zu machen.
Deshalb entfernte man die Flöte ganz aus dem höheren Unterricht, ja man lehnte sie schließlich überhaupt ab.

3. In Antiphons Schmährede steht, Alkibiades sei als Junge
von Hause weg zu Demokrates, einem seiner Liebhaber, gelaufen; Ariphon habe daraufhin vorgeschlagen, ihn öffentlich ausrufen zu lassen, Perikles aber habe es nicht zugegeben. „Ist er tot", meinte Perikles, „so erfahren wir es
durch den Ausruf nur einen Tag früher; lebt er noch, so ist
er für sein ganzes übriges Leben so gut wie gestorben." Auch
soll er in Sibyrtios' Ringschule einen seiner Begleiter mit
einem Stock totgeschlagen haben. Aber diese Geschichten
verdienen kaum Glauben; denn sie stammen von einem
Mann, der selbst zugibt, daß er Alkibiades aus Gehässigkeit
verleumdet.

4. Allerdings drängten sich jetzt viele angesehene Männer
um Alkibiades und hängten sich an ihn. Doch die meisten
verrieten deutlich, daß nur der Glanz seiner Jugendblüte sie
lockte. Daß aber Sokrates ihm seine Liebe schenkte, zeugte
für den angeborenen Adel der Seele und die herrlichen Anlagen des jungen Menschen. Sah Sokrates doch, wie sie in
seiner äußeren Gestalt glänzend zutage traten. Aber der
Reichtum, der vornehme Stand, der Schwarm von Bürgern,
Fremden und Bundesgenossen, die Alkibiades mit Schmeicheleien und Liebkosungen an sich zu ziehen suchten, machten ihm Sorge. So war er entschlossen, ihn zu schützen und
nicht aus den Augen zu verlieren; denn er fürchtete, Alkibiades könne wie eine Pflanze schon in der Blüte seine Frucht
verlieren oder verderben. Mag freilich das Glück dieser
Welt mit seinen vielgepriesenen Gütern einen noch so festen
Wall um die Seele legen: die Philosophie findet doch mit
freimütigen, nachdrücklichen Vorstellungen den Weg zu ihr.
Allerdings war Alkibiades durch die Gaben des Glücks von

früher Jugend an verwöhnt, und mancher, der seine Gunst suchte, wollte es ihm verleiden, den Warnungen des weisen Lehrers Gehör zu geben. Aber sein gesunder Sinn lehrte ihn bald Sokrates schätzen. Er öffnete ihm sein Haus, während er reiche und vornehme Liebhaber abwies. Bald schenkte er ihm sein Vertrauen und hörte gern auf die Vorstellungen eines Liebhabers, der ihm die Gebrechen seiner Seele aufdeckte und seine eitle, törichte Hoffart niederhielt, statt unmännlichen Freuden nachzujagen oder um Küsse oder Umarmungen zu betteln: „Da ließ er, der stolze Hahn, die Flügel schüchtern hängen wie ein geprügelter Sklave." Er glaubte nun wirklich, die Götter hätten Sokrates den jungen Leuten zur Hilfe gesandt, sie zu betreuen und vom Verderben zu erretten. So kam er dazu, von sich selbst gering zu denken, den Freund aber zu bewundern, ihn wegen seiner sorgenden Freundschaft zu lieben und seine edle Größe zu verehren. Unvermerkt erwarb er, wie Platon sagt, als Abbild seiner Liebe die Gegenliebe, und alle staunten, wenn sie sahen, wie er täglich mit Sokrates speiste, mit ihm Sport trieb, mit ihm im Kriege das Zelt teilte. Denn allen anderen Liebhabern begegnete er spröde und abweisend, gegen manchen benahm er sich sogar ungezogen. So ging es einmal Anthemios' Sohn Anytos; auch er gehörte zu Alkibiades' Liebhabern. Als Anytos einst einige Gäste bewirtete, lud er ihn dazu ein. Alkibiades schlug die Einladung ab, zechte dafür zu Hause mit einigen Freunden und ging dann in lärmendem Aufzug zu Anytos. Hier blieb er an der Tür des Saales stehen, und als er auf den Tischen die goldenen und silbernen Becher sah, ließ er seine Sklaven die Hälfte wegnehmen und nach Hause tragen. Dann ging er fort, ohne einen Fuß in den Saal zu setzen. Die Gäste waren aufgebracht und meinten, Alkibiades habe sich ungezogen und flegelhaft gegen Anytos benommen. „Nein", meinte Anytos, „sehr nett und freundlich. Er hätte ja alles mitnehmen können und hat uns doch wenigstens einen Teil hiergelassen."

5. Ebenso spielte er auch seinen übrigen Liebhabern mit, einen einzigen Metöken ausgenommen. Es war zwar, wie man sagt, ein armer Schlucker. Aber er machte doch seine

ganze Habe zu Geld und brachte den Erlös, an die hundert
Statere, Alkibiades mit der Bitte, sie als Geschenk anzunehmen. Der lachte, freute sich darüber und behielt den Mann
zu Tisch. Als er ihn freundlichst bewirtet hatte, gab er ihm
sein Geld wieder und trug ihm auf, am folgenden Tage die
Leute, die bei der Versteigerung die öffentlichen Zölle pach-
ten wollten, zu überbieten. Der Mann machte Einwendun-
gen, weil sich die Pacht auf mehrere Talente belief. Aber
Alkibiades drohte, er würde ihn durchprügeln lassen, wenn
er sich weigerte; er hatte nämlich einen stillen Zorn auf die
Zollpächter. Des Morgens früh ging also der Metöke auf
den Markt und überbot die Pachtlustigen um ein Talent.
Die steckten die Köpfe zusammen und forderten ärgerlich,
er solle einen Bürgen nennen; sie konnten ja nicht annehmen,
daß sich einer finden würde. Schon trat der Mann bestürzt
zurück, als Alkibiades, der in einiger Entfernung stand, den
Beamten zurief: „Schreibt mich auf, er ist mein Freund, ich
bürge für ihn." Als die Zollpächter das hörten, gerieten sie
in die größte Verlegenheit, denn da sie immer mit der Einnahme aus der neuen Verpachtung den Rückstand aus der
vorhergehenden zu bezahlen pflegten, so wußten sie nicht,
wie sie sich aus dem Mißgeschick ziehen sollten. Sie wandten
sich also an den Mann und boten ihm eine Summe Geld.
Alkibiades untersagte ihm, weniger zu nehmen als ein Talent. Als sie sich endlich dazu verstanden, gebot er ihm, für
diese Summe auf den Handel zu verzichten. So half er dem
Mann.

6. Sokrates hatte zwar in seiner Zuneigung zu Alkibiades
viele mächtige Nebenbuhler. Aber er siegte doch oft mit seinem Einfluß auf Alkibiades; denn seine Worte machten auf
den gutgearteten Knaben tiefen Eindruck, rührten sein Herz
und entlockten ihm häufig sogar Tränen. Manchmal freilich
geschah es doch, daß er den Schmeichlern, die ihn zu allerlei
Freuden verführten, folgte, Sokrates entschlüpfte und sich
nun von ihm jagen ließ wie ein entlaufener Sklave; vor ihm
allein schämte und fürchtete er sich, für die anderen hatte er
nur Verachtung. Kleanthes sagte einst, seinen Geliebten
könne er nur durch die Ohren regieren, die anderen Lieb-

haber hätten aber manche Handhabe, die ihm nicht zur Verfügung stände, womit er den Bauch, die Gurgel und so weiter meinte. Alkibiades war natürlich auch sinnlichen Vergnügungen zugänglich, denn die von Thukydides erwähnten Ausschweifungen lassen einen solchen Verdacht aufkommen. Seine Verführer packten ihn allerdings mehr bei seinem Ehrgeiz und seiner Ruhmsucht und setzten ihm viel zu früh große Dinge in den Kopf: wenn er erst anfinge Politik zu treiben, würde er bald die Feldherren und Staatsmänner in den Schatten stellen, selbst Perikles' Allmacht und Ansehen in Griechenland übertreffen. Wie das Eisen im Feuer schmilzt und im kalten Wasser wieder erstarrt, so brachte auch Sokrates, wenn er Alkibiades in Üppigkeit und eitlem Stolz sah, ihn durch seine Worte wieder zur Vernunft und machte ihn demütig und kleinlaut; denn er begriff nun, was ihm noch alles fehle und wie weit er von der Vollkommenheit entfernt sei.

7. Als er die Kinderschuhe ausgezogen hatte, kam er einmal zu einem Schulmeister und bat ihn um einen Band Homer. Auf den Bescheid, er habe nichts von Homer, gab er ihm eine Ohrfeige und ging wieder seiner Wege. Zu einem anderen, der ihm versicherte, er besitze einen Homer, den er selbst verbessert habe, sagte er: „Was? Du lehrst noch das Abc und bist doch klug genug, Homer zu verbessern? Unterrichtest du nicht Kinder?"

Einst wollte er Perikles sprechen und ging nach seinem Hause. Als er hörte, Perikles habe jetzt keine Zeit, sondern überlege sich, wie er den Athenern Rechenschaft ablegen könnte, sagte er im Weggehen: „Wäre es nicht besser, wenn er sich überlegte, wie er den Athenern keine Rechnung abzulegen brauchte?"

Schon in früher Jugend machte er den Feldzug gegen Poteidaia mit. Sein Genosse im Lager und sein Kamerad in den Kämpfen war Sokrates. Im dichten Getümmel zeichneten sich beide durch ihre Tapferkeit aus. Als Alkibiades verwundet wurde, stellte Sokrates sich vor ihn, um ihn zu beschützen, und rettete vor aller Augen sein Leben und seine Waffen. Sokrates gebührte also mit Fug und Recht der

Ehrenpreis. Die Feldherren trachteten aber offenbar, ihn Alkibiades zuzuwenden, weil er vornehmer war. Allein Sokrates legte, um den Ehrgeiz des jungen Mannes anzustacheln, als erster ehrenvolles Zeugnis für ihn ab und verlangte, man solle Alkibiades den Siegeskranz und die Rüstung geben. In der Schlacht bei Delion, in der die Athener geschlagen wurden, saß Alkibiades zu Pferde, während Sokrates mit einigen wenigen Leuten sich zu Fuß zurückzog. Als Alkibiades den Freund erblickte, ritt er nicht vorbei, sondern blieb ihm zur Seite und deckte ihn, obgleich die Feinde nachdrängten und noch manchen erschlugen. Das war einige Jahre später.

8. Dem Hipponikos, dem Vater des Kallias, der wegen seines Reichtums ein hochangesehener Mann war, gab er einst eine Ohrfeige, nicht etwa im Zorn oder im hitzigen Streit, sondern nur im Scherz: er hatte mit seinen Freunden gewettet. Als man von dieser Ungezogenheit in der ganzen Stadt sprach und jeder, wie man sich leicht vorstellen kann, seinen Unwillen darüber äußerte, ging Alkibiades gleich am anderen Morgen zum Hause des Hipponikos und klopfte an die Tür. Als er vor ihn trat, legte er seinen Mantel ab und bot ihm seinen Körper dar, um sich zur Strafe von ihm schlagen zu lassen. Aber Hipponikos vergaß seinen Zorn und verzieh ihm; einige Zeit nachher verlobte er ihn sogar mit seiner Tochter Hipparete. Allerdings sagen einige Leute, nicht Hipponikos, sondern sein Sohn Kallias habe Alkibiades die Hipparete mit einer Mitgift von zehn Talenten gegeben; aber Alkibiades habe ihm bei ihrer ersten Niederkunft noch zehn Talente abgenommen unter dem Vorwand, das sei für den Fall, daß Kinder kämen, ausgemacht worden. Kallias witterte aber Betrug, wandte sich um Entscheidung an das Volk und vermachte diesem Haus und Vermögen für den Fall, daß er ohne Nachkommen sterben sollte.

Hipparete war eine gute Frau und liebte ihren Mann zärtlich; aber der Umgang, den er mit einheimischen und fremden Hetären unterhielt, kränkte sie so, daß sie sein Haus verließ und bei ihrem Bruder Zuflucht suchte. Da Alkibiades sich nicht darum kümmerte, sondern sein wildes Leben fort-

setzte, konnte sie den Scheidungsbrief nicht durch einen Anwalt beim Archonten niederlegen lassen. Sie mußte ihn in
eigener Person überbringen und kam also, wie das Gesetz es
verlangte, um die Scheidung durchzusetzen: da erschien als-
bald Alkibiades, packte sie und trug sie über den Markt.
Niemand wagte es, sich ihm in den Weg zu stellen oder sie
ihm zu entreißen. Sie blieb nun bei ihm, bis sie wenig später
starb, zu der Zeit, als Alkibiades nach Ephesos abgesegelt
war. Sein Gewaltstreich galt jedoch durchaus nicht als gesetzwidrig oder grausam. Denn das Gesetz zwingt doch
wohl eben deshalb eine Frau, die sich von ihrem Mann scheiden will, persönlich vor Gericht zu erscheinen, damit der
Mann Gelegenheit hat, sich mit ihr zu versöhnen und sie
wieder aufzunehmen.

9. Alkibiades besaß einen ungewöhnlich großen, schönen
Hund, den er gelegentlich für siebzig Minen erstanden hatte.
Trotzdem schnitt er ihm den schönen Schwanz ab. Seine
Freunde schalten ihn deshalb und sagten, alle Welt schimpfe
auf ihn und bedaure nur den Hund. Da versetzte er lachend:
„Nun, so habe ich meinen Zweck erreicht. Davon sollen die
Athener doch gerade sprechen, damit sie nicht etwa Schlim-
meres von mir erzählen."

10. Als er zum erstenmal im öffentlichen Leben auftrat,
kostete es ihn, so wird erzählt, gleich ohne daß er es wollte,
Geld. Er kam dazu, als die versammelten Athener gewal-
tigen Lärm machten, und erkundigte sich, was da vor sich
gehe. Als er hörte, daß einige Leute dem Staat freiwillige
Beiträge stifteten, trat er hinzu und stiftete ebenfalls eine
Summe. Das Volk erhob ein lautes Geschrei und klatschte
Beifall. Darüber vergaß er vor Freude die Wachtel, die in
seinem Mantel steckte, und voll Angst flatterte sie davon.
Da wurde das Geschrei noch toller, viele Athener sprangen
auf, um sie ihm fangen zu helfen. Endlich haschte sie der
Steuermann Antiochos und gab sie ihm zu seiner Freude
zurück.

Infolge seiner vornehmen Abstammung, seines Reichtums
und seiner im Kriege bewährten Tapferkeit und bei der
Menge seiner Freunde und Verwandten standen Alkibiades

alle Türen zum Staatsdienst offen. Allein er wollte den Einfluß auf das Volk lieber seiner einnehmenden und hinreißenden Beredsamkeit als einem anderen Vorzug zu verdanken haben. Daß er ein wirklicher Redner war, bezeugt neben den Komödiendichtern auch der größte unter allen Rednern, Demosthenes, in der Klage gegen Meidias. In dieser Rede heißt es unter anderem, Alkibiades habe neben seinen übrigen Vorzügen eine seltene Redegabe besessen. Vielleicht dürfen wir indes Theophrastos glauben, einem vielseitigen Mann, der so viel Belesenheit und Geschichtskenntnis besaß wie nur ein Gelehrter. Nach ihm lag Alkibiades' Stärke darin, für jedes Thema das Nötige aufzufinden und zu überlegen. Aber da er nicht nur suchte, *was* er sagen, sondern auch *wie* er es sagen sollte, und die Worte und Ausdrücke ihm nicht immer gleich einfielen, so blieb er oft im Reden stecken und schwieg eine Zeitlang, um sich wieder auf den entfallenen Ausdruck zu besinnen.

11. Berühmt waren seine Pferde und sein Wagenpark. Kann man sich vorstellen, daß ein Privatmann oder König je, wie Alkibiades es tat, sieben Gespanne zugleich nach Olympia geschickt hätte? Daß er als erster, zweiter und vierter Sieger, wie Thukydides sagt, oder als dritter, wie Euripides sagt, aus dem Rennen hervorging, ist ein Ehrentitel, wie er bei solchen Wettkämpfen sonst unerhört war. So singt Euripides in dem bekannten Lied: „Dich will ich besingen, Kleinias' Sohn. Herrlich ist es, einen Sieg zu erringen, das Herrlichste, wie kein anderer Grieche im Wagenrennen als Erster, als Zweiter, als Dritter zu siegen, ohne Mühe davonzugehen, als sei nichts geschehen, und mit Zeus' Ölzweig bekränzt vom Herold seinen Sieg verkünden zu hören."

12. Dieser glänzende Sieg wurde noch ruhmvoller, weil einige Städte ihre Ehre dareinsetzten, ihm zu helfen. Die Ephesier schenkten ihm ein prächtiges Zelt, Chios stiftete das Futter für seine Pferde und viele Opfertiere, die Lesbier endlich steuerten reichlich Wein bei und, was er sonst noch für seine vielen kostbaren Gelage brauchte. Doch machte der Wetteifer der Städte, ihn mit Geschenken zu überschütten, auch viel böses Blut und gab Anlaß zu man-

cherlei Gerede, mag es sich dabei um eine Verleumdung gehandelt haben oder wirklich Arglist des Alkibiades dabei
im Spiel gewesen sein.

Ein Athener, Diomedes nämlich, so erzählt man, ein ehrlicher Mann und Freund des Alkibiades, wollte gern bei den
olympischen Spielen ein Rennen gewinnen. Er hörte, daß
die Argiver auf Staatskosten einen Rennwagen stellten, und
wußte auch, daß Alkibiades in Argos großes Ansehen genoß
und viele Freunde hatte. So beredete er ihn, den Wagen für
ihn zu kaufen, und Alkibiades erfüllte ihm den Wunsch.
Aber dann ließ er den Wagen auf seinen eigenen Namen
laufen und kümmerte sich weiter nicht um den Auftrag des
Diomedes, der voll Wut alle Welt zu Zeugen seines Rechts
rief. Es scheint auch deswegen zum Prozeß gekommen zu
sein, und Isokrates hat wegen dieses Wagens für den Sohn
des Alkibiades eine Rede geschrieben, in der aber der Gegner Teisias, nicht Diomedes heißt.

13. Als er noch in jungen Jahren in den Staatsdienst eintrat,
hatte er mit den Politikern im allgemeinen leichtes Spiel.
Nicht so leicht war sein Kampf mit Erasistratos' Sohn
Phaiax und Nikeratos' Sohn Nikias. Nikias war weit älter
als Alkibiades und galt als der beste Feldherr, Phaiax aber
begann erst wie er seine Laufbahn, stammte ebenfalls aus
angesehener Familie, aber in der Redekunst und anderen
Talenten erreichte er ihn bei weitem nicht. Denn so leicht
es ihm daheim fiel, die Leute für sich einzunehmen, so unmöglich war es ihm, in der Öffentlichkeit einen Redekampf
aufzunehmen. Eupolis sagt deshalb von ihm: „Im Schwatzen
wohl geübt, doch nicht zu reden fähig." Man kennt noch
eine Rede gegen Alkibiades, die dem Phaiax zugeschrieben
wird. Darin heißt es unter anderem, Alkibiades habe viele
goldene und silberne Prachtgefäße, die der Stadt gehörten,
täglich bei Tisch gebraucht, als ob es seine wären.

In Athen lebte damals ein Mann namens Hyperbolos aus
Perithoidai. Auch Thukydides erwähnt ihn als unangenehmen Menschen, und die Komödiendichter beschäftigten sich
gern mit ihm. Da er sich aus übler Nachrede nichts machte
und ihn jede Beleidigung kalt ließ – ein Benehmen, das bei

vielen als Mut und Charakterfestigkeit gilt, im Grunde aber
Frechheit und Schamlosigkeit ist –, so war er bei niemand
gut angeschrieben. Doch brauchte das Volk ihn oft, wenn es
Männer von Ansehen beschimpfen oder ihnen Verdruß
machen wollte. Auf sein Betreiben wollte damals das Volk
den Ostrakismos wieder einführen, wodurch man jeden, der
den Bürgern zu mächtig und angesehen wurde, verbannte
und nicht aufkommen ließ, mehr um den Neid zu befriedigen, als sich von der Furcht vor ihm zu befreien. Da es
kein Geheimnis mehr war, daß einer von drei Männern
(Nikias, Phaiax oder Alkibiades) von solcher Verbannung
bedroht war, einigte Alkibiades durch Verabredung mit
Nikias die Parteien und kehrte nun den Ostrakismos gegen
Hyperbolos selbst. Einige sagen, er habe diesen Schritt mit
Phaiax, nicht mit Nikias verabredet und durch Einigung
mit dessen Partei Hyperbolos aus der Stadt getrieben, der
daran freilich am allerwenigsten dachte. Denn noch nie war
es vorgekommen, daß ein übelbeleumdeter Mensch einer
solchen Strafe verfallen war, wie auch der Komödiendichter Platon sagt, wenn er des Hyperbolos gedenkt: „Das
Schicksal, das ihn traf, hat er zwar wohl verdient; doch
war's zu groß für ihn und seinen schlechten Ruf. Für solche
Leute war die Scherbe nicht erfunden." Diese Begebenheit
ist an anderer Stelle ausführlicher erzählt.

14. Allerdings machte die Achtung, die Nikias bei seinen
Feinden genoß, Alkibiades nicht weniger Verdruß als die
Ehre, die seinem Gegner in Athen selbst zuteil wurde. Alkibiades vertrat nämlich die Interessen der Spartaner in Athen
und hatte sich ihrer Gefangenen aus der Schlacht bei Pylos
in vorbildlicher Weise angenommen. Als aber hauptsächlich
durch Nikias' Vermittlung der Friede zustande kam und
auf seine Fürsprache hin die Gefangenen zurückgegeben
wurden, da wandten die Spartaner ihm ihre Liebe und Verehrung zu, und als es gar bei den Griechen hieß, Perikles
habe den Krieg angestiftet, Nikias ihn beendet, sprach man
allgemein vom „Frieden des Nikias". Das wurmte Alkibiades nicht wenig und aus purem Neid beschloß er, den
Vertrag wieder umzustoßen.

Der erste Schritt, den er in dieser Sache tat, war dieser. Er hatte gehört, daß die Argiver sich aus Furcht und Haß von den Spartanern lossagen wollten. Darum redete er den Führern der argivischen Demokraten durch Sendboten und persönlich zu, den Spartanern nicht aus Furcht Zugeständnisse zu machen, sondern es lieber mit den Athenern zu halten; diese würden, wenn sie selbst sich nur ein wenig geduldeten, den Vertrag mit Sparta bereuen und den Frieden brechen. Als nun die Spartaner mit den Boiotern ein Bündnis schlossen und Panakton geschleift, nicht, wie sich's gehört hätte, in unversehrtem Zustande den Athenern zurückgaben, bemerkte er wohl ihren Zorn darüber und suchte sie noch mehr aufzuhetzen. Zugleich erregte er die öffentliche Meinung gegen Nikias und machte ihm in verleumderischer Absicht den Vorwurf, er habe es als Feldherr abgelehnt, die in Sphakteria eingeschlossene feindliche Mannschaft völlig zu bezwingen, und als sie von anderen bezwungen worden, habe er sie den Spartanern zu Gefallen freigelassen und zurückgegeben. Überdies habe er die Spartaner trotz seiner Freundschaft mit ihnen nicht veranlassen können, die Bündnisse mit den Boiotern und Korinthern aufzugeben, dagegen hindere er andere Griechen daran, in ein Bündnis mit den Athenern einzutreten, wenn es den Spartanern nicht genehm sei.

Schon dadurch geriet Nikias in eine peinliche Lage, als zufällig noch Gesandte von Sparta ankamen. Sie machten sofort gemäßigte Vorschläge und erklärten, sie hätten zu jedem billigen Vergleich Vollmacht. Der Rat war darüber sehr froh, und für den folgenden Tag sollte eine Volksversammlung einberufen werden. Aber Alkibiades war diese Wendung der Dinge sehr unangenehm. Er wußte sich eine Unterredung mit den Gesandten unter vier Augen zu verschaffen und sagte zu ihnen: „Was habt ihr gemacht, ihr Spartaner? Wußtet ihr denn nicht, daß der Rat immer Mäßigung und Nachgiebigkeit zeigt, wenn man sich an ihn wendet, das Volk dagegen in seiner Anmaßung große Pläne im Kopf hat? Wenn ihr sagt, daß ihr unbeschränkte Vollmacht mitbringt, so wird es die unbilligsten Forderungen

stellen und auch darauf bestehen. Weg also mit dieser Gut-
mütigkeit! Wenn die Athener nach Recht und Gerechtigkeit
gegen euch verfahren und euch nichts gegen eure Absicht
abnehmen sollen, so laßt bei dem Vergleich nur durchblik-
ken, daß ihr nicht mit unumschränkter Vollmacht versehen
seid. Ich will euch dabei den Spartanern zu Gefallen mit
allen Kräften unterstützen." Dies alles bekräftigte er mit
einem Eid und machte sie so dem Nikias abspenstig. Sie
schenkten ihm ihr ganzes Vertrauen und bewunderten ihn
wegen seiner ungewöhnlichen Klugheit und Einsicht.
Am folgenden Tage trat die Volksversammlung zusammen,
und die Gesandten erschienen vor ihr. Alkibiades fragte sie
freundlich, mit welchen Vollmachten sie kämen; sie erwiderten, sie hätten keine unumschränkte Vollmacht. Sofort drang
Alkibiades mit zornigen Scheltworten auf sie ein, als wenn
sie, nicht er, die Übeltäter wären. Schelme nannte er sie und
richtige Betrüger, deren Reden ebenso unzuverlässig seien
wie ihre Taten. Der Rat war empört, das ganze Volk aufgebracht, und Nikias, der von dem listigen Betrug nichts
ahnte, war über die veränderte Sprache der Gesandten vor
Schreck wie betäubt und beschämt.
15. Während so die Spartaner abgefertigt wurden, gewann
Alkibiades, den man zum Feldherrn ernannte, sogleich die
Argiver, Mantineier und Eleier als Bundesgenossen der
Athener. Die Art, wie dies alles geschah, konnte freilich niemand gutheißen; indes war es doch immerhin ein Meisterstück von ihm, daß er beinahe den ganzen Peloponnes in
Zwietracht und Aufruhr brachte, daß er den Spartanern bei
Mantineia an einem Tage eine solche Streitmacht entgegenstellte und sie weitab von Athen in einen gefährlichen Kampf
verwickelte. Dabei konnte ihnen ein Sieg, wenn sie auch die
Oberhand behielten, eben keinen beträchtlichen Vorteil
bringen, während im Fall einer Niederlage Sparta kaum zu
retten war.
Sofort nach der Schlacht begannen in Argos die *Tausend*
die Demokratie aufzuheben und die Stadt den Spartanern
in die Hände zu spielen. Diese kamen selbst herbei und
schafften die Demokratie ab. Aber als nicht lange danach

das Volk wieder zu den Waffen griff und siegte, eilte Alkibiades zu Hilfe, bestätigte dem Volk den Sieg und beredete
es, lange Mauern bis an das Meer hinunterzuführen und so
eine Verbindung zwischen der Stadt und dem von Athen
beherrschten Meer herzustellen. Er ließ Baumeister und
Maurer aus Athen kommen und ging dabei mit solchem
Eifer zu Werke, daß er für sich selbst nicht weniger Gunst
und Einfluß gewann als für sein Vaterland. Ebenso beredete
er die Einwohner von Patrai, ihre Stadt durch lange Mauern
mit dem Meer zu verbinden. Als bei dieser Gelegenheit jemand die Patraier warnte, die Athener würden sie ver-
schlucken, versetzte er: „Das werden sie vielleicht tun, aber
nach und nach, und sie werden bei den Füßen anfangen; die
Spartaner werden euch aber auf einmal verschlingen und
beim Kopf anfangen." Doch riet er auch den Athenern, die
Herrschaft zu Lande zu befestigen, und jenen Eid, den sie
die angehenden Bürger im Tempel der Agraulos schwören
ließen, in die Tat umzusetzen. Die jungen Bürger schwuren
nämlich, Weizen, Gerste, Weinstock, Feigen- und Ölbaum
immer als den Inbegriff Attikas anzusehen; sie sollten lernen, alles angebaute und fruchtbare Land für ihre Heimat
zu halten.

16. Aber trotz all dieser politischen Kämpfe und Unterhandlungen, trotz Klugheit und Tüchtigkeit führte Alkibiades ein Leben in Schwelgerei und Üppigkeit. Er war aus-
schweifend in Trunk und Liebe, weichlich und weibisch in
seiner Kleidung. Scheute er sich doch nicht, in langschleppen-
dem Purpurmantel auf dem Markt einherzugehen und maßlose Verschwendung zu treiben. Auf den Schiffen ließ er
Vertiefungen einsägen und die Matratzen, um weicher zu
schlafen, auf Gurte, nicht auf Bretter legen. Sein Schild war
vergoldet und zeigte statt der sonst üblichen Wappen einen
Eros mit dem Donnerkeil. Angesehene Athener sahen das
alles mit Abscheu und Unwillen. Aber sie fürchteten auch,
seine Liederlichkeit und seine Verachtung aller Gesetze
könne zuletzt in unleidliche Tyrannei ausarten. Die Stimmung des Volkes gegen ihn schildert Aristophanes nicht
übel, wenn er sagt: „Bald haßt, bald liebt es ihn, es kann

ihn nicht entbehren." Besser noch stellt er sie in einem Bilde dar, das zugleich seinem Verdacht Ausdruck gibt: „Erziehet in der Stadt euch ja nicht einen Löwen; und wer ihn doch erzieht, bequeme sich nach ihm."

Und in der Tat, seine Geldspenden, die prachtvollen Schauspiele, die er veranstaltete, seine Geschenke an die Stadt, die niemand überbieten konnte, der Ruhm seiner Vorfahren, seine hinreißende Beredsamkeit, seine Schönheit, seine Tapferkeit und seine Erfahrung im Kriegswesen, seine Körperkraft, all das hatte zur Folge, daß die Athener alles andere übersahen, seine Fehler gelassen ertrugen und sie gelinde als lustige Streiche oder Ausbrüche seines Ehrgeizes bezeichneten. So geschah es einmal, daß Alkibiades den Maler Agatharchos einschloß und ihn erst, nachdem er sein Haus ausgemalt hatte, mit Geschenken wieder entließ; daß er den Taureas, der mit ihm zusammen einen Chor ausrüstete und ihm den Sieg streitig machte, eine Ohrfeige gab; daß er sich unter den gefangenen Meliern ein Mädchen aussuchte, mit ihr zusammen lebte und ihrer beider Kind erziehen ließ. Das nannte man bei ihm einen Zug von Güte und Milde, und doch war er vor allem schuld daran, daß die junge Mannschaft der Melier abgeschlachtet wurde, weil er seine Stimme dafür abgab. Als der Maler Aristophon die Hetäre Nemea mit Alkibiades auf dem Schoß gemalt hatte, lief jedermann herbei und besah sich das Bild voller Freude. Aber die Alten murrten auch darüber, weil es nach Willkür und Gesetzwidrigkeit aussah. Deshalb hat Archestratos doch wohl recht mit seiner Meinung, einen zweiten Alkibiades hätte Griechenland nicht ertragen.

Alkibiades hatte einst in einer Volksversammlung stürmischen Beifall geerntet, und eine große Menschenmenge gab ihm das Ehrengeleit nach Hause. Da ging Timon, der Menschenfeind, der sonst jedermann mied, auf ihn zu, gab ihm die Hand und sagte: „Du tust wohl daran, mein Sohn, daß du mächtig wirst; denn du wirst ihnen allen zum Unglück mächtig werden." Einige lachten darüber, andere schimpften, aber auf viele machten diese Worte einen tiefen Eindruck. So schwankend und unsicher war das Bild, das man sich von Alkibiades machte, weil er in seinem Charakter so unbeständig war.

17. Auf Sizilien hatten die Athener schon bei Perikles' Lebzeiten ein Auge geworfen. Gleich nach seinem Tode waren sie daran gegangen, ihre Wünsche in die Tat umzusetzen. Sooft sich Gelegenheit bot, schickten sie deshalb den Städten, die von den Syrakusanern bedroht waren, Hilfe, um so von langer Hand eine größere Unternehmung vorzubereiten. Dabei beriefen sie sich auf Bündnisse, die sie mit den Städten hätten. Da war es Alkibiades, der die Begierde der Athener vollends entflammte und sie beredete, nicht mehr von Zeit zu Zeit ein kleines Geschwader dahinzuschicken, sondern mit einer gewaltigen Flotte an die Eroberung Siziliens zu gehen. Wenn er so dem Volk große Hoffnungen vorspiegelte, dachte er dabei insgeheim selbst an seine eigene glänzende Laufbahn. Denn in seinen Plänen stand Sizilien immer nur als der Anfang, nicht, wie bei den übrigen, als das Ziel des Krieges. Nikias stellte dem Volk die Schwierigkeit vor, Syrakus zu erobern, und suchte es von seinem Vorhaben abzubringen; Alkibiades dagegen träumte schon von Karthago und Afrika, wollte nach deren Bezwingung seine Hand nach Italien und dem Peloponnes ausstrecken und betrachtete den Krieg mit Sizilien eigentlich nur als Sprungbrett zu weiteren Zielen. Durch solche Aussichten gewann er sogleich die jungen Athener. Sie waren von seinen Plänen hingerissen und hörten den wunderbaren Erzählungen der Alten von diesem Kriegszug aufmerksam zu; ja viele saßen in den Ringschulen und auf den Ruhebänken der öffentlichen Anlagen und zeichneten die Umrisse von Sizilien oder die Lage von Afrika und Karthago in den Sand.

Der Philosoph Sokrates und der Astronom Meton sollen sich von dem Zug nicht viel Gutes für die Stadt versprochen haben. Dem Sokrates hatte vermutlich sein Daimonion einen Wink gegeben; Meton aber fürchtete das kommende Unheil aus nüchterner Überlegung heraus, oder er verstand wirklich etwas von der Wahrsagekunst. Jedenfalls stellte er sich wahnsinnig, nahm eine brennende Fackel und zündete sein Haus an. Freilich meinen andere, von Wahnsinn

sei keine Rede gewesen, Meton habe vielmehr bei vollem
Verstand nachts sein Haus in Brand gesteckt, um am anderen Morgen beim Volk seinen Sohn wegen dieses Unglücks
vom Kriegsdienst freizubitten. So betrog er seine Mitbürger
und erreichte seinen Zweck.

18. Nikias wurde mit Alkibiades zusammen zum Feldherrn
erwählt, allerdings sehr gegen seinen Willen, da ihm sein
Kollege nicht paßte. Die Athener versprachen sich nämlich
einen glücklicheren Erfolg des Krieges, wenn sie seine Führung nicht Alkibiades allein anvertrauten, sondern seinem
allzu großen Wagemut Nikias' bedächtige Ruhe zur Seite
stellten. Denn auch dem dritten Feldherrn, Lamachos, traute
man trotz seines Alters im Kampf dieselbe Waghalsigkeit
zu wie Alkibiades. Als man jetzt über die Größe und Art
der Vorbereitungen beriet, versuchte Nikias noch einmal
zur Vernunft zu raten, den Athenern den Krieg auszureden.
Aber Alkibiades widersprach ihm und behielt die Oberhand.
Darauf brachte der Redner Demostratos einen Antrag in
Vorschlag, die Feldherren sollten bei den Kriegsrüstungen
wie überhaupt im ganzen Krieg unumschränkte Vollmacht
haben. Das Volk nahm den Antrag an. Schon war alles zur
Abfahrt bereit, da galt selbst das Fest der Adoniazusen als
böses Vorzeichen. An diesem Fest stellten die athenischen
Frauen Bildnisse von Toten auf dem Paradebett aus und
begingen mit Klagegeschrei und Trauerliedern symbolische
Leichenfeiern. Auch versetzte der Hermokopidenfrevel selbst
Leute, die sonst auf dergleichen Dinge nichts gaben, in die
höchste Aufregung. Es wurde nämlich in einer einzigen
Nacht fast allen Hermen das Gesicht verstümmelt. Man
sprengte zwar das Gerücht aus, es sei ein Racheakt der Korinther zugunsten ihrer Tochterstadt Syrakus, als wollten
sie mit solchen angeblichen Vorzeichen eine Verzögerung
herbeiführen oder die Athener ganz von dem Krieg abbringen. Diese Gründe fanden allerdings bei der großen Menge
ebensowenig Glauben wie die Meinung, dergleichen habe
weiter nichts Schlimmes zu bedeuten; es sei nur einer von
den Streichen, zu denen der Wein oft ausgelassene junge
Leute verleite, die gern die Grenze vom Scherz zum Mut-

willen überschreiten. Doch erregten diese Vorgänge in Athen mehr Besorgnis als Unwillen. Man glaubte in dem Unfug eine weitreichende Verschwörung zu erkennen und untersuchte jeden Verdacht aufs schärfste. Mehrmals mußten Rat und Volk innerhalb weniger Tage zusammentreten.

19. In diesem Augenblick ließ der Demagoge Androkles einige Sklaven und Metöken als Zeugen auftreten, die Alkibiades und seine Freunde beschuldigten, sie hätten auch andere Götterbilder beschädigt und sich nicht gescheut, die eleusinischen Mysterien beim Wein durch Nachahmung zu entweihen. Sie sagten aus, ein Theodoros habe dabei die Rolle des Herold, Polytion den Fackelträger und Alkibiades den Hierophanten gespielt; die übrigen Freunde, die dabeigewesen, hätten Zuschauer gespielt und sich Mysten nennen lassen. Das alles steht ausdrücklich in der Klage, die Kimons Sohn Thessalos einreichte: darin belangt er Alkibiades wegen Lästerung der eleusinischen Göttinnen. Darüber geriet das Volk in heftigen Zorn gegen Alkibiades, zumal es von Androkles, seinem ärgsten Feinde, immer mehr aufgehetzt wurde. Begreiflicherweise verloren Alkibiades und seine Freunde anfangs fast den Kopf. Doch merkten sie bald, daß alle Matrosen und Soldaten, die für Sizilien bestimmt waren, ihnen treu ergeben waren. Überdies hörten sie, daß tausend Hopliten aus Argos und Mantineia öffentlich erklärten, sie hätten sich nur Alkibiades zu Gefallen zu dem weiten Zug, noch dazu über das Meer, verstanden. Wenn man ihn ungerecht behandelte, würden sie sofort umkehren. Da faßte Alkibiades wieder Mut und erschien an dem bestimmten Tage zur Verteidigung vor Gericht. Schließlich endete es damit, daß seine Feinde kleinlaut wurden aus Furcht, das Volk möchte bei der Untersuchung allzu große Nachsicht walten lassen, weil es ihn ja doch nicht entbehren konnte.

Um dies zu verhindern, gebrauchten sie eine List. Sie ließen einige Redner, die nicht gerade als Gegner des Alkibiades galten, aber ihn nicht weniger haßten als seine erklärten Feinde, vor dem Volk auftreten und ihm vorstellen, es sei nicht ratsam, ein umständliches Gerichtsverfahren einzuleiten und erst Wasseruhren aufzustellen. Damit würde man den erwählten unumschränkten Oberbefehlshaber einer solchen Streitmacht aufhalten in einem Augenblick, da die eigene Armee und die Bundesgenossen marschbereit ständen. „Laßt ihn denn in Gottes Namen absegeln und sich erst, wenn der Krieg glücklich zu Ende geführt ist, wieder vor dem Gesetz einfinden: es wird unverändert dasselbe sein, um seine Verteidigung anzuhören." Alkibiades merkte die boshafte Absicht bei diesem Aufschub wohl, er trat also vor und erklärte, es sei doch hart, als Kommandierender eines solchen Heeres auszulaufen, während in der Heimat verleumderische Beschuldigungen umgingen und ihn in dauernder Ungewißheit hielten. Falls er sich nicht rechtfertigen könne, solle man ihn jetzt gleich mit dem Tode bestrafen, oder aber ins Feld ziehen lassen, ohne daß er im Rücken falsche Ankläger fürchten müsse.

20. Seine Bitte fruchtete nichts, vielmehr erhielt er Befehl zur Abfahrt, und so ging er endlich mit seinen beiden Kollegen in See. Er führte einhundertundvierzig Trieren, an die fünftausendeinhundert Hopliten, dreizehnhundert Bogenschützen, Schleuderer und andere leichte Truppen, dazu eine ausreichende Menge Kriegsmaterial. Er betrat Italien, eroberte Rhegion und setzte seinen Kollegen nun seinen Kriegsplan auseinander. Nikias widersprach zwar. Da aber Lamachos auf Alkibiades' Seite trat, fuhr er nach Sizilien und zwang Katane zur Übergabe. Mehr konnte er nicht ausrichten, denn in diesem Augenblick wurde er von den Athenern zur gerichtlichen Untersuchung abberufen.

Anfangs hatten Alkibiades nämlich nur einige vage Gerüchte und Verleumdungen von Sklaven oder Metöken getroffen. Aber in seiner Abwesenheit gingen seine Gegner aufs neue zum Angriff vor und verknüpften in der Anklage die Profanierung der Mysterien mit dem Hermokopidenfrevel. Sie behaupteten, beides sei von einer einzigen Bande ausgegangen, um die Regierung zu stürzen. Deshalb warfen die Athener jeden, der nur im geringsten verdächtig war, ohne Untersuchung ins Gefängnis. Auch reute es sie, daß sie Alkibiades nicht schon damals zur Verantwortung gezogen und wegen so schwerer Vergehen verurteilt hätten. Wer von seinen Freunden, Verwandten oder Bekannten jetzt dem aufgebrachten Volk in den Weg lief, erfuhr von ihnen die schmählichste Behandlung. Thukydides hat die Namen der Ankläger des Alkibiades nicht angegeben, andere aber nennen Diokleidas und Teukros, wie der Komödiendichter Phrynichos an folgender Stelle: „Nimm, Hermes, dich in acht, daß du nicht wieder fällst und Schaden nimmst, wodurch zu falschen Klagen leicht ein zweiter Diokleidas Gelegenheit bekäme." *Hermes:* „Ich will mich hüten; denn dem Teukros mag ich nicht, dem Schelm, dem Hergelaufenen, Lohn für seine Klagen schaffen." Allerdings wußten die Ankläger nichts Bestimmtes oder Nachweisbares auszusagen. Einer gab auf die Frage, wie er denn die Gesichter der Hermenfrevler erkannt hätte, zur Antwort: „Beim Mondschein", und verwickelte sich damit in Widerspruch, da der Frevel gerade zur Zeit des Neumonds verübt war. Das machte freilich bei verständigen Leuten sehr böses Blut, aber es beruhigte das Volk keineswegs gegenüber den Verleumdungen, im Gegenteil, es blieb wie anfangs unerbittlich und ließ jeden, der angezeigt wurde, auf der Stelle ins Gefängnis werfen.

21. Unter denen, die in Untersuchungshaft saßen, war auch der Redner Andokides, den der Historiker Hellanikos zu den Nachkommen des Odysseus rechnet. Andokides galt als Feind der Demokratie und Anhänger der Oligarchie. Was ihn der Mitschuld an der Verstümmelung der Hermen am meisten verdächtig machte, war die Tatsache, daß die große Hermessäule, die als Weihgeschenk der Ägeischen Phyle nahe bei seinem Hause stand, fast allein unversehrt geblieben war, obwohl es von den auffallend schönen Säulen dieser Art nur wenige gab. Daher heißt sie noch jetzt allgemein Andokides-Säule, wenn auch die Inschrift nichts davon sagt. Es traf sich, daß ein Mann namens Timaios mit Andokides aus demselben Grunde im Gefängnis saß und dort seine Bekanntschaft machte. Er war zwar nur ein einfacher Mann aus dem Volk, aber er besaß Mut und gesunden Menschenverstand und redete dem Andokides zu, er solle doch sich

selbst und einige andere als Täter angeben; denn der Volksbeschluß verspreche für freiwilliges Geständnis Begnadigung.
Der Ausgang der Untersuchung sei für alle ungewiß, besonders gefährlich aber für die Vornehmen. Daher sei es besser,
durch eine Lüge sein Leben zu retten, als mit anderen wegen
gleicher Anschuldigung ruhmlos sein Leben zu verlieren.
Auch zum allgemeinen Besten solle man lieber einige wenige
Personen von zweideutigem Ruf aufopfern und dafür viele
brave Männer der Wut des Volkes entreißen. Timaios'
Gründe und Vorstellungen machten auf Andokides Eindruck. Er gab also sich und einige andere als Täter an und
erhielt selbst die im Volksbeschluß versprochene Begnadigung; aber alle, die er angezeigt hatte, mußten sterben außer
denen, die sich durch Flucht hatten retten können. Um mehr
Glauben zu finden, hatte Andokides auch einige seiner eigenen Sklaven mitangegeben.

Damit war jedoch der Zorn des Volkes noch nicht verraucht.
Nachdem es sich jetzt die Bilderstürmer vom Halse geschafft
hatte, fand es Zeit, seine Wut ganz gegen Alkibiades zu
kehren. So schickte es endlich die Salaminia an ihn ab, allerdings mit dem klugen Befehl, die Abgesandten sollten ihn
nur durch gütliche Vorstellungen bewegen, zur Untersuchung
seiner Angelegenheit zurückzukehren und sich vor dem Volk
zu verantworten; sie dürften aber auf keinen Fall Gewalt
gegen ihn gebrauchen oder gar Hand an ihn legen. Man
befürchtete nämlich, Alkibiades könnte unter dem Heer in
Feindesland Aufruhr und Meuterei anzetteln, was für ihn
auch ein leichtes gewesen wäre, wenn er gewollt hätte. Denn
die Soldaten verloren nach seiner Abreise allen Mut, da sie
voraussahen, wie nachlässig und langweilig der Krieg unter
Nikias geführt werden würde, als wenn dem ganzen Unternehmen die Seele genommen wäre. Lamachos war zwar ein
tapferer Soldat, aber wegen seiner Armut genoß er kein besonderes Ansehen.

22. Gleich bei seiner Abfahrt brachte Alkibiades die Athener
um den Besitz von Messene. Eine Partei war nämlich gesonnen, ihnen die Stadt in die Hände zu spielen. Da Alkibiades sie genau kannte, verriet er sie der Partei der Syra-

kusaner und vereitelte dadurch ihren Plan. In Thurioi ging
er an Land, versteckte sich und entging seinen Verfolgern.
Als ihn aber jemand erkannte und sagte: „Alkibiades, traust
du denn deinem eigenen Vaterland nicht?" antwortete er:
„Doch, in allen Dingen, nur wenn es um mein Leben geht,
würde ich selbst meiner Mutter nicht trauen, weil sie leicht
aus Versehen ein schwarzes Steinchen statt des weißen abgeben könnte." Auf die Nachricht, daß die Athener ihn zum
Tode verurteilt hätten, rief er: „Gut, ich will ihnen zeigen,
daß ich noch lebe."

Die Klage gegen ihn lautete nach einigen Quellen: „Thessalos, Kimons Sohn, von Lakia, belangt den Alkibiades, Kleinias' Sohn, von Skambonidai, wegen des Frevels gegen die
Göttinnen Demeter und Persephone: er hat die Mysterien
nachgeäfft, sie in seinem Haus seinen Freunden in derselben
Kleidung, in welcher der Hierophant die Heiligtümer zeigt,
dargestellt und sich selbst zum Hierophanten, Polytion zum
Fackelträger, Theodoros von Phegaia zum Herold, seine
übrigen Freunde zu Mysten und Epopten gemacht, was
wider die heiligen Gebräuche und die von den Eumolpiden,
Keryken und den eleusinischen Priestern festgesetzten Satzungen verstößt." Die Athener verurteilten ihn in seiner
Abwesenheit zum Tode, zogen seine Güter ein und beschlossen noch überdies, daß alle Priester und Priesterinnen ihn
verfluchen sollten. Diesem Beschluß widersetzte sich, wie es
heißt, nur Menons Tochter Theano, und erklärte, sie sei
Priesterin geworden, um zu segnen, nicht um zu fluchen.

23. Zu der Zeit, da dieses harte Urteil gegen Alkibiades erging, hielt er sich in Argos auf, nach seiner Flucht aus Thurioi war er zuerst nach dem Peloponnes gegangen. Hier war
er vor seinen Feinden nicht sicher, und da er nun einmal
sein Vaterland aufgeben mußte, bat er in Sparta um Amnestie und Vertrag; er versprach, Sparta jetzt mehr Nutzen
und Vorteil zu bringen, als er ihm während der Zeit seiner
Feindschaft geschadet habe. Die Spartaner waren bereit, ihn
aufzunehmen, und so ging er dann ohne weiteres dorthin.
Während die Spartaner noch Bedenken hatten, ob sie Syrakus helfen sollten, war sein erstes, sie aufzurütteln und zu

veranlassen, Gylippos als Befehlshaber nach Sizilien zu schicken und die Macht der Athener dort zu zertrümmern. Das zweite war, daß er den Athenern vom Peloponnes aus wieder den Krieg ins Land schickte; das dritte und wichtigste aber, daß er Dekeleia befestigen ließ. Denn dadurch versetzte er den Athenern den härtesten und empfindlichsten Schlag.

Auf solche Weise gewann er in Sparta bald die allgemeine Achtung; nicht weniger bewunderte man sein persönliches Auftreten. Er wußte den Mann auf der Straße für sich einzunehmen und bezauberte ihn durch seine Art, wie er sich an die spartanische Lebensweise gewöhnte. Wer es sah, wie er sich völlig kahl schor, in kaltem Wasser badete, mit Gerstenbrot vorlieb nahm und an der schwarzen Suppe Geschmack fand, traute kaum seinen Augen und zweifelte, ob dieser Mann jemals in seinem Hause einen Koch gehabt, einem Salbenmischer zugesehen oder einen milesischen Mantel anzurühren gewagt hätte. Denn neben anderen Vorzügen war bei ihm, wie man erzählt, vor allem eine Eigenschaft ausgeprägt, um sich bei den Menschen beliebt zu machen: die Fähigkeit, sich fremden Sitten und Gebräuchen anzupassen. Er konnte sich schneller als ein Chamäleon verwandeln und anpassen, doch mit dem Unterschied, daß dieses wenigstens eine Farbe, die weiße, nicht anzunehmen vermag, während es für Alkibiades weder Gutes noch Schlechtes gab, das er nicht hätte nachahmen oder durch Übung sich hätte aneignen können. So trieb er in Sparta gern Leibesübungen, nahm eine einfache Lebensweise an und trug eine ernsthafte, ja mürrische Miene zur Schau. In Ionien gab er sich sorglos und leichtsinnig einem üppigen Leben voller Vergnügungen hin; in Thrakien ergab er sich dem Trunk und kam vom Pferd nicht herunter. Im Hause des Satrapen Tissaphernes übertraf er selbst die Prachtliebe der Perser durch Prunk und Schwelgerei: nicht als ob er auch innerlich leicht von einer Wesensart zur anderen übergegangen wäre oder als ob man jede Veränderung in seiner Lebensweise auch an seinem Charakter hätte wahrnehmen können. Weil er vielmehr seine Umgebung leicht beleidigt hätte, wenn er

sich in seiner eigenen Art gegeben hätte, pflegte er vorsichts-
halber je nach den Verhältnissen eine Gestalt oder eine
Maske anzunehmen oder abzulegen.

Jedenfalls ließ sich in Sparta auf sein äußeres Auftreten der
Vers auf ihn anwenden: „Das ist Achills Sohn nicht, nein,
es ist der leibhaftige Zögling des Lykurgos." Aber wenn
man seine wirklichen Leidenschaften und Triebe in Betracht
zog, dann galt das Wort: „Noch ist's dasselbe Weib." Denn
während König Agis auf einem Feldzug außer Landes war,
wußte Alkibiades seine Gemahlin Timaia mit lockenden
Worten zu betören, daß sie sich ihm hingab und auch kein
Geheimnis daraus machte. Als sie einen Knaben gebar, ließ
sie ihn zwar öffentlich Leotychidas nennen, im Hause aber
flüsterte sie ihren Freundinnen und Dienerinnen ins Ohr, er
heiße Alkibiades. So heftig war die Leidenschaft, die sie beherrschte. Alkibiades selbst hatte die Frechheit zu behaupten, er habe es nicht getan, um den König zu beschimpfen,
oder weil er sich von der Leidenschaft habe hinreißen lassen,
sein Wunsch sei vielmehr gewesen, daß seine Nachkommen
über die Spartaner herrschen sollten. Dem Agis hinterbrachten dies alles viele Zungen. Er maß ihnen um so leichter
Glauben bei, weil er sich ausrechnete, daß die Zeit stimmte.
Denn er war bei einem Erdbeben erschrocken von der Seite
seiner Gemahlin aus dem Zimmer gelaufen, und darauf
hatte er sie zehn Monate lang nicht gesehen. Da Leotychidas
aber nach dieser Zeit geboren war, wollte er ihn nie als seinen Sohn anerkennen. Leotychidas wurde deshalb späterhin
von der Nachfolge in der Königswürde ausgeschlossen.

24. Nach der unglücklichen Niederlage der Athener in Sizilien kamen zu gleicher Zeit Gesandte von Chios, Lesbos und
aus Kyzikos nach Sparta, um wegen ihres Abfalls von Athen
mit den Spartanern zu verhandeln. Für die Lesbier verwen-
deten sich die Boioter, für die Kyzikener Pharnabazos. Aber
auf Alkibiades' Rat beschloß man, sich der Chier vor allem
anzunehmen. Alkibiades fuhr persönlich mit dorthin. Dort
brachte er fast ganz Ionien zum Abfall und tat auch sonst
den Athenern viel Schaden, da er immer in der Umgebung
der spartanischen Feldherren war.

Allein Agis konnte Alkibiades immer noch nicht den Schimpf
vergessen, den er ihm in seiner Gemahlin angetan hatte.
Jetzt neidete er ihm auch seinen Ruhm. Denn er mußte immer wieder hören, was man sich an allen Ecken erzählte:
„Alles macht Alkibiades, alle Erfolge sind ihm zu verdanken." Auch unter den übrigen Spartanern neideten ihm jetzt
die ehrgeizigen Machthaber seine Erfolge. Deshalb setzten
sie es mit Gewalt durch, daß die Regierung in Sparta Befehl nach Ionien schickte, ihn aus dem Wege zu räumen.
Aber Alkibiades merkte im stillen die Ränke und war auf
seiner Hut, und wenn er auch noch an allen Unternehmungen der Spartaner teilhatte, hütete er sich wohl, ihnen ins
Garn zu gehen.
Um Sicherheit zu finden, suchte er bei dem persischen Satrapen Tissaphernes Zuflucht, an dessen Hof er in kurzer Zeit
der erste und angesehenste Mann wurde. Denn der Perser,
der selbst nicht aufrichtig war, sondern verschlagen und voller Arglist, fand an der außerordentlichen Gewandtheit und
Verschlagenheit des Alkibiades großes Gefallen. Auch gab
es nicht leicht ein Temperament oder einen Charakter, den
die Liebenswürdigkeit des Alkibiades im täglichen Umgang,
in gesellschaftlicher Unterhaltung und bei der Tafel nicht
hätte gewinnen und für sich hätte einnehmen müssen. Selbst
denen, die ihn fürchteten oder beneideten, brachte sein Umgang und sein Anblick Freude und Frohsinn. Und obwohl
Tissaphernes sonst wenig Lebensart hatte und überdies die
Griechen mehr als irgendein Perser haßte, ließ er sich durch
Alkibiades' Schmeicheleien doch gewinnen, daß er ihn in
Gegenschmeicheleien noch zu übertrumpfen suchte. So legte
er Alkibiades' Namen einem seiner Tiergärten bei, der mit
seinem gesunden Wasser und seinen Wiesen, mit der königlichen Pracht seiner Lauben und Lusthäuser alle andern übertraf. Dieser Name blieb noch lange nachher üblich.
25. Alkibiades sagte sich nun von der Sache der Spartaner
wegen ihrer Treulosigkeit los, da er in beständiger Furcht
vor Agis lebte. Jetzt war sein einziges Ziel, ihnen Schaden
zuzufügen und sie bei Tissaphernes zu verleumden. Er riet
ihm, Sparta nicht mehr so nachdrücklich zu unterstützen,

immerhin die Athener nicht ganz zugrunde zu richten, sondern lieber durch Verringerung der Zuschüsse an die Spartaner ihre Macht nach und nach zu schwächen. Wenn sie sich dann gegenseitig aufgerieben hätten, würden sich beide um so leichter dem Willen des Perserkönigs fügen. Tissaphernes befolgte seinen Rat gern und bezeigte ihm bei jeder Gelegenheit seine Achtung und Bewunderung. Infolgedessen richteten jetzt Athen und Sparta ihr Augenmerk auf Alkibiades. Die Athener bereuten nach so manchem Unglück die Beschlüsse, die sie gegen ihn gefaßt hatten. Alkibiades selbst aber fürchtete ernstlich, den Spartanern, seinen ärgsten Feinden, in die Hände zu fallen, wenn sein Vaterland Athen endlich ganz vernichtet wäre.

Damals stand fast die ganze Streitmacht der Athener bei Samos. Von dort aus eroberten sie mit ihren Schiffen die verlorenen Besitzungen wieder und leiteten die Verteidigung ihres alten Besitzes. Mit ihren Schiffen waren sie dem Gegner noch einigermaßen gewachsen, aber sie fürchteten sich vor Tissaphernes und den einhundertundfünfzig phönikischen Trieren, die, wie es hieß, bald kommen sollten. Dann freilich blieb Athen kein Weg zur Rettung mehr. Alkibiades, der das wußte, schickte heimlich Boten an die Führer unter den Athenern bei Samos und machte ihnen Hoffnung auf Tissaphernes' Freundschaft. Mit diesem Schritt wollte er sich nicht bei der großen Masse beliebt machen, denn er traute ihr nicht, sondern bei den Aristokraten, wenn sie es fertigbrächten, als wahre Männer den Übermut des niederen Volkes zu brechen und so ihre Sache und damit ihr Vaterland zu retten.

Alle waren mit Alkibiades' Plan einverstanden. Nur einer der Feldherrn, Phrynichos von Deirades, widersetzte sich dem Ansinnen: er hegte nämlich den Verdacht, der sich später auch als richtig erwies, es sei Alkibiades gar nicht um Demokratie oder Aristokratie zu tun, er wolle vielmehr um jeden Preis zurückkehren und suche jetzt auf Kosten des Volkes Anschluß an die Aristokratie. Da er sich aber überstimmt sah und seine Feindschaft gegen Alkibiades ans Licht gekommen war, verriet er alles dem Befehlshaber der feind-

lichen Flotte, Astyochos. Dabei legte er ihm nahe, auf seiner
Hut zu sein und Alkibiades, der ein doppeltes Spiel treibe,
in Gewahrsam zu bringen. Allein hier geriet, ohne daß sie
es ahnten, ein Verräter an den anderen. Astyochos wußte,
daß Alkibiades bei Tissaphernes, den er selber über die Maßen fürchtete, alles galt, und entdeckte ihm Phrynichos' Rat.
Alkibiades ließ nun sofort Phrynichos beim Heer in Samos
verklagen. Voller Zorn wandten sich alle gegen Phrynichos.
Er wußte sich aus seiner peinlichen Lage nicht anders zu
retten, als daß er das eine Übel durch ein noch größeres aus
der Welt zu schaffen suchte. Er schickte noch einmal Botschaft an Astyochos, warf ihm seinen Verrat vor und erbot
sich, ihm die Schiffe mit dem Lager der Athener auszuliefern.
Der Verrat des Phrynichos blieb indes für die Athener ungefährlich: Astyochos verriet ihn seinerseits und setzte Alkibiades von dem Anschlag in Kenntnis. Das hatte Phrynichos
vorausgesehen und eine zweite Anklage von Alkibiades erwartet. Um ihm zuvorzukommen, prophezeite er den Athenern, die Feinde hätten vor, sie mit der Flotte anzugreifen;
er riet ihnen, in unmittelbarer Nähe der Schiffe ein festes
Lager aufzuschlagen. Die Athener waren gerade bei dem
Bau, als wieder ein Brief von Alkibiades ankam mit dem
Rat, sich ja vor Phrynichos in acht zu nehmen; er habe nichts
Geringeres vor, als den Feinden das Schiffslager zu verraten.
Aber diesmal schenkten sie ihm keinen Glauben, weil sie
meinten, Alkibiades habe um die Anstalten und Absichten
der Feinde gewußt und sich den Umstand zunutze gemacht,
um Phrynichos zu verleumden. Freilich irrten sie in dieser
Annahme. Später wurde Phrynichos von einem Wachsolda-
ten Hermon auf offenem Markt erdolcht. Daraufhin rollten
die Athener die Angelegenheit von neuem auf und erklärten
Phrynichos noch im Tode des Verrats für schuldig, Hermon
aber und seine Freunde belohnten sie mit Kränzen.

26. Auf Samos bekamen damals Alkibiades' Anhänger die
Oberhand und schickten Peisandros nach Athen ab. Dort
sollte er die Revolution einleiten und die Aristokraten dazu
veranlassen, die Regierung zu übernehmen und die Demokratie abzuschaffen; denn Alkibiades könne nur unter dieser

Bedingung Tissaphernes' Freundschaft und Bundesgenossenschaft für sie gewinnen. Dieses war der Vorwand, unter dem die Anhänger der Oligarchie die Staatsform änderten. Als aber die sogenannten Fünftausend oder genauer die Vierhundert mit Gewalt die Macht an sich gerissen hatten, nahmen sie von Alkibiades keine Notiz mehr und führten den Krieg nur noch nachlässig. Denn sie konnten den Bürgern, die von der Neuordnung der Verhältnisse peinlich berührt waren, nicht trauen. Zudem hegten sie aber auch die Hoffnung, die Spartaner würden sich auch ihnen gegenüber nun nachgiebiger zeigen, weil sie ja immer die Anhänger der Oligarchie begünstigt hätten.

Das Volk in der Stadt blieb trotz aller Unzufriedenheit ruhig, von Furcht in Schach gehalten; denn die Vierhundert hatten nicht wenige, die offenen Widerstand wagten, umbringen lassen. Als die Athener auf Samos von dem Umsturz erfuhren, packte sie die Wut. Sie beschlossen, geradeswegs nach dem Peiraieus zu fahren. Auch beriefen sie Alkibiades, ernannten ihn zum Feldherrn und forderten ihn auf, sich an ihre Spitze zu stellen, um der Tyrannis ein Ende zu machen.

Alkibiades glaubte durchaus nicht, wie so manche andere, die plötzlich durch Volksgunst emporkommen, er müsse den Leuten in allem zu Willen sein und dürfe keine andere Meinung haben als sie, nur weil sie einen herumirrenden Flüchtling zum Führer einer gewaltigen Land- und Seemacht ernannt hatten. Er tat vielmehr, was einem wahrhaft großen Führer zukommt: er gebot der blinden Wut der Athener Einhalt. Manchen Fehler verhütete er und rettete wenigstens diesmal ohne Zweifel die Vaterstadt. Denn wären sie jetzt von Samos nach Hause gefahren, so hätten sie den Feinden ganz Ionien, den Hellespont und alle Inseln kampflos preisgegeben, während Athener gegen Athener kämpften und ihre Vaterstadt zum Kriegsschauplatz machten. Daß dies alles verhindert wurde, daran hatte Alkibiades das größte Verdienst. Es genügte ihm nicht, dem ganzen Heer Vorstellungen zu machen; er versuchte auch, auf den einzelnen Mann mit Bitten und Drohungen einzuwirken. Sein getreuer

Helfer war Thrasybulos von Steiria, der ihm nicht von der Seite wich und seine dröhnende Stimme erschallen ließ; soll er doch der Stimmgewaltigste unter den Athenern gewesen sein.

Nicht minder wichtig für die Athener war es, daß Alkibiades nun, wie er versprochen hatte, schleunigst gegen die phönikischen Schiffe, die der Spartaner vom Perserkönig erwartete, auslief. Seine Absicht war, sie auf seine Seite zu bringen oder ihnen jedenfalls die Vereinigung mit den Spartanern unmöglich zu machen. Tissaphernes ließ auch wirklich die Flotte, die schon bei Aspendos gesichtet war, nicht weitergehen und betrog so die Spartaner um ihre Hoffnung. Beide Parteien schrieben die Umkehr der Flotte dem Alkibiades zu; namentlich warfen die Spartaner ihm vor, er habe dem Perser den Rat gegeben, ruhig die Griechen sich gegenseitig aufreiben zu lassen. Denn gewiß hätte die Partei, zu der eine so ansehnliche Flotte gestoßen wäre, der anderen die Herrschaft zur See entrissen.

27. Bald darauf wurden in Athen die Vierhundert wieder gestürzt, und dabei unterstützten Alkibiades' Freunde die Demokraten aufs eifrigste. Die Bürger in der Stadt wünschten nun zwar die Rückkehr des Alkibiades und hielten hartnäckig an ihrem Wunsch fest. Aber er selbst wollte sich nicht aus Gnade und Barmherzigkeit vom Volk zurückrufen lassen und mit leeren Händen und ohne eine Großtat, sondern in Glanz und Ehren zurückkehren. Daher ging er erst mit einigen wenigen Schiffen von Samos in See und kreuzte an den Küsten von Kos und Knidos. Als er dort erfuhr, daß der Spartaner Mindaros mit seiner ganzen Flotte nach dem Hellespont unterwegs war und die Athener hinter ihm herfuhren, segelte er ebenfalls eiligst dorthin, um den Anführern der Athener Beistand zu leisten. Glücklicherweise kam er mit achtzehn Trieren gerade zu der Zeit auf, als beide Flotten in der Nähe von Abydos hart aneinander geraten waren und nun in unentschiedenem Kampfe noch am Spätnachmittag erbittert miteinander rangen: bei beiden Flotten gab es Sieger und Besiegte. Alkibiades' Erscheinen erregte bei den Kämpfenden keineswegs die Gefühle, die man eigent-

lich hätte erwarten sollen: die Feinde schöpften neuen Mut, und die Athener gerieten in Bestürzung. Aber Alkibiades gab seinen Landsleuten vom Admiralsschiff das Signal, er komme als Freund. Die Spartaner griff er sofort an, wo sie Sieger waren und die Fliehenden verfolgten. Er schlug sie leicht in die Flucht, trieb ihre Schiffe gegen das Land und verfolgte sie so hartnäckig, daß er viele Schiffe in Grund bohrte und zerstörte. Die Mannschaften suchten sich durch Schwimmen zu retten. Inzwischen kam Pharnabazos mit Truppen zu Hilfe, um vom Lande aus die anlegenden Schiffe zu decken. Aber schließlich hatten die Athener dreißig feindliche Schiffe erbeutet und die ihrigen wiederbekommen. Deshalb errichteten sie ein Siegeszeichen.

Nach diesem glänzenden Erfolg wollte Alkibiades, ehrgeizig, wie er war, sich Tissaphernes in seinem ganzen Glanz zeigen. Er nahm deshalb ansehnliche Geschenke sowohl in seinem als im Namen der Athener mit und begab sich mit einem Gefolge, wie es einem siegreichen Führer zukommt, zur Audienz. Allein hier fand er eine andere Aufnahme als er erwartet hatte. Tissaphernes, den die Spartaner schon längst der Verräterei beschuldigt hatten und der deswegen fürchtete, bei seinem König in Ungnade zu fallen, glaubte, Alkibiades sei ihm gerade zur rechten Zeit ins Garn gegangen. Er ließ ihn verhaften und in Sardes ins Gefängnis werfen, um sich, so unehrenhaft sein Verhalten auch war, von jenem Vorwurf zu reinigen.

28. Nach dreißig Tagen wußte sich Alkibiades heimlich ein Pferd zu verschaffen, entkam seinen Wächtern und gelangte glücklich nach Klazomenai. Um den Verdacht gegen Tissaphernes zu vermehren, verbreitete er noch, er sei von ihm selbst freigelassen. Dann nahm er ein Schiff und fuhr zu dem Lager der Athener, und als er hörte, Mindaros und Pharnabazos seien beide in Kyzikos, setzte er seinen Soldaten die Notwendigkeit auseinander, die Feinde gleichzeitig zu Wasser und zu Lande anzugreifen und, beim Zeus, in ihren Städten zu belagern; denn wenn sie nicht auf allen Punkten Sieger blieben, würde es ihnen am Nötigsten fehlen. Er ließ also die Leute an Bord gehen und fuhr nach Proi-

konnesos. Dort gab er Befehl, die kleinen Fahrzeuge in die Mitte der Flotte zu nehmen und unter allen Umständen zu verhindern, daß die Feinde von seiner Annäherung auch nur die geringste Kunde bekämen. Glücklicherweise brach plötzlich ein Unwetter herein, begleitet von starkem Regen, Donner und undurchdringlichem Dunkel. Das war ihm eine gute Hilfe, seine Vorbereitungen zu verbergen. So blieben die Feinde ahnungslos. Selbst die Athener wurden durch seinen Befehl zum Auslaufen überrascht.

Bald nach dem Auslaufen lichtete sich das Dunkel, und nun tauchten vor dem Hafen von Kyzikos die Schiffe der Peloponnesier vor ihnen auf, die auf der Reede vor Anker lagen. Alkibiades machte der Gedanke Sorge, die Feinde könnten beim Anblick seiner überlegenen Flotte ihm an der Küste entkommen. Deswegen gab er den Steuerleuten Befehl, langsam zu fahren und ihm in weitem Abstand zu folgen; er selbst zeigte sich den Feinden nur mit vierzig Schiffen und forderte sie zum Kampf heraus. Sie merkten die List nicht, lächelten voll Verachtung über die paar Schiffchen, die sie vor sich zu haben glaubten, und eröffneten das Gefecht. Als aber auch die übrigen athenischen Schiffe in den Kampf eingriffen, wandten sie sich erschrocken zur Flucht. Mit seinen zwanzig besten Schiffen durchbrach Alkibiades ihre Linie, landete an der Küste und verfolgte die flüchtende Schiffsmannschaft, von denen er sehr viele niedermachte. Mindaros und Pharnabazos kamen zwar zu Hilfe, aber er wurde auch mit diesen fertig. Nach hartnäckigem Kampfe blieb Mindaros auf dem Platz, Pharnabazos entzog sich dem Verderben durch die Flucht. Die Athener hatten alle feindlichen Schiffe erbeutet und zahllosen gefallenen Feinden die Rüstung abgenommen. Jetzt unterwarfen sie auch Kyzikos; denn die Peloponnesier waren aufgerieben und Pharnabazos geflohen. So hatten sie nicht nur den Hellespont fest in der Hand; sie konnten die Spartaner mit Gewalt überhaupt vom Meer vertreiben. Es fiel ihnen auch ein Brief in die Hände, der den Ephoren die erlittene Niederlage in lakonischer Kürze meldete: „Flotte vernichtet. Mindaros tot. Mannschaften hungern. Wir wissen nicht, was tun."

29. Durch diesen Sieg wurden Alkibiades' Soldaten übermütig und bildeten sich soviel ein, daß sie es für unter ihrer
Würde hielten, als unüberwindliche Krieger mit den anderen, die so oft geschlagen wurden, zu verkehren. Nicht lange
vorher hatte Thrasyllos nämlich bei Ephesos eine Schlappe
erlitten, und den Athenern zum Schimpf hatten die Ephesier
ein Siegeszeichen aus Bronze errichtet. Das hielten Alkibiades' Soldaten der Mannschaft des Thrasyllos vor, erhoben
dagegen sich und ihren Feldherrn in den Himmel und weigerten sich, mit den anderen Exerzierplatz oder Quartier zu
teilen. Als aber Pharnabazos die Athener, die in das Gebiet
von Abydos eingefallen waren, mit einem starken Korps an
Fußvolk und Reiterei angriff, und Alkibiades, der in Eilmärschen heranrückte, in gemeinsamem Kampf mit Thrasyllos ihn zurückschlug und bis in die Nacht verfolgte, söhn-
ten ihre Soldaten sich endlich aus und kehrten froh miteinander als gute Freunde ins Lager zurück.

Am nächsten Tag stellte Alkibiades ein Siegeszeichen auf
und zog, ohne auf Widerstand zu stoßen, plündernd durch
die Provinz des Pharnabazos. Er führte auch mehrere Priester und Priesterinnen mit sich fort, schenkte ihnen aber
nachher ohne Lösegeld die Freiheit. Dann zog er weiter gegen die abgefallenen Chalkedonier, die eine Besatzung und
einen Harmosten der Spartaner in die Stadt aufgenommen
hatten. Als er hörte, daß sie all ihr Vieh vom Lande zusam-
mentrieben und den Bithyniern, ihren Bundesgenossen, in
Verwahrung geben wollten, rückte er mit dem Heer an die
Grenzen Bithyniens und machte durch einen Herold den
Bithyniern Vorwürfe. Sie ließen sich einschüchtern, lieferten
ihm das Vieh aus und schlossen mit ihm einen Vertrag.

30. Während die Athener eine Mauer von Meer zu Meer
zogen, um Chalkedon einzuschließen, rückte Pharnabazos
zum Entsatz heran. Gleichzeitig machte der Harmost Hippokrates mit allen Truppen einen Ausfall gegen die Athener.
Alkibiades stellte sein Heer so auf, daß er beiden gleichzeitig
die Spitze bieten konnte. Pharnabazos zwang er zu schimpflicher Flucht und machte Hippokrates mit vielen seiner Leute
nieder.

Dann segelte er weiter, um in den Städten am Hellespont
Geld einzutreiben und eroberte bei der Gelegenheit die Stadt
Selybria. Dort begab er sich ohne Rücksicht auf sein eigenes
Leben in Gefahr. Die Leute nämlich, die ihm die Stadt ausliefern wollten, hatten mit ihm verabredet, ihm um Mitternacht mit einer Fackel ein Zeichen zu geben. Doch weil sie
einem ihrer Mitverschworenen, der plötzlich anderen Sinnes
geworden war, nicht mehr trauten, waren sie gezwungen,
das Signal zu früh zu geben. Beim Aufflammen der Fackel
waren Alkibiades' Truppen aber noch nicht fertig. Deshalb
lief er mit nur ungefähr dreißig Mann auf die Mauer zu und
befahl den übrigen, möglichst schnell nachzukommen. Als
das Tor sich öffnete, stießen noch zwanzig Leichtbewaffnete
zu ihm; mit diesen fünfzig Mann drang er sofort in die Stadt
ein, sah aber nun wohl, daß die Selybrier ihm als Feinde mit
den Waffen in der Hand entgegenkamen. Wollte er an dieser Stelle Widerstand leisten, so sah er sich ohne Rettung
verloren; zur Flucht war er zu stolz, da er bisher in allen
seinen Feldzügen unbesiegt geblieben war. Endlich ließ er mit
der Trompete Ruhe gebieten und befahl einem seiner Leute,
öffentlich auszurufen, die Athener wollten keinen Kampf
gegen die Selybrier. Da verloren viele die Kampflust, weil
sie glaubten, die Feinde seien alle in der Stadt; andere wieder machten sich Hoffnung auf einen gütlichen Vergleich.
Während sie zusammentraten und noch verhandelten, stieß
endlich das übrige Heer zu Alkibiades. Mit Recht vermutete
er, daß die Selybrier im Grunde friedliche Leute seien. Auch
fürchtete er, die Thraker möchten sich einfallen lassen, die
Stadt zu plündern. Denn es hatten viele Thraker aus Gefälligkeit und Freundschaft gegen ihn an diesem Zuge bereitwillig teilgenommen. Er schickte sie deshalb alle aus der
Stadt heraus und gewährte den Selybriern auf ihre Bitte
Schonung. Nur Tribut ließ er sich zahlen, legte eine Besatzung in die Stadt und zog dann wieder ab.

31. Inzwischen hatten die Feldherren, die Chalkedon belagerten, mit Pharnabazos einen Vergleich geschlossen. Danach sollten sie eine Summe Geld bekommen, Chalkedon die
Herrschaft Athens wieder anerkennen und die Athener das

Gebiet des Pharnabazos unbehelligt lassen, Pharnabazos aber sollte den Gesandten der Athener an den König sicheres Geleit verbürgen. Pharnabazos forderte von Alkibiades nach seiner Rückkehr, auch er solle den Vergleich beschwören; aber der antwortete, er werde erst nach Pharnabazos schwören.

Als der Vertrag von beiden Seiten anerkannt war, wandte Alkibiades sich gegen Byzantion, das auch abgefallen war, und schloß die Stadt mit einer Mauer ein. Anaxilaos, Lykurgos und einige andere Byzantier erboten sich, ihm die Stadt auszuliefern, wenn er sie schonen wolle. Daher ließ er das Gerücht verbreiten, die Athener müßten wegen der Unruhen in Ionien die Belagerung aufheben, und ging wirklich am hellen Tage mit der ganzen Flotte unter Segel. Allein in der Nacht kehrte er zurück, ging mit den Hopliten an Land und näherte sich in aller Stille der Stadtmauer. Inzwischen fuhren die Schiffe nach dem Hafen zu und erzwangen die Einfahrt mit verworrenem Geschrei und Getöse. Der Erfolg war, daß der unerwartete Angriff bei den Byzantiern eine Panik hervorrief. Zugleich fanden die Athenerfreunde Zeit, Alkibiades ungehindert einzulassen, weil alles nach dem Hafen und zu den Schiffen rannte.

Doch ging es nicht ohne Blutvergießen ab. Die Peloponnesier, Boioter und Megarer in Byzantion trieben die Athener, die den Hafen stürmten, auf ihre Schiffe zurück, und als sie hörten, daß Alkibiades mit seinen Leuten schon in der Stadt sei, schlossen sie sich zusammen und wandten sich gegen ihn. Es kam zu einem hitzigen Gefecht, aber endlich erfochten Alkibiades auf dem rechten und Theramenes auf dem linken Flügel den Sieg und machten die überlebenden Feinde, ungefähr dreihundert Mann, zu Gefangenen. Nach dem Gefecht wurde weiter kein Byzantier getötet oder geächtet; denn nur unter dieser Bedingung hatten Anaxilaos und seine Freunde die Stadt übergeben und den Vergleich geschlossen, ohne für sich selbst auch nur das Geringste zu fordern. Daher verteidigte sich später Anaxilaos gegen die Anklage des Hochverrats in Sparta mit einer Rede, die ebenso ehrlich war, wie es seine Tat gewesen war. „Ich bin Byzantier, kein Spartaner. Nicht Sparta, sondern Byzantion sah ich in Gefahr. Denn die Stadt war von allen Seiten eingeschlossen, nichts kam mehr hinein, und Peloponnesier und Boioter zehrten den Getreidevorrat auf, während die Byzantier mit Weib und Kind hungern mußten. Von Krieg und Elend habe ich die Stadt befreit, nicht sie verraten. Darin habe ich das Beispiel der besten Spartaner befolgt, die rücksichtslos nur das für gut und recht halten, was dem Vaterland nützt." Diese Gründe ließen die Spartaner denn auch gelten und sprachen die Männer frei.

32. Alkibiades sehnte sich schon lange nach Hause, und heißer noch war sein Wunsch, sich als Sieger in zahllosen Schlachten seinen Mitbürgern zu zeigen. So ging er nun endlich nach Athen unter Segel. Alle attischen Triëren waren rundherum mit Schilden und anderen Beutestücken geschmückt; ihnen folgte die Reihe der eroberten Schiffe. Noch zahlreicher waren die Schiffsschnäbel der zerstörten und erbeuteten Schiffe, die er mit sich führte; ihre Zahl belief sich im ganzen auf zweihundert. Duris von Samos, der sich für einen Nachkommen des Alkibiades ausgibt, fügt noch hinzu, Chrysogonos, ein Sieger in den pythischen Spielen, habe den Ruderern die Melodie des Ruderliedes auf der Flöte gespielt, Kallippides, ein tragischer Schauspieler, den Takt zum Rudern angegeben, beide in langen Gewändern und anderem Theaterprunk, und das Admiralschiff sei mit purpurnen Segeln in den Hafen eingelaufen. Aber davon haben weder Theopomp noch Ephoros oder Xenophon etwas überliefert; auch ist es sehr unwahrscheinlich, daß Alkibiades, der in der Verbannung soviel Unbill erlitten, vor den Athenern in einem so prächtigen Aufzug erschienen sein soll, als wenn er vom Trinkgelage käme. Vielmehr lief er mit heimlicher Furcht in den Hafen ein und getraute sich nicht eher, die Triëre zu verlassen, als bis er vom Deck seinen Vetter Euryptolemos mit vielen Freunden und Bekannten entdeckte, die ihn willkommen hießen und ihm Mut zusprachen.

Als er von Bord gegangen war, schien die herbeiströmende Menge die anderen Admirale gar nicht zu sehen. Alle liefen auf Alkibiades zu, bewillkommneten ihn mit lautem Freudengeschrei und begleiteten ihn nach der Stadt. Die Zunächststehenden schmückten ihn mit Kränzen. Wer sich ihm nicht nähern konnte, begnügte sich, ihn von ferne anzustaunen, und die Alten zeigten ihn ihren Kindern. Doch mischte sich in die allgemeine Freude auch viel Trauer. In diesem glücklichen Augenblick fiel den Athenern ihr früheres Unglück wieder ein; es kam ihnen wieder zum Bewußtsein, daß sie weder Sizilien eingebüßt noch ihre übrigen Hoffnungen hätten scheitern sehen, wenn sie Alkibiades damals an der Spitze des Staates und der Armee hätten gewähren lassen; denn schon jetzt hatte er in seiner kurzen Amtszeit die Stadt, die vom Meer fast ganz verdrängt, zu Lande kaum noch über ihre Vorstädte Herr und dabei durch innere Zwietracht zerrüttet war, aus dem traurigen und jämmerlichen Verfall gerettet und ihr nicht nur zur Herrschaft über das Meer, sondern auch zu Lande überall wieder zum Sieg über ihre Feinde verholfen.

33. Der Volksbeschluß über seine Rückkehr war schon vorher ausgefertigt worden auf Antrag des Kritias, Kallaischros' Sohn, wie dieser in seinen Elegien erzählt, wenn er Alkibiades an diese Gnade erinnert: „Jenen Antrag, welcher zurück dich führte, den hab ich selbst dem Volke gestellt und dir die Rückkehr erwirkt. Aber es liegt darauf das Siegel unserer Zunge." Nach der Rückkehr fand eine Volksversammlung statt, in der Alkibiades auftrat und seine Schicksale unter Tränen und Klagen erzählte; dem Volk machte er nur einen leisen Vorwurf, schrieb vielmehr alles, was ihm begegnet war, einem bösen Geschick oder neidischen Dämon zu. Schließlich erging er sich noch weitläufig über die geringen Aussichten der Feinde und sprach den Bürgern Mut zu. Das Volk schmückte ihn mit goldenen Kränzen und übertrug ihm den unbeschränkten Oberbefehl über Heer und Flotte. Überdies beschlossen sie, ihm sein Vermögen zurückzugeben; auch mußten die Eumolpiden und Keryken die Flüche, die sie auf Befehl des Volkes gegen ihn ausgesprochen hatten, wieder aufheben. Alle folgten gern dieser Aufforderung, nur der Hierophant Theodoros erklärte: „Ich für meine Person habe ihm nichts Böses geflucht, wenn er dem Staat nicht Unrecht tut."

34. So glänzend das Glück war, das Alkibiades jetzt genoß, so beunruhigte doch viele der Zeitpunkt seiner Rückkehr. Denn er war gerade an dem Tag in den Hafen eingelaufen, da der Göttin Athena zu Ehren das Fest der Plynterien begangen wurde. Diese geheimen Zeremonien feierten die Praxiërgiden am fünfundzwanzigsten Thargelion; sie nahmen dabei der Göttin allen Schmuck ab und verhüllten ihr Bild. Daher galt dieser Tag den Athenern als Unglückstag. Es schien, als wenn die Göttin Alkibiades nicht voll Huld und Gnade aufnehme, sondern sich mit verhülltem Antlitz von ihm abwende.

Indes ging Alkibiades doch alles nach Wunsch, und es wurde schon eine Flotte von hundert Triëren ausgerüstet, die sogleich in See gehen sollte, als ein edler Ehrgeiz ihn trieb, die Feier der eleusinischen Mysterien abzuwarten. Seit die Spartaner nach der Befestigung Dekeleias die Wege nach Eleusis sperrten, mußte der Festzug prunklos zu Schiff dorthinziehen; alle Opferriten, die heiligen Reigentänze und viele Zeremonien während der Prozession, die sonst bei der Überführung des Iakchos von Athen nach Eleusis üblich waren, mußten notgedrungen unterbleiben. Deshalb schien es Alkibiades eine fromme Pflicht, den Göttern seine Pietät zu erweisen und sich auch bei den Menschen in ein gutes Licht zu setzen. So beschloß er, dem Fest seinen alten Glanz wiederzugeben und den Festzug auf dem hergebrachten Landweg unter sicherer Bedeckung nach Eleusis zu bringen. Wenn Agis sich dann nicht rühre, so wolle er ihn demütigen und zum Gespött der Leute machen, sonst aber vor den Augen aller Athener einen heiligen, gottgefälligen Kampf für ihr ehrwürdigstes Heiligtum kämpfen.

Als er seine Absicht den Eumolpiden und Keryken kundgetan hatte, besetzte er die hochgelegenen Punkte mit Spähern und schickte mit Anbruch des Tages Aufklärungstruppen voraus. Sodann ließ er die Priester, Mysten und Mystagogen von Bewaffneten in die Mitte nehmen und brachte sie in voller Ordnung und unter feierlichem Schweigen nach Eleusis. Es war ein erhabener, würdiger Anblick, als Alkibiades als Kriegsmann gewaffnet die Prozession geleitete, und seine

Freunde verglichen seine Führung mit dem Amt des Hierophanten und der Mystagogen. Der Feind wagte keinen Angriff, und so führte Alkibiades den Zug glücklich wieder
nach Athen zurück. Auf diesen Erfolg bildete er sich viel ein
und brachte auch das ganze Heer auf den stolzen Gedanken,
daß es unter seiner Führung unüberwindlich sei und jedem
Feind Trotz bieten könne. Dabei wußte er die Masse des
Volks mit schönen Worten zu betören und an sich zu locken,
daß es mit Begeisterung seine Tyrannis tragen wollte. Ja,
einige machten kein Hehl aus ihren Wünschen und drangen
in ihn, er solle sich doch über allen Neid hinwegsetzen,
Volksbeschlüsse, Gesetze und anderes Geschwätz, das dem
Staat nur Verderben bringe, umstoßen und die Staatsgeschäfte nach seinem Ermessen führen, ohne sich weiter vor
Verleumdern zu fürchten.

35. Wie er persönlich über die Tyrannis gedacht haben mag,
wissen wir nicht, aber die Einflußreichsten unter den Bürgern waren voll Sorge und betrieben eiligst seine Abfahrt,
bewilligten ihm alle Forderungen und gaben ihm auch die
gewünschten Kollegen mit. Er ging also mit den hundert
Schiffen in See und griff die Insel Andros an, wo er zwar
die Einwohner und die spartanische Besatzung bezwang, die
Stadt selbst aber nicht eroberte. Dies war der erste Vorwurf,
den ihm seine Gegner aufs neue machten. Ist jemals ein
Mann durch seinen eigenen Ruhm gestürzt worden, so ist es
Alkibiades. Was er bisher an Taten vollbracht hatte, erweckte eine solche Meinung von seinem Mut und seinem
Können, daß ein Fehlschlag in seinen Unternehmungen ihn
gleich in den Verdacht der Fahrlässigkeit brachte; man wollte
nicht glauben, daß er nicht anders gekonnt hätte, und war
überzeugt, daß ihm alles, wenn er es nur ernstlich betriebe,
möglich wäre. Die Athener rechneten auch damit, von der
Bezwingung der Chier und der übrigen Ioner bald Nachricht
zu erhalten. Daher nahmen sie es ihm sehr übel, als sie hörten, er habe nicht alles auf einmal und so schnell, wie sie
wünschten, erreicht. Sie vergaßen dabei, daß Alkibiades'
Kassen immer leer waren und er deshalb oft die Flotte verlassen und wegfahren mußte, um Geld und Lebensmittel her-

beizuschaffen im Kampf mit einem Feind, der von dem reichen, mächtigen Perserkönig mit allem Nötigen reichlich versehen wurde.

Eben darin lag auch der Grund für die letzte Klage, die gegen ihn erhoben wurde. Lysander nämlich, den die Spartaner als Befehlshaber zur Flotte abgeschickt hatten, gab von den Hilfsgeldern, mit denen Kyros ihn unterstützte, jedem Matrosen statt der üblichen drei Obolen deren vier, während Alkibiades seinen Leuten mit knapper Not drei Obolen auszahlen konnte. Er wandte sich daher nach Karien, um Geld aufzutreiben, und ernannte zum stellvertretenden Admiral den Antiochos, der zwar ein ganz guter Steuermann, im übrigen aber ein ungeschickter Draufgänger war. Obwohl er von Alkibiades ausdrücklichen Befehl hatte, sich unter keinen Umständen in eine Schlacht einzulassen, auch dann nicht, wenn die Feinde herankämen, setzte er sich unverfroren über das Verbot hinweg. Er bemannte zwei Triëren, fuhr mit ihnen auf Ephesos zu und ließ sich, als er nahe unter dem Bug der feindlichen Schiffe vorbeisegelte, zu groben Schimpfereien und Possen hinreißen. Lysander verfolgte ihn zunächst mit wenigen Schiffen. Als die Athener aber ihren Landsleuten zu Hilfe kamen, ließ er die ganze Flotte folgen, schlug die Athener, tötete Antiochos, erbeutete viele Schiffe und Gefangene und errichtete ein Siegeszeichen. Auf die Nachricht von diesem Unglück kehrte Alkibiades nach Samos zurück und ging mit allen Schiffen in See, um Lysander eine neue Schlacht anzubieten. Aber dieser begnügte sich mit dem Sieg und lehnte die Schlacht ab.

36. Zu den Gegnern im Heer des Alkibiades gehörte auch Thrasons Sohn Thrasybulos. Er begab sich sofort nach Athen, um Alkibiades anzuklagen, und wiegelte auch bald das Volk gegen ihn auf. Er behauptete, Alkibiades sei schuld an dem Verlust der Schiffe bei der letzten Niederlage, denn er treibe Spott mit dem ihm anvertrauten Amt und lasse sich von Leuten vertreten, die sich durch Zechereien und Matrosenschwänke bei ihm beliebt gemacht hätten; inzwischen fahre er sorglos an der Küste umher und fülle seine Kasse, berausche sich maßlos und treibe sich im Angesicht der feind-

lichen Flotte mit Hetären aus Abydos und Ionien umher. Auch verdachte man es ihm im Lager seiner Gegner, daß er sich bei Bisanthe in Thrakien eine Festung für seinen persönlichen Schutz erbaut hatte für den Fall, daß er in seinem Vaterlande nicht länger bleiben könne oder wolle. Die Athener ließen sich leicht überreden und zeigten durch die Wahl neuer Feldherren ihren Zorn und Unwillen gegen ihn deutlich genug. Auf diese Nachricht hin verließ Alkibiades, der Böses ahnte, das Lager endgültig; er brachte einige Söldnertruppen auf und führte auf eigene Faust Krieg mit den sogenannten unabhängigen Thrakern. In diesem Feldzug heimste er für sich selbst reiche Beute ein und schützte die benachbarten Griechenstämme vor den Barbaren an der Grenze.

Einige Jahre später lagen die Feldherren Tydeus, Menander und Adeimantos mit sämtlichen Schiffen, die den Athenern damals zur Verfügung standen, bei Aigospotamoi. Jeden Morgen machten sie sich den Spaß, gegen Lysander, der mit seiner Flotte bei Lampsakos lag, auszulaufen, ihm zum Schein ein Treffen anzubieten und dann wieder umzukehren. Den Rest des Tages verbrachten sie ziel- und zwecklos. Dabei kümmerten sie sich überhaupt nicht um die Disziplin der Mannschaften, weil sie Lysander unterschätzten. Einen solchen Unfug konnte Alkibiades, der in der Nähe war, nicht ruhig ansehen. Er ritt zu den Offizieren und stellte ihnen vor, daß sie hier in einer hafen- und städtelosen Gegend einen üblen Ankerplatz gewählt hätten, ihre Vorräte weither von Sestos holen müßten und die Schiffsmannschaft nach Belieben am Lande sich herumtreiben und umherschwärmen ließen angesichts der feindlichen Flotte, die gewohnt sei, einem Befehlshaber mit unumschränkter Vollmacht auf den ersten Wink zu gehorchen.

37. Aber die athenischen Feldherren beachteten Alkibiades' Mahnung so wenig wie seinen Rat, wenigstens die Flotte von dort weg nach Sestos zu bringen; ja, Tydeus forderte ihn sogar höhnisch auf, seiner Wege zu gehen: nicht er, sondern andere Leute führten hier das Kommando. Alkibiades, der ihnen Verrat zutraute, kehrte um und sagte den Bekannten, die er im Lager hatte und die ihm das Geleit ga-

ben, wenn die Feldherren ihn nicht so schmählich behandelt hätten, so hätte er in wenigen Tagen die Spartaner auch gegen ihren Willen zwingen wollen, eine Schlacht anzunehmen oder ihre Schiffe im Stich zu lassen. Einige meinten, das sei Aufschneiderei; andere hielten es durchaus für möglich, wenn er genügend Fußvolk und Reiterei aus Thrakien herübergebracht und die Spartaner zu Lande in ihrem Lager angegriffen hätte. Indes bewies der Ausgang bald, daß er die törichten Maßnahmen der Athener richtig erkannt hatte. Denn als Lysander sie plötzlich und unerwartet überfiel, konnten nur acht Triëren unter Konon entrinnen, die übrigen wurden alle, fast zweihundert, eine Beute der Feinde. Außerdem machte Lysander an dreitausend Gefangene und ließ sie alle niedermachen. Bald darauf eroberte er Athen selbst, verbrannte alle Schiffe und legte die langen Mauern nieder.

Da die Spartaner durch diesen Sieg die unbestrittene Herrschaft zu Wasser und zu Lande errungen hatten, wandte sich Alkibiades aus Furcht vor ihnen nach Bithynien. Einen beträchtlichen Teil seines Eigentums nahm er selbst mit, anderes ließ er sich nachschicken, der größte Teil blieb in den Schlössern, in denen er gewohnt hatte. In Bithynien büßte er einen großen Teil seines Vermögens durch die Räubereien der dort wohnenden Thrakerstämme wieder ein. Er entschloß sich deshalb, an den Hof des Artaxerxes zu gehen, denn er hoffte, der König würde bei näherer Bekanntschaft ebenso Gefallen an ihm finden wie sein Vorgänger an Themistokles, um so mehr, weil ihn ein edler Zweck dorthin führte. Denn er kam nicht wie einst Themistokles, um seinen Landsleuten zu schaden, sondern um seinem Vaterlande gute Dienste gegen die Feinde zu leisten und den König um Unterstützung zu bitten. Er meinte, Pharnabazos könne ihm am ehesten eine sichere und bequeme Gelegenheit zu dieser Reise verschaffen. Deshalb reiste er zu ihm nach Phrygien und lebte eine Zeitlang bei ihm in Achtung und Freundschaft.

38. Die Athener trugen indes schwer an dem Verlust ihrer Vormachtstellung. Als aber Lysander ihnen jetzt auch ihre

Freiheit nahm und den Rat der Dreißig über die Stadt setzte, verfielen sie in ihrer verzweifelten Lage endlich auf Pläne, an die sie vorher, als sie noch zu retten waren, nicht gedacht hatten. Voll Reue erinnerten sie sich aller begangenen Fehler und Torheiten; vor allem ärgerte sie ihr törichtes Benehmen gegen Alkibiades, als sie ihn in ihrem Zorn zum zweitenmal verbannt hatten. Denn sie hatten ihn trotz seiner Unschuld mit Schimpf und Schande verstoßen, und das nur im Zorn über einen Unterbefehlshaber, der ein paar Schiffe schimpflich verloren hatte. So hatten sie selbst auf eine noch schimpflichere Art den Staat um seinen tapfersten und erfahrensten Feldherrn gebracht. Trotzdem blieb ihnen auch in ihrer augenblicklichen Lage noch eine schwache Hoffnung, daß für Athen noch nicht alles verloren sei, solange Alkibiades am Leben war. Denn sowenig er es in der Zeit seiner ersten Verbannung über sich gebracht hatte, in untätiger Ruhe zu leben, sowenig würde er auch jetzt, wenn es ihm seine Mittel erlaubten, dem Übermut der Spartaner und den Grausamkeiten der Dreißig gleichgültig zusehen. Freilich hing das Volk nicht ganz ohne Grund solchen Träumen nach, da selbst die Dreißig es für nötig hielten, genaue Kunde von ihm einzuziehen und sich sorgfältig um alle seine Schritte zu bekümmern. Endlich aber stellte Kritias dem Lysander vor, daß die Herrschaft der Spartaner über Griechenland so lange nicht gesichert sei, wie die Athener eine demokratische Verfassung hätten, und wenn auch die Athener sich willig und geduldig der Oligarchie unterwürfen, so würde Alkibiades doch zeit seines Lebens sie immer zum Widerstand gegen die neue Verfassung aufrufen. Lysander gab diesen Vorstellungen nicht eher Gehör, als bis von der Regierung in Sparta Geheimbefehl kam, Alkibiades aus dem Wege zu räumen. Man weiß nicht, ob auch die Führer Spartas den klugen Unternehmungsgeist des Mannes fürchteten oder ob sie sich dem König Agis gefällig erweisen wollten.

39. Lysander ließ daher Pharnabazos auffordern, Alkibiades ums Leben zu bringen. Dieser übergab den Auftrag seinem Bruder Bagaios und seinem Oheim Susamithres. Zu der

Zeit hielt sich Alkibiades mit seiner Freundin Timandra in einem Flecken in Phrygien auf. Dort träumte ihm, er trüge die Kleider seiner Freundin, während sie seinen Kopf in den Armen hielt und sein Gesicht nach Frauensitte bemale und schminke. Andere sagen, er habe geträumt, Bagaios schneide ihm den Kopf ab und verbrenne seinen Körper. Diesen Traum soll er kurz vor seinem Tode gehabt haben.

Die Leute, die gegen ihn ausgeschickt wurden, umzingelten das Haus und steckten es in Brand, weil sie nicht wagten, zu ihm hineinzugehen. Als Alkibiades es merkte, raffte er Kleider und Decken zusammen und warf sie auf das Feuer; dann schlang er mit dem linken Arm den Mantel um sich, ergriff mit der Rechten seinen Degen und sprang unversehrt durch das Feuer, ehe noch die Kleider in Brand gerieten. Sein Anblick verscheuchte die Barbaren, keiner getraute sich, ihn aufzuhalten oder anzugreifen. Aber aus der Ferne trafen sie ihn mit Pfeilen und Spießen. So fiel er, die Perser liefen davon, Timandra aber hob seinen Leichnam auf, hüllte ihn ein und bedeckte ihn mit ihren eigenen Kleidern. Dann ließ sie ihn mit allen Ehren prunkvoll bestatten, wie es in ihren Kräften stand. Eine Tochter dieser Timandra soll die Laïs gewesen sein, die gewöhnlich für eine Korintherin ausgegeben wird, aber aus Hykkara, einem Städtchen in Sizilien, stammte und dort in Gefangenschaft geraten war. Einige Schriftsteller, die im übrigen mit dieser Erzählung von Alkibiades' Tod übereinstimmen, sagen, weder Pharnabazos noch Lysander oder die Spartaner hätten den Mord veranlaßt; Alkibiades habe selbst die Schuld an seinem Tode getragen. Er habe nämlich ein Mädchen aus einem vornehmen Hause verführt und bei sich behalten; über diesen Schimpf sollen die Brüder des Mädchens so aufgebracht gewesen sein, daß sie nächtlicherweile das Haus des Alkibiades anzündeten und ihn niederschossen, als er durch das Feuer sprang, wie eben erzählt.

DION

(Um 400—354 v. Chr.)

Mein lieber Sosius Senecio, Ilion durfte den Korinthern, die mit den übrigen Achaiern in den Kampf gezogen waren, nicht zürnen, da ja auch Glaukos, der ursprünglich aus Korinth stammte, mit Begeisterung auf Ilions Seite focht. Ebenso ist es auch nicht mehr als recht und billig, wenn weder Griechen noch Römer der Akademie Vorwürfe machen. Denn in dieser Schrift, die das Leben des Brutus und des Dion enthält, haben beide Völker an der Akademie den gleichen Anteil. Dion war ja Platons Schüler und Brutus an Platons Schriften gebildet. Es war also, möchte man sagen, derselbe Ringplatz, von dem beide zu ihren gewaltigen Kämpfen auszogen. Es ist daher nicht erstaunlich, wenn ihre Handlungen oft einander verwandt erscheinen. So haben sie für das Wort des Führers, der sie zur Tugend leitete, Zeugnis abgelegt, daß Klugheit und Gerechtigkeit sich einen müssen mit Macht und Glück, wenn staatsmännische Tätigkeit Schönheit und Größe erreichen soll. Wenn der Ringmeister Hippomachos erklärte, er könne seine Schüler schon von weitem erkennen, auch wenn sie nur Fleisch vom Markt heimtrügen, so ist es verständlich, wenn in den Handlungen der Schüler desselben Philosophen die gleichen Grundsätze hervorleuchten und ihren Taten den gleichen Takt und die gleiche Harmonie der schönen Gerechtigkeit verleihen.

2. Wenn die Lebensschicksale der beiden Männer sich außerdem mehr in ihren äußeren zufälligen Erlebnissen als in den Plänen und Absichten glichen, so wird dadurch die Ähnlichkeit zwischen ihren Lebensläufen nur um so größer. Beide mußten vom Schauplatz abtreten, ehe sie noch das Ziel erreichten, zu dem ihre zahllosen gefährlichen Kämpfe sie führen sollten. Wunderbarer aber noch als alles andere ist, daß ein Gott beiden Männern ihr nahendes Ende vorausverkündete und beide eine furchtbare Erscheinung sahen. Wer solchen Erscheinungen den Glauben versagt, beruft sich aller-

dings gern darauf, daß noch niemals einem verständigen
Mann ein Geist oder Gespenst erschienen sei. Es seien immer
nur Kinder, Frauen oder krankhaft Veranlagte gewesen, die
in seelischer Verirrung oder bei körperlicher Hinfälligkeit
solchen leeren Wahngebilden nachjagten. Wie von einem
bösen Geist seien sie von der Dämonenfurcht besessen. Brutus und Dion waren aber philosophisch geschulte, ernste
Männer, die sich nicht leicht von einem äußeren Ereignis
täuschen und blenden ließen. Wenn sie von den Erscheinungen so ergriffen wurden, daß sie zu ihren Freunden davon
sprachen, so weiß ich nicht, ob wir nicht doch gezwungen
sind, den ungereimtesten Berichten aus uralten Zeiten Glauben zu schenken, daß mißgünstige und übelwollende Geister
die Guten beneiden und sich ihren Handlungen in den Weg
stellen. Vielleicht ist es also wirklich so, daß sie Sorgen und
Ängste über die Guten bringen, um sie in ihrer Tugend
wankend zu machen und zu erschüttern, damit sie nicht,
wenn sie fest und unerschüttert auf dem Weg der Tugend
beharren, nach ihrem Tod ein besseres Schicksal finden als
diese Geister.

Aber diese Frage mag an einem anderen Ort ihre Erledigung
finden. In diesem Buch, dem zwölften der ‚Vergleichenden
Lebensbeschreibungen‘, wollen wir uns zunächst mit dem
Leben des älteren der beiden Männer befassen.

3. Unmittelbar nachdem Dionysios die Herrschaft an sich
gerissen hatte, heiratete er die Tochter des Syrakusiers Hermokrates. Sie erlitt ein furchtbares Schicksal. In einem Aufstand der Syrakusier gegen die junge schwache Macht des
Tyrannen raubten Frevler ihr die Frauenehre unter schmählichen Mißhandlungen. So ging sie freiwillig in den Tod.
Dionysios gewann aber die Macht zurück und stellte sie auf
festeres Fundament. Dann führte er zur gleichen Zeit zwei
Frauen heim, Doris aus Lokroi und Aristomache aus Syrakus, die Tochter des Hipparinos. Dieser gehörte zu den ersten Kreisen der Stadt und war des Dionysios Kollege gewesen, als dieser zum erstenmal zum obersten Feldherrn der
Stadt gewählt wurde. Nach der Überlieferung hielt Dionysios mit beiden Frauen an einem Tag Hochzeit. Aber nie-

mand wußte zu sagen, mit welcher er sich zuerst ehelich verband. In der Folge teilte er treulich seine Zeit zwischen ihnen. Sie saßen beide an seiner Tafel und pflegten eine Nacht um die andere bei ihm zu ruhen. Das Volk von Syrakus hätte freilich gern gesehen, wenn er die Tochter der Stadt vor der Ausländerin bevorzugt hätte. Aber da Doris zuerst Dionysios einen Sohn schenkte, den ersten Sproß des Geschlechts, söhnte man sich mit ihrer Abstammung aus. Aristomache blieb lange kinderlos, so heiß Dionysios sich von ihr einen Sohn wünschte. Deshalb erhob er auch gegen Doris' Mutter den Vorwurf, sie habe Aristomache Gift gegeben, um sie unfruchtbar zu machen, und ließ sie hinrichten.

4. Aristomaches Bruder war Dion. Zunächst verdankte er sein Ansehen nur seiner Schwester, später freilich, als er Proben seiner Klugheit ablegte, gewann er durch seine Persönlichkeit die Liebe des Tyrannen. Die höchste Ehre, die Dionysios ihm erwies, war die Anweisung an die Schatzmeister, ihm jeden verlangten Betrag auszuzahlen, aber noch an demselben Tag ihn selbst davon zu unterrichten. Schon immer besaß Dion hohen Sinn, Seelengröße und echtes Mannestum, und doch wuchs seine Seele noch, als göttliche Fügung Platon nach Sizilien führte. Nicht Menschensinnen leitete ihn. Ein Gott vielmehr, so will mir scheinen, der im voraus schon den Grund legen wollte für die Freiheit der Syrakusier und des Tyrannen Macht zu brechen dachte, führte Platon von Italien nach Syrakus und machte Dion zu seinem Schüler. Daß er trotz seiner Jugend seines Lehrers klügster Schüler wurde und am willigsten dem Ruf der Tugend Gehör gab, das hat Platon selbst berichtet, und Dions Leben gibt gültigen Beweis davon. Aufgewachsen war er freilich in der dumpfen Luft der Tyrannis und kannte nur ein Leben in Abhängigkeit und Furcht, eine protzige, mit ihrem neuen Reichtum prahlende Hofgesellschaft, sinnlosen Prunk und eine Geisteshaltung, die in Vergnügungen und Ausschweifungen ihr höchstes Ziel sah. Aber in demselben Augenblick, da er von Platons Worten und Philosophie kostete, die den Weg zur Tugend kündet, loderte das Feuer in seiner Seele.

Da er sich so leicht vom Schönen ergreifen ließ, glaubte er, jung und arglos wie er war, nicht anders würden Platons Worte auch auf Dionysios wirken. In seiner Begeisterung brachte er es dahin, daß der Tyrann in einer stillen Stunde mit Platon zusammentraf und ihm Gehör schenkte.

5. Bei dieser Zusammenkunft handelte das Gespräch im allgemeinen von der Tugend. Vor allem wurde der Begriff der Tapferkeit einer Untersuchung unterzogen. Dabei führte Platon den Beweis, daß alles andere eher die Bezeichnung Tapferkeit verdiene als ein Tyrann. Als er dann zur Gerechtigkeit überging und darlegte, daß nur das Leben des Gerechten wahres Glück kenne, das des Ungerechten elend und unglücklich sei, fühlte der Tyrann sich getroffen und wollte nichts weiter hören. Er war ergrimmt, daß die Zuhörer den Mann bewundernd anhörten und sich von seinen Worten bezaubern ließen. Schließlich wurde er ärgerlich und fragte den Philosophen, weshalb er eigentlich nach Sizilien gekommen sei. Als dieser antwortete: „Um einen guten Mann zu suchen", fiel Dionysios ihm ins Wort: „Bei den Göttern, und du hast ihn offenbar noch nicht gefunden."

Dion fürchtete, daß des Tyrannen Zorn damit noch nicht verraucht sei, und beeilte sich, Platon auf ein Schiff zu bringen, das den Spartaner Pollis nach Griechenland bringen sollte. Dionysios aber wandte sich im geheimen an Pollis mit der Bitte, Platon auf See umzubringen oder ihn doch wenigstens als Sklaven zu verkaufen; denn Platon werde davon ja keinen Schaden haben, vielmehr als gerechter Mann immer noch glücklich sein, auch wenn er Sklave würde. Pollis soll ihn also nach Aigina gebracht und dort verkauft haben. Die Aigineten lagen nämlich im Krieg mit Athen und hatten beschlossen, jeden Athener, der auf Aigina betroffen würde, zu verkaufen.

Indes verlor Dion bei dem Tyrannen nicht an Achtung und Vertrauen. Er hatte vielmehr die Führung bei manchen Gesandtschaften. So erntete er denn große Ehren, als er einst nach Karthago gesandt wurde. Nur von ihm ließ Dionysios sich ein freies Wort gefallen, selbst das scharfe Wort für Gelon. Als man eines Tages über Gelons Herrschaft höhnte und Dionysos selbst sagte, Gelon habe gellendes Gelächter über ihn in Sizilien erregt, taten die andern, als wenn sie das witzige Wortspiel bewunderten. Nur Dion fand den Witz geschmacklos und sagte: „Und doch verdankst du deine Herrschaft nur dem Vertrauen, das Gelon sich erworben hat. Deine Schuld aber wird es sein, wenn man in Zukunft keinem andern wieder traut." In der Tat war es doch wohl so, daß der monarchische Staat Gelons das herrlichste Schauspiel bot, der des Dionysios das schmählichste.

6. Von Doris hatte Dionysios drei Kinder, von Aristomache vier, darunter zwei Töchter, Sophrosyne und Arete. Sophrosyne gab Dionysios seinem Sohn Dionysios zur Frau, Arete seinem Bruder Thearides. Nach dem Tod des Thearides heiratete Dion Arete, seine Nichte.

Als Dionysios krank wurde und dem Tode nahe schien, versuchte Dion mit ihm zu sprechen. Doch wußten die Ärzte es zu verhindern, um sich dadurch dem Thronfolger, dem Sohn der Doris, gefällig zu erweisen. Nach Timaios' Bericht reichten sie Dionysios einen Schlaftrunk, der ihm die Besinnung nahm. Ohne wieder zum Bewußtsein zu kommen, schlummerte er hinüber.

Indessen sprach Dion in der ersten Unterredung, die zwischen dem jungen Dionysios und seinen Freunden stattfand, mit überlegener Klugheit über die im Augenblick zu ergreifenden Maßnahmen. Neben seiner Weisheit erschienen alle anderen als Kinder, neben seinem Freimut erschienen sie wie Sklaven des Tyrannen, die selbst dem jungen Herrscher nur in ängstlicher Kriecherei raten konnten. Aber was sie in ihrer Furcht vor der Gefahr, die der Herrschaft von Karthago her drohte, am meisten mit Bewunderung erfüllte, war Dions Versprechen, unverzüglich nach Afrika zu reisen, um einen günstigen Frieden mit Karthago zustande zu bringen, falls Dionysios Frieden wünschte. Sollte der Herrscher aber lieber Krieg wollen, so erklärte Dion sich bereit, auf seine Kosten fünfzig Kriegsschiffe zu unterhalten und ihm für den Krieg zur Verfügung zu stellen.

7. Auf Dionysios machte das großherzige Angebot tiefen Eindruck, und er dankte Dion von ganzem Herzen für seine

Bereitwilligkeit. Doch die Hofgesellschaft fürchtete, Dions Großmut könne sie um die Gunst des Herrschers bringen und seine Macht sie demütigen. Darum ergriffen sie sofort die Gelegenheit und sparten kein Wort, das den jungen Dionysios erbittern konnte. Sie beschuldigten Dion, er wolle durch die Beherrschung der See allmählich die Macht an sich reißen und mit Hilfe der Kriegsschiffe Aristomaches Kinder, deren Onkel er ja sei, zu Herrschern machen. Augenfälliger noch und verhängnisvoller war ein anderer Anlaß, aus dem Dion Haß und Neid erwuchs. Er konnte sein Leben nicht führen, wie es die Hofgesellschaft tat, und mied deshalb den Verkehr mit ihr. Diese Leute verstanden es, von vornherein dem jungen, übrigens schlecht erzogenen Tyrannen durch Vergnügungen und Schmeicheleien ihren Umgang unentbehrlich zu machen. Sie hatten immer ein Liebesabenteuer für ihn bereit und sorgten für ausgelassene Gesellschaften mit Wein und Weibern und andere unwürdige Belustigungen. Die Tyrannis verlor dadurch freilich ihre Härte, wie Eisen sie verlieren kann. In den Augen der Untertanen erschien sie dadurch menschenfreundlicher, und in der Tat verschwand die unmenschliche Grausamkeit. Aber es war mehr der Leichtsinn des Tyrannen als seine Milde, die den Druck der Herrschaft milderte. Die Folge war, daß die Nachgiebigkeit des jungen Herrschers langsam immer mehr wuchs, bis sie endlich die ‚diamantenen Ketten‘ zerbrach und vernichtete, mit denen Dionysios der Ältere sich rühmte, die Herrschaft für seine Erben gefesselt zu haben. Denn neunzig Tage lang, heißt es, zechte der junge Tyrann bald nach seinem Regierungsantritt einmal ununterbrochen. In dieser Zeit war am Hof kein Platz für ernste Männer oder ernste Gespräche, um so mehr für Trunkenheit und Ausgelassenheit, für Gesang und Tanz und Possen.

8. Solchen Leuten mußte Dion bald lästig werden, wenn er sich von dem ausgelassenen Treiben dieser Jugend fernhielt. Deshalb versuchten sie auch, ihn bei Dionysios zu verlästern. Geschickt wußten sie seine Tugenden als Laster darzustellen. Würde und Freimut hieß in ihrem Munde Hochmut und Anmaßung. Wenn er zum Guten riet, galt er als Ankläger,

und wenn er an den tollen Streichen nicht teilnahm, so nannte man es Verachtung des Tyrannen. Allerdings lag in seinem Wesen von Natur auch Stolz und Rauheit, so daß es nicht leicht war, mit ihm umzugehen. Nicht nur im Verkehr mit einem jungen Mann, dessen Ohr schon durch Schmeicheleien verdorben war, fehlte ihm Liebenswürdigkeit und Entgegenkommen, auch manche Männer, die viel mit ihm verkehrten und das schlichte, edle Wesen seines Charakters liebgewonnen hatten, konnten ihm den Vorwurf nicht ersparen, daß er Leuten gegenüber, die ihn um seine Hilfe angingen, barsch auftrat, wie es sich in politischen Dingen nicht schicken wollte. Deshalb schrieb Platon ihm später die fast prophetischen Worte, er solle sich vor der Selbstgefälligkeit hüten, der Gefährtin der Einsamkeit. Indessen mochte es damals bei der Lage der Dinge scheinen, daß er der angesehenste Mann im Staat war und er allein oder doch in der Hauptsache den schwankenden Staat stützte und rettete. Doch war er klug genug, um zu wissen, daß er nicht aus Freundschaft der Erste und Größte war, sondern nur weil man ihn nötig hatte, sehr gegen den Willen des Tyrannen.

9. Den tieferen Grund für Dionysios' Art sah Dion in dem Mangel an Erziehung und Bildung. Deshalb setzte er seinen Ehrgeiz darein, ihn an edlere Dinge zu gewöhnen und ihn die Freude an Schriften und Wissenschaften zu lehren, die den Charakter bilden. So sollte er die Scheu verlieren vor seinem besseren Selbst und sich gewöhnen, an dem Schönen Freude zu finden. Denn nach seiner Anlage gehörte Dionysios nicht zu den schlechtesten Herrschern. Aber sein Vater hatte gefürchtet, sein Sohn könne im Verkehr mit einsichtigen Männern die Dinge durchschauen, gegen ihn Ränke schmieden und ihm die Herrschaft entreißen. Deshalb hatte er ihn im Palast eingeschlossen gehalten. So kannte der Sohn denn keinen Verkehr und wußte keine andere Beschäftigung, als kleine Wagen, Leuchter, Tische und Stühle aus Holz zu tischlern.

Dionysios der Ältere war von einem unüberwindlichen Mißtrauen besessen. In seiner Angst war er so vorsichtig, daß er nicht einmal seine Haare mit der Schere schneiden ließ. Es

mußte vielmehr einer von seinen Dienern kommen und sie
ihm mit einer glühenden Kohle absengen. Zugang zu ihm in
sein Gemach fand weder sein Bruder noch sein Sohn in dem
gewöhnlichen Gewand. Ehe er eintreten durfte, mußte jeder
Besucher sein Gewand ablegen und ein anderes anlegen, damit die Wachen feststellen konnten, daß er keine Waffen
bei sich trug. Als sein Bruder Leptines ihm eines Tages die
Lage eines Ortes erklären wollte und sich von einem Mann
aus der Leibgarde einen Speer geben ließ, um damit den Ort
auf den Boden zu zeichnen, wurde der Tyrann wütend über
seinen Bruder und ließ den Soldaten hinrichten. Gern gebrauchte er das Wort, er müsse sich vor seinen Freunden hüten, weil er wisse, daß sie klug seien und lieber selbst Herren
sein als Herren über sich dulden wollten. Marsyas ließ er
hinrichten, obwohl er zu den Männern gehörte, die Dionysios selbst aus niedriger Stellung zu hohen Offizieren beför-
dert hatte. Aber Marsyas hatte geträumt, er hätte den Herrscher erschlagen. Deshalb ließ Dionysios ihn strafen, denn
einen solchen Traum könne er nur gehabt haben, wenn er
sich in den Gedanken des Tages mit diesen Plänen beschäftigt hätte. So war des Herrschers Seele erfüllt von allem Unglück, das die Feigheit mit sich bringt, und das war der
Mann, der einem Platon grollte, weil er ihn nicht als den
Tapfersten der Menschen bezeichnen wollte.

10. Seines Sohnes Seele, das sah Dion klar, war durch den
Mangel an Erziehung mißhandelt und verkrüppelt. Deshalb
mahnte er ihn immer wieder, sich geistigen Dingen zuzuwenden und mit herzlichen Bitten den Fürsten der Philosophie
nach Sizilien einzuladen. „Wenn er dann gekommen ist, so
gib dich voll Vertrauen in seine Hände, um deine Seele
durch die Lehren des Meisters zur Tugend führen zu lassen.
Wenn du so dem göttlichsten, vollkommensten Vorbild aller
Wesen nachstrebst, durch dessen Führung das Weltall aus
Verworrenheit zur Klarheit emporstieg, dann wirst du
glücklich sein und ebenso dein Volk. Denn wenn das Volk
jetzt nur unter dem dumpfen Druck der Tyrannis den Gesetzen gehorcht, dann gib du ihm Gesetze gerecht und be
sonnen wie ein wohlwollender Vater deines Landes. Dann

wirst du wahrhaft König sein, nicht mehr Tyrann. Denn die
‚diamantenen Fesseln‘ sind nicht, wie dein Vater gesagt hat,
Furcht und Gewalt oder eine starke Flotte und ein Heer
von barbarischen Trabanten, sondern Anhänglichkeit, Ergebenheit und Liebe, die auf dem Grund der Tugend und
Gerechtigkeit ruhen. Solche Ketten sind weicher als die harten Ketten deines Vaters, und doch stärker, wenn es gilt, die
Dauer der Herrschaft zu verbürgen. Zudem, wo bleibt
schließlich das Ehrgefühl, wenn der Herrscher den Leib in
köstliche Gewänder hüllt und im prunkvollen Palast in
glänzenden Räumen residiert, aber im Verkehr und im Gespräch selbst mit dem Mann aus dem Volk seine Hoheit und
Majestät nicht zu wahren weiß? Muß er nicht danach trachten, die Königsburg seiner Seele auszustatten, wie es dem
König geziemt?“

11. Da Dion solche Mahnungen immer wieder an den jungen Herrscher richtete und auch Gedanken Platons in seine
Worte einfließen ließ, wurde Dionysios endlich von einer
heftigen, ja leidenschaftlichen Begierde nach der persönlichen Unterweisung Platons ergriffen. Sofort ging ein Brief
nach dem andern von Dionysios nach Athen. Dion ließ ihnen
dringende Aufforderungen folgen, denen sich die italischen
Pythagoreer anschlossen. Sie baten Platon, er möge doch
kommen, um sich einer jungen Seele anzunehmen, die durch
die Fülle der Macht aus ihrer Bahn gerissen sei, und möge
sie durch die Gewalt seiner Lehre bändigen.
Platon scheute, wie er selbst schreibt, den Vorwurf, seine
Kunst bestehe nur in Worten, aber zur Tat sei er nicht bereit. Auch gab er sich der Hoffnung hin, er könne ganz Sizilien Genesung bringen, wenn er nur erst den einen Mann
heile, der die Insel in seiner Hand habe.
Aber Dions Gegner, die Furcht hatten vor der Wandlung
des Herrschers, beredeten Dionysios, Philistos aus der Verbannung zurückzurufen. Er war wissenschaftlich gebildet
und wohlerfahren im Umgang mit Tyrannen. Man hoffte,
in ihm ein Gegengewicht gegen Platon und seine Philosophie
zu finden. Von Anfang an hatte er sich auf die Seite der
neu errichteten Tyrannis gestellt und war lange Zeit Kom-

mandant der Burg gewesen. Es ging sogar das Gerücht, er habe mit der Mutter des älteren Dionysios in vertrauten Beziehungen gestanden, wovon der Tyrann gewußt habe. Später gab Leptines ihm eine seiner beiden Töchter zur Frau. Diese Töchter stammten von einer Frau, die Leptines ihrem Mann entführt hatte, um mit ihr zu leben. Aber Leptines hatte seine Tochter mit Philistos verheiratet, ohne Dionysios vorher davon zu sprechen. Darüber ergrimmte der Tyrann, ließ die junge Frau in Fesseln ins Gefängnis werfen und verbannte Philistos aus Sizilien. Dieser fand bei einigen Freunden am Adriatischen Meer Zuflucht, wo er in der Muße der Verbannung den größten Teil seiner Geschichte geschrieben haben soll. Denn solange Dionysios der Ältere lebte, kehrte er nicht nach Sizilien zurück. Erst nach dessen Tod führte ihn der Neid gegen Dion, wie erzählt, wieder in die Heimat. Dions Gegner sahen in ihm ein Werkzeug für ihre Pläne und eine Stütze für die Tyrannis.

12. Nach seiner Rückkehr trat Philistos sofort in Verbindung mit dem Hof. Gegen Dion wurden aber auch von anderer Seite verleumderische Anklagen bei Dionysios erhoben. Man sprach davon, er habe schon mit Theodotes und Herakleides über den Sturz der Regierung verhandelt. Offenbar, so meinte man, hoffte Dion, er könne durch Platons Einfluß der Tyrannis den Charakter zügellosen Herrentums nehmen und Dionysios zur Erkenntnis seiner Herrscherpflichten und zur Bindung an die Gesetze führen. Sollte er sich aber sträuben und den Vorstellungen kein Gehör geben, so war Dion entschlossen, ihn abzusetzen und die Gewalt wieder in die Hand des Volks von Syrakus zu legen. Er war freilich kein Anhänger der Demokratie, aber nach seiner Überzeugung war sie immerhin noch besser als die Tyrannis, wenn man nicht zu einer starken, gesunden Aristokratie gelangen konnte.

13. So standen die Dinge, als Platon in Sizilien ankam. Bei der ersten Begegnung wurde er mit überraschender Freundlichkeit und Ehre empfangen. Als er das Schiff verließ, stand ein prächtig geschmückter Wagen des Tyrannen für ihn bereit, und Dionysios ließ ein feierliches Opfer darbringen, als

sei seiner Herrschaft Glück und Heil widerfahren. Vornehme Zurückhaltung herrschte an der königlichen Tafel, edler Anstand bei Hofe. In allen Entscheidungen offenbarte sich des Herrschers Milde und Sanftmut. So regte sich wunderlich bei allen Bürgern die Hoffnung auf eine Wandlung ihres Herrschers. Ein wahrer Heißhunger nach Wissenschaft und Philosophie zeigte sich plötzlich bei allen Leuten. Überall im Palast, wie es heißt, lag Sand, weil alle Welt sich mit Geometrie beschäftigte. Einige Tage nach Platons Ankunft fand, wie gewöhnlich, ein Opfer in der Burg statt. Als der Herold dabei nach alter Sitte zu den Göttern betete, sie möchten der Herrschaft unerschütterliche, lange Dauer verleihen, soll Dionysios zu ihm getreten sein mit den Worten: „Hör doch auf, uns zu fluchen!" Das war eine bittere Enttäuschung für Philistos und seine Freunde. Denn wenn schon nach diesem kurzen Umgang mit Platon eine solche Wandlung in der Gesinnung des jungen Fürsten eingetreten war, so fürchteten sie, des Philosophen Einfluß würde im Laufe der Zeit durch den vertrauten Verkehr unwiderstehlich werden.

14. Deshalb begnügten sie sich jetzt nicht mehr mit den einzelnen Angriffen aus dem Hinterhalt. In aller Öffentlichkeit erhoben sie gemeinsam verleumderische Anklagen gegen Dion, er suche offensichtlich durch Platons Lehren Dionysios zu betören und zu vergiften. Auf diese Weise wolle er den Tyrannen zum freiwilligen Rücktritt bringen, um dann selbst an seine Stelle zu treten und die Herrschaft schließlich an die Kinder der Aristomache zu übertragen, deren Onkel er sei. Andere trugen patriotische Sorgen zur Schau: Nachdem die Athener einst mit gewaltigen Streitkräften gegen Sizilien gezogen seien und alles verloren hätten, ehe sie Syrakus nehmen konnten, wollten sie jetzt mit Hilfe eines einzigen Sophisten des Dionysios Herrschaft stürzen. Wenn es nach der Athener Wunsch ginge, würde Dionysios aus der Mitte seiner zehntausend Trabanten fliehen, seine vierhundert Kriegsschiffe, zehntausend Reiter und vielmal zehntausend Schwerbewaffnete verlassen, um in der Akademie das geheimnisvolle höchste Gut zu suchen und durch die

Geometrie glücklich zu werden, dagegen das Glück des Reichtums, der Herrschaft und des Wohllebens Dion und Dions Neffen und Nichten überlassen.

Auf Grund dieser Verleumdungen wurde Dionysios allmählich mißtrauisch, bis es schon zu Feindschaft und Entfremdung kam. Da wurde dem Herrscher ein Brief in die Hände gespielt, den Dion an die karthagischen Bevollmächtigten geschrieben hatte. Er hatte darin die Bitte ausgesprochen, wenn sie mit Dionysios über den Frieden verhandelten, so sollten sie es nur in seiner Gegenwart tun, durch seine Vermittlung würden sie alle ihre Forderungen ohne Änderung durchsetzen können. Diesen Brief las Dionysios Philistos vor, und nach einer Beratung mit ihm, von der Timaios berichtet, söhnte er sich zum Schein mit Dion aus, um ihn zu hintergehen. Er machte Dion einige Vorwürfe und erklärte ihm, damit sei ihr Streit zu Ende. Dann führte er ihn unterhalb des Schlosses allein ans Meer, zeigte ihm den Brief und beschuldigte ihn, im Einverständnis mit den Karthagern gegen ihn zu arbeiten. Dion versuchte sich zu verteidigen, aber der Tyrann ließ ihn nicht zu Worte kommen, brachte ihn, wie er war, an Bord eines kleinen Schiffes und gab den Leuten den Auftrag, ihn nach Italien zu bringen und dort an Land zu setzen.

15. Dieses Vorgehen gegen Dion erschien als Roheit. Trauer herrschte bei den Frauen im Palast des Tyrannen. Die Bürger waren in Erregung, weil sie einen Aufstand und den baldigen Wechsel in der Herrschaft erwarteten, da Dions Behandlung Verwicklungen herbeiführen mußte und die übrigen Hofleute Dionysios mißtrauten. Dionysios war sich der drohenden Gefahr wohl bewußt. Deshalb suchte er die Frauen und Dions Freunde mit der Erklärung zu trösten, es handle sich ja nicht um eine Verbannung Dions, sondern nur um eine Reise ins Ausland; er habe sich vor seinem eigenen Zorn schützen wollen, um Dion nicht in der Erregung über sein eigenmächtiges Handeln noch härter zu bestrafen, wenn er im Lande geblieben wäre. Außerdem stellte er Dions Angehörigen zwei Schiffe zur Verfügung mit dem Auftrag, nach Gutdünken von Dions Eigentum und Sklaven darauf

zu verladen und es zu ihm nach dem Peloponnes bringen zu lassen. Dions Reichtum war groß, und in seiner Lebensführung trat er fast mit königlicher Pracht auf. Seine Freunde packten alles zusammen und schickten es fort. Viele andere Dinge wurden ihm noch von den Frauen des Hofes und von seinen Anhängern zugesandt. Geld und Reichtum erlaubten ihm daher, in Griechenland glänzend aufzutreten, und der Prunk des Verbannten gab den Griechen einen Begriff von der Macht des Tyrannen.

16. Nach Dions Entfernung nahm Platon auf Dionysios' Bitten im Palast Aufenthalt. Es war eine königliche Haft, die sich hinter der Maske der Gastfreundschaft verbarg. Der Tyrann fürchtete, Platon könne dem Verbannten folgen und Zeugnis ablegen von dem Unrecht. Schließlich gewöhnte sich Dionysios in dem langen Zusammenleben aber an Platons Umgang und Lehren, wie wohl ein wildes Tier sich das Streicheln gefallen läßt. Er gewann den Lehrer lieb, wenn überhaupt ein Tyrann lieben kann. Nur verlangte er, Platon dürfe nur ihn allein lieben und neben ihm keinen andern Menschen bewundern. Er wollte ihm sogar Thron und Herrschaft abtreten, wenn er ihn mehr lieben wolle als Dion. Platon hatte von dieser Leidenschaft nur Plage, Dionysios raste vor Eifersucht wie ein unglücklich Liebender. Zürnte er in dem einen Augenblick, so wollte er sich im nächsten wieder mit flehentlichen Bitten versöhnen. Leidenschaftlich gern wollte er seinen Unterricht hören und an den philosophischen Arbeiten teilnehmen, und doch fürchtete er wieder den Tadel der Leute, die ihn vor Platons Verführung warnten. Da in dieser Zeit ein Krieg ausbrach, entließ er Platon mit dem Versprechen, Dion im Sommer zurückzuberufen. Das war zwar eine Lüge, aber er ließ wenigstens Dion die Einkünfte aus seinem sizilischen Besitz zukommen. Er bat Platon um Verzeihung, wenn der Krieg ihn hindere, Dion zur versprochenen Zeit zurückkommen zu lassen; aber nach Friedensschluß wolle er das Versäumte sofort nachholen. Zum Schluß fügte er die Bitte hinzu, Platon möge die Lage in Ruhe betrachten, keinen Aufstand versuchen und ihn bei den Griechen nicht mit Vorwürfen überhäufen.

17. Platon versuchte denn auch, diese Bitten zu erfüllen, und gewann Dion für die Akademie und die Philosophie. Dion wohnte jetzt in Athen bei einem Bekannten, Kallippos. Für die Zeit der Muße erwarb er auch ein Landgut, das er später vor seiner Rückkehr nach Sizilien Speusippos schenkte. Er war während seines Aufenthaltes in Athen sein liebster Freund. Denn Dion brauchte – das sah Platon deutlich – den Verkehr mit einem geistreichen Mann, der zur rechten Zeit auch feinen Scherz nicht verschmähte, wenn die Härten seines Charakters sich abschleifen sollten, und Speusippos war ein solcher Mann. Deshalb hat Timon in seinen ‚Silloi‘ auch mit Recht seinen feinen Witz gelobt. Als Platon in diesen Jahren einen Knabenchor auszustatten hatte, übte Dion ihn ein und übernahm die Kosten. Platon gestattete ihm diese Freigebigkeit gegen Athen gern, weil sie ja eher Dion die Liebe und Zuneigung des Volkes gewann, als ihm selbst Ehre brachte.

Dion besuchte auch die anderen griechischen Städte und nahm an den Festen und den großen Versammlungen der Griechen teil. Dabei machte er die Bekanntschaft der Politiker und angesehensten Männer. In seinem Verkehr war er nicht ungesittet, anmaßend oder weichlich, Zurückhaltung, Güte und Stärke zeichneten ihn ebenso aus wie eine lobenswerte Vertrautheit mit der Philosophie und Wissenschaft. So brachte man ihm überall Liebe und Hochachtung entgegen, und die Städte beschlossen Ehrendekrete für ihn. Die Lakedaimonier verliehen ihm das Bürgerrecht von Sparta, ohne nach dem Zorn des Dionysios zu fragen, der damals ihr eifrigster Bundesgenosse gegen Theben war. Eines Tages wollte Dion in Megara der Einladung eines angesehenen, reichen Bürgers, Ptoiodoros, folgen. Da fand er vor der Tür ein großes Gedränge von Menschen, ihn selbst von Arbeiten überhäuft, so daß es schwierig gewesen wäre, bis zu ihm vorzudringen. Mit einem Blick auf seine Freunde, die sich verletzt fühlten, meinte er: „Wir haben keinen Grund, unserm Freund zu zürnen. In Syrakus haben wir es ja nicht anders gemacht!“

18. Im Laufe der Zeit wurde Dionysios doch eifersüchtig und ängstlich wegen der Liebe, die Dion bei den Griechen

fand. Deshalb stellte er schließlich die Übersendung der Einkünfte aus Dions sizilischem Besitz ein und übergab dessen
Güter seinen eigenen Beamten. Aber er wollte auch den bösen
Eindruck verwischen, den sein Verhalten Platon gegenüber
im Kreise der Philosophen gemacht hatte. Deshalb sammelte
er an seinem Hof Männer um sich, die als Gelehrte galten.
Ehrgeizig, wie er war, versuchte er, sie in der Diskussion
alle zu übertreffen, und kam dabei in die unangenehme Lage,
was er von Platons Lehren falsch verstanden hatte, falsch
wieder anzuwenden. Er sehnte sich daher wieder nach Platon und machte sich selbst Vorwürfe, daß er den Aufenthalt
des Philosophen nicht besser genutzt hatte, um zu lernen,
was ihm nützlich gewesen wäre. Da er als rechter Tyrann
gewohnt war, allen Einfällen nachzugeben und hartnäckig
auf seinen Wünschen zu bestehen, setzte er sich plötzlich in
den Kopf, Platon müsse kommen. So scheute er denn kein
Mittel und brachte auch wirklich Archytas und die übrigen
Pythagoreer dazu, Platon nach Sizilien einzuladen und Bürgschaft für die Versprechungen des Herrschers zu übernehmen. Denn durch Platons Vermittlung war zuerst Freundschaft und Gastrecht zwischen Dionysios und den Pythagoreern zustande gekommen. Die Pythagoreer sandten also
Archedemos zu Platon. Auch Dionysios schickte Schiffe dorthin und Freunde mit dem Auftrag, Platon die Bitte des
Tyrannen zu überbringen. Außerdem schrieb Dionysios mit
ausdrücklichen Worten, wenn er sich nicht überreden lassen
sollte zu kommen, so habe Dion nicht die geringste Nachsicht zu erwarten, wenn er aber komme, alles zu hoffen. Auch
an Dion kamen viele Klagen von seiner Schwester und seiner Gattin, er solle Platon bitten, Dionysios' Wunsch zu
erfüllen und ihm keinen Vorwand zur Grausamkeit zu
geben. So kam Platon denn, wie er selbst sagt, zum drittenmal zur Meerenge von Sizilien, ,daß er noch einmal durch-
führe die schaudervolle Charybdis'.
19. Seine Ankunft erfüllte Dionysios mit großer Freude, erfüllte die Sizilianer mit großer Hoffnung. Sie alle wünschten
nichts leidenschaftlicher als Platons Sieg über Philistos und
den Sieg der Philosophie über die Tyrannis. Die Frauen er-

wiesen ihm alle Aufmerksamkeit, und bei Dionysios genoß
er ein Vertrauen, dessen sich kein anderer rühmen konnte:
er durfte, ohne sich untersuchen zu lassen, zu ihm kommen.
Immer wieder bot Dionysios Platon wertvolle Geschenke
an, die der Philosoph jedesmal ablehnte. Das erlebte Aristippos von Kyrene einmal mit. Da meinte er: „Dionysios
ist vorsichtig mit seiner Großmut. Uns, die wir viel verlangen, bietet er wenig an, Platon, der nichts annimmt, viel."
Als Platon dann nach den ersten Höflichkeiten die Rede auf
Dion brachte, vertröstete Dionysios ihn zuerst, um ihm dann
Vorwürfe zu machen. Schließlich kam es zu Zwistigkeiten.
Aber die Außenstehenden erfuhren davon nichts. Denn Dionysios hielt alles geheim und suchte im übrigen Platon durch
Freundlichkeiten und Ehrungen aller Art seiner Liebe zu
Dion zu entfremden, während Platon in der ersten Zeit
nicht merken ließ, daß er des Tyrannen Treulosigkeit und
Lügenhaftigkeit wohl durchschaut hatte. Er ertrug alles gelassen und verbarg sein Gefühl. Als es soweit mit ihnen gekommen war, ohne daß der Hof, wie sie meinten, davon
etwas erfahren hatte, traf es sich, daß ein Schüler Platons,
Helikon von Kyzikos, eine Sonnenfinsternis voraussagte.
Da sie an dem angegebenen Tag eintrat, schenkte Dionysios
ihm aus Bewunderung ein Talent Silber. Aber Aristippos
meinte zu den andern Philosophen, er könne auch ein unerwartetes Ereignis voraussagen. Auf ihre Fragen antwortete er: „Meine Prophezeiung geht dahin: in kurzem werden
Platon und Dionysios Feinde sein." Endlich verkaufte Dionysios Dions ganzen Besitz und behielt den Erlös für sich.
Platon, der bisher in einem an den Palast grenzenden Park
gewohnt hatte, mußte auf Befehl des Tyrannen in die Ka-
serne seiner Söldner ziehen. Diese haßten ihn schon lange
und hätten ihn gern umgebracht, weil sie fürchteten, er
würde Dionysios bereden, auf die Herrschaft zu verzichten
und seine Leibwache aufzulösen.

20. Sobald Archytas von der Gefahr hörte, in der Platon
schwebte, schickte er Gesandte auf einem Dreißigruderer zu
Dionysios und verlangte Platon zurück. Er berief sich darauf, daß er sich für Platons Sicherheit verbürgt habe für den

Fall, daß er nach Sizilien fahren würde. Dionysios suchte durch festliche Veranstaltungen zu Platons Ehren und Freundlichkeiten beim Abschied seine Feindschaft vergessen zu machen und verstieg sich sogar zu einigen Worten in diesem Sinn: „Ich nehme an, Platon, daß du manche harte Klage gegen mich erheben wirst bei deinen philosophischen Kollegen." Da antwortete der Weise mit einem stillen Lächeln: „Geb' der Himmel, daß wir in der Akademie nicht so arm sind an Gesprächsstoff, daß wir von dir reden müßten." In dieser Form soll sich Platons Abschied von Sizilien abgespielt haben. Doch stimmt sein eigener Bericht nicht mit dieser Darstellung überein.

21. Dion litt unter all diesen Vorgängen schwer, und nach kurzer Zeit kam es zum endgültigen Bruch, als er von dem Vorgehen gegen seine Gattin hörte, worauf auch Platon in seinem Brief an Dionysios anspielt. Es handelte sich um folgendes: Als Dionysios nach Dions Entfernung auch Platon entließ, bat er ihn, im Vertrauen bei Dion festzustellen, ob er damit einverstanden wäre, wenn seine Gattin (die Schwester des Tyrannen) eine andere Ehe schließen würde. Es ging ja doch das Gerücht, ob wahr oder von Dions Gegnern unter die Leute gebracht, Dions Ehe habe sich nicht zu seiner Freude entwickelt und das Zusammenleben mit seiner Frau sei recht unerquicklich geworden. Als Platon nach seiner Ankunft in Athen mit Dion über alles gesprochen hatte, schrieb er in seinem Brief an Dionysios trotz der Klarheit, mit der er alle übrigen Dinge behandelte, über Dions Angelegenheit nur in Ausdrücken, die Dionysios allein verständlich waren, er habe mit Dion über jene Frage sich unterhalten und Dions Zorn würde keine Grenzen kennen, wenn Dionysios seine Absicht wahr machen wollte. Da damals noch große Hoffnung auf Aussöhnung bestand, ließ der Tyrann das Verhältnis seiner Schwester zu Dion unangetastet; sie durfte mit ihrem Sohn, den sie von Dion hatte, zusammenbleiben. Als die Entfremdung zwischen Dion und dem Tyrannen unwiderruflich war und Platon nach seinem abermaligen Aufenthalt in Feindschaft entlassen wurde, gab Dionysios Arete gegen ihren Willen seinem Freund Timokrates zur Frau.

Sein Vater hatte in einem ähnlichen Fall allerdings verständiger gehandelt.

Dionysios des Älteren Schwester Theste war nämlich mit Polyxenes verheiratet, der sich eines Tages mit dem Tyrannen verfeindete. Aus Furcht floh er aus der Stadt und verließ Sizilien. Deshalb ließ Dionysios seine Schwester kommen und machte ihr Vorwürfe, sie habe von der Flucht gewußt, ohne ihm davon Kunde zu geben. Theste ließ sich aber nicht erschrecken und hatte den Mut, ihrem Bruder zu sagen: „Dionysios, hältst du mich für so verwerflich und feige, daß ich von der Flucht meines Mannes gewußt hätte und ihm nicht gefolgt wäre, um sein Geschick zu teilen? Aber ich wußte nichts. Beim Zeus, ich wollte lieber des Verbannten Polyxenes Gattin heißen als des Tyrannen Dionysios Schwester!" Thestes kühner Freimut, heißt es, fand die Bewunderung des Tyrannen. Bewundernswert erschien auch den Syrakusiern Thestes Wesen. Selbst nach dem Sturz der Tyrannis behielt sie wie einst königliche Ehren und Rechte. Als sie starb, geleiteten die Bürger sie nach gemeinsamem Beschluß zu Grabe. Das war gewiß keine unnütze Abschweifung.

22. Seit dieser Zeit dachte Dion nur an Krieg. Während Platon eine Beteiligung nicht nur wegen seines Alters ablehnte, sondern auch mit Rücksicht auf sein gastfreundschaftliches Verhältnis zu Dionysios, trat Speusippos mit seinen Freunden auf Dions Seite und mahnte ihn, er müsse Sizilien befreien, das schon die Hände ausstrecke nach ihm, um ihn freundlich zu empfangen. Als nämlich Platon am Hofe in Syrakus weilte, war Speusippos oft in der Stadt umhergestreift und hatte sich so ein Bild von den Anschauungen und Meinungen der Bürger gemacht. Zunächst fürchteten sich die Syrakusier, ein freies Wort zu sprechen, weil er sie an den Tyrannen verraten könnte. Schließlich faßten sie Zutrauen zu Speusippos. Es war immer wieder dasselbe Wort, das er hörte, dieselbe flehentliche Bitte: Dion solle kommen, nichts als kommen, ohne Schiffe, ohne Waffen, ohne Reiter, ganz allein solle er kommen, sich in einen Kahn werfen und den Siziliern nur seine Person und seinen Namen leihen zum

Kampf gegen Dionysios. Auf solche Berichte des Speusippos hin war Dion seiner Sache sicher und begann unter der Hand durch Mittelsleute Truppen werben zu lassen, allerdings ohne über das eigentliche Ziel des Kampfes etwas verlauten zu lassen. Er fand bei manchen Staatsmännern und Philosophen Unterstützung, so auch bei Eudemos von Cypern, dessen Andenken Aristoteles später seinen Dialog ‚Die Seele‘ widmete, und bei Timonides von Leukas. Man gewann auch den Thessaler Miltas. Er war Seher und hatte an den Studien in der Akademie teilgenommen. Von den gewiß tausend Verbannten, die Dionysios vertrieben hatte, nahmen nur fünfundzwanzig an dem Kampf teil, die andern verrieten Dions Sache aus Feigheit.

Sammelplatz war Zakynthos. Es waren zwar weniger als achthundert Mann, die dort zusammenkamen, aber alte Bekannte aus manchem schweren Krieg, sehnige, kriegsgeübte Gestalten, zu Rat und Tat gleich brauchbar. Es waren die rechten Kerle, um die Massen, die Dion in Sizilien zu finden hoffte, zu begeistern und in den siegreichen Kampf zu führen.

23. Als sie hörten, der Zug gehe gegen Dionysios und Sizilien, waren sie zuerst entsetzt und wollten sich nicht beteiligen, denn Dion müsse in wahnwitzigem Zorn oder völliger Verzweiflung sich in das aussichtslose Unternehmen eingelassen haben. Auch ihren Führern und Werbern machten sie Vorwürfe, daß sie ihnen nicht offen das Kriegsziel genannt hätten. Aber Dion setzte ihnen in aller Ausführlichkeit die Lage in Sizilien auseinander und schilderte ihnen das allmähliche Zusammenbrechen der Tyrannis. Wenn er sie dorthin bringe, so sollten sie nicht seine Soldaten, sondern Führer der Syrakusier und der übrigen Sizilianer sein, die schon längst an nichts als an Abfall von Dionysios dächten. Nach Dion sprach noch ein vornehmer, berühmter Achaier, Alkimenes, zu ihnen. So ließen sie sich denn schließlich beruhigen.

Es war Mittsommer, auf dem Meer wehten die Sommerwinde, und der Mond war voll. Da hatte Dion ein gewaltiges Opferfest für Apollon vorbereitet und zog in feier-

lichem Zug mit den Soldaten im Schmuck der Waffen zum
Heiligtum. Nach dem Opfer ließ er seine Leute im Stadion
von Zakynthos bewirten. Sie staunten über die Pracht der
goldenen und silbernen Becher und der Tische; das war ein
Prunk, der über den Reichtum eines einzelnen, wie sie ihn
kannten, hinausging. So kam es ihnen zum Bewußtsein, daß
ein Mann in seinem Alter, Herr eines gewaltigen Vermögens, das kühne Unternehmen nicht anpacken würde, wenn
die Aussichten nicht begründet waren und die Freunde in
Sizilien ihm nicht unbeschränkte Hilfe anboten.

24. Als das Trankopfer und die gewöhnlichen Gebete beendet waren, trat eine Mondfinsternis ein. Das war für Dion
und seine nähere Umgebung nichts Besonderes, weil sie die
regelmäßige Wiederkehr der Finsternisse kannten und wußten, daß dabei der Erdschatten auf den Mond fällt und die
Erde als Sperre zwischen Mond und Sonne steht. Indes
brauchten die Soldaten in ihrer Angst ein Trostwort. Deshalb trat der Seher Miltas in ihre Mitte, sie sollten nur freudig in die Zukunft schauen. Denn die Gottheit künde die
Verfinsterung eines jetzt hellstrahlenden Gegenstandes an,
und was strahle heller als des Dionysios Tyrannis, dessen
Leuchte sie auslöschen sollten in demselben Augenblick, in
dem sie Sizilien erreichten. So deutete Miltas die Finsternis
öffentlich vor den Soldaten. Freilich von dem Bienen-
schwarm, der sich an Dions Schiff am Heck festgesetzt hatte,
sprach Miltas nur im engsten Kreis. Er fürchtete, Dions
Taten, so glänzend sie sein würden, möchten nach kurzer
Blüte welken.

Auch Dionysios soll die Gottheit manches warnende Vorzeichen gekündet haben. Ein Adler hatte einem Soldaten
der Leibwache einen Speer entrissen, ihn in die Höhe getragen und schließlich ins Meer geschleudert. Das Meer, das
zu Füßen der Tyrannenburg liegt, hatte einen Tag lang
frisches, trinkbares Wasser, wie jeder durch einen Trunk
feststellen konnte. Ferkel wurden Dionysios geboren, die an
allen Gliedern wohlgestaltet waren, nur hatten sie keine
Ohren. Die Seher erklärten, das deute auf drohenden Abfall und Ungehorsam, denn die Bürger würden nicht mehr

auf die Tyrannis hören. Und das Süßwasser statt des Meerwassers verspreche den Syrakusiern statt Not und Unterdrückung glückhaften Umschwung. Der Adler sei des Zeus Diener, die Lanze das Abbild der Macht und Herrschaft; folglich künde der größte der Götter Auflösung und Ende der Tyrannis. Die Schilderung dieser Vorzeichen verdanken wir Theopompos.

25. Dions Truppen füllten zwei Handelsschiffe; dazu kamen ein drittes, ebenfalls nur unbedeutendes Schiff und zwei Dreißigruderer. Neben den Waffen seiner Soldaten nahm Dion zweitausend Schilde mit, Geschosse und Speere in großer Zahl, dazu reichlich Lebensmittel, um nicht in Not zu kommen, wenn sie, statt in Küstenfahrt, ungeschützt übers freie Meer segelten. Man hatte nämlich gehört, Philistos liege an der kalabrischen Küste irgendwo auf Lauer, und mied deshalb die Küstenfahrt. So segelten sie mit einer leichten Brise zwölf Tage. Am dreizehnten waren sie auf der Höhe von Pachynos, der Südostspitze Siziliens. Dort riet ihm der Steuermann Protos zu sofortiger Landung: wenn sie von der Küste abgetrieben würden oder freiwillig diese günstige Landungsstelle nicht ausnützen sollten, dann könnten sie jetzt im Sommer viele Tage und Nächte auf See herumtreiben, um endlich wieder Südwind zu bekommen. Trotzdem ging Dion mit den Schiffen um Pachynos herum; er wollte nicht in so geringer Entfernung vom Feind die Landung versuchen und lieber weiter westwärts an Land gehen. In diesem Augenblick kam ein Nordsturm auf, der die Schiffe mit hochgehender See von der sizilischen Küste abtrieb. Blitz und Donner begleiteten den Sturm, als der Arkturus aufging; ein wolkenbruchartiges Unwetter prasselte hernieder. Die Schiffe wurden durcheinandergetrieben und verloren ihren Kurs. Plötzlich sahen die Leute, wie sie von dem hohen Wellenschlag auf die Insel Kerkina an der afrikanischen Küste zugetrieben wurden. Steil und drohend ragte die Insel vor den willenlos Dahertreibenden auf. Fast wären die Schiffe an den Klippen zerschellt und auseinandergebrochen, wenn sie sich nicht mit den Ruderstangen frei vom Ufer gehalten hätten, bis der Sturm sich endlich legte.

Als sie ein Schiff ansprachen, erfuhren sie, daß sie sich an den sogenannten Köpfen der Großen Syrte befanden. Verdrossen lagen sie jetzt bei der Windstille auf dem Meer, als ein leichter Hauch aus Süd vom Land her aufkam. Alles andere hätten sie erwartet, so trauten sie dem Umschlag nicht. Aber der Wind wuchs schnell, sie spannten alle Segel, die sie hatten, flehten zu den Göttern und flogen von Afrika über das Meer Sizilien zu. Bei der schnellen Fahrt waren sie schon am fünften Tag auf der Höhe von Minoa, einer kleinen Festung im karthagischen Herrschaftsbereich auf Sizilien. Zufällig hielt sich der karthagische Kommandant Synalos in dem Platz auf, ein alter Freund Dions und ihm durch Gastrecht verbunden. Aber da er nichts von Dions Anwesenheit oder auch nur von seinem Zug wußte, versuchte er die Landung zu verhindern. Aber Dions Leute kamen mit der Waffe in der Hand. Sie töteten allerdings keinen, denn das hatte Dion wegen seiner Gastfreundschaft mit den Karthagern verboten. Doch drangen sie mit den Fliehenden zusammen in die Tore und nahmen den Platz. Als dann die beiden Führer einander begegneten und begrüßten, gab Dion Synalos den Platz unversehrt zurück. Dagegen übernahm Synalos die Verpflegung von Dions Truppe und stellte Dion alles zur Verfügung, was ihm an der Ausrüstung noch fehlte.
26. Am meisten Mut machte ihnen aber die Tatsache, daß Dionysios nicht in Syrakus war. Er war kurz vorher mit achtzig Schiffen nach Unteritalien gefahren. Dion hätte deshalb seinen Leuten nach den Strapazen der langen Seefahrt gern Erholung gegönnt. Aber sie wollten nicht warten. So sehr brannten sie darauf, die Gelegenheit beim Schopf zu packen, und verlangten, Dion solle sie sofort gegen Syrakus führen. Also ließ er Waffen und Gepäck, soweit er sie entbehren konnte, in Minoa zurück und bat Synalos, sie ihm im Notfall nachzusenden. Dann trat er den Vormarsch auf Syrakus an. Schon auf dem Marsch stießen zweihundert Reiter zu ihm, die ihm die Akragantiner zugesandt hatten, die in der Nähe von Eknomos wohnten. Auch aus Gela erhielt er Verstärkung.
Inzwischen war die Kunde von dem Vormarsch schnell nach

Syrakus gedrungen, und Timokrates, der Dions Gattin geheiratet hatte und jetzt an der Spitze der in Syrakus verbliebenen Freunde des Tyrannen stand, fertigte sofort einen Boten ab, der Dionysios briefliche Nachricht über Dions Heranrücken bringen sollte. Er selbst hatte acht auf unruhige Bewegungen in der Stadt; denn in Syrakus herrschte Erregung, aber man wagte der Botschaft nicht zu trauen und hielt deshalb furchtsam Ruhe. Der Bote mit dem Brief hatte auf seinem Weg ein seltsames Erlebnis. Er hatte die Überfahrt schon glücklich hinter sich, war durch das Gebiet von Rhegion gekommen und nun auf dem Wege nach Kaulonia zu Dionysios, da begegnete ihm zufällig ein Bekannter, der gerade vom Opfer kam und das frischgeschlachtete Opfertier nach Hause bringen wollte. Der Bote bekam ein Stück Fleisch ab und nahm seinen Weg gleich wieder auf. Er eilte bis spät in die Nacht hinein; aber schließlich überwältigte ihn die Ermüdung. Wie er war, warf er sich in einem Wald am Wege auf den Boden. Aber die Witterung des Fleisches lockte einen Wolf herbei. Er packte das Fleisch, das an die Tasche des Boten gebunden war, und schleppte mit dem Fleisch auch die Tasche fort, und darin waren doch die Briefe für Dionysios. Als der Bote erwachte, bemerkte er den Verlust. Er durchstreifte die ganze Gegend, ohne die Tasche wiederzufinden. Deshalb hielt er es für geraten, zu verschwinden und nicht ohne die Briefe zum Tyrannen zu gehen.

27. So erfuhr Dionysios erst sehr viel später auf anderem Weg von dem Kampf, der in Sizilien ausgebrochen war. Inzwischen stieß weiterer Zuzug zu Dion, während er auf Syrakus marschierte. Die Kamariner schlossen sich ihm an, und die Bauern aus der Umgegend von Syrakus erhoben sich und strömten ihm zu. Das war ein nicht unbeträchtlicher Zuwachs. Die Leontiner und Kampaner, die unter Timokrates die Besatzung von Epipolai bildeten, hörten von dem falschen Gerücht, das Dion ausgesprengt hatte, er wolle zuerst gegen ihre Heimatorte vorgehen. Deshalb ließen sie Timokrates im Stich, um ihrer Heimat zu helfen. Als Dion davon Meldung erhielt, lag er in der Gegend von Akrai. Er

brach noch in der Nacht auf und rückte bis zum Anapos vor,
zehn Stadien vor Syrakus. Hier unterbrach er den Vormarsch, um am Fluß den Göttern zu opfern und zur aufgehenden Sonne zu beten. Zugleich kündeten die Seher ihm
aus den Götterzeichen Sieg, und da Dion sich zu Ehren des
Opfers bekränzt hatte, folgten alle in plötzlicher Eingebung
seinem Beispiel. Es waren nicht weniger als fünftausend
Mann, die während des Zuges zu ihm gestoßen waren. Ihre
Bewaffnung war allerdings schlecht; sie hatten nur, was
ihnen irgendwo in die Hände gefallen war. Aber durch ihre
Begeisterung ersetzten sie, was ihnen an der Rüstung fehlte.
Als Dion den Befehl zum Vormarsch gab, ging es im Sturm-
schritt vorwärts, und mit Jubelgeschrei riefen sie einander
zum Kampf um die Freiheit.

28. Von den Syrakusiern in der Stadt kamen die Vornehmen und Gebildeten in weißen Gewändern bis an die Stadt-
tore, während die Massen über die Tyrannenfreunde herfielen und die ,Ohrenbläser‘ in ihre Hände zu bekommen
suchten. Es waren Verbrechernaturen, den Göttern verhaßte
Kerle, die in der Stadt herumgingen, sich unter die Syrakusier drängten, überall herumspionierten und dem Tyrannen
Worte und Gedanken der Untertanen hinterbrachten. Sie
waren die ersten, die ihre Strafe erhielten; wo man einen
solchen Kerl traf, schlug man ihn mit Knüppeln tot. Timokrates, dem der Weg zur Besatzung auf der Burg abgeschnitten war, warf sich auf ein Pferd und verließ die Stadt. Seine
Flucht erfüllte alles mit Furcht und Schrecken. Er selbst
übertrieb Dions Macht, um dem Vorwurf zu entgehen, schon
geringe Gefahr habe ihn aus der Stadt gejagt.

Indessen sah man Dion an der Spitze des Zuges in prächtiger
Rüstung heranrücken, zwischen seinem Bruder Megakles und
seinem Freund Kallippos aus Athen im Schmuck ihrer
Kränze. Von den Söldnern folgten dann hundert Mann als
persönliche Bedeckung für Dion; den Rest führten seine
Offiziere. Die Syrakusier jubelten über das Schauspiel; war
ihnen doch, als zöge Freiheit und Demokratie nach achtund-
dreißigjähriger Verbannung in heiliger, gottgefälliger Prozession wieder in die Stadt ein.

29. Als Dion zum temenitischen Tor seinen Einzug gehalten hatte, ließ er durch Trompeten Schweigen gebieten für die Worte des Herolds: „Dion und Megakles sind gekommen, um die Tyrannis zu brechen. Wir erklären Syrakus und ganz Sizilien frei vom Tyrannen." Dion wollte auch selbst eine Ansprache an die Bevölkerung halten, deshalb zog er durch Achradine zu den höher gelegenen Stadtteilen. Zu seinen Ehren hatte man auf beiden Seiten der Straße Tische mit dem Fleisch der Opfertiere und Kratere mit Wein aufgestellt. Auf dem ganzen Weg überschüttete man ihn mit Blumen und Kränzen und betete zu ihm wie zu einem Gott. Unterhalb der Burg und der Pentapyla hatte Dionysios eine hohe, weithin sichtbare Sonnenuhr errichten lassen. Von diesem Bau aus richtete Dion seine Worte an das Volk von Syrakus und rief sie zur Verteidigung ihrer Freiheit auf. In freudiger Begeisterung übertrugen sie Dion und Megakles alle Gewalt und ernannten sie zu Feldherren. Auf deren Wunsch und Bitte wurden zwanzig Männer gewählt, die ihnen zur Seite stehen sollten. Darunter waren zehn, die mit Dion aus der Verbannung heimgekehrt waren. Daß Dion bei seiner Ansprache an das Volk auf dem stolzen Denkmal des Tyrannenhochmuts gestanden hatte, betrachteten die Seher wieder als ein herrliches, glückverheißendes Vorzeichen. Da es aber eine Sonnenuhr war, auf der er bei seiner Wahl zum Feldherrn der Stadt stand, fürchteten sie, auch seine Unternehmungen würden unter dem schnellen Wechsel des Glücks zu leiden haben.

Epipolai fiel bald in Dions Hände; den Bürgern, die Dionysios dort hatte festsetzen lassen, gab er die Freiheit. Dann begann er die Belagerung der Tyrannenburg mit dem Bau einer Einschließungsmauer. Sieben Tage darauf kam Dionysios zurück und gelangte von der Seeseite her in die Burg. An demselben Tag brachten Wagen Dion die Rüstungen, die er bei Synalos zurückgelassen hatte. Er verteilte sie unter die Bürger. Wer keine bekam, verschaffte sich Waffen und Rüstung, so gut er konnte. An Begeisterung fehlte es keinem.

30. Dionysios versuchte zuerst, durch Vertraute unter der Hand mit Dion zu verhandeln. Aber Dion forderte, er solle

in aller Öffentlichkeit mit den Syrakusiern verhandeln, denn darauf hätten sie als freie Bürger Anspruch. So brachten die Unterhändler wahrhaft edelmütige Vorschläge vom Tyrannen: er ließ ihnen Steuersenkung versprechen, und vor allem wollte er ihnen allen Kriegsdienst erlassen, zu dem sie sich nicht durch ihre eigene Entscheidung entschließen würden. Darüber lachten die Syrakusier, und Dion verbot den Unterhändlern, mit dem Volk zu verhandeln, solange Dionysios nicht auf seine Macht verzichtet habe. Tue er es aber, so wolle er, Dion, eingedenk ihrer verwandtschaftlichen Beziehung ihm Straflosigkeit und überhaupt billige Bedingungen, soweit es in seiner Macht stehe, beim Volk erwirken. Dionysios erklärte sich mit diesem Vorschlag einverstanden und schickte noch einmal Unterhändler, diesmal mit der Bitte, einige Syrakusier auf die Burg zu senden; er wolle mit ihnen entgegenkommend über die Interessen der Stadt verhandeln, wie er denn auch von ihnen solches Entgegenkommen erwarte. So wurden denn Männer zu ihm geschickt, mit deren Wahl Dion sich einverstanden erklärt hatte. Dann kam von der Burg her immer wieder das Gerücht, Dionysios wolle auf seine Herrschaft verzichten, aber eher aus eigenem Entschluß als um Dions willen. Aber diese Irreführung war nichts als eine gemeine List und ein Anschlag gegen die Syrakusier. Die Männer, die aus der Stadt zu ihm heraufgekommen waren, ließ er ins Gefängnis werfen. Seine Söldner aber bekamen den Wein ungemischt vorgesetzt, bis er sie in der Morgendämmerung losschickte gegen die Mauer, mit der Dion ihn eingeschlossen hatte. Der Angriff kam unerwartet, die barbarischen Söldner versuchten mit tosendem Lärm, die Gegenmauer einzureißen und tapfer gegen die Syrakusier vorzugehen. Keiner wagte Widerstand bis auf Dions Söldner, die den Lärm zuerst gehört hatten und sofort zur Hilfe geeilt waren. Aber auch sie wußten nicht, wo und wie helfen; sie verstanden ihr eigenes Wort nicht vor dem lärmenden Durcheinander der Syrakusier, die fliehen wollten, aber dann zwischen die Söldner gerieten und wieder fortliefen, bis schließlich Dion – weil niemand auf sein Wort hören wollte – durch eine Tat zeigen wollte, was zu tun war: als erster warf er sich zwischen die Barbaren. Freund und Feind erkannten ihn. Wild loderte der Kampf um ihn auf; von allen Seiten drang man brüllend auf ihn ein. Bei seinem Alter war Dion nicht mehr beweglich genug für einen solchen Kampf; aber er trat den Andringenden mit mutiger Kraft entgegen und wehrte sie ab, erhielt jedoch schließlich einen Lanzenstich in die Hand. Kaum schützte ihn der Panzer gegen Pfeil und Schwert, während er durch den Schild hindurch von Speeren und Lanzen getroffen wurde. Als diese abbrachen, stürzte Dion zu Boden. Aber seine Leute retteten ihn glücklich aus dem Getümmel. Kaum hatte er Timonides an dieser Stelle die Fortführung des Kampfes übertragen, als er schon durch die Straßen der Stadt ritt, um die Flucht der Syrakusier aufzuhalten. Dann holte er seine Söldner, die in Achradine als Besatzung lagen, und führte die frischen Kämpfer gegen Dionysios' ermüdete Barbaren, die den Kampf schon lange gern aufgeben wollten. Sie hatten gehofft, im ersten Sturm die ganze Stadt in einem einzigen Anlauf über den Haufen rennen zu können. Statt dessen waren sie auf Kämpfer gestoßen, die dreinzuschlagen verstanden, und mußten sich nun allmählich nach der Burg zurückdrängen lassen. Je weiter sie zurückgingen, um so stärker stießen die Griechen nach, bis die Barbaren sich schließlich hinter die Mauern der Burg retteten. Dion verlor vierundsiebzig Mann, auf der Gegenseite war der Verlust bedeutend höher.

31. Nach diesem glänzenden Sieg schenkten die Syrakusier jedem Söldner hundert Minen, die Söldner Dion einen goldenen Kranz.

Bald darauf kamen Herolde von Dionysios von der Burg herunter mit Briefen an Dion von den Frauen seiner Familie. Einer trug die Aufschrift: „Hipparinos an den Vater." So hieß Dions Sohn. Freilich meint Timaios, er habe Aretaios geheißen nach seiner Mutter Arete. Aber meines Erachtens verdient Timonides in solchen Dingen mehr Glauben, weil er Dions Freund und Kamerad war. Die Briefe wurden vor den Syrakusiern verlesen; sie enthielten flehentliche Bitten der Frauen. Nur den Brief des Sohnes wollte man nicht in dieser Öffentlichkeit erbrechen lassen. Dion öffnete ihn aber trotzdem. Der Brief stammte von Dionysios. Nach dem Wortlaut war er an Dion gerichtet, aber der Inhalt wandte sich an die Syrakusier, und wenn er der äußeren Form nach auch wie Bitte und Rechtfertigung klang, so war der innere Sinn doch nichts als eine Verleumdung Dions. Dionysios erinnerte nämlich an die großen Dienste, die Dion einst gern der Tyrannis geleistet hatte. Es folgten Drohungen gegen Dions nächste Angehörige, Schwester, Sohn und Frau, auch jammernde Klagen. Den tiefsten Eindruck sollte schließlich die Aufforderung machen, die der Tyrann an Dion richtete, er solle doch die Tyrannis nicht zerstören, solle sie vielmehr selbst übernehmen. Es sei seine Pflicht, nicht die Menschen, die ihn haßten und ihren Groll gegen ihn doch nicht vergessen könnten, zu befreien, sondern die Zügel des Staates in die Hand zu nehmen und Familie und Freunde zu schützen.

32. Aus diesem Brief hätte das Volk mit Staunen erkennen müssen, wie Dion in unerschütterter Seelengröße für Recht und Gerechtigkeit focht, selbst gegen die Bande der Verwandtschaft. Statt dessen war das Volk ängstlich genug, Argwohn zu schöpfen, Dion würde sich durch die Verhältnisse doch zur Schonung des Tyrannen zwingen lassen. Man sah sich deshalb schon nach anderen Führern um, und als man gar von Herakleides' Rückkunft hörte, war die Erregung groß.

Herakleides gehörte zu den politischen Verbannten, ein Mann mit strategischen Fähigkeiten, bekannt durch die Kriegsdienste, die er beiden Tyrannen geleistet hatte. Aber er war kein Charakter, stets unzuverlässig, und am wenigsten konnte man ihm bei gemeinschaftlichen Unternehmungen vertrauen, wenn es um Macht oder Ehre ging. Er hatte sich im Peloponnes mit Dion entzweit und beschlossen, auf eigene Faust mit seinen Schiffen gegen Dionysios zu ziehen. So war er mit sieben Dreiruderern und drei kleineren Fahrzeugen im Hafen von Syrakus eingelaufen in der Zeit, als Dionysios nach dem mißglückten Ausfallversuch wieder in der Burg eingeschlossen und die Stadt voller Erregung war.

Kaum war er angekommen, suchte er die Massen auf seine Seite zu ziehen; er besaß das einschmeichelnde Wesen, das auf die Menge, die sich so gern schmeicheln läßt, leicht Eindruck macht. Er gewann sie um so leichter, als sie Dions würdevolles Auftreten als unleidliche Unfreundlichkeit ablehnte. Außerdem war den Leuten der Erfolg zu Kopf gestiegen, und in ihrer Zügellosigkeit wollten sie schon als freies Volk behandelt werden, ehe sie es überhaupt waren.

33. Zunächst liefen sie, ohne berufen zu sein, zur Volksversammlung zusammen und wählten Herakleides zum Admiral. Als Dion aber auftrat und ihnen vorwurfsvoll auseinandersetzte, die Übertragung dieses Amtes an Herakleides bedeute nichts anderes, als ihm selbst das früher übertragene Amt zu nehmen, und er würde nicht länger Oberbefehlshaber bleiben, wenn ein anderer Admiral würde, da machten die Syrakusier freilich sehr gegen ihren Willen Herakleides' Bestallung wieder rückgängig.

Nach diesem Vorfall bat Dion Herakleides zu sich und machte ihm vorsichtig Vorhaltungen, es sei nicht klug und auch nicht anständig gewesen, aus Ehrgeiz gegen ihn Stellung zu nehmen in einem Augenblick, da es nur eines geringen Anstoßes bedürfe, um ihr ganzes Unternehmen zu verderben. Aber dann berief Dion das Volk wieder zur Versammlung, bestellte Herakleides zum Admiral und bat die Bürger, Herakleides eine Leibwache zu geben, wie er selbst sie hatte. Aber sein Dank war, daß er Dion durch seine Machenschaften in die ernstesten Schwierigkeiten brachte. In Wort und Miene zeigte er allerdings jede Gefälligkeit, gab gern zu, wie sehr er Dion zu Dank verpflichtet sei, und war sein fügsamer Begleiter, der jeden Befehl ausführte. Doch im geheimen hetzte er gegen Dion bei der Menge, besonders bei den unruhigen Elementen. Denn als Dion vorschlug, Dionysios gegen Auferlegung bestimmter Verpflichtungen freien Abzug aus der Burg zu gewähren, mußte er sich die Verleumdung gefallen lassen, er wolle den Tyrann retten und schonen. Als er dann, um keinen Anstoß zu erregen, die Belagerung stillschweigend fortsetzte, hieß es, er wolle den Krieg nur in die Länge ziehen, um die Herrschaft

länger in seiner Hand behalten und die Bürger um so fester
bedrücken zu können.

34. In dieser Zeit lebte in Syrakus ein Kerl – Sosis hieß er –,
der es durch seine Bosheit und Frechheit zu einem Namen
unter seinen Landsleuten gebracht hatte. Denn sie sahen die
volle Freiheit in dem zügellosen Freimut des Wortes. Er
führte einen bösen Streich gegen Dion im Schilde, als er in
die Volksversammlung kam und zunächst gegen die Syrakusier loszog, sie seien Narren, wenn sie nicht merkten, daß
sie, befreit von einer tollen, trunkenen Tyrannis, dafür einen
wachen, nüchternen Herrn eingetauscht hätten. Ganz offen
bezeichnete er sich als Dions Feind, ehe er den Markt verließ. Am nächsten Tag sah man ihn nackt, Kopf und Gesicht mit Blut besudelt, durch die Straßen der Stadt rennen,
als sei er auf der Flucht vor Verfolgern. Er stürzte auf den
Markt und erzählte, Dions Söldner hätten ihn totschlagen
wollen, und zeigte dabei auf seine Wunden am Kopf. Natürlich fand er viele, die ihn herzlich bedauerten und in
seine Vorwürfe gegen Dions tyrannisches, unerträgliches
Vorgehen einstimmten, wenn er mit Mord und Todesdro-
hung den Bürgern das Recht des freien Worts nehmen wolle.
Obwohl es in der Versammlung wild und stürmisch herging,
nahm Dion das Wort, um sich zu verteidigen. Dabei führte
er den Nachweis, daß Sosis der Brudes eines der Söldner des
Tyrannen Dionysios sei und sich von ihm habe überreden
lassen, die Bürger untereinander zu Haß und Zwietracht
aufzuhetzen; für Dionysios gebe es ja keine andere Rettung
mehr als mißtrauische Zwietracht unter den Bürgern. Gleichzeitig hatten die Ärzte Sosis' Wunden untersucht und festgestellt, daß sie eher von einem oberflächlichen Schnitt als
von einem Hieb herrührten: ein Schwerthieb schneidet durch
seine Wucht das Fleisch vor allem in der Mitte ein, Sosis'
Wunde aber war in ihrer ganzen Ausdehnung nur flach, sie
fing auch an verschiedenen Stellen neu an, weil er wahrscheinlich vor Schmerz aufgehört und dann wieder neu angesetzt hatte. Außerdem kamen einige wohlbekannte, angesehene Männer mit einem Rasiermesser in die Versammlung.
Sie berichteten, als sie auf dem Wege zu der Versammlung

gewesen seien, sei Sosis ihnen begegnet, blutbesudelt habe er geschrien, Dions Söldner seien hinter ihm her, als sei er eben von ihnen verwundet. Sie hätten sich sofort auf die Verfolgung gemacht, aber keinen Menschen gefunden, nur das Messer hätten sie gefunden unter einem hohlen Felsen in der Gegend, aus der sie Sosis hätten kommen sehen.

35. So stand es schon schlecht um Sosis' Sache. Aber zu diesen Beweisen trat noch die Aussage seiner Sklaven, er sei noch in der Nacht allein mit dem Messer aus dem Haus gegangen. Da zogen Dions Ankläger ab, während das Volk Sosis zum Tode verurteilte und sich mit Dion wieder aussöhnte.

Aber mit Dions Söldnern blieb das Volk unzufrieden. Seit nämlich Philistos mit einer ansehnlichen Flotte aus Japygien dem Tyrannen zu Hilfe gekommen war, spielte sich der Kampf gegen Dionysios meistens zur See ab. Besonders weil es sich bei den Söldnern um Schwerbewaffnete handelte, sah man sie als überflüssig für diesen Krieg an und war auch überzeugt, daß die Bürger als Seeleute, die mit der Flotte sich ihre Macht gewönnen, über den Söldnern ständen. Noch hochmütiger wurden sie, als ein gütiges Geschick ihnen einen Seesieg über Philistos schenkte. Gegen den Unterlegenen gingen sie mit barbarischer Grausamkeit vor. Ephoros berichtet zwar, Philistos habe sich nach Verlust seines Schiffs selbst den Tod gegeben, doch gibt Timonides, der an Dions Seite die Ereignisse von Anfang an miterlebt hat, in seinem Bericht an den Philosophen Speusippos eine andere Darstellung. Danach geriet Philistos, als sein Schiff an den Strand getrieben wurde, in Gefangenschaft. Die Syrakusier rissen ihm den Panzer vom Leib und überließen den alten Mann nackt und bloß martervoller Mißhandlung. Dann schlugen sie ihm den Kopf ab und überantworteten die Leiche den Straßenjungen, sie sollten ihn durch Achradine schleifen und in die Steinbrüche werfen. Timaios malt die Scheußlichkeiten noch weiter aus und erzählt, die Jungen hätten Philistos' Leichnam an dem lahmen Bein gepackt, als sie ihn durch die Straßen schleppten. Das sahen die Syrakusier mit besonderer Schadenfreude, weil Philistos einst Dionysios dem Älte-

ren geraten hatte, nicht auf schnellem Roß aus der Herrschaft zu fliehen, sondern sich am Bein herausschleppen zu
lassen. Doch waren es nicht Philistos' eigene Worte gewesen,
er hatte nur den Rat eines anderen an Dionysios weitergegeben.

36. Gewiß findet Timaios' Groll gegen Philistos Entschuldigung, wenn man an den treuen Eifer denkt, mit dem Philistos die Sache des Tyrannen zeit seines Lebens unterstützte.
Aber er sieht darin einen Vorwand, Hohn und Spott über
seinen Gegner auszugießen. Es mag schließlich verzeihlich
sein, wenn Leute aus Rache für erlittenes Unrecht sich in
ihrer Wut sogar an der fühllosen Leiche ihres Peinigers ver-
griffen. Aber Historikern der späteren Zeit, denen Philistos
kein Leid getan und die doch gern seine Werke benutzen,
sollte es ihre Ehre verbieten, sein Schicksal zum Gegenstand
billigen Spottes zu machen, denn selbst den Edelsten kann
die Schicksalsgöttin in gleiches Unglück stürzen. Allerdings
ist es auch von Ephoros unklug, Philistos mit Lob zu überhäufen. Zwar ist er geradezu ein Künstler, schmutzigen Taten und verbrecherischen Charakteren einen Tugendmantel
umzuhängen und alles in prächtige Worte zu kleiden. Aber
mit aller Mühe kann er sich von dem Vorwurf nicht rein-
waschen, daß er der größte Tyrannenfreund der Welt gewesen ist und mehr als alle anderen Historiker Schwelgerei
und Macht, Reichtum und Ehestand der Tyrannen bewundernd gepriesen hat. Aber bei Philistos würde man wohl das
Richtige treffen, wenn man weder seine Taten in den Himmel hebt, noch sein Unglück schadenfroh verspottet.

37. Nach Philistos' Tod machte Dionysios ein neues Angebot. Er wollte Dion Burg, Waffen, Söldner und den vollständigen Sold für fünf Monate übergeben unter der Bedingung, daß er freien Abzug nach Italien erhielt und während
seines dortigen Aufenthalts im Genuß der Einkünfte aus
seinen Gütern blieb. Diese Güter lagen in der fruchtbaren
syrakusischen Landschaft Gyas, die sich vom Meer aus weit
landeinwärts erstreckt. Doch wollte Dion die Verantwortung für diesen Schritt nicht übernehmen und verwies die
Unterhändler mit ihren Vorschlägen an die Syrakusier. Aber

diese hofften immer noch, Dionysios lebendig in die Hände zu bekommen, und jagten die Unterhändler fort.

Deshalb übergab Dionysios die Burg seinem ältesten Sohn Apollokrates und ließ beim ersten günstigen Wind die nächsten Angehörigen und größten Kostbarkeiten an Bord bringen. Schließlich glückte es ihm, zu entkommen, ohne von dem Kommandanten der syrakusischen Flotte bemerkt zu werden.

Das schuf Herakleides erregte Vorwürfe beim Volk. Deshalb brachte er einen von den Demagogen, Hippon, dazu, dem Volk eine neue Verteilung der Ländereien vorzuschlagen, denn die Gleichheit sei der Anfang der Freiheit und die Armut für die Besitzlosen der Grund ihrer Sklaverei. Diesen Antrag unterstützte Herakleides und brachte gegen Dion, der sich widersetzte, eine starke Gegnerschaft auf. So beredete er das Volk dazu, nicht nur diesen Antrag anzunehmen; man beschloß vielmehr gleichzeitig, Dions Söldnern keinen Sold mehr zu zahlen und neue Feldherren zu wählen, um endlich Dions Druck zu entgehen. So versuchten sie nach der langen Krankheit der Tyrannenzeit sofort wieder aufzustehen, und weil sie gerade zur Unzeit wieder selbständig werden wollten, hatten sie Unglück in ihren Unternehmungen. Deshalb fühlten sie Groll gegen Dion, der wie ein Arzt die Stadt einer strengen, aber wohlwollenden Führung hatte unterwerfen wollen.

38. Es war um die Mitte des Sommers, als die Versammlung zur Wahl der neuen Führer zusammentrat. Aber fürchterliche Gewitter und unheildrohende Himmelszeichen jagten die Versammlung an fünfzehn Tagen immer wieder auseinander, und in abergläubischer Furcht scheute sich das Volk vor der Wahl neuer Führer. Endlich kam ein ruhiger, heller Tag heran. Da wollten die Volksführer die Wahlen vornehmen lassen, als ein Zugochse, der sonst nicht scheu war, aus irgendeinem Grund über den Treiber in Wut geriet, sich vom Joch losriß und auf das Theater zustürmte. Im Nu vertrieb er das Volk, das in wilder Unordnung auseinanderrannte. Dann jagte er in wilden Sprüngen durch die Stadt, soweit sie später den Feinden in die Hände fiel. Aber selbst

um dieses furchtbare Vorzeichen kümmerten sich die Syrakusier nicht und wählten fünfundzwanzig Feldherren. Einer von ihnen war Herakleides.

Diese Leute setzten sich unter der Hand mit Dions Söldnern in Verbindung, um sie zum Verrat zu verleiten und auf ihre Seite zu ziehen; sie versprachen ihnen sogar gleiches Bürgerrecht. Aber die Söldner ließen sich auf nichts ein, sondern nahmen ihren Dion in alter Treue und Anhänglichkeit in die Mitte. So wollten sie ihn unter dem Schutz ihrer Waffen aus der Stadt führen. Keinem taten sie etwas zuleid, aber wer ihnen entgegenkam, mußte bittere Scheltworte über die Untreue und den Undank des syrakusischen Volks hören. Doch die Syrakusier spotteten über das kleine Häuflein und konnten nicht begreifen, daß die Söldner keinen Angriff wagten. Schließlich war der Haufen des Volks so stark angewachsen, daß er mit seiner Übermacht einen Vorstoß gegen die Söldner machte, weil sie es für eine Kleinigkeit hielten, Dions Leute noch innerhalb der Stadt zu überwältigen und alle zusammen niederzuhauen.

39. So zwang das Geschick Dion, gegen seine eigenen Mitbürger zu kämpfen oder inmitten seiner Getreuen zu fallen. Flehentlich streckte er die Hand aus und wies die Syrakusier auf die Burg hin, wo die Feinde auf der Mauer erschienen und sich das Geschehen betrachteten. Trotzdem blieb das Volk in seiner Wut unerbittlich, und wie der Wind über das Meer, stürmte der Wille der Demagogen über die Stadt. Endlich ließ Dion seine Leute mit klirrenden Waffen und lautem Feldgeschrei gegen die Angreifer vorgehen, gab aber ausdrücklichen Befehl, keinen zu verletzen. Da hatte kein Mensch das Herz, standzuhalten; flüchtend stürmten sie durch die Straßen, obschon kein Verfolger hinter ihnen her war. Denn Dion rief seine Leute sofort zurück und zog mit ihnen weiter nach Leontinoi.

Da spotteten selbst die Weiber über die Führer. Um ihre Schande wettzumachen, ließen sie die Syrakusier wieder unter Waffen treten, um Dion zu verfolgen. An einem Flußübergang holten sie ihn ein und ritten heran zum Nahkampf. Aber sie mußten bemerken, daß er sich ihre Dummheiten

nicht mehr in väterlicher Güte gefallen lassen würde und im
Zorn seine Truppe kehrtmachen und zu ernsthaftem Kampf
antreten ließ. So liefen sie wieder weg, und ihre Flucht war
schimpflicher noch als das erstemal. Verluste hatten sie daher kaum.

40. Die Leontiner empfingen Dion mit den größten Ehren,
nahmen seine Truppen in Sold und schenkten ihnen das Bürgerrecht. An die Syrakusier schickten sie Gesandte mit der
Forderung, Dions Leuten Gerechtigkeit widerfahren zu lassen. Als Antwort schickten die Syrakusier Gesandte, die gegen Dion Anklage erheben sollten. Als die Verbündeten aber
bei einer Zusammenkunft in Leontinoi die Dinge untersuchten, stellte sich bald die Schuld der Syrakusier heraus. Aber
sie kümmerten sich um die Beschlüsse der Verbündeten nicht.
In ihrem hoffärtigen Stolz bildeten sie sich ein, auf niemand
mehr hören zu müssen, auch ihre gewählten Führer seien ja
nur furchtsame Diener des Volkes.

41. In dieser Zeit liefen Dreiruderer des Dionysios im Hafen
ein. An Bord war der Neapolitaner Nypsios, der den Belagerten Lebensmittel und Geld zuführen sollte. Es kam zu
einem Gefecht, in dem die Städter Sieger blieben und vier
Schiffe des Tyrannen kaperten. Der Sieg machte sie übermütig, und da sie keinen Herrn über sich fühlten, machten
sie ihrer Freude in sinnlosen Trinkereien und Zechereien
Luft. Dabei sorgten sie sich nicht einmal um ihre Sicherheit,
und in demselben Augenblick, da sie die Burg in ihrer Hand
zu haben glaubten, verloren sie auch noch die Stadt. Nypsios
bemerkte nur zu bald, daß Tollheit die ganze Stadt ergriffen
hatte. Vom frühen Morgen bis spät in die Nacht überließen
sich die Massen Spiel und Trunk, und selbst die Feldherren
fanden an diesem Jubel Freude und waren zu furchtsam, gegen die Trunkenen mit Zwang vorzugehen. Nypsios packte
das Glück beim Schopf, griff die Mauer (die einst Dion gebaut hatte) an, eroberte und zerstörte sie. Dann gab er den
Barbaren den Weg in die Stadt Syrakus frei mit dem Befehl, sie dürften mit allen, die ihnen in den Weg liefen, tun,
was sie wollten oder könnten.

Schnell genug erkannten die Syrakusier die Gefahr, aber

ebenso langsam kam nach vielen Schwierigkeiten die Gegenwehr zustande, weil sie wie betäubt waren. Denn was in den
Straßen vor sich ging, war nichts anderes als die Zerstörung
der Stadt. Männer wurden gemordet, Mauern niedergerissen, Frauen und Kinder heulend auf die Burg geschleppt,
die Feldherren waren ratlos. Die Bürger gegen den Feind zu
führen, war unmöglich, der Feind hatte sich schon auf allen
Seiten unter sie gedrängt und gemischt.

42. So sah es in der Stadt aus, und die Gefahr drohte nun
auch schon auf Achradine überzugreifen. Da dachten alle an
den einen, auf den allein man jetzt noch seine Hoffnung
setzen konnte, aber niemand brachte den Namen über die
Lippen. So sehr schämten sie sich ihres törichten Undanks
gegen Dion. Schließlich, unter dem Druck der Not, erhob
sich bei den Bündischen und den Reitern der Ruf, man solle
Dion rufen und die Peloponnesier von Leontinoi zurückkommen lassen. Als man den Ruf vernommen, als *einer* den
Namen auszusprechen gewagt hatte, da schrien, lachten und
weinten die Syrakusier, beteten um des Mannes Erscheinung
und sehnten sich nach seinem Anblick. Jetzt dachten sie an
seinen Mut, an seine Kraft in den Gefahren; jetzt erinnerten
sie sich, wie unerschütterlich er war, wie er aber auch ihren
Mut entflammt und sie gelehrt hatte, furchtlos dem Feind
entgegenzugehen. Man schickte also sofort eine Abordnung
an Dion, von den Bundesgenossen Archonides und Telesides,
ferner von den Rittern Hellanikos mit vier Begleitern. Mit
verhängten Zügeln jagten sie über die Straßen und erreichten Leontinoi bei Sonnenuntergang. Kaum waren sie von
den Pferden heruntergesprungen, da warfen sie sich Dion
weinend zu Füßen und berichteten von dem Unglück, das
Syrakus betroffen. Schon kamen auch einige Leontiner hinzu, und Peloponnesier drängten sich viele um Dion, die aus
der Eile und der bittenden Haltung der Syrakusier auf eine
wichtige Neuigkeit schlossen. Dion führte die Abgesandten
sofort zum Theater, wo die Leontiner zur Volksversammlung neugierig zusammenströmten. Archonides und Hellanikos wurden hineingeführt und schilderten in aller Kürze die
Größe des Unglücks. Zum Schluß beschworen sie Dions Söld-

ner, den Groll zu vergessen und den Syrakusiern zu helfen,
denn sie hätten schon schwerere Buße erlitten, als selbst die
Beleidigten ihnen auferlegen würden.

43. Als sie geendet, herrschte tiefes Schweigen im Theater.
Endlich erhob Dion sich, um zur Menge zu sprechen, aber
Tränen erstickten seine Stimme. Da riefen seine Leute ihm
zu, nicht zu verzagen; sie trügen schwer an seinem Unglück.
Als er sich gefaßt hatte, begann er: „Peloponnesier, Bundesgenossen! Ich habe euch hierhergerufen, damit ihr selbst
überlegen sollt, was ihr tun wollt. Was ich zu tun habe, bedarf keiner Überlegung in diesem Augenblick, da Syrakus
am Abgrund steht. Wenn ich es nicht retten kann, dann
bleibt mir nichts als hinzugehen und mich unter den stürzenden Trümmern der brennenden Vaterstadt begraben zu lassen. Wenn ihr aber auch jetzt noch uns Toren in unserem
Unglück helfen wollt, dann richtet der Syrakusier Stadt
wieder auf, die einst eure Vorväter gründeten. Wollt ihr
aber in eurem Zorn Syrakus seinem Schicksal überlassen,
dann mögen die Götter euch mit reichem Lohn vergelten,
was eure Tapferkeit und Treue mir gewesen ist in diesen
Jahren. Vergeßt Dion nicht, der einst euch nicht verließ, als
man euch kränkte, und jetzt seine Mitbürger in ihrem Unglück nicht verläßt." Er hatte noch nicht geendet, als seine
Leute mit lautem Geschrei aufsprangen, er solle sie sofort
nach Syrakus führen. Die syrakusischen Gesandten drängten
sich um ihn, umarmten ihn und flehten auf ihn und seine
Söldner die Hilfe der Götter herab. Sobald der Lärm sich
gelegt, gab Dion seinen Leuten Befehl, sich im Quartier sofort fertig zu machen und nach dem Abendessen mit Waffen
und Gepäck wieder zum Theater zu kommen, noch in der
Nacht wolle er abmarschieren.

44. In Syrakus hatten Dionysios' Soldaten, solange es Tag
war, in Häusern und Straßen gewütet und erst mit Anbruch
der Nacht sich ohne große Verluste wieder auf die Burg zurückgezogen. Da bekamen die Demagogen wieder Mut und
hofften, die Gegner würden sich mit dem errungenen Erfolg
begnügen. Deshalb drangen sie wieder in die Bürger, auf
Dions Hilfe zu verzichten und ihn, auch wenn er noch kom-

men sollte, nicht in die Stadt zu lassen; so tapfer wie Dions
Leute seien sie auch noch, deshalb sollten sie die Stadt und
die Freiheit mit eigener Kraft verteidigen. Man sandte also
noch einmal Leute an Dion: die Boten, die von den Strate-
gen an ihn geschickt wurden, hatten den Auftrag, ihn zur
Umkehr zu bewegen, aber die Ritter und Reichen ließen ihn
bitten, sein Kommen zu beschleunigen. So marschierte er
denn bald langsam, bald schnell auf die Stadt zu.

Als die Nacht vorrückte, besetzten Dions Gegner die Stadt-
tore, um ihm den Einmarsch zu verwehren. Aber auch in
dieser Nacht schickte Nypsios seine Leute wieder von der
Burg herunter. Sie waren noch zahlreicher und kampf-
lustiger als in der ersten Nacht. Die Einschließungsmauer
wurde im Augenblick bis auf den Grund zerstört. Dann
stürzten sie in die Stadt, um zu plündern. In dieser Nacht
fielen nicht mehr Männer allein ihrem Morden zum Opfer,
auch Frauen und Kinder wurden hingeschlachtet. Geplündert wurde wenig, aber um so mehr überall in der ganzen
Stadt zerstört. Denn da der Sohn des Dionysios die Aus-
sichtslosigkeit seiner Lage sah, wollte er in seinem Haß gegen die Syrakusier die stürzende Tyrannis unter den Trümmern der Stadt begraben. Deshalb wollten seine Leute Dion
zuvorkommen und griffen zu dem Mittel, das am schnellsten
zur Zerstörung und Vernichtung führt: sie zündeten die
Stadt an. Was sie mit den Händen erreichen konnten, steckten sie mit Feuerbränden oder Fackeln in Brand; das übrige
überschütteten sie mit Brandpfeilen. Die Syrakusier versuchten zu fliehen. Aber auf der Straße fielen sie den Feinden in die Hände und wurden niedergehauen. Retteten sie
sich ins Haus, dann trieb das Feuer sie hinaus, andere wurden in ihrem Haus herumirrend von den brennenden Trümmern begraben.

45. Zu solchem Unglück mußte es erst kommen, ehe man
Dion die Tore der Stadt öffnete. Jetzt wagte allerdings niemand mehr Einspruch. Denn als er die Nachricht bekommen
hatte, die Tyrannensöldner seien wieder auf der Burg eingeschlossen, hatte er seinen Vormarsch verlangsamt. Als der
Tag dann vorrückte, waren ihm zuerst Reiter mit der Mel-

dung von dem zweiten Überfall auf die Stadt entgegenge-
kommen. Dann kamen auch einige seiner politischen Gegner
und drängten ihn zur Eile. Als die Not immer mehr stieg,
schickte Herakleides zuerst seinen Bruder, dann seinen Onkel Theodotes mit der flehentlichen Bitte um Hilfe: mit dem
Widerstand sei es zu Ende, er selbst verwundet, die Stadt
fast vernichtet und verbrannt.
Dion war noch etwa sechzig Stadien von der Stadt entfernt,
als ihn diese Schreckensbotschaft erreichte. Er unterrichtete
seine Leute von der drohenden Gefahr und drängte zur Eile.
Nun ging es im Eilmarsch, nicht mehr bedächtig wie bisher,
weiter der Stadt zu, während ein Bote nach dem andern
ihnen entgegenkam und zur Eile trieb. Erstaunlich war die
Schnelligkeit, mit der seine Leute ihm begeistert folgten, bis
er endlich durch das Tor in den Stadtteil Hekatompedos
kam. Die Leichtbewaffneten ließ er sofort gegen die Feinde
vorgehen. Er hoffte, die Syrakusier würden bei ihrem Anblick wieder ein wenig aufatmen. Inzwischen übernahm er
es selbst, seine Schwerbewaffneten und die Bürger, die von
allen Seiten zusammenströmten, zu Abteilungen zu ordnen
und die Führer zu bestellen; der gleichzeitige Angriff von
verschiedenen Seiten her sollte um so vernichtender wirken.
46. Als man ihn dann nach dem Gebet an die Götter durch
die Straßen gegen den Feind vorgehen sah, jubelten die Syrakusier ihm mit lauten Freudenrufen zu, Gebete und Wünsche mischten sich in die Stimmen. Auch der selbstsüchtigste
Feigling war in diesem Augenblick, da es um alles ging, nicht
um sich und alle anderen so besorgt wie um Dion allein, der
an der Spitze seiner Kämpfer durch Blut und Feuer über die
Leichen der Gemordeten hinweg durch die Straßen in die
Gefahr zog.
Schon die Gefahr, die von den Feinden drohte, war furchtbar genug. Voll Kampfeswut hatten sie sich vor den Trümmern der Mauer aufgestellt, so daß man nur unter unsäg-
licher Mühe sich vorarbeiten konnte. Schlimmer noch war
es, daß die Gefahr, die vom Feuer drohte, Dions Leute in
Verwirrung brachte und das Vordringen fast unmöglich
machte. Ringsherum schlugen die Flammen aus den Häusern

und beleuchteten ihren Weg. Über brennende Trümmer
schritten sie dahin, und mit Lebensgefahr liefen sie unter
stürzenden Wänden hinweg. Wolken von Rauch und Staub
hüllten sie ein. Und trotz aller Schwierigkeit mußten sie
versuchen, zusammenzubleiben und Ordnung zu halten. Als
sie auf den Feind stießen, konnten sich auf dem engen, un-
ebenen Gelände nur Einzelkämpfe entwickeln. Mit erregten
Zurufen begleiteten die Syrakusier das Gefecht. Endlich
wurden Nypsios' Leute zurückgeworfen und retteten sich in
wilder Flucht in die nahe Burg. Was sich nicht früh genug
hinter die schützende Mauer flüchtete oder noch in den Straßen herumirrte, wurde von Dions Leuten aufgegriffen und
niedergehauen. Gern hätten Bürger und Soldaten den Sieg
ausgekostet und sich dem Jubel und der Freude hingegeben,
wie die Heldentat es verdient hätte. Doch die Not drängte.
Die Syrakusier mußten an die Rettung ihrer Häuser denken.
Erst gegen Morgen konnten sie nach unsäglichen Anstrengungen das Feuer löschen.

47. Als der Tag anbrach, wagte keiner von den Feldherren
in der Stadt zu bleiben; sie sprachen sich selbst das Urteil und
flüchteten aus Syrakus. Nur Herakleides und Theodotes
stellten sich Dion freiwillig. Sie gestanden ihr Unrecht und
baten nur, Dion möge mit ihnen milder verfahren, als sie
mit ihm verfahren seien. Denn Dion, der unvergleichliche
Meister aller Tugenden, müsse sie auch in der weisen Mäßigung seinen schuldigen Feinden gegenüber zu besiegen wissen. Wenn sie ihm einst die Überlegenheit in der Tugend
bestritten hätten, so kämen sie jetzt zu ihm, um ihm den
Sieg zuzuerkennen. Trotz der Bitten des Herakleides rieten
die Freunde Dion, auf keinen Fall diese üblen Heuchler zu
schonen; er solle lieber Herakleides den Soldaten zur Bestrafung übergeben und endlich im Staat das verderbliche
Buhlen um die Volksgunst ausrotten, eine tolle Krankheit,
die nicht besser sei als die Tyrannis. Doch versuchte Dion sie zu
beruhigen: wenn andere Feldherren auch nichts anderes als
Kampf und Krieg gelernt hätten, so sei er doch zu lange Schüler gewesen in Platons Akademie und habe gelernt, über Zorn,
Neid und Ehrgeiz Herr zu werden. Es sei leicht, seine Freund-

lichkeit zu beweisen Freunden und Wohltätern gegenüber;
aber schwer sei es, trotz aller Kränkung versöhnlich zu bleiben und milde gegen den Fehlenden. Er wolle Herakleides
an Edelmut und Gerechtigkeit übertreffen, nicht an Macht
und Stolz. Darin allein liege der wahre Sieg, den der Mensch
sich selbst verdanke; aber den Sieg in der Schlacht, den Menschen dem Sieger nicht streitig machen könnten, mache oft
die Göttin des Schicksals ihm streitig. Wenn der Neid Herakleides wirklich zu Untreue und Schlechtigkeit verleite, so
solle deshalb nicht auch ein Dion seine Tugend mit dem
Makel des Zorns beflecken. Gewiß sei nach dem Gesetz Rache
mehr berechtigt als Beleidigung, aber in Wirklichkeit stamme
doch beides aus derselben Wurzel. Und wenn des Menschen
Herz auch noch so schlecht sei und auch des Menschen Schlechtigkeit noch so groß und wild, am Ende blieben Güte und
Milde doch die Siegerinnen.
48. Solche Gedanken mögen Dion bewegt haben, als er Herakleides und Theodotes freiließ.
Es handelte sich jetzt darum, die Lücken in der Einschließung
der Burg wieder auszufüllen. Deshalb gab Dion Anweisung,
jeder Bürger solle einen Pfahl zuhauen und ihn in der Nähe
des Werkes niederlegen. Dann stellte er in der Nacht, als
die Aufmerksamkeit der Verteidiger nachließ, die Soldaten
an die Arbeit, um die Pfähle einzugraben. Die Arbeit blieb
in der Tat unbemerkt. Als der Morgen kam, wunderten sich
Bürger und Feinde in gleicher Weise über die Schnelligkeit,
mit der das Werk entstanden war. Dann ließ er die Gefallenen bestatten und löste die Gefangenen aus, obwohl ihre
Zahl zweitausend überstieg. Nun berief er das Volk zur Versammlung. Da erhob sich Herakleides mit dem Antrag, Dion
den unbeschränkten Oberbefehl zu Lande und zur See zu
übertragen. Die Vornehmen waren mit diesem Vorschlag
gern einverstanden und verlangten, man solle sofort die Abstimmung vornehmen. Aber da erhoben die Massen, hauptsächlich kleine Leute und Matrosen, lärmenden Einspruch.
Sie ärgerten sich, daß Herakleides das Kommando zur See
verlieren sollte, denn wenn er auch im übrigen nicht viel
Rücksicht verdiene, so kümmere er sich doch mehr als Dion

um das Volk und lasse sich von ihm leichter beeinflussen. Dion gab nach und überließ Herakleides das Kommando zur See. Als sie jedoch nun auch noch die Forderung erhoben, den Besitz an Feldern und Häusern neu zu ordnen, da erhob er nicht nur Einspruch, er erklärte auch die früheren Beschlüsse über diesen Punkt für ungültig. Dieses Vorgehen schuf allerdings böses Blut.

Das benutzte Herakleides sofort, um von neuem gegen Dion vorzugehen. Während er mit der Flotte vor Messene lag, versuchte er, die Seeleute und Soldaten, die mit ihm gezogen waren, gegen Dion aufzuputschen. Überdies schloß er im geheimen einen Vertrag mit Dionysios; die Vermittlung hatte der Spartaner Pharax übernommen. Doch blieb dies den hohen Herren in der Flotte nicht verborgen, und schon kam es zu Streitigkeiten. Das hatte die Folge, daß in Syrakus Mangel und Not entstand. Dion wußte sich kaum zu helfen und mußte von seinen Freunden manches bittere Wort hören, daß er Herakleides selbst großgezogen hatte, der, von Neid und Schlechtigkeit durch und durch verdorben, keine Besserung kenne.

49. Während Pharax noch vor Neapolis im Gebiet von Akragas lag, zog Dion mit den Syrakusiern gegen ihn. Zunächst wollte er den Kampf auf eine günstigere Gelegenheit verschieben. Doch da begehrten Herakleides und das Schiffsvolk auf, Dion wolle das Gefecht nicht, weil der Krieg dann zu Ende sei und er das Kommando niederlegen müsse. So sah Dion sich zum Kampf gezwungen und wurde besiegt. Die Niederlage war zwar nicht gefährlich. Schuld daran trug auch eher die Unruhe und Erregung, die unter den Leuten herrschte, als die Überlegenheit der Feinde. Deshalb traf Dion sofort die Vorbereitungen zu einem zweiten Gefecht und versuchte mit tröstenden und anfeuernden Worten die Stimmung wiederherzustellen.

Allein bei Anbruch der Nacht erhielt er die Meldung, Herakleides sei an der Spitze der Flotte mit Kurs auf Syrakus in See gegangen. Sein Ziel sei, die Stadt in seine Hand zu bringen und Dion mit seinem Heer auszusperren. Dion sammelte sofort seine besten Leute und ritt die Nacht hindurch im

Galopp nach Syrakus, siebenhundert Stadien weit. Schon in
den frühen Morgenstunden stand er vor dem Stadttor. Herakleides aber war trotz aller Eile zu spät gekommen, mußte
wieder aufs Meer zurück und kreuzte unentschlossen an der
Küste. Da kam ihnen ein Schiff entgegen, auf dem sich der
Spartaner Gaisylos befand. Er behauptete, auf dem Wege
von Sparta nach Syrakus zu sein, um, wie einst Gylippos, in
Syrakus das Kommando zu übernehmen. Herakleides nahm
den Ankömmling mit Freuden auf, ließ ihn nicht mehr von
seiner Seite und stellte ihn auch seinen Verbündeten vor.
War ihm doch, als habe er mit Gaisylos Schutz und Schirm
gegen Dion gewonnen. Dann sandte er einen Herold an die
Bürger mit der Aufforderung, Gaisylos das oberste Kommando zu übertragen. Aber Dion ließ ihm sagen, in der
Stadt seien Feldherren genug, und wenn man ohne einen
Spartaner nicht auskommen könne, so sei er selbst ja auch
Spartaner, da man ihm einst das spartanische Bürgerrecht
verliehen habe. Gaisylos mußte also auf diese Ehre verzichten, setzte sich aber mit Dion in Verbindung und brachte die
Aussöhnung zwischen Dion und Herakleides zustande. Herakleides schwor mit den heiligsten Eiden Treue. Auch Gaisylos verpflichtete sich eidlich, Dion zu rächen und Herakleides
zur Rechenschaft zu ziehen, wenn dieser wieder untreu werden sollte.

50. Hierauf lösten die Syrakusier die Flotte auf, sie hatten
ja doch keine Verwendung mehr für sie. Sie verursachte nur
unnütze Kosten und gab immer nur Anlaß zu Streitigkeiten
unter den Führern. Dagegen wurde die Belagerung der Burg
fortgesetzt und die Einschließungsmauer vollendet. Die Lage
auf der Burg verschlimmerte sich immer mehr. Hilfe kam
nicht heran, die Lebensmittel wurden knapp und die Söldner aufsässig. Deshalb gab Dionysios' Sohn seine Sache verloren und vereinbarte mit Dion die Bedingungen für die Ergebung. Die Burg wurde mitsamt Waffen und Vorräten
übergeben, während Apollokrates selbst in Begleitung seiner
Mutter und seiner Schwester mit fünf Schiffen zu seinem
Vater fuhr.

Dion gewährte ihnen freies Geleit. Unter den Syrakusiern

war keiner, der den Augenblick der Abfahrt versäumen
wollte. Ja, wer nicht teilnehmen konnte, mußte sich Vorwürfe gefallen lassen, weil er den Tag, an dem die Sonne
der Freiheit über Syrakus aufgegangen sei, nicht miterlebt
hatte. Noch heute gilt des Dionysios Sturz als grausigstes
Beispiel für den Wandel des Glücks. Wie überschwenglich
muß da nicht die Freude der Zeitgenossen gewesen sein, wie
triumphierend der Stolz der Männer, die mit schwachen
Kräften nun die gewaltigste Tyrannenmacht zum Sturz gebracht hatten?

51. Als Dion nach der Abfahrt des Apollokrates zur Burg
hinaufstieg, konnten die Frauen dort seine Ankunft kaum
erwarten und kamen ihm bis an das Tor entgegen. Aristomache führte Dions Sohn an der Hand, während Arete ihr
weinend folgte. Sie wußte nicht, wie sie Dion begrüßen und
anreden sollte, nachdem sie so lange mit einem anderen Mann
gelebt hatte. Als er zuerst seine Schwester, dann seinen Sohn
umarmt hatte, führte Aristomache seine Gattin Arete zu
ihm mit den Worten: „Dion, solange du in der Verbannung
warst, lebten wir im Unglück. Nun, da du den Sieg errungen
und zurückkehrst, hast du die Sorgen von unseren Herzen
genommen. Nur Arete muß ihr Leid weiter tragen. Ich war
ja verdammt zu sehen, wie man sie zu einer neuen Ehe
zwang. Jetzt hat die Göttin des Schicksals dich wieder zu
unserem Herrn gemacht. Sprich, soll sie dich wieder als ihren
Gatten oder nur als den Onkel begrüßen?" Da stürzten Dion
die Tränen aus den Augen, und in Liebe umarmte er sein
Weib. Dann übergab er ihr den Sohn und bat sie, in das
Haus zu gehen, in dem er selbst wohnte, denn die Burg hatte
er den Syrakusiern überlassen.

52. So hatte Dion denn sein Ziel erreicht, aber er mochte sein
Glück nicht genießen, ehe er seinen Freunden gedankt, seine
Helfer belohnt und vor allem seinen Freunden aus Athen
und den Söldnern, die er aus Griechenland mitgebracht hatte,
Gunst und Ehre bezeigt hatte. In seiner Freigebigkeit über-
anstrengte er seine Kräfte. Er selbst lebte allerdings einfach
und bescheiden ohne besondere Ansprüche. Sizilien, Karthago und das ganze Griechenland schauten voll Bewunde-

rung auf sein Glück, und die Welt hielt ihn für den Größten unter allen Lebenden. Keinen Feldherrn, so schien es, hatte Wagemut und Glück gekrönt wie ihn, und doch war er bescheiden in seiner Kleidung und begnügte sich mit einigen wenigen Dienern. Wer an seiner anspruchslosen Tafel saß, mochte glauben, Dion speise bei Platon in der Akademie, und konnte nicht auf den Gedanken kommen, daß er in der Mitte rauher Söldnerführer leben mußte, die Tag für Tag an reichbesetzter Tafel in ausgelassener Freude Mühen und Gefahren vergessen wollen. Aber wenn Platon ihm auch schrieb: „Die Augen der ganzen Welt sind nur auf eine Stadt und in ihr nur auf dich gerichtet", so schaute Dion selbst gewiß nur nach dem einen Plätzchen in der einen Stadt, nach der Akademie in Athen. Er wußte, daß die Zuschauer und Richter, die in der Akademie lebten, weder Erfolg noch Kühnheit oder Sieg bewunderten. Er wußte, ihr Urteil hing nur davon ab, ob er sein Glück in Weisheit und Schlichtheit gebrauchte und in seiner hohen Stellung Mäßigung bewies.

Trotzdem konnte er es nicht über sich bringen, im Verkehr seine Unnahbarkeit abzulegen oder dem Volk gegenüber in seiner Strenge nachzulassen, obwohl die Umstände gerade von ihm Entgegenkommen verlangt hätten. Platon selbst machte ihm deswegen, wie schon berichtet, Vorwürfe und schrieb ihm das Wort, die Selbstgefälligkeit sei die Gefährtin der Einsamkeit. Aber die Natur hatte seinem Charakter die Liebenswürdigkeit versagt, und zudem besaß er den Ehrgeiz, den Syrakusiern ihre schlaffe Weichheit auszutreiben.

53. Denn Herakleides begann schon wieder gegen ihn zu arbeiten. Zuerst weigerte er sich, als er gebeten wurde, an den Sitzungen des Rats teilzunehmen, und entschuldigte sich, er sei ja nur ein einfacher Bürger und wolle mit den Bürgern an den Volksversammlungen teilnehmen. Dann machte er Dion einen Vorwurf daraus, daß er die Burg nicht zerstört hatte und dem Volk nicht hatte erlauben wollen, das Grab Dionysios' des Älteren zu öffnen und die Leiche herauszuholen. Er warf ihm auch vor, daß er aus Korinth Männer

hatte kommen lassen, die ihm in der Regierung mit Rat und Tat zur Seite stehen sollten, das sei eine Mißachtung seiner Mitbürger. In Wirklichkeit hatte Dion diese Männer zu sich gebeten, weil er hoffen konnte, mit ihrer Hilfe die beabsichtigte Regierungsform leichter einführen zu können. Sein Plan war, die schrankenlose Demokratie abzuschaffen, denn das sei überhaupt keine Verfassung, sondern nach Platons Wort eine Trödelbude der verschiedensten Verfassungen. Er wollte nach spartanischem und kretischem Vorbild die guten Eigenheiten der Volksherrschaft mit denen der Königsherrschaft verbinden und eine Regierungsform einführen, in der die Aristokratie in den wichtigen Angelegenheiten die Führung und Entscheidung besaß. Denn er sah, daß auch die korinthische Verfassung sich stark der Oligarchie näherte und nur wenige Dinge dem Volk zur Entscheidung überließ. Daß Herakleides solchen Plänen Widerstand entgegensetzen würde, daran zweifelte Dion nicht. Herakleides trat auch im übrigen wieder als der alte Unruhestifter auf. Deshalb gab Dion endlich dem Drängen der Männer nach, die er schon seit langem kaum hatte hindern können, den Gegner aus dem Wege zu räumen. Man drang in sein Haus ein und schlug ihn nieder. Die Bürger hörten mit Trauer von seinem Tod. Doch ließ Dion ein prunkvolles Begräbnis veranstalten und gab selbst an der Spitze der Truppen dem Toten das letzte Geleit. Dann sprach er zum Volk, und seine Gründe gewannen ihm die Verzeihung, denn man wurde sich der Unmöglichkeit bewußt, der Stadt den inneren Frieden zu sichern, solange Dion und Herakleides gemeinsam den Staat leiteten.

54. Zu Dions Freundeskreis gehörte auch der Athener Kallippos. Ihre Freundschaft beruhte nicht auf der gemeinsamen Liebe zur Philosophie; sie hatten sich bei der Einweihung in die Mysterien kennengelernt, und aus diesem Verkehr war ihre Freundschaft erwachsen. Durch die Teilnahme an dem Zug gegen Syrakus hatte er sich die Auszeichnung verdient, mit Dion an der Spitze seiner Freunde im Schmuck des Siegerkranzes in die Stadt einzuziehen. In allen Kämpfen hatte er sich ausgezeichnet. Jetzt sah er seine Zeit gekommen.

Dions älteste, treueste Freunde waren im Krieg gefallen,
Herakleides war tot, das Volk hatte, wie Kallippos wohl
sah, keinen Führer, und die Truppen hatten ihre Aufmerksamkeit auf ihn gerichtet. Da enthüllte er seine schurkische
Natur. Als Lohn für Freundesmord hoffte er Sizilien ein-
heimsen zu können. Nach einer anderen Darstellung hatte
er als Preis für den Mord zwanzig Talente bekommen. So
versuchte er einige Söldner für seinen Streich gegen Dion zu
gewinnen. Er ging dabei mit niederträchtiger Hinterlist vor.
Er berichtete Dion immer wieder von den Redereien seiner
Soldaten gegen ihn. Manches hatte er wirklich gehört, anderes hatte er selbst ausgesonnen. Doch gewann er auf diese
Weise Dions Vertrauen und erhielt die Erlaubnis, sich im
geheimen an alle Leute heranzumachen und, ohne ein Blatt
vor den Mund zu nehmen, mit ihnen über und gegen Dion
zu sprechen. So wollte er Dions heimliche Gegner ausfindig
machen. Es gelang ihm in der Tat, in kurzer Zeit die miß-
vergnügten Elemente zu erkennen und für seine Pläne zu
gewinnen. Wenn aber der eine oder der andere solche Anträge abwies und Dion davon Mitteilung machte, so hatte
er ja keinen Anlaß, sich zu beunruhigen oder zu ärgern, weil
Kallippos nur tat, was ihm aufgetragen war.

55. Während die Verschwörung so weiter um sich griff, sah
Dion eine gewaltige, schreckenerregende Erscheinung. Es war
schon gegen Abend, als er in Gedanken versunken in der
Halle seines Hauses saß. Plötzlich hörte er am anderen Ende
der Halle ein Geräusch, und als er aufblickte, sah er im
letzten Schein des Lichts eine Frauengestalt von gewaltiger
Größe. In Gestalt und Gewand einer Furie gleich, schien sie
mit einem Besen den Boden zu säubern. Der Schreck fuhr
ihm in die Glieder. In seiner Angst schickte er nach seinen
Freunden und erzählte ihnen das Gesicht. Er bat sie, bei ihm
zu bleiben und die Nacht mit ihm zu verbringen, da er
fürchtete, das Gesicht könne ihm noch einmal erscheinen,
wenn er allein bliebe. Wenige Tage darauf verunglückte
sein Sohn, noch ein halbes Kind. Er hatte einen Kummer
gehabt, wie Kinder ihn haben, und sprang im Zorn vom
Dach des Hauses. Dabei stürzte er auf den Kopf und starb.

56. Indessen dehnte Kallippos die Verschwörung mit immer größerer Energie weiter aus. So ließ er das Gerücht ausstreuen, Dion wolle wegen seiner Kinderlosigkeit Dionysios' Sohn Apollokrates nach Syrakus rufen und zu seinem Nachfolger ernennen, weil er ja der Neffe seiner Frau und der Enkel seiner Schwester war. Jetzt endlich hatten Dion und seine Schwester und seine Gattin allmählich Verdacht geschöpft, und von allen Seiten drangen Nachrichten über die Verschwörung zu ihnen. Doch lastete Herakleides' Schicksal immer noch schwer auf Dions Seele. In seinem Gram kam ihm dessen Ermordung wie ein Makel auf seinem Leben und seinen Taten vor. Deshalb meinte er in seinem Kummer, er sei bereit, vielmals zu sterben und sich seinem Mörder in die Hände zu geben, wenn er nicht leben könne, ohne sich vor seinen Feinden und sogar seinen Freunden in acht nehmen zu müssen. Als Kallippos indes sah, daß die Frauen die Dinge näher untersuchten, fürchtete er Entdeckung und eilte zu ihnen. Er stritt alles ab, und unter Tränen versprach er, ihnen alle verlangte Sicherheit zu geben. Sie verlangten von ihm den großen Eid. Wer ihn ablegen will, geht in das Heiligtum der Demeter und Persephone. Nach heiligen Zeremonien legt er den Purpurmantel der Göttin um, und eine brennende Fackel in der Hand, spricht er die Schwurworte. Auch Kallippos schwor den Eid in der hergebrachten Form. Aber aus Hohn gegen die Göttin, bei der er den Eid geschworen, wartete er ihr Fest, die Koreien, ab und mordete seinen Gegner an diesem heiligen Tag. Es ist aber auch möglich, daß er sich keine Gedanken machte über den Festtag der Göttin. Denn die Sünde gegen Demeter wäre auch dann groß genug gewesen, wenn er, der einst Dion in die heiligen Mysterien der Demeter eingeführt hatte, ihn an einem anderen Tage ermordet hätte.

57. Die Zahl der Verschwörer, die sich an der Tat beteiligen wollten, war so groß, daß man Dions Haus ganz umstellen konnte. Andere standen an den Eingängen und den Fenstern, während Dion mit einer größeren Anzahl Freunde im Speisesaal weilte. Zakynthier, die den Mord ausführen sollten, drangen im Chiton ohne Schwerter in den Saal ein.

Während ihre Helfershelfer die Türen verrammelten, stürzten sie sich auf Dion und versuchten, ihn zu erdrosseln. Als ihnen der Versuch mißlang, verlangten sie nach einem Schwert. Aber keiner wagte eine Tür zu öffnen, weil die Zahl der Freunde Dions in dem Saal sehr beträchtlich war. Und doch wagte nicht einer ihm zu helfen, weil jeder einzelne sein Leben zu retten glaubte, wenn er Dion seinem Schicksal überließ. Endlich wurde einem Syrakusier, Lykon, die Sache zu lange, und er reichte einem der Zakynthier einen Dolch durch das Fenster. Damit schlachteten sie Dion, der schon lange unter ihren Händen bezwungen zitterte, endlich wie ein Opfertier ab.

Sofort wurden dann Dions Gattin und seine Schwester ins Gefängnis geführt, obwohl seine Gattin gesegneten Leibes war. Nach endlosen Schmerzen schenkte sie endlich einem Knaben das Leben. Es gelang den beiden Frauen, die Wächter zu gewinnen und das Kind aufzuziehen, zumal Kallippos inzwischen in schwere Kämpfe verwickelt war.

58. In der ersten Zeit nach Dions Ermordung war er nämlich der große Mann in der Stadt und hielt Syrakus fest in der Hand. Er wagte es sogar, an Athen einen Brief zu senden, an die Stadt, die er, beladen mit der ruchlosesten Tat, nächst den Göttern am meisten hätte scheuen sollen. Aber das Wort ist nur zu wahr: Athens gute Söhne sind die größten Helden, seine schlechten die verruchtesten Verbrecher, wie auch das attische Land den Menschen den süßesten Honig und den giftigsten Schierling schenkt. Doch bald traf Kallipos die Strafe. Es konnte so scheinen, als erhöbe sein Glück Anklage gegen Geschick und Götter, daß mit ihrer Duldung dieser Verbrecher sich zum Herrn des Staates aufgeschwungen hatte.

Kaum war er ausgefahren, Katane zu erobern, da verlor er Syrakus. Deshalb soll er das Wort gesprochen haben, er habe zwar eine Stadt verloren, aber doch ein Käsemesser gewonnen. Dann griff er Messene an und verlor den größten Teil seiner Leute, unter ihnen auch Dions Mörder. Keine Stadt in ganz Sizilien wollte noch etwas von ihm wissen, alle haßten und verachteten ihn. Schließlich gelang es ihm, sich Rhegions zu bemächtigen. Hier lebte er in kümmerlicher Armut und war kaum imstande, seinen Leuten den Sold zu zahlen. Dort wurde er von Leptines und Polyperchon ermordet, und der Zufall fügte es, daß sie denselben Dolch zur Mordtat benutzten, der auch Dion den Tod gebracht haben soll. Man kannte ihn wieder an der Länge – er soll so kurz gewesen sein wie die spartanischen – und an der ausgezeichneten, zierlichen Ausführung. So mußte Kallippos seine Untat büßen.

Als Aristomache und Arete ihre Freiheit wiedererhielten, fanden sie bei einem Freund Dions, dem Syrakusier Hiketas, Aufnahme. Man durfte erwarten, er würde sich in Freundestreue um die Frauen sorgen. Doch gelang es schließlich Dions Feinden, ihn umzustimmen. Er ließ ein Schiff für sie ausrüsten unter dem Vorgeben, er wolle sie nach dem Peloponnes bringen lassen. Aber er gab Befehl, sie auf der Fahrt umzubringen und die Leichen ins Meer zu senken. Nach anderen Berichten wurden sie zusammen mit Dions Sohn lebend ins Meer gestürzt. Aber auch Hiketas ereilte die Strafe für sein Verbrechen. Timoleon ließ ihn gefangennehmen und hinrichten. Seine beiden Töchter wurden von den Syrakusiern getötet als Rache für Dion.

ALEXANDER
(356—323 v. Chr.)

Wenn ich im folgenden das Leben des Königs Alexander erzählen will, so bedarf es bei der Fülle des Stoffs als Einleitung nur der Bitte um Entschuldigung an die Leser, wenn ich bei Alexander nicht von allen Ruhmestaten des Helden ausführlich berichte. In den meisten Fällen muß ich mich auf eine knappe Zusammenfassung beschränken. Denn ich gebe Biographie, keine Geschichte, und Tugend oder Laster eines Menschen leuchten nicht immer aus den berühmtesten Taten hervor; vielmehr verraten eine unbedeutende Handlung, eine Rede oder ein Scherz den Charakter des Menschen oft deutlicher als blutige Schlachten, gewaltige Kriegsrüstungen und Belagerungen. Wie der Künstler die Ähnlichkeit aus dem Gesicht und den Zügen um die Augen, in denen sich der Charakter darstellt, zu gewinnen sucht und um die übrigen Teile des Körpers sich wenig kümmert, so muß es auch mir vergönnt sein, mehr die inneren Charakterzüge aufzusuchen und nach diesen das Leben eines Menschen zu schildern, die Beschreibung der Heldentaten und Schlachten aber anderen zu überlassen.

2. Alexanders Ahnherren waren ohne Frage väterlicherseits von Karanos her Herakles und von mütterlicher Seite von Neoptolemos her Aiakos. Als sein Vater Philipp in seinen jungen Jahren in Samothrake mit Olympias in die Mysterien eingeweiht wurde, verliebte er sich in das junge Waisenkind und führte sie mit Einwilligung ihres Oheims Arybbas heim. In der Nacht vor der Vermählung hatte die Braut einen Traum. Ihr war, als wenn unter krachendem Donner ein Blitz in ihren Schoß niederfiele und aus diesem Schlage ein Feuerstrahl hervorbreche, der nach allen Seiten züngelnd endlich erloschen sei. Philipp selbst träumte später nach der Vermählung, daß er ein Siegel auf den Schoß seiner Gemahlin drücke. Die Prägung des Siegels, so dünkte ihm, trug das Bild eines Löwen. Alle Wahrsager fanden den Traum

bedenklich und erklärten, Philipp müsse wachsam seine Gemahlin hüten; nur Aristandros von Telmessos gab die Deutung, die Königin habe empfangen – denn leere Gefäße pflege man nicht zu versiegeln – und sie trage einen Knaben von kühnem Löwenmut. Ja, man sah einst, als Olympias schlief, eine Schlange ausgestreckt neben ihr liegen. Eben dieses Ereignis soll ihr Philipps Liebe und Zärtlichkeit geraubt haben, so daß er nur noch selten zu ihr kam. Fürchtete er nun von ihr Zauberkraft und Zaubertrunk, oder scheute er sich vor ihrer Umarmung, weil sie eines Gottes Geliebte sei? Es geht auch noch ein anderes Gerücht über Olympias' Verhältnis zu den Göttern. Von uralten Zeiten her sind alle Frauen, sagt man, in diesem Lande Anhängerinnen der orphischen Mysterien und ergebene Dienerinnen des orgiastischen Kultes des Dionysos. (Sie heißen deshalb Klodonen und Mimallonen.) Viele ihrer Zeremonien gleichen denen der Edonerinnen und Thrakerinnen am Berge Haimos. Von ihnen stammt wohl auch der Ausdruck *threskeuein,* der einen Kult wilden, ausgelassenen Charakters bezeichnet. Olympias neigte in besonderem Maß zu solchen Verzückungen, und ausgelassen nahm sie an den wilden Zeremonien teil. Bei den schwärmerischen Umzügen der Bacchantinnen führte sie große zahme Schlangen mit sich zum Entsetzen der Männer, wenn die Tiere aus dem Efeu oder den heiligen Körben der Mysten hervorkrochen und sich an den Thyrsosstäben und Kränzen der Weiber emporschlängelten.

3. Indessen schickte Philipp nach jenem Traum Chairon aus Megalopolis nach Delphi. Von dort kam ihm, wie die Legende erzählt, der Spruch, er solle dem Ammon opfern und ihm besondere Verehrung weihen. Auch soll er ein Auge verloren haben, weil er durch eine Spalte in der Tür geguckt und den Gott in Gestalt einer Schlange bei seiner Gemahlin habe liegen sehen. Als Alexander später seinen Zug nach Asien antrat, gab ihm Olympias, wie Eratosthenes erzählt, das Geleit und entdeckte ihm unter vier Augen das Geheimnis seiner Geburt mit der Mahnung, sich solcher Abstammung würdig zu zeigen. Andere melden freilich, sie selbst habe sich über dergleichen Gerüchte geärgert und oft gesagt:

„Alexander soll endlich aufhören, mich bei Hera in Verdacht zu bringen."

Alexander wurde am 6. Hekatombaion geboren, den die Makedonen Lo-os nennen, an demselben Tage, in dessen Nacht der Tempel der Artemis zu Ephesos in Flammen aufging. Zu diesem Zusammentreffen machte Hegesias eine Bemerkung, die frostig genug war, jenen Brand durch ihre Kälte zu löschen: es sei kein Wunder, daß der Tempel abgebrannt sei, Artemis habe eben bei Alexanders Geburt als Hebamme zu tun gehabt. Aber alle Magier, die damals in Ephesos waren, hielten das Unheil, das dem Tempel geschehen war, für den Vorboten eines neuen Unheils. Sie schlugen sich ins Gesicht und rannten durch die Straßen der Stadt mit dem Rufe, Verderben und Unheil habe dieser Tag für Asien geboren.

Philipp, der eben Poteidaia erobert hatte, erhielt zur selben Zeit drei Freudenbotschaften: Parmenion sei in einer blutigen Schlacht Herr über die Illyrier geworden, und bei den olympischen Spielen habe sein Rennpferd gewonnen. Die dritte Botschaft meldete ihm Alexanders Geburt. Vaterfreude füllte Philipps Herz, aber sie wuchs noch, als die Seher ihm kündeten, ein Sohn, der unter drei Siegen geboren sei, werde unbesieglich sein.

4. Alexanders Gestalt geben die Statuen des Lysipp am besten wieder; nur von ihm wollte Alexander selbst sich darstellen lassen. Denn besonders die Eigenheiten, die ihm später so viele seiner Nachfolger und Freunde nachmachen wollten, daß er den Kopf leicht zur Linken neigte, und den strahlenden Glanz seiner Augen hat Lysipp sorgfältig beobachtet. Apelles aber, der ihn mit dem Donnerkeil in der Hand malte, hat die Gesichtsfarbe nicht getroffen, sie ist ihm etwas zu bräunlich und dunkel geraten. Vielmehr war Alexander, wie berichtet wird, hellfarbig. Besonders an der Brust und im Gesicht spielte diese Helle ins Rötliche. Ja, daß ein frischer Hauch von seiner Haut ausging, und nicht nur der Mund, sondern der ganze Körper einen angenehmen Duft ausströmte, der sogar seine Gewänder durchdrang, habe ich in den Erinnerungen des Aristoxenos gelesen. Die Ursache

lag wohl in der heißen, feurigen Mischung seines Körpers.
Denn nach der Lehre Theophrasts entsteht der Wohlgeruch
dadurch, daß das Feuchte von dem Warmen durch die Er-
hitzung aufgesogen wird. Daher liefern auch die trockenen,
heißen Länder der Erde die meisten und schönsten Gewürze,
denn die Sonne verzehrt die Feuchtigkeit auf der Oberfläche
der Körper, die sozusagen die Ursache der Fäulnis ist. Wahrscheinlich war diese Hitze des Körpers auch der Grund für
Alexanders Neigung zu Trunk und Jähzorn.

Schon als Alexander noch Knabe war, zeigte sich seine Selbstbeherrschung; denn so leidenschaftlich und ungestüm er sonst
auch war, so hatte Sinneslust doch wenig Gewalt über ihn.
Nur in weiser Mäßigung gab er sich ihr hin. Der Ehrgeiz
aber machte ihn schon früh über sein Alter hinaus ernst und
stolz. Ihm genügte nicht jeder Ruhm ohne Unterschied,
gleichgültig, woher er kommen mochte, anders als bei Philipp. Der rühmte sich seiner Redekunst, als sei er ein Sophist,
nicht ein König, und die Siege, die seine Gespanne in den
Rennen in Olympia errungen hatten, ließ er sogar auf die
Münzen schlagen. Als man aber Alexander, der ein guter
Läufer war, fragte, ob er nicht in Olympia mitlaufen wolle,
antwortete er: „Freilich, wenn dann Könige meine Gegner
wären." Überhaupt scheint er für den Stand der Athleten
nicht viel übrig gehabt zu haben. Denn Wettspiele für tragische Dichter, für Leier- und Zitherspieler, auch für wan-
dernde Sänger, ebenso Jagdspiele aller Art und Fechtkon-
kurrenzen veranstaltete er immer wieder, aber für Boxen
und Fünfkampf auch nur einen Preis auszusetzen, hatte er
kaum Interesse.

5. Als er einst in Philipps Abwesenheit einige Gesandte des
Perserkönigs empfing, gewann er schnell ihre Herzen und
bestrickte sie durch seine Liebenswürdigkeit und seine klugen Fragen. Er fragte nicht, wie Kinder tun, nach Alltäg-
lichkeiten, er erkundigte sich nach der Länge des Weges, nach
der Möglichkeit, im Innern Asiens zu reisen, nach dem König selbst, was für ein Feldherr er sei, nach der militärischen
Macht der Perser. Die Gesandten verwunderten sich, und
des Vaters vielgepriesene politische Geschicklichkeit erschien

ihnen gegen des Sohnes Energie und Unternehmungslust
gering.

Wenn die Nachricht einlief, Philipp habe wieder einmal eine
berühmte Stadt erobert oder einen glorreichen Sieg errungen, so vernahm er sie mit finsterer Miene und sagte zu seinen Freunden: „Alles wird mein Vater noch erobern, ehe
ich so weit bin. Mir wird er nichts übriglassen, mit euch zusammen der Welt noch eine Heldentat zu zeigen." Denn da
sein Herz nicht an Vergnügen und Reichtum, nur an Heldentum und Ehre hing, so meinte er, je mehr er einst von
seinem Vater erben würde, um so weniger würde ihm selbst
zu tun übrigbleiben. So lebte er in dem Gedanken, daß mit
der wachsenden Macht des Reiches alles Gelingen nur seinem
Vater verschwenderisch zufiele. Sein Herzenswunsch aber
ging nach einem Reich, das ihm Kampf und Krieg und Raum
für seinen Ehrgeiz, nicht Reichtum, Luxus und Genuß bieten
sollte.

Für seine Bildung waren natürlich viele Erzieher, Hofmeister
und Lehrer bestimmt. Über sie alle war Leonidas gesetzt, ein
Mann von herbem Charakter, ein naher Verwandter der
Olympias. Da sein Amt ihm eine schöne und ehrenvolle
Aufgabe bot, schämte er sich des Titels Hofmeister nicht,
aber bei anderen hieß er wegen seiner Würde und seiner vornehmen Verwandtschaft Alexanders Pflegevater und Führer. So kam es, daß Lysimachos, ein Akarnane, als Hofmeister auftrat und auch den Titel des Hofmeisters in Anspruch
nahm; er war nicht gerade besonders gebildet, aber daß er
sich selbst Phoinix, Alexander Achilleus und Philipp Peleus
nannte, machte ihn beliebt, und so bekam er die zweite
Stelle nach Leonidas.

6. Eines Tages bot ein Thessaler Philoneikos Philipp für
dreizehn Talente den Bukephalos an. Man begab sich aufs
Feld hinaus, um das Pferd zu prüfen, fand es aber wild und
unbrauchbar. Es ließ niemand aufsitzen, gehorchte auf kein
Kommando, wenn einer aus Philipps Gefolge es anrief, und
bäumte sich auf, wenn ihm jemand zu nahe kam. Da wurde
Philipp ärgerlich und wollte es schon als wild und unzähm-
bar abführen lassen, als Alexander, der dabeistand, rief:

„Ein solches Pferd will man verlieren, nur weil sie aus
Angst und Ungeschicklichkeit nicht damit umgehen können!"
Anfangs schwieg Philipp dazu, als aber Alexander immer
wieder darüber redete und leidenschaftlich über den Verlust
des Pferdes klagte, meinte Philipp: „Willst du etwa den
Älteren Vorwürfe machen, als wenn du mehr davon ver-
ständest und besser mit dem Tier umgehen könntest!" „Frei-
lich", sagte Alexander, „mit dem Pferd könnte ich besser
fertig werden als jeder andere!" „Wenn es aber nicht gelingt, was gibst du dann für deine Dreistigkeit?" „Beim
Zeus", meinte Alexander, „dann bezahle ich den Wert des
Pferdes!" Da gab es ein frohes Gelächter. Als Vater und
Sohn sich über die Höhe der Wette geeinigt hatten, lief
Alexander zum Pferd hin, faßte es beim Zügel und kehrte
es gegen die Sonne. Vielleicht hatte er bemerkt, daß das
Tier vor dem Schatten scheute, der vor ihm auf den Boden
fiel und hin und her tanzte. So lief er eine Zeitlang neben
dem Pferde her und streichelte es, solange er es vor Aufregung schnauben sah. Dann ließ er unvermerkt den Mantel
fallen, schwang sich hinauf und setzte sich im Sattel fest.
Anfangs faßte er die Zügel kurz und hielt das Pferd zurück, ohne es zu schlagen oder zu spornen. Als er aber bemerkte, daß es seine Furcht verlor und in Galopp übergehen
wollte, ließ er ihm die Zügel, und unter lautem Zuruf
spornte er es mit den Füßen. Philipp und seine Begleiter
waren zuerst sprachlos vor Angst; allein, als er stilgerecht
umwendete und in freudigem Stolz zurückkam, jubelten
ihm alle zu. Der Vater, heißt es, brach in Freudentränen aus,
küßte ihn beim Absteigen und sagte: „Junge, such dir ein
Königreich, das zu dir paßt, Makedonien hat keinen Raum
für dich."

7. Philipp kannte den Charakter seines Sohnes und wußte
wohl, daß er nur schwer zu lenken war und sich gegen Zwang
wehrte, daß man ihn aber mit Vernunftgründen leicht zur
Pflichterfüllung anhalten konnte. Daher versuchte er es bei
ihm lieber mit Überzeugung als mit Befehlen. Aus demselben Grunde mochte er die Leitung und Erziehung des
Knaben den Lehrern der Musik und der sonstigen üblichen

Wissenschaften nicht anvertrauen, weil es eine Aufgabe von besonderer Art war und Alexander – nach dem Worte des Sophokles – ‚der Zäume, ja zugleich der Steuer viel erheischte‘. So berief er denn den berühmtesten und gelehrtesten Philosophen, Aristoteles, und zahlte ihm für seine Tätigkeit ein fürstliches Honorar: er ließ nämlich die Stadt Stageira, aus der Aristoteles stammte, und die der König vor einiger Zeit zerstört hatte, wieder aufbauen und rief die Bürger aus Verbannung oder Sklaverei zurück. Zum Unterricht und Studium wies er Lehrer und Schüler den Nymphenhain bei Miëza an. Dort zeigt man noch heute die steinernen Sitze und die schattigen Spazierwege des Aristoteles.

Offenbar aber hat Alexander nicht nur Ethik und Politik bei Aristoteles gehört. Er durfte auch in die geheimen esoterischen Lehren eindringen, die bei den Philosophen akroamatisch und epoptisch hießen und die sie nur wenigen Schülern offenbarten. Als er nämlich später auf seinem Feldzug in Asien vernahm, Aristoteles habe einige Bücher über diese Wissenschaft herausgegeben, machte er ihm deswegen im Namen der Philosophie in einem Briefe Vorwürfe: „Alexander entbietet dem Aristoteles seinen Gruß! Es war nicht recht von Dir, die akroamatische Wissenschaft zu veröffentlichen. Denn worin sollen wir uns noch vor den Menschen auszeichnen, wenn die Lehren, in denen wir erzogen wurden, schließlich Gemeingut werden? Das ist mein Wunsch: das Wissen um das Beste, nicht die Macht soll mich auszeichnen. Lebe wohl!“ So tief war Alexander in seinem Ehrgeiz getroffen. Um ihn zu versöhnen und zugleich um sich zu verteidigen, schrieb Aristoteles ihm, die Lehren seien ja nur zum Teil herausgegeben. In der Tat enthält auch sein Werk über die Metaphysik nichts, was zum Unterricht oder zum Lernen verwendbar wäre. Es ist eigentlich nur für die Eingeweihten zur Erinnerung geschrieben.

8. Überdies war es meines Erachtens Aristoteles, der bei Alexander das Interesse für die Medizin weckte. Denn Alexander liebte nicht nur die Theorie der Medizin, er half auch seinen Freunden, wenn sie krank waren, und verordnete

ihnen Arznei und Diät, wie wir aus seinen Briefen wissen. Überhaupt war Alexander von Natur aus ein Freund der Wissenschaften und ein leidenschaftlicher Leser; die Ilias betrachtete er als ein Lehrbuch der Kriegskunst und pflegte sie auch so zu nennen. Er hatte davon eine Ausgabe, die Aristoteles durchgesehen und verbessert hatte, die man ‚die Ausgabe aus dem Salbenkästchen‘ nannte. Onesikritos erzählt, er habe sie immer neben seinem Dolch unter dem Kopfkissen liegen. Als es ihm im Innern Asiens an anderen Büchern fehlte, beauftragte er Harpalos, ihm einige zu schicken. Dieser sandte ihm denn auch die Werke des Philistos, viele Tragödien von Euripides, Sophokles und Aischylos und die Dithyramben des Telestes und Philoxenos. An Aristoteles hing er nicht weniger in Liebe und Bewunderung als an seinem Vater, denn der hatte ihm, sagte er gern, das leibliche Leben geschenkt, Aristoteles das geistige. Später wurde er argwöhnisch, nicht als ob er ihm auch nur ein böses Wort gegeben hätte, aber seine freundlichen Aufmerksamkeiten gegen den Lehrer verloren ihre ungestüme Herzlichkeit und verrieten die Entfremdung. Die leidenschaftliche Liebe zur Philosophie jedoch, in der er von Jugend an aufgewachsen und erzogen war, verlor er nie aus seiner Seele. Zeugnisse dafür gibt es genug: Anaxarchos hielt er in hohen Ehren, Xenokrates übersandte er fünfzig Talente, und Dandamis und Kalanos überschüttete er mit Geschenken.

9. Als Philipp gegen Byzanz zog, blieb Alexander trotz seiner sechzehn Jahre als Regent und königlicher Siegelbewahrer in Makedonien zurück. Bei dieser Gelegenheit unterwarf er die Maider, die abgefallen waren, nahm ihre Stadt, vertrieb die Barbaren, holte aus verschiedenen Stämmen Siedler zusammen und nannte die Stadt nun Alexandropolis. Auch in der Schlacht bei Chaironeia gegen die Griechen focht er mit und soll als erster in die Heilige Schar der Thebaner eingebrochen sein. Noch in unserer Zeit zeigte man am Flusse Kephisos eine uralte Eiche, die Alexander-Eiche, bei der damals sein Zelt stand. Nicht weit davon liegt der Ehrenfriedhof der gefallenen Makedonen.

Solcher Erfolge wegen liebte Philipp seinen Sohn immer herzlicher, ja, er hörte es mit Vergnügen, wenn die Makedonen Alexander ihren König, Philipp ihren Feldherrn nannten. Indessen herrschte in Philipps Familie ein übler Wirrwarr. Infolge seiner verschiedenen Heiraten und Liebschaften litt das ganze Reich, möchte man sagen, mit unter den Zänkereien der Weiber. Das gab zu manchem häßlichen Streit und Zank zwischen Vater und Sohn Anlaß. Die schlechte Laune der eifersüchtigen, grämlichen Olympias verschärfte diese Stimmung, weil sie Alexander aufhetzte. Zum offenen Ausbruch kam der Streit durch Attalos, als Philipp sich trotz seines Alters in die blutjunge Kleopatra verliebt hatte und das junge Wesen heiratete. Deren Oheim war nämlich Attalos. Als er sich im Weine übernommen hatte, mahnte er die Makedonen, sie sollten zu den Göttern beten, daß Philipp mit der Kleopatra noch einen rechtmäßigen Thronfolger zeugen möchte. Darüber geriet Alexander in Wut: „Was, Schurke", rief er, „hältst du mich für einen Hurensohn?" und warf ihm einen Becher an den Kopf. Philipp sprang auf gegen seinen Sohn und zog das Schwert. Aber zum Glück für beide strauchelte er vor Zorn und Trunkenheit und fiel zu Boden. Da höhnte Alexander: „Seht, das ist der Mann, der von Europa nach Asien hinüberziehen wollte, und hier stolpert er, wenn er von einem Tisch zum andern gehen soll!" Nach dieser peinlichen Szene nahm Alexander Olympias zu sich, brachte sie nach Epeiros und hielt sich selber in Illyrien auf.

Indes kam der Korinther Demaratos, der sich als Freund des Hauses ein offenes Wort erlauben durfte, zu Philipp. Als der König nach der ersten freundlichen Begrüßung fragte, wie es um die Einigkeit unter den Griechen stände, meinte Demaratos: „Du hast allen Grund, dich um Griechenland zu kümmern, da du dein eigenes Haus in Zwietracht und Unheil gestürzt hast!" Dieses Wort brachte Philipp wieder zur Besinnung. Er bat Demaratos um seine Vermittlung, schickte ihn zu Alexander und ließ den Sohn ins Vaterhaus zurückholen.

10. Damals machte der Satrap von Karien, Pixodaros, den Versuch, sich mit Philipp zu verschwägern, um auf diesem

Umweg in ein Militärbündnis mit dem König zu treten. Er wollte seine älteste Tochter mit Arrhidaios, einem Sohne des Philipp, verheiraten. Als er Aristokratos zu Verhandlungen nach Makedonien entsandte, lagen die Freunde und die Mutter Alexander in den Ohren, der Vater wolle Arrhidaios durch die Verbindung mit einem mächtigen ruhmreichen Hause die Königswürde verschaffen. In seiner Erregung sandte Alexander einen tragischen Schauspieler Thessalos nach Karien, mit Pixodaros zu verhandeln, er möge doch auf den Bastard, der noch dazu geistig beschränkt sei, verzichten und lieber ihn, Alexander, zum Schwiegersohn nehmen. Dieser Vorschlag gefiel Pixodaros allerdings besser als sein eigener Plan. Als Philipp davon erfuhr, nahm er einen von Alexanders Freunden und Vertrauten, Philotas, den Sohn des Parmenion, und ging mit ihm zu Alexander ins Gemach. Dort tadelte er seinen Sohn aufs heftigste und machte ihm bittere Vorwürfe, es sei würdelos und seiner hohen Stellung unwürdig, wenn er sich herabließe, der Schwiegersohn eines Karers, des Sklaven eines Barbarenkönigs, zu werden. Zugleich schrieb er an die Korinther, sie sollten ihm den Thessalos in Ketten und Fesseln zuschicken, und von den übrigen Freunden seines Sohnes verbannte er Harpalos, Nearchos, Erigyios und Ptolemaios aus Makedonien. Alexander aber berief sie bald wieder zurück und hielt sie in hohen Ehren.

Als Pausanias, der auf Attalos' und Kleopatras Geheiß mißhandelt war und doch keine Genugtuung erhalten konnte, später Philipp ermordete, schob man den größten Teil der Schuld auf Olympias und machte ihr den Vorwurf, sie habe den Zorn des jungen Menschen noch geschürt und ihn zur Tat gehetzt. Aber auch auf Alexander fiel einiger Verdacht; denn als Pausanias nach jener Mißhandlung ihm begegnete und über sein Geschick klagte, zitierte er ihm die Jamben aus Euripides' ,Medea': „Den Vater samt der Braut und auch den Bräutigam." Doch ließ er alle, die an der Verschwörung teilgenommen hatten, feststellen und bestrafen; auch verhehlte er Olympias seinen Unwillen nicht, als sie in seiner Abwesenheit Kleopatra grausam mißhandelt hatte.

11. So übernahm Alexander zwanzig Jahre alt die Regierung, die auf allen Seiten von Mißgunst und Neid, von bitterem Haß und Gefahren bedroht war. Denn die Barbarenstämme an den Grenzen wollten ihr Joch nicht länger tragen und sehnten sich nach dem angestammten Königtum zurück. Griechenland hatte Philipp allerdings mit den Waffen besiegt, aber noch nicht Zeit gehabt, es an das Joch zu gewöhnen. Er hatte das Land nur in wilde Verwirrung gestürzt, so daß es sich bei seinem Tode infolge der ungeklärten Verhältnisse in voller Gärung befand. Die Makedonen sahen mit Furcht auf die politische Lage und meinten, Alexander solle auf Griechenland am besten ganz verzichten und keine Gewalt versuchen, die aufständischen Barbaren dagegen mit Milde zurückgewinnen und Empörungsversuche mit Güte im Entstehen ersticken. Alexander aber ging von anderen Grundsätzen aus, um Schutz und Sicherheit für sein Reich durch unerschrockene Kühnheit zu gewinnen. Er war überzeugt, wenn er nur die geringste Nachgiebigkeit zeigte, würden alle Feinde auf einmal über ihn herfallen. Mit dem Aufstand der Barbaren und den Kämpfen in der dortigen Gegend wurde er schnell fertig. Er überrannte ihr Gebiet mit seinen Truppen bis an die Donau und schlug dort auch Syrmos, den König der Triballer, vernichtend. Auf die Nachricht, Theben sei abgefallen und Athen mit ihm im Bunde, führte er sogleich seine Armee durch den Paß von Thermopylai, um als Mann zu erscheinen, indem er sagte, Demosthenes habe ihn, solange er im Lande der Illyrer und Triballer weilte, einen Knaben, und als er in Thessalien stand, einen Jüngling genannt; jetzt wolle er ihm unter den Mauern von Athen zeigen, daß er ein Mann sei.

Als er vor Theben gerückt war, wollte er den Bewohnern noch einmal Gelegenheit geben, ihre Politik ihm gegenüber zu ändern, und verlangte von ihnen nur die Auslieferung des Phoinix und Prothytes, verkündete auch für alle, die seine Politik unterstützen würden, Straflosigkeit. Die Thebaner stellten aber die Gegenforderung, er solle ihnen Philotas und Antipater ausliefern, und erließen einen Aufruf, wer ihnen helfen wolle, Griechenland zu befreien, solle auf ihre Seite treten. Da gab Alexander endlich seinen Makedonen den Befehl zum Angriff. Die Thebaner führten den Kampf mit einer Tapferkeit und einem Mut, der ihre Kraft weit überstieg. Aber sie standen einem Feind gegenüber, der ihnen vielfach überlegen war. Als auch noch die auf der Burg Kadmeia liegende makedonische Besatzung einen Ausfall machte und ihnen in den Rücken fiel, wurden die meisten eingekreist und mit der Waffe in der Hand niedergehauen. Die Stadt wurde erobert, ausgeplündert und dem Erdboden gleich gemacht, hauptsächlich wohl, weil Alexander erwartete, die Griechen würden sich, durch das rücksichtslose Vorgehen in Schrecken gejagt, ducken und in Zukunft Ruhe halten. Er verteidigte seinen Schritt aber auch damit, daß er den Beschwerden seiner Bundesgenossen habe nachgeben müssen: denn die Phoker und Plataier hatten Anklage gegen die Thebaner erhoben. Nachdem er die Priester, die Gastfreunde der Makedonen samt und sonders, auch die Nachkommen des Pindar und alle, die gegen den Aufstand gestimmt hatten, hatte aussondern lassen, verkaufte er den Rest in die Sklaverei. Es waren mehr als dreißigtausend; gefallen waren mehr als sechstausend.

12. Unter all dem Unheil, das damals die Stadt traf, brachen auch einige Thraker in das Haus einer vornehmen Dame, Timokleia, ein. Während die Bande raubte, was sie fand, tat ihr Führer der Frau Gewalt an. Schließlich fragte er, ob sie etwa irgendwo Geld versteckt habe. Sie gab das zu, führte ihn allein in den Garten und zeigte ihm einen Brunnen mit den Worten, dahinein habe sie bei Eroberung der Stadt mit eigener Hand ihre kostbarsten Kleinodien geworfen. Als der Thraker sich bückte, die Stelle zu prüfen, trat sie hinter ihn, stieß ihn in den Brunnen hinab und warf Steine auf ihn, bis er tot war. Als die Thraker sie gefesselt vor Alexander führten, verrieten ihr Blick und Gang die Würde und Größe ihrer Seele, so unerschüttert und furchtlos schritt sie hinter den Führern her. Auf Alexanders Frage, wer sie sei, antwortete sie: „Die Schwester des Theagenes, der um der Hellenen Freiheit willen das Heer in den Kampf gegen Philipp führte und an der Spitze des Heeres bei Chai-

roneia fiel." Alexander staunte über Wort und Tat der Frau und hieß sie frei mit ihren Kindern sich entfernen.

13. Mit den Athenern söhnte er sich jedoch aus, obwohl sie an dem traurigen Geschick Thebens schwer trugen. Denn sie setzten die Feier der eleusinischen Mysterien, die schon begonnen hatten, zum Zeichen der Trauer aus und erwiesen den politischen Flüchtlingen, die in ihre Stadt gekommen waren, alle Freundlichkeit. Aber ob Alexander nun gleich einem Löwen seinen Mut gekühlt hatte oder der Tat des Grauens und Schreckens ein Beispiel der Milde folgen lassen wollte – er erließ den Athenern nicht nur alle Schuld, er mahnte sie auch, auf die politischen Verhältnisse ein wachsames Auge zu haben, denn falls ihm etwas zustoßen solle, werde Athen die Herrscherin über Griechenland sein müssen. In der Folge soll ihn die Erinnerung an die grausame Behandlung Thebens oft gereut und ihn milde gemacht haben gegen viele Menschen. Überhaupt führte er es, so erzählt man, auf den Zorn und die Rache des Dionysos zurück, wenn er später in der Trunkenheit Kleitos niederstieß, und wenn seine Makedonen vor den Indern verzagten, so daß der Feldzug sein Ziel nicht erreichte und die Soldaten ihm den Siegeskranz entwanden. Daher war unter den entkommenen Thebanern nicht ein einziger, der später nicht Gewährung fand, wenn er mit einer Bitte zu ihm kam.

14. Als die Hellenen auf dem Isthmos von Korinth eine Konferenz abhielten und den Zug gegen Persien unter Alexanders Führung beschlossen, wurde er zum obersten Heerführer ausgerufen. Bei dieser Gelegenheit machten ihm viele Politiker und Gelehrte ihre Aufwartung, um ihm ihre Glückwünsche zu sagen. Alexander erwartete, daß auch Diogenes von Sinope, der sich eben in Korinth aufhielt, ein Gleiches tun würde. Aber er kümmerte sich nicht im geringsten um Alexander und ließ sich in seiner Ruhe im Kranaion nicht stören. So mußte Alexander sich denn zu ihm bemühen und fand ihn in der Sonne liegen. Diogenes richtete sich ein wenig auf, weil so viele Leute zu ihm kamen, und sah sich Alexander an. Der König grüßte ihn freundlich und fragte, womit er ihm dienen könne. „Geh mir nur", versetzte er,

„ein wenig aus der Sonne." Dieses Wort traf Alexander tief. Er bewunderte den Stolz und die Seelengröße des Mannes, der für ihn doch nur Verachtung gehabt hatte. Als seine Begleiter beim Fortgehen lachten und spotteten, rief er aus: „Wahrhaftig, wenn ich nicht Alexander wäre, möchte ich Diogenes sein."

Als er sich bei Apollon Rat holen wollte für den Feldzug gegen die Perser, begab er sich nach Delphi. Er kam aber gerade in der Zeit der orakellosen Tage, an denen das heilige Gesetz Orakelerteilung verbietet. Deshalb schickte er zunächst zur Priesterin und ließ sie um ihr Erscheinen bitten. Als sie ihm die Bitte aber abschlug, weil das Gesetz es ihr verbiete, kam er selbst zu ihr und brachte sie mit Gewalt zum Tempel. Überwältigt von solchem Feuereifer sagte sie: „Unüberwindlich bist du, mein Sohn!" Als Alexander das Wort hörte, rief er, er brauche gar kein Orakel mehr, sie hätte ihm ja schon den Spruch gegeben, den er hätte haben wollen.

Als er eben seinen Kriegszug beginnen wollte, ereigneten sich manche Götterzeichen. In Laibethra war das Bild des Orpheus, das aus Zypressenholz bestand, in jenen Tagen mit starkem Schweiß bedeckt. Das Zeichen jagte allen Angst ein. Nur Aristandros hieß sie guten Mutes sein, denn die Taten, die Alexander tun werde, würden Lieder und Sänge verdienen, und es werde Dichtern und Musikern noch viel Mühe und Schweiß kosten, wenn sie davon singen wollten.

15. Die Zahlenangaben über sein Heer schwanken zwischen dreißigtausend und dreiundvierzigtausend Mann Infanterie und viertausend und fünftausend Reitern. Zum Unterhalt für diese Truppen hatte er nach Aristobulos nicht mehr als siebzig Talente, nach Duris überhaupt nur Proviant für dreißig Tage. Onesikritos behauptet sogar, er habe zweihundert Talente Schulden gehabt. So schmal seine Kriegskasse aber auch war, so wollte er doch nicht eher seinen Fuß auf das Schiff setzen, ehe er sich nicht um die Verhältnisse seiner Freunde gekümmert hätte. Dem einen wies er ein Landgut, dem andern ein Dorf, einem dritten die Einkünfte einer Stadt oder eines Hafens an. Als so fast alle königlichen

Güter vergeben und verteilt waren, fragte Perdikkas: „Und du, König, was behältst du für dich übrig?" Alexander antwortete: „Die Hoffnung." „Gut", versetzte jener, „so wollen auch wir, die wir mit dir ins Feld ziehen, an dieser Hoffnung Anteil haben", und schlug den Besitz aus, der ihm schon zugefallen war. Seinem Beispiel folgten manche von den Freunden. Andere, die solche Gaben annahmen oder auch darum baten, überschüttete Alexander mit Geschenken. Fast alles, was er in Makedonien besaß, verteilte er auf diese Weise. So unüberwindlich war die Hoffnung und die Stimmung, in der er den Hellespont überschritt.

Bei Ilion stieg er ans Land und brachte der Athena ein blutiges Opfer, den Heroen Trankopfer dar. Die Grabsäule des Achilles bekränzte er, nachdem er sich gesalbt und mit seinen Freunden nach alter Sitte nackt einen Wettlauf gemacht hatte. Glücklich pries er den Achill, daß er im Leben einen treuen Freund, nach dem Tode einen großen Herold gefunden habe. Als Alexander herumging und die Stadt ansah, fragte man ihn, ob er die Leier des Paris-Alexander sehen wolle. Aber er meinte, auf diese Leier lege er keinen Wert; vielmehr suche er die Leier des Achilleus, zu der er Ruhm und Taten der Helden besungen habe.

16. Während dieser Zeit hatten Dareios' Feldherren eine starke Kriegsmacht zusammengezogen und am Granikos aufgestellt, um ihm den Übergang zu verwehren. Er mußte also gleichsam an den Toren Asiens um den Eintritt in das Land und um das Reich kämpfen. Allein die meisten erschraken vor der Tiefe des Flusses und den steilen, schroffen Höhen am jenseitigen Ufer, die man unter stetem Gefecht ersteigen mußte. Auch warnten ihn einige, die alte Sitte, deren Erfüllung der laufende Monat verlangte, zu verletzen. Denn im Monat Daisios pflegten die Könige der Makedonen nicht auszurücken. Dieses Bedenken beseitigte Alexander durch den Befehl, den Monat Artemisios zweimal zu zählen. Als Parmenion ihn schließlich bat, er solle doch nicht in später Abendstunde ein solches Wagestück unternehmen, erhielt er die Antwort: „Den Hellespont habe ich doch überschritten; da wird er sich schämen, wenn ich mich vor dem Grani-

kos fürchte", und stürzte sich sogleich mit dreizehn Schwadronen in den Fluß. So setzte er gegen die feindlichen Geschosse und das steile, mit Fußvolk und Reitern dicht besetzte Ufer mitten durch den Strom, der Pferd und Mann umspülte und mit sich fortriß. Es schien mehr Raserei und Verzweiflung als besonnene Überlegung, mit der er den Angriff wagte. Aber er wollte nun einmal den Übergang erzwingen. Kaum hatte er mit vieler Mühe und Schwierigkeit das Ufer gewonnen, das überdies noch feucht und schlüpfrig vom Schlamm war, da mußte er schon in einem wilden Durcheinander kämpfen und mit dem andringenden Haufen Mann für Mann fechten, ehe seine übersetzenden Truppen sich ordnen konnten. Die Feinde drängten mit lautem Geschrei heran, stellten Pferd gegen Pferd und fochten mit den Speeren und, wenn diese zerbrochen waren, mit den Schwertern. Viele drangen auf Alexander ein, man konnte ihn ja leicht erkennen an seinem Schild und seinem Helmbusch, an dessen beiden Seiten Federn von wunderbarer Größe und Weiße aufragten. Zwar traf ihn ein Speer an dem Verschluß seines Panzers, verwundete ihn aber nicht. Jetzt sprengten auch die beiden Feldherren Rhoisakes und Spithridates gegen ihn heran. Dem einen wußte er geschickt auszubiegen, dem Rhoisakes aber kam er zuvor und brachte ihm auf seinem Panzer einen Stoß mit der Lanze bei. Als sie zerbrach, griff er zum Schwert. Während dieses Kampfes setzte Spithridates von der Seite gegen ihn an, hob sich rasch im Sattel empor und führte mit der persischen Streitaxt einen Hieb nach ihm, der den Helmbusch nebst der einen Feder herabschlug. Mit knapper Not hielt der Helm den Schlag aus, und die Schneide der Streitaxt berührte nur die obersten Haare. Spithridates holte schon zum zweitenmal aus, aber Kleitos der Schwarze überraschte ihn und durchbohrte ihn mit der Lanze. Zu gleicher Zeit fiel auch Rhoisakes unter Alexanders Schwert.

Während die Reiterei in diesem hitzigen, gefährlichen Kampf stand, setzte die Phalanx der Makedonen durch den Fluß. Jetzt kam auch die persische Infanterie ins Gefecht. Aber der Kampf war kurz und ohne Kraft; die Perser flohen

Hals über Kopf, ausgenommen allein die griechischen Söldner auf persischer Seite. Sie zogen sich auf einem Hügel zusammen und baten Alexander um Pardon. Aber er stürzte
sich in seinem Zorn ohne Überlegung als erster unter sie
und verlor sein Pferd, das von einem Schwert in die Weichen
getroffen wurde (es war aber nicht der Bukephalos). An
dieser Stelle war es auch, wo die meisten, die auf seiner Seite
fielen, getötet oder verwundet wurden, denn hier ging der
Kampf gegen Männer, die keine Hoffnung mehr hatten und
zu kämpfen wußten.

Von den Persern sollen in dieser Schlacht zwanzigtausend
Mann und zweitausendfünfhundert Reiter geblieben sein.
Alexander hatte nach Aristobulos in allem nur vierunddrei-
ßig Tote, darunter neun Mann vom Fußvolk. Für diese ließ
er eherne Bildsäulen errichten, die Lysippos arbeitete. Auch
die Griechen sollten an seinem Siege teilhaben. Vor allem
schickte er den Athenern dreihundert von den erbeuteten
Schilden. Auf die übrige Beute, die für die Ehrung aller
Griechen bestimmt war, ließ er die ehrende Inschrift setzen:
‚Alexandros, Philippos' Sohn, und die Griechen, mit Ausnahme der Lakedaimonier, von den in Asien wohnenden
Barbaren.' Trinkgeschirre, Purpurgewänder und andere
Kostbarkeiten, die er von den Persern erbeutet hatte, sandte
er fast alle seiner Mutter.

17. Diese Schlacht änderte die Lage für Alexander vollkom-
men, so daß ihm auch Sardes, das Bollwerk der persischen
Herrschaft über die Küste, und das Land ringsum in die
Hände fielen. Nur Halikarnaß und Milet widerstanden ihm,
bis er sie im Sturm nahm. Auch die Gebiete, die zu diesen
Städten gehörten, unterwarf er. Für die Fortsetzung des
Zuges schwankte er zwischen zwei Plänen. Zuweilen drängte
es ihn, im Kampfe mit Dareios um die Macht alles auf eine
Karte zu setzen, zuweilen hielt er es für klüger, zunächst die
Herrschaft über die Küsten mit ihren reichen Hilfsquellen
zu erstreiten, um erst dann, im Besitz langer Kriegserfahrung, mit einem kampfgewohnten Heer ins Innere Asiens
gegen den Großkönig zu ziehen. Damals war es, als in Lykien, in der Nähe von Xanthos, eine Quelle plötzlich stru-

delnd aufwallte und aus ihrer Tiefe eine eherne Tafel emportrug, die uralte Schriftzeichen eingeprägt trug. Sie kündeten, der Perser Herrschaft werde einst unter der Hellenen Macht zusammenbrechen und ihr Ende finden. Damit war Alexanders Plan entschieden. In kurzer Zeit hatte er die Küste bis Phoinikien und Kilikien vom Feinde gesäubert. Sein Marsch an der Küste Pamphyliens entlang hat vielen Geschichtsschreibern Stoff für Schauergeschichten und Märchen geliefert: während sonst die Wogen unablässig wild von der hohen See heranrollten und selten einmal die verborgenen schmalen Klippen unter den steilen zerklüfteten Hängen des Gebirges sich zeigten, sei das Meer vor Alexander durch Götterfügung zurückgewichen. Auch Menander spielt in einer Komödie auf dieses Ereignis an: „Gott, mir geht's wie Alexandros; wenn ich einen suchen will, gleich kommt er von freien Stücken, und wenn ich durchs Meer einmal waten muß, gleich öffnet sich ein Weg durchs Wasser hin."

Alexander selbst erzählt in seinen Briefen nichts von einem Wunder. Er berichtet nur, er habe von Phaselis aus den Weg durch die Klimax (Leiter) genommen und sei auch durchgekommen. Deswegen war er auch einige Tage in Phaselis geblieben. Während dieser Zeit sah er ein Denkmal, das zu Ehren des unlängst verstorbenen Theodektes auf dem Markte aufgestellt war (er stammte nämlich aus Phaselis). Eines Abends zog Alexander nach dem Essen in einem lustigen Schwarm trunken zum Markt und überhäufte das Bild mit den Kränzen, die sie vom Symposion her noch trugen, eine heitere und stimmungsvolle Ehrung für den Mann, dessen Bekanntschaft er Aristoteles und der Philosophie verdankte.

18. Darauf bezwang er die Pisider, soweit sie ihm Widerstand zu leisten wagten, und überwältigte Phrygien. Als auch Gordion, der Sage nach in alten Zeiten der Sitz des Midas, in seine Hand gefallen war, sah er dort den vielberedeten Wagen, der durch Korneelkirschenbast mit dem Joch verbunden war. Man erzählte ihm auch die Geschichte von dem Wagen, an deren Wahrheit die Barbaren nicht zweifel-

ten: wer den Knoten an diesem Wagen lösen werde, dem sei
bestimmt, König der bewohnten Welt zu werden. Das Geflecht, so erzählt man, war viele Male ineinander verschlungen und seine Enden so versteckt, daß Alexander nicht imstande war, den Knoten aufzulösen. Da hieb er ihn mit dem
Schwerte auseinander, und dadurch kamen mehrere Enden
zum Vorschein. Nach Aristobulos aber war die Lösung des
Knotens einfach: Alexander nahm den Pflock, der den Joch-
riemen festhielt, aus der Deichsel heraus und zog auf diese
Weise das Joch vom Wagen ab.

Nach der Unterwerfung Paphlagoniens und Kappadokiens
erhielt er die Kunde vom Tode des Memnon. Unter allen
Feldherrn des Großkönigs, die in Kleinasien standen, hatte
man von ihm am ehesten erwartet, daß er Alexander viel
zu schaffen machen und ihm tausend Schwierigkeiten und
Hindernisse in den Weg legen werde. Um so mehr plante
Alexander nach seinem Tode, ins Innere Asiens einzudringen. Schon war auch Dareios auf dem Anmarsch von Susa
her. Siegesgewiß im Vertrauen auf seine ungeheure Macht,
führte er doch sechshunderttausend Mann. Überdies hatte
ihn in seinen Hoffnungen auch ein Traum gestärkt, den
die Magier ihm ohne Rücksicht auf die Wahrheit nach
seinen Wünschen ausdeuteten. Dareios träumte nämlich: das
Heer der Makedonen stand in hellen Flammen, und Alexander tat beim Perserkönig Dienst in einem Gewande, wie
er selbst es früher als Postreiter des Großkönigs getragen
hatte; dann ging Alexander in das Heiligtum des Belos
hinein und verschwand dort. Deshalb glaube ich, deutete
man den Traum dahin, die Gottheit wolle den Makedonen
ihren Beistand leihen zu ruhmvollen, glänzenden Taten, und
Alexander werde Herr über Asien werden, wie Dareios es
geworden war, der vom Postreiter zum König aufgestiegen
war; aber nach kurzem Glanz werde Alexander früh sein
Leben beschließen.

19. Noch mehr wuchs die Siegesgewißheit des Perserkönigs,
weil er in dem langen Aufenthalt Alexanders in Kilikien ein
Zeichen der Mutlosigkeit sah. Allein an diesem Aufenthalt
war eine Krankheit schuld, die sich Alexander durch die

Strapazen zugezogen hatte oder, wie andere erzählen, durch
ein Bad, das er in dem eiskalten Wasser des Kydnos genommen hatte. Keiner der Ärzte getraute sich, die Kur zu übernehmen. Überzeugt, daß es gegen die gefährliche Kraft der
Krankheit kein Heilmittel gebe, fürchteten sie im Falle des
Mißlingens die Vorwürfe und Beschuldigungen der Makedonen. Auch der Akarnane Philipp sah den gefährlichen
Zustand des Patienten. Aber er vertraute auf seine Freundschaft zu ihm und hätte sich für pflichtvergessen gehalten,
hätte er dem Könige nicht in der Not auch mit Gefährdung
des eigenen Lebens selbst mit den verzweifeltsten Mitteln
helfen und alles aufs Spiel setzen wollen. So mischte er denn
eine Arznei und bat den König, sie vertrauensvoll einzunehmen, wenn ihm daran gelegen sei, die Kräfte für die
Anstrengungen des Feldzuges wiederzugewinnen. Inzwischen
schickte Parmenion aus dem Lager einen Brief und warnte
den König, Philipp zu vertrauen; Dareios habe dem Arzt
nämlich Reichtum und die Hand seiner Tochter geboten,
wenn er Alexander aus dem Wege räume. Alexander las den
Brief und legte ihn unter das Kopfkissen, ohne ihn einem
seiner Freunde zu zeigen. Als Philipp zur verabredeten Zeit
mit den Vertrauten hereintrat und in einem Becher die Arznei brachte, gab er ihm den Brief zu lesen und nahm selbst
den Trank ohne Zögern und ohne Argwohn. Es war ein
wunderbarer, ergreifender Anblick, da der eine las, der andere trank, und dann beide die Augen zueinander wandten.
Aber wie verschieden war, was die Blicke sagten! Alexander
war heiter und froh, um ihm sein Wohlwollen und Vertrauen zu beweisen, Philipp außer sich über die Verleumdung: die Götter rief er zu Zeugen, hob die Hände gegen
den Himmel, warf sich auf Alexanders Lager und beschwor
den König, den Mut nicht zu verlieren und seiner Kunst zu
vertrauen. Die Arznei wirkte anfangs mit großer Heftigkeit
auf den Körper und drängte gleichsam alle Lebenskräfte in
die Tiefe. Der Kranke verlor die Sprache, Gesicht und Gehör versagten ihm, und er fiel in Ohnmacht. Aber durch
Philipps Hilfe kam er schnell wieder zu sich. Sobald es seine
Kräfte erlaubten, zeigte er sich seinen Makedonen, die sich

nicht trösten lassen wollten, ehe sie Alexander selbst gesehen hatten.

20. In Dareios' Heer befand sich ein Makedone Amyntas, der aus seinem Vaterlande geflohen war. Er kannte den Charakter des Alexander gut. Als er daher sah, daß Dareios in die engen Pässe des Gebirges eindringen und Alexander entgegenziehen wollte, gab er ihm den dringenden Rat, dort stehenzubleiben, wo er in der weiten, offenen Ebene mit seiner Übermacht dem schwächeren Feinde im Kampf überlegen sei. Dareios antwortete ihm, er befürchte nur, die Feinde könnten zuvor abziehen und Alexander ihm entrinnen. „König", versetzte Amyntas, „darum sorge dich nicht! Alexander wird gegen dich ziehen und ist wohl schon im Anmarsch." Aber Dareios hörte nicht auf den Rat des Amyntas, sondern zog nach Kilikien. Gleichzeitig marschierte Alexander gegen ihn nach Syrien vor. In der Dunkelheit der Nacht marschierten sie aber aneinander vorbei und mußten wieder umkehren. Alexander war glücklich über diesen Zufall und hatte nur den einen Wunsch, dem Gegner noch in den Pässen selbst entgegenzutreten. Dareios jedoch mußte jetzt sehen, den früheren Lagerplatz wiederzugewinnen und seine Truppen aus den Pässen herauszuziehen. Es war ihm schon zum Bewußtsein gekommen, daß er sich zu seinem Schaden in ein Gelände hineinmanövriert hatte, das für seine Kavallerie denkbar ungünstig war. Es lag zwischen Meer und Gebirge, durch die Mitte floß der Pinaros, und an vielen Stellen war es von Hindernissen durchschnitten. So war das Gelände für die schwache Armee Alexanders wie geschaffen.

Gewiß hatte das Glück Alexander einen solchen Kampfplatz in die Hände gespielt, aber seine Feldherrnkunst sicherte seinen Sieg noch stärker als die Gaben des Glücks. Denn so gering seine Truppen im Vergleich mit dem Heere der Perser waren, so hinderte er es doch daran, ihn zu umzingeln. Vielmehr dehnte er seinen rechten Flügel über ihren linken aus, fiel ihnen dann in die Flanke und schlug die vor ihm stehenden Perser in die Flucht. Er selbst focht im vordersten Glied, so daß er einen Schwerthieb gegen den Schenkel bekam, und zwar, wie Chares sagt, von Dareios; man erzählt nämlich von einem Zweikampf zwischen ihnen. Doch nannte Alexander in dem Brief, in dem er Antipater von der Schlacht berichtete, den Namen seines Gegners nicht, der ihm die Wunde beigebracht hatte. Er erwähnte nur, er habe am Schenkel eine Dolchwunde erhalten, doch sei die Wunde unbedeutend gewesen.

Es war ein glänzender Sieg, den er hier erfocht. Hundertzehntausend Feinde hatte er vernichtet. Allein Dareios hatte einen Vorsprung von vier oder fünf Stadien und entkam. Doch fielen Alexander wenigstens Wagen und Bogen des Königs in die Hände. Als er von der Verfolgung zurückkam, fand er seine Makedonen damit beschäftigt, die ungeheuren Schätze der Perser aus dem Lager wegzuschleppen. Es war ein unvorstellbarer Reichtum, obwohl die Perser doch mit leichtem Gepäck in den Kampf gegangen waren und den Hauptteil ihres Trosses in Damaskos gelassen hatten. Das Zelt des Dareios hatten die Makedonen für ihren Alexander bestimmt. Es war überreich an glänzender Dienerschaft, köstlichem Gerät und prunkenden Schätzen. Sofort legte Alexander die Waffen ab und ging zu dem Bad mit den Worten: „Laßt uns hingehen und den Schweiß der Schlacht in Dareios' Bad abwaschen." Einer der Kameraden versetzte: „Beim Zeus, nicht in des Dareios', in Alexanders Bad; denn was dem Besiegten gehört hat, muß dem Sieger gehören und sein heißen!" Als Alexander die vielerlei Badegefäße, die Krüge, Wannen und Salbenfläschchen, alles aus reinem Gold in künstlerischer Arbeit, erblickte, als er den köstlichen Geruch von den seltensten Gewürzen und Essenzen spürte, als er dann endlich in das Zelt selbst trat, das durch seine Höhe und Größe, durch die Pracht der Speisesofas, der Tische und des Tafelgeschirrs sein Staunen erregte, sah er seine Freunde mit einer bedeutsamen Miene an und rief: „Das hieß also König sein."

21. Eben wollte er sich zur Tafel setzen, als man ihm meldete, daß Dareios' Mutter, seine Gemahlin und die unverheiratete Tochter des Dareios, die sich unter den Gefangenen befanden, beim Anblick des königlichen Wagens und Bogens

ein lautes Klagegeschrei erhoben hätten, weil sie glaubten,
Dareios sei umgekommen. Auf Alexander machte das Schicksal der Frauen einen tiefen Eindruck, einen tieferen als sein
eigenes. Lange saß er in Schweigen versunken. Endlich entsandte er Leonnatos und ließ den Frauen sagen, Dareios sei
am Leben, vor Alexander dürften sie keine Furcht haben,
denn mit Dareios kämpfe er um den Thron, die Frauen aber
sollten alle Ehren genießen, wie sie König Dareios ihnen erwiesen habe. Erschien den Frauen schon dieses königliche
Wort milde und glückverheißend, so bewies sein Verhalten
gegen sie noch eindringlicher die Freundlichkeit seiner Gesinnung. Er erlaubte ihnen, soweit sie den Wunsch hatten,
die gefallenen Perser zu bestatten; auch durften sie zu diesem Zweck Gewänder und Schmuck aus der Beute nehmen.
Ebenso behielten sie Bedienung und Ehrenbezeigung wie
bisher, und ihre Einkünfte erhöhte er noch. Das aber war
die edelste und königlichste Gnade, die er den in seine Gefangenschaft geratenen hohen Frauen des königlichen Hauses erwies, daß sie auch nicht ein unedles Wort hörten, nicht
einmal zu vermuten oder zu befürchten brauchten. Denn sie
lebten nicht wie in einem Kriegslager, vielmehr wie in einem
heiligen, unverletzlichen Bezirk der Jungfrauen, fern den
Blicken und Worten der Männer. Und doch ging die Rede,
des Dareios Gemahlin sei schöner als alle Königinnen, wie
auch Dareios an Schönheit und Adel der Gestalt die Männer
übertraf, und die Töchter glichen ihren Eltern. Alexander
aber, den der Sieg über sich selbst königlicher dünkte als der
Sieg über die Feinde, tastete nicht eine von ihnen an, wie er
denn überhaupt vor der Ehe keine Frau erkannte bis auf
Barsine, die Witwe des Memnon, die bei Damaskos in seine
Gefangenschaft geriet. Sie war als Griechin erzogen, ein
freundliches Menschenkind und überdies aus königlichem
Geblüt: ihr Vater Artabazos war der Sohn einer Königstochter. So würdigte Alexander sie seiner Liebe; denn Parmenion hatte, wie Aristobulos berichtet, ihm empfohlen, mit
dieser schönen edlen Frau in Verbindung zu treten. Als er
aber die anderen Perserinnen in ihrer herrlichen Schönheit
und Größe sah, sagte er scherzend, Perserinnen seien eine

Marter für die Augen. Doch stellte er der Schönheit ihres
Leibes die Schönheit seiner eigenen ruhigen Selbstbeherrschung gegenüber und ließ sie wie schöne leblose Bilder an
sich vorüberwandeln.

22. Eines Tages teilte ihm Philoxenos, der Kommandeur des
Küstenschutzes, mit, ein Mann aus Tarent, Theodoros, wolle
ihm zwei herrlich schöne Knaben verkaufen, und fragte beim
König an, ob er sie kaufen solle. Alexander packte solche
Wut, daß er seine Freunde immer wieder fragte: „Hat Philoxenos je solche Schändlichkeit an mir gesehen, daß er nichts
anderes zu tun hat, als mich so in das Gerede der Leute zu
bringen?" Dem Philoxenos selber schrieb er einen Brief mit
den bittersten Vorwürfen, er solle den Theodoros samt seiner Ware zum Henker schicken. Ebenso grob behandelte er
Hagnon. Er hatte ihm angeboten, er wolle ihm den Kroby-
los kaufen und bringen, einen Knaben, von dessen Schönheit
Korinth damals schwärmte. Ein andermal hörte er, daß
Damon und Timotheos, Makedonen unter Parmenion, die
Frauen makedonischer Söldner geschändet hätten. Da befahl
er Parmenion, sie, wenn sie schuldig befunden würden, wie
wilde Tiere, die den Menschen nur Schaden brächten, zu
töten. Von sich selbst sagt er in diesem Brief: „Von mir soll
es nicht heißen, daß ich die Gemahlin des Dareios gesehen
hätte oder hätte sehen wollen, nicht einmal, daß ich jemand
erlaubt hätte, mir von ihrer Schönheit zu sprechen." Und oft
tat er den Ausspruch, Schlaf und Liebesgenuß lehrten ihn
am deutlichsten, daß er sterblich sei, denn Ermüdung und
Sinnenlust stammten aus einer Wurzel: der Schwäche des
Menschenleibes.

Daß ihm auch Schlemmerei fremd war, hat er oft genug bewiesen, am deutlichsten durch die Antwort, die Ada von ihm
bekam. Er hatte sie einst zur Königin über Karien gesetzt
und ihr den Ehrentitel *Mutter* verliehen. Aus Dank für
solche Gnade sandte sie ihm Tag für Tag köstliche Speisen
und Leckerbissen in Hülle und Fülle, schließlich sogar die
geschicktesten und berühmtesten Köche und Bäcker. Doch
Alexander sagte, sie seien samt und sonders überflüssig. Von
seinem Lehrer Leonidas habe er bessere Köche bekommen,

für das Frühstück gebe ein Nachtmarsch und für das Abendessen ein karges Frühstück den besten Appetit. „Derselbe
Leonidas", sagte er, „ging immer an alle meine Bettkästen
und Kleiderschränke und öffnete sie, um zu sehen, ob meine
Mutter mir auch keine Leckereien und überflüssiges Zeug
zugesteckt hätte."

23. Auch dem Weine sprach er nicht im Übermaß zu, obwohl
es viele glaubten. Man ließ sich zu solcher Meinung verleiten, weil er lange beim Wein saß, doch verging die Zeit mehr
mit Plaudern als mit Trinken. Bei jedem Becher führte er
ein langes Gespräch, besonders gern, wenn er Zeit hatte.
Denn im Drange der Geschäfte kannte er nicht Wein, nicht
Schlaf noch Scherz, weder Liebe noch Theater wie andere
Feldherren. Zeuge dessen ist schon sein Leben, denn so kurz
es war, er füllte es aus mit zahllosen gewaltigen Heldentaten.

Wenn ihn nicht kriegerische Pflichten riefen, pflegte er, wenn
er aufgestanden war und den Göttern geopfert hatte, sitzend
das Frühstück einzunehmen. Der Tag verging ihm unter den
mannigfachsten Beschäftigungen, ob er nun auf die Jagd
zog, Recht sprach, militärische Anordnungen traf oder sich
mit Lesen beschäftigte. Machte er einen Marsch, bei dem er
sich Zeit lassen konnte, liebte er es, sich unterwegs im Bogen-
schießen zu üben oder auf den fahrenden Wagen zu springen und herabzuspringen. Oft machte er sich das Vergnügen,
Füchse oder Vögel zu jagen, wie aus den königlichen Expe-
ditionsberichten zu entnehmen ist. Kam er des Abends ins
Quartier und ging zum Bad oder zum Salben, so fragte er
den Oberkoch und Oberbäcker nach den Vorbereitungen für
das Abendessen. Erst am späten Abend, wenn es schon dun-
kelte, pflegte er, diesmal liegend, das Mahl einzunehmen.
Rührend war seine Sorgfalt, mit der er bei Tisch darauf
achtete, daß jeder das Seine reichlich bekam. Aber beim
Wein saß er lange, wie berichtet, weil er zu gern plauderte.
Vielleicht war er unter allen Königen der liebenswürdigste
Gastgeber und reizendste Gesellschafter, nur beim Wein
konnte ihn sein Prahlen unleidlich machen wie einen gewöhnlichen Kriegsmann; dabei verfiel er nicht nur selbst in

Großsprecherei, sondern gab auch Schmeichlern gern Gehör. Für Leute von feinem Empfinden war das unerträglich: sie wollten sich mit solchen Schmeichlern nicht messen, durften sich aber doch auch in dem Lob Alexanders nicht von ihnen übertreffen lassen. Das eine konnten sie nicht über sich bringen, das andere hatte seine Gefahren. Nach dem Trunk badete er noch einmal und schlief dann oft bis zum Mittag. Manchmal brachte er sogar den ganzen Tag im Bett zu.

Auf Leckerbissen legte er für seine Person keinen Wert. Oft genug brachte man ihm von der Küste die seltensten Früchte oder Fische. Aber Alexander ließ alles unter seine Freunde verteilen, bis er schließlich der einzige war, für den nichts übrigblieb. Doch am Abend war seine Tafel immer reich besetzt, und mit seinem Erfolg stieg der Aufwand dafür, bis er zehntausend Drachmen erreichte, und wer Alexander bewirtete, erhielt dieselbe Summe.

24. Nach der Schlacht bei Issos sandte Alexander Truppen nach Damaskos und brachte Kriegskasse und Troß, Frauen und Kinder der Perser in seine Gewalt. Bei dieser Gelegenheit heimsten die thessalischen Reiter reiche Schätze ein. Da sie sich in der Schlacht bei Issos als besondere Helden bewährt hatten, betraute er sie absichtlich mit diesem Auftrag, um ihnen diese Beute zuzuwenden. Überhaupt schwamm das Heer in Überfluß. Damals fanden die Makedonen zum erstenmal Geschmack an Gold und Silber, an den Weibern und der Lebensweise der Barbaren. Wie Hunde, die eine Fährte gefunden haben, waren sie gierig, den Reichtum der Perser aufzuspüren und zu erjagen.

Alexander glaubte indessen, seine Macht an der Küste des Meeres aufbauen zu müssen. Die Könige von Kypros kamen selbst, ihm die Insel zu übergeben, ebenso wurde ihm Phoinikien ausgeliefert, bis auf Tyros. Sieben Monate lang mußte er es belagern mit Dammbauten, Kriegsmaschinen und zweihundert Triëren. Dabei träumte er eines Nachts, Herakles reiche ihm von der Stadtmauer herab die Hand entgegen und rufe ihn. Viele Tyrier aber träumten, Apollo künde ihnen, er wolle fortgehen zu Alexander, denn die Vorgänge in der Stadt gefielen ihm nicht. Da vermeinten sie, den Gott wie einen Menschen als Überläufer auf frischer Tat ertappt zu haben, legten die Riesenstatue des Gottes in Ketten und nagelten sie auf dem Sockel fest; Alexandristes, Alexanderanhänger, nannten sie ihn. Alexander sah aber noch einen anderen Traum. Ihm erschien ein Satyr, der ihn aus der Ferne neckte. Wenn Alexander ihn haschen wollte, entschlüpfte er seinen Händen. Endlich, nach vielem Flehen und Jagen konnte er ihn packen. Die Seher zerlegten den Namen in seine Teile Sa Tyros und deuteten es nicht ungeschickt: „Tyros wird dein sein." Noch heute zeigt man die Quelle, in deren Nähe Alexander diesen Traum hatte.

Ehe die Belagerung zu Ende ging, unternahm Alexander einen Zug gegen die Araber nahe am Antilibanon. Bei dieser Gelegenheit brachte ihn sein Hofmeister Lysimachos in große Gefahr. Er hatte sich nicht abhalten lassen wollen, Alexander zu begleiten, mit der Begründung, er sei noch ebenso jung und rüstig wie Phoinix. Als man in die Nähe des Gebirges kam, mußte man die Pferde zurücklassen und den Weg zu Fuß fortsetzen. Das Heer kam auch gut voran. Nur Lysimachos verlor allmählich die Kraft und wurde müde. Da es aber schon Abend wurde, brachte Alexander es nicht über sich, ihn in der Nähe der Feinde im Stich zu lassen. Während er versuchte, ihm Mut zu machen und ihm weiterzuhelfen, merkte er nicht, daß er mit seinen wenigen Begleitern das Heer vor sich verloren hatte. So mußten sie in tiefer Dunkelheit und grimmiger Kälte die Nacht in unwirtlicher Gegend verbringen. Da sah Alexander in der Ferne zerstreut zahllose Feuer der Feinde brennen. Gewohnt, sich auf die Gewandtheit seines Körpers verlassen zu können und seinen Makedonen in aller Not selbst beizuspringen, lief er auch jetzt zum nächsten Feuer hin, stieß zwei Barbaren, die an dem Feuer saßen, mit seinem Dolch nieder, riß dann ein brennendes Scheit an sich und kam damit glücklich zu den Seinen zurück. Sie entzündeten damit ein mächtiges Feuer und jagten den Feinden solche Furcht ein, daß die meisten gleich davonliefen. Andere freilich wagten es, näher heranzukommen, aber auch sie wurden verscheucht, doch verging die Nacht ohne weitere Gefahr. So erzählt Charon.

25. Die Belagerung von Tyros näherte sich schließlich ihrem
Ende. Nach den anstrengenden Kämpfen der vorhergehenden Zeit gab Alexander dem größten Teil seines Heeres
einige Ruhetage. Nur eine kleine Abteilung wollte er gegen
die Mauer führen, um die Feinde wenigstens nicht ganz unbehelligt zu lassen. Als nun der Seher Aristandros ein Opfer
brachte und die Zeichen betrachtete, gab er, allerdings keck
genug, den Umstehenden die Versicherung, der Monat werde
nicht zu Ende gehen, ehe nicht die Stadt erobert sei. Da gab
es Spott und Lachen genug, denn es war ja der letzte Tag im
Monat. Doch Alexander, der die Verlegenheit des Sehers
bemerkte und immer bereit war, die Ehre der Weissagungen
zu retten, gab den Befehl, den Tag als den achtundzwanzigsten, nicht als den dreißigsten zu zählen. Dann ließ er das
Trompetensignal geben und führte den Angriff gegen die
Mauern mit stärkeren Truppen durch, als er vorher beabsichtigt hatte. Bei der Heftigkeit des Angriffes litt es auch
die übrigen Truppen nicht im Lager. In Scharen eilten sie
zur Unterstützung herbei. Die Tyrier gaben den Kampf
auf, und so nahm Alexander die Stadt an diesem Tage.

Als er darauf Gaza, die mächtigste Stadt Syriens, belagerte,
ließ ein Vogel einen Erdklumpen aus der Luft niederfallen,
der Alexander auf die Schulter stürzte. Dann setzte sich der
Vogel auf eine der Belagerungsmaschinen und verstrickte
sich unversehens in das Geflecht von Seilen, dessen man sich
bediente, um die Taue zu drehen. Die Deutung, die Aristandros dem Zeichen gab, trat in der Tat ein. Alexander
wurde zwar an der Schulter verwundet, aber er nahm die
Stadt ein.

Als er aus der Beute seiner Mutter Olympias, seiner Schwester Kleopatra und seinen Freunden reiche Geschenke übersandte, schickte er für seinen Hofmeister Leonidas fünfhundert Talente Weihrauch und hundert Talente Myrrhen mit.
Ihm war eine Hoffnung wieder eingefallen, die er seit seiner
Kindheit in sich trug. Als er einst als Knabe bei einem Opfer
beide Hände mit Räucherwerk füllte und es ins Feuer warf,
hatte Leonidas ihn gescholten: „Wenn du erst das Weih-
rauchland erobert hast, dann kannst du so verschwenderisch

mit dem Räucherwerk umgehen. Jetzt hast du zu sparen mit dem, was du hast!" Dieser Worte hatte Alexander sich wieder erinnert, als er seinem Lehrer schrieb: „Weihrauch und Myrrhen schicken wir Dir im Überfluß. Nun brauchst Du nicht mehr so sparsam zu sein gegen die Götter."

26. Als man ihm eines Tages ein Kästchen brachte, den kostbarsten Fund, den man in dem Gepäck unter den Schätzen des Dareios gemacht hatte, fragte er seine Freunde, welche Kostbarkeit wohl einer solchen Hülle würdig sei. Man riet hin und her, bis er schließlich entschied: „Ich will die Ilias darin aufbewahren." Für diese Geschichte verbürgen sich manche ernste Historiker. Wenn der Bericht der Alexandriner wahr ist, den sie Herakleides verdanken, dann muß man annehmen, daß Homer für Alexander allerdings ein wertvoller und hilfreicher Begleiter auf seinen Feldzügen war. Wie sie erzählen, beabsichtigte Alexander nach der Eroberung Ägyptens eine große, volkreiche griechische Stadt zu gründen und ihr seinen Namen zu geben. Die Vorbereitungen waren schon so weit gediehen, daß Alexander nach den Plänen seiner Städtebauer ein Gelände abstecken und einfriedigen lassen wollte. Da sah er des Nachts einen wunderbaren Traum. Ein ehrwürdiger Greis in schneeweißem Haar trat an sein Lager und trug ihm die Verse vor: ‚Dann kommt eine der Inseln im weithin rauschenden Meere vor des Ägyptens Strom, und alle nennen sie Pharos.' Alexander sprang auf und eilte zum Pharos, der damals noch eine Insel war, unmittelbar westlich von der kanobischen Mündung des Nils. Heutzutage ist er durch einen Damm mit dem Festland verbunden. Es war in der Tat ein vortrefflich geeignetes Gelände; ein Streifen Land in der Form einer breiten Landzunge trennt eine geräumige Bucht vom Meer und bildet so einen Hafen, der unmittelbar mit dem Meer in Verbindung steht. Als Alexander alles in Augenschein genommen hatte, rief er aus: „Da hat man immer die Größe des Dichters Homer bewundert, aber daß er auch der tüchtigste Baumeister ist, daran hat noch keiner gedacht." Zugleich traf er Anordnung, den Plan der Stadt den Geländeverhältnissen anzupassen. Es fehlte aber an Kreide. Man nahm also Mehl und

zog auf der dunklen Erde einen Umriß, etwa in der Form
eines Kreises, dessen Inneres gerade Linien von Rand zu
Rand gleichförmig umschlossen, so daß sich die Form einer
Chlamys, eines makedonischen Kriegsmantels, ergab. Alexander fand an der Zeichnung viel Gefallen. In diesem Augenblick kamen vom Fluß und dem Sumpfe her Vögel an-
geflogen, kleine und große aller Art in dichten Schwärmen
wie Wolken. Sie setzten sich auf die Zeichnung nieder und
ließen von dem Mehl nicht ein Stäubchen übrig, so daß selbst
Alexander über das Vorzeichen in Angst geriet. Allein die
Seher beruhigten ihn durch die Deutung, die Stadt, die er
gründen wolle, werde reich und mächtig werden, und viele
Menschen würden dort ihr Brot finden. So gab er denn den
Bauleitern den Befehl, die Anlage der Stadt zu beginnen.
Inzwischen unternahm er selbst den Zug zu dem Tempel des
Ammon. Es war ein weiter Weg, reich an Mühen und Pla-
gen. Zwei Gefahren drohten vor allem auf diesem Marsche,
Wasserlosigkeit, die den Weg auf Tagereisen hin zur Wüste
machte, und ein gewaltiger Südsturm, der sie auf ihrem
Marsch durch den tiefen, unermeßlich sich dehnenden Sand
überfallen konnte. Dieses Geschick hatte einst das Heer des
Kambyses getroffen. Der Sturm hatte die Sandmassen aufgewirbelt und das Land überschüttet, so daß er über fünf-
zigtausend Mann vom Heer des Kambyses unter sich begrub
und tötete. Diese gefahrdrohenden Umstände zogen Alexanders Gefährten in ihre Berechnungen ein, aber es wäre
unmöglich gewesen, den König von einem Plan abzubringen,
den er einmal gefaßt hatte. Denn das Glück, das sich seinen
kühnsten Entwürfen willfährig gezeigt hatte, machte ihn in
seinen Entschlüssen hartnäckig, und der Feuergeist, mit dem
er an seine Unternehmungen ging, machte seinen Starrsinn
unbesieglich: mit ihm bezwang er nicht nur seine Feinde,
auch Raum und Zeit.
27. Jedenfalls fand die göttliche Hilfe, die ihm auch auf diesem Zug in allen Fährnissen zur Seite stand, mehr Glauben
bei den Menschen als die Orakel, die er nachher erhielt. Fast
könnte man sagen, jene göttliche Hilfe hätte die Orakel
glaubwürdiger gemacht. Zunächst waren nämlich die Regen-

güsse in diesen Tagen so stark und anhaltend, daß man den Tod des Verdurstens nicht zu befürchten brauchte. Zugleich verlor sich durch den Regen die Trockenheit des Sandes. Er wurde feucht und fest. Auch die Luft wurde köstlich frisch und rein. Zwar waren die Merkzeichen, nach denen sich die Führer zu richten pflegten, verschüttet, so daß die Karawane in die Irre ging und in ihrer Ratlosigkeit auseinandergeriet. Aber da erschienen Raben und übernahmen die Führung des Zuges. Sie flogen eilig voraus, solange das Heer hinter ihnen herkam. Wenn es aber zurückblieb oder langsamer marschierte, warteten sie. Noch wunderbarer war, daß sie des Nachts die Verirrten zurückriefen und durch ihr Krächzen auf die Spur des vorausmarschierenden Heeres brachten.

Als Alexander die Wüste glücklich überwunden hatte und zu der Oase kam, begrüßte ihn der Hohepriester des Ammon im Namen des Gottes als seines Vaters. Da richtete Alexander an ihn die Frage, ob einer der Mörder seines Vaters der Rache entgangen sei. „Versündige dich nicht", mahnte ihn der Priester, „denn du hast keinen sterblichen Vater!" Alexander änderte also die Form der Frage: ob er denn an allen Mördern des Philipp die Rache vollzogen habe. Dann fragte er nach seiner eigenen Herrschaft, ob die Götter ihm Macht über alle Menschen verleihen würden. Die Antwort des Gottes versprach ihm die Herrschaft und beruhigte ihn, Philipp habe volle Genugtuung erhalten. Zum Dank stiftete er dem Gott kostbare Weihgeschenke und ließ den Priestern große Geldsummen überreichen.

So lauten die meisten Berichte über Alexanders Orakel. Er selbst schrieb seiner Mutter, er habe einige geheime Weissagungen bekommen, die er ihr nach seiner Rückkehr unter vier Augen mitteilen wolle. Manche erzählen auch, der Hohepriester habe ihn aus Höflichkeit griechisch begrüßen wollen: O *Paidion!* (Liebes Kind) Am Ende des Wortes aber habe er sich in seiner fremden Aussprache versprochen und ein s genommen. So habe sein Gruß denn O *Pai Dios!* (Lieber Sohn des Zeus) gelautet. Alexander habe diese falsche Aussprache mit Freuden aufgenommen, und so sei das Wort in die Lande gegangen, der Gott habe ihn *Pai Dios,* Sohn des Zeus, begrüßt. Als er in Ägypten den Philosophen Psammon hörte, soll Alexander aus dessen Lehren die eine vor allem herausgegriffen haben, daß alle Menschen unter dem Königtum Gottes stehen, denn was in einem Menschen regiere und herrsche, sei göttlich. Tiefere Philosophie aber lag noch in Alexanders eigenem Wort, das er gern sprach, alle Menschen hätten einen gemeinsamen Vater, Gott; aber die besten unter ihnen mache er zu seinen *eigenen* Kindern.

28. Überhaupt trat er den Barbaren gegenüber stolz auf und kehrte vor ihnen seinen unerschütterlichen Glauben an seine göttliche Geburt und Kindschaft hervor. Vor den Griechen machte er seine Gottheit in kluger Zurückhaltung nur selten geltend. Doch schrieb er in einem Briefe wegen der Insel Samos an die Athener: „Ich hätte euch die freie und berühmte Stadt nicht gegeben. Doch behaltet sie nun, da ihr sie von dem Mann bekommen habt, der damals euer Herr war und als mein Vater galt", womit er Philipp meinte. Als er später einmal von einem Pfeil getroffen wurde und starke Schmerzen hatte, rief er: „Was da fließt, ist Blut und nicht nur klarer Saft, wie er den Wunden der seligen Götter entfließt." Als ein andermal ein starker Donnerschlag alle erschreckte, meinte der Sophist Anaxarchos, der sich in der Gesellschaft befand: „Warst du etwa der Donnerer, Sohn des Zeus?" Da lächelte er: „Nein; ich möchte doch meine Freunde nicht erschrecken, wie du es von mir verlangst. Tadelst du doch meine Tafel, daß du auf ihr nur Fische, keine Satrapenköpfe stehen siehst." Tatsächlich soll Anaxarchos sich einmal in diesem Sinne geäußert haben, als Alexander dem Hephaistion ein Gericht kleiner Fische überbringen ließ. Der Philosoph sah ja mit leiser Verachtung auf Menschen herab, die unter Mühen und Gefahren hinter dem Ruhm herjagen und in Vergnügen und Genuß vor den anderen doch nichts oder nur wenig voraus haben. Jedenfalls zeigen diese Aussprüche Alexanders, daß der Glaube an seine Göttlichkeit auf ihn selbst keinen tiefen Eindruck gemacht und ihn nicht verblendet hat. Freilich, als Mittel, die Menschen zu unterwerfen, lehnte er ihn offenbar nicht ab.

29. Als Alexander aus Ägypten nach Phoinikien zurückkehrte, veranstaltete er zu Ehren der Götter feierliche Opfer
und Prozessionen, Wettkämpfe in musikalischen und tragischen Aufführungen. So glänzend ihre Ausstattung war,
ruhmvoller noch waren die Namen der Choregen. Veran-
stalter der Aufführungen waren die Könige von Kypros,
während es in Athen nur Bürger waren. Mit rühmenswer-
tem Ehrgeiz suchten sie sich in der Ausstattung zu übertreffen. Besonders Nikokreon von Salamis und Pasikrates
von Soloi waren die ehrgeizigsten Konkurrenten. Auf sie
fiel das Los, die Kosten für die berühmtesten Schauspieler zu
tragen: Pasikrates für Athenodoros, Nikokreon für Thessalos, den auch Alexander besonders bevorzugte. Doch zeigte
Alexander sein Interesse nicht eher, als bis die Stimmen der
Richter Athenodoros zum Sieger erklärt hatten. Als er das
Theater verließ, soll er sich dahin ausgesprochen haben, gewiß sei er einverstanden mit dem Spruch der Richter, aber
er hätte gern einen Teil seines Reiches hingegeben, wenn es
ihm erspart geblieben wäre, Thessalos als Unterlegenen zu
sehen. Damals nahmen die Athener Athenodoros in eine
Geldstrafe, weil er seine Verpflichtung, bei dem Wettkampf
am Dionysosfest aufzutreten, nicht eingehalten hatte. Er bat
den König, den Athenern deswegen zu schreiben. Aber Alexander wollte nicht, sondern bezahlte für ihn die Strafe. Als
Lykon von Skaphe auf der Bühne von Beifall umrauscht in
einem Lustspiel einen Vers improvisierte mit der Bitte um
zehn Talente, lachte Alexander und ließ sie ihm auszahlen.
In jenen Tagen sandte Dareios vertraute Freunde an Alexander und bot in einem Handschreiben dem König zehntausend Talente als Lösegeld für die Gefangenen an, dazu die
Herrschaft über alles Land diesseits des Euphrat, die Hand
einer seiner Töchter, Freundschaft und Bündnis. Alexander
gab seinen Freunden das Angebot bekannt. Als Parmenion
meinte: „Wenn ich Alexander wäre, nähme ich es an", antwortete er: „Beim Zeus, ich auch, wenn ich Parmenion wäre!"
Dareios aber schrieb er, wenn er zu ihm kommen wolle, so
solle er freundlichster Aufnahme versichert sein, im andern
Falle werde er nunmehr gegen ihn ziehen müssen.

30. Doch bald reute ihn solche Antwort, als Dareios' Gemahlin im Kindbett gestorben war. Er konnte den Schmerz nicht verbergen, daß ihm der Tod die Möglichkeit genommen hatte, seine Freundlichkeit zu beweisen. Daher ließ er die Königin mit verschwenderischer Pracht bestatten. Dareios erfuhr die Todesnachricht durch einen Eunuchen Teireus. Dieser war seinerzeit mit den königlichen Frauen in Gefangenschaft geraten, aber jetzt entfloh er aus dem Lager und ritt zu Dareios. Als der König die schwere Nachricht bekam, schlug er sich aufs Haupt und brach in Tränen aus: „Welcher Dämon verfolgt die Perser, daß des Königs Weib und Schwester im Leben bittere Gefangenschaft tragen mußte, im Tode kein königliches Begräbnis fand?" Da fiel ihm der Eunuch ins Wort: „Um die Bestattung, um Achtung und Ehre, wie sie einer Königin gebühren, darfst du den bösen Dämon der Perser nicht schelten! Fehlte doch meiner Herrin Stateira, da sie lebte, auch deiner Mutter und den Kindern zu ihrem Glück, wie sie es früher genossen hatten, nur eines: Dein Licht, das unser Herr Oromasdes in altem Glanz wieder aufleuchten lassen wird! Da sie aber starb, bestattete man sie mit königlichen Ehren, ja, die Feinde weinten um sie. Alexander ist nach dem Sieg ebenso edel wie furchtbar in der Schlacht."

Als Dareios diese Worte hörte, riß ihn Verwirrung und Schmerz fort zu unziemlichem Verdacht. Er nahm den Eunuchen mit in das Innere des Zeltes und fragte ihn: „Wenn nicht auch du, wie das Glück der Perser es getan, auf die Seite der Makedonen getreten bist, wenn ich noch dein Herr und König Dareios bin, so sprich und gib mir Antwort in heiliger Furcht vor dem leuchtenden Licht des Mithras und der Rechten des Königs: Weine ich jetzt wirklich über das geringste Leid, das Stateira hat erleiden müssen? Oder ist uns Traurigeres widerfahren, da sie lebte? Oder hätte uns wohl ein schimpflicheres Geschick treffen können, wenn wir in die Hände eines grausamen, unbarmherzigen Feindes gefallen wären? Kann denn ein junger Mensch einen ehrbaren Grund haben, dem Weibe seines Feindes solche Ehren zu erweisen?" Während er noch redete, fiel Teireus ihm zu

Füßen und bat ihn zu schweigen, Alexander nicht unrecht zu tun und seiner toten Schwester und Gattin in Ehren zu gedenken. Er flehte ihn an, sich nicht des besten Trostes in seinem Unglück zu berauben: des Glaubens nämlich, daß er überwunden sei von einem Gegner, der Menschenmaß überrage; Staunen und Bewunderung verdiene Alexander, der gegen die Frauen der Perser mehr Ehrfurcht bewies als Mut gegen die Männer. Da der Eunuch seine Worte mit schauerlichen Eiden begleitete und Alexanders Selbstbeherrschung und Seelengröße pries, ging Dareios zu seinen Vertrauten hinaus und hob die Hände zum Gebet gen Himmel: „Götter, die ihr über Geschlechter und Königreiche waltet, verleiht mir, der Perser Macht wieder aufzurichten und sie meinen Erben in dem Glanz zu hinterlassen, in dem ich sie einst übernahm, damit ich als Sieger Alexander vergelten kann, was er meinen Lieben in meinem Unglück Freundliches für mich getan. Wenn aber das Schicksal, dem Neide der Götter sich fügend und dem Wechsel der menschlichen Dinge, jetzt die Zeit heraufgeführt hat, da dem Reich der Perser zu fallen bestimmt ist, so flehe ich zu euch, daß kein anderer der Sterblichen als Alexander den Thron des Kyros besteigen möge." So berichten die meisten Historiker Tat und Wort.

31. Als Alexander alle Länder diesseits des Euphrat unterworfen hatte, zog er gegen Dareios, der mit einem Millionenheer aus dem Inneren Asiens herankam. Unterwegs erfuhr Alexander von einem seiner Freunde einen lustigen Streich seiner Leute. Die Diener des königlichen Zeltes hätten zwei Abteilungen gebildet, jede mit einem Führer; den einen titulierten sie Alexander, den anderen Dareios. Zuerst hätten sie sich aus der Entfernung mit Erdklumpen geworfen, dann mit Fäusten gegeneinander gekämpft, in der Hitze des Gefechtes schließlich zu Steinen und Knüppeln gegriffen, dabei seien es immer mehr geworden, und nun könne man sie nicht wieder auseinanderbringen. Als Alexander davon hörte, ließ er die beiden Führer zum Zweikampf antreten, dem einen, dem *Alexander*, gab er selbst Waffen, der andere, *Dareios*, bekam sie von Philotas. Das ganze Heer sah sich den Streit an und betrachtete ihn als Vorzeichen für die

Zukunft. Es gab einen heftigen Kampf, aber Sieger blieb schließlich der *Alexander*. Zur Belohnung bekam er zwölf Dörfer und das Recht, persische Tracht zu tragen. Diese Geschichte erzählt uns Eratosthenes.

Die große Entscheidungsschlacht gegen Dareios wurde bei Gaugamela, nicht, wie die meisten Quellen berichten, bei Arbela geschlagen. Der Name soll etwa Kamelhaus bedeuten, da in Vorzeiten ein König, der sich auf einem Kamel vor seinen Feinden gerettet hatte, dem Tier hier ein Unterkommen gegeben und die Einkünfte einiger Dörfer für seine Verpflegung bestimmt hatte. Nun fand im Monat Boëdromion eine Mondfinsternis statt in der Zeit, als die Feiern der Mysterien in Athen begannen. In der elften Nacht nach dieser Finsternis, als die beiden Heere schon auf Sichtweite aneinander herangekommen waren, blieben die Truppen des Dareios befehlsgemäß unter Waffen. Bei Fackelschein nahm der König die Parade ab. In derselben Nacht stand Alexander, während seine Truppen schliefen, mit dem Seher Aristandros vor seinem Zelt, um in geheimnisvollen, heiligen Zeremonien Phobos, dem Gotte der Furcht und Panik, blutige Opfer zu bringen. Währenddessen sahen Alexanders ältere Freunde und vor allem Parmenion die Ebene zwischen dem Niphates und den Bergen der Gordyaier in dem Glanz der persischen Fackeln aufleuchten. Verworrenes Getöse und dumpfes Lärmen drang von dem Heer der Perser wie von einem ungeheuren Meere her an ihr Ohr. Staunen packte sie, und sie sprachen zueinander, es sei ein großes und gefährliches Wagnis, am hellen Tage anzugreifen und ein solches Kriegsheer zurücktreiben zu sollen. Als der König vom Opfer zurückkehrte, traten sie also zu ihm und machten ihm den Vorschlag, in der Nacht die Feinde anzugreifen und die Finsternis wie einen verhüllenden Schleier über den kommenden furchtbaren Kampf zu decken. Der König aber sprach das denkwürdige Wort: „Ich stehle den Sieg nicht." Manchen erschien das Wort kindisch und eitel. Sie tadelten ihn, daß er im Angesicht einer solchen Gefahr noch scherze. Andere aber sahen in dem Wort seinen Mut trotz der schweren Gegenwart und erkannten, wie richtig sein Urteil über die Zukunft war, wenn er Dareios im Falle einer Niederlage nicht die Möglichkeit geben wollte, mit Aussicht auf Erfolg einen neuen Versuch zu wagen; denn dann würde Dareios alle Schuld auf die Nacht und die Finsternis schieben, wie er bei den vorherigen Niederlagen die Schuld dem Kampf in den Pässen des Gebirges und am Meere gegeben hatte. Den Mangel an Waffen und Streitern würden Dareios bei der unerschöpflichen Kraft seines Landes niemals zum Frieden zwingen. Frieden würde ein Mann wie Dareios nur schließen, wenn ihn eine unbestreitbare Niederlage mit Gewalt zwänge, seine stolze Hoffnung fahren zu lassen.

32. Als die Freunde Alexander verlassen, legte er sich in seinem Zelte zum Schlaf nieder und schlief den Rest der Nacht, wie man erzählt, gegen seine Gewohnheit so tief und fest, daß sich seine Offiziere, die in der Frühe kamen, verwunderten und einstweilen auf eigene Verantwortung den Soldaten den Befehl gaben, zu frühstücken. Als schließlich die Zeit drängte, ging Parmenion ins Zelt, trat an das Lager und rief ihn zwei-, dreimal mit Namen. Als er endlich erwachte, fragte Parmenion, was ihm denn widerfahren sei, daß er den Schlaf eines Siegers schlafe, nicht als ob er vor dem entscheidendsten Kampf seines Lebens stände. Da antwortete Alexander lächelnd: „Wieso, weißt du denn nicht, daß wir schon so gut wie gesiegt haben? Endlich sind wir davon erlöst, in dem weiten, verwüsteten Land herumzuziehen und Dareios zu suchen, der jeder Schlacht ausweichen möchte." Aber nicht nur vor der Schlacht, auch mitten in der Gefahr des Kampfes zeigte sich seine Größe in der Ruhe, mit der er besonnene Entschlüsse und mutiges Wagen verband. Denn schon fing in dem Kampf der linke Flügel unter Parmenion an zu weichen und geriet in Unordnung, weil die baktrische Reiterei mit ungestümer Gewalt unter die Makedonen einbrach und Mazaios Reiter um den Flügel der Phalanx herumschickte, um die Bedeckung des Trosses zu überfallen. Darüber verlor Parmenion fast den Kopf und schickte an Alexander Meldung, Lager und Troß wären verloren, wenn er nicht in aller Eile von der Front eine starke Abteilung für das Lager zur Hilfe schicken würde. In dem-

selben Augenblick, in dem diese Meldung kam, wollte Alexander seinem Flügel das Zeichen zum Angriff geben. Aber als er die Meldung des Parmenion hörte, gab er den Bescheid, Parmenion sei nicht gescheit oder hätte seinen Verstand verloren; in der Bestürzung hätte er wohl vergessen, daß Siegern alles, Besiegten nichts gehöre und Überwundene sich um einen ehrlichen Soldatentod in der Schlacht, nicht um Reichtum und Sklaven sorgen sollten. Nach solchem Bescheid an Parmenion setzte er den Helm auf. Die übrige Rüstung hatte er schon im Zelt angelegt, ein gegürtetes Gewand von sizilischer Arbeit, darüber einen Panzer aus doppeltem Linnen, wie er sie in der Schlacht von Issos erbeutet hatte. Der Helm, ein Werk des Theophilos, war aus Eisen, schimmerte aber wie reines Silber; auch der Halskragen war aus Eisen, mit Edelsteinen geschmückt. Sein Schwert war von staunenswerter Härte und Leichtigkeit, ein Geschenk des Königs von Kition; Alexanders Waffe in den Schlachten war nämlich das Schwert. Dazu trug er einen Reitermantel, dessen kostbare Arbeit nicht zur übrigen Rüstung passen wollte. Es war eine Arbeit des alten Helikon, ein Prunkstück der Stadt Rhodos, die es dem König als Geschenk verehrt hatte. Auch ihn legte er nur für die Schlacht an. Wenn er herumritt, um seine Phalanx aufzustellen oder seinen Leuten Mut zuzusprechen, die nötigen Befehle zu erteilen oder die Mannschaften zu besichtigen, ritt er nicht den Bukephalos; wollte er ihn doch schonen, weil er allmählich alt geworden war. Ging es aber in den Kampf, so ließ er ihn sich vorführen, schwang sich auf ihn und schon begann der Angriff.

33. Damals hatte Alexander an die Thessaler und die übrigen Hellenen eine lange Ansprache gehalten. Jubelnd riefen sie ihm zu, er solle sie gegen die Feinde führen. Da packte ihn die Begeisterung, er nahm die Lanze in die Linke, hob die Rechte gen Himmel und betete, wie Kallisthenes berichtet, zu den Göttern, wenn er wahrhaftig ein Sproß des Zeus sei, dann möchten sie den Hellenen im Kampf zur Seite stehen und ihnen Kraft und Stärke verleihen. Neben ihm ritt der Seher Aristandros im weißen Gewand, das goldene Diadem auf dem Haupt, und wies auf einen Adler, der, als

es zum Angriff ging, zu Häupten Alexanders sich in die Lüfte schwang und ohne Zögern den Feinden gerade entgegenflog. Dieser Anblick ließ ihre Herzen höher schlagen, siegesgewiß riefen sie einander zu. So stürmten die Reiter auf die Linien der Feinde zu, hinter ihnen wogten in vollem Lauf die Scharen der Phalanx.

Ehe noch die Vordersten ins Gefecht kamen, wichen die Perser schon. Es gab eine hitzige Verfolgung, denn Alexander wollte den besiegten Flügel auf das Zentrum werfen, wo Dareios stand. Von fern hatte er ihn durch die vordersten Reihen hindurch in der Tiefe der königlichen Schwadron bemerkt, wo er in seiner Schönheit und ragenden Größe auf dem Wagen stand, geschirmt von zahllosen Reitern in schimmernder Rüstung, die rings um den Wagen hielten, bereit, den Feind zu empfangen. Aber Alexander ward ihnen, je näher er kam, um so furchtbarer, und da er die Flüchtenden auf die noch Stehenden warf, entstand auch bei diesen eine Panik. Fast alle flohen auseinander, nur die Tapfersten und Edelsten ließen sich für ihren König niederhauen, stürzten übereinander und hielten die Verfolger auf, noch sterbend schlangen sie sich um die Feinde und ihre Pferde.

Alle Schrecken des Kampfes hatte Dareios vor Augen — da drängten die Truppen, die vor ihm standen, zurück. Aber es war einfach unmöglich, den Wagen zu wenden und durch die Reihen zurückzufahren. Die Räder wurden von Bergen Gefallener aufgehalten, die Pferde, fast überragt und eingeschlossen von den Leichenhaufen, bäumten sich auf und brachten auch noch die Lenker in Verwirrung. Dareios ließ also Wagen und Waffen im Stich, bestieg eine Stute, die vor kurzem geworfen hatte, und entfloh. Aber diesmal wäre er gewiß nicht entkommen, wenn nicht wieder berittene Melder von Parmenion gekommen wären, um Alexander nach dem anderen Flügel zu rufen, wo noch eine ansehnliche Macht der Feinde stand, die nicht weichen wollte. Überhaupt wirft man Parmenion in dieser Schlacht Mangel an Schneid und Energie vor, ob nun schon das Alter ihm den Mut der Jugend geraubt hatte oder ob er, wie Kallisthenes erzählt, auf Alexanders wachsende Macht und Größe eifersüchtig und neidisch war. Der König war erbittert über diesen Hilferuf, doch ließ er, ohne seinen Leuten die Wahrheit zu sagen, zum Rückzug blasen unter der Begründung, er wolle dem Blutvergießen Einhalt tun, auch breche die Nacht schon herein. Schon auf dem Wege nach dem bedrohten Flügel hörte er, die Feinde seien vollkommen überwältigt und auf der Flucht.

34. Der Ausgang der Schlacht bedeutete offenbar den völligen Zusammenbruch des persischen Reiches. Alexander ließ sich also zum König Asiens ausrufen, brachte den Göttern prachtvolle Opfer dar und überhäufte seine Freunde mit Geschenken: Reichtum, Häusern und Statthalterschaften. Um sich den Griechen in der Fülle seiner Macht zu zeigen, schrieb er ihnen, daß alle Tyrannenregierungen in den einzelnen Städten aufgehoben seien und sie nach ihren eigenen Gesetzen leben dürften. An die Plataier sandte er einen Erlaß, sie sollten ihre Stadt wieder aufbauen zum Lohn dafür, daß ihre Väter einst ihr Land den Hellenen für den Freiheitskampf Griechenlands zur Verfügung gestellt hätten. Auch schickte er einen Teil der Beute nach Kroton in Italien, um den Kämpfer Phayllos zu ehren für Wagemut und Tapferkeit. Er hatte einst im Perserkriege, als die übrigen Italiker die Sache der Griechen schon als hoffnungslos aufgegeben hatten, auf seine Kosten ein Schiff ausgerüstet und war nach Salamis gesegelt, um teilzuhaben an der Gefahr. So huldreich war Alexander gegen menschliche Größe, ein treuer Wahrer und Freund jeglicher Heldentat.

35. Babylonien unterwarf sich ihm sofort. Auf seinem Zug durch das Land erregte eine Erdspalte sein Staunen, aus der ununterbrochen, wie aus einer Quelle, Feuer hervorbrach. In der Nähe befand sich ein Strom von Naphtha, das infolge seiner Menge einen See bildete. Es hat eine gewisse Ähnlichkeit mit dem Asphalt, ist aber so feuergefährlich, daß es sich, ehe die Flamme es berührt, schon durch den die Flamme umgebenden Schein entzündet und oft die Luft in dem Zwischenraum in Flammen setzt. Um dem König die Eigenschaft und die Wirkung des Naphtha zu zeigen, besprengte man einen schmalen abwärtsführenden Weg, der

zum Quartier des Königs ging, leicht mit der Masse; dann stellte man sich, als es dunkel wurde, an dem oberen Ende auf und hielt Fackeln an die besprengten Teile. Der Rand des Naphtha fing sofort Feuer, das sich im Nu ausbreitete, und ehe man sichs versah, war es bis ans andere Ende gelaufen, so daß der ganze Weg in Flammen stand. Nun war unter den Leuten, die Alexander beim Salben und Baden bedienten und mit ihren Scherzen aufzuheitern pflegten, ein Athener Athenophanes. Zufällig stand in dem Baderaum neben Alexander ein Knabe, Stephanos, zwar keine Schönheit und lächerlich anzusehen, aber ein ausgezeichneter Sänger. Da meinte Athenophanes: „Majestät, sollen wir das Naphtha einmal an Stephanos probieren? Wenn es den nämlich ergreift, ohne zu erlöschen, will ich gern zugeben, daß seine Kraft groß und unübertrefflich ist." Der Knabe bot sich, seltsam genug, selbst freiwillig zum Versuch an. Aber kaum hatte man ihn damit bestrichen und Feuer in seine Nähe gebracht, als der ganze Körper aufflammte, so daß Alexander ratlos in große Erregung geriet. Wären nicht zum Glück viele Diener dagewesen, die Eimer mit Badewasser in den Händen hielten, so wäre jede Hilfe zu spät gewesen. Aber trotzdem konnten sie den Körper des Knaben, der von oben bis unten in Flammen stand, nur mit Mühe retten. Noch lange hatte er schwer zu leiden.

Es ist verständlich, daß Leute, die den Mythos in der Wirklichkeit wiederfinden wollen, dieses Naphtha für das Zaubergift der Medea erklären, mit dem sie in der Tragödie den Kranz und das Gewand tränkte. Das Feuer sei nicht aus diesen Dingen selbst, auch nicht von selbst entstanden, vielmehr sei – unbemerkt für das Auge – Anziehung und Verbindung (zwischen Zaubergift und Flamme) erst zustande gekommen, als man eine Flamme in die Nähe gebracht habe. Denn die aus der Ferne kommenden Strahlen und Strömungen des Feuers brächten den Körpern im allgemeinen nur Licht und Wärme; wenn die Körper aber trocken und porös seien, oder wenn sie eine ausreichende fettige Feuchtigkeit besäßen, dann sammelten sich die Strahlungen des Feuers darin, entzündeten sich und verwandelten den ganzen Körper. Die Frage nach der Entstehung (des Naphthas) hat zu Meinungsverschiedenheiten Anlaß gegeben, ob . . .[1] oder ob die feuchte Masse als Brennstoff für das Feuer aus dem Boden hervorquillt, weil der Boden fett und feuererzeugend ist. Denn Babylonien ist überhaupt feurig, so daß Gerstenkörner häufig vom Boden abprallen und in die Höhe springen, als wenn der Boden infolge der Hitze zitterte, und so feurig ist es, daß die Menschen in der heißen Jahreszeit Schläuche mit Wasser füllen, um darauf zu schlafen. Obwohl Harpalos, der als Regent des Landes zurückblieb, seinen Stolz dareinsetzte, die königlichen Gärten und Spazierwege mit Pflanzen aus Griechenland schmücken zu lassen, hatte er mit dem Efeu kein Glück, wenn auch andere Pflanzen gediehen. Der Boden ließ den Efeu nicht hochkommen, sondern er verkümmerte, weil er die Temperatur nicht verträgt; denn er liebt die Kälte, während Babylonien heiß ist. An solchen Exkursen werden auch wohl kritische Leser nicht viel auszusetzen haben, wenn sie nur nicht zu umfangreich sind.

36. Als Alexander Herr von Susa geworden war, fand er dort im Schloß vierzigtausend Talente gemünztes Gold und unbeschreiblich viele Schätze und Kostbarkeiten. So soll er dort auch fünfhundert Talente Purpur aus Hermione gefunden haben. Schon seit hundertneunzig Jahren bewahrte man ihn dort auf, trotzdem hatte er noch seine frische, leuchtende Farbe. Als Grund dafür gibt man an, daß beim Färben für die weißen Stoffe weißes Öl, für die roten Honig benutzt sei; denn diese behielten unverändert ihren klaren, leuchtenden Glanz. Deinon erzählt auch von Wasser, das die Perserkönige aus dem Nil und aus der Donau hätten holen lassen, um es unter ihren Schätzen als Beweis für die Größe des Reiches und für ihre Herrschaft über den Erdkreis aufzubewahren.

37. Den Einmarsch in die Provinz Persis versperrten wilde Gebirge. Zudem wurde das Land von den edelsten Persern verteidigt; Dareios war ja geflohen. Aber Alexander fand einen Führer, der ihn auf einem kleinen Umweg dahin ge-

---

1 Textlücke

leitete. Der Mann sprach zwei Sprachen, weil sein Vater Lyker, seine Mutter Perserin war. Von diesem Manne hatte einst in Alexanders Jugend die Pythia in Delphi ihm prophezeit, ein Wolf *(lykos)* werde auf dem Zug gegen die Perser sein Wegweiser sein.

In dieser Gegend war es, wo ein großes Morden unter den Gefangenen angerichtet wurde. Alexander schreibt selbst, daß er den Befehl gegeben habe, alle Feinde ohne Unterschied niederzumachen, weil er sich davon wichtige Erfolge versprach.

An gemünztem Geld fand man dort nicht weniger als in Susa. Für den Abtransport der übrigen Beute und der Kostbarkeiten brauchte man sogar zehntausend Maultiergespanne und fünftausend Kamele.

Als die Volksmenge, die sich in den königlichen Palast gedrängt hatte, die gewaltige Statue des Xerxes umgestürzt hatte, blieb Alexander bei ihrem Anblick stehen und redete sie an, als spräche er mit dem König selbst: „Sollen wir dich wegen deines Krieges gegen die Griechen hier liegenlassen oder wegen deiner Seelengröße und deiner Tapferkeit wieder aufrichten?" Er versank in langes Schweigen und ging endlich vorbei. Vier Monate blieb er mit seinem Heer in der Stadt, weil er ihm Erholung gönnen wollte. Es war zur Winterszeit.

Als Alexander zum erstenmal unter dem goldenen Baldachin auf dem Thron der Perserkönige thronte, brach Demaratos aus Korinth, ein ergebener Freund und Vertrauter Alexanders schon von seinem Vater her, in Tränen aus, wie es Greise tun, und sagte, ein Freudentag sei den Hellenen entgangen, die gestorben seien, ehe sie Alexander auf dem Thron des Dareios gesehen hätten.

38. Als er in jenen Tagen schon daran dachte, den Zug gegen Dareios fortzusetzen, überließ er sich mit seinen Freunden noch einmal fröhlichem Gelage; dazu waren auch Dirnen gekommen, um mit ihren Freunden an der Zecherei teilzunehmen. Die berühmteste unter ihnen war Thaïs, die spätere Geliebte des Königs Ptolemaios. Mit zierlichen Worten pries sie Alexander und scherzte mit ihm. Schließlich gab

der Wein ihr ein Wort ein, das zu Brauch und Art ihrer Vaterstadt – sie stammte aus Athen – stimmen mochte, aber zu stolz war für ein Wesen wie sie: für alle Mühen, die sie auf ihren Irrfahrten durch Asien habe durchmachen müssen, sei dieser Tag der schönste Lohn, da sie der stolzen Königsburg der Perser Hohn sprechen könne. Aber noch mehr Freude würde es ihr machen, wenn sie lustig durch die Straßen schwärmend den Palast des Xerxes, der einst Athen in Asche gelegt hätte, in Brand stecken könnte; mit eigener Hand möchte sie vor den Augen Alexanders das Feuer entzünden, damit die Kunde durch die Lande der Menschen gehe, daß ein schwaches Weib in Alexanders Gefolge für Griechenland an Persien härtere Rache genommen habe als einst die Führer griechischer Heere und Flotten. Der Vorschlag wurde mit Jubel und Klatschen begrüßt. Man drang auf Alexander ein und redete ihm zu, bis er sich verlocken ließ und aufsprang. Den Kranz auf dem Haupt, die Fackel in der Hand ging er voran, die Zechgenossen folgten ihm im jubelnden Zug und umringten den Palast. Auch andere Makedonen, die davon gehört hatten, liefen voll Freude mit Fackeln herbei. Hofften sie doch, die Verbrennung und Zerstörung des königlichen Palastes habe den Sinn, daß ihr Alexander wieder an die Heimat denke und seine Residenz nicht unter den Barbaren aufschlagen wolle. So erzählten die einen diese Begebenheit, andere wollen wissen, der Brand sei mit Vorbedacht angelegt. Daß Alexander aber der Brand bald reute und er Befehl zum Löschen gab, darin stimmen alle überein.

39. Freigebig war Alexander schon von Natur. Aber je mehr der Reichtum sich in seinen Händen häufte, um so mehr wuchs seine Freude am Geben. Dazu kam seine freundliche Liebenswürdigkeit, sie allein schafft dem Schenkenden in Wahrheit Freunde. Davon nur einige Beispiele. Einst hatte Ariston, der Anführer der Paionen, einen Feind erschlagen und wies dessen Kopf dem König mit den Worten vor: „Ein solches Geschenk, König, gilt bei uns einen goldenen Becher!" Lächelnd meinte Alexander: „Ja, aber einen leeren. Ich will ihn dir mit Wein gefüllt zutrinken." Ein andermal trieb ein

armer Makedone ein Maultier, das mit königlichem Gold schwer beladen war. Als das Tier müde wurde, nahm der Mann das Gold auf seine eigenen Schultern und schleppte die Last weiter. Da sah der König ihn dahinkeuchen und ließ sich die Geschichte erzählen. „Nicht müde werden, gib noch den Rest des Weges zu und bring die Last in deine Hütte!"

Überhaupt zürnte er seinen Freunden leichter, wenn sie seine Geschenke ausschlugen, als wenn sie ihn um etwas baten. Deshalb bekam Phokion einst einen Brief von ihm, in Zukunft wolle er nichts mehr von ihm wissen, wenn er seine Freundlichkeiten immer zurückweise. Serapion, einem seiner Freunde, mit denen er gern Ball spielte, hatte er noch gar nichts gegeben, weil er nie etwas verlangte. Als Serapion einmal beim Spiel den Ball immer den anderen zuwarf, fragte Alexander: „Warum bekomme ich ihn nie?" „Du bittest mich ja nicht darum", meinte Serapion. Da lachte Alexander und überhäufte seinen Freund mit Geschenken. Proteas, ein geistreicher Freund bei Scherz und Wein, schien einmal in Ungnade gefallen zu sein. Die Freunde baten für ihn, und er selbst konnte die Tränen nicht zurückhalten. Alexander nahm ihn in Gnaden auf. „Nun, König", versetzte Proteas, „gib mir erst ein Pfand dafür", und Alexander befahl, ihm fünf Talente auszuzahlen.

Wie ungeheuer groß die Reichtümer waren, die er unter seine Freunde und seine Leibwache verteilte, geht aus einem Brief der Olympias an ihren Sohn hervor: „Du mußt andere Wege finden, um denen, die du liebst, wohlzutun und ihnen Gnade zu erweisen; jetzt machst du sie alle Königen gleich und gibst ihnen die Möglichkeit, sich viele Freunde zu erwerben. Du selbst aber verlierst alle." Dergleichen Mahnungen bekam er oft von seiner Mutter Olympias, aber er hielt sie immer geheim. Nur einmal, als Hephaistion mit ihm zusammen einen Brief öffnete und durchlas, wie sie zu tun pflegten, wehrte er es ihm nicht, aber er zog seinen Ring vom Finger und drückte ihm dessen Siegel auf die Lippen. Obwohl der Sohn des Mazaios, der einst am Hofe des Dareios der mächtigste Mann gewesen war, schon eine Satrapie hatte, wollte Alexander ihm noch eine größere dazugeben. Aber er lehnte ab mit den Worten: „Damals gab es nur einen Dareios, jetzt hast du aber viele Alexander geschaffen!" Dem Parmenion schenkte er das Haus des Bagoas in Susa, in dem man allein Gewänder im Wert von tausend Talenten gefunden haben soll. Ein andermal bat er Antipater in einem Brief, er solle sich eine Leibwache zulegen, denn ihm drohe ein Attentat. Mit Geschenken verwöhnte er seine Mutter gern, erlaubte ihr aber nie, sich in seine Geschäfte zu mischen oder ihm gar Ratschläge für seine Feldzüge zu geben. Freilich zankte sie dann mit ihm, aber er ließ ihre schlechte Laune ruhig über sich ergehen. Nur einmal, als er einen langen Brief gelesen hatte, in dem Antipater sich über Olympias beschwerte, meinte er, Antipater wisse nicht, daß eine einzige Mutterträne tausend solcher Briefe auslöschen könne.

40. Doch mußte er nun auch erleben, daß in seinem Hofstaat immer mehr Luxus um sich griff und die ihm Nahestehenden in ihrem Auftreten und in ihrer Verschwendung ihre gute Kinderstube vergaßen. Hagnon von Teos brachte es fertig, silberne Nägel unter seinen Stiefeln zu tragen; Leonnatos ließ sich von einer Kamelkarawane Sand aus Ägypten für seine leichtathletischen Übungen holen. Philotas führte für seine Jagden Netze mit sich, die hundert Stadien lang waren. Beim Salben und Baden brauchten sie kostbare Essenzen, nicht mehr das einfache Olivenöl, und in ihrem Gefolge sah man Masseure und Kammerdiener. Alexander machte ihnen Vorwürfe, aber in seiner milden Art, die das Herz der Menschen kennt: er könne nicht glauben, daß Männer, die in zahllosen schweren Schlachten gekämpft hätten, vergessen haben sollten, daß der Sieger besser schläft als der Besiegte; und wenn sie ihre Art zu leben mit Perserart verglichen, müsse es ihnen doch zum Bewußtsein kommen, daß Üppigkeit und Weichlichkeit Sklavenart, Königsart aber Mühe und Arbeit sei. „Ja", sagte er, „wie kann man selbst sein Pferd pflegen und Lanze und Helm putzen, wenn man verlernt hat, selbst seinen Körper zu pflegen, der doch das Wertvollste ist für den Menschen?" „Wißt ihr nicht", fuhr er fort, „daß des Siegers Höchstes ist, dem Besiegten nicht

zu gleichen?" Deshalb steigerte er die Anforderungen an sich selbst auf den Feldzügen und Hetzjagden noch mehr, setzte sich den größten Beschwerlichkeiten und Gefahren aus, so daß ein spartanischer Gesandter, der es erlebte, wie Alexander einen gewaltigen Löwen erlegte, ausrief: „Vortrefflich, Alexander, hast du mit dem Löwen gekämpft, um zu sehen, wer König ist!" Eine Bronzegruppe dieser Jagdszene hat Krateros für Delphi gestiftet. Sie stellt den König im Kampf mit dem Löwen, die Hunde und ihn selbst dar, wie er dem König zu Hilfe kommt. Die Figuren gossen Leochares und Lysipp.

41. Alexander nahm solche Gefahren gern auf sich, da er selbst so seine Kräfte stählte und gleichzeitig seinen Freunden Gelegenheit zu mannhaften Taten bot. Die Freunde waren freilich des Herumziehens und der Feldzüge herzlich müde und wollten lieber Reichtum und hohe Stellung, die sie erworben hatten, in einem üppigen, bequemen Leben genießen. So begannen sie allmählich, ihn zu schelten und zu schmähen. Anfänglich blieb er dabei ganz ruhig und gelassen und meinte, das sei eben das Schicksal der Könige, für ihre Wohltaten Klagen zu hören. Und doch leuchteten seine Liebe und Achtung aus den unscheinbarsten Freundlichkeiten gegen die Freunde hervor. Dafür nur einige kleine Beispiele. An Peukestas, der von einem Bären gebissen war, schrieb er, er bedaure, daß Peukestas den anderen Freunden von seinem Unfall geschrieben, ihm selbst aber nichts davon mitgeteilt habe. „Aber nun schreib mir", fuhr er fort, „schreib mir, wie es Dir geht, und ob Dich etwa einige Jagdgefährten im Stich gelassen haben, damit sie ihre Strafe bekommen." Hephaistion, der zu einem Unternehmen unterwegs war, schrieb er, als sie mit einem Ichneumon spielten, sei Krateros in den Spieß des Perdikkas gefallen und habe sich am Schenkel verletzt. Als Peukestas von einer Krankheit wiederhergestellt war, sandte Alexander dem Arzt Alexippos ein eigenhändiges Dankschreiben.

Bei einer Krankheit des Krateros sah er einen Traum und brachte nicht nur selbst den Göttern die ihm im Traume aufgetragenen Opfer, er forderte ihn auch selbst zu solchen

Opfern auf. Er schrieb auch an den Arzt Pausanias, der Krateros mit Nieswurz behandeln wollte, verhehlte ihm seine Besorgnisse wegen einer solchen Behandlung nicht und machte ihm Vorschläge für die Verwendung des Mittels. Ephialtes und Kissos, die ihm als erste die Nachricht von dem fluchtartigen Entweichen des Harpalos brachten, ließ er als Denunzianten in Ketten legen. Als er seine Veteranen, die nach langer Kriegszeit den Strapazen der Feldzüge nicht mehr gewachsen waren, in die Heimat entlassen wollte, meldete sich auch Eurylochos aus Aigai krank. Man konnte ihm aber nachweisen, daß ihm nichts fehle. Schließlich gab er zu, daß er sich in Telesippa verliebt hätte und sie auf ihrer Reise nach der Küste hätte begleiten wollen. Da fragte Alexander ihn, wer denn diese Frau sei. Als er hörte, daß sie zu den freien Hetären gehöre, meinte er: „Eurylochos, ich will dir helfen in deiner Verliebtheit. Du mußt nur sehen, daß wir Telesippa mit Worten oder Geschenken dazu bringen, hierzubleiben, sie ist ja frei und unabhängig."

42. Überraschend ist, daß er sich die Zeit genommen hat, über so unwichtige Dinge seinen Freunden zu schreiben. So schrieb er nach Kilikien, man solle einen Sklaven, der dem Seleukos weggelaufen sei, suchen. Peukestas bekam ein großes Lob, weil er Nikon, einen Sklaven des Krateros, verhaftet hatte. An Megabyzos schrieb er wegen eines Sklaven, der in ein Tempelasyl geflohen war, er solle den Sklaven vor den Tempel locken und ihn dann verhaften, im Heiligtum selbst aber nicht anrühren. Auch erzählt man, er habe bei Kriminalprozessen während der Rede des Klägers seine Hand vor das eine Ohr gehalten, um es für den Beklagten rein und frei von Verleumdung zu halten. Aber später erbitterten und verhärteten ihn die endlosen Verleumdungen, die die Wahrheit nur benutzten, um ihren Lügen Eingang und Glauben zu verschaffen. Vor allem, wenn er sich selbst Verleumdungen ausgesetzt sah, konnte er außer sich geraten und wurde grausam und unerbittlich, denn sein Ruf war ihm wichtiger als Leben und Königtum.

Damals zog er zu neuem Kampf gegen Dareios aus. Als er aber hörte, Bessos habe den Großkönig gefangengenommen, entließ er die Thessaler in die Heimat und gab ihnen über ihren Sold hinaus noch zweitausend Talente. Auf der endlosen, strapazenreichen Verfolgung (elf Tage lang saßen sie im Sattel und mußten dreitausenddreihundert Stadien zurücklegen) versagten die meisten seiner Leute, vor allem wegen Mangel an Wasser. Da begegneten ihm einige Makedonen, die auf Maultieren Wasser in Schläuchen vom Flusse heranbrachten. Als sie Alexander in der Mittagshitze fast verdursten sahen, füllten sie eilig einen Helm mit Wasser und boten es ihm an. Er wollte aber erst wissen, für wen sie es geholt hätten. „Für unsere eigenen Kinder", sagten sie, „aber wenn du lebst, werden wir neue bekommen, auch wenn wir diese verlieren." Auf diese Antwort nahm er den Helm in seine Hände und schaute um sich. Da sah er, wie seine Reiter die Köpfe vorstreckten und durstig nach dem Trank blickten. Deshalb mochte er nicht trinken und gab den Helm zurück. Er dankte den Leuten für ihren guten Willen und sagte: „Wollte ich allein trinken, würden meine Reiter ganz ihren Mut verlieren." Als die Reiter diese Selbstbeherrschung und hochherzige Gesinnung sahen, schrien sie ihm zu, er solle sie nur getrost weiterführen, und spornten ihre Pferde: sie fühlten weder Ermüdung noch Durst, nicht einmal an ihren eigenen Tod glaubten sie, wenn sie einen solchen König hätten.

43. Freilich wollten sich nun alle gegenseitig an Eifer übertreffen. Aber es waren doch nur noch sechzig Mann, die mit Alexander in das Lager der Feinde eindrangen. Sie ritten über Gold und Silber hinweg, das überall auf dem Boden verstreut lag, vorbei an Wagen, die mit Frauen und Kindern beladen ohne Kutscher durcheinanderjagten. So hetzte Alexander immer hinter den vordersten her, da sie den Großkönig dort anzutreffen glaubten. Endlich fanden sie ihn von vielen Speeren durchbohrt in einem bedeckten Reisewagen liegen. Er war schon dem Tode nahe, bat aber doch noch um einen Trunk. Als er kühles Wasser getrunken hatte, sagte er zu Polystratos, der es ihm gereicht hatte: „Lieber Freund, höher konnte mein Unglück nicht steigen, als daß ich dir diese Freundlichkeit nicht mehr vergelten

kann. Aber Alexander wird es dir lohnen, wie ihn die Götter belohnen mögen für alle Güte, die er meiner Mutter, meinem Weib und meinen Kindern erwiesen hat. Ihm reiche ich die Hand durch dich." Mit diesen Worten ergriff er Polystratos' Rechte und verschied. Als Alexander vor die Leiche trat, verbarg er seinen tiefen Schmerz nicht, löste seinen Kriegsmantel von der Schulter und breitete ihn über den Toten.

Bessos, der ihm später in die Hände fiel, ließ er auseinanderreißen. Zwei gerade Bäume wurden zusammengebogen und an jeden ein Glied des Körpers gebunden. Dann ließ man die Bäume auseinanderschnellen. Durch den Schwung zerriß der Körper.

Die Leiche des Dareios ließ Alexander in königlichem Totenschmuck zu der Mutter überführen. Den Bruder des Königs, Exathres, nahm er unter seine Freunde auf.

44. Dann zog Alexander mit dem Kern seines Heeres nach Hyrkanien. Dort sah er eine Meeresbucht, die ihm nicht kleiner erschien als das Schwarze Meer; das Wasser war aber süßer als sonst Seewasser. Näheres konnte er allerdings nicht in Erfahrung bringen, aber es dünkte ihn am wahrscheinlichsten, daß es sich um einen stagnierenden Arm des maiotischen Sees handele. Gleichwohl hatte die Wissenschaft die Wahrheit schon gefunden und lange Jahre vor Alexanders Zug gezeigt, daß es die nördlichste von den vier Buchten ist, die vom äußeren Meer her ins Land hineinragen, und Hyrkanisches oder Kaspisches Meer heißt.

In dieser Gegend fielen Barbaren überraschend über Alexanders Leute her, die seinen Bukephalos bei sich hatten. In seinem Zorn ließ er den Einwohnern durch seinen Herold drohen, wenn sie ihm das Pferd nicht zurückschickten, würde er sie mit Weib und Kind niedermachen lassen. Als sie aber mit dem Pferd kamen und ihm auch noch ihre Städte auslieferten, behandelte er sie mit aller Freundlichkeit. Den Pferderäubern ließ er sogar noch Lösegeld auszahlen.

45. Von dort zog er nach Parthien. Bei der Muße, die er hier hatte, legte er zum erstenmal persische Tracht an. Vielleicht wollte er dem Landesbrauch folgen, weil er des Glau-

bens war, die Angleichung der Sitten und die Vermischung
der Rassen würden zu einer Milderung der rohen Sitten des
Landes führen. Möglicherweise war es aber auch ein Versuch, den persischen Fußfall bei seinen Makedonen einzu-
führen, indem er sie allmählich an die Veränderung seines
Auftretens gewöhnte. Allerdings legte er nicht die eigentliche medische Tracht an, sie war ihm zu fremd und auf-
fällig. Er verzichtete auf die weiten Hosen, das Obergewand
mit den Ärmeln und die Tiara. Vielmehr wählte er eine
Kleidung, die aus medischer und persischer Tracht mit Geschmack zusammengesetzt war, nicht so prunkvoll wie die
persische, aber doch prächtiger als die medische. Anfänglich
legte er sie nur an, wenn er mit den Barbaren zu tun hatte
oder im Palaste im Kreis seiner Freunde. Erst später ließ er
sich in der Öffentlichkeit damit sehen, etwa beim Ausreiten
oder bei Audienzen. Gewiß kränkte der Anblick die Makedonen. Aber sie bewunderten seine königliche Größe, und
so glaubten sie, ihm nachsehen zu müssen, was ihm Spaß
machte und seiner Eitelkeit schmeichelte. Denn gar nicht zu
sprechen von den anderen Leistungen, hatte er erst kürzlich
wieder einen Schuß in den Unterschenkel bekommen, so daß
ein Stück vom Schienbein absplitterte und herausgenommen
werden mußte. Auch hatte ihn ein Stein im Nacken getroffen, und die Folge war, daß er das Augenlicht für eine beträchtliche Zeit verlor. Aber trotzdem kannte er in Gefahren
keine Schonung. Ja, als er den Orexartes überschritten hatte
– den er übrigens für den Don hielt – und die Skythen in
die Flucht gejagt hatte, verfolgte er sie hundert Stadien
weit, obwohl er von einer starken Darmerkrankung geplagt
wurde.

46. Hier soll die Königin der Amazonen zu ihm gekommen
sein. Jedenfalls berichten es die meisten Quellen, Kleitarch,
Polykleitos, Onesikritos, Antigenes und Istros. Jedoch Aristobulos und der Kammerherr Chares, Ptolemaios, Antiklei-
des, Philon von Theben, Philipp von Theangela, dazu He-
kataios von Eretria, Philipp von Chalkis und Duris von
Samos erklären diese Geschichte für ein Ammenmärchen.
Diesen scheint auch Alexander selbst recht zu geben. Denn

in einem Brief an Antipater, in dem er alles mit den Einzelheiten beschreibt, sagt er, der König der Skythen habe ihm die Hand seiner Tochter geben wollen; der Amazonenkönigin gedenkt er aber mit keinem Wort. Lange Jahre später soll Onesikritos dem Lysimachos, der damals schon König geworden war, das vierte Buch seiner Alexandergeschichte vorgelesen haben. Darin stand auch die Geschichte von der Amazonenkönigin. Lysimachos sagte dabei mit stillem Lächeln: „Und wo war ich damals?" Aber mögen wir die Geschichte nun glauben oder nicht, unsere Bewunderung für Alexander wird stets die gleiche bleiben.

47. Alexander war nicht ohne Besorgnis, seine Makedonen möchten ihm auf seinen weiteren Zügen nicht mehr folgen wollen. Er hatte daher den größten Teil seines Heeres in den Quartieren gelassen und nur die Kerntruppen mit sich nach Hyrkanien genommen, zwanzigtausend Mann und dreitausend Reiter. Deshalb wandte er sich an sie: bisher hätten die Barbaren sie nur wie einen Traum gesehen; aber wenn sie nur Asien in Erregung gebracht hätten und nun wieder abziehen wollten, dann würden die Barbaren sofort über sie herfallen wie über Weiber. Wer gehen wolle, könne gehen; aber er rufe die Götter zu Zeugen an, daß man ihn, als er die ganze Welt für seine Makedonen habe erobern wollen, mit seinen Freunden und Freiwilligen feige im Stich gelassen habe. Dies steht fast mit denselben Worten in einem Brief an Antipater, wie auch, daß die Soldaten seine Worte wie aus einem Munde mit dem Rufe beantwortet hätten, er solle sie führen, wohin er wolle in der weiten Welt. Da der Versuch bei diesen gelungen war, hielt es nicht mehr schwer, auch die Masse des übrigen Heeres zu gewinnen, ja, sie folgten ihm mit Freuden.

Unter diesen Umständen legte er noch mehr Wert darauf, in seinem Auftreten den Gebräuchen des Landes zu folgen, und machte auch den Versuch, die Landessitten denen der Makedonen anzunähern. Hoffte er doch, mit einer solchen Angleichung und Mischung der Sitten auf friedliche Weise für die Sicherung seiner Macht mehr zu erreichen als mit gewaltsamem Vorgehen für den Fall, daß er wieder in die

Ferne ziehen müsse. Zu diesem Zweck ließ er dreißigtausend junge Perser auswählen, um sie unter der Leitung zahlreicher Führer griechisch erziehen und im Gebrauch der makedonischen Waffen unterweisen zu lassen. Und wenn er auch Roxane, eine reizende junge Schönheit, die er bei einem fröhlichen Gelage zum erstenmal gesehen hatte, aus Liebe zum Weibe nahm, so lag die Vermählung doch auch in der Linie seiner Politik. Denn das Vertrauen der Barbaren zu ihm wuchs durch seine Verbindung mit einer Frau ihres Volkes, und sie liebten ihn um so mehr, weil er seine Leidenschaft bezwungen und das einzige Weib, für das er in echter Liebe erglüht war, nur durch die Bande der Ehe an sich zu fesseln wagte.

Er bemerkte aber, daß unter seinen vertrautesten Freunden Hephaistion seine Politik der Verschmelzung billigte und auch selbst persischen Sitten sich anschloß, Krateros aber von seinen heimatlichen Gewohnheiten nicht lassen mochte. Deshalb brauchte er Hephaistion für die Verhandlungen mit den Barbaren, während Krateros den Verkehr mit den Griechen und Makedonen behielt. Gewiß achtete er diesen aufs höchste, aber seine Liebe gehörte mehr Hephaistion, den er deshalb auch den *Freund Alexanders* nannte. Krateros mußte sich mit dem Namen *Freund des Königs* begnügen. Deshalb hatten die beiden auch einen geheimen Groll aufeinander, und es kam nicht selten zu offenem Streit. In Indien gerieten sie einmal so hart aneinander, daß sie schon zum Schwert griffen und die Freunde herbeieilten, um in den Streit einzugreifen. Da sprengte Alexander heran und machte Hephaistion vor aller Ohren die bittersten Vorwürfe, er sei ein Narr und ein Tor, wenn er nicht wisse, daß er ohne Alexander nichts wäre. Unter vier Augen mußte auch Krateros harte Worte hören. Dann brachte er sie zusammen, söhnte sie miteinander aus und schwor ihnen beim Ammon und den anderen Göttern einen heiligen Eid, gewiß seien sie unter allen Menschen seine liebsten Freunde, wenn er aber noch einmal von einem Streit zwischen ihnen höre, werde er sie beide dem Tode überliefern oder wenigstens den, der angefangen habe.

48. Unter den Makedonen genoß damals Parmenions Sohn, Philotas, besondere Verehrung. Er war ein tapferer, zuverlässiger Soldat, und nach Alexander war im ganzen Heer keiner so freigebig, keiner seinen Freunden so ergeben wie er. Einst bat ihn, erzählt man, ein Bekannter um eine Summe Geld, und er befahl, sie ihm zu geben. Als sein Verwalter sich entschuldigte, er habe jetzt kein Geld, sagte er: „Wieso? Hast du denn nicht einen Becher oder einen Mantel?" Aber er trat sehr stolz auf, protzte mit seinem Reichtum und war in seiner Kleidung und seinem Gebaren so anmaßend, wie es sich für einen bloßen Privatmann wahrhaftig nicht schickte. Besonders in jener Zeit fehlte seiner Hoheit und Würde die liebenswürdige Freundlichkeit, er war plump und falsch in seinem Auftreten. Das brachte ihm Neid und Mißgunst ein, so daß Parmenion ihm eines Tages sagte: „Ein bißchen weniger vornehm, mein Bester!" Bei Alexander war er schon seit geraumer Zeit schlecht angeschrieben. Als nämlich nach der Niederlage des Dareios in Kilikien der Troß der Perser bei Damaskos in die Hände der Makedonen fiel, brachte man viele Gefangene ins Lager. Unter ihnen fand sich ein junges Weib, Antigone aus Pydna, eine liebliche Schönheit. Philotas behielt sie für sich. Verliebt und jung, wie er war, prahlte er beim Wein vor ihr mit seinen Heldentaten und Reiterstückchen. Alle großen Erfolge schrieb er sich und seinem Vater zu, Alexander nannte er einen Flaumbart, der den Ruhm seines Königstitels nur ihnen verdanke. Diese Geschichten trug Antigone weiter zu einem Bekannten, dieser, wie es so geht, zu einem anderen, und so kam die Sache schließlich Krateros zu Ohren, der Antigone mit sich nahm und heimlich zu Alexander brachte. Dieser ließ sich alles erzählen und befahl ihr, den Verkehr mit Philotas fortzusetzen und alles, was sie von ihm höre, ihm zu berichten, wenn sie wiederkomme.

49. Philotas wußte nichts von den Schlingen, die man ihm gelegt hatte, und wenn er zu seiner Liebsten kam, stieß er im Zorn und in seiner Prahlerei die unehrerbietigsten Reden gegen den König aus. Trotzdem verharrte Alexander, obwohl so starke Beweise gegen Philotas vorlagen, in seinem

Schweigen und hielt an sich, vielleich weil er sich auf Parmenions Treue und Ergebenheit verließ, oder weil er das Ansehen und den Einfluß von Vater und Sohn fürchtete. Allein um diese Zeit zettelte ein Makedone Limnos aus Chalaistra eine Verschwörung gegen den König an und versuchte seinen Geliebten Nikomachos als Teilnehmer zu gewinnen. Dieser wollte mit der Sache nichts zu tun haben und entdeckte den Vorschlag, den man ihm gemacht hatte, seinem Bruder Kebalinos. Dieser ging sofort zu Philotas und bat, ihn und seinen Bruder zu Alexander vorzulassen, sie hätten dem König wichtige und dringende Angelegenheiten zu unterbreiten. Philotas ließ sie aber aus Gründen, die man nicht kennt, nicht zum König gelangen, da er mit anderen, wichtigeren Dingen beschäftigt sei. So machte er es zweimal hintereinander. Da schöpften sie auch gegen Philotas Verdacht und wandten sich an einen anderen, der ihnen denn auch eine Audienz bei Alexander verschaffte. Zuerst erzählten sie ihm von der Verschwörung des Limnos, dann erwähnten sie nebenher mit Behutsamkeit auch das Benehmen des Philotas, der ihnen ihre Bitte um Audienz zweimal abgeschlagen habe. Das erregte Alexanders besonderen Zorn.

Als man Limnos festnehmen wollte, wehrte er sich und wurde niedergestochen. Alexander wurde dadurch noch mißtrauischer; er glaubte, den Beweis für die Verschwörung dadurch verloren zu haben. Seine Verbitterung löste den Feinden des Philotas, die ihn schon lange haßten, endlich die Zunge. Jetzt scheuten sie sich nicht mehr, öffentlich zu sagen, es müsse eine seltsame Verblendung des Königs sein, wenn er glaube, ein Bauer aus Chalaistra, wie Limnos, hätte auf den Gedanken eines solchen Anschlages gegen ihn kommen können; nein, Limnos sei nur ein armseliger Helfershelfer oder vielmehr nur das Werkzeug, das von höherer Hand gebraucht sei; man müsse die Untersuchung wegen der Verschwörung ausdehnen auf die Leute, die ein Interesse an ihrer Vertuschung gehabt hätten. Als sie mit solchen Reden und Verdächtigungen das Ohr Alexanders gewonnen hatten, brachten sie noch tausend andere Beschuldigungen gegen

Philotas vor. Philotas wurde verhaftet und auf die Folter
gespannt. Die Vertrauten des Königs nahmen an dem Ver-
hör teil; Alexander selbst hörte hinter einem Vorhang alles
mit an. Als Philotas sich auf der Folter Hephaistion mit
erbärmlichen, ja gemeinen Bitten und Worten anbot, soll
Alexander ausgerufen haben: „So verzärtelt und unmänn-
lich wie du bist, Philotas, hast du ein solches Unternehmen
gewagt?" Als Philotas hingerichtet war, schickte Alexander
sofort nach Medien und ließ auch Parmenion aus dem Wege
räumen, einen Mann, der der treueste Mitarbeiter Philipps
gewesen war und allein oder doch am meisten von allen
älteren Freunden Alexander zu dem Feldzug nach Asien
gedrängt hatte. Von seinen drei Söhnen hatte er zwei schon
im Felde verloren, dem dritten folgte er in den Tod.
Dieser Vorfall jagte Alexanders Freunden Schrecken ein,
vor allem Antipater. Er trat im geheimen mit den Aitolern
in Verbindung und schloß mit ihnen ein enges Bündnis.
Diese hatten Grund genug, Alexander zu fürchten, weil sie
Oiniadai zerstört hatten. Als Alexander davon gehört hatte,
hatte er nämlich erklärt, er selbst, nicht die Einwohner von
Oiniadai, würde die Strafe an den Aitolern vollziehen.
50. Nicht viel später trug sich die Geschichte mit Kleitos zu.
Wenn man sie nur so erzählen hört, erscheint sie vielleicht
noch grausamer als das Geschick des Philotas. Betrachtet
man aber den Anlaß und die Umstände, unter denen sich
der Vorfall abspielte, so kommt man doch zu dem Schluß,
daß Alexander die Tat in einer Art Schicksalsverstrickung,
nicht mit Vorbedacht beging. Zorn und Trunkenheit des
Königs spielten dem bösen Dämon des Kleitos die Macht in
die Hände. Der Vorfall verlief wie folgt.
Einige Leute hatten Alexander von der Küste griechisches
Obst gebracht, das noch so schön und frisch war, daß Alexander in Erstaunen geriet und Kleitos rufen ließ, um es ihm
zu zeigen und ihm einen Teil davon abzugeben. Kleitos war
gerade bei einem Opfer, aber er ließ es im Stich, um zum
König zu gehen. Dabei liefen drei Schafe ihm nach, über die
er schon das Trankopfer ausgegossen hatte, um sie den Göttern zu weihen. Als der König dies hörte, berief er die Seher

Kleomantis aus Sparta und Aristandros. Als sie es für ein Zeichen von schlimmer Vorbedeutung erklärten, befahl er, in aller Eile für Kleitos ein Sühneopfer darzubringen. Zwei Tage vorher hatte er selbst auch einen bösen Traum gehabt. Er glaubte, Kleitos in schwarzem Gewand unter den Söhnen des Parmenion, die ja alle tot waren, sitzen zu sehen. Doch Kleitos mochte das Ende des Sühneopfers nicht abwarten, sondern eilte zum König. Alexander hatte eben den Dioskuren ein Opfer dargebracht. Es gab ein fröhliches, lautes Zechen. Schließlich sang jemand Hohn- und Spottlieder auf ein paar Generale, die vor einigen Tagen eine böse Niederlage von den Barbaren hatten einstecken müssen. (Die Lieder stammten von Pranichos; andere nennen freilich Pierion als Dichter.) Die Älteren schüttelten den Kopf und machten dem Dichter und dem Sänger Vorwürfe, aber Alexander und seine Vertrauten hörten mit Behagen zu und wollten immer mehr hören. Am meisten ärgerte sich Kleitos, er war schon trunken und konnte überhaupt im Zorn grob und heftig werden. Er rief, es sei eine Schande, in Gegenwart der Barbaren und Feinde über Makedonen herzuziehen, die tausendmal besser seien als die Herren, die glaubten, sich über sie lustig machen zu können, auch wenn sie einmal Unglück gehabt hätten. Als Alexander Kleitos vorwarf, er wolle sich ja nur selber entschuldigen, wenn er die Feigheit als Unglück ausgebe, sprang Kleitos auf und sagte dem König ins Gesicht: „War das Feigheit von mir, daß ich dir, dem Gottessohn, das Leben rettete, als du dem Schwerte des Spithridathes den Rücken zudrehtest? Das Blut der Makedonen und meine Wunden hier waren es, die dich so groß gemacht haben, daß du deinen Vater Philipp verleugnest und dich dem Ammon als Sohn aufdrängst."

51. Wütend entgegnete Alexander: „Meinst du, du könntest noch lange deine Freude daran haben, so von uns zu sprechen und die Makedonen gegen uns aufzuhetzen, du Schurke?" „Nein!" rief Kleitos, „wir haben auch so keine Freude, wenn das der Lohn für alle unsere Mühen ist. Nein, glücklich sind sie, die gefallen sind, ehe sie haben erleben müssen, wie man mit medischen Ruten Makedonen prügelt, und wie wir

Makedonen bei Persern betteln müssen, daß man uns zu
unserm König vorläßt." Das sprudelte Kleitos in seinem
Freimut alles heraus. Alexanders Vertraute sprangen auf
und schalten ihn, während die Älteren sich Mühe gaben, die
Erregung zu dämpfen. Doch Alexander wendete sich an
Xenodochos von Kardia und Artemios von Kolophon:
„Dünken euch die Hellenen nicht unter uns Makedonen wie
Halbgötter unter wilden Tieren zu wandeln?" Aber Kleitos
wollte nicht nachgeben, er rief Alexander zu, er solle nur
frei heraussagen, was er wolle, oder in Zukunft keine freien
Männer, die gewohnt seien, ihre Meinung frei herauszu-
sagen, zu Gaste zu laden; er solle lieber unter Barbaren und
Knechten leben, die vor seinem persischen Gürtel und seinem
weißgemusterten Purpurgewand gern auf die Knie fielen.
Da übermannte Alexander der Zorn. Er packte einen von
den Äpfeln, die auf dem Tisch lagen, warf ihn gegen Kleitos
und suchte nach seinem Schwert. Aber Aristophanes, einer
von der Leibwache, hatte es früh genug beiseite geschafft.
Die anderen versuchten indessen, den König festzuhalten
und mit Bitten zu beruhigen. Aber Alexander sprang auf,
rief auf makedonisch nach seinen Waffenträgern (das war
das Zeichen wildesten Trubels) und befahl dem Trompeter,
Lärm zu blasen. Der zögerte und wollte nicht, da schlug
Alexander ihm mit der Faust ins Gesicht. Später erntete er
für diese Weigerung hohen Ruhm, weil man es ihm zu verdanken hatte, daß nicht das ganze Lager alarmiert wurde.
Inzwischen drängten die Freunde Kleitos, der sich immer
noch nicht beruhigen wollte, mit knapper Not aus dem Gemach. Aber er versuchte gleich darauf, durch eine andere
Tür wieder hineinzukommen. Verachtung in der Stimme,
zitierte er übermütig die Jamben aus Euripides' Andromache,
deren erster lautet: „Weh, schlimme Sitten herrschen jetzt
in Griechenland!" Da entriß Alexander endlich einem seiner
Trabanten den Spieß, und in dem Augenblick, als Kleitos
ihm entgegenkam und den Vorhang von der Tür wegziehen
wollte, durchbohrte er ihn. Kaum stürzte Kleitos stöhnend
und schreiend zu Boden, da verflog Alexanders Zorn. Er
kam wieder zur Besinnung. Da er seine Freunde sprachlos

herumstehen sah, riß er hastig den Speer aus der Leiche und hätte ihn sich selbst in den Hals gejagt, hätten ihn seine Leibwächter nicht daran gehindert, seine Hände gepackt und ihn mit Gewalt in sein Schlafgemach gebracht.

52. Unter Weinen verbrachte er eine bittere Nacht. Als er am nächsten Tag, vom Schreien und Klagen erschöpft, schweigend dalag, gerieten seine Freunde über diese Ruhe in Furcht und drangen mit Gewalt in sein Gemach. Aber von ihren Trostworten wollte er nichts hören. Erst als der Seher Aristandros ihn an den Traum, in dem er Kleitos gesehen hatte, und an das Opferzeichen erinnerte und ihm versicherte, all dies sei vom Geschick schon lange vorherbestimmt, schien er ein wenig die Ruhe wiederzugewinnen. Man bat deshalb den Philosophen Kallisthenes, einen lieben Freund des Aristoteles, und Anaxarchos aus Abdera, zu ihm zu gehen. Kallisthenes versuchte bedächtig und milde, Herr zu werden über den Schmerz, ohne mit seinen vorsichtigen Worten an den Schmerz der Seele zu rühren. Anaxarchos hatte schon längst einen ganz anderen Weg eingeschlagen in der Philosophie und war bekannt dafür, daß er von seinesgleichen recht geringschätzig dachte. Kaum war er in Alexanders Gemach getreten, da rief er aus: »Das ist Alexander, auf den jetzt die Augen der ganzen Welt schauen. Da liegt er weinend wie ein Sklave und zittert vor dem Gesetz und dem Tadel der Menschen, und doch soll er selbst für diese Menschen das Gesetz und die Richtschnur des Rechts sein; denn er hat gesiegt, um Herr und Herrscher zu sein, nicht um Sklave zu sein in dem Joch leeren Wahns. Weißt du nicht«, fuhr er fort, »daß Themis und Dike, die Hüterinnen des Rechts und der Gerechtigkeit, nur deshalb den Platz neben dem Thron des Zeus haben, damit alles, was der Herrscher tut, recht und gerecht ist?« Das Leid des Königs milderte Anaxarchos mit solchen Redensarten. Aber Alexanders Sinn wurde dadurch nur um so stolzer und rücksichtsloser gegen Menschensatzungen. Für sich selbst freilich erntete der Philosoph königliche Huld, ja, er schreckte nicht davor zurück, dem König den Umgang mit Kallisthenes zu verleiden, der bei ihm ohnehin nicht beliebt war.

Bei der Tafel sprach man, so wird erzählt, gelegentlich von den Jahreszeiten und dem Klima. Einige hielten das Klima in der dortigen Gegend für kälter und rauher als in Griechenland. Kallisthenes stimmte ihnen bei, aber Anaxarchos behauptete das Gegenteil so hartnäckig, als wenn er Händel suche. Da meinte Kallisthenes: „Du mußt aber doch zugeben, daß es hier kälter ist als in Griechenland. Denn dort trugst du den ganzen Winter nur einen abgeschabten Philosophenmantel, und hier liegst du bei Tisch warm unter drei Decken." Das nahm Anaxarchos ihm sehr übel.

53. Überdies machte Kallisthenes sich die anderen Sophisten und die Schmeichler im Gefolge Alexanders zu Feinden, waren sie doch neidisch, daß er die Jugend durch seine Rednergabe begeisterte und bei den Älteren nicht weniger beliebt war wegen seines wohlgeordneten, bescheidenen und verehrungswürdigen Lebenswandels, so daß man ihm den Grund, den er für seinen Aufenthalt im Gefolge Alexanders angab, gern glaubte. Hatte er doch nur den einen Wunsch, den Wiederaufbau seiner Vaterstadt zu erwirken und seine Mitbürger wieder zurückzubringen. Schon dieser Ruf zog ihm Neid zu, aber er selbst bot auch seinen Verleumdern manche Blöße. Oft genug schlug er Einladungen zur königlichen Tafel aus. Nahm er einmal daran teil, so war er ernst und still, als wenn ihm, was dort vorging, wenig behage. Deswegen sagte Alexander von ihm: „Den Weisen haß' ich, der sich selbst nicht weise ist." Als eines Tages, erzählt man, viele zur königlichen Tafel geladen waren, bat man Kallisthenes, wenn der Becher zu ihm käme, eine Lobrede auf die Makedonen zu halten. Die Worte flossen ihm vom Munde, daß die Anwesenden aufsprangen, Beifall klatschten und ihm ihre Kränze zuwarfen. Da rief Alexander ihm mit einem Vers des Euripides zu, hätte ein Mann für seine Worte ‚den edlen Anlaß, sei die schöne Rede leicht'. Dann fuhr er fort: „Aber nun zeig uns die Macht deiner Rede mit Klage und Tadel gegen die Makedonen, damit sie ihre Fehler hören und sich bessern!" So widerlegte Kallisthenes alles, was er zum Lobe der Makedonen gesagt hatte, und erhob ohne Scheu Anklage über Anklage gegen sie. Als er den politischen

Hader unter den Griechen als den einzigen Grund für Philipps Aufstieg und Macht bezeichnete, zitierte er den Vers: „Immer gelanget im Streite der Schlecht'ste zu Ehren und Würden." Das brachte ihm bei den Makedonen bitteren, schweren Haß ein. Alexander selbst meinte, Kallisthenes habe nicht einen Beweis seiner Beredsamkeit, sondern seiner Feindschaft gegen die Makedonen gegeben.

54. Diese Szene hat, wie Hermippos berichtet, Stroibos, der Vorleser des Kallisthenes, Aristoteles erzählt, und Kallisthenes soll ihm, als er die Ungnade des Königs bemerkte, beim Fortgehen zwei- oder dreimal gesagt haben: „Starb doch auch Patroklos, der weit an Kraft dich übertraf!" So ist das Wort des Aristoteles nur zu wahr, Kallisthenes sei zwar ein gewaltiger, großer Redner, aber nicht klug gewesen. Freilich war er es, der in aller Festigkeit mit dem Freimut eines wahren Philosophen die persische Sitte des Fußfalls vor dem König ablehnte; er wagte offen zu sagen, worüber die ältesten und besten Makedonen nur heimlich schweres Leid trugen. So rettete er die Griechen vor einer schweren Schande, Alexander aber vor der schwereren, wenn er die Einführung des Fußfalls verhinderte, sich selbst stürzte er allerdings ins Verderben, weil er in den Verdacht kam, er wolle den König eher mit Gewalt als mit Bitten von seinem Plan abbringen.

Bei einem Gelage reichte Alexander einst, wie Chares von Mytilene erzählt, die Schale, aus der er getrunken hatte, einem seiner Freunde. Dieser nahm die Schale, erhob sich, um zu dem Altar zu gehen, und trank. Ehe er dann Alexander küßte und wieder an seinen Platz ging, machte er vor dem König den Fußfall. Die Gäste vollzogen der Reihe nach diese Zeremonie. Auch Kallisthenes nahm die Schale, trank, und als Alexander nicht auf ihn achtete, weil er sich mit Hephaistion unterhielt, trat er zum König, um ihn zu küssen. Aber Demetrios, mit dem Beinamen Pheidon, rief: „König, küsse ihn nicht, er ist der einzige, der dir den Fußfall verweigert hat!" So wich Alexander dem Kuß aus. Das beantwortete Kallisthenes mit den laut gesprochenen Worten: „Da muß ich eben um einen Kuß ärmer fortgehen."

55. Als die Entfremdung zwischen Alexander und Kallisthenes erst einmal eingetreten war, fand Hephaistion leicht bei ihm Glauben, als er ihm hinterbrachte, Kallisthenes habe ihm das Versprechen gegeben, den Fußfall vorzunehmen, aber sein Versprechen nicht gehalten. Dann tauchten auch noch Menschen wie Lysimachos und Hagnon auf und berichteten, der Sophist gehe mit wichtiger Miene herum, als habe er die Tyrannis gebrochen, und die Jüngeren strömten ihm zu und verehrten ihn, als sei er der einzige Freie unter all den Tausenden. Als daher Hermolaos und seine Freunde einen Anschlag gegen den König vorbereiteten und dabei ertappt wurden, glaubte man in den Worten seiner Verleumder einen Kern der Wahrheit zu finden. Sie beschuldigten ihn, auf die Frage des Hermolaos, wie er der berühmteste unter allen Menschen werden könne, habe er die Antwort gegeben: „Indem du den berühmtesten tötest", und um Hermolaos Mut zu der Tat zu machen, habe er ihm vorgestellt, er brauche sich vor dem goldenen Lager des Königs nicht zu fürchten, er solle doch nicht vergessen, daß ein Mensch vor ihm liege, den nichts vor Krankheit und Wunden schütze. Trotzdem haben weder Hermolaos noch einer seiner Mitverschworenen selbst unter den schwersten Foltern auch nur das Geringste gegen Kallisthenes ausgesagt. Auch als Alexander gleich nach der Entdeckung an Krateros, Attalos und Alketas schrieb, gab er selbst zu, die Pagen hätten auf der Folter gestanden, sie hätten aus sich allein die Tat geplant und niemand anders habe darum gewußt. Freilich spricht er in einem späteren Brief an Antipater auch Kallisthenes nicht ganz frei von Schuld: „An den Pagen haben die Makedonen die Steinigung vollzogen; den Sophisten will ich selbst bestrafen und alle, die ihn mir geschickt oder meine Feinde in ihre Städte aufgenommen haben", Worte, die unverhüllt auf Aristoteles zielten; denn Kallisthenes war der Sohn einer Base des Aristoteles, Hero, und wegen dieser Verwandtschaft in seinem Haus erzogen. Über den Tod des Kallisthenes gehen die Nachrichten auseinander. Einige erzählen, Alexander habe ihn hängen lassen, andere wieder, er sei im Gefängnis an einer Krankheit gestorben. Chares

gibt eine dritte Version. Danach wurde Kallisthenes nach seiner Verhaftung sieben Monate im Gefängnis gehalten, um dann im großen Rat in Aristoteles' Gegenwart gerichtet zu werden, und starb in den Tagen, als Alexander auf dem indischen Feldzug seine Verwundung erhielt, an Verfettung und Läusesucht. Doch dies gehört erst in eine spätere Zeit.

56. Der Korinther Demaratos hatte trotz seines hohen Alters noch den Herzenswunsch, zu Alexander tief nach Asien hinein zu kommen. Als er ihn zu Gesicht bekommen hatte, rief er, ein Freudentag sei den Hellenen entgangen, die gestorben seien, ehe sie Alexander auf dem Thron des Dareios gesehen hätten. Doch sollte er sich nicht lange der königlichen Huld erfreuen. Altersschwäche nahm ihn bald hinweg. Alexander veranstaltete ihm eine prächtige Leichenfeier. Die Mannschaften führten zu seinen Ehren einen gewaltigen Gedenkhügel auf, achtzig Ellen hoch. Seine sterblichen Überreste ließ der König in einem prunkvollen vierspännigen Wagen zur Küste bringen.

57. Als Alexander den Marsch über das Gebirge nach Indien antreten wollte, sah er, daß sein Heer mit unendlicher Beute überladen und deshalb unbeweglich geworden war. Als am Morgen des Marschtages die Gepäckwagen vollbepackt dastanden, ließ er zuerst seine eigenen und die seiner Vertrauten in Brand stecken. Erst dann gab er Befehl, auch die Wagen der Makedonen in Flammen aufgehen zu lassen. Sich zu solcher Tat zu entschließen, war größer und bewunderungswürdiger als sie auszuführen. Denn nur wenige zeigten sich gekränkt, die meisten schrien und jubelten vor Begeisterung. Wer noch das Nötigste hatte, gab dem, der nichts hatte; was überflüssig war, verbrannten und zerstörten sie aus eigenem Entschluß. Ihre Begeisterung übertrug sich auf den König und erfüllte ihn mit Tatendrang und Siegesgewißheit. Jetzt wurde er aber auch furchtbar und unerbittlich in der Bestrafung von Vergehen. So ließ er Menander, einen seiner nächsten Gefährten, den er zum Kommandanten einer Festung ernannt hatte, hinrichten, als er nicht zurückbleiben wollte, und von den aufständischen Barbaren erschoß er Orsodates mit eigener Hand.

Um diese Zeit brachte ein Schaf ein Lamm zur Welt, das um den Kopf ein Zeichen in Form und Farbe einer Tiara, dazu auf beiden Seiten ein Paar Hoden hatte. Alexander ekelte sich davor so, daß er von den Babyloniern, die er zu solchen Zwecken auf seinen Feldzügen bei sich hatte, ein Reinigungsopfer für sich darbringen ließ. Seine Freunde versicherten, er habe sich nicht so sehr um sich selbst, wie um sie beunruhigt. Fürchtete er doch, der Himmel möchte nach seinem Tod seine Macht in die Hand eines gemeinen Schwächlings geben. Doch wurde ihm ein besseres Zeichen beschieden und machte ihm wieder Mut. Ein Makedone Proxenos, der Oberaufseher des königlichen Zeltes, ließ am Oxos einen Platz für das Zelt ausheben und stieß dabei auf eine Quelle, der eine fette, ölige Flüssigkeit entströmte. Als man die oberste Schicht abgeschöpft hatte, quoll reines, helles Öl hervor, das sich im Geruch und im Geschmack von wirklichem Öl nicht unterschied und ebenso fett und durchsichtig war. Das war um so auffälliger, als es im ganzen Land keinen Ölbaum gab. Man erzählt auch, das Wasser des Oxos sei so zart und weich, daß beim Baden die Haut fettig wird. Wie groß Alexanders Freude war, zeigt sein Brief an Antipater, in dem er dieses Wunder zu den größten zählt, deren die Götter ihn gewürdigt hätten. Die Seher erklärten, das Zeichen künde einen ruhmvollen, aber beschwerlichen und gefährlichen Feldzug, denn die Götter hätten den Menschen das Öl als Hilfe in Beschwerlichkeiten verliehen.

58. Alexander sah sich denn auch zahllosen Gefahren in den Schlachten ausgesetzt und erlitt schwere Verwundungen, auch sein Heer erlitt große Verluste, vor allem, weil es oft am Nötigsten fehlte. Auch unter dem Klima des Landes litten sie schwer. Aber er setzte seinen Ehrgeiz darein, durch seinen Wagemut das Glück und durch seine Tapferkeit die Macht zu überbieten. So glaubte er, für den Herzhaften sei nichts in der Welt unbezwinglich, für den Feigherzigen nichts sicher und fest genug. Davon einige Beweise. Als er die Festung des Sisimithres belagerte, einen schroffen, unzugänglichen Felsen, wollten seine Leute schon den Mut verlieren. Da fragte er Oxyartes, wie es eigentlich mit dem Mut

des Sisimithres stände. Als Oxyartes antwortete, das sei der feigste Kerl unter Gottes weitem Himmel, meinte Alexander: „Du meinst also, daß wir den Felsen schon nehmen werden: denn sein Haupt ist nicht fest." In der Tat jagte er dem Sisimithres solche Angst ein, daß ihm die Festung bald in die Hände fiel.

Als Alexander vor einer anderen Festung lag, die ähnlich steil und schroff war, schickte er die Jüngeren unter den Makedonen zum Kampf. Einen von ihnen, der den Namen Alexander trug, mahnte er: „Schon deines Namens wegen mußt du tapfer sein." Als der Jüngling in heldenhaftem Kampf fiel, war Alexander tief getroffen. – Bei einem Kastell Nysa zögerten seine Makedonen zum Sturm vorzurücken, weil ein tiefer Strom daran entlangfloß. Der König trat zu ihnen und rief: „Warum hab' ich Tor nicht schwimmen gelernt?" Den Schild in der Hand wollte er schon hinüber. – Als er den Kampf abgebrochen hatte, kamen aus den Städten, die Alexander belagern ließ, Gesandte und baten um Frieden. Beim Anblick des Königs, der ohne Königsschmuck in seiner Rüstung dastand, gerieten sie zunächst in Bestürzung. Da ließ Alexander ein Kissen bringen und bot dem Ältesten – Akuphis hieß er – den Platz an. Akuphis staunte über des Königs Großmut und Liebenswürdigkeit und fragte, was sie tun müßten, um seine Freunde zu werden. Als Alexander ihm den Bescheid gab: „Dich zu ihrem Herrscher machen und uns die hundert besten Männer senden", lachte Akuphis: „Nein, König, ich werde ja viel besser regieren, wenn ich dir die schlechtesten schicke, nicht die besten."

59. Taxiles besaß in Indien, wie berichtet wird, ein Reich so groß wie Ägypten, für Viehzucht und Ackerbau geeignet wie kaum ein anderes. In seiner abgeklärten Weisheit begrüßte er Alexander mit den Worten: „Was bedarf es Krieg und Kampf, Alexander, zwischen uns, falls du nicht etwa gekommen bist, uns das Wasser zu nehmen und das tägliche Brot, das einzige, um das vernünftige Menschen Krieg führen? Was man aber sonst so Schätze und Reichtümer nennt, so will ich, wenn ich stärker bin als du, dir damit gern

Wohltaten über Wohltaten erweisen; bin ich aber schwächer, will ich es dir gern danken, wenn du sie benutzt, um mir damit Wohltaten zu erweisen." Voll Freude griff Alexander nach seiner Rechten: „Meinst du etwa, wegen so liebreicher Begrüßung ginge unsere Begegnung ohne Kampf aus? Nein, den Sieg sollst du nicht davontragen; denn ich will ringen und kämpfen mit dir im Wohltun, und im Edelmut sollst du mich nicht übertreffen." So bekam Alexander manches Geschenk, mehr noch gab er dem Taxiles, und schließlich widmete er ihm in Freundschaft tausend Talente gemünztes Gold, sehr zum Ärger seiner Freunde, aber die Herzen der Barbaren gewann er.

Die tapfersten Kämpfer unter den Indern waren Söldner, die von Stadt zu Stadt zogen und in tapferer Verteidigung Alexander schwere Verluste beibrachten. In irgendeiner Stadt schloß er mit ihnen einen Vertrag, aber als sie abzogen, ließ er sie unterwegs überfallen und niedermachen. Auf den Kriegstaten eines Königs, der auf seinen Feldzügen in königlicher Weise nach den Gesetzen des Krieges gefochten hatte, war dies ein böser Flecken. Nicht weniger Ärger als die Söldner machten ihm die Philosophen; sie schalten und schmähten auf die einheimischen Fürsten, die auf Alexanders Seite getreten waren, und wiegelten die noch freien Stämme auf. Alexander ließ viele von ihnen hängen.

60. Über den Kampf mit König Poros gibt Alexander selbst in seinen Briefen Bericht. Danach floß zwischen den beiden Lagern der Hydaspes. Poros stellte auf seinem Ufer Elefanten auf, um den Übergang ständig unter Beobachtung zu halten. Alexander aber ließ in seinem Lager Tag für Tag Lärm schlagen, um die Barbaren daran zu gewöhnen und ihnen die Furcht davor zu nehmen. In einer dunklen, stürmischen Nacht nahm er einen Teil seiner Infanterie und die Elite seiner Reiterei, marschierte eine Strecke am Flusse entlang und setzte endlich in gehöriger Entfernung von den Feinden zu einer kleinen Insel über. Dort überraschte ihn ein Wolkenbruch, Blitze schlugen in die Truppe ein, Alexander sah Leute vom Strahl getroffen verbrennen. Trotzdem suchte er von der Insel aus das jenseitige Ufer zu ge-

winnen. Aber der Hydaspes ging wild und hoch von den Regengüssen, durchbrach das Ufer und wühlte sich ein neues Bett, durch das die Wasser rauschten. Alexander gelangte zwar in das Gebiet zwischen dem alten und dem neuen Bett, aber dort konnten sie kaum Fuß fassen, weil sie auf dem schlüpfrigen Boden ausglitten. Da soll er ausgerufen haben: „Athener, wenn ihr wüßtet, was für Gefahren ich auf mich lade, um nur euer Lob zu verdienen!" So erzählt Onesikritos; Alexander selbst sagt nur, sie hätten an dieser Stelle die Flöße zurückgelassen und seien dann mit den Waffen in der Hand bis an die Brust im Wasser durch den neuen Lauf gewatet. Drüben ritt er dann mit der Reiterei zwanzig Stadien vor der Infanterie her. Denn er rechnete damit, daß er einen Reiterangriff des Gegners überlegen abweisen könne; sollten die Feinde aber mit ihrer eigentlichen Streitmacht gegen ihn vorgehen, dann würde seine Infanterie ihm immer noch früh genug zu Hilfe kommen. Es trat dann der erste Fall ein. Tausend Reiter und sechzig Wagen, die gegen ihn rückten, brachte er zum Weichen, die Wagen nahm er samt und sonders, von den Reitern erschlugen sie vierhundert. Da wurde es Poros klar, daß Alexander selbst den Hydaspes überschritten hatte. Deshalb setzte er sein ganzes Heer gegen ihn in Bewegung; nur eine Abteilung ließ er zurück, um die Makedonen, die in Alexanders Lager zurückgeblieben waren, nicht über den Fluß zu lassen. Alexander erkannte die Gefahr, die ihm von den Elefanten und der Übermacht der Feinde drohte, und stieß deshalb selbst auf dem linken Flügel gegen das Heer des Poros vor, während er Koinos den Angriff auf dem rechten übertrug. Die Feinde mußten auf beiden Flügeln weichen, aber wenn sie in Not gerieten, zogen sie sich ins Zentrum hinter die Elefanten zurück und drängten sich dort zusammen, so daß es an dieser Stelle zum blutigsten Kampf kam. Erst um die achte Stunde gaben die Feinde die Schlacht verloren. So lautet der Bericht, den der Sieger selbst in seinen Briefen gegeben hat.

Die meisten Historiker berichten übereinstimmend, daß Poros mit seiner Größe von vier Ellen und einer Spanne die Höhe eines Reiters zu Pferd übertraf. Wenn er auf seinem

Elefanten saß, so mochte die mächtige Größe seines Körpers wohl zu dem Tier passen, dabei war es der größte von seinen Elefanten. Geradezu wunderbar war die Klugheit und Sorge des Tieres für den König. Solange Poros unverwundet war, verteidigte der Elefant ihn wütend gegen die vorstürmenden Makedonen und trampelte sie nieder. Als er aber merkte, daß sein König, von vielen Pfeilen verwundet, die Kräfte verlor, bekam er Angst, der König könnte von seinem Rücken herunterstürzen. Da ließ er sich vorsichtig auf die Knie nieder und zog seinem Herrn in aller Ruhe mit seinem Rüssel Pfeil für Pfeil aus dem Körper.

Als Poros in Gefangenschaft gekommen war, fragte Alexander ihn, wie er ihn behandeln solle. Er antwortete: „Königlich!" Alexander fragte nochmals, ob er nichts weiter verlange, aber er sagte nur: „In dem Wort *königlich* liegt alles!" Alexander ließ ihm also sein Königreich als Herrschaftsgebiet unter dem Namen einer Satrapie und schlug dazu auch noch das bisher selbständige Land, das er unterworfen hatte. Dazu sollen fünfzehn Stämme, fünfzehntausend größere Ortschaften und unzählige Dörfer gehört haben. Ein anderes Gebiet, das er eroberte, war dreimal so groß. Er gab es einem Vertrauten, Philipp, als Satrapie.

61. Nach dem Kampf mit Poros, allerdings erst einige Zeit später, verlor Alexander auch den Bukephalos trotz der Pflege, die man ihm wegen seiner Wunden hatte angedeihen lassen. So berichten wenigstens die meisten Quellen. Doch gibt Onesikritos an, Bukephalos sei vor Alter schon recht schwach gewesen, dreißig Jahre sei er alt geworden. Alexanders Trauer war tief, er glaubte, einen Kameraden und Freund verloren zu haben. Zum Andenken an ihn nannte er die Stadt, die er am Hydaspes gründete, Bukephalia. Auch nach seinem Lieblingshund Peritas, den er selbst großgezogen hatte, soll er eine Stadt benannt haben. Jedenfalls behauptet Sotion, er habe das von Potamon aus Lesbos gehört.

62. Der Kampf gegen Poros hatte die Makedonen stumpf und matt gemacht; sie mochten nicht weiter nach Indien hinein vorrücken. Kaum war es ihnen gelungen, Poros mit seinen zwanzigtausend Mann und zweitausend Reitern zu

überwältigen. Deshalb widersetzten sie sich hartnäckig Alexanders Plan, auch den Ganges zu überschreiten. Sie hatten nämlich in Erfahrung gebracht, daß der Strom zweiunddreißig Stadien breit und hundert Klafter tief sei, und das jenseitige Ufer unter der Überfülle der Waffen, Pferde und Elefanten einfach verschwunden sei: erzählte man doch von achtzigtausend Reitern, zweihunderttausend Mann Infanterie, achttausend Streitwagen und sechstausend Kriegselefanten, mit denen die Könige der Gandariten und Praisier zu ihrem Empfang bereit ständen. Und das war keine Prahlerei. Denn als Sandrokottos nicht lange danach König wurde, machte er dem Seleukos ein Geschenk von fünfhundert Elefanten, und mit einem Heer von sechshunderttausend Mann griff er Indien an und unterwarf das ganze Land.

Zuerst schloß Alexander sich in Zorn und Groll in seinem Zelt ein und lag da auf seinem Lager. Alle seine Taten galten ihm nichts, wenn er nicht auch noch den Ganges überschreiten könnte; den Rückmarsch betrachtete er als Eingeständnis der Niederlage. Als seine Freunde ihn aber mit triftigen Gründen beruhigt hatten, als seine Soldaten sich vor seiner Tür drängten und unter Tränen ihn mit lauten Rufen anflehten, da ließ er sich endlich erweichen und rüstete zum Rückmarsch. Aber um seinen Ruhm zu mehren, griff er zu betrügerischen und hinterlistigen Mitteln. Waffen, Pferdekrippen und -zäume, größer und schwerer, als man sie sonst in seinem Heer brauchte, ließ er herstellen. Sie sollten hier und da verstreut zurückgelassen werden. Auch ließ er für seine griechischen Götter Altäre errichten: noch heute kommen die Könige der Praisier über den Fluß, um diese Götter zu verehren und ihnen nach griechischer Sitte Opfer zu bringen. Sandrokottos, der in seiner Jugend Alexander noch sah, soll später oft gesagt haben, Alexander hätte mit leichter Mühe Herr dieser Länder werden können, denn die Bewohner hätten ihren König wegen seiner Gemeinheit und niedrigen Herkunft allgemein gehaßt und verachtet.

63. Alexanders Wunsch war, den Ozean zu sehen. Er ließ deshalb Schiffe zum Rudern und Flöße bauen und fuhr gemächlich die Flüsse hinunter zum Meer. Freilich Not und

Kampf fehlte auch auf dieser Fahrt nicht. An vielen Stellen ging er an Land, berannte manche Stadt und überwältigte sie. Bei den Mallern – und das war, erzählt man, das kriegerischste Volk unter den Indern – hätte man ihn um ein Haar niedergehauen. Er hatte die Gegner mit Pfeilschüssen von der Mauer vertrieben, eine Leiter angesetzt und als erster die Mauer erklettert. Aber die Leiter zerbrach, und die Maller, die am Fuß der Mauer standen, schossen ihre Pfeile gegen ihn in die Höhe. Nur wenige Gefährten hatte er an seiner Seite. Da duckte er sich, sprang hinunter mitten unter die Feinde und kam zum Glück auf die Füße zu stehen. Wie er im Sturz die Waffen schüttelte, glaubten die Maller eine schimmernde Erscheinung vor ihm her stürzen zu sehen. So flohen sie und liefen auseinander. Als sie aber sahen, daß er nur zwei Schildträger bei sich hatte, griffen sie ihn wieder an und brachten ihm mit Schwert und Spieß durch den Panzer hindurch Wunden bei, so tapfer er sich auch wehrte. Einer blieb in etlicher Entfernung stehen und jagte ihm wohlgezielt mit solcher Wucht einen Pfeil entgegen, daß das Geschoß den Panzer durchschlug und in der Brust zwischen den Rippen steckenblieb. Der Schuß zwang Alexander nieder, und er sank in die Knie. Da stürzte der Schütze heran, den krummen Barbarensäbel in der Faust. Peukestas und Limnaios stellten sich vor ihren König, doch wurden beide verwundet. Limnaios fiel, aber wenigstens Peukestas hielt stand. Den Mallerschützen streckte Alexander nieder. Aber er wurde noch mehrere Male verwundet. Als ihn schließlich ein Keulenschlag in den Nacken traf, lehnte er sich mit dem Rücken gegen die Mauer, die Augen auf den Feind. In diesem Augenblick stürzten seine Makedonen herbei, rissen ihn weg und trugen ihn bewußtlos in sein Zelt. Die Kunde von seinem Tod eilte gleich durchs ganze Lager.

Mit unbeschreiblicher Mühe gelang es endlich, den Pfeil, der übrigens aus Holz war, abzusägen und so auch den Panzer abzunehmen. Erst dann konnte man darangehen, die Pfeilspitze herauszuschneiden, die sich in eine Rippe eingebohrt hatte. Die Spitze soll drei Finger breit und vier Finger lang gewesen sein. Deshalb war er in seiner Ohnmacht, als man

die Spitze entfernte, dem Tode nahe. Aber er kam wieder
zu sich und die Gefahr ging vorüber. Freilich war er schwach
und mußte lange, behutsame Behandlung über sich ergehen
lassen. Als er aber die Unruhe seiner Makedonen vor dem
Zelt bemerkte, die nur den einen Wunsch hatten, ihren König
einmal wieder zu sehen, warf er sich einen Mantel um und
ging trotz seiner Schwäche zu ihnen hinaus. Als er dann den
Göttern sein Opfer gebracht hatte, bestieg er wieder sein
Schiff und fuhr den Strom herunter. Auf der Fahrt unterwarf er noch manchen Landstrich und eroberte viele Städte.
64. Von den Gymnosophisten fielen ihm zehn in die Hände,
die den Sabbas zum Abfall verleitet und gegen die Makedonen am wüstesten gehetzt hatten. Da sie wegen ihrer klugen und kurzen Antworten berühmt waren, legte er ihnen
unlösbare Fragen vor und schwur, er werde den, der nicht
richtig antworte, zuerst umbringen lassen und die andern
hinterher der Reihe nach; einen, den Ältesten unter ihnen,
bestellte er zum Schiedsrichter. Die Frage an den ersten lautete also, ob der Toten oder der Lebenden mehr seien. Er
antwortete: „Der Lebenden, denn die Toten sind nicht
mehr." Der zweite antwortete auf die Frage, ob Land oder
Meer größere Tiere hervorbringe: „Das Land, denn das
Meer ist nur ein Teil davon." Auf die Frage, welches Tier
das schlaueste sei, antwortete der dritte: „Das der Mensch
noch nicht kennengelernt hat." Den vierten fragte der König, mit welchen Gründen er Sabbas zum Abfall verleitet
habe. Er antwortete: „Er solle ruhmvoll leben oder ruhmvoll sterben." Der fünfte gab auf die Frage, ob der Tag oder
die Nacht eher gewesen sei, die Antwort: „Der Tag ist um
einen Tag eher gewesen." Da der König sich über die Antwort verwunderte, fügte er noch hinzu, wenn die Fragen
unlösbar seien, müßten es die Antworten auch sein. Alexander wandte sich an den sechsten mit der Frage, wie man
am besten die Liebe der Menschen gewinnen könne. Die
Antwort hieß, wenn man trotz der Fülle der Macht den
Menschen keine Furcht einflöße. Von den letzten drei gab
der eine auf die Frage, wie ein Mensch Gott werden könne,
die Antwort: „Wenn er etwas tut, was für einen Menschen

unmöglich ist", der nächste auf die Frage, ob Tod oder Leben mächtiger sei, die Antwort: „Das Leben, da es soviel Leid tragen kann." Der letzte bekam die Frage, wie lange es für den Menschen gut sei zu leben. Seine Antwort lautete: „Solange er den Tod nicht für besser hält als das Leben." Dann wandte Alexander sich endlich an den Richter und bat ihn um sein Urteil. Auf seinen Spruch, der eine habe immer schlechter geantwortet als der andere, rief er: „Nun, wegen dieses Spruchs sollst du zuerst sterben." „Nein", antwortete er, „König, denn dann würdest du deinen Schwur nicht halten, da du den zum Tode bestimmt, der die schlechteste Antwort gegeben hätte." Alexander überhäufte sie mit Geschenken und entließ sie.

65. Zu einer anderen Sekte dieser Gymnosophisten, die als die berühmtesten galten und in einsiedlerischer Stille für sich lebten, schickte er Onesikritos mit der Bitte, sie möchten vor ihm erscheinen. Onesikritos, übrigens ein Philosoph aus der Schule des Kynikers Diogenes, erzählt, Kalanos habe ihn barsch und frech aufgefordert, die Gewänder abzulegen und nackt seine Antwort anzuhören; sonst würde er überhaupt kein Wort an ihn richten, auch wenn er von Zeus käme. Dandamis war liebenswürdiger. Wie Onesikritos weiter erzählt, ließ er sich viel von Sokrates, Pythagoras und Diogenes berichten, doch meinte er, gute Anlagen hätten sie offenbar gehabt, aber sie hätten in ihrem Leben zuviel Ehrfurcht vor den Gesetzen gezeigt. Andere freilich berichten, Dandamis habe nur die eine Frage gestellt: „Weswegen hat Alexander den weiten Weg hierher gemacht?"

Kalanos ließ sich schließlich doch noch von Taxiles bereden, zu Alexander zu gehen. Eigentlich hieß er Sphines; aber weil er die ihm Begegnenden in seiner indischen Sprache *Kale* begrüßte (statt des griechischen *Chaire:* Sei fröhlich), nannten die Hellenen ihn Kalanos. Dieser Philosoph war es, der, wie man berichtet, Alexander ein Bild seiner Herrschaft vor Augen stellte. Mitten auf dem Boden breitete er eine trockne, ausgedörrte Rindshaut aus und trat auf den einen Rand. Zwar wurde die Haut an dieser Stelle niedergedrückt, aber an den andern kam sie in die Höhe. So ging er im Kreise

auf dem Rand herum und bewies, daß es überall ebenso
ging, bis er schließlich in die Mitte trat; da lag die Haut
still und ruhig. Das Bild sollte dem König eine Lehre sein,
vor allem die Mitte seines Reiches kraftvoll niederzuhalten
und nicht in weiter Ferne herumzuziehen.

66. Sieben Monate währte die Fahrt, auf der die Flotte auf
den Flüssen langsam dem Meer entgegenglitt. Als sie endlich
den Ozean erreicht hatten, segelte er zu einer Insel, die den
Namen Psiltukis trug; Alexander nannte sie Skillustis. Dort
landete er und brachte den Göttern Opfer. Lebhaft interes-
sierte er sich für das Meer und die Küste, so weit er vordringen konnte. Er kehrte erst zurück, nachdem er ein feierliches
Gebet an die Götter gerichtet, sie möchten keinem Menschen
nach ihm verleihen, die Grenzen seines Zuges zu überschreiten. Die Flotte fuhr auf seinen Befehl, Indien zur Rechten,
an der Küste entlang. Kommandant der Flotte war Nearchos, das Kommando über die Steuerleute hatte Onesikritos.
Währenddessen zog der König mit dem Landheer durch das
Reich der Oreiter. Hier geriet er in die bitterste Not und
verlor einen großen Teil seines Heeres, kaum den vierten
Teil der Streitkräfte brachte er aus Indien zurück, obwohl
sie aus hundertzwanzigtausend Mann Infanterie und fünfzehntausend Mann Kavallerie bestanden hatten. Aber böse
Krankheiten, verdorbener Proviant, brennende Hitze und,
schlimmer als alles andere, Hunger rieben seine Leute auf,
zogen sie doch durch ein Land, dessen Boden kaum bebaut
war, dessen Einwohner kümmerlich ihr Leben fristeten mit
kleinen armseligen Herden, die Seefische als Futter bekamen
und deshalb ungenießbares, übelriechendes Fleisch lieferten.
Sechzig Tage dauerte der Leidensweg durch dieses Land.
Erst als sie in Gedrosien anlangten, fanden sie wieder alles
in Hülle und Fülle vor, weil die Satrapen und Könige der
Nachbarländer Vorsorge getroffen hatten.

67. Hier bekam das Heer endlich die verdiente Ruhe. Ihr
schloß sich ein Triumphzug an, der die Truppe auf einem
siebentägigen Marsch durch Karmanien führte. Acht Pferde
zogen langsam den Wagen des Königs; auf der Plattform
eines hohen, von allen Seiten sichtbaren Gerüstes saß Alex-

ander mit seinen vertrauten Freunden bei fröhlichem Schmaus und Gelage Tag und Nacht. Zahllose Wagen, mit buntgestickten Teppichen geschmückt oder von frischem Grün überschattet, folgten. Auf ihnen saßen im Schmuck ihrer Kränze zechend die anderen Freunde des Königs und seine hohen Generale. Keinen Schild, keinen Helm, keine Lanze gab es zu sehen. Den ganzen Weg entlang standen große Fässer und Mischkrüge; daraus schöpften die Soldaten mit Schalen, Trinkhörnern, kostbaren Bechern und tranken einander zu, manche im Gehen, ohne ihren Marsch zu unterbrechen, andere am Wegrand hingestreckt. Flöten-, Pfeifen- und Saitenspiel, jubelnde Rufe der Frauen erfüllten alle Straßen. Dem wilden, zügellosen Treiben in dem Zuge folgte auch noch bacchantisch ausgelassener Trubel, als wenn Bacchus selbst unter ihnen weilte und den schwärmenden Jubel selbst anführte. Als Alexander in der Residenz von Gedrosien ankam, gab er dem Heer noch einmal Ruhe, um ein Riesenfest zu veranstalten. Er sah hier, wie man erzählt, nicht mehr ganz nüchtern den Reigentänzen zu, bei denen sein Liebling Bagoas den Sieg errang. Im Schmuck seines Festgewandes kam Bagoas über den Tanzplatz auf den König zu und nahm neben ihm Platz. Als die Makedonen es sahen, klatschten sie solange in die Hände und riefen, der König solle ihn küssen, bis er ihn umarmte und zärtlich küßte.

68. Zu Alexanders größter Freude stieß hier Nearchos zu ihm. Als der König seinen Bericht über die Expedition entgegengenommen hatte, reifte in ihm der Plan, selbst mit einer großen Flotte den Euphrat hinunterzufahren, um dann um Arabien und Afrika herum durch die Säulen des Herakles wieder ins Mittelländische Meer einzulaufen. Zu diesem Zweck ließ er bei Thapsakos Schiffe der verschiedensten Art und Größe bauen und Mannschaften und Steuerleute aus der ganzen Welt zusammenholen. Aber die Schwierigkeiten häuften sich. Der Zug nach Indien mit seinen unerhörten Beschwerden, die Verwundung bei den Mallern, die Verluste seines Heeres, in dem Geschwätz der Menschen ungeheuerlich übertrieben, hatten die Hoffnung auf seine Rettung gelähmt. So spielten die Unterworfenen mit dem Gedanken

an Erhebung. Satrapen und Generale erlaubten sich Räuberei, Freveltat und manchen Übergriff. Überhaupt ging eine Welle der Erregung und Empörung durch die Völker. Sogar Olympias und Kleopatra hatten sich mit Antipater entzweit und ihr Reich untereinander geteilt. Dabei hatte Olympias Epeiros, Kleopatra Makedonien bekommen. Als Alexander davon hörte, meinte er, seine Mutter Olympias habe den besseren Teil erwählt, denn die Makedonen würden sich solche Weiberherrschaft doch nicht gefallen lassen.

Aus allen diesen Gründen schickte er Nearchos zur Flotte zurück, entschlossen, den Krieg an die Küsten aller Meere zu tragen. Er selbst verließ das Innere Asiens, um die Schuldigen unter den Generalen zu bestrafen. So stieß er mit eigener Hand Oxyartes, einen der Söhne des Abuletos, mit der Lanze nieder. Abuletos selbst, der den Befehl hatte, Proviant zu beschaffen, brachte statt dessen dreitausend Talente Geld. Alexander ließ es den Pferden vorwerfen. Da sie es nicht fressen wollten, fragte er: „Was nützt uns dein Proviant?" und ließ Abuletos verhaften.

69. In Persien war es, wo er zum erstenmal Geld unter die Frauen verteilte, wie es die persischen Könige getan hatten. Wenn sie nach Persien kamen, hatten sie jeder Frau ein Goldstück gegeben. Deshalb soll Ochos auch niemals nach Persien gekommen sein, weil er so geizig war, daß er von seinem eigenen Vaterland nichts mehr wissen wollte. Als Alexander dort das Grab des Kyros erbrochen fand, ließ er den Frevler hinrichten, obwohl er aus Pella stammte und zu einer angesehenen Familie gehörte. Hier las er die Inschrift des Grabes und gab Befehl, sie auch in griechischer Sprache darunter zu meißeln. Sie hatte den Wortlaut: „Mensch, wer du seist und von wannen du kommst – denn kommen wirst du, das weiß ich – ich bin Kyros, der den Persern die Macht gewann. Gönn mir den Fleck Erde, der mich hier deckt!" Diese Worte, in denen ihm die Hinfälligkeit und Unbeständigkeit des Menschenlebens so unmittelbar vor die Seele traten, erschütterten ihn leidenschaftlich.

In Persien war es auch, als Kalanos, der eine Zeitlang an einer Magenverstimmung gelitten hatte, bat, man möge ihm einen Scheiterhaufen errichten. Als man ihm den Wunsch erfüllt hatte, kam er zu Pferd daher, sprach das Gebet zu den Göttern, goß die Tropfen des Trankopfers über sein eigenes Haupt und schnitt seine Stirnhaare ab, um sie im Opferfeuer des Scheiterhaufens den Göttern zu weihen. Dann bestieg er den Holzstoß, rief den Makedonen, die ihn umgaben, Worte des Abschieds zu und fügte die Mahnung an, sie sollten sich mit ihrem König beim Wein noch einen fröhlichen Tag machen. „Ihn selbst", fuhr er fort, „werde ich bald in Babylon wiedersehen." Nach diesen Worten legte er sich nieder und verhüllte sein Haupt. Als das Feuer sich ihm näherte, verharrte er, ohne ein Glied zu rühren, in der Stellung, in der er sich niedergelassen hatte. So brachte er sich selbst als köstlichstes Opfer den Göttern dar nach der uralten Sitte der Weisen seines Landes. Seinem Vorbild folgte viele Jahre später in Athen ein anderer Inder, ein Freund des Augustus. Noch heute zeigt man dort das sogenannte *Indergrab*.

70. Als Alexander vom Scheiterhaufen zurückkam, sammelte er seine Freunde und Generale zum Mahl um sich und veranstaltete ein Wetttrinken mit ungemischtem Wein. Als Preis winkte dem Sieger ein Kranz. Der beste Trinker, Promachos, brachte es auf vier Kannen (das macht dreizehn Liter) und gewann den Preis, einen Kranz, ein Talent Gold schwer. Nach drei Tagen war er tot. Von den andern Zechern starben, wie Chares berichtet, einundvierzig, weil nach dieser Trinkerei eine gewaltige Kälte einfiel.

In Susa nahm er Stateira, die Tochter des Dareios, zur Gemahlin und feierte zugleich die Hochzeit seiner Freunde: den vornehmsten Makedonen gab er die vornehmsten Perserinnen. Auch veranstaltete er für die Makedonen, die sich schon vorher verheiratet hatten, ein gemeinschaftliches Hochzeitsfest, zu dem er neuntausend Gäste lud. Zum Trankopfer erhielt jeder eine goldene Opferschale. Überhaupt war seine Freigebigkeit unglaublich, er bezahlte sogar seinen Leuten, die sich Geld geliehen hatten, ihre Schulden. Kurz, das Fest kostete ihn neuntausendachthundertundsiebzig Talente. Als bei dieser Gelegenheit sich Antigenes der Einäugige

fälschlich in die Liste der Schuldner eintragen ließ, sogar
einen Mann an den Zahltisch brachte, der sich als sein Gläubiger präsentierte, bekam er sein Geld. Aber der Betrug kam
bald ans Licht. Da wurde Alexander wütend, verjagte ihn
vom Hof und nahm ihm seine Offiziersstelle. Antigenes war
aber ein ausgezeichneter, verdienter Soldat. In seinen jungen Jahren, als Philipp Perinth belagerte, traf ihn der Pfeil
einer Wurfmaschine ins Auge. Als man das Geschoß heraus-
ziehen wollte, weigerte er sich und gab sich nicht eher zufrieden, als bis er im Kampf die Feinde zurückgeworfen
und hinter die Mauer getrieben hatte. Ein solcher Mann
konnte den Schimpf nicht ruhig tragen; man fühlte, daß
Trauer und Schwermut ihn zum Selbstmord treiben würden.
Auch der König fürchtete einen solchen Schritt, verzieh ihm
und ließ ihm das Geld.

71. Die dreißigtausend jungen Perser, die er einst mit ihren
Lehrern und Ausbildungsoffizieren zurückgelassen hatte,
waren inzwischen zu prachtvollen Männergestalten heran-
gewachsen. In graziöser Leichtigkeit führten sie ihm ihre
Waffentänze vor, daß Alexander seine helle Freude an ihnen
hatte. Die Makedonen freilich sahen besorgt drein und
fürchteten, ihr König könne sie vergessen. Als er daher die
Kranken und Verwundeten zum Meer zurückschicken wollte,
erklärten sie es als Beleidigung und Beschimpfung, daß er
Männer, die er bis zum äußersten ausgenutzt hätte, mit
Schimpf loswerden und sie ihrem Vaterland und ihren Eltern wieder anhängen wolle; dabei sähen sie jetzt ganz anders aus als damals, da er sie aus ihrem Vaterland und
Elternhaus geholt; er solle doch die Makedonen alle zusammen nach Hause schicken und für dienstuntauglich erklären, er hätte ja die Jungen, die Waffentänzer, mit denen
solle er in die Ferne ziehen und den Erdball erobern. Solche
Worte verdachte Alexander den Makedonen sehr, und in
seinem Zorn überhäufte er sie mit Scheltworten. Er entfernte
sie aus seiner Nähe, besetzte die Wachen mit Persern und
bildete aus Persern Leibgarde und Dienerschaft. Als die
Makedonen überall Perser in der Umgebung ihres Königs,
sich selbst verstoßen und beschimpft sahen, spürten sie die

Demütigung. Wenn sie sich aber selbst Rechenschaft gaben, mußten sie allerdings zugeben, daß sie sich von Zorn und Eifersucht eigentlich zu Tollheiten hatten hinreißen lassen. Endlich kamen sie wieder zur Vernunft; ohne Waffen, im bloßen Chiton erschienen sie vor dem Zelt des Königs. Mit lautem Weinen gaben sie sich in seine Hände und baten ihn, er solle mit ihnen machen, was er wolle, so groß sei ihre Schlechtigkeit und ihr Undank. Alexander ließ sie nicht vor, so sehr solche Liebe ihn rührte. Aber die Soldaten wichen nicht von der Stelle, ohne Unterlaß standen sie zwei Tage und Nächte vor seinem Zelt, ohne Unterlaß jammerten sie und riefen ihren Gebieter heraus. Erst am dritten Tage verließ er das Zelt. Als er sie da in ihrer kläglichen Zerknirschung vor sich sah, kamen ihm die Tränen, und er weinte lange. Er hielt ihnen ihr Auftreten vor, aber mit milden Worten, und sprach gütig zu ihnen. So überhäufte er die Invaliden denn mit Geschenken und entließ sie in die Heimat. Zugleich schrieb er an Antipater, sie sollten das Recht haben, bei allen Festspielen und Aufführungen mit Kränzen geschmückt den ersten Platz im Theater einzunehmen. Den Waisen der Gefallenen wies er den Sold ihrer Väter an.

72. Als er nach Ekbatana in Medien kam und die dringendsten Regierungsgeschäfte erledigt hatte, gab es für ihn wieder nur Aufführungen und Feste, waren doch gerade dreitausend Künstler aus Griechenland dort eingetroffen. In jenen Tagen war es, als Hephaistion einen Fieberanfall bekam. Jung und soldatisch erzogen wie er war, wollte er von einer strengen Diät nichts wissen. Als sein Arzt Glaukos eben ins Theater gegangen war, setzte er sich zum Frühstück und ließ sich einen gekochten Hahn und einen großen Krug Wein gut schmecken. Das bekam ihm schlecht, nach kurzer Zeit starb er. Alexanders Trauer über diesen Verlust kannte keine Grenzen. Er gab sofort Befehl, allen Pferden und Maultieren die Mähnen abzuscheren, ließ von den Mauern der umliegenden Städte die Zinnen abbrechen und den unglücklichen Arzt ans Kreuz schlagen. Flötenspiel und Musik überhaupt wurde im Lager für lange Zeit verboten, bis vom

Orakel des Ammon der Spruch erging, er solle Hephaistion als Heros verehren und ihm Opfer bringen. Seinen Schmerz zu lindern, zog er in den Krieg, als sei es eine Hetzjagd auf Menschen. Er unterwarf die Kossaier und ließ die Waffenfähigen Mann für Mann abschlachten. Alexanders Totenopfer für Hephaistion hieß man diesen Krieg.

Für das Grabmal des Freundes, für seine Bestattung war ihm keine Kunst kostbar genug: zehntausend Talente wollte er dafür verwenden. Aber die Kosten sollten noch übertrumpft werden von der Kunst der Erfindung und der Pracht der Ausführung. Daher vermißte er keinen Künstler mehr als Stasikrates, weil er sich von ihm die großartigsten und kühnsten Pläne, rauschenden Prunk in seinen neuen Ideen versprach. Dieser hatte ihm einst in einer Unterhaltung davon gesprochen, man könne keinem Berg so leicht die Form und Gestalt eines Menschen geben wie dem Athos in Thrakien; wenn der König ihm den Befehl gäbe, wolle er den Athos umschaffen zu einem weithin in die Lande sichtbaren Denkmal Alexanders von ewiger Dauer, in der Linken solle er eine Stadt mit zehntausend Einwohnern tragen, aus der Rechten wie aus einer Opferschale einen rauschenden Strom ins Meer rinnen lassen. Diesen Plan hatte Alexander damals abgelehnt; aber jetzt geriet er auf Ideen, die noch seltsamer und kostspieliger waren, und war immer beschäftigt, mit den Künstlern allerhand Pläne zu entwerfen.

73. Als er auf dem Wege nach Babylon war, kam ihm Nearchos entgegen, der auf seiner Fahrt vom Ozean her wieder in den Euphrat eingelaufen war. Er brachte die Meldung, einige Chaldäer hätten ihm den Rat gegeben, Alexander solle Babylon meiden. Doch der König schlug solche Warnung in den Wind und setzte seinen Zug fort. Als er aber in die Nähe der Mauern kam, sah er Raben im Kampf aufeinander einhacken; einige fielen ihm sogar vor die Füße. Dann wurde ihm die Kunde, der Kommandant von Babylon, Apollodoros, habe ein Opfer dargebracht, um von den Göttern die Zukunft des Königs zu erforschen. Alexander ließ sofort den Seher Protagoras rufen. Protagoras räumte

solche Tat ohne weiteres ein. Auf die Frage des Königs nach
dem Ausfall des Opfers gab er den Bescheid, die Leber habe
keinen Lappen gehabt. Der König rief: „Wehe, ein gewaltiges Zeichen!" Aber er tat dem Seher kein Leid. Doch reute
es ihn, daß er der Warnung des Nearchos nicht gefolgt war;
er hielt sich also meistens außerhalb Babylons auf, wohnte
in seinem Zelt oder unternahm Fahrten auf dem Euphrat.
Die Unglückszeichen häuften sich in dieser Zeit und machten
ihn immer unruhiger. Unter den Löwen, die man hier für
ihn hielt, war einer von besonderer Größe und Schönheit.
Da ging ein zahmer Esel auf ihn los, schlug ihn mit den
Hinterbeinen und trat ihn tot. Eines Tages hatte Alexander
seine Kleider abgelegt, um sich zu salben, und spielte Ball.
Als man die Gewänder wieder holen wollte, bemerkten die
jungen Freunde, die mit ihm gespielt hatten, einen Menschen, der schweigend auf dem Thron saß und das Diadem
und die Gewänder des Königs angelegt hatte. Man fragte
ihn, wer er sei, aber er blieb lange stumm. Endlich schien er
wieder zum klaren Denken zu erwachen und sagte aus, er
heiße Dionysios und stamme aus Messenien; wegen eines Ver-
gehens, dessen man ihn angeklagt habe, sei er von der Küste
ins Innere des Landes gebracht und habe lange Zeit im Gefängnis gesessen; aber eben jetzt sei Sarapis zu ihm getreten,
habe ihm die Fesseln gelöst und ihn hierhergeführt. Der Befehl des Gottes aber habe gelautet, er solle das Diadem und
die Gewänder des Königs anlegen und schweigend sich auf
den Thron setzen.

74. Als Alexander dies gehört hatte, ließ er zwar, wie die
Seher ihm rieten, den Menschen hinrichten, aber er verlor
jetzt allen Mut, verlor den Glauben an die Huld der Götter
und verlor das Vertrauen zu seinen Freunden. Am meisten
fürchtete er Antipater und seine Söhne; der eine von diesen,
Jolas, diente ihm als Obermundschenk, der andere, Kassandros, war erst kürzlich an den Königlichen Hof gekommen.
Als Kassandros nun einmal einige Perser vor dem König
ihren Fußfall machen sah, lachte er vorwitzig auf, denn das
hatte er noch nie gesehen, und es widersprach ganz seiner
griechischen Erziehung. Darüber geriet Alexander so in Zorn,

daß er ihn bei den Haaren packte und ihm den Kopf mit beiden Händen gegen die Wand stieß. Als Kassandros ein andermal seinen Vater Antipater gegen Verleumder verteidigen wollte, schnitt der König ihm das Wort ab: „Wieso? Meinst du, Leute, denen nichts Unrechtes geschehen sei, kämen so weit her, nur um einen Menschen zu verleumden?" Als Kassandros einwandte, das sei ja eben ein Zeichen für ihre Verleumdung, daß sie so weit hergekommen seien, damit man ihnen die Unwahrheit nicht nachweisen könne, lachte Alexander auf: „So sehen die Spitzfindigkeiten der Aristotelesschüler aus, die Gutes und Böses zu verteidigen wissen. Aber wehe euch, der Tag soll euch reuen, wenn sich herausstellt, daß ihr diesen Leuten auch nur das geringste Unrecht getan habt." Seit dieser Zeit war Kassandros unauslöschlich die Furcht vor Alexander in die Seele gebrannt. Nach Jahr und Tag noch, als er schon König von Makedonien und Herr über Griechenland war, steckte der Schrekken in ihm: als er einmal in Delphi herumging und die Statuen betrachtete, stand er plötzlich vor dem Bild des Königs. Als sei er vom Schlag getroffen, packte ihn die Furcht, er fing an zu zittern und konnte sich kaum erholen, so schwindelte ihn bei dem Anblick.

75. Nachdem Alexander so dem Aberglauben verfallen war, wuchs seine Erregung und Furchtsamkeit immer mehr. Schließlich sah er in jedem ungewöhnlichen und auffälligen Ereignis, mochte es noch so unbedeutend sein, ein schreckendes Wunder oder Götterzeichen, und Opferpriester, Sühnepriester und Wahrsager füllten den Palast. So ist denn also der Unglaube und die Verachtung der Götter voller Gefahren, aber ebenso gefährlich ist der Aberglaube; denn wie das Wasser die Niederung sucht, so erfüllte der Aberglaube Alexander mit Torheit, nachdem er einmal eine Beute seiner Angst geworden war. Doch legte er die Trauer ab, als Zeus Ammon ihm den Spruch über die Heroisierung des Hephaistion gesandt hatte. Nun hatte er wieder seine Freude an Opferfeiern und Lustbarkeiten. Nearchos zu Ehren veranstaltete er ein prächtiges Mahl. Als er nachher, wie gewöhnlich, gebadet hatte und zur Ruhe gehen wollte, konnte er

Medios die Bitte, zu einem fröhlichen Trunk zu ihm zu
kommen, nicht abschlagen. Hier trank er den ganzen nächsten Tag, da begann er schon zu fiebern, aber nicht weil er
den Becher des Herakles geleert oder plötzlich im Rücken
einen Schmerz gespürt hätte wie von einem Lanzenstich.
Das sind Phantasien, die manche schreiben zu müssen glaubten, als wenn sie damit einen erschütternden, tragischen
Schluß für ein gewaltiges Drama gefunden hätten. Aristobulos berichtet vielmehr, Alexander habe in der Fieberhitze,
von furchtbarem Durst gequält, Wein getrunken, deshalb
habe er angefangen zu phantasieren und sei am dreißigsten
Daisios gestorben.

76. In dem Königlichen Hofbericht finden sich folgende Ein-
tragungen über den Verlauf der Krankheit: Am achtzehnten
Daisios schlief der König im Baderaum, weil er Fieber hatte.
Am folgenden Tag badete er und begab sich in sein Schlafgemach; dort verbrachte er den Tag mit Medios im Würfel-
spiel. Abends badete er noch einmal, opferte den Göttern
und aß zu Abend. In der Nacht bekam er wieder Fieber und
opferte den Göttern wie gewöhnlich. Er legte sich dann im
Baderaum nieder und unterhielt sich mit Nearchos, von dem
er sich über die Expedition und den Ozean erzählen ließ.
Den einundzwanzigsten verbrachte er ebenso, doch stieg das
Fieber. Er hatte eine unruhige Nacht, und am folgenden Tag
war das Fieber gefährlich hoch. Er ließ sich forttragen und
lag neben dem großen Schwimmbassin; hier besprach er mit
seinen Generalen die Frage, wie man die erledigten Offi-
ziersstellen mit verdienten Männern wiederbesetzen könne.
Am vierundzwanzigsten ließ er sich trotz seines hohen Fie-
bers zum Opferplatz tragen und wohnte dem Opfer bei.
Auch gab er Befehl, die vornehmsten Generale sollten bei
Hofe bleiben, die Obersten und Hauptleute vor dem Palast
sich aufhalten. Am fünfundzwanzigsten ließ er sich nach der
anderen Seite des Palastes bringen und schlummerte ein
wenig; doch ließ das Fieber nicht nach. Als die Generale bei
ihm eintraten, versagte ihm die Sprache, ebenso am nächsten
Tag. Deshalb kamen die Makedonen sogar auf den Gedanken, Alexander sei schon gestorben. Sie liefen an den Türen

des Palastes zusammen, schrien und drohten den Vertrauten des Königs, bis sie endlich ihren Willen erzwangen. Man öffnete ihnen die Türen, da zogen sie alle einer nach dem anderen ohne Waffen, ohne Kriegsmantel an dem Lager ihres Königs vorbei. An diesem Tage wurden Python und Seleukos zum Tempel des Serapis geschickt und richteten an den Gott die Frage, ob sie Alexander in den Tempel bringen sollten. Der Gott erteilte den Bescheid, sie sollten ihn lassen, wo er sei. Am achtundzwanzigsten gegen Abend starb er.

77. Der größte Teil dieser Schilderung steht Wort für Wort so in dem Königlichen Hofbericht. Auf den Verdacht, daß es sich um eine Vergiftung handeln könne, kam vorerst niemand. Erst sechs Jahre später erging eine Anzeige. Sie soll Olympias Anlaß gegeben haben, viele Leute hinrichten und sogar die Gebeine des inzwischen verstorbenen Jolas aus der Ruhe des Grabes herausreißen zu lassen, weil er Alexander den Gifttrunk gereicht habe. Manche wollen wissen, Aristoteles habe Antipater zu diesem Schritt geraten, überhaupt sei durch ihn das Gift beschafft worden. Für diese Behauptung berufen sie sich auf einen Menschen namens Hagnothemis, der erzählte, er habe es vom König Antigonos gehört. Nach dieser Erzählung war das Gift eiskaltes Wasser, das wie ein feiner Tau aus einem Felsen bei Nonakris herausrieselte; man sammelte es dort und bewahrte es in einem Eselshuf auf. Denn in keinem anderen Behälter kann man es bergen, weil es durch seine Kälte und Schärfe jedes Gefäß zerfrißt.

Die meisten Historiker aber halten die Geschichte von der Vergiftung für eine Ausgeburt der Phantasie. Dafür haben sie allerdings einen gewichtigen Beweis. Denn obwohl man den Leichnam während der Streitigkeiten der Generale untereinander, die sich tagelang hinzogen, unbestattet ließ, blieb der Körper trotzdem rein und frisch und zeigte keine Spur einer solchen Todesursache.

In diesen Tagen galt die ganze Liebe und Verehrung der Makedonen der Gemahlin des Königs, Roxane, weil sie ein Kind von ihm trug. Aber in ihrer Eifersucht gegen Stateira lockte sie die Nebenbuhlerin in einem Brief voll heuchleri-

scher Freundlichkeit zu sich, und als Stateira mit ihrer Schwester bei ihr war, erschlug sie beide, warf ihre Körper in einen
Brunnen und schüttete ihn zu; Perdikkas war Mitwisser und
Mithelfer. Denn er war es, der jetzt plötzlich die größte
Macht besaß: er führte den Arrhidaios immer bei sich, den
er sozusagen die stumme Rolle des Königs spielen ließ.
Arrhidaios war zwar ein Sohn des Philipp, aber er stammte
von einem gemeinen, übelberüchtigten Weib, Philinna, und
war durch eine körperliche Krankheit, die nicht auf natürlichen Ursachen beruhte, auch nicht von selbst entstanden
war, blödsinnig geworden. Als Kind soll er ein reizendes,
edles Wesen gehabt haben; aber Gift, das Olympias ihm
beibringen ließ, zerstörte ihm Körper und Geist. * * *

AGIS
(Um 270—241 v. Chr.)

Es steckt ein tiefer Sinn in der Anschauung mancher Schriftsteller, wenn sie ehrgeizige Männer mit dem Ixion des Mythos vergleichen: er hatte statt mit Hera, wie er vermeinte,
sich mit einer Wolke verbunden, und diesem Bund waren
die Kentauren entsprungen. Denn der Ruhm, an dem solche
Männer hängen, ist doch nur das Schattenbild der Tugend.
Deshalb sind ihre Taten nicht rein und lauter. Was sie tun,
trägt den Stempel der Falschheit und Unreinheit. Nach immer neuen Zielen greift ihr Wünschen, jedem Verlangen,
jeder Leidenschaft geben sie willenlos nach. Was Sophokles'
Schäfer von ihren Herden sagen: ,Wir sind zwar ihre Herrn
und dienen ihnen doch. Auch wenn sie schweigen, müssen
wir sie hören', dasselbe gilt auch von diesen Männern, wenn
sie sich in ihrer Politik nach den Trieben und Neigungen der
Masse richten, wenn sie sich zu Dienern und Sklaven der
Menge erniedrigen aus dem einen Wunsch heraus, Volksführer und Herrscher zu heißen. Wie der Matrose auf dem
Auslug am Bug des Schiffes alles früher sieht als der Steuermann und doch auf ihn schaut und nur seine Befehle aus-
führt, so ist auch der Staatsmann nur der Diener der Massen, wenn er immer nur nach dem Ruhm ausschaut, mag er
auch den stolzen Namen ,Herrscher' tragen.
2. Ein wahrhaft Guter bedarf des Ruhmes überhaupt nicht.
Mit einer Ausnahme: wenn der Ruhm ihm das Vertrauen
des Volkes gewinnt und ihm so die Gelegenheit zu großen
Taten gibt. Allerdings sollte man auch einem jungen Menschen gönnen, sich im Glanz des Ruhmes zu sonnen, wenn
edle Taten ihm den Kranz erwarben. Denn solange die Tugenden im jungen Herzen keimen und sprossen, gibt das
Lob ihnen, wie Theophrast sagt, Kraft und Stärke, und in
der Folge fördert der rechte Stolz ihr Wachstum. Übermaß
ist in allen Dingen schädlich, aber verderblich geradezu,
wenn es sich um politischen Ehrgeiz handelt. Er verführt

die Ehrgeizigen, wenn sie zur Macht gelangen, zur unver-
hüllten Raserei und Tollheit, wenn sie es ablehnen, den
Ruhm im Guten zu sehen, und statt dessen nur den Ruhm
als das einzige erstrebenswerte Gut betrachten. Als Antipater einst von Phokion eine Ungerechtigkeit verlangte, bekam er die Antwort: „Du kannst nicht erwarten, daß Phokion gleichzeitig dein Freund und dein Schmeichler ist.“
Dasselbe Wort oder ein ähnliches gilt auch der Menge: „Du
kannst nicht erwarten, daß derselbe Mann gleichzeitig dein
Herrscher und dein willenloser Diener ist.“ Dazu paßt die
Fabel von der Schlange. Eines Tages empörte sich der
Schwanz der Schlange gegen das Haupt und verlangte, er
wolle auch abwechselnd vorausgehen und nicht immer hin-
terherkommen. Er übernahm also die Führung. Aber ungeschickt, wie er war, geriet er selbst ins Unglück, und das
arme Haupt, das so wider seine Natur dem blinden und
tauben Schwanz folgen mußte, wurde zerschunden und zer-
kratzt. Vielen Staatsmännern, die hinter der Volksgunst
herjagten, ist es nicht anders ergangen. Das ist eine alte Erfahrung. Denn da sie sich der Masse mit ihrem planlosen
Hin und Her verschrieben hatten, war ihnen die Möglichkeit genommen, sich wieder zurückzuziehen oder auch nur
die Wirren zu beruhigen.
Diese Bemerkungen über den Zusammenhang zwischen Ruhm
und Volksgunst ergaben sich mir bei der Betrachtung des
Einflusses, den der Ruhm auf das Schicksal des Tiberius und
Gaius Gracchus ausübte. Ebenso edel wie die Familie, der
sie entstammten, und wie ihre Erziehung waren die Grundsätze gewesen, die sie zur Politik geführt hatten. Aber was
sie trotzdem ins Verderben stürzte, war wohl nicht hemmungsloser Ehrgeiz; es war wohl mehr ihre Furcht vor der
Unehre. Aber auch diese Furcht entsprang ihrem Edelmut.
Denn sie hatten früh die Herzen ihrer Mitbürger gewonnen,
und diese Beliebtheit lag wie eine Schuld auf ihnen, die abzutragen sie als ihre Pflicht ansahen. Sie boten alles auf,
durch ausgezeichnete Regierungsmaßnahmen die Ehren zu
übertrumpfen, die man ihnen erwiesen hatte, und empfingen von dem dankbaren Volk für ihre Taten um so größere

Ehren. Da sie auf diese Weise sich selbst gegen das Volk und wieder das Volk gegen sich selbst mit gleicher Ehrbegierde erfüllten, sahen sie sich unvermerkt in eine Bahn gedrängt, auf der es kein Halten mehr gab, und was nicht recht ist, bleibt Unrecht. Wie wahr das ist, das wirst du aus der Darstellung ihres Lebens entnehmen können.

Neben den Gracchen soll das Paar der spartanischen Volksführer stehen, die beiden Könige Agis und Kleomenes. Auch sie wollten dem Volk zur Macht verhelfen und die gute und gerechte Verfassung, die schon seit langer Zeit aus der Übung gekommen war, wieder einführen. Auch sie zogen sich dadurch, wie die Gracchen, den Haß des herrschenden Standes zu, der nicht daran dachte, die liebgewonnene Überlegenheit aufzugeben. Brüder waren die beiden Spartaner nicht, aber ihre Politik zeigte doch eine starke Verwandtschaft. Was sie zur Politik trieb, war folgendes.

3. Als die Liebe zu Gold und Silber sich in Sparta eingeschlichen hatte, folgten dem Besitz des Reichtums gar bald Geiz und Habsucht, und als sich aus dem Gebrauch des Reichtums schließlich üppige Schwelgerei und Verschwendung entwickelten, da hatte Sparta seine Tugenden alle eingebüßt. Das war die Zeit der Erniedrigung, die über die Stadt kam bis zu jenem Jahr, da Agis und Leonidas die Königswürde übernahmen.

Agis, Eudamidas' Sohn, gehörte zum Geschlecht der Eurypontiden. Im sechsten Glied stammte er von Agesilaos, der einst nach Kleinasien gezogen und der mächtigste Mann unter den Hellenen in seiner Zeit gewesen war. Agesilaos' Sohn war Archidamos, der im Kampf gegen die Messapier bei Mandurium in Italien sein Leben verlor. Archidamos hatte zwei Söhne, Agis und Eudamidas. Als der ältere, Agis, bei Megalopolis von Antipater besiegt und kinderlos gestorben war, kam Eudamidas zur Regierung. Von diesem Eudamidas stammte wieder ein Archidamos, der wiederum einen Sohn namens Eudamidas hatte, und von diesem stammte der Agis, dessen Leben hier beschrieben werden soll.

Leonidas, Kleonymos' Sohn, gehörte zu dem anderen königlichen Geschlecht, dem Haus der Agiaden. Er stammte im

achten Glied von Pausanias, der bei Plataiai gegen Mardonios siegreich gewesen war. Pausanias' Sohn war Pleistonax,
dessen Sohn wieder ein Pausanias, nach dessen Flucht nach
Tegea sein ältester Sohn Agesipolis zur Regierung kam. Als
er kinderlos gestorben war, folgte ihm sein jüngerer Bruder
Kleombrotos. Dieser hatte wieder zwei Söhne, Agesipolis
und Kleomenes, von denen Agesipolis nur kurze Zeit re-
gierte und ebenfalls kinderlos starb. Nach ihm wurde Kleo-
menes König. Er verlor noch zu seinen Lebzeiten seinen
ältesten Sohn Akrotatos und hinterließ nur den jüngeren
Kleonymos. Doch kam dieser nicht auf den Thron, sondern
Areus, ein Enkel des Kleomenes und Sohn des Akrotatos.
Areus fiel bei Korinth, sein Nachfolger wurde sein Sohn
Akrotatos. Auch dieser fiel bei Megalopolis, wo er von dem
Tyrannen Aristodemos geschlagen wurde. Er hinterließ eine
Witwe, die nach seinem Tod einem Sohn das Leben schenkte.
Dessen Vormund wurde Kleonymos' Sohn Leonidas. Da das
Kind früh starb, ging die Königswürde auf Leonidas über,
obwohl er beim Volk wenig beliebt war. Durch die Zerstörung der Verfassung war die alte Sittenstrenge schon allgemein in Verfall geraten, aber Leonidas kümmerte sich überhaupt nicht mehr um Väterart und -sitte. Er war im Orient
von Fürstenhof zu Fürstenhof gezogen und war ein schwär-
merischer Verehrer des Seleukos. Jetzt suchte er Pomp und
Prunk, wie er ihn dort kennengelernt hatte, unbesonnen auf
griechische Verhältnisse zu übertragen in einem Staat, der
bisher durch strenge Gesetze geregelt war.

4. Agis war sein Gegenteil. An Geistesgaben und stolzer
Gesinnung übertraf er Leonidas ebensosehr wie alle Könige,
die seit dem großen Agesilaos regiert hatten. Er war erst
zwanzig Jahre alt und erzogen in dem verweichlichenden
Reichtum, wie ihn seine Mutter Agesistrata und seine Großmutter Archidamia, die reichsten Frauen der Stadt, liebten.
Trotzdem sagte er plötzlich allen Genüssen ab und verzichtete auf allen äußeren Schmuck. Pracht und Prunk waren
ihm in der Seele verhaßt. Statt dessen brüstete er sich mit
einem schäbigen Mantel und wünschte sich die Speisen, Bäder, überhaupt die ganze Lebensweise der alten Spartaner

zurück. Er erklärte sogar, daß ihm an der Königswürde nur gelegen sei, wenn sie ihm Gelegenheit gäbe, Väterzucht und Vätersitte wiederherzustellen.

5. Ihren Anfang hatte die verderbliche Krankheit im Spartanerstaat genommen etwa in der Zeit, als Sparta siegreich Athens Vormacht gebrochen und Gold und Silber in unendlicher Fülle gewonnen hatte. Indessen hatte die fortdauernde alte Ordnung und Gleichheit die Stadt trotz aller Gebrechen gerettet, solange die Zahl der Familien nach Lykurgs Gesetz in der Erbfolge beibehalten wurde und der Vater sein Erbe dem Sohn hinterließ. Das wurde anders, als Epitadeus zum Ephoros gewählt wurde. Er war ein einflußreicher, aber rücksichtsloser Mann. Da er mit seinem Sohn im Streit lebte, brachte er einen Antrag ein, man möge ihm erlauben, sein Vermögen und seinen Grundbesitz nach seinem Wunsch während seines Lebens zu verschenken oder testamentarisch zu vermachen. Es war also nur der Wunsch, seinen Zorn zu befriedigen, der ihn zu diesem Antrag führte, und wenn seine Mitbürger den Antrag begrüßten und als Gesetz bestätigten, so taten sie es nur aus Habsucht. Das war der Todesstoß für eine ausgezeichnete Einrichtung. Denn jetzt vertrieben die Mächtigen ihre erbberechtigten Verwandten aus der Erbfolge und rissen deren Besitz rücksichtslos an sich. So strömte in kurzer Zeit der Reichtum in den Händen weniger zusammen, während die Masse der Bürger in Armut versank. Kleinliche, niedrige Gesinnung breitete sich aus, und niemand fand mehr Zeit, sich mit dem Edlen und Schönen zu beschäftigen. Haß und Neid erhob sich gegen die Besitzenden. Von den echten Spartiaten blieben nicht mehr als siebenhundert übrig, und von diesen besaßen vielleicht nur noch hundert überhaupt Land und Erbe. Der Rest des Volks saß arm und verachtet in der Stadt, hatte den alten Kämpfermut gegen die Feinde des Vaterlandes verloren und wartete sehnsüchtig auf den Augenblick, in dem er die bestehenden Verhältnisse umstürzen konnte.

6. Daher war es in der Tat ein verdienstliches Werk, wenn Agis den Plan faßte, die Gleichheit wiederherzustellen und die Zahl der echten Spartiaten wieder zu erhöhen. Deshalb

versuchte er, seine Mitbürger auszuholen. Die Jugend trat
wider sein Erwarten sofort auf seine Seite und schloß sich
seinem Tugenddienst an. Um die Freiheit zu gewinnen, legten sie ihre Lebensgewohnheiten ab wie ein Gewand. Aber
der älteren Generation, die in ihre üblen Gewohnheiten ver-
strickt war, ging es wie entlaufenen Sklaven, die man zu
ihrem Herrn zurückbringt. Sie zitterten vor Furcht, wenn
sie den Namen Lykurgos hörten, und schalten auf Agis, weil
er über die Gegenwart jammerte und Spartas alten Ruhm
zurückwünschte. Doch fand er bei Libys' Sohn Lysander
ebenso wie bei Ekphanes' Sohn Mandrokleidas und bei Agesilaos Zustimmung; sie bestärkten ihn sogar in seinen ehrgeizigen Plänen. Während Lysander den größten Einfluß
besaß unter seinen Mitbürgern, war Mandrokleidas der ge-
schickteste Politiker, der listige Klugheit mit Wagemut zu
verbinden wußte. Agesilaos, des Königs Oheim, war zwar
ein gewaltiger Redner, aber im übrigen ein weichlicher Charakter und Geizhals. Wenn er sich Agis anschloß, so gab er
als Grund an, daß sein Sohn Hippomedon ihm dazu riet.
Sein Sohn hatte sich in vielen Kriegen ausgezeichnet und besaß großes Ansehen, weil die Jugend für ihn schwärmte. Der
wahre Grund aber, der Agesilaos an dem Unternehmen teilnehmen ließ, lag in seinen unermeßlichen Schulden, von
denen er sich durch den politischen Umsturz zu befreien
hoffte.

Als Agis so seinen Oheim Agesilaos schnell gewonnen hatte,
versuchte er, mit dessen Hilfe auch in seiner Mutter, einer
Schwester des Agesilaos, eine Helferin zu finden. Sie besaß
durch die große Zahl ihrer Klienten, Freunde und Schuldner
einen starken Einfluß in Sparta und spielte auch in der Politik eine wichtige Rolle. 7. Im ersten Augenblick war sie
erschrocken über die Pläne ihres Sohnes und versuchte, ihn
davon abzubringen, weil er unerreichbaren, ja schädlichen
Zielen nachjage. Doch gelang es Agesilaos, sie von der Durch-
führbarkeit und Nützlichkeit zu überzeugen, und König
Agis bat seine Mutter gar, ihren Reichtum seinem Ruhm
und Ehrgeiz zu opfern. An Reichtum, so setzte er ihr auseinander, würde er den andern Königen niemals gleichkommen

können, selbst die Diener eines Satrapen oder Sklaven eines Statthalters der Könige Ptolemaios oder Seleukos besäßen größere Reichtümer als alle Könige Spartas zusammen. Sein Ziel könne nur sein, durch schlichte Zurückhaltung und Seelengröße den verschwenderischen Luxus der Könige in den Schatten zu stellen und unter den Bürgern die Gleichheit und Gemeinsamkeit des Besitzes wiederherzustellen. Das sei für ihn der einzige Weg, den Namen eines wahrhaft großen Königs zu gewinnen. Des jungen Königs stürmischer Ehrgeiz riß die Frauen endlich mit sich und überzeugte sie. Sie waren für die gute Sache so begeistert, daß sie jetzt Agis trieben, seinen Plan schnell zu verwirklichen. Sie baten ihre Freunde zu sich und legten ihnen die Sache ans Herz. Auch mit den anderen Frauen besprachen sie den Plan. Denn sie wußten, daß die Männer in Sparta doch tun mußten, was ihre Frauen wollten. Es war ja so, daß die Männer den Frauen mehr Anteil an den politischen Dingen erlaubten, als sie sich selbst in die häuslichen Angelegenheiten mischten.

In der damaligen Zeit war der größte Teil des Reichtums in den Händen der Frauen. Daraus erwuchsen für Agis ganz besondere Schwierigkeiten. Sie lehnten sich gegen seinen Plan auf, sollten sie doch nicht nur auf den Luxus verzichten, den sie so lieb gewonnen hatten, weil wahre Kultur in Sparta ein unbekannt Ding war. Sie sahen auch die Gefahr, daß Ehre und Einfluß, die sie ihrem Reichtum verdankten, ihnen aus den Händen gleiten müßten. So wandten sie sich denn an Leonidas, der bedeutend älter war als Agis, und baten ihn, Agis in die Zügel zu fallen. Leonidas hätte den Besitzenden gern geholfen, doch fürchtete er das Volk, das nun einmal auf den verheißenen Umschwung seiner Verhältnisse wartete. Deshalb wagte er keinen offenen Widerstand gegen Agis' Plan. Aber im geheimen suchte er doch die Maßnahmen des Königs zu hintertreiben und zu vereiteln. So erhob er in den herrschenden Kreisen gegen Agis den verleumderischen Vorwurf, er wolle die Güter der Besitzenden den Armen als Lohn für die Königswürde schenken und durch Landverteilung und Schuldenerlaß nicht Bürger für Sparta gewinnen, sondern eine Leibgarde für seine eigene Person.

8. Indessen wußte Agis es durchzusetzen, daß Lysander zum Ephor gewählt wurde. Unmittelbar nach der Wahl ließ er dann durch ihn bei dem ‚Rat der Alten‘ einen Antrag einbringen. Die wichtigsten Punkte darin waren, daß den Schuldnern die Schulden erlassen und das Land neu verteilt werden sollte. Der Plan sah vor, daß das Gebiet, das von der Schlucht von Pellana und dem Taygetos und von Malea und Sellasia eingeschlossen wird, in viertausendfünfhundert Lose geteilt wurde, während aus dem Gebiet außerhalb dieser Grenzen fünfzehntausend Teile gebildet werden sollten. Dieses Gebiet war für die waffenfähigen Perioiken bestimmt, das im Innern liegende für die Spartiaten. Ferner sollte die Zahl der Spartiaten aufgefüllt werden aus den Perioiken und den Fremden, die eine Erziehung genossen hätten, wie sie für Freie üblich sei. Außerdem mußten sie körperlich gesund sein und durften ein gewisses Alter nicht überschritten haben. Die letzte Bestimmung verlangte, daß aus diesen Leuten fünfzehn Phiditien gebildet wurden mit je vierhundert oder zweihundert Teilnehmern und daß sie in ihrer Lebensweise sich die Spartaner der Vorzeit als Vorbild nehmen sollten.

9. Über diesen Antrag konnte im ‚Rat der Alten‘ keine Übereinstimmung erzielt werden. Lysander berief also das Volk zur Versammlung und besprach selbst die Sache mit den Bürgern. Auch Mandrokleidas und Agesilaos ergriffen das Wort und baten, man möge doch nicht einigen wenigen zuliebe, die mit dem Volk ja doch nur ihren Spott trieben, geduldig zusehen, wie Spartas Ehre durch den Schmutz gezogen würde. Er erinnerte an den Rat der alten Orakel, sie sollten sich vor der Habsucht hüten, der größten Gefahr für Sparta. Auch das Orakel, das erst kürzlich aus Pasiphaes Tempel ergangen war, hielt er ihnen vor Augen.

Heiligtum und Orakel der Pasiphae in Thalamai waren weithin angesehen. Nach der einen Darstellung war Pasiphae eine Tochter des Atlas und von Zeus die Mutter des Ammon; nach anderen Berichten war Priamos' Tochter Kassandra dort gestorben und hatte den Beinamen Pasiphae erhalten, weil sie *allen* die Zukunft *kündete*. Wieder anders

berichtet Phylarchos. Danach war Amyklas Tochter Daphne
auf ihrer Flucht vor Apollon, der sie mit seiner Liebe verfolgte, in einen Baum verwandelt worden, und Apollon
hatte ihr, um sie zu ehren, die Gabe der Weissagung verliehen. Gleichgültig, wie es sich mit der Entstehung des Orakels verhielt, jedenfalls wurde damals die Behauptung aufgestellt, das Orakel verlange die Wiederherstellung der
Gleichheit unter den Spartiaten, wie sie einst Lykurgos im
Gesetz gefordert hatte.

Zuletzt erhob sich auch König Agis und erklärte kurz, er
wolle für die Verfassung, die er einführen wolle, einen wichtigen Beitrag leisten. Zunächst stelle er selbst sein Vermögen
zur Verfügung, und zwar sechshundert Talente in bar neben
dem großen Besitz an Ackerland und Weiden. Auch seine
Mutter und Großmutter, ebenso Verwandte und Freunde,
die reichsten Männer der Stadt, schlössen sich ihm an.

10. Staunen ergriff das Volk über die Großmut des jungen
Königs. Es freute sich, daß nun nach langen dreihundert
Jahren ein König herrschte, der Spartas würdig war. Allein
Leonidas leistete jetzt mehr als je Widerstand; es war ihm
klar, daß auch er sich gezwungen sehen würde, Agis' Beispiel zu folgen, ohne doch bei seinen Mitbürgern denselben
Dank zu ernten; denn wenn alle ihr Vermögen opfern wür-
den, so könne nur der eine auf Dank und Ehre rechnen, der
das Beispiel gegeben hatte. So legte er Agis denn die Frage
vor, ob er nicht auch Lykurgos für einen gerechten, ehrenwerten Mann halte. Auf Agis' zustimmende Antwort fragte
Leonidas weiter: „Und wo hat Lykurgos je in den Schuldenerlaß gewilligt oder Fremden das Bürgerrecht verliehen?
War er nicht vielmehr überzeugt, daß der Staat ohne die
Fremdenaustreibung überhaupt nicht bestehen könne?" Allein
Agis hielt ihm entgegen, es sei freilich kein Wunder, wenn
er, der in der Fremde aufgewachsen sei und Kinder besäße
aus seiner Ehe mit einer Satrapentochter, falsch über Lykurgos urteile; er könne freilich nicht wissen, daß Lykurgos
Schuldenmachen und Geldverleihen ebenso wie den Gebrauch von Bargeld aus der Stadt verbannte, aber sein Haß
richtete sich weniger gegen die Fremden, die sich in den

Städten aufhielten, als gegen jeden, der sich in spartanische Art und Sitte nicht fügen wollte. Wenn er diese vertrieb, so war es nicht der Haß gegen ihre Person, vielmehr die Furcht vor ihrer Lebensart und ihrem Charakter; ihn trieb Sorge, sie möchten die Bürger anstecken und zu Weichlichkeit, Verschwendung und Habsucht verführen. Freilich seien Terpander, Thales und Pherekydes Fremde gewesen, und trotzdem hätten sie alle Ehre genossen in Sparta, weil sie in Poesie und Philosophie denselben Zielen zustrebten wie Lykurgos. Dann fuhr er fort: „Du selbst verehrst doch auch Ekprepes, der als Ephor mit einer Axt dem Musiker Phrynis von den neun Saiten seiner Leier zwei zerschlug, und ebenso verehrst du die Männer, die Timotheos dasselbe taten. Dann hast du kein Recht, uns zu tadeln, wenn wir Schwelgerei, Verschwendungssucht und Prahlerei ausrotten wollen in Sparta. Waren denn nicht auch jene Männer auf der Hut, Schwulst und Übertreibungen in der Musik zu unterdrücken, ehe die Disharmonie in der Lebensweise die Harmonie in der Stadt störte."

11. Mit dieser Rede hatte Agis das Volk für sich gewonnen, während die Besitzenden sich an Leonidas wandten, er dürfe sie nicht im Stich lassen. Im ‚Rat der Alten', in dessen Händen das Recht der Begutachtung aller Gesetzesanträge lag, hatten sie mit ihren dringenden Bitten wenigstens den Erfolg, daß der Antrag mit einer Stimme Mehrheit verworfen wurde. Infolgedessen entschloß sich Lysander, der noch Ephor war, gegen Leonidas vorzugehen unter Berufung auf ein altes Gesetz, nach dem jedem Nachkommen des Herakles verboten war, mit einer Ausländerin Kinder zu zeugen oder Sparta zu verlassen, um sich im Ausland anzusiedeln. Auf solchem Vergehen stand die Todesstrafe. Auf Grund dieses Gesetzes ließ Lysander durch seine Mittelsleute gegen Leonidas Anklage erheben, während er selbst mit den übrigen Ephoren die Beobachtung des Himmelszeichens vornahm, womit es diese Bewandtnis hat.

Alle neun Jahre warten die Ephoren auf eine sternenklare, mondlose Nacht und beobachten sitzend in tiefem Schweigen den Himmel. Wenn nun ein Stern über das Himmelsgewölbe hinwegfliegt, fällen sie den Entscheid, daß die Könige gegen göttliche Satzungen sich vergangen haben. Infolgedessen untersagen sie den Königen die Ausübung ihres Amtes, bis ein Orakel aus Delphi oder Olympia kommt, das dem Beschuldigten seine Ehre wiedergibt.

Dieses Zeichen wollte Lysander also gesehen haben und verhängte eine Untersuchung über den König Leonidas. Er brachte Zeugen bei, daß der Beschuldigte zwei Kinder hatte von Asiane, die ihm einer von Seleukos' Statthaltern zur Frau gegeben hatte; aber der wilde Haß dieser Frau habe ihn gegen seinen Willen wieder nach Sparta zurückgetrieben, wo er den verwaisten Thron für sich in Anspruch genommen habe. Lysander begnügte sich aber nicht damit, diese Anklage zu erheben, er veranlaßte auch Leonidas' Schwiegersohn Kleombrotos, der ebenfalls aus königlichem Blut stammte, die Königswürde für sich zu verlangen. Vor Furcht floh Leonidas in den Schutz der Athene Chalkioikos, und seine Tochter verließ ihren Gatten Kleombrotos, um ihrem Vater in den Tempel zu folgen. Da er der Vorladung zur Verhandlung nicht Folge leistete, wurde er abgesetzt. Sein Nachfolger wurde Kleombrotos.

12. Indessen trat Lysander nach Ablauf seiner Amtszeit als Ephor zurück. Die neuen Ephoren veranlaßten Leonidas, seine Freistatt im Tempel aufzugeben, und erhoben gegen Lysander und Mandrokleidas Klage, daß sie durch ihren Antrag auf Landverteilung und Schuldenerlaß das Gesetz verletzt hätten. Diese Klage konnte für die Beschuldigten gefährlich werden, deshalb gaben sie den beiden Königen Agis und Kleombrotos den Rat, alle Zwistigkeiten untereinander aufzugeben und auf die Beschlüsse der Ephoren keine Rücksicht zu nehmen; denn das Kollegium der Ephoren habe schon immer seinen Einfluß nur der Uneinigkeit der Könige zu verdanken gehabt, indem es seine Stimme dem besseren Vorschlag des einen Königs gab, wenn der andere offenbar gegen das Staatswohl handelte. Seien sich die Könige aber einig, so sei ihre Macht unüberwindlich, und Widerstand gegen sie verstoße gegen die Gesetze; den Ephoren stehe nur das Recht zu, im Fall der Uneinigkeit der Könige eine

schiedsrichterliche Entscheidung zu fällen, aber nicht das Recht, einem gemeinsamen Beschluß der Könige Schwierigkeiten in den Weg zu legen. Von diesen Vorstellungen ließen sich die beiden Könige überzeugen. Mit ihren Freunden begaben sie sich auf den Markt und zwangen die Ephoren, ihre Amtssessel zu verlassen. Unter den Ephoren, die dann eingesetzt wurden, befand sich auch Agesilaos. Dann ließen sie an die jungen Männer Waffen in großer Zahl austeilen und schenkten vielen Gefangenen die Freiheit. Dadurch entstand bei ihren Gegnern die Befürchtung, es möchte zu einem Blutvergießen kommen. Aber nicht einer von ihnen verlor sein Leben. Selbst als Leonidas heimlich nach Tegea fliehen wollte und Agesilaos ihm Mörder nachschickte, sandte Agis seine treuesten Anhänger aus, um Leonidas schützen und sicher nach Tegea geleiten zu lassen.

13. So war das Unternehmen der Könige auf dem besten Wege, niemand legte ihnen mehr Schwierigkeiten in den Weg, als ein einzelner alles über den Haufen warf und zunichte machte: Agesilaos. Sein krankhafter Geiz vereitelte das edelste Unternehmen, das Spartas wahrhaft würdig war. Er gehörte nicht nur zu den größten Grundbesitzern, er steckte auch tief in Schulden, und da er weder diese Schulden bezahlen konnte, noch seinen Grundbesitz verlieren wollte, setzte er Agis auseinander, man würde gar zuviel auf einmal ändern, wolle man beide Pläne zugleich durchführen; hätte man aber die Grundbesitzer erst einmal durch den Schuldenerlaß gewonnen, so würden sie sich später gern die Landverteilung gefallen lassen. Auch Lysander ließ sich von Agesilaos betören. So brachte man denn alle Schuldbriefe, die bei den Spartanern *klaria* hießen, auf dem Markt zusammen, warf sie auf einen Haufen und zündete sie an. Als die Flamme emporloderte, verließen die Besitzenden, die ihre Schuldscheine verbrennen sahen, schweren Herzens den Markt. Agesilaos aber rief ihnen höhnend nach, das sei das herrlichste Feuer und die reinste Flamme, die er je gesehen habe.

Jetzt erhob aber die Menge die Forderung, man müsse auch die Landverteilung sofort vornehmen, und die Könige gaben schon die nötigen Anweisungen. Doch verstand Agesilaos es, mit immer neuen Ausreden und Vorwänden die Sache so lange hinzuziehen, bis Agis schließlich ins Feld ziehen mußte, da die Achaier als Bundesgenossen Hilfe von Sparta verlangten. Man vermutete, die Aitoler wollten durch das Gebiet von Megara in den Peloponnes eindringen. Aus diesem Grunde hatte der Feldherr der Achaier, Aratos, ein Heer zusammengebracht und sich schriftlich an die Ephoren gewandt. 14. Diese gaben Agis sofort Befehl zum Ausrücken. Er zog aus, begeistert über den Ehrgeiz und Eifer seiner Mannschaft. Es waren fast alles junge Leute aus der ärmeren Bevölkerung. Da sie von dem Druck der Schulden befreit waren und nach der Rückkehr aus dem Krieg die Landverteilung erwarteten, folgten sie Agis in treuer Anhänglichkeit. Es war für die Städte überraschend zu sehen, als Agis' Truppe, ohne Schaden anzurichten, still, fast ohne Lärm durch die Peloponnes zog. Verwundert fragten die Griechen sich, wie einst in alten Zeiten die Manneszucht gewesen sein mußte unter der Führung eines Agesilaos, Lysander oder Leonidas, wenn schon Agis, der fast der jüngste unter ihnen allen war, solche Achtung unter seinen Leuten genoß. Allerdings verdiente Agis auch die Bewunderung, die ihm allgemein entgegengebracht wurde, denn seinen Stolz setzte er in unermüdliche Tätigkeit, Schlichtheit des Auftretens und Einfachheit selbst der Kleidung und Waffen. Den Besitzenden gefielen diese neuen Moden freilich nicht, weil sie fürchteten, sein Beispiel könne das gewöhnliche Volk ringsum zu ähnlichen Bewegungen verführen.

15. Als Agis bei Korinth sein Heer mit dem des Arat vereinigte, war dieser noch im Zweifel, ob er den Kampf mit den Feinden dort aufnehmen solle oder nicht. Da zeigte sich Agis ebenso kühn wie besonnen. Seiner Ansicht nach wäre es das richtigste gewesen, eben in der Nähe von Korinth die Schlacht dem Feinde anzubieten und den Feind nicht in die Peloponnes hineinzulassen, denn das hieße doch, das Tor zu der Peloponnes feige im Stich lassen. Aber trotzdem erklärte er sich bereit, den Plänen Arats sich unterzuordnen. Denn er sei der Ältere und der Führer der Achaier, und er

selbst sei nicht gekommen, um den Achaiern Vorschriften zu machen und in die Führung des Krieges einzugreifen, sondern um an ihrer Seite zu streiten und ihnen zu helfen. Doch liegt bei Baton von Sinope eine andere Darstellung vor. Danach hat Agis den Kampf abgelehnt, obwohl Arat ihm den Befehl dazu gab. Dabei hat Baton aber offenbar übersehen, was Arat selbst über diese Dinge geschrieben hat. Wie er in dieser Schrift zu seiner Rechtfertigung sagt, hielt er es für richtig, nicht alles in einer Schlacht aufs Spiel zu setzen, sondern lieber die Feinde ins Land zu lassen, da die Bauern ja doch schon die Felder fast ganz abgeerntet hatten. Da Arat also auf eine Schlacht verzichtete und die Bundesgenossen mit herzlichem Lob und Dank entließ, kehrte Agis, von allen bewundert, nach Haus zurück, wo inzwischen Unruhen ausgebrochen waren und die Lage sich vollkommen geändert hatte.

16. Agesilaos war noch immer Ephor. Von den Schulden befreit, die ihn früher bedrückt hatten, schreckte er vor keiner Ungerechtigkeit zurück, wenn sie ihm nur Geld einbrachte. Entgegen der hergebrachten Kalenderordnung schaltete er einen dreizehnten Monat ein, ehe die Zeit dazu gekommen war, und verlangte für diesen Monat Steuern von den Bürgern. Das brachte ihm allgemeinen Haß ein, und aus Furcht vor den übervorteilten Bürgern schuf er sich eine Leibwache. Nur in ihrem Schutz wagte er sich noch zum Rathaus. Was schließlich die Könige betraf, so machte Agesilaos aus seiner Meinung über sie kein Hehl: für den einen, Kleombrotos, hatte er nur Verachtung, und wenn er Agis noch einigermaßen ehrte, so geschah es nur wegen seiner Verwandtschaft mit ihm, nicht wegen der Königswürde. Auch ließ er das Gerücht verbreiten, er wolle das Ephorenamt noch ein zweites Mal übernehmen.

Um so schneller schlossen sich deshalb seine Gegner zusammen, wagten den gefährlichen Schritt und brachten Leonidas in aller Öffentlichkeit aus Tegea nach Sparta zurück, um ihm die Regierung wieder zu übergeben. Mit Freuden begrüßte auch das gewöhnliche Volk seine Rückkehr; denn es war erbittert über den Betrug, weil die Landverteilung immer noch nicht stattgefunden hatte. Agesilaos konnte sich nur retten, weil sein Sohn Hippomedon, der wegen seiner Tapferkeit allgemeines Ansehen genoß und sich für seinen Vater beim Volk verwandte, ihn heimlich aus der Stadt schaffte. Von den beiden Königen suchte Agis im Tempel der Chalkioikos Schutz, während Kleombrotos in den Poseidontempel floh. Denn es schien, als ob Leonidas' Groll sich vor allem gegen ihn richtete. Er ließ Agis unbeachtet und eilte mit seinen Bewaffneten hinter Kleombrotos her. Mit zornigen Worten machte er ihm den Vorwurf, daß er als sein Schwiegersohn sich nicht gescheut habe, ihm durch geheime Machenschaften die Königswürde zu entreißen und ihn aus dem Lande treiben zu helfen. 17. Kleombrotos wußte nichts zu erwidern, niedergeschmettert und stumm saß er da. Seine Gattin Chilonis, Leonidas' Tochter, hatte bisher mit ihrem Vater Leid und Unrecht geteilt. Als Kleombrotos die Königswürde an sich gerissen hatte, war sie von ihm gegangen und hatte ihren Vater in seinem Unglück gepflegt. Solange er in Sparta war, hatte sie ihm im Tempel Gesellschaft geleistet, und auch nach seiner Flucht hatte sie ihrem Mann das Leid nicht vergessen können, das er ihrem Vater angetan hatte. Jetzt hatte sich das Geschick gewendet, und jetzt sah man sie als Bittflehende neben ihrem Gatten sitzen. Sie hatte die Arme um ihn geschlungen, und ihre beiden Kinder hatte sie neben sich. Voll Staunen sah die Menge das Bild. Die Güte und Zärtlichkeit des Weibes rührten die Umstehenden zu Tränen. Da wies sie mit ihrer Hand auf Haar und Gewand, das sie in ihrer Trauer vernachlässigt hatte, und sprach: „Vater, es ist nicht das Mitleid um Kleombrotos, das mich trauern läßt. Seitdem über dich das Leid kam und du aus dem Lande gehen mußtest, ist das Leid nicht von meiner Seite gewichen. Soll ich nun, da du siegreich wieder als König in Sparta herrschst, dieses Trauergewand behalten, oder soll ich mich mit königlichen Prunkgewändern schmücken, nachdem ich den Gatten meiner Jugend von deiner Hand habe sterben sehen? Wenn seine Bitten dich nicht erweichen können, wenn er dich durch die Tränen der Gattin und Kinder nicht rührt, dann wird er für seine Unbesonnenheit eine schwerere Strafe erleiden, als selbst du sie ihm bestimmt hast, dann wird er mich, sein Glück und seine Liebe, sterben sehen, ehe er selbst stirbt. Wie könnte ich den Frauen unter die Augen treten, die ich durch meine Bitten weder den Vater noch den Gatten habe zum Mitleid rühren können? Das Schicksal wollte, daß ich als Gattin und als Tochter Leid und Unehre meiner Liebsten habe teilen müssen. Wenn Kleombrotos schließlich auch einen triftigen Grund für sein Unternehmen hatte, so habe ich ihn ihm entrissen damals, als ich mich auf deine Seite stellte und gegen seine Tat zeugte. Aber du selbst lieferst ihm die beste Verteidigung für sein Unrecht durch dein Beispiel, wenn die Königswürde ein so heiß umstrittenes, kostbares Gut ist, daß man um ihretwillen den Schwiegersohn morden und die eigenen Kinder ins Unglück stürzen darf." 18. Klagend lehnte Chilonis ihr Antlitz an Kleombrotos' Haupt. Verstört und von Trauer fast erloschen war der Blick, mit dem sie auf die Umstehenden schaute. Leonidas besprach sich mit seinen Freunden. Dann hieß er Kleombrotos aufstehen und in die Verbannung gehen. Seine Tochter bat er, zu bleiben und ihn nicht zu verlassen, der sie so geliebt und ihr zuliebe ihren Gatten gerettet. Seine Bitte fand kein Gehör. Als Kleombrotos sich erhob, gab Chilonis ihm das eine Kind an die Hand, das andere nahm sie selbst auf ihren Arm. So ging sie nach einem kurzen Gebet am Altar des Gottes mit ihrem Gatten fort. War Kleombrotos nicht ganz verblendet von eitler Ruhmsucht, so mußte ihm die Verbannung, die ihm eine solche Gattin wiederschenkte, köstlicher erscheinen als die Königskrone.

Als Leonidas auf diese Weise Kleombrotos verdrängt hatte, entsetzte er die leitenden Ephoren ihres Amtes und ernannte ihre Nachfolger. Dann hatte er nur noch den einen Gedanken, Agis aus dem Wege zu räumen. Zunächst einmal machte er ihm den Vorschlag, seine Freistatt zu verlassen und mit ihm die Herrschaft zu teilen; um Agis den Vorschlag glaubhaft zu machen, gab er vor, die Bürger hätten ihm alles verziehen, weil er sich, ebenso wie mancher andere, in seinem jugendlichen Ehrgeiz von Agesilaos habe verführen lassen.

Agis traute den Worten nicht und blieb in seiner Freistatt. Deshalb gab Leonidas es auf, ihn durch List und Verstellung in die Falle zu locken.

Amphares, Damochares und Arkesilaos pflegten Agis oft zu besuchen und sich mit ihm zu unterhalten. Einst nahmen sie ihn in ihre Mitte, führten ihn aus dem Tempel zum Bad und geleiteten ihn dann wieder zurück. Sie waren alle seine guten Freunde. Doch hatte Amphares kürzlich von Agesistrata kostbare Gewänder und Pokale geliehen, und nun schmiedete er einen Plan gegen Agis und die beiden Frauen, um das Entliehene nicht zurückgeben zu müssen. Gerade von ihm wird auch erzählt, er habe auf Leonidas' Seite gestanden und bei den Ephoren, zu denen er selbst gehörte, gegen Agis gehetzt.

19. Da Agis im allgemeinen im Tempel blieb und nur bei Gelegenheit zum Bad ging, beschloß man, sich seiner zu bemächtigen, wenn er sich in einem solchen Fall außerhalb des Tempelgeländes befände. Sie warteten also, bis er aus dem Bad kam, und traten mit freundlichem Gruß auf ihn zu. In fröhlicher Unterhaltung begleiteten sie ihn wie einen lieben jungen Freund, bis sie an eine Stelle kamen, wo eine Gasse abzweigte zum Gefängnis. Hier legte Amphares kraft seines Amtes die Hand auf Agis und rief ihm zu: „Zu den Ephoren führe ich dich, Agis, damit du Rechenschaft ablegst über deine Regierungsmaßnahmen." Damochares, stark und groß wie ein Riese, warf ihm den Mantel um den Hals und schleppte ihn fort. Die übrigen stießen ihn, wie sie vorher verabredet hatten, von hinten. Hilfe gab es in dem einsamen Gäßchen nicht, und so schleppten sie ihn denn ins Gefängnis. In demselben Augenblick erschien Leonidas mit einem starken Haufen Bewaffneter und ließ das Gebäude umstellen. Die Ephoren begaben sich zu Agis ins Gebäude und schickten auch nach den Mitgliedern des ‚Rates der Alten', die mit ihnen im Einverständnis waren. Man hatte die Absicht, eine Art Gerichtssitzung abzuhalten, und verlangte von Agis Rechenschaft über seine Taten. Doch Agis lachte über ihre Heuchelei, weshalb Amphares ihm zuschrie, das werde er noch bereuen, und seine Frechheit solle ihm noch teuer zu

stehen kommen. Ein anderer Ephor wollte offenbar Agis
einen Ausweg zeigen, um sich aus der Schlinge ziehen zu
können, und richtete die Frage an ihn, ob er nicht von Lysander und Agesilaos zu seinen Taten gezwungen worden
sei. Als Agis antwortete, niemand habe ihn gezwungen, er
habe nach Lykurgos' Vorbild und Beispiel die alte Verfassung wiederherstellen wollen, fragte der Ephor noch einmal, ob er denn sein Unternehmen bereue. Da erklärte der
junge König, was er in reinster Absicht geplant, könne er
nie und nimmermehr bereuen, und wenn er das bitterste
Ende vor Augen sähe. So wurde er denn zum Tode verurteilt. Die Amtsdiener bekamen Befehl, Agis in die sogenannte
Dechas zu führen. Es ist dies ein besonderer Raum im Gefängnis, in dem die Verurteilten erdrosselt werden. Doch
wagten die Diener nicht, Hand an Agis zu legen, auch die
Bewaffneten, die in der Nähe standen, blickten fort und
weigerten sich, weil sie ein Verbrechen gegen Recht und Gesetz darin sahen, den Leib des Königs auch nur zu berühren.
Als Damochares das bemerkte, überschüttete er sie mit
Schimpfworten und schleppte Agis mit eigener Hand in den
Raum.
Inzwischen hatte die Menge schon von der Verhaftung erfahren und drängte sich im Fackelschein lärmend an den
Türen. Auch Agis' Mutter und Großmutter kamen herbei
und verlangten mit lauten Rufen, man solle dem König von
Sparta die Möglichkeit der Verteidigung vor einem ordent-
lichen Gericht seiner Mitbürger gewähren. Deshalb beschleu-
nigte man die Hinrichtung. Man fürchtete, es würden noch
mehr Massen zusammenströmen und den Gefangenen noch
in der Nacht befreien. 20. Als Agis auf dem Wege zum
Strick einen Diener jammern und weinen sah, rief er ihm zu:
„Weine nicht über mich, Freund. Denn wenn man mich so
wider Recht und Gesetz zum Tode führt, dann bin ich besser
daran als meine Mörder." Mit diesen Worten bot er freiwillig seinen Hals dem Strick.
Als Amphares vor die Tür des Gefängnisses trat, fand er die
Frauen dort. Agesistrata warf sich ihm zu Füßen, um ihn an
die alte Freundschaft zu erinnern. Freundlich hob er sie auf

und erklärte, Agis solle kein Leid geschehen; wenn es ihr
Freude mache, möge sie zu ihrem Sohn hineingehen. Auch
ihre Bitte, ihre Mutter mitnehmen zu dürfen, gewährte er
gern. So führte er sie beide ins Gefängnis und ließ die Tore
hinter ihnen wieder schließen. Dann übergab er zuerst Archidamia dem Henker, eine ehrwürdige, von ihren Mitbürge-
rinnen hochverehrte Greisin. Als sie hingerichtet war, bat er
Agesistrata hineinzugehen. Als sie in die Tür trat und ihren
Sohn tot auf dem Boden liegen, die Mutter am Strick hängen
sah, nahm sie mit Hilfe der Diener den Leichnam herunter
und legte ihn, sorgfältig verhüllt, neben der Leiche des Sohnes nieder. Dann warf sie sich auf seine Leiche und küßte
ihn mit den Worten: „Dein gutes, weiches Herz hat dir und
uns allen den Tod gebracht." Amphares, der in der Tür
stand und zuschaute, sprang bei diesen Worten auf sie zu
und schrie in seinem Zorn: „Wenn du ebenso denkst wie dein
Sohn, dann sollst du auch ebenso sterben!" Während Agesistrata zu dem Strick trat, sprach sie: „Wenn es nur zu Spartas Heil geschieht."

21. Als das Verbrechen in der Stadt bekannt wurde und man
die drei Leichen aus dem Gefängnis schaffte, hielt selbst die
größte Furcht die Bürger nicht ab, ihrem Schmerz über die
Tat und ihrem Haß gegen Leonidas und Amphares Ausdruck
zu geben. Denn – das wußte jeder – seit die Dorer in der
Peloponnes wohnten, war kein fluchwürdigeres Verbrechen
je in Sparta geschehen. Selbst die Feinde in der Schlacht,
glaubte man, wagten es nicht, an den König der Lakedaimonier, wenn er ihnen im Kampf entgegentrat, die Hand zu
legen; in ehrwürdiger Scheu vor der heiligen Würde pflegten
sie vor ihm zurückzuweichen. In all den zahllosen Kämpfen,
die Sparta gegen die Hellenen geführt hat, weiß man aus
der Zeit vor Philipp nur von dem einen König Kleombrotos,
der in der Schlacht bei Leuktra von einem Speerwurf getötet
wurde. Zwar behaupten die Messenier, auch König Theopompos sei von Aristomenes erschlagen, doch bestreiten die
Spartaner es und erklären, Theopomp sei nur verwundet
worden. Man kann also in dieser Frage nicht zu einem Entscheid kommen. Allein in Sparta war Agis der erste König,

der von den Ephoren hingerichtet wurde. Und doch war sein Streben rein und lauter gewesen, eine Ehre für Sparta. Er starb in einem Alter, in dem fehlende Menschen jegliche Verzeihung verdienen, getadelt von seinen Freunden mit mehr Recht als von seinen Feinden, weil er in seiner gütigen Milde Leonidas das Leben geschenkt und den anderen zu sehr vertraut hatte.

ANMERKUNGEN

Die vorausgesetzten Ziffern bedeuten die Seitenzahlen.
Begriffe, die sich aus dem Zusammenhang von selbst erklären, und Namen, über deren
Träger zum Verständnis der Erzählung nichts Wesentliches zu sagen war,
sind nicht aufgenommen.

THEMISTOKLES

1. PHYLE: Ursprünglich auf Geschlechterverbänden beruhende Einheiten des attischen Staates. Ihre Unterabteilungen die Demen.
   PHANIAS VON LESBOS: Peripatetischer Historiker.
   NEANTHES VON KYZIKOS: Rhetor und Historiker.

2. STESIMBROTOS VON THASOS: Er lebte in Athen, schrieb über allegorische Homerinterpretation und verfaßte Memoiren. Gegner des Themistokles und Perikles, Anhänger des Kimon.
   ANAXAGORAS: Um 500 v. Chr. geboren. Er lebte in Athen, Vertreter der Naturphilosophie. Seine Lehre: Die ursprünglich vorhandenen unendlich vielen und unendlich kleinen Elemente der Dinge bringt der Nus in eine wirbelnde Bewegung, durch die infolge der Entmischung die einzelnen Dinge entstehen. Die Sonne ist ihm ein glühender Stein, größer als die Peloponnes.
   MELISSOS VON SAMOS: Er besiegt 441 v. Chr. Perikles (siehe Perikles S. 61). Als Philosoph Schüler des Parmenides.
   MNESIPHILOS: Als Philosoph sonst unbekannt; auch im übrigen seine Stellung zu Themistokles unklar.
   WEISHEIT: Gemeint ist die Sophistik, die Periode zwischen der ionischen Naturphilosophie und Sokrates. Bedeutsam für Logik und Erkenntnistheorie; besonderen Wert legt die Sophistik auf die politische Erziehung und Ausbildung der Redekunst.

3. ARISTEIDES: Der große Gegenspieler des Themistokles, besonders verdient um die Organisation des attischen Seebundes. Im Altertum schon als der „Gerechte" bezeichnet.

4. MILTIADES: Vater des von Plutarch immer wieder erwähnten Kimon. Er wird später wegen des unglücklichen Zuges nach Paros verurteilt und stirbt an einer Wunde im Gefängnis.
   LAUREION: Im Südosten Attikas; besonders silberhaltige Bleierze. Auch in der Neuzeit wieder ausgebeutet.
   AIGINA: Insel gegenüber der attischen Küste, Handelskonkurrentin Athens.

5. PLATON: Gesetze 706 c.
   DAS HÖLZERNE PFERD: Darin verbargen sich vor Troja die

Griechen, um unbemerkt in die Stadt zu gelangen und sie zu zerstören.

KIMON: Sohn des Miltiades, reich und vornehm; siegreicher Feldherr der Athener im Kampf gegen die Perser. Gegner des Perikles.

6. CHOREGEN: Bürger, die in Athen die Stellung und Ausrüstung eines Chores für dramatische u. a. Aufführungen auf ihre Kosten übernahmen.

SIMONIDES: Um 500 v. Chr. Einer der berühmtesten Lyriker; dichtete Lieder, die von Chören mit Reigentanz aufgeführt wurden; nur Bruchstücke erhalten.

7. ARTHMIOS VON ZELEIA: Proxenos in Athen. (Proxenos ursprünglich etwa dem modernen Konsul vergleichbar, der die Bürger seiner Heimat in der Fremde vertritt; später nur Ehrentitel.)

ARTEMISION: Vorgebirge im Nordosten von Euboia.

8. APHETAI: Auf dem griechischen Festland gegenüber der Nordküste von Euboia.

SKIATHUS: Insel nordöstlich von Artemision.

HERODOT: 8,5.

9. PINDAR: Aus Theben um 500 v. Chr.; erhalten sind seine Preislieder auf die Sieger bei den griechischen Festspielen. Die von Plutarch erwähnte Stelle ist Fragment 77 (Schröder).

VERSE: Simonides' Fragment 109 Anthol. Lyr. Graec. ed. Diehl vol. I.

11. TROIZEN: Athen gegenüber an der Westseite des saronischen Golfes an der Küste der Peloponnes.

ARISTOTELES: Fragment 360.

AREOPAG: Zusammengesetzt aus den gewesenen höchsten Beamten Athens. In seinen Machtbefugnissen allmählich auf die Blutgerichtsbarkeit beschränkt.

KLEIDEMOS: Der älteste Historiker Attikas.

12. KYNOSSEMA: „Hundegrab."

ARISTEIDES: Er war vor dem Kriege auf Themistokles' Betreiben durch ein Scherbengericht verbannt worden.

13. EIN ERETRIER: Aus Eretria auf Euboia. Offenbar einer von den Zuhörern bei dem Gespräch zwischen Eurybiades und Themistokles.

15. PHANODEMOS, AKESTODOROS: nur aus Fragmenten bekannte Historiker.

DIONYSOS: Ist die Tötung der drei Perser ein Aufflackern alter Gewohnheit, Dionysos Menschen zu opfern? Omestes = rohes Fleisch essend.

AISCHYLOS: Perser Vers 336 ff.

16. ARTEMISIA: Königin von Halikarnass. Sie nahm mit fünf Schiffen an dem Feldzug gegen Xerxes teil.
AIAKIDEN: Aiakos war der Sohn des Zeus, seine Söhne Peleus und Telamon. Peleus' Sohn von der Thetis ist Achill, Telamons Sohn ist Aias.

18. MARDONIOS: Er hatte schon die erste Expedition der Perser, die am Athos scheiterte, geführt. Nach Salamis bleibt er mit dem Landheer zurück, verwüstet noch einmal Athen und wird 479 bei Plataiai in Boiotien geschlagen und fällt.
HERODOT: 8, 93.
Die STIMMSTEINE vom Altar zu nehmen, erhöhte die Bedeutung des Aktes. Vgl. Perikles S. 67.

19. SERIPHOS: Unbedeutende Kykladeninsel. Wegen ihrer Armut oft verspottet.

20. THEOPOMPOS VON CHIOS: Bedeutender Historiker des 4. Jahrh. v. Chr.
EPHOREN: Sie verwalteten in Sparta hauptsächlich Gerichtsbarkeit, Polizei, Außenpolitik; dazu Aufsichtsrecht sogar über die beiden Könige.
ARISTOPHANES: Der größte Dichter der alten athenischen Komödie. Teils Märchenkomödien, teils politische Komödien mit einer unerhörten Freiheit in der Kritik und Verspottung der führenden Politiker. – Die Stelle steht in den Rittern Vers 815.

21. PNYX: Hügel im westlichen Athen, Versammlungsplatz des Volks.
PAGASAI: Der einzige Hafen Thessaliens.
AMPHIKTYONIE: Verband von griechischen Staaten zum Schutz Delphis. Die Beisitzer hießen Pylagoren.

22. ANDROS: Die nördlichste der Kykladen.
HERODOT: 8, 111.
LETO: Mutter des Apollon und der Artemis von Zeus.
TIMOKREON: Anthol. Lyr. Graec. ed. Diehl, vol. II, 120 ff. Er stammte aus Ialysos auf Rhodos. Feind des Themistokles.

23. ARISTOBULE: „Von ausgezeichnetem Rat" oder „Verstand".
MELITE: Der westliche Stadtteil Athens.
SCHERBENGERICHT: Volksabstimmung, durch die dem Volk mißliebige Politiker für zehn Jahre ohne Verlust des Vermögens oder der bürgerlichen Ehre aus der Stadt gewiesen wurden. Der Name des Auszuweisenden wurde auf Scherben geschrieben, die als Stimmsteine dienten.
PAUSANIAS: Regent von Sparta für den unmündigen Sohn des gefallenen Leonidas; Sieger von Plataiai 479. Er war so ehrgeizig, daß er schließlich mit dem persischen Landesfeind Verbindung suchte. Von den Spartanern überführt, flüchtet

er in den Tempel der Athena Chalkioikos, wo man ihn verhungern läßt.

25. HIERON: Tyrann von Gela auf Sizilien, später von Syrakus, Sieger über die damals see- und handelsmächtigen Etrusker bei Kyme 474 v. Chr.
THEOPHRAST: Schüler des Aristoteles und sein Nachfolger in der Leitung der peripatetischen Schule. Hauptsächlich naturwissenschaftliche Schriften, daneben die „Charakterstudien".
THUKYDIDES: Aus Athen. Der gewaltige Historiker des Peloponnesischen Krieges. Die Geschichtsschreibung ist für ihn ein Ringen um die Wahrheit, daher Zurücktreten der eigenen Persönlichkeit; nur die Tatsachen sollten sprechen. – Die Stelle steht 1, 137, 2.

26. PYDNA: In Makedonien.
DER KÖNIG: Damit ist der Perserkönig gemeint.
KYME: An der Westküste Kleinasiens.

27. THUKYDIDES: 1, 137, 3.
CHARON VON LAMPSAKOS: Älter als Herodot; Verfasser einer Chronik von Persien und Lampsakos.
EPHOROS: Geboren um 400 v. Chr. Er schrieb die erste Universalgeschichte Griechenlands.
DEINON und sein Sohn KLEITARCH; HERAKLEIDES: Historiker.

28. ERATOSTHENES: Er lebte im Museion in Alexandria; besaß eine erstaunliche Vielseitigkeit. Besonders bekannt als Geograph und Mathematiker. Er berechnete z. B. den Erdumfang mit überraschender Genauigkeit.

29. DODONA: In Epeiros; uralte Orakelstätte, schon bei Homer erwähnt.
CHILIARCH: „Führer von tausend Mann." Hier etwa mit „Staatskanzler" wiederzugeben.
GUTER GEIST: „um dich in die Hand des Königs zu geben und durch ihn zu vernichten". Vgl. Anmerkung zu Alexander S. 202.

30. DEMARATOS: König von Sparta. Wegen seiner friedensfreundlichen Politik vertrieben, flüchtete er zu Dareios und machte im Gefolge des Xerxes den Zug gegen Griechenland mit.

31. WIR WÄREN VERLOREN: „Wir wären verloren durch diese Verschwendung, wenn wir es nicht schon durch unsere Verbannung wären."
PISIDIEN: Landschaft in Kleinasien.
LEONTOKEPHALON: „Löwenhaupt."
GÖTTERMUTTER: Auch Dindymene, Rhea oder Kybele, Ma-

gna Mater genannt. Ursprünglich kleinasiatische Göttin, deren Kult später über Griechenland nach Rom dringt. Die Göttin „alles knospenden Erdenlebens".

33. PLATON: Menon 93 d.
ANDOKIDES: aus Athen. Uns durch verschiedene Reden bekannt. Vgl. Alkibiades S. 95.
PHYLARCHOS: Historiker mit romanhaftem Einschlag.

34. DIODOR: Schriftsteller wohl aus dem dritten Jahrhundert v. Chr. Nicht der bekannte Historiker.
AMMONIOS: Aus Ägypten. Anhänger der Akademie. Für uns nur durch seinen Schüler Plutarch kenntlich.

PERIKLES

36. ISMENIAS: Thebaner, nur als Flötenspieler und Gemmensammler bekannt.
PHILEMON: Komödiendichter aus Athen, etwa 361–263 v. Chr. Doch ist der Text unsicher.

37. MYKALE: In der Nähe von Milet. Seeschlacht gegen die Perser 479 v. Chr.
KLEISTHENES: Er begründet etwa 508 v. Chr. die Demokratie in Athen.
KRATINOS: Zeitgenosse des Aristophanes; wichtiger Vertreter der „alten" Komödie; hauptsächlich Mythentravestien und politische Komödien, in denen er seine Angriffe vor allem auch gegen Perikles und Aspasia richtet.
KEPHALEGERETAS: „Kopfsammler", Wortspiel mit dem homerischen Nephelegeretas, „Wolkensammler", dem Beinamen des Zeus.
TELEKLEIDES: Nur aus Fragmenten bekannter Dichter der „alten" Komödie.
EUPOLIS: Älterer Zeitgenosse des Aristophanes; ebenfalls Dichter der „alten" Komödie.
DAMON: Athenischer Musiker und Gelehrter, vielleicht auch Musiktheoretiker, der nicht ohne Einfluß auf Platons musikalische Theorien blieb.

38. PLATON: Hier ist der Dichter der alten attischen Komödie gemeint.
ZENON VON ELEA: Schüler und Fortsetzer des Parmenides. Von Aristoteles als Erfinder der Dialektik bezeichnet.
PARMENIDES AUS ELEA: Geboren um 540 v. Chr. Er erkannte nur das unwandelbare, einheitliche Sein an, bekämpfte die von den Sinnen wahrgenommene Vielheit und damit das Werden und Vergehen.
TIMON VON PHLEIUS: Etwa 315–230 v. Chr. Er schrieb Silloi, gegen die Philosophie gerichtete Satiren.
ANAXAGORAS: Vgl. Anmerkung zu Themistokles S. 2.

39. ION VON CHIOS: Dichter verschiedener Gattungen, Historiker und Philosoph. Zeitweilig auch in Athen, aber eher Freund des Kimon als des Perikles.
LAMPON: Er muß in Athen besonderes Ansehen genossen haben. Auch bei der Gründung von Thurioi und beim Abschluß des Nikiasfriedens wird er an hervorragender Stelle erwähnt.

40. PEISISTRATOS: Etwa seit 560 v. Chr. Alleinherrscher in Athen; seine Regierung innen- und außenpolitisch eine der großen Zeiten Athens; wichtig ist seine Bautätigkeit.

41. KRITOLAOS: Peripatetiker, Teilnehmer an der berühmten Philosophengesandtschaft, die 156/155 v. Chr. Rom besuchte.
EPHIALTES: Politischer Anhänger und Freund des Perikles.
ARE(I)OPAG: Vgl. Anmerkung zu Themistokles S. 11.

42. PLATON: Das erste Zitat stammt aus dem „Staat" 562 c, das zweite (auf S. 42) aus dem „Phaidros" 270 a.
THUKYDIDES: Attischer Staatsmann. Nicht der Historiker.
ARCHIDAMOS: Einer der großen Könige und Kriegshelden Spartas.
AIGINA: Vgl. Anmerkung zu Themistokles S. 4.

43. STESIMBROTOS: Vgl. Anmerkung zu Themistokles S. 2.
THUKYDIDES: 2, 65.
KIMON: Vgl. Anmerkung zu Themistokles S. 5.
ARISTOTELES: Fragment 365.
DAMONIDES: Vielleicht derselbe wie Damon, der S. 37 erwähnt wird.
ARCHON: Die neun höchsten, jährlich durchs Los bestimmten Beamten der athenischen Demokratie. Ihre Titel: Archon Eponymos, Archon Basileus, Archon Polemarchos und sechs Archontes Thesmothetai.

44. SCHERBENGERICHT: Vgl. Anmerkung zu Themistokles S. 23.

45. ELPINIKE: Tochter des Miltiades, Stiefschwester des Kimon.
IDOMENEUS: Um 300 v. Chr. Biograph, aber unzuverlässig.
ARISTOTELES: Fragment 367.

46. SYBARIS: Griechische Kolonie am Golf von Tarent. Etwa von 700–500 v. Chr. wichtige Handelsstadt.
THURIOI: Als Nachfolgerin von Sybaris 444 von Athen gegründet.

47. BUNDESSCHATZ: Die Kasse des unter Athens Führung stehenden attischen Seebundes. Zunächst auf Delos im Heiligtum des Apollon. Von Perikles wegen angeblicher Gefährdung durch die persische Flotte nach Athen gebracht.

48. ZEUXIS: Um 400 v. Chr. Einer der größten Maler des Altertums.

49. PARTHENON: 447–432 v. Chr. erbaut unter Oberleitung des PHEIDIAS, wohl des bedeutendsten griechischen Bildhauers.

SOKRATES: Platon Gorgias 455 e.

ODEION: Ein gedecktes Theater für musikalische und deklamatorische Aufführungen.

PANATHENISCHES FEST: Das höchste Fest der Göttin Athena; Darstellung des Festzuges auf dem Parthenonfries.

52. PLATON: Phaidros 271 c.

55. KORONEIA: In Boiotien. Die Schlacht fand 446 v. Chr. statt.

CHERSONES: Heute Gallipoli. Von besonderer Wichtigkeit für die Sicherung der notwendigen Getreidezufuhren vom Schwarzen Meer nach Athen. Schon früh von Griechen besiedelt.

56. SIKYON: nw. von Korinth; südlich davon liegt NEMEA.

OINIADAI: In der Nähe der Mündung des ACHELOOS (am heutigen Golf von Patras).

SINOPE: An der Südküste des Schwarzen Meeres.

LAMACHOS: Athenischer Feldherr, besonders bekannt durch die Teilnahme an der sizilischen Expedition.

57. MEGARA: Die dorische Nachbarstadt Athens. Viele Kämpfe zwischen den beiden Städten, bis im Jahre 432 v. Chr. Athen durch das megarische Psephisma (Beschluß über M.) Handelssperre über Megara verhängte. Vgl. S. 66.

PLEISTO(A)NAX: Sohn des Pausanias, König der Spartaner.

58. GYLIPPOS: Spartanischer Feldherr, rettete Syrakus während der Belagerung durch die Athener.

THEOPHRAST: Vgl. Anmerkung zu Themistokles S. 25.

CHALKIS: Auf Euboia, am Übergang nach Boiotien.

HESTIAIOTIS: Die nördlichste Landschaft auf Euboia.

59. ASPASIA: Die geistreiche Milesierin, die Perikles nach der Trennung von seiner ersten, ungeliebten Frau heiratete. Besonders interessiert für die Philosophie der Aufklärung und daher der großen Menge verdächtig, auch aus dem Grunde, weil sie als Nichtathenerin nicht als vollbürtige Gattin des Perikles angesehen wurde. Daher der Klatsch der Komödie und Biographie über ihr Hetärentum.

AISCHINES: Der Sokratiker, nicht der bekannte Redner.

LYSIKLES: Athenischer Feldherr, Freund des Perikles.

PLATON: Menexenos 235 e.

60. PISSUTHNES: Satrap von Sardes, Feind Athens.

GOLDSTATERE: Vgl. Anmerkung zu Alkibiades S. 80.

61. TRAGAIAI: Insel bei Samos.

62. POLYKRATES: Im 6. Jahrhundert Tyrann von Samos; politisch mächtig. Bündnis mit Amasis, dem König von Ägypten.

EPHOROS: Vgl. Anmerkung zu Themistokles S. 27.

ARTEMON: Ingenieur zur Zeit des Perikles, verwechselt mit dem älteren verweichlichten und protzigen Artemon.

PERIPHORETOS: 1. Der sich in einer Sänfte herumtragen läßt, 2. der oder dessen Name im Munde des Volkes herumgetragen wird = berühmt.

HERAKLEIDES PONTIKOS: Schüler des Platon, hauptsächlich astronomisch, aber auch historisch interessiert.

ANAKREON: Mitte des 6. Jahrhunderts. Der Dichter des Weins und der Liebe.

63. DURIS VON SAMOS: 301 v. Chr. Tyrann von Samos. Vertreter der romanhaften Geschichtsschreibung.

ARCHILOCHOS: Mitte des 7. Jahrhunderts. Der große Schöpfer der jambischen Dichtung.

64. THUKYDIDES: 8, 76, 4.

65. DIPYLON: Das Haupttor von Athen, Weg nach Thriai (Eleusis).

66. ACHARNER: Aristophanes' Acharner Vers 524 ff.

MEGARISCHES PSEPHISMA: Vgl. Anmerkung zu S. 57.

67. DIOPEITHES: Er erscheint auch in den Komödien des Aristophanes als engstirniger Anhänger der alten Religion und Gegner der Aufklärung.

PRYTANEN: Fünfzig Mitglieder des fünfhundertköpfigen Rates der Stadt Athen bildeten einen Ausschuß, der für ein Zehntel des Jahres die laufenden Geschäfte führte.

AISCHINES: Anhänger des Sokrates und Verfasser verschiedener Dialoge, deren einer den Titel Aspasia führte.

68. THUKYDIDES: 1, 127.

KYLONISCHER FREVEL: Vgl. Anmerkung zu Alkibiades S. 76 unter dem Stichwort Megakles.

ACHARNAI: Etwa 10 km nördlich von Athen.

69. KLEON: Sohn eines Gerbers. Er riß nach dem Tode des Perikles in Athen die Gewalt an sich, sühnte seine politischen und militärischen Ungeschicklichkeiten durch den Soldatentod bei Amphipolis.

71. EPIDAUROS: An der Westküste des saronischen Golfs. Berühmt durch das Heiligtum des Asklepios, das eines der größten Wallfahrtsorte des Altertums besonders für Kranke war.

72. PROTAGORAS: Einer der berühmtesten Sophisten. Bekannt ist sein Satz, daß der Mensch das Maß aller Dinge sei. Von Platon bekämpft.

ALKIBIADES

76. MEGAKLES: Aus dem Geschlecht der Alkmaioniden. Als im 7. Jahrhundert die Aristokraten unter der Führung Kylons in Athen die Tyrannis errichten wollten, ließ Megakles nach dem Scheitern des Putsches trotz Amnestieversprechens die Anhänger Kylons vom Altar der Athena fort zum Tode führen: Kylonischer Frevel.

ARTEMISION: Schlacht gegen die Perser 480 v. Chr. Vgl. Themistokles S. 7 f.

KORONEIA: Sieg der Boioter über Athen 446 v. Chr.

PLATON: Alkibiades 122 a.

ARISTOPHANES: Vgl. Anmerkung zu Themistokles S. 20. Die Stelle steht in den Wespen Vers 44.

THEOROS: Er konnte leider kein r sprechen und ersetzte es durch l; dadurch wird im griechischen Text korax „der Rabe" zu kolax „der Schmeichler".

ARCHIPPOS: Komödiendichter in Athen, Zeitgenosse des Aristophanes.

77. FLÖTE: Es ist historisch, daß Athen nach kurzem Versuch das Flötenspiel abschaffte. Zwar hatte Athena die Flöte erfunden, sie aber weggeworfen, weil es das Gesicht verzerrte. Marsyas, ein kleinasiatischer Flußgott, wagt mit der Flöte den Kampf gegen die Kithara des Apollon aufzunehmen, wird besiegt und zur Strafe geschunden.

PLEKTRON: Stab zum Schlagen der Zither.

78. ANTIPHON: Athenischer Redner und Lehrer der Beredsamkeit, Aristokrat.

79. ANYTOS: Ein reicher Gerber. Er versuchte sich erfolglos als Feldherr. Zwar war er bekannt mit Sokrates, reichte aber später mit Meletos zusammen die Klage gegen ihn ein.

METÖKEN: Griechen, die in einer fremden griechischen Stadt als Schutzverwandte ihren dauernden Wohnsitz haben.

80. STATERE: Münze der Völker des östlichen Mittelmeerbeckens aus verschiedenem Metall und von mannigfaltigem Wert. Ebenso schwankt der Wert des Talents in den einzelnen Staaten; für Athen beträgt er schätzungsweise 5500 Mark.

81. POTEIDAIA: Am Nordende des westlichen Zipfels der Chalkidike. Obwohl von den Korinthern gegründet, gehört es doch zum Attischen Seebund. Wegen dieser zwiespältigen Verhältnisse kam es zum Krieg zwischen Poteidaia und Athen, in dem die Stadt erobert und ihr Gebiet an athenische Siedler verteilt wurde.

82. DELION: In Boiotien; Niederlage der Athener 424 v. Chr.

HIPPONIKOS: Seine Familie soll wohl die reichste Athens gewesen sein: „Grubenbaron" genannt.

HETÄREN: Etwa Mätressen.

83. ARCHONTEN: Vgl. Anmerkung zu Perikles S. 43.
MINE: Etwa 80 Mark.

84. DEMOSTHENES: Der berühmte athenische Redner und Politiker. Seine eindrucksvollsten Reden hielt er im Kampf gegen Philipp von Makedonien. – Meidias verfolgte er wegen persönlicher Beleidigung. – Die von Plutarch erwähnte Stelle steht 21, 145.
THEOPHRAST: Vgl. Anmerkung zu Themistokles S. 25.

85. ISOKRATES: Der große Gegner des Demosthenes. Er sah in den Persern den Feind der griechischen Freiheit und neigte zu Makedonien, dessen Volk den Griechen mindestens verwandt war. Die Weltgeschichte hat ihm recht gegeben gegenüber der leidenschaftlichen „kleingriechischen" Politik des Demosthenes. – Gemeint ist die Rede 16.
NIKIAS: Nach Perikles' Tod eine der leitenden Persönlichkeiten in Athen. Durch seine ruhige Besonnenheit hat er manches Unheil verhüten können, doch brach Alkibiades seinen Einfluß beim Volk. Er wird nach dem Scheitern der sizilischen Expedition von den Syrakusanern hingerichtet.
HYPERBOLOS: Lampenhändler. Auch in der Komödie wird er zusammen mit Kleon als übler Demagoge verspottet.
THUKYDIDES: 8, 73, 3.

86. PYLOS: An der Westküste der Peloponnes bei der Insel Sphakteria, wo mehrere Hundert echtbürtiger Spartiaten von den Athenern eingeschlossen und zur Ergebung gezwungen wurden.
PANAKTON: Athen und Sparta hatten die Herausgabe der gegenseitigen Eroberungen vereinbart. Panakton war ein attisches Kastell an der Grenze nach Boiotien.

88. MANTINEIA: In der Peloponnes. Sieg Spartas über die verbündeten Gegner im Jahre 418 v. Chr.

89. PATRAI: Das heutige Patras.
AGRAULOS: Die Gattin des Kekrops, des mythischen Gründers von Athen.
ARISTOPHANES: Frösche Vers 1425 und 1432 ff.

90. MELOS: Die südwestlichste der Kykladen.
TIMON: Athenischer Sonderling, als Menschenfeind (Misanthrop) bekannt. Besonders berühmt durch Shakespeares gleichnamiges Drama.

91. METON: Er ließ in Athen Sonnenuhr und Kalender öffentlich aufstellen.
DAIMONION: Die innere Stimme, die Sokrates in sich spürte. Sie mahnte freilich nie zum Guten, sondern warnte nur vor dem Schlechten und Unrechten.

92. LAMACHOS: Mit Nikias Führer der sizilischen Expedition; er fällt aber schon 414 v. Chr.

HERMOKOPIDEN: An den Straßenecken und Wegen Athens standen Hermen, viereckige hohe Pfeiler mit der Büste des Hermes oder auch eines anderen Gottes. – Hermokopiden: die Verstümmler solcher Hermen.

93. MYSTERIEN: Vgl. Anmerkung zu Alexander S. 181.
HIEROPHANT: Er pflegte bei der Mysterienfeier die heiligen Geräte und andere uns unbekannte geheimnisvolle Dinge zu zeigen.
KIMON: Vgl. Anmerkung zu Themistokles S. 5.

94. RHEGION: Die heutige Reggio di Calabria.
KATANE: Das heutige Catania.

95. ANDOKIDES: Athenischer Redner. Er wurde trotz der üblen Denunziation, von der Plutarch berichtet, von den Athenern verbannt, kehrte mehrere Male nach Athen zurück, mußte aber immer wieder fliehen, bis er in der Verbannung starb.
HELLANIKOS: Historiker, etwa Zeitgenosse des Thukydides.

96. SALAMINIA: Das Staatsschiff Athens.

97. THURIOI: Vgl. Anmerkung zu Perikles S. 46.
EPOPTEN: Die Eingeweihten der Mysterien nach Empfang der höheren Weihen, die sie erst nach einem Jahr erhielten.
EUMOLPIDEN: Das vornehme attische Adelsgeschlecht, dem die Verwaltung des Hierophantenamtes in Eleusis zustand.
KERYKEN: „Die Herolde." Athenisches Geschlecht mit besonderer Beziehung zu Eleusis.

98. GYLIPPOS: Vgl. was Plutarch im Perikles S. 58 erzählt.
DEKELEIA: Festung in Attika, von den Spartanern besetzt, um von dort Athens Verkehr mit dem getreidereichen Euboia zu stören, die Sklaven aufzuwiegeln und die Verbindung Athens mit dem Silberbergwerk Laureion lahmzulegen. „Ein teuflisch kluger Rat" des Alkibiades (Ulrich Wilcken).
TISSAPHERNES: Als Satrap von Sardes sucht er bestimmend in die griechischen Verhältnisse einzugreifen, wobei er Sparta benutzt, um Athen niederzuhalten.

99. ZÖGLING DES LYKURGOS: Der griechische Text des Verses ist schwerlich richtig überliefert.
KYZIKOS: An der Südküste des Marmarameeres.
PHARNABAZOS: Satrap von Daskylion an der Südküste des Marmarameeres. Gegner des Tissaphernes, aber trotzdem wie dieser auf der Seite der Spartaner.

102. ASTYOCHOS: Kommandant der spartanischen Flotte.
PEISANDROS: Einer der rücksichtslosen Aristokraten, die es erreichten, daß in Athen die souveräne Bürgerschaft auf 5000 Bürger beschränkt wurde. Doch lag die tatsächliche Regierungsgewalt bei dem Kollegium der Vierhundert.

104. ASPENDOS: In der Gegend des heutigen Adalia, an der Südküste Kleinasiens.
MINDAROS: Nachfolger des Astyochos. Er versuchte, Athen
am Hellespont zu schädigen, den die für Athen notwendigen Getreidetransporte aus dem Schwarzen Meer passieren
mußten.
ABYDOS: Am Südufer der Dardanellen.

105. KLAZOMENAI: Westlich von Smyrna.
PROIKONNESOS: Heute die Insel Marmara.

107. CHALKEDON: Das heutige Skutari.
BITHYNIEN: Landschaft im Nordwesten Kleinasiens.

108. SELYBRIA: Noch heute Siliwri, an der Nordküste des Marmarameers.

110. DURIS: Vgl. Anmerkung zu Perikles S. 63.

111. KRITIAS: Fanatischer Aristokrat und Anhänger Spartas. Er
spielte bei der aristokratischen Regierung der Vierhundert
und später auch der Dreißig eine Rolle.

112. PLYNTERIEN: Ein altertümliches Sühn- und Reinigungsfest,
bei dem das Bild der Athena entkleidet und verhüllt wurde.
In feierlichem Zuge wurde es nachts bei Fackelschein nach
dem Phaleron gebracht, gebadet und zurückgeleitet. Das
Fest hatte das Geschlecht der Praxiërgiden auszurichten.
THARGELION: Attischer Monat von Mitte Mai bis Mitte
Juni.
JAKCHOS: Kultname des Dionysos.

113. ANDROS: Die nach Südosten sich erstreckende Fortsetzung
der Insel Euboia. Es ist die größte, am weitesten nördlich
gelegene Insel der Kykladen.

114. LYSANDER: Führer der spartanischen Flotte. Er beendet
durch den Seesieg bei Aigospotamoi und die Bezwingung
Athens 404 v. Chr. den Peloponnesischen Krieg zugunsten
Spartas.
KYROS: Satrap von Sardes. Er unternimmt einen Zug gegen
seinen Bruder, den Großkönig Artaxerxes, fällt aber in der
Schlacht bei Kunaxa. Die Feldzugsgeschichte der griechischen
Söldner des Kyros beschreibt Xenophon in seiner Anabasis.
OBOLEN: Eine Obole etwa 13 Pfennig; aber die Kaufkraft
des Geldes war damals höher als heute.

115. AIGOSPOTAMOI: „Ziegenfluß". Ein Flüßchen auf Gallipoli,
das in die Dardanellen fließt. Lysanders Sieg 405 v. Chr.

117. DREISSIG: Aristokraten, die nach der Eroberung Athens
404 v. Chr. mit Unterstützung der Spartaner die Herrschaft
übernahmen. Nach maßvollen Anfängen artete ihre Regierung bald aus. Schon 403 gestürzt.

DION

119. SOSIUS SENECIO: Konsul 99 und 107 n. Chr. Freund Plutarchs, der ihm mehrere seiner Werke widmete.

GLAUKOS: Anführer der lykischen Bundesgenossen der Troianer, Enkel des Bellerophon, der aus der Gegend von Korinth stammte. Bellerophon wird, wie Joseph von Potiphars Gattin, von Anteia bei ihrem Gatten Proitos verleumdet und von diesem nach Lykien geschickt, um dort ermordet zu werden. Durch Erfüllung von drei Aufgaben gewinnt er die Hand der lykischen Königstochter. – Vgl. Ilias 6, 144–211.

AKADEMIE: Die von Platon im Hain des Akademos begründete Philosophenschule. Man unterscheidet die Alte Akademie unter den unmittelbaren Nachfolgern Platons, die Mittlere Akademie, begründet von Arkesilaos (315–241 v. Chr.) und die Neuere Akademie, begründet von Karneades (214 bis 129 v. Chr.), der Teilnehmer der berühmten Philosophengesandtschaft von 155 v. Chr. in Rom war.

120. DIONYSIOS I.: Erst 25 Jahre alt machte sich der syrakusanische, aus guter bürgerlicher Familie stammende Offizier 405 v. Chr. zum Herrn seiner Vaterstadt. In wechselvollem Geschick kämpfte er gegen die Karthager um die Herrschaft auf der Insel. Mit starker, oft grausamer Hand einigte er die sizilischen Griechenstädte, auch gegen die Etrusker blieb er siegreich und nahm ihnen die Herrschaft über das Tyrrhenische Meer. Er griff sogar in die Verhältnisse des Mutterlandes ein. Er starb 368/67. Eine große, erfolgreiche Herrschergestalt.

HERMOKRATES: Aus Thukydides' Geschichte der sizilischen Expedition bekannt als der Verteidiger der Stadt Syrakus gegen die Athener bis zu der Ankunft des Spartaners Gylippos 414 v. Chr., der dann die Verteidigung bis zur Vernichtung der athenischen Angriffstruppen leitete.

ARISTOMACHE: Dions Schwester. Ihre Tochter Arete heiratete später Dion. Über ihr Schicksal und Ende vgl. S. 135, 162, 168.

HIPPARINOS: Er hat Dionysios I. bei der Aufrichtung seiner Herrschaft unterstützt. Seine Kinder waren Aristomache, später die Gemahlin Dionysios' I., und Dion.

121. PLATONS Bericht: Brief 7, 327 a.

122. POLLIS: Spartanischer Flottenführer. Er war wohl als Gesandter Spartas, das mit Dionysios in politischen Beziehungen stand, in Syrakus.

AIGINA: Vgl. Anmerkung zu Themistokles S. 4.

GELON: Der aus Gela (in der Mitte der Südküste von Sizilien) stammende Herrscher von Syrakus 485–478 v. Chr. Am wichtigsten sein Sieg über die Karthager am Himera 480.

123. TIMAIOS: Etwa 346–250 v. Chr. In Tauromenion (Taormina) als Sohn des dortigen Herrschers geboren, lebte er an die 50 Jahre in Athen. Er schrieb die Geschichte des Westens (Sizilien, Karthago, Italien), Fragmente erhalten. Im allgemeinen gründlich und zuverlässig; daneben gehässige Polemik und oft wunderliche Entgleisungen.

DIONYSIOS II: Er folgte 367 v. Chr. seinem Vater Dionysios I., der kleine Sohn eines großen Vaters. Schon 357 wurde er von Dion, den er aus der Heimat vertrieben hatte, der Herrschaft entsetzt und begab sich nach Lokroi in Unteritalien. Mit Hilfe seiner Anhänger kehrte er 9 Jahre später wieder zurück, wurde aber 344 von dem Korinther Timoleon besiegt. Er mußte sich nach Korinth schicken lassen, wo er sein Leben als einfacher Privatmann beschloß.

125. PLATON: Brief 4, 321 b: ἡ αὐθάδεια ἐρημίᾳ σύνοικος. Plutarch erwähnt diese Stelle noch einmal im ‚Coriolan‘.

126. LEPTINES: Er war der oft siegreiche Flottenkommandant seines Bruders, zeitweise wegen eines Mißerfolges verbannt. Vgl. S. 128.

127. PYTHAGOREER: Die Schule des Pythagoras. Er stammte von Samos und lebte in Unteritalien. Blüte um 532 v. Chr. – Seine Lehre ist von der seiner Schüler schwer zu trennen; sicher stammen von ihm die Lehre von der Seelenwanderung und gewisse religiös-sittliche Vorschriften, auch die Grundlagen einer philosophisch-mathematischen Spekulation. Den Kern der pythagoreischen Lehre bildet der Satz, daß die Zahl das Wesen der Dinge sei. – Etwa in unserer Zeit war ARCHYTAS VON TARENT wegen seiner politischen und militärischen Fähigkeiten ebenso wie als Wissenschaftler der bedeutendste Pythagoreer. Wahrscheinlich durch ihn bestanden Beziehungen zwischen den Pythagoreern und Dionysios II.

PHILISTOS: Militärisch und politisch tüchtig, unterstützte er Dionysios I. in seinem Kampf um die Herrschaft. Berühmt als Verfasser einer zum Teil recht wertvollen Geschichte Siziliens, von der nur wenige Fragmente auf uns gekommen sind.

129. SAND: Darauf zeichnete man in Ermangelung eines wohlfeilen Schreibstoffes die geometrischen Figuren. Man erinnert sich dabei des bekannten Archimedeswortes: Noli turbare circulos meos: Zerstöre mir meine Kreise nicht.

132. KALLIPPOS: Er stammte aus Athen und galt als Schüler Platons, der ihn allerdings verleugnete. Wegen Hochverrat in

Athen unter Anklage gestellt, schloß er sich Dion auf seinem Zug nach Sizilien an. Über seinen Verrat an Dion berichtet Plutarch im folgenden. Er wurde schon im Altertum
als verbrecherische Natur angesehen.

SPEUSIPPOS: Schwestersohn Platons, war er 348–339 sein erster Nachfolger in der Leitung der Akademie. Schon er gab
grundlegende Anschauungen seines Lehrers auf. In der em-
pirischen Beobachtung der Tier- und Pflanzenwelt, worüber
er auch mehrere Bücher verfaßte, zeigt sich der Einfluß des
Aristoteles. Nur geringe Bruchstücke seiner Werke sind erhalten.

TIMON: Etwa 320–230 v. Chr. Einer der älteren Skeptiker,
der als Wanderprediger seine Anschauungen verbreitete.
Seine SILLOI, von denen wir nur ungenaue Kenntnis haben,
sind in Hexametern abgefaßte Satiren auf Menschen und
Zustände seiner Zeit.

133. ARCHYTAS: Vgl. Anmerkung zu S. 127.
PLATON (Zitat): Brief 7, 345 e.
CHARYBDIS: Das Zitat stammt aus der Odyssee 12, 428.
ARISTIPPOS: Von den Sophisten und seinem Lehrer Sokra-
tes ausgehend, wurde er der Begründer der kyrenäischen
Schule. Sein Hedonismus lehrt, die positive, einzelne, gegen-
wärtige Lust als höchstes Gut zu betrachten, das allerdings
nur mit Hilfe der Einsicht zu erlangen ist. Freilich wird der
Weise dem Genuß als Herr, nicht als Sklave gegenüberste-
hen.
KYRENE: Die uralte, von Sparta begründete und für das
Griechentum an der afrikanischen Küste wichtige Griechen-
stadt im Gebiet der heutigen Cyrenaica.

134. KYZIKOS: An der Südküste des Marmarameers.

135. BERICHT: Platons Brief 7, 340 a. 350 a–c.
BRIEF AN DIONYSIOS: Platons Brief 13, 362 e.

137. EUDEMOS: Der ‚Eudemos‘ des Aristoteles gehört noch in die
frühe platonisierende Periode des Philosophen und stellt
im Anschluß an Platons Phaidon eine Fortführung der platonischen Lehre von der Seele dar.
ZAKYNTHOS: Heute Zante.

139. PACHYNOS: Heute Kap Passero.
ARKTURUS: Der Arkturus (‚Bärenwächter‘) oder Bootes galt
im Altertum oft als Vorbote kommenden Sturms.
KERKINA: Heute noch Kerkena. Vor der Ostküste von Tu-
nis in der Kleinen Syrte.

140. MINOA: Herakleia Minoa im westlichen Teil der Südküste
von Sizilien.
AKRAGAS: Von den Römern Agrigentum genannt, heute

Girgenti. Der moderne Name Girgenti von Mussolini wieder in Agrigento geändert.

EKNOMOS: Östlich von Akragas an der Südküste.

GELA: Östlich von Eknomos. Schon im Beginn des 7. Jahrhunderts von Rhodos und Kreta aus besiedelt, wurde es im 6. Jahrhundert die Mutterstadt von Akragas. Zunächst von starkem Einfluß, trat es später ganz hinter Syrakus zurück.

141/142. RHEGION: Heute Reggio di Calabria. Schon um 700 v. Chr. als griechische Kolonie gegründet. KAULONIA: An der Ostküste des südlichen Kalabriens. KAMARINA: Westsüdwestlich von Syrakus an der Südküste. LEONTINOI: Etwa 35 km nördlich von Syrakus. Auf dem halben Weg von Kamarina nach Syrakus liegt AKRAI. Der ANAPOS (heute Anapo) mündet, von Westen kommend, im Süden von Syrakus in den Großen Hafen. EPIPOLAI: Die Höhen westlich des antiken Syrakus. Heute bilden sie einen Teil der modernen Stadt.

STADIEN: Das griechische Streckenmaß von 600 Fuß. Nach der verschiedenen Länge des Fußmaßes schwankte die Länge des Stadions zwischen 192,27 m (Olympia) und 177,55 m (Delphi).

143. TEMENITISCHES TOR: Temenitis ist der südwestliche Stadtteil von Syrakus.

ACHRADINE: Stadtteil von Syrakus, zum Teil in der Ebene an den beiden Häfen, zum Teil auf dem Felsplateau gelegen.

145. HIPPARINOS: Nach Plutarch (S. 165) verunglückt er als Knabe, nach Platon überlebte er den Vater. Vielleicht heißt der Verunglückte Aretaios, während Hipparinos noch am Leben blieb.

TIMONIDES: Timonides von Leukas schrieb im 4. Jahrhundert eine für uns verlorene Geschichte Siziliens.

146. HERAKLEIDES: Er ist der Vertreter der syrakusischen Demokratie gegen Dions Aristokratie, die zudem vor allem von Fremden getragen wurde. Plutarchs Darstellung, die ihn überall gegenüber Dion zurücksetzt, ist wohl nicht in allen Punkten haltbar.

149. JAPYGIEN: Der Südosten Italiens etwa bis Tarent und Brindisi.

EPHOROS: Vgl. Anmerkung zu Themistokles S. 27.

153. NYPSIOS: Ein Söldnerführer aus dem kampanischen Neapel.

161. GYLIPPOS: Aus Sparta. Durch langjährigen Aufenthalt in dem unteritalischen Thurioi mit den westgriechischen Verhältnissen vertraut, wurde er von seiner Vaterstadt 414 v. Chr. an der Spitze von 3000 Mann zur Unterstützung des

von den Athenern belagerten Syrakus ausgesandt. Er führte die Wendung der Dinge herbei, bewies aber nach dem Zusammenbruch der Athener seine Großmut gegen die feindlichen Feldherren, deren Hinrichtung er zu vereiteln versuchte.

163. PLATON: Briefe 4, 320 d.
PLATONS Wort: Staat 8, 557 d. Vgl. Kröners Taschenausgabe Band 111, Platons Staat S. 281.

167. KATANE: Das heutige Catania.

168. TIMOLEON: Nachdem Dionysios II. 344 v. Chr. vertrieben war, wurde Timoleon Herr der Stadt. Die 8 Jahre seiner Regierung bedeuteten eine Zeit der Blüte für die unter ihm geeinten Griechenstädte der Insel.

ALEXANDER

169. KARANOS: Der mythische Begründer des makedonischen Reiches.
NEOPTOLEMOS: Sohn des Achill, Enkel des Peleus, Urenkel des Aiakos.
SAMOTHRAKE: Kultstätten der Kabiren auf Samothrake und den benachbarten Inseln, teilweise im Zusammenhang mit dem Demeter-Kult. Ihr Kult mit mystischen, uns nicht mehr kenntlichen Feiern begangen.
OLYMPIAS: Tochter des Neoptolemos, dessen Bruder Arybbas war. Nach dem Tode des Neoptolemos wurde Arybbas ihr Vormund. (Arybbas war der Großvater des Pyrrhos.)

170. ARISTANDROS: Er wird immer wieder als der bedeutendste Wahrsager Alexanders von den Historikern erwähnt.
ORPHISCHE MYSTERIEN: Angeblich von einem mythischen Orpheus begründet, wollten die orphischen Mysterien dem Menschen durch Sühnungen und Reinigungen das Glück der Seele im Jenseits verbürgen.
DIONYSOS: Der Gott des Weins, vor allem aber der schaffenden Naturkraft. Gefeiert wurde er auf den Bergeshöhen in dunkler Nacht besonders von Frauen (Klodonen oder Mimallonen genannt) mit wildem Geschrei und rasenden Tänzen. Dabei trugen die Mysten (die in die Mysterien Eingeweihten), wie Plutarch es schildert, Schlangen und Thyrsosstäbe, die mit Pinienzapfen, flatternden Bändern und dem Laub von Efeu und Wein umwunden waren.
HAIMOS: Das heutige Balkangebirge.
DELPHI: Das uralte größte Heiligtum der Griechen zu Ehren des Apollon. Als Orakelstätte besaß es starken moralischen Einfluß auf den einzelnen, ebenso politische Bedeutung bei wichtigen Entscheidungen nicht nur griechischer Staaten, sondern auch fremder Könige.

AMMON: Der Hauptgott des ägyptischen Theben. Sein Orakel in der Oase Siwa.

ERATOSTHENES: Vgl. Anmerkung zu Themistokles S. 28.

171. HERA: Die Gemahlin des Zeus, der allerdings kein Muster der ehelichen Treue war.

HEKATOMBAION: In Athen der erste Monat nach der Sommersonnenwende, doch fällt die Geburt Alexanders wohl erst in den Herbst 356.

ARTEMIS VON EPHESOS: Orientalische Göttin, die große Mutter der ganzen Natur. Ihr Kultbild mit den vielen Brüsten und zahllosen Symbolen ebenso orientalisch wie ihr orgiastischer Kult. Zwar wurde ihre Verehrung dem Kult der griechischen Artemis angeglichen, doch erhielt sich der orientalische Charakter.

HEGESIAS: Historiker Alexanders, berüchtigt wegen seines affektierten Stils.

POTEIDAIA: Am Nordende des westlichen Zipfels der Halbinsel von Chalkidike.

PARMENION: Aus altem makedonischen Adel. Er war schon Philipps bewährter Feldherr gewesen und war Alexander auf seinem Asienzuge durch seine bedächtige Vorsicht ein treuer Berater. Später trat zwischen ihnen eine Entfremdung ein. Schließlich ließ Alexander ihn beseitigen.

LYSIPPOS: Ende des 4. Jahrhunderts. Einer der größten Plastiker Griechenlands. Am bekanntesten sein Apoxyomenos. Sein Zeitgenosse der Maler Apelles.

ARISTOXENOS VON TARENT: Schüler des Aristoteles; der größte Musiktheoretiker des Altertums; auch historisch interessiert.

172. THEOPHRAST: Vgl. Anmerkung zu Themistokles S. 25.

173. PHOINIX: Die Schmeichelei liegt darin, daß Phoinix Alexander als Achill bezeichnet, mit dessen Vater Peleus und Lehrer Phoinix dann Philipp und er selbst verglichen werden sollten.

175. ARISTOTELES: Der größte Schüler des großen Platon. Wollte man seine Bedeutung schildern, so müßte man neben der eigentlichen spekulativen Philosophie fast alle Einzelwissenschaften aufzählen, die er genial umspannte. Von gleicher Wirkung auf die Nachwelt wie seine Forschung war seine Organisation der wissenschaftlichen Arbeit, deren Begründer er gewesen ist.

STAGEIRA: An der Ostküste der Halbinsel Chalkidike.

MIEZA: Makedonische Stadt von unbekannter Lage.

ESOTERISCH, AKROAMATISCH, EPOPTISCH: Alle drei Worte bezeichnen eine Lehre, die nur durch mündlichen Vortrag überliefert werden soll, daher nur für den engsten Kreis der Schüler bestimmt ist.

176. ONESIKRITOS: Schüler des Diogenes, Teilnehmer an Alexanders Zug. Obersteuermann bei der Expedition des Nearchos. Er schrieb eine phantastische Geschichte Alexanders.

HARPALOS: Jugendfreund und Schatzmeister Alexanders. Ehe Alexander aus Indien zurückkehrte, floh er mit fünftausend Talenten aus Babylon. Nach vielen Abenteuern endlich erschlagen. Vgl. S. 216.

DITHYRAMBEN: Chorlieder mit Flötenbegleitung zu Ehren des Apollon.

ALEXANDROPOLIS: „Alexanderstadt."

CHAIRONEIA: In Boiotien. In dieser Schlacht (338 v. Chr.) verlor Griechenland seine politische Selbständigkeit an Makedonien. Das Ehrenmal der Thebaner, der „Löwe von Chaironeia", wurde 1902—1903 ausgegraben und wieder errichtet.

177. EPEIROS: Also in ihre Heimat.

DEMARATOS: Er erscheint wieder S. 211 und 231.

SATRAP: Statthalter einer persischen Provinz. Er besaß etwa die Machtfülle eines Vizekönigs, doch wurde er von den „Augen des Königs" bewacht.

178. ARRHIDAIOS: Schwachsinniger Halbbruder des Alexander, vgl. S. 252.

KARIEN: Im Südwesten Kleinasiens.

PAUSANIAS: Leibwächter Philipps. Der Mord geschah 336 v. Chr., als Alexander zwanzig Jahre alt war.

EURIPIDES: Medea Vers 288. Medea droht, ihren Gatten Jason, der sie verlassen will, mit seiner neuen Braut und deren Vater, dem König von Korinth, zu töten.

179. TRIBALLER: Im heutigen Serbien.

181. ELEUSINISCHE MYSTERIEN: In Eleusis nordwestlich von Athen das größte Heiligtum der Demeter und Kore. Jährliche Prozession von Athen nach Eleusis, dort das „Heilige Schauspiel", dem nur die Eingeweihten beiwohnen durften. Offenbar ein Kult der Mutter Erde, aber seine Einzelheiten von den unzähligen Mysten niemals ausgeplaudert. Vgl. Alkibiades S. 93.

DIOGENES VON SINOPE: Begründer des Kynismus. Er predigt mit unerbittlicher Strenge durch sein eigenes Beispiel Rückkehr zur Natur. Berühmt durch seinen sarkastischen Witz.

KRANAION: Vorstadt von Korinth.

182. LAIBETHRA: Am Fuß des Olymp. Alter Kultort des Orpheus.

183. PERDIKKAS: General Philipps und Alexanders. Nach Alexanders Tod wird ihm die Leitung der Geschäfte übertragen.

Nach langen Kämpfen mit den übrigen Diadochen endlich
ermordet.
HEROLD: Gemeint ist Homer.
LEIER DES ACHILL: Ilias 9, 185 ff.
DAREIOS: Dareios Kodomanos, geboren etwa 380 v. Chr.
König seit etwa 336 v. Chr. Ohne Zweifel nicht so bedeu-
tend wie die älteren persischen Könige.
GRANIKOS: Am Südufer des Marmarameeres.
DAISIOS: Er entspricht etwa dem Mai, also Frühsommer 334.

184. KLEITOS: General Philipps, fast an allen Schlachten Alexanders beteiligt. Als Wortführer der makedonischen Opposition gegen die Barbarenfreundlichkeit Alexanders vom König niedergestochen. Vgl. S. 224.

186. MENANDER: Der feinsinnige Dichter der späten, das bürger-
liche Leben schildernden griechischen Komödie.
THEODEKTES: Redner und Tragiker.
PHASELIS: Am Golf von Adalia an der Südküste Klein-
asiens.
MIDAS: Um 700 v. Chr. König von Phrygien. Mit ihm die
Sagengestalt gleichen Namens verwechselt: Midas mit den
Eselsohren und Midas, der durch Berührung alles in Gold
verwandelt.

187. MEMNON: Feldherr aus dem griechischen Rhodos im Dienst
der Perser. Er riet dem Großkönig vergeblich, in Alexanders Rücken Griechenland zum Abfall zu bringen.
BELOS: Semitischer Nationalgott, Baal.

189. PINAROS: Die Schlacht ist bekannter unter dem Namen
Issos.

190. CHARES: Kammerherr Alexanders und Verfasser einer Geschichte seines Herrn.
ANTIPATER: Schon General Philipps, überlebt Alexander
und wird nach dem Tode des Perdikkas Reichsverweser.

191. LEONNATOS: Leibwächter, d. h. etwa Generaladjutant Alexanders.
ARISTOBULOS: Er macht den Alexanderzug als Nichtmilitär
mit und schrieb eine Geschichte des Königs.

197. HERAKLEIDES: Historiker.
VERSE: Odyssee 4, 354.
PHAROS: Insel an der Einfahrt zum großen Hafen von
Alexandria. Berühmt durch ihren gleichnamigen Leucht-
turm; er wurde 280 v. Chr. errichtet und soll 100 m hoch
gewesen sein.

198. KAMBYSES: Er erobert als erster der persischen Könige
Ägypten.

200. „WAS DA FLIESST" usw.: Ilias 5, 340.
HEPHAISTION: Alexanders Freund, vermählt mit einer Tochter des Dareios. Sein Tod S. 246.

201. CHOREGEN: Vgl. Anmerkung zu Themistokles S. 6.
PHYLEN: Vgl. Anmerkung zu Themistokles S. 1.

202. OROMASDES: In dem dualistischen System der persischen Religion ist Oromasdes oder Ahura Mazda der Vertreter des Guten. Sein Gegner Anra Mainya oder Ahriman.
MITHRAS: Der Lichtgott der Perser, der Führer der himmlischen Heerscharen. Sein Kult erobert die römische Welt. Orientalische Truppen bringen ihn bis nach Deutschland. Heiligtümer auf der Saalburg und bei Dieburg in Hessen.

204. ERATOSTHENES: Vgl. Anmerkung zu Themistokles S. 28.
BOEDROMION: Herbstmonat.

206. KITION: Auf Kypros.

207. KALLISTHENES: Neffe des Aristoteles. Er begleitet Alexander und überwirft sich mit ihm, weil er den vom König verlangten Fußfall ablehnt. Er schrieb eine Geschichte Alexanders. Vgl. S. 227.

209. MEDEA: Vgl. S. 178. – Euripides Medea Vers 949. 1160 ff.

212. PAIONEN: Etwa in der Gegend des heutigen Üsküb in Serbien.

213. MAZAIOS: Persischer Satrap. Nach der Einnahme Babylons als erster Perser von Alexander mit einer Satrapie beliehen.

215. LEOCHARES: Er lebte im 4. Jahrhundert v. Chr. in Athen. Einer der großen Plastiker.

216. BESSOS: Persischer Satrap. Offenbar hat er versucht, den letzten Widerstand gegen Alexander zu organisieren. Der Grund, weshalb er Dareios ermordet, ist nicht klar. Alexander läßt ihn als Hochverräter hinrichten.

218. HYRKANIEN: Persische Satrapie am Kaspischen Meer.
MAIOTISCHER SEE: Das heutige Asowsche Meer.

219. TIARA: Persische Kopfbedeckung, beim König gesteift, sonst eingedrückt.
OREXARTES: Wahrscheinlich der heutige Syr-Darja.
SKYTHEN: Hier sind iranische Nomadenstämme etwa im heutigen Turkestan gemeint.

220. LYSIMACHOS: In den Wirren nach Alexanders Tod macht er sich zum König Thrakiens.

221. ROXANE: Erste Gemahlin Alexanders. Ihr Sohn Alexander nach dem Tode des Vaters geboren. Beide lange Jahre in der Hand der Reichsverweser, schließlich ermordet.

224. OINIADAI: Vgl. Anmerkung zu Perikles S. 56.

225. DIOSKUREN: Die „Zeussöhne" Kastor und Polydeukes (oder Pollux), die Nothelfer besonders im Kampf und auf hoher See.

226. EURIPIDES: Andromache Vers 693 ff.

228. EURIPIDES: Bakchen Vers 267.

229. HERMIPPOS: Biograph, Liebhaber von Klatschgeschichten.
PATROKLOS: Ilias 21, 107.

230. KRATEROS, ATTALOS UND ALKETAS: Generale Alexanders.

232. OXOS: Der heutige Amu-Darja.
OXYARTES: Vater der Roxane, baktrischer Fürst.

233. TAXILES: Fürst eines indischen Reiches zwischen Indus und Hydaspes (Djalam oder Jhelum).

236. SOTION, POTAMON: Der erste Philosoph, der zweite Rhetor um Christi Geburt.

237. ANDROKOTTOS: Auch Sandrokottos genannt. Indischer Fürst, 315–291 v. Chr. Er vernichtet die makedonische Herrschaft in Indien.
SELEUKOS: General Alexanders. Er begründet das Reich der Seleukiden, das größte der Diadochenreiche, das sich zeitweise vom Hellespont bis zum Indus ausdehnte.

238. MALLER: Nicht am Indus selbst; etwa beim heutigen Multan.

239. GYMNOSOPHISTEN: Griechischer Name für indische Weise, die nackt lebten und sich der Betrachtung weihten; eine Sekte der Brahmanen.

241. NEARCHOS: Er fand auf dieser Expedition den Seeweg zwischen Indus und Euphrat. Leider ist sein Bericht über die Fahrt nur in Fragmenten erhalten.
OREITER: An der Südküste des heutigen Belutschistan.
GEDROSIEN, KARMANIEN: An der Südküste des heutigen Persiens.

242. THAPSAKOS: Am Oberlauf des Euphrat.

243. KYROS: Er zertrümmerte die Macht der Meder und begründete das persische Reich im 6. Jahrhundert v. Chr.
PELLA: Geburtsort Philipps. Er macht es an Stelle von Aigai zur Hauptstadt Makedoniens.

245. PERINTH: An der Nordküste des Marmarameers.

246. EKBATANA: Das heutige Hamadan im nordwestlichen Persien.

247. KOSSAIER: Kriegerisches Bergvolk, etwa im heutigen Luristan.

CHALDÄER: Hier nicht als Volksname gemeint, sondern als Bezeichnung für Astrologen.

248. SARAPIS: In Babylonien und Ägypten verehrt. Später breitet sich sein Kult im ganzen römischen Reich aus.

KASSANDROS: Nach Alexanders Tod wird er nach vielen Kämpfen schließlich Regent von Griechenland und Makedonien. Er läßt Roxane und den Sohn Alexanders töten.

250. DAISIOS: Er entspricht etwa dem Mai.

251. NONAKRIS: In Arkadien.

AGIS

253. IXION: Ixion, der König der Lapithen, war von Zeus der Teilnahme an der Tischgesellschaft des Olymp gewürdigt worden. Da er sich HERA nahen will, täuscht Zeus ihn, indem er die Nephele (Wolke) unterschiebt. Zur Strafe für sein sündhaftes Begehren wird Ixion an ein geflügeltes, feuriges Rad gebunden und durch die Luft gerollt.
SOPHOKLES: Fragment 464 Nauck[2].
THEOPHRAST: Der große Schüler des Aristoteles und sein erster Nachfolger in der Leitung der peripatetischen Schule. Seine ausgedehnte Schriftstellerei umfaßt die verschiedensten Gebiete. Erhalten ist ein für unsere Kenntnis der antiken Pflanzenwelt wichtiges Werk über Pflanzenkunde, außerdem die ‚Charaktere‘, ein Werk, das, auf den schon von Aristoteles begründeten ethischen Forschungen fußend, dreißig Schilderungen der verschiedensten, immer tadelnswerten, oft lächerlichen Charaktere bietet.

254. GRACCHEN: Plutarchs Biographie der beiden Gracchen steht in den Römischen Heldenleben, Kröner.

255. DU: Der Angeredete ist Sosius Senecio, dem Plutarch dieses Paar Biographien widmet. Vgl. Anmerkung zu S. 119.
AGESILAOS: König von Sparta 401–361. Er kämpfte überall in Kleinasien und Griechenland für Spartas Größe und Macht und war Thebens erbittertster Feind.
ANTIPATER: Geboren um 400 v. Chr., war er schon unter Philipp General. Er blieb während Alexanders Asienzug in Makedonien als Reichsverweser. Als Perdikkas, der nach Alexanders Tod die Herrschaft an sich gerissen hatte, starb, wurde Antipater zum Reichsregenten ernannt, starb aber kurz darauf 319 achtzigjährig. Zu seinem Nachfolger in Makedonien hatte er nicht seinen Sohn KASSANDER, sondern den General POLYSPERCHON ernannt, der auch schon unter Philipp und Alexander gedient hatte. Polysperchon gelang es im Kampf gegen die Oligarchen, Athen zu gewinnen. Nach langen Kämpfen wurde Polysperchon schließlich ver-

drängt. Kassander regierte dann Makedonien segensreich bis zu seinem Tod 311 v. Chr.

256. SELEUKOS: Das Reich Alexanders war in drei große Monarchien zerfallen: Ägypten, Makedonien und Syrien. Dieses reichte in der ersten Zeit seines Bestehens bis an den Indus. Unter Seleukos II. Kallinikos, der hier gemeint ist, waren besonders im Osten schon große Gebiete verlorengegangen. Hauptstadt des Reiches war Antiocheia.

257. LYKURG: Der mythische Schöpfer der spartanischen Gesetze und Lebenssitten.
EPITADEUS: Etwa um 400 v. Chr. Ephor.
EPHOROS: ‚Aufseher'. Ihnen oblag die Sorge für die innenpolitische Ordnung und Sicherheit des Staates und damit auch ein Aufsichtsrecht über die Könige. (Vgl. Anmerkung zu Themistokles S. 20.) Allmählich haben sie sich zu den eigentlichen Leitern des spartanischen Staatswesens entwickelt. Es wurden jährlich 5 Ephoren gewählt.

260. RAT DER ALTEN: Die ‚Gerusia' bestand aus den beiden Königen und 28 über 60 Jahre alten Spartiaten. Sie bildete den eigentlichen Gerichtshof für Kriminalsachen, doch hatte sie auch das Recht, über Gesetzesanträge eine erste Entscheidung zu fällen oder von der Volksversammlung angenommene Gesetze zu verwerfen.
PELLENE: Am Wege von Sparta nach Megalopolis.
PERIOIKEN: Sie gehörten zu der achäischen Bevölkerung Lakoniens, waren zwar frei, besaßen aber kein Bürgerrecht. Die Spartaner ließen sie ständig überwachen. In ihren Händen lag Industrie, Handel und Schiffahrt.
PHIDITIEN: Oder Syssitien, eine nur aus dem militärischen Charakter der spartanischen Sitten verständliche Lebensgemeinschaft einer kleineren oder größeren Anzahl Spartaner: Zelt- und Speisegenossenschaften. Jeder Spartaner lieferte die Naturalien, die er von den leibeigenen Heloten seines Gutes zu beanspruchen hatte.
PASIPHAE: Der Name bedeutet vielmehr ‚die allen Leuchtende'. Da Pasiphae, die Gattin des Minos und Mutter des Minotauros, ursprünglich eine Gestalt der kretischen Sage ist, hat man, wie Plutarchs Darstellung zeigt, versucht, die lakonische Pasiphae auf andere Weise zu erklären.

261. PHYLARCHOS: Er ist mit seinen 28 Büchern ‚Geschichte' Plutarchs Quelle für diese Zeit; er lebte im 3. Jahrhundert v. Chr. und ist uns nur aus der Erwähnung bei anderen Schriftstellern kenntlich.
TALENTE: Ein Talent etwa 4500 Mark.

262. TERPANDER: Es gab in Sparta an den Karneen seit dem Beginn des 7. Jahrhunderts v. Chr. einen Wettkampf von Sän-

gern, die ihre eigenen Dichtungen mit der Leier begleiteten. Terpander, angeblich Sieger an einem dieser Feste, soll statt der viersaitigen Leier die siebensaitige eingeführt haben.

THALES: Plutarch erzählt im ‚Lykurgos‘ 4, Lykurgos habe ihn von Kreta nach Sparta geschickt, weil er durch seine Lieder einen starken Einfluß auf die Bürger auszuüben imstande gewesen sei.

PHEREKYDES: Er stammte von der Insel Syros und lebte um die Mitte des 6. Jahrhunderts. Die Athener bezeichneten ihn als den ersten Prosaschriftsteller. Er schrieb ein heute verlorenes Werk über die Natur und die Götter in mythologischer Form.

PHRYNIS: Er ist ebenso wie der Milesier TIMOTHEOS Jonier und Vertreter der zur Leier gesungenen Poesie. Phrynis ersetzte den einfachen homerischen Hexameter durch den Reichtum der freien lyrischen Versmaße. Sein Schüler Timotheos (gest. gegen 357 v. Chr.) übertrifft ihn noch an Virtuosentum. Er ist Dichter, Komponist und Vortragender zugleich. Man fand 1902 ein langes Bruchstück von ihm: ‚Die Perser‘, das einen Begriff von der überaus künstlichen Form seiner Sprache und Metrik gibt. Wichtig ist sein Einfluß auf die lyrischen Teile in Euripides’ späten Tragödien.

265. ACHAIER: Gemeint ist der Achäische Bund. Er war um 280 v. Chr. erneuert worden und umfaßte große Teile der Peloponnes. Sein Ziel war, Makedonien die Unterwerfung ganz Griechenlands unmöglich zu machen. Seine stärkste Macht entfaltete er nach dem Hinzutritt Korinths und Sikyons unter der Führung Arats.

AITOLER: Älter noch als der Achäische Bund war der Aitolische, der verschiedene Staaten Mittelgriechenlands nördlich des Korinthischen Golfs umfaßte.

ARATOS: Geboren 271 v. Chr., befreite er 251 das dorische Sikyon von der Herrschaft des Tyrannen Nikokles und macht die Stadt zum Mitglied des Achäischen Bundes. Von 245 bis zu seinem Tode 213 war er Strategos (oberster Führer und Feldherr) dieses Bundes. Unter seiner Leitung dehnte sich der Bund immer weiter aus, und um 230 war die makedonische Herrschaft in der Peloponnes beseitigt. Seine Politik mußte schließlich den Widerstand Spartas hervorrufen. Kleomenes siegte mehrmals über Arat, so daß er seine Politik völlig änderte und vom Makedonenkönig Antigonos Doson Hilfe gegen Sparta erbat. Von Antigonos’ Nachfolger, Philipp V., mit dem er in Streitigkeiten geraten war, wurde er angeblich vergiftet. Er schrieb Erinnerungen, die neben Phylarchos die Grundlage für die Plutarchische Biographie bilden. Sie sind bis auf geringe Reste verloren.

AGESILAOS: Vgl. Anmerkung zu S. 255.

LYSANDER: Der spartanische König, der am Ende des Peloponnesischen Krieges 404 Athen nimmt.

LEONIDAS: Der Held der Thermopylen (480 v. Chr.).

266. BATON: Historiker etwa aus der zweiten Hälfte des 3. Jahrhunderts. So gut wie ganz verloren.

TEGEA: Hauptstadt von Arkadien. Es gehörte in der damaligen Zeit zum Achäischen Bund.

267. CHALKIOIKOS: Es ist der Beiname der Athene, die auf der Akropolis von Sparta verehrt wurde. Ihr Tempel war in altertümlicher Weise mit Bronzeplatten ausgeschlagen. Daher der Name ‚Göttin aus dem Erzhaus‘.

KLEOMBROTOS: König von Sparta. Er zog zweimal ohne Erfolg nach Boiotien und fiel, von Epameinondas geschlagen, bei Leuktra 371 v. Chr.

271. ARISTOMENES: Er ist der Führer der Messenier in den sagenhaften Kämpfen gegen Sparta. König Theopompos wird die Eroberung der messenischen Bergfeste Ithome und damit die endgültige Niederwerfung der Messenier zugeschrieben.

ÜBERSICHT ÜBER DIE GRIECHISCHE GESCHICHTE

Nicht viel mehr als zwei Jahrhunderte umfaßt die Geschichte Griechenlands, wie sie in den Lebensläufen der sechs Männer dieses Bandes vor die Leser tritt. Es ist die Geschichte vom Aufstieg und Niedergang Griechenlands, gesehen in seinen großen Männern, denn sie beginnt mit dem Sieg der Griechen über die Perser und endet in den Jahren, da die politische Kraft des Griechentums gegenüber der Macht Roms bedeutungslos wird.

THEMISTOKLES

Als um 500 die bis dahin größte Entscheidung der Weltgeschichte herannahte und der Kampf zwischen Persien und Griechenland unvermeidlich wurde, wußte Themistokles, daß dieser Kampf zur See ausgefochten werden müsse. Zwar siegte Miltiades, der auf die Kraft der Bürgerheere vertraute, 490 bei Marathon mit dem Athenerheer über die Perser. Aber nach seinem Tod 489 nahm Themistokles den Flottenbau wieder auf, schuf die Flotte, die Athen zur größten Seemacht machte, und baute den Peiraieus zum Hafen aus. Noch gewaltiger ist sein Verdienst, daß er um der Einheit willen Athens Macht unter Spartas Führung stellte, als die Perser 480 nahten. Er erhob keinen Einspruch, als die Verteidigung vom Norden nach dem Süden schrittweise zurückverlegt wurde. Aber dann erzwang er die Seeschlacht bei Salamis, in der seine Flotte siegte. Damit war der weltgeschichtliche Sieg des Abendlandes über den Orient errungen. Über die nächsten Jahre fehlen genaue Nachrichten. Offenbar hat Themistokles in Sparta den größeren Gegner Athens auf dem Weg zur Herrschaft gesehen. So verband sich Sparta mit seinen Feinden, dem Adel Athens und der Masse, um den Großen zu stürzen. Er wurde verbannt und durch Griechenland, das er befreit hatte, gehetzt, bis er Zuflucht fand beim Perser. So mußte er fern von der Heimat sterben.

PERIKLES

Sein Vater Kleisthenes war der Begründer der Demokratie in Athen, und im Kampf gegen den Aristokraten Kimon begann Perikles die politische Laufbahn. Nach Kimons Tod 449 wurde er der vom Volk anerkannte und geliebte Führer. Athens Blütezeit ist mit seinem Namen verbunden. Der Attische Seebund hatte sich zum Attischen Reich umgewandelt, in dem Athen unbeschränkte Herrin war. Perikles' Verdienst war es, daß Athen trotz der Eifersucht Spartas mit diesem 445 einen Frieden auf 30 Jahre schloß. Feldherrneigenschaften beweisen die Züge, die er zur

Sicherung des Reichs bis ins Schwarze Meer unternahm. Wirtschaftlich wurde Athen immer mehr der Mittelpunkt des Reiches. Unvergänglich bleibt sein Ruhm verbunden mit der geistigen Kultur dieser Tage, Tragödie, Komödie, Geschichtsschreibung, Philosophie. Wie ein Fürst hat er über Athens und des Reiches Schätze verfügt, um von den größten Künstlern Athen schmücken zu lassen: Parthenon, Karyatidenhalle, Odeion. Aus Gold und Elfenbein schuf Pheidias das Bild der Athene, und um ihren Tempel lief der Fries aus Marmor, der in unsagbar schönen Bildern ein Volk in der Verehrung seiner Götter zeigt. So war Athen aufgeblüht zur schönsten Blüte, als der Kampf mit Sparta begann, ehe noch der Friede halb abgelaufen war. Perikles hat den Krieg nicht gewollt. Sein Ziel war nur, Athens Reich durchzusetzen gegenüber dem alten Feind Sparta. Aber er starb 429 an der Pest. Und hätten seine Nachfolger nicht töricht hinübergegriffen über die Ziele, die er dem Krieg gesetzt, so hätte Athen 404 am Ende des Peloponnesischen Kriegs nicht erschöpft dem Feind Lysander seine Tore öffnen und auf sein Geheiß die Mauern schleifen müssen.

ALKIBIADES

Alkibiades stammte wie sein Vormund Perikles aus dem Geschlecht des Kleisthenes. Reichtum, Schönheit und geniale Begabung machten ihn zum Liebling der Athener, hemmungslose Selbstsucht ließ ihn zum Todfeind seiner Vaterstadt werden. Als Anhänger der Demokratie trat er überall Sparta entgegen und führte 419 den neuen Bruch zwischen Athen und Sparta herbei. Der Gedanke, das Attische Seereich über Unteritalien und Sizilien nach Westen auszudehnen und das Griechentum des Mittelmeeres unter Athens Führung zu einigen, war politisch groß, aber daß Alkibiades das durch den Krieg erschöpfte Athen nur aus persönlichem Ehrgeiz in das Abenteuer der Sizilischen Expedition (415–413) trieb, war ein Verbrechen. Als er dann wegen des Hermenfrevels aus Sizilien abberufen wurde, ging er aus Haß gegen seine Vaterstadt zu seinen Feinden. Als spartanischer Admiral kämpfte er im Ägäischen Meer mit persischer Unterstützung gegen die athenische Flotte. Aber schließlich wurde seine Stellung auch Sparta gegenüber unhaltbar, und er suchte wieder Verbindung mit Athen. Als Führer der athenischen Flotte gewann er Athen die Macht im Osten zurück. Als dann 407 sein Feldherr Antiochos bei Notion geschlagen wurde, schoben die Athener erbittert die Schuld auf ihn. Er ging in die Verbannung und floh zu dem persischen Satrapen Pharnabazos, der ihn ermorden ließ.

DION

Dion, der sich mit platonischen Gedanken über die ideale Führung des Staates erfüllt hatte, versuchte in seiner Heimatstadt

Syrakus, das Ideal in die Wirklichkeit umzusetzen. Früh schon führte er die Begegnung zwischen Platon und dem älteren Dionysios herbei. Aber zwischen dem reinen Machtpolitiker und dem idealistischen Philosophen konnte es nicht zu einem wirklichen Verständnis kommen. Auch der Versuch, den jüngeren Dionysios zum Schüler Platons zu machen, scheiterte. Das führte schließlich zur Entfremdung zwischen Dion und Dionysios. Dion verließ Syrakus, um in Athen in den Kreis der Akademie einzutreten. Doch gab er den Plan, den platonischen Staatsgedanken in der Regierung der Heimatstadt zu bewähren, nicht auf. An der Spitze eines Heeres kehrte er nach Syrakus zurück. Unter Schwierigkeiten aller Art, die ebenso von Dionysios' Anhängern wie aus den Kreisen der demokratischen Opposition kamen, versuchte er, reinen Herzens die Ideale der Akademie zu verwirklichen. Aber selbst er wurde zum Meuchelmord an seinem Gegner Herakleides getrieben. Schließlich fiel er der Verschwörung des Kallippos, der wie er zu Platons Schülern gehört hatte, zum Opfer.

ALEXANDER

Bei der Fülle des Stoffes kann hier nur ein Zahlengerüst stehen. *356, † 323. Sein Lehrer war Aristoteles. Schon 338 gewinnt er seinem Vater Philipp bei Chaironeia den Sieg über Griechenland. Nach Philipps Ermordung 336 wird er König und wie Philipp Oberfeldherr der Hellenen gegen die Perser. Mit grausamer Strenge macht er Griechenland wehrlos. Er überschreitet 334 den Hellespont, siegt am Granikos, erobert Kleinasien, schlägt Dareios 333 bei Issos, zieht nach Ägypten, gründet Alexandreia, wird vom Priester des Ammon als Gottessohn begrüßt. Erst nachdem durch diese Züge die Welt in seinem Rücken gesichert, zieht er 331 nach Asien zurück, siegt bei Gaugamela, erobert Babylon, Susa, Persepolis, Ekbatana. Damit war der Rachezug gegen Persien beendet; jetzt tauchen die Weltreichideen bei ihm auf, daher Widerstand bei seinen Offizieren. Er zieht bis nach Indien, 326 der Indus überschritten. Aber am Hyphasis wird er von den vom Tropenregen ermatteten Truppen zur Umkehr gezwungen. Rückmarsch unter ungeheuren Verlusten, Nearchos findet mit der Flotte den Weg vom Indus zum Euphrat. Alexander versucht, das Reich zu organisieren, baut Straßen für den Handel von Ostasien bis zum Mittelmeer, plant Forschungsreisen um Afrika usw. Sein Ziel, Hellenen und Barbaren zu verschmelzen, mißlingt. Dem steht aber das Verdienst gegenüber, daß er Ägypten, den nahen und zum Teil den fernen Osten der jetzt einflutenden griechischen Kultur erschlossen und damit dem Griechentum den gewaltigen Raum seines Wirkens im Osten geschaffen hat.

AGIS

König Agis von Sparta wurde nach 265 v. Chr. geboren und kam noch nicht zwanzigjährig auf den Thron (244). Er trug sich mit großen Reformplänen und wollte Sparta, das seine einfache Lebensweise und alte Tapferkeit verloren hatte, zur Sitte der Väter zurückführen und dadurch die frühere Gleichheit in den Besitzverhältnissen wieder neu schaffen. Zu diesem Zweck sollten auch die großen Grundbesitzer von ihren Schulden befreit werden. Es gab zu seiner Zeit nur noch etwa 700 Vollbürger, und von ihnen besaßen nur noch 100 Land und Vermögen. Es galt, ihre Zahl durch Aufnahme von Perioiken und Fremden wieder soweit zu erhöhen, daß die militärische Kraft Spartas neu entstand. Gewiß war Agis bei seinen Unternehmungen von reinem Idealismus geleitet, er selbst stellte seinen Grundbesitz und die für die damalige Zeit große Summe von 600 Talenten zur Verfügung. Allein sein Oheim mütterlicherseits, Agesilaos, verfolgte nur das eine Ziel, sich von seinen Schulden zu befreien. Als der zweite König Leonidas gegen Agis' Reformpläne Widerstand leistete, wurde er von Agesilaos und seinem Freund Lysander beseitigt und ging in die Verbannung. Selbst die Ephoren wurden ihres Amtes entsetzt und Kleombrotos zum König ernannt. So wurde wenigstens das Gesetz über die Niederschlagung der Schulden durchgesetzt; von der Landverteilung, worauf die ärmere Bevölkerung gehofft hatte, war freilich nun keine Rede mehr. Als Agis dann nach einem erfolglosen Kriegszug heimkehrte, herrschte nur noch Erbitterung gegen ihn. Leonidas wurde zurückgerufen und Agis durch Verrat gefangen und hingerichtet, das erste Mal, daß in Sparta ein König den Tod von Henkershand erlitt (241 v. Chr.).

Plutarch

Römische Heldenleben

INHALT

Einleitung XXXVII

Coriolan 1

Tiberius Gracchus 39

Gaius Gracchus 60

Sulla 77

Pompeius 123

Gaius Julius Cäsar 210

Cicero 278

Brutus 329

Anmerkungen 384

Übersicht über die römische Geschichte . . 419

EINLEITUNG
PLUTARCH UND SEINE WERKE

Als Kaiser wie Domitian, Trajan, Hadrian um die Wende vom ersten zum zweiten Jahrhundert n. Chr. das Weltreich Roms mit ihrem Willen erfüllten, lebte und schuf fern von der Hauptstadt Plutarch in Boiotien in seinem kleinen Geburtsort Chaironeia. Seine Lebenszeit umfaßte etwa die Jahre 46 bis 120 n. Chr. Die politische Macht Griechenlands war seit Jahrhunderten zerbrochen unter der Gewalt Roms. Aber die Erinnerung an die politische Größe Griechenlands lebte noch fort im Volk, und Plutarch war erfüllt von der stolzen Vergangenheit seiner Heimat Boiotien: den Tanzplatz des Ares hatte sein kriegsgewaltiger Landsmann Epameinondas einst die boiotische Ebene genannt. Dort hatten die Perser 479, ein Jahr nach Salamis, bei Plataiai die blutige Niederlage erlitten, die sie zwang, jeden Gedanken an die Eroberung Griechenlands aufzugeben. Bei Chaironeia selbst hatte Philippos, Alexanders des Großen Vater, 338 sich zum Herrn ganz Griechenlands gemacht. In derselben Gegend hatte 86 Roms Herr, Sulla, dem letzten Vordringen asiatischer Macht, dem Heer des Königs Mithridates, ein Ziel gesetzt. In dieser Landschaft wuchs Plutarch zu historischem Denken auf. Der Löwe auf dem Schlachtfeld von Chaironeia, das Denkmal verlorener Griechenfreiheit, grüßte ihn, wie es nach seiner Wiederaufrichtung auch heute dem Griechenlandfahrer von der Vergangenheit erzählt.

Das war die Heimat, in der Plutarchs Familie seit Geschlechtern saß; sie hat immer zu den begüterten gehört, und auch die geistige Atmosphäre hat seinem Vaterhaus nicht gefehlt. Er selbst hat in Athen studiert: Rhetorik und Philosophie, wozu, wie schon bei Platon, die Mathematik gehörte. Die Liebe zur Wissenschaft hat ihn durchs Leben begleitet: aber einen Beruf hat er aus ihr nicht gemacht. Als Angehöriger einer vornehmen Familie hat er schon früh politische Stellungen bekleidet und ist so in amtliche wie freundschaftliche

Beziehungen zu den Herren seines Vaterlandes, den Römern, getreten. Seine Reisen haben ihn bald über die Grenzen Griechenlands hinausgeführt bis nach Ägypten, nach Rom und Oberitalien, und da er die Welt mit klugen Augen zu sehen verstand, hat der Aufenthalt in der Weltstadt Rom seinem politischen Denken das rechte Maß gegeben: nur Phantasten mochten noch von einer politischen Rolle Griechenlands träumen, wenn man Rom als Inbegriff der Herrschaft über das Reich erlebt hatte. Dieses Romerlebnis ist ihm – wie so vielen Millionen vor und nach ihm – vor der Seele geblieben und ist aus seiner Arbeit und seiner Anschauung nicht mehr fortzudenken. Man hat ihm das römische Bürgerrecht verliehen, und er hat hohe römische Ämter bekleidet. Aber die Liebe zur Schriftstellerei, zur Heimat und zur Familie ließ ihn nicht fort aus Chaironeia. Er spricht selbst – anders als sonst die Menschen der Antike – oft von seinem Familienleben, und gewiß ist er ein guter Ehemann und Vater gewesen, ein liebenswürdiger Mensch, der die εὐθυμία, die „schöne, lebendige Heiterkeit der Seele", nicht nur seinen Mitmenschen gepredigt, sondern auch vorgelebt hat.

Aus dem Zusammenleben mit seiner Familie und mit seinen Freunden sind ihm seine ‚Moralischen Schriften' erwachsen; der Titel allerdings ist nicht umfassend genug, um die ganze Fülle des Inhalts dieser Werke zu kennzeichnen. Am wertvollsten sind die populären Bücher moralphilosophischen Inhalts, in denen er die ethischen Fragen des Alltags zu beantworten sucht, nicht durch grundgelehrte Erörterungen, sondern durch Beispiele und Sprichwörter, durch die Weisheit des täglichen Lebens. In diesen Werken ist er der große Seelenarzt, der durch die Milde seines Herzens, die Klugheit seiner Erfahrung, das Mitleid seiner Seele in die geheimsten Regungen seiner Mitmenschen hineinschaut und ihnen den Spiegel vorhält, um die Tugend zu loben und das Laster zu tadeln. Daneben steht noch eine fast unübersehbare Fülle von Schriften des buntesten Inhalts, in denen Lesefrüchte aus den entlegensten Ecken und Winkeln verarbeitet sind mit einem Schein der Gelehrsamkeit, der nur einen

Augenblick trügen kann: aber das mag hier in den Hintergrund treten.

Zur Geschichtsschreibung ist Plutarch erst in den späteren Jahren gekommen. Es ist also nicht verwunderlich, wenn das philosophisch durchtränkte Denken des Mannes auch in seiner historischen Schriftstellerei spürbar wird. Das gerechte Walten der Vorsehung hatte er schon in einer seiner philosophischen Schriften darzulegen sich bemüht: konnte die Geschichte Wichtigeres lehren? Wenn Plutarch in den moralphilosophischen Schriften als Seelenerzieher aufgetreten war, so konnten die historischen Werke ihm zur Erfüllung derselben Aufgabe dienen. Freilich ist er ein viel zu kluger Menschenkenner, um schulmeisterlich den Lesern die moralischen Lehren zu predigen. Er weiß, daß das Große von selbst Begeisterung weckt und zum Handeln aufruft: „Nutzlos ist es, Dinge zu betrachten, die in der Seele nicht den Eifer, sie nachzuahmen, nicht den feurigen Trieb, nicht das unverdrossene Streben, dem Vorbild ähnlich zu werden, wecken. Das Heldentum allein fordert uns durch die Taten unmittelbar auf, sie nicht nur zu bewundern, sondern es ihren Helden gleichzutun. An den Gütern des Glückes schätzen wir nur Besitz und Genuß, aber am Heldentum die Taten. Besitz und Genuß erwarten wir von andern, Heldentaten tun wir für die anderen. Denn das Gute zwingt uns zu sich und weckt sogleich den Entschluß zur Tat; es formt den Charakter des Betrachtenden nicht durch Nachahmung, sondern begeistert ihn zum Entschluß schon durch die bloße Betrachtung der Tat. Dies hat mich denn auch bewogen, die Lebensbeschreibungen berühmter Männer fortzusetzen" (Perikles 2. Griechische Heldenleben S. 36). Darum ist die Frage, die man so oft aufgeworfen hat, ob Plutarch ein Historiker und seine ‚Vergleichenden Lebensbeschreibungen' ein Geschichtswerk seien, falsch gestellt. Auf einer ganz anderen Ebene liegt die Aufgabe, die Plutarch sich vorgenommen hat. Er will die Begeisterung wecken und durch sie in ethischem Sinn wirken. Das aber hat er im Lauf der Jahrhunderte bei Unzähligen getan.

Aus dieser Zielsetzung erwächst die einzigartige Kunstform

seiner Biographien. Es sind Einzelbilder großer Staatsmänner und Kriegshelden, Lebensbilder, die der Grieche βιος nennt. Der *Bios* im literarischen Sinn ist für den Griechen nicht die Summe der äußeren Lebensereignisse, sondern die Art, *wie* der Mensch lebt. Der Sinn des Wortes Bios entspräche etwa unserem Begriff des Charakters oder des inneren Wesens. Was zur Erklärung dieses Wesens dienen könnte, das kann Aufnahme finden in dem Bios; alles andere mag für den Geschichtsforscher noch so wertvoll sein, aber für den Zweck, den Bios des Helden zu deuten, kommt es doch erst in zweiter Linie. Plutarch spricht sich mit deutlicher Ablehnung der großen Geschichtschreibung über die Kunstform und den Inhalt seiner ,Lebensbeschreibungen' aus: „Ich gebe Biographie, keine Geschichte, und Tugend oder Laster eines Menschen leuchten nicht immer aus den berühmtesten Taten hervor; vielmehr verraten eine unbedeutende Handlung, eine Rede oder ein Scherz den Charakter eines Menschen oft deutlicher als blutige Schlachten, gewaltige Kriegsrüstungen und Belagerungen. Wie der Künstler die Ähnlichkeit aus dem Gesicht und den Zügen um die Augen, in denen sich der Charakter darstellt, zu gewinnen sucht und um die übrigen Teile des Körpers sich wenig kümmert, so muß es auch mir vergönnt sein, mehr die inneren Charakterzüge aufzusuchen und nach diesen das Leben eines Menschen zu schildern, die Beschreibung der Heldentaten und Schlachten aber anderen zu überlassen." (Alexander I. Griechische Heldenleben S. 169.)

Bei dieser – man ist versucht zu sagen – halbhistorischen Form der Biographie kommt es deshalb dem Leser auch gar nicht zum Bewußtsein, daß Plutarch undatiert schreibt, ohne eine Jahreszahl zu geben. Er schildert den Ablauf des Lebens in dem Gang der Ereignisse. Aber da er Zusammengehöriges, auch wenn es zeitlich auseinanderliegt, als Einheit sieht, geschieht es oft, daß Zeitlinien sich überschneiden. So unterbricht er oft zur Verzweiflung des Historikers die Handlung, um Zeit zu gewinnen für die Darstellung des Charakters. Dadurch entsteht die eigentümlich schillernde Form seiner Biographien, die gekennzeichnet ist durch die

Spannung zwischen der chronologisch fortschreitenden Handlung und der verweilenden Charakterschilderung.

Leider ist hier nicht der Ort, die Entstehung der Biographie als Literaturform bei den Griechen und ihren Übergang zu den Römern darzustellen. Die unmittelbare Vorstufe bilden Suetons Cäsarenleben. Wenn man aber die lebendige Mannigfaltigkeit in dem Aufbau plutarchischer Biographien überschaut, obwohl auch er eine Art Schema zugrunde legt, dann spürt man das künstlerische Empfinden ihres Schöpfers besonders stark im Gegensatz zu der Schablone, in die bei Sueton der Stoff in jeder Biographie gepreßt wird. Man empfindet, daß Plutarch in der Tat den Höhepunkt der antiken Biographie bildet.

Und doch rühren alle diese Hinweise noch nicht an das Wichtigste, wodurch Plutarch herausragt aus der Fülle der Biographien. Denn was wir von ihm besitzen, sind Biographienpaare, βίοι παράλληλοι, 23 an der Zahl. So gehören zum Beispiel Perikles und Fabius Maximus, Alkibiades und Coriolan, Pyrrhos und Marius, Alexander und Cäsar, Agis und Kleomenes und die beiden Gracchen, Dion und Brutus zusammen. (In unserer Sammlung haben die Paare aus praktischen Gründen leider getrennt werden müssen, wie ja auch die Titel der zwei Bände nicht plutarchisch sind.) Nicht nach Zufälligkeiten oder Äußerlichkeiten stellte Plutarch die Paare zusammen, sondern nach der Gleichartigkeit des Charakters und des Schicksals, gleichgültig, in welcher Form sie sich äußerte. „In diesem Buch habe ich Perikles und Fabius Maximus, Hannibals großen Gegner, geschildert. Denn sie gleichen sich in manchen edlen Charakterzügen, am stärksten in ihrer Milde, Gerechtigkeit und in der Gabe, die Unbill ihres Volkes und ihrer Volksgenossen zu tragen: zwei Männer, die ihrem Vaterland ein langes Leben treu dienten." (Perikles 2. Griechische Heldenleben S. 36.) In dieser Form hat Plutarch aus den Jahrhunderten der Geschichte Griechenlands und Roms die Männer gewählt, bis sie in ihrer Gesamtheit schließlich eine Geschichte der beiden Völker darstellten. Hirzel berichtet in seinem ebenso gelehrten wie schönen ‚Plutarch' (Leipzig 1912), daß Jean Paul Plutarch den biographischen Shakespeare der Weltgeschichte nannte und in seinen Biographien die Geschichte des Altertums in ähnlicher Weise zusammengefaßt fand wie die englische in den Königsdramen des Dichters.

Wenn nun in den Biographienpaaren jedesmal einem Griechen ein Römer gegenübergestellt wird, so bedeutet das mehr als nur eine schriftstellerische Form. Denn die Zeit war reif geworden für eine solche Vergleichung der Männer Griechenlands und Roms unter einem neuen Gesichtspunkt. Roms geistige Welt wußte, was sie in Literatur, Kunst und Wissenschaft Griechenland verdankte. Freilich, der politische Römer konnte nur mit einem leisen Lächeln der Geringschätzung auf die ‚Graeculi‘, die ‚Griechlein‘, seiner Zeit in ihrer politischen Ohnmacht schauen. Und doch hatte Griechenland ein Recht, stolz zu sein auf eine große politische Vergangenheit und auf die Helden seiner Geschichte. Aber so stolz Plutarch auf die Geschichte seines Vaterlandes und die Kultur seines Volks war, er war auch klug genug, um zu wissen, daß Kaiser Augustus es gewesen war, der im gesamten Mittelmeerraum Ruhe und Ordnung geschaffen hatte und daß nur Rom der damaligen Welt den Frieden sicherte. So mochte er die doppelte Aufgabe vor sich sehen, den Römern in der Geschichte seines Landes die politische Größe des Volkes zu zeigen, das ihnen einst die Kultur geschenkt hatte, und gleichzeitig seine Landsleute, denen Roms Herrschaft schwer genug fallen mochte, zur inneren Achtung vor Rom und zur Anerkennung seiner Macht zu erziehen. So steht dies Werk vor uns als Denkmal der Aussöhnung der beiden stammverwandten und doch so verschiedenen Völker und ihrer Kulturen.

GAIUS MARCIUS CORIOLANUS

Aus dem Haus der patrizischen Marcier in Rom stammten viele berühmte Männer. Zu ihnen gehörte Numas Enkel Ancus Marcius, der nach dem Tod des Tullus Hostilius König wurde. Marcier waren auch Publius und Quintus, die Erbauer der größten Wasserleitung, die Rom mit dem besten Wasser versorgt. Auch Censorinus gehörte zu diesem Geschlecht. Zweimal wählte das Volk von Rom ihn zum Censor, aber dann ließ es sich von ihm zur Annahme des Gesetzes bewegen, es solle sich in Zukunft niemand zweimal um dieses Amt bewerben dürfen.

Gaius Marcius schließlich, dem diese Biographie gilt, wurde nach dem frühen Tod seines Vaters von seiner Mutter erzogen. Er ist ein Beispiel dafür, daß das Los der Waisen gewiß viel Unglück mit sich bringt, aber niemand hindert, zu überragender Mannestüchtigkeit heranzuwachsen. Nur zu Unrecht also erheben die Untüchtigen gegen ihr Los den bitteren Vorwurf, sie müßten zugrunde gehen, weil sich niemand um ein Waisenkind kümmere. Aber Gaius Marcius bestätigte auch die Ansicht, daß in einem edlen guten Herzen, dem keine Erziehung zuteil wird, Kraut und Unkraut emporsprießen, wie auf gutem Boden, den niemand beackert. Denn die unbeugsame Entschlossenheit seines Charakters weckte in ihm große Entschlüsse und ließ sie zur Reife kommen. Da er sich aber von starker Leidenschaft und unwiderstehlichem Ehrgeiz beherrschen ließ, so war im Verkehr schwer mit ihm auszukommen. Daß er für Vergnügungen, Strapazen und Reichtum in gleicher Weise unempfindlich war, sah man mit Staunen, und man pries seine Selbstbeherrschung, Gerechtigkeit und Stärke, aber im politischen Leben ärgerte man sich doch wieder über sein unfreundliches, hochfahrendes, herrisches Wesen. Das ist ja das schönste Geschenk, das die Musen ihren wahren Verehrern verleihen: durch die Erziehung zum geistigen Tun verliert das

Herz seine Wildheit, denn die Geistigkeit lehrt Maß halten
und bändigt die Zügellosigkeit.

2. Im ganzen pries Rom in jenen alten Zeiten unter allen Tugenden die Taten der Soldaten und Feldherren am höchsten;
davon zeugt schon, daß sie die *Tugend* mit demselben Namen bezeichneten wie die *Mannhaftigkeit* und daß dieser
Gattungsname derselbe ist, mit dem sie die Mannhaftigkeit
selbst bezeichnen. 2. Marcius vor allem übertraf seine Mitbürger an Kriegsleidenschaft. Von Jugend auf begleitete ihn
das Waffenhandwerk. In dem Bewußtsein, daß Schild und
Schwert wertlos sind für den Mann, der die in ihm liegenden Kampfkräfte nicht entwickelt, übte er seine Kräfte für
Kämpfe aller Art. So wurde er der schnelle Läufer und gewann die zähe Unüberwindlichkeit in allen Fährnissen und
Kämpfen des Krieges. Jedenfalls entschuldigten sich alle, die
ihm vergeblich den Sieg der Tapferkeit und des Helden-
tums streitig machten, mit der unüberwindlichen, allen Mühen gewachsenen Körperkraft ihres Gegners.

3. Der erste Feldzug, an dem er schon in jungen Jahren teilnahm, ging gegen den vertriebenen König von Rom, Tarquinius. Nach vielen Schlachten und Niederlagen versuchte
er zum letztenmal das Spiel zu gewinnen. Die meisten Latiner und auch viele andere Italiker begleiteten ihn auf seinem Zug gegen Rom, um ihn wieder in seine Herrschaft
einzusetzen. Nicht aus Freundschaft, ihr Ziel war eher, in
neidischer Furcht Roms wachsende Übermacht zu brechen.
Während Marcius in der hin und her wogenden Schlacht
vor den Augen des Diktators heldenhaft seinen Mann stand,
sah er einen Römer in seiner Nähe in die Knie sinken. Er
hätte sich in dem Getümmel nicht um ihn zu kümmern brauchen, trotzdem trat er vor den Niedergesunkenen und wehrte
die andringenden Feinde mit tödlichen Streichen ab. Nach
dem Sieg war Marcius der erste, den der Feldherr mit dem
Eichenkranz schmückte. Denn solchen Kranz spendete das
Gesetz dem Römer, der im Kampf rettend seinen Schild
über einen Bürger gehalten hatte. Die Eiche hatte das Gesetz gewählt vielleicht aus Verehrung für die Arkader, die
der Gott in seinem Spruch als Eichelesser bezeichnet hatte,

oder vielleicht auch, weil ein Heer im Felde überall leicht Eichen finden wird. Oder hat der Gesetzgeber geglaubt, daß die Blätter der Eiche, die dem Zeus Polieus, dem Schützer der Burgen, heilig ist, die gebührende Gabe darstellen für die Rettung eines Bürgers? Jedenfalls hat die Eiche unter den wilden Bäumen die meisten Früchte, unter den gezüchteten Pflanzen das härteste Holz. In früheren Zeiten diente die Eichel ja auch zur Speise wie der Honig als Trank. Ohne Eichen hätten die Menschen auch die meisten Tiere und Vögel zu ihrer Nahrung nicht erlegen können, denn nur sie lieferte die Mistel für den Vogelleim.

In der Schlacht erschienen, wie die Sage berichtet, auch die Dioskuren, und unmittelbar nach dem Kampf sah man sie auf ihren schweißbedeckten Pferden auf dem Forum den Sieg verkünden. Dort steht jetzt neben der Quelle der Tempel, den man ihnen zu Ehren errichtete. Seit dieser Zeit sind auch die Iden des Juli, der Tag des Sieges, den Dioskuren geweiht.

4. Es ist eine alte Erfahrung, wenn der Ruhm sich jungen Menschen gar zu früh gesellt, dann erstickt er in ihren Herzen das Verlangen, wenn es nur mit kleiner Flamme brennt, und leicht löscht er den Durst des Ehrgeizes. Aber einen entschlossenen, zielbewußten Charakter rüttelt der junge Ruhm auf und entfacht die Flamme des Ehrgeizes, wie vom Sturme geweckt, zur leuchtenden Schönheit. Denn der Ehrgeizige glaubt nicht seinen Lohn zu bekommen, vielmehr ein Pfand einzusetzen; darum lebt er in ständiger Furcht, er könne der Pflicht, die der Ruhm ihm auferlegt, nicht gewachsen sein und seinen Ruhm durch neue Taten nicht mehr übertreffen. So ging es auch Marcius, daß er mit sich selbst den Wettkampf um den Ruhm der Tapferkeit kämpfte; mit immer neuen Kämpfen wollte er prunken. Heldentat reihte er an Heldentat und häufte Beute auf Beute. Die Feldherren, unter denen er diente, mußten mit ihren Vorgängern wetteifern, für Marcius neue Ehren und Belohnungen auszusinnen, und in so vielen Kämpfen und Kriegen die Römer auch in jenen Zeiten fochten, aus keinem kehrte er ohne Kranz oder Trophäe heim.

Für seine Kameraden war der Ruhm das Ziel ihrer Tapferkeit, für ihn das Ziel seines Ruhmes der freudige Stolz seiner Mutter. Wenn sie von seinem Ruhm hörte, wenn sie ihn
im Schmuck des Siegerkranzes sah und unter Freudentränen
ihre Arme um ihn schlang, so war das für ihn die höchste
Ehre, das seligste Glück. Auch Epameinondas soll es ja als
das größte Glück gepriesen haben, das ihm widerfahren sei,
daß Vater und Mutter noch seinen Kampf und Sieg bei
Leuktra miterlebten. Epameinondas durfte es noch sehen,
wie beide Eltern sich mit ihm freuten und an seiner Seite
lebten. Aber Marcius glaubte der Mutter auch die Liebe, die
dem toten Vater gebührte, zu schulden und konnte sich nicht
genugtun, Volumnia Freude und Ehre zu schenken. Auf
ihren Wunsch und ihre Bitte entschloß er sich zur Heirat,
und auch, als Kinder kamen, konnte er sich von seiner Mutter nicht trennen.

5. Schon hatte Marcius in der Stadt Ruhm und Einfluß gewonnen durch seine Tapferkeit, da kam es zu einem Zer-
würfnis zwischen dem Senat, der sich auf die Seite der Besitzenden stellte, und dem Volk, das offenbar schwer unter
dem Druck der Gläubiger litt. Wer wenig besaß, dem wurde
das Wenige durch Pfändungen und Versteigerungen genommen. Wer nichts besaß, wurde fortgeführt und in den Ker-
ker geworfen, und das waren Männer, die Narben auf ihrem
Körper trugen und in den zahllosen Kriegen für das Vaterland Not und Gefahr auf sich genommen hatten, zuletzt
noch im Sabinerkrieg, als gerade die Reichsten sich zu einem
milderen Vorgehen bereit erklärt und der Senat den Beschluß gefaßt hatte, Konsul Manius Valerius solle sich für
solche Milde verbürgen. Aber obwohl sie sich in diesem
Kampf mit freudigem Mut geschlagen und den Sieg erfochten hatten, änderte sich das Verhalten der Gläubiger nicht.
Auch der Senat traf keine Anstalten, sich an sein Versprechen zu erinnern. Ohne einzuschreiten sah er es mit an, wenn
die Schuldner wieder in Schuldhaft fortgeschleppt wurden.
Deshalb kam es in der Stadt zu gefährlichen Händeln und
Aufläufen. Auch die Feinde erfuhren von dieser Unruhe des
Volkes und fielen mit Sengen und Brennen ins Land. Als die

Konsuln die Waffenfähigen zum Kampf aufriefen, kam nicht einer. Da zeigte sich denn auch im Senat wieder die alte Uneinigkeit. Die einen wollten den Armen nachgeben und die alten strengen Forderungen lockern. Zu den wenigen Gegnern dieser Ansicht gehörte auch Marcius; ihm kam es weniger auf die finanzielle Seite der Frage an, sein Rat ging vielmehr dahin, wenn der Senat die Lage richtig beurteile, solle er den Trotz und Hochmut des Volkes, der sich gegen die Gesetze erhob, gleich im Entstehen ersticken.

6. Der Senat hielt über diese Frage innerhalb weniger Tage verschiedene Sitzungen ab, ohne zu einem Ziel zu kommen. Da rotteten sich die Armen plötzlich zusammen, riefen einander zur Tat und verließen die Stadt. Dann besetzten sie einen Berg am Anio, der heute noch der *Heilige Berg* heißt. Dort saßen sie, ohne zu Gewalt oder Untat zu schreiten. Aber immer wieder wiesen sie darauf hin, sie seien schon lange von den Reichen aus der Stadt vertrieben; Luft und Wasser und ein Fleckchen, darauf zu sterben, schenke Italien ihnen überall, und mehr hätten sie ja auch nicht, wenn sie in Rom wohnten und für die Reichen in die Kriege zögen. Der Senat erschrak und sandte einige ältere angesehene und besonnene Männer zu ihnen. Ihr Sprecher war Menenius Agrippa. Er ließ es an Bitten gegenüber dem Volk, an manchem freien Wort über den Senat nicht fehlen und schloß endlich mit der bekannten Sage. Einst empörten sich die Glieder des Menschen allesamt gegen den Magen und beschuldigten ihn, er allein sitze in der Mitte des Körpers, ohne sich an der Arbeit zum allgemeinen Nutzen zu beteiligen, während die andern für seine Begierde Arbeit und Mühe auf sich nehmen müßten. Da lächelte der Magen über ihre Herzenseinfalt; sie wüßten ja gar nicht, daß er die Nahrung nur deshalb an sich ziehe, um sie wieder fortzuleiten und an sie alle zu verteilen. „Das ist ja", meinte Menenius, „auch der Sinn der Stellung, die der Senat euch gegenüber einnimmt. Denn die Beschlüsse, die dort nach kluger Beratung gefaßt werden, dienen euer aller Bestem."

7. So kam es denn zu einer Einigung; auf ihre Bitten erklärte der Senat sich damit einverstanden, daß das Volk

fünf ‚Beschützer der Hilfsbedürftigen' wählen dürfte, die heute den Titel Volkstribunen tragen. Als erste wählten sie Junius Brutus und Sicinius Bellutus, die auch an der Spitze der Empörung gestanden hatten. Als die Stadt so ihre Einheit wiedergefunden hatte, trat das Volk sofort unter Waffen und folgte seinen Führern mit Freuden in den Krieg.

Marcius war erbittert, daß das Volk durch die Nachgiebigkeit der Aristokratie einen solchen Einfluß gewonnen hatte und machte die Beobachtung, daß viele seiner Standesgenossen ebenso dachten. Trotzdem rief er sie auf, im Kampf für das Vaterland nicht hinter der Masse zurückzubleiben, jetzt gelte es, zu zeigen, daß der Adel sich mehr durch seine Tapferkeit als durch die Macht auszeichne.

8. Bei den Volskern, mit denen die Römer im Krieg lagen, war Corioli die berühmteste Stadt. Als der Konsul Cominius sie einschloß, strömten die übrigen Volsker aus Furcht um ihre Stadt zum Kampf gegen die Römer zusammen, um sich unter den Mauern der Stadt zur Schlacht zu stellen und so von beiden Seiten anzugreifen. Deshalb teilte Cominius seine Streitkräfte und rückte selbst gegen die zum Entsatz anrückenden Feinde vor, während er einen seiner Besten, Titus Lartius, zurückließ, um die Belagerung fortzusetzen. Mit diesem Rest glaubten die Leute von Corioli leicht fertig werden zu können, kamen aus der Stadt heraus und hatten mit ihrem Angriff in der Tat zunächst Erfolg. Sie warfen die Römer bis an den Lagergraben zurück. In diesem Augenblick stürmte Marcius mit wenigen Begleitern aus dem Lager, warf die nächsten Angreifer nieder, brachte die andern zum Stehen und rief mit gewaltiger Stimme die Römer zum Kampf. Denn, wie es Cato vom Kämpfer verlangt, nicht allein sein Stoß und Schlag, auch der Ton seiner Stimme und der Blick seiner Augen machten ihn zum unwiderstehlichen Schrecken für die Feinde. Auf seinen Ruf sammelten sich die Scharen und traten an seine Seite. Da zogen die Feinde kleinlaut ab. Aber Marcius gab sich nicht zufrieden. Er stieß hinter ihnen her und jagte sie in wilder Flucht bis an die Tore der Stadt. Da sah er, wie seine Leute die Verfolgung aufgeben wollten, denn von den Mauern hagelten die Ge-

schosse herunter, und keiner wagte den Gedanken, mit den
Fliehenden zusammen in die Stadt einzudringen, die von
Bewaffneten starrte. Deshalb trat Marcius zu ihnen und
versuchte sie mit sich zu reißen. Er schrie ihnen zu, das
Schicksal habe die Tore mehr für die Verfolger als für die
Verfolgten aufgetan. Nur ein paar Mann mochten ihm fol-
gen, mit diesen bahnte er sich einen Weg mitten durch die
Feinde, sprang ins Tor und stürmte mit den Verfolgten
gleichzeitig in die Stadt. Im ersten Schreck wagte niemand
Widerstand zu leisten oder ihm in den Weg zu treten.
Schließlich sahen die Feinde aber, daß überhaupt nur eine
kleine Schar in die Stadt eingedrungen war. Es kam Hilfe,
der Kampf lebte wieder auf, Feind und Freund waren
durcheinander gewirbelt, der Ehrgeiz, heißt es, peitschte
Marcius auf: Mann gegen Mann kämpfte er, stürmte durch
die Stadt und reihte Heldentat an Heldentat. So gelang es
ihm, die einen bis in die fernsten Winkel der Stadt zu treiben, andere gaben den aussichtslosen Kampf auf und warfen die Waffen aus der Hand. Als Lartius seine Leute aus
dem Lager heranführte, wußte er, daß es gut stand in der
Stadt.

9. So wurde die Stadt genommen. Als die Sieger dann aber
anfingen, die Häuser zu plündern und die Beute davonzu-
schleppen, geriet Marcius in Zorn und schrie ihnen bittere
Worte zu. Es war für ihn ein unerträglicher Gedanke, daß
die Leute in der Stadt herumstrolchten, um sich zu bereichern,
oder gar das Plündern nur als Vorwand gebrauchten, um
der Gefahr aus dem Wege zu gehen, während der Konsul
mit seinen Leuten vielleicht irgendwo auf den Feind gestoßen war und mit ihm im Kampf lag. Aber die meisten wollten nicht auf Marcius hören. So nahm er eine Handvoll
Freiwillige und marschierte denselben Weg, den das Heer,
wie er wußte, vorausgezogen war, trieb seine Leute zur Eile,
sie dürften nicht nachlassen, und betete zu den Göttern, sie
sollten ihn früh genug kommen lassen zur Schlacht, damit
er Kampf und Gefahr mit seinen Mitbürgern teilen könne.
Damals konnten die Römer nach alter Sitte vor der Schlacht
mündlich ihr Testament errichten, wenn sie vor drei oder

vier Zeugen den Namen ihres Erben aussprachen. Das geschah in dem Augenblick, in dem sie in Reih und Glied
traten, ihre Toga gürten und den Schild hochheben wollten.
Damit waren die Soldaten im Angesicht der Feinde gerade
beschäftigt, als Marcius sie erreichte. Im ersten Augenblick
waren manche bestürzt, als sie ihn mit seiner kleinen Schar
blut- und schweißbedeckt herankommen sahen. Aber da eilte
er schon herbei, streckte von Freude überstrahlt, dem Konsul
die Rechte entgegen und meldete ihm die Einnahme der
Stadt. Konsul Cominius umarmte ihn und dankte ihm mit
Küssen. Als die Mannschaft von dem Sieg hörte oder ihn wenigstens aus der Freude erriet, überwältigte sie der Schlach-
tenzorn und mit lauten Rufen forderten sie, man solle sie
gegen den Feind führen. Da richtete Marcius an den Konsul
die Frage, wie die Feinde aufgestellt seien und wo die Tapfersten ständen. Als Cominius meinte, in der Mitte ständen
Antiaten, kriegslustige, kampfesstolze Männer, bat Marcius:
„Dann habe ich nur einen Wunsch, stelle mich und meine
Leute dahin!" Der Konsul staunte über solches Draufgängertum und tat ihm den Willen.
Als die Wurfspeere der Römer gegen die feindlichen Reihen
flogen und Marcius als erster voranstürmte, hielten die vordersten Volsker nicht stand. Wo Marcius eindrang, löste die
Linie sich auf. Aber die Feinde machten von beiden Seiten
kehrt und versuchten, Marcius mit ihren Waffen in die Mitte
zu nehmen. Der Konsul wurde ängstlich und schickte seine
besten Leute zur Hilfe. So entbrannte der Kampf um Marcius. Viele sanken in kurzen Augenblicken tot zu Boden.
Schließlich setzten sich die Römer aber durch und brachten
die Gegner zum Weichen. Als sie dann die Verfolgung aufnehmen wollten, verlangten sie, Marcius solle, müde von
Kampf und Wunden, zum Lager zurückkehren. Aber er rief,
Sieger hätten keine Zeit müde zu sein, und setzte den Fliehenden nach. Auch das übrige Volskerheer wurde mit starken Verlusten an Toten und Gefangenen geschlagen.
10. Als Lartius am nächsten Tag von Corioli herankam und
die beiden Heeresteile sich wieder vereinigten, bestieg Konsul Cominius die Rednerbühne, um zunächst den Göttern den

gebührenden Dank für den herrlichen Erfolg abzustatten.
Dann wandte er sich an Marcius und überhäufte ihn mit
Lob und Beifall, die Heldentaten in der Schlacht hatte er
ja mit eigenen Augen gesehen, von den Heldentaten bei der
Einnahme von Corioli hatte Lartius ihm Bericht erstattet.
Dann befahl er ihm, aus den Kostbarkeiten, Waffen, Pfer-
den und Sklaven, die man erbeutet hatte, den zehnten Teil
sich auszuwählen, ehe man mit der Verteilung begänne.
Außerdem schenkte er ihm als Ehrenpreis ein aufgezäumtes
Pferd. Die Römer jubelten Beifall. Da erhob Marcius sich
und sagte, das Pferd nehme er an, und die Lobesworte des
Feldherrn habe er mit inniger Freude gehört; aber auf den
Zehnten aus der Beute möchte er verzichten, das sei in sei-
nen Augen nur eine Bezahlung, nicht eine Ehre; er sei zufrieden mit dem Anteil, wie ihn jeder Kämpfer bekomme.
„Nur um eine besondere Gunst", sagte er, „bitte ich von
Herzen. Ich hatte unter den Volskern einen lieben Gast-
freund; es war ein angesehener, ruhig denkender Mann.
Jetzt ist er in Gefangenschaft geraten, und Reichtum und
Glück haben sich in Sklaverei gewandelt. Wenn er denn
schon im Unglück steckt, erspart ihm nur das eine, daß er
verkauft wird." Nach diesen Worten brauste Marcius noch
einmal der Jubel entgegen; über die Uneigennützigkeit des
Helden staunte man noch mehr als über seinen Heldenmut.
Denn manche hatten Neid und Mißgunst gefühlt, als sie
ihn so überschwenglich loben hörten. Aber da er jetzt solche
Ehren ablehnte, schien er sie ihnen gerade zu verdienen,
und die Gesinnung, aus der heraus er solche Ehren ablehnte,
liebten sie mehr als die Taten, die ihm die Ehren eingebracht hatten. Denn schöner ist es freilich, den Reichtum
recht zu gebrauchen als die Waffen, aber ehrenvoller als ihn
zu gebrauchen ist es doch, auf ihn verzichten zu können.
11. Als sich endlich die lärmenden Rufe in der Menge gelegt
hatten, nahm Cominius wieder das Wort: „Kameraden,
wenn ein Mann solche Gaben ablehnt und nicht annehmen
will, dann könnt ihr sie ihm auch mit Gewalt nicht auf-
drängen. So laßt uns ihm denn zum Dank eine Gabe darbringen, die er nicht ablehnen kann, und den Beschluß fas-

sen, ihm den Ehrennamen Coriolanus zu geben, wenn nicht überhaupt die Tat ihm schon vor uns diesen Titel verliehen hat." So erhielt Gaius Marcius den dritten Namen: Coriolan. Gerade hieraus geht hervor, daß Gaius sein persönlicher Name war und daß der zweite Name, Marcius, sein Familien- oder Geschlechtsname war; der dritte kam später als Beiname für eine Tat, Eigenschaft, Tugend oder ein Glück oder Unglück hinzu. So haben auch die Griechen solche Beinamen nach großen Taten gegeben, wie Soter oder Kallinikos, wegen einer Eigenschaft Physkon oder Grypos, wegen ihrer Tugend Euergetes und Philadelphos und wegen des Glücks Eudaimon. Einige Könige haben auch Spottnamen bekommen, wie Antigonos Doson und Ptolemaios Lathyros. Bei den Römern war dieser Gebrauch noch mehr verbreitet. So nannten sie einen Meteller Diadematus, weil er lange wegen einer Wunde eine Binde um die Stirn trug. Ein anderer Meteller bekam den Beinamen Celer aus Bewunderung über die Schnelligkeit, mit der er schon wenige Tage nach dem Tod seines Vaters bei der Leichenfeier Gladiatorenspiele veranstaltet hatte. Noch heute bekommen die Kinder nach Umständen bei ihrer Geburt ihre Beinamen: Proculus, wenn das Kind während der Abwesenheit des Vaters geboren wird, oder Postumus, wenn der Vater vor der Geburt des Kindes gestorben ist. Wenn ein Zwillingskind das andere überlebt, heißt es Vopiscus. Nach körperlichen Eigenschaften haben nicht nur Sulla, Niger und Rufus, sondern auch Caecus und Clodius ihre Namen. Es ist eine schöne Sitte, weder die Blindheit noch ein anderes körperliches Gebrechen als Schimpf zu betrachten, sondern offen mit dem rechten Namen zu bezeichnen. Aber das gehört wohl nicht in die Historie hinein.

12. Als der Krieg zu Ende gegangen war, schürten die Volksverführer wieder den Zwist in der Stadt, ohne daß sie allerdings einen neuen Grund oder einen berechtigten Vorwand hatten. Aber das Unglück, das den früheren Streitigkeiten und Unruhen notwendigerweise gefolgt war, nahmen sie zum Vorwand für den Kampf gegen die Patrizier. Denn Pflug und Saat hatten den meisten Feldern in dieser Zeit

gefehlt, und der Krieg hatte die Möglichkeit, Getreide von
auswärts herbeizuschaffen, unterbunden. So kam es zu einer
bösen Hungersnot, und als die Demagogen sahen, daß das
Volk nichts kaufen konnte und, wenn auch Ware genug dagewesen wäre, doch nicht das Geld gehabt hätte, sie zu bezahlen, da erhoben sie ihre verleumderischen Anklagen gegen die Reichen, sie hätten die Hungersnot mit Absicht herbeigeführt, um sich an dem Volk zu rächen.

Da kam aus Veliträ eine Gesandtschaft mit dem Auftrag,
den Römern die Stadt zu überliefern, und mit der Bitte,
Rom möge Ansiedler in die Stadt senden. Denn eine Seuche
hatte unter den Einwohnern so furchtbar gewütet, daß
kaum der zehnte Mann am Leben geblieben war. Besonne-
nen Männern, die in der inneren Not einen Ausweg suchten,
kam diese Bitte der Stadt Veliträ zur rechten Zeit. Sie hofften, die Unruhe am leichtesten zu dämpfen, wenn sie vor
allem den unruhigen, von den Verführern aufgewiegelten
Teil der Bevölkerung aus der Stadt entfernen könnten, wie
ein krankhaftes, beunruhigendes Geschwür. Deshalb suchten
die Konsuln gerade solche Elemente für die Ansiedlung aus
und wollten sie in die Ferne schicken. Gleichzeitig riefen
sie andere zu einem neuen Krieg gegen die Volsker auf. So
wollten sie den inneren Unruhen ein Ende machen. Sie waren der Meinung, wenn reich und arm, Plebejer und Patrizier sich wieder einmal im Waffenkleid in Kampf und Lager zusammenfänden, dann müßten Groll und Neid schwinden und die alte Eintracht wiederkehren.

13. Aber jetzt erhoben sich die beiden Volksführer Sicinius
und Brutus und schrien, die Patrizier wollten ihre Grausamkeit mit dem milden Wort ‚Siedlung' verdecken, wenn sie
die Ärmsten geradezu in den Abgrund stießen und sie in eine
Stadt hinausjagten, in der es nichts als todbringende Luft
und Leichen auf den Straßen gäbe; dort sollten sie dann
hausen unter dem Schutz eines fremden Gottes, der nur auf
Opfer laure. Nicht zufrieden, die einen dem Hunger auszuliefern und die andern der Seuche in die Arme zu treiben,
hätten die Patrizier auch noch einen Krieg vom Zaun gebrochen, damit das Unheil voll werde für die Stadt, weil

sie es satt habe, weiterhin in der Sklaverei der Reichen zu
leben. Mit solchen Hetzreden füllten sie dem Volk die
Ohren, so daß es der Aufforderung der Konsuln zum
Kriegsdienst nicht nachkam; aber auch von dem Siedlungs-
zug nach Veliträ wollten die Leute nichts mehr wissen.
Der Senat wußte keinen Ausweg. Indessen machte vor
allem Marcius Coriolan aus seinem Gegensatz zu den Volkstribunen kein Hehl, denn er war jetzt hochmütig und stolz
und fand großen Beifall bei den Mächtigen. Die Leute für
die Siedlung wurden nun wirklich ausgeschickt, allerdings
nur unter Androhung schwerer Strafen für die Ausgelosten.
Aber der Widerstand des Volkes gegen den Kriegszug war
nicht zu brechen, deshalb rief Coriolan seine Klientel und
wen er sonst noch bereden konnte, auf und machte einen
Zug in das Gebiet von Antium. Viel Getreide fanden sie
dort vor und machten gewaltige Beute an Vieh und Sklaven. Coriolan nahm nichts von der Beute für sich, aber als
er nach Rom zurückkehrte, folgten ihm seine Leute, das
Vieh vor sich hertreibend, schwerbeladen mit der kostbaren
Beute, so daß die anderen sich über sich selbst ärgerten und
voll Neid auf die Glücklicheren die Schuld auf Coriolan
schoben. So kam es denn, daß sie seinen Ruhm und seine
Macht als eine Last empfanden, die sich gegen das Volk
richtete.

14. Als Coriolan sich bald darauf um das Konsulat bewarb,
ging die Menge doch in sich. Das Volk hatte das Gefühl, es
könne einen Mann, den Adel und Tapferkeit an die Spitze
getragen hatte, nicht beschimpfen und ihn ohne Rücksicht
auf seine großen Verdienste bei der Wahl fallen lassen. In
Rom war es damals Sitte, daß die Bewerber um ein Amt
ihren Mitbürgern die Hand reichten und sie um ihre Stimme
baten. Sie erschienen dabei in der Toga ohne Tunica auf
dem Forum, wahrscheinlich, um sich in dieser Tracht zu
demütiger Bitte zu erniedrigen oder, wenn sie Narben auf
ihrem Körper trugen, sie als sichtbare Male ihrer Tapferkeit
zu zeigen. Daran besteht jedenfalls kein Zweifel, daß der
Grund für diese Forderung, der Bewerber solle ohne Gürtel
und Tunica sich mit seiner Bitte an die Mitbürger wenden,

nicht in der mißtrauischen Furcht vor Geldverteilung und
Bestechungsversuchen lag. Denn erst lange nach diesen Zeiten riß der Schacher mit den Staatsämtern ein und begann
der Kauf der Wählermassen. Dann ergriff die Bestechlichkeit aber auch Richter und Feldherren und knechtete für
schnödes Geld die Waffen. Das war der Weg, der das freie
Gemeinwesen der alten Stadt zur Monarchie führte. Denn
das Wort ist nur zu wahr: Wer zuerst dem Volk Freitische
spendierte und Bestechungsgelder in die Hand drückte, der
führte es zuerst auf die Bahn der Knechtschaft. Doch mag
sich dieses Übel nur heimlich und leise in Rom eingeschlichen
haben, ohne daß man es anfänglich bemerkte. Denn wir
wissen nicht, wer der erste war, der in Rom Volk und Gericht zu bestechen wagte. In Athen soll zuerst Anytos, An-
themions Sohn, der des Verrats von Pylos angeklagt war,
gegen Ende des peloponnesischen Krieges die Richter bestochen haben, als in Rom noch das unschuldige Geschlecht
der goldenen Zeit das Forum beherrschte.

15. Als Coriolan die Menge seiner Narben aus den vielen
Schlachten sehen ließ, in denen er während siebzehn ununterbrochener Kriegsjahre der beste Kämpfer gewesen war,
da fühlten sie doch Scheu vor dem gewaltigen Wesen des
Mannes und gaben sich das Wort, ihn zum Konsul zu wählen. Als dann aber der Morgen des Wahltags erschien, zog
er hochfahrend und herrisch, vom Senat feierlich geleitet,
aufs Forum. Alle Patrizier scharten sich um ihn, und man
sah es ihnen an, daß sie sich noch niemals für die Wahl eines
der Ihren mit solchem Eifer eingesetzt hatten wie für Coriolan. Da war bei der Menge die Liebe für den Mann ge-
schwunden, und ein Gefühl der Verärgerung und des Neides schlich sich wieder in die Herzen. Auch Furcht mischte
sich in dieses Empfinden: wenn dieser Aristokrat mit seinem
gewaltigen Ansehen beim Senat Herr der Stadt werden
sollte, so würde er dem Volke auch noch den letzten Rest
seiner Freiheit nehmen. In dieser Stimmung ließen sie Coriolan also durchfallen. Als dann die Namen der anderen
Gewählten verkündet wurden, ärgerte der Senat sich. Er
sah in dem Ausfall der Wahl einen Schimpf, der eher ihm

als Coriolan galt. Coriolan vergaß in der Wut über das Geschehene alle Grenzen; denn meistens hatte er sich von dem *begehrenden,* nach Ehre dürstenden Seelenteil leiten lassen, weil er darin Größe und Erhabenheit sah. Aber Würde und Milde, die hinzukommen müssen, um den wahren Staatsmann zu machen, fehlten ihm. Er wußte nicht, daß ein Mann, der in der Öffentlichkeit eine Rolle spielen will, nichts so sehr scheuen muß wie Selbstgefälligkeit, die nach Platons Wort die Gefährtin der Einsamkeit ist. Den Verkehr mit den Menschen muß er suchen und selbst dem Unrecht gegenüber Geduld üben, auch wenn die Menschen höhnen und spotten. Aber Coriolan ging gerade und unerbittlich seinen Weg. Für ihn führte Mannesmut zu Sieg und unbestrittener Herrschaft, nicht weichliche Schwäche, denn aus ihr erwächst in einer gepeinigten, gequälten Seele höchstens ohnmächtiger Zorn wie ein krankhaftes Geschwür. So verließ er denn voll Haß und Bitterkeit gegen das Volk das Forum. Schon früher hatten die jüngeren Patrizier – das war in der Stadt die adelsstolzeste und einflußreichste Gruppe – sich in besonders auffälliger Weise an Coriolan angeschlossen. Auch jetzt wichen sie nicht von seiner Seite, und nicht zu seinem Besten schürten sie mit ihren bedauernden und tröstenden Worten seinen Zorn. Denn er war ihnen ein freundlicher Führer und Lehrer der Kriegskunst in den Kämpfen gewesen und hatte sie den Wettstreit in der Tapferkeit ohne Neid aufeinander gelehrt. So verstand er es, die Unterlegenen zu trösten und in den Siegern den Stolz auf ihre Leistungen zu wecken.

16. In dieser Zeit kamen Getreidelieferungen in Rom an. Große Mengen davon waren in Italien aufgekauft, einen nicht geringen Teil hatte der Tyrann Gelon aus Syrakus als Geschenk geschickt. Mit Recht glaubten viele, neue Hoffnung schöpfen zu dürfen; sie erwarteten, mit der Hungersnot werde auch der Zwiespalt in der Stadt enden. Der Senat trat sofort zur Beratung zusammen, und draußen stand das Volk in Haufen, um das Ende der Sitzung zu erwarten, voll Hoffnung, man werde großzügig den Preis für das Getreide niedrig ansetzen und die von Gelon geschenkte Sendung

umsonst verteilen. Denn auch in der Sitzung wurden dem Senat Vorschläge in dieser Richtung gemacht. Doch jetzt trat Coriolan auf und wandte sich mit harten Worten gegen die Leute, die sich nur Liebkind machen wollten beim Volk. Volksverführer und Verräter am Senatsregiment schalt er sie; den bösen Samen des Stolzes und des Hochmuts, der in die Seelen der Menge gesät sei, hegten und pflegten sie zu ihrem eignen Verderben. Gefährlich sei es, die junge Saat furchtlos wachsen zu lassen und durch ein solches Regiment die Macht des Volkes zu stärken. „Das Schlimmste aber ist es, wenn das Volk alle seine Wünsche erfüllt sieht, gegen seinen Willen sich auch durch Zwang nicht mehr leiten läßt, den Konsuln den Gehorsam verweigert und seine Führer zur Zuchtlosigkeit als seine eigenen Staatslenker bezeichnet. Aber hier im Senat zu sitzen und Geschenke und Verteilungen ans Volk, wie in den schlimmsten Demokratien der Griechen, zu beschließen, das heißt einfach, zum allgemeinen Verderben den Ungehorsam der Menge noch belohnen. Sie werden ja doch nicht glauben, sie bekämen ihren Lohn für die Feldzüge, an denen sie nicht haben teilnehmen wollen, oder für die Aufstände, in denen sie das Vaterland verrieten, oder für die Verleumdungen gegen den Senat, an die sie so gern glaubten. Vielmehr werden sie hoffen, ihr gäbt ihnen alles nur aus ängstlicher Nachgiebigkeit und Schmeichelei. Dann werden sie nichts mehr kennen als Ungehorsam. Zwiespalt und Aufruhr werden nie mehr ein Ende nehmen. Also, der Beschluß, den ihr vorhabt, ist mit dürren Worten – Wahnsinn. Wenn wir aber vernünftig sind, dann nehmen wir ihnen das Volkstribunat wieder, denn es bedeutet Untergang des Konsulats und Unfrieden in der Stadt, die keine Eintracht mehr kennt wie früher. Das Tribunat hat einen Spalt aufgerissen, und wenn wir ihn nicht schließen, dann werden die beiden Teile des Volkes in ewiger Krankheit und Unruhe niemals wieder zu einer wahren inneren Einheit der Gesinnung zusammenwachsen können."

17. Als er geendet, umbrauste ihn der Jubel der jüngeren Senatsmitglieder und der Reichen fast ohne Ausnahme: er sei der einzige in der Stadt, den nichts beugen, keine Schmei-

chelei verderben könne. Einige Ältere erhoben Einspruch, sie wußten ja, was kommen würde. Und was kam, war schlimm genug. Denn als die Volkstribunen, die an der Sitzung teilnahmen, sahen, daß Coriolan mit seiner Ansicht die Mehrheit habe, stürzten sie aus dem Sitzungssaal hinaus zum Volk und riefen die Massen auf, zur Versammlung zusammenzutreten und ihnen zu helfen. In der Versammlung ging es wild her, und als die Tribunen gar Coriolans Worte wiederholten, da wäre das Volk in seinem Zorn fast in den Sitzungssaal des Senats eingebrochen. Aber die Tribunen schoben alle Schuld auf Coriolan und sandten ihre Diener an ihn mit dem Befehl, sich vor dem Volk zu verantworten. Als er die Diener aber mit Hohn und Spott hinausjagte, gingen sie selbst mit den Ädilen hinein, um ihn mit Gewalt zu holen, und in der Tat versuchten sie Hand an ihn zu legen. Aber da scharten die Patrizier sich um Coriolan und drängten die Tribunen zur Seite. Die Ädilen mußten sich sogar Schläge gefallen lassen. Erst als der Abend hereinbrach, fanden die Unruhen ein Ende.

Als die Konsuln am andern Morgen die Menge noch in derselben Erbitterung von allen Seiten zum Forum strömen sahen, fürchteten sie für die Stadt und riefen den Senat zusammen. In der Sitzung drängten sie darauf, man müsse versuchen, die Menge mit gütigen Worten und annehmbaren Vorschlägen wieder zur Vernunft zu bringen, denn es sei keine Zeit, halsstarrig den Kampf um Ruhm und Ehre durchzufechten, vielmehr verlange der Augenblick der drohenden Gefahr weitherzige, besonnene Maßnahmen. Die Mehrheit schloß sich diesen Vorschlägen an. Deshalb gingen die Konsuln zum Volk, um mit ihm zu verhandeln, und brachten auch die Verständigung zustande. Mit vorsichtigen Worten versuchten sie die Vorwürfe gegen den Senat zurückzuweisen, ließen nur hin und wieder ein zurechtweisendes, scharfes Wort einfließen und sagten schließlich, eine Einigung über den Preis für die Lebensmittel und das Getreide werde man finden können.

18. Die Menge schien einlenken zu wollen. Ihre ruhige, besonnene Aufmerksamkeit verriet, daß sie sich wieder von

den Konsuln leiten und beeinflussen lassen wollte. Da erhoben sich die Tribunen und verkündeten, dem wohlüberlegten Vorschlag des Senats gegenüber wolle auch das Volk Entgegenkommen zeigen, aber sie verlangten, Coriolan solle sich rechtfertigen. Konnte er leugnen, daß er den Senat aufgehetzt hatte, die Verfassung zu stürzen und die Freiheit des Volks zu vernichten, daß er auf die Ladung der Tribunen nicht erschienen war und daß er schließlich auf dem Forum die Ädilen geschlagen und mißhandelt und dadurch, was an ihm lag, den Bürgerkrieg entflammt und den Bürgern die Waffen in die Hand gedrückt hatte? Offenbar wollten die Tribunen auf diese Weise Coriolan demütigen, wenn er gegen seine Natur aus Furcht dem Volk gute Worte geben und es um Verzeihung bitten müsse. Oder, weil sie den Mann richtig kannten, hofften sie, der Haß des Volkes gegen ihn würde unauslöschlich werden, wenn er in seinem alten unbeugsamen Stolz auftreten würde.

So stand er denn vor dem Volk, als wolle er sich rechtfertigen, und das Volk hörte ihn still und schweigend an. Als er aber vor den Leuten, die wenigstens ein bittendes Wort von ihm erwarteten, mit höhnischem Freimut sich sogar in anklagenden Worten erging, als er in dem Ton seiner Stimme und in dem Blick seiner Augen eine Furchtlosigkeit zeigte, die an hochmütige Verachtung grenzte, da brauste das Volk auf und machte aus seiner bitteren Empörung über die Worte kein Hehl. Sicinius, der energischste unter den Tribunen, sprach ein paar Worte mit seinen Kollegen und rief dann in die Menge hinein: „Die Tribunen haben gegen Coriolan auf Tod erkannt."

Dann gaben sie den Ädilen den Befehl, ihn sofort auf den tarpejischen Felsen zu führen und in den Abgrund zu stürzen. Als die Ädilen Hand anlegen wollten an Coriolan, entsetzten sich auch manche Plebejer vor solch hochfahrendem Vorgehen. Die Patrizier vollends sprangen in wilder Erregung schreiend herzu, um ihm zu helfen. Einige stießen die Ädilen, die schon zupacken wollten, zurück und nahmen Coriolan in ihre Mitte. Andere wieder erhoben die Hände, um das Volk anzuflehen, denn bei dem Lärm und Getümmel wäre kein Rufen und Schreien zu verstehen gewesen, bis endlich die Freunde und Vertrauten der Tribunen zur Besinnung kamen und erkannten, daß es, ohne auch viele Patrizier niederzuschlagen, nicht möglich war, Coriolan zum Tod zu führen. Sie brachten schließlich die Tribunen dahin, der Strafe die entehrende Schärfe zu nehmen und den Mann nicht mit Gewalt ohne Richterspruch zu töten, sondern das Volk über ihn abstimmen zu lassen. Deshalb erhob Sicinius sich und richtete an die Patrizier die Frage, welches Ziel sie verfolgten, wenn sie Coriolan dem Volk entzögen, das ihn strafen wolle. Die Patrizier stellten die Gegenfrage: „Und wonach trachtet ihr, wenn ihr einen der besten Römer ohne Urteil zu grausamer, gesetzloser Strafe führen wollt?" „Aber dann benutzt", erwiderte Sicinius, „diese Gelegenheit nicht, um Aufruhr und Empörung gegen das Volk zu stiften. Euren Wunsch erfüllt das Volk euch, Coriolan soll gerichtet werden. Dir aber, Coriolan, künden wir den Befehl, am dritten Markttag vor dem Volk zu erscheinen und deine Unschuld zu beweisen; denn das Volk wird über dich richten."

19. So begnügten sich die Patrizier denn an diesem Tag mit der Vereinbarung und verließen das Forum glücklich über Coriolans Rettung. In der Zeit bis zum dritten Markttag aber — denn die Römer halten ihren Markt jeden neunten Tag, den sie als *nundinae* bezeichnen — hofften die Patrizier, die Verhandlung gegen Coriolan hintertreiben zu können. Es war nämlich ein Streit mit Antium ausgebrochen, der recht langwierig zu werden versprach. Man hoffte, in dieser Zeit werde das Volk wieder zahm werden und in den Mühen des Krieges werde die Erregung sich legen oder gar ganz vergessen werden. Aber der Streit mit Antium fand durch gütliche Einigung ein schnelles Ende. Nach der Rückkehr des Heeres versammelten sich die Patrizier in ihrer Furcht um Coriolan immer wieder und suchten nach Mitteln und Wegen, wie sie seine Auslieferung ans Volk verhindern und doch den Tribunen die Möglichkeit nehmen könnten, das Volk noch einmal aufzuhetzen. Appius Claudius, der als einer der schärfsten Gegner der Plebs galt, wandte sich

warnend an seine Kollegen, sie würden mit eigenen Händen das Senatsregiment vernichten, ja den Staat selbst zerstören, wenn sie es mitansehen wollten, wie das Volk sich zum Richter über Patrizier aufwürfe. Ältere volksfreundliche Mitglieder des Senats glaubten im Gegensatz zu ihm, man solle das Volk nur richten lassen, es werde sich eher sanft und nachsichtig als streng und unerbittlich erweisen. Das Volk verachte nicht den Senat, aber es glaube sich verachtet, und wenn man ihm erlaube, das Urteil zu fällen, dann werde es darin Ehre und Trost sehen. So werde es in demselben Augenblick, in dem es den Stimmstein in die Hand nehme, seinen Zorn vergessen.

20. Der Senat schwankte zwischen seiner Liebe zu Coriolan und der Furcht vor dem Volk, ohne zu einer Entscheidung kommen zu können. Als Coriolan ihre Unentschlossenheit bemerkte, fragte er die Tribunen, welche Anklage sie gegen ihn erheben und unter welcher Beschuldigung sie ihn vor das Volk stellen wollten. Sie antworteten, die Anklage ginge auf Tyrannis, und sie würden beweisen, daß er beabsichtigt habe, sich zum Herrn von Rom zu machen. Da erhob er sich und erklärte sich bereit, sofort vor das Volk zu treten, um sich zu verteidigen, er denke nicht daran, sich dem Gericht, und wenn er überführt würde, der Strafe zu entziehen. „Ich verlange nur, daß ihr wirklich diese Anklage erhebt und kein falsches Spiel spielt mit dem Senat." Als die Tribunen ihre Abmachung noch einmal bestätigten, wurde die Verhandlung unter diesen Bedingungen festgesetzt.

Nach dem Zusammentreten der Volksversammlung setzten die Tribunen durch, daß die Stimmabgabe nach den einzelnen Tribus, nicht nach Zenturien erfolgen sollte, so daß die unruhige Masse der erbitterten Besitzlosen vor den begüterten, angesehenen und waffenpflichtigen Bürgern bei der Stimmabgabe bevorzugt war. Dann ließen sie die Klage auf Tyrannis fallen, weil sie doch nicht zu beweisen war. Statt dessen griffen sie auf Coriolans Worte im Senat zurück, in denen er sich gegen den billigen Getreidepreis ausgesprochen und die Abschaffung des Volkstribunats befürwortet hatte. Neu war, daß sie ihm die Verteilung der Beute aus dem

Streifzug gegen Antium in der Anklage vorwarfen; statt
die Beute an die Staatskasse abzuliefern, habe er sie unter
den Kameraden des Kriegszuges verteilt. Gerade diese Anklage soll Coriolan am stärksten in Verlegenheit gebracht
haben. Darauf war er am wenigsten gefaßt, und er war
kein Redner, der aus dem Stegreif die Menge hätte mit sich
fortreißen können. Als er seine alten Kameraden lobte,
lärmten die anderen, die nicht an dem Zug teilgenommen
hatten, und das war die Mehrzahl. Bei der Abstimmung
wurde er mit einer Mehrheit von drei Tribus für schuldig
erklärt. Als Strafe kam nur ewige Verbannung in Betracht.
Noch niemals war das Volk nach einem Sieg selbst über die
Feinde des Landes so stolz gewesen, wie in diesem Augenblick, als es nach der Urteilsverkündung im frohen Jubel
das Forum verließ. Im Senat herrschte Trauer und Niedergeschlagenheit. Man machte sich selbst bittere Vorwürfe;
alles hätte man lieber erdulden und über sich ergehen lassen
sollen als zusehen, wie das Volk die ihm gewährte Erlaubnis übermütig mißbrauchte. In jenen Tagen brauchte es
keine Trauerkleidung oder andere Zeichen, um die beiden
Stände zu unterscheiden; der Fröhliche war der Plebejer,
der Traurige der Patrizier.

21. Nur Coriolan blieb furchtlos und ungebeugt; unverändert war seine Haltung, sein Gang und Blick. Wenn alle
mit ihm Mitleid hatten, er allein schien kein Mitleid zu kennen, nicht aus kühler Überlegung oder weichlicher Nachgiebigkeit oder weil er gelassen diesen Schlag trug. Leidenschaftlich tobte der wilde Zorn in seinem Herzen, und nur
die törichte Menge ahnt nicht, daß das bitteres Leid ist.
Denn sobald das Leid, gleichsam in Flammen gesetzt, sich in
Zorn verwandelt, sind Niedergeschlagenheit und Untätigkeit verschwunden. Daher gleicht das Tun des Zornigen der
Hitze des Fiebernden, weil die Seele sich wie in einer Ent-
zündung, Spannung und Erregung befindet.

Daß diese Stimmung auch Coriolan beherrschte, zeigten
seine nächsten Schritte. Er begab sich nach Hause, nahm
Abschied von Mutter und Weib, die mit lautem Weinen um
ihn jammerten, und hieß sie, das Geschehene gelassen zu er-

tragen. Dann ging er sofort aus dem Haus dem Stadttor zu.
Fast alle Patrizier geleiteten ihn in feierlichem Zug. So verließ er, ohne das Geringste anzunehmen oder auch nur eine
Bitte auszusprechen, die Stadt. Nur drei oder vier Klienten
durften ihn begleiten. Ein paar Tage hielt er sich auf seinen
Landgütern auf, zerrissen von dem einen Gedanken, den
der Zorn ihm eingab: Rache zu nehmen an den Römern.
Deshalb beschloß er, mit einem der Nachbarvölker rücksichtslosen Kampf gegen Rom zu beginnen. Den ersten Versuch wollte er bei den Volskern wagen. Er wußte, daß sie
Leute und Geld genug besaßen, und rechnete damit, daß
ihre Macht durch die Niederlagen, die sie in der letzten Zeit
erlitten hatten, nicht so gesunken, wie ihr Siegesmut und
ihre Erbitterung gegen Rom gestiegen war.
22. In Antium lebte damals ein Mann, dem Reichtum, Tapferkeit und Adel eine fast königliche Stellung unter den
Volskern geschenkt hatten, Tullus Attius. Coriolan wußte,
daß Tullus ihn haßte wie keinen anderen Römer. In manchen Schlachten hatten sie sich bedroht und herausgefordert.
In prahlerischem Wettkampf, wie Ruhmsucht und Ehrgeiz
ihn bei jungen Kämpfern wecken, waren die Feinde schließlich auch persönliche Gegner geworden. Aber Coriolan
kannte den hohen Sinn seines Gegners und wußte, daß er
wie kein anderer Volsker nur das eine Ziel kannte, die Römer an einer schwachen Stelle zu packen und sie endlich zu
überwältigen. So machte Coriolan das alte Wort wahr:
‚Gegen das Herz anzukämpfen ist schwer. Denn was es auch
will, erkauft es um die Seele‘. Deshalb vertauschte er Waffen und Gewand, um möglichst unerkannt zu bleiben, und
er ‚zog in die Stadt der feindlichen Männer‘ wie einst
Odysseus.
23. Es war schon Abend und viele begegneten ihm, ohne ihn
zu erkennen. Er kam zu Tullus' Haus, trat ein und setzte
sich schweigend an den Herd. Mit verhülltem Haupt blieb
er sitzen, ohne ein Wort zu sagen. Die Leute im Hause wagten voll Verwunderung ihn nicht zu bitten, er möge aufstehen; Haltung und Schweigen umgaben ihn mit Würde.
Doch berichteten sie Tullus, der bei Tisch saß, von dem selt-

samen Ereignis. Tullus erhob sich sofort, ging zu ihm und fragte ihn, wer er sei und wessen er bedürfe, daß er in dieses Haus gekommen sei. Da enthüllte Coriolan sein Haupt, wartete eine Weile und sprach dann: „Tullus, wenn du mich noch nicht erkennst, wenn du deinen Augen nicht traust, so muß ich mein eigener Ankläger werden. Ich bin Gaius Marcius, dein und der Volsker gefährlichster Feind, und zu leugnen, daß ich es bin, erlaubt mein Ehrenname nicht: Coriolanus. Denn für alle meine Mühen und Kämpfe habe ich keinen anderen Lohn davongetragen als den Namen, ein Denkmal meines Hasses gegen euch. Diesen Namen wird mir niemand rauben können. Alles andere habe ich freilich durch den Neid und Übermut der Plebs, die Schlaffheit und den Verrat der Regierenden und meiner Standesgenossen verloren. So bin ich in die Verbannung hinausgestoßen, so bin ich an deinen Herd gekommen als Bittflehender, nicht um Rettung und Schutz zu finden – denn warum sollte ich zu dir kommen, wenn ich den Tod fürchtete? –, sondern ich bin gekommen, um Rache zu nehmen an meinen Feinden, die mich hierher getrieben haben, und Rache ist es schon, wenn ich mich dir in die Hand gebe. Willst du also den Kampf gegen die Feinde, dann, Tullus, nimm mein Mißgeschick in deinen Dienst und laß mein Unglück zum Glück aller Volsker werden. Besser werde ich an eurer Seite kämpfen als gegen euch, denn wer die Geheimnisse der Feinde kennt, muß ja besser kämpfen als wer nicht mit ihnen vertraut ist. Wenn du dich aber abkehrst von meinem Plan, dann will ich nicht mehr leben, dann darfst du den Mann nicht retten, der, einst dein Gegner und Feind, jetzt ein verächtliches Nichts geworden ist." Als Tullus diese Worte hörte, ergriff er voll Freude seine Rechte: „Steh auf, Marcius, und fasse Mut. Großes Heil bringt uns dein Kommen, wisse aber, die Volsker werden es dir mit größerem danken." Dann bewirtete er Coriolan in aller Herzlichkeit, und in den nächsten Tagen berieten sie untereinander über den kommenden Krieg.

24. In Rom fand die Unruhe kein Ende infolge der Spannung zwischen den Patriziern und der Plebs, nicht am we-

nigsten, weil die Patrizier ihr Coriolans Verurteilung zum Vorwurf machten. Auch meldeten Seher, Priester und Bürger viele denkwürdige Götterzeichen. Nur eines von diesen mag hier als Beispiel stehen. Es lebte in Rom Titus Latinius, nicht gerade ein vornehmer, doch ein ruhiger, bescheidener Mann; Aberglaube und vor allem Prahlerei waren ihm fremd. Im Traum trat Jupiter zu ihm und befahl ihm, dem Senat zu melden, der Tänzer, den sie vor der Prozession zu seinen Ehren vorausgeschickt hatten, sei ein unglückliches Jammerbild gewesen. Das erstemal kümmerte Latinius sich, wie er später aussagte, wenig um diesen Traum. Als er aber auch nach dem zweiten und dritten Traum gleichgültig blieb, mußte er erleben, wie ihm ein hoffnungsvoller Sohn dahinstarb. Er selbst wurde plötzlich gelähmt, so daß er sich nicht mehr rühren konnte. Jetzt ließ er sich endlich in einer Sänfte in den Senat tragen und berichtete dort seinen Traum. Kaum hatte er geendet, da spürte er die Kräfte in seinen Körper zurückkehren, erhob sich und ging ohne fremde Hilfe nach Hause.

Voll Staunen stellte der Senat eine Untersuchung der Angelegenheit an. Dabei ergab sich: Ein Bürger hatte einen Sklaven seinen Mitsklaven übergeben mit dem Befehl, ihn mit Schlägen über das Forum zu treiben und dann zu töten. Als sie den Befehl ausführten und den Sklaven marterten, krümmte er sich vor Schmerzen und vollführte in seiner Qual wilde Sprünge. Zufällig kam die Prozession hinter diesem Leidenszug her. Viele waren empört, als sie das furchtbare Schauspiel und die schrecklichen Bewegungen des Sklaven sahen. Aber niemand trat aus der Prozession heraus um einzugreifen. Man hörte nur bittere Scheltworte, daß jemand seinen Sklaven so grausam zu strafen wagte. Im allgemeinen behandelte man in der damaligen Zeit die Sklaven milde; denn da die Herren mit den Sklaven zusammen arbeiteten und die Sklaven am Tisch ihres Herrn aßen, herrschte zwischen Herren und Sklaven menschliche Freundlichkeit. Es galt schon als schwere Strafe, wenn ein Sklave, der gefehlt hatte, das Wagenholz, mit dem man die Deichsel stützte, auf den Nacken nehmen und damit in der

Nachbarschaft herumgehen mußte. Wer diese Strafe über sich hatte ergehen lassen müssen, fand bei den Nachbarn und Mitsklaven nie wieder Vertrauen. Er hieß bei ihnen *furcifer;* denn was die Griechen Stütze oder Gabel nennen, heißt bei den Römern *furca.*

25. Als Latinius dem Senat seinen Traum erzählt hatte, wußte niemand, wer der jämmerliche Tänzer vor der Prozession gewesen war. Da erinnerten sich einige – weil ihnen der Aufzug wegen seiner Schrecklichkeit im Gedächtnis geblieben war – des Sklaven, den man unter Schlägen über das Forum getrieben und dann getötet hatte. Als die Priester sich dieser Erklärung anschlossen, wurde der Herr des Sklaven bestraft, und zu Ehren des Gottes wurden die Prozession und die Festaufführungen von Anfang an wiederholt. König Numa war nicht nur in Fragen des Kultus ein weiser Führer gewesen, er hatte klugerweise auch die Anordnung getroffen, daß der Herold vor den Konsuln oder Priestern hergeht, wenn sie eine heilige Handlung vornehmen, und mit lauter Stimme ruft: *Hoc age, Gib acht.* Dieser Ruf verlangt Aufmerksamkeit für die heilige Handlung und verbietet während ihrer Dauer jegliches irdische Tun, weil Menschenwerk nur unter Zwang zustandekommt. Opfer, Prozessionen und Aufführungen wiederholen die Römer aber nicht nur aus so wichtigen Gründen, sondern wegen der nichtigsten Dinge. Denn wenn eins von den Pferden, die den Götterwagen zogen, müde wurde oder der Wagenlenker mit der Linken nach den Zügeln griff, beschlossen sie, die Prozession noch einmal abzuhalten. In späterer Zeit wurde ein einziges Opfer dreißigmal wiederholt, weil man immer wieder eine Auslassung oder einen Verstoß zu bemerken glaubte. So ängstlich waren die Römer dem Göttlichen gegenüber.

26. Coriolan und Tullus verhandelten in Antium im geheimen mit den einflußreichsten Männern und rieten zum Krieg, solange in Rom noch der Aufruhr herrschte. Aber man scheute diesen Schritt, weil man feierlich einen Waffenstillstand auf zwei Jahre mit den Römern geschlossen hatte. Da lieferten die Römer ihnen selbst einen Vorwand zum

Krieg. Weil sie Grund zum Mißtrauen zu haben glaubten oder jemand ein falsches Gerücht ausgestreut hatte, hatten sie bei den Aufführungen und Wettspielen verkünden lassen, die Volsker müßten vor Sonnenuntergang die Stadt verlassen. (Einige hielten es freilich für eine Kriegslist Coriolans, der an die Konsuln in Rom einen Mann schickte mit der erlogenen Beschuldigung, die Volsker beabsichtigten, bei den Aufführungen einen Überfall auf die Römer zu machen und die Stadt in Brand zu stecken.) Diese Ankündigung machte bei allen böses Blut. Tullus bauschte die Sache auf, und mit seiner Hetze brachte er die Volsker dahin, Gesandte nach Rom zu schicken und die Rückgabe der Gebiete und Städte zu verlangen, die im letzten Krieg den Volskern abgenommen waren. Die Römer waren empört, als die Gesandten ihre Forderung vorgetragen hatten. Sie erklärten, wenn die Volsker als erste zu den Waffen griffen, würden die Römer sie als letzte aus der Hand legen. Daraufhin berief Tullus das Volk zur Versammlung und, als man den Krieg beschlossen hatte, gab er den Rat, Coriolan zur Teilnahme aufzufordern und ihm alles Vergangene zu vergessen in dem Vertrauen, er würde dem Volk als Verbündeter soviel nützen, wie er ihm als Feind geschadet hatte.

27. Als man Coriolan herbeigeholt hatte, sprach er einige Worte zum Volk. Da spürten sie, daß er ein ebenso guter Redner wie Feldherr und Soldat war und zum Wägen berufen wie zum Wagen. Deshalb wählten sie ihn mit Tullus zusammen zum Feldherrn mit unumschränkter Vollmacht. Aber Coriolan fürchtete, die Volsker würden für die Rüstung des Heeres so viel Zeit brauchen, daß er die Gelegenheit zum Handeln verlieren würde. Deshalb gab er den Behörden in der Stadt Anweisung, die Truppen auszuheben und auszurüsten. Inzwischen rief er die Kühnsten ohne eigentliche Aushebung zum Streifzug auf und drang überraschend in das römische Gebiet ein. Daher fiel den Volskern denn auch unermeßliche Beute in die Hände. Es war unmöglich, alles fortzuschleppen, fortzuführen oder im Lager aufzubrauchen. Aber nicht eigentlich, um Beute zu machen und das Land zu verheeren und verwüsten, war Coriolan

ins Römerland eingefallen. Sein Ziel ging weiter, er wollte
die Patrizier bei der Plebs verdächtigen. Denn während er
das Land weithin mit Sengen und Brennen verwüstete, ließ
er die Güter der Patrizier unangetastet und erließ ein strenges Verbot, sie zu verheeren oder zu plündern. So wuchs die
Unruhe und die Erbitterung der Stände in Rom gegeneinander noch mehr. Die Patrizier tadelten die Menge, sie habe
den mächtigen Mann ungerechterweise aus der Stadt vertrieben. Das Volk wieder erhob gegen sie den Vorwurf, aus
Rache hätten sie Coriolan zum Kampf gerufen und jetzt
säßen sie da, um zuzuschauen, wie der Krieg wüte. Um
ihr Hab und Gut brauchten sie sich ja nicht zu sorgen, denn
draußen im Lande stehe der Landesfeind, um ihren Reichtum und ihre Güter zu schützen. So hatte Coriolan sein Ziel
erreicht, und als die Volsker von ihm Kriegsmut und Verachtung der Feinde gelernt hatten, zog er sich unangefoch-
ten wieder zurück.

28. Inzwischen war die Streitmacht der Volsker mit Begeisterung zusammengetreten. Wegen ihrer Größe entschloß
man sich, nur mit einem Teil gegen die Römer zu ziehen
und den anderen Teil als Besatzung in den Städten zu lassen. Coriolan überließ Tullus die Wahl, welchen Teil er
führen wolle. Aber Tullus erklärte, er wisse, daß sie an
Tapferkeit gleich seien, doch in allen Kämpfen habe das
Glück Coriolan seine Gunst gezeigt. Deshalb bat er ihn,
die Führung der Kampftruppen zu übernehmen, während
er selbst zurückbleiben wollte, um die Städte zu decken und
die Versorgung der Kämpfer sicherzustellen. Umso verwegener zog Coriolan in den Kampf, zuerst gegen die römische Kolonie Circei. Da sie sich ohne Widerstand ergab,
schonte er sie. Dann zog er plündernd und raubend durch
das Land der Latiner; denn da die Latiner Bundesgenossen
der Römer waren und immer wieder Gesandtschaften mit
der Bitte um Unterstützung an die Römer schickten, rechnete Coriolan damit, daß sie sich ihm dort zum Kampf
stellen würden. Aber die Plebs in Rom wollte immer noch
nichts vom Krieg wissen; auch die Konsuln wagten den gefährlichen Kampf nicht, weil ihre Amtszeit doch in kurzem

ablief, und lehnten das Hilfegesuch der Latiner ab. Deshalb wandte Marcius sich gegen die Städte selbst, und da Tolerium, Lavicum, Pedum und auch Bola sich nicht freiwillig ergeben wollten, nahm er sie im Sturm, machte die Einwohner zu Sklaven und überließ die Orte den Soldaten zur Plünderung. Wenn die Städte aber freiwillig auf seine Seite traten, war seine größte Sorge, daß die Volsker nicht etwa gegen seinen Willen sie brandschatzten. Deshalb schlug er sein Lager niemals in der Nähe der Ortschaften auf und hielt sich fern von ihrem Gebiet.

29. Als er schließlich auch Bola, höchstens hundert Stadien von Rom entfernt, genommen und nach der Plünderung der reichen Stadt so gut wie alle Waffenfähigen hatte niedermachen lassen, da wurden die Volsker, die als Besatzungen in den heimischen Städten saßen, ungeduldig und zogen zu Coriolan. Er war der einzige Feldherr und Führer, den sie anerkannten. Jetzt war sein Name groß in ganz Italien, und sein Ruhm erscholl durch die Lande, denn die Tapferkeit eines einzigen Mannes hatte allein durch seinen Übertritt zu den Feinden wider aller Erwarten die Lage geändert.

In Rom dauerten inzwischen die Streitigkeiten fort. Die Bürger hatten allen Mut zum Krieg verloren. Tag für Tag rotteten sie sich zusammen, und aufrührerische Worte flogen hin und her, bis schließlich die Meldung kam, die Feinde lägen vor Lavinium. Dort verwahrten die Römer die Heiligtümer der Götter ihrer Väter, und Lavinium galt als der Ursprung ihres Geschlechts, weil es die erste Stadt war, die Äneas einst gegründet hatte. Jetzt änderte sich bei der Plebs überraschenderweise die Stimmung, und ebenso unerwartet war der Wandel bei den Patriziern. Das Volk entschloß sich, Coriolans Verurteilung rückgängig zu machen und ihn zurückzurufen. Als der Senat aber zusammentrat, um über dieses Vorhaben zu beraten, beschloß er, es abzulehnen und seine Durchführung zu verhindern. Man kennt die Gründe nicht. Wollte der Senat aus Rechthaberei allen Wünschen des Volkes sich in den Weg stellen und sollte Coriolan nicht dem Volk seine Rückkehr verdanken? Vielleicht hatte er sogar die Patrizier verletzt, weil er alle ohne Unterschied beschimpfte, obwohl sie ihn nicht alle verunglimpft hatten, und weil er selbst als Feind der ganzen Vaterstadt auftrat, in der der mächtigste, einflußreichste Stand sein Leid und seine Schande teilte, als sei sie ihm selbst angetan. Als die Entscheidung des Senats dem Volk verkündet wurde, war es nicht mehr berechtigt, ohne Zustimmung des Senats über den Vorschlag auf gesetzmäßigem Wege abzustimmen.

30. Als Coriolan von diesen Vorgängen hörte, wuchs seine Erbitterung noch mehr. Er hob die Belagerung von Lavinium auf und zog in seinem Zorn gegen Rom. Bei dem sogenannten Cluilischen Graben schlug er das Lager auf, nur vierzig Stadien von der Stadt. Sein Erscheinen versetzte Rom in Schrecken und Aufregung, aber es machte fürs erste auch der Zwietracht ein Ende. Keiner wagte es noch, dem Wunsch des Volkes, Coriolan zurückzurufen, zu widersprechen, weder Konsul noch Senator. Wenn sie sahen, wie die Frauen verzweifelt durch die Stadt irrten, wie die Greise in Bittprozessionen zu den Tempeln zogen, weinten und flehten und alle nach einem kühnen Entschluß und rettenden Wort verlangten, da erklärten sie sich gern damit einverstanden, daß das Volk sich mit Coriolan auszusöhnen versuchte. Sie gaben zu, daß der Senat die Schuld an der ganzen Lage trug seit dem Augenblick, in dem es an der Zeit gewesen wäre, Zorn und Rache zu vergessen.

Man beschloß also einmütig, Gesandte an Coriolan zu senden mit dem Auftrag, ihm die Rückkehr anzubieten und ihn um Einstellung der Feindseligkeiten zu bitten. Die Senatsvertreter waren Freunde Coriolans, die bei ihrem Freund bei der ersten Zusammenkunft freundliche Aufnahme erwarten durften. Aber nichts der Art geschah. Als sie durch das feindliche Lager zu ihm geführt wurden, saß er in unnahbarem Stolz vor ihnen. Unerträglich erschien ihnen der Anblick, als sie vor ihn traten. Inmitten des Volskeradels thronend, befahl er ihnen, ihre Bitten vorzutragen. Als sie in der geziemenden Form nachgiebig und freundlich ihren Auftrag ausgeführt hatten, sprach er von sich und seinem Geschick in zorniger Erbitterung. Im Namen der

Volsker aber forderte er als Feldherr, die Römer sollten
Land und Städte, die sie den Volskern entrissen hätten, zurückgeben und den Volskern durch Beschluß dasselbe Bürgerrecht verleihen wie den Latinern. Denn Gewähr und
Sicherheit biete nur ein Friedensschluß, der auf Gleichbe-
rechtigung und Gerechtigkeit beruhe. Dreißig Tage gab er
ihnen Bedenkzeit. Als die Gesandten das Lager verlassen
hatten, zog er sofort aus der Gegend fort.

31. So gab Coriolan seinen Feinden unter den Volskern den
ersten Anlaß zu Vorwürfen. Manche fanden sich schon
lange durch seine Macht bedrückt und neideten sie ihm. Zu
ihnen gehörte auch Tullus. Zwar hatte er niemals eine Beleidigung von Coriolan erfahren, aber seine Verärgerung
war nur allzu menschlich. Er war verbittert, daß sein Ruhm
bei den Volskern verblich und nichts mehr galt, weil Coriolan allein alles für sie bedeutete. Man verlangte sogar, daß
die andern sich mit soviel Einfluß und Macht begnügen sollten, wie Coriolan ihnen übrigließ. So gingen die ersten Anklagen heimlich von Mund zu Mund, und wenn sie beiein-
anderstanden, murrten sie vor Entrüstung und bezeichneten
den Abzug als Verrat: zwar nicht Mauern und Waffen habe
er dem Feind geschenkt, aber Zeit, in der man alles retten
und verlieren könne, dreißig lange Tage, obwohl im Kriege
der größte Umschwung in wenigen Tagen eintreten könne.
Doch ließ Coriolan diese Zeit nicht ungenutzt verstreichen.
Er fiel verwüstend in das Gebiet der römischen Bundesgenossen ein und eroberte sieben große, volkreiche Städte. Die
Römer wagten nicht, ihnen zu Hilfe zu kommen. Verzagt-
heit hatte sich in ihre Herzen geschlichen, und Erstarrung
und Lähmung befiel sie, wenn sie an den Krieg dachten. Als
dann die Zeit verstrichen war und Coriolan mit der ganzen
Streitmacht wieder vor Rom stand, baten sie ihn durch den
Mund ihrer Gesandten, seinen Groll zu vergessen und, wenn
er die Volsker aus dem Land geführt habe, zu tun und zu
sagen, was für beide Teile das Beste sei. Denn aus Furcht
würden sie niemals nachgeben, aber wenn er meine, sie müßten den Volskern einige billige Forderungen erfüllen, so
werde alles geschehen, aber erst, wenn die Gegner die

Waffen niedergelegt hätten. Darauf gab Coriolan ihnen den Bescheid, er wolle ihnen nicht als Feldherr der Volsker antworten, aber als römischer Bürger, als der er sich immer noch fühle, wolle er sie herzlich bitten, in ruhiger Überlegung auf Grund der gerechten Forderungen, die er stelle, ihren Beschluß zu fassen und nach drei Tagen noch einmal zu kommen. Wenn sie aber einen anderen Beschluß fassen würden, dann könne er für ihre Sicherheit nicht mehr bürgen, wenn sie noch einmal mit leeren Worten ins Lager kommen würden.

32. Nach der Rückkehr der Gesandten ließ der Senat sich Bericht erstatten. Er spürte den wilden Sturm, der nun über die Stadt gekommen war, und entschloß sich, den letzten heiligen Anker auszuwerfen. Die Priester der Götter, die heiligen Hüter der Mysterien, die Männer, die in der seit Urväterzeiten überlieferten Form aus dem Vogelflug weissagten, sollten auf Senatsbeschluß zu Coriolan ziehen im heiligen Ornat, wie Vätersitte ihn für solche Gelegenheiten vorschrieb. Sie sollten mit denselben Forderungen vor ihn treten, wie die Gesandten sie ihm vorgetragen hatten: er müsse erst die Waffen niederlegen, ehe er mit seinen Mitbürgern über die Volskerfragen verhandeln könne. Coriolan gewährte ihnen zwar Zutritt ins Lager, aber im übrigen blieb er unbeugsam, ohne ihnen einen Schritt entgegenzukommen oder ihnen ein nachgiebiges Wort zu gönnen. Sein Befehl lautete: Friedensschluß unter den früher bekanntgegebenen Bedingungen oder Krieg. Nach der Rückkehr der Priester beschloß man, ruhig in der Stadt zu bleiben, die Mauern zu bewachen und etwaige feindliche Angriffe abzuwehren. Sie hofften eben auf die Zeit und einen unerwarteten Glücksfall, denn sie selbst waren ratlos, was sie zu ihrer Rettung tun sollten, aber wilde Gerüchte, geboren aus Angst und Unruhe, eilten durch die Stadt. Da trat ein Ereignis ein, wie Homer es so oft erzählt, wenn die große Menge ihm auch niemals Glauben schenken will. Denn bei großen, unerwarteten Ereignissen gebraucht er immer wieder das Wort: ‚Ihm legt' in die Seele die Herrscherin Pallas Athene' oder ‚Doch der Unsterblichen einer bezwang mich, welcher

ins Herz mir legte des Volkes Verleumdung', und ‚Weil er
vielleicht argwöhnte. Vielleicht auch fügt' es ein Gott so.'
Davon will man heute nichts mehr wissen, als wenn Homer
mit seinen unmöglichen Einbildungen und unglaubwürdigen
Märchen die Menschen dazu brächte, Entschlüsse ohne eigene
Überlegung zu fassen. Aber das tut Homer ja gar nicht,
denn bei den alltäglichen Handlungen, die einfacher Überlegung bedürfen, überläßt er uns die Entscheidung und er
sagt doch wirklich oft genug: ‚So erwog ich die Dinge in
meiner erhabenen Seele', und ‚Als er so sprach, ergrimmte
Achilleus. Es wogten die Sorgen in seinem Herzen unter der
zottigen Brust', und noch einmal ‚Aber sie konnte den Edlen
nicht überreden, den klugen Bellerophontes.' Aber wenn es
sich um überraschende, unerwartete Handlungen handelt,
die ohne die Leidenschaft der Verzückung nicht zustande
kommen, dann verhindert der Gott in der homerischen
Darstellung die Überlegung der Menschen doch nicht, er
setzt sie vielmehr in Bewegung. Es ist bei Homer nicht so,
daß der Gott den Entschluß ins Menschenherz einsenkt,
sondern er weckt die Vorstellungen, die zu dem Entschluß
führen. Dadurch wird dem Menschen die Handlung aber
nicht aufgezwungen, sondern wenn der Mensch sich zu der
Handlung hinwendet, dann gibt der Gott ihm das Beginnen
und schenkt ihm obendrein Mut und Hoffnung. Denn entweder muß man den göttlichen Einfluß auf unser Wollen
und Beginnen völlig ausschalten oder zugeben, daß es keine
andere Weise gibt, wie die Götter den Menschen helfen und
mit ihnen zusammenarbeiten können, als diese. Denn sie
bilden unseren Körper doch nicht und lenken unsere Hände
und Füße nicht selbst in die richtige Bahn, sondern sie
wecken in der Seele Tatkraft und Entschlußkraft durch Ursachen, Vorstellungen und Gedanken, oder sie halten uns
zurück und führen uns zum Gegenteil.

33. In diesen Tagen flehten die Frauen in Rom in den Tempeln zu ihren Göttern. Vor allem um den Altar des Jupiter
Capitolinus drängten sich die Damen des Adels, unter ihnen
auch Valeria, die Schwester des Valerius Poplicola, der in
Krieg und Frieden sich manches große Verdienst um Rom

erworben hatte. Poplicola lebte in jener Zeit nicht mehr,
wie ich in seinem Leben erzählt habe. Doch genoß Valeria
in der Stadt hohes Ansehen, die würdige Tochter eines er-
lauchten Geschlechts. Ihr ging es, wie ich vorhin auseinan-
dergesetzt, und gewiß war ihr der Gedanke, der sie zur rettenden Tat führte, von den Göttern eingegeben. Sie erhob
sich von den Knien und rief alle Frauen auf, um mit ihnen
zu dem Hause der Mutter Coriolans, Volumnia, zu ziehen.
Als sie ins Haus trat, fand sie Volumnia bei ihrer Schwie-
gertochter sitzen, Coriolans Söhne auf dem Schoß. In der
Mitte der Frauen, die sich um die Sitzenden scharten, begann sie: „Als Frauen sind wir zu euch Frauen gekommen,
Volumnia und Vergilia. Kein Senat, kein Konsul hat uns
hierhergesandt. Der Gott, dünkt uns, hat sich unserer Bitten erbarmt und in unseren Herzen den Wunsch geweckt,
zu euch zu eilen. So bitten wir euch, uns und allen Bürgern
Rettung zu bringen. Wollt ihr unseren Bitten Gehör schenken, dann werdet ihr herrlicheren Ruhm davontragen als
die Töchter der Sabiner, die der Väter und Männer Feindschaft in Freundschaft und Frieden wandelten. Deshalb geht
mit uns zu Coriolan und vereint eure Bitten mit den unseren. Gebt wahres, gerechtes Zeugnis für das Vaterland,
daß es trotz aller Leiden, die es erlitten, euch gegenüber
immer Milde hat walten lassen, daß es euch ihn wieder-
schenken will, auch wenn er nicht eine der römischen Forderungen erfüllt." Als Valeria geendet, erhoben auch die
anderen Frauen bittend und klagend ihre Stimme. „Am
Unglück der Stadt", antwortete Volumnia ihnen, „haben
auch wir unseren Teil. Schwer lastet es auf uns, die wir
Coriolans Ruhm und Ehre verloren haben, die wir sehen
müssen, wie die Waffen der Feinde ihn eigentlich gefangen-
halten, nicht retten und schützen. Schwerer noch trifft es
uns, wenn des Vaterlands Macht jetzt so tief gesunken ist,
daß es auf uns seine Hoffnung setzen muß. Ich weiß es nicht,
ob er auf uns Rücksicht nehmen wird, wenn ihm das Vaterland nichts mehr gilt, das er einst heißer liebte als Mutter,
Gattin und Kinder. Aber tut mit uns nach eurem Belieben,
führt uns zu ihm. Denn wenn uns vielleicht auch die Erfül-

lung versagt bleibt, so können wir doch, Bitten für unser
Vaterland auf den Lippen, unser Leben aushauchen."
34. Dann rief sie Vergilia und die Kinder auf und ging mit
den Frauen zum Volskerlager. Der Anblick ihrer Trauer
gebot sogar den Feinden ehrfurchtsvolles Schweigen. Coriolan saß inmitten seiner Hauptleute richtend auf einem er-
höhten Sitz. Als er die Schar der Frauen nahen sah, geriet
er in Staunen, und da er seine Mutter an der Spitze der
Frauen daherkommen sah, sträubte er sich in seinem Herzen
gegen Nachgiebigkeit und Milde. Aber das Gefühl überwältigte ihn. Der Anblick der Mutter machte sein Herz
weich, und er brachte es nicht über sich, sitzen zu bleiben,
während die Mutter ihm entgegenging. Er sprang herab und
eilte ihr entgegen. Mit herzlicher Umarmung begrüßte er sie,
dann auch die Gattin und die Kinder. Er schämte sich nicht
der Freudentränen und ließ sich von den Wogen des Ge-
fühls forttragen. 35. Endlich riß er sich aus ihren Armen,
als er bemerkte, wie die Mutter zu sprechen beginnen wollte.
Inmitten der volskischen Ratsherren hörte er Volumnias
Worte: „Gaius, auch wenn wir schwiegen, würden Gewand
und Gestalt trauernder Frauen deinen Augen zeigen, wie
deine Verbannung uns zu stillem, eingezogenem Leben
zwang, und wenn wir jetzt zu dir gekommen sind, vergiß
nicht, daß wir die unglücklichsten Frauen auf der weiten
Welt sind. Das Schicksal hat uns den liebsten Anblick in
Grauen verkehrt, wenn ich den Sohn, deine Gattin den
Gatten als Feind vor den Mauern der Vaterstadt sehen muß.
Selbst das Gebet zu den Göttern, das den Menschen in Leid
und Kummer Trost spendet, ist uns versagt. Wie sollen wir
in *einem* Gebet dir Rettung und dem Vaterland Sieg von
den Göttern erflehen? In unserem Gebet würden ja die
Flüche der Feinde gegen uns wohnen. Was bleibt deiner
Gattin und deinen Kindern, als das Vaterland zu verlieren
oder dich? Aber ich erlebe es nicht mehr, welchen Ausgang
das Schicksal diesem Krieg verleihen wird. Wenn ich dich
nicht bewegen kann, Frieden und Freundschaft dem Vaterland zu schenken statt Streit und Unheil, wenn du nicht
lieber der Römer und Volsker Wohltäter als der Unter-

gang einer dieser Städte zu werden dich entschließen kannst, dann wisse, daß du nur über die Leiche deiner Mutter, die dich geboren hat, zum Angriff wirst schreiten können. Ich will den Tag nicht überleben, da die Bürger über meinen Sohn oder mein Sohn über Rom triumphiert. Wollte ich jetzt von dir verlangen, die Stadt zu retten durch Verrat an den Volskern, dann liegt die Last der Entscheidung schwer auf dir. Denn die Mitbürger ins Verderben zu stürzen, verbietet dir die Ehre, und wolltest du die Volsker, die dir ihr Vertrauen geschenkt haben, verraten, so würdest du kein ehrlich Spiel spielen. Was wir jetzt von dir verlangen, ist Rettung aus Not und Unglück, heilsam in gleicher Weise für beide Völker und doch ehrenvoller für die Volsker. Denn es wird heißen, auf der Bahn des Sieges hätten sie lieber den Frieden gewählt; aber als köstlichster Lohn winkt ihnen dann auch Friede und Freundschaft. Gelingt dir die Einigung, so wirst du der Friedensbringer heißen. Wenn nicht, so werden beide Völker die Schuld auf dich häufen. Des Krieges Ausgang kennt keiner, aber eines wissen alle: Bleibst du Sieger, dann bist du als der Unhold deines Vaterlandes gezeichnet für dein Leben. Unterliegst du, dann trifft dich der Vorwurf, Wohltäter und Freunde ins tiefste Unglück gestürzt zu haben."

36. Solange Volumnia sprach, hörte Coriolan sie an, ohne ein Wort zu erwidern. Auch als sie geendet hatte, blieb er noch lange in Schweigen versunken stehen. Da begann Volumnia von neuem: „Was schweigst du, Sohn? Ist's etwa Ehre, sich Zorn und Rachlust hinzugeben, und Unehre, der Mutter Bitten in solcher Not nachzugeben? Oder ist das Heldengröße, erlittenes Unrecht im Gedächtnis zu bewahren? Ist es nicht Edelmut, in inniger Verehrung der Wohltaten der Eltern zu gedenken, mit denen sie die Kinder überhäuften? Wahrhaftig, dir ziemt es wie keinem anderen, Dankbarkeit im Herzen zu hegen, der du Undankbarkeit so bitter strafst. Freilich, vom Vaterland hast du die Buße eingetrieben, aber wo bleibt dein Dank für die Mutter? Sohnespflicht wäre es gewesen, ohne Nötigung die bescheidenen, gerechten Forderungen deiner Mutter zu erfüllen. Kann ich dich nicht be-

wegen, was spare ich den letzten Schritt, der mir noch Hoffnung läßt?" Mit diesen Worten fiel sie ihm zu Füßen, neben ihr Gattin und Kinder. Da schrie Coriolan auf: „Was tust du mir an, Mutter?" hob sie auf und ergriff heftig ihre Rechte: „Du hast gesiegt. Glück bedeutet dein Sieg dem Vaterland, Verderben mir. Ich ziehe fort, besiegt von *einer* Frau, von dir."

Nach diesen kurzen Worten unterhielt er sich noch einen Augenblick mit Mutter und Gattin über persönliche Dinge, dann entließ er sie auf ihre Bitten. Am nächsten Morgen brach er mit den Volskern auf. Die Stimmung bei ihnen war geteilt. Die einen tadelten den Mann und seine Tat, andere, die an Versöhnung und Frieden dachten, fanden kein Tadelwort. Freilich waren manche über den Ausgang entrüstet. Aber niemand zweifelte an Coriolans Rechtlichkeit, und alle verziehen ihm den Schritt, weil unerbittlicher Zwang seinen Willen gebrochen hatte. So wurde kein Wort des Widerspruchs laut. Das ganze Heer folgte ihm willig, denn mehr sein Heldenmut als sein Amt schufen ihm Gehorsam.

37. Wie groß die Furcht der Römer während der Dauer des Krieges gewesen war, in welcher Gefahr sie geschwebt hatten, das ließen sie erst erkennen, als der Krieg zu Ende gegangen war. Kaum hatten die Posten von der Mauer herab den Aufbruch der Volsker bemerkt, als die Tore der Tempel sich öffneten und die Opfernden im Schmuck der Kränze herbeiströmten, als sei ein Sieg erfochten. Am hellsten zeigte sich die Freude der Stadt in der Verehrung und Liebe, die Senat und Volk den Frauen entgegenbrachten. Alle gestanden laut, daß nur ihnen die Rettung der Stadt zu danken sei. Der Senat beschloß, die Konsuln sollten den Frauen, was sie sich als Zeichen der Ehre oder des Dankes ausbitten mochten, erfüllen. Die Frauen hatten nur einen Wunsch, man möge der Göttin Fortuna einen Tempel errichten. Die Kosten für den Bau wollten sie untereinander aufbringen, während die Stadt die Kosten für Opfer und Gottesdienst auf die Staatskasse übernehmen sollte. Aber der Senat ließ bei aller Anerkennung ihrer Opferwilligkeit den Tempel und das Standbild auf öffentliche Kosten errichten. Trotz-

dem brachten die Frauen das Geld auf und stifteten ein
zweites Standbild. Als es aufgestellt war, konnte man, wie
die Römer erzählen, im Tempel diese Worte vernehmen:
„Nach frommem Brauch habt ihr mich geschenkt."
38. Zweimal erscholl das Wort. So erzählt die Sage, die uns
glauben machen will, was unmöglich erscheint und so schwer
zu glauben ist. Denn daß auf Götterbildern Schweiß, Tränen oder gar Blutstropfen erscheinen, ist nicht unmöglich.
Auf Holz und Stein entsteht ja oft ein Schimmel, der Feuchtigkeit erzeugt. Ebenso bringen Holz oder Stein Farben aus
sich hervor oder nehmen aus der Umgebung die Färbung an,
und was soll die Gottheit hindern, auf diese Weise gewisse
Dinge vorauszukünden? Es ist auch möglich, daß ein Geräusch wie Stöhnen oder Seufzen aus Götterbildern hervor-
dringt, wenn sie Risse bekommen oder im Innern sich Teile
voneinander lösen. Daß aber artikulierte Laute und Wörter
so klar und deutlich in einem leblosen Gebilde entstehen, ist
schlechthin unmöglich, wenn es selbst Gott und der Seele
nicht gegeben ist, zu reden oder sich zu unterhalten, weil
ihnen der menschliche Körper mit seinen Sprechwerkzeugen
fehlt. Wo aber die geschichtliche Überlieferung uns mit vielen vertrauenswürdigen Zeugen zum Glauben nötigt, da gewinnt auch ein Ereignis an Wahrscheinlichkeit, das in der
Phantasie der Seele entsteht, so weit es sich auch von der
Sinneswahrnehmung entfernt, wie wir denn im Schlaf zu
hören, ohne zu hören, und zu sehen, ohne zu sehen, vermei-
nen. Wer aber in liebevoller Hinneigung leidenschaftlich seinem Gott ergeben ist und derartige Erscheinungen nicht zu
verwerfen oder bestreiten wagt, der sieht in dem Wunderbaren ebenso wie in der überirdischen Kraft Gottes nur einen
Beweis für seinen Glauben. Denn Gott gleicht Menschlichem
in keinem Bezug, nicht in seinem Wesen oder seiner Bewegung, nicht in seinem Wirken oder seiner Stärke, und wenn
er wirkt, was kein Mensch wirken, wenn er tut, was kein
Mensch tun kann, so widerspricht das nicht der Vernunft.
Wenn er vielmehr schon in allem verschieden von uns ist,
so liegt die größte Verschiedenheit zwischen Gott und Mensch
eben in seinem Wirken. Es ist aber so, wie Herakleitos sagt,

daß die Kenntnis des Göttlichen dem Verständnis größtenteils deshalb entgeht, weil man nicht daran glaubt.

39. Als Coriolan nach Antium zurückkehrte von seinem Zug, sann Tullus darauf, ihn zu verderben. Er trug schon lange schwer an dem Neid und Haß gegen den Mann. So glaubte er, wenn Coriolan ihm diesmal entginge, würde er ihn niemals zu Fall bringen können. Deshalb wiegelte er die Massen gegen ihn auf und verlangte von ihm, von seinem Amt zurückzutreten und vor den Volskern Rechenschaft abzulegen. Aber Coriolan fürchtete sich, als einfacher Privatmann dazustehen, solange Tullus noch Feldherr war und gewaltigen Einfluß auf seine Mitbürger ausübte. Deshalb erkärte er sich bereit, auf sein Amt in demselben Augenblick zu verzichten, in dem die Volsker ihm den Befehl dazu geben würden, denn er habe es ja auch auf Beschluß des ganzen Volkes übernommen; aber ebenso gern sei er bereit, schon jetzt den Antiaten auf ihren Wunsch Rede und Antwort zu stehen. Als dann die Volksversammlung zusammentrat, standen die Demagogen, die sich von Tullus hatten gewinnen lassen, auf und hetzten die Massen gegen Coriolan auf. Aber er brauchte sich nur zu erheben, da dämpfte die Ehrfurcht vor ihm den wilden Lärm der Verhetzten, so daß er ungestört sprechen konnte. Man spürte deutlich die Stimmung, die in der Versammlung herrschte: es war entschieden, daß die angesehenen Bürger, die sich über den Frieden freuten, mit Wohlwollen Coriolan anhörten und einen gerechten Spruch fällen würden. Deshalb bangte Tullus vor der Wirkung der Verteidigung seines Gegners. Denn er war einer der wirkungsvollsten Redner, und gegen den Dank des Volkes, den er sich durch seine früheren Verdienste erworben hatte, wog die Anklage leicht. Vielmehr war die Anklage selbst nur ein Beweis für die Größe des Dankes, den die Volsker ihm schuldeten. Denn sie wären gar nicht auf den Gedanken gekommen, ein Unrecht darin zu sehen, daß die Eroberung Roms ihnen nicht geglückt war, wenn Coriolan ihnen diese Eroberung nicht überhaupt erst möglich gemacht hätte. Deshalb entschlossen sich seine Gegner, nicht mehr zu zögern und die Stimmung der Massen zu

prüfen. So schrien die Verwegensten unter den Verschwörern in die Massen, es sei eine Schande für die Volsker, zu
sehen und zu hören, wie der Verräter den Tyrannen spiele
und sich weigere von seinem Amt zurückzutreten. In dichten Haufen drangen sie auf ihn ein, schlugen ihn nieder, und
keiner aus der Menge wagte, ihnen in den Arm zu fallen.
Aber daß das Volk der Volsker diese Tat nicht billigte,
zeigte sich bald, als die Menschen aus den Städten des Landes zusammenströmten, um den Toten mit allen Ehren zu
bestatten. Mit Waffen und Beutestücken schmückten sie sein
Grab, denn für sie blieb er der große Held und Kriegs-
führer.

Als die Kunde von seinem Tod nach Rom kam, vernahm
man kein Wort der Ehrung, aber auch kein Wort des Zornes gegen ihn. Nur gestattete man den Frauen auf ihre
Bitten, zehn Monate lang um ihn zu trauern, wie es Sitte
war, wenn Vater, Sohn oder Bruder gestorben war. Es war
das die längste Trauerzeit, wie sie Numa Pompilius festgestellt hatte. Davon habe ich in seinem Leben erzählt.

Was Coriolans Verlust bedeutete, spürten die Volsker nur
zu bald. Zunächst kamen sie mit den Äquern, mit denen sie
in bundesgenossenschaftlicher Freundschaft verbunden waren, in Streit über das Oberkommando; dabei gab es Tote
und Verwundete. Dann unterlagen sie auch den Römern
in einer Schlacht, in der Tullus fiel und der Kern ihres
Heeres vernichtet wurde. Deshalb mußten sie sich mit den
schimpflichsten Bedingungen einverstanden erklären: Unterwerfung und Gehorsam gegenüber den Befehlen Roms.

TIBERIUS GRACCHUS
(162 — 133 v. Chr.)

Tiberius und Gaius Gracchus waren die Söhne des Tiberius Gracchus; er war römischer Zensor, bekleidete zweimal das Konsulat und feierte zwei Triumphe. Weit höheres Ansehen aber verlieh ihm sein untadeliger Charakter. Daher fand man es auch ganz in der Ordnung, daß Tiberius, als Scipio, der Besieger Hannibals, gestorben war, seine Tochter Cornelia heimführte, wenn er auch eher Gegner als Anhänger Scipios gewesen war. Von dem Vater Tiberius erzählt man folgende Geschichte: Einst fing er auf seinem Bett ein Schlangenpaar; als die Wahrsager das Wunderzeichen sahen, warnten sie ihn, beide zusammen zu töten oder sie gar entschlüpfen zu lassen. Vielmehr solle er sich für *ein* Tier entscheiden: der Tod des Männchens würde Tiberius' Tod zur Folge haben, der des Weibchens Cornelia töten. Tiberius hatte sein Weib herzlich lieb, und da er der Meinung war, daß ihm als dem älteren der Tod eher zukomme als der jüngeren Frau, so tötete er das Männchen und ließ das Weibchen laufen. Bald darauf starb er und hinterließ zwölf Kinder, die Cornelia ihm geboren hatte. Cornelia mußte nun die Erziehung der Kinder und die Sorge für ihr Haus allein übernehmen. Dabei bewies sie viel Umsicht, ließ den Kindern ihre ganze liebende Sorgfalt angedeihen und zeigte solchen Adel der Gesinnung, daß Tiberius, wie sich jetzt herausstellte, wahrlich nicht schlecht beraten war, als er an Stelle einer solchen Gattin den Tod gewählt hatte. Als König Ptolemaios ihr Krone und Hand antrug, wies sie ihn ab. Als Witwe verlor sie alle ihre Kinder bis auf eine Tochter, die den jüngeren Scipio heiratete, und zwei Söhne, Tiberius und Gaius Gracchus, deren Leben hier beschrieben werden soll. Auf ihre Erziehung verwandte sie so viel Sorgfalt, daß man die Vorzüge der Söhne mehr der Erziehung durch die Mutter als der eigenen Veranlagung zuschrieb, obwohl sie unter allen Römern als die talentvollsten galten.

2. Wie die Statuen und Gemälde der Dioskuren bei aller
Ähnlichkeit doch zwischen dem Faustkämpfer und dem Läufer gewisse Unterschiede im Aussehen zeigen, so bildeten
sich auch bei den beiden jungen Gracchen trotz aller über-
einstimmenden Züge in ihrer Tapferkeit und Besonnenheit,
Freigebigkeit, Beredsamkeit und Großmut bedeutende Unterschiede in ihrer politischen Tätigkeit heraus. Sie darzustellen, ehe ich in die eigentliche Darstellung eintrete, scheint
mir nicht unwichtig. So war Tiberius in Miene, Blick und
Haltung ruhig und stetig, Gaius rasch und feurig; Tiberius
blieb deshalb bei öffentlichen Reden ruhig und auf einem
Fleck stehen, während Gaius als Erster in Rom auf der
Rostra hin und her ging und im Eifer der Rede die Toga
von der Schulter herabzog, wie Kleon aus Athen zuerst als
Redner sich den Mantel abgerissen und auf die Schenkel geschlagen haben soll. Ferner war Gaius' Vortrag so eindring-
lich, daß man sich fast fürchten konnte, und von übertriebe-
ner Leidenschaft; Tiberius' Art zu reden war weit einneh-
mender und eher dazu angetan, bei den Zuhörern Mitleid
zu wecken. Tiberius' Rede war aufrichtig und bis ins kleinste
durchgefeilt, Gaius' Ausdrucksweise einschmeichelnd und
voll schimmernden Glanzes. So war Tiberius auch in seiner
Lebensweise einfach und anspruchslos, Gaius im Vergleich
mit anderen allerdings auch mäßig und bescheiden, an seinem Bruder gemessen aber voll unnützer Vorliebe für kostspielige Neuheiten. Deshalb konnte Drusus ihm einst vorwerfen, daß er Delphine aus Silber kaufte und das Pfund
mit zwölfhundertfünfzig Drachmen bezahlte. So verschieden wie ihre Redeweise war auch ihr Charakter: Tiberius
voll ruhiger Freundlichkeit, Gaius heftig und aufbrausend;
deshalb ließ er sich während des Redens vom Zorn oft
plötzlich hinreißen, die Stimme allzu schrill zu erheben und
in Schmähungen auszubrechen, so daß er den Faden der
Rede verlor. Um solche Abschweifungen zu vermeiden, er-
fand Gaius ein Mittel. Er ließ Licinnius, einen verständigen
Sklaven, mit einem Instrument, auf dem man Singstimmen
begleitet, während seiner Rede hinter sich stehen. Sobald
Licinnius merkte, daß Gaius im Zorn seine Stimme zu laut

erhob und sich zu leidenschaftlich äußerte, ließ er einen
sanften Ton erklingen. Sogleich mäßigte Gaius mit dem
Ungestüm seiner Rede auch das Feuer seiner Leidenschaft,
wurde ruhiger und zeigte so seine Nachgiebigkeit.

3. Derart etwa waren die Unterschiede zwischen den Brüdern. Gleich waren sie in ihrer Tapferkeit vor dem Feind,
in der Gerechtigkeit gegen Untergebene, in der gewissen-
haften Verwaltung ihrer Ämter und in ihrer Selbstbeherrschung gegenüber den Freuden dieser Welt. Tiberius war
neun Jahre älter. Dieser Altersunterschied rückte die Amts-
tätigkeit der Brüder zeitlich weit auseinander und war nicht
zum wenigsten schuld daran, daß ihre segensreiche Tätigkeit
sich nicht voll auswirken konnte; standen sie doch nicht
gleichzeitig auf der Höhe ihres Lebens und ihrer Macht, die
erst wahrhaft groß und unüberwindlich geworden wäre,
wenn sie gemeinsam gewirkt hätten. So muß ich also von
jedem besonders erzählen, zuerst von dem älteren.

4. Tiberius war kaum den Knabenjahren entwachsen, da
hatte er sich schon einen solchen Namen erworben, daß er
mehr wegen seiner Verdienste als wegen seiner vornehmen
Herkunft der Aufnahme in das Priesterkollegium der Augurn gewürdigt wurde. Davon legte auch Appius Claudius
Zeugnis ab, ein Mann, der Konsul und Zensor gewesen war,
dann verdientermaßen den Vorsitz im römischen Senat
führte und an Klugheit und Einsicht alle Zeitgenossen weit
überragte. Bei einem gemeinsamen Essen der Augurn redete
er freundschaftlich mit Tiberius und trug ihm die Hand seiner Tochter an. Tiberius willigte freudig ein, und als so
das Verlöbnis zustande gekommen war, ging Appius nach
Hause, rief schon gleich in der Haustür nach seiner Frau
und sagte laut: „Ich habe unsere Claudia verlobt, Antistia."
„Wozu diese Eile, wozu die Überstürzung", versetzte Antistia, „wenn es nicht gerade Tiberius Gracchus ist?" Ich
weiß wohl, daß einige Quellen dieselbe Geschichte von Tiberius, dem Vater der Gracchen, und Scipio Africanus erzählen: nach Scipios Tod hätten die Verwandten von allen
Bewerbern Tiberius ausgewählt und ihm die Cornelia gegeben, die ihr Vater noch keinem Manne versprochen oder

verlobt hatte. Aber die meisten berichten es so wie ich und
Polybios.

Tiberius machte unter dem jüngeren Scipio, dem Mann
seiner Schwester, den Feldzug in Afrika mit. Dort teilte er
ständig das Zelt mit dem Feldherrn und lernte gar bald sein
innerstes Wesen kennen. Scipio trug sich unaufhörlich mit
einer Unzahl weitausschauender Pläne; so weckte er die
Unternehmungslust bei seinen jungen Kriegsgefährten und
spornte zur Nachahmung seiner Taten an. Bald war Tiberius unter seinen Kameraden an Disziplin und Tapferkeit
der erste. Nach dem Bericht des Fannius erstieg er als erster
die feindlichen Mauern. Fannius erzählt, er sei selbst mit
Tiberius hinaufgestiegen und habe so an dem kühnen Sol-
datenstreich teilgenommen. Auch gewann Tiberius während
seiner Anwesenheit das Herz des einfachen Soldaten, und
nach seiner Abreise vermißte ihn wohl mancher.

5. Nach diesem Feldzug wurde er zum Quästor gewählt.
Durchs Los erhielt er den Auftrag, mit dem einen Konsul
Gaius Mancinus gegen die Numantiner zu ziehen. Mancinus
war kein schlechter Mensch, aber unter allen römischen
Feldherrn am unglücklichsten. Um so mehr zeichnete sich
Tiberius bei plötzlich auftretenden Ereignissen und bei
widrigem Geschick durch Umsicht und Tapferkeit aus. Was
noch bewunderungswürdiger ist, gerade in solchen Augenblicken zeigte er seine ehrfurchtsvolle Achtung gegen seinen
Vorgesetzten, der vor lauter Mißgeschick vergaß, daß er der
Führer war. Nach mancher schweren Niederlage beschloß
Mancinus, in der Nacht das Lager aufzugeben und abzuziehen. Die Numantiner merkten die Absicht, besetzten sogleich das Lager, folgten dem fliehenden Feind auf dem Fuß
und hieben die Nachhut nieder; das Gros des Heeres schlossen sie ein und drängten es in unwegsames Gelände, aus dem
es keinen Ausweg für die Soldaten gab. Mancinus gab alle
Hoffnung auf, sich mit dem Schwert in der Hand durch-
zuschlagen, und ließ den Feinden durch Herolde Waffenstillstand und Vertrag anbieten. Die Numantiner antworteten, sie trauten nur Tiberius; ihn solle man zu ihnen schik-
ken. Zum Teil war es Tiberius selbst, der ihnen solches Ver-

trauen einflößte – sein Name wurde in diesem Feldzug immer wieder genannt. Doch lebte bei ihnen auch noch immer das Andenken an seinen Vater, der im Kampf mit den Iberern nach Unterwerfung vieler Stämme mit den Numantinern Frieden geschlossen und das römische Volk vermocht hatte, ihn treu und unverbrüchlich zu halten. So unterhandelte denn Tiberius als Gesandter mit dem Feind, stellte Bedingungen, nahm Gegenbedingungen an und brachte einen Vertrag zustande, der offensichtlich zwanzigtausend römischen Bürgern das Leben rettete, wenn man die Sklaven und den Troß nicht rechnet.

6. Was man im Lager zurückgelassen hatte, nahmen die Numantiner an sich und vernichteten es; zu dieser Beute gehörten auch Tiberius' Rechnungsbücher mit den Akten und Rechnungen aus seiner Amtszeit als Quästor. Ihm lag viel daran, sie wiederzubekommen; so kehrte er, während seine Armee schon weitergerückt war, noch einmal mit drei oder vier Begleitern nach der Stadt zurück. Er ließ die Führer der Numantiner herausrufen und bat sie um Herausgabe der Schriftstücke; denn er würde seinen Gegnern ja nur Grund zur Verleumdung geben, wenn er von seiner Amtsführung keine Rechenschaft ablegen könnte. Die Numantiner freuten sich, ihm bei dieser Gelegenheit einen Gefallen tun zu können, und luden ihn in ihre Stadt ein. Als er noch zaudernd stand, gingen sie auf ihn zu, schüttelten ihm die Hand und baten ihn herzlich, sie nicht länger als Feinde zu betrachten, ihnen als Freunden vielmehr sein volles Vertrauen zu schenken. Tiberius entschloß sich, ihrer Aufforderung zu folgen, weil ihm seine Bücher zu wertvoll waren. Auch fürchtete er, die Numantiner möchten ihm ein Mißtrauen übelnehmen. In der Stadt setzten sie ihm zunächst einen Imbiß vor und nötigten ihn, mit ihnen zu speisen. Dann gaben sie ihm seine Akten zurück und erlaubten ihm, von der übrigen Beute auszusuchen, was er mitnehmen wollte. Tiberius aber nahm nur den Weihrauch für das Staatsopfer mit und kehrte nach herzlichem Abschied von den Männern wieder zur Truppe zurück.

7. Als Tiberius wieder in Rom war, wurde Anklage erhoben

wegen der Friedensbedingungen, die man als unerträgliche
Schande für Rom betrachtete. Die Freunde und Verwandten
der Soldaten, die den größten Teil des Volkes bildeten,
stellten sich auf Tiberius' Seite. Das Schimpfliche an den
Vorkommnissen schoben sie dem Feldherrn Mancinus in die
Schuhe; Tiberius aber sei der Retter seiner Mitbürger. Andere ärgerten sich über das Vorgefallene und rieten, dem
Beispiel der Väter zu folgen. Diese hatten die Feldherren,
die es vorzogen, sich von den Samniten loszukaufen, waffenlos den Feinden preisgegeben, sie hatten sogar Quästoren
und Kriegstribunen, die um den Vertrag wußten und an
seinem Abschluß beteiligt gewesen waren, ausgeliefert, um
so die Schande des Meineids und Vertragbruches den Feinden gegenüber auf sie zu wälzen. Damals zeigte das Volk
seine herzliche Zuneigung zu Tiberius. Mancinus überant-
wortete man zwar auf Volksbeschluß waffenlos und in Fesseln den Numantinern. Alle anderen ließ man auf Tiberius'
Fürsprache hin straflos ausgehen. Doch scheint auch Scipio
bei seinem weitgehenden Einfluß auf die Römer sich der
Sache angenommen zu haben. Allein man nahm es ihm sehr
übel, daß er nicht auch Mancinus seine rettende Hand bot
und sich für die Einhaltung des Vertrages mit den Numantinern einsetzte, der durch seinen Schwager und Freund zustande gekommen war. Schuld an dem Zwist zwischen Tiberius und Scipio scheint hauptsächlich Tiberius' Ehrgeiz
gewesen zu sein, dazu die Hetze der Freunde und Sophisten.
Doch artete die Meinungsverschiedenheit niemals in unversöhnlichen Haß aus. Allerdings glaube ich, daß Tiberius
keineswegs in das Unglück geraten wäre, das ihn später traf,
wenn Scipio ihm bei seinen politischen Unternehmungen
beratend zur Seite gestanden hätte. So aber lag Scipio gerade vor Numantia, als Tiberius seine neuen Gesetzesvorschläge einbrachte. Das kam so.

8. Wenn die Römer ihren Grenznachbarn im Kriege Land
abgenommen hatten, verkauften sie einen Teil davon, den
anderen erklärten sie für Staatseigentum und gaben ihn zur
Bewirtschaftung an die arme, landlose Bevölkerung, die dafür einen geringen Pachtzins an den Staat zahlte. Als aber

die Begüterten anfingen, den Pachtzins zu überbieten, und die Armen aus ihrem Besitz vertrieben, kam ein Gesetz heraus, niemand dürfe mehr als fünfhundert Morgen Land besitzen. Einige Zeit tat dieser Erlaß der Habsucht der Reichen Einhalt und half den Armen, die in ihrem alten Besitz auf ihrem Pachtgut blieben und den Anteil bewirtschafteten, den sie von jeher gehabt hatten. Später aber brachten die reichen Nachbarn durch Strohmänner die Pachtverträge dieser kleinen Güter an sich und nahmen schließlich ganz offenkundig unter ihrem eigenen Namen den größten Teil davon in ihren Besitz. Die arme Bevölkerung aber, die von Haus und Hof vertrieben war, genügte nur noch unwillig und ungern ihrer Militärpflicht und dachte nicht mehr daran, Kinder aufzuziehen, so daß sich in Italien bald ein Rückgang an freier Bevölkerung bemerkbar machte und das Land sich mit den Kasernen der ausländischen Sklaven füllte. Mit deren Hilfe bebauten jetzt die Reichen ihre Ländereien, nachdem sie ihre eigenen Landsleute hinausgesetzt hatten. Schon ein Freund Scipios, Gaius Laelius, hatte den Versuch gemacht, diesem Mißstand abzuhelfen. Als aber die großen Herren sich ihm hartnäckig widersetzten, scheute er Unruhen und ließ von seinem Vorhaben ab. Daher erhielt er den Beinamen *Der Weise* oder *Der Kluge*, beides scheint nämlich das Wort *sapiens* zu bedeuten.

Als nun Tiberius zum Volkstribun gewählt wurde, nahm er sofort diesen Plan wieder in Angriff, und zwar waren es, wie die meisten Quellen berichten, hauptsächlich der Redner Diophanes und der Philosoph Blossius, die ihn dazu beredeten. Diophanes war ein Verbannter aus Mytilene; Blossius stammte aus Kyme in Italien. In Rom wurde er der vertraute Freund des Antipatros von Tarsos, der ihn durch die Widmung philosophischer Schriften ehrte. Einige schieben indes die Schuld auch auf Tiberius' Mutter Cornelia; denn oftmals schalt sie ihre Söhne, daß sie immer noch bei den Römern Scipios Schwiegermutter und noch immer nicht Mutter der Gracchen heiße. Andere wieder behaupten, Spurius Postumius sei schuld, ein Altersgenosse des Tiberius, der ihm seinen Ruhm als Advokat streitig machte. Als Ti-

berius nämlich aus dem Felde heimgekehrt sei, habe er feststellen müssen, daß Spurius ihn selbst mit seiner angesehenen Stellung weit überholt hatte und allgemeine Bewunderung genoß. Darum habe er ihn übertrumpfen wollen und
sich in dieses gewagte, vielversprechende politische Unternehmen eingelassen. Sein Bruder Gaius aber schreibt in einer
Schrift: „Als Tiberius auf seiner Reise nach Numantia durch
Etrurien kam und die Öde des Landes sah, als er beobachtete, daß alle Feldarbeiter und Hirten fremde, kriegsgefangene Sklaven waren, da tauchte zuerst der Plan in ihm auf,
der ihm und seinem Bruder tausend Leiden bringen sollte."
Am meisten aber stachelte das Volk seinen Ehrgeiz und seinen Unternehmungsgeist an. Durch Inschriften an öffentlichen Gebäuden, an Hausnummern und Denkmälern forderte es ihn auf, der armen Bevölkerung den Staatsgrund
zurückzugeben.

9. Freilich entwarf Tiberius den Gesetzesvorschlag nicht
allein, sondern zog würdige, angesehene Männer Roms zu
Rate, darunter den Pontifex Maximus Crassus, den Rechts-
gelehrten Mucius Scaevola, der damals Konsul war, und
Appius Claudius, seinen Schwiegervater. Und in der Tat ist
wohl niemals ein milderes und gemäßigteres Gesetz gegen
ein solches Übermaß von Unrecht und Habgier ergangen.
Es verlangte von denen, die von Rechts wegen für ihren
Ungehorsam hätten bestraft werden und nur gegen eine
Geldbuße die so lange widerrechtlich bebauten Felder hätten herausgeben müssen, nichts weiter, als daß sie ihren un-
rechtmäßigen Besitz an die hilfsbedürftigen Bürger abtreten
und dafür noch eine Entschädigung bekommen sollten.
So gut gemeint diese Regelung auch war, so vergaß das Volk
doch das Geschehene und sonnte sich in dem Gedanken, daß
seine Leiden nun ein Ende haben würden; die Reichen und
Besitzenden aber haßten das Gesetz aus Habgier, den Urheber aus Zorn und Ehrgeiz. So versuchten sie, das Volk
von seiner früheren Zustimmung abzubringen, unter dem
Vorgeben, die Neuaufteilung des Landes sei für Tiberius
nur ein Vorwand, die alte Verfassung umzustürzen und eine
allgemeine Revolution herbeizuführen. Doch erreichten sie

damit nichts. Denn Tiberius verfocht seine gute und gerechte Sache mit einer Beredsamkeit, die auch eine geringere Sache hätte adeln können. Er war als Gegner gefährlich, ja unüberwindlich, wenn er, umlagert vom Volk, auf seiner Rednerbühne stand und von den Besitzlosen sprach: „Die wilden Tiere, die Italien bevölkern, haben ihre Höhlen und kennen ihre Lagerstätte, ihren Schlupfwinkel. Die Männer aber, die für Italien kämpfen und sterben, haben nichts als Luft und Licht; unstet, ohne Haus und Heim, ziehen sie mit Weib und Kind im Lande umher. Die Feldherrn lügen, wenn sie in der Schlacht ihre Soldaten aufrufen, Gräber und Heiligtümer gegen die Feinde zu verteidigen. Denn keiner von diesen armen Römern hat einen Altar von seinen Vätern geerbt, kein Grabmal seiner Ahnen. Für Wohlleben und Reichtum anderer setzen sie im Krieg ihr Leben ein. Herren der Welt werden sie genannt: in Wirklichkeit gehört kein Krümchen Erde ihnen zu eigen.“

10. Diesen Worten, die einer wahrhaft edlen Gesinnung und ehrlichem Mitgefühl entsprangen und deshalb das Volk rührten und in wahre Begeisterung und Aufregung versetzten, wagte kein Gegner sich zu widersetzen. Sie verzichteten also auf eine Erwiderung, wandten sich aber an den Volkstribun Marcus Octavius, einen jungen Mann von gemäßigtem, zurückhaltendem Wesen, der mit Tiberius befreundet und verwandt war. Daher lehnte er anfangs das Ansinnen ab, weil er Tiberius nicht kränken mochte. Da aber viele einflußreiche Leute ihn hartnäckig mit Bitten bestürmten, mußte er endlich gleichsam der Gewalt weichen. Er trat Tiberius entgegen und erhob Einspruch gegen das Gesetz. Bei den Volkstribunen aber gilt dessen Meinung, der sein Veto einlegt, und selbst die Mehrheit vermag nichts auszurichten, wenn einer Einspruch erhebt. Erbittert zog Tiberius das milde Gesetz zurück und brachte ein neues ein, das für das Volk noch vorteilhafter, für die Schuldigen dagegen viel härter war: darin forderte er sie sogar auf, ihren Besitz unverzüglich abzutreten, den sie sich früher ungesetzlich angeeignet hätten.

Fast täglich hielt er nun Reden auf dem Forum gegen Octa-

vius. Aber obgleich sie beide mit der leidenschaftlichsten
Hartnäckigkeit ihre Sache verfochten, sollen sie doch niemals einander geschmäht haben, und es fiel zwischen ihnen
auch im Zorn kein unziemliches Wort. Es scheint also, als
wenn nicht nur beim Trunk, sondern auch im erbitterten
Streit angeborener Adel des Herzens und verständige, sorgfältige Erziehung den Sinn der Menschen zügeln und in den
Schranken des Anstands halten kann. Als aber Tiberius
bedachte, daß Octavius als Besitzer großer Flächen von
Staatsgrund selbst von dem Gesetz betroffen wurde, bat er
ihn, den Streit aufzugeben, und versprach, ihm aus seinen
eigenen, nicht eben glänzenden Mitteln den Wert des Grund-
stücks zu ersetzen. Da Octavius auch diesen Vorschlag ablehnte, erließ Tiberius ein Edikt, das allen Magistratsper-
sonen untersagte, ihre Machtbefugnis auszuüben, solange
über das Gesetz nicht abgestimmt sei. Auf die Tür des Sa-
turntempels legte er sein eigenes Siegel, damit die Quästoren weder etwas hinein- noch herausbringen konnten. Er
bestimmte Strafen für die Prätoren, die sich dem Edikt widersetzten, so daß alle aus Angst ihre Amtsgeschäfte unter-
brachen. Da legten alle Großgrundbesitzer Trauer an und
gingen niedergeschlagen und bedrückt auf dem Forum herum. Insgeheim aber schmiedeten sie Rachepläne gegen Tiberius und dangen Meuchelmörder; deshalb trug er ebenfalls vor aller Augen einen Dolch, wie die Räuber ihn tragen. Man nennt ihn Dolon.

11. Als der Tag kam und Tiberius das Volk zur Abstimmung rief, hatten die Besitzenden die Stimmurnen entfernt
und es entstand allgemeine Verwirrung. Zwar hätten Tiberius und seine Partei vermöge ihre Überzahl Gewalt anwenden können, und schon rottete sich das Volk zusammen,
als sich zwei gewesene Konsuln, Manlius und Fulvius, vor
Tiberius niederwarfen, seine Hände ergriffen und unter
Tränen baten, er möge abstehen von seinem Schritt. Da ging
es Tiberius auf, was alles bald daraus entstehen könne, und
aus Achtung vor den beiden Männern fragte er sie, was er
tun solle. Sie aber sagten, sie fühlten sich nicht berufen, in
einer so wichtigen Angelegenheit einen Rat zu erteilen; sie

rieten ihm, die Sache dem Senat zu überlassen, und ihre
Bitten hatten Erfolg.

Der Senat trat zusammen, erreichte jedoch nichts, weil die
Besitzenden die Majorität hatten. Da nahm Tiberius seine
Zuflucht zu einem ungesetzlichen, ungebührlichen Mittel: er
entsetzte Octavius seines Amtes, weil er keinen anderen
Weg wußte, das Gesetz zur Abstimmung zu bringen. Anfangs bat er ihn vor aller Augen mit Händedruck und
freundlichen Worten, er möge doch dem Volk zuliebe nachgeben. Denn so gerecht die Forderungen des Volkes auch
seien, so werde es doch immer noch wenig erreichen im
Vergleich zu der Unbill und Gefahr, die es habe erdulden
müssen. Octavius lehnte auch diesen Vorschlag ab. Da erklärte Tiberius, es sei unmöglich, daß zwei Kollegen, die
bei gleicher Machtbefugnis in wichtigen Entscheidungen verschiedener Meinung seien, friedlich ihre Amtszeit nebeneinander verbringen könnten. Er wisse nur ein Mittel dagegen,
nämlich, daß der eine Beamte von seinem Amt zurücktrete.
Octavius solle das Volk über ihn, Tiberius, zuerst abstimmen lassen: unverzüglich werde er ohne Amt von der Rednerbühne herabsteigen, wenn die Bürger es bestimmten.
Wieder weigerte Octavius sich. Da erklärte Tiberius, er
selbst müsse nun über Octavius abstimmen lassen, wenn er
sich nicht eines Besseren besänne.

12. Darüber ging für diesmal die Versammlung auseinander.
Am nächsten Tag bestieg Tiberius vor versammeltem Volk
die Rostra und versuchte aufs neue seine Überredungskünste
an Octavius. Aber er blieb unerbittlich. Deshalb brachte Tiberius den Antrag ein, ihn seines Amtes zu entsetzen, und
rief sogleich die Bürger zur Abstimmung auf. Schon hatten
von den fünfunddreißig Tribus siebzehn ihre Stimme abgegeben; kam noch eine einzige hinzu, hatte Octavius sein
Amt verloren. Noch einmal gebot Tiberius Einhalt, noch einmal bat er Octavius und umarmte und küßte ihn vor allem
Volk. Er bat und bestürmte ihn, sich selbst solcher Schmach
nicht auszusetzen und auf ihn, Tiberius, nicht den Vorwurf dieser harten Maßnahme zu laden. Solche Bitten
hörte Octavius, wie erzählt wird, mit tiefer Bewegung

an Tränen füllten seine Augen, und lange stand er schweigend da. Als er aber seinen Blick über die dichtgedrängte Schar der Großgrundbesitzer schweifen ließ, packte ihn wieder, wie es scheint, Scham und Furcht, er möchte sich ihre Verachtung zuziehen. So nahm er tapfer alles auf sich und rief Tiberius zu, er möge nach Belieben mit ihm verfahren. Der Antrag ging durch, und Tiberius befahl einem seiner Freigelassenen, Octavius von der Rednerbühne abzuführen; denn er brauchte seine eigenen Freigelassenen als Gerichtsdiener. Dadurch wurde der Anblick, wie Octavius mit Schimpf und Schande entfernt wurde, noch jammervoller. Das Volk nahm eine drohende Haltung gegen ihn ein, und obwohl die Reichen einen Kreis um ihn bildeten und ihre Hände abwehrend gegen die Menge ausstreckten, konnte man Octavius doch kaum dem wütenden Haufen entreißen und in Sicherheit bringen. Einen getreuen Sklaven, der sich zwischen ihn und die Angreifer stellte und ihn zu decken suchte, blendeten sie, allerdings ohne Wissen und Willen des Tiberius, der auf die Kunde von dem Geschehenen sofort herbeieilte, um Ruhe zu stiften.

13. Darauf ging dann das Ackergesetz durch, und man setzte ein Dreimännerkollegium ein, das die Aufteilung und Zuweisung der staatlichen Ländereien vornehmen sollte: Tiberius selbst, seinen Schwiegervater Appius Claudius und seinen Bruder Gaius Gracchus. Gaius war allerdings nicht in Rom, er machte unter Scipio den Feldzug gegen Numantia mit. All das regelte Tiberius in aller Ruhe, ohne Widerstand zu finden; an die Stelle des abgesetzten Volkstribunen setzte er nicht einen bekannten, angesehenen Nachfolger, sondern einen von seinen Klienten, Mucius. Dieses Vorgehen mißbilligten die regierenden Kreise. Sie fürchteten Tiberius' wachsenden Einfluß und ließen sich im Senat voller Unmut über ihn aus. Als er nach hergebrachter Sitte um das Zelt bat, das sonst der Staat bei der Verteilung von Land zu stellen pflegte, schlugen sie es ihm rundweg ab, obgleich andere es oft aus weit weniger wichtigem Anlaß bekommen hatten. Als Aufwandsentschädigung bewilligte man ihm für den Tag neun Obolen. All dies geschah auf Betreiben des Publius

Nasica, der ihm in hemmungsloser Feindschaft entgegentrat. Denn er besaß ansehnliche Flächen von Staatsland und ärgerte sich, daß er sie unter dem Zwang des Gesetzes aufgeben sollte.

Das Volk aber geriet immer mehr in Aufregung. Als nun noch einer von Tiberius' Freunden unter verdächtigen Umständen und Begleiterscheinungen starb, erhob sich ein Geschrei, er sei durch Gift aus dem Wege geräumt. Bei dem Leichenbegängnis kam es zu einem Auflauf. Sie hoben die Totenbahre auf und wollten der Verbrennung beiwohnen. Sie vermuteten nicht mit Unrecht, daß sich dann die Spuren der Vergiftung bemerkbar machen müßten. In der Tat brach der Leichnam auf, und es quoll ein Strom verdorbener Säfte heraus, so daß die Flamme des Scheiterhaufens erlosch. Als man die Flamme aufs neue entzünden wollte, brannte sie erst, als man den Scheiterhaufen an einen anderen Platz gebracht hatte, und nur mit vieler Mühe konnte man ihn in Brand setzen. Um die Aufregung des Volkes noch zu steigern, legte Tiberius Trauerkleider an, zeigte seine Kinder dem versammelten Volk und bat, man möge für sie und ihre Mutter sorgen, da er selbst jede Hoffnung auf Erhaltung seines Lebens aufgegeben habe.

14. Da starb Attalos Philometor, und Eudemos kam aus Pergamon nach Rom mit dem Testament, in dem das römische Volk zum Erben seines Reiches eingesetzt war. Sofort brachte Tiberius dem Volk zu Gefallen ein Gesetz ein, die königlichen Schätze sollten nach Rom geschafft und dort denjenigen Bürgern, die ein Landlos erhalten hatten, zum ersten Anbau und zur Anschaffung der nötigen Ackergeräte dienen. Über die Städte aber, die zu Attalos' Reich gehörten, hätte nicht der Senat zu verfügen; er selbst werde in der Sache dem Volk einen Vorschlag machen. Dies war eine schwere Beleidigung für den Senat. Der Senator Pompeius stand auf und erklärte, er habe als Tiberius' Nachbar gesehen, wie Eudemos von Pergamon ihm als dem zukünftigen König von Rom ein königliches Diadem und einen Purpurmantel überreichte. Quintus Metellus warf Tiberius vor, des Nachts trügen ihm freche, verworfene Gesellen aus dem ge-

meinen Volk beim Heimweg die Fackeln voran, während
unter der Zensur seines Vaters die ehrbaren Bürger, wenn
Tiberius von einem Essen nach Hause ging, ihre Lichter gelöscht hätten aus Furcht vor dem Verdacht, sie hätten zu
lange gezecht. Titus Annius schließlich, ein unangenehmer,
unüberlegter Mensch, der im Wortwechsel als unüberwindlich galt, forderte Tiberius zu einer klaren Antwort auf: ob
er nicht einen unverletzlichen und nach dem Gesetz unan-
tastbaren Kollegen beleidigt habe. Es entstand ein großer
Lärm; Tiberius lief aus der Kurie und rief das Volk zusammen. Man solle Annius vorführen: er wollte ihn öffentlich
anklagen. Annius war Tiberius an Beredsamkeit und Einfluß nicht gewachsen. Daher nahm er seine Zuflucht zu der
ihm eigenen Gabe und bat Tiberius, ob er ihm vor der Er-
öffnung der Anklage eine kleine Frage vorlegen dürfe.
Tiberius gestattete ihm die Frage, und unter allgemeinem
Schweigen sagte Annius: „Gesetzt den Fall, du wollest mich
beleidigen und beschimpfen, und ich wende mich um Beistand an einen deiner Kollegen, der mir auch zu Hilfe
kommt, während du in Zorn gerätst: wirst du ihn dann
auch seines Amtes entsetzen?" Diese Frage soll Tiberius so
in Verlegenheit gebracht haben, daß er, der gewandte Redner, dessen Keckheit nicht so leicht aus der Fassung zu bringen war, keine Antwort fand und verstummte.

15. Für diesmal hob er die Versammlung auf. Er merkte
aber, daß seine politische Taktik bei Octavius' Absetzung
nicht bei den Großen allein, auch bei dem niederen Volke
viel böses Blut gemacht hatte. Denn das hohe, angesehene
Amt des Volkstribunen, das bis zu jenem Tag in Ehren gestanden hatte, war tief herabgesetzt und entwürdigt worden. So erging Tiberius sich vor dem Volk in einer langen
Rede, und es dürfte nützlich sein, hier einige Punkte seiner
Beweisführung vorzubringen, um ein Bild von der klugen
Überredungskunst des Mannes zu geben. Die Person des
Volkstribunen, so führte er aus, sei heilig und unverletzlich,
weil er dem Dienst des Volkes geweiht und Schützer des
Volkes sei. Wenn er nun seiner Bestimmung untreu wird
und dem Volk gar ein Unrecht zufügt, indem er es an der

Ausübung seiner Rechte hindert und ihm das Stimmrecht entzieht, dann bringt er sich selbst um sein Amt, weil er die Bedingungen nicht erfüllt, unter denen er es angetreten hat. Denn wenn er auch das Kapitol niederreißt oder das Schiffsarsenal in Brand steckt, so muß man ihn gewähren lassen, wenn er auch unter diesen Umständen ein schlechter Volkstribun ist. Hebt er aber die Demokratie auf, so ist er überhaupt kein Volkstribun. Wäre es also nicht unerhört, wenn zwar der Tribun den Konsul ins Gefängnis werfen lassen kann, das Volk aber nicht das Recht hat, dem Tribunen seine Befugnis zu entziehen, wenn er sie gegen das Volk gebraucht, das sie ihm verliehen hat? Das Volk wählt ja den Konsul so gut wie den Volkstribun. Gewiß war die Königswürde, die in sich alle politischen Rechte vereinigte, außerdem auch mit den heiligsten Kulthandlungen verknüpft und der Gottheit geweiht: gleichwohl vertrieben die Bürger den König Tarquinius, als er sich einen Frevel hatte zuschulden kommen lassen, und eines Einzigen Unbesonnenheit hob die Regierungsform auf, die von den Vätern überkommen war und der Rom seinen Ursprung verdankte. Gibt es in Rom Heiligeres und Ehrwürdigeres als die Jungfrauen, die das ewige Feuer warten und hüten? Und doch wird jede, die sich etwas zuschulden kommen läßt, lebendig begraben. Wenn sie die Götter beleidigen, haben sie keinen Anspruch mehr auf die Unverletzlichkeit, die ihnen die Gnade der Götter ja verliehen hat. Ist es also nicht billig, wenn auch der Tribun durch ein Vergehen am Volk die vom Volk verliehene Unverletzlichkeit verliert? Vernichtet er doch durch eigene Schuld die Quelle, aus der seine Macht entspringt. Und wiederum: hat er das Tribunat rechtmäßig durch Stimmenmehrheit der Tribus erhalten, so kann ihm mit noch größerem Recht der einstimmige Beschluß der Tribus das Amt doch auch wohl wieder nehmen. Wohl nichts ist so heilig und unantastbar wie die Geschenke an die Götter; und doch hat noch keiner dem Volk verwehrt, nach Belieben mit ihnen zu verfahren, sie von ihrem Platz fortzutragen oder umzustellen. Folglich stand es dem Volk auch frei, das Tribunat wie ein Weihgeschenk auf einen anderen zu übertragen. Und

wenn mancher freiwillig das Amt niedergelegt und darauf
verzichtet hat, so geht auch daraus hervor, daß kein Amt so
unverletzlich ist, daß man es seinem Träger nicht wieder abnehmen könnte. 16. Dies waren ungefähr die Hauptpunkte
in Tiberius' Verteidigungsrede.

Angesichts der drohenden Haltung seiner Gegner gaben ihm
seine Freunde den Rat, sich für das folgende Jahr noch einmal um das Tribunat zu bewerben. Da suchte er die Gunst
der Menge durch neue Gesetzesvorschläge zu gewinnen. So
beantragte er die Herabsetzung der Militärdienstzeit; er gab
dem Volk das Recht, von den Richtern an die Volksversammlung zu appellieren; die Zivilgerichtshöfe, die bisher
nur aus Senatoren bestanden hatten, besetzte er mit der
gleichen Anzahl Richter aus dem Ritterstand. Mit allen Mitteln suchte er jetzt den Einfluß des Senats zu brechen, dabei
leitete ihn mehr erbitterte Streitsucht als Rücksicht auf Recht
und Nutzen. Als aber seine Anhänger bei der Abstimmung
merkten, daß die Gegenpartei die Majorität erhalten würde,
weil nicht das ganze Volk anwesend war, nahmen sie, um
Zeit zu gewinnen, ihre Zuflucht zu Schmähungen gegen die
übrigen Volkstribunen. Dann hoben sie die Versammlung
auf und beriefen sie für den folgenden Tag neu. Als Tiberius am nächsten Morgen aufs Forum kam, versuchte er
zunächst, in demütiger Haltung weinend um das Mitleid der
Menge zu werben. Dann sprach er offen von seiner Befürchtung, seine Feinde möchten nachts in sein Haus dringen und
ihn aus dem Wege räumen. Durch solche Klagen erreichte er,
daß die Leute in Scharen nach seinem Haus zogen und dort
die ganze Nacht im Freien als Wache kampierten.

17. Früh am anderen Morgen erschien der Beamte, der die
heiligen Hühner zu füttern hat, und warf ihnen Futter vor.
Aber bis auf ein einziges ließen sie sich nicht sehen, so sehr
er auch an dem Käfig rüttelte. Auch dies eine rührte das
Futter nicht an, hob nur den linken Flügel, streckte ein Bein
aus und rannte in den Käfig zurück. Dieses Vorzeichen erinnerte Tiberius an ein anderes, das er früher beobachtet
hatte. Er besaß einen schönen, prächtig verzierten Helm,
den er im Felde trug. In diesen waren heimlich Schlangen

gekrochen, hatten Eier hineingelegt und ausgebrütet. Um so größer war Tiberius' Aufregung über das Verhalten der heiligen Hühner. Gleichwohl ging er aus dem Haus, als er hörte, das Volk sei auf dem Kapitol versammelt. Beim Hinausgehen stieß er sich aber so heftig an der Schwelle, daß der Nagel der großen Zehe abgerissen wurde und das Blut durch den Schuh quoll. Als er ein paar Schritte weiter gegangen war, sah man zur Linken ein paar Raben auf einem Dach miteinander kämpfen. Und obgleich doch, wie man sich denken kann, viele Menschen dort vorbeikamen, mußte ausgerechnet Tiberius ein Stein vor die Füße fallen, den einer der Raben hinuntergeworfen hatte. Dieser Vorfall machte auch seine beherztesten Anhänger stutzig. Blossios von Kyme aber, der mit dabei war, erklärte, es sei Sünde und Schande, wenn Tiberius, der Sohn des Gracchus und Enkel des Scipio Africanus, der Führer des römischen Volkes, aus Furcht vor einem Raben dem Rufe des Volkes nicht folgen wolle. Diese Ungehörigkeit würden seine Gegner freilich nicht mehr von der komischen Seite nehmen, sondern ihn jetzt als unleidlichen Tyrannen beim Volk in Verruf bringen. Gleichzeitig kamen auch viele von Tiberius' Freunden, die auf dem Kapitol versammelt waren, zu ihm gelaufen und trieben ihn zur Eile an, ihre Sache stände dort gut. Und in der Tat ließ sich anfangs für Tiberius alles günstig an. Als er endlich erschien, erhob die Menge ein Freudengeschrei, und als er die Stufen hinaufstieg, streckten sie ihm um die Wette die Hände entgegen und scharten sich um ihn, damit kein Unbekannter ihm nahe käme.

18. Als aber Mucius jetzt aufs neue die Tribus zur Abstimmung aufrufen wollte, konnte er sich nicht mehr an die übliche Geschäftsordnung halten. Denn die hintersten gerieten in ein Drängen und Stoßen mit der Gegenpartei, die sich gewaltsam Einlaß verschafft hatte und sich dazwischendrängte. Inzwischen stellte ein Mitglied des Senats, Fulvius Flaccus, sich an einen Platz, von wo ihn alle sehen konnten, und da es ihm unmöglich war, sich mit Worten verständlich zu machen, gab er mit der Hand Zeichen, er

möchte Tiberius persönlich sprechen. Auf Tiberius' Geheiß
mußte die Menge ihm Platz machen, und mit Mühe bahnte
er sich einen Weg. Endlich gelangte er zu Tiberius und berichtete ihm, in der Senatsversammlung hätten die Optimaten, weil sie den Konsul nicht gewinnen konnten, beschlossen, Tiberius auf eigene Faust aus dem Wege zu räumen, und zu diesem Zweck eine bewaffnete Bande von
Sklaven und Anhängern gedungen.

19. Diese Nachricht gab Tiberius an seine Anhänger weiter:
ohne Besinnen gürteten sie ihre Togen, zerbrachen die Lanzen der Polizei, mit denen sie die Menge in Schranken hält,
und verteilten die Stücke unter sich, um mit ihnen die andringenden Gegner zurückzuschlagen. Die Fernerstehenden
wunderten sich, was da vor sich ging, und wollten die Ursache wissen. Da faßte Tiberius mit der Hand nach seinem
Kopf, um durch dies Zeichen die drohende Gefahr anzu-
deuten, da sie seine Stimme nicht hören konnten. Das sahen
seine Gegner und rannten in den Senat mit der Nachricht,
Tiberius verlange die Königskrone; denn das bedeute es,
wenn er seinen Kopf berührt habe. Es entstand ein allgemeiner Aufruhr, und Nasica beschwor den Konsul, den
Staat zu retten und den Tyrannen zu vernichten. Der Konsul erwiderte gelassen, er denke nicht daran, Gewalt anzuwenden und einen römischen Bürger ohne Urteil zu töten.
Sollte freilich Tiberius das Volk überreden oder zwingen,
etwas gegen das Gesetz zu beschließen, so werde er das
niemals als gültig anerkennen. Da sprang Nasica auf: „Da
es nun so steht, daß der höchste Beamte Roms an der Stadt
zum Verräter wird, so folgt mir alle, die ihr Hüter und
Wahrer der Gesetze sein wollt." Bei diesen Worten zog
er die Toga von hinten auf den Kopf und eilte auf das
Kapitol. Alle, die ihm folgten, schlugen ihre Toga um den
linken Arm und drängten zurück, was ihnen in den Weg
kam. Niemand wagte den hohen Würdenträgern des Staates Widerstand zu leisten: sie rannten davon und stolper-
ten in der Eile übereinander. Die Begleiter der Senatoren
hatten schon Keulen und Knüppel von Hause mitgebracht.
Die Senatoren selbst aber nahmen Stücke und Beine von

den Senatssesseln, die das zurückweichende Volk zerschlagen hatte, und gingen damit auf Tiberius los, hieben auch auf die Leute ein, die ihn zu decken suchten. Sie ergriffen die Flucht oder wurden niedergehauen. Als Tiberius selbst fliehen wollte, hielt man ihn am Gewand fest. Da ließ er die Toga fahren und lief in der Tunika davon, kam aber zu Fall und stürzte über einige Leichen, die im Weg lagen. Als er sich wieder aufrichten wollte, schlug ihn einer seiner Kollegen, Publius Satureius, vor aller Augen mit einem Stuhlbein über den Kopf. Mit dem zweiten Schlag prahlte Lucius Rufus, als wenn er sich einer Heldentat rühmte. Von Tiberius' Anhängern fielen dreihundert. Mit Steinen und Knüppeln waren sie zusammengehauen, keiner durchs Schwert gefallen.

20. Seit dem Sturz der Königsherrschaft soll das in Rom der erste Aufstand gewesen sein, der durch Bürgermord und Bürgerblut entschieden wurde. Sonst pflegte man Zwistigkeiten gütlich und friedlich beizulegen, obgleich sie mindestens ebenso gefährlich waren und aus nicht geringerer Ursache entstanden. Doch kamen die Parteien sich entgegen: die Regierung fürchtete die Macht der Menge, das Volk hatte Achtung vor dem Senat. Auch diesmal hätte man wohl unschwer Tiberius zum Nachgeben bewegen können, und er selbst hätte um so leichter nachgegeben, wenn man ihn nicht mit Mord und Totschlag bedroht hätte; denn er hatte nicht mehr als dreitausend Anhänger bei sich. Es scheint auch, als wenn mehr Zorn und Haß der Optimaten die Ursache der Verschwörung gegen ihn gewesen wären als die Gründe, die man vorschützte. Davon zeugt die unmenschlich rohe Behandlung des Leichnams deutlich genug; denn als sein Bruder bat, ihn mitnehmen und heimlich bei Nacht bestatten zu dürfen, schlug man es ihm ab und warf den Toten mit den anderen Leichen in den Tiber. Damit nicht genug: einige seiner Anhänger wurden ohne weitere Untersuchung in die Verbannung geschickt, andere, deren man habhaft werden konnte, ergriffen und hingerichtet, unter ihnen auch der Redner Diophanes. Einen Mann namens Gaius Villius steckte man in einen engen Käfig, ließ Ottern

und Schlangen hinein und marterte ihn so zu Tode. Blossius von Kyme wurde vor die Konsuln geführt, und als man ihn über die Vorfälle ausfragte, gestand er, daß er alles auf Tiberius' Geheiß getan habe. Als ihn darauf Nasica fragte: „Wenn Tiberius dir nun aber aufgetragen hätte, das Kapitol in Brand zu stecken?", wich Blossius anfangs der Frage aus: niemals würde Tiberius derartiges von ihm verlangt haben. Als man aber immer wieder dieselbe Frage an ihn richtete, sagte er: „Nun denn, wenn er mir's befohlen hätte, so wäre es meine Pflicht gewesen, auch das zu tun. Denn Tiberius hätte mir den Befehl nicht gegeben, wenn er nicht zum Besten des Volkes gewesen wäre." So mußte man ihn freisprechen. Bald darauf ging er nach Asien zu Aristonikos; nach dessen unglücklichem Ausgang nahm er sich selbst das Leben.

21. Um das Volk mit dem Geschehenen auszusöhnen, legte der Senat der Ackerverteilung keine Hindernisse mehr in den Weg und erlaubte sogar, an Tiberius' Stelle ein anderes Mitglied in die Kommission zu wählen. Bei der Abstimmung fiel die Wahl auf Publius Crassus, einen Verwandten des Gracchus. Denn seine Tochter Licinia war mit Gaius Gracchus vermählt. Cornelius Nepos dagegen sagt, Gaius habe nicht Crassus', sondern Brutus' Tochter geheiratet, der einen Triumph über die Lusitanier gefeiert hatte. Doch stimmen die meisten mit unserer Angabe überein. Als sich aber herausstellte, daß das Volk erbittert war über Tiberius' Ermordung und nur eine günstige Gelegenheit zur Vergeltung abwartete, und als Nasica ein Prozeß drohte, fürchtete der Senat für ihn und beschloß durch Abstimmung, ihn nach Asien zu schicken, ohne daß ein besonderer Grund vorgelegen hätte. Denn die Leute machten nach allem, was vorgefallen war, aus ihrer feindseligen Stimmung kein Hehl. Sie waren voller Erbitterung und wo sie Nasica trafen, schrien sie ihm ihre Anklagen ins Gesicht: „Du verruchter Tyrann, der du mit dem Blut eines unverletzlichen, heiligen Beamten den ehrwürdigsten Tempel besudelt hast, der sonst die Menschen mit frommen Schauern erfüllt." So mußte Nasica Italien verlassen, ob-

wohl er als Pontifex maximus zu den heiligsten Opferhand-
lungen verpflichtet war. Auf seinen Irrfahrten in Angst
und Schande kam er bald hierhin, bald dorthin und starb
schließlich in der Nähe von Pergamon. Kein Wunder, wenn
ein solcher Haß gegen Nasica das Volk erfüllte; hätte doch
selbst Scipio Africanus, den die Römer unter allen ihren
Lieblingen am innigsten nach seinem Verlust verehrten, um
ein Haar sich die Gunst des Volkes vollkommen verscherzt.
Als er vor Numantia von Tiberius' Ermordung hörte, zitierte er den Vers Homers: ,So gehe ein jeder zugrunde, der
solches tut.' Und als Gaius Gracchus und Fulvius ihn in
einer Volksversammlung nach seiner Ansicht über Tiberius'
Ende fragten, da lag in seiner Antwort eine Ablehnung der
politischen Maßnahmen des Toten. Von dem Augenblick an
pflegte das Volk Scipios Reden niederzuschreien, was es
früher nie getan hatte. Scipio aber ließ sich zu Schmähungen
gegen das Volk hinreißen. Doch dieses habe ich alles in
Scipios Leben genauer erzählt.

GAIUS GRACCHUS
(153—121 v. Chr.)

Gaius Gracchus hielt sich anfangs vom politischen Leben
fern und lebte zurückgezogen und still für sich, weil er seine
Gegner fürchtete oder weil er sie beim Volk in Verruf bringen wollte. So machte er den Eindruck eines Mannes, der
für den Augenblick in den Hintergrund gedrängt ist und
auch nicht die Absicht hat, sich in Zukunft politisch zu be-
tätigen. Deshalb gab er Veranlassung zu dem Gerede, er
mißbillige, ja verabscheue Tiberius' politische Maßnahmen.
Er war freilich auch noch sehr jung, neun Jahre jünger als
sein Bruder, der bei seinem Tod erst dreißig Jahre alt gewesen war. Als sich aber mit der Zeit herausstellte, daß sein
wahres Wesen von weichlicher Untätigkeit, von Wohlleben
in Reichtum und Üppigkeit, von Gewinnsucht nichts wußte,
als er mit dem Studium der Redekunst sich den Weg zur
Staatslaufbahn ebnete und damit den Beweis erbrachte, daß
die Zeit seiner Untätigkeit vorbei war, als er ferner einst
als Anwalt seines Freundes Vettius vor Gericht auftrat und
unter tosendem Beifallsgeschrei des Volkes zeigte, daß die
anderen Redner an ihm gemessen nur unmündige Kinder
seien: da mußte die Regierung wieder ernste Befürchtungen
hegen, und man sprach sich immer wieder gegen ein Tribunat des Gaius aus. Zufällig bestimmte das Los ihn zum
Quästor des Konsuls Orestes in Sardinien. Darüber froh-
lockten seine Feinde, ihm selbst aber machte das weiter keinen Kummer. Denn er hatte Freude am Kriegshandwerk
und war ein ebenso tüchtiger Soldat wie Anwalt, hatte auch
heimlich noch Angst vor Staatsämtern und Rednerbühne,
ohne daß er dem Drängen des Volkes und seiner Freunde
Widerstand entgegenzusetzen wagte. So begrüßte er diese
Reise von ganzem Herzen. Gleichwohl herrscht vielfach die
Meinung, Gaius sei ein vollendeter Demagoge gewesen und
habe viel leidenschaftlicher als sein Bruder Tiberius um die
Gunst der Menge gebuhlt. Doch stimmt das nicht: viel mehr

durch äußeren Zwang als aus innerem Drang heraus scheint
er in die politische Laufbahn geraten zu sein. Jedenfalls
erzählt Cicero, Gaius habe jede Betätigung als Beamter
abgelehnt und sich einem völlig unpolitischen Leben hingegeben. Da sei ihm sein Bruder im Traum erschienen und
habe zu ihm gesagt: „Was besinnst du dich noch, Gaius?
Es gibt für dich kein Entrinnen. Dir ist dasselbe Leben, derselbe Tod im Dienste des Volkes beschieden wie mir."

2. Während seiner Amtszeit in Sardinien zeichnete Gaius
sich aus und gab vor allen anderen jungen Leuten ein leuch-
tendes Beispiel von Tapferkeit im Kampf mit den Feinden, von Leutseligkeit im Verkehr mit den Untergebenen,
von Freundlichkeit und Achtung gegen die Vorgesetzten.
Selbst Ältere übertraf er an Bescheidenheit, Einfachheit und
Diensteifer. Es war ein harter, ungesunder Winter; deshalb
ließ der Feldherr die Städte um warme Kleidung für die
Soldaten bitten. Diese schickten aber Gesandte nach Rom,
um die Forderung abzulehnen. Der Senat erklärte sich mit
der Weigerung einverstanden und legte dem Feldherrn
nahe, anderweitig Kleidung für seine Leute zu beschaffen.
Orestes war ratlos, und die Soldaten litten sehr. Da besuchte Gaius die Städte und veranlaßte sie, den Römern zu
helfen und freiwillig Kleidung zu schicken. Als dieser Vorfall in Rom bekannt wurde, witterte man ein Vorspiel zu
seinem Auftreten als Demagoge, und der Senat verlor die
Fassung. Als nun gar Gesandte vom König Micipsa aus
Afrika kamen und meldeten, der König habe Gaius Gracchus zuliebe dem Feldherrn Proviant nach Sardinien geschickt, da befahlen sie ihnen ärgerlich, Rom zu verlassen.
Dann beschlossen sie, das Heer solle abgelöst werden, Orestes aber dort verbleiben, weil dann auch Gaius von Amts
wegen bei ihm bleiben mußte.

Kaum hatte Gaius das erfahren, als er sich in höchster Erbitterung einschiffte und unvermutet in Rom erschien. Darüber regten sich nicht nur seine Gegner auf, auch der einfache Mann fand es ungehörig, daß der Quästor vor dem
Konsul die Provinz verließ. Als man deshalb vor den Zensoren Anklage gegen ihn erhob, bat er ums Wort und wußte

seine Zuhörer so zu beeinflussen, daß sie schließlich glauben mußten, ihm sei vielmehr das größte Unrecht geschehen. Er sagte, zwölf Jahre sei er schon Soldat, während andere höchstens zehn Jahre gedient hätten. Als Quästor habe er drei Jahre beim Feldherrn ausgehalten, obwohl das Gesetz ihm erlaube, nach einem Jahr zurückzukehren. Im ganzen Heer sei er der einzige, der mit vollem Beutel ausgezogen, mit leerem heimgekehrt sei; die anderen aber hätten Weinfässer leer getrunken und voll Gold und Silber wieder mit nach Hause gebracht.

3. Bald darauf häufte man neue Beschuldigungen und Anklagen auf ihn: er stifte Aufruhr unter den Bundesgenossen und sei an der Verschwörung, die man in Fregellä aufgedeckt habe, beteiligt gewesen. Doch wusch er sich von allem Verdacht rein und stand makellos da. So bewarb er sich ohne Zögern um das Volkstribunat trotz des geschlossenen Widerstandes der Optimaten. Das einfache Volk dagegen strömte in solcher Menge aus ganz Italien in Rom zusammen, um seine Wahl durchzusetzen, daß viele keine Unterkunft fanden, das Marsfeld die Volksmenge nicht faßte und viele von den Giebeln und Dächern herab ihre Stimme abgaben. Doch hatten die Optimaten mit ihrem Druck auf das Volk einen gewissen Erfolg. Sie betrogen Gaius insofern um seine Hoffnung, als er nicht an erster, sondern erst an vierter Stelle zum Tribunen gewählt wurde. Aber nach der Amtsübernahme war Gaius doch gleich der erste. Der Gewalt seiner Rede war keiner gewachsen, die leidenschaftliche Trauer um seinen Bruder öffnete ihm die Lippen zu freimütiger Rede. Auf ihn lenkte er die Erinnerung des Volkes bei jeder Gelegenheit; er rief ihnen die schimpflichen Ereignisse bei seinem Tode wieder ins Gedächtnis zurück und stellte dem entgegen, wie sich ihre Vorfahren in ähnlichen Fällen verhalten hätten. So hätten jene mit den Faliskern Krieg angefangen, um die Beleidigung zu rächen, die man einem Tribunen Genucius zugefügt hatte; und Gaius Veturius habe man zum Tode verurteilt, weil er einem Tribun auf dem Forum als einziger nicht Platz gemacht habe. „Vor euren Augen", rief er, „haben diese Elenden Tiberius

mit Knüppeln niedergeschlagen, vom Kapitol herunter den Leichnam durch die ganze Stadt geschleift und in den Tiber geworfen. Ohne Urteil hat man seine Anhänger, deren man habhaft werden konnte, dem Tode überantwortet. Und wenn ein Verbrecher sich nicht dem Gericht stellen wollte, war es bei uns doch von jeher Brauch, daß ein Trompeter am frühen Morgen vor sein Haus ging und ihn mit einem Trompetenstoß nochmals mahnte. Vorher durfte kein Richter das Urteil sprechen. So vorsichtig und behutsam waren sie in ihrer Rechtsprechung."

4. Als er mit solchen Worten das Volk aufgerüttelt hatte – er hatte übrigens eine laute, durchdringende Stimme –, brachte er zwei Gesetzesvorschläge ein: wenn das Volk einen Beamten seines Amtes entsetzt habe, so dürfe er kein zweites Mal irgendein Amt annehmen. Und ferner: wenn ein Beamter einen römischen Bürger ohne gerichtliche Untersuchung verbannte, so sollte der Beamte vom Volk gerichtet werden: Von diesen Gesetzen sollte das eine offenbar Marcus Octavius treffen, den Tiberius seines Amtes als Volkstribun entsetzt hatte. Das andere zielte auf Popilius, der als Prätor Tiberius' Anhänger verbannt hatte. Popilius entzog sich dem Gericht und verließ Italien fluchtartig. Das erste Gesetz zog Gaius selbst zurück mit der Begründung, er habe auf Bitten seiner Mutter Cornelia Octavius begnadigt. Das Volk war zufrieden und gab nach, denn es schätzte Cornelia ebenso um ihrer Söhne wie um ihres Vaters willen. Später setzte man ihr ein ehernes Denkmal mit der Aufschrift: ,Cornelia, die Mutter der Gracchen'. Man erzählt auch von Gaius manche Äußerungen über seine Mutter, die er in der rücksichtslosen Sprache des Forums einem Gegner gegenüber tat: „Du willst Cornelia beschimpfen, die Tiberius gebar?" Und da der Gescholtene wegen seines liederlichen Lebenswandels in aller Munde war, fügte Gaius noch hinzu: „Wie kommst du dazu, Unverschämter, dich mit Cornelia in einem Atem zu nennen? Hast du Kinder geboren wie sie? Ich will dir sagen, was ganz Rom weiß: sie hat als Frau länger ohne Mann gelebt als du als Mann." Eine solche Schärfe lag in seinen Reden.

5. Von den Gesetzen, die er dann in Vorschlag brachte, um die Gunst des Volkes zu gewinnen und den Einfluß des Senats zu brechen, war das eine ein Ackergesetz und sollte den Staatsgrund unter die Armen verteilen. Das andere war ein Militärgesetz: den Soldaten solle die Ausrüstung geliefert und ihnen dafür nichts vom Sold abgezogen werden; auch dürfe kein Soldat unter siebzehn Jahren zum Militärdienst ausgehoben werden. Das dritte betraf die Bundesgenossen: die italischen Völker sollten das gleiche Stimmrecht bekommen wie die römischen Bürger. Das vierte war ein Getreidegesetz: den Armen solle billiges Korn geliefert werden. Durch das fünfte, das die Gerichtsbarkeit betraf, sollte der Einfluß der Senatoren in der Rechtsprechung beschnitten werden. Denn sie allein hatten die Gerichtsbarkeit in Händen und waren deshalb bei Volk und Rittern verhaßt. Gaius aber bestimmte außer den dreihundert Senatoren noch dreihundert Ritter und ließ die Entscheidungen von den sechshundert gemeinsam treffen. Für die Annahme des letzten Gesetzes soll er sich mit besonderem Eifer eingesetzt und dabei auch eine Neuerung eingeführt haben. Wenn früher nämlich die Vertreter des Volkes eine Rede hielten, so wandten sie sich dem versammelten Senat zu und gegen das sogenannte Comitium. Gaius aber wandte sich damals zuerst nach der anderen Seite, dem Forum zu, als er die Rede hielt, und behielt diese Gewohnheit auch später bei. So unscheinbar diese Änderung im Auftreten war, so wichtig war die Neuerung, die er damit einführte. Damit wandelte er gewissermaßen die aristokratische Staatsverfassung in eine demokratische um, so daß die Redner ihre Worte an das Volk, nicht mehr an den Senat richteten.

6. Das Volk nahm das Gesetz einstimmig an, es beauftragte Gaius auch mit der Wahl der Richter, die aus dem Ritterstand genommen werden sollten. Es war eine fast monarchische Machtbefugnis, die ihm zufiel, und selbst der Senat ließ sich seinen Rat gefallen. Allerdings entsprachen alle seine Ratschläge auch der Würde und dem Ansehen des Senats durchaus. So gab er über das Getreide, das der Proprätor Fabius aus Spanien geschickt hatte, ein außerordent-

lich mildes, vortreffliches Gutachten ab und riet dem Senat, das Getreide zu verkaufen, den Erlös den geschädigten Städten zuzuschicken und Fabius einen Verweis zu erteilen, daß er die Herrschaft des römischen Volkes für die Untertanen drückend und unerträglich gestalte. Dieser Fall trug ihm die Anerkennung und Zuneigung der Provinzen ein. Auch brachte er ein Gesetz ein über die Gründung von Kolonien, den Bau von Straßen und die Errichtung von Getreidemagazinen. In allen diesen Angelegenheiten übernahm er selbst den Vorsitz und ließ sich bei all diesen wichtigen Unternehmungen keine Mühe verdrießen. Erstaunlich war die Schnelligkeit und Energie, mit der er jeden einzelnen Plan durchführte, als wenn gerade dieser Plan der einzige wäre. So kam es, daß selbst Leute, die Gaius aufs äußerste haßten und fürchteten, ihrer Verwunderung über seine zielbewußte Tatkraft Ausdruck gaben. Der Mann aus dem Volke aber staunte vollends, wenn er sah, wie ein ganzes Heer von Bauunternehmern, Handwerkern, Gesandten und Beamten, Militärs und Gelehrten ihn umlagerte. Alle behandelte er leutselig, ohne seiner Würde mit dieser Freundlichkeit etwas zu vergeben, und wenn er jedem dieser Leute die ihm zukommende Achtung erwies, so strafte er damit die böswilligen Verleumder Lügen, die behaupten wollten, er sei ein Wüterich, ein Grobian und Gewaltmensch. So war der Einfluß, den er im privaten und geschäftlichen Verkehr auf das niedere Volk gewann, noch gefährlicher als seine Wirkung von der Rednerbühne herab.

7. Am meisten kümmerte er sich um den Straßenbau und war dabei ebensosehr auf den Nutzen wie auf Schönheit und Bequemlichkeit bedacht. In schnurgeraden Linien durchliefen die Straßen das Gelände, sie wurden mit behauenen Steinen gepflastert oder mit Sandaufschüttungen bedeckt, die dann festgestampft wurden. Vertiefungen wurden ausgefüllt; wo Gießbäche oder Schluchten das Gelände durchschnitten, baute man Brücken, und da man beide Ufer gleichmäßig erhöhte, gewann die ganze Anlage ein ebenmäßiges, erfreuliches Aussehen. Auch teilte er jede Strecke in Meilen ein (die Meile ist fast acht Stadien lang) und ließ steinerne Säulen als

Meilensteine errichten. Andere Steine ließ er in geringerem
Abstand auf beiden Seiten der Straße setzen, damit die Reiter von ihnen aus leicht ohne fremde Hilfe wieder aufsteigen
konnten.

8. Alle diese Maßnahmen waren Grund genug für das Volk,
ihn in den Himmel zu erheben, und es zeigte sich geneigt,
ihm jeden Wunsch zu erfüllen. In einer Rede vor versammeltem Volk erklärte er einmal, er wolle sich selbst eine
Gunst ausbitten. Gewähre man sie ihm, so gäbe es nichts,
was ihm mehr wert sei. Aber auch eine Absage werde er
ihnen nicht übelnehmen. Hinter diesen Worten vermutete
man seine Bewerbung um das Konsulat, und jedermann argwöhnte, er wolle sich gleichzeitig um Konsulat und Tribunat bewerben. Als der Tag der Konsulwahlen herankam
und aller Erwartung auf das höchste gestiegen war, erschien
Gaius mit Gaius Fannius auf dem Marsfeld, und mit seinen
Freunden befürwortete er dessen Wahl zum Konsul. Das
gab den Ausschlag für Fannius, und so wurde er zum Konsul, Gaius aber zum zweitenmal zum Tribun gewählt, ohne
daß er sich persönlich darum beworben hätte, nur durch die
Gunst des Volkes. Als er aber sehen mußte, wie der Senat
ihm feindlich gegenüber stand und Fannius' Freundschaft
gegen ihn schon ziemlich erkaltet war, da suchte er die
Menge wieder mit neuen Gesetzen an sich zu ziehen. Er
schlug vor, Siedler nach Tarent und Capua zu schicken und
den Latinern das Bürgerrecht zu verleihen.

Der Senat aber fürchtete, Gaius könne ihn vollends außer
Gefecht setzen, und versuchte ein unerhörtes, nicht dage-
wesenes Mittel, um eine Entfremdung zwischen Gaius und
dem Volk herbeizuführen. Er wollte Gaius in seinen demagogischen Bestrebungen übertrumpfen und selbst gegen das
Interesse des Staates dem Volk zu Willen sein. Unter Gaius'
Amtsgenossen war ein Mann namens Livius Drusus, der an
Herkommen und Erziehung keinem vornehmen Römer
nachstand und es an Charakter, Beredsamkeit und Reichtum
sogar mit Leuten aufnehmen konnte, die wegen solcher Vorzüge in Rom hoch angesehen waren. An ihn wandten sich
also die Optimaten und legten ihm nahe, einen Schritt

gegen Gaius zu unternehmen und im Bunde mit ihnen selbst ihm entgegenzuarbeiten. Aber er dürfe das Volk dabei auf keinen Fall vor den Kopf stoßen oder ihm Gewalt antun, vielmehr ihm den Willen lassen auch in Fragen, in denen man sich eigentlich eher ihren Haß zuziehen müßte.

9. So lieh also Livius sein Amt dem Senat für diesen Zweck und brachte ein Gesetz nach dem anderen in Vorschlag ohne Rücksicht auf Ehre oder Vorteil des Staates. Wie sich in der Komödie die Leute um die Wette abhetzen, hatte er nur das einzige Ziel, Gaius mit Gefälligkeiten bei der großen Menge auszustechen. Damit bewies der Senat klar, daß es nicht Gaius' Maßnahmen waren, die er mißbilligte, sondern daß er den Mann selber kaltstellen oder doch wenigstens seinen allzu großen Einfluß zurückdrängen wollte. Wenn Gaius die Aussendung zweier Kolonien beantragte und die angesehensten Bürger dafür bestimmte, warf man ihm vor, er buhle um die Volksgunst; Livius, der zwölf beantragte und in jede dreitausend bedürftige Bürger schicken wollte, fand Unterstützung. Wenn Gaius der ärmeren Bevölkerung Land zuteilen wollte und jedem eine Abgabe an den Fiskus auferlegte, so hetzten die Optimaten gegen ihn, er gehe dem Pöbel um den Bart. Livius erließ den Siedlern auch diese Abgabe und fand damit Beifall beim Senat. Gaius' Antrag auf Verleihung des Stimmrechts an die Latiner erregte allgemeines Mißfallen; Livius' Vorschlag, man solle im Heer die Prügelstrafe auch für die Latiner abschaffen, wurde befürwortet. Livius selbst erwähnte in seinen Reden auch immer und immer wieder, alle seine Vorschläge seien vom Senat gutgeheißen, der nur das Beste des Volkes wolle. Das war aber auch der einzige Gewinn, den seine Maßnahmen brachten, daß das Volk dem Senat gegenüber eine freundlichere Haltung annahm. Während es die Optimaten früher nur mit Haß und Argwohn angesehen hatte, milderte und beseitigte Livius diese Feindschaft, als wenn seine freundliche Gesinnung gegen das Volk nur dem Geheiß des Senats entsprungen wäre.

10. Vor allem aber deshalb hielt man Livius' Freundschaft und Unbestechlichkeit gegenüber dem Volk für echt, weil

man sah, er stellte seine Anträge weder in seinem Interesse noch für seinen Vorteil. Er überließ die Ausführung der Kolonien anderen und befaßte sich selbst nie mit Verwaltung von Geldern, während Gaius die Mehrzahl der Geschäfte, besonders die wichtigeren, persönlich zu erledigen pflegte. Da stellte Rubrius, einer seiner Kollegen, den Antrag, das von Scipio zerstörte Karthago wieder zu besiedeln, und Gaius wurde durch das Los bestimmt, nach Afrika zu fahren und die Kolonisation zu leiten. Seine Abwesenheit benutzte Livius, um dem Volk noch mehr zuzusetzen und es auf seine Seite zu bringen, vor allem durch seine Machenschaften gegen Fulvius. Dieser Fulvius war Gaius' Freund und Kollege bei der Ackerverteilung gewesen, aber als unruhiger Kopf hatte er sich beim Senat unbeliebt gemacht. Auch andere Leute hatten ihn im Verdacht, daß er bei den Bundesgenossen Unruhe stiftete und bei den Italikern zum Abfall hetzte. Diese unbewiesenen und unwiderlegten Gerüchte machte Fulvius selbst einigermaßen glaubhaft durch seine törichte, unruhige Politik. Das war der wichtigste Grund für Gaius' Sturz, da man den Haß gegen Fulvius auf ihn übertrug. Und als Scipio Africanus ohne sichtbare Veranlassung plötzlich starb und sich an seinem Leichnam Spuren von Schlägen und anderen Gewalttätigkeiten zeigten, wie man in meinem ‚Leben des Scipio‘ lesen kann, da beschuldigte man hauptsächlich Fulvius, seinen erklärten Feind, der gerade an jenem Tage auf dem Forum sich in Schmähungen gegen Scipio ergangen hatte, und auch Gaius wurde von diesem Verdacht mit betroffen. Diese Gewalttat gegen den ersten und mächtigsten Mann in Rom kam allerdings nicht zur Aburteilung vor Gericht, weil sich die große Menge widersetzte; sie schlug die Untersuchung nieder aus Furcht, Gaius möchte mitschuldig am Tode des Scipio befunden werden. Doch fiel dies in eine frühere Zeit.

11. In Afrika sollen sich bei der Neubesiedlung Karthagos, das Gaius Junonia, d. h. Herastadt, nannte, viele Hindernisse gezeigt haben, die göttlicher Wille ihnen in den Weg stellte. Die Fahne des ersten Manipels wurde von einem Windstoß erfaßt und brach in Stücke, als der Fahnenträger

sie mit aller Anstrengung zu halten suchte. Ein Wirbelwind riß die Opfertiere vom Altar und warf sie nach allen
Seiten über den Grundriß der Stadt und seine Grenzsteine
hinaus. Und es kamen Wölfe, rissen die Steine heraus und
schleppten sie weit fort. Gleichwohl wurde Gaius innerhalb
von siebzig Tagen mit seinen Vorbereitungen und Anordnungen fertig und kehrte dann nach Rom zurück. Es war
ihm zu Ohren gekommen, daß Livius dem Fulvius hart
zusetzte und die Vorgänge seine Anwesenheit erforderlich
machten. Denn Lucius Opimius, ein Anhänger der Optimaten und einflußreiches Senatsmitglied, war früher bei
der Bewerbung um das Konsulat durchgefallen, weil Gaius
den Fannius unterstützt und Opimius' Wahl hintertrieben
hatte. Jetzt war eine starke Mehrheit für ihn und seine
Wahl zum Konsul mehr als wahrscheinlich. Als Konsul aber
würde er Gaius stürzen, dessen Einfluß schon stark im Sinken begriffen war. Denn das Volk hatte seine politischen
Maßnahmen herzlich satt, weil viele unruhige Köpfe seine
Gunst suchten und der Senat ihnen gern freie Hand ließ.

12. Nach seiner Rückkehr war das erste, daß er vom Palatin
in die Gegend am Forum zog. Damit wollte er seine Verbundenheit mit dem Volke zeigen, weil in diesem Viertel
die bedürftige, ärmliche Bevölkerung wohnte. Dann brachte
er die übrigen Gesetze heraus, um über sie abstimmen zu
lassen. Als aber eine gewaltige Menschenmenge aus ganz
Italien zusammenströmte, um sie durchzubringen, wies der
Senat den Konsul Fannius an, alle Nichtrömer aus der Stadt
zu weisen. Und es erging der unerhörte, seltsame Befehl,
daß kein Freund und Bundesgenosse sich in diesen Tagen in
Rom aufhalten dürfe. Als Antwort erließ Gaius ein Edikt,
in dem er bittere Vorwürfe gegen den Konsul erhob und
den Bundesgenossen Unterstützung versprach, wenn sie blieben. Doch hielt er nicht Wort; denn als er sah, wie einer
seiner vertrauten Freunde von den Liktoren des Fannius
fortgeschleppt wurde, ging er vorbei, ohne einen Finger zu
rühren. Er wollte nicht merken lassen, wie sein Stern im
Untergehen war, oder seinen Feinden, die schon immer nach
einer Gelegenheit zu Streit und Händeln suchten, keine

Gelegenheit bieten. Auch bei seinen Kollegen machte er sich
verhaßt. Auf dem Forum sollten Gladiatorenspiele für das
Volk veranstaltet werden, und die meisten Beamten ließen
im Kreis Sitzplätze errichten, um sie an Zuschauer zu ver-
mieten. Gaius gab Befehl, sie wieder abreißen zu lassen,
damit die ärmere Bevölkerung von den Plätzen aus unent-
geltlich zuschauen konnte. Niemand kümmerte sich um den
Befehl. Da ließ Gaius die Nacht vor dem Schauspiel herankommen, nahm aus dem Handwerkerstande alle Unter-
nehmer, die ihm bei den staatlichen Arbeiten unterstellt
waren, riß die Gerüste ab und wies dem Volk am anderen
Morgen die leeren Plätze an. Durch diese Tat zeigte er sich
der Menge als ganzer Mann, seine Kollegen aber ärgerten
sich über den Brausekopf und Draufgänger.

Dadurch scheint er sich auch das dritte Tribunat verscherzt
zu haben. Zwar fielen ihm die meisten Stimmen zu, doch
sollen seine Kollegen bei der Bekanntmachung und Ernennung der Bewerber unredlich und betrügerisch verfahren
sein. Mit Bestimmtheit läßt sich das allerdings nicht nachweisen. Gaius nahm seine Niederlage keineswegs gelassen
hin; vielmehr soll er seinen spottenden Gegnern unbesonne-
ner als nötig geantwortet haben: „Ihr erlaubt euch ein sardonisches Gelächter, ohne zu wissen, in welche Finsternis
euch meine politischen Maßnahmen stürzen werden."

13. Opimius wurde dann zum Konsul gewählt, worauf man
eine Reihe von Gaius' Gesetzen wieder aufhob und auch die
Verordnung wegen der Besiedelung Karthagos abänderte.
Damit wollte man Gaius reizen und ihn beseitigen, falls er
sich zu einem unbesonnenen Schritt verleiten lassen sollte.
Anfangs ließ er sich alles ruhig gefallen; aber auf Betreiben
seines Anhangs, vor allem des Fulvius, begann er wieder die
Opposition gegen den Konsul zu sammeln. Einige erzählen,
auch seine Mutter sei in das Komplott mit verwickelt gewesen; sie habe heimlich in der Fremde Männer gedungen
und als Schnitter verkleidet nach Rom geschickt; dies sei
nämlich in ihren Briefen an ihren Sohn dunkel angedeutet.
Andere dagegen erzählen, Cornelia habe das Vorgehen ihres
Sohnes durchaus nicht gebilligt.

An dem Tage, an dem Opimius jene Gesetze aufheben wollte, wurde das Kapitol von beiden Parteien gleich am frühen Morgen besetzt. Der Konsul vollzog das heilige Opfer, und ein Liktor, Quintus Antyllius, sollte die Eingeweide herumtragen. Da sprach er zu Fulvius: „Hinweg, ihr nichtswürdigen Bürger, gebt Raum den guten." Einige behaupten, er habe diese Worte noch mit einer höhnischen Bewegung des entblößten Armes begleitet. Im nächsten Augenblick wurde Antyllius dort auf der Stelle mit großen Griffeln, die angeblich zu diesem Zweck angefertigt waren, unter grausamen Qualen getötet. Die Menge entsetzte sich über die Bluttat, bei den Führern war die Stimmung geteilt. Gaius war ärgerlich über seine Anhänger, weil sie der Gegenpartei ihren längst gehegten Wunsch erfüllt und sich ins Unrecht gesetzt hatten. Für Opimius war es ein Glücksfall, der ihn ganz übermütig machte. So rief er das Volk zur Vergeltung auf.

14. Doch wurde für dieses Mal die Versammlung aufgelöst, weil ein Wolkenbruch niederging. In der Frühe des nächsten Morgens berief der Konsul den Senat in die Kurie und beriet über die Lage. Andere bahrten Antyllius' nackten Leichnam auf und trugen ihn unter Klagen und Jammern absichtlich über das Forum an der Kurie vorüber. Opimius wußte, was draußen vorging, tat aber sehr erstaunt, so daß die Senatoren ebenfalls herauskamen. Als man die Bahre inmitten der Volksmenge niedersetzte, begannen manche zu jammern, als wenn ein großes, schreckliches Unglück geschehen sei. Die meisten aber machten ihrem Haß und Abscheu gegen die Vornehmen Luft: Tiberius Gracchus, den Volkstribunen in Amt und Würden, habe man auf dem Kapitol umgebracht und seinen Leichnam in den Tiber geworfen, aber einen Sklaven, wie Antyllius, bahre man auf dem Forum auf. Vielleicht sei ihm Unrecht geschehen, aber in der Hauptsache habe er sein Unglück selbst verschuldet. Jammernd umstehe der Senat diesen Mietling, um ihm das letzte Geleit zu geben, nur zu dem Zweck, den einzigen Volksfreund, der noch übrig sei, aus dem Wege zu räumen. Darauf kehrten die Senatoren in die Kurie zurück und ga-

ben durch ein Dekret dem Konsul Opimius die Vollmacht
gemäß dem *senatus consultum ultimum:* er solle nach Kräften die Stadt schützen und die Tyrannenmacht brechen.
Opimius befahl den Senatoren, in Waffen zu erscheinen,
und jedem Ritter, am anderen Morgen mit zwei bewaffneten Sklaven sich einzufinden. Auch Fulvius traf seine Ge-
genmaßnahmen und sammelte eine Schar von Anhängern,
Gaius aber blieb auf dem Rückweg vom Forum vor dem
Denkmal seines Vaters stehen, sah es lange schweigend an
und ging dann weinend und seufzend weiter. Das erweckte
bei vielen, die es mit ansahen, Mitleid. Sie machten sich bittere Vorwürfe, daß sie den Mann im Stich gelassen und verraten hätten. Sie zogen zu seinem Haus und brachten die
Nacht vor seiner Tür zu. Ganz anders Fulvius' Leute. Diese
zechten, lärmten und tobten die ganze Nacht hindurch.
Fulvius selbst war zuerst betrunken und redete und gebär-
dete sich, wie es sich für sein Alter nicht gehörte. Gaius'
Anhänger aber hielten sich ruhig, als wenn ein allgemeines
Unglück über das Vaterland hereingebrochen wäre, und
dachten sinnend an die Zukunft, während sie abwechselnd
ihren Wachdienst taten.

15. Fulvius schlief am anderen Morgen seinen Rausch aus
und konnte nur mit Mühe geweckt werden. Da ergriffen die
Leute vor seinem Hause Waffen, die Fulvius als Konsul im
siegreichen Kriege mit den Galliern erbeutet hatte, und
unter drohendem Geschrei besetzten sie den Aventin. Gaius
verschmähte es, sich zu bewaffnen; als wenn er aufs Forum
ginge, legte er die Toga an, nur einen kleinen Dolch nahm
er als Waffe mit. Als er aus dem Hause gehen wollte, warf
sich seine Gattin in der Tür vor ihm nieder und umarmte
ihren Gatten und das Kind. Wehklagend sagte sie: „Sonst,
Gaius, gingst du von mir fort aufs Forum als Tribun und
Gesetzgeber oder in einen ehrenvollen Krieg. Dann konnte
ich dich, auch wenn dir etwas Menschliches begegnete, doch
wenigstens noch in Ehren betrauern. Jetzt lieferst du dich
Tiberius' Mördern freiwillig aus, ohne Waffen. Das verdient Lob: denn Unrecht leiden ist besser als Unrecht tun.
Dem allgemeinen Besten aber wird dein Tod nichts nützen.

Das Böse hat schon gesiegt; jetzt lassen sie die Gewalt des
Schwertes entscheiden. Wäre dein Bruder vor Numantia gefallen, so wäre uns sein Leichnam kraft des Vertrages ausgeliefert. Nun aber muß ich wohl Fluß oder Meer anflehen,
mir zu verraten, wohin sein Körper geschwemmt wird.
Darf man Gesetzen und Göttern noch trauen, seit Tiberius
ermordet ist?" So jammerte Licinia, Gaius löste sich indes
sanft aus ihrem Arm und ging inmitten seiner Freunde
schweigend davon. Sie suchte sich an sein Gewand zu klammern, fiel jedoch zu Boden und lag lange stumm da, bis die
Diener sie aufhoben und ohnmächtig zu ihrem Bruder Crassus trugen.

16. Gaius' Partei hatte sich inzwischen versammelt. Da schickte
Fulvius auf Gaius' Bitten seinen jüngsten Sohn mit einem
Heroldstab aufs Forum. Es war ein Jüngling von auffal-
lender Schönheit. Bescheiden und mit allem Anstand schritt
er herab und überbrachte mit Tränen im Auge Konsul und
Senat die Vorschläge zur Versöhnung. Die meisten Anwesenden waren gern damit einverstanden, die Feindseligkeiten beizulegen. Opimius aber wollte von Unterhändlern
zwischen Gaius und dem Senat nichts wissen. Persönlich
sollten sie als Bürger zur Verantwortung herabkommen und
das Urteil über sich ergehen lassen. Nur so könnten sie den
Zorn des Senats besänftigen. Dem Jüngling aber befahl er,
nur wiederzukommen, wenn diese Bedingungen angenommen seien. Gaius wollte, wie man erzählt, den Gang wagen
und den Senat umstimmen. Doch als keiner der anderen ihm
beipflichtete, schickte Fulvius den Jüngling noch einmal zu
der gleichen Verhandlung. Opimius aber kam es nur darauf
an, mit der Gegenpartei handgemein zu werden. So ließ er
den jungen Mann ergreifen und ins Gefängnis abführen.
Dann griff er Fulvius mit einer Abteilung Schwerbewaff-
neter und kretischer Bogenschützen an, die ihre Gegner mit
ihren Pfeilen verwundeten und sie in wilde Verwirrung
brachten. Sie mußten flüchten. Fulvius suchte Schutz in
einem verlassenen Bad, wurde aber bald entdeckt und mit
seinem ältesten Sohn niedergehauen. Gaius hatte niemand
im Kampf gesehen: heißer Zorn über die Ereignisse hatten

ihn in das Heiligtum der Diana getrieben. Dort wollte er
sich selbst das Leben nehmen, wurde aber von seinen vertrauten Freunden Pomponius und Licinius daran gehindert.
Da sie in der Nähe waren, konnten sie ihm das Schwert entreißen und ihn erneut zur Flucht bewegen. Da soll er nieder-
gekniet sein im Gebet zu der Göttin, das römische Volk
möge für diesen Undank und Verrat in ewige Knechtschaft
verfallen. Denn die meisten seiner Anhänger waren auf die
Zusicherung völliger Straflosigkeit ohne Scheu zur Gegenpartei übergegangen.

17. Dem fliehenden Gaius setzten die Feinde nach und erreichten ihn an der ‚Holzbrücke'. Seine beiden Freunde rieten ihm dringend, die Flucht fortzusetzen; sie selbst stellten
sich den Verfolgern entgegen und kämpften, um die Gegner
aufzuhalten, vor der Brücke so lange, bis sie selbst fielen.
Ein einziger Sklave namens Philokrates war Gaius' Begleiter auf der Flucht; denn obwohl alle wetteiferten, ihm zur
Flucht zu raten, hielt es doch keiner für der Mühe wert, ihm
Beistand zu leisten oder ihm auf seine Bitten ein Pferd zu
verschaffen, weil ihnen die Verfolger hart auf den Fersen
waren. Mit knapper Not erreichte er noch den heiligen Hain
der Erinyen. Dort fand er sein Ende. Philokrates tötete erst
Gaius, dann sich selbst mit dem Schwert. Andere sagen, die
Feinde hätten beide noch lebend gefunden. Aber der Sklave
hielt seinen Herrn so eng umschlungen, daß man ihn erst
durch viele Stiche töten mußte, bevor man den Herrn treffen
konnte. Wie erzählt wird, hatte jemand Gaius' Kopf abgeschlagen und mitgenommen; von dem bekam ihn Opimius'
Freund Septimuleius. Denn gleich bei Beginn des Kampfes
war für die Überbringer der Köpfe des Gaius und Fulvius
eine Belohnung ausgesetzt: sie sollten so viel Gold bekommen, wie ein Kopf wog. Septimuleius brachte Gaius' Kopf
auf einen Speer gespießt zu Opimius. Man holte eine Waage
und siehe, der Kopf wog siebzehneinhalb Pfund. Denn Septimuleius hatte sogar in diesem furchtbaren Augenblick einen Schelmenstreich begangen und Betrug verübt: er nahm
das Gehirn heraus und goß Blei hinein. Die Leute, die Fulvius' Kopf überbrachten, gingen leer aus: waren sie doch

unbekannte kleine Leute. Gaius, Fulvius und die anderen Toten – es waren dreitausend umgekommen – wurden in den Tiber geworfen, ihr Vermögen fiel an den Staat. Den Frauen untersagte man, Trauer anzulegen, Licinias Mitgift wurde eingezogen.

Am unmenschlichsten verfuhr man mit Fulvius' jüngstem Sohn, obwohl er keinen Widerstand geleistet, überhaupt am Kampf nicht teilgenommen hatte. Er war als Unterhändler vor Beginn des Gemetzels festgenommen worden und wurde gleich nach dem Kampf hingerichtet. Mehr aber als dies und alles andere empörte die Gemüter, daß Opimius der ,Eintracht' einen Tempel errichtete. Das sah doch ganz so aus, als wenn er mit dem Mord an zahllosen Bürgern noch prahlte und sich brüstete, ja fast einen Triumph über sie feierte. Und so geschah es, daß im Dunkel der Nacht unbekannte Hände unter die Inschrift den Vers setzten: „Die frechste Zwietracht weiht der Eintracht einen Tempel."

18. Opimius war der erste, der in seinem Konsulat als Diktator auftrat; er trieb Gaius Gracchus und Fulvius Flaccus mit dreitausend Bürgern ohne gerichtliche Untersuchung in den Tod, obwohl Flaccus Konsul gewesen war und einen Triumph gefeiert hatte und Gaius alle Zeitgenossen durch seine Fähigkeiten in den Schatten gestellt hatte. Trotzdem hielt Opimius seine Hände nicht rein von unlauteren Machenschaften. Denn als er zu Jugurtha von Numidien als Gesandter geschickt wurde, ließ er sich von ihm mit Gold bestechen. Man erhob die schimpfliche Anklage der Bestechung gegen ihn. Seine letzten Lebensjahre verbrachte er in Schande und Unehre, gehaßt und verachtet vom Volk.

Die Menge war zwar durch die Ereignisse aufs tiefste gedemütigt, zeigte aber bald darauf, mit welcher Liebe und Sehnsucht sie der Gracchen gedachte. Man ließ Statuen von ihnen anfertigen und an öffentlichen Plätzen aufstellen, und die Stätte ihres Todes sprach man heilig. Man brachte ihnen die Erstlinge aller Jahresfrüchte, viele opferten ihnen auch täglich und erwiesen ihnen kniefällig göttliche Ehren. Wie zu Göttertempeln wallfahrtete man zu ihnen.

19. Cornelia soll ihr Unglück mit der edlen Gelassenheit

einer großen Seele getragen haben. Von den Heiligtümern, in denen der Mord geschah, äußerte sie, die Toten hätten ein würdiges Grab gefunden. Sie wohnte in Misenum und lebte ihr gewohntes Leben weiter. Sie liebte es, ihre Freunde um sich zu versammeln und sie gastfrei und vornehm zu bewirten. Griechische Gelehrte gingen bei ihr ein und aus, und Könige aller Länder tauschten Geschenke mit ihr. Ihren Gästen und Freunden konnte sie keine größere Freude machen, als wenn sie von ihres Vaters Africanus Leben und Taten erzählte. Ihrer Söhne gedachte sie zum höchsten Staunen aller ohne Trauer und Tränen und erzählte ihren Zuhörern von ihren Taten und Leiden wie von Helden der Vorzeit. So mögen manche auf den Gedanken gekommen sein, das Alter oder das Übermaß ihrer Leiden habe ihr die klare Einsicht in das Geschehene geraubt, und sie habe kein Gefühl mehr für ihr Unglück. In Wirklichkeit aber waren sie es, die nicht merkten, wie treue Helfer im Leid ein edles Herz, vornehme Abstammung und gute Erziehung sind. Wohl beugt das Schicksal bisweilen ein tapferes Herz, wenn es dem Leiden aus dem Wege gehen will. Die Kraft aber, das Unglück standhaft zu ertragen, kann das Geschick ihm nicht nehmen.

SULLA

(138 — 78 v. Chr.)

Lucius Cornelius Sulla stammte aus patrizischer Familie, wie man die altadeligen Familien Roms nennt. Einer seiner Vorfahren, Rufinus, soll Konsul gewesen sein, doch war seine Schande bekannter als seine Würde. Es stellte sich nämlich heraus, daß er silberne Gefäße im Gewicht von mehr als zehn Pfund besaß, was das Gesetz verbot. Deshalb wurde er aus dem Senat gestoßen. Seine Nachkommen lebten seitdem in ärmlichen Verhältnissen, und Sulla selbst besaß kein übermäßig großes Vermögen. Als junger Mann wohnte er für billiges Geld zur Miete bei fremden Leuten, und das war es, was man ihm später vorwarf: über seinen Stand hinaus schien er vom Glück begünstigt zu sein. So soll nach dem Feldzug in Afrika, als er gewaltig prahlte und sich brüstete, ein wackerer Mann zu ihm gesagt haben: „Wie kannst du reine Hände haben, du, der Besitzer eines solchen Vermögens, das dein Vater dir ganz gewiß nicht hinterlassen hat." Man kannte damals freilich in Lebensart und Sitte nicht mehr die alte Geradheit und Reinheit, man war auf Abwege geraten und hatte sich der Schwelgerei und dem Luxus ergeben. Setzte sich aber jemand über die einfache Lebensweise der Vorfahren hinweg, so galt das trotzdem als ebenso schimpflich, wie wenn man das väterliche Vermögen durchbrachte. Als er später Diktator geworden war und ganze Scharen Menschen hatte hinrichten lassen, geschah es, daß man einen Freigelassenen, der einen Geächteten verborgen gehalten haben sollte, vom Felsen herabstürzen wollte. Da machte er Sulla bittere Vorwürfe, lange Zeit hätten sie zusammen in einem Haus gewohnt, er selbst für zweitausend Sesterzen oben, Sulla für dreitausend unten. So betrage der Unterschied in ihrem Glück tausend Sesterzen, das heißt zweihundertfünfzig attische Drachmen. Solches erzählt man sich von Sullas ursprünglichen Vermögensverhältnissen.

2. Sein Äußeres kennt man im großen und ganzen von den Bildsäulen; nur der hellblauen Farbe der Augen, die an sich schon durchdringend und wild blickten, verlieh die Gesichtsfarbe des Lebenden noch furchtbareres Aussehen. War doch sein ganzes Gesicht, dessen Haut an sich brandrot war, von weißen Stellen übersät. Von dieser Haut soll er auch den Beinamen bekommen haben, und einer der athenischen Spötter verhöhnte ihn mit diesem Vers: ,Der Maulbeere gleicht Sulla, mit Mehl bestreut'. Es ist wohl angebracht, Zeugnisse dieser Art über einen Mann anzuführen, der von Natur so spottsüchtig gewesen sein soll, daß er als junger Mann ohne Amt und Würden seine Zeit in Gesellschaft von Komödianten und Possenreißern verbrachte und an ihrem liederlichen Leben teilnahm; als Diktator versammelte er gar die Frechsten aus dem Theatervolk um sich, zechte mit ihnen Tag für Tag und überbot sich mit ihnen in Spöttereien, was seinen Jahren gar übel stand und die Würde seines Amtes schändete. Außerdem versäumte er darüber die wichtigsten Geschäfte. Denn wenn Sulla bei Tisch war, konnte man ernsthafte Angelegenheiten mit ihm nicht erledigen; so geschäftig und unfreundlich er auch sonst war, so ging mit ihm eine vollkommene Wandlung vor, wenn er in fröhlicher Gesellschaft zechte. Da war er der leutselige Freund von Schauspielern und Tänzern und lieh allen Bitten leicht ein geneigtes Ohr. Eine Folge dieses liederlichen Lebenswandels war sein krankhafter Hang zu Ausschweifungen und Wollust, von der er auch als alter Mann nicht lassen konnte. In seiner Jugend war er lange in einen Schauspieler Metrobios verliebt. Und ein glücklicher Zufall fügte es, daß er sich in eine wohlhabende Hetäre namens Nikopolis verliebte. Der vertraute Umgang und seine jugendliche Schönheit machten ihn zu ihrem Geliebten. Als sie starb, setzte sie ihn zum Erben ein. Er beerbte auch seine Stiefmutter, die ihn wie ihren leiblichen Sohn geliebt hatte. Auf diese Weise gelangte er zu einem ansehnlichen Vermögen.

3. Als er zum Quästor gewählt war, begleitete er Marius, der zum erstenmal Konsul war, auf seiner Fahrt nach Afrika in den Krieg gegen Jugurtha. In diesem Feldzug erntete er

reiche Lorbeeren und nutzte eine passende Gelegenheit klug
aus, um König Bocchus von Numidien als Freund zu gewinnen. Denn als Gesandte des Königs vor räuberischen
Numidern die Flucht ergriffen, nahm er sie freundlich und
gütig auf und entließ sie mit Geschenken unter sicherer Bedeckung. Schon längst fürchtete und haßte Bocchus seinen
Schwiegersohn Jugurtha. Als dieser nach seiner Niederlage
bei ihm Zuflucht suchte, sann Bocchus auf seinen Untergang
und benachrichtigte Sulla. Es war Bocchus lieber, wenn
durch Sulla Jugurthas Gefangennahme und Auslieferung
bewerkstelligt wurde. Sulla verständigte Marius und wagte
sich mit einem Häuflein Soldaten in die höchste Gefahr. Er
verließ sich auf das Wort eines Barbaren, der an den nächsten Verwandten Verrat geübt hatte, und lief bei dem Versuch, einen andern gefangenzunehmen, Gefahr, selbst in Gefangenschaft zu geraten. Doch Bocchus, der jetzt beide in
seiner Gewalt hatte und notgedrungen einen von ihnen betrügen mußte, entschloß sich nach langem Schwanken, bei
dem ursprünglichen Verrat zu bleiben, und lieferte Jugurtha
an Sulla aus. Der Triumph über ihn fiel freilich Marius zu,
der Ruhm der wirklichen Gefangennahme aber, den Marius' Neider Sulla zuerkannten, machte Marius insgeheim
viel Kummer. Denn auch Sulla selbst liebte es, den Kopf
sehr hoch zu tragen, und weil er damals zum erstenmal,
nachdem man bisher kaum etwas von dem unbedeutenden,
wenig bekannten Mann gehört hatte, bei den Bürgern im
Ansehen stieg und einmal die Süße des Ruhmes geschmeckt
hatte, entwickelte er nun einen so maßlosen Ehrgeiz, daß er
die Szene von Jugurthas Auslieferung durch Bocchus und
seiner Gefangennahme auf einem Siegelring eingravieren
ließ, den er immer am Finger trug.

4. Das machte Marius argen Verdruß; weil er aber dennoch
glaubte, Sulla sei es nicht wert, daß man ihn beneide, nahm
er ihn weiterhin auf seinen Feldzügen mit, im zweiten Konsulat als Legaten, im dritten als Kriegstribun, und führte
mit seiner Hilfe manche wichtige Unternehmung aus. Als
Legat machte Sulla den Häuptling der Tektosagen Kopillus
zum Gefangenen, und als Tribun gewann er den mächtigen,

volkreichen Stamm der Marser zu Freunden und Bundesgenossen des römischen Volkes.

Als er aber im weiteren Verlauf des Krieges merkte, daß Marius ihm sein Wohlwollen entzog, ihm nur noch ungern Gelegenheit zur Auszeichnung gab und sich seinem Aufstieg hindernd in den Weg stellte, schloß er sich an Marius' Kollegen Catulus an, einen ehrenwerten Mann, der aber wegen seiner Unentschlossenheit im Krieg nicht recht zu brauchen war. Dieser vertraute Sulla die wichtigsten, größten Unternehmungen an, so daß er bald zu den einflußreichsten und angesehensten Männern im Heer gehörte. Er bezwang einen großen Teil der in den Alpen wohnenden Barbarenstämme, übernahm, als die Lebensmittel knapp wurden, die Sorge für die Verpflegung und schaffte so reichlich Proviant herbei, daß die im Überfluß schwelgenden Soldaten des Catulus den Truppen des Marius noch damit aushelfen konnten. Sulla selbst sagt, Marius habe sich darüber sehr geärgert. Diese Feindschaft, so nichtig und kindisch in Ursache und Anfang, ging dann durch blutige Bürgerkriege und unheilbaren Zwist bis zur Tyrannis und zum allgemeinen Umsturz und bewies, daß Euripides ein wahrhaft weiser Kenner politischer Schäden war, da er dringend mahnt, auf der Hut zu sein vor dem bösen Dämon, der Verderben bringt allen, die von ihm besessen sind.

5. Da Sulla glaubte, sein Kriegsruhm gebe ihm ein Recht auf die Staatsämter, begann er gleich nach Beendigung des Feldzuges sich beim Volk um ein Amt zu bewerben; er ließ sich als Kandidat für die Prätur aufstellen und fiel durch. Schuld daran gibt er der großen Masse des Volkes. Es kannte, wie er selbst sagt, seine Freundschaft mit Bocchus und machte sich, wenn Sulla vor seiner Prätur Ädil würde, Hoffnung auf prächtige Jagden und Kämpfe mit wilden Tieren. So wählte das Volk andere Prätoren, um ihn zur Annahme des Ädilenamts zu zwingen. Doch zeigt der Verlauf der Ereignisse, daß Sulla offenbar den wahren Grund für seine Zurücksetzung nicht verraten hat. Denn ein Jahr darauf wurde er Prätor, nachdem er das Volk durch Schmeicheleien und Bestechungen seinen Wünschen gefügig gemacht

hatte. Darum gab Cäsar, dem Sulla als Prätor drohte, er
werde gegen ihn seine Amtsgewalt brauchen, lachend zur
Antwort: „Mit Recht nennst du das Amt dein, du hast es ja
gekauft."

Nach Ablauf der Prätur wurde er nach Kappadokien geschickt mit dem offiziellen Auftrag, Ariobarzanes wieder in
seine Herrschaft einzusetzen. Der wahre Grund aber war,
Mithridates in Schach zu halten, der in seinem ruhelosen
Ehrgeiz gern seinen Machtbereich verdoppelt hätte. Sulla
nahm nur eine geringe Truppenmacht mit nach Asien,
machte sich aber die Bereitwilligkeit der Bundesgenossen
zunutze, erschlug viele Kappadoker und noch mehr Armenier, die zu Hilfe kamen, jagte Gordios aus dem Land und
setzte Ariobarzanes wieder als König ein. Als er am Ufer
des Euphrat lagerte, kam als Gesandter des Königs Arsakes
der Parther Orobazos zu ihm. Es war das erstemal, daß Römer und Parther miteinander in Berührung kamen. So war
es also auch Sullas besonderes Glück, daß er als erster Römer
mit den Parthern wegen eines Freundschaftsbündnisses ver-
handelte. Bei dieser Gelegenheit ließ er drei Sessel aufstellen, einen für Ariobarzanes, einen zweiten für Orobazos,
den dritten für sich, und bei der Verhandlung saß er in der
Mitte. Deswegen ließ der Partherkönig den Orobazos später hinrichten. Über Sullas Verhalten war man verschiedener Meinung: die einen lobten ihn, daß er die Barbaren so
von oben herab behandelt hatte, die anderen warfen ihm
ungebührliches Benehmen und unangebrachte Überheblich-
keit vor. Im Gefolge des Orobazos soll sich auch ein Chaldäer befunden haben. Er schaute auf Sullas Züge und beobachtete alle Regungen seines Körpers und seiner Seele. Als
er so nach allen Regeln seiner Kunst Sullas Charakter durchschaut hatte, brach er schließlich in die Worte aus: „Es ist
Schicksalsschluß, daß dieser Mann zur Größe emporsteigt.
Aber unbegreiflich ist es, daß er es noch erträgt, nicht die
erste Rolle zu spielen."

Nach seiner Rückkehr klagte ein gewisser Censorinus ihn
wegen Bestechlichkeit an, er habe aus einem befreundeten
und verbündeten Königreich gesetzwidrig große Geldsum-

men gezogen. Doch kam es nicht zum Prozeß, da Censorinus die Klage zurückzog.

6. Sein Streit mit Marius flammte allerdings wieder auf und bekam neue Nahrung infolge einer Schenkung des Bocchus. Dieser wollte das römische Volk gewinnen und gleichzeitig Sulla eine Freude machen. Deshalb ließ er auf dem Kapitol Statuen der Siegesgöttin mit Trophäen aufstellen und daneben goldene Statuen, wie er Jugurtha Sulla übergibt. Darüber ärgerte sich Marius und suchte die Entfernung der Bildwerke durchzusetzen, während andere sich auf Sullas Seite stellten. Fast hätten beide Parteien hellen Aufruhr in der Stadt entfacht.

Da kam das Feuer des Bundesgenossenkrieges, das schon lange unter der Asche glimmte, zum vollen Ausbruch gegen Rom und beendete für diesmal den Zwist. In diesem schweren Krieg, der mit wechselndem Glück geführt wurde und den Römern viel Unglück und schwere Gefahren brachte, konnte Marius sich nirgends rühmlich hervortun und gab ein Beispiel dafür, daß Kriegstüchtigkeit von körperlicher Kraft und Jugendfrische untrennbar ist. Sulla dagegen zeichnete sich rühmlich aus und galt infolgedessen als genialer Führer bei seinen Mitbürgern, als unübertrefflich bei seinen Freunden und als Glückskind bei den Feinden. Doch machte er es nicht wie Timotheos, Konons Sohn. Dessen Feinde schrieben alle seine Erfolge seinem Glück zu und stellten ihn auf einem Bilde schlafend dar, während die Glücksgöttin die von ihm eroberten Städte mit einem Netz einschloß. Da faßte ihn Ärger und Zorn gegen die Täter, die ihm den Ruhm seiner Taten schmälerten. Als er nun einmal aus dem Felde heimkehrte und offensichtlich gute Erfolge zu verzeichnen hatte, erklärte er öffentlich vor allem Volk: „An den Erfolgen dieses Zuges, Athener, ist aber das Glück ganz unschuldig." Diese übermütige Prahlerei soll die Gottheit dem Timotheos durch einen bitteren Scherz vergolten haben. Alle Erfolge blieben danach aus, alle seine Unternehmungen schlugen fehl, er fiel beim Volk in Ungnade und mußte in die Verbannung gehen. Sulla dagegen hörte es gern, wenn man ihn als Günstling des Glücks pries, ja er

selbst versuchte seinen Erfolgen einen höheren Wert zu verleihen, sie gleichsam zu den Göttern zu erheben, indem er
sie seiner Glücksgöttin zuschrieb, mag es nun bloße Prahlerei oder wirklicher Glaube bei ihm gewesen sein. Wenigstens
schreibt er selbst in seinen *Denkwürdigkeiten*, daß sehr häufig Taten, bei denen er einer Eingebung des Augenblicks gefolgt war, besser gelungen seien als Pläne, die ihm selbst
wohldurchdacht erschienen. Und wenn er sagt, er sei für das
Glück mehr geschaffen als für den Krieg, so scheint er damit
dem Glück den Vorzug vor der persönlichen Tüchtigkeit zu
geben, ja, er stellt es so dar, als wenn er ganz im Bann eines
guten Geistes stände, wenn er seine Freundschaft mit seinem
Kollegen und Schwiegervater Metellus ein göttliches Gna-
dengeschenk nennt. Denn er hatte viel Verdruß von ihm erwartet und fand in ihm einen nachgiebigen Kollegen. Auch
rät er Lucullus, dem er seine *Denkwürdigkeiten* gewidmet
hat, nichts für so zuverlässig zu halten wie die nächtlichen
Einflüsterungen der Gottheit. Als Sulla an der Spitze seines
Heeres zum Bundesgenossenkrieg auszog, soll sich bei Lavernä, wie er selbst erzählt, ein Erdspalt aufgetan haben,
aus dem eine Feuergarbe aufstieg und eine helle Flamme
zum Himmel emporschlug. Die Seher hätten die Erscheinung so gedeutet, ein tapferer Mann von besonders auffal-
lendem Aussehen werde Rom von den gegenwärtigen Wirren
erlösen. Nach seiner Meinung sei er selbst dieser Mann. Denn
sein goldgelbes Haar gebe seinem Aussehen die Besonderheit,
auch schäme er sich nicht, sich selbst nach so hervorragenden
Taten das Zeugnis der Tapferkeit zuzusprechen. Soviel
über Sullas Götterglauben.
Im übrigen scheint er in seinem Wesen sehr ungleichmäßig
und unbeständig gewesen zu sein. Vieles raffte er an sich,
noch mehr verschenkte er. Die einen überschüttete er unvermutet mit Ehrungen, andere kränkte er. Wenn er jemand
brauchte, so suchte er seine Gunst und stieß andere, die seiner bedurften, vor den Kopf, so daß man nicht entscheiden
konnte, ob er von Natur mehr zur Hoffart oder zur Schmeichelei neigte. Wenn man nämlich bedenkt, wie wahllos er
Strafen verhängte, wenn er geringe Schuld mit dem Tode

bestrafte und schwerstes Unrecht mit Gleichmut behandelte,
wenn er unverzeihliche Beleidigungen sich gefallen ließ,
kleine und geringfügige Feindseligkeiten mit Hinrichtung
und Beschlagnahme des Vermögens ahndete, so könnte man
vielleicht sein Verhalten so erklären: von Natur war er jähzornig und rachsüchtig, verzichtete aber mit Rücksicht auf seinen Vorteil bisweilen auf die Schärfe. So geschah es in diesem
Bundesgenossenkrieg, daß seine Soldaten einen Legaten von
prätorischem Rang, Albinus, mit Steinwürfen und Knüppel-
schlägen töteten. Sulla drückte beide Augen zu und bestrafte
die Schuldigen nicht, ließ vielmehr die hochtrabenden Worte
verbreiten, die Soldaten würden ihm nun im Kampf um so
williger Gefolgschaft leisten und ihren Frevel durch kühnes
Draufgehen wiedergutmachen. Er kümmerte sich auch nicht
um Vorwürfe, denn er dachte nur daran, Marius zu stürzen
und nach dem wohl unmittelbar bevorstehenden Ende des
Bundesgenossenkrieges das Kommando im Krieg gegen Mithridates zu übernehmen. So war sein einziges Ziel, seine
Soldaten für sich zu gewinnen.

Nach seiner Rückkehr wurde er im fünfzigsten Lebensjahr
mit Quintus Pompeius zum Konsul gewählt und machte
gleichzeitig durch seine Heirat mit Cäcilia, der Tochter des
Pontifex Maximus Metellus, eine glänzende Partie. Aus diesem Grunde sang der Pöbel manchen Spottvers auf ihn, und
viele Vornehme waren böse auf ihn, als wenn er zwar das
Konsulat, aber nicht diese Frau verdient hätte, wie Livius
sagt. Doch war Cäcilia nicht seine einzige Frau. Als ganz
junger Mensch hatte er Ilia geheiratet, die ihm eine Tochter
schenkte, nach ihr Älia. Seine dritte Frau war Clölia gewesen, von der er sich wegen ihrer Unfruchtbarkeit trennte;
doch gab er ihr beim Abschied als Zeichen seiner Hochachtung viele schöne Worte und Geschenke. Aber nur wenige
Tage später heiratete er Metella, und so hat es den Anschein,
als wenn der Vorwurf gegen Clölia nur ein schnöder Vorwand war. Metella erwies er in allem die größte Hochachtung, und an sie wandte sich die Volkspartei mit Bitten, als
sie Marius' Anhänger aus der Verbannung zurückrufen
wollte und Sulla die Bitte abschlug. Es scheint auch, als wenn

Sulla nach der Eroberung Athens die Athener nur deshalb
hart behandelt hat, weil sie von der Mauer herab Metella
verhöhnten und schmähten. Doch davon später.

7. Aus dem Konsulat machte er sich wegen seiner weiteren
Pläne nicht viel: sein ganzes Sinnen und Trachten ging nach
dem Krieg gegen Mithridates. Sein erbittertster Gegner darin war Marius, getrieben von Eifersucht und brennendem
Ehrgeiz, ewig jungen Leidenschaften. Sein schwerer, unbe-
hilflicher Körper und sein hohes Alter hatten ihm die Teilnahme an den früheren Feldzügen schon fast unmöglich gemacht. Nun dachte er gar an auswärtige, überseeische Kriege.
Während Sulla im Feldlager noch einige Vorbereitungen zu
treffen hatte, arbeitete Marius daheim an jenem unheilvollen Zwist, der mehr Verderben über Rom gebracht hat als
alle äußeren Feinde. Die Götter selbst sandten ihnen Zeichen. Aus den Stangen der Feldzeichen loderte ohne Ursache
helles Feuer empor und konnte nur mit Mühe gelöscht werden. Drei Raben schleppten ihre Jungen auf die Straße und
fraßen sie auf, nur das Gerippe trugen sie ins Nest zurück.
Mäuse nagten im Tempel goldene Weihgeschenke an, die
Tempeldiener fingen ein Weibchen, und dieses brachte in der
Falle fünf Junge zur Welt, von denen es drei auffraß. Das
Schlimmste aber war: vom wolkenlosen, heiteren Himmelsgewölbe erscholl der Ton einer Trompete mit einem so durch-
dringenden, kläglichen Ton, daß alle vor Furcht und Schrekken außer sich gerieten. Die etruskischen Wahrsager deuteten die Wunderzeichen als den Anbruch einer neuen Generation und als eine Umwandlung der Welt. Denn es gäbe im
ganzen acht Menschengeschlechter, die in Sitten und Gebräuchen voneinander verschieden seien. Jeder Generation
sei eine bestimmte Anzahl von Jahren bestimmt, die beendet
sei mit dem Ablauf des großen Jahres. Und wenn am Ende
einer Generation eine neue anbreche, erscheine ein Wunderzeichen am Himmel oder auf der Erde. Wenn sich jemand
darauf verstehe und sich damit beschäftigt habe, künde das
Zeichen ihm, daß ein neues Menschengeschlecht mit andern
Sitten und Gebräuchen heraufgekommen sei, dessen Glaube
an die Götter stärker oder schwächer sei als in der vorher-

gehenden Generation. Alle Dinge, so sagten sie, erleiden bei
einem solchen Wechsel der Generationen große Veränderungen. Auch steigt bisweilen die Mantik im Ansehen durch das
Eintreffen ihrer Prophezeiungen, weil die Gottheit deutliche und untrügliche Zeichen schickt; in der nächsten Generation dagegen nimmt sie vielleicht eine untergeordnete Stellung ein, weil sie im großen und ganzen ohne Sachkenntnis
betrieben wird und aus unsichern und dunklen Zeichen die
Zukunft zu schauen sucht. Solches verkündeten die Weisesten
der Etrusker, deren Wissen tiefer schien als das der gewöhnlichen Sterblichen.

Als der Senat im Tempel der Bellona tagte und sich von den
Sehern über diese Dinge belehren ließ, flog vor aller Augen
ein Sperling herein, der eine Grille im Schnabel trug. Ihre
eine Hälfte ließ er fallen, die andere trug er wieder mit sich
davon. Die Seher betrachteten es als ein Vorzeichen für einen Bürgerkrieg zwischen den Grundbesitzern auf dem Lande und dem städtischen Pöbel der Straße. Dieser läßt, wie
die Grille, unaufhörlich seine durchdringende Stimme hören,
während jene wie die Sperlinge das flache Land bevölkern.

8. Marius suchte nun Verbindung mit dem Volkstribun Sulpicius, mit dessen Verworfenheit es so leicht kein anderer
aufnahm. Man konnte schon nicht mehr fragen, wen er an
Schlechtigkeit übertraf, sondern höchstens, in welchem Laster
er es selbst am weitesten gebracht hatte. In seiner Brutalität,
Frechheit und Habgier war es ihm gleichgültig, ob er durch
ein Verbrechen in Schande geriet. Brachte er es doch fertig,
an Freigelassene und Fremde das römische Bürgerrecht zu
verkaufen und den Erlös auf einem Tisch mitten auf dem
Forum ungeniert zu zählen. Er hielt dreitausend bewaffnete
Trabanten und hatte immer eine Schar junger Leute aus
dem Ritterstand um sich, die zu allem entschlossen waren
und die er seinen Gegensenat nannte. Er brachte einen Gesetzesvorschlag ein, daß kein Senator mehr als zweitausend
Drachmen Schulden haben durfte, und hinterließ selbst bei
seinem Tode drei Millionen Schulden. Diesen Mann ließ
Marius gegen das Volk los, der im Augenblick durch die
Gewalt seines Schwertes alles in Verwirrung brachte. Unter

den unheilvollen Gesetzen, die er einbrachte, war auch eins, das Marius die Führung im Krieg gegen Mithridates übertragen sollte. Um die Annahme dieses Gesetzes unmöglich zu machen, beschlossen die Konsuln, alle öffentlichen Geschäfte auszusetzen. Aber als sie eben beim Dioskurentempel tagten, überfiel Sulpicius sie mit einem Volkshaufen und erschlug mit vielen anderen auch den jungen Sohn des Konsuls Pompeius auf offenem Markt. Pompeius selbst entkam unbemerkt, Sulla aber wurde bis in das Haus des Marius verfolgt und gezwungen, vor allem Volk die angesetzte Vertagung zu widerrufen. Den Pompeius machte Sulpicius zum Prokonsul, Sulla dagegen beließ er im Amt und nahm ihm nur das Kommando gegen Mithridates, das er Marius übertrug. Auch schickte er sogleich Offiziere nach Nola, die Sulla das Heer abnehmen und zu Marius bringen sollten.

9. Sulla aber war schneller und erreichte vor ihnen das Lager. Als seine Soldaten erfuhren, was vor sich ging, steinigten sie Marius' Offiziere zu Tode. Zur Vergeltung ließ Marius in Rom Sullas Freunde aus dem Wege räumen und ihr Hab und Gut plündern. Und es wanderten die Flüchtlinge von Sullas Lager nach der Stadt und umgekehrt. Der Senat hatte seine Freiheit verloren und war nur noch von Marius' und Sulpicius' Befehlen abhängig. Auf die Nachricht aber, daß Sulla gegen Rom anrückte, schickte ihm Marius die Prätoren Brutus und Servilius entgegen mit dem Befehl haltzumachen. Sie schlugen Sulla gegenüber einen wenig ehrerbietigen Ton an, da hätten Sullas Soldaten sie fast umgebracht. Sie zerbrachen ihnen die Rutenbündel, rissen ihnen die purpurbesetzte Toga ab und ließen sie unter den ärgsten Beschimpfungen laufen. So konnten die Prätoren nur von ihrer argen Demütigung berichten (man sah ja, daß die Gegner ihnen die Abzeichen ihrer Würde geraubt hatten): der Bürgerkrieg sei nicht mehr aufzuhalten, das Unheil nehme seinen Lauf. Während Marius noch mit Vorbereitungen beschäftigt war, führte Sulla mit seinem Kollegen sechs kampfbereite Legionen von Nola heran. Seine Soldaten brannten darauf, den Marsch auf Rom zu beginnen; er selbst aber schwankte in seinem Entschluß und fürchtete das gefahr-

volle Unternehmen. Doch als er das übliche Opfer vollzog und der Seher Postumius die Eingeweide beschaute, streckte er Sulla beide Hände hin und bat, man solle ihn fesseln und bis zur Schlacht in Gewahrsam behalten; der härtesten Strafe wolle er sich unterwerfen, wenn nicht alles schnell und glücklich für ihn ablaufe. Es soll auch im Schlaf die Göttin Sulla erschienen sein, deren Verehrung die Römer von den Kappadokern übernommen haben, mag es nun Semele sein oder Athena oder Bellona. Sulla glaubte sie auf sich zukommen zu sehen. Sie reichte ihm den Donnerkeil und hieß ihn seine Feinde, die sie mit Namen nannte, treffen. Wenn er sie traf, stürzten sie nieder und verschwanden.

Diese Erscheinung machte Sulla Mut. Er erzählte sie seinem Kollegen, und bei Tagesanbruch brach er gegen Rom auf. Bei Pictä kam ihm eine Gesandtschaft entgegen. Sie bat ihn, nicht zum Angriff gegen die Stadt zu marschieren, da der Senat beschlossen habe, ihm alle Gerechtigkeit widerfahren zu lassen. Er versprach, dort haltzumachen, und gab auch an die Offiziere den Befehl aus, in gewohnter Weise den Lagerplatz abzustecken, so daß die Gesandten beruhigt abzogen. Kaum waren sie fort, so schickte er Lucius Basilius und Gaius Mummius voraus, um durch sie Tor und Mauern am Esquilin besetzen zu lassen. Er selbst rückte eilig nach. Basilius drang wirklich in die Stadt ein und besetzte sie, doch hielt sie ein unbewaffneter Volkshaufe, der sie von den Dächern herab mit Ziegeln und Steinen bewarf, von weiterem Vordringen ab. Schließlich wurden sie gegen die Mauern zurückgetrieben. Inzwischen erschien auch Sulla, und als er sah, wie die Dinge lagen, schrie er seinen Leuten zu, die Häuser anzuzünden, und ging mit einer brennenden Fackel als erster ans Werk. Die Bogenschützen bekamen Befehl, mit Brandpfeilen auf die Dächer zu schießen. Leidenschaftlicher Haß raubte ihm jede vernünftige Überlegung und jegliche Rechenschaft über sein Tun. Er dachte nur an die Feinde und vergaß Verwandte, Freunde und jede mitleidige Regung. So bahnte er sich mit Feuer seinen Weg, das zwischen Schuldigen und Unschuldigen keinen Unterschied kennt. Währenddessen wurde Marius bis zum Tempel der Tellus zurückgedrängt. Wohl rief er die Sklaven unter die Waffen und versprach ihnen dafür Freilassung, aber weil er sich von der andringenden Macht der Feinde überwältigt sah, mußte er aus Rom fliehen.

10. Sulla berief darauf den Senat und ließ über Marius und einige andere, darunter den Tribun Sulpicius, die Todesstrafe verhängen. Sulpicius wurde von seinem Sklaven verraten und hingerichtet. Den Sklaven ließ Sulla zwar frei, dann aber vom tarpejischen Felsen herabstürzen. Auf Marius' Kopf setzte Sulla einen Preis. Das zeugte weder von anständiger Gesinnung noch von politischer Klugheit, denn es war gar nicht lange her, daß Sulla sich in Marius' Haus und Gewalt befunden hatte, ohne daß ihm ein Härchen gekrümmt worden wäre. Hätte Marius damals Sulla nicht entweichen, sondern unter Sulpicius' Händen sterben lassen, so hätten ihm alle Wege zur Macht offengestanden: trotzdem schonte er sein Leben. Als er aber wenige Tage darauf in die gleiche Lage geriet, erntete er keinen Dank dafür. Dem Senat merkte man die Verstimmung über Sullas Handlungsweise nicht an. Das einfache Volk machte aber seiner feindseligen Stimmung und seinem Wunsch nach Rache offen Luft. Sie ließen seinen Neffen Nonius und einen andern, Servilius, bei der Wahl schmählich durchfallen und wählten andere Leute, durch deren Wahl sie Sulla ganz besonders zu ärgern glaubten. Sulla aber stellte sich, als wäre es ihm eine besondere Freude, daß das Volk die Freiheit, die er ihm geschenkt hatte, dazu benutzte, nach eigenem Entschluß zu handeln. Um dem allgemeinen Haß zu begegnen, setzte er Lucius Cinna von der Gegenpartei als Konsul ein, verpflichtete ihn aber durch heilige Eide, seine eigenen Pläne zu fördern. Cinna ging aufs Kapitol, und mit einem Stein in der Hand leistete er den Eid. Er fügte noch hinzu, verflucht wolle er sein, wenn seine treue Ergebenheit für Sulla je aufhören sollte: wie er den Stein aus seiner Hand werfe, so wolle er sich aus Rom werfen lassen. Mit diesen Worten warf er den Stein vor zahlreich versammeltem Volk zur Erde. Nach seinem Amtsantritt aber versuchte er sofort eine Revolution und strengte gegen Sulla einen Prozeß an. Da-

bei veranlaßte er den Volkstribun Verginius als Kläger aufzutreten. Sulla lachte über Verginius und das ganze Gericht
und zog gegen Mithridates ins Feld.

11. In jenen Tagen, da Sulla mit seinem Heer von Italien
aufbrach, erschienen Mithridates in Pergamon allerlei Vorzeichen. Als die Pergamener mit Hilfe einer Maschinerie
eine Nike mit einem Siegerkranz in den Händen auf Mithridates herunterlassen wollten, brach sie fast unmittelbar
über seinem Kopf zusammen. Der Kranz fiel mitten im
Theater zerbrochen zu Boden, Schrecken ergriff das Volk,
und Mithridates verlor allen Mut, obgleich seine Sache damals noch besser stand als er hoffen konnte. Hatte er doch
den Römern die Provinz Asien, den Königen von Bithynien
und Kappadokien ihre Reiche entrissen und hielt in Pergamon Hof. Unter seine Freunde verteilte er ganze Vermögen,
Satrapien und Fürstentümer. Von seinen Söhnen saß der
eine im alten Erbreich am Schwarzen Meer und Bosporus in
unumstrittener Herrschaft, die sich bis an die unbewohnten
Steppen jenseits des Asowschen Meeres erstreckte. Der andere Sohn Ariarathes zog mit einem Riesenheer gegen Thrakien und Makedonien. Seine Generale führten Heere gegen
andere Länder. Der bedeutendste unter ihnen, Archelaos, beherrschte mit seiner Flotte das Mittelländische Meer und
hatte dazu die Kykladen und alle Inseln diesseits von Kap
Malea unterworfen und selbst Euboia besetzt. Von Athen
ausziehend, brachte er alle griechischen Stämme bis nach
Thessalien zum Abfall von den Römern trotz einer kleinen
Schlappe bei Chaironeia. Dort stellte sich ihm nämlich der
Bruttier Sura entgegen, ein tapferer, kluger Mann. Er war
der Legat des Sentius, der Makedonien als Prätor verwaltete.
Dieser suchte Archelaos, dessen Zug durch Boiotien einem rei-
ßenden Strom glich, nach Kräften aufzuhalten, lieferte ihm
dreimal ein Treffen bei Chaironeia, schlug ihn zurück und
beschränkte seine Macht auf die Meeresküste. Auf Befehl des
Lucius Lucullus mußte er aber dem anrückenden Sulla weichen und ihm, dem erwählten Feldherrn, die weitere Führung des Krieges überlassen. So rückte er wieder aus Boiotien
ab und marschierte zu Sentius zurück, obgleich alle seine

Unternehmungen vom Glück begünstigt waren, und wenn Griechenland zum Abfall von Archelaos bereit war, so dankte man es seiner Tüchtigkeit. Denn Suras Erfolge waren wirklich außerordentlich.

12. Sulla wurde der griechischen Städte sofort Herr; es kamen sogar Abordnungen und forderten ihn zum Einzug auf. Nur gegen Athen, das durch den Tyrannen Aristion gezwungen wurde, dem König treu zu bleiben, mußte er sein ganzes Heer einsetzen. Er schloß den Peiraieus von allen Seiten ein, um ihn zu belagern, stellte alle Sturmmaschinen auf und ließ keine Art des Angriffs unversucht. So hätte er, wenn er sich nur noch kurze Zeit geduldet hätte, ohne Verlust Athen selbst einnehmen können. Wurde die Stadt doch vom Hunger hart bedrängt und geriet durch den Mangel an Lebensmitteln in die äußerste Gefahr. Doch zog es ihn schon wieder mit Macht nach Rom, und weil er die Revolution dort fürchtete, scheute er keine Gefahr, keine Schlacht, keine Kosten, um den Krieg schleunigst zu beenden. Abgesehen von allem übrigen, brauchte er zum Bau der Sturmmaschinen zehntausend Maultiere, die Tag für Tag das Material heranschleppen mußten. Bald mangelte es an Bauholz, denn die meisten Schanzwerke stürzten durch ihr eigenes Gewicht in sich zusammen, oder sie gingen infolge der fortgesetzten feindlichen Beschießung in Flammen auf. Da vergriff er sich an den heiligen Hainen und holzte auch das Lykeion und das Wäldchen der Akademie ab, das den herrlichsten Baumbestand in der Umgebung Athens besaß.

Da der Krieg ungeheure Geldmittel verschlang, legte er Hand an Griechenlands Heiligtümer und ließ aus Epidauros und Olympia die schönsten und kostbarsten Weihgeschenke holen. Auch schrieb er an die Amphiktyonen in Delphi, es sei ratsam, das Vermögen des Gottes zu ihm zu schaffen, da es bei ihm sicherer aufgehoben sei. Sollte er es aber je angreifen, würde er es auf Heller und Pfennig zurückerstatten. Er schickte also seinen Freund Kaphis aus Phokis mit dem Auftrag, sich jedes Stück zuwiegen zu lassen. Kaphis kam nach Delphi, zögerte aber, die heiligen Geräte zu berühren. Die Amphiktyonen baten um Schonung, da weinte er bittere Tränen über die harte Notwendigkeit, die ihn hergeführt. Als einige behaupteten, sie hörten im Allerheiligsten die Leier Apollons ertönen, sandte er darüber Bericht an Sulla. Man weiß nicht, ob er an das Wunder glaubte oder ob er mit Sullas Aberglauben rechnete. Sulla antwortete spöttisch, er wundere sich sehr über Kaphis; er müsse doch wissen, daß der Klang der Leier Freude, nicht Zorn bedeutete. Er solle getrost die Weihgeschenke in Empfang nehmen: Apollon gebe sie gern. Die meisten Sachen konnte man von Delphi fortschaffen, ohne daß die Griechen im allgemeinen davon erfuhren. Nur das silberne Faß, das allein von den Weihgeschenken der Könige noch übrig war, konnten die Zugtiere wegen seiner Größe und Schwere nicht fortschaffen, und die Amphiktyonen mußten es in einzelne Stücke zerschlagen. Da gedachten sie der Zeiten eines Manius Aquilius, Titus Flaminius und Ämilius Paullus. Als einst Manius Antiochos aus Griechenland vertrieben und die beiden andern die Könige von Makedonien besiegt hatten, rührten sie trotzdem Griechenlands Heiligtümer nicht an, stifteten vielmehr selbst Geschenke und mehrten die heilige Würde der Tempel. Aber sie waren ja auch auf gesetzmäßigem Wege an die Spitze ihrer Heere getreten, und ihre Mannschaften waren ruhige Leute und hatten gelernt, ihren Führern schweigend zu gehorchen. Diese Führer hegten im eigenen Herzen wahrhaft königliche Gesinnung und führten ein einfaches, bescheidenes Leben ohne Aufwand. Sie hielten Haschen um die Gunst der Soldaten für schlimmer als Furcht vor dem Feinde. Die jetzigen Führer aber, die ihre Stellung der Gewalt, nicht ihren Fähigkeiten verdankten, und ihr Schwert häufiger gegeneinander als gegen die Feinde ziehen mußten, waren gezwungen, als Feldherren die persönliche Gunst ihrer Untergebenen zu suchen. Durch das Geld, das sie für das Behagen der Soldaten verschwendeten, erkauften sie ihre Dienste. So machten sie, ohne sich dessen bewußt zu werden, das ganze Vaterland zu einem Handelsartikel und sich selbst zu Sklaven von Bösewichtern, um über die guten Elemente zu herrschen. Das war der Grund, der Marius aus Rom verbannte und ihn zum Kampf gegen

Sulla in die Stadt zurückführte. So wurde Cinna zum Mörder des Octavius und Fimbria zum Mörder des Flaccus. Sulla vor allem war der Wegbereiter all dieser Übel. Um die Soldaten andrer Feldherren an sich zu locken, bediente er sich des unlauteren Mittels, daß er gegen seine Leute bis zur Verschwendung freigebig war, und verleitete damit die Soldaten seiner Gegner zum Verrat, seine eigenen Leute zur Üppigkeit. Das kostete ihn viel Geld, besonders aber bei jener Belagerung Athens.

13. Denn stark und unwiderstehlich war die Begierde, die ihn trieb, Athen einzunehmen. Vielleicht suchte er seine Ehre darin, mit dem Schatten der ehemals so berühmten Stadt zu kämpfen, oder er war außer sich über den Schwall von Hohn und Spott, mit dem der Tyrann Aristion ihn und Metella unausgesetzt von der Mauer herab überschüttete und zur Wut reizte. Aristion war ein Gemisch von Ausschweifung und Brutalität. Er besaß Mithridates' schlimmste Laster und Leidenschaften und war über die Stadt, die doch früher unzählige Kriege, die Herrschaft mehr als eines Tyrannen und manchen Bürgerzwist glücklich überstanden hatte, wie eine tödliche Krankheit gekommen, die sie an den Rand des Verderbens brachte. Als damals der Scheffel Weizen in Athen tausend Drachmen kostete und die Einwohner sich vom Jungfernkraut nährten, das um die Akropolis herum wuchs, auch Schuhe und Ölflaschen kochten, um sie zu essen, hielt er ununterbrochen am hellichten Tage Zechgelage und zog des Nachts mit trunkenen Scharen durch die Straßen der Stadt. Vor den Augen der Feinde führte er Waffentänze auf und machte sich über sie lustig. Er ließ es ruhig geschehen, daß die heilige Lampe der Athene erlosch, weil man kein Öl daraufgoß, und schickte der Oberpriesterin einen halben Scheffel Pfeffer, als sie ihn um ebensoviel Weizen bat. Die Ratsherren und Priester ließ er durch Pfeilschüsse auseinander jagen, als sie ihn flehentlich baten, Mitleid mit der Stadt zu haben und sich mit Sulla zu vergleichen. Zuletzt schickte er, doch nur auf vieles Drängen, zwei oder drei seiner Zechkumpane als Friedensunterhändler. Da sie aber, anstatt annehmbare Vorschläge zu machen, nur mit

Theseus, Eumolpos und den Perserkriegen herumprahlten, gab ihnen Sulla den Bescheid: „Geht nach Hause, ihr Glücklichen, und nehmt eure schönen Reden nur wieder mit. Die Römer haben mich nicht nach Athen geschickt, um Geschichte zu studieren, sondern um Abtrünnige wieder zum Gehorsam zu bringen."

14. Inzwischen, so erzählt man, hörten einige Soldaten im Kerameikos, wie ein paar alte Leute sich miteinander unterhielten und bitter darüber klagten, daß der Tyrann den Zugang beim Heptachalkon nicht genügend gesichert habe, denn dort allein sei es den Feinden möglich, ja leicht, einzudringen. Sie meldeten Sulla, was sie gehört hatten. Er schlug es keineswegs in den Wind, kam vielmehr bei Nacht, und da er fand, daß der Platz leicht einzunehmen war, ging er ans Werk. Sulla selbst erzählt in seinen Denkwürdigkeiten: Als erster erstieg Marcus Ateius die Mauer und behauptete seinen Platz tapfer, ohne von der Stelle zu weichen, obgleich sein Schwert durch einen kräftigen Hieb auf den Helm eines feindlichen Soldaten zerbrach, der sich ihm widersetzen wollte. Die Stadt wurde also von dieser Seite her eingenommen, wie die alten Leute in Athen zu erzählen pflegten. Sulla selbst ließ das Stück Mauer zwischen dem Heiligen Tor und dem Tor nach dem Peiraieus einreißen und dem Erdboden gleichmachen. Dann rückte er um Mitternacht wie ein Schreckgespenst mit lautem Trompetengeschmetter und Hörnerklang in die Stadt ein. Unter Kriegsgeschrei und Siegesjubel ließ er seine Soldaten zum Rauben und Morden los. Mit bloßen Schwertern stürmten sie durch die engen Gassen, so daß man die Leichen der Gefallenen nicht zählen konnte, doch pflegt man ihre Zahl noch jetzt zu schätzen nach der Breite des Blutstroms, der dort floß. Denn abgesehen von den Toten, die in den übrigen Stadtteilen hingemordet waren, erstreckte sich das Gemetzel um den Markt herum über den ganzen Kerameikos innerhalb des Dipylons. Ein Blutstrom soll sich auch durch die Tore in die Vorstadt ergossen haben. Ebenso groß wie diese Scharen von Erschlagenen war die Zahl derer, die sich selbst das Leben nahmen aus Jammer über ihr geliebtes Vaterland, das

sie für verloren hielten. Was die besten Bürger zu Furcht und Verzweiflung trieb, war der Gedanke, daß sie von Sulla weder Menschlichkeit noch Mäßigung zu erwarten hatten. Endlich baten zwei verbannte Athener, Meidias und Kalliphon, ihn fußfällig um Gnade; auch allen Senatoren, die den Feldzug mitmachten, legten ein Wort für die Stadt ein und Sulla selbst hatte seinen Rachedurst gestillt. Da stimmte er ein Loblied auf die Athener der alten Zeiten an und versprach, vielen um weniger willen und den Lebenden um der Toten willen zu verzeihen. Als den Tag der Eroberung Athens nennt er selbst in seinen Denkwürdigkeiten den ersten März, der ungefähr mit dem Neumond des Monats Anthesterion zusammenfällt. An diesem Tag feiern die Athener mit mannigfachen Zeremonien das Andenken an die unheilvolle Überschwemmung; denn nach ihrem Glauben trat ungefähr in dieser Jahreszeit die Große Flut ein.

Nach Einnahme der Stadt suchte der Tyrann Zuflucht auf der Akropolis und wurde dort auf Sullas Befehl von Curio belagert. Lange Zeit hielt er die Belagerung aus, dann kapitulierte er von Durst gepeinigt. Unmittelbar danach erschien ein Wunderzeichen. An demselben Tag und in derselben Stunde, da Curio den Tyrannen gefangen abführte, zogen sich am heiteren Himmel dunkle Wolken zusammen, ein Unwetter brach los und der Regen überschwemmte die Akropolis. Nach kurzer Zeit besetzte Sulla auch den Peiraieus und ließ ihn zum größten Teil in Flammen aufgehen, darunter auch Philons Zeughaus, ein Wunderwerk der Kunst.

15. Unterdessen rückte Mithridates' Feldherr Taxiles mit hunderttausend Mann, zehntausend Reitern und neunzig vierspännigen Sichelwagen aus Thrakien und Makedonien heran und rief Archelaos zu sich, der noch mit der Flotte bei Munychia stand. Doch wollte Archelaos die Verbindung mit dem Meer nicht aufgeben, war auch nicht gesonnen, sich in einen Kampf mit den Römern einzulassen; er wollte vielmehr den Krieg hinziehen und den Römern die Zufuhr abschneiden. Sulla indes übersah die Lage viel besser als Archelaos. Er verließ das unfruchtbare Attika, das selbst in Frie-

denszeiten kaum seine Einwohner ernährt, und marschierte
nach Boiotien. Zwar glaubte man allgemein, daß er sich in
seiner Rechnung täuschte, wenn er das bergige Attika, das
sich für Reiterkämpfe kaum eignete, verließ und sich in das
ebene und offene Gelände Boiotiens zog, aber er wußte genau, daß die Stärke der Barbaren in der Reiterei und den
Wagenkämpfern lag. Wenn er also einer Hungersnot aus
dem Wege gehen wollte, mußte er die Gefahr einer Schlacht
auf sich nehmen. Auch um Hortensius, einen erfahrenen,
ehrgeizigen General, der Sulla eine Armee aus Thessalien
zuführen sollte, machte er sich Sorge, denn die Barbaren
lauerten ihm in den Pässen auf. Aus diesen Gründen also
marschierte Sulla nach Boiotien. Doch wußte Kaphis, unser
Landsmann, die Barbaren zu täuschen und führte Hortensius auf Umwegen über den Parnaß bis unmittelbar vor Ti-
thora. Die Stadt war damals noch nicht so groß wie heute,
sondern nur ein Kastell auf einem steil nach allen Seiten
abfallenden Felsen. Auf diesen Platz hatten sich schon die
Phoker vor dem anmarschierenden Xerxes geflüchtet und
mit ihren Habseligkeiten in Sicherheit gebracht. Dort schlug
Hortensius sein Lager auf, wehrte bei Tage die Angriffe der
Feinde ab und zog eines Nachts auf unwegsamem Gelände
nach Patronis hinab, wo er sein Heer mit dem des anrückenden Sulla vereinigte.

16. Gemeinsam besetzten sie mitten in der Ebene von Elateia eine fruchtbare, weite Anhöhe, an deren Fuß ein Gewässer entsprang. Sie hieß Philoboiotos, und ihre Fruchtbarkeit und Lage rühmt Sulla über die Maßen. Als sie dort
ihr Lager aufschlugen, konnte es den Feinden unmöglich
entgehen, wie schwach ihr Häuflein war. Sie hatten nämlich
nur fünfzehnhundert Reiter und noch nicht fünfzehntausend Mann. Deshalb stellten, allerdings gegen Archelaos'
Willen, die übrigen Führer das Heer zur Schlacht auf und
bedeckten die ganze Ebene mit Pferden, Wagen, Lanzen und
Schilden. Die Luft faßte den Lärm und das Geschrei nicht,
als die Menschenmassen zur Schlacht antraten. Zudem mußte
der verschwenderische Prunk ihrer Rüstungen die Römer in
Schrecken setzen. Der Schimmer der mit Gold und Silber

prächtig beschlagenen Waffen, die leuchtenden Farben der persischen und skythischen Gewänder zwischen blitzendem Erz und Eisen gewährten bei den wechselnden Bewegungen und Wendungen des Heeres einen furchtbaren Anblick, als sei es ein Feuermeer, und so zogen die Römer sich hinter ihre Schanzen zurück. Kein Zureden Sullas konnte ihre ängstlichen Gemüter beruhigen, doch wollte er die Fliehenden nicht mit Gewalt zum Kampf zwingen.

So verhielt er sich ruhig und verschmerzte, wenn auch unwillig, den beißenden Hohn und Spott der Feinde, den er mit eigenen Augen ansehen mußte. Das aber war es gerade, was ihm den meisten Vorteil brachte. Die Feinde in ihrer Nichtachtung des Gegners überließen sich völliger Zuchtlosigkeit, war doch bei der großen Anzahl ihrer Führer die Disziplin auch sonst schon schlecht. Nur wenige hielten es im Lager aus; die meisten streiften, von Aussicht auf Raub und Plünderung angelockt, viele Tagereisen weit vom Lager entfernt umher. So sollen sie Panopeus zerstört und das Orakel von Lebadeia geplündert und beraubt haben, ohne daß einer der Feldherren dazu Befehl gegeben hätte. Sulla aber konnte es nicht länger mit ansehen, wie vor seinen Augen Städte in Schutt und Asche sanken: so ließ er die Soldaten nicht untätig. Er führte sie aus dem Lager heraus und zwang sie, den Kephisos abzuleiten und Gräben zu ziehen. Keinem gestattete er eine Arbeitspause, die Säumigen strafte er mit unerbittlicher Strenge. Seine Absicht war, die Soldaten sollten die mühevollen Arbeiten gern aufgeben und lieber die Gefahr einer Schlacht auf sich nehmen. So geschah es auch. Schon nach zwei Tagen baten sie unter lautem Geschrei Sulla, der die Arbeiten besichtigte, sie möchten gegen die Feinde ziehen. Aber er erklärte, sie redeten nur so, weil sie nicht mehr so hart arbeiten wollten, nicht weil sie zum Kampf entschlossen seien. Wenn sie aber wirklich Kampflust in sich spürten, so sollten sie zu den Waffen greifen und dorthin gehen. Dabei wies er ihnen einen Platz, der in früheren Zeiten den Parapotamiern als Burg gedient hatte. Nach Zerstörung der Stadt ragte nur noch ein felsiger, steil abfallender Hügel empor. Vom Hedyliongebirge war

er nur durch die Breite des Assos getrennt, der sich noch am
Fuß des Berges mit dem Kephisos vereinigt und durch die
reißende Strömung die Höhe unangreifbar macht.

Aus diesem Grunde wollte Sulla diese Stellung gern früh
genug besetzen, vor allem, weil er sah, daß eine Abteilung
der feindlichen Chalkaspiden gegen die Höhe vorstieß. Da
er den Kampfeseifer seiner Truppen klug auszunutzen
wußte, gelang sein Plan, und Archelaos, dessen Hoffnung
fehlgeschlagen war, wandte sich gegen Chaironeia. Da baten die Chaironeier, die in Sullas Heer dienten, er möchte
die Stadt nicht in die Hände der Feinde fallen lassen. So
schickte er seinen Kriegstribun Gabinius mit einer Legion
dorthin. Auch sandte er die Chaironeier nach Hause, um
der Vaterstadt zu helfen. Aber trotz ihres besten Willens
kam Gabinius früher nach Chaironeia, denn an edlem Eifer,
zu retten, übertraf er selbst die Leute, die um Rettung gebeten hatten. Nach Jubas Darstellung wurde nicht Gabinius sondern Erucius abgeschickt. So entging unsere Heimatstadt mit genauer Not der Gefahr.

17. Vom Orakel des Trophonius in Lebadeia erhielten die
Römer günstige Sprüche und siegkündende Vorzeichen; davon können die Einwohner noch manches erzählen. Sulla
selbst berichtet im zehnten Buch seiner *Denkwürdigkeiten*
darüber. Quintus Titius, ein angesehener (römischer) Kaufmann in Griechenland, war nach der siegreichen Schlacht bei
Chaironeia zu ihm gekommen mit der Botschaft, Trophonius verkünde ihm für die allernächste Zeit einen zweiten
siegreichen Kampf an derselben Stelle. Danach überbrachte
ein Soldat aus Sullas Armee, namens Salvienus, Botschaft
von dem Gott, wie die Dinge in Italien sich entwickeln würden. Beide berichteten übereinstimmend über die Gestalt des
Gottes: an Schönheit und Größe sei er dem Zeus von Olympia ähnlich.

Nach seinem Übergang über den Assos rückte Sulla bis an
das Hedylion vor und schlug sein Lager in Archelaos' Nähe
auf, der sich zwischen den Bergen Akontion und Hedylion
bei den sogenannten Assioi stark verschanzt hatte. Der Platz,
auf dem sein Lager stand, heißt nach ihm noch heute Arche-

laos. Einen Tag blieb Sulla selbst dort, dann ließ er Murena
mit einer Legion und zwei Kohorten zurück zur Beunruhi-
gung des Feindes, falls er zur Schlacht aufmarschieren sollte.
Sulla selbst brachte an den Ufern des Kephisos das heilige
Opfer dar und marschierte dann gegen Chaironeia, um sein
Heer mit den dort stehenden Truppen zu vereinigen und
das sogenannte Thurion in Augenschein zu nehmen, das der
Gegner besetzt hatte. Es ist die schroffe, kegelförmige Spitze
eines Bergzuges, den wir Orthopagos nennen. An seinem
Fuß steht am Bach Morion ein Tempel des thurischen Apollo.
Diesen Namen führt der Gott von Thuro, der Mutter des
Chairon, des sagenhaften Gründers von Chaironeia. Nach
anderer Überlieferung ist dem Kadmos die Kuh, die Apollo
ihm als Führerin schickte, an derselben Stelle erschienen;
nach ihr soll dann der Ort benannt sein. Denn die Phöni-
zier nennen die Kuh Thor. Beim Anrücken Sullas überreichte der Stadtkommandant von Chaironeia ihm an der
Spitze seiner gewaffneten Soldaten einen Lorbeerkranz.
Sulla nahm ihn an, richtete freundliche Begrüßungsworte
an die Soldaten und rief sie zur Tapferkeit auf für den
kommenden Entscheidungskampf. Da traten zwei Männer
aus Chaironeia vor, Homoloïchos und Anaxidamos, und
erboten sich, die Besatzung des Thurion aus ihrer Stellung
zu vertreiben, wenn Sulla ihnen nur eine kleine Schar Soldaten mitgäbe. Sie wüßten einen Pfad, den die Barbaren
nicht kannten; er führte von dem sogenannten Petrachos am
Musentempel vorbei auf das Thurion oberhalb der feindlichen Stellung. Von diesem Wege aus könnten sie ohne Gefahr die Feinde überfallen und sie entweder von oben zu
Tode steinigen oder in die Ebene hinuntertreiben. Gabinius
bezeugte die Tapferkeit und Zuverlässigkeit der Leute, und
so gab Sulla ihnen Auftrag, ihr Unternehmen auszuführen.
Er selbst stellte sein Heer zum Kampf auf und übernahm
das Kommando auf dem rechten Flügel; den linken wies er
Murena zu, die Reiter verteilte er auf beide Flügel. Die Legaten Galba und Hortensius besetzten zur Flankendeckung
mit einigen Kohorten als äußersten Posten die Anhöhen, um
eine Umgehung durch die Feinde zu verhüten. Man sah

nämlich, wie die Feinde damit beschäftigt waren, zahlreiche
Reiter und leichte Infanterie auf den Flügeln aufzustellen,
um dort leicht beweglich und manövrierfähig zu sein: mit
den Flügeln wollten sie weit ausholen und so die Römer umzingeln.

18. Inzwischen hatten die Chaironeier unter Führung des
Erucius das Thurion unbemerkt umgangen. Als sie nun
plötzlich auftauchten, ergriffen die Barbaren unter lautem
Geschrei die Flucht und verursachten selbst die fürchterlich-
sten Verluste unter den eigenen Leuten. Sie dachten gar
nicht an Widerstand, stürmten vielmehr von der Höhe
herab und fielen entweder in ihre eigenen Speere oder stürzten einander im Gedränge über die Felsen hinab, während
von oben die Feinde ihnen nachsetzten und auf die Wehr-
losen einhieben. So kamen am Thurion dreitausend Mann
ums Leben. Ein Teil der Flüchtenden fiel Murena, der sie
schon mit seinen Truppen erwartete, in die Hände, wurde
aufgehalten und niedergemacht. Einige schlugen sich zu
ihrem Lager durch. Da sie aber dort in voller Auflösung
auf ihr eigenes Heer stießen, richteten sie in allen Reihen
angstvolle Verwirrung an und hielten dadurch auch die
Führer auf, ein Schaden, der nicht wieder gutzumachen war.
Mit voller Wucht warf sich Sulla auf das durcheinander ge-
ratene Heer und war in unglaublich kurzer Zeit schon so
nahe herangerückt, daß der Vorstoß der Sichelwagen keinen
Erfolg hatte. Ihre Stärke beruht nämlich auf der Länge des
Weges: je länger die Fahrt, um so stärker ihre Stoßkraft.
Aus geringer Entfernung bleibt ihr schwacher Anprall ohne
Wirkung, gleich Pfeilen von schwach gespannten Bogen.
Diese Erfahrung machten jetzt auch die Barbaren. Als die
ersten Wagen in langsamer Fahrt ohne Kraft auf Sullas
Reihen stießen, drängten die Römer sie beiseite und ver-
langten unter Händeklatschen und Hohngelächter andere,
wie sie es beim Wettrennen im Zirkus machen.

Dann setzte der Kampf der Fußtruppen gegeneinander ein.
Die Barbaren streckten ihre langen Lanzen vor, hielten
Schild an Schild und suchten so Unordnung in ihren Reihen
zu verhindern. Die Römer warfen ihre Spieße weg, zogen

ihre Schwerter und schlugen die Lanzen der Feinde zur Seite, um in ihrem Zorn desto schneller zum Handgemenge zu kommen. Sie sahen nämlich, daß vor den Feinden fünfzehntausend Sklaven standen, die Mithridates' Feldherren durch öffentliche Bekanntmachung in den Städten für frei erklärt und unter die Soldaten gesteckt hatten. Deshalb soll ein römischer Hauptmann gesagt haben, seines Wissens hätten nur an den Saturnalien die Sklaven ein Wort mitzureden. Da sie in tiefen, dichten Gliedern standen, konnten die Legionäre sie nur langsam zurückdrängen. Sie wagten, gegen ihre Natur, heftigen Widerstand, bis schließlich ein Hagel von Brandpfeilen und Speeren sie in wilde Flucht trieb.

19. Als Archelaos nun seinen rechten Flügel auseinanderzog, um Sullas Linien aufzurollen, ließ Hortensius seine Kohorten in vollem Lauf anrücken, um ihm in die Flanke zu fallen. Als aber Archelaos schleunigst seine zweitausend Reiter gegen ihn anrücken ließ, mußte Hortensius der Übermacht weichen und hielt sich dicht an den Anhöhen; dadurch wurde er nach und nach vom Hauptheer getrennt und vom Feind umzingelt. Auf diese Nachricht eilte Sulla vom rechten Flügel, der noch nicht in den Kampf eingegriffen hatte, zu Hilfe. Archelaos erriet, was da vor sich ging, an der Staubwolke, die bei den Reitern aufgewirbelt wurde. Sofort ließ er von Hortensius ab und wandte sich gegen den rechten Flügel, den Sulla verlassen hatte. Hoffte er doch, ihn führerlos zu finden. Zu gleicher Zeit führte auch Taxiles die Chalkaspiden gegen Murena, so daß sich nun an zwei Stellen lautes Geschrei erhob, das von den Bergen widerhallte. Unschlüssig blieb Sulla stehen, wohin er sich zu Hilfe wenden sollte. Doch hielt er es für das Richtigste, in seine frühere Stellung zurückzukehren, und schickte Hortensius mit vier Kohorten dem Murena zu Hilfe. Die fünfte erhielt Befehl, sich ihm anzuschließen, und so rückte er eiligst wieder nach dem rechten Flügel, der auch ohne ihn dem Archelaos tapfersten Widerstand geleistet hatte. Als nun noch Sulla wieder erschien, wurde man der Feinde vollends Herr und setzte ihnen siegreich nach, als sie in kopfloser Flucht nach dem Fluß und dem Akontiongebirge hinrannten.

Darüber vergaß aber Sulla nicht, daß Murena sich immer noch in gefährlicher Lage befand. Er beeilte sich, ihm Hilfe zu bringen, sah ihn aber siegen und beteiligte sich an der Verfolgung. Viele Barbaren wurden noch in der Ebene niedergemacht, die meisten auf der Flucht nach dem Lager niedergehauen, so daß von dem Riesenheer nur zehntausend Mann sich nach Chalkis durchschlugen. Sulla erzählt, er habe vierzehn von seinen Leuten vermißt, zwei von ihnen hätten sich am Abend auch noch wieder eingefunden.

So weihte er seine Siegesmale Ares, Nike und Aphrodite; denn er habe die siegreiche Beendigung des Krieges ebensosehr dem Glück, wie der Klugheit und Tapferkeit zu verdanken. Dieses Siegeszeichen wurde zum Andenken an die Schlacht in der Ebene aufgestellt dort, wo Archelaos' Truppen zuerst wichen und zum Molos hin flohen. Ein anderes steht oben auf dem Thurion zum Andenken an die Umzingelung der Barbaren und verherrlicht in griechischer Sprache die Tapferkeit des Homoloïchos und des Anaxidamos. Die Siegesfeier hielt er in Theben und ließ beim Oidipusbrunnen eine Bühne errichten. Als Preisrichter berief er Griechen aus anderen Städten, weil er die Thebaner unversöhnlich haßte. Er nahm ihnen die Hälfte ihres Landes und weihte es dem pythischen Apollo und dem olympischen Zeus, damit die Götter aus dem Ertrag die Gelder zurückerhielten, die er selbst ihnen geraubt hatte.

20. Da erreichte Sulla die Kunde, daß Flaccus, der von der Gegenpartei zum Konsul ernannt war, mit einem Heer über das Jonische Meer heranzog, angeblich gegen Mithridates, in Wahrheit aber gegen ihn selbst. So ging er nach Thessalien ihm entgegen. Jedoch bei der Stadt Meliteia kam eine Nachricht nach der anderen, daß das Gelände in seinem Rücken von einem neuen Heer des Königs verwüstet wurde, das noch größer war als das erste. Dorylaos war nämlich mit einer ansehnlichen Flotte in Chalkis gelandet; mit diesen Schiffen hatte er achtzigtausend ausgebildete, kriegserprobte mithridatische Truppen herübergebracht. Sofort fiel er in Boiotien ein und besetzte das Land in der Absicht, Sulla gewaltsam zum Kampf zu zwingen,

ohne sich um Archelaos' Warnungen zu kümmern. Vor aller
Ohren äußerte er sich über die frühere Schlacht, es hätte
wohl Verräterei im Spiel sein müssen, wenn so ungezählte
Scharen umgekommen wären. Doch Sulla machte eiligst
kehrt und bewies Dorylaos, daß Archelaos ein Mann von
Verstand war, ein guter Kenner römischer Tapferkeit.
Schon nach einem unbedeutenden Scharmützel mit Sulla
beim Berg Tilphossion war Dorylaos der Ansicht, man
dürfe den Krieg nicht in offener Feldschlacht zur Entscheidung bringen, sondern müsse den Gegner durch Verlust an
Zeit und Kosten in die Enge treiben. Doch machte die Stellung bei Orchomenos, wo er sein Lager aufgeschlagen hatte,
Archelaos noch einigermaßen Mut, weil sie für Reiterkämpfe wie geschaffen war. Es ist wohl die größte, schönste
Ebene Boiotiens, die sich von der Stadt Orchomenos aus flach
und baumlos bis zu den Sümpfen hinzieht, in die sich der
Melas verliert. Er entspringt in der Nähe von Orchomenos
und ist von allen Flüssen Griechenlands der einzige, der
gleich an der Quelle wegen seines Wasserreichtums schiff-
bar ist. Um die Sommersonnenwende schwillt er wie der
Nil an und bringt dieselben Pflanzen hervor, die am Nil
wachsen, nur daß sie nicht recht gedeihen und keine Frucht
tragen. Sein Lauf ist nur kurz, der stärkste Arm verliert
sich in moorigen, schlammigen Sümpfen, nur ein kleiner
Teil vereinigt sich mit dem Kephisos an der Stelle, wo im
Sumpf das Rohr wächst, aus dem man Flöten schneidet.
21. Beide Heere lagen sich jetzt gegenüber, und da Archelaos untätig blieb, ließ Sulla auf beiden Seiten Gräben
ziehen, um den Gegner möglichst vom festen Boden der
Ebene, das den Reitern günstig war, abzuschneiden und in
die Sümpfe zu treiben. Der Feind sah nicht ruhig zu. Sobald die Führer Befehl gaben, machten sie einen stürmischen
und hitzigen Ausfall, der nicht nur Sullas Arbeitsleute verscheuchte. Auch der größte Teil der Bedeckungsmannschaft
mußte die Flucht ergreifen. Da sprang Sulla selbst vom
Pferd, riß die Fahne an sich, stieß durch die Scharen der
Fliehenden bis zu den Feinden vor und rief: „Für mich, ihr
römischen Soldaten, wär's ein ehrenvoller Tod, hier zu

fallen. Fragt man euch aber, wo ihr an eurem Imperator zu Verrätern geworden seid, so vergeßt nicht zu antworten: ‚Bei Orchomenos‘.“ Dieses Wort zwang die Flüchtenden zur Umkehr. Zwei Kohorten vom rechten Flügel kamen zu Hilfe, mit ihnen brachte er die Feinde zum Weichen. Dann ging er wieder ein Stück zurück, ließ die Soldaten sich durch einen Imbiß stärken und begann von neuem, neben dem feindlichen Lager Gräben zu ziehen. Wieder griffen die Barbaren an, aber in besserer Ordnung als vorher. Dabei fiel Archelaos’ Stiefsohn Diogenes im tapfersten Kampf auf dem rechten Flügel. Die Bogenschützen, die aus unmittelbarer Nähe von den Römern bedrängt wurden und keine Bewegungsfreiheit mehr hatten, um ihre Bogen zu spannen, hieben mit Bündeln von Pfeilen wie mit Schwertern auf die Feinde ein und drängten sie zurück. Schließlich aber mußten sie sich wieder in ihrem Lager einschließen lassen und verbrachten eine schreckliche Nacht, gequält von Wunden und Furcht. Am nächsten Tage führte Sulla seine Soldaten von neuem an das Lager der Feinde heran und ließ an den Gräben weiterarbeiten. Wieder rücken die Barbaren in Scharen zum Kampf aus; Sulla nimmt den Kampf auf und treibt sie zurück, in kopfloser Flucht rennen sie alle ohne Ausnahme davon und Sulla erobert das Lager im Sturm. Sümpfe und Seen füllen sich mit Blut und Leichen. Noch heute finden sich dort im Morast fremdartige Bogen und Helme, Schwerter und Stücke von eisernen Harnischen, obgleich schon fast zweihundert Jahre seit jener Schlacht vergangen sind. So erzählen die Quellen von den Schlachten bei Chaironeia und bei Orchomenos.

22. Inzwischen übten Cinna und Carbo in Rom ein Schreckensregiment ohne Gesetz und Recht gegen die Männer aus den angesehensten Familien. Um dieser Tyrannei zu entgehen, retteten sich viele in Sullas Heerlager wie in einen sicheren Hafen, und es bildete sich dort schnell eine Art Senat. Auch Metella rettete mit knapper Not sich selbst und ihre Kinder und kam zu ihrem Gatten mit der Botschaft, daß Haus und Landgüter von den Gegnern in Brand gesteckt waren. Sie bat, den Freunden in der Heimat zu hel-

fen. Sulla wußte keinen Rat: weder brachte er es übers
Herz, das Vaterland in der Not im Stich zu lassen, noch
mochte er auch nur an Abreise denken, ehe er den wichtigen
mithridatischen Krieg zu Ende geführt hätte. Da kam ein
Kaufmann namens Archelaos aus Delion zu ihm mit geheimen, aussichtsvollen Friedensangeboten von seinem Na-
mensvetter Archelaos, dem Feldherrn des Königs. Sulla war
hocherfreut über diese Wendung der Dinge und setzte selbst
alles daran, um die Unterredung mit dem Feldherrn Archelaos zu beschleunigen. Sie trafen sich an der Küste nahe Delion, beim Apollotempel. Archelaos begann die Verhandlung mit dem Vorschlag, Sulla solle seine Unternehmung
gegen Asien und den Pontos aufgeben und nach Hause fahren, um in Rom in den Bürgerkrieg einzugreifen. In diesem
Fall würde Mithridates ihn mit jeder gewünschten Menge
Geld, Schiffen und Truppen unterstützen. Doch Sullas Antwort lautete, Archelaos solle alle Rücksicht auf Mithridates
aufgeben, die Flotte ausliefern, mit den Römern Bündnis
schließen und an Mithridates' Stelle König werden. Da aber
Archelaos solchen Verrat weit von sich wies, rief Sulla:
„Archelaos, der du Kappadokier und eines Barbarenkönigs
Sklave oder, wenn du lieber willst, Freund bist, du willst um
solchen Lohn keine Schande auf dich nehmen. Mir aber, einem Sulla und römischen Heerführer, wagst du von Verrat
zu sprechen, als wenn du nicht eben der Archelaos wärst,
der mit einem geringen Häuflein Soldaten, dem geringen
Überbleibsel von hundertzwanzigtausend Mann, sich zwei
Tage lang in den Sümpfen von Orchomenos verborgen hielt
und den Boden Boiotiens verließ, als jeder Fußbreit Landes
mit Leichen bedeckt war." Da änderte Archelaos seine
Sprache und bat unterwürfig um Beendigung des Krieges
und Verhandlungen mit Mithridates. Diesen Vorschlag ließ
Sulla sich gefallen, und so kam ein Vertrag zustande. Danach sollte Mithridates die Provinz Asien und Paphlagonien räumen, Bithynien dem Nikomedes und Kappadokien
dem Ariobarzanes zurückgeben, den Römern zweitausend
Talente zahlen und siebzig Kriegsschiffe mit voller Ausrüstung ausliefern. Dagegen verpflichtete sich Sulla, Mi-

thridates in den übrigen Teilen seines Reiches zu bestätigen und zum Bundesgenossen des römischen Volkes erklären zu lassen.

23. Nach diesen Abmachungen kehrte Sulla um und marschierte durch Thessalien und Makedonien zum Hellespont, in Begleitung des Archelaos, dem alle Ehren erwiesen wurden. Ja, als er bei Larissa gefährlich erkrankte, unterbrach Sulla den Marsch und ließ ihn pflegen wie einen seiner eigenen Führer und Feldherren. Das erregte Verdacht, als sei es in der Schlacht bei Chaironeia nicht mit rechten Dingen zugegangen, und der Verdacht verstärkte sich, als Sulla alle gefangenen Freunde des Mithridates losließ bis auf den Tyrannen Aristion, Archelaos' erklärten Feind, den er durch Gift aus dem Wege räumen ließ. Dazu kam, daß Sulla dem Kappadokier zehntausend Morgen Land auf Euboia schenkte und ihn von Staats wegen zum *Freund und Bundesgenossen der Römer* erklären ließ. Wegen dieser Anschuldigungen rechtfertigt Sulla selbst sich in seinen Denkwürdigkeiten.

Als nun damals eine Gesandtschaft von Mithridates kam mit dem Bescheid, Mithridates nehme alle Punkte des Vertrages an, nur zu der Räumung Paphlagoniens könne er sich nicht verstehen und eine Ablieferung von Schiffen sei überhaupt nicht verabredet, da rief Sulla zornig: „Wie? Mithridates hält seine Ansprüche auf Paphlagonien aufrecht und weigert sich, die Schiffe auszuliefern? Glaubte ich doch, er werde Gott auf den Knien danken, wenn ich ihm seine rechte Hand ließ, die so vielen Römern das Leben nahm. Doch wird er bald in einem anderen Ton reden, wenn ich nach Asien übergesetzt bin. Jetzt sitzt er in Pergamon und leitet mit großen Worten den Krieg, den er noch gar nicht mit eigenen Augen gesehen hat." Durch diese Reden ließen die Boten sich einschüchtern und schwiegen still, Archelaos aber legte bei Sulla ein gutes Wort ein, ergriff Tränen in den Augen seine Hand und suchte seinen Unmut zu besänftigen. Schließlich bewog er Sulla, ihn selbst zu Mithridates zu schicken. Er werde den Frieden bewerkstelligen unter Bedingungen, die Sulla genehm seien; sollte er Mithridates nicht dahin bringen, so werde er sich selbst das Leben nehmen. Nach dieser Abmachung ließ Sulla ihn abreisen; er selbst fiel in die Landschaft Maidike ein und verwüstete sie zum größten Teil. Nach seiner Rückkehr nach Makedonien traf er Archelaos bei Philippi mit der Nachricht, alles stehe gut; doch bitte Mithridates ihn vor allem um eine persönliche Unterredung. Veranlaßt war dieser Vorschlag durch Fimbria; er hatte Flaccus, den Konsul der Gegenpartei, ermordet, Mithridates' Feldherren geschlagen und marschierte nun gegen den König. Aus Furcht vor diesem Angriff wollte Mithridates sich lieber mit Sulla auf freundschaftlichen Fuß stellen.

24. Ort der Zusammenkunft war Dardanos in der Troas. Mithridates kam mit zweihundert Schiffen, zwanzigtausend Hopliten, sechstausend Reitern und einem ganzen Park von Sichelwagen, Sulla dagegen hatte nur vier Kohorten und zweihundert Reiter. Mithridates ging auf Sulla zu und streckte ihm die Hand entgegen. Da fragte Sulla, ob er den Krieg beenden wolle unter den Bedingungen, die er mit Archelaos abgemacht habe. Als der König keine Antwort gab, meinte Sulla: „Die Bittenden haben doch wohl das erste Wort, der Sieger darf schweigen." Da begann Mithridates sich zu verteidigen und versuchte die Schuld am Kriege teils auf die Götter, teils auf die Römer selbst zu schieben. Als Antwort gab Sulla zurück, er habe schon längst durch andere vernommen und höre nun mit seinen eigenen Ohren, daß Mithridates ein Meister der schönen Worte und nicht darum verlegen sei, gesetzwidrige Schandtaten mit Scheingründen zu beschönigen. Dann hielt er ihm alle seine Untaten vor, machte ihm bittere Vorwürfe und fragte ihn noch einmal, ob er die Abmachungen mit Archelaos innehalten wollte. Mithridates versprach es, und nun erst begrüßte Sulla ihn freundlich, umarmte und küßte ihn, führte ihm auch die Könige Ariobarzanes und Nikomedes zu und vermittelte die Versöhnung. Mithridates lieferte also siebzig Schiffe und fünfhundert Bogenschützen aus und fuhr wieder nach dem Pontos zurück. Da merkte Sulla aber, daß seine Truppen mit dem Vergleich unzufrieden waren; es sei eine Schande zu sehen, wie der verhaßteste aller Könige, der hun-

dertfünfzigtausend Römer in Asien an einem Tage hatte ermorden lassen, mit reicher Beute beladen Asien verließ, das
er vier Jahre lang geplündert und ausgesogen hatte. Doch
Sulla war um eine Verteidigung nicht verlegen. Wie hätte er
gegen Fimbria und Mithridates zugleich kämpfen sollen,
wenn sie sich gegen ihn verbündet hätten?

25. Jetzt wandte Sulla sich gegen Fimbria, der bei Thyateira
stand, schlug in der Nähe sein Standquartier auf und ließ es
durch einen Graben befestigen. Da geschah es, daß Fimbrias
Soldaten in bloßer Tunika aus ihrem Lager herauskamen,
Sullas Soldaten freundschaftlich begrüßten und ihnen eifrig
bei der Arbeit halfen. Als Fimbria den Umschwung der
Stimmung bei den Truppen bemerkte, nahm er sich im Lager
das Leben, denn in Sulla fürchtete er den unversöhnlichen
Feind.

Sulla belegte die Provinz Asien mit einer Strafsumme von
zwanzigtausend Talenten, belastete daneben aber noch den
einzelnen Bürger mit übermütiger und habgieriger Einquar-
tierung. Er bestimmte, daß der Quartierwirt seinen Soldaten
täglich sechzehn Drachmen geben sollte, außerdem Essen
nicht nur für ihn, sondern auch für seine Freunde, so viele er
einladen wollte. Ein Offizier sollte fünfzig Drachmen pro
Tag bekommen, außerdem zwei Uniformen, eine fürs Haus
und eine für den Ausgang.

26. Sulla lief dann mit seiner gesamten Flotte von Ephesos
aus und ging nach zwei Tagen im Peiraieus vor Anker. Er
ließ sich in die eleusinischen Mysterien einweihen. Auch
nahm er die Bibliothek des Apellikon von Teos mit, darunter
die meisten Schriften des Aristoteles und Theophrast, die
damals in weiteren Kreisen noch nicht genügend bekannt
waren. Als diese Büchersammlung nach Rom geschafft war,
soll sie dort der Grammatiker Tyrannion zum größten Teil
bearbeitet haben; von ihm bekam Andronikos von Rhodos
Abschriften, die er herausgab; davon stellte er die Kataloge
her, die man noch heute kennt. Die älteren Peripatetiker
sind an sich geistreiche, gelehrte Leute gewesen, doch hatten
sie weder eine ausreichende noch eine genaue Kenntnis der
Schriften des Aristoteles und Theophrast. Denn das Erbe des

Neleus von Skepsis, dem Theophrast seine Schriften hinterlassen hatte, war an einfache Leute gefallen, die sich um Gelehrsamkeit nicht viel kümmerten.

Während seines Aufenthaltes in Athen wurde Sulla von einem betäubenden Schmerz in den Füßen befallen, der ihn
stark am Gehen hinderte und der, wie Strabon sagt, ein
Vorbote der Gicht ist. Er setzte deshalb nach Aidepsos über
und gebrauchte dort die warmen Heilquellen, brachte auch
zu seiner Erholung ganze Tage mit Schauspielern zu. Als er
einmal am Meer spazierenging, brachten ihm Fischer einige
besonders schöne Fische als Geschenk. Sulla war hocherfreut,
und als er hörte, sie seien Einwohner von Halä, sagte er:
„Wie! lebt noch jemand von Halä?" Denn er hatte nach seinem Sieg bei Orchomenos bei der Verfolgung der Feinde
drei Städte in Boiotien zugleich zerstört: Anthedon, Lary-
mna und Halä. Als die Fischer vor Schrecken verstummten,
gebot er ihnen lächelnd, in Frieden ihrer Wege zu gehen,
weil sie so gute Fürsprecher mitgebracht hätten, die alle Aufmerksamkeit verdienten. Darauf faßten die Halaier Mut
und kehrten in ihre Stadt zurück.

27. Sulla marschierte durch Thessalien und Makedonien zur
Küste hinab und rüstete mit zwölfhundert Schiffen zur
Überfahrt von Dyrrhachium nach Brundisium. In der Gegend liegt Apollonia und dabei das Nymphaion, ein heiliger
Bezirk, in dem in einem grünen Wiesental an verschiedenen
Stellen unaufhörlich Feuerquellen emporschießen. Dort sollen sie einen schlafenden Satyr, wie ihn Bildhauer und Maler
darstellen, gefangen und zu Sulla gebracht haben. Er ließ
ihn durch Dolmetscher der verschiedensten Sprachen nach
seiner Herkunft fragen. Aber er brachte nur mit Mühe un-
verständliche Laute hervor und seine rauhe Stimme glich
dem Wiehern des Pferdes und dem Meckern des Bockes. So
ließ Sulla ihn entsetzt wieder laufen.

Kurz vor der Überfahrt kam Sulla der Gedanke, die Soldaten möchten nach der Landung auf italischem Boden gleich
in ihre Städte auseinanderlaufen. Aber sie schwuren ihm
freiwillig einen heiligen Eid, bei der Fahne zu bleiben und
ohne Anlaß keine Unruhe in Italien zu stiften. Und als sie

sahen, daß ihm bedeutende Geldsummen fehlten, veranstalteten sie eine Sammlung und gaben ein jeder nach seinem Vermögen. Sulla nahm das Geld freilich nicht an, lobte aber ihren guten Willen und ermahnte sie, ihm weiterhin ihre Treue zu bewahren. Dann begann er die Überfahrt, wie er selbst sagt, zum Krieg gegen fünfzehn feindliche Feldherren mit vierhundertfünfzig feindlichen Kohorten. Doch verkündeten die Götter ihm unzweifelhaft durch die günstigsten Vorzeichen guten Erfolg. Als er gleich nach seiner Ankunft in Italien bei Tarent ein Opfer darbrachte, fand man, daß der Leberlappen des Opfertieres die Form eines Lorbeerkranzes mit zwei herabhängenden Bändern hatte. Und kurz bevor er die Überfahrt antrat, sah man in Kampanien am Berge Tifate mitten am Tage zwei große Böcke nach Art und Sitte der Menschen miteinander kämpfen. Doch war es nur eine Erscheinung: sie erhob sich allmählich von der Erde, zerstreute sich wie Traumbilder weithin in der Luft und verschwand endlich ganz. Bald darauf zogen an dieser Stelle der jüngere Marius und Konsul Norbanus große Streitkräfte zusammen. Sulla nahm sich gar nicht erst die Zeit, einen Schlachtenplan zu entwerfen oder sein Heer in geordneten Reihen aufzustellen. Er machte sich das Ungestüm der allgemeinen Kampflust und den Angriffsmut seiner Truppen zunutze und brachte die Feinde zum Weichen. Mit einem Verlust von siebentausend Gefallenen wurde der Konsul Norbanus in Capua eingeschlossen. Sulla selbst bezeichnet diesen Sieg als die Ursache dafür, daß die Truppen nicht in ihre Heimatstädte auseinanderliefen, sondern bei der Fahne blieben und voller Verachtung auf den zahlenmäßig überlegenen Feind herabsahen. Dann kam ihm, so erzählt er, in Silvium der Sklave eines gewissen Pontius entgegen und kündete ihm in heiliger Ekstase, Bellona sende ihm Kraft und Sieg in diesem Kampf. Wenn er sich aber nicht beeile, werde das Kapitol in Flammen aufgehen. Das geschah auch an demselben Tag, den der Mann vorhergesagt hatte, nämlich am sechsten Quintilis, den wir jetzt Juli nennen.

Ein anderes Erlebnis hatte Sullas Unterfeldherr Marcus Lucullus. Mit sechzehn Kohorten stand er bei Fidentia fünfzig feindlichen Kohorten gegenüber, und so sehr er sich auf den Eifer seiner Leute verlassen konnte, so wagte er doch den Kampf nicht, weil die meisten ohne Waffen waren. Als er noch unentschlossen hin und her überlegte, trug ein leiser Windhauch von dem benachbarten Wiesenplan viele Blüten herbei und streute sie über seine Leute aus. Sie blieben liegen und bedeckten Schilde und Helme, so daß die Feinde glaubten, sie seien bekränzt. Dies Wunder stärkte ihren Mut, und so wagten sie den Kampf; siegreich töteten sie achtzehntausend Feinde und eroberten ihr Lager. Der Bruder dieses Lucullus besiegte später Mithridates und Tigranes.

28. Sulla sah sich auf allen Seiten von Feinden umringt, die überall Lager errichtet hatten und über große Truppenmassen verfügten. So suchte er mit Gewalt und List sein Ziel zu erreichen und ließ den einen Konsul Scipio zu Waffenstillstandsverhandlungen bitten. Scipio ging auf den Vorschlag ein, und es kam zu mehreren Unterredungen und Zusammenkünften, bei denen Sulla den Scipio unter allerhand Vorwänden hinzuhalten wußte. Inzwischen machten sich Sullas Soldaten, die wie ihr Führer sich ausgezeichnet auf Lug und Trug verstanden, an Scipios Soldaten heran und suchten sie ihm abspenstig zu machen. Sie gingen in das feindliche Lager und mischten sich dort unter die Soldaten. Die einen gewannen sie gleich durch Geld, andere durch Versprechungen, wieder andere durch schmeichelnde Überredung. Als Sulla dann endlich mit zwanzig Kohorten heranrückte, da grüßten seine Leute Scipios Soldaten als Freunde. Die Gegner erwiderten den Gruß und gingen zu Sulla über. Scipio aber wurde in seinem Zelt, von allen verlassen, gefangengenommen und dann wieder freigelassen. So gebrauchte Sulla seine zwanzig Kohorten als Lockvögel, mit denen er die vierzig feindlichen fing. Er brachte sie alle in sein Lager. Bei dieser Gelegenheit soll Carbo gesagt haben, in Sullas Seele wohnten Fuchs und Löwe beieinander, mit denen er zu kämpfen habe; aber der Fuchs mache ihm am meisten zu schaffen.

Danach forderte Marius bei Signia Sulla mit fünfundachtzig

Kohorten zum Kampf heraus. Sulla hatte an dem Tage nicht
übel Lust, die Schlacht anzunehmen: hatte er doch einen
Traum gehabt. Er sah, wie der alte Marius, der schon lange
tot war, seinen Sohn vor dem nächsten Tage warnte, es sei
ein Unglückstag für ihn. Deshalb war Sulla entschlossen zum
Kampf und schickte an Dolabella, dessen Lager in der Nähe
war, Befehl, zu ihm zu stoßen. Da aber die Feinde alle
Wege besetzt hielten und versperrten, so hatten Sullas Soldaten die größte Mühe, sich kämpfend einen Weg zu bahnen. Ein starker Regenguß, der sie dabei überraschte, vermehrte noch ihre Leiden. Deshalb eilten ihre Offiziere zu
Sulla mit der Bitte, die Schlacht aufzuschieben. Sie wiesen
auf die Soldaten hin, die von Müdigkeit überwältigt auf
ihren Schilden lagen und ausruhten. Ungern gab Sulla seine
Zustimmung und ließ zum Halten blasen.
Eben fingen die Soldaten an, das Lager mit Wall und Graben
zu verschanzen, da sprengte Marius in stolzem Hochmut
heran. Er hoffte, die Gegner, wenn er sie so überraschte, in
ihrer Bestürzung leicht zerstreuen zu können. Da ging Sulla
die Stimme, die er im Traum gehört hatte, durch die Gnade
der Gottheit in Erfüllung. Denn die Soldaten packte der
Zorn; sie ließen ihre Arbeit im Stich, steckten ihre Speere
beim Graben in die Erde, zogen ihr Schwert und brachen
unter lautem Feldgeschrei in die feindlichen Reihen. Die
Feinde leisteten nicht lange Widerstand, sondern wandten
sich zur Flucht. Doch erlitten sie auch so noch viele blutige
Verluste. Marius floh nach Präneste, aber er fand die Tore
schon verschlossen. Da ließ man einen Strick von oben herab.
Er band sich daran und ließ sich auf die Mauer hinaufziehen.
Einige Geschichtsschreiber, unter ihnen Fenestella, berichten,
Marius habe von der ganzen Schlacht überhaupt nichts ge-
merkt. Nachdem das Losungswort für die Schlacht gegeben
war, habe er sich, völlig übermüdet, an einem schattigen
Platz auf die Erde gelegt. Dort sei er eingeschlafen und
kaum zu wecken gewesen, als sich schon alles in wilder
Flucht auflöste. In dieser Schlacht hat Sulla nach seinem
eigenen Bericht nur dreiundzwanzig Leute verloren, dagegen
zwanzigtausend Feinde getötet und achttausend Gefangene

gemacht. Ebenso begünstigte das Glück seine Feldherren Pompeius, Crassus, Metellus und Servilius. Sie hatten keine oder höchstens geringe Verluste, obwohl sie starke feindliche Streitkräfte aufrieben, so daß Carbo, die Hauptstütze der Gegenpartei, bei Nacht sein Heer verließ und nach Afrika fuhr.

29. Als aber der Entscheidungskampf nahte, da hätte der Samnite Telesinus, der wie ein frischer Fechter dem abgekämpften Sulla gegenübertrat, ihn noch vor den Toren Roms fast zu Fall gebracht und bezwungen. Er hatte mit dem Lukaner Lamponius ein ansehnliches Heer zusammengebracht und marschierte in Eilmärschen nach Präneste, um Marius zu entsetzen. Als er aber erfuhr, daß Sulla von vorn und Pompeius in seinem Rücken gegen ihn zogen und er weder vorwärts noch rückwärts konnte, brach er als echter Soldat, der sich auf den Krieg verstand, nachts auf und marschierte mit allen Truppen gegen Rom selbst. Fast hätte er auch die Stadt, die von aller Verteidigung entblößt war, überrumpelt. Doch schlug er zehn Stadien vom kollinischen Tor entfernt ein Lager vor der Stadt auf, voll Stolz und Hoffnung, weil er eine ganze Schar erprobter Feldherren überlistet hatte. In der Frühe des anderen Tages ritten die jungen Adligen Roms gegen ihn aus der Stadt, doch tötete Lamponius mit vielen anderen auch den edlen, tapferen Appius Claudius. Darüber entstand natürlich gewaltige Unruhe in der Stadt. Die Frauen schrien und liefen bestürzt durcheinander, als wenn Rom schon im Sturm genommen würde.

Da erschien als erster Retter Balbus, der von Sullas Lager mit siebenhundert Reitern im Galopp heransprengte. Er gönnte sich nur so viel Zeit, bis man den Schweiß von den Pferden gewischt hatte, dann ließ er wieder satteln und fing schleunigst ein Geplänkel mit den Gegnern an. Inzwischen kam auch Sulla heran, ließ die vordersten Truppen schnell einen Imbiß zu sich nehmen und dann zur Schlacht antreten. Dolabella und Torquatus beschworen ihn inständig, noch zu warten, nicht mit so erschöpften Truppen den Entscheidungskampf zu wagen: hätte er es hier doch nicht mit einem

Carbo oder Marius zu tun, sondern mit Samniten und Lukanern, mit kriegerischen Stämmen, den erbittertsten Feinden Roms. Er schlug ihre Warnungen in den Wind und ließ mit den Trompeten das Signal zum Angriff geben, obwohl es schon Nachmittag war. Es entspann sich ein Kampf wie kein zweiter in diesem Kriege. Sieger blieb der rechte Flügel unter Crassus' Führung. Dem linken, der in schwere Bedrängnis geriet, kam Sulla auf einem feurigen, schnellen Schimmel zu Hilfe. An diesem Schimmel erkannten ihn zwei Feinde und hoben schon ihre Speere hoch, um ihn zu treffen. Er selbst merkte es nicht, doch versetzte sein Reitknecht dem Pferd einen Schlag mit der Peitsche. Dadurch wich es so weit aus, daß die Lanzen neben seinem Schwanz in die Erde fuhren und dort stecken blieben. Sulla soll stets im Kriege eine goldene Statuette des delphischen Apollo im Gewand mit sich getragen haben. Die küßte er damals mit den Worten: „Pythischer Apollo, der du Cornelius Sulla den Glücklichen in gefährlichen Kämpfen zu Glück und Ruhm erhobst, hast du ihn deshalb an die Tore seiner Vaterstadt geführt, um ihn von seiner Höhe herabzustürzen und ihn schmählich mit seinen Mitbürgern untergehen zu lassen?" Nach diesem Gebet versuchte Sulla, die Leute mit Bitten, Drohungen und Scheltworten zum Widerstand aufzurufen. Als aber schließlich der linke Flügel doch aufgerieben wurde, floh er zwischen den Flüchtenden ins Lager. Groß war sein Verlust an Freunden und Gefährten. Dabei wurden manche, die als müßige Zuschauer aus der Stadt gekommen waren, getötet und unter die Füße getreten. Man hätte glauben können, es sei mit der Stadt zu Ende. Fast wäre auch Marius von der Belagerung befreit worden. Denn viele wandten sich auf der Flucht nach Präneste und rieten Lucretius Ofella, dem Kommandanten der Belagerungstruppen, schleunigst abzuziehen, da Sulla am Ende seiner Kräfte und Rom von den Gegnern besetzt sei.

30. Mitten in der Nacht erschienen in Sullas Lager Boten von Crassus, um für ihn und seine Truppen Proviant zu holen. Denn sie hatten die Feinde siegreich geschlagen, bis nach Antemnä verfolgt und lagerten nun dort. Außerdem

erfuhr Sulla, daß der größte Teil der Feinde aufgerieben sei. So kam er andern Tages nach Antemnä.

Dort erreichte ihn eine Abordnung, die dreitausend Gegner aus Rom zu ihm geschickt hatten. Er versprach ihnen Sicherheit, wenn sie vorher noch unter den übrigen ihrer früheren Gesinnungsgenossen aufräumen wollten, ehe sie zu ihm kämen. Sie verließen sich auf seine Zusicherung, griffen die andern an und es gab ein allgemeines Gemetzel. Gleichwohl ließ Sulla den Rest der Dreitausend und der Marianer, gegen sechstausend Menschen, im Zirkus zusammentreiben und berief den Senat in den Tempel der Bellona. Während er seine Rede begann, schlachteten die dazu bestellten Henker die Sechstausend ab. Der Todesschrei der Menge, die auf so kleinem Raum niedergemetzelt wurde, drang bis in den Senat, entsetzt sprangen die Senatoren auf. Doch mit unverändert beherrschter Miene hieß Sulla sie lieber auf seine Rede achtzugeben und sich nicht um die Geschehnisse da draußen zu kümmern, es würden auf sein Geheiß nur einige Verbrecher gezüchtigt.

Diese Vorgänge machten es auch dem einfältigsten Römer klar, daß man nur einen Wechsel in der Tyrannis, keine Befreiung davon zu erwarten hätte. Marius war von vornherein hart und grausam gewesen und hatte seine natürlichen Anlagen, als er zur Macht gelangt war, nur verschärft, nicht verändert. Sulla dagegen hatte sein Glück mit weiser, geschickter Mäßigung gebraucht und genoß deshalb den Ruf eines Führers, der es mit Adel und Volk gleich gut meinte. Auch war er von Jugend auf ein Freund von Scherz und Lachen und dabei so weichmütig, daß er bei dem geringsten Anlaß in Tränen ausbrach. Die natürliche Folge davon war, daß man nach seiner Machtergreifung den falschen Eindruck gewann, als wenn Machthunger den Charakter verändert und ihn zu Übermut, Frechheit und unmenschlicher Grausamkeit verleitet. Ob freilich die Natur sich durch Glückserfolge aus ihrer Bahn lenken und verändern läßt oder ob eine versteckte Anlage zur Schlechtigkeit dadurch nur zutage tritt, das muß eine andere Untersuchung entscheiden.

31. So hatte Sulla sich also aufs Morden gelegt und erfüllte

mit Hinrichtungen ohne Maß und Zahl die Stadt. Viele Männer, die nie etwas mit ihm zu tun gehabt hatten, wurden nun das Opfer persönlicher Rache der Anhänger Sullas, denen er aus persönlicher Gefälligkeit die Erlaubnis zu dem Mord gab. Da wagte es der junge Gaius Metellus, Sulla im Senat zu fragen, wann diese Schrecken einmal ein Ende nehmen würden und wie weit er noch gehen wolle, bevor man auf ein Aufhören dieser Leiden hoffen könne. „Wir bitten", sprach er, „nicht für die, denen du den Tod bestimmt hast; nimm nur denen die Ungewißheit, deren Leben du schonen willst." Und auf Sullas Entgegnung, er wisse noch nicht, wen er am Leben lassen wolle, erwiderte Metellus: „So nenne wenigstens die Männer, die du bestrafen willst." Das versprach Sulla. Nach einigen Quellen hat nicht Metellus diese letzten Worte gesprochen, sondern Fufidius, einer von denen, die um Sullas Gunst warben. Sulla ließ nun, ohne Mitteilung an den Magistrat, achtzig Bürger in die Acht erklären. Da aber ganz Rom darüber entsetzt war, ließ er einen Tag verstreichen und ächtete dann weitere hundertundzwanzig, am dritten Tag noch einmal ebenso viele. Dann erklärte er in öffentlicher Rede, er habe jetzt die geächtet, auf die er sich besinnen könne, ein andermal würden die folgen, die ihm jetzt entfallen seien. Und er fuhr fort mit den Proskriptionen. Wer einen Geächteten aufnahm oder in Sicherheit brachte, verfiel für seine Menschenfreundlichkeit dem Tode, weder Bruder, noch Sohn oder Eltern nahm er aus. Wer einen Geächteten tötete, bekam als Lohn zwei Talente, mochte auch der Sklave seinen Herrn oder der Sohn seinen Vater töten. Für das grausigste Unrecht aber galt, daß er auch den Söhnen und Enkeln der Geächteten die bürgerlichen Ehrenrechte aberkannte und ihr Vermögen einzog. Die Proskriptionen beschränkten sich nicht auf Rom, sie gingen durch alle Städte Italiens. Kein Göttertempel blieb unbefleckt vom Mord, kein gastlicher Herd, kein Vaterhaus. Männer wurden in den Armen ihrer Frauen, Söhne vor den Augen ihrer Mütter hingerichtet. Doch war die Zahl derer, denen Haß und Rachsucht das Leben nahm, gering im Vergleich mit denen, die wegen ihres

Vermögens ihr Leben lassen mußten, und die Mörder hatten die Stirn zu sagen, daß den einen sein großes Haus, den andern sein Garten, den dritten seine warmen Bäder das Leben gekostet hätten. Quintus Aurelius war sicherlich ein friedfertiger Mann. Seine einzige Schuld bestand seiner Meinung nach darin, daß er mit dem Unglück anderer Mitleid empfand. Als er auf dem Forum die Liste der Geächteten durchlas, fand er seinen eigenen Namen und rief: „O weh, mein Albanergütchen verfolgt mich!" Nach wenigen Schritten wurde er von einem Verfolger niedergehauen. 32. Inzwischen nahm der jüngere Marius sich das Leben in dem Augenblick, als man ihn gefangennehmen wollte.

Nach seiner Ankunft in Präneste begann Sulla damit, die Gegner einzeln abzuurteilen. Noch dauerte ihm das zu lange, und so ließ er denn alle auf einen Fleck zusammentreiben und töten, zwölftausend Mann. Nur seinem Wirt schenkte er das Leben. Der aber erklärte ihm offen und freimütig, er wolle dem Henker seiner Vaterstadt nicht sein Leben zu verdanken haben. Er schloß sich freiwillig seinen Landsleuten an und wurde mit ihnen niedergemetzelt.

Die scheußlichste Tat aber beging wohl Lucius Catilina. Er hatte noch vor der Beendigung des Bürgerkrieges seinen Bruder umgebracht und ließ ihn jetzt, wie einen Lebenden, von Sulla mit auf die Proskriptionsliste setzen. Als wenn er Sulla dafür danken müßte, tötete er noch Marcus Marius, einen Anhänger der Gegenpartei, und brachte sein Haupt Sulla, der gerade auf dem Forum saß. Dann ging er zum Weihwasserkessel im nahen Apollotempel und wusch seine Hände.

33. Aber auch von diesen Morden abgesehen, fanden Sullas Maßnahmen keinen Beifall bei den Römern. Er ernannte sich selbst zum Diktator und erneuerte damit ein Amt, das seit hundertundzwanzig Jahren nicht mehr bestanden hatte. Durch Volksbeschluß ließ er sich Straflosigkeit für alles Geschehene zusichern und mannigfache Befugnisse übertragen. Er hatte Gewalt über Leben und Tod, durfte Güter einziehen und Kolonien aussenden, Städte gründen und zerstören, Königreiche nehmen und verleihen, wie er wollte.

Bei der Versteigerung der eingezogenen Güter saß er selbst
auf dem Richterstuhl wie ein übermütiger Tyrann. Die Art,
wie er die Güter verschenkte, machte ihn noch verhaßter
als die Konfiskationen selbst. Schöne Weiber, Leierspieler
und Komödianten, ja selbst nichtswürdige Freigelassene bekamen von ihm die Ländereien ganzer Völker und die Einkünfte ganzer Städte geschenkt. Er stiftete manche Ehe,
zu der die Frauen sich nur unwillig herbeiließen. So zwang
er Pompeius Magnus, den er durch Verwandtschaft an sich
ketten wollte, seine Gemahlin zu verstoßen. Dann ver-
heiratete er ihn mit Ämilia, der Tochter seiner Gemahlin
Metella und des Scaurus, obwohl sie ein Kind erwartete.
Doch starb die junge Frau in Pompeius' Haus bei der Geburt ihres Kindes.

Lucretius Ofella, der Marius in Präneste belagert hatte, bewarb sich eifrig um das Konsulat. Sulla suchte es ihm auszureden. Als Ofella trotzdem auf dem Forum erschien und
bei allen Leuten Unterstützung fand, schickte Sulla einen
Hauptmann seiner Leibwache und ließ ihn töten. Er selbst
sah den Mord von seinem hohen Richterstuhl im Dioskurentempel. Aber die Menge wollte Hand an den Hauptmann
legen und ihn zum Richterstuhl schleppen. Doch gebot Sulla
den Schreiern Ruhe: er selbst habe den Befehl gegeben, den
Hauptmann sollten sie loslassen.

34. Besonders prunkvoll wurde Sullas Triumph durch die
seltenen und prächtigen Beutestücke aus den Schätzen des
Mithridates. Die größte Zierde des Zuges bildeten die zu-
rückgekehrten Verbannten, ein Anblick der Freude. Mit
Kränzen geschmückt, folgten die angesehensten, einflußreichsten Römer dem Triumphwagen und priesen Sulla als
ihren Retter und Vater. Denn durch ihn war ihnen die
Rückkehr ins Vaterland ermöglicht, durch ihn erhielten sie
Weib und Kind zurück.

Nach beendetem Triumph verteidigte er in einer Rede vor
versammeltem Volk das Geschehene. Mit nicht geringerem
Eifer zählte er alle Taten auf, die er dem Glück oder seiner
Tapferkeit zu verdanken hatte, und legte den Bürgern nahe,
ihm den Beinamen *Der Glückliche* zu geben. Denn das be-

deutet das Wort *felix*. Im schriftlichen oder amtlichen Verkehr mit den Griechen nannte er sich selbst Epaphroditos (Liebling der Aphrodite), und wirklich steht bei uns daheim auf den Siegessäulen die Inschrift ‚Lucius Cornelius Sulla Epaphroditos'. Als Metella Zwillinge gebar, nannte er den Knaben Faustus und das Mädchen Fausta. Denn alles Glückliche und Heitere nennen die Römer *faustum*.

Überhaupt vertraute Sulla auf sein Glück weit mehr als auf seine Taten. Deshalb legte er, obwohl er unzählige Bürger hatte hinrichten lassen und umstürzende Neuerungen und Veränderungen im Staat vorgenommen hatte, sein Amt als Diktator nieder. Er gab dann dem Volk das Recht, sich selbst Konsuln zu wählen, zurück, ließ sich aber selbst nicht wieder als Kandidat aufstellen, sondern hielt sich wie jeder andere auf dem Forum auf und war für jeden, der es verlangte, bereit, Rechenschaft abzulegen. Wider sein Erwarten hatte ein energischer Mann aus den Reihen seiner Gegner, Marcus Lepidus, die meiste Aussicht, das Konsulat zu bekommen, nicht seiner Verdienste wegen, das Volk wollte Pompeius, der die Wahl eifrig betrieb, einen Gefallen tun.

Als Sulla nun Pompeius vergnügt über den Sieg nach Hause gehen sah, rief er ihn zu sich und sagte: „Das ist ja eine schöne Politik, junger Mann, die du treibst, daß du Lepidus dem Catulus vorziehst, den unbesonnenen Tollkopf dem rechtschaffenen Ehrenmann. Laß dir nur ja nicht einfallen zu schlafen, denn du selbst hast dir einen Gegenspieler geschaffen, der stärker ist als du." Diese Worte Sullas sollten Prophezeiung werden. Denn bald wuchs Lepidus dem Pompeius über den Kopf und erklärte ihm den Krieg.

35. Sulla weihte Herkules den zehnten Teil seines gesamten Vermögens und veranstaltete für das Volk verschwenderische Gastereien. Man hatte dafür sogar viel mehr angeschafft als nötig war, so daß man täglich Speisen in Hülle und Fülle in den Tiber warf. Der Wein, den man trank, war vierzig und mehr Jahre alt. Während der Festlichkeiten, die mehrere Tage dauerten, starb Metella an einer Krankheit. Da die Priester Sulla nicht zu ihr lassen wollten und ihn warnten, sein Haus durch die Leichenfeier zu

entweihen, so hatte er ihr einen Scheidebrief schreiben und sie noch lebend in ein anderes Haus bringen lassen. Hierin folgte er, abergläubisch wie er war, sorgfältig der hergebrachten Sitte. Dagegen kehrte er sich nicht an das Gesetz, das den übermäßigen Aufwand bei der Bestattung beschränkte, obwohl er es selbst eingebracht hatte. Vielmehr scheute er bei der Leichenfeier keine Kosten. Ebenso übertrat er seine eigene Verordnung über die Sparsamkeit bei der Tafel und betäubte seinen Schmerz mit Schmausereien und Gelagen, bei denen allerlei kostspielige Possen aufgeführt wurden.

Als wenige Monate ins Land gegangen waren, fanden in Rom Fechterspiele statt. Da damals die Plätze im Theater noch nicht getrennt waren und Männer und Frauen nebeneinander saßen, geschah es, daß eine schöne Frau aus vornehmem Hause in Sullas Nähe saß. Es war Valeria, Messalas Tochter, des Redners Hortensius Schwester und erst kürzlich von ihrem Mann geschieden. Als sie hinter Sullas Rücken vorbeiging, streckte sie ihre Hand nach seiner Schulter aus, zog einen Faden aus seiner Toga und setzte sich an ihren Platz. Verwundert sah Sulla sich nach ihr um. Sie aber sagte: „Ich wollte dich nicht kränken, Herr, nur ein wenig von deinem Glück erhaschen!" Das hörte Sulla nicht ungern, man merkte vielmehr gleich, daß die Worte tiefen Eindruck auf ihn gemacht hatten. Er ließ unter der Hand nach ihrem Namen fragen und erfuhr ihre Herkunft und ihre Lebensgeschichte. Bald darauf suchten sie sich schon mit den Blicken, sahen sich nach einander um und lächelten sich zu, bis dann Verlöbnis und Hochzeit folgten, ohne daß man Valeria deswegen einen Vorwurf machen kann. Denn sie war sittsam und edel, als Sulla sie heimführte, doch wie Sulla die Beziehung anknüpfte, war weniger sittsam und anständig, weil er sich wie ein junger Mann durch kecke Blicke betören ließ. Denn daraus entstehen sonst schlimme, häßliche Leidenschaften.

36. Auch nach der Hochzeit verkehrte er weiter mit Schauspielerinnen, Zitherspielerinnen und Tänzern, mit denen er von Tagesanbruch an auf den Polstern zechte.

Seine besondere Gunst genossen damals der Schauspieler Roscius, der Archimimus Sorix und Metrobios, der weibliche Rollen spielte. Trotz seines hohen Alters liebte Sulla ihn leidenschaftlich, ohne ein Hehl daraus zu machen.

Diese Lebensweise brachte eine Krankheit zum vollen Ausbruch, die harmlos angefangen hatte. Lange Zeit merkte er nicht, daß er innere Geschwüre hatte. Diese Krankheit fraß sein ganzes Fleisch und verwandelte es in Läuse, und obwohl seine Leute Tag und Nacht damit beschäftigt waren, sie ihm abzunehmen, wuchs ihre Zahl doch noch schneller, als man sie ablesen konnte. Seine ganze Kleidung, das Bad, das Waschwasser und alle Speisen wimmelten von diesem Ausfluß verdorbener Säfte. So stark trat die Krankheit auf. Deshalb stieg er oftmals am Tage ins Wasser, um seinen Körper abzuspülen. Doch war alles vergeblich, denn zu schnell ging die Veränderung vor sich, und der Schwarm von Ungeziefer spottete jeglicher Reinigung.

In uralten Zeiten soll Akastos, der Sohn des Pelias, an der Läusekrankheit gestorben sein, später der Dichter Alkman, der Theologe Pherekydes und Kallisthenes von Olynth, während er im Gefängnis war, außerdem der Rechtsgelehrte Mucius. Wenn wir auch noch andere erwähnen sollen, die sich allerdings nicht rühmlich hervorgetan haben, aber aus einem andern Grunde bekanntgeworden sind: auch ein entlaufener Sklave, Eunus, der den Sklavenkrieg in Sizilien entfesselte, soll während seiner Gefangenschaft in Rom an der Läusekrankheit gestorben sein.

37. Sulla hatte sein Ende nicht nur vorausgesehen, er hatte auch gewissermaßen darüber geschrieben. So schloß er das zweiundzwanzigste Buch seiner Denkwürdigkeiten zwei Tage vor seinem Tode ab und erzählte darin, nach einer Weissagung der Chaldäer solle er nach einem ruhmvollen Leben auf der Höhe seines Glückes sterben. Auch sagte er, sein Sohn, der kurz vor Metella gestorben war, sei ihm in dürftigem Gewand im Schlaf erschienen. Er bat seinen Vater, alle Sorgen fahren zu lassen, wenn er jetzt mit ihm zur Mutter Metella ginge, um frei von den unruhevollen Geschäften des Staates bei ihr zu leben. Doch verließ ihn

die Sorge um die Staatsgeschäfte nicht. Zehn Tage vor seinem Tode söhnte er die streitenden Parteien in Puteoli aus und gab ihnen eine neue Verfassung. Noch am Tage vor seinem Tode ließ er den Beamten Granius zu sich in sein Zimmer kommen, weil er gehört hatte, er wolle seine Schuld an die Stadt nicht bezahlen, da Sulla ja doch im Sterben läge. Seine Bedienten mußten ihn umzingeln und erwürgen. Von dem lauten Sprechen und der heftigen Bewegung brach das Geschwür auf und er brach einen Blutstrom aus. Dann verließen ihn seine Kräfte, und nach einer qualvollen Nacht starb er. Er hinterließ zwei unmündige Söhne von Metella. Valeria gebar nach seinem Tode noch eine Tochter, die man Postuma nannte. Das ist bei den Römern der Name für Kinder, die nach dem Tode des Vaters geboren werden.

38. Viele drangen in Lepidus, Sulla die althergebrachte Leichenfeier zu versagen. Aber obwohl Pompeius über Sulla empört war, weil er als einziger von Sullas Freunden im Testament übergangen war, setzte er seinen Willen unter Versprechungen, Bitten und Drohungen durch und ließ den Leichnam nach Rom überführen. Dort sorgte er dafür, daß die Leichenfeier ungestört verlief. Römische Frauen brachten eine Fülle von Spezereien, daß man ein großes Bildnis Sullas und das eines Liktors aus Weihrauch und Zimtholz formen konnte, abgesehen von dem, was zweihundertundzehn Wagen herangeschafft hatten.

Früh am Morgen war der Himmel bedeckt und es sah nach Regen aus. Deshalb legte man den Toten erst um die neunte Stunde auf den Scheiterhaufen. Ein frischer Wind blies in den Scheiterhaufen und entfachte eine helle Flamme, so daß man sogar die Gebeine noch bestatten konnte, während das Feuer des Scheiterhaufens ausbrannte. Dann aber brach ein Unwetter aus, das bis in die Nacht anhielt. So scheint die Göttin des Glücks ihm bis zuletzt treu geblieben zu sein, denn selbst bei der Bestattung lieh sie ihre Hilfe.

Sein Denkmal steht auf dem Marsfelde. Die Inschrift hat er selbst verfaßt. Sie kündete, kein Freund habe ihn im Guten, kein Feind im Bösen übertroffen.

POMPEIUS

(106—48 v. Chr.)

Pompeius gegenüber müssen die Römer von Anfang an dasselbe Gefühl gehabt haben, das der Prometheus des Aischylos gegen seinen Retter Herakles in die Worte faßte: „Dem Vater bin ich feind, doch lieb' ich seinen Sohn." Denn niemals haben die Römer einen Feldherrn so unerbittlich gehaßt wie Pompeius' Vater Strabo; solange er lebte, fürchteten sie seine Kriegskunst, war er doch ein ausgezeichneter Feldherr, und als er vom Blitz getroffen wurde und man ihn bestatten wollte, rissen sie die Leiche von der Bahre und schändeten sie. Doch unerschütterlich stand Pompeius in der Gunst seiner Mitbürger, wie nie vorher oder später ein Römer. Von seiner frühesten Jugend an begleitete ihn die Liebe seines Volkes im Glück und im Unglück. Wenn der Haß gegen den Vater nur eine Ursache hatte, seine unersättliche Habsucht, so waren der Gründe, den Sohn zu lieben, viele: sein ruhiger Sinn, seine Kriegserfahrung, der Zauber seines Wortes, seine Treue und Leutseligkeit. Nicht nur liebenswürdig war er, er besaß auch die Kunst, Gaben auszuteilen ohne Hochmut und sie zu empfangen, ohne seiner Würde etwas zu vergeben. 2. Schon in der Jugend besaß sein Äußeres die Freundlichkeit, die ihm die Herzen der Menschen gewann, ehe er noch mit ihnen sprach, und in seiner Liebenswürdigkeit vereinigten sich Würde und Leutseligkeit. Das majestätische, königliche Wesen seines Charakters verriet sich schon in seiner blühenden Jugend. Sein sanft zurückwallendes Haar und das lebhafte Feuer seiner Augen verliehen ihm Ähnlichkeit mit den Bildern Alexanders des Großen, die gewiß nicht überraschend groß war, von der man aber immer wieder sprach. Pompeius ließ es sich deshalb nicht ungern gefallen, daß viele ihm diesen Namen beilegten, manche taten es freilich zum Hohn. Daher meinte auch Lucius Philippus, der frühere Konsul, bei einer Verteidigungsrede für Pompeius, es sei doch gar nichts Auffallendes, wenn er als Philippus Alexanders Freund sei. Als seine Geliebte Flora ein wenig in die Jahre gekommen war, sprach sie, so heißt es, immer noch mit Freuden von Pompeius' Liebe und sagte, sie habe ihren Freund nie verlassen, ohne Spuren seiner Zähne mitzunehmen. Auch erzählte sie, Pompeius' guter Freund Geminius habe sich einmal in sie verliebt und sie mit seinen Anträgen verfolgt. Aber in ihrer Liebe zu Pompeius wollte sie nichts von ihm wissen, und Geminius gestand deshalb dem Pompeius seine Liebe. Pompeius überließ ihm seine Freundin, aber seit dieser Zeit rührte Pompeius Flora nicht ein einziges Mal mehr an, obwohl jedermann sah, wie heiß er sie noch immer liebte. Auch Flora trug den Verlust ihres Geliebten nicht leicht, wie Mädchen ihres Standes es oft tun; Trauer und Sehnsucht machten sie lange krank. Übrigens soll Floras Schönheit so berühmt gewesen sein, daß Cäcilius Metellus im Tempel der Dioskuren ein Gemälde ihrer Schönheit weihte, als er den Tempel mit Bildern und Statuen schmückte.

Pompeius soll die Gattin seines Freigelassenen Demetrios, der auf ihn großen Einfluß hatte und ein Vermögen von mehr als viertausend Talenten besaß, ganz gegen seine Art unfreundlich behandelt haben, weil er den Vorwurf fürchtete, er hätte sich von ihrer berühmten sanften Schönheit einfangen lassen. Aber trotz seiner ängstlichen Vorsicht entging er dem Tadel seiner Feinde nicht. Man warf ihm vor, er habe wegen seiner Beziehungen zu verheirateten Frauen in vielen Fällen das Wohl des Staates verraten.

Auch von seiner Anspruchslosigkeit im Essen und Trinken erzählt man. Als er einmal krank war und nichts vertragen konnte, verordnete der Arzt ihm Krammetsvögel. Man fragte überall herum, fand sie aber nirgends zu kaufen, weil die Zeit vorbei war. Da hörte er, man könne sie bei Lucullus bekommen, der sie das ganze Jahr hindurch mäste, und meinte: „Wenn also Lucullus nicht ein so verschwenderischer Feinschmecker wäre, hätte Pompeius sterben müssen?" Und ohne sich um den Arzt zu kümmern, nahm er mit anderen Speisen vorlieb, die leichter zu beschaffen waren. Aber das gehört in eine spätere Zeit.

3. Kaum erwachsen, begleitete er seinen Vater auf dessen Feldzug gegen Cinna. Bei dieser Gelegenheit teilte er mit seinem Kameraden Lucius Terentius das Zelt. Aber dieser hatte sich von Cinna bestechen lassen und es auf sich genommen, Pompeius Strabo zu ermorden, während die anderen Verschworenen das Zelt des Feldherrn selbst in Brand stecken sollten. Pompeius, der Sohn, erfuhr von diesem Anschlag, während er bei Tisch saß. Aber ohne sich auch nur das geringste merken zu lassen, behandelte er Terentius mit ausgesuchter Liebenswürdigkeit und trank ihm noch freundlicher zu als sonst. Doch als er sich erhob, um sich zur Ruhe zu begeben, schlüpfte er heimlich aus dem Zelt und sorgte dafür, daß eine Wache vor das Zelt seines Vaters gestellt wurde. Dann wartete er seelenruhig ab, was da kommen würde. Als Terentius seine Zeit gekommen glaubte, sprang er auf, stürzte mit dem Schwert in der Hand auf das Lager des Pompeius zu und schlug auf die Bettdecke los. Zur gleichen Zeit gab es eine wilde Aufregung im Lager, die Soldaten haßten den Feldherrn ja alle und wollten revoltieren, sie rissen ihre Zelte ein und griffen zu den Waffen. Strabo wagte sich aus Furcht vor dem Aufruhr nicht aus dem Zelt, doch Pompeius eilte mitten unter die Aufsässigen und beschwor sie unter Tränen. Schließlich warf er sich vor dem Lagertor auf die Erde, und während er so mitten auf dem Wege lag, schrie er den Leuten weinend zu, wenn sie aus dem Lager wollten, ginge der Weg nur über seinen Körper. So erreichte er es, daß sie beschämt zurückgingen und bis auf achthundert alle ihren Plan aufgaben und sich mit ihrem Feldherrn wieder aussöhnten.

4. Kaum war Vater Pompeius Strabo gestorben, so klagte man Pompeius als seinen Erben wegen Unterschlagung von Staatseigentum an. Aber Pompeius konnte vor den Richtern nachweisen, daß ein Freigelassener seines Vaters, Alexander, den größten Teil dieser Dinge beiseite geschafft hatte. Trotzdem blieb auf ihm der Vorwurf hängen, er habe Jagdnetze und Bücher aus der Beute von Askulum im Besitz. Allerdings hatte er diese Sachen von seinem Vater nach der Eroberung der Stadt bekommen, aber er hatte alles wieder

eingebüßt, als Cinnas Leibgarde nach dessen Rückkehr in Rom in Pompeius' Haus eingebrochen war und es ausgeplündert hatte. Vor dem eigentlichen Prozeß mußte Pompeius verschiedene Vorverhandlungen gegen seinen Ankläger durchführen. Bei dieser Gelegenheit zeigte er sich trotz seiner Jugend so energisch und aufrecht, daß der Prätor Antistius, der den Vorsitz in diesen Verhandlungen führte, ihn in sein Herz schloß und ihm die Hand seiner Tochter anbot. Pompeius nahm das Angebot gern an, und obwohl die beiden Männer untereinander Stillschweigen gelobten, merkte das Volk die Geschichte doch, weil Antistius sich offenbar bemühte, Pompeius zu bevorzugen. Als der Prätor schließlich das freisprechende Urteil der Richter verkündete, brach das Volk wie auf Verabredung in den althergebrachten Glückwunsch aus, den man den Neuvermählten zuruft: ‚Talasio!‘ Man will auch den Ursprung der Sitte noch kennen. Einst waren die Töchter der Sabiner nach Rom gekommen, um sich die Schauspiele anzusehen. Da hatten die vornehmsten Römer sie geraubt, um sie heimzuführen. Bei dieser Gelegenheit hatten auch einige arme Schlucker, Klienten und Hirten, ein wunderschönes, großes Mädchen ergriffen und mit sich fortgeführt. Weil sie aber fürchteten, einer der Vornehmen, der ihnen begegnete, könne sie ihnen wieder abjagen, riefen sie bei ihrem Laufen: „Für Talasius!“ Talasius gehörte zu den beliebten und angesehenen Bürgern der Stadt. Wer den Namen hörte, beteiligte sich mit heller Freude an dem Rufen. Daher stammte – denn Talasius war glücklich geworden in seiner Ehe – dieser scherzhafte Glückwunsch für die Neuvermählten. Jedenfalls verdient diese Erklärung des Rufes ‚Talasio‘ den meisten Glauben.

Wenige Tage später fand die Vermählung zwischen Pompeius und Antistia statt.

5. Als Pompeius später in Cinnas Lager kam, wurde er dort wegen verleumderischer Anklagen, die man gegen ihn erhoben hatte, ängstlich und entfernte sich schnell auf heimlichen Wegen. Da man ihn nicht fand, eilte das Gerücht durch das Lager, Cinna habe den jungen Mann umbringen lassen. Das war für Cinnas alte Feinde, die sich von ihm

unterdrückt fühlten, Anlaß genug, sich gegen ihn zu erheben. Cinna gelang es zu entkommen, aber ein Centurio holte ihn ein, das Schwert in der Faust. Cinna fiel ihm zu Füßen und hielt ihm einen kostbaren Siegelring entgegen. Doch der Centurio rief ihm mit bitterem Hohn zu: „Ich bin nicht gekommen, um einen Vertrag mit dir zu besiegeln, ich will einen Schurken, einen gesetzlosen Tyrannen strafen!" und schlug ihn nieder. Nach Cinnas Untergang bekam Carbo die Macht in die Hände, ein noch tollerer Tyrann. Aber Sulla war schon auf dem Anmarsch, zur Freude des Volkes, das in seinem Unglück schon den Wechsel des Herrschers wenigstens für einen kleinen Fortschritt ansah. Denn die Not hatte die Bürger so schwer bedrückt, daß sie, ohne auf Freiheit überhaupt noch zu hoffen, sich nur nach einer gelinderen Herrschaft sehnten.

6. In dieser Zeit hielt sich Pompeius in der italischen Landschaft Picenum auf, wo verschiedene seiner Güter lagen. Vor allem stand er schon von seinem Vater her in freundschaftlichem Verhältnis zu den dortigen Städten. Da sah er, wie die besten, angesehensten Bürger von überallher in Sullas Lager flüchteten, um dort wie im Hafen Schutz zu suchen. Aber er selbst mochte nicht als Flüchtling mit leeren Händen schutzflehend vor Sulla treten, er wollte, um sich ihn zu verpflichten, an der Spitze einer bewaffneten Macht zu ihm kommen. Als er deshalb den Versuch machte, die Picenter zum Kampf aufzurufen, folgten sie seiner Aufforderung mit Begeisterung und schenkten den Sendlingen Carbos kein Gehör mehr. Als einer von diesen, Vedius, die Bemerkung wagte, Pompeius sei doch eben erst aus der Schule gelaufen, um jetzt als Volksverführer bei den Picentern aufzutreten, wurden sie so rasend, daß sie in demselben Augenblick über Vedius herfielen und ihn totschlugen.

So machte sich Pompeius jetzt, dreiundzwanzig Jahre alt, selbst zum Feldherrn, ohne daß ihn jemand dazu ernannt hätte. Auf dem Markt einer großen Stadt, Auximum, ließ er ein Tribunal errichten und verwies die beiden Brüder Ventidius, angesehene Männer der Stadt, die gegen ihn für Carbo warben, des Landes. Dann begann er Truppen auszuheben, und nachdem er in aller Form Offiziere ernannt hatte, bereiste er auch die umliegenden Städte, um auch dort Truppen auszuheben. Die Anhänger Carbos aber machten sich aus dem Staube und überließen ihm das Feld, während die übrige Bevölkerung ihm mit Freuden ihre Dienste anbot. So brachte er in kurzer Zeit drei Legionen zusammen, mit allem was dazu gehört, Verpflegung, Lasttieren und Wagen. Erst dann zog er Sulla entgegen, ohne Hast und ohne Heimlichkeit. Wo er unterwegs den Feinden Schaden zufügen konnte, da blieb er, und alle Landstriche, durch die ihn sein Weg führte, versuchte er Carbo abspenstig zu machen.

7. Aber da zogen gleichzeitig drei Generale gegen ihn ins Feld, Carinnas, Clölius und Brutus. Die Gefahr lag darin, daß sie nicht in einer Front von einer Stelle her kamen, ihn vielmehr von drei verschiedenen Seiten her einschließen und vernichten wollten. Doch Pompeius ließ sich nicht einschüchtern, er zog seine Truppen an einer Stelle zusammen und warf sich an der Spitze seiner Reiterei zuerst auf Brutus' Lager. Als ihm vom Feinde her die keltischen Reiter entgegenstürmten, traf er den ersten, der tollkühn heransprengte, mit der Lanze, ehe der Gegner sich besinnen konnte, und stieß ihn nieder. Die anderen warfen ihre Gäule herum und jagten auf ihrer Flucht das Fußvolk durcheinander, so daß schließlich das ganze Heer auseinanderlief. Da bekamen denn auch die beiden anderen Feldherren untereinander Streit und zogen ab, so schnell sie konnten. Der Erfolg war, daß die Städte auf Pompeius' Seite traten, weil seine Gegner offenbar aus Furcht vor ihm sich zerstreut hatten.

Jetzt zog der Konsul Scipio gegen Pompeius, aber die Heere waren noch nicht in Speerwurfweite, als Scipios Leute den Soldaten des Pompeius freundliche Worte zuriefen und zu ihm überliefen. Scipio mußte fliehen. Als schließlich Carbo selbst am Äsis starke Reitergeschwader gegen ihn vorführte, leistete Pompeius hartnäckig Widerstand, trieb sie zurück und jagte sie auf der Flucht auf wildes Gelände, wo die Pferde nicht weiterkommen konnten. Als die Leute sahen, daß ihnen keine Hoffnung auf Rettung blieb, ergaben sie sich mit Waffen und Pferden.

8. Bis dahin hatte Sulla noch keine Kunde erhalten von Pompeius' Erfolgen. Aber auf die ersten, undeutlichen Nachrichten hin fürchtete er für Pompeius, der sich mit so viel ausgezeichneten gegnerischen Generalen herumschlagen mußte. Er versuchte daher, ihm schleunigst Hilfe zu bringen. Das kam Pompeius bald zu Ohren, und er gab seinen Offizieren Befehl, die Truppen in vorschriftsmäßiger Rüstung und Ordnung aufmarschieren zu lassen, um mit der glänzenden Pracht des Heeres auf den Imperator Sulla Eindruck zu machen. Denn groß waren die Ehren, die Pompeius von Sulla erhoffte, größer noch, die er erhielt. Als Sulla ihn herankommen sah und das Heer erblickte, all die kräftigen, herrlichen Gestalten, mit Augen, die in der Erinnerung an ihre Siege fröhlich glänzten, da sprang er vom Pferd, und – wie es ihm gebührte, mit dem Zuruf *Imperator* begrüßt – begrüßte er Pompeius selbst auch als *Imperator,* und doch hätte niemand erwarten können, daß Sulla einem jungen Menschen, der noch nicht einmal Mitglied des Senats war, einen Titel verleihen würde, den zu gewinnen er selbst mit Männern wie Scipio und Marius im Krieg lag. Aber Sulla ließ es nicht bei dieser ersten Freundlichkeit bewenden. Wenn Pompeius ihm entgegenkam, stand er auf und schob den Zipfel der Toga vom Haupt herunter, was er sonst selten einmal vor jemand tat, obwohl manche vornehme Männer in seinem Gefolge waren.

Doch machten solche Ehren Pompeius nicht hochmütig. Als er bald darauf nach Oberitalien gehen sollte, wo Metellus mit einem Heere stand, ohne es zu einem Erfolg bringen zu können, scheute er sich, einem älteren berühmten Mann das Kommando abzunehmen, erklärte sich aber gern bereit, wenn Metellus einverstanden war, auf seine Bitten ihm im Kommando zur Seite zu stehen. Als Metellus diesen Vorschlag annahm und an Pompeius schrieb, er möge doch kommen, eilte er nach Norditalien und hatte in der Tat glänzende Erfolge. Wenn Metellus' kühner Schlachtenmut durch die Last der Jahre schon fast erstickt schien, so fachte Pompeius ihn wieder zur hellen Flamme an, wie geschmolzenes glühendes Erz, das man um kaltes starres Eisen herumgießt, es besser flüssig machen und schmelzen soll als Feuer. Aber wie man ja bei einem Meisterfechter, der überall die herrlichsten Siege errungen hat, von seinen Leistungen in der Jugend kein Aufhebens macht und sie keiner Schilderung würdigt, so ist es auch mit Pompeius' damaligen Taten. Sie verdienten eine wie die andere Ruhm, aber sie stehen doch im Schatten der späteren zahllosen herrlichen Kämpfe und Kriege. Deshalb muß ich sie hier übergehen, denn wenn ich mit seinen Anfängen zu viel Zeit verliere, so bleibt mir nachher kein Raum für seine gewaltigen Leistungen und Erlebnisse, die doch das hellste Licht auf seinen Charakter werfen.

9. Als Sulla Herr über Italien geworden und zum Diktator ernannt war, bezeugte er allen Offizieren und Generalen seinen Dank. Er überhäufte sie mit Reichtümern, ernannte sie zu hohen Beamten und erfüllte ihnen, ohne sich zu besinnen, bereitwillig alle ihre Wünsche. Das mochte für diese Leute genügender Lohn sein, aber weil er, voller Bewunderung für Pompeius' Leistungen, sich von ihm mächtigen Beistand für seine eigenen Pläne versprach, suchte er ihn auf irgendeine Weise durch die Bande der Verwandtschaft an sich zu fesseln. Seine Gattin Metella lieh ihm dabei gern ihren weiblichen Rat, und sie überredeten Pompeius, sich von Antistia zu trennen und Sullas Stieftochter Ämilia heimzuführen. Sie war eine Tochter der Metella und des Scaurus, schon verheiratet und trug ein Kind von ihrem Mann.

Auf diese Weise Ehen zu stiften, war freilich Tyrannenart. Es paßte besser zu Sullas Interessen als zu Pompeius' Wesen, daß Ämilia aus dem Hause ihres Gatten trotz der bevorstehenden Geburt dem Pompeius zugeführt wurde und daß Antistia schimpflich und kläglich verstoßen wurde; hatte sie doch erst kürzlich um ihres Mannes willen ihren Vater verloren, der in der Kurie erschlagen worden war, weil man ihn wegen seines Schwiegersohnes Pompeius für einen Parteigänger Sullas hielt. Ihre Mutter hatte den Verlust nicht ertragen und sich das Leben genommen. So schlang sich ein Unglück nach dem andern um das Trauerspiel dieser Ehe, und kaum war Ämilia in Pompeius' Haus gekommen, da starb sie an den Folgen des Kindbettes.

10. In dieser Zeit kam die Nachricht nach Rom, daß Perperna sich zum Herrn über Sizilien gemacht hatte und die Insel zum Zufluchtsort für die geretteten Mitglieder der gegnerischen Partei geworden war. Man erfuhr auch, daß Carbo mit einer Flotte in den dortigen Gewässern kreuzte, daß Domitius sich nach Afrika geworfen hatte und viele berühmte Männer, die den Proskriptionen entflohen waren, nach diesen Gegenden flüchteten. Pompeius bekam den Auftrag, mit starken Truppen gegen diese Gegner vorzugehen. Perperna verließ daraufhin sofort Sizilien, und Pompeius half den Städten, die unter Perpernas Mißwirtschaft schwer gelitten hatten, wieder auf. Mit Freundlichkeit trat er ihnen allen gegenüber, mit Ausnahme der Mamertiner und Messiner. Da diese seine Rechtspflege nicht anerkennen wollten und sich deshalb auf ein altes Gesetz der Römer beriefen, das sie davon befreite, entgegnete Pompeius: „Es hat ja doch keinen Zweck, uns, die wir das Schwert an der Seite tragen, Gesetze vorzulesen!" Auch wie er Carbo in seinem Unglück noch verhöhnte, war unmenschlich roh. Denn wenn es schon nötig war – wie man vielleicht zugeben mag –, ihn zu beseitigen, so hätte er ihn unmittelbar nach der Gefangennahme töten lassen sollen, und die Tat wäre dann auf den gefallen, der den Befehl dazu gegeben hatte. Aber statt dessen ließ Pompeius einen Mann wie Carbo, der dreimal Konsul gewesen war, in Fesseln vor sich führen, und während er selbst auf dem Tribunal saß, mußte Carbo vor ihm stehen und seine Fragen beantworten, ein Bild, über das die Umstehenden in helle Empörung gerieten. Erst dann gab Pompeius Befehl, ihn zum Tode zu führen. Als er an der Richtstätte war und schon das Schwert aus der Scheide fahren sah, soll er gebeten haben, man möge ihm noch eine kurze Frist gönnen und einen geeigneten Fleck, um auszutreten.

Ebenso unmenschlich soll Pompeius sich gegen Quintus Valerius benommen haben, wie Cäsars Freund Gaius Oppius erzählt. Denn da Pompeius wußte, daß Valerius ein ausgezeichneter Gelehrter und Freund der Wissenschaft war, nahm er ihn, als er vor ihn geführt wurde, beiseite und wandelte mit ihm auf und ab. Dabei stellte Pompeius ihm alle

möglichen Fragen und hörte seinen klugen Antworten zu.
Plötzlich befahl er seinen Sklaven, Valerius zur Hinrichtung zu führen. Allerdings darf man Oppius nur mit Vorsicht Glauben schenken, wenn er über Cäsars Freunde oder
Feinde spricht. Denn wenn Sullas angesehenste Gegner Pompeius in die Hände fielen und ihre Gefangennahme überall
bekannt war, so blieb ihm allerdings ja nichts anderes übrig,
als sie zu bestrafen. Die anderen ließ er aber, sooft er konnte,
in ihren Schlupfwinkeln gern in Ruhe, manchen verhalf er
zur Flucht. Als er beschlossen hatte, die Stadt Himera wegen
ihres Einverständnisses mit den Gegnern zu züchtigen, kam
ihr Führer Sthennis zu ihm und bat um Gehör. Er trug Pompeius vor, es sei unrecht, wenn er den Schuldigen laufen ließe
und statt dessen die Unschuldigen ins Verderben stürzen
wolle. Pompeius wollte wissen, wen er mit dem Schuldigen
meinte; da nannte Sthennis sich selbst, denn er habe seine
Freunde mit bittenden Worten, die Gegner mit Gewalt zum
Abfall verführt. Aus Bewunderung über das freimütige
Wort und den stolzen Sinn gewährte Pompeius zuerst ihm
Verzeihung, dann auch allen anderen. Als er ein andermal
hörte, daß seine Mannschaften auf den Straßen und Wegen
raubten und plünderten, ließ er an der Scheide ihres Schwertes ein Siegel anbringen. Wer es nicht unversehrt vorweisen
konnte, erhielt seine Strafe.

11. Während er so die politischen Verhältnisse in Sizilien
regelte, ging ihm gleichzeitig mit einem Brief Sullas ein
Senatsbeschluß zu, er solle nach Afrika segeln und dort seine
ganze Macht im Kampf gegen Domitius einsetzen. Dieser
hatte ein Heer zusammengebracht, das bedeutend stärker
war, als es Marius gehabt hatte, als er vor kurzem aus ehr-
loser Verbannung von Afrika nach Italien zurückkehrte und
als Tyrann den Bürgerkrieg entfesselte. Nach eiliger Rüstung
ließ Pompeius den Mann seiner Schwester, Memmius, als
Statthalter in Sizilien zurück und ging selbst mit hundertundzwanzig Kriegsschiffen und achthundert Transportschif-
fen für Lebensmittel, Waffen, Geld und Belagerungsmaschinen in See. Kaum waren die Schiffe teils bei Karthago, teils
bei Utika gelandet, da liefen von den Feinden siebentausend

Mann zu ihm über. Sein eigenes Heer umfaßte sechs kriegsstarke Legionen.

In dieser Zeit soll er eine lustige Geschichte erlebt haben. Einige Soldaten waren zufällig auf einen vergrabenen Schatz gestoßen und hatten viel Geld gefunden. Als das ruchbar wurde, bildeten sich die anderen alle ein, es müßten überall im Boden noch mehr solche Schätze vergraben sein, die einst die Karthager in Zeiten der Not verborgen hätten. Viele Tage lang konnte Pompeius nichts mit seinen Leuten anfangen, weil sie überall nach Schätzen gruben. Er selbst ging lächelnd umher, als er überall die Tausende in der Erde herumwühlen und alles umgraben sah. Schließlich gaben sie die Sache wieder auf und baten den Feldherrn, er möge sie führen, wohin er wolle, sie seien für ihre Narrheit schwer genug gestraft.

12. Domitius hatte sein Heer so aufgestellt, daß er vor sich eine unpassierbare Felsschlucht hatte. Aber da ein gewaltiger Regensturm schon am frühen Morgen einsetzte und den Tag über anhielt, mußte er an diesem Tag auf den Kampf verzichten und gab Befehl zum Rückzug. Darin sah Pompeius eine günstige Gelegenheit für sich und überschritt die Schlucht. Bei den Feinden hatte sich inzwischen alle Ordnung gelöst, nur kleine Haufen versuchten hier und da noch Widerstand. Auch hatte der Wind sich gedreht und schlug ihnen den Regen ins Gesicht. Indessen hinderte das Unwetter auch die Römer, so daß sie sich gegenseitig kaum sehen konnten, und fast wäre Pompeius selbst erschlagen worden, weil man ihn nicht erkannte, denn als ein Soldat ihn nach dem Losungswort fragte, kam seine Antwort nur langsam heraus. Die Soldaten trieben die Gegner schließlich mit ungeheuren Verlusten zurück; von zwanzigtausend sollen sich kaum dreitausend Mann gerettet haben. Nach der Schlacht begrüßten die Mannschaften Pompeius jubelnd mit dem Ehrentitel „Imperator", aber er lehnte ihn ab, solange das Lager der Feinde noch stände; wenn sie ihn dieser Ehre für würdig hielten, so müsse man vorher das Lager zerstören. Da stürmten sie, ohne sich zu bedenken, gegen die Wälle vor, Pompeius unter ihnen, aber diesmal ohne Helm, weil er noch mit

Schrecken an sein letztes Erlebnis dachte. Das Lager wurde
genommen. Domitius fiel.

In der Folge ergaben sich viele Städte freiwillig, andere
wurden mit Gewalt erstürmt. Auch fiel ihm Domitius' Bundesgenosse, König Jarbas, in die Hände, dessen Reich er
Hiempsal übertrug. Pompeius aber hielt das Glück fest, das
sich ihm geboten hatte, und an der Spitze seiner begeisterten
Truppen rückte er in Numidien ein. Auf einem langen
Marsch von vielen Tagen warf er alles, was Widerstand
wagte, siegreich nieder, und wenn die Barbaren schon lange
die Furcht vor den Römern vergessen hatten, er hämmerte
sie ihnen wieder ein, und selbst die wilden Tiere Afrikas,
sagte er, sollten von ihm wieder die Angst vor römischem
Glück und Mut kennenlernen. Deshalb ging er einige Tage
auf Löwen- und Elefantenjagd. Im ganzen aber soll er nur
vierzig Tage gebraucht haben, um die Feinde zu bezwingen,
Afrika zu unterwerfen und als Schiedsrichter die Beziehungen zwischen den dortigen Königen zu ordnen, und war
doch erst vierundzwanzig Jahre alt.

13. Als er nach Utika zurückkam, übergab man ihm einen
Brief Sullas mit der Aufforderung, mit einer Legion in
Afrika die Ankunft seines Nachfolgers abzuwarten und das
übrige Heer nach Italien zurückzusenden. Dieser Befehl war
für Pompeius eine bittere Kränkung, aber er ließ von seinem
Ärger nichts merken, während das Heer seinem Unwillen
offen Luft machte. Pompeius stellte ihnen vor, sie sollten
ja nur vor ihm nach Hause zurückkehren, aber das Heer
brach in laute Lästerungen gegen Sulla aus. Sie dächten nicht
daran, Pompeius zu verraten und allein zu lassen, er solle
doch nicht so töricht sein, den Worten eines Tyrannen zu
trauen. Pompeius suchte mit der Macht seines Wortes die
Empörung zu dämpfen, aber vergeblich. Deshalb verließ er
die Rednerbühne und ging mit Tränen in den Augen in sein
Zelt. Doch die Soldaten holten ihn heraus und geleiteten
ihn wieder zur Rednerbühne. Stunde um Stunde verging
mit Verhandlungen, die Soldaten baten ihren Feldherrn, zu
bleiben und das Kommando zu behalten, während Pompeius von ihnen Gehorsam und ruhige Unterordnung ver-

langte. Aber die Leute gaben nicht nach und hörten nicht auf zu schreien, bis Pompeius ihnen schwor, wenn man ihn zwingen wolle, werde er sich das Leben nehmen. Selbst auf solche Drohungen hin wollten sie sich kaum beruhigen.

Die ersten Nachrichten, die Sulla von diesen Vorgängen bekam, berichteten von einem Abfall des Pompeius. Da meinte Sulla zu seinen Freunden, es sei wohl sein Schicksal, als Greis noch mit Kindern fechten zu müssen. Denn auch Marius war noch ganz jung gewesen, als er die schwersten Kämpfe gegen Sulla führte und ihn in die größte Bedrängnis brachte. Schließlich erfuhr Sulla den wirklichen Verlauf der Dinge in Afrika, und weil er sah, wie ganz Rom sich auf den Weg machte, um Pompeius zu begrüßen und ihm das Freudengeleit in die Stadt zu geben, wollte er selbst nicht zurückstehen. Schon vor der Stadt entbot er dem Heimkehrenden seinen herzlichsten Willkommensgruß, und da er ihn mit weithin vernehmbarer Stimme als Pompeius den Großen begrüßte, forderte er die Anwesenden auf, ihn ebenfalls so zu nennen. Nach einem anderen Bericht soll schon in Afrika das ganze Heer Pompeius mit diesem Ruf begrüßt haben, aber erst durch Sullas Billigung fand der Beiname seine Bestätigung. Doch hat Pompeius selbst erst in sehr viel späterer Zeit, als er als Prokonsul nach Spanien gegen Sertorius geschickt wurde, unter die Briefe und Befehle den Titel *Pompeius Magnus* gesetzt, denn damals neidete ihm keiner mehr den Namen, der für alle schon eine Selbstverständlichkeit geworden war.

Darin verdienen die Römer der alten Zeit in der Tat unsere höchste Bewunderung, daß sie mit solchen oder ähnlichen Beinamen nicht nur ihren Feldherren für die Leistungen im Kriege ihren Dank abstatteten, sondern auch die großen Taten ihrer Staatsmänner ehrten. Jedenfalls gab das Volk zwei Männern den Beinamen *Maximus*, d. h. der Größte. Der eine war Valerius, der nach dem Streit zwischen Plebs und Senat die beiden Parteien wieder einigte, der andere Fabius Rullus, weil er die Söhne einiger Freigelassener, die wegen ihres Reichtums einen Sitz im Senat bekommen hatten, aus dieser Körperschaft ausstieß.

14. Auf Grund seiner Erfolge verlangte Pompeius den Triumph, doch widersprach Sulla, denn das Gesetz erlaubt ihn nur dem Konsul oder Prätor, niemandem sonst. Deshalb habe auch der ältere Scipio nicht um die Gewährung des Triumphs gebeten, obwohl er in vielen gefährlichen Kämpfen in Spanien Herr über die Karthager geworden war, auch er war weder Konsul noch Prätor. Und wenn Pompeius, der kaum einen Bart habe, im Triumph in die Stadt einzöge, ohne wegen seiner Jugend dem Senat angehören zu können, so wäre ja doch das Volk nur aufgebracht auf seine, Sullas, Art zu regieren, und die Ehre, die es Pompeius nicht gönnen würde. Alle diese Gründe versuchte Sulla ihm klarzumachen und ließ keinen Zweifel darüber, daß er den Triumph auf keinen Fall gestatten und ihm sein ehrgeiziges Verlangen abschlagen würde, wenn er auf seinem Wunsch bestehen sollte.

Doch Pompeius ließ sich nicht einschüchtern; Sulla möge doch bedenken, daß es mehr Menschen gebe, die vor der aufgehenden Sonne aufs Knie fielen als vor der untergehenden. Wollte er damit sagen, daß seine junge Macht im Aufstieg begriffen sei, während Sullas Macht sich dem Abend zuneige? Allerdings hatte Sulla den tiefen Sinn der Worte nicht verstanden, aber an den Mienen und Gesten der Umstehenden bemerkte er staunende Verwunderung. Als er auf seine Frage hörte, was Pompeius gemeint hatte, war er entsetzt über solche Kühnheit und rief zweimal hintereinander aus: „Dann soll er seinen Triumph haben!" Pompeius sah, daß viele darüber ärgerlich und zornig wurden; trotzdem wollte er sie, wie man erzählt, noch mehr ärgern und plante, auf einem Wagen mit vier Elefanten in die Stadt einzuziehen. Er hatte in Afrika von den Königen viele erbeutet. Nur weil das Tor für einen solchen Aufzug zu eng gewesen wäre, gab er seine Absicht auf und begnügte sich mit den Pferden. Aber nun wollten die Soldaten Skandal machen und den Triumph stören, weil sie weniger Belohnungen bekommen hatten, als sie erwarteten; doch sagte Pompeius, das sei ihm gleichgültig, und er würde lieber auf den Triumph verzichten, als den Leuten gute Worte geben. Da mußte selbst ein so angesehener Mann wie Servilius, der sich vorher gegen einen Triumph des Pompeius ausgesprochen hatte, zugeben, Pompeius sei ein wahrhaft großer Mann und verdiene den Triumph. Hätte Pompeius in diesen Tagen den Wunsch ausgesprochen, in den Senat einzutreten, so hätte man ihm ohne Zweifel auch solches gewährt; aber er legte keinen Wert auf diese Ehre, weil er ein höheres Ziel vor Augen hatte. Denn es wäre nicht gerade ein besonderes Wunder gewesen, wenn er trotz seiner Jugend Senator geworden wäre; aber ohne Senator zu sein, den Triumph zu feiern, war allerdings die höchste Auszeichnung, die man ersinnen konnte. Dadurch gewann er vor allem auch die Herzen der Menge, denn das Volk freute sich besonders, daß er auch nach seinem Triumph noch zu der Klasse der Ritter gehörte.

15. Sulla sah mit Ärger Pompeius' Aufstieg zu Ruhm und Einfluß, aber weil er sich scheute, ihm in den Weg zu treten, ließ er den Dingen ihren Lauf. Nur einmal zeigte sich sein Unwille. Pompeius hatte Sulla zum Trotz Lepidus das Konsulat verschafft, indem er ihm im Wahlkampf seine Unterstützung lieh und alle freundliche Gunst, die das Volk ihm selbst entgegenbrachte, auch für Lepidus gewann. Als Sulla ihn nach der Wahlhandlung inmitten seiner Freunde das Forum verlassen sah, rief er ihm zu: „Guter Freund, ich sehe ja, wie du dich über deinen Sieg freust, und es war ja auch ein prächtiges Stück von dir, daß der Schurke Lepidus vor dem Ehrenmann Catulus zum Konsul gewählt wurde, weil du das Volk so bearbeitet hast. Aber jetzt ist die Zeit gekommen, daß du nicht mehr schlafen darfst und auf nichts anderes als deine Macht sinnen mußt, denn du hast dir einen mächtigen Gegenspieler geschaffen!" Am deutlichsten zeigte Sulla seine Abneigung gegen Pompeius in seinem Testament. Während er die anderen Freunde mit Legaten bedachte, einige zu Vormündern seines Sohnes einsetzte, überging er Pompeius mit Stillschweigen. Aber Pompeius ertrug solche Kränkung gelassen und klug. Obwohl Lepidus und einige andere sich dagegen wehrten, daß man Sullas Leiche auf dem Marsfeld verbrannte und ihm ein Staatsbegräbnis

bewilligte, setzte Pompeius sich selbst für das Andenken des Verstorbenen ein, und unter seinem Schutz ging die feierliche Bestattung mit allem Prunk ohne Störung vor sich.

16. Schon bald nach Sullas Tod gingen seine Prophezeiungen in Erfüllung, und Lepidus versuchte, die Macht, die Sulla in Händen gehalten hatte, an sich zu reißen. Dabei machte er aus seinen Plänen keinen Hehl, in der Öffentlichkeit erschien er sofort nur noch mit bewaffnetem Geleit. Was noch an kläglichen Resten der marianischen Partei übrig war, die sich Sullas Verfolgung hatten entziehen können, hetzte er wieder auf und versammelte sie um sich. Sein Kollege Catulus, auf dessen Seite die besten, besonnensten Mitglieder des Senats und der Bürgerschaft standen, genoß wegen seiner Klugheit und Gerechtigkeit gewiß das größte Ansehen bei allen Römern, aber man hielt ihn doch mit Recht für einen besseren Politiker als Feldherrn. So spitzte sich die Lage denn so weit zu, daß Pompeius als der Retter übrigblieb. Er war sich über die Partei, der er folgen mußte, nicht im unklaren, er schloß sich also der Nobilität an und wurde zum Feldherrn gegen Lepidus ernannt. Dieser hatte schon seit längerer Zeit in verschiedenen Teilen Italiens gewühlt und Brutus mit einem Heer nach Oberitalien geschickt, um diese Landschaft in seiner Hand zu behalten. Über die meisten Gegner trug Pompeius leicht den Sieg davon, nur vor Mutina, das von Brutus hartnäckig verteidigt wurde, mußte er lange liegen. Inzwischen war Lepidus in Eilmärschen gegen Rom gezogen und hatte sich vor der Stadt gelagert. Von dort aus versuchte er, mit seinen wilden Haufen die Bürger in der Stadt einzuschüchtern und verlangte von ihnen zum zweitenmal das Konsulat. Aber ihre Furcht war in demselben Augenblick verschwunden, als ein Brief von Pompeius seinen unblutigen Sieg meldete, Brutus hatte sich nämlich freiwillig Pompeius ausgeliefert. Ob er dabei sein Heer verriet oder das Heer von ihm abfiel und ihn verriet, weiß man nicht. Jedenfalls bekam er von Pompeius einige Reiter zur Bedeckung und zog sich in ein kleines Städtchen am Po zurück, wo er am nächsten Tage auf Pompeius' Befehl von der Hand des Geminius den Tod fand. Übrigens

brachte dieser Mord Pompeius viel Tadel ein. Er hatte ja, nachdem das Heer des Brutus übergegangen war, sofort an den Senat berichtet, Brutus habe sich ihm freiwillig gestellt; unmittelbar darauf kam der zweite Brief, der voll von Beschuldigungen gegen den Hingerichteten war. Übrigens war der Brutus, der später mit Cassius zusammen Cäsar mordete, ein Sohn dieses Gegners des Pompeius, ein Mann, der in seinen Kriegen und in seinem Tod keine Ähnlichkeit hatte mit seinem Vater, wie ich in seinem Leben erzählt habe. Lepidus ging unmittelbar nach seiner Vertreibung aus Italien nach Sardinien. Dort wurde er krank und starb aus Verzweiflung, nicht über die politischen Verhältnisse; es war ihm vielmehr, wie man sagt, ein Brief in die Hände gefallen, aus dem er ersah, daß seine Frau ihn betrogen hatte.

17. Ein Feldherr von unvergleichlich größerer Macht als Lepidus war Sertorius; er hatte Spanien unterworfen und bedrohte von dort aus Rom wie eine dunkle Wolke. Als wenn die Krankheit des Staates sich zuletzt noch einmal austoben wollte, hatten sich alle Kräfte des Bürgerkrieges in diesem einen Mann vereinigt. Von unbedeutenden Feldherren, die ihm gegenübertraten, hatte er schon eine große Anzahl niedergezwungen. Jetzt stand er im Kampf gegen Metellus Pius. Es war ein vornehmer Mann und guter Soldat, aber er war schon zu alt und nicht mehr wendig genug für die überraschenden Wechselfälle des Krieges, und wenn die Ereignisse blitzschnell vorbeizogen, hinkte er hilflos hinterher. Denn Sertorius mit seinen tollkühnen Reiterstückchen ließ ihm keine Ruhe und hielt ihn mit seinen überraschenden Angriffen aus dem Hinterhalt in Atem. Dagegen war Metellus an der Spitze seines schwerfälligen, schwer bewaffneten Heeres wehrlos. Er war nur gewohnt, nach den Regeln der Kriegskunst Heer gegen Heer in der Feldschlacht zu kämpfen. Unter diesen Umständen hatte Pompeius, der seine Truppen noch immer unter Waffen hielt, den Wunsch, das Kommando zu Metellus' Unterstützung zu bekommen. Und obwohl Catulus ihm den strikten Befehl gab, seine Truppen zu entlassen, weigerte er sich und blieb in der

Nähe Roms stehen. Dabei hatte er immer wieder andere
Ausflüchte, bis man ihm schließlich auf Antrag des Lucius
Philippus das Kommando gegen Sertorius übertrug. Als bei
dieser Gelegenheit ein Senator verwundert fragte, ob Philippus denn Pompeius als Prokonsul (an Stelle des einen
Konsuls) nach Spanien schicken wolle, soll Philipp geantwortet haben: „Ganz gewiß nicht, sondern an Stelle der
beiden Konsuln!", als wenn die beiden Konsuln des Jahres
überhaupt nichts taugten.

18. Als Pompeius in Spanien ankam, brachte der Ruhm des
neuen Feldherrn, wie es zu gehen pflegt, gleich Erfolge. Metellus' Leute schöpften wieder Mut. Manche Stämme, die
noch nicht treue Anhänger des Sertorius geworden waren,
wurden unruhig und gingen zu Pompeius über. Trotzdem
redete Sertorius, wohin er kam, hochfahrend über seinen
Gegner und meinte, er brauche nur einen Stock und eine
Peitsche für das Knäblein, wenn er sich nicht vor jenem
alten Weibe fürchten müßte, was natürlich auf Metellus
ging. Aber trotz dieser Rederei war Sertorius auf der Hut
vor seinem Gegner, und es war doch Furcht vor Pompeius,
wenn er in seinen taktischen Maßnahmen vorsichtiger wurde.
Denn Metellus war, woran niemand gedacht hatte, ganz
plötzlich vergnügungssüchtig geworden, so prunkliebend und
verschwenderisch, daß Pompeius sogar aus diesem Grunde
bei seinen Leuten noch beliebter wurde und sein Ruhm noch
mehr wuchs, weil er in allen seinen Gewohnheiten von der
größten Einfachheit war. Doch fiel ihm solche Einfachheit
nicht schwer, er war von Natur aus anspruchslos und wußte
seine Begierden zu beherrschen.

Der schwerste Schlag, den Pompeius in diesem wechselvollen
Krieg erlitt, war die Einnahme von Lauron durch Sertorius.
Pompeius hatte gemeint, sein Gegner sei schon eingeschlossen, und hatte schon spöttische Bemerkungen darüber gemacht, als sich plötzlich herausstellte, daß er selbst von allen
Seiten umzingelt war. Deshalb fürchtete er sich, eine Bewegung zu machen, und mußte zusehen, wie die Stadt vor seinen Augen in Flammen aufging. Doch erfocht er bald bei
Valentia einen Sieg über Herennius und Perperna, zwei

tüchtige Soldaten, die sich zu Sertorius geflüchtet hatten
und ihm als Generale dienten. Bei diesem Kampf verloren
Pompeius' Gegner mehr als zehntausend Mann.

19. In seiner stolzen Freude über den Sieg zog er in Eilmärschen gegen Sertorius selbst, um zu verhindern, daß Metellus an diesem Kampf teilnahm. Es war schon spät am
Tage, als die Heere am Sukron zusammenstießen. Pompeius,
der den Sieg allein erfechten wollte, fürchtete die Ankunft
des Metellus ebensosehr, wie Sertorius es tat, der lieber gegen einen Gegner als gegen zwei fechten wollte. Aber der
Kampf ging ohne Entscheidung aus, da auf beiden Seiten
der eine Flügel den Sieg behielt, doch als Feldherr erntete
Sertorius den größeren Ruhm, denn er hatte den ihm gegenüberstehenden Flügel in die Flucht geschlagen. Pompeius
aber, der zu Pferde saß, wurde von einem riesenhaften
Gegner zu Fuß angegriffen. In dem Nahkampf, der sich
entspann, traf der eine den andern mit dem Schwert auf die
Hand, aber mit verschiedenem Erfolg: Pompeius wurde
nur verwundet, während seinem Gegner die Hand abgeschlagen wurde. Inzwischen strömten noch mehr Feinde herbei, weil die Flucht schon eingesetzt hatte. Da riß Pompeius
sich plötzlich los und entkam. Sein Pferd mit dem goldenen
Zaumzeug und dem übrigen kostbaren Schmuck ließ er im
Stich. Die Feinde fielen im gegenseitigen Kampf über die
Beute her und ließen Verfolgung Verfolgung sein.

Am nächsten Tag zogen die beiden Feldherren wieder
gegeneinander, um die Entscheidung herbeizuführen, aber
weil Metellus herankam, rückte Sertorius ab, und sein Heer
lief auseinander. Denn ebenso schnell wie seine Leute zusammenströmten, gingen sie auch wieder auseinander, so
daß Sertorius oft allein im Land herumirrte und ein andermal wieder mit einem Heer von hundertundfünfzigtausend
Mann angreifen konnte, wie ein Gießbach, der zur Winterszeit plötzlich anschwillt. Als Pompeius nach der Schlacht
Metellus entgegenging, ließ er seine Liktoren die Faszes vor
ihm senken aus Ehrfurcht vor dem höheren Rang des Metellus. Doch lehnte Metellus solche Ehrung ab, wie er überhaupt Pompeius mit besonderer Freundlichkeit behandelte.

Trotz seines konsularischen Rangs und seines Alters verlangte er nur das eine Vorrecht, daß er selbst das Losungswort für alle Truppen ausgab, wenn die beiden Heere gemeinsam in einem Lager waren; im allgemeinen lagerte allerdings jedes Heer für sich. Denn beweglich wie er war, gelang es Sertorius immer wieder, die Verbindung zwischen den beiden Heeren zu stören, und seine Gefährlichkeit bestand eben darin, daß er in kurzen Zeitabständen bald hier bald dort auftauchte und seine Gegner nach jedem Scharmützel zu neuem Kampf zwang. Schließlich schnürte er ihnen die Zufuhr ab, plünderte das Land aus und machte das Meer unsicher. Da blieb den beiden Feldherren nichts übrig, als das Herrschaftsgebiet des Sertorius zu räumen und sich in die anderen Provinzen Spaniens zurückzuziehen, wenn sie nicht verhungern wollten.

20. Pompeius hatte fast sein ganzes Vermögen für diesen Krieg geopfert. Daher verlangte er jetzt vom Senat Geld und drohte, mit seinem Heere nach Italien zu kommen, wenn man ihm nichts schicken wolle. Konsul war damals Lucullus, zwar kein Freund des Pompeius, aber er wollte selbst gern das Kommando gegen Mithridates übernehmen. Deshalb sorgte er für schleunigste Übersendung des Geldes, denn er fürchtete, er würde sonst Pompeius nur einen Gefallen tun, der den Krieg gegen Sertorius gern aufgeben würde, um den Kampf gegen Mithridates aufzunehmen; ein Sieg über diesen würde Pompeius nicht nur große Ehre bringen, man hielt ihn im allgemeinen auch für einen ungefährlichen Gegner.

In dieser Zeit fiel Sertorius unter den Händen seiner verräterischen Freunde, und Perperna, das Haupt der Verschwörung, versuchte die Pläne des Ermordeten fortzusetzen. Aber wenn er auch die Truppen und Hilfsquellen des Ermordeten besaß, so fehlte ihm doch der Geist, sie ins Feld zu stellen. Pompeius nahm also den Feldzug gegen ihn sofort wieder auf, und als er sah, wie unbeholfen Perperna sich benahm, warf er ihm einen Köder vor. Er ließ zehn Kohorten ausrücken mit dem Befehl, in der Ebene auszuschwärmen. Perperna stürzte sich auf sie und jagte sie vor sich her, als

Pompeius ihm mit seinem ganzen Heer entgegentrat und einen völligen Sieg errang. Die meisten Führer fielen in der Schlacht, und Perperna wurde vor Pompeius geführt, der ihn hinrichten ließ. Manche machen daraus Pompeius den Vorwurf, er sei undankbar gegen Perperna gewesen und habe dessen Taten in Sizilien vergessen. Doch war die Hinrichtung ein kluger Entschluß zum Wohl des ganzen Staates. Denn Perperna, dem Sertorius' Korrespondenz in die Hände gefallen war, hatte sich erboten, Briefe der angesehensten Männer Roms vorzulegen. In diesen war davon die Rede, die bestehende Ordnung der Dinge zu stürzen und die Regierungsform zu ändern. Deshalb hatten sie Sertorius eingeladen, nach Italien zu kommen. Pompeius fürchtete, daraus könnten noch gefährlichere Kriege entstehen als bisher. So ließ er Perperna hinrichten und die Briefe ungelesen verbrennen.

21. Pompeius blieb nur noch so lange in Spanien, bis er die schlimmsten Unruhen unterdrückt und die letzten Feuerbrände des Aufstandes gelöscht hatte. Dann marschierte er mit seinem Heer nach Italien zurück und traf dort zufällig in dem Augenblick ein, als der Sklavenkrieg seinen Höhepunkt erreicht hatte. Deshalb wagte Crassus, der den Oberbefehl hatte in diesem Krieg, in aller Eile tollkühn den Kampf. Das Wagnis ging glücklich aus, und die Feinde verloren zwölftausenddreihundert Tote. Aber das Glück schenkte auch Pompeius einen Anteil an diesem Sieg, denn fünftausend Flüchtlinge aus dieser Schlacht, die ihm in den Weg gelaufen waren, ließ er bis auf den letzten Mann niedermachen. Dann schrieb er – ehe Crassus soweit war – einen Bericht an den Senat, Crassus habe die Gladiatorenscharen in offener Feldschlacht besiegt, aber erst er habe den Krieg mitsamt den Wurzeln völlig ausgerottet. Solche Worte hörten die Römer ebenso gern, wie sie sie weitererzählten: sie schwärmten ja nun einmal für ihren Pompeius. Allerdings, daß der Sieg über Spanien und Sertorius nur Pompeius zu verdanken sei, das hätte niemand auch nur im Scherz zu bestreiten gewagt. Aber trotz aller Ehren, die man Pompeius erwies, trotz aller Hoffnungen, die man ihm

entgegenbrachte, lebte doch in aller Herzen der ängstliche
Argwohn, er könne sein Heer unter den Fahnen behalten
und mit Waffengewalt und Alleinherrschaft in der Politik
denselben Weg gehen wie Sulla. Und wenn viele ihn aus
Begeisterung auf den Straßen mit ihren Jubelrufen begleiteten, so taten es ebensoviele aus Furcht. Als aber Pompeius
auch diesen Argwohn aus dem Wege räumte mit der Erklärung, nach dem Triumph sein Heer entlassen zu wollen, da
blieb den verleumderischen Schwätzern nur noch ein Vorwurf übrig, er widme sich mehr der Plebs als dem Senat
und habe sich entschlossen, die Macht des Volkstribunates,
das Sulla aufgehoben hatte, wiederherzustellen, um der
Menge damit einen Gefallen zu tun. Das war allerdings
richtig. Es gab ja auch nichts auf der Welt, wonach das Volk
von Rom leidenschaftlicher verlangte, und wonach es sich
heißer sehnte, als gerade dieses Amt in seiner alten Bedeutung wiederhergestellt zu sehen. Pompeius betrachtete es
selbst als ein ganz besonderes Glück, daß er Gelegenheit
hatte, diese politische Maßnahme durchzuführen. Denn,
wenn ihm jemand in der Frage des Tribunats zuvorgekom-
men wäre, hätte er nichts anderes mehr tun können, um sich
die Herzen der Massen zu erobern.

22. Man bewilligte Pompeius den zweiten Triumph und das
zweite Konsulat. Aber das war nicht der eigentliche Grund,
der ihm die Bewunderung und Verehrung des Volkes gewann. Als Beweis seiner Größe galt ihnen vielmehr, daß
Crassus, der reichste unter den damaligen Staatsmännern,
ein gewaltiger Redner und angesehener Mann, der auf
Pompeius und überhaupt auf alle Menschen von oben her-
absah, sich der Unterstützung des Pompeius versicherte, ehe
er es wagte, sich um das Konsulat zu bewerben. Pompeius
war glücklich über Crassus' Bitte. Er hatte schon lange gewünscht, ihm einen Freundschaftsdienst erweisen zu können. Deshalb versprach er ihm mit Freuden seine Hilfe und
unterstützte seine Bewerbung beim Volk. Pompeius stellte
den Wählern vor, er würde ihnen für einen solchen Kollegen
im Konsulat nicht weniger dankbar sein als für die eigene
Wahl. Freilich, als sie beide gewählt waren, hatte ihre Einig-

keit bald ein Ende, und es herrschte unaufhörlicher Kampf
zwischen ihnen. Im Senat hatte Crassus die unbestrittene
Führung, doch hatte Pompeius den stärkeren Einfluß aufs
Volk. Er gab ihm das Volkstribunat zurück und erklärte
sich damit einverstanden, daß der Vorsitz in den Gerichts-
höfen durch Gesetz wieder den Rittern übertragen wurde.
Doch das herrlichste Schauspiel bereitete Pompeius selbst
dem Volk, als er in eigener Person um seine Entlassung aus
dem Kriegsdienst bat. Wenn nämlich die Ritter die gesetz-
lich festgelegte Zeit gedient haben, pflegen sie nach uralter
Sitte ihr Pferd aufs Forum zu führen vor die beiden Männer, die in Rom Zensoren heißen. Dort zählen sie die Feldherren und Imperatoren auf, unter denen sie Dienst getan
haben, und geben Rechenschaft von ihrer Teilnahme an den
Feldzügen. Dann erhalten sie ihre Entlassung. Ehrungen
und Strafen sprechen die Zensoren nach Verdienst aus. Damals hatten die beiden Zensoren Gellius und Catulus in
ihrer feierlichen Amtstracht den Vorsitz, und die Ritter, die
sich der Prüfung zu stellen hatten, zogen an ihnen vorbei.
Da sah man auch Pompeius zum Forum herunterkommen.
Geschmückt mit den Abzeichen seines Amtes führte er doch
wie ein einfacher Ritter selbst sein Pferd. Als er näher kam
und sich alle Augen auf ihnen richteten, gab er seinen Liktoren einen Wink, ihm den Weg durch die Menge zu bahnen, und führte sein Pferd vor das Tribunal. Verwundert
hielt das Volk den Atem an, während sich bei den Zensoren
Freude und Überraschung einte. Da richtete der ältere Zensor an ihn die Frage: „Pompeius der Große, ich frage dich,
ob du alle im Gesetz vorgeschriebenen Feldzüge mitgemacht
hast?" „Alle", sagt er, „habe ich mitgemacht und alle unter
meinem eigenen Kommando." Bei diesen Worten brach das
Volk in nicht endenwollenden Jubel aus und kam nicht eher
zur Ruhe, als bis die Zensoren sich erhoben und Pompeius
feierlich zu seinem Hause geleiteten zur Freude der Bürger,
die ihm mit Beifallsrufen folgten.

23. Inzwischen ging das Konsulatsjahr seinem Ende zu, aber
der Gegensatz zu Crassus war höchstens noch schärfer geworden. Da bestieg Gaius Aurelius, der zwar zum Ritter-

stande gehörte, aber sich sonst nicht um die Politik kümmerte, während einer Versammlung des Volks die Rostra
und verkündete, im Traum sei ihm Jupiter erschienen und
habe ihm einen Auftrag an die Konsuln gegeben, sie dürften
ihr Amt erst niederlegen, wenn sie sich miteinander ausgesöhnt hätten. Nach diesen Worten stand Pompeius regungslos da, doch Crassus tat den ersten Schritt, ergriff Pompeius'
Rechte und sprach mit freundlichen Worten: „Ich glaube
mir nichts zu vergeben, wenn ich zuerst Pompeius meine
Freundschaft anbiete, dem ihr, ehe er einen Bart bekam,
den Ehrennamen *Der Große* schenktet, und dem ihr, ehe er
Mitglied des Senats wurde, zwei Triumphe bewilligtet." So
kam ihre Aussöhnung noch vor Ablauf des Konsulatsjahres
zustande. Crassus trat in das Leben zurück, wie er es vor
dem Konsulat geführt hatte, während Pompeius sich von
seinen Aufgaben als Rechtsbeistand mehr und mehr zurückzog und das Forum mied. Wenn er sich, was nur noch selten
geschah, in der Öffentlichkeit zeigte, so hatte er stets ein
großes Gefolge um sich. Es war nicht mehr möglich, ihn
ohne solche Begleiter zu treffen oder auch nur zu sehen, am
liebsten erschien er in größerer Begleitung. So umgab er sein
Auftreten mit Pomp und Prunk; die vertrauliche Berührung
mit der Menge, glaubte er, müsse seiner Würde schädlich
sein. Denn wer im Kriege Ruhm erworben und über die
demokratische Gleichheit hinausgewachsen ist, läuft in der
Toga des friedlichen Bürgers immer Gefahr, in die Reihen
der Ruhmlosen zurückzusinken. Denn wie sie es im Krieg
getan hatten, erheben sie den Anspruch, auch im Frieden die
erste Rolle zu spielen. Wer es aber im Felde zu keinem Erfolg bringen konnte, für den ist es ein unerträglicher Gedanke, wenn er nicht wenigstens daheim Einfluß gewinnen
sollte. Wenn das Volk daher einen Mann, den Siege und
Triumphe berühmt gemacht haben, auf dem Forum tätig
findet, dann versucht es, Gewalt über ihn zu bekommen
und ihn zu demütigen. Ruhm und Macht, die der Krieg verleiht, entgehen dem Neid der Mitbürger nur, wenn ihr Träger sich bescheiden ins Privatleben zurückzieht. Wie wahr
solche Beobachtung ist, sollten die Ereignisse bald zeigen.

24. Die Macht der Seeräuber hatte ihren Ausgang zuerst von Kilikien genommen. Im Anfang waren es tollkühne Draufgänger, die nach ihren Raubzügen sich wieder in ihre Schlupfwinkel zurückzogen. Aber während des mithridatischen Krieges gewannen ihre Unternehmungen Plan und Kühnheit, weil sie ihre Macht in den Dienst des Königs stellten. Während die Römer sich dann in Bürgerkriegen vor den Toren der eigenen Stadt bekämpften, blieb das Meer ohne Schutz und lockte die Seeräuber zu Taten, bis sie nicht mehr allein die Schiffer auf See angriffen, sondern auch Inseln und Küstenstädte brandschatzten und ausplünderten. Schon begannen Männer des Reichtums und des Adels in die Reihen der Seeräuber zu treten. Auch mancher, der auf seine Klugheit besonders stolz war, schloß sich ihnen an. Es war schon so weit gekommen, daß die Seeräuberei Ruhm und Ehre einbrachte. An vielen Punkten gab es schon befestigte Flotten- und Signalstationen. Flotten schwammen auf dem Meer, die mit ihren prächtigen Mannschaften, erfahrenen Steuerleuten und ihren schnellen, leichten Schiffen ihren besonderen Aufgaben gewachsen waren. Aber so groß die Furcht war, die sie verbreiteten, noch mehr erbitterte ihr grenzenloser Hochmut. Mit vergoldeten Masten, purpurnen Sonnensegeln und versilberten Rudern kamen sie daher, als wenn sie sich mit ihren Verbrechen übermütig brüsteten. Von dem Saiten- und Leierspiel bei ihren Zechgelagen hallten die Küsten wider. Männer vom höchsten militärischen Rang fielen ihnen in die Hände, Städte, die sie überfallen hatten, mußten sich loskaufen: das alles war ein Hohn auf die Macht Roms. Schließlich bestand ihre Flotte aus mehr als tausend Schiffen, und die Zahl der eroberten Städte stieg bis auf vierhundert.

Selbst die Tempel, die bis dahin als unverletzlich und heilig galten, plünderten sie aus in Klaros, Didyma, Samothrake, den Tempel der Chthonia in Hermione, des Asklepios in Epidauros, die Tempel des Poseidon auf dem Isthmos, auf Tainaron und in Kalauria, die Tempel des Apollon in Aktion und Leukas, die Tempel der Hera auf Samos, in Argos und auf dem Lacinium. Fremdartige Opfer brachten sie in

Olympia dar und feierten geheimnisvolle Mysterien. Noch heute lebt der Dienst des Mithras fort, der von ihnen zuerst eingerichtet war.

Die meiste Schande aber häuften sie doch auf die Römer. Sie gingen sogar an Land, zogen auf den Straßen landeinwärts und plünderten die Villen in der Nähe. Einmal fingen sie sogar zwei Prätoren, Sextilius und Belliënus, in ihrer purpurverbrämten Amtstracht und entführten sie mitsamt ihren Sklaven und Liktoren. Auch die Tochter eines so vornehmen Mannes, wie Antonius, der einst sogar einen Triumph gefeiert hatte, fiel ihnen in die Hände, als sie zu ihrem Landhaus hinausfahren wollte, und wurde nur gegen schweres Lösegeld wieder freigelassen. Aber sie trieben ihren Übermut noch weiter. Wenn sich ein Gefangener bei ihnen auf sein Römertum berief und seinen Namen nannte, dann taten sie furchtbar erschrocken und ängstlich, schlugen sich auf die Schenkel, fielen vor ihm auf die Knie und baten ihn flehentlich um Verzeihung. Gern gewährte der Gefangene sie, weil er sah, wie demütig sie baten. Dann zogen sie ihm römische Schuhe an, andere legten ihm eine Toga um, damit man ihn auch ja immer als Römer erkennen könne. Wenn sie so lange genug ihren Spott mit ihm getrieben hatten, ließen sie schließlich mitten auf dem Meer eine Leiter an der Schiffswand herab und baten ihn freundlichst, Abschied zu nehmen und seiner Wege zu gehen. Wenn einer nicht wollte, warfen sie ihn selbst über Bord.

25. Über das ganze Mittelländische Meer breitete sich die Macht der Piraten aus. Die Schiffahrt wurde lahmgelegt, und Kauffahrer trauten sich überhaupt nicht mehr auf See. Auch die Getreidezufuhr nach Rom war unterbunden, und man mußte mit einer Hungersnot rechnen. Das war auch der wichtigste Grund, weshalb man Pompeius aussandte, um das Meer von den Piraten zu säubern. Sein Freund Gabinius brachte einen Antrag ein, der Pompeius neben dem Kommando über die Flotte sogar eine fast monarchische Stellung und unumschränkte Macht über alle Provinzen einräumte. Nach diesem Gesetz erstreckte sich seine Herrschaft über das Mittelländische Meer diesseits der Säulen

des Herakles und über das Festland vierhundert Stadien
landeinwärts. Diese Grenze umschloß fast alle Länder, die
zum Römischen Reich gehörten, auch die größten Völker
und mächtigsten Könige fielen unter Pompeius' Herrschaft.
Außerdem bekam er das Recht, aus den Mitgliedern des Senats fünfzehn Legaten als seine Stellvertreter in den einzelnen Gebieten auszuwählen und nach seinem Belieben über
die Gelder der Staatskasse und die Einnahmen der Zoll-
verwaltung zu verfügen. Schließlich hatte er auch die Befugnis, das Kontingent an Truppen und Flottenmannschaf-
ten und ihre Aushebung selbständig zu bestimmen und eine
Flotte von zweihundert Schiffen aufzustellen.
Übergroß war die Freude des Volkes, als diese Anträge verlesen wurden. Allerdings waren gerade die angesehensten
und einflußreichsten Mitglieder des Senats anderer Meinung,
nicht als ob sie Pompeius beneidet hätten, aber sie sahen in
der Schrankenlosigkeit seiner Macht eine Gefahr. Deshalb
erhoben sie Widerspruch gegen das Gesetz, Cäsar allein ausgenommen. Er trat offen für das Gesetz ein, nicht etwa,
weil er sich aus Pompeius etwas gemacht hätte, sondern weil
er von Anfang an dem Volk zu Willen sein und seine Unterstützung für sich gewinnen wollte. Die übrigen bekämpften Pompeius aufs heftigste. Aber als der eine Konsul zu
ihm sagte, wenn er in Romulus' Fußtapfen treten wolle,
werde er auch Romulus' Geschick erleiden, hätte das Volk
ihn fast in Stücke gerissen. Als Catulus gegen das Gesetz
sprach, hörte das Volk ihn in ehrfürchtigem Schweigen an.
Er ließ nicht ein Wort gegen Pompeius fallen, überhäufte
ihn vielmehr mit Ruhm und Ehre und schloß mit dem Rat,
einen solchen Mann müsse man schonen und dürfe ihn nicht
immer wieder von neuem Kriegsgefahren aussetzen. Als er
rief: „Wen habt ihr denn sonst, wenn ihr ihn verliert?", da
riefen sie wie aus einem Mund: „Dich selbst!" Jetzt sah
Catulus endlich das Vergebliche seiner Bemühungen ein und
trat ab. Roscius fand überhaupt kein Gehör. Da versuchte
er mit seinen Fingern dem Volk begreiflich zu machen, es
solle nicht Pompeius allein wählen, sondern noch einen
zweiten Pompeius dazu. Aber das Volk brach in seiner Wut

in so lautes Gebrüll aus, daß ein Rabe, der gerade über das
Forum dahinflog, betäubt zwischen die Menge fiel. Daraus
ergibt sich also, daß die Vögel nicht deshalb herunterfallen,
weil sich in der Luft durch Zerreißen und Auseinander-
brechen ein großes Loch bildet, sondern der von den Rufen
ausgehende Stoß trifft die Vögel, wenn der Ruf eben stark
und kräftig genug ist, um in der Luft ein Schwanken und
Hinundherwogen hervorzurufen.

26. An diesem Tage wurde die Beratung unterbrochen. Als
dann der Tag der Abstimmung kam, begab sich Pompeius
aufs Land. Auf die Nachricht von der Annahme des Gesetzes kam er nachts zurück, weil das Volk ihm sonst entge-
genströmen und ihn begrüßen würde. Er wußte, daß solche
Begrüßung bei manchen Leuten doch nur böses Blut machen
würde. Erst am Morgen ließ er sich wieder in der Öffentlichkeit sehen, als er ein Opfer darbrachte. In einer Volksversammlung, die für ihn abgehalten wurde, setzte er trotz
der vorhergegangenen Bewilligungen noch manche andere
Wünsche durch. Die Rüstung wurde fast verdoppelt, denn
fünfhundert Schiffe wurden für ihn bemannt und hundertzwanzigtausend Schwerbewaffnete und fünftausend Reiter
ausgehoben. Vierundzwanzig Männer aus der Mitte des Senats, die schon als Feldherren oder Prätoren gedient hatten,
wählte er selbst aus, dazu kamen noch zwei Quästoren. Infolge aller dieser Maßregeln gingen die Warenpreise plötzlich herunter, und die Leute erzählten sich in ihrer Freude
untereinander, allein schon der Name Pompeius habe dem
Kriege ein Ende gemacht. Indessen teilte Pompeius das Mittelländische Meer und seine Küsten in dreizehn Gebiete und
bestimmte für jedes eine gewisse Anzahl Schiffe unter einem
besonderen Kommandanten. So machte er mit der Flotte,
die über das ganze Meer verteilt war, ohne Zeit zu verlieren, Jagd auf die Flotte der Piraten, umzingelte sie, wenn sie
ihm in den Weg kamen, und brachte sie auf. Manchen Flot-
tenabteilungen der Seeräuber gelang es allerdings, sich früh
genug aufzulösen und so der Jagd zu entgehen. Von allen
Seiten strömten sie auf ihrer Flucht nach Kilikien wie in
ihren rettenden Bienenkorb zusammen. Gegen sie wollte

Pompeius selbst mit seinen sechzig besten Schiffen vorgehen. Doch holte er zu seinem letzten Schlag erst aus, nachdem er das Tyrrhenische und das afrikanische Meer und die Gewässer um Sardinien, Korsika und Sizilien von den Piratenflotten vollständig gesäubert hatte. Das Unternehmen nahm überhaupt nur vierzig Tage im ganzen in Anspruch, denn unermüdlich wie er selbst war, fand er in seinen Flottenkommandanten die willigsten Helfer. 27. In Rom versuchte der Konsul Piso inzwischen aus Ärger und Neid, die weiteren Vorbereitungen des Pompeius zu stören und die Mannschaften zu entlassen. Da schickte Pompeius seine Flotte um Italien herum nach Brundisium und kehrte selbst durch Etrurien nach Rom zurück. Als die Römer davon hörten, strömten sie in hellen Scharen aus der Stadt, als wenn sie ihm nicht vor wenigen Tagen erst das Geleit gegeben hätten. Am größten war die Freude darüber, daß die Wendung zum Guten so überraschend schnell eingetreten war, denn auf dem Markt gab es jetzt wieder alle Waren im Überfluß. Deshalb hätte Piso fast sein Amt verloren, Gabinius hatte den Antrag schon fertig, doch verhinderte Pompeius es noch, wie er überhaupt alle Fragen maßvoll ordnete. Als er alles Nötige erledigt hatte, reiste er nach Brundisium und ging in See. Nun drängte es allerdings mit der Zeit, und er fuhr an allen Städten vorbei, nur Athen besuchte er, brachte in der Stadt den Göttern ein Opfer dar und hielt seine Ansprache an die Bevölkerung. Als er unmittelbar darauf die Stadt wieder verließ, las er am Tor zwei einzeilige Verse zu seinen Ehren. Die Inschrift im Innern des Tores lautete: ‚Je tiefer du dich beugst als Mensch, um so größer bist du als Gott‘, während draußen am Tor die Worte standen: ‚Dich erwarteten wir, dich verehrten wir; wir haben dich gesehen und begleiten dich ehrfurchtsvoll.‘
Allerdings trieb sich noch immer manches Geschwader der Piraten auf dem Meer umher. Da Pompeius aber einige von ihnen, die um Gnade baten, glimpflich behandelte und ihnen, ohne sie weiter zu bestrafen, nur Schiff und Freiheit nahm, schöpften auch andere Hoffnung und versuchten, den Kommandanten des Pompeius zu entkommen, um mit ihren

Frauen und Kindern zu ihm selbst zu entfliehen und sich
ihm zu ergeben. Er schonte sie alle, und gerade sie wurden
ihm seine besten Helfer, als es galt, auch noch die letzten
aufzuspüren, zu fangen und zu strafen, die sich verborgen
hielten, weil sie offenbar fluchwürdige Verbrechen auf dem
Gewissen hatten.

28. Aber sehr viele und gerade die mächtigsten unter den
Piraten hatten ihre Familien, Schätze und das dienstfähige
Volk in den Burgen und kleinen befestigten Städten des
Taurus untergebracht, während sie selbst auf ihre Schiffe
gingen und bei Korakesion an der kilikischen Küste die Ankunft des Pompeius erwarteten. Es kam zur Schlacht, sie
wurden besiegt und belagert. Schließlich schickten sie Unterhändler und ergaben sich mitsamt ihren Städten und Inseln,
über die sie herrschten und die sie durch Befestigungen fast
uneinnehmbar gemacht hatten. So war der Krieg denn zu
Ende und das Meer in weniger als drei Monaten von der
Piratenplage befreit. Unter den zahllosen Schiffen, die man
ihm auslieferte, waren auch neunzig mit bronzenen Schnäbeln. Die Leute selbst, mehr als zwanzigtausend Mann,
töten zu lassen, daran hatte er mit keinem Gedanken gedacht. Aber er konnte sie doch auch nicht laufen lassen und
zusehen, wie eine Masse von armen, aber kriegsgewohnten
Menschen sich in alle Winde zerstreute oder gar wieder zu
neuen Banden zusammenschloß. Er war sich wohl bewußt,
daß der Mensch von Natur aus kein wildes Wesen ist, das
aus der Gemeinschaft flieht, daß ihn vielmehr nur die un-
natürliche Not des Lebens aus der Gemeinschaft treibt und
neue Lebensgewohnheiten und der Wechsel des Aufenthalts
und der Lebensverhältnisse ihn von der Wildheit wieder
heilen können. So verlieren ja auch wilde Tiere ihre Wildheit und Grausamkeit, wenn sie mildere Nahrung bekommen. Deshalb beschloß er, die Leute nicht wieder zur See
zu lassen, sondern sie auf dem Lande anzusiedeln; dort sollten sie ihr auskömmliches Leben haben und sich an den
Aufenthalt in den Städten oder an die Feldarbeit gewöhnen. Einige fanden in den kleinen, halbverwüsteten Städten
Kilikiens eine neue Heimat; dafür wurde diesen Städten

noch neues Ackerland zugewiesen. Viele machte er in Soloi
seßhaft, das kurz vorher von dem Armenierkönig Tigranes verwüstet war und nun von Pompeius wieder aufgebaut
wurde. Doch die Hauptmasse wurde in Dyme in Achaia
angesiedelt, das in der damaligen Zeit fast entvölkert war,
aber große Gebiete fruchtbaren Ackerlandes besaß.

29. Doch fanden alle diese Maßnahmen bei seinen miß-
günstigen Gegnern nur Tadel. Wie er sich allerdings gegen
Metellus auf Kreta benahm, das konnten selbst seine besten
Freunde nicht loben. Es war ein Verwandter jenes Metellus, der mit Pompeius zusammen gegen Sertorius in Spanien
gekämpft hatte. Er war schon, ehe Pompeius das Kommando
im Seeräuberkrieg bekommen hatte, als Prätor nach Kreta
geschickt worden, denn nach Kilikien war Kreta der stärkste Platz der Seeräuber. Metellus hatte ganze Haufen von
ihnen eingeschlossen und hinrichten lassen. Was noch übrig
war, wurde belagert. Da schickten sie in ihrer Not Botschaft
an Pompeius, er möge nach Kreta kommen, weil die Insel
doch einen Teil seines Herrschaftsbereichs bildete und in
ihrer ganzen Ausdehnung in den ihm überwiesenen Küsten-
streifen fiel. Pompeius nahm das Ersuchen an und gab Metellus schriftlichen Befehl, die Feindseligkeiten einzustellen.
Ebenso schrieb er den Städten, sie brauchten sich um Metellus nicht mehr zu kümmern, und schickte ihnen als seinen
Stellvertreter einen von seinen Generalen, Lucius Octavius.
Dieser begab sich zu den Belagerten in die Festung und
kämpfte auf ihrer Seite gegen Metellus. Aber das brachte
Pompeius nicht Haß allein ein, sondern auch Verachtung:
man machte es ihm zum Vorwurf, daß er gottlosen Ver-
brechern seinen Namen lieh und sie mit seinem eigenen
Ruhm deckte, um sie vor dem Untergang zu bewahren, und
das alles nur aus ehrgeizigem Neid gegen Metellus. Denn
auch Achill habe wie ein unverständiges hochfahrendes
Kind, nicht wie ein Mann gehandelt, als er den Griechen
das Zeichen gab, nicht auf Hektor zu zielen: „Daß kein
Treffender raubte den Ruhm und er der zweite dann
würde." Ebenso habe Pompeius den Mann, der auf seiten
der gemeinsamen Feinde kämpfte, in Schutz genommen,

um Metellus trotz aller seiner Mühen und Erfolge im Kriege um den Triumph zu bringen. Doch gab Metellus nicht nach. Er eroberte das Kastell der Piraten und ließ die Strafe an ihnen vollziehen, während er Octavius vor versammeltem Heer mit scheltenden Worten tadelte und dann nach Hause schickte.

30. Als die Kunde von dem Ende des Seeräuberkrieges nach Rom kam und Pompeius in diesen Wochen in Ruhe die Städte Kleinasiens besuchte, stellte der Volkstribun Manilius den Antrag, Pompeius solle das Kommando über die Provinzen und Streitkräfte, die bisher unter Lucullus gestanden hatten, übernehmen, dazu Bithynien, das damals Glabrio verwaltete. Als wichtigste Aufgabe wollte der Antrag Pompeius das Kommando in dem Krieg gegen die Könige Mithridates und Tigranes übertragen; zu diesem Zweck sollte er unter denselben Bedingungen wie beim Seeräuberkrieg die Führung der Flotte und die Herrschaft über das Meer behalten. Im Grunde bedeutete dieser Antrag, man solle einem Mann nichts weniger als die Herrschaft über das Reich anvertrauen, denn die einzigen Provinzen, die in dem früheren Gesetz ihm noch nicht übertragen waren, Phrygien, Lykaonien, Galatien, Kappadokien, Kilikien, das obere Kolchis und Armenien – diese kamen jetzt noch hinzu einschließlich der militärischen Streitkräfte, mit denen Lucullus bis dahin gegen Mithridates und Tigranes gekämpft hatte. Daß Lucullus auf diese Weise den Ruhm seiner Erfolge verlieren sollte und daß Pompeius sein Nachfolger wurde, mehr um den Triumph einzuheimsen, als um den Krieg zu Ende zu bringen, das kränkte die Nobilität nicht sehr, wenn man auch der Meinung war, Lucullus sei ungerecht und undankbar behandelt. Aber sie waren entsetzt über die Fülle der Macht, die in Pompeius' Hand gelegt werden sollte, und sahen darin die Begründung der Alleinherrschaft. „Man darf das Gesetz nicht durchgehen lassen und die Freiheit nicht verraten", war deshalb ihre ständige Mahnung untereinander. Als es aber soweit war, verloren sie doch den Mut zum Widerspruch aus Angst vor dem Volk und schwiegen fein still. Nur Catulus schleuderte seinen Vorwurf gegen das Gesetz und

den Antragsteller, den Volkstribun, aber Gehör fand er
nicht. Da rief er mit lauter Stimme von der Rostra herab
den Senatoren zu, sie sollten, wie es einst ihre Väter getan
hätten, sich einen Berg suchen oder einen steilen Felsen, um
dorthin zu fliehen und die Freiheit zu retten. Trotzdem
wurde der Antrag, wie es heißt, von allen Tribus angenommen und Pompeius in seiner Abwesenheit zum Höchstkom-
mandierenden gewählt fast über alle Truppen, wie einst
Sulla, als er sich mit den Waffen in der Hand die Herrschaft
über die Stadt erfochten hatte. Als Pompeius die Nachricht
von der Annahme des Gesetzes erhalten hatte, umringten
ihn die Freunde mit ihren Glückwünschen. Doch Pompeius,
erzählt man, zog die Augenbrauen zusammen, schlug sich
auf die Schenkel und sagte, als wenn ihm das Kommando
nur eine schwere Last sei: „Soll denn Kampf und Krieg nie
ein Ende nehmen? Es wäre wahrhaftig besser, zu den unbe-
kannten Namenlosen zu gehören, wenn ich nie aufhören
soll Krieg zu führen, nie die Last des Neides von mir ab-
schütteln kann, um allein mit meiner Frau ruhig auf dem
Lande zu leben." Aber selbst seinen besten Freunden war
solche Ironie zuviel; sie wußten wohl, daß sein angeborener
schrankenloser Ehrgeiz in der Feindschaft mit Lucullus nur
neue Nahrung fand und daß er sich nur um so mehr freute
über sein Kommando.

31. Übrigens enthüllten die Taten bald seine Gesinnung. Er
ließ Befehle ausgehen in alle Länder und die Soldaten zur
Fahne rufen, gab auch den unterworfenen Fürsten und Königen Bescheid, vor ihm zu erscheinen. Auf seinem Zug durch
das Land stieß er alle Anordnungen, die Lucullus getroffen
hatte, um. Vielen erließ er sogar die Strafe, anderen nahm
er die Geschenke fort, und das alles nur aus Ehrgeiz, um den
Bewunderern des Lucullus zu zeigen, daß er nichts mehr zu
sagen hatte. Als Lucullus ihm durch Vermittlung seiner
Freunde Vorwürfe machte, befand man für gut, eine Zusammenkunft zu halten. Sie fand in Galatien statt. Da es
sich um ein Zusammentreffen der größten, erfolgreichsten
Feldherren handelte, hatten ihre Liktoren die Faszes mit
Lorbeer geschmückt. Aber Lucullus kam aus einer schattigen,

grünen Gegend, während Pompeius einen langen Weg durch baumloses, dürres Land hinter sich hatte. Als Lucullus' Liktoren sahen, daß Pompeius' Lorbeer welk und vertrocknet war, gaben sie seinen Liktoren von ihrem frischen Grün ab und schmückten ihre Faszes damit. Manche wollten darin ein Zeichen sehen, daß Pompeius kam, um Lucullus die Früchte seines Sieges und seinen Ruhm zu rauben.

Lucullus war zwar früher Konsul gewesen als Pompeius und auch an Lebensjahren älter, aber Pompeius stand doch höher im Rang, weil er zwei Triumphe gefeiert hatte. Trotzdem verlief die erste Zusammenkunft in ausgesuchter Höflichkeit; sie rühmten gegenseitig ihre Taten und beglückwünschten sich zu ihren Erfolgen. Aber in den folgenden Besprechungen gelang es ihnen nicht, zu einer vernünftigen, billigen Einigung zu kommen. Ja, sie gerieten so heftig aneinander, daß Pompeius seinem Gegner Habgier, Lucullus ihm Herrschsucht vorwarf, und ihre Freunde hatten große Mühe, sie zu trennen.

Lucullus blieb in Galatien und verteilte Ländereien des eroberten Gebiets und Geschenke nach seinem Gutdünken an seine Freunde, während Pompeius, der mit seinen Truppen in der Nähe lag, bemüht war, ihm jede Betätigung unmöglich zu machen. Er nahm ihm alle Truppen weg bis auf sechzehnhundert Mann: diese seien so aufsässig, daß er sie doch nicht gebrauchen könne, und außerdem könnten sie ja Lucullus auch nicht leiden. Er scheute sich nicht, über Lucullus' Erfolge zu spotten. Das seien nur Kämpfe gegen Scheinkönige gewesen, wie Maler und Dichter sie in ihrer Phantasie darstellten; so liege auf seinen Schultern jetzt der Kampf gegen die wirkliche militärische Macht, denn Mithridates sei inzwischen zu der Erkenntnis gekommen, daß der Kampf auf Leben und Tod ginge. Doch Lucullus drehte den Spieß um und sagte, Pompeius ziehe in den Krieg, um gegen Schattenbilder zu kämpfen; er sei es ja allerdings gewohnt, wenn andere gesiegt hätten, wie ein Aasvogel über die Leichen der Erschlagenen herzufallen und die Reste der Feinde zu zerreißen. So habe er den Sieg über Sertorius, Lepidus und die Anhänger des Spartacus für sich in Anspruch genommen, obwohl doch Crassus, Metellus und Catulus die eigentlichen Sieger gewesen seien. Deshalb sei es kein Wunder, wenn er jetzt auch im armenischen und pontischen Krieg den Ruhm an sich reißen wolle, ein Mensch, der es fertiggebracht hätte, sich sogar einen Triumph über entlaufene Sklaven zu ergattern.

32. Indessen zog Lucullus aus dieser Gegend fort, während Pompeius seine Flotte zwischen Phönikien und dem Bosporus stationierte und den Vormarsch gegen Mithridates begann. Der König hatte zwar ein Heer von dreißigtausend Fußsoldaten und zweitausend Reitern, aber trotzdem wagte er keinen Kampf. Er hatte zuerst mit seinem Heer in einer unangreifbaren Stellung auf einem Berg gestanden, war dann aber fortgezogen, weil er Wassermangel befürchtete. Da besetzte Pompeius dieselbe Stellung; weil er aber aus der Art des Pflanzenwuchses und der Form der Täler auf das Vorhandensein von Quellen schloß, ließ er Brunnen niederbringen. Der Erfolg zeigte sich sofort: das Lager hatte Wasser im Überfluß. Man wunderte sich nur, daß Mithridates in der langen Zeit nicht auf denselben Gedanken verfallen war.

Pompeius schloß nun seinen Gegner von allen Seiten ein. Fünfundvierzig Tage lang dauerte die Belagerung, da gelang es Mithridates, mit dem Kern seiner Truppen unbemerkt zu entkommen, die Kampfunfähigen und Kranken hatte er vorher niedermachen lassen. Am Euphrat holte Pompeius ihn wieder ein und schlug in seiner Nähe das Lager auf. Aber er fürchtete, Mithridates könne vor ihm über den Fluß gehen, deshalb rückte er um Mitternacht gegen ihn zum Kampf. Gerade um diese Zeit hatte Mithridates, wie erzählt wird, einen Traum, der ihm sein ferneres Schicksal enthüllte. Ihm träumte, ein günstiger Wind führe ihn über das Schwarze Meer; schon könne er in der Ferne die Einfahrt ins Asowsche Meer erkennen und mit seinen Begleitern sich der sicheren, gewissen Rettung freuen. Plötzlich aber sah er sich von allen verlassen in der Einsamkeit des Meeres und trieb auf einem elenden Wrack umher. Als ihn eben solche Schreckbilder ängstigten, traten seine Freunde zu

ihm und weckten ihn mit der Meldung vom Anmarsch des
Pompeius. Der Kampf war nun unvermeidlich geworden,
und seine Generale trafen alle Vorbereitungen zur Schlacht.
Als Pompeius davon Kenntnis erhielt, wurde er wieder
schwankend, ob er wirklich in der Dunkelheit das gefährliche Unternehmen wagen sollte. Es schien ihm vorteilhafter,
die Feinde doch nur auf allen Seiten zu umstellen, so daß
es ihnen unmöglich wurde, zu entfliehen. Erst am nächsten
Tage wollte er sie dann trotz ihrer Überlegenheit angreifen.
Aber gerade seine ältesten Offiziere verlangten dringend
den Angriffsbefehl. Es war nämlich nicht ganz dunkel, der
untergehende Mond gab wenigstens noch so viel Licht, daß
man Menschen deutlich genug unterscheiden konnte. Und
gerade das brachte den Truppen des Königs den schwersten
Schaden. Die Römer hatten nämlich bei ihrem Anmarsch den
Mond im Rücken, und da er schon fast am Horizont stand,
lag ihr Schatten weit vor ihnen und reichte fast bis zu den
Feinden. Deshalb konnten diese die Entfernung nicht mehr
abschätzen, und weil sie glaubten, die Römer seien schon
auf Schußweite heran, schleuderten sie ihre Spieße, ohne
auch nur einen treffen zu können. In demselben Augenblick,
in dem die Römer das sahen, stürmten sie mit lautem Geschrei vorwärts. Die Feinde wagten in ihrer Bestürzung keinen Widerstand und versuchten zu fliehen. Die Römer brachten ihnen furchtbare Verluste bei; mehr als zehntausend fanden den Tod. Auch das Lager fiel ihnen in die Hände.
Mithridates selbst schlug sich an der Spitze von achthundert
Reitern durch die Römer durch und entkam zunächst. Aber
in kurzer Zeit verliefen sich seine Begleiter alle, und er blieb
mit dreien allein, unter ihnen seine Nebenfrau Hypsikrateia,
die ein wahrhaft männliches Herz in der Brust trug. Deshalb nannte der König sie nur Hypsikrates. Damals trug sie
persische Männerkleidung und saß zu Pferde. Trotz der
weiten Ritte blieb sie frisch und war unermüdlich in ihrer
Pflege für den König und sein Pferd. Endlich erreichten sie
eines der königlichen Schlösser, Sinora, wo Mithridates
Gelder und Schätze untergebracht hatte. Dort wählte Mithridates kostbare Gewänder aus und verteilte sie unter seine

Begleiter, die nach ihrer Flucht allmählich wieder zu ihm gestoßen waren. Auch bekamen seine Freunde von ihm ein starkes Gift für den Fall, daß sie in die Hände der Feinde fallen sollten. Von dort floh er nach Armenien zu Tigranes, aber Tigranes wollte nichts von ihm wissen, setzte vielmehr einen Preis von hundert Talenten auf seinen Kopf. So setzte er seine Flucht durch Kolchis fort.

33. Indessen drang Pompeius in Armenien ein, wohin der junge Tigranes ihn gerufen hatte. Er war von seinem Vater abgefallen und traf nun mit Pompeius am Araxes zusammen, der in derselben Gegend entspringt wie der Euphrat, sich dann aber nach Osten wendet und schließlich ins Kaspische Meer mündet. Pompeius und Prinz Tigranes eroberten auf ihrem Zug alle Städte, wohin sie kamen. König Tigranes, der kurz vorher von Lucullus eine schwere Niederlage erlitten hatte, nahm eine römische Besatzung in die Königsburg auf, weil er von Pompeius' wohlwollender Freundlichkeit gehört hatte. Dann zog er, begleitet von seinen Freunden und Verwandten, Pompeius entgegen, um sich zu unterwerfen. Als er zum Römerlager geritten kam, gingen ihm zwei Liktoren entgegen mit dem Befehl, abzusteigen und zu Fuß weiterzugehen; denn man habe noch keinen Menschen je in einem Römerlager reiten sehen. Tigranes tat wie ihm befohlen, löste sein Schwert von der Seite und übergab es ihnen. Endlich, als er vor Pompeius selbst erschien, nahm er den Königsturban vom Haupt und schickte sich an, ihn Pompeius zu Füßen zu legen. Das Schimpflichste aber war, daß er sich vor Pompeius auf die Erde werfen wollte. Doch kam Pompeius ihm zuvor, ergriff ihn bei der Rechten und zog ihn zu sich heran. So ließ er ihn neben sich auf der einen Seite, auf der andern den Prinzen Platz nehmen. Zugleich erklärte er ihm, wenn er bisher Länder verloren habe, so trage Lucullus daran die Schuld, denn der habe ihm Syrien, Phönikien, Kilikien, Galatien und Sophene entrissen. Doch solle er die Gebiete, deren Herr er noch sei, behalten, während Prinz Tigranes König von Sophene werden sollte. Allerdings müsse der König den Römern für die ihnen angetane Unbill sechstausend Talente zahlen.

Tigranes nahm diese Bedingungen mit Freuden an, und als
die römischen Truppen ihn als König begrüßten, versprach
er in seiner übergroßen Freude jedem Mann eine halbe Sil-
bermine, jedem Hauptmann zehn Minen und jedem Oberst
ein Talent. Aber der Prinz grollte, und als er zur Tafel eingeladen wurde, lehnte er ab, er brauche Pompeius' Freundlichkeiten nicht, er könne auch andere Römer als Gastgeber
finden. Wegen solcher Äußerungen ließ Pompeius ihn festnehmen und wollte ihn für seinen Triumph aufbewahren.
Nicht lange darauf kam eine Gesandtschaft vom Partherkönig Phraates zu Pompeius mit dem doppelten Auftrag:
sie sollte den Prinzen, der Phraates' Schwiegersohn war, los-
bitten und Pompeius den Euphrat als Grenze zwischen den
beiden Reichen anbieten. Doch erklärte Pompeius, der Prinz
Tigranes gehöre mehr seinem Vater als seinem Schwiegervater, und wegen der Grenze werde er selbst nach Recht und
Gerechtigkeit entscheiden.

34. Hierauf ließ er Afranius zurück mit der Aufgabe, Armenien zu sichern, während er selbst, wenn auch ungern, gegen
Mithridates durch das Gebiet der Völkerschaften um den
Kaukasus herum zog. Die mächtigsten Stämme dort sind die
Albaner und Iberer, diese in dem Gebiet zwischen den mo-
schischen Gebirgen und dem Schwarzen Meer, ostwärts von
ihnen die Albaner bis an das Kaspische Meer. Diese bewilligten Pompeius auf sein Verlangen zunächst den Durchmarsch.
Als aber Winterwetter einsetzte in der Zeit, wenn die Römer
die Saturnalien feierten, wagten sie einen Angriff auf das
römische Heer und gingen mit mehr als vierzigtausend
Mann über den Kyrnos. Er entspringt auf den iberischen
Gebirgen, nimmt dann den von Armenien kommenden Araxes auf und mündet mit zwölf Armen in das Kaspische Meer.
Andere bestreiten es, daß er sich mit dem Araxes vereinigt,
er münde vielmehr als selbständiger Fluß, allerdings in unmittelbarer Nähe des Araxes, in Kaspische Meer. Pompeius
hätte den Übergang der Feinde schließlich hindern können,
doch ließ er sie in aller Ruhe herüberkommen. Dann griff er
sie an und schlug sie mit ungeheuren Verlusten in die Flucht.
Ihr König schickte ihm Gesandte mit der Bitte um Gnade,

Pompeius verzieh ihm alle Schuld und traf ein Abkommen mit ihm. Dann zog er weiter in das Gebiet der Iberer, die mindestens ebenso zahlreich, aber noch kriegerischer als die Albaner waren. Sie hatten nur den einen Wunsch, Mithridates zu helfen, und versuchten deshalb, Pompeius wieder zurückzudrängen. Denn weder den Medern noch den Persern hatten die Iberer sich je unterworfen, sie waren selbst der Herrschaft der Makedonen entgangen, weil Alexander in aller Eile aus Hyrkanien hatte abziehen müssen. Aber auch über dieses tapfere Volk blieb Pompeius siegreich; die Iberer verloren in der Schlacht neuntausend Tote und mehr als zehntausend Gefangene. Nach dem Sieg zog Pompeius nach Kolchis, wo Servilius am Phasis zu ihm stieß mit der Flotte, die im Schwarzen Meer stationiert war.

35. Die Verfolgung des Mithridates, der sich unter den Völkern am Asowschen Meer verborgen hielt, war mit großen Schwierigkeiten verbunden. Nun kam noch die Nachricht, die Albaner seien wieder abgefallen. Wutentbrannt kehrte Pompeius wieder um. Der Übergang über den Kyrnos war diesmal noch gefährlicher, weil die Feinde weite Strecken des Ufers mit Palisaden eingezäunt hatten. Jenseits des Flusses erwartete ihn ein langer beschwerlicher Marsch durch wasserloses Gelände, deshalb ließ er zehntausend Schläuche mit Wasser füllen. An einem Fluß namens Abas traf er auf die Feinde, die mit sechzigtausend Mann Fußvolk und zwölftausend Reitern zum Kampf bereitstanden. Sie waren zum größten Teil schlecht bewaffnet und nur in Tierfelle gehüllt. Ihr Führer war der Bruder des Königs, Kosis. Als es zum Nahkampf kam, stürmte er auf Pompeius zu und traf ihn mit der Lanze gegen den Überschlag seines Panzers, aber Pompeius durchbohrte ihn, so daß er tot zu Boden sank. In dieser Schlacht sollen auf der Seite der Barbaren auch die Amazonen gekämpft haben, die von den Gebirgen am Fluß Thermodon herabgekommen waren. Als die Römer nämlich nach der Schlacht die Gefallenen durchsuchten, fanden sie Schilde und Stiefel, wie die Amazonen sie zu tragen pflegten; doch fand man keine weibliche Leiche. Sie wohnen in den Kaukasusgebieten nach dem Süden des Kaspischen

Meeres zu; doch grenzen sie nicht an die Albaner, sondern zwischen ihnen wohnen noch die Geler und Leger. Mit diesen treffen sie sich in jedem Jahr am Thermodon, um zwei Monate mit ihnen zusammen zu hausen. Dann ziehen sie wieder in ihr Gebiet zurück, wo sie allein für sich leben.

36. Dann wollte Pompeius an die Küsten des Kaspischen Meeres ziehen, doch traf er auf solche Massen giftiger Reptile, daß er drei Tagesmärsche vor dem Ziel umkehren und nach Innerarmenien ziehen mußte. Hier kamen Gesandte der Könige der Elymaier und Perser zu ihm; er erteilte ihnen auf ihre Gesuche freundlichen Bescheid. Aber gegen den Partherkönig, der in Gordyene eingefallen war und das Gebiet des Tigranes verwüstete, sandte er Truppen unter Afranius ab. Dieser vertrieb die Feinde bald und verfolgte sie bis nach Arbelitis.

Mithridates' Nebenfrauen, die gefangen zu ihm gebracht wurden, schickte er ohne Ausnahme ihren Eltern oder Verwandten zurück, ohne auch nur um eine von ihnen sich zu kümmern. Die meisten von ihnen waren Töchter oder Frauen von Generalen oder Großen des Hofes. Nur die Lieblingsgemahlin, Stratonike, der Mithridates eins seiner reichsten Schlösser anvertraut hatte, war, wie es hieß, die Tochter eines armen alten Harfenspielers. Sie hatte einst bei der Tafel Mithridates mit ihrem Spiel so bezaubert, daß er sie bei sich behielt und zu seiner Geliebten machte. Den Alten hatte er ohne weiteres weggeschickt, der sich bitter darüber grämte, daß man ihm nicht wenigstens ein freundliches Wort gegönnt hatte. Allein am folgenden Morgen sah er in seinem Zimmer Tische beladen mit silbernen und goldenen Gefäßen, dazu einen Haufen von Bedienten, Eunuchen und Pagen, die ihm kostbare Gewänder überreichten; vor der Tür seines Hauses stand ein Pferd mit prächtigem Zaumzeug, wie es die Pferde der Großen zu tragen pflegten. Aber er hielt dies alles zuerst nur für Hohn und Spott und wollte aus dem Hause laufen. Doch die Diener hielten ihn fest und erzählten ihm, der König habe ihm den prächtigen Palast eines Reichen, der vor kurzem verstorben sei, geschenkt, und alles, was er vor sich sehe, sei nur eine

kleine Probe all der anderen Kostbarkeiten und Schätze.
Trotzdem wollte er kaum an sein Glück glauben. Aber
schließlich legte er doch das Purpurgewand an, sprang auf
das Pferd und ritt durch die Stadt mit dem Ruf: „Das ist
alles mein, das ist alles mein!" Wenn man ihn auslachte,
antwortete er, über seine Freude brauche sich keiner zu
wundern, aber darüber, daß er nicht allen, die ihm begegneten, Steine an den Kopf würfe; er sei vor Freuden när-
risch geworden. Aus solchem Geschlecht und Blut stammte
Stratonike also. Sie war es, die Pompeius das Schloß und
zahllose Geschenke übergab. Aber er nahm nur solche Kostbarkeiten an, die als Tempelschmuck oder zur Verherr-
lichung seines Triumphes dienen konnten. Alles übrige ließ
er Stratonike, die es mit Freuden behielt. Ähnlich machte er
es, als der Ibererkönig ihm Sofa, Tisch und Thron aus Gold
als Geschenk überreichte. Pompeius übergab alles den Quästoren für den Staatsschatz.

37. In der Festung Kainon fiel Pompeius Mithridates' Ge-
heimkorrespondenz in die Hände. Er las die Briefe nicht
ohne Vergnügen, weil sie für den Charakter des Königs auf-
schlußreich waren. Die Aufzeichnungen ergaben, daß der
König neben vielen anderen Personen auch seinen Sohn
Ariarathes mit Gift aus dem Wege geräumt hatte, ebenso
Alkaios aus Sardes, weil er ihn im Pferderennen besiegt hatte.
Es fanden sich auch Deutungen von Träumen, die er selbst
oder einige seiner Frauen gehabt hatten; ferner sehr ausgelassene Briefe der Monime an den König und seine Antworten. Theophanes will außerdem wissen, man habe auch eine
Eingabe des Rutilius gefunden, in der er Mithridates den
Rat gegeben habe, die Römer in Kleinasien ermorden zu
lassen. Allein im allgemeinen sieht man in dieser Angabe
eine Verleumdung des Theophanes; denn weil er ein ganz
anderer Charakter war als Rutilius, haßte er ihn. Vielleicht
wollte Theophanes aber auch Pompeius einen Gefallen tun,
denn Rutilius hatte dessen Vater in seiner Geschichte allerdings als einen erbärmlichen Wicht dargestellt.

38. Pompeius zog weiter nach Amisos, wo ihm sein schrankenloser Ehrgeiz einen bösen Streich spielte. Er hatte sich

früher oft über Lucullus lustig gemacht, er habe Verordnungen erlassen, Geschenke und Belohnungen verteilt, ehe der Feind noch vernichtet war. Das dürfe sich nur der Sieger erlauben, wenn der Krieg endlich ein glückliches Ende gefunden habe. Aber obwohl Mithridates noch ungeschlagen in der Krim stand, ja sogar eine ansehnliche Macht wieder zusammengebracht hatte, trat Pompeius auf, als wenn alles zu Ende sei, ordnete die Provinzen und verteilte Belohnungen. Weil in der damaligen Zeit gerade viele Häuptlinge, Fürsten und zwölf Könige zu ihm gekommen waren, erklärte er auch, es sei unter seiner Würde, den Partherkönig, wie es sonst Sitte war, als ,König der Könige' zu begrüßen. Damit wollte er den anderen Fürsten eine Freundlichkeit erzeigen.

In dieser Zeit packte ihn der leidenschaftliche Wunsch, Syrien zu erobern und durch Arabien bis zum Roten Meer vorzudringen. Er wollte siegreich seinen Fuß an den Strand des Ozeans setzen, der ringsum die bewohnte Welt umspült. Denn zuerst war er in Afrika an der Spitze seiner Truppen bis an die Küste des ,äußeren' Ozeans gekommen; in Spanien hatte er den Strand des Atlantischen Ozeans zur Grenze des Römerreiches gemacht, und zum dritten war er vor kurzem auf der Verfolgung der Albaner fast bis an die südlichen Gestade des Kaspischen Meeres vorgedrungen. So wollte er den Kreis seiner Feldzüge am Roten Meer runden.

Übrigens war er sich über die Schwierigkeit, Mithridates mit Waffengewalt in die Enge zu treiben, klar; er wußte, daß sein Gegner auf der Flucht noch gefährlicher war als im Kampf.

39. Deshalb erklärte er, er wolle dem Gegner einen Feind hinterlassen, der ihn selbst noch an Furchtbarkeit überträfe, den Hunger, und postierte an der Einfahrt zum Asowschen Meer seine Flotte; wer aufgebracht würde, sollte den Tod finden.

Dann trat er mit dem Kern seines Heeres den Vormarsch an. Auf ihrem Zug kamen sie auch zu der Stelle, wo Triarius gegen Mithridates unglücklich gekämpft hatte und die Lei-

chen der Gefallenen noch unbestattet lagen. Er ließ sie mit
allen Ehren beisetzen. Daß Lucullus einst die Bestattung
unterlassen hatte, soll ihm mehr als alles andere den Haß
seiner Soldaten eingebracht haben. Während Afranius in
Pompeius' Auftrag die Araber am Amanos unterwarf, zog
er selbst nach Syrien, machte es unter dem Vorwande, daß
es ja doch keine rechtmäßigen Könige mehr habe, zur Provinz und erklärte es zum Eigentum des römischen Volkes.
Auch Judaia unterwarf er und machte den König Aristobulos zum Gefangenen. Viele Städte baute er wieder auf,
anderen schenkte er die Freiheit wieder und strafte ihre
Tyrannen. Seine wichtigste Aufgabe aber sah er darin,
Recht zu sprechen und die Streitigkeiten zwischen Städten
und Königen zu schlichten. Wohin er selbst nicht kommen
konnte, schickte er wenigstens seine Freunde. So übertrugen
die Armenier und Parther ihm die Schlichtung ihrer Grenz-
streitigkeiten; er schickte ihnen also drei Schiedsrichter als
Vermittler. So groß war der Ruf seiner Macht, aber ebenso
groß der Ruf seiner Gerechtigkeit und Güte. Dadurch konnte
er denn auch über die meisten Vergehen seiner Freunde und
Vertrauten den Schleier des Vergessens decken. Zwar hatte
die Natur es ihm nicht gegeben, solche Missetäter zu hindern
oder zu strafen. Aber wer mit ihm zu tun hatte, fand bei
ihm so viel Entgegenkommen, daß man schließlich über
Habsucht und Härte seiner Umgebung hinwegsah.
40. Am meisten Einfluß hatte bei ihm ein Freigelassener,
Demetrios, ein junger Mann, klug und begabt, aber durch
sein Glück übermütig geworden. Von ihm erzählt man sich
diese Geschichte. Der Philosoph Cato kam einst, als Pompeius abwesend war, nach Antiochia, um die Stadt zu besehen; er war noch in jungen Jahren, aber schon ebenso berühmt wie stolz. Er selbst ging wie immer zu Fuß, während
seine Freunde ihn zu Pferde begleiteten. Da sah er vor dem
Tor eine Ansammlung von Männern in festlich weißen Gewändern. Am Wege standen auf der einen Seite die Ephe-
ben, auf der anderen die Knaben. Cato war empört, weil er
meinte, man wolle ihm damit eine Ehre erweisen, und von
solchen Dingen wollte er doch nichts wissen. Daher bat er

seine Freunde, abzusteigen und mit ihm zu Fuß zu gehen. Als sie näher kamen, ging ihnen der Festordner mit Stab und Kranz in der Hand entgegen und fragte sie, wo sie denn Demetrios gelassen hätten und wann er kommen werde. Catos Freunde brachen in helles Gelächter aus, während er selbst mit den Worten: „Arme Stadt!" vorbeiging, ohne auf die Frage überhaupt zu antworten. Wenn Demetrios trotz allem wenig Feinde hatte, so hatte er es nur Pompeius zu verdanken, der sich manche Ungezogenheit von ihm gefallen ließ, ohne sie ihm übelzunehmen. Erzählt man doch, wenn Pompeius bei festlicher Tafel die übrigen Gäste noch erwartete und empfing, habe Demetrios schon hochmütig auf dem Sofa gelegen und die Toga über beide Ohren herabgezogen. Schon ehe er nach Italien zurückkam, hatte er in Rom die prächtigsten Landhäuser und die schönsten Plätze für Spiel und Sport gekauft; wertvolle Parks wurden damals nach ihm ‚demetrisch‘ genannt. Um so auffälliger war es, daß Pompeius damals bis zu seinem dritten Triumph nur ein einfaches, bescheidenes Haus bewohnte. Erst als er später den Römern das berühmte herrliche Theater erbaute, ließ er sich ein prächtigeres Haus errichten. Aber es wirkte doch nur wie ein Anhängsel am Theater und war immer noch so unauffällig, daß der spätere Besitzer beim ersten Eintritt erstaunt fragte, wo Pompeius der Große denn gespeist habe. Jedenfalls wird so erzählt.

41. Der Araberfürst von Petra hatte sich um die Macht der Römer bislang noch nie Sorge gemacht. Aber jetzt wurde er doch ängstlich und schickte Pompeius ein Schreiben, in dem er völlige Unterwerfung versprach. Als Pompeius dann, um ihn in dieser Absicht zu bestärken, selbst nach Petra zog, machte man ihm allgemein den Vorwurf, er wolle mit diesem Abstecher nur der weiteren Verfolgung des Mithridates aus dem Wege gehen; er solle sich lieber gegen den alten Feind wenden, vor allem weil Mithridates jetzt seine Kräfte wieder zusammenraffe. Man wollte sogar wissen, daß er Vorbereitungen traf, um durch Skythien und Pannonien nach Italien zu marschieren. Allein Pompeius hielt es für leichter, seinen Gegner im offenen Kampf zu vernichten, als

sich seiner auf der Flucht zu bemächtigen. Deshalb wollte er
seine Zeit nicht mit einer Verfolgung verlieren, die doch
keinen Erfolg versprach, und unternahm inzwischen, um
doch die Zeit zu nutzen, verschiedene andere Unternehmungen.

Da brachte der Zufall die glückliche Wendung in dieser
Not. Pompeius war schon in die Nähe von Petra gekommen und hatte an dem Tage eben das Lager aufschlagen lassen. Während er noch in der Nähe des Lagers seine Reit-
übungen machte, kamen Boten aus dem Pontos mit einer
Freudennachricht; denn daß sie Freude brachten, sah man
an dem Lorbeer, mit dem sie ihre Lanzenspitzen geschmückt
hatten. Kaum hatten die Soldaten es gesehen, da stürmten
sie schon zu Pompeius; aber er wollte erst seine Übungen zu
Ende reiten. Doch die Soldaten schrieen und baten ihn so
dringend, daß er vom Pferde sprang, die Briefe in Empfang
nahm und ins Lager ging. Man hatte aber keine Rednerbühne, auch keine provisorische, wie die Soldaten sie sonst
aus Rasenstücken bauen, die sie ausstechen und aufeinander-
legen. So trugen sie diesmal in ihrem Eifer eiligst die Pack-
sättel der Lasttiere zusammen und legten sie übereinander.
Pompeius stieg darauf und verkündete ihnen Mithridates'
Tod, er habe sich selbst umgebracht, weil sein Sohn Pharnakes von ihm abgefallen sei. Pharnakes habe dann die Regierung des ganzen Reiches übernommen und führe sie, wie
er schrieb, in seinem wie der Römer Namen.

42. Die Mannschaften konnten sich vor Freude nicht fassen.
Feierliche Opfer und fröhliche Zechereien wechselten miteinander ab; denn Mithridates' Tod bedeutete so viel, als
wenn Tausende von Feinden gefallen wären. Auch Pompeius hatte sich einen so leichten Erfolg all seiner schwierigen Feldzüge nicht träumen lassen. Jetzt verließ er sofort
Arabien und zog in aller Eile durch die Provinzen nach
Amisos. Hier fand er viele Geschenke vor, die Pharnakes
ihm zugesandt hatte. Auch die Leichen von verschiedenen
Angehörigen der königlichen Familie waren dort, darunter
der Leichnam des Mithridates. Allerdings waren seine Ge-
sichtszüge kaum noch zu erkennen, weil man beim Ein-

balsamieren versäumt hatte, das Gehirn herauszunehmen.
Manche wollten den Leichnam gern sehen und erkannten
ihn an den vielen Narben wieder. Doch Pompeius brachte
es nicht über sich, den Toten anzusehen, und um dem Neid
der Götter zu entgehen, sandte er den Leichnam nach Sinope. Übrigens machten Mithridates' Kleidung und Waffen
durch ihre Größe und Pracht einen gewaltigen Eindruck auf
Pompeius. Doch waren sie nicht mehr vollständig, denn Publius hatte schon das kostbare Schwertgehenk im Werte von
vierhundert Talenten entwendet und an Ariarathes verkauft. Den königlichen Turban, ein Stück von köstlicher
Arbeit, hatte Gaius, der mit Mithridates zusammen aufge-
zogen war, heimlich Sullas Sohn, Faustus, auf dessen Bitten
gegeben. Davon wußte Pompeius damals nichts. Als Pharnakes aber später davon erfuhr, zog er die Räuber zur
Rechenschaft.
Endlich hatte Pompeius die Verhältnisse in jenen Gegenden
geordnet und trat nun mit allem Prunk und Pomp die
Rückreise an. Bei seiner Ankunft in Mitylene schenkte er
der Stadt die Freiheit, um Theophanes damit eine Ehre zu
erweisen. Dort besuchte er auch den Wettkampf, den die
Dichter von altersher zu veranstalten pflegten. Aber dieses
Mal gab es nur ein Thema: Pompeius' Taten. Da er an dem
Theater von Milet seine besondere Freude hatte, ließ er sich
Skizzen und Pläne anfertigen, um in Rom ein ähnliches
Theater, nur größer und prächtiger, errichten zu lassen. Auf
Rhodos ließ er sich von allen Philosophen Vorträge halten
und schenkte jedem ein Talent. Poseidonios hat auch den
Vortrag veröffentlicht, den er damals in Pompeius' Gegen-
wart gegen den Rhetor Hermagoras hielt, um dessen An-
sicht über die ‚Erfindung im allgemeinen' zu widerlegen.
Auch in Athen trat er den Philosophen mit derselben
Freundlichkeit gegenüber. Der Stadt schenkte er für den
Wiederaufbau fünfzig Talente.
So hoffte er, den Boden Italiens betreten zu können, berühmt und geehrt wie nie ein Mensch zuvor, und wie er sich
sehnte, seine Familie wiederzusehen, so hoffte er, würde
auch sie sich nach ihm sehnen. Aber das Schicksal liebt es,

den leuchtenden Gaben des Glücks das Unglückslos zu gesellen, und es wartete schon lange darauf, ihm die Rückkehr zu verbittern. Seine Gattin Mucia war ihm während seiner Abwesenheit nicht treu geblieben, aber solange er in der Ferne war, hatte ihn solches Gerede wenig gekümmert. Als er sich auf der Fahrt nach Italien in der Muße der Seereise in seinen Gedanken mehr mit diesen Vorwürfen beschäftigte, schickte er ihr den Scheidebrief zu. Aber er gab weder damals noch später die Gründe an, die ihn zu diesem Schritt bewogen hatten. Doch kann man in Ciceros Briefen die Gründe nachlesen.

43. Gerüchte aller Art eilten Pompeius voraus nach Rom. Man munkelte, er wolle sein Heer sofort gegen die Stadt führen und an der Errichtung der Monarchie sei nicht zu zweifeln. Crassus nahm Kinder und Geld und floh aus der Stadt, vielleicht hatte er wirklich Angst. Aber wahrscheinlicher ist doch, daß er nur den verleumderischen Gerüchten Nahrung geben und Neid und Haß gegen Pompeius noch schüren wollte. Pompeius ließ seine Soldaten daher unmittelbar nach der Landung zusammentreten. Als er zu ihnen gesprochen, wie man es bei einer solchen Gelegenheit zu tun pflegt, als er ihnen seinen Dank und seine Anerkennung ausgedrückt hatte, bat er sie, in ihre Heimat zu den Ihren zurückzukehren, doch sollten sie nicht vergessen, zum Triumph sich wieder um ihn zu scharen.

So war das Heer denn aufgelöst. Als die Kunde davon in die Lande gedrungen war, begab sich geradezu ein Wunder. Wenn die Städte sahen, wie Pompeius der Große ohne Waffen mit einem kleinen Kreis vertrauter Freunde wie von einer gewöhnlichen Reise kommend daherzog, dann eilten die Leute voll Jubel und Begeisterung herbei, um ihn zu geleiten. Ja, die Scharen, die ihn begleiteten, waren schließlich so groß, daß er sein Heer gar nicht vermißt hätte, wenn er gesonnen gewesen wäre, Verfassung und Regierung zu stürzen.

44. Weil das Gesetz ihm nicht erlaubte, vor dem Triumph in die Stadt zu kommen, ließ er den Senat ersuchen, man möge die Konsulwahl verschieben und ihm diesen Gefallen

tun, damit er in der Lage sei, Piso persönlich bei der Bewerbung zu unterstützen. Aber Cato widersprach, und Pompeius' Wunsch wurde abschlägig beschieden. Aber der energische Freimut, mit dem Cato als einziger für das Recht eintrat, verfehlte seinen Eindruck auf Pompeius nicht; deshalb wollte er den Mann, koste es, was es wolle, an sich fesseln. Von den zwei Nichten, die Cato hatte, wollte er selbst die eine heiraten, die andere seinem Sohn zur Frau geben. Doch Cato merkte die Absicht des Pompeius, ihn durch die Verschwägerung zu bestechen und ihn auf jede Weise zu gewinnen. Aber seine Schwester und seine Frau waren empört, daß er von der Verwandtschaft mit Pompeius dem Großen nichts wissen wollte.

In dieser Zeit wollte Pompeius Afranius das Konsulat verschaffen und ließ sich die Sache große Summen kosten. Doch wurde die Sache bald bekannt, weil die Vertreter der einzelnen Tribus in Pompeius' Gärten gingen, um die Gelder in Empfang zu nehmen. Man nahm es Pompeius sehr übel, daß er das höchste Amt, das er selbst nur seinen außerordentlichen Erfolgen zu verdanken hatte, kaufen wollte für Leute, denen es an Tüchtigkeit fehlte, es aus eigener Kraft zu erwerben. „Von solchen Vorwürfen", sagte Cato zu Frau und Schwester, „hätten wir auch unseren Teil bekommen, wenn wir Pompeius' Verwandte geworden wären!" Da mußten sie allerdings zugeben, daß er über Anstand und Recht besser geurteilt hatte als sie.

45. Man hatte für den Triumph wegen seiner Länge zwei Tage vorgesehen; aber auch sie reichten noch nicht aus, und viele Vorbereitungen, mit denen man noch einen zweiten prunkvollen Zug hätte veranstalten können, konnte man dem Volk gar nicht mehr vorführen. Den einzelnen Völkern, über die Pompeius triumphierte, wurden große Schilder vorangetragen und kündeten deren Namen. Da las man die Namen: Pontos, Armenien, Paphlagonien, Kappadokien, Medien, Kolchis, Iberer, Albaner, Syrien, Kilikien, Mesopotamien, Phönikien und Palästina, Judäa, Arabien, die Piraten, die Pompeius zu Wasser und zu Lande vernichtet hatte. In diesen Ländern waren ausweislich der Inschrif-

ten nicht weniger als tausend feste Schlösser und fast neunhundert Städte erobert worden; den Seeräubern hatte er achthundert Schiffe abgenommen, neue Städte hatte er neununddreißig gegründet. Andere Schilder berichteten, daß die Zölle, die bisher fünfzig Millionen Drachmen eingebracht hätten, durch seine neuen Eroberungen auf fünfundachtzig Millionen gestiegen seien. An die Staatskasse lieferte er an gemünztem Geld und an silbernen und goldenen Gefäßen zwanzigtausend Talente ab, gar nicht gerechnet, was schon an die Soldaten verteilt war; dabei hatte der geringste Anteil, den jemand bekam, fünfzehnhundert Drachmen betragen. Auch Gefangene wurden in dem Triumphzuge mitgeführt: neben den Anführern der Seeräuber waren es der Sohn des Königs Tigranes von Armenien mit Gemahlin und Tochter, eine Gemahlin des Königs Tigranes Zosima, der Judenkönig Aristobulos, eine Schwester und fünf Kinder des Mithridates und mehrere Skythinnen und schließlich die Geiseln der Iberer, Albaner und des Königs von Kommagene. Ferner führte man in dem Zuge zahllose Siegeszeichen mit zur Erinnerung an die zahllosen Schlachten, in denen er selbst oder seine Generale siegreich gewesen waren. Aber der größte Ruhm war doch, daß Pompeius diesen dritten Triumph über den dritten Erdteil feierte. Das hatte vor ihm noch kein Römer vermocht, wenn auch drei Triumphe schon manch anderer vor ihm gefeiert hatte. Wenn er jetzt den dritten über Asien feierte, so mochte es manchem scheinen, als wenn er die ganze bewohnte Welt in seinen drei Triumphzügen vorgeführt hätte.

46. Damals gab es Leute, die in Pompeius Alexander wiedererstanden glaubten; sie verstiegen sich sogar zu der Behauptung, Pompeius sei in der Zeit, als er seinen dritten Triumph feierte, noch nicht vierunddreißig Jahre gewesen. Tatsächlich ging er schon ins vierzigste. Hätte er damals, als Alexanders Glück ihm noch zur Seite stand, die Augen geschlossen, wie glücklich wäre er gewesen. Denn die kommenden Jahre brachten ihm bitteres Leid, und wenn sie ihm Glück schenkten, so schuf es ihm nur Haß und Neid. Weil er die politische Macht im Staat, die er auf legale Weise

errungen hatte, gegen die Gesetze zwar nicht für sich, so
doch für andere gebrauchte, so untergrub er selbst sein Ansehen in dem gleichen Maße, wie er den anderen zur Macht
verhalf, und ehe es ihm zum Bewußtsein kam, stürzte er
über die Größe und Stärke seiner eigenen Macht. Wie die
stärksten Punkte einer Festung in den Händen der Feinde
ihre Macht mit der Kraft der Feinde vereinigen, so schwang
sich auch Cäsar durch Pompeius' Macht im Staat empor und
stürzte schließlich den Mann, durch dessen Hilfe er groß
geworden war, zu Boden. Das geschah auf diese Weise.

Als Lucullus aus Asien zurückkehrte, wo ihn Pompeius ja
über die Maßen hochmütig behandelt hatte, empfing ihn der
Senat auf das ehrenvollste. Vor allem versuchte der Senat,
als Pompeius nun auch noch zurückgekommen war, Lucullus zur Teilnahme am politischen Leben zu bewegen, um gegen Pompeius' Einfluß ein Gegengewicht zu haben. Allerdings war er schon stumpf und hatte seine alte Spannkraft
verloren, er hätte lieber Ruhe und Reichtum sorglos genossen. Aber da es gegen Pompeius ging, war er wieder der
Alte und nahm den Angriff mit aller Kraft auf. Als die
Sprache auf Lucullus' Anordnungen in Asien kam, die Pompeius wieder aufgehoben hatte, behielt Lucullus recht und
trug im Senat mit Catos Hilfe einen vollständigen Sieg davon. Nach dieser peinlichen Niederlage blieb Pompeius kein
anderer Weg, als sich mit den Volkstribunen zu verbünden
und mit jungen Abenteurern Verbindung zu suchen. Der
unverschämteste und frechste Kerl unter ihnen war Clodius, der es verstand, Pompeius an sich zu fesseln. Nun
machte er ihn zum Sklaven des Volkes, schleppte ihn trotz
seiner hohen Würde auf dem Forum mit sich herum und
brauchte ihn, um alles, was er aus Schmeichelei und Gefälligkeit für das Volk angab und vorschlug, von ihm bestätigen zu lassen. Überdies bekam er in späterer Zeit von Pompeius, als wenn er ihn nicht zu Schanden, sondern sich Gott
weiß wie sehr um ihn verdient gemacht hätte, noch seinen
Lohn. Pompeius opferte ihm seinen Freund Cicero, der ihm
doch in der Politik oft genug die besten Dienste geleistet
hatte. Denn als Ciceros Leben auf dem Spiel stand und er

Pompeius um seine Unterstützung bitten wollte, ließ er ihn nicht einmal vor, und als Ciceros Freunde kamen, ließ er die Tür seines Hauses schließen und ging zu einer Seitentür hinaus. So mußte Cicero aus Furcht vor einer Verurteilung Rom heimlich verlassen.

47. Als Cäsar um diese Zeit von seiner Prätur aus der Provinz zurückgekommen war, begann er eine Politik, die ihm selbst für den Augenblick die Gunst des Volkes und für die Zukunft die Macht bringen sollte. Doch für Pompeius und Rom war diese Politik verderblich. Cäsar wollte Konsul werden, aber weil er sich darüber klar war, daß er bei der Uneinigkeit zwischen Pompeius und Crassus sich den einen zum Feind machen mußte, wenn er die Freundschaft des anderen gewann, so versuchte er die beiden Männer miteinander zu versöhnen. Unter anderen Umständen hätte man einen solchen Schritt als zweckmäßig und politisch klug bezeichnen können. Aber es war ein Plan, den Cäsar aus unedlen Beweggründen hinterlistig und verschlagen gesponnen hatte. Denn bisher hatte die Verteilung der politischen Macht auf die beiden Männer die Schwankungen des Staatsschiffes ausgleichen können. Wenn sie sich jetzt zusammenschlossen, mußte ihre vereinte Macht durch ihr Übergewicht das Gefüge des Staates ins Wanken bringen. Jedenfalls hat Cato mit Recht immer Einspruch erhoben, wenn man behauptete, der Sturz des Staates sei durch den späteren Zwist zwischen Pompeius und Cäsar hervorgerufen: eine solche Auffassung richte den Blick nur auf das Ende der Entwicklung, nicht auf die Entwicklung selbst; denn nicht ihre Uneinigkeit und Feindschaft, vielmehr ihre Einigkeit und Freundschaft sei für die Stadt der Beginn des Unglücks gewesen.

So wurde denn Cäsar zum Konsul gewählt. Sein erster Gesetzantrag, der den Ärmsten und Bedürftigsten helfen sollte, verlangte Äckerverteilung und Anlage neuer Siedlungen. Allerdings entsprach ein solcher Antrag nicht der Würde seines Amtes und gab seinem Konsulat eher den Charakter des Volkstribunats. Als sein Kollege Bibulus in der Aussprache sich gegen das Gesetz erklärte und Cato Miene machte, Bibulus mit seinem ganzen Einfluß zu unterstützen, brachte Cäsar Pompeius auf die Rostra und fragte ihn vor versammeltem Volk, ob er mit den vorgeschlagenen Gesetzen einverstanden sei. Als Pompeius sich einverstanden erklärte, fragte Cäsar weiter: „Gesetzt, jemand wollte gegen die Anträge Gewalt brauchen, willst du dann dem Volk zu Hilfe kommen?" Pompeius antwortete: „Allerdings; wenn jemand mit dem Schwert droht, komme ich mit Schwert und Schild." Man konnte sich nicht erinnern, daß Pompeius bis zu dem Tage in seinen Worten oder seinem Auftreten je härter gewesen war. Sogar seine Freunde hielten es für nötig, ihn zu entschuldigen: die Worte seien ihm in der Erregung unversehens entschlüpft. Aber die folgenden Ereignisse lehrten, daß Pompeius sich ganz in Cäsars Hände gegeben hatte. Zur allgemeinen Überraschung heiratete er Cäsars Tochter Julia, obwohl sie mit Cäpio verlobt war und die Vermählung in den nächsten Tagen stattfinden sollte. Als Trost für Cäpions Zorn versprach Pompeius ihm seine eigene Tochter, wenn sie auch schon mit Sullas Sohn Faustus verlobt war. Cäsar selbst vermählte sich mit Pisos Tochter Calpurnia.

48. In den nächsten Tagen brachte Pompeius Truppen in die Stadt und scheute bei seinen Unternehmungen keine Gewalt mehr. Als der Konsul Bibulus mit Lucullus und Cato zum Forum ging, fielen plötzlich Bewaffnete über sie her und zerbrachen die Faszes ihrer Liktoren, einer schüttete Bibulus sogar einen Korb voll Mist über den Kopf, zwei Volkstribunen aus seinem Gefolge erlitten Verwundungen. Als man so das Forum von den Gegnern gesäubert hatte, wurde das Gesetz über die Äckerverteilung angenommen. das war der rechte Köder für das Volk, und in der Folge war es zahm und folgsam; ohne Murren nahm es schweigend alle Anträge an, die man ihm vorlegte. Jetzt wurden auch Pompeius' Verfügungen in Asien, gegen die Lucullus Einspruch erhoben hatte, bestätigt. Cäsar bekam Gallien diesseits und jenseits der Alpen als Provinz, dazu vier kriegsstarke Legionen. Zu Konsuln des folgenden Jahres wurden Cäsars Schwiegervater Calpurnius Piso und Gabinius, der unver-

schämteste unter Pompeius' Schmeichlern, gewählt. Während sich diese Ereignisse abspielten, verschloß sich Bibulus in seinem Haus; die letzten acht Monate seines Konsulats ließ er sich nicht in der Öffentlichkeit sehen. Aber er ließ Edikte ergehen voller Schmähungen und Anklagen gegen Cäsar und Pompeius, während Cato im Senat wie ein gottbegnadeter Seher Pompeius und der Stadt die Zukunft voraussagte. Lucullus zog sich gänzlich vom politischen Leben in die Ruhe des Privatlebens zurück, weil die Politik für sein Alter nichts mehr sei, worauf Pompeius treffend bemerkte, die Schwelgerei sei erst recht nichts mehr für sein Alter. Aber vielleicht war er selbst in sein junges Weib auch mehr verliebt als gut und vertändelte mit ihr die meiste Zeit in seinen Villen und Parks und ließ die Politik auf dem Forum ihren Lauf nehmen, so daß selbst Clodius, der damals Volkstribun war, allmählich die Achtung vor ihm verlor und die verwegensten Unternehmungen in Angriff nahm. Denn Cicero hatte er in die Verbannung getrieben, Cato unter dem Vorwand eines Krieges nach Kreta geschickt, Cäsar war weit weg in Gallien, das Volk war Clodius, wie er sah, treu ergeben, weil seine ganze Politik nur auf das Volk zielte. Unter diesen günstigen Umständen wagte er es, einige Anordnungen des Pompeius umzustoßen. Tigranes, der als Kriegsgefangener unter der Obhut des Pompeius gestanden hatte, ließ er in sein Haus bringen, und einige Freunde des Pompeius stellte er unter Anklage, um zu probieren, wie weit Pompeius' Macht noch ginge. Als schließlich Pompeius in einem Prozeß auftrat, erschien er an der Spitze seiner liederlichen, unverschämten Spießgesellen, trat auf eine Erhöhung, damit ihn alle sehen konnten, und rief dem Haufen seine Fragen zu: „Wer ist der ungezügelte Alleinherrscher? Wer ist der Mann, der einen Mann sucht? Wer nimmt nur einen Finger, wenn er sich den Schädel kratzt?" Wenn er dann seine Toga emporschwang, schrien sie wie ein gut einexerzierter Sprechchor bei jeder Frage mit lautem Gebrüll „Pompeius!"
49. Der Schimpf traf Pompeius tief, er war solchen Hohn und Spott nicht gewohnt und solcher Kampfesweise gegen-

über wehrlos. Aber sein Ärger wuchs noch, als er hörte, daß
der Senat sich über seine Verhöhnung freute und darin eine
Strafe für seinen Verrat an Cicero sah. Schließlich kam es
sogar zu blutigen Schlägereien auf dem Forum, und bei einem Sklaven des Clodius, der sich durch Pompeius' Begleiter
hindurchschlängeln wollte, fand man ein Schwert. Da nahm
Pompeius das Treiben zum Vorwand, um während Clodius'
Amtszeit überhaupt nicht mehr auf dem Forum zu erscheinen; allerdings hatte er auch die Furcht vor den frechen Lästerungen noch immer nicht überwunden. Die ganze Zeit über
blieb er in seinem Haus und beriet mit seinen Freunden, wie
er den Groll des Senats und des Adels beschwichtigen
könnte. Doch wollte er von Culleos Rat, sich von Julia
scheiden zu lassen und von Cäsars Partei auf die Seite des
Senats zu treten, nichts wissen. Er folgte vielmehr dem Vorschlag, Cicero aus der Verbannung zurückzurufen, weil er
Clodius' ärgster Feind sei, während er beim Senat über die
Maßen beliebt sei. Deshalb begleitete er Ciceros Bruder mit
einer starken Bedeckung, als er auf dem Forum den Antrag
auf Rückberufung des Verbannten stellte. Es kam wieder
zum Kampf, einige fielen, aber Pompeius errang doch den
Sieg über Clodius.

Als Cicero dann auf Grund dieses Gesetzes in die Stadt
zurückkehrte, brachte er die Versöhnung zwischen Pompeius
und dem Senat zustande. Durch sein Eintreten für das Getreidegesetz verschaffte er Pompeius sozusagen die Herrschaft über alle Länder und Meere, die den Römern gehörten. Denn nun unterstanden Pompeius alle Häfen, Markt-
plätze und Verkaufsstellen für Getreide, mit einem Worte,
Schiffahrt und Landbau. Aber da erhob Clodius den Vorwurf, man habe das Gesetz nicht gemacht wegen des Man-
gels an Getreide, sondern man hätte den Mangel veranstaltet, um ein Gesetz zu machen, auf Grund dessen Pompeius
die Möglichkeit bekam, seine fast erstorbene Macht durch
ein neues Amt aus der Ohnmacht wieder zu neuem Leben zu
erwecken. Andere hielten das Gesetz für einen Trick des
Konsuls Spinther, der Pompeius an dies wichtige Amt habe
fesseln wollen; er wollte selbst an Pompeius' Stelle nach

Ägypten geschickt werden, um den König Ptolemaios wieder einzusetzen. Indessen brachte Caninius als Volkstribun einen Antrag ein, Pompeius solle ohne Heer, nur von zwei Liktoren begleitet, den König wieder mit seinen Alexandrinern aussöhnen. Offenbar wäre Pompeius mit dieser Lösung sehr zufrieden gewesen. Doch fand der Senat einen annehmbaren Grund für seine Ablehnung: er dürfe Pompeius' Leben einer solchen Gefahr nicht aussetzen. Man fand aber auf dem Forum und in der Nähe der Kurie Briefe verstreut des Inhalts, Ptolemaios wolle lieber Pompeius als Spinther als Feldherrn haben. Timagenes sagte auch, es habe für Ptolemaios eigentlich kein Grund vorgelegen, seine Heimat Ägypten zu verlassen; er habe es nur auf Anstiften des Theophanes getan, der Pompeius einen Vorwand für einen beutebringenden Feldzug hätte verschaffen wollen. Aber des Theophanes Bosheit macht diese Nachricht nicht so glaublich, wie des Pompeius Charakter sie unglaublich macht, denn sein Ehrgeiz verschmähte schmutzige Mittel.

50. Als Pompeius nun die Leitung und Verwaltung der Getreideversorgung übernommen hatte, schickte er seine Legaten und Freunde nach allen Seiten aus, während er selbst nach Sizilien, Sardinien und Afrika fuhr und Getreide aufkaufte. Bei seiner Abfahrt herrschte auf See so stürmisches Wetter, daß die Seeleute nicht auszulaufen wagten. Aber er ging als erster an Bord, hieß sie die Anker lichten und rief ihnen zu: „Seefahrt ist not, leben ist nicht not." Solchem Wagemut gesellte sich das Glück, und bald füllten sich die Häfen mit Getreide, die Meere mit Schiffen, so daß mit dem Überschuß auch fremde Völker versorgt werden konnten und wie aus einer unversieglichen Quelle der Strom sich über alle Länder ergoß.

51. In dieser Zeit schuf Cäsar sich in den gallischen Kriegen seine politische Macht. Während man meinte, er schlüge sich in fernen Ländern weit von Rom mit Belgiern, Sueben und Britanniern herum, verstand er es mit seiner politischen Begabung doch, in politischen Dingen mitten im Volk heimlich gegen Pompeius zu arbeiten. Und dort draußen in Gallien war er die Seele, das Heer sozusagen der Körper, den

er sich gefügig machen wollte; denn eigentlich ging sein Kampf mit diesem Heer nicht gegen die Barbaren, sondern wie durch Jagden und Tierhetzen wollte er seine Truppen in den Kämpfen gegen die Barbaren zur Härte erziehen. So schuf er sich in seinem Heer eine unwiderstehliche, furchtbare Macht. Gold, Silber und andere kostbare Beute, wie sie ihm in den zahllosen Feldzügen in die Hände fallen mußte, schickte er nach Rom. So wagte er hier und da Bestechungen, unterstützte die Ädilen, Prätoren und Konsuln und ihre Frauen bei ihren Ausgaben und schuf sich immer neue Freunde. Als er dann über die Alpen kam und den Winter in Luca verbrachte, da strömten Männer und Frauen in Scharen dorthin, darunter zweihundert Senatoren. Auch Pompeius und Crassus fanden sich dort ein. Hundertundzwanzig Faszes von Prokonsuln und Prätoren konnte man vor Cäsars Haus versammelt sehen. Keiner ging ohne Hoffnung oder Geschenk von dannen. Doch mit Crassus und Pompeius traf er die Vereinbarung, sie sollten sich für das kommende Jahr um das Konsulat bewerben, dafür wollte er ihnen Truppen schicken, um ihre Bewerbung zu unterstützen. Unmittelbar nach der Wahl sollten sie sich dann das Kommando über bestimmte Provinzen und Heere sichern und Cäsar für weitere fünf Jahre die Verwaltung der gallischen Provinzen verlängern lassen.

Der Vertrag wurde bald bekannt und erregte vor allem beim Adel Empörung. Da trat Marcellinus vor dem Volk auf und legte Pompeius und Crassus die Frage vor, ob sie sich tatsächlich um das Amt bewerben wollten. Die Menge verlangte Antwort; Pompeius sagte als erster: „Vielleicht ja, vielleicht nein." Doch Crassus war gewitzter; er antwortete, er werde handeln, wie es seiner Überzeugung nach für den Staat am besten sei. Doch Marcellinus ließ nicht locker. Aber als es schien, er wolle mit einem neuen heftigen Angriff gegen Pompeius vorgehen, sagte Pompeius, es gebe keinen ungerechteren Menschen als Marcellinus, der ihm doch dankbar sein müßte, daß er durch ihn aus einem Stummen zum Redner, aus einem Hungerleider übersatt geworden sei.

52. Freilich war nun allen die Lust vergangen, sich um das Konsulat zu bewerben. Nur Lucius Domitius ließ sich von Cato bereden, nicht zu verzichten, der Kampf gehe jetzt um die Freiheit gegen die Tyrannen, nicht mehr um das Amt. Deshalb mußten Pompeius' Anhänger fürchten, Cato, auf dessen Seite der ganze Senat stand, könne auch noch den vernünftigen Teil des Volkes zu sich herüberziehen. Aus diesem Grunde wollten sie Domitius nicht aufs Forum kommen lassen; sie schickten Bewaffnete dorthin, ließen den Laternenträger, der vorausging, niederhauen, und jagten die anderen auseinander. Cato war der letzte, der den Platz räumte; bei der Verteidigung des Domitius hatte er eine Wunde am rechten Arm erhalten.

Auf solche Weise gelangten Pompeius und Crassus zum Konsulat; freilich war auch ihre Amtsführung nicht gerade anständig. Als das Volk Cato zum Prätor wählen wollte, löste Pompeius unmittelbar vor der Abstimmung die Komitien auf mit der Begründung, die Vogelzeichen seien ungünstig ausgefallen. Durch Bestechung der Tribus brachte man es dann dahin, daß an Catos Stelle Vatinius gewählt wurde. Darauf ließen sie durch den Volkstribun Trebonius neue Gesetze beantragen; darnach sollte für Cäsar die Statthalterschaft auf weitere fünf Jahre verlängert werden, Crassus die Provinz Syrien und das Kommando im Partherkrieg übernehmen, während Pompeius ganz Afrika, beide Provinzen Spaniens und vier Legionen bekommen sollte; zwei von diesen lieh er dann Cäsar auf seine Bitten für den Krieg in Gallien. Nach Ablauf seines Konsulats begab Crassus sich in seine Provinz, und Pompeius weihte das Theater ein, das er inzwischen hatte erbauen lassen. Zur Feier der Einweihung ließ er sportliche und künstlerische Wettspiele abhalten, auch Tierhetzen, bei denen fünfhundert Löwen getötet wurden, und als Schönstes gab es einen Kampf gegen Elefanten, ein nervenerregendes Schauspiel.

53. Solche Festlichkeiten gewannen Pompeius Liebe und Bewunderung. Aber man nahm es ihm doch übel, daß er seine Freunde als Legaten mit der Führung der Legionen und der Verwaltung seiner Provinzen beauftragte und selbst mit

seiner jungen Frau in den schönsten Gegenden Italiens bald
hier, bald dort Aufenthalt nahm, weil er sie gar zu heiß
liebte, oder auch, weil ihre Liebe zum Gatten so groß war,
daß er es nicht übers Herz brachte, sie zu verlassen. Auch
dieser Grund wäre möglich. Man sprach damals überall
rühmend von der innigen Liebe der jungen Frau, obwohl
Pompeius doch älter war als sie. Aber ihre Liebe beruhte
auf der Keuschheit ihres Gatten, der neben seiner angetrau-
ten Gattin keine andere Frau kannte, und auf dem Ernst
seines Wesens, das ohne Herbheit Freude und Freundlichkeit ausstrahlte und Frauenherzen gewinnen konnte. Dafür
ist seine frühere Freundin Flora eine gute Zeugin.

Eines Tages kam es bei der Ädilenwahl zu Unruhen, und
unmittelbar neben Pompeius wurden mehrere Leute niedergehauen, so daß das Blut seine Toga bespritzte und er sie
wechseln mußte. Mit aufgeregten Rufen rannten die Sklaven nach Haus, um das neue Gewand zu holen. Als Pompeius' junge Frau, die guter Hoffnung war, die blutbesudelte
Toga sah, fiel sie in Ohnmacht und kam kaum wieder zu
sich; Schreck und Erregung brachten das Kind zu früh zur
Welt. Deshalb waren selbst Leute, die Pompeius' Freundschaft mit Cäsar tadelten, gerührt über seine Liebe zu
Cäsars Tochter. Doch empfing sie noch ein andermal und
schenkte einem kleinen Töchterchen das Leben, starb aber
bald nach der Geburt; auch das Kind überlebte die Mutter
nur wenige Tage. Pompeius traf alle Vorbereitungen, um
die Gattin auf seinem Landgut Albanum zu bestatten. Doch
das Volk hinderte ihn daran und brachte den Leichnam aufs
Marsfeld, um ihn dort mit allen Ehren zu verbrennen,
allerdings mehr aus Mitleid mit dem jungen Weib als aus
Freundlichkeit gegen Cäsar und Pompeius. Doch hatte man
den Eindruck, daß das Volk eher Cäsar, der in der Fremde
war, als Pompeius in Rom ehren wollte. Denn es dauerte
nicht lange, bis ein Sturm der Erregung durch die Stadt
ging. Überall herrschte Unruhe, überall hörte man auf-
geregte Stimmen, weil zwischen den beiden Männern das
Band der Verschwägerung zerrissen war, die freilich den
Gegensatz zwischen ihnen niemals aufgehoben, aber doch

wenigstens verdeckt hatte. Bald darauf kam die Nachricht, daß Crassus im Kampf gegen die Parther gefallen war, und nun war auch dieses wichtige Bollwerk, das dem Ausbruch des Bürgerkrieges noch entgegengestanden hatte, zerstört; aus Achtung vor Crassus waren sie untereinander wenigstens gerecht geblieben. Jetzt hatte das Schicksal ihnen den Mann genommen, der nur auf das Ende ihres Kampfes wartete, um frisch und ausgeruht gegen den Sieger anzutreten, wie es in der Komödie heißt: „Wie sich der eine salbt zum Kampf mit dem andern und sich mit Staub die Hände reibt." Selbst das größte Glück bedeutet für menschliche Herzen fast ein Nichts, denn ihr Verlangen kann es doch nicht stillen, wenn die Unermeßlichkeit des Reiches und seine ungeheure Ausdehnung der Herrschsucht der beiden Männer nicht genügte. Sooft sie auch die Verse des Dichters gehört und gelesen hatten, daß auch den Göttern ‚dreifach geteilt ward alles und jeder gewann von der Herrschaft!‘, glaubten sie doch, Roms Reich sei für sie zu klein, obwohl sie doch nur zwei waren.

54. Allerdings sagte Pompeius einmal in einer Volksversammlung, er habe jedes Amt früher bekommen, als er erwartet habe, und es früher niedergelegt, als man es von ihm hätte verlangen können. Beim Jupiter, er konnte sich darauf berufen, daß er nach jedem Feldzug seine Truppen entlassen hatte. In diesem Augenblick aber mußte er annehmen, daß Cäsar sein Heer nicht auflösen wolle, und versuchte deshalb, im Besitz der hohen römischen Ämter seine Stellung in der Stadt gegen Cäsar zu stärken. Doch führte er sonst keine Neuerung ein, wollte auch den Anschein vermeiden, als wenn er Cäsar nicht traue; eher sollte es so scheinen, daß er sich nichts aus ihm mache. Aber als er sah, daß die Wahlen nicht nach seinen Wünschen ausgehen würden, weil seine Gegner das Volk bestochen hatten, ließ er es geschehen, daß die Wahlen ausfielen. Und plötzlich sprach man überall von der Berufung eines Diktators; der Volkstribun Lucilius hatte zuerst gewagt, diesen Gedanken in die Menge zu werfen, und machte den Vorschlag, Pompeius zum Diktator zu ernennen. Cato erhob natürlich Ein-

spruch, und es bestand Gefahr, daß Lucilius sein Amt als
Tribun einbüßte. Auch Pompeius' Freunde traten auf, um
ihn zu entschuldigen, er habe niemals nach diesem Amte
getrachtet. Dafür sprach Cato Pompeius seine Anerkennung
aus und bat ihn, die Ordnung im Staate wiederherzustellen.
So war Pompeius in die Enge getrieben und mußte sich der
Sache annehmen. Zu Konsuln wurden Domitius und Mes-
sala gewählt.

Bald darauf blieben die Konsulwahlen zum zweitenmal
ohne Erfolg. Da der Ruf nach dem Diktator allgemeiner
und ungestümer wurde, fürchtete Catos Partei, tatsächlich
zu einem solchen Schritt gezwungen zu werden. Deshalb
sannen sie darauf, Pompeius im Rahmen der Gesetze mit
irgendeinem Amt zu betrauen, um nur die schrankenlose,
der Monarchie ähnelnde Diktatur zu vermeiden. Bibulus,
der als Pompeius' Gegner bekannt war, sprach als erster im
Senat seine Meinung dahin aus, man solle Pompeius zum
Konsul ohne Kollegen wählen, denn es gebe nur zweierlei,
entweder finde die Stadt einen Ausweg aus dieser Verwirrung oder sie werde sich unter die Hand des Stärksten beugen müssen. In Bibulus' Mund überraschten solche Worte,
und als Cato sich erhob, erwartete man allgemein, er würde
den Vorschlag ablehnen. Als Stille eingetreten war, sagte er,
einen Antrag wie den vorliegenden hätte er nicht eingebracht; aber da ein anderer ihn nun einmal gestellt habe,
bitte er um Annahme; er ziehe eben jedes Amt dem Fehlen
der höchsten Ämter vor, und in einer Zeit solcher Unordnung sei die Herrschaft in Pompeius' Händen allerdings am
besten aufgehoben. Der Senat billigte den Vorschlag und
faßte den Beschluß, wenn Pompeius zum Konsul gewählt
sei, solle er ohne Kollegen regieren; stelle sich aber das Bedürfnis nach einem solchen heraus, so solle Pompeius frühe-
stens nach Ablauf von zwei Monaten nach eigenem Ermessen sich einen Amtsgenossen wählen. Als er auf diese Weise
zum Konsul bestimmt und vom Interrex Sulpicius dazu ernannt war, wandte er sich in seiner liebenswürdigen Art
zuerst mit Worten herzlichen Dankes an Cato und bat ihn,
ihm doch bei der Führung des Amtes mit seinem persön-

lichen Rat zur Seite zu stehen. Cato entgegnete, Pompeius
sei ihm keinen Dank schuldig; was er gesagt, habe er zum
Besten des Staates, nicht ihm zuliebe gesagt; aber wenn
Pompeius es wünsche, wolle er ihm gern persönlich mit
seinem Rat dienen; wünsche Pompeius es nicht, dann werde
er seine Meinung auch in der Öffentlichkeit zum Ausdruck
bringen können. So war Cato in allem.

55. Bald nach seinem Einzug in die Stadt heiratete Pompeius Cornelia, eine Tochter des Metellus Scipio. Sie hatte
vor kurzem ihren ersten Mann Publius, Crassus' Sohn, verloren, der in den Kämpfen gegen die Parther gefallen war.
Es war eine jugendschöne, geistreiche Frau, wissenschaftlich
gebildet, eine gute Musikerin und Mathematikerin. Bei philosophischen Gesprächen war sie eine verständnisvolle Zu-
hörerin. Mit solchen Eigenschaften verband sich ein Charakter, der nichts von der unerfreulichen Kleinlichkeit
kannte, die junge Mädchen sich ja so häufig bei wissenschaftlicher Beschäftigung angewöhnen. Dazu war ihres Vaters
Geschlecht und Ruhm über allen Tadel erhaben. Trotzdem
fand die Heirat bei vielen wegen des Altersunterschiedes
wenig Beifall; sie hätte nach ihrem Alter besser zu Pompeius' Sohn gepaßt. Leute mit offenen Augen aber meinten,
Pompeius hätte die Not Roms ganz vergessen, das sich ihn
doch zum Arzt ausersehen und sich ihm ganz in die Hand
gegeben hatte. „Aber statt dessen schmückt er sich mit Blu-
menkränzen und feiert mit Opfern seine Vermählung und
sollte doch sein Konsulamt als Unglück betrachten, das man
ihm gewiß nicht so gegen die Gesetze gegeben hätte, wäre
das Vaterland nicht in der äußersten Bedrängnis."

In dieser Zeit übernahm Pompeius den Vorsitz in den Be-
stechungs- und Betrugsprozessen und gab auch eine neue
Prozeßordnung für diese Fälle heraus. In seinen Entscheidungen war er unbestechlich und ehrlich. Wenn er den Vorsitz führte, dann herrschte in den Sitzungen unter dem
Schutz seiner Bewaffneten Sicherheit, Ruhe und Ordnung.
Als aber sein Schwiegervater Scipio in einen Prozeß verwickelt wurde, ließ er die dreihundertundsechzig Richter zu
sich kommen und bat sie um ihre Unterstützung. Der Klä-

ger ließ daraufhin die Anklage fallen, weil er sah, wie die
Richter Scipio vom Forum nach Hause begleiteten. Dadurch
erlitt Pompeius' Ansehen einen schweren Stoß. Schlimmer
war noch, daß er in einer Gerichtssitzung auf Plancus eine
Lobrede hielt, obwohl er selbst in einem Gesetz solche Lobreden zugunsten einer in Untersuchung befindlichen Person
verboten hatte. Cato, der zufällig zu den Richtern gehörte, hielt sich währenddessen die Ohren zu und sagte, es
gehe doch nicht an, gegen das Gesetz eine solche Lobrede
anzuhören. Zwar entfernte man Cato dann, ehe er seine
Stimme abgeben konnte, aber Plancus wurde trotzdem verurteilt; das war für Pompeius sehr peinlich.

In derselben Zeit stand Hypsäus, der sich früher einmal um
das Konsulat beworben hatte, unter Anklage. Er wartete
eines Tages die Zeit ab, da Pompeius vom Bad zu Tisch
ging, warf sich ihm zu Füßen und bat ihn um seine Vermittlung. Doch Pompeius ging an ihm vorbei und sagte von
oben herab: „Du verdirbst mir nur den Appetit, sonst rich-
test du doch nichts aus." So kam Pompeius in den Ruf der
Parteilichkeit, und manches harte Wort fiel über ihn. Aber
im übrigen gelang es ihm, überall die Ordnung wiederherzustellen. Für die letzten fünf Monate seines Konsulats
wählte er seinen Schwiegervater zum Kollegen. Auch fand
ein Antrag Annahme, daß er seine Provinzen noch weitere
vier Jahre behalten und für die Unterhaltung seiner Truppen jährlich tausend Talente bekommen sollte.

56. Diese Bewilligungen gaben Cäsars Freunden willkommenen Anlaß zu der Forderung, man dürfe jetzt aber auch
Cäsar, der für die Ausdehnung der Macht Roms zahllose
Kriege geführt habe, nicht vergessen; entweder müsse man
ihm als Zeichen der Anerkennung zum zweitenmal das Konsulat verleihen oder ihm sein Kommando verlängern, damit
nicht ein anderer komme, um ihm den Ruhm seiner Heldentaten zu entreißen; Cäsar, der Sieger, solle auch in den
Jahren des Friedens die Ehre der Herrschaft genießen. Um
diese Forderungen erhob sich ein lebhafter Streit. Als Pompeius sich dabei auf einen Brief Cäsars berief, hatte man
den Eindruck, er wolle aus Freundschaft für Cäsar die

schlechte Stimmung, die sich aus den Forderungen der
Freunde Cäsars ergeben hatte, wieder aus der Welt schaffen.
Nach Pompeius' Angabe schrieb Cäsar in dem Brief, er
wolle sein Kommando niederlegen und einen Nachfolger
annehmen; doch sei es billig, ihm auch in seiner Abwesenheit die Bewerbung um das Konsulat für das nächste Jahr
zu gestatten. Dagegen erhob Cato Einspruch, erst, wenn
Cäsar sein Heer entlassen und seine Ämter niedergelegt
habe, dürfe er von seinen Mitbürgern seinen Lohn bekommen. Da Pompeius keinen Widerspruch gegen diese
Worte wagte und sich geschlagen gab, wurden noch mehr
Zweifel an seiner Gesinnung gegen Cäsar laut. Auch schickte
er Cäsar Bescheid und verlangte die beiden Legionen, die er
ihm einst geliehen hatte, zurück unter dem Vorwand, er
benötige sie für den Krieg gegen die Parther. Cäsar war
sich klar, zu welchem Zweck Pompeius sie zurückverlangte.
Trotzdem schickte er sie, aber vorher ließ er noch reiche Geschenke an die Leute austeilen.

57. Bald darauf erkrankte Pompeius in Neapel schwer,
doch erholte er sich bald wieder. Auf Praxagoras' Vorschlag
brachten die Neapolitaner zum Dank für seine Genesung
feierliche Opfer dar. Ihrem Beispiel folgten die Nachbarstädte, und so gingen die Feiern ihren Weg durch das ganze
Land. Jede Stadt, ob klein ob groß, beging viele Tage lang
ihr Dankfest. Kein Ort war groß genug, um all die Besucher
zu fassen, die zu diesen Festen zusammenströmten; Straßen,
Dörfer, Häfen waren überfüllt mit fröhlich feiernden und
schmausenden Menschen. Blumengeschmückt und Fackeln in
den Händen begrüßte die Bevölkerung ihn und begleitete
ihn blumenstreuend auf seinem Weg. So wurde seine Rückkehr nach Rom zu einem prächtigen Schauspiel. Freilich lag
in diesem Festjubel einer der wichtigsten Gründe, die zu
dem Krieg zwischen Cäsar und Pompeius führten; denn ihn
packte der Stolz, der ihn in dem Übermaß der Freude den
Blick für die Wirklichkeit verlieren ließ. Er vergaß die
Vorsicht, mit der er früher seine Unternehmungen sicher
zum glücklichen Erfolg geführt hatte. So wurde er übermütig und schätzte Cäsars Stärke so gering ein, daß er keine

Waffen, keine mühseligen Rüstungen nötig zu haben glaubte, um den Gegner leichter zu stürzen, als er ihn einst erhoben hatte.

In dieser Zeit kam Appius aus Gallien zurück mit den Legionen, die Pompeius Cäsar geliehen hatte. Von Cäsars Leistungen in Gallien sprach er sehr wegwerfend, und überall ging er mit seinen Klatschereien herum. Er meinte, Pompeius müsse seine eigene Stärke und die Macht seines Ruhmes wenig kennen, wenn er es für nötig halte, noch andere Truppen gegen Cäsar um sich zu sammeln; denn er brauche sich ja dort nur sehen zu lassen, um Cäsar mit dessen eigenen Truppen zu schlagen, so mächtig sei in Cäsars Heer der Haß gegen den Führer und die Sehnsucht nach Pompeius. Dieser wurde also noch hochmütiger, und bei seiner Selbstüberschätzung wuchs seine Verachtung gegen Cäsar ins Maßlose. Wenn jemand voll Sorge über den drohenden Krieg sprach, lachte er ihn aus. Als einige Freunde ihm vorhielten, sie sähen kein Heer, das man Cäsar entgegenstellen könnte, falls er gegen Rom ziehen sollte, da strahlte er übers ganze Gesicht und meinte, darum sollten sie sich nur nicht sorgen. „Denn wo ich in Italien mit meinem Fuß auf die Erde stampfe, da wachsen Soldaten und Reiter aus dem Boden."

58. Allmählich begann Cäsar sich wieder eifriger um die Innenpolitik zu kümmern. Während er selbst Norditalien jetzt nicht mehr verließ, um sich nicht zu weit vom eigentlichen italischen Gebiet zu entfernen, hatte er in Rom stets Truppen, um Einfluß auf die Wahlen zu gewinnen, und verstand es, viele hohe Beamte mit reichen Bestechungen an sich zu fesseln. Zu diesen gehörte auch der Konsul Paullus; es hatte Cäsar allerdings fünfzehnhundert Talente gekostet, ihn auf seine Seite zu bringen. Den Volkstribun Curio hatte er von der Last seiner ungeheuerlichen Schulden befreien müssen. Auch Marcus Antonius gehörte zu den Bestochenen; als Curios treuer Freund teilte er mit ihm auch seine Schulden. Einer von Cäsars Offizieren, die damals in die Stadt gekommen waren, stand eines Tages, so erzählte man sich in Rom, in der Nähe der Kurie. Als er hörte, der

Senat wolle Cäsar die Verlängerung seiner Statthalterschaft nicht bewilligen, schlug er an sein Schwert mit den Worten: „So wird das Schwert sie ihm verschaffen." Das war ja auch das Ziel aller Handlungen und Vorbereitungen Cäsars. Doch erschienen die Forderungen, die Curio zu Cäsars Gunsten erhob, gemäßigt. Er verlangte, man solle entweder auch Pompeius gleichzeitig das Kommando abnehmen oder, wenn man das nicht wolle, Cäsar im Besitz seines Kommandos lassen. Denn Ruhe halten würden sie nur, wenn sie beide unter gerechten gleichen Bedingungen sich ins Privatleben zurückziehen würden, oder wenn sie im Besitz ihrer jetzigen Macht als gleichwertige Gegner sich gegenüberstehen würden. „Denn wer einen Gegner schwächt, verdoppelt die Macht, vor der er sich fürchtet." Da nannte der Konsul Marcellus Cäsar einen Räuber und verlangte, man solle ihn zum Hochverräter erklären, wenn er die Waffen nicht niederlegen wolle. Trotzdem erreichte Curio mit Antonius' und Pisos Hilfe, daß man im Senat über seinen Antrag wenigstens abstimmen ließ. Er bat alle zur Seite zu treten, die dafür stimmten, daß Cäsar allein das Kommando niederlegen, Pompeius im Amt bleiben sollte; das war die Mehrzahl. Als er noch einmal abzustimmen bat, wer dafür sei, daß beide das Kommando niederlegten und keiner im Amt bliebe, stimmten nur zweiundzwanzig für Pompeius, alle übrigen für Curio. Da lief Curio voll Freude über den Sieg, den er errungen zu haben glaubte, aufs Forum, wo ihn das Volk jubelnd mit Blumen und Kränzen empfing. Pompeius hatte an dieser Sitzung nicht teilgenommen, weil Oberkommandierende die Stadt nicht betreten durften. Marcellus aber erhob sich und sagte, er könne hier nicht sitzen, um sich Reden anzuhören; er sehe schon zehn Legionen über die Alpen herübersteigen, deshalb müsse er eilen, ihnen den Verteidiger des Vaterlandes entgegenzusenden. 59. Da wechselte man wie in Zeiten der Trauer die Gewänder. Marcellus schritt an der Spitze des ganzen Senats über das Forum vor die Stadt zu Pompeius, trat zu ihm und sprach: „Pompeius, ich gebe dir den Befehl, dem Vaterland zu Hilfe zu kommen, von den zur Verfügung

stehenden Streitkräften Gebrauch zu machen und neue auszuheben." Seine Worte wiederholte Lentulus, der eine der
beiden für das nächste Jahr gewählten Konsuln.

Pompeius begann zwar mit der Werbung, aber die einen
kamen gar nicht, andere nur langsam und widerwillig. Die
meisten verlangten unter großem Geschrei, die beiden Gegner sollten Frieden machen. Denn Antonius hatte, so sehr
sich der Senat auch dagegen gesträubt hatte, in einer Volksversammlung einen Brief Cäsars verlesen mit Vorschlägen,
die für das Volk sehr verführerisch klangen. Er verlangte,
beide sollten ihre Provinzen verlassen, die Heere auflösen,
sich dem Volk zur Verfügung stellen und Rechenschaft ablegen. Lentulus, damals Konsul, lehnte es ab, den Senat zur
Sitzung zu berufen, doch machte Cicero, der eben aus seiner
Provinz Kilikien zurückgekommen war, einen Vorschlag
zur Versöhnung: Cäsar solle Gallien abgeben, sein Heer bis
auf zwei Legionen auflösen und als Statthalter von Illyrien
seine Wahl zum zweiten Konsul abwarten. Pompeius war
empört über den Vorschlag, da erklärten sich Cäsars Freunde
damit einverstanden, daß er auch noch die eine der beiden
letzten Legionen auflösen sollte. Trotzdem erhob Lentulus
Einspruch, Cato rief, Pompeius würde einen Fehler begehen,
wenn er sich noch einmal täuschen ließe. So führten die
Verhandlungen nicht zum Ziel.

60. Inzwischen kam die Nachricht, Cäsar habe Ariminum,
das schon außerhalb seiner Provinz im eigentlichen Italien
lag, besetzt und sei mit seinem ganzen Heer auf dem Marsch
gegen Rom. Das war freilich eine Lüge, denn er hatte mit
nur dreihundert Reitern und fünftausend Mann den Vormarsch angetreten, ohne auf die übrigen Truppen, die noch
jenseits der Alpen standen, zu warten. Er wollte lieber die
Feinde überraschend im ersten Schrecken überfallen, als
ihnen Zeit zur Rüstung lassen. Als er an den Rubikon kam,
der die Grenze seiner Provinz bildete, stand er in Schweigen versunken an seinen Ufern. Der Schritt über die Grenze
wurde ihm schwer, wenn er an die Größe des Wagnisses
dachte. Doch dann verjagte er alle Gedanken und schloß
die Augen vor der Gefahr, als gelte es einen Sprung in die

gähnende Tiefe. Mit den kurzen griechisch gesprochenen Worten an seine Begleiter: „Der Würfel soll gefallen sein!" gab er den Befehl zum Übersetzen.

Kaum war die Kunde nach Rom gekommen, da erhob sich in der Stadt wilde Aufregung, Angst und Schrecken packte alle wie nie zuvor. Der Senat lief in fliegender Eile zu Pompeius; auch die hohen Beamten fanden sich bei ihm ein. Als Tullus von Pompeius wissen wollte, wie stark die bereitstehenden Truppen seien, antwortete er nach einigem Zögern recht kleinlaut, die von Cäsar zurückgekommenen Truppen ständen marschbereit, auch hoffe er, die kürzlich geworbenen Truppen, die sich auf dreißigtausend Mann beliefen, schnellstens zusammenziehen zu können. Da rief Tullus ihm ins Gesicht: „Du hast uns betrogen, Pompeius!" und verlangte, man solle mit Cäsar Verhandlungen anknüpfen. Und Favonius, der kein schlechter Kerl war, nur manchmal glaubte, er müsse mit ausgelassener Keckheit Catos Freimut nachmachen, gab den Rat, Pompeius solle auf den Boden stampfen und die Legionen, die er immer versprochen hatte, hervorzaubern. Pompeius ließ diese Taktlosigkeit ruhig über sich ergehen. Aber als Cato ihn an das erinnerte, was er ihm gleich im Anfang von Cäsar vorausgesagt hatte, antwortete er, Catos Prophezeiungen seien richtig gewesen, aber er habe aus Freundschaft zu Cäsar gehandelt.

61. Cato machte nun den Vorschlag, Pompeius den unumschränkten Oberbefehl zu übertragen. Denn wer das Unheil angestiftet habe, solle ihm auch ein Ende machen. Dann verließ er Rom, um in seine Provinz Sizilien zu gehen; auch die übrigen Statthalter begaben sich in die Provinzen, die ihnen zugefallen waren. Inzwischen breitete sich die Aufregung fast über ganz Italien aus, so daß man nicht mehr ein noch aus wußte. Denn die Bauern vom Lande retteten sich von allen Seiten in ängstlicher Flucht in die Stadt, während die Römer ebenso eilig die Stadt verließen. In der allgemeinen Verwirrung hatten die besseren Elemente der Bürgerschaft allen Einfluß verloren, und die zügellose Menge gewann die Oberhand und war kaum noch zu bändigen.

Angst und Aufregung zu dämpfen schien unmöglich, und
Pompeius konnte überhaupt keinen eigenen Entschluß mehr
fassen, weil jeder in seiner Angst oder Trauer oder Not zu
ihm gelaufen kam und ihn mit seinen Sorgen erfüllte. Daher wurden oft an einem Tag die Beschlüsse des Morgens
am Abend widerrufen. Er bekam nicht einmal zuverlässige
Nachricht über den Feind; alle, die zufällig etwas gehört
hatten, hinterbrachten es ihm, und wenn er es dann nicht
glauben wollte, nahmen sie es noch übel.

Unter diesen Umständen gab er schließlich ein Edikt heraus,
in dem er amtlich den Zustand des Bürgerkrieges verkündete und den Senatoren den Befehl gab, ihm zu folgen; wer
sich weigere, gelte in seinen Augen als Anhänger Cäsars.
Am späten Abend verließ er dann die Stadt, mit ihm die
Konsuln, ohne daß sie vorher die bei Kriegsausbruch üblichen Opfer dargebracht hatten. Aber trotz der bitteren
Not konnte man ihn um die Liebe seines Volkes beneiden.
Denn, so viele auch seine Feldherrnkunst tadelten, so gab es
doch niemand, der den Feldherrn gehaßt hätte. Gewiß
flohen manche aus der Stadt, um ihre Freiheit zu retten;
aber die meisten verließen Rom, weil sie sich nicht von
Pompeius trennen konnten.

62. Wenige Tage später zog Cäsar in Rom ein und ergriff
von der Stadt Besitz. Er führte ein mildes Regiment, um
die Bürger wieder zu beruhigen. Nur gegen den Volkstribun Metellus ging er schroff vor. Da Metellus ihm in den
Weg trat, als er aus der Staatskasse Geld entnehmen wollte,
bedrohte er ihn mit dem Tod, ja, er übertrumpfte die Dro-
hung noch mit dem harten Wort, die Todesstrafe auszusprechen komme ihm schwerer an, als sie vollziehen zu lassen.
Metellus mußte der Gewalt weichen, und Cäsar nahm aus
der Kasse, was er brauchte. Dann setzte er die Verfolgung
fort, weil er Pompeius aus Italien hinausdrängen wollte, ehe
die Verstärkung aus Spanien eingetroffen wäre.

Pompeius hatte inzwischen Brundisium besetzt und die dort
liegenden Schiffe beschlagnahmt. Die Konsuln schickte er
mit dreißig Kohorten zuerst nach Dyrrhachium hinüber;
unterdessen fuhren sein Schwiegervater Scipio und sein

Sohn Gnäus nach Syrien, um dort eine Flotte aufzubringen. Inzwischen ließ er die Tore verrammeln und die Mauern mit Leichtbewaffneten besetzen. Die Einwohner bekamen Befehl, sich ruhig in ihren Häusern zu halten. Dann ließ er die Stadt im Innern aufwühlen und Gräben ausheben, auch in den engen Gassen spitze Pfähle in die Erde rammen. Nur zwei Straßenzüge blieben frei, durch die er sich den Weg nach dem Meer offenhielt. Am dritten Tage endlich war der größte Teil seines Heeres an Bord. Die Einschiffung war in aller Ruhe vor sich gegangen. Da ließ er den Posten auf der Mauer plötzlich das Zeichen geben, im Laufschritt zu den Schiffen zu kommen, nahm sie an Bord und fuhr ab. Als Cäsar die Mauer unbesetzt fand, ahnte er, was vorgegangen war. Fast wäre er auf der Verfolgung auf die Pfähle und Gräben geraten, aber die Leute von Brundisium warnten ihn. So zog er vorsichtig um die Stadt herum, und als er ans Meer kam, sah er alle Schiffe schon auf hoher See, bis auf zwei, die aber nur ein paar Soldaten an Bord hatten.

63. Diese Truppeneinschiffung galt allgemein als Pompeius' strategisches Meisterstück. Doch Cäsar konnte nicht verstehen, daß sein Gegner Italien verließ und es dem Feind auslieferte, obwohl er doch das uneinnehmbare Rom in seinen Händen hatte, Verstärkung aus Spanien erwartete und gleichzeitig auch das Meer beherrschte. Auch Cicero sah einen Fehler darin, daß Pompeius sich den Plan des Themistokles, nicht den des Perikles zu eigen gemacht hatte; denn die Lage war nicht wie zur Zeit des Themistokles, sondern des Perikles. Ja, Cäsar zeigte deutlich genug, daß ihm nichts so wichtig war wie eine schleunige Beendigung des Krieges. Denn er hatte Pompeius' Freund Numerius, der in seiner Hand war, nach Brundisium geschickt, um ihm unter billigen Bedingungen Versöhnung anzubieten. Doch hatte Numerius mit Pompeius zusammen Italien verlassen.

Innerhalb von sechzig Tagen hatte Cäsar ohne Schwertstreich Italien in seine Hand gebracht, und am liebsten hätte er sofort die Verfolgung fortgesetzt. Aber da ihm keine Flotte zu Gebote stand, mußte er nach Spanien ziehen, um die dort stehenden Truppen für sich zu gewinnen.

64. Während dieser Zeit brachte Pompeius eine ungeheure Truppenmacht zusammen. Seine Flotte war unüberwindlich; sie bestand aus fünfhundert Schiffen, während die Zahl der Schnellsegler und sonstigen leichten Fahrzeuge unerschöpflich erschien. Seine Reiterei, die Blüte Roms und Italiens, vereinte Adel der Geburt, Reichtum und Tapferkeit; sie betrug siebentausend Mann. Das Fußvolk war freilich recht zusammengewürfelt und bedurfte noch gründlicher Ausbildung. Wenn er sie bei Beroia exerzieren ließ, saß er nicht untätig dabei, sondern beteiligte sich wie in seinen jungen Jahren an ihren Übungen. Da schwoll ihnen allerdings der Mut in der Brust, wenn sie Pompeius trotz seiner achtundfünfzig Jahre als Kämpfer zu Fuß oder zu Pferd sahen, wenn er im vollen Galopp das Schwert mühelos aus der Scheide zog oder ebenso leicht wieder einsteckte, wenn er beim Speerwurf die Jungen durch seine Treffsicherheit und sogar durch die Weite des Wurfs übertraf.

Zahlreiche Könige und Fürsten fremder Völker fanden sich bei ihm ein, und von den Vornehmen Roms waren so viel in seiner Begleitung, daß man einen vollständigen Senat bilden konnte. Selbst Labienus, Cäsars bester Freund, der in allen Kriegen in Gallien an seiner Seite gekämpft hatte, verließ die Sache seines Herrn und trat auf Pompeius' Seite; ebenso Brutus, ein Sohn des in Oberitalien ermordeten Brutus, ein stolzer Mann, der vorher Pompeius als den Mörder seines Vaters keines Wortes und keines Grußes gewürdigt hatte. Trotzdem wollte er jetzt gern in seine Dienste treten, weil er ihn als den Befreier Roms betrachtete. Auch Cicero kam. Er hatte zwar in seinen Briefen wie in seinen Staatsreden nicht immer auf Pompeius' Seite gestanden, aber er mochte in der Zahl derer, die ihr Leben für das Vaterland einsetzten, nicht fehlen. Schließlich kam auch noch Tidius Sextus nach Makedonien, ein hochbetagter, auf einem Fuß gelähmter Greis. Manche lachten spöttisch über den alten Mann, doch als Pompeius ihn sah, sprang er auf und eilte ihm entgegen, sah er doch ein Zeugnis für seine gerechte Sache darin, daß selbst schwache Greise lieber die Gefahren mit ihm teilen wollten, als ein Leben der Ruhe genießen.

65. Noch mehr stieg Pompeius' Partei im Ansehen, als man auf Catos Vorschlag in einer Senatssitzung den Beschluß faßte, kein Römer dürfe – außer in einem Gefecht – getötet, keine Stadt, die von Rom abhängig sei, geplündert werden. Denn selbst Menschen, die nichts mit dem Krieg zu tun hatten, die in weiter Entfernung vom Kriegsschauplatz wohnten, die dienstunfähig waren, schlossen sich Pompeius wenigstens mit ihren Wünschen an und fochten für seine gerechte Sache mit Worten. Sie erklärten jeden für einen Feind der Götter und Menschen, der ihm nicht aus vollem Herzen den Sieg wünschte.

Indessen ist es wahr, daß auch Cäsar als Sieger Milde walten ließ. Als er die gegnerischen Truppen in Spanien niedergezwungen und gefangen hatte, ließ er ihre Führer frei und nahm die Mannschaften in sein Heer auf. Dann ging er über die Alpen zurück, zog in Eilmärschen durch Italien und kam gegen die Wintersonnenwende wieder nach Brundisium. Von dort setzte er nach Orikon über und schickte Pompeius' Freund Vibullius, der als Gefangener in seinem Heer war, als Unterhändler zu seinem Gegner. Sein Vorschlag ging dahin, eine Konferenz abzuhalten und innerhalb von drei Tagen alle Truppen zu entlassen, um sich dann gegenseitig Freundschaft zu schwören und nach Italien zurückzukehren.

Pompeius sah in diesen Vorschlägen wieder eine Falle und zog deshalb in Eilmärschen an die Küste herunter. Dort besetzte er alle Orte und Plätze, die seinen Truppen feste Stellungen bieten konnten. Ebenso brachte er alle Häfen und Landungsstellen, in denen seine Schiffe Schutz finden konnten, in seine Hand. Woher also der Wind wehte, er brachte Pompeius Schiffe mit Getreide, Truppen oder Geld. Währenddessen steckte Cäsar in den größten Schwierigkeiten zu Wasser und zu Lande und hätte in seiner Bedrängnis sich gern geschlagen: immer wieder bestürmte er die feindlichen Schanzen und bot eine Schlacht an. Meistens blieb er bei solchen Plänkeleien siegreich. Doch eines Tages wäre er fast aufgerieben worden und hätte sein ganzes Heer verloren. Nach blutigem Kampf hatte Pompeius die Gegner auseinandergetrieben und zweitausend getötet. Aber er brachte es nicht fertig, mit den Fliehenden gleichzeitig in Cäsars Lager einzudringen, oder er wagte es nicht. Da meinte Cäsar zu seinen Freunden: „Heute wäre der Sieg den Feinden sicher gewesen, wenn sie einen Mann gehabt hätten, der zu siegen versteht."

66. Dieser Erfolg machte die Pompeianer so tollkühn, daß sie die Entscheidung erzwingen wollten. Pompeius selbst hatte zwar an die auswärtigen Könige, Feldherren und Städte in dem Tone des Siegers geschrieben, aber er fürchtete die Gefahr, die mit einer solchen Schlacht verbunden war. Er wußte, daß Cäsars Leute im Felde unüberwindlich waren und in langen Kämpfen Seite an Seite zu siegen gelernt hatten. Aber sie waren zu alt für den übrigen Kriegsdienst, lange Märsche, Schanzarbeit, Lager- und Mauerbau. Solche Leute wollen lieber heute als morgen die Entscheidung im blutigen Kampf suchen. Bisher hatte Pompeius seine Freunde immer noch zurückhalten können, aber als Cäsar nach jenem Gefecht aus Mangel an Lebensmitteln abzog und durch das Gebiet der Athamanen nach Thessalien marschierte, konnte Pompeius gegen ihre Erregung nichts mehr ausrichten. Mit der Begründung, Cäsar sei auf der Flucht, verlangten einige, man solle sofort hinter ihm hersetzen, andere wollten ohne weiteres wieder nach Italien zurück. Manche schickten ihre Freunde mit den Sklaven schon nach Rom voraus, um die Häuser in der Nähe des Forums mit Beschlag zu belegen, weil sie sich gleich nach der Ankunft in Rom um Ämter bewerben wollten. Andere fuhren ohne Auftrag dazu nach Lesbos, um Cornelia die frohe Kunde vom Ende des Krieges zu bringen; Pompeius hatte seine Gattin zu ihrer Sicherheit nach Lesbos gebracht. Als Pompeius dann den Senat berief, erklärte Afranius, die wichtigste Aufgabe sei, Italien in die Hand zu bekommen, das sei der schönste Kampfpreis; außerdem fielen dem Herrn Italiens die anderen Länder kampflos zu: Sizilien, Sardinien, Korsika, ganz Spanien und Gallien. Wenn das Vaterland ihm die Hände entgegenstrecke, dürfe Pompeius an nichts anderes als an seine Rettung denken, und es wäre eine Schande, wollte man das Vaterland beschimpft und ge-

knechtet in den Händen der Tyrannensklaven und Schmeichler lassen. Pompeius lehnte es als ehrlos ab, noch einmal wieder vor Cäsar zu fliehen und sich verfolgen zu lassen, da das Glück ihn zum Verfolger habe machen wollen. Er könne auch Scipio und die anderen Männer in Griechenland und Thessalien, die einst Konsuln gewesen waren, nicht im Stich lassen, denn bei seinem Abzug müßten sie mit ihren Truppen und Kriegskassen in Cäsars Hände fallen. Übrigens müsse es seine größte Sorge sein, fern von der Stadt den Krieg zu führen, damit sie unberührt von den Schrecken des Krieges in sicherer Ruhe den Sieger erwarten könne.

67. Nach dieser Erklärung begann er die Verfolgung Cäsars, fest entschlossen, jeden Kampf zu vermeiden. Sein Plan war vielmehr, Cäsar auf den Fersen zu bleiben, um ihm die Bewegungsfreiheit zu nehmen und ihn durch Mangel an Lebensmitteln mürbe zu machen. Es waren nicht nur militärische Gründe, die ihm diesen Entschluß nahelegten. Es war ihm zu Ohren gekommen, daß unter den Rittern das Wort umging, nach dem Siege über Cäsar komme Pompeius an die Reihe. Manche meinen, Pompeius habe aus demselben Grund Cato niemals eine wichtige Aufgabe anvertraut. Während seines Zuges gegen Cäsar ließ er ihn zum Beispiel an der Küste zur Bedeckung des Gepäcks zurück; er lebte immer in der Furcht, Cato würde nach dem Fall Cäsars auch ihn sofort zur Abdankung zwingen. Als Pompeius daher, ohne den Kampf zu wagen, hinter dem Feinde herzog, wurden wieder die Vorwürfe gegen ihn laut, er wolle das Vaterland und den Senat überrumpeln, nicht Cäsar, um das Kommando für immer behalten zu können, überhaupt wolle er Männer, die Anspruch auf das Regiment der Welt hätten, als unterwürfige Trabanten behandeln. Daß Domitius Ahenobarbus ihn ‚Agamemnon‘ und ‚König der Könige‘ nannte, machte viel böses Blut, und Favonius war mit seinen Spöttereien ebenso unerträglich wie andere mit ihrem unpassenden Freimut. Er pflegte zu fragen: „Ihr guten Leute, sollen wir dieses Jahr denn keine Feigen im Tuskulanum zu essen bekommen?" Als Lucius Afranius, der in Spanien sein Heer verloren hatte und deshalb wegen Ver-

rats angeklagt war, sah, wie Pompeius einen Kampf um jeden Preis vermeiden wollte, meinte er, er verstehe nicht, warum seine Ankläger nicht gegen diesen Provinzenhändler vorrückten.

Solche Reden gab es viel in Pompeius' Umgebung. Da er ehrgeizig war und viel Wert auf die Zustimmung seiner Freunde legte, brachten sie ihn mit Zwang und Freundlichkeit endlich dazu, seine wohlüberlegten Pläne aufzugeben und ihren hoffnungsvollen Vorschlägen zu folgen. Wäre solche Nachgiebigkeit schon ein Vorwurf für den Führer eines Schiffes, um wieviel mehr für den unumschränkten Herrn über zahlreiche Völker und Truppen. Er lobte die Ärzte, die dem Verlangen der Kranken niemals nachgaben, und doch fügte er selbst sich den krankhaften Elementen seiner Umgebung, weil er ihren Unwillen fürchtete, wenn er sie zu heilen versuchte. Es war doch wahrhaft schon krankhaft, wenn damals Männer im Lager bei den Soldaten herumgingen und sich um Konsulat oder Prätur bewarben, wenn Spinther, Domitius und Scipio sich in ungezügeltem Ehrgeiz um die Würde des *Pontifex maximus* stritten, die Cäsar doch noch bekleidete. Sie benahmen sich, als wenn Tigranes von Armenien oder der König der Nabataier aus dem fernen Orient ihnen gegenüberstände und nicht Cäsar und das Heer, mit dem er tausend Städte erstürmt und mehr als dreihundert Völker bezwungen, der in einer endlosen Kette von Kämpfen gegen Germanen und Kelten unbezwungen blieb, der eine Million Menschen gefangen, eine Million auf den Schlachtfeldern erschlagen hatte.

68. Aber als sie in die Ebene von Pharsalos herabgekommen waren, drängten sie trotz allem Pompeius, den Kriegsrat zu berufen. Hier sprang Labienus, der die Reiterei kommandierte, als erster auf mit dem Schwur, er wolle nicht aus der Schlacht zurückkehren, wenn er die Feinde nicht in die Flucht geschlagen hätte. Denselben Schwur taten auch alle anderen.

In der Nacht träumte Pompeius, daß das Volk ihn beim Betreten des Theaters mit lautem Jubel begrüßte; dann schmückte er selbst den Tempel der siegverleihenden Venus mit prächtiger Beute. Das Gesicht schenkte ihm die Zuversicht des Sieges, und doch ängstigte es ihn, weil er fürchtete, er müsse Cäsars Geschlecht, das sich von Venus herleitete, Ruhm und Ehre bringen. Plötzlicher Tumult, der durch das Lager stürmte, weckte ihn aus dem Schlaf. Um die Morgenwache leuchtete über Cäsars Lager, das in tiefer Ruhe lag, ein heller Schein auf; von diesem entzündete sich eine flammende Fackel, die auf Pompeius' Lager niederfuhr. Cäsar selbst erzählt, er habe dieses Zeichen gesehen, als er die Posten besichtigte.

Bei Anbruch des Tages wollte Cäsar nach Skotussa marschieren, seine Soldaten brachen schon die Zelte ab und schickten die Knechte mit dem Gepäck voraus, da kamen Kundschafter mit der Meldung, im feindlichen Lager wogten die Waffen hin und her, und alles sei in Bewegung und Unruhe, als wenn ein Kampf bevorstände. Die nächsten meldeten schon, daß sich bei den Feinden die ersten zur Schlacht aufstellten. Da entfuhr Cäsar das Wort, endlich sei der langerwartete Tag gekommen, da man gegen Männer kämpfen könne, nicht mehr gegen Hunger und Not, und ließ eilends den roten Mantel vor seinem Zelt aufhängen, das Zeichen zum Kampfbeginn bei den Römern. Bei diesem Anblick ließen die Leute mit Freudengeschrei die Arbeit an den Zelten stehen und liegen und liefen zu den Waffen. Als die Offiziere sie zur Aufstellung führten, fand jeder in aller Ruhe in Reih und Glied seinen Platz, als wenn es sich um den Chor im Theater handelte.

69. Pompeius kommandierte den rechten Flügel Antonius gegenüber, die Mitte sein Schwiegervater Scipio gegen Lucius Calvinus; auf dem linken Flügel stand Lucius Domitius, verstärkt durch Reiterei. Man hatte sie fast ganz auf diesen Flügel gezogen, um Cäsar hier zu überwältigen und die zehnte Legion zu zersprengen. Sie galt allgemein als die beste, und Cäsar pflegte gern in ihrer Mitte zu kämpfen. Cäsar sah nicht ohne Sorge die Verstärkung des feindlichen linken Flügels und den Prunk der Ausrüstung bei der Reiterei. Deshalb zog er von der Reserve sechs Kohorten vor und ließ sie hinter der Zehnten Aufstellung nehmen, mit dem

ausdrücklichen Befehl zur Vorsicht, damit die Feinde sie nicht bemerkten. Erst wenn die feindliche Reiterei zum Angriff vorgehe, sollten sie durch die Legionäre hindurch hervorbrechen, aber auf keinen Fall die Wurfspeere gegen den Feind schleudern, wie es sonst gerade die Tapfersten gern taten, um schneller zum Schwert greifen zu können, sie sollten vielmehr aufwärts nach dem Gesicht und den Augen der Gegner stoßen; das würden diese niedlichen, blühend schönen Tänzer ebensowenig vertragen wie den Anblick der Lanzen, die gegen ihre Augen gerichtet seien.

Während Cäsar diese Befehle gab, ritt Pompeius musternd seine Reihen ab. Es fiel ihm auf, daß der Gegner ruhig in Reih und Glied stand, um den Zeitpunkt des Angriffs zu erwarten, während seine eigenen Truppen zum größten Teil kampfungewohnt aufgeregt hin und her wogten. Es bestand also die Gefahr, daß sich seine Reihen schon bei Beginn des Kampfes lockerten; daher gab er der ersten Linie Befehl, mit vorgehaltenem Speer auf der Stelle stehenzubleiben und so festgewurzelt den Angriff zu erwarten. Cäsar hat diesen Befehl später für falsch erklärt. Denn den Schwung, den das Heranstürmen dem Angriff verleiht, vernichtete Pompeius durch diesen Befehl, und gerade das Vorstürmen, das mehr als alles andere die Masse beim Aufstoßen auf den Feind mit wilder Begeisterung erfüllt und mit dem Kriegsgeschrei und dem Laufen den Mut entfesselt, ging auf diese Weise verloren, so daß die Leute bei dem regungslosen Stillstehen nichts von Kampfesmut und Kampfeszorn verspürten. Cäsars Truppen betrugen zweiundzwanzigtausend Mann, die des Pompeius etwas mehr als das Doppelte.

70. Als dann bei beiden Heeren das Losungswort ausgegeben wurde und die Trompeten zum Kampf riefen, hatte jedermann genug mit sich selbst zu tun. Nur den Besten unter den Römern und einigen wenigen Griechen, die an dem Kampf nicht beteiligt waren, kam es beim Beginn der Schlacht zum Bewußtsein, wie tief der römische Staat durch Habsucht und Ehrgeiz gesunken war. Es waren die Waffen der Verwandten, die Reihen der Brüder, die Feldzeichen desselben Staates, Männer aus derselben Stadt, die im Kampf gegenein-

ander standen, ein trauriges Beispiel, wie das Menschenherz blinder Raserei verfällt, wenn die Leidenschaft herrscht. Denn hätten sie nur in Ruhe ihre Herrschaft ausüben und die Früchte ihrer Siege genießen wollen, so war ihnen ja schon der beste, größte Teil der Erde zu Wasser und zu Lande untertan. Auch für ihren Ehrgeiz hätte es noch genügend Trophäen und Triumphe gegeben, und ihren Durst nach Kampf und Sieg hätten sie in den Kriegen gegen Germanen und Parther stillen können. Auch in Skythien und Indien gab es noch Kriegsarbeit genug, und dort hätten sie einen guten Vorwand für ihre Habsucht finden können: die Barbaren zur Gesittung zu erziehen. Kein Skythenreiter, kein Partherpfeil, selbst der Reichtum Indiens hätte den siebzigtausend Römern widerstehen können, die gegeneinander zum Kampf antraten unter Pompeius' und Cäsars Führung, deren Namen viel früher in die Ferne gedrungen waren als der Römername; denn siegend waren sie zu zahllosen wilden, rohen Stämmen gezogen. Allein jetzt standen sie zum Kampf miteinander bereit, und selbst ihren Ruhm, dem sie doch ihr eigenes Vaterland opferten, vergaßen die Männer, die bis zu jenem Tage als unüberwindlich galten. Jetzt stellte es sich auch heraus, daß die Verschwägerung, die Liebe und Heirat der Julia von Anbeginn an kein treues, sicheres Unterpfand für eine Verbindung gewesen waren, die nur auf Eigennutz beruhte; echte Freundschaft hatte daran keinen Teil.

71. Als nun die Ebene von Pharsalos mit Menschen, Pferden und Waffen sich gefüllt hatte und das Zeichen zur Schlacht bei beiden Heeren gegeben wurde, stürmte aus Cäsars Reihen als erster Gaius Crassianus an der Spitze von hundertundzwanzig Mann hervor, um das Versprechen einzulösen, das er Cäsar gegeben hatte. Als Cäsar ihn nämlich als ersten das Lager hatte verlassen sehen, hatte er einige Worte mit ihm gewechselt und ihn gefragt, wie er über die bevorstehende Schlacht denke. Da hob er die Rechte und rief: „Du erringst heute einen glänzenden Sieg, Cäsar, und ich will dein Lob verdienen, ob ich falle oder am Leben bleibe." Diese Worte im Herzen, brach er jetzt hervor und riß die Leute mit sich.

Er stürzte sich mitten unter die Feinde, und mit dem Schwert in der Faust hieb er sie nieder. Als er kämpfend die vorderste Reihe durchbrochen hatte, leistete ihm schließlich einer der Feinde Widerstand und stieß ihm das Schwert durch den Mund, so daß die Spitze hinten am Nacken wieder hervordrang. Als er gefallen war, war der Kampf auf diesem Flügel ausgeglichen.

Den rechten Flügel verhielt Pompeius. Ängstlich blickte er nach dem linken und zögerte lange, um abzuwarten, was die Reiterei ausrichten würde. Endlich entfaltete sie sich, um Cäsar zu umgehen und die wenigen Reiter, die vor seiner Front standen, zurückzuwerfen. In diesem Augenblick gab Cäsar das verabredete Zeichen, seine Reiter gingen zurück, und die Kohorten, dreitausend Mann stark, die er zur Abwehr des Einschließungsmanövers aufgestellt hatte, stürmten gegen Pompeius' Reiterei überraschend vor, bis sie neben den Pferden standen. Dann streckten sie ihre Speere hoch und zielten, wie ihnen befohlen, gegen das Gesicht der Gegner. Gewiß hatten die jungen Ritter keine Kriegserfahrung, aber ein derartiger Angriff kam ihnen erst recht unvermutet, davon hatten sie niemals etwas gehört. Den Mut, solchen Stößen gegen Gesicht und Augen zu widerstehen, brachten sie nicht auf. Sie hielten die Hände vor die Augen, machten kehrt und retteten sich in schmählicher Flucht. Cäsars Leute ließen sie laufen und wandten sich gegen Pompeius' Fußvolk, denn da der Flügel seinen Schutz durch die Reiter verloren hatte, war es ein leichtes für sie, die Feinde zu überflügeln und einzuschließen. In demselben Augenblick, in dem die Kohorten von der Flanke her einbrachen, griff die Zehnte von vorn an. Der Widerstand der Feinde war gebrochen, sie liefen auseinander, weil sie sahen, daß ihnen an derselben Stelle, wo sie Cäsar einzuschließen gedachten, dasselbe Schicksal drohte.

72. Als die Flucht begann, sah Pompeius den Staub aufwirbeln und ahnte, daß seine Reiterei geschlagen war. Was da in seinem Innern vorging, ist schwer zu schildern. Als habe er den Verstand verloren, als habe er vergessen, daß er Pompeius der Große sei, ging er schweigend mit langsamen

Schritten ins Lager, wie es bei Homer heißt: ‚Zeus der Allmächtige sandte nun Furcht in die Seele des Aias. Starrend
stand er und warf den lastenden Schild auf die Schulter,
flüchtete dann, umschauend im Männergewühl.‘ So ging er
in sein Zelt und saß schweigend, bis mit den Fliehenden
gleichzeitig die Verfolger ins Lager eindrangen. Da sprach
er nur das Wort: „Also auch bis ins Lager?" Dann erhob er
sich schweigend, legte ein unauffälliges Gewand an und floh.
Auch die übrigen Legionen ergriffen nun die Flucht, nur im
Lager gab es noch schwere Verluste unter der Besatzung und
den Sklaven. An Soldaten sollen nach dem Bericht des
Asinius Pollio, der auf Cäsars Seite die Schlacht mitmachte,
nur gegen sechstausend gefallen sein. Als sie das Lager in die
Hand bekommen hatten, bot sich ihnen ein Bild sinnlosen
Leichtsinns. In allen Zelten hingen Myrtenkränze, lagen
bunte Teppiche. Überall standen Tische voller Becher und
Mischkrüge, mit Wein gefüllt, ein Aufwand, als ging es zu
fröhlichem Festgelage, nicht zu blutigem Kampf. In blinder
Hoffnung und törichtem Selbstvertrauen waren sie in die
Schlacht gezogen.

73. Als Pompeius das Lager im Rücken hatte, ließ er seinem
Pferd die Zügel, aber kein Verfolger kam hinter ihnen her;
so zog er denn langsam, von wenigen Freunden nur begleitet, weiter. Bei diesem Ritt gingen seine Gedanken in die
Vergangenheit zurück. Vierunddreißig Jahre lang hatte er
nur Sieg und allmächtige Herrschaft gekannt, jetzt, da er an
der Schwelle des Alters stand, mußte er sich zum erstenmal
geschlagen bekennen und fliehen. Ruhm und Macht, die zu
erobern ihn unzählige Kämpfe und Kriege gekostet, hatte
er in einer kurzen Stunde verloren. Eben noch hatten ihn
Heere, Reiter und Flotten geschützt, jetzt zog er hilflos mit
wenigen Freunden in die Fremde; selbst den Feinden, die
ihn suchten, fiel er nicht auf.

Als er an Larissa vorbei zum Tempetal kam, warf er sich
durstig nieder, um aus dem Fluß zu trinken; dann stand er
wieder auf und zog das Tal hinab, weiter zum Meer. Dort
verbrachte er den Rest der Nacht in einer armseligen Fi-
scherhütte. Am Morgen schickte er die Sklaven, die bei ihm

waren, fort, sie sollten ohne Bangen zu Cäsar gehen. Dann bestieg er mit seiner Begleitung ein kleines Schiff. Während der Fahrt an der Küste entlang sahen sie einen stattlichen Segler, der eben in See gehen wollte und einem Römer Peticius gehörte. Er gehörte nicht zu Pompeius' näheren Freunden, aber er kannte ihn von Ansehen. In der vergangenen Nacht hatte er Pompeius im Traum gesehen, nicht wie er ihn so oft gesehen hatte, sondern niedergeschlagen und kleinmütig hatte Pompeius mit ihm gesprochen. Peticius erzählte eben seinen Leuten diesen Traum, wie man in der Ruhe einer Seereise gern plaudert, als plötzlich ein Matrose ein Boot meldete, das vom Lande heranruderte; man sah Leute darin mit ihren Kleidern Zeichen geben und mit den Händen winken. Als Peticius hinsah, erkannte er Pompeius sofort, wie er ihn im Traum gesehen hatte. Er schlug sich gegen die Stirn und rief den Matrosen zu, das Beiboot auszusetzen. Zugleich winkte er Pompeius mit der Hand, zu ihm an Bord zu kommen, er hatte aus Pompeius' Aufzug schon auf sein Unglück geschlossen. Deshalb wartete er gar nicht erst bittende oder erklärende Worte ab, sondern nahm Pompeius und seine Begleiter, Favonius und die beiden Lentulus, an Bord und fuhr weiter. Bald darauf sah man den König Deiotarus vom Land heranrudern und nahm auch ihn an Bord. Als es dann Zeit zum Abendessen wurde und der Schiffsherr aus seinen Vorräten, so gut es ging, eine Mahlzeit richten ließ, sah Favonius, wie Pompeius sich ohne Sklaven behelfen mußte und anfing, die Sandalen selbst zu lösen. Er sprang hinzu, half ihm, die Sandalen abzulegen, und salbte ihn. Auch in der Folge leistete er ihm alle Dienste, die sonst Sklavenarbeit sind. Nicht einmal ihm die Füße zu waschen und die Mahlzeit zu bereiten, scheute er sich. Wer den schlichten, einfachen Adel seiner dienstfertigen Gesinnung sah, mußte an das Dichterwort denken: „Wie schön doch edlen Männern alles steht!"

74. So fuhr Pompeius an der Küste entlang nach Amphipolis, dann nach Mytilene, um Cornelia und seinen Sohn an Bord zu nehmen. Als er die Küste von Lesbos erreichte, schickte er einen Boten in die Stadt. Aber der Bote meldete

nicht, was Cornelia erwartete; denn die freudigen Botschaften und Briefe hatten sie hoffen lassen, daß der Krieg schon bei Dyrrhachium entschieden war und es sich nur noch um Cäsars Verfolgung handelte. In solchen Erwartungen fand sie der Bote und konnte es nicht über das Herz bringen, sie mit frohen Worten zu begrüßen. Das schlimmste Unglück mußte sie mehr aus seinen Tränen als aus seinen Worten erraten. Schließlich mahnte er sie zur Eile, wenn sie Pompeius sehen wolle mit einem einzigen Schiff, das noch dazu einem anderen gehörte. Bei diesen Worten stürzte Cornelia ohnmächtig zu Boden und lag lange besinnungslos. Als sie endlich wieder zu sich kam, wurde ihr bewußt, daß jetzt nicht Zeit sei zu klagen und zu weinen. Sie lief durch die Stadt dem Meere zu. Pompeius eilte ihr entgegen und fing sie in seinen Armen auf, als sie wankte und zusammenbrechen wollte. Sie sprach: „Lieber Mann, ich weiß, mein Geschick, nicht deins, hat dir das Unglück gebracht. Ehe du deine Cornelia heimführtest, fuhrst du mit fünfhundert stolzen Schiffen übers Meer und hast jetzt alle bis auf eins verloren! Warum kamst du, mich zu sehen? Du hättest mich meinem Unglück überlassen sollen, die ich dir doch nur Not und Elend beschert habe! Wie glücklich wäre ich gewesen, hätte ich den Tod gefunden, ehe ich die Nachricht erhielt, daß mein erster Gatte Publius im Kampf gegen die Parther gefallen war. Damals nach seinem Tode hätte ich, wie ich gewollt, mein Leben enden sollen. Aber so wurde ich aufgespart, um auch Pompeius dem Großen noch Unglück zu bringen." 75. So sprach Cornelia, und Pompeius antwortete ihr: „Gewiß, Cornelia, du hast nur *ein* Geschick bisher gekannt, das Glück, das dich ebenso getäuscht hat wie mich, da es mir länger als allen anderen Menschen gewogen blieb. Aber wir sind Menschen und müssen auch das Unglück tragen und trotzdem noch einmal das Glück versuchen. Denn hoffen dürfen wir immer, daß es uns noch einmal zu der Höhe heben wird, aus der es uns in diese Tiefe gestürzt hat."

Während Cornelia dann ihre Sachen und Dienerinnen aus der Stadt kommen ließ, machten die Behörden von Mytilene

Pompeius ihre Aufwartung und baten ihn, in die Stadt zu
kommen. Doch lehnte er ab und gab ihnen den Rat, sich
ohne Sorgen dem Sieger zu unterwerfen, denn Cäsar sei
milde und edel. Dann hatte er noch eine Unterredung mit
dem Philosophen Kratippos, der aus der Stadt gekommen
war, um ihn zu sehen. Pompeius verschwieg ihm seine Klagen über die Vorsehung und seine Zweifel nicht, während
Kratippos seinen Anschauungen nicht widersprach und den
Versuch machte, ihn allmählich wieder zu besserer Hoffnung hinzuleiten, um ihm in der Not des Augenblicks nicht
mit seinem Widerspruch lästig zu fallen. Freilich hatte
Pompeius das Recht, an der Vorsehung zu zweifeln, aber
Kratippos hätte mit demselben Recht erklären können, daß
die Verhältnisse im römischen Staat bei der Mißwirtschaft
in der Regierung zur Monarchie hindrängten, ja, er hätte
die Frage stellen können: „Mein lieber Pompeius, gibt es
denn ein Zeugnis, uns zu überzeugen, daß du bei einem Sieg
über Cäsar besser regiert hättest? Legen wir doch alles, was
es gibt, in die Hand der Götter!“

76. Dann ging Pompeius mit seiner Gemahlin und den
Freunden in See, und nur, wenn man Wasser oder Lebensmittel einnehmen mußte, wurde ein Hafen angelaufen. Die
erste Stadt, zu der sie kamen, war Attaleia in Pamphylien.
Hier stießen einige Kriegsschiffe aus Kilikien zu ihm, auch
einige wenige Truppen, und von den Senatoren waren
schließlich wieder etwa sechzig bei ihm. Als er dort hörte,
daß die Flotte noch beisammen war und Cato mit einer
starken Truppenmacht, die er inzwischen wieder gesammelt
hatte, auf dem Wege nach Afrika sei, klagte er bitterlich
vor seinen Freunden und machte sich selbst Vorwürfe, daß
er sich hatte zwingen lassen, mit dem Landheer allein die
Schlacht zu schlagen, während er die Flotte, die ohne Zweifel dem Feinde überlegen gewesen war, überhaupt nicht eingesetzt hatte; er hätte sie an einem Punkt der Küste vor
Anker legen sollen, wo er auch nach einer Niederlage zu
Lande mit Hilfe der starken Flottenmacht für Cäsar immer
noch ein gefährlicher Gegner geblieben wäre. In der Tat
war es der schwerste Fehler, den Pompeius machte, und

Cäsars glänzendster Plan, daß die Schlacht fern von der Flotte, die Hilfe hätte bringen können, stattgefunden hatte.

Indessen blieb Pompeius nichts anderes, als trotz der schwierigen Lage sich zu entscheiden und zu handeln. Daher schickte er in die umliegenden Städte, nach einigen fuhr er selbst, um Geld einzutreiben und Mannschaften für die Schiffe zusammenzubringen. Da er aber bei dem hitzigen Draufgängertum seines Gegners fürchten mußte, mitten in den Vorbereitungen von ihm überrascht zu werden, sah er sich nach einem Zufluchtsort wenigstens für die nächste Zeit um. Als er mit seiner Umgebung darüber beriet, erschien ihnen keine Provinz sicher genug für diesen Zweck. Von den Königreichen war nach Pompeius' Meinung allein das parthische imstande, sie nicht nur zunächst einmal in ihrer Not aufzunehmen und zu schützen, sondern ihnen auch für später wieder frische Kraft zu verleihen und sie mit starker Kriegsmacht gegen ihre Gegner zu senden. Seine Freunde dachten dagegen an Afrika und König Juba, während Theophanes meinte, ob sie denn von allen guten Geistern verlassen seien, daß sie sich dem treulosesten Volk der Welt, den Parthern, freiwillig in die Hände geben wollten, anstatt an Ägypten zu denken, das nur drei Tagereisen entfernt sei, und an König Ptolemaios der zwar fast noch ein Kind sei, aber Pompeius zu Dank und Freundschaft verpflichtet für die Unterstützung seines Vaters; Pompeius könne sich nicht entschließen, einem Römer, seinem ehemaligen Schwiegervater, den ersten Rang einzuräumen und sich mit dem zweiten zu begnügen; er bringe es nicht über sich, vertrauensvoll sich Cäsars Mäßigung auszuliefern. Aber dem Partherkönig Arsakes wolle er sich freiwillig unterwerfen, der nicht einmal Crassus lebend in seine Hand hätte bringen können; ja er wolle sogar seine junge Gemahlin aus dem Hause der Scipionen ins Land der Barbaren führen, die in Frevel und Übermut den Beweis ihrer Macht sähen; wenn sie vielleicht auch keine Mißhandlung erleiden würde, so sei allein die Furcht davor schrecklich genug, wenn man sich in der Hand gewalttätiger Menschen befinde. Dieser Grund allein war für Pompeius ausschlaggebend, nicht an den Euphrat zu ziehen, wenn überhaupt sein eigener Wille, nicht ein Gott, ihn jenen anderen Weg geleitet hat.

77. Als man sich nun entschieden hatte, nach Ägypten zu fliehen, fuhr Pompeius von Cypern auf einer von Seleukeia gestellten Triëre ab, während seine Freunde ihn teils ebenfalls auf Kriegsschiffen, teils auf Handelsschiffen begleiteten. Die Fahrt über das Meer brachte ihnen keine Gefahr. Als Pompeius hörte, daß Ptolemaios mit seinem Heer bei Pelusium stand und dort gegen seine Schwester Krieg führte, nahm er den Kurs dorthin und schickte einen Gesandten voraus, um dem König seine Ankunft zu melden und ihn um Aufnahme zu bitten.

König Ptolemaios war noch zu jung, selbständig die Entscheidung zu treffen. Deshalb berief Potheinos, in dessen Händen die Fäden der Regierung zusammenliefen, die einflußreichsten Männer des Hofes zur Beratung; freilich gehörten dazu nur die Günstlinge des Potheinos. Er bat sie, ihre Ansicht kundzutun. Es war ein trauriges Schauspiel, daß der Eunuch Potheinos, der Chier Theodotos, den man um Geld nach Ägypten geholt hatte, um ihn zum Lehrer der Rhetorik für den König zu machen, und der Ägypter Achillas über das Schicksal eines Mannes, wie es Pompeius der Große war, die Entscheidung zu treffen hatten; denn unter den Kammerdienern und Erziehern waren das die vornehmsten Räte des Königs. Und den Spruch eines solchen Richterkollegiums mußte ein Pompeius abwarten, der zu groß war, selbst einem Cäsar Dank für seine Rettung zu schulden. Bis die Entscheidung fiel, lag er weit draußen auf See vor Anker. In der Sitzung des Rates gingen die Meinungen auseinander; die einen wollten Pompeius' Gesuch abweisen, während andere sich dafür entschieden, ihn einzuladen und freundlich aufzunehmen. Allein Theodotos, der bei dieser Gelegenheit eine Probe von der Gewalt und Kunst seiner Rede geben wollte, lehnte beide Ansichten als gefährlich ab; verstände man sich zur Aufnahme, so würde man sich Cäsar zum Feinde, Pompeius zum Herrn machen. Im anderen Falle würde Pompeius ihnen einen Vorwurf machen aus seiner Verstoßung; aber auch Cäsar werde es ihnen nicht vergessen, daß sie Pompeius hätten entfliehen lassen. Das Ratsamste sei also, Pompeius kommen zu lassen und ihn dann umzubringen. So könnten sie Cäsar einen Gefallen tun, und Pompeius brauchten sie nicht mehr zu fürchten, und lächelnd soll er hinzugefügt haben: „Ein Toter beißt nicht mehr." 78. Theodotos' Vorschlag drang durch, die Ausführung wurde Achillas übertragen. Er nahm Septimius, der einst als Offizier unter Pompeius Dienst getan hatte, den Hauptmann Salvius und drei oder vier Sklaven mit sich und fuhr zu Pompeius. Es hatten sich eben seine vornehmsten Reisebegleiter von ihren Schiffen zu ihm begeben, um die Entwicklung der Dinge zu beobachten. Als sie sahen, daß der Empfang ohne alles königliche Gepränge vor sich ging und so gar nicht den Hoffnungen, die Theophanes gehabt hatte, entsprach, sondern nur ein paar Leute auf einem Fischerkahn daherkamen, da erschien ihnen diese Armseligkeit doch verdächtig. Sie rieten Pompeius, sofort wieder in See zu gehen, solange sie noch außer Reichweite der Geschosse seien.

Inzwischen kam das Fahrzeug heran. Septimius stand auf und redete Pompeius in römischer Sprache als Imperator an, während Achillas ihn griechisch begrüßte und aufforderte, ins Boot zu steigen, denn das Wasser sei an dieser Stelle zu seicht und wegen der Sandbänke für größere Schiffe unbefahrbar. Zur gleichen Zeit sah man, wie einzelne Schiffe des Königs ihre Mannschaft an Bord nahmen; auch der Strand war mit Bewaffneten besetzt. Eine Flucht schien also, auch wenn man sich anders besonnen hätte, unmöglich. Zudem hätte man den Mördern durch das Mißtrauen nur eine Entschuldigung für ihre Untat gegeben. Herzlich nahm Pompeius Abschied von Cornelia; sie schluchzte, als sei es der Abschied von einem Sterbenden. Mit zwei Offizieren, einem Freigelassenen Philippos und seinem Sklaven Skythes bestieg er das Boot. Schon reichte Achillas ihm die Hand, da wandte er sich noch einmal zu Gattin und Sohn zurück mit den Worten des Sophokles: ‚Wer eingeht zum Tyrannen, wird sicher dessen Sklave und wär er noch so frei!' 79. Dies waren die letzten Worte, die er an die Seinen richtete; dann stieg er ein. Als auf der langen Fahrt vom Schiff bis ans

Land keiner von den Leuten des Königs Pompeius ein freundliches Wort gönnte, blickte er auf Septimius und sagte: „Ich müßte mich doch sehr täuschen, wenn du nicht ein alter Kriegskamerad bist." Septimius nickte nur, ohne ein Wort zu sagen oder seine Freundlichkeit zu erwidern. Schweigend saßen alle da. So nahm Pompeius eine kleine Rolle vor, um die Worte überzulesen, die er griechisch zur Begrüßung des Ptolemaios aufgezeichnet hatte. Während sie sich dem Land näherten, stand Cornelia mit ihren Freunden an Bord und beobachtete ängstlich, was vor sich ging. Schon wollte sie Mut fassen, weil sie am Strand viele Leute des Königs sich versammeln sah, als gälte es feierliche Begrüßung. Aber als Pompeius in diesem Augenblick nach Philipps Hand griff, um leichter aufzustehen, stieß ihm Septimius von hinten das Schwert durch den Körper, und Salvius und Achillas lockerten ebenfalls ihr Schwert. Pompeius zog mit beiden Händen seine Toga über das Haupt. Kein Wort, keine Bewegung, die seiner unwürdig gewesen wäre. Mit einem tiefen Seufzer ließ er sich ohne Widerstand niedermetzeln. So fand er, neunundfünfzig Jahre alt, einen Tag nach seinem Geburtstag, den Tod.

80. Als man vom Schiff aus den Mord gesehen hatte, erklang ein Schrei der Klage, so laut, daß er bis zur Küste drang. In aller Eile lichteten sie die Anker und entflohen, ein frischer Wind führte sie bald auf die hohe See, so daß die Ägypter, die ihnen zunächst nachsetzen wollten, schließlich doch ihren Plan aufgaben.

Inzwischen hieben die Mörder Pompeius den Kopf ab, warfen seinen Körper nackt und bloß aus dem Boot an den Strand und ließen ihn liegen, falls jemand an dem traurigen Anblick Freude haben sollte. Philippos blieb bei dem Leichnam stehen, bis man sich satt gesehen hatte. Dann wusch er ihn mit Seewasser ab und hüllte ihn in eines seiner eigenen Gewänder. Da er aber ja sonst nichts bei sich hatte, suchte er den Strand ab, bis er endlich die Trümmer eines kleinen alten Bootes fand; das Holz war zwar alt und morsch, aber es mußte genügen für den Scheiterhaufen, um den nackten, verstümmelten Leichnam zu verbrennen.

Während er die Stücke zusammentrug und aufschichtete, trat ein alter Römer zu ihm, der in seiner Jugend die ersten Feldzüge des Pompeius mitgemacht hatte, und fragte: „Wer bist du, daß du dich unterfängst, Pompeius den Großen zu bestatten?" Auf die Antwort: „Sein Freigelassener", fuhr er fort: „Aber allein sollst du diese Ehre nicht haben, laß auch mich teilhaben an deinem Fund und an deiner Seite die letzte Pflicht erfüllen. So habe ich denn in der Fremde doch noch eine Freude in allem Leid, wenn ich mit meinen Händen den größten Feldherrn der Römer berühren und bestatten kann." Das war Pompeius' Leichenfeier.

Am nächsten Tag kam Lentulus ahnungslos von Cypern nach dort. Als er an der Küste entlang fuhr, sah er den Scheiterhaufen und daneben Philippos, der ihn aber nicht bemerkte. Da rief Lentulus aus: „Wer mag hier am Ende seiner Erdentage seine Ruhe gefunden haben?", und nach einer kleinen Weile seufzte er auf: „Vielleicht du, Pompeius der Große?" Bald darauf ging er an Land, wurde ergriffen und getötet. Das war Pompeius' Ende.

Nach einigen Tagen kam auch Cäsar nach Ägypten, das so schwere Schuld trug. Als man ihm Pompeius' Kopf überbrachte, wandte er sich aus Ekel vor dem Mörder ab. Nur den Ring des Toten nahm er mit Tränen in den Augen an, auf dem Siegel war ein Löwe mit einem Schwert in der Tatze eingraviert. Potheinos und Achillas ließ Cäsar hinrichten, der König wurde in einer Schlacht am Nil geschlagen und seitdem vermißt. Nur der Sophist Theodotos entging Cäsars Rache; er floh aus Ägypten und irrte in bitterer Armut, von den Menschen verachtet, umher. Erst als Marcus Brutus Cäsar ermordet hatte und zur Macht gekommen war, machte er ihn in Kleinasien ausfindig und ließ ihn zu Tode martern.

Pompeius' sterbliche Überreste wurden Cornelia überbracht und von ihr im Albanum beigesetzt.

GAIUS JULIUS CÄSAR

(100—44 v. Chr.)

Als Sulla Herr von Rom geworden war, versuchte er vergeblich mit Drohungen und Versprechungen Cäsar seiner Gattin Cornelia, der Tochter des einstigen Gewalthabers Cinna, zu entfremden. Deshalb zog er schließlich ihre Mitgift ein. Der Grund für diesen Haß Sullas gegen Cäsar lag in dessen Verwandtschaft mit Marius. Denn Julia, die Schwester von Cäsars Vater, war die Gattin des älteren Marius (des Diktators); aus dieser Ehe stammte der jüngere Marius, der also Cäsars Vetter war. Sulla hatte Cäsar in der ersten Zeit während des Gemetzels der Proskriptionen und über der Fülle der Arbeit übersehen. Darüber war er ärgerlich und bewarb sich trotz seiner Jugend in der Volksversammlung um ein Priesteramt. Doch sorgte Sulla heimlich dafür, daß Cäsar bei der Wahl durchfiel. Sulla dachte sogar daran, ihn beseitigen zu lassen, und als man ihm einwendete, es sei doch sinnlos, einen Knaben in diesem Alter zu töten, meinte er, es müßten Toren sein, die in dem Knaben nicht mehr als *einen* Marius sähen. Als man Cäsar diesen Ausspruch hinterbrachte, entfloh er und irrte lange Zeit in Samnium umher. Allmählich wurde er so schwach, daß er sich von einem Haus ins andere tragen lassen mußte, bis er eines Nachts Sullas Häschern in die Hände fiel, die in der dortigen Gegend umherstreiften, um versteckte Flüchtlinge festzunehmen. Cäsar bestach jedoch ihren Anführer Cornelius mit zwei Talenten und kam wieder frei. Aber jetzt floh er sofort zur Küste und fuhr zum König Nikomedes von Bithynien.

Nach kurzem Aufenthalt ging er wieder zur See und wurde bei der Insel Pharmakusa von den Seeräubern gefangen, die schon damals mit ihren gewaltigen Flotten und unzähligen Fahrzeugen das Meer beherrschten. 2. Als die Leute von ihm ein Lösegeld von zwanzig Talenten verlangten, lachte er sie höhnisch aus, sie hätten ja keine Ahnung, wen sie eigentlich gefangen hätten; dann schickte er seine Begleiter in die einzelnen Nachbarstädte, um das Geld aufzutreiben, und blieb unterdessen allein mit einem Freund und zwei Sklaven unter den Mordbrennern zurück. Trotzdem behandelte er sie so von oben herab, daß er ihnen Befehl schickte, sich ruhig zu verhalten, wenn er schlafen wollte. Die achtunddreißig Tage, während denen er bei ihnen blieb, waren sie weniger seine Wächter als seine Leibgarde, und in voller Sorglosigkeit trieb er mit ihnen Spiel und Sport. Wenn er Gedichte oder Reden verfaßt hatte, las er sie ihnen vor. Bewunderten sie ihn nicht genug, dann nannte er sie ins Gesicht Banausen und Barbaren und drohte ihnen oft genug, soviel sie auch lachen mochten, er würde sie hängen lassen. Die Piraten hatten ihren Spaß an ihm, weil sie seine losen Worte als unschuldige, lustige Schwänke auffaßten. Als aber das Lösegeld aus Milet endlich eintraf und Cäsar frei war, holte er sofort Schiffe aus dem Hafen von Milet und lief gegen die Seeräuber aus. Sie lagen noch immer bei der Insel, als er sie erreichte. Die meisten fielen in seine Hand, ihre Schätze betrachtete er als seine rechtmäßige Beute. Dann lieferte er seine Gefangenen in Pergamon ins Gefängnis ein und begab sich selbst zum Statthalter von Kleinasien, Junius, dem als dem zuständigen Prätor die Bestrafung der Gefangenen oblag. Doch hatte Junius das meiste Interesse an den Geldern, die Cäsar den Leuten abgenommen hatte; es handelte sich allerdings auch um bedeutende Summen. Als er deshalb erklärte, wenn er Zeit fände, wolle er die Sache mit den Gefangenen in die Hand nehmen, ging Cäsar, ohne sich noch weiter um ihn zu kümmern, nach Pergamon zurück, ließ die Räuber aus dem Gefängnis vorführen und samt und sonders ans Kreuz schlagen. Das hatte er ihnen auf der Insel, wie sie allerdings meinten im Scherz, oft genug vorhergesagt.

3. Inzwischen verlor Sulla in Rom immer mehr an Macht. Deshalb wurde Cäsar von seinen Freunden wieder nach Haus gerufen. Auf der Heimreise besuchte er auf Rhodos die Schule des Apollonios, des Sohnes des Molons, den auch Cicero gehört hatte. Apollonios war nicht nur ein berühmter Lehrer der Redekunst, er galt auch als besonders vornehmer Charakter. Übrigens besaß Cäsar, wie es heißt, eine außer-

ordentliche Begabung als politischer Redner und bildete
seine Anlagen in ehrgeizigem Eifer aus, so daß er unbestritten als der zweitbeste Redner galt; auf den Ruhm, der beste
zu sein, verzichtete er bei der Fülle seiner Arbeit gern, weil
ihn lieber Krieg und Waffen an die Spitze tragen sollten. So
erreichte er das Ziel nicht, auf das die Natur ihn mit seiner
Redegabe hingewiesen hatte, weil ihn Krieg und Politik
lockten und später zum Herrn des Reiches machten. Er
sprach selbst später in der Antwort auf Ciceros ‚Cato‘ den
Wunsch aus, man möge die Worte eines Soldaten nicht messen an der Kunst eines geschickten Redners, der ja auch
Muße genug habe.

4. Nach seiner Rückkehr nach Rom zog er Dolabella wegen
Bedrückung seiner Provinz vor Gericht, wofür genügend
Städte Griechenlands Zeugnis ablegten. Trotzdem wurde
Dolabella freigesprochen. Doch wollte Cäsar den Griechen
ihre gute Absicht, mit der sie ihn unterstützt hatten, vergel-
ten und vertrat sie bei dem Prozeß, den sie gegen Publius
Antonius vor dem Gerichtshof des Prätors von Makedonien,
Marcus Lucullus, wegen Bestechung führten. Dabei ging
Cäsar mit einem solchen Eifer vor, daß Antonius an die
Volkstribunen in Rom appellierte, mit der Begründung, er
könne in Griechenland gegen Griechen kein unparteiisches
Urteil erlangen.

In Rom fand Cäsar durch seine Reden als Verteidiger viel
Beifall, und die Freundlichkeit seines Grußes wie die Liebenswürdigkeit im Umgang gewannen ihm die Liebe des
Volks; denn solche Höflichkeit hätte man seiner Jugend
nicht zugetraut. Auch seine Tafel, seine Gesellschaften und
sein prunkvolles Auftreten ließen seinen Einfluß im öffentlichen Leben unmerklich steigen. Freilich meinten seine Neider, wenn er erst sein Vermögen durchgebracht hätte, würde
sein Ansehen bald schwinden, und ließen es ungestört im
Volk aufblühen. Erst als seine Macht unüberwindlich geworden war und er unmittelbar auf den Umsturz hinarbei-
tete, merkten sie zu spät, daß jegliches Unternehmen, mag
es im Anfang noch so unbedeutend scheinen, durch Ausdauer
zu unwiderstehlicher Macht anwachsen kann, wenn man es

unbeachtet läßt. Cicero war es, der offenbar zuerst die lächelnde Miene seiner Staatskunst, gleich der lächelnden Stille des Meeres, verdächtig und gefährlich fand und hinter der Maske der heiteren Freundlichkeit den kühnen, unternehmenden Charakter versteckt sah. Er sprach es aus, daß er in Cäsars politischen Plänen und Unternehmungen überall die tyrannischen Absichten spüre. „Allein", fügte er hinzu, „wenn ich sehe, daß sein Haar immer so übermäßig gepflegt ist und er sich nur mit einem Finger kratzt, dann wird ihm, meine ich, ein so furchtbarer Gedanke, wie der Umsturz der römischen Staatsform, nie kommen." Doch gehört das erst in eine spätere Zeit.

5. Den ersten Beweis seiner Liebe gab das Volk ihm, als er vor seinem Mitbewerber Gaius Popilius zum Kriegstribun gewählt wurde. Noch deutlicher bewies das Volk ihm seine Verehrung, als er seiner Tante Julia, der Gattin des Marius, nach ihrem Tode auf dem Forum eine glanzvolle Leichenrede hielt und bei dem Leichenbegängnis es wagte, die Bilder des Marius zur Schau zu stellen. Man sah sie seit Sullas Herrschaft damals zum erstenmal wieder, denn Sulla hatte Marius und seine Freunde zu Feinden des Vaterlands erklären lassen. Zwar machten manche deshalb Cäsar Vorwürfe, aber das Volk überschrie sie und bezeigte ihm mit Händeklatschen seine Bewunderung, daß er endlich nach langer Zeit die Ehre des Marius wie aus der Unterwelt wieder hervorgeholt hatte.

Älteren Frauen eine öffentliche Leichenrede zu halten, war in Rom seit alters her Sitte; bei einer jüngeren war es allerdings nicht üblich. Als Cäsar es aber doch tat, seiner verstorbenen Gattin zu Ehren, gewann er die Herzen der Menge; sie liebten ihn wegen seiner Trauer als herzensguten Charakter.

Nach der Bestattung seiner Gattin ging Cäsar als Quästor mit dem Prätor Vetus nach Spanien, dem er zeit seines Lebens ehrfürchtige Achtung entgegenbrachte. Seinen Sohn machte er später, als er selbst Prätor war, zu seinem Quästor. Als er aus der Provinz zurückkam, heiratete er zum drittenmal, Pompeia. Von Cornelia hatte er nur eine Tochter,

Julia, die später die Gattin Pompeius' des Großen wurde. Seine Verschwendung kannte keine Grenzen. Wenn es auch den Anschein hatte, als wenn er für seinen ungeheuren Aufwand nur kurzen, vergänglichen Ruhm eintauschte, so kaufte er doch mit Kleinigkeiten das Größte. Allerdings soll er sich, ehe er noch zu einem Amt kam, schon eine Schuldenlast von dreizehnhundert Talenten aufgeladen haben. Auch bei der Ausbesserung der Via Appia, die ihm unterstand, hatte er ungeheure Summen aus seinem eigenen Vermögen aufgewendet. Als er Ädil wurde, ließ er dreihundertundzwanzig Fechterpaare auftreten, und mit seinem Prunk bei den Aufführungen, Umzügen und öffentlichen Speisungen überbot er den Glanz seiner Vorgänger. Aber was er gewann, war die Begeisterung des Volkes: jeder war auf neue Ämter, neue Ehren bedacht, mit denen man ihm solche Freigebigkeit vergelten konnte.

6. Von den beiden Parteien, die es damals in Rom gab, hatte die eine seit Sullas Tagen alle Macht in den Händen, während die Marianer unterdrückt, auseinandergesprengt und vollkommen verzweifelt waren. Aber Cäsar wollte ihnen wieder Mut machen und sie für sich gewinnen. Als die Erinnerung an seine Freigebigkeit als Ädil noch frisch war, ließ er deshalb in aller Heimlichkeit einige Standbilder des Marius, dazu Siegesgöttinnen mit ihren Trophäen herstellen. Dann gab er Befehl, sie nächtlicherweise aufs Kapitol zu schaffen und aufzustellen. Als man am anderen Morgen die Statuen schimmernd von Gold in ihrer herrlichen Kunst sah, als man die Aufschrift las, die von dem Sieg über die Kimbern kündete, war man starr vor Schrecken über die Kühnheit des Stifters, man wußte ja, wer es war. Das Gerücht davon eilte durch die Stadt und lockte alle herbei, die Statuen anzusehen. Einige schrien, Cäsars Politik gehe auf die Alleinherrschaft, deshalb habe er die durch Gesetz und Volksbeschlüsse verscharrten Ehrenbilder wieder hervorgeholt. Jetzt, da er das Volk mürbe gemacht habe, wolle er ausprobieren, ob es schon zahm genug geworden sei durch seine verschwenderische Freigebigkeit, um solche Scherze und Neuerungen sich gefallen zu lassen. Die Marianer da-

gegen machten sich gegenseitig Mut, erschienen in geradezu
unglaublicher Menge und erfüllten das Kapitol mit jubeln-
dem Beifall. Manchen standen Freudentränen in den Augen,
als sie Marius' Bild sahen, und in Lobliedern pries man
Cäsar, er allein verdiene es, Verwandter des Marius zu
heißen.

Als der Senat wegen dieses Vorfalls zusammengerufen war,
erhob sich Lutatius Catulus, der angesehenste Mann damals
in Rom. Er machte Cäsar bittere Vorwürfe und prägte das
berühmte Wort: „Jetzt greift Cäsar den Staat mit Sturmmaschinen, nicht mehr mit unterirdischen Minen an." Doch
wußte Cäsar sich so geschickt zu verteidigen, daß er den Senat beruhigte. Dadurch wurden seine Bewunderer noch übermütiger und mahnten ihn, sich niemandes Willen mehr unterzuordnen; das Volk wolle ihm helfen, über alle obzu-
siegen und sich über sie emporzuschwingen.

7. Inzwischen war der Pontifex Maximus Metellus gestorben, und die beiden vornehmsten Männer, Isauricus und
Catulus, die beide zu den angesehensten Mitgliedern des Senats gehörten, bewarben sich um diese heißbegehrte Würde.
Doch ließ Cäsar sich dadurch nicht einschüchtern, er verließ
sich auf das Volk, da er als Mitbewerber auftrat. Der Ausgang der Wahl war nicht abzusehen. Für Catulus wäre ein
unglücklicher Ausfall allerdings wegen seiner hohen Stellung peinlicher gewesen als für Cäsar. Er ließ Cäsar deshalb
durch Mittelsleute den Vorschlag machen, gegen eine hohe
Geldsumme von der Bewerbung Abstand zu nehmen. Doch
ließ Cäsar ihm antworten, er würde den Kampf durchfech-
ten, und wenn er noch mehr Schulden machen müßte. Am
Morgen des Wahltages geleitete seine Mutter ihn unter
Tränen bis an die Tür, wo er sie küßte mit den Worten:
„Heute siehst du deinen Sohn als Pontifex Maximus oder
als Verbannten wieder." Als es dann zur Abstimmung kam,
blieb Cäsar nach erbittertem Ringen Sieger. Der Erfolg war
so groß, daß Senat und Adel fürchteten, Cäsar könne nun
das Volk zu allen Dreistigkeiten verführen. Deshalb erhoben Piso und Catulus gegen Cicero bittere Vorwürfe,
daß er Cäsar geschont hätte, als man ihm im Zusammen-

hang mit der Affäre des Catilina Schwierigkeiten hätte machen können.

Catilinas Plan ging nämlich nicht nur dahin, die Verfassung zu ändern, er wollte die Regierung stürzen und das politische und wirtschaftliche Leben revolutionieren. Aber obwohl erst wenige Beweise gegen ihn vorlagen, hatte er die Stadt verlassen, ehe seine letzten Pläne aufgedeckt waren. Nur Lentulus und Cethegus hatte er in Rom zurückgelassen, um die Fäden weiterzuspinnen. Ob Cäsar sie in ihren Plänen heimlich bestärkt und sie unterstützt hat, ist ungewiß. Aber als sich in der Senatssitzung ihre Schuld herausgestellt hatte und Cicero darauf als Konsul die einzelnen Senatoren bat, sich über das Strafmaß zu äußern, stimmten alle für die Todesstrafe, bis die Reihe an Cäsar kam. Die Rede, die er zur Begründung seiner Ansicht hielt, hatte er sorgfältig vorbereitet: Männer von solchem Adel und Verdienst ohne Urteil hinrichten zu lassen, verstoße gegen Väterart und Recht, es sei denn im Augenblick der höchsten Gefahr; wenn man sie aber in italischen Städten, die Cicero selbst bestimmen möge, in Haft halten wolle, bis Catilina niedergekämpft sei, dann habe der Senat die Möglichkeit, später im Frieden über jeden einzelnen in aller Ruhe zu Gericht zu sitzen.

8. Der Vorschlag erschien menschenfreundlich, auch war er wirkungsvoll vorgetragen. Deshalb schlossen sich alle, die nach Cäsar ihre Stimme abzugeben hatten, seiner Meinung an. Es gab sogar manche, die ihre vorherige Abstimmung widerriefen und auf Cäsars Seite traten, bis Cato und Catulus aufstanden und sich mit aller Macht gegen solche Milde wandten. Cato ließ sogar Verdacht gegen Cäsar in seine Worte einfließen und bekämpfte ihn nachdrücklich. So wurden die Verschworenen endlich zur Hinrichtung geführt, und als Cäsar die Sitzung verließ, drängten sich junge Leute, die damals eine Art Leibgarde für Cicero bildeten, mit blanken Schwertern drohend um Cäsar. Allein Curio soll ihn in seine Toga gehüllt und in Sicherheit gebracht haben, während Cicero den Bewaffneten, die nur auf seinen Wink warteten, abwinkte aus Furcht vor dem Volk; vielleicht hielt er aber auch seine Ermordung für ein staats- und

gesetzwidriges Verbrechen. Jedenfalls verstehe ich nicht, weshalb Cicero, wenn die Dinge sich wirklich so abgespielt haben, in seinem Epos über sein Konsulat nichts davon erwähnt. Später hat man es dann Cicero sehr verübelt, daß er die treffliche Gelegenheit, gegen Cäsar vorzugehen, damals nicht ausgenutzt, sondern ihn aus Angst vor dem Volk geschont habe. Allerdings war Cäsar ja auch der Liebling des Volkes. Als er einige Tage später in den Senat kam, um sich gegen den Verdacht zu verteidigen, kam es in der Sitzung zu argem Tumult. Da sie sich länger hinzog, als man gewohnt war, kam die Menge schreiend angelaufen, umstellte die Kurie und verlangte drohend Cäsars Freilassung. Am meisten fürchtete Cato die unruhige Stimmung bei den Ärmsten, die alle ihre Hoffnungen auf Cäsar setzten und leicht das ganze Volk mit sich reißen konnten. Deshalb schlug er dem Senat vor, der Menge eine monatliche Getreidespende zu versprechen. Zwar stiegen die Staatsausgaben dadurch jährlich um siebeneinhalb Millionen Drachmen. Aber dieser glänzende Gedanke dämpfte für den Augenblick den Schrecken. Wichtiger noch war es, daß Cäsar dadurch stark an Einfluß verlor gerade in der Zeit, als er die Prätur antreten wollte und darum für den Senat noch gefährlicher zu werden drohte.

9. Doch verlief die Zeit seiner Prätur ruhig, nur Cäsar selbst wurde in seinem eigenen Haus von einem peinlichen Vorfall betroffen. Publius Clodius stammte aus altadeligem Haus, war reich, ein glänzender Redner, aber selbst in liederlicher Gesellschaft an Frechheit und Dreistigkeit unübertroffen. Er war in Cäsars Gattin Pompeia verliebt, die sich seine Werbungen gern gefallen ließ. Aber die Aufsicht über ihre Gemächer war streng, und Cäsars Mutter Aurelia, eine sittenstrenge Matrone, war die treue Hüterin der jungen Frau, so daß den Verliebten ein Zusammentreffen unmöglich oder gefährlich wurde. Nun verehren die Römer eine Göttin, die sie *Bona dea* nennen; bei den Griechen heißt sie *Gynaikeia*. Auch die Phryger beanspruchen sie für sich und halten sie für die Mutter des Königs Midas. Nach dem Glauben der Römer war sie eine Dryade und die Gattin des Faunus, die

Griechen schließlich sehen in ihr eine der Mütter des Dionysos, deren Namen kein sterblicher Mund nennen darf. Daher schmücken sie die Zelte, die sie zur Festfeier bauen, mit
Weinreben, und zu den Füßen der Göttin liegt, wie die
heilige Sage es verlangt, eine Schlange. Kein Mann darf
nach heiliger Satzung an dem Fest teilnehmen, nicht einmal
im Hause weilen, wenn die Feier mit ihren bacchischen
Zeremonien beginnt. Viele Gebräuche, die in aller Heimlichkeit die Frauen vollziehen, sollen mit den orphischen
übereinstimmen. Wenn also die Zeit des Festes gekommen
ist, muß der Herr des Hauses, und sollte er Konsul oder
Prätor sein, mit allen männlichen Personen sich entfernen,
während die Frau das Haus übernimmt und die nötigen
Vorbereitungen trifft. Der größte Teil der Feier spielt sich
in der Nacht ab, Scherz und Musenspiel fehlen nicht.

10. In jenem Jahr hatte Pompeia dieses Fest auszurichten,
und Clodius glaubte, weil er noch keinen Bart habe, würde
ihn niemand erkennen. Deshalb verkleidete er sich als Harfenspielerin und ging hin. Wie ein Mädchen sah er aus. Zufällig stand die Tür offen, und eine Dienerin, die mit ihm
im Einverständnis war, führte ihn dreist genug hinein.
Dann lief sie voraus, um Pompeia Bescheid zu geben. Da sie
lange ausblieb, wagte Clodius nicht an dem Platz zu bleiben, wo sie ihn hatte stehen lassen. Er irrte in dem weit-
läufigen Gebäude umher und ging an den hellerleuchteten
Räumlichkeiten vorsichtig vorbei. Aber schließlich lief ihm
eine Dienerin der Aurelia in den Weg und forderte ihn in
der Meinung, eine Frau vor sich zu haben, auf zu spielen.
Als er sich weigerte, zog sie ihn ins Licht und fragte, wer
und woher er sei. Clodius antwortete, er warte auf Pompeias Abra – so wurde jene Dienerin gerufen –, aber da
hatte er sich durch seine Stimme verraten. Aurelias Dienerin
rannte sofort schreiend zu den erleuchteten Räumen der
Versammlung und rief, sie habe einen Mann ertappt. Die
Frauen stoben auseinander, Aurelia brach die Mysterien sofort ab und verhüllte die heiligen Gerätschaften. Dann gab
sie Befehl, die Türen zu verschließen, und ging mit Fackeln
durch das ganze Haus, um Clodius zu suchen. Man fand ihn

endlich versteckt in der Kammer der Dienerin, die ihn heimlich ins Haus gebracht hatte. Die Frauen erkannten ihn bald und warfen ihn zum Haus hinaus.

Noch in derselben Nacht erzählten die Frauen, als sie heimkamen, ihren Männern die Geschichte, und am Morgen eilte die Kunde durch die ganze Stadt. Clodius, hieß es, sei dem Staat und den Göttern ebenso wie den beleidigten Frauen Strafe schuldig. Ein Volkstribun erhob gegen ihn öffentliche Klage, und die vornehmsten Mitglieder des Senats traten gegen ihn auf. Man hielt ihm alle seine Untaten vor und beschuldigte ihn sogar des Ehebruchs mit seiner Schwester, der Gattin des Lucullus. Allein das Volk leistete allen Angriffen gegen Clodius Widerstand und nahm ihn in Schutz; der Pöbel war für ihn die beste Hilfe gegen die eingeschüchterten, ängstlich gewordenen Richter. Cäsar hatte Pompeia zwar sofort den Scheidebrief geschickt, als er aber als Zeuge vor Gericht auftrat, erklärte er, ihm sei von all den Vorwürfen gegen Clodius nichts bekannt. Diese Aussage erregte Verwunderung, und der Kläger fragte, weshalb er sich denn unter diesen Umständen von seiner Frau getrennt hätte. „Weil ich verlange", versetzte er, „daß meine Frau auch nicht der Schatten eines Verdachts trifft." Manche glauben, daß diese Aussage tatsächlich Cäsars Meinung wiedergab; andere konnten aber den Verdacht nicht unterdrücken, daß Cäsar aus Gefälligkeit gegen das Volk, das Clodius retten wollte, so sprach. Clodius wurde also freigesprochen, weil die meisten Richter ihre Stimme in unleserlicher Schrift abgaben. Sie wollten es nicht durch eine Verurteilung mit der gefährlichen Menge verderben, aber auch durch einen Freispruch sich nicht beim Senat unbeliebt machen.

11. Nach Beendigung der Prätur wurde Cäsar die Verwaltung der Provinz Spanien übertragen. Er war in einer peinlichen Lage, denn als er abreisen wollte, widersetzten sich dem seine Gläubiger und erhoben ein Geschrei, so daß er sich an Crassus wenden mußte, den reichsten Mann unter den Römern. Crassus brauchte Cäsars jugendlichen Feuereifer für den Kampf gegen Pompeius. Daher befriedigte er die drängendsten, unerbittlichsten Gläubiger und leistete für

achthundertunddreißig Talente Bürgschaft. Erst dann konnte
Cäsar in seine Provinz reisen.

Auf seiner Reise durch die Alpen kam er an einem kleinen
Städtchen vorbei, das von wenigen armseligen Barbaren
bewohnt wurde. Lachend stellten seine Begleiter im Scherz
die Frage: „Ob man sich hier auch wohl ehrgeizig um Rang
und Amt streitet und die Großen sich gegenseitig beneiden?"
Aber Cäsar entgegnete ihnen mit ernster Miene: „Ich möchte
jedenfalls lieber hier der Erste sein, als in Rom der Zweite."

Ein andermal, erzählt man, las er in Spanien in seiner Muße
die Geschichte Alexanders des Großen. Da versank er in
langes Nachsinnen und brach in Tränen aus. Seinen Freunden, die ihn erstaunt nach dem Grund fragten, antwortete
er: „Soll man denn nicht weinen, wenn Alexander in meinem Alter schon über so viele Reiche herrschte und ich noch
keine Heldentat getan habe."

12. Kaum war er in Spanien eingetroffen, da begann er eine
rastlose Tätigkeit, so daß in wenigen Tagen neben den vorhandenen zwanzig Kohorten zehn andere neue standen. Mit
diesen zog er gegen die Kallaiker und Lusitanier, unterwarf
sie und drang bis an die atlantische Küste vor, wo er mehrere Völkerschaften unterjochte, die noch niemals dem römischen Namen gedient hatten. Solchen Erfolgen im Kriege
entsprach seine glückliche Friedenstätigkeit. Er stellte den
Frieden zwischen den Städten wieder her, vor allem richtete
er sein Augenmerk darauf, Streitigkeiten zwischen Gläubi-
gern und Schuldnern zu schlichten. Er erließ nämlich eine
Verordnung, daß der Gläubiger jährlich zwei Drittel von
den Einnahmen des Schuldners für sich nehmen sollte, während der Schuldner den Rest behalten durfte; diese Regelung galt so lange, bis die Schuld getilgt war. Die Verordnung brachte Cäsar allgemeinen Beifall ein. Als er die Provinz verließ, war er ein reicher Mann; auch seine Soldaten
waren in den Feldzügen reich geworden und hatten ihn mit
dem Ehrentitel *Imperator* geschmückt.

13. Als er vor Rom ankam, stand er mitten im Widerstreit
zweier Gesetze. Denn wer den Triumph für sich verlangte,
durfte vorher die Stadt nicht betreten, aber ums Konsulat

konnte man sich nur persönlich in der Stadt bewerben. Nun
war Cäsar gerade in den Tagen der Konsulwahlen zurückgekommen. Deshalb ließ er den Senat um die Erlaubnis bitten, sich durch seine Freunde um das Konsulat bewerben zu
dürfen, ehe er selbst die Stadt betrat. Doch bestand Cato
zunächst auf der Beobachtung des Gesetzes. Als er aber sah,
daß Cäsar schon viele für sich gewonnen hatte, versuchte er
die Sache in die Länge zu ziehen und hielt eine Rede, die
einen ganzen Tag in Anspruch nahm. Da entschloß Cäsar
sich, auf den Triumph eben zu verzichten und statt dessen
sich ums Konsulat zu bewerben. Kaum war er wieder ins
politische Leben eingetreten, da unternahm er einen Schritt,
von dem sich alle, Cato ausgenommen, täuschen ließen. Es
war die Versöhnung zwischen Pompeius und Crassus, die
damals in Rom die Politik beherrschten. Als er die Feinde
wieder zu Freunden gemacht hatte, gewann er den Einfluß
der beiden Männer für sich, und so lenkte er durch seine
Tat, die äußerlich nur nach Menschenfreundlichkeit aussah,
die Politik in neue Bahnen. Denn nicht der Streit zwischen
Cäsar und Pompeius führte, wie die meisten meinen, zum
Bürgerkrieg, sondern vielmehr ihre Freundschaft, da sie sich
zuerst zum Kampf gegen den Adel miteinander verbanden
und schließlich den Kampf gegeneinander aufnahmen. Cato
wußte freilich, was gespielt wurde, und warnte oft genug;
aber er hatte nur den Erfolg, daß man ihn damals für einen
Nörgler und Besserwisser erklärte. Später erkannte man
seine Einsicht an, tadelte aber seine Erfolglosigkeit.
14. Cäsar gelangte also, von Pompeius' und Crassus' Freundschaft getragen, zum Konsulat und wurde mit Calpurnius
Bibulus zusammen mit großer Mehrheit gewählt. Unmittelbar nach dem Amtsantritt beantragte er Gesetze, wie sie
vielleicht für einen dreisten Volkstribun, nie für einen Konsul gepaßt hätten: er verlangte zum Vergnügen der Menge
Verteilung von Land an Siedler. Da die Optimaten im Senat Widerspruch erhoben, hatte Cäsar endlich den Vorwand, den er suchte. Mit lauten Worten rief er sie selbst zu
Zeugen auf, daß man ihn gegen seinen Willen zum Volk
hinausdränge und die Härte und der Übermut des Senats

ihn zwängen, sich der Hilfe des Volkes zu versichern. Mit diesen Worten eilte er aufs Forum. Hier stellte er sich zwischen Pompeius auf der einen und Crassus auf der anderen Seite und fragte sie, ob sie mit seinen Vorschlägen einverstanden seien. Als sie zustimmten, bat er um ihre Unterstützung, denn es gebe Leute, die mit der Waffe in der Hand diese Gesetze bekämpfen wollten. Beide versprachen Hilfe, und Pompeius fügte hinzu, wenn man mit dem Schwert komme, werde er Schwert und Schild mitbringen. Dieses Wort kränkte die Aristokraten bitter, weil es Pompeius' Würde ebensowenig entsprach wie der Achtung, auf die der Senat Anspruch hatte. Man hielt den Ausspruch für toll und unbesonnen. Aber das Volk hatte seine Freude daran.

Cäsars Bestrebungen gingen dahin, aus Pompeius' Macht und Ansehen noch mehr Nutzen zu ziehen. Seine Tochter Julia war mit Servilius Cäpio verlobt, trotzdem gab er sie Pompeius zur Frau. Servilius tröstete er damit, daß er ihm Pompeius' Tochter versprach. Sie war allerdings auch nicht mehr frei, sondern Sullas Sohn Faustus versprochen. Er selbst heiratete bald darauf Pisos Tochter Calpurnia und bestimmte Piso zum Konsul für das folgende Jahr. Da erhob Cato aber erbitterten Einspruch und rief, es sei unerträglich, daß das höchste Amt in Rom nur noch eine Heirat wert sei und man sich durch die Frauen gegenseitig Provinzen, Heer und Staatsämter zuschanze. Cäsars Kollege Bibulus widersetzte sich erfolglos diesen Gesetzen; aber er kam mit Cato zusammen auf dem Forum verschiedentlich in Lebensgefahr und schloß sich deshalb bis zum Ablauf seiner Amtszeit in seinem Hause ein.

Als Pompeius geheiratet hatte, besetzte er das Forum mit Bewaffneten und setzte die Annahme jener Gesetze für das Volk durch; auch sorgte er dafür, daß Cäsar Gallien diesseits und jenseits der Alpen nebst Illyrien als Provinz und vier Legionen für fünf Jahre bekam. Cato erhob auch in diesem Fall Einspruch, aber Cäsar befahl, ihn in Haft zu nehmen, in der Meinung, er würde sich an die Volkstribunen mit der Bitte um Einschreiten wenden. Aber Cato ließ sich, ohne ein Wort zu verlieren, fortführen. Da mußte Cäsar sehen, daß nicht nur die Aristokraten aufgebracht waren, sondern auch das Volk aus Achtung vor Catos Mannesmut ihm schweigend und niedergeschlagen das Geleit gab. Deshalb wandte er sich selbst heimlich an einen Volkstribun, er möchte ihn freilassen.

Von den Senatoren kamen nur ganz wenige mit Cäsar in den Senat, die meisten hielten sich verärgert fern. Als Considius, ein ehrwürdiger Greis, meinte, sie kämen aus Furcht vor den Waffen und Soldaten nicht in die Sitzungen, fragte Cäsar ihn: „Warum bleibst du denn nicht auch aus demselben Grunde zu Haus!" „Weil das Alter mir die Furcht genommen hat", war seine Antwort, „denn das bißchen Leben, das mir noch beschieden ist, bedarf solcher Vorsicht nicht mehr."

Der größte Skandal während Cäsars Konsulat war aber, daß der berüchtigte Clodius zum Volkstribun gewählt wurde, obwohl er doch gegen Cäsars Gattin und die heiligen Mysterien gefrevelt hatte. Die Aufgabe, zu deren Erfüllung Clodius gewählt wurde, war Ciceros Sturz, und Cäsar ging nicht eher zu seinem Heer in die Provinz, als bis er mit Clodius' Hilfe Cicero niedergezwungen und in die Verbannung gebracht hatte.

15. So etwa mag sich Cäsars Leben vor den Kämpfen in Gallien abgespielt haben. Aber jetzt kam die Zeit der Kriege, in denen er das Kommando führte, und der Feldzüge, in denen er Gallien unterwarf. Da schien es, als habe er ein neues Leben von ganz anderer Art begonnen. Jetzt zeigte er sich als Krieger und Feldherr, größer als die berühmtesten Kriegshelden, gleichgültig, ob man ihn mit den Fabiern, Scipionen oder Metellern vergleicht oder mit seinen Zeitgenossen und unmittelbaren Vorgängern, Sulla, Marius, den beiden Lucullus oder auch mit Pompeius selbst, dessen Ruhm als unübertrefflicher Kriegsmann sich damals bis an die Sterne erhob. Cäsar übertraf sie alle, den einen in diesem, den anderen in dem Punkte, ob es sich nun um die Schwierigkeit des Geländes handelte, in dem er kämpfte, um die gewaltige Ausdehnung des Reiches, das er hinzuge-

wann, um die Unzahl und Stärke der Feinde, über die er Sieger blieb, um die Wildheit und Treulosigkeit der Völker, die er bezwang, um seine freundliche Milde gegenüber den Unterworfenen oder um die Geschenke und Wohltaten gegen seine Mitkämpfer. Nur in einem erreichte ihn keiner von all seinen Vorgängern: in der Zahl der Schlachten und in der Größe der Verluste, die er den Feinden beibrachte. Denn der Krieg, den er in Gallien führte, dauerte nicht ganz zehn Jahre, und in dieser Zeit nahm er über achthundert Städte im Sturm, bezwang dreihundert Völkerschaften und kämpfte gegen drei Millionen. Eine Million tötete er im Kampf und eine andere nahm er gefangen.

16. Bei seinen Leuten war Cäsar so beliebt, daß sie für seinen Ruhm mit unwiderstehlichem Mut in die größten Gefahren gingen, obwohl sie doch vor den Soldaten anderer Feldherren nichts voraushatten. So war Acilius in der Seeschlacht bei Massilia einst auf ein feindliches Schiff gesprungen. Man schlug ihm mit dem Schwert die Rechte ab, doch hielt er den Schild in der Linken fest und stieß die Feinde damit ins Gesicht, bis er sie alle weggedrängt und das Schiff in seine Hand gebracht hatte. Gaius Scäva hatte in dem Kampf um Dyrrhachium durch einen Pfeilschuß ein Auge verloren, die Schulter und der eine Schenkel waren von Wurfspießen durchbohrt, und mit seinem Schild fing er hundertunddreißig Pfeile auf. Da rief er die Feinde heran, als wenn er sich ergeben wollte. Als zwei herankamen, schlug er dem einen mit dem Schwert die Schulter ab und den anderen zwang er durch einen Hieb ins Gesicht zur Flucht. Endlich kamen seine Kameraden herbei und retteten ihn noch.

In Britannien waren die vordersten Hauptleute einst in sumpfiges Gelände geraten und wurden dort von den Feinden überfallen. Da stürzte sich vor Cäsars Augen ein einfacher Soldat mitten unter die Kämpfer und rettete die Hauptleute mit seinem Heldenmut, während die Feinde flohen. Er selbst sprang zuletzt in das sumpfige Wasser und kam schließlich teils schwimmend, teils watend glücklich zurück, nur seinen Schild hatte er im Stich lassen müssen. Cäsar ging ihm voll Bewunderung entgegen und rief ihm ein Wort freudiger Anerkennung zu. Doch der Soldat war fast verzweifelt und warf sich Cäsar zu Füßen. Weinend bat er um Gnade, weil er seinen Schild verloren hatte.

Ein andermal hatte Scipio in Afrika eins von Cäsars Schiffen erbeutet, auf dem sich Granius Petronius, der zum Quästor ernannt war, befand. Scipio erklärte die gefangene Mannschaft als gute Prise, nur dem Quästor wolle er Pardon gewähren. Petronius rief, Cäsars Soldaten seien gewohnt, Pardon zu geben, nicht zu nehmen, und stieß sich das Schwert in die Brust. 17. Solchen Mut und Ehrgeiz schuf und pflegte Cäsar selbst bei seinen Leuten, denn wenn er verschwenderisch war mit Beförderungen und Belohnungen, so wußte man, daß er den Reichtum, den der Krieg ihm in den Schoß warf, nicht für sich selbst zu üppigem Leben aufspeicherte. Was man erbeutete, blieb bei ihm wohlverwahrt als Lohn der Tapferkeit, der allen gemeinsam gehörte; Cäsar beanspruchte nur, daß er ihn an verdiente Soldaten austeilen durfte. Aber auch dadurch gewann er die Herzen seiner Leute, daß ihm keine Gefahr zu groß war, daß er alle Mühen und Strapazen mit ihnen teilte. Freilich bewunderte man seinen Mut in den Gefahren nicht besonders, weil man seinen Ehrgeiz kannte. Doch die Energie, mit der er trotz seines schwachen Körpers alle Strapazen auf sich nahm, setzte alle in Erstaunen. Er war hager von Gestalt und hatte eine zarte, weiße Haut. Dabei litt er stark unter Kopfschmerzen und an Epilepsie; in Cordoba soll er seinen ersten Anfall gehabt haben. Gewiß hätte er auf Grund seiner Kränklichkeit sich schonen können, statt dessen versuchte er, sie durch das Kriegsleben zu heilen, kämpfte durch lange Fußmärsche, karge Kost, steten Aufenthalt im Freien und Strapazen gegen das Übel und härtete seinen Körper dadurch ab. Meistens schlief er im Wagen oder in der Sänfte, um die Zeit der Ruhe nicht für seine Unternehmungen zu verlieren. Wenn er am Tage durch das Land fuhr auf dem Wege zu den Festungen, Städten, Lagern, dann hatte er einen Sklaven neben sich sitzen, der gewohnt war, während der Reise nach seinem Diktat zu schreiben;

hinter ihm stand ein einziger Soldat, mit dem Schwert bewaffnet. Er pflegte so schnell zu reisen, daß er zum Beispiel
bei seiner ersten Reise von Rom nur acht Tage bis zur
Rhone brauchte.

Von Kindheit an war er ein ausgezeichneter Reiter; er hatte
sich daran gewöhnt, Hände auf dem Rücken, das Pferd im
Galopp laufen zu lassen. Auf seinem Feldzug in Spanien
versuchte er mit Erfolg, im Reiten Briefe zu diktieren und
damit zwei oder, wie Oppius erzählt, gar noch mehr Schreiber zu beschäftigen. Er war auch der erste, wie man berichtet, der auf den Gedanken kam, sich mit seinen Freunden brieflich zu unterhalten, weil in dringenden Fällen für
eine mündliche Unterhaltung bei der Fülle der Geschäfte
und den weiten Entfernungen in Rom keine Zeit war.

Von seiner Anspruchslosigkeit in der Kost erzählt man folgende Geschichte. Als ihn einst in Mailand sein Gastfreund
Valerius Leo bewirtete, setzte er ihm Spargel vor, und statt
Speiseöl zu nehmen, goß er Salböl darüber. Cäsar aß davon, ohne mit der Wimper zu zucken, und tadelte seine
Freunde, die sich darüber aufhielten: „Es hätte wirklich
genügt, wenn ihr es hättet stehen lassen, was euch nicht
schmeckte; wer solche Taktlosigkeit tadelt, ist selbst takt-
los." Auf einer Reise trieb Unwetter ihn in die Hütte eines
ärmlichen Bauern, in der er nichts anderes fand als eine einzige Kammer, die zur Not einen Menschen beherbergen
konnte. Da sagte er zu seinen Freunden: „Den Ehrenplatz
muß man den Vornehmen überlassen, das Dach über dem
Kopf gebührt dem Schwächsten." Deshalb ließ er Oppius in
der Kammer schlafen, während er selbst mit den andern
unter dem Wetterdach vor der Tür schlief.

18. Sein erster Kampf in Gallien ging gegen die Helvetier
und Tiguriner. Sie hatten ihre zwölf Städte und vierhundert
Dörfer in Brand gesteckt und drangen nun durch das römische Gallien wie einst die Kimbern und Teutonen, denen
sie an Tapferkeit offenbar nicht nachstanden. Sie waren
gewiß auch nicht weniger zahlreich mit einer Gesamtzahl
von dreihunderttausend Köpfen, darunter einhundertund-
neunzigtausend kriegstaugliche Männer. Den Sieg über die

Tiguriner erfocht Cäsar nicht selbst, er hatte Labienus gegen sie geschickt, der sie in der Nähe der Saône aufrieb. Den Helvetiern gelang es, Cäsar auf dem Marsch zu einer verbündeten Stadt zu überfallen; doch hatte er eben noch Zeit, sich in eine feste Stellung zu retten. Als er dort die Truppen gesammelt und zum Kampf geordnet hatte, brachte man ihm ein Pferd. Da rief er: „Das brauche ich nach dem Sieg für die Verfolgung, jetzt geht's zu Fuß gegen die Feinde!" So stürmte er in den Kampf. Nach langem, hartnäckigem Gefecht drängte er den Gegner zurück, aber bei der Wagenburg gab es noch die meiste Arbeit, weil dort nicht nur die Männer heldenmütigen Widerstand leisteten, sondern sich auch die Weiber und Kinder bis zum Tod wehrten und sich an der Seite ihrer Männer niederhauen ließen. Erst um Mitternacht fand die Schlacht ihr Ende.

Den ruhmvollen Sieg krönte er mit einer schöneren Ruhmestat. Er siedelte die Barbaren, die sich aus der Schlacht gerettet hatten, mehr als hunderttausend, wieder an und zwang sie, das Land, das sie verlassen hatten, wieder anzubauen und die zerstörten Städte wiederherzustellen. Dieser Plan entsprang der Furcht, die Germanen könnten über den Rhein herüberkommen und die verlassenen Gebiete in Besitz nehmen.

19. Das eigentliche Ziel, das er mit dem zweiten Krieg verfolgte, war die Rettung der Kelten vor den Germanen, obwohl er dem Germanenkönig Ariovist erst vor kurzem in Rom den Titel *Bundesgenosse des römischen Volkes* verliehen hatte. Aber die Germanen waren als Nachbarn für die Stämme, die sie sich unterworfen hatten, unerträglich, und es war vorauszusehen, daß sie auf die Dauer doch keine Ruhe halten und bei günstiger Gelegenheit weiterziehen und Gallien in Besitz nehmen würden. Aber die Offiziere hatten, wie Cäsar bemerkte, Angst vor dem Feldzug gegen die Germanen, besonders die vornehmen jungen Herren, die den Dienst in Cäsars Heer nur als Gelegenheit, ein fröhliches Leben zu führen und sich an den Beutegeldern zu bereichern, betrachteten. Deshalb rief Cäsar das Heer zusammen und erklärte, wenn sie so feige und weichlich seien,

sollten sie nach Hause gehen und sich nicht zwingen lassen, solche Gefahren zu bestehen; dann würde er eben mit der zehnten Legion allein den Kampf gegen die Germanen wagen, die gewiß nicht gefährlicher seien als die Kimbern, und schließlich sei er auch kein schlechterer Feldherr als Marius. Da schickte die Zehnte Abgeordnete an ihn, um ihm ihren Dank auszusprechen. Die anderen Legionen schoben alle Schuld auf ihre Offiziere, und am Ende folgten ihm alle begeistert. Der Marsch dauerte mehrere Tage, bis sie ungefähr zweihundert Stadien vom Feind ihr Lager aufschlugen.

Ariovist war schon über den Anmarsch der Römer erschrokken; er hatte nicht damit gerechnet, daß die Römer den Kampf anbieten würden, weil er meinte, sie würden sich selbst einem Angriff der Germanen nicht stellen. Um so mehr war er über Cäsars Kühnheit überrascht, und zugleich mußte er bemerken, wie auch seine Truppen in Unruhe gerieten. Noch mehr schreckten sie die Weissagungen der heiligen Frauen, die aus der Beobachtung der Strudel, Wirbel und des Brausens des Wassers ihn warnten, vor Neumond die Schlacht zu wagen. Als Cäsar davon hörte und die Germanen ruhig in ihrem Lager bleiben sah, beschloß er, ihnen auch gegen ihren Willen lieber die Schlacht aufzuzwingen, als selbst abzuwarten, bis es ihnen passen würde. Deshalb richtete er seine Angriffe immer wieder gegen die verschanzten Hügel, auf denen sie saßen, und brachte sie schließlich in solche Wut, daß sie herabkamen und sich mit ihm schlugen. Cäsars Sieg war vollständig, vierhundert Stadien weit verfolgte er sie bis an den Rhein, und der ganze Weg war mit Toten und Waffen übersät. Ariovist gelang es, über den Rhein zu entkommen. Die Zahl der Gefallenen soll achtzigtausend betragen haben.

20. Nach diesem Erfolg ließ er sein Heer in das Gebiet der Sequaner in Winterquartier rücken. Er selbst begab sich, um die politischen Ereignisse in Rom besser beobachten zu können, nach dem Pogebiet, das zu seiner Provinz gehörte. Denn der Rubikon trennt das eigentliche Italien von dem Gallien diesseits der Alpen. Während seines Aufenthaltes

dort kamen viele Römer zu ihm, und immer wieder versuchte er, neue Anhänger zu werben, indem er ihnen alle ihre Wünsche erfüllte. Wer ihn verließ, trug die Erfüllung einer Bitte oder wenigstens eine Hoffnung mit heim. Während der langen Kriegsjahre erfocht er, ohne daß Pompeius etwas ahnte, mit den Truppen, die ihm die Bürger gegeben hatten, den Sieg über die Feinde, und mit dem Reichtum, den er sich durch den Sieg über die Feinde schuf, lockte und gewann er die Bürger.

Inzwischen waren die Belger, der mächtigste Stamm der Kelten, der ein Drittel ganz Galliens bewohnte, wieder abgefallen und hatten ein Heer von ungezählten Tausenden unter Waffen gebracht. Kaum hatte Cäsar davon Kunde bekommen, als er in hastiger Eile nach Gallien zurückkehrte. Während sie das Gebiet der römischen Bundesgenossen verheerten, fiel er über sie her und jagte sie trotz ihrer ungeheuren Zahl nach schwachem Widerstand in schimpflicher Flucht auseinander. Tiefe Seen und Flüsse füllten sich derart mit Leichen, daß die Römer hinüberkommen konnten.

Während sich die Stämme in der Nähe des Ozeans nun freiwillig unterwarfen, mußte Cäsar noch einen Zug gegen die Nervier, die tapfersten Krieger in Belgien, unternehmen. Sie hatten sich in dichtverwachsene Waldungen zurückgezogen und ihre Familien und Habseligkeiten vor den Feinden tief in den Wäldern in Sicherheit gebracht. Als Cäsar eben sein Lager verschanzen ließ und an alles andere, nur nicht an einen Angriff dachte, fielen sie mit sechzigtausend Mann über ihn her und jagten die Reiter in die Flucht. Dann kreisten sie die Zwölfte und Siebente ein und machten alle ihre Offiziere nieder. Hätte Cäsar nicht nach einem Schild gegriffen, hätte er sich nicht durch die vordersten Reihen seiner kämpfenden Leute hindurch auf die Feinde gestürzt, wäre dann nicht die Zehnte angesichts der Gefahr, in der Cäsar schwebte, den Hang herabgeeilt und in die Linien der Feinde eingebrochen, so wäre wohl keiner mit dem Leben davongekommen. So kämpften sie, von Cäsars Tollkühnheit fortgerissen, wie man so sagt, einen Kampf, der über ihre Kräfte ging. Aber trotzdem konnten sie die Nervier nicht zurücktreiben, sondern mußten sie, weil sie sich verzweifelt wehrten, Mann für Mann niedermachen. Nur fünfhundert Mann sollen sich von sechzigtausend gerettet haben, von den vierhundert Ratsmännern sogar nur drei.

21. Als Cäsars Bericht über den Sieg nach Rom kam, beschloß der Senat zu Ehren der Götter ein Dankfest von fünfzehn Tagen, wie niemals vorher bei einem Sieg. Denn da sich so viele Völker gleichzeitig empört hatten, war die Gefahr offenbar gewaltig gewesen, und gerade weil Cäsar der Sieger gewesen war, betrachtete das Volk in seiner Begeisterung für ihn den Sieg als besonderen Erfolg.

Nachdem Cäsar die Verhältnisse in Gallien geordnet hatte, verbrachte er den Winter wieder in Norditalien, um seine Fäden nach Rom zu spinnen. Denn alle Männer, die sich um die hohen Ämter des römischen Volkes bewarben, suchten seine Hilfe und bestachen mit seinen Geldern, die er ihnen gegeben hatte, die Wählermassen. Waren sie dann gewählt, so kannten sie nur ein Ziel, Cäsars Macht und Einfluß in der Stadt zu stärken. Es fanden sich sogar die meisten politischen Großen in Luca ein, Pompeius, Crassus, Appius, Prätor von Sardinien, und Nepos, Prokonsul von Spanien, so daß dort hundertundzwanzig Liktoren und mehr als zweihundert Senatoren zusammen waren.

Als die Konferenz zu Ende ging, hatte man sich dahin geeinigt, daß Pompeius und Crassus im folgenden Jahr das Konsulat bekleiden sollten, während Cäsar außer der Statthalterschaft in Gallien für die nächsten fünf Jahre auch noch Gelder bekommen sollte. Das kam den vernünftigen Leuten allerdings widersinnig vor. Denn die Männer, die Cäsar mit Geld überhäuft hatte, baten jetzt den Senat, Cäsar die Summen zu bewilligen, als wenn er keinen Pfennig hätte, ja sie zwangen den Senat dazu trotz seines Stöhnens über die Beschlüsse. Cato war damals nicht in Rom, weil man ihn absichtlich nach Kreta geschickt hatte, um ihn zu entfernen, und Favonius, der es Cato gern nachtun wollte, hatte mit seinem Widerspruch im Senat keinen Erfolg; deshalb stürzte er zur Tür hinaus, um sich an das Volk zu wenden. Aber so laut er auch redete, niemand hörte auf ihn. Die einen schwiegen aus Ehrfurcht vor Pompeius und Crassus, die anderen aus Liebe für Cäsar, auf den sie die Hoffnung ihres Lebens gesetzt hatten.

22. Nach seiner Rückkehr zu den Truppen in Gallien fand Cäsar sich einem schweren Krieg gegenüber, da zwei germanische Völkerschaften, die Usipeter und Tenkterer, über den Rhein gekommen waren, um sich in Gallien Wohnsitze zu suchen. Cäsar hat selbst im *Gallischen Krieg* über diesen Krieg Bericht erstattet. Danach hatten die Feinde Gesandte an ihn geschickt, aber ihn während des Waffenstillstandes auf dem Marsch überfallen und mit achthundert Mann seine fünftausend Reiter, die keiner Feindseligkeit gewärtig waren, in die Flucht geschlagen. Dann schickten sie von neuem Gesandte, die ihn offenbar wieder betrügen sollten. Deshalb ließ er sie in Haft nehmen und zog gegen die Feinde, denn er hätte es für Torheit gehalten, den Feinden nach dem treulosen Bruch des Waffenstillstandes noch einmal zu vertrauen. So lautet Cäsars Bericht. Doch weiß Tanusius zu berichten, Cato habe in der Senatssitzung, in der aus Anlaß dieses Sieges ein Dankfest beschlossen wurde, sich dahin ausgesprochen, man müsse Cäsar den Feinden ausliefern, nur auf diese Weise könne man den Staat von der Schuld des Vertragsbruches befreien und den Fluch der Götter auf den wirklich Schuldigen abwälzen. Von den Usipetern und Tenkterern, die den Rhein überschritten hatten, wurden vierhunderttausend niedergehauen; die wenigen Flüchtlinge fanden bei den germanischen Sugambrern eine neue Heimat. Das war für Cäsar ein willkommener Anlaß, über den Rhein zu gehen. Denn ehrgeizig wie er war, wollte er auch als erster unter allen Menschen mit einem Heer diesen Fluß überschreiten. So baute er eine Brücke über den breiten Strom, der gerade an dieser Stelle sich weit ausdehnte und reißend daherströmte. Mit den herabtreibenden Bäumen und Stämmen riß und zerrte das Wasser an den Stützen der Brücke. Aber Cäsar bannte diese Gefahr durch starke Dückdalben, die er im Flußbett einrammen ließ, und hemmte so die Gewalt des anprallenden Stroms. Daß er den Bau in zehn Tagen vollendete, überstieg alle Erwartung.

23. Dann führte er sein Heer über den Rhein, ohne Widerstand zu finden. Denn selbst die Sueben, der mächtigste Germanenstamm, hatten sich in die dichtesten Wälder und die fernsten Schluchten zurückgezogen. Cäsar verwüstete also die Lande mit Feuer und Schwert und versuchte denen, die zu den Römern hielten, Mut zu machen. Nach einem Aufenthalt von achtzehn Tagen kehrte er über den Rhein zurück.

Sein Zug gegen die Britannier ist wegen seiner Kühnheit berühmt. Denn er war der erste, der sich hier im Westen mit einer Kriegsflotte aufs Meer wagte und mit einem Heer über den Atlantischen Ozean fuhr. Daß Britannien eine Insel sei, erschien manchen wegen ihrer Größe ja unglaublich, und unter den Gelehrten herrschte erbitterter Streit um diese Insel: alle Ezählungen von ihr seien erdichtet, selbst ihr Name erfunden, als wenn sie niemals existiert hätte und auch jetzt nicht existierte. Wenn er diese Insel zu unterwerfen versuchte, so bedeutete das, daß er die Herrschaft Roms über die Grenzen des bekannten Erdkreises hinausschob. Zweimal fuhr er von der gegenüberliegenden keltischen Küste aus nach Britannien hinüber. Aber der Schaden, den er den Feinden zufügte, war größer als der Vorteil, den seine Truppen davon hatten; denn es gab nichts, was des Mitnehmens wert gewesen wäre, bei diesem armseligen, dürftigen Volk. So machte er dem Krieg ein Ende, ohne sein Ziel erreicht zu haben. Doch ließ er sich von ihrem König wenigstens Geiseln stellen und zwang ihn zur Tributzahlung. Dann verließ er die Insel.

In Gallien fand er Briefe aus Rom vor, die ihm gerade nachgeschickt werden sollten. Sie kamen von seinen Freunden und meldeten ihm den Tod seiner Tochter, die im Hause ihres Gatten Pompeius bei der Geburt ihres Kindes gestorben war. Bitterer Schmerz erfaßte Pompeius selbst, bitterer Schmerz auch Cäsar, und die Freunde waren verstört, weil die Verwandtschaft nun zerrissen war, die den kranken Staat noch in Frieden und Einigkeit erhielt. Denn auch das Kind starb bald und überlebte die Mutter nur wenige Tage. Julias Leiche brachte das Volk trotz des Widerstandes der Volkstribunen auf das Marsfeld, wo sie bestattet liegt.

NEUE AUFSTÄNDE IN GALLIEN

24. Cäsars Heer war inzwischen so stark gewachsen, daß er es notgedrungen auf eine größere Anzahl von Winterquartieren verteilen mußte; er selbst ging wie schon in den Vorjahren für den Winter nach Norditalien. Da flammte in ganz Gallien der Aufstand wieder auf, und starke Heere der Gallier versuchten überall im Land die Winterquartiere aufzuheben und die verschanzten Lager zu erstürmen. Der stärkste, tapferste Trupp der Aufständischen unter Ambiorix' Führung rieb Cottas' und Titurius' Legionen auf. Dann schloß der Haufe, sechzigtausend Mann stark, die Legion des Quintus Cicero ein und belagerte sie. Fast wäre ihnen der Sturm geglückt, da die Römer alle verwundet waren und trotz ihres Heldenmutes die Verteidigung ihre Kräfte überstieg.

Als die Nachricht von der Erhebung Cäsar im fernen Norditalien erreichte, kehrte er schleunigst zurück, brachte wenigstens siebentausend Mann zusammen und eilte Cicero zu entsetzen. Aber die Belagerer bekamen von seinem Anmarsch Kunde und rückten ihm entgegen, weil sie vor seinen wenigen Leuten keine Furcht hatten, sie dachten ihn leicht erledigen zu können. Cäsar wich ihnen jedoch immer wieder geschickt aus, bis er eine Stellung gefunden hatte, in der er sich mit seiner kleinen Truppe selbst gegen eine mehrfache Übermacht verteidigen konnte. Hier verschanzte er sich und verbot seinen Leuten jedes Gefecht. Statt dessen ließ er Wall und Tore von seinen Soldaten höher als sonst üblich bauen, gerade als wenn sie Angst vor den Feinden hätten; er hoffte, seine Gegner würden dadurch leichtsinnig werden. Schließlich wurden sie denn auch dreist und übermütig und rückten in regellosen Haufen heran. In diesem Augenblick fiel er über sie her und jagte sie mit starken Verlusten in die Flucht.

25. Dieser Erfolg Cäsars erstickte die zahlreichen Aufstände in dem dortigen Gebiet; ebenso wichtig war es, daß Cäsar selbst in der Winterszeit sich überall sehen ließ und dabei auf die entstehenden Unruhen ein wachsames Auge hatte. Außerdem waren aus Italien drei Legionen gekommen als Ersatz für die verlorenen; zwei hatte Pompeius ihm von

den seinen geliehen, die dritte war erst kürzlich im Pogebiet
ausgehoben.

Gefährlicher noch als dieser Aufstand war es, daß schon
längst mächtige Männer Galliens in aller Heimlichkeit neue
Pläne gesponnen und unter den kriegerischen Stämmen
verbreitet hatten. Es war Cäsars größter, gefährlichster
Kampf in Gallien, dessen Anfänge jetzt allmählich spürbar
wurden. Von allen Seiten hatte man die Jungmannschaft
aufgeboten und bewaffnet, reiche Geldmittel für diesen
Zweck zusammengebracht; dazu kamen die stark befestigten Städte und leicht zu verteidigende Stellungen. Das alles
erhöhte die Gefahr dieses Krieges. Fast schien es, als sei ein
Widerstand Cäsars gegen das Unternehmen der Aufständischen aussichtslos, denn jetzt im Winter waren die Flüsse
gefroren, die Wälder in Schnee vergraben, die Ebenen von
den winterlichen Überschwemmungen überflutet, hier die
Wege von tiefem Schnee überdeckt, dort durch die überge-
tretenen Sümpfe und Wasser unkenntlich geworden. Der
Geist des Aufruhrs hatte zahllose Stämme ergriffen, aber
zum Ausbruch kam er bei den Arvernern und Carnuten.
Zum Führer der Streitmacht hatte man Vercingetorix gewählt. Seinen Vater hatten die Gallier einst getötet, weil
man ihn im Verdacht hatte, nach der Alleinherrschaft zu
streben.

26. Vercingetorix teilte sein Heer in einzelne Abteilungen,
deren jeder er mehrere Führer gab. Allmählich trat das
ganze Land ringsum bis an die Wasserscheide der Saône hin
auf seine Seite. Doch war sein letztes Ziel, ganz Gallien in
den Aufstand hineinzuziehen; das geschah in derselben Zeit,
als sich in Rom Cäsars Gegner schon gegen ihn verbanden.
Wäre der Aufstand nur kurze Zeit später gekommen, als
Cäsar schon in den Bürgerkrieg verwickelt war, dann wäre
die Bedrohung Italiens nicht geringer gewesen als in der
Zeit des Kimbernzuges. Doch Cäsar wußte besser als jeder
andere den Vorteil im Kriege auszunutzen, und die Natur
hatte ihm die Gabe verliehen, jeden Vorteil zu erspähen.
Kaum hatte er von dem Aufstand erfahren, als er schon mit
seinem Heere auf denselben Wegen zurückkam, auf denen

er eben erst marschiert war. Daß er trotz des tiefen Winters über die schwierigsten Wege in den stärksten Eilmärschen heranrückte, zeigte den Feinden, daß das Heer, das gegen sie heranzog, unüberwindlich und unbesiegt war. Denn wo nach menschlicher Berechnung kaum ein Bote oder Kurier in langer Zeit hätte durchkommen können, da erschien er plötzlich mit seinem ganzen Heer, verwüstete das Land, zerstörte die Dörfer, eroberte die Städte, und wenn ein Stamm wieder zu ihm übertrat, nahm er ihn in Gnaden wieder auf, bis endlich auch die Häduer sich erhoben. Bis dahin hatten sie sich mit Stolz als *Brüder der Römer* bezeichnet und als solche besondere Ehren genossen. Jetzt schlossen sie sich zum Entsetzen des römischen Heeres den Aufständischen an. So mußte Cäsar ihr Gebiet räumen; er zog durch das Land der Lingonen, um sich zu den Sequanern zu begeben, die treu geblieben waren und Italien gegen das übrige Gallien schützten. Auf dem Marsch dorthin wurde er von den Feinden überfallen. Sie schlossen ihn mit ihren ungeheuren Massen ein, so daß er den Kampf aufnehmen mußte. Nach langem erbitterten Ringen blieb er endlich siegreich und schlug die Feinde mit gewaltigen Verlusten in die Flucht. Zu Anfang der Schlacht hatte es allerdings gefährlich für ihn ausgesehen, und die Arverner zeigen noch heute in ihrem Tempel einen Dolch Cäsars, den sie als Beute dort aufgehängt haben. Cäsar bekam ihn selbst später dort zu sehen und lächelte darüber. Seine Freunde wollten ihn mitnehmen, doch erlaubte er es ihnen nicht, denn der Dolch gehöre nun den Göttern.

27. Indessen konnten sich damals die meisten, die aus der Schlacht entronnen waren, unter Vercingetorix' Führung in die Festung Alesia retten. Zwar galt die Stadt wegen der Höhe der Mauern und der Unzahl der Verteidiger als uneinnehmbar, trotzdem wagte Cäsar die Belagerung. Dabei geriet er jedoch in eine Gefahr, für die fast jede Beschreibung zu schwach ist. Denn was es an tapferen Männern in Gallien gab, rückte jetzt gewaffnet vor Alesia, dreihunderttausend Mann, während Alesia selbst von nicht weniger als einhundertsiebzigtausend Mann verteidigt wurde. Cäsar

stand zwischen den beiden Heeren eingeschlossen und mußte
sich gegen eine solche Belagerung durch zwei Mauerringe
schützen: gegen die Stadt und gegen das herangerückte Entsatzheer, denn wenn die beiden Heere sich miteinander vereinigt hätten, wäre es um ihn und seine Truppen geschehen
gewesen.

So gehört der gefährliche Kampf um Alesia mit Recht zu
den größten Ruhmestaten, kein anderer hatte soviel Ver-
wegenheit und Erfindungsgeist verlangt. Das größte Wunder aber war, daß die Verteidiger der Stadt nichts davon
ahnten, als Cäsar den Kampf gegen das Entsatzheer aufnahm und siegreich blieb; unglaublich fast, daß selbst die
Römer, die das Lager auf der Stadtseite verteidigten, von
dem Kampf nichts merkten. Sie erfuhren von dem Sieg
erst, als sie von Alesia her das Weinen und Klagen der
Männer und Frauen hörten, die gesehen hatten, wie die
Römer von der Rückseite des Lagers her silber- und gold-
geschmückte Schilde, blutbesudelte Panzer, dazu gallische
Becher und Zelte ins Lager schleppten. So war die gewaltige
Macht wie ein Traum oder Spuk im Augenblick verweht,
die meisten in dem Gefecht gefallen. Endlich ergaben sich
denn auch die Verteidiger nach unsäglichen Leiden und
Mühen, die sie selbst wie Cäsar hatten tragen müssen.
Vercingetorix, der große Führer dieses Krieges, legte seine
glänzendsten Waffen an und begab sich auf prächtig ge-
schmücktem Pferd zum Tor aus der Stadt hinaus. Im römischen Lager ritt er einmal um das Tribunal herum, auf dem
Cäsar thronte, dann sprang er vom Pferd, warf die Rüstung ab und setzte sich zu Cäsars Füßen. Dort wartete er
schweigend, bis man ihn fortführte, um ihn für den Triumph in Haft zu halten.

28. Cäsar hatte schon lange im Sinn, Pompeius zu stürzen,
wie ohne Zweifel Pompeius ihn. Crassus hatte dem Kampf
der beiden Gegner zugesehen, um schließlich den Streit
gegen den überbleibenden Sieger aufzunehmen. Aber nun
hatte er im Partherkrieg den Tod gefunden. So blieb dem
einen, wenn er der mächtigste werden wollte, nichts anderes,
als den, der es wirklich war, zu stürzen, und den Gegner,

den er fürchtete, aus dem Wege zu räumen, um nicht selbst dies Schicksal zu erleiden. Erst seit kurzem war diese Furcht in Pompeius aufgestiegen; bis dahin hatte er auf Cäsar herabgesehen, als wenn es für ihn ein leichtes sein müßte, den Mann, den er selbst groß gemacht hatte, wieder zu stürzen. Cäsar hatte allerdings von Anfang an keinen anderen Gedanken gehabt und deshalb den Kampfplatz in Rom seinen Nebenbuhlern überlassen. Im fernen Gallien wurde er allmählich Meister in der Kunst des Krieges und stählte sein Heer. So schuf er seinen Ruhm, und seine Siege hielten nun Pompeius' Erfolgen die Waage. Seinen Ruhm zu mehren, war ihm jeder Grund recht, gleich ob Pompeius ihm einen solchen bot oder die politische Lage oder die Mißwirtschaft in Rom. Denn wer sich dort um ein Amt bewarb, stellte seine Tische auf offenem Markt auf, um die Wähler schamlos zu bestechen, und dann gingen die Leute hin, um für ihren Wohltäter nicht mit ihrer Stimme, sondern mit Pfeil und Schwert und Schleuder zu kämpfen. Oft genug war die Rednerbühne mit Blut und Leichen besudelt, wenn die Versammlung auseinanderging.

Steuerlos trieb der Staat dahin, so daß einsichtige Männer es noch für ein Glück hielten, wenn bei einem solchen Wahnsinn und Wirrwarr die Verhältnisse auf nichts Schlimmeres hinausliefen als die Herrschaft *eines* Mannes. Manche wagten schon in der Öffentlichkeit das Wort zu äußern, ohne Monarchie sei das Leben des Staates verloren, und wenn sie hinzufügten, dann müsse man sich diese Arznei von einem freundlichen Arzt eingeben lassen, so meinten sie Pompeius. Freilich zierte er sich, ausdrücklich um eine solche Stellung zu bitten, tatsächlich aber zielten alle seine Schritte auf die Diktatur. Cato aber durchschaute seinen Plan und stellte im Senat den Antrag, Pompeius zum Konsul ohne Kollegen zu ernennen. Er wollte verhindern, daß Pompeius sich selbst mit Gewalt zum Diktator aufschwang, wenn man ihn nicht mit einem Amt befriedigte, das einigermaßen mit der Verfassung zu vereinbaren war. Auch beschloß man, seine Amtszeit als Statthalter zu verlängern: er besaß ja zwei Provinzen, das ganze Spanien und Afrika, die er durch seine Legaten verwalten ließ. Für den Unterhalt seiner Legionen bekam er aus der Staatskasse jährlich tausend Talente.

29. Die Folge war, daß auch Cäsar sich durch Vermittlung einiger Freunde, die er als Unterhändler nach Rom schickte, um das Konsulat bewarb und die Verlängerung seiner Statthalterschaft forderte. Pompeius schwieg zunächst dazu, aber Marcellus und Lentulus erhoben Einspruch. Sie waren beide keine Freunde Cäsars, und um ihn in den Augen des Volkes zu beschimpfen und herabzusetzen, gingen sie weit über die Grenzen des Notwendigen hinaus. So hatte Cäsar erst kürzlich den Bewohnern von Novum Comum beim Wiederaufbau ihrer Stadt geholfen; jetzt nahmen Marcellus und Lentulus ihnen das Bürgerrecht wieder, und Marcellus ließ als Konsul einen der dortigen Ratsherren, der nach Rom gekommen war, geißeln und fügte noch hinzu, das solle er mit heimtragen als Mahnung, daß er kein Römer sei. Als der Mann fortging, rief er ihm noch zu, er solle die Striemen Cäsar zeigen.

Als Cäsar von dieser Untat des Marcellus hörte, ließ er den ganzen ungeheuren Reichtum, den er in Gallien erworben hatte, in die Hände der Politiker in Rom strömen; er befreite nicht nur den Volkstribun Curio von der Last seiner Schulden, er gab auch dem damaligen Konsul Paullus fünfzehnhundert Talente, mit denen er am Forum an der Stelle der alten Fulvischen Basilika eine neue baute. Allmählich bekam Pompeius doch Furcht, daß Cäsar so viele Leute an sich zog. Deshalb scheute er sich nicht mehr, in aller Öffentlichkeit mit Hilfe seiner Freunde dahin zu wirken, daß Cäsar einen Nachfolger in seiner Provinz bekam. Außerdem verlangte er von ihm die Legionen zurück, die er ihm für den Kampf in Gallien geliehen hatte. Cäsar schickte sie ihm zurück, aber vorher schenkte er jedem Mann zweihundertfünfzig Drachmen. Als Pompeius' Offiziere die Legionen nach Rom geleitet hatten, verbreiteten sie allerhand böse Gerüchte über Cäsar, allerdings zum Schaden ihrer eigenen Sache; denn mit ihren eitlen Hoffnungen verblendeten sie Pompeius. Sie berichteten ihm etwa, Cäsars Truppen sehnten sich nach ihm; wenn ihm in Rom in der unheildrohenden Politik Haß und Neid keinen Erfolg gönne, so stehe für ihn dort in Gallien ein Heer bereit, und es würde sofort auf seine Seite treten, wenn man es nur über die Alpen herüberbrächte; die Truppen seien die ewigen Kriege satt und fürchteten Cäsars Streben nach der Alleinherrschaft, kurz, sie haßten ihn.

Solche Reden machten Pompeius eitel und hochmütig; er kümmerte sich nicht mehr um die Aushebung der Truppen, als wenn er nichts zu fürchten hätte. Statt dessen gedachte er, Cäsar mit geistreichen Reden und Beschlüssen politisch niederzuzwingen, für die Cäsar allerdings kein Interesse aufbringen konnte. Denn einer seiner Offiziere, die nach Rom gekommen waren, stand eines Tages vor der Kurie, als er hörte, der Senat wolle Cäsar die Verlängerung seiner Statthalterschaft nicht bewilligen. Da schlug er, erzählt man, an sein Schwert mit den Worten: „Dann wird das Schwert sie ihm besorgen."

30. Indessen konnte man Cäsars Forderung ihre Berechtigung keineswegs absprechen. Er machte nämlich den Vorschlag, das Kommando niederzulegen; wenn Pompeius dann dasselbe täte, wollten sie beide als bloße Privatpersonen ihren Mitbürgern die Belohnung ihrer Verdienste anheimstellen; wolle man ihm selbst die Waffen nehmen, Pompeius dagegen sie belassen, so wäre der Erfolg doch nur, daß man dem einen das Streben nach der Tyrannis vorwerfe und den anderen zum Tyrannen mache. Curio trug in Cäsars Namen dem Volk diesen Vorschlag vor und fand dafür lauten Beifall; ja einige warfen ihm Blumen und Kränze zu, wie einem Fechter nach dem Sieg. Auch der Tribun Antonius brachte einen Brief Cäsars, in dem er den Vorschlag wiederholte, vors Volk und verlas ihn trotz des Widerstandes der Konsuln. Allein im Senat stellte Pompeius' Schwiegervater Scipio den Antrag, Cäsar zum Hochverräter zu erklären, wenn er nicht innerhalb einer bestimmten Frist das Kommando niederlegen würde. Als dann die Konsuln die Frage stellten, ob Pompeius die Soldaten entlassen müsse, stimmten nur ganz wenige mit Ja, während sich eine über-

wältigende Mehrheit dahin aussprach, daß Cäsar seine Truppen entlassen solle. Ein weiterer Vorschlag des Antonius, es sollten beide auf ihr Amt verzichten, fand einmütige Billigung. Doch widersetzte Scipio sich auf das heftigste, und Lentulus schrie, Waffen brauche man gegen einen Räuber, keine Abstimmung. Dann ging der Senat auseinander, und sie legten Trauer an wegen des Haders.

31. Bald darauf traf ein neues Schreiben Cäsars ein, das wiederum durchaus gemäßigte Vorschläge enthielt. Er machte das Angebot, auf alles andere zu verzichten, wenn man ihm nur Norditalien und Illyrien mit zwei Legionen lassen wolle, bis er sich um das zweite Konsulat bewerben könne. In dieser Zeit war Cicero, der Redner, aus Kilikien zurückgekommen. Er unternahm den Versuch, die beiden Gegner zu versöhnen, und erreichte es auch, daß Pompeius sich mit Cäsars Vorschlägen einverstanden erklärte, doch wollte Pompeius Cäsar keine Truppen zugestehen. Cicero beredete daher Cäsars Freunde, sich mit den erwähnten Provinzen und sechstausend Mann zu begnügen, um so den Streit aus der Welt zu schaffen. Auch Pompeius gab nach und hätte den Vorschlag angenommen. Doch der Konsul Lentulus wehrte sich dagegen und ließ Antonius und Curio mit Schimpf und Schande aus dem Senat werfen. Freilich spielte er seinem Gegner auf diese Weise den trefflichsten Vorwand in die Hände, mit dem Cäsar seine Leute zur Wut entflammte. Er malte ihnen aus, wie diese angesehenen Männer, hohe Beamte des römischen Volkes, auf einem elenden Mietskarren in Sklaventracht aus Rom hätten fliehen müssen. In der Tat hatten sie Rom verlassen.

32. Cäsar hatte nicht mehr als dreihundert Reiter und fünftausend Mann Fußvolk bei sich. Das übrige Heer stand noch jenseits der Alpen, doch hatte er schon seine Legaten abgeschickt, es herbeizuholen. Aber er erkannte, daß es bei dem Anfang seines Unternehmens und bei dem ersten Angriff nicht auf die Zahl der Truppen ankam; viel wichtiger schien es ihm, mit einem gewagten, kühnen Schlag die Gegner zu überraschen. Es dünkte ihn leichter, durch sein unerwartetes Erscheinen bei seinen Feinden Furcht und Ent-

setzen zu verbreiten, als sie mit einem wohlgerüsteten Heer zu überwältigen. Deshalb gab er seinen Obersten und Offizieren Befehl, nur mit dem Schwert in der Hand, ohne alle anderen Waffen, Ariminum, die bedeutende Stadt im norditalischen Gallien, zu besetzen, wenn irgendmöglich ohne Blutvergießen und Unruhe. Die Führung der Truppen übernahm in seinem Auftrage Hortensius.

Er selbst zeigte sich den Tag über in der Öffentlichkeit und sah dem Training der Fechter zu. Kurz vor Dunkelwerden begab er sich nach einem Bad in den Speisesaal und unterhielt sich eine Weile mit seinen Gästen. Als es dunkel wurde, erhob er sich und verabschiedete sich aufs liebenswürdigste von seinen Gästen mit der Bitte zu bleiben, er werde bald zurückkommen. Nur einigen wenigen hatte er aufgetragen, ihm zu folgen, einer nach dem anderen, nicht alle auf einmal. Indes bestieg er einen Mietwagen und fuhr zunächst einen anderen Weg, dann schlug er die Richtung nach Ariminum ein. Als er an den Rubikon kam, den Grenzfluß zwischen seiner Provinz, dem diesseitigen Gallien, und dem eigentlichen Italien, verfiel er in Nachdenken. Denn nun nahte der entscheidende Augenblick, und die Größe des Wagnisses erhob sich drohend vor seinem inneren Auge. So ließ er den Wagen halten und prüfte noch einmal schweigend seinen Plan, es fiel ihm schwer, zu einem Entschluß zu kommen. Lange beriet er mit seinen Freunden, unter ihnen auch Asinius Pollio, und konnte den Gedanken nicht abweisen, wieviel Menschen sein Entschluß ins Unglück stürzen müsse, wie die Nachwelt einst über ihn urteilen würde. Endlich tat er mit leidenschaftlicher Bewegung den Schritt vom Grübeln in die Zukunft und sprach das Wort, das vor ihm schon so viele gesprochen haben, wenn sie sich in gewagte Abenteuer stürzten: „Der Würfel soll gefallen sein!" Schnell überschritt er den Rubikon und legte den Rest des Weges in eiliger Fahrt zurück. Noch vor Anbruch des Tages drang er in Ariminum ein und besetzte es. In der Nacht vor dem Übergang über den Rubikon soll er übrigens einen furchtbaren Traum gehabt haben; es kam ihm vor, als wenn er bei seiner Mutter schliefe.

33. Die Einnahme von Ariminum öffnete dem Krieg die Tore weithin zu allen Ländern und Meeren, und wenn Cäsar so die Grenzsteine seiner Provinz umstürzte, so stürzte er damit auch die Gesetze der Stadt. Italien war aufgestört: nicht Männer und Frauen, wie in anderen Zeiten, hätte man glauben sollen, zogen in ihrer Angst durchs Land, es schien, als wenn ganze Städte sich auf den Weg gemacht hätten und flüchtig durcheinanderliefen. Rom selbst füllte sich mit dem Strom der Flüchtlinge und Auswanderer aus den umliegenden Städten und Dörfern. Kein freundliches Wort, kein scharfer Befehl konnte Ordnung schaffen. Es hätte nicht viel gefehlt, daß Rom in dem Wogenschlag des Unheils sich selbst vernichtet hätte. Überall in der Stadt stießen die Leidenschaften aufeinander. Denn auch die Sieger hielten in ihrer Freude keine Ruhe; mit dem Gegner, bei dem Trauer und Niedergeschlagenheit herrschte, gerieten sie in der weiten Stadt immer wieder aneinander, und von Zukunftshoffnungen gelockt, fingen sie Händel und Streitigkeiten an. Pompeius war in Erregung, dazu wurde er von allen Seiten mit guten Ratschlägen oder Vorwürfen überhäuft: er habe zu seinem eigenen und des Staates Schaden Cäsar groß gemacht, oder: er hätte Lentulus nicht gestatten dürfen, Cäsars nachgiebige und wohlgemeinte Angebote mit Hohn und Spott zurückzuweisen. Favonius bat ihn, mit dem Fuß auf die Erde zu stampfen, weil Pompeius einst im Senat hochfahrend sich geäußert hatte, es brauche sich niemand Sorgen zu machen oder um die Kriegsvorbereitungen zu kümmern; wenn Cäsar kommen würde, brauche er nur auf den Boden zu stampfen, um Italien mit seinen Heeren zu füllen.

Allerdings war Pompeius auch damals Cäsar noch an Fülle der Macht überlegen; aber niemand gestattete ihm, nach seiner eigenen Einsicht zu handeln. Deshalb gab er schließlich den zahllosen Gerüchten, Lügen, Schreckensnachrichten, der Feind stehe schon vor den Toren, Cäsar habe sich schon überall zum Herrn gemacht, nach und ließ sich von dem allgemeinen Schrecken fortreißen. In einem Erlaß erklärte er förmlich den Zustand des Bürgerkrieges und verließ die

Stadt; dann gab er Befehl, der Senat solle ihn begleiten und
niemand, dem Vaterland und Freiheit höher stehe als die
Tyrannis, zurückbleiben.

34. Auch die Konsuln verließen Rom und nahmen sich nicht
einmal Zeit, die Opfer darzubringen, wie es das Gesetz
ihnen vor dem Auszug befahl. Die meisten Senatoren hatten es bei ihrer Flucht so eilig, daß sie von ihrem Eigentum
an sich rafften, was ihnen in die Hände fiel, als sei es frem-
des Gut. Unter den Flüchtenden waren sogar manche, die
früher treue Anhänger Cäsars gewesen waren, aber in dem
Trubel der Zeit die Überlegung verloren und sich ohne Not
von dem Strom der Flucht mit fortreißen ließen. Am trau-
rigsten war die Stadt selbst anzusehen. So wird ein Schiff
beim Aufkommen des wilden Sturms dem Spiel der Wogen
und Wellen überlassen, wenn die Schiffer den Mut verlieren.
Aber trotz allen Leids, das die Flucht mit sich brachte, betrachteten die Flüchtlinge die Verbannung als ihr Vaterland, weil Pompeius bei ihnen war, und Rom erschien ihnen
als Cäsars Lager, das sie gern verließen. Selbst Cäsars treuester Freund, Labienus, der sein Legat gewesen und in Gallien in allen Kriegen an seiner Seite in treuer Kamerad-
schaft gefochten hatte, verließ ihn jetzt und begab sich zu
Pompeius. Aber Cäsar ließ ihm sein Vermögen und sein
Gepäck nachschicken.

Cäsars erster Angriff richtete sich gegen Domitius, der mit
dreißig Kohorten in Corfinium saß. Er schloß ihn in der
Stadt ein, so daß Domitius sich schon verloren glaubte und
von seinem Arztsklaven Gift verlangte. Er nahm, was der
Sklave ihm reichte, und trank davon, um zu sterben. Nach
einer kurzen Weile wurde ihm berichtet, mit welch wunderbarer Milde Cäsar seine Gefangenen behandele; da beklagte
er sich selbst und machte sich Vorwürfe über seinen voreili-
gen Entschluß. Doch der Sklave beruhigte ihn, er habe ein
Schlafmittel, kein Gift getrunken. Jubelnd sprang er auf,
eilte zu Cäsar und einigte sich mit ihm; aber dann ent-
wischte er wieder zu Pompeius. Als diese Nachrichten nach
Rom kamen, beruhigte sich die Stimmung wieder und manche Flüchtlinge kehrten zurück.

35. Die Leute des Domitius steckte Cäsar in sein Heer, ebenso die Truppen, die für Pompeius angeworben waren und die er in den verschiedenen Städten überraschte. So war sein Heer allmählich so stark geworden, daß es eine furchtgebietende Macht darstellte, als er den Vormarsch gegen Pompeius aufnahm. Doch wich Pompeius dem Kampf aus und floh nach Brundisium. Von dort schickte er die Konsuln mit einem Teil seines Heeres voraus nach Dyrrhachium, er selbst folgte ihnen bald, als Cäsar heranzog. Die Einzelheiten will ich in Pompeius' Biographie beschreiben. Cäsar hätte am liebsten die Verfolgung sofort fortgesetzt, doch hatte er keine Schiffe. Daher kehrte er nach Rom zurück; in der kurzen Zeit von sechzig Tagen war er ohne Blutvergießen Herr von ganz Italien geworden.

In Rom fand Cäsar die Stimmung ruhiger, als er erwartet hatte. Da er dort auch viele Senatoren antraf, sprach er zu ihnen mit weiser Mäßigung und bat, man möge wegen eines billigen Vergleichs Verhandlungen mit Pompeius anknüpfen. Doch wollte niemand diese Aufgabe übernehmen, manche hatten Pompeius gegenüber kein gutes Gewissen, da sie ihn im Stich gelassen hatten, andere trauten dem Ernst der Worte Cäsars nicht und hielten sie für Schaumschlägerei.

Als der Volkstribun Metellus ihn hindern wollte, Geld aus der Staatskasse zu nehmen, und sich dabei auf die Gesetze berief, antwortete er ihm: „Gesetze und Waffen passen nicht zusammen. Wenn dir nicht gefällt, was ich tue, so gehe lieber; denn der Krieg leidet keinen Widerspruch. Wenn erst wieder Frieden herrscht und ich die Waffen niederlege, dann kannst du wiederkommen und deine Volksreden halten. Überhaupt vergebe ich mir mit diesen Worten schon zuviel von meinem Recht. Denn du bist in meiner Hand, und alle meine Gegner, die ich hier gefunden habe, sind in meiner Hand." Mit diesen Worten ging er auf die Tür der Staatskasse zu. Doch konnte man den Schlüssel nicht finden; er ließ daher Schlosser holen, um das Schloß aufzubrechen. Metellus versuchte noch einmal Einspruch zu erheben, und manches zustimmende Wort wurde laut. Da erklärte ihm Cäsar mit Nachdruck, er werde ihn auf der Stelle töten lassen, wenn er mit seinen Quengeleien nicht aufhöre, und fügte hinzu: „Mein lieber Junge, du weißt wohl, daß es mir saurer ankommt, dies zu sagen als es zu tun." Die Wirkung dieses Wortes war so stark, daß Metellus bestürzt abzog und Cäsars Forderungen ohne Schwierigkeit in aller Eile erfüllt wurden.

36. Dann ging Cäsar nach Spanien. Er wollte dort Pompeius' Legaten Afranius und Varro vertreiben und die dortigen Truppen und Provinzen in seine Hand bringen, ehe er sich gegen Pompeius selbst wandte; so brauchte er dann keinen Feind im Rücken zu fürchten. In Spanien geriet er selbst durch unerwartete Überfälle der Feinde verschiedene Male in Lebensgefahr, das Schlimmste für sein Heer war der Hunger. Trotzdem führte er die Verfolgung hartnäckig durch, lockte die Feinde zum Kampf oder schloß sie mit seinen Wällen und Gräben ein, bis er schließlich alle Heere und Lager in seine Macht gebracht hatte. Ihre Führer entflohen zu Pompeius.

37. Nach Cäsars Rückkehr nach Rom riet sein Schwiegervater Piso ihm, durch Beauftragte mit Pompeius über einen Vergleich zu verhandeln. Isauricus tat Cäsar den Gefallen, sich einem solchen Vorschlag zu widersetzen. Der Senat wählte ihn darauf zum Diktator, und in dieser Eigenschaft rief er die Verbannten in die Stadt zurück; auch setzte er die Söhne, deren Väter von Sulla einst geächtet waren, wieder in ihre Rechte ein und nahm zugunsten der Schuldner eine Zinssenkung vor. Auch traf er andere Maßnahmen dieser Art, allerdings nur in beschränktem Maße. Denn er legte schon nach elf Tagen die Diktatur nieder und ernannte sich selbst und Servilius Isauricus zu Konsuln. Wichtiger als die Innenpolitik schien ihm die Fortsetzung des Krieges. Auf dem Wege nach Brundisium überholte er den größten Teil seiner Truppen. Als er in See ging, hatte er neben seinen besten sechshundert Reitern nur fünf Legionen bei sich. Es war um die Wintersonnenwende im Anfang Januar, der etwa dem Monat Poseideon der Athener entspricht. Nach glücklicher Fahrt über das Adriatische Meer eroberte er Orikon und Apollonia und ließ dann die Schiffe nach

Brundisium zurückgehen, um die Truppen, die den ersten Transport nicht erreicht hatten, zu holen. Aber sie waren immer noch auf dem Marsch. Müde und erschöpft von den endlosen Kriegen, schalten sie auf Cäsar: „Einmal muß er doch endlich aufhören, uns in der ganzen Welt herumzuschleppen. Wohin will er mit uns? Was soll das alles? Wir sind doch schließlich auch Menschen, die müde werden können und ein fühlendes Herz in der Brust haben. Selbst Eisen wird mürbe von vielen Schlägen, und Schild und Panzer gönnt man doch auch einmal Ruhe. Er könnte doch an unseren Narben sehen, daß wir auch nur sterblich sind und wie andere Sterbliche Schmerz und Leid fühlen. Selbst ein Gott kann dem Winter und den Stürmen des Meeres nicht trotzen; aber er stürzt sich in die Gefahren, als wenn er der Verfolgte, nicht der Verfolger wäre." In solcher Stimmung ließen sie sich viel Zeit auf ihrem Marsch nach Brundisium. Als sie endlich ankamen, war Cäsar schon fort. Da packte sie die Reue. Sie schalten sich selbst Verräter an ihrem Führer und machten ihren Offizieren Vorwürfe, daß sie sie nicht zu größerer Eile angetrieben hatten. So saßen sie auf den Höhen am Strand und schauten sehnsüchtig über das Meer nach Epirus, von wo sie die Schiffe erwarteten, die sie zu ihrem Cäsar bringen sollten.

38. Seine Lage in Apollonia war äußerst bedrohlich. Denn die Macht, die er bei sich hatte, war für einen ernsthaften Kampf zu schwach, und die anderen Truppen kamen nicht heran. In seiner Verzweiflung faßte er den tollkühnen Plan, heimlich auf einem kleinen Kahn mit nicht mehr als zwölf Ruderern nach Brundisium zurückzufahren, ohne Rücksicht auf die Flotten der Feinde, die das Meer beherrschten. In dunkler Nacht ging er als Sklave verkleidet an Bord und kauerte sich, wie die Armen es tun, in einen Winkel, um zu schlafen. Während der Fahrt den Aous herunter, trieb der Landwind, der bis zum Morgen weht, die Nacht über die Meereswogen an der Mündung zurück und ließ das Schiff ruhig den Fluß heruntergleiten. Gegen Morgen schlug der Wind um, und es kam eine frische Brise von See her auf. So fluteten die Wogen des Meeres gegen die Wellen des Flusses,

und das Wasser bildete brausende Strudel. Bei dem harten
Wellengang konnte der Steuermann den Kurs nicht mehr
halten und befahl den Ruderern zu wenden, weil er umkehren wollte. Als Cäsar es bemerkte, gab er sich zu erkennen und faßte den erschrockenen Steuermann bei der
Hand mit den Worten: „Mut, mein Lieber, fürchte nichts.
Du fährst Cäsar und mit ihm sein Glück in deinem Boot!"
Darüber vergaßen die Ruderer den Sturm, legten sich in die
Riemen und versuchten in ihrem Eifer, die Strömung zu bezwingen. Aber es war unmöglich. Das Schiff drohte vollzu-
schlagen, und in der Mündung wurde die Fahrt lebensge-
fährlich. Mit schwerem Herzen erlaubte Cäsar dem Steuermann umzukehren. Bei seiner Landung kamen ihm seine
Leute scharenweise entgegen und beschwerten sich bitter,
daß er sich nicht getraute, auch mit ihnen allein zu siegen,
es sei ein Zeichen des Mißtrauens, wenn er sich aus Sorge
um die Fehlenden in solche Gefahren stürze.
39. Bald darauf brachte Antonius die Truppen von Brundisium herüber. Cäsar faßte wieder Mut und bot Pompeius
die Schlacht an. Dieser stand mit seinem Heer an einer besonders günstigen Stelle, an der ihn die Zufuhren von der
Land- und Seeseite her ohne Schwierigkeit erreichen konnten, während Cäsar schon im Anfang sparsam leben mußte
und schließlich in empfindliche Not geriet. Seine Soldaten
lebten von einer Art Wurzeln, die sie zerrieben und mit
Milch mischten. Manchmal machten sie auch Brote daraus,
liefen damit zu den feindlichen Vorposten und warfen sie
ihnen hin. Drohend riefen sie den Feinden zu, solange die
Erde solche Wurzeln hervorbrächte, würden sie Pompeius
belagern. Doch Pompeius verbot den Posten strengstens,
den Leuten im Lager von diesem Brot und diesen Reden
zu erzählen. Denn seine Mannschaften hatten schon Angst
genug vor Cäsars ungeschlachten, brutalen Leuten, die sie
wie wilde Tiere fürchteten.
Vor Pompeius' Befestigung gab es täglich hier und da kleine
Gefechte, in denen Cäsar jedesmal siegreich blieb. Nur an
einem Tage hätte er allerdings durch die Flucht seiner
Leute fast sein Lager verloren. Bei einem Vorstoß des Pom-

peius hielt keiner stand, die Gräben füllten sich mit Leichen, und bei der übereilten Flucht wurden viele noch vor ihren eigenen Schanzen und Befestigungen niedergehauen. Cäsar stürzte den Fliehenden entgegen und versuchte sie zum Stehen zu bringen, aber ohne Erfolg. Wenn er zu einem der Feldzeichen greifen wollte, warfen die Träger sie von sich, so daß nicht weniger als zweiunddreißig den Feinden in die Hände fielen. Dabei geriet er selbst in die größte Lebensgefahr. Einen riesenhaften, starken Kerl, der an ihm vorbeifliehen wollte, packte er mit der Hand und schrie ihm zu, er solle stehenbleiben und sich gegen den Feind kehren. Der Mann, sinnlos vor Angst, hob sein Schwert, um ihn niederzuhauen. Doch Cäsars Waffenträger kam ihm zuvor und schlug ihm den Arm ab.

Cäsar war über die Niederlage fast verzweifelt. Pompeius hatte aus Furchtsamkeit oder durch bloßen Zufall den Kampf nicht bis zum letzten Ende durchgefochten, er hatte sich damit begnügt, die fliehenden Feinde in ihrem Lager einzuschließen, und war dann abgezogen. Da sagte Cäsar beim Verlassen des Schlachtfeldes zu seinen Freunden: „Heute wäre der Sieg bei den Feinden gewesen, wenn sie einen gehabt hätten, der siegen kann!" Dann zog er sich in sein Zelt zurück. Es war die furchtbarste Nacht seines Lebens. Ratlos sann er hin und her. Er glaubte, es sei ein schwerer Fehler gewesen, daß er den Krieg nicht in die fruchtbaren Gefilde und reichen Städte Makedoniens und Thessaliens getragen hatte, sondern jetzt hier an der Küste saß, wo die Feinde das Meer beherrschten. Wenn er sie ja auch mit seinem Heer bedrohte, viel schlimmer war, daß die Feinde ihn selbst mit Hunger bedrohten. Zweifel warfen ihn hin und her, die Schwierigkeit seiner Lage an der Küste beunruhigte ihn, einen Ausweg gab es hier nicht. Deshalb beschloß er, sein Heer nach Makedonien gegen Scipio zu führen. Dadurch hoffte er, Pompeius in eine Gegend zu locken, wo dieser sich ohne Unterstützung seiner Flotte mit ihm schlagen mußte. Sollte Pompeius ihm aber nicht folgen, so würde Scipio, sich selbst überlassen, leicht seine Beute werden.

40. Pompeius' Heer und auch seine Generale glaubten, Cäsar habe seine Sache verloren gegeben und wolle sich davonmachen. In ihrer Siegesgewißheit wollten sie ihm sofort nachsetzen. Doch Pompeius hütete sich, unter solchen Umständen eine Schlacht zu wagen. Er selbst war ja für absehbare Zeit mit allem Notwendigen reichlich versehen, deshalb gedachte er, die Kraft der Feinde, die gewiß nicht unerschöpflich war, allmählich aufzureiben und zu vernichten. Denn Cäsars beste Truppen waren im Kampf allerdings unwiderstehlich wegen ihrer Kühnheit und ihrer Kriegserfahrung; aber bei langen Märschen, beim Lagerbau, beim Sturm auf die Mauern oder bei Nachtwachen ermatteten sie leicht, weil sie allmählich zu alt geworden waren. Solchen Anstrengungen waren sie körperlich nicht mehr gewachsen, und wegen ihrer Schwäche leisteten sie weniger, als sie selbst gewollt hätten. Damals erfuhr man auch, daß in Cäsars Lager infolge der schlechten Nahrung eine Seuche ausgebrochen war. Das wichtigste aber war: Cäsar hatte weder Geld noch Lebensmittel genug, er mußte also nach menschlicher Voraussicht in Kürze am Ende seiner Kräfte sein.

41. Es waren Gründe genug, weshalb Pompeius mit Recht jeder Schlacht aus dem Wege ging. Doch Beifall fand er damit nur bei Cato, weil so der Kampf zwischen den Bürgern vermieden wurde. Als er kürzlich auf dem Schlachtfeld die Gefallenen der Feinde gesehen hatte, gegen tausend, hatte er sein Haupt in die Toga gehüllt und war weinend fortgegangen. Die anderen freilich warfen alle Pompeius Feigheit vor, daß er Angst habe vor der Schlacht, und erbitterten ihn, wenn sie ihn *Agamemnon* oder *König der Könige* nannten, als wenn er niemals wieder auf die Herrschaft verzichten wolle und stolz darauf sei, daß zahllose Feldherren von seiner Gunst abhängig waren und ihm in seinem Zelt ihre Aufwartung machen mußten, Favonius, der gern Catos Freimut nachmachen wollte, schalt wie ein Wütender, daß er diesmal wegen Pompeius' Herrschsucht keine Feigen aus dem Tuskulanum zu essen bekommen sollte. Auch Afranius hatte eine lose Zunge; er war erst vor kurzem nach seiner bösen Niederlage aus Spanien angekommen und stand im

Verdacht, er habe das Heer für Geld verraten. Er fragte alle Leute, weshalb man sich denn mit dem Handelsmann nicht schlagen wolle, der ihm die Provinzen abgehandelt hätte.

Schließlich ließ Pompeius sich durch alle diese Spöttereien zur Schlacht verführen und machte sich auf, hinter Cäsar herzuziehen. Dieser hatte auf seinem Marsch manche Not gelitten, weil ihm kein Mensch Lebensmittel liefern wollte, alle hatten wegen seiner kürzlich erlittenen Niederlage die Achtung vor ihm verloren. Als er aber Gomphoi in Thessalien erobert hatte, fand er nicht nur Lebensmittel genug für sein Heer, auch die Seuche nahm ein überraschendes Ende. Den Soldaten waren hier ungeheure Vorräte an Wein in die Hände gefallen; davon tranken sie sich einen gehörigen Rausch an, und noch auf dem Marsch taten sie sich gütlich daran. Dadurch trieben sie die Seuche aus dem Körper heraus und wurden wieder gesund.

42. Als die beiden Heere in die Ebene von Pharsalos eingerückt waren und dort ihre Lager aufgeschlagen hatten, kehrte Pompeius wieder zu seinem alten Plan zurück, vor allem weil ihn unglückliche Vorzeichen und ein böser Traum ängstigten. Dagegen war sein Gefolge um so leichtsinniger und dünkte sich in seiner Hoffnungsseligkeit als Sieger. Leute wie Domitius, Spinther und Scipio stritten sich schon um Cäsars Priesterwürde. Viele schickten sogar Leute nach Rom, um Häuser mieten oder beschlagnahmen zu lassen, wie Konsuln oder Prätoren sie brauchten, weil sie gleich nach ihrer Rückkehr solche Ämter anzutreten gedachten. Am ungeduldigsten gebärdeten sich die Ritter in ihren glänzenden Rüstungen, mit ihren wohlgenährten Pferden und ihren eleganten Gestalten. Vor allem auf ihre Übermacht bildeten sie sich viel ein, weil sie siebentausend Mann stark waren gegen Cäsars tausend Mann. Auch die Zahl des Fußvolks war ungleich. Pompeius konnte fünfundvierzigtausend Mann aufstellen, Cäsar nur zweiundzwanzigtausend.

43. Nun berief Cäsar seine Mannschaften zusammen und erklärte ihnen, daß Corfinius mit zwei Legionen auf dem Anmarsch sei und fünfzehn Kohorten unter Calenus in der

Gegend von Athen und Megara ständen. Seine Frage war, ob sie diese Verstärkungen erst abwarten oder allein den Kampf wagen wollten. Mit lautem Geschrei baten sie ihn, nicht zu warten, sondern mit allen Mitteln dafür zu sorgen, daß sie möglichst bald an den Feind herankämen.

Dann ließ er das Sühnopfer für sein Heer darbringen, und schon bei der Opferung des ersten Tieres erklärte der Priester, innerhalb der nächsten drei Tage werde die Entscheidung gegen die Feinde fallen. Auf Cäsars Frage, ob das Opfer denn nicht auch für den Ausgang ein günstiges Zeichen künde, antwortete er: „Diese Frage kannst du dir selbst besser beantworten als ich; denn die Götter künden überhaupt einen vollkommenen Umschwung der Dinge an. Hältst du also deine Lage jetzt für günstig, so mußt du dich auf ein Unglück gefaßt machen; sonst darfst du einen glücklichen Ausgang erwarten." Als Cäsar dann in der Nacht vor der Schlacht die Runde machte bei seinen Posten, erschien um Mitternacht eine feurige Fackel, und es schien, als wenn sie in leuchtend hellem Glanz über Cäsars Lager hinwegglitt und dann im Lager der Feinde verschwand. Und um die Morgenwache bemerkte man, daß ein panischer Schrecken unter den Feinden entstanden war. Indessen erwartete Cäsar nicht, daß es an diesem Tag zur Schlacht kommen würde; er traf vielmehr alle Anstalten, um nach Skotussa zu marschieren.

44. Schon waren die Zelte abgebrochen, als seine Kundschafter mit der Nachricht heransprengten, die Feinde rückten zum Kampf aus dem Lager. Voller Freude betete er zu den Göttern und ordnete sein Heer in drei Treffen zum Kampf. Die Mitte übernahm Domitius Calvinus, den linken Flügel Antonius, während er selbst auf dem rechten in den Reihen seiner Zehnten kämpfen wollte. Auf diesem Flügel sah er die ganze feindliche Reiterei vor sich, und der Glanz ihrer Rüstungen und ihre Stärke erschien ihm nicht ungefährlich. Deshalb ließ er aus dem hintersten Treffen unbemerkt sechs Kohorten zu sich kommen und stellte sie hinter seinem rechten Flügel auf. Sie bekamen ihren Befehl, wie sie sich beim Angriff der Reiter zu verhalten hätten.

Bei den Feinden führte Domitius den linken Flügel und
Pompeius den rechten, sein Schwiegervater Scipio stand in
der Mitte. Die Reiter hatte Pompeius ohne Ausnahme auf
den linken Flügel gestellt, um ihn zu verstärken. Sie sollten Cäsars rechten Flügel umfassen, die Niederlage gerade
dieses Flügels, der unter Cäsars persönlicher Führung stand,
mußte besonders wirkungsvoll werden. Denn mochte das
Fußvolk hier auch noch so tief gestaffelt sein, dem Angriff
dieser starken Reiterei würde es gewiß nicht standhalten
können; es mußte bei dem Ansturm zerschmettert und auseinandergesprengt werden. Als dann das Zeichen zum Vormarsch gegeben werden sollte, befahl Pompeius seinem Fußvolk, Speer bei Fuß stehenzubleiben und auf der Stelle den
Angriff des Feindes abzuwarten, bis der Feind mit einem
Speerwurf zu erreichen sei. Cäsar hat später diesen Befehl
als einen schweren taktischen Fehler bezeichnet; Pompeius
habe außer acht gelassen, daß gerade beim ersten Zusam-
menprall der Sturmlauf den Hieben die stärkste Wucht
verleiht und die Kampfwut aufflammen läßt.

Cäsar wollte eben das Fußvolk vorrücken lassen, als ihm
einer seiner Hauptleute ins Auge fiel, ein alter treuer Haudegen. Er feuerte seine Leute zu beherztem, tollkühnem
Kampf auf. Cäsar rief ihn bei Namen: „Gaius Crassinius,
was dürfen wir hoffen? Wie steht es mit dem Kampfesmut?" Crassinius streckte ihm die Rechte entgegen und rief
laut: „Der Sieg wird herrlich, und ob ich ihn erlebe oder
nicht, du sollst mich heute noch loben." Mit diesen Worten
stürmte er als erster gegen die feindliche Linie vor und riß
seine Leute, hundertundzwanzig Mann, mit sich. So brach
er durch das erste Glied hindurch und bahnte sich mit gewaltigen Schwerthieben seinen Weg, bis ein Feind ihm sein
Schwert in den Mund stieß, daß es im Genick wieder her-
auskam. Erst der Tod tat seinem Morden Einhalt.

45. Während das Fußvolk in der Mitte in erbittertem Ringen stand, gingen Pompeius' Reiter auf dem Flügel schnei-
dig zum Angriff vor und entfalteten schon ihre Schwadronen, um Cäsars Flügel einzuschließen. Aber ehe es zum Einhauen kam, stießen Cäsars Kohorten vor. Doch gebrauch-

ten sie diesmal ihre Speere nicht wie sonst zum Wurf, sie stießen auch nicht gegen die Schenkel und Schienbeine der Gegner, vielmehr zielten sie nur nach den Augen und brachten den Feinden im Gesicht Wunden bei. Den Befehl dazu hatten sie von Cäsar bekommen. Er kannte seine Gegner: an Krieg und Wunden nicht gewöhnt, jung und auf ihre Jugendschönheit eitel, würden sie solche Stöße am meisten fürchten und aus Angst vor der Gefahr des Augenblicks und der drohenden Entstellung ihrer Schönheit nicht standhalten. Cäsar behielt recht. Die Reiter schauderten vor den erhobenen Speeren und wagten nicht, das Eisen vor ihren Augen zu sehen. Sie drehten sich um und hielten ihre Finger vor die Augen, um sie zu schützen. Dadurch gerieten ihre Reihen in Unordnung, schließlich ergriffen sie mit Schimpf und Schande die Flucht. Damit war die Niederlage besiegelt. Denn Cäsars siegreiche Kohorten umzingelten ihrerseits Pompeius' Fußvolk, fielen ihnen in den Rücken und begannen das Gemetzel.

Als Pompeius von seinem Flügel her seine Reiterei fluchtartig auseinanderstieben sah, verlor er alle Fassung. Er vergaß, daß er Pompeius der Große war. Als habe ein Gott ihn geschlagen, ging er wortlos in sein Zelt. Da saß er nieder und wartete, was kommen würde, bis endlich die Flucht allgemein wurde und die Feinde gegen das Lager vorgingen, ja schon mit der Lagerbesatzung sich herumschlugen. Erst in diesem Augenblick erwachte er aus seiner Betäubung und sprach das eine Wort: „Also sogar bis ins Lager!" Dann vertauschte er das prächtige Gewand des Feldherrn mit einer schlichten Tracht, wie sie dem Flüchtling ziemte, und entfernte sich. Von seinen späteren Schicksalen, wie er sich den Ägyptern auslieferte und von ihnen ermordet wurde, erzählen wir in seinem Leben.

46. Als Cäsar in das Lager seines Gegners kam und neben den Leichen der Feinde den Mord weiter wüten sah, seufzte er auf: „Das haben sie gewollt, dazu haben sie mich gezwungen, denn sonst hätte man mich, Gaius Cäsar, den Sieger über die gefährlichsten Feinde, wenn ich mein Heer entlassen hätte, gar noch zum Tod verdammt." Asinius Pollio

erzählt, Cäsar habe diese Worte auffallenderweise lateinisch gesprochen, doch habe er selbst sie griechisch aufgezeichnet. Nach seinem Bericht bestand übrigens der größte Teil der Gefallenen aus Sklaven, die bei der Eroberung des Lagers niedergemacht waren; an Soldaten seien nicht mehr als sechstausend Mann gefallen. Von den Gefangenen reihte Cäsar die meisten in seine Legionen ein, vielen Adligen schenkte er die Freiheit, unter ihnen auch Brutus, seinem späteren Mörder. Brutus war vermißt worden, und Cäsar soll sich um ihn geängstigt haben; als er sich aber schließlich unverwundet einstellte, freute Cäsar sich über die Maßen.

47. Diesen Sieg hatten viele Vorzeichen angekündigt. Das merkwürdigste spielte sich in Tralles ab. In dem dortigen Niketempel war ein Standbild Cäsars; um den Sockel herum war der gewachsene Boden mit harten Steinen gepflastert. Trotzdem soll aus diesem Boden neben dem Sockel der Statue eine Palme emporgeschossen sein.

In Patavium saß am Tag der Schlacht Gaius Cornelius bei der Beobachtung des Vogelflugs; er war berühmt als Vogelschauer, ein Landsmann und Freund des Historikers Livius. Als er die erste Beobachtung anstellte, erkannte er die Stunde der Schlacht, wie Livius berichtet, und sagte zu den Anwesenden: „Jetzt naht die Entscheidung; die Männer schreiten zur Tat." Dann begann er die zweite Beobachtung. Als er die Zeichen sah, sprang er in göttlicher Begeisterung auf und rief: „Cäsar, du siegst!" Die Umstehenden waren wie vom Blitz gerührt. Aber Cornelius nahm den heiligen Kranz vom Haupt und tat den Schwur, ihn erst wieder aufzusetzen, wenn der Erfolg seine Kunst gerechtfertigt hätte. Livius bezeugt ausdrücklich die Wahrheit dieser Erzählung.

48. Zum Dank für den Sieg schenkte Cäsar den Thessalern die Freiheit. Dann nahm er die Verfolgung des Pompeius auf. Als er auf seinem Zug an die kleinasiatische Küste kam, schenkte er auch den Knidiern die Freiheit, weil er dem Sagenforscher Theopomp eine Freude machen wollte. Schließlich erließ er auch allen Bewohnen Kleinasiens ein Drittel ihrer Abgaben.

Nach Alexandria kam er erst nach der Ermordung des Pompeius. Als Theodotos ihm dessen Haupt überbrachte, wandte er sich voll Entsetzen ab, doch nahm er unter Tränen wenigstens seinen Siegelring an. Von Pompeius' Anhängern und Freunden waren viele auf den Irrfahrten ihrer Flucht in die Hände des Königs gefallen. Cäsar kam ihnen allen mit der größten Freundlichkeit entgegen und gewann ihre Herzen. Deshalb schrieb er denn auch seinen Freunden in Rom, die größte Freude, die ihm sein Sieg schenken konnte, sei doch, daß er immer wieder Gelegenheit habe, Mitbürgern, die auf der Seite seiner Gegner gestanden hätten, Leben und Freiheit zu schenken.

Den gefährlichen, unrühmlichen Kampf, in den Cäsar hier in Alexandria verwickelt wurde, hätte er sich nach der Meinung mancher Historiker leicht ersparen können, daran sei nur seine Liebe zur Kleopatra schuld gewesen. Freilich schieben andere alle Schuld auf die Minister des Ägypterkönigs, vor allem auf den Eunuchen Potheinos, der einen besonders verderblichen Einfluß ausübte. Er hatte ja erst vor kurzem Pompeius ermorden lassen, Kleopatra aus dem Land getrieben und arbeitete jetzt im geheimen mit seiner ganzen Energie gegen Cäsar. Um sich gegen Anschläge auf sein Leben zu sichern, soll Cäsar von diesem Augenblick an ganze Nächte hindurch gezecht haben. Selbst im großen Kreis war Potheinos unerträglich dreist in seinen Reden und Handlungen, um Cäsars Stellung und Ansehen zu untergraben. Den Soldaten, die immer nur schlechtes, altes Getreide geliefert bekamen, hielt er vor, sie sollten doch zufrieden sein und sich freuen, daß sie auf anderer Leute Kosten leben könnten. Die königliche Tafel ließ er nur mit hölzernem oder irdenem Geschirr decken und redete sich damit heraus, das silberne und goldene sei ja Cäsar für irgendeine alte Schuld verpfändet. Denn der Vater des damaligen Königs hatte Cäsar siebzehn und eine halbe Million Drachmen geschuldet. Davon verlangte Cäsar jetzt zehn Millionen zurück, um seine Truppen unterhalten zu können; den Rest hatte er den Kindern des verstorbenen Königs schon vorher erlassen. Potheinos schlug ihm vor, er solle doch zunächst Ägypten verlassen und seine gewaltigen Pläne ausführen; wenn er dann zurückkomme, werde man ihm mit Dank die Schuld bezahlen. Cäsar fertigte ihn kurz ab, Ägypter seien die letzten, von denen er einen Rat brauche. Dann ließ er Kleopatra heimlich vom Lande hereinholen.

49. Prinzessin Kleopatra brachte von ihrem ganzen Hofstaat nur den Sizilier Apollodoros mit. In einem kleinen Kahn landete sie bei einbrechender Nacht in der Nähe des königlichen Palastes. Da es unmöglich schien, ungesehen hineinzukommen, legte sie sich der Länge nach in einen Bettsack hinein, wie man ihn braucht, um Bettdecken und Bettpolster darin aufzubewahren. Dann umschnürte Apollodoros ihn mit Riemen und brachte das Bündel durch das Tor zu Cäsar hinein. Dieser tollkühne Streich gefiel Cäsar so gut, daß er sich in sie verliebte, und da überhaupt der Reiz ihres Wesens ihn gefangen nahm, söhnte er sie mit ihrem Bruder aus unter der Bedingung, daß er sie an der Regierung teilnehmen ließ. Zur Feier der Versöhnung fand ein Festmahl statt. Vorher hatte Cäsars Barbier eine wichtige Entdeckung gemacht. Einen ängstlicheren Menschen als diesen Sklaven könnte man sich nicht vorstellen, er mußte immer alles untersuchen, neugierig hatte er überall seine Augen und Ohren. Dabei hatte er herausbekommen, daß der königliche General Achillas und der Eunuch Potheinos einen Anschlag gegen Cäsar angezettelt hatten. Als Cäsar davon erfuhr, ließ er den Festsaal umstellen und Potheinos beseitigen. Achillas konnte sich aber zu seinen Truppen retten und verwickelte Cäsar in einen schweren Krieg, der für ihn um so gefährlicher war, weil er in der Riesenstadt mit seinem kleinen Häuflein den Kampf gegen eine vielfache Übermacht aufnehmen mußte.

Die erste Gefahr, die ihn bedrohte, war, daß die Feinde ihm das Wasser abschnitten, indem sie die Leitungen sperrten. Als man dann versuchte, ihm seine Flotte zu nehmen, konnte er die Gefahr nur durch eine Feuersbrunst abwenden; aber das Feuer breitete sich von den Schiffswerften her weiter aus und vernichtete auch die große königliche Bibliothek. Und als sich schließlich beim Pharos, dem berühmten

Leuchtturm von Alexandria, ein Gefecht entspann, mußte er vom Damm herunter den Sprung in ein Boot wagen, um sich zu retten und seinen Truppen zur Hilfe zu kommen. Aber die Ägypter kamen von allen Seiten auf ihn zugefahren, so daß er ins Meer sprang und mit knapper Not schwimmend sein Leben retten konnte. Dabei hatte er in der einen Hand, wie erzählt wird, auch noch eine Menge Papiere, die er nicht verlieren wollte, und mit ihren Speerwürfen zwangen ihn die Feinde immer wieder unterzutauchen; aber trotzdem hielt er die Papiere mit der einen Hand über Wasser und schwamm mit der anderen. Sein Boot war allerdings gleich gesunken. Am Ende ging auch der König zu Cäsars Feinden über. Cäsar zog gegen ihn und schlug ihn mit starken Verlusten. Seit dieser Zeit wurde der König vermißt. Dann verließ Cäsar Ägypten und ging nach Syrien. Kleopatra, die er als Königin zurückgelassen hatte, schenkte ihm bald einen Sohn, den die Alexandriner Kaisarion nannten.

50. Von Syrien zog er weiter nach Kleinasien, wo ihn die Nachricht erreichte, daß Domitius von Mithridates' Sohn Pharnakes geschlagen und mit wenigen Begleitern aus dem Pontos geflohen sei. Die Meldung besagte weiter, daß Pharnakes seinen Sieg rücksichtslos ausnutze, Bithynien und Kappadokien in seine Hand gebracht habe und auf dem Wege nach dem sogenannten Kleinarmenien sei; er versuche alle Könige und Vierfürsten gegen Rom aufzuhetzen. Cäsar zog sofort mit drei Legionen gegen ihn, siegte in der Gegend von Zela in einer blutigen Schlacht, verjagte ihn aus seinem Reich Pontos und rieb auch sein ganzes Heer auf. Um die überraschende Schnelligkeit seines Kampfes zu melden, schrieb er nach Rom seinem Freund Amantius die drei Worte: „Kam, sah, siegte." Im Lateinischen reimen sich diese Worte übrigens und sind von einer unübertrefflichen, packenden Kürze.

51. Dann ging er endlich nach Italien zurück und kam in Rom an gegen Ende des Jahres, für das er zum zweitenmal zum Diktator ernannt worden war, früher hatte die Dauer dieses Amtes allerdings niemals ein Jahr betragen. Für das

folgende Jahr wurde er wieder zum Konsul gewählt. Es machte aber einen unangenehmen Eindruck, daß er für Soldaten, die bei einem Aufruhr zwei frühere Prätoren, Cosconius und Galba, niedergehauen hatten, nur eine geringe Strafe hatte: in einer Ansprache redete er sie ‚Bürger‘, nicht mehr ‚Kameraden‘ an; dann ließ er jedem tausend Drachmen auszahlen und ein kleines Ackergut in Italien anweisen. Cäsars Ruf mußte auch leiden durch die Verrücktheit des Domitius, Amantius’ Habgier und Antonius’ Trunksucht. Übrigens brachte dieser auf sehr krummen Wegen Pompeius’ Palast in seinen Besitz und ließ ihn dann auch noch umbauen, als wenn er für ihn nicht gut genug wäre. Den Schaden von all diesen Torheiten mußte Cäsar tragen. Er wußte freilich davon und haßte solches Wesen, aber bei der politischen Lage blieb ihm nichts anderes übrig, als sich auch solche Helfer gefallen zu lassen.

52. Nach der Schlacht bei Pharsalos waren Cato und Scipio nach Afrika geflohen und hatten dort mit König Jubas Unterstützung beträchtliche Truppenmassen zusammengebracht. Cäsar entschloß sich, den Kampf mit ihnen aufzunehmen, und ging um die Wintersonnenwende nach Sizilien. Seine Offiziere wären vielleicht gern längere Zeit dort geblieben; aber damit sie sich keine falschen Hoffnungen machen sollten, ließ er sein Zelt unmittelbar am Strande aufschlagen. Sobald der Wind günstig war, ging er mit dreitausend Mann Fußvolk und ein paar Reitern in See. In Afrika brachte er sie glücklich an Land, ohne daß die Feinde davon erfuhren, und kehrte sofort wieder nach Sizilien zurück, weil er sich um das Schicksal des größeren Teils seiner Truppen doch Gedanken machte. Aber sie begegneten ihm schon unterwegs auf hoher See, und auch sie kamen glücklich ins Lager.

Hier erfuhr er, daß seine Gegner auf ein altes Orakel vertrauten, den Scipionen sei in Afrika immer der Sieg beschieden. Er nutzte es gleich für sich aus. Ob er damit nun mit bitterem Spott den Führer seiner Gegner, Scipio, lächerlich machen oder im Ernst das Orakel für sich gebrauchen wollte, ist schwer zu sagen. Er hatte in seinem Heer einen armen Schlucker, um den sich kein Mensch kümmerte. Aber er stammte aus dem Geschlecht der ,Afrikaner', ein gewisser Scipio Sallustio. Diesen Mann stellte Cäsar in seinen Schlachten immer als General an die Spitze seiner Truppen. Oft genug mußte Cäsar in diesem Krieg sich mit den Feinden schlagen oder ihnen eine Schlacht anbieten. Denn die Vorräte für die Verpflegung seiner Leute waren ebenso knapp wie das Futter für die Tiere. Man mußte schließlich Seemoos, das man ein wenig abgespült hatte, mit Gras mischen, um es für die Pferde genießbar zu machen. Immer wieder tauchten die Numider mit ihren starken Haufen überraschend auf und beherrschten so das flache Land.

Eines Tages hatten Cäsars Reiter nichts zu tun. Ihre Pferde hatten sie den Burschen überlassen und schauten selbst mit Vergnügen einem Eingeborenen zu, der ihnen wunderbare Tänze und kunstvolles Flötenspiel vorführte. Plötzlich stürmten die Feinde von allen Seiten auf sie zu und hieben eine Anzahl nieder. Die anderen wollten sich Hals über Kopf ins Lager retten, aber die Feinde versuchten mit ihnen gleichzeitig ins Lager einzudringen. Wäre nicht Cäsar und an Cäsars Seite Asinius Pollio ihnen aus dem Lager heraus zur Hilfe gekommen, so wäre der Krieg mit einem Schlage zu Ende gewesen. Auch in einem anderen Gefecht behielten die Feinde nach einem heftigen Ringen die Oberhand. Bei dieser Gelegenheit soll Cäsar einen fliehenden Adlerträger im Nacken gepackt haben. Dann drehte er ihn um und schrie: „Da sind die Feinde!"

53. Diese Erfolge machten Scipio Mut, die Schlacht zu wagen. Afranius und Juba bekamen Befehl, in geringer Entfernung ihre Lager aufzuschlagen, während er selbst oberhalb eines Sees in der Nähe von Thapsos ein verschanztes Lager beziehen wollte. Es sollte für alle seine Truppen während der Schlacht Ausgangspunkt und Zuflucht bilden. Scipio war noch mit der Anlage des Lagers beschäftigt, als Cäsar mit unglaublicher Schnelligkeit durch waldiges Gelände vorstieß, dessen Zugänge man unbesetzt gelassen hatte. Scipios Truppen wurden zum Teil eingekreist, zum Teil frontal angegriffen; die Niederlage war vollständig. Im vor-

8. Indessen wußte Agis es durchzusetzen, daß Lysander zum Ephor gewählt wurde. Unmittelbar nach der Wahl ließ er dann durch ihn bei dem ‚Rat der Alten' einen Antrag einbringen. Die wichtigsten Punkte darin waren, daß den Schuldnern die Schulden erlassen und das Land neu verteilt werden sollte. Der Plan sah vor, daß das Gebiet, das von der Schlucht von Pellana und dem Taygetos und von Malea und Sellasia eingeschlossen wird, in viertausendfünfhundert Lose geteilt wurde, während aus dem Gebiet außerhalb dieser Grenzen fünfzehntausend Teile gebildet werden sollten. Dieses Gebiet war für die waffenfähigen Perioiken bestimmt, das im Innern liegende für die Spartiaten. Ferner sollte die Zahl der Spartiaten aufgefüllt werden aus den Perioiken und den Fremden, die eine Erziehung genossen hätten, wie sie für Freie üblich sei. Außerdem mußten sie körperlich gesund sein und durften ein gewisses Alter nicht überschritten haben. Die letzte Bestimmung verlangte, daß aus diesen Leuten fünfzehn Phiditien gebildet wurden mit je vierhundert oder zweihundert Teilnehmern und daß sie in ihrer Lebensweise sich die Spartaner der Vorzeit als Vorbild nehmen sollten.

9. Über diesen Antrag konnte im ‚Rat der Alten' keine Übereinstimmung erzielt werden. Lysander berief also das Volk zur Versammlung und besprach selbst die Sache mit den Bürgern. Auch Mandrokleidas und Agesilaos ergriffen das Wort und baten, man möge doch nicht einigen wenigen zuliebe, die mit dem Volk ja doch nur ihren Spott trieben, geduldig zusehen, wie Spartas Ehre durch den Schmutz gezogen würde. Er erinnerte an den Rat der alten Orakel, sie sollten sich vor der Habsucht hüten, der größten Gefahr für Sparta. Auch das Orakel, das erst kürzlich aus Pasiphaes Tempel ergangen war, hielt er ihnen vor Augen.

Heiligtum und Orakel der Pasiphae in Thalamai waren weithin angesehen. Nach der einen Darstellung war Pasiphae eine Tochter des Atlas und von Zeus die Mutter des Ammon; nach anderen Berichten war Priamos' Tochter Kassandra dort gestorben und hatte den Beinamen Pasiphae erhalten, weil sie *allen* die Zukunft *kündete*. Wieder anders berichtet Phylarchos. Danach war Amyklas Tochter Daphne auf ihrer Flucht vor Apollon, der sie mit seiner Liebe verfolgte, in einen Baum verwandelt worden, und Apollon hatte ihr, um sie zu ehren, die Gabe der Weissagung verliehen. Gleichgültig, wie es sich mit der Entstehung des Orakels verhielt, jedenfalls wurde damals die Behauptung aufgestellt, das Orakel verlange die Wiederherstellung der Gleichheit unter den Spartiaten, wie sie einst Lykurgos im Gesetz gefordert hatte.

Zuletzt erhob sich auch König Agis und erklärte kurz, er wolle für die Verfassung, die er einführen wolle, einen wichtigen Beitrag leisten. Zunächst stelle er selbst sein Vermögen zur Verfügung, und zwar sechshundert Talente in bar neben dem großen Besitz an Ackerland und Weiden. Auch seine Mutter und Großmutter, ebenso Verwandte und Freunde, die reichsten Männer der Stadt, schlössen sich ihm an.

10. Staunen ergriff das Volk über die Großmut des jungen Königs. Es freute sich, daß nun nach langen dreihundert Jahren ein König herrschte, der Spartas würdig war. Allein Leonidas leistete jetzt mehr als je Widerstand; es war ihm klar, daß auch er sich gezwungen sehen würde, Agis' Beispiel zu folgen, ohne doch bei seinen Mitbürgern denselben Dank zu ernten; denn wenn alle ihr Vermögen opfern würden, so könne nur der eine auf Dank und Ehre rechnen, der das Beispiel gegeben hatte. So legte er Agis denn die Frage vor, ob er nicht auch Lykurgos für einen gerechten, ehrenwerten Mann halte. Auf Agis' zustimmende Antwort fragte Leonidas weiter: „Und wo hat Lykurgos je in den Schuldenerlaß gewilligt oder Fremden das Bürgerrecht verliehen? War er nicht vielmehr überzeugt, daß der Staat ohne die Fremdenaustreibung überhaupt nicht bestehen könne?" Allein Agis hielt ihm entgegen, es sei freilich kein Wunder, wenn er, der in der Fremde aufgewachsen sei und Kinder besäße aus seiner Ehe mit einer Satrapentochter, falsch über Lykurgos urteile; er könne freilich nicht wissen, daß Lykurgos Schuldenmachen und Geldverleihen ebenso wie den Gebrauch von Bargeld aus der Stadt verbannte, aber sein Haß richtete sich weniger gegen die Fremden, die sich in den

Söhne des Pompeius, die dort trotz ihrer Jugend ein mächtiges
Heer aufgestellt hatten. Ihr tollkühner Mut gab ihnen das
Recht, ein solches Heer zu führen; selbst Cäsar brachten sie
in Gefahr. In der entscheidenden Schlacht bei Munda sah
Cäsar seine Truppen langsam zurückweichen. Da lief er
durch die Reihen seiner Leute hindurch und rief ihnen zu,
ob sie sich nicht schämten, ihn solchen Milchgesichtern in die
Hände fallen zu lassen. Erst nach langem, tapferem Kampf
gelang es ihm, den Gegner in die Flucht zu schlagen und
mehr als dreißigtausend Mann zu vernichten. Aber er selbst
verlor auch tausend seiner besten Soldaten. Als er das
Schlachtfeld verließ, sagte er seinen Freunden, oft genug
habe er um den Sieg gekämpft, an diesem Tage aber zum
erstenmal um sein Leben. Diesen Sieg erfocht er am Fest des
Bacchus, an demselben Tag, an dem einst auch Pompeius
ins Feld gezogen war. Vier Jahre waren seitdem ins Land
gegangen. Von Pompeius' Söhnen konnte sich nur der jüngere durch die Flucht retten, den Kopf des älteren brachte
Didius wenige Tage später in Cäsars Lager.

Dies war der letzte Krieg, den Cäsar führte. Aber daß er es
über sich brachte, auch nach diesem Krieg einen Triumph zu
feiern, kränkte seine Mitbürger über die Maßen. Hatte er
doch nicht gegen die Generale fremder Völker oder gegen
Barbarenkönige gekämpft, die Söhne und das Geschlecht
eines Mannes hatte er gänzlich ausgerottet, der einst der
beste Römer gewesen war und dem Schicksal seinen Tribut
gezahlt hatte. So ist es wahrhaftig kein schöner Zug in Cäsars Wesen, daß er jetzt über das Unglück seines Vaterlandes triumphierte und sich mit Taten brüstete, für die er
vor Göttern und Menschen nur eine Entschuldigung hatte,
daß die Not ihn dazu gezwungen hatte. Er hatte ja auch in
früheren Zeiten niemals offizielle Briefe oder Berichte an
den Senat gesandt, wenn er in den Bürgerkriegen einen Sieg
erfochten hatte. Solchen Ruhm hatte er aus Feingefühl ver-
schmäht.

57. Doch Cäsars Schicksal war so groß, daß die Bürger willig das Haupt senkten, um sich den Zügel überwerfen zu
lassen. Denn die Herrschaft eines Mannes erschien ihnen

wie ein Aufatmen nach dem Unheil der Bürgerkriege; so
wählten sie ihn gern zum Diktator auf Lebenszeit. Daß das
die Tyrannis bedeutete, ließ sich nicht leugnen, denn mit der
Unverantwortlichkeit, die in der Alleinherrschaft lag, verband sich nun auch die zeitliche Unbeschränktheit. Cicero
war der erste, der im Senat für ihn besondere Ehrungen beantragte. Aber wenn diese sich noch in den Grenzen hielten,
die dem Menschen gegenüber geboten waren, so gab es doch
auch Leute, die darin kein Maß kannten. Sie wollten sich
mit ihren Anträgen gegenseitig übertrumpfen und brachten
es schließlich dahin, daß sie mit ihren hochfahrenden, ungereimten Anträgen Cäsar selbst bei den gutmütigsten Leuten
schadeten. Gefährlicher noch als Cäsars Schmeichler waren
seine Gegner bei diesen Übertreibungen; auf diese Weise bekamen sie immer mehr Vorwände zu einem Angriff gegen
ihn und hatten die schwersten Anklagen in der Hand, um
über ihn herzufallen. Denn Cäsar selbst hätte ihnen keinen
Grund geboten, nachdem einmal die Bürgerkriege ihr Ende
gefunden hatten. Und wenn seine Mitbürger ihm den Tempel der *Clementia* weihten als Denkmal ihres Dankes für
seine milde Freundlichkeit, so schien das nicht mehr als recht
und billig zu sein. Denn er schenkte vielen, die gegen ihn die
Waffen getragen hatten, seine Verzeihung, verlieh manchen
sogar hohe Ehrenämter, wie Brutus und Cassius, die beide
Prätoren wurden. Auch war er nicht damit zufrieden, daß
die Standbilder des Pompeius immer noch umgestürzt da-
lagen; deshalb ließ er sie wieder aufrichten. Cicero hatte
recht, als er sagte, Cäsar habe seine eigenen Statuen gesichert,
als er die des Pompeius wieder aufstellen ließ. Seine Freunde
rieten ihm oft, sich eine Leibwache zu schaffen, und viele
wären gern selbst in seinen Dienst getreten. Doch lehnte er
solchen Vorschlag ab und meinte, er wolle lieber einmal
sterben als tausendmal den Tod erwarten. Er sah vielmehr
in der Liebe und dem Vertrauen den schönsten, sichersten
Schutz. Deshalb suchte er noch einmal mit Speisungen und
Getreideverteilungen das Volk für sich zu gewinnen. Für die
Soldaten ließ er Siedlungen anlegen; die bedeutendsten waren Karthago und Korinth. Es war eine seltsame Fügung,

daß diese beiden Städte, die zur selben Zeit einst zerstört wurden, nun gleichzeitig aufgebaut wurden.

58. Den Angehörigen des Adels versprach er für die Zukunft Konsulat und Prätur, oder er vertröstete sie mit anderen Würden und Ehrenämtern. Keinen ließ er ohne Hoffnung, sein Wunsch war, alle sollten seine Herrschaft mit Freuden tragen. Nach dem Tod des Konsuls Maximus war schon der letzte Tag des laufenden Amtsjahres herangekommen. Trotzdem ernannte er Caninius Rebilus für diesen einen Tag zum Konsul. Wie üblich, machten sich viele auf, ihm ihre Glückwünsche zu sagen und das feierliche Geleit zur Kurie zu geben. Da spottete Cicero: „Wir dürfen nicht zu langsam gehen, sonst hat er sein Amt schon niedergelegt, ehe wir da sind."

Ehrgeizigen Tatendrang hatte die Natur Cäsar in die Wiege gelegt. So ließen ihn alle seine Erfolge nicht zum ruhigen Genuß kommen, vielmehr fachten sie ihn immer wieder von neuem an und schenkten ihm neue Zuversicht. Immer größere Pläne stiegen in ihm auf für die Zukunft, und sein Herz dürstete nach neuem Ruhm, als sei der alte schon verblaßt. Solche Leidenschaft war geboren aus der Eifersucht auf sich selbst, als wenn er sich selbst ein Fremder wäre, und aus dem unersättlichen Drang, die Vergangenheit durch die Zukunft zu übertrumpfen. So entstand der Plan, für den er schon alle Vorbereitungen traf, sein Heer gegen die Parther zu führen, nach dem Sieg über sie durch Hyrkanien am Kaspischen Meer und dem Kaukasus entlang um das Schwarze Meer herumzuziehen und dann in das Gebiet der Skythen einzudringen. Der Zug sollte dann durch die Länder, die an Germanien grenzen, und Germanien selbst führen. Durch Gallien wollte er endlich nach Italien zurückkehren und auf solche Weise den Ring schließen und überall den Ozean zur Reichsgrenze machen.

Während des Zuges sollte nach seinem Plan der Isthmos von Korinth durchstochen werden; die Ausführung dieses Planes hatte er schon Anienos übertragen. Auch sollte der Tiber unmittelbar von der Stadt aus in einem tiefen Kanal bis in die Nähe des Vorgebirges der Circe geleitet werden

und die neue Mündung dann bei Terracina liegen. Seine
Absicht dabei war, die Fahrt der Handelsschiffe nach Rom
leichter und gefahrloser zu gestalten. Auch gedachte er die
Sümpfe in der Gegend von Pomentium und Setia abzuleiten und dadurch für Zehntausende fruchtbares Land zu
schaffen. An der Tibermündung wollte er im Meer Molen
bauen und an der Küste von Ostia die versandeten, gefährlichen Uferstrecken reinigen lassen, damit die so entstehenden Häfen und Ankerplätze für die starke Schiffahrt hin-
reichende Unterkunft boten.

59. Alle diese Pläne steckten noch in den Vorbereitungen.
Nur die Ordnung des Kalenders und die Ausmerzung der
Fehler, die sich allmählich in die Zeitrechnung eingeschlichen
hatten, wurde wirklich durchgeführt. Es war eine geistreiche Lösung des Problems, die großen Nutzen stiftete.
Denn es hatte in den ältesten Zeiten bei den Römern im
Verhältnis der Mondperioden zum Sonnenjahr völlige Verwirrung geherrscht, so daß die Zeiten der Götterfeste und
Opfer sich allmählich verschoben und schließlich in die falschen Jahreszeiten fielen. Aber auch in der Zeit vor Cäsars
Reform konnten die meisten mit dem Kalender nicht fertig
werden, und die Priester setzten oft plötzlich zu allgemeiner Überraschung den Schaltmonat, den sie Mercedo-
nius nannten, fest. Sie waren die einzigen, die den Zeitpunkt kannten. Die Einrichtung des Schaltmonats soll König Numa eingeführt haben. Freilich konnte auch sie auf
die Dauer nicht verhindern, daß die Feste innerhalb des
Jahres weiterrückten. Doch darüber habe ich im Leben des
Numa berichtet. Cäsar übergab das Problem den größten
Philosophen und Mathematikern zur Prüfung, und auf
Grund der ihm vorgelegten Verbesserungen führte er seinen
eigenen, sorgfältig berechneten Kalender ein, der noch heute
bei den Römern gilt. Und offenbar sind die Fehler in der
Zeitrechnung bei ihnen geringer als bei anderen Völkern.
Indessen ärgerten sich seine Neider und Feinde, die seine
Herrschaft mit Unwillen trugen, auch über diesen Erfolg
Cäsars. Jedenfalls soll der Redner Cicero einem Freund, der
ihm sagte: „Morgen geht die Leier auf", geantwortet ha-

ben: „Allerdings, Cäsar hat's ja befohlen", als wenn die
Leute auch die Kalenderreform sich nur gezwungen gefallen ließen.

60. Wenn allmählich der Haß gegen Cäsar wuchs und
schließlich zu seiner Ermordung führte, so lag der augenfälligste Grund dafür in seinem Streben nach der Königswürde. Für das Volk war es die erste Ursache, weshalb es
sich von ihm abwandte, und seinen heimtückischen, nur
äußerlich versöhnten Feinden bot es einen schicklichen, bestechenden Vorwand. Tatsächlich wollten ihm manche diese
Würde verschaffen und streuten unter dem Volk das Gerücht aus, die sibyllinischen Bücher kündeten dem römischen
Volk den Sieg über die Parther nur, wenn es ihn unter
königlicher Führung unternehme; andernfalls seien die Parther unbesieglich. Sie wagten sogar eines Tages, als Cäsar
von Alba zurückkehrte, ihn als König zu begrüßen. Das
Volk war betroffen, und ärgerlich sagte er, Cäsar heiße er,
nicht König. Da trat tiefes Schweigen ein, und Cäsar ging
mit finsterer Miene vorüber. Ein andermal hatte der Senat
wieder überschwengliche Ehren für ihn beschlossen. Cäsar
saß gerade auf der breiten Empore der Rostra, als Konsuln
und Prätoren, geleitet von dem ganzen Senat, vor ihm erschienen. Cäsar erhob sich nicht vor ihnen, vielmehr fertigte
er sie, als wenn es sich um einfache Bürgersleute handelte,
ab mit der Antwort, man solle doch endlich die Ehren lieber
einschränken, als immer noch erweitern. Diese Behandlung
kränkte den Senat, doch auch das Volk verdachte sie ihm,
weil in dem Senat der Staat selbst beschimpft schien. Wer
nicht gezwungen war, auf dem Forum zu bleiben, entfernte
sich in tiefer Niedergeschlagenheit. Auch Cäsar bemerkte
den peinlichen Eindruck und begab sich sofort nach Hause.
Dort zog er die Toga vom Hals herunter und schrie seinen
Freunden zu, wenn man ihn ermorden wolle, halte er seine
Kehle gern hin. Später entschuldigte er sich mit seiner gewöhnlichen Krankheit; wer damit behaftet sei, dessen Sinne
gerieten in Aufregung, wenn er beim Sprechen vor einer
großen Menge stehen solle; dadurch kämen seine Nerven
sofort ins Schwanken, er würde schwindelig und fiele

schließlich in krampfartige Ohnmacht. In Wahrheit hatte die Sache sich allerdings anders abgespielt. Cäsar wollte sich selbstverständlich vor dem Senat erheben. Doch hatte ihn einer seiner Freunde, besser gesagt, seiner Schmeichler, Cornelius Balbus, festgehalten mit den Worten: „Vergiß nicht, daß du Cäsar bist und es verdienst, daß man dir den Hof macht!"

61. Zu diesen Ungeschicklichkeiten kam noch die Beschimpfung der Volkstribunen hinzu. In diesen Tagen fand das Luperkalienfest statt, ein uraltes Hirtenfest, wie manche berichten, das viele Ähnlichkeit mit dem arkadischen Fest der Lykaia hat. Viele junge Patrizier und selbst hohe Beamte laufen dabei nackt durch die Straßen der Stadt. Mit ihren borstigen Peitschen schlagen sie in fröhlichem Übermut nach allen, die ihnen in den Weg kommen, und heiteres Gelächter begleitet sie. Ehefrauen gehen ihnen dann absichtlich in den Weg und halten ihnen wie in der Schule beide Hände hin, um sich schlagen zu lassen. Denn es ist alter Glaube, daß diese Berührung den werdenden Müttern die Geburt erleichtert und Unfruchtbaren Fruchtbarkeit verleiht.

Im feierlichen Triumphgewand saß Cäsar auf der Rostra auf einem goldenen Stuhl, um sich das heilige Schauspiel anzusehen. Auch Antonius nahm als Konsul an diesem Lauf teil. Als er auf das Forum kam und die Menge vor ihm ehrerbietig Platz machte, überreichte er Cäsar ein lorbeerbekränztes Diadem. Da erhob sich leiser Beifall, der allerdings bestellt war. Als Cäsar aber das Diadem zurückwies, jubelte ihm das ganze Volk in heller Begeisterung zu. Antonius bot ihm das Diadem noch einmal an, und da klatschten wieder nur die wenigen Beifall. Aber als Cäsar es zum zweitenmal nicht annahm, jubelten ihm wieder alle zu. Die Menge hatte die Absicht gespürt, und so war der Versuch mißlungen. Cäsar erhob sich und gab Anweisung, den Kranz aufs Kapitol zu bringen, aber es stellte sich heraus, daß seine Standbilder dort mit Königsdiademen geschmückt waren. Zwei Volkstribunen, Flavius und Marullus, die darüber zukamen, rissen die Diademe herunter; auch machten sie die Leute aus-

findig, die zuerst Cäsar als König begrüßt hatten, und ließen
sie ins Gefängnis führen. Auf dem Weg dorthin begleitete
das Volk die Tribunen mit lautem Jubel. ‚Brutus‘ nannte
man sie, denn ein Brutus war es gewesen, der einst die Königsherrschaft gestürzt und die Macht in die Hände des Senats und des Volks gelegt hatte. Cäsar war erbittert über
diese Vorgänge und ließ die Tribunen absetzen. In seiner
Anklagerede nannte er sie *Bruti*, das heißt Schildbürger,
um auf solche Weise auch das Volk zu verhöhnen.

62. Unter diesen Umständen sahen viele in Marcus Brutus
den Retter. Von väterlicher Seite her stammte er ja, wie
man glaubte, von jenem Königsmörder. Auch das Geschlecht der Servilier, aus dem seine Mutter stammte, gehörte zum alten Adel. Zudem war er Catos Schwiegersohn
und Neffe. Aus sich hätte Brutus sich vielleicht niemals dazu
entschlossen, Cäsars Herrschaft zu stürzen; dafür hatte Cäsar ihn durch Gunst und Freundlichkeit zu stark an sich
gefesselt. Er hatte ihn nach Pompeius’ Flucht bei Pharsalos
gleich begnadigt und auf seine Fürbitte vielen Freunden des
Brutus das Leben geschenkt. Überhaupt besaß er Cäsars
ganzes Vertrauen und hatte die vornehmste Prätur der damaligen Zeit erhalten. Auch sollte er nach Ablauf der nächsten drei Jahre das Konsulat übernehmen, wobei er selbst
seinem Mitbewerber Cassius vorgezogen wurde. Cäsar selbst
sagte bei dieser Gelegenheit, Cassius bringe zwar bessere
Gründe vor, aber er könne Brutus doch nun einmal nicht
übergehen. Eines Tages, als die Verschwörung schon ihren
Anfang genommen hatte, versuchte man Cäsars Verdacht
auf Brutus zu lenken. Cäsar wollte davon nichts wissen, er
berührte mit den Fingern seinen Leib und sagte zu den Verleumdern: „Brutus wartet, bis der dahin ist!“, als wolle er
sagen, Brutus verdiene wegen seines Charakters gewiß die
Herrschaft, aber eben wegen seines Charakters würde er
nie undankbar und ehrvergessen werden.

Wenn die Verschwörer auch auf Brutus zuerst oder vielleicht auf ihn als den einzigen schauten, so wagten sie doch
kein Wort von Umsturz ihm gegenüber. Statt dessen streuten sie nächtlicherweile Zettel auf das Tribunal und auf den

Stuhl, auf dem er saß, wenn er als Prätor Recht sprach.
Die meisten enthielten nur die kurzen Worte: „Brutus, du
schläfst!" oder: „Du bist kein Brutus!" Allmählich weckten
solche Worte Brutus' Ehrgeiz. Als Cassius das bemerkte,
setzte er Brutus noch mehr zu als bisher und versuchte, ihn
gegen Cäsar aufzuhetzen, weil er selbst Cäsar haßte aus
Gründen, von denen ich im Leben des Brutus gesprochen
habe. Allerdings war auch Cäsar in Cassius' Gegenwart
nicht wohl; so sagte er eines Tages zu seinen Freunden:
„Was will Cassius denn eigentlich? Er gefällt mir nicht;
sein Gesicht ist mir zu blaß." Als man ihm aber ein andermal Antonius und Dolabella als Umstürzler bezeichnete,
meinte er: „Vor diesen dicken, langhaarigen Herren habe
ich keine Furcht, eher vor den schlanken, blassen", nämlich
Cassius und Brutus.

63. Vielleicht mag man das Verhängnis voraussehen können, ihm entgehen kann keiner. Auch vor Cäsars Tod sollen
seltsame Zeichen und Erscheinungen geschehen sein. Feurige
Zeichen erschienen am Himmel, in den Nächten dröhnte
weithin lautes Getöse, Vögel verließen die Einöden und
zeigten sich auf den Märkten der Städte. Allein diese Dinge
verdienen bei einem so gewaltigen Geschehen kaum Erwähnung. Doch erzählt der Philosoph Strabon, man habe
Scharen von feurigen Gestalten gegeneinander kämpfen
sehen. Dem Sklaven eines Soldaten fuhr loderndes Feuer
aus dem Arm; wer es sah, glaubte, der Mann müsse verbrennen; aber als das Feuer erlosch, war er unversehrt geblieben. Ja, bei einem Opfer, das Cäsar selbst darbrachte,
zeigte sich, daß das Herz des Opfertieres verschwunden
war. Das mußte ein gewaltiges Wunder sein, denn daß das
Tier ohne Herz habe entstehen und bestehen können, war
ja nicht denkbar. Auch kann man von vielen erzählen hören, eines Tages hätte ein Seher ihm geraten, sich vor der
Gefahr zu hüten, die ihm an den Iden des März drohe (so
nennen die Römer diesen Tag). Der Tag kam, und auf dem
Weg zur Senatssitzung begrüßte Cäsar den Seher mit den
spöttischen Worten: „Die Iden des März sind da." Der Seher
antwortete leise: „Ja, sie sind da, aber noch nicht vorüber."

Am Tag vor den Iden speiste er bei Marcus Lepidus und
unterschrieb wie gewöhnlich bei der Tafel einige Briefe. Da
kam zufällig das Gespräch auf die Frage, welcher Tod der
beste sei, und ehe die anderen antworten konnten, rief er
laut: „Der unerwartete." In der Nacht schlief er wie gewöhnlich bei seiner Gemahlin. Plötzlich sprangen Türen
und Fenster auf, und heller Mondschein drang hinein. Erschrocken über das Geräusch und den Schein fuhr er auf
und bemerkte, wie Calpurnia im tiefsten Schlaf unver-
ständliche Worte und Seufzer ausstieß. Sie träumte, sie
halte ihren ermordeten Gatten weinend in ihren Armen.
Doch wird der Traum auch anders erzählt. Es war nämlich,
wie Livius erzählt, auf Beschluß des Senats an Cäsars Haus
als Zierde und Zeichen der Würde ein Firstschmuck angebracht, und Calpurnia träumte, wie er wieder herabgeris-
sen wurde und sie darüber weinte und jammerte. Am Morgen beschwor sie ihren Gatten, die Senatssitzung, wenn
möglich, zu verschieben und nicht auszugehen; wolle er
aber auf ihren Traum nichts geben, dann solle er doch
wenigstens durch andere Zeichen und Opfer die Zukunft
befragen. Da wurde selbst Cäsar, wie es scheint, unruhig
und ängstlich; denn bisher hatte er Calpurnia nicht nach-
sagen können, daß sie abergläubisch sei, wie so viele andere
Frauen. Aber jetzt sah er sie in bitterer Sorge. Da dann
auch die Wahrsager nach vielen Opfern ihm erklärten, daß
sie nur ungünstige Zeichen erkennen könnten, entschloß er
sich, Antonius solle die Sitzung absagen.
64. Darüber geriet Decimus Brutus, mit dem Beinamen Albinus, in Furcht. Er gehörte zu Cäsars bevorzugten Vertrauten und war sogar zu seinem zweiten Erben eingesetzt;
trotzdem war er in die Verschwörung seines Namensvetters
Brutus und des Cassius verwickelt. Er fürchtete, das Unternehmen könne ans Licht kommen, wenn es Cäsar gelingen
sollte, sich an diesem Tage dem Verhängnis zu entziehen.
Brutus spottete über die Wahrsager und erklärte Cäsar,
er habe es sich selbst zuzuschreiben, wenn der Senat ihm bittere Vorwürfe mache; der Senat würde sich mit hochmütiger Nichtachtung behandelt finden. „Denn er tritt ja auf

deine Weisung zusammen, und seine Mitglieder sind alle gern bereit, einer Verordnung zuzustimmen, daß du in den außeritalischen Provinzen den Titel eines Königs führst und auf allen Meeren und in allen Ländern, wohin du kommst, das Diadem trägst. Jetzt warten sie auf dich in der Kurie, und wenn nun jemand mit dem Bescheid zu ihnen kommt, sie sollten für heute nach Hause gehen und ein andermal wiederkommen, wenn Calpurnia besser geträumt hätte, dann möchte ich deine Gegner nicht reden hören. Oder meinst du, deine Freunde würden Gehör finden, wenn sie sagen, das sei keine Sklaverei, keine Tyrannis? Aber wenn du darauf bestehst, dich vor diesem Tag aus abergläubischen Gründen zu hüten, dann ist es immer noch besser, wenn du persönlich dich in den Senat begibst, um ihn zu begrüßen und ihm dann die Vertagung mitzuteilen."
Mit diesen Worten faßte Brutus ihn bei der Hand und zog ihn mit sich fort. Cäsar war erst wenige Schritte von seiner Tür entfernt, als ein fremder Sklave gelaufen kam, der ihn zu sprechen wünschte. Aber er wurde von der Menschenmenge, die sich um Cäsar drängte, beiseitegeschoben, und es blieb ihm nichts anderes übrig, als sich in Cäsars Haus zu retten und an Calpurnia zu wenden. Er bat, sie möge ihn so lange in Gewahrsam halten, bis Cäsar zurückkomme, er habe ihm wichtige Dinge mitzuteilen.
65. Zum Kreis des Brutus gehörte auch Artemidoros von Knidos, ein griechischer Gelehrter; durch seine Gelehrsamkeit war er mit einigen Freunden des Brutus bekannt geworden und wußte daher viel von der Verschwörung. Er kam noch unterwegs zu Cäsar und überreichte ihm eine kleine Papyrosrolle, die alles enthielt, was er ihm entdecken wollte. Weil er aber sah, wie Cäsar alle Bittschriften, die man ihm überreichte, an seine Begleiter weitergab, trat er nahe an ihn heran und sagte: „Cäsar, dies mußt du allein lesen, aber bald! Der Inhalt ist wichtig und geht gerade dich an!" Cäsar nahm die Schrift entgegen, kam aber, sooft er auch den Anfang machte, nicht zum Lesen, weil sich immer mehr Leute um ihn drängten. Doch behielt er sie vorsichtig in der Hand und nahm sie mit in den Senat. Andere

berichten, es habe ein anderer die Schrift überreicht, Artemidoros habe überhaupt nicht an Cäsar herankommen können, weil man ihn auf dem ganzen Weg bis zur Kurie immer wieder fortgedrängt habe.

66. Aber das kann ja schließlich Zufall gewesen sein. Doch wenn die Stätte, wo das blutige Schauspiel vor sich ging, wo sich jetzt der Senat versammelt hatte, ein Standbild des Pompeius trug, und wenn es eines der Prachtgebäude war, die Pompeius in Verbindung mit seinem Theater gestiftet hatte, dann ist kein Zweifel erlaubt, daß ein göttliches Wesen Cäsar dorthin leitete und rief, weil dort die Tat geschehen sollte. Denn selbst von Cassius heißt es, ehe er zum Dolch griff, habe er auf Pompeius' Standbild hingeschaut und mit leisem Gebet ihn um Beistand angefleht, obwohl er im Herzen doch Anhänger des Epikur war. Aber in diesem Augenblick, da sich die Gefahr in ihrer ganzen Größe vor ihm erhob, brach die Leidenschaft und das Gefühl der inneren Erregung wieder hervor, das so lange von seinem philosophischen Denken zurückgedrängt war.

Brutus Albinus war klug genug, Antonius vor dem Sitzungssaal in ein langes Gespräch zu verwickeln und dort festzuhalten, denn Antonius war nicht nur Cäsars treuer Freund, er war auch wegen seiner Körperstärke gefürchtet. Bei Cäsars Eintritt erhob der Senat sich ehrerbietig. Brutus' Freunde stellten sich zum Teil hinter Cäsars Sessel; andere gingen ihm entgegen, als wenn sie das Gesuch des Tillius Cimber unterstützen wollten, der für seinen verbannten Bruder um Gnade bitten wollte, und so geleiteten sie Cäsar mit ihren Bitten bis an seinen Platz. Als er saß, lehnte er das Gesuch schroff ab, und da man immer dreister in ihn drang, gab er jedem einzelnen, der vor ihn trat, ärgerliche Antwort. In diesem Augenblick griff Tillius mit beiden Händen nach seiner Toga und riß sie ihm vom Hals. Das war das verabredete Zeichen für den Angriff. Die erste Wunde brachte ihm Casca am Hals mit einem Dolch bei; aber sie war nur leicht und nicht tödlich. Denn bei diesem ersten Stoß war Casca, wie leicht zu verstehen, so aufgeregt, daß Cäsar sich sogar umdrehen, nach dem Dolch grei-

fen und ihn festhalten konnte. Da riefen beide im gleichen
Augenblick, der Verwundete auf lateinisch: „Casca, du
Schurke, was tust du?" und Casca rief seinem Bruder grie-
chisch zu: „Bruder, hilf!"

Als der erste Stoß geführt war, packte die Nichteingeweih-
ten Furcht und Schrecken über die Tat; sie wagten nicht zu
fliehen oder Cäsar zu helfen, keinen Laut zu flüstern. Doch
die Verschworenen zogen nun alle das Schwert und drängten sich um ihr Opfer. Wohin er seinen Blick wendete, begegnete er Schwertern, die ihn trafen oder vor seinem Gesicht und seinen Augen hin und her fuhren. So wurde er
durchbohrt wie ein Stück Wild, eingekeilt zwischen den
Armen seiner Mörder. Denn es war verabredet, daß jeder
einen Streich gegen das Opfer führen und sein Blut kosten
sollte. Deswegen brachte auch Brutus ihm wenigstens eine
Wunde bei in die Weichen. Einige erzählen, eine Zeitlang
habe Cäsar sich gewehrt und schreiend den Stößen auszu-
weichen versucht. Als er aber Brutus mit dem Schwert in
der Hand sah, zog er die Toga über den Kopf und brach
neben dem Sockel zusammen, auf dem die Statue des Pompeius stand, aus Zufall oder weil seine Mörder ihn dorthin
gedrängt hatten. Das Blut des Sterbenden spritzte über die
ganze Statue; fast mochte es scheinen, als ob Pompeius die
Rache an seinem Gegner leite, der zu seinen Füßen hingestreckt aus zahllosen Wunden blutend mit dem Tode rang.
An dreiundzwanzig Stellen sollen die Schwerter und Dolche
ihn getroffen haben. Auch untereinander sollen die Verschworenen sich verwundet haben, als die zahllosen Hiebe
auf den einen Körper zielten.

67. Als der Mord vollbracht war, trat Brutus in die Mitte,
als wenn er von der Tat sprechen wollte. Aber die Senatoren brachten es nicht über sich, ihn anzuhören, und stürzten
zu den Türen hinaus. Ihre Flucht verbreitete sinnlose Furcht
unter dem Volk. Die Leute verschlossen ihre Häuser, andere
verließen ihre Buden und Wechslertische. Viele rannten an
die Stelle des Mordes, um sich das grausame Geschehen anzusehen, andere hatten es schon gesehen und rannten wieder
fort. Cäsars beste Freunde, Antonius und Lepidus, konnten

heimlich entkommen und fanden in fremden Häusern Zuflucht.

Inzwischen verließen Brutus und seine Verschworenen, noch in wilder Erregung von ihrem Blutrausch, die blutigen Schwerter in den Händen, den Senat und gingen miteinander auf das Kapitol. Sie glichen nicht etwa Fliehenden; fröhlich und siegesbewußt schritten sie dahin. Das Volk riefen sie zur Freiheit auf, und wenn Adlige ihnen begegneten, forderten sie sie auf, sie zu begleiten. Einige schlossen sich ihnen auch an, als sie zum Kapitol hinaufstiegen, als wenn sie sich an der Tat beteiligt hätten, und wollten sich in fremdem Glanze sonnen. Dazu gehörten besonders Gaius Octavius und Lentulus Spinther. Allerdings mußten sie ihre Eitelkeit bald schwer büßen, da Antonius und der jüngere Cäsar sie hinrichten ließen. Nicht einmal ihren Ruhm, um den sie starben, konnten sie genießen, weil ihnen keiner die Beteiligung an der Ermordung Cäsars glaubte. Und wenn Antonius und der jüngere Cäsar sie hinrichten ließen, taten sie es, um den Willen der Männer, nicht ihre Tat zu bestrafen.

Am nächsten Morgen verließ Brutus das Kapitol wieder und hielt vor dem Volk eine Rede. Man hörte ihn an, ohne das Geschehene gutzuheißen oder zu tadeln. Aus dem tiefen Schweigen der Menge konnte man erkennen, wie sehr sie Cäsars Schicksal bedauerte, wenn sie auch vor Brutus Achtung hegte. Der Senat wünschte nichts sehnlicher, als Amnestie und Versöhnung der beiden Parteien. Deshalb beschloß er göttliche Verehrung für Cäsar; ebenso gab er Befehl, die Anordnungen, die Cäsar während seiner Regierungszeit getroffen hatte, allesamt unangetastet zu lassen. Um auch der anderen Partei gerecht zu werden, wies der Senat Brutus und seinen Freunden Provinzen zu und beschloß für sie Ehrenbezeigungen, wie sie in diesem Fall angebracht waren. Infolgedessen ging die allgemeine Auffassung dahin, die Verhältnisse hätten sich beruhigt und die Verfassung nun endlich durch die Vereinigung der anständigen Männer aus beiden Lagern ihre beste Formung gefunden.

68. Aber die Trauer des Volkes kannte keine Grenzen mehr,
als Cäsars Testament geöffnet wurde und sich dabei herausstellte, daß jedem Bürger Roms ein beträchtliches Geld-
geschenk ausgesetzt war. Schließlich mußten sie sehen, wie
Cäsars Leichnam, von Wunden entstellt, aufs Forum gebracht wurde. Da kannten sie keine Zucht und Ordnung
mehr. Sie schleppten auf dem Forum Bänke, Tische und
Schranken zusammen und häuften sie um die Leiche. Dann
zündeten sie den Haufen an und verbrannten die Leiche
schon hier auf dem Forum. Manche rissen brennende Scheite
heraus und liefen damit zu den Häusern der Verschworenen, um sie in Brand zu stecken, andere suchten überall in
den Straßen der Stadt nach den Verschworenen, um sich
ihrer zu bemächtigen und sie in Stücke zu zerreißen. Aber
es lief ihnen keiner von den Verschworenen in den Weg;
sie saßen unter sicherem Schutz in ihren Häusern. Doch
Cäsars guter Freund Cinna hatte in der vergangenen Nacht
einen seltsamen Traum gehabt. Cäsar hatte ihn zur Tafel
gebeten. Zwar hatte er abgelehnt, aber Cäsar nahm ihn bei
der Hand und führte ihn mit sich, so sehr er sich sträubte.
Als er hörte, daß Cäsars Leiche auf dem Forum verbrannt
wurde, erhob er sich und ging zum Forum, um seinem
Freund die letzte Ehre zu erweisen, obwohl der Traum
ihn ängstigte. Auch fühlte er sich wegen eines leichten Fie-
bers unwohl. Als man ihn auf dem Forum sah, nannte einer
von den Leuten seinen Namen einem anderen, der danach
fragte, dieser erzählte ihn weiter. Sofort lief das Gerücht
durch die Menge, der Mann gehöre zu den Cäsarmördern.
Allerdings war ein Cinna unter den Verschworenen gewesen. Mit diesem verwechselte man ihn, fiel ohne Umstände über ihn her und riß ihn auf der Stelle in Stücke.
Als Brutus und Cassius davon hörten, graute es ihnen, nach
einigen Tagen verließen sie die Stadt. Von ihren weiteren
Unternehmungen und Schicksalen und ihrem Tode habe
ich im Leben des Brutus ausführlicher erzählt.

69. Cäsar war erst sechsundfünfzig Jahre, als er starb; kaum
vier Jahre überlebte er Pompeius. Ein Leben voller Gefahren hatte er darangesetzt, um Herrschaft und Macht zu ge-

winnen, bis er endlich sein Ziel erreicht hatte. Aber was er schließlich erntete, war doch nur der Name der Herrschaft und ein wenig Ruhm, den ihm keiner gönnte. Doch sein großer Schutzgeist, der ihm sein Leben hindurch zur Seite gestanden hatte, begleitete ihn auch nach seinem Tode noch als Rächer des Mordes und spürte hinter den Mördern her durch alle Länder und über alle Meere, bis er an allen die Strafe vollzogen, die an Cäsar Hand angelegt oder auch nur den Mord gewollt hatten, bis er keinen übriggelassen hatte.

Das größte Wunder unter den menschlichen Schicksalen erlebte Cassius; nach seiner Niederlage bei Philippi erstach er sich mit demselben Dolch, den er gegen Cäsar geführt hatte. Unter den göttlichen Zeichen aber war der Komet das größte Wunder: sieben Nächte hindurch stand er nach Cäsars Ermordung am Himmel, dann verschwand er. Ebenso wunderbar war die Verdunkelung des Sonnenlichts. Denn das ganze Jahr hindurch war die Sonne bleich, und wenn sie des Morgens aufging, fehlte ihr der Glanz der Strahlen. Die Wärme, die von ihr ausging, war schwach und kraftlos. So war die Luft trüb und schwer, weil die Sonnenwärme nicht genug Kraft besaß, die Dünste aufzusaugen und so die Luft zu reinigen. Und die Früchte welkten wegen der Kälte der Luft und fielen vor der Zeit zu Boden.

Das deutlichste Zeichen jedoch, wie sehr die Götter über Cäsars Ermordung zürnten, war das Gespenst, das Brutus erschien. Ich will davon erzählen. Als Brutus sein Heer von Abydos über den Hellespont nach Europa zurückführen wollte, lag er in der Nacht vorher schlaflos, wie gewöhnlich, in seinem Zelt und sann über die Zukunft nach; wie man denn erzählt, Brutus habe weniger Schlaf nötig gehabt als sonst je ein Feldherr und sich am längsten wach erhalten können. Da glaubte er an der Tür ein Geräusch zu vernehmen. Als er beim Schein der verlöschenden Lampe hinsah, erblickte er das furchtbare Bild eines riesenhaften, unheimlichen Mannes. Im ersten Augenblick erschauerte er; doch die Erscheinung regte sich nicht und stand in tiefem Schweigen an seinem Lager. Da fragte er: „Wer bist du?", und die Erscheinung antwortete: „Ich bin dein böser Geist, Brutus. Bei Philippi siehst du mich wieder!" Furchtlos entgegnete Brutus: „Ich will es!" Damit verschwand die Gestalt. Als sich die Zeit erfüllt hatte, stand er bei Philippi mit seinem Heer Antonius und dem jüngeren Cäsar gegenüber. In der ersten Schlacht jagte er die Gegner, die seinem Flügel gegenüberstanden, in die Flucht und verfolgte sie, bis er in das Lager des jungen Cäsar eindrang und es plünderte. Ehe es zum zweiten Gefecht kam, erschien ihm die Gestalt in der Nacht noch einmal. Schweigend stand sie vor ihm. Da wußte Brutus, was das Schicksal über ihn verhängt hatte, und wild stürzte er sich in die Gefahr. Doch fiel er nicht im Kampf der Schlacht. Nach der Niederlage floh er auf eine steile Höhe. Dort stieß er sich das Schwert in die Brust, und ein treuer Freund, heißt es, lieh ihm im letzten Augenblick seine Hilfe. Das war Brutus' Ende.

MARCUS TULLIUS CICERO
(106—43 v. Chr.)

Ciceros Mutter Helvia, so berichten die Quellen, stammte aus edler Familie und führte ein edles Leben, während über seinen Vater die Nachrichten völlig auseinandergehen. Nach der einen ist er in einer Walkerei geboren und aufgewachsen. Andere Berichte führen sein Geschlecht bis auf Tullus Attius, den berühmten König der Volsker und großen Gegner Roms, zurück. Doch scheint wenigstens so viel festzustehen, daß der erste des Geschlechts, der den Beinamen Cicero bekam, ein vortrefflicher, hochgeehrter Mann war. Deshalb trugen seine Nachkommen den Namen mit Stolz und legten ihn trotz mancher Spötteleien nicht ab. *Cicer* bedeutet im Lateinischen die Kichererbse, und Ciceros Vorfahr hatte an der Nasenspitze wohl eine kleine Einkerbung gleich dem Spalt einer Erbse. Daher wird der Beiname stammen. Als Marcus Cicero, dem diese Biographie gilt, ins öffentliche Leben trat und die politische Laufbahn einschlug, mußte er von seinen Freunden oft den Rat hören, diesen Beinamen doch abzulegen und einen anderen zu wählen. Aber sie bekamen die stolze Antwort, er wolle den Namen Cicero berühmter machen als den der Scaurier und Catuler. Als er in Sizilien während seiner Quästur den Göttern ein silbernes Weihgeschenk stiftete, ließ er seine beiden ersten Namen, Marcus und Tullius, eingravieren. Statt den dritten auszuschreiben, machte er sich den Spaß, eine Erbse einhauen zu lassen. Das sind die Geschichten von seinem Namen.

2. Ciceros Geburt, erzählte man, ging ohne Schmerzen leicht vor sich. Der Tag seiner Geburt war der dritte Januar, an dem in der heutigen Zeit die Konsuln den Göttern unter feierlichen Gebeten Opfer für den Kaiser darbringen. Seiner Amme, heißt es, kündete ein Gesicht, das Kind, das sie nähre, solle einst allen Römern Heil und Rettung bringen. Was sonst so oft nur Traum und Trugwerk ist, bewährte der Heranwachsende bald als wahre Prophezeiung. Als er in die Schule

kam, zeigte sich seine hervorragende Begabung schnell, und
unter seinen Mitschülern war er bald so berühmt, daß ihre
Väter in die Schule kamen, um sich Cicero mit eigenen Augen anzusehen und seine vielgerühmte schnelle Auffassungs-
gabe zu beobachten. Väter allerdings, denen es an der rechten Bildung fehlte, nahmen es ihren Söhnen sehr übel, wenn
sie sahen, wie sie Cicero in die Mitte nahmen, um ihn zu
ehren. Wie Platon es von dem wahren Freund der Weisheit
und Wissenschaft verlangt, besaß Cicero Begabung genug,
um sich jeder Wissenschaft zu widmen, und hatte an Unterricht und Gelehrsamkeit aller Art seine Freude. Trotzdem
galt seine Liebe damals vor allem der Dichtkunst. Wir besitzen aus seiner Jugend auch noch ein Gedicht in Tetra-
metern unter dem Titel ‚Pontius Glaucus‘. Als er älter wurde
und seiner Muse mit größerer Gewandtheit diente, galt er
nicht nur als der beste Redner, sondern auch als der beste
römische Dichter. Sein Ruhm als Redner ist heute noch
lebendig trotz aller Wandlungen, die seitdem die Sprache
durchgemacht hat. Sein Dichterruhm ist allerdings von den
ausgezeichneten Dichtern der späteren Zeit völlig verdun-
kelt.

3. Als er dann die Schule hinter sich hatte, schloß er sich als
Hörer dem Akademiker Philon an, den die Römer unter
den Anhängern des Kleitomachos wegen seiner Redekunst
am meisten verehrten und wegen seines Charakters liebten.
In dieser Zeit gehörte Cicero auch zu dem kleinen Kreis, der
sich um Mucius Scävola scharte. Mucius, ein ausgezeichneter
Staatsmann, war damals der Führer des Senats. Unter seiner
Leitung erwarb Cicero sich seine Kenntnisse des römischen
Rechts. Eine Zeitlang tat er auch unter Sulla im Marsischen
Krieg Dienst. Als er dann sah, wie der Staat von einem Auf-
ruhr in den anderen taumelte und die Dinge schließlich zur
Monarchie treiben mußten, zog er sich zurück, um der Wis-
senschaft zu leben. Griechische Gelehrte bildeten seinen Ver-
kehr in dieser Zeit seiner wissenschaftlichen Tätigkeit, bis
Sulla an die Macht kam und die Stadt, wie es schien, ihre
Ruhe wiederfand.

In dieser Zeit war es, als ein Freigelassener Sullas, Chrysogonus, den Besitz eines Mannes, der angeblich während der Proskriptionen umgekommen war, versteigern ließ, um ihn dann selbst für zweitausend Drachmen zu erwerben. Roscius, der Sohn und Erbe des Verstorbenen, war über dieses Vorgehen empört. Er konnte nachweisen, daß der Besitz einen Wert von zweihundertundfünfzig Talenten gehabt hatte. Sulla konnte es aber nicht vertragen, daß man seine Maßnahmen bekrittelte, und erhob gegen Roscius Klage wegen Vatermord. Hinter dieser ganzen Sache steckte Chrysogonus. Deshalb wagte niemand, die Verteidigung des jungen Roscius zu übernehmen. Man fürchtete eben Sullas Groll. Als Roscius sich in seiner Not an Cicero wandte, rieten ihm auch seine Freunde, die Sache zu übernehmen: eine glänzendere und zugleich anständigere Gelegenheit, berühmt zu werden, könne er so leicht nicht wieder finden. Daß er diese Verteidigung übernahm, erregte ebensoviel Aufsehen wie der erfolgreiche Verlauf des Prozesses. Doch reiste Cicero aus Furcht vor Sulla nach Griechenland und ließ das Gerücht verbreiten, sein geschwächter Gesundheitszustand mache eine Erholungsreise nötig. Er war wirklich dünn und hager, und wegen eines Magenleidens konnte er erst spät am Tage ein wenig leichte Nahrung zu sich nehmen. Seine Stimme war voll und kräftig, nur rauh und noch nicht ausgebildet. Da sie sich aber bei der ungehemmten Leidenschaftlichkeit seines Vortrags immer überschlug, fürchtete man einen gefährlichen Einfluß auf seine Gesundheit.

4. In Athen besuchte er die Vorlesungen des Antiochos von Askalon. Die Leichtigkeit und Schönheit seiner Rede bezauberte Cicero, doch konnte er sich mit seinen neuen Gedanken in der Philosophie nicht befreunden. Antiochos hatte sich nämlich schon von der sogenannten Neueren Akademie getrennt und die Schule des Karneades verlassen, weil er zum Glauben an die Untrüglichkeit der Sinneswahrnehmungen gekommen war. Es ist aber auch möglich, daß andere Gründe ihn zu diesem Wechsel in seinen Anschauungen brachten. In den Quellen spricht man auch von seinem Ehrgeiz und den Streitigkeiten, die er mit den Nachfolgern des Kleitomachos und Philon gehabt habe; aus diesen Grün-

den habe er in vielen Punkten seine Anschauungen geändert und sich wieder der stoischen Lehre genähert. Cicero aber verehrte als treuer Anhänger die Lehren der Neueren Akademie. Wenn das Glück ihm in seiner politischen Laufbahn nicht hold sein sollte, so wollte er auf Forum und Politik verzichten, um sich in der Stille der Philosophie zu ergeben. Da kam die Nachricht von Sullas Tod nach Athen. Inzwischen hatte sich auch Ciceros Körper durch die Übungen gekräftigt und seine jugendliche Frische wiedergewonnen. Die Stimme war durch die Ausbildung wohlklingend und kräftig geworden, so daß das Sprechen seinen Körper nicht mehr angriff. In dieser Zeit schrieben ihm seine Freunde aus Rom immer von neuem, er solle sich der Politik widmen; auch Antiochos drängte ihn dazu. Deshalb begann er wieder mit seiner rednerischen und politischen Ausbildung. Er war unermüdlich in seinen Redeübungen und suchte auch die berühmtesten Lehrer der Redekunst auf. Aus diesem Grunde ging er denn auch nach Kleinasien und Rhodos. In Asien hörte er Xenokles aus Adramyttion, Dionysios aus Magnesia und Menippos aus Karien, alles Redner, während er auf Rhodos den Redner Apollonios Molon und den Philosophen Poseidonios aufsuchte.

Da Apollonios kein Latein verstand, bat er, wie erzählt wird, Cicero, eine griechische Rede zu halten. Cicero tat ihm gern den Gefallen, weil man ihn dann leichter würde verbessern können. Als er geendet, staunten die Hörer und überschütteten ihn mit ihrem Lob. Doch Apollonios, der schon während der Rede keine Miene verzogen hatte, blieb lange in Schweigen versunken. Cicero fühlte sich dadurch fast verletzt. Da sagte er schließlich: „Cicero, du verdienst Lob und Bewunderung, doch um Hellas tut es mir weh, wenn ich sehe, wie du den einzigen Ruhm, der uns blieb, zu den Römern bringst: Gelehrsamkeit und Beredsamkeit."

5. Voller Hoffnung wollte Cicero sich wieder der politischen Laufbahn widmen, als ihm ein Orakelspruch von neuem den Mut nahm. Auf seine Frage an den Gott in Delphi, wie er den größten Ruhm gewinnen könne, erteilte die Pythia ihm den Rat, sich in seinem Leben von seinem Cha-

rakter, nicht von der Meinung der Massen leiten zu lassen. Deshalb lebte er die erste Zeit nach seiner Rückkehr nach Rom zurückgezogen und schob die Bewerbung um ein Amt immer wieder hinaus, so daß man ihn nicht weiter beachtete. So galt er bald als Gräculus und Gelehrter, Schimpfnamen, mit denen der ungebildete Pöbel so leicht zur Hand war. Aber der Ehrgeiz ließ ihn nicht ruhen, und gedrängt vom Vater und den Freunden entschloß er sich, als Anwalt aufzutreten. Es war für ihn kein langsamer Aufstieg zum Ruhm. Sofort war er umstrahlt vom Glanz der Berühmtheit und galt auf dem Forum als der hervorragendste Anwalt. Aber es fehlte ihm, wie in den Quellen erzählt wird, nicht weniger als Demosthenes der lebendige Vortrag. Deshalb ging er zu Roscius und Äsop, berühmten Schauspielern auf der komischen und tragischen Bühne. Von Äsop gibt es eine bezeichnende Geschichte. Als er einst als Atreus auf der Bühne Rache brütete gegen Thyestes, kam ein Diener plötzlich auf ihn zugelaufen. In der Leidenschaftlichkeit seines Spiels außer sich, schlug er den Diener mit seinem Zepter zu Tode. Durch die Lebendigkeit des Vortrags, die Cicero bei diesen Männern lernte, gewann seine Rede gewaltig an Einfluß auf die Hörer. Für die Redner, deren Kunst im Schreien bestand, hatte er deshalb nur noch Hohn und meinte, wie ein Lahmer sich auf das Pferd verlasse, verließen sie sich wegen ihrer Unfähigkeit auf den Lärm, den sie machten. Sein gewandter Witz und Spott war in Gerichtsreden gewiß oft genug angebracht. Aber da er den Scherz oft zu weit trieb, stieß er nicht selten an und kam in den Ruf eines boshaften Charakters.

6. Als er Quästor wurde, herrschte in Rom Getreidenot. Deshalb bedeutete seine Verwaltung Siziliens, das ihm durch das Los als Provinz zugewiesen war, für die Bewohner zunächst eine schwere Last, weil er gezwungen war, große Mengen Getreide von dort nach Rom verschiffen zu lassen. Als man jedoch später seine sorgfältige, gerechte und zugleich milde Verwaltung kennenlernte, brachte man ihm, wie noch keinem Statthalter vor ihm, herzlichste Verehrung entgegen. Als eine größere Zahl junger römischer Adliger

unter der Anklage der Auflehnung und Feigheit im Kriege
vor den Prätor von Sizilien geladen wurden, übernahm
Cicero ihre Verteidigung und erlangte auch den Freispruch.
Darauf war er besonders stolz, doch während der Rückreise
nach Rom hatte er ein sehr vergnügliches Erlebnis. In Kampanien traf er einen Mann, der in Rom einen berühmten
Namen hatte und den er wohl als seinen Freund ansehen
durfte. Cicero fragte ihn, welche von den Maßnahmen, die
er getroffen hatte, in Rom das größte Aufsehen erregt habe,
und was die Leute davon hielten, denn es war für ihn selbstverständlich, daß die ganze Stadt voll war von der Kunde
und dem Ruhm seiner Taten. Aber der Bekannte fragte nur:
„Wo warst du eigentlich in der letzten Zeit, Cicero?" Da
war er wie aus allen Himmeln gefallen; der Ruhm erschien
ihm wie das unergründliche Meer, in dessen Tiefen die
Kunde von ihm und seinen Taten versank, ohne seinen
Namen bekannt und berühmt zu machen. Doch kam er hinterher nach kühler Überlegung zu dem Entschluß, seinen
Ehrgeiz zurückzudrängen. Denn der Ruhm, dem er nach-
jagte, das sah er wohl, war grenzenlos und sein Ziel war
keinem Sterblichen erreichbar. Doch sein Leben lang hörte
er sich gern loben. Die leidenschaftliche Ehrsucht verließ ihn
nie, und oft genug warf sie seine besten Überlegungen über
den Haufen.

7. Als er sich dann mit ganzer Kraft dem öffentlichen Leben
widmete, war es für ihn beschämend, daß die Staatsmänner
sich in einem Punkt sogar von einfachen Handwerkern übertreffen ließen. Denn der Handwerker, der doch mit leblosen
Geräten und Werkzeugen umgeht, kennt jedes Dinges
Namen und Stelle, an der es liegt. Für die Politiker aber
bedeuten doch die Menschen das Werkzeug, mit dessen
Hilfe sie Politik treiben müssen, und trotzdem bemühen sie
sich in ihrem gedankenlosen Leichtsinn nicht, die Menschen
kennenzulernen. Deshalb gewöhnte er sich nicht nur daran,
ihre Namen zu behalten, er wußte von den angesehenen
Persönlichkeiten Roms auch, wo sie in der Stadt wohnten
und ob sie einen Landsitz besaßen. Er kannte ihre Freunde
und ihre Nachbarn. Wenn er durch Italien reiste, fiel es ihm

nicht schwer, überall die Landsitze und Villen seiner Freunde zu bezeichnen.

Das Vermögen, das er besaß, war nicht groß, reichte aber für seine Bedürfnisse. Aufsehen erregte es, daß er für seine Bemühungen als Verteidiger weder Honorar noch Geschenke annahm, vor allem als er den Prozeß gegen Verres führte. Dieser war Prätor von Sizilien gewesen, und als die Sizilier ihn wegen mannigfacher Schurkereien angeklagt hatten, überführte ihn Cicero nicht etwa durch seine Rede, sondern dadurch, daß er nicht redete. Die Prätoren, die das Urteil zu sprechen hatten, standen nämlich offenbar auf Verres' Seite und hatten durch immer neuen Aufschub die Entscheidung bis zum letzten Tag hinausgezögert. Man mußte also damit rechnen, daß an diesem Tag die Zeit für die Reden der Verteidiger nicht ausreichen und der Prozeß nicht zu Ende kommen würde. Cicero erhob sich also und sagte, es bedürfe nicht vieler Worte. Er ließ nur die Zeugen auftreten, verhörte sie und gab den Richtern Anweisungen, ihren Spruch zu fällen. Trotzdem sind manche reizenden Geschichten über diesen Prozeß im Umlauf. Mit dem Wort *verres* bezeichnen die Römer nämlich ein verschnittenes Schwein. Als nun ein Freigelassener, Cäcilius, dem man Freundschaft mit Juden vorwarf, die Sizilier aus ihrer Rolle als Ankläger verdrängen wollte, um selbst die Anklage gegen Verres zu übernehmen, meinte Cicero: „Was hat der Jude mit dem Schwein zu tun?" – Verres hatte einen jungen Sohn, dem man seine Freundschaft mit Männern sehr verdachte. Da Verres Cicero nun weibische Verweichlichung vorwarf, wehrte Cicero sich: „Solche Vorwürfe macht man den Söhnen hinter verschlossenen Türen." – Der Redner Hortensius hatte es nicht gewagt, offen als Verres' Verteidiger aufzutreten, doch ließ er sich bereitfinden, bei der Festsetzung der Geldstrafe für ihn ein Wort einzulegen. Verres bedankte sich durch Übersendung einer elfenbeinernen Sphinx. Cicero ließ daraufhin ein paar dunkle Andeutungen fallen, und als Hortensius erklärte, er verstehe sich nicht darauf, Rätsel zu lösen, mußte er die Antwort einstecken: „Aber du hast doch zu Hause eine Sphinx."

8. Nach dem Urteilsspruch setzte Cicero die Strafe auf siebenhundertundfünfzigtausend Drachmen fest. Allerdings fand man die Summe zu gering und warf ihm deshalb Bestechlichkeit vor. Doch die Sizilier verstanden es ihm zu danken und brachten während seiner Prätur Mengen von Vieh und Getreide von ihrer Insel nach Rom. Cicero wollte sich daran nicht bereichern. Aber die Freigebigkeit der Sizilier war ihm ein erwünschtes Mittel, die Lebensmittelpreise auf dem Markt zu senken.

Cicero besaß einen reizenden Landsitz bei Arpinum, außerdem zwei kleinere Güter bei Neapel und Pompeii. Seine Gattin Terentia brachte ihm hundertundzwanzigtausend Drachmen als Mitgift in die Ehe, und aus einer Erbschaft fielen ihm neunzigtausend Drachmen zu. Von diesem Vermögen lebte er anständig, doch ohne Aufwand in der Gesellschaft gelehrter Griechen und Römer. Selten ging er vor Sonnenuntergang zu Tisch, nicht wegen Arbeitsüberhäufung, sein Magenleiden verursachte ihm noch immer Beschwerden. Auch im übrigen lebte er sehr vorsichtig und wagte nicht einmal, einen Spaziergang oder Ritt über das vorgeschriebene Maß hinaus auszudehnen. Durch diese ununterbrochene Sorgfalt erreichte er es, daß er von Krankheiten verschont blieb und Kraft behielt für die starken Anforderungen der Arbeiten und Kämpfe.

Das väterliche Haus überließ er seinem Bruder, während er selbst am Palatin wohnte, um seinen Klienten einen weiten Weg zu sparen. Denn es pflegten sich an seiner Tür Tag für Tag des Morgens nicht weniger Klienten einzufinden, um ihm ihre Aufwartung zu machen, als bei den beiden berühmtesten Männern des damaligen Rom, Crassus, den man wegen seines Reichtums bewunderte, und Pompeius, der seinen Einfluß seiner militärischen Macht verdankte. Selbst Pompeius stellte sich nicht selten bei Cicero ein, dessen Politik für seine Macht und seinen Ruhm nicht wenig bedeutete.

9. Als Cicero sich dann um die Prätur bewarb, wurde er trotz zahlreicher vornehmer Mitbewerber als erster gewählt. In den Entscheidungen, die er in den Prozessen als Prätor fällte, galt er allgemein als unbestechlich und gerecht. So

wurde, wie berichtet wird, vor Ciceros Richterstuhl auch gegen Licinius wegen Unterschlagung verhandelt. Er besaß nicht nur persönlich ein großes Ansehen, er konnte sich auch des Beistandes des mächtigen Crassus erfreuen. Als die Richter noch nicht mit dem Abstimmen fertig waren, begab er sich, im Vertrauen auf seinen Einfluß und die Gelder, die er aufgewendet hatte, schon nach Hause, ließ sich schnell rasieren und legte eine weiße Toga an, um dann auf das Forum zurückzukehren; denn daß er im Prozeß gesiegt hatte, war für ihn selbstverständlich. Aber schon in der Vorhalle trat Crassus ihm entgegen und berichtete ihm von der einstimmigen Verurteilung. Licinius kehrte wieder um, legte sich nieder und starb. Seit dieser Zeit rühmte man Cicero wegen seiner sorgfältigen Amtsführung.

Da war Vatinius, ein Grobian, der als Anwalt die Richter in den Prozessen gern von oben herab behandelte. Leider hatte er den Hals voller Geschwüre. Eines Tages wandte er sich mit einer Bitte an Cicero. Da dieser nicht sofort zusagte, sondern eine längere Zeit die Sache überlegte, meinte Vatinius, wenn er Prätor wäre, würde er sich nicht lange bedenken. Da versetzte Cicero: „Ja, ich habe auch nicht einen so dicken Hals wie du."

Zwei oder drei Tage vor Ablauf seiner Prätur wurde bei ihm gegen Manilius Anklage erhoben. Er war beim Volk besonders beliebt, und man argwöhnte, die Gegner hätten ihn nur angeklagt, weil sie in ihm Pompeius' Freund und Anhänger treffen wollten. Als er um Frist für die Verteidigung bat, gewährte Cicero ihm nur den einen folgenden Tag. Das Volk war empört darüber, denn im allgemeinen pflegte der Prätor einem Angeklagten mindestens zehn Tage zuzugestehen. Deshalb riefen die Volkstribunen Cicero sofort auf die Rostra und erhoben gegen ihn Anklage wegen Verkürzung der Frist. Cicero bat um Gehör und sagte, er habe im Rahmen der gesetzlichen Möglichkeiten den Angeklagten gegenüber stets Milde und Entgegenkommen gezeigt und sehe eine Ungerechtigkeit darin, Manilius anders zu behandeln. So habe er mit Absicht den einzigen Tag, über den er als Prätor noch verfügen könne, bestimmt; denn die

Sache dem kommenden Prätor zu überweisen, bedeute nichts anderes als dem Angeklagten nicht helfen zu wollen. Über diese Worte jubelte das Volk und war wie umgewandelt. Unter lautem Beifall wurde er gebeten, die Verteidigung für Manilius zu übernehmen. Er erklärte sich vor allem mit Rücksicht auf Pompeius, der damals nicht in Rom war, dazu gern bereit. Nach dem Abschluß des Prozesses ergriff Cicero noch einmal das Wort zu einem lebhaften Angriff gegen die Aristokraten und die Gegner des Pompeius.

10. Bei seiner Wahl zum Konsul hatten sich die beiden Parteien in der Stadt, die Aristokraten und die Volkspartei, im Interesse des Staats auf ihn geeinigt. Man hatte dafür allerdings einen triftigen Grund. Die Verfassungsänderung, die Sulla vorgenommen hatte, erschien im Anfang untragbar, doch hatte sich die Menge im Laufe der Zeit an den Zustand gewöhnt, so daß der Bestand der Verfassung gesichert erschien. Immerhin fehlte es nicht an Leuten, die zu ihrem eigenen Vorteil die bestehenden Verhältnisse umstürzen und gewiß nicht zum Besseren verändern wollten. Am liebsten wollten sie ihren Plan ausführen, solange Pompeius mit den Königen von Pontos und Armenien im Krieg lag und in Rom keine Macht bestand, um die Umstürzler in Schach zu halten. Ihr führender Kopf war Lucius Catilina, ein ebenso kühner wie verschlagener Abenteurer. Er stand in einem üblen Ruf, man warf ihm sogar Blutschande mit seiner eigenen Tochter und Ermordung seines Bruders vor. Weil er aber befürchten mußte, wegen Mord vor Gericht gestellt zu werden, hatte er, unter dem Vorgeben, sein Bruder sei noch am Leben, Sulla dazu gebracht, ihn auf die Proskriptionsliste zu setzen. Als Bettelvolk und Gesindel diesen Mann zu ihrem Rädelsführer gewählt hatten, verpflichteten sich die Verschworenen untereinander mit den stärksten Eiden, sie opferten sogar einen Menschen, um gemeinsam von seinem Fleisch zu essen. Viele junge Leute in Rom waren dem Verführer Catilina zum Opfer gefallen, der für Wein und Weib und Spiel für sie zu sorgen wußte und großzügig alle Kosten übernahm. Außerdem erhob sich ganz Etrurien und der größte Teil Galliens südlich der

Alpen. Am gefährlichsten drohte der Umsturz in Rom selbst,
wo der Gegensatz zwischen reich und arm am größten war.
Dort waren gerade die vornehmsten Familien verarmt. Sie
hatten für das Volk Schauspiele und Speisungen veranstaltet, bei der Bewerbung um die hohen Ämter Unsummen
ausgegeben und schließlich großartige Bauten aufführen lassen müssen. Das alles hatte Vermögen verschlungen. Statt
dessen hatten kleine Leute großen Reichtum aufgehäuft. Es
bedurfte also nur eines geringen Anstoßes, und die Stadt
fiel dem in die Hände, der den Umsturz wagte, denn sie
war bis ins Innere hinein krank.

11. Indes wollte Catilina sein Unternehmen auf einer sicheren Grundlage aufbauen und bewarb sich deshalb um das
Konsulat. Er wiegte sich schon in der Hoffnung, Gaius Antonius als Kollegen im Amt neben sich zu sehen, einen Mann,
der weder im Guten noch im Schlechten zum Führer taugte,
aber unter kluger Führung die besten Dienste leisten konnte.
Diese Zustände waren den höheren Kreisen wohlbekannt,
darum unterstützten sie also Ciceros Bewerbung mit allem
Nachdruck. Da auch das Volk für ihn eintrat, fiel Catilina
bei der Wahl durch, während Cicero und Gaius Antonius
gewählt wurden, obwohl Cicero unter den Bewerbern der
einzige war, dessen Vater nur dem Ritterstand, nicht den
Kreisen des Senats angehörte.

12. Catilinas Pläne, von denen das Volk bis dahin noch
nichts erfahren hatte, waren noch in der Vorbereitung; aber
schon im Beginn von Ciceros Konsulat gab es das eine oder
andere Vorspiel. In Rom bestand eine große, einflußreiche
Gruppe von Männern, denen durch Sullas Gesetze die Be-
kleidung der höheren Ämter versagt war. Sie suchten Anhänger, um trotzdem als Bewerber auftreten zu können,
und den Klagen, die sie gegen Sullas Tyrannei erhoben,
konnte man die Berechtigung nicht absprechen. Aber der
Zeitpunkt, in dem sie die Verhältnisse ändern wollten, war
denkbar ungünstig. Auch die Volkstribunen kämpften gegen
die bestehende Ordnung, als sie in derselben Zeit einen Ge-
setzesantrag einbrachten, in dem sie die Einsetzung eines
zehngliederigen Ausschusses mit unumschränkter Vollmacht

verlangten. Er sollte in ganz Italien, Syrien und in allen Gebieten, die Pompeius erst kürzlich für Rom erobert hatte, das Recht haben, Staatsland zu verkaufen, Leute zu verhaften, die Strafe der Verbannung zu verhängen, Städte zu gründen, die nötigen Gelder aus der Staatskasse zu entnehmen, Truppen in beliebiger Stärke auszuheben und zu unterhalten. Dieser Antrag fand beim Adel viel Anklang, vor allem bei Antonius, weil er Mitglied des Ausschusses zu werden hoffte. Man vermutete, daß er von Catilinas Umsturzplänen Kenntnis hatte, aber wegen der Schulden, in denen er steckte, jedenfalls kein Gegner dieser Pläne war. Darin sahen die Aristokraten die größte Gefahr. Um sie zu beseitigen, sorgte Cicero dafür, daß seinem Kollegen Antonius die Provinz Makedonien zugewiesen wurde, während er selbst auf das ihm zugefallene Gallien verzichtete. Durch solche Gefälligkeit erreichte er, daß Antonius wie ein bezahlter Schauspieler wenigstens die zweite Rolle in dem nun beginnenden Kampf für das Vaterland neben ihm spielte.

So war Antonius gefügig geworden, und Cicero konnte um so zuversichtlicher den Umstürzlern entgegentreten. Als er sich dann im Senat mit aller Entschiedenheit gegen den Antrag aussprach, der die Einsetzung des erwähnten Ausschusses verlangte, brachte er die Volkstribunen so in Verwirrung, daß sie keinen Widerspruch erhoben. Sie wagten aber bald einen neuen Vorstoß, und nach den nötigen Vorbereitungen verlangten sie von den Konsuln, vor dem Volk zu erscheinen. Doch Cicero ließ sich nicht erschrecken. Er forderte den Senat auf, mit ihm zu gehen. An seiner Spitze begab er sich zum Volk und erreichte nicht nur die Verwerfung dieses Antrags. Er brachte die Tribunen auch dazu, auf die anderen Anträge zu verzichten; der Gewalt seiner Rede konnten sie nicht widerstehen.

13. Denn Cicero war es vor allem, der dem römischen Volk zeigte, welchen Reiz die Beredsamkeit dem Recht verleiht und wie unüberwindlich das Recht ist, wenn es mit den rechten Worten verteidigt wird. Er zeigte ihm, daß der wahre Staatsmann in seinen Maßnahmen darauf achten muß, was recht, nicht was angenehm ist, daß er aber ebenso in seinen

Worten bei notwendigen Maßnahmen das Volk über die unangenehmen Seiten hinwegzutäuschen versteht. Wie prachtvoll er das Wort zu handhaben wußte, zeigt ein Vorfall, der sich während seines Konsulats im Theater abspielte. Während die Ritter seit altersher im Theater, wie es sich gerade traf, unter der Volksmenge saßen, hatte zuerst Marcus Otho während seiner Prätur den Rittern die Ehrenplätze zugewiesen, die ihnen auch heute noch zustehen. Das Volk sah darin eine Zurücksetzung, und als Otho im Theater erschien, pfiff es ihn aus, während die Ritter ihn mit begeistertem Klatschen empfingen. Das Volk antwortete mit noch stärkerem Zischen und Pfeifen und die Ritter darauf wieder mit lauterem Klatschen, bis endlich beide Parteien aneinandergerieten und die Schimpfworte hin und her flogen. Wilder Aufruhr erfüllte das Theater. Als Cicero davon Nachricht bekam, erschien er sofort und berief das Volk zu einer Versammlung nach dem Tempel der Bellona. Dort verwies er ihm sein Verhalten und ermahnte es zur Vernunft. Als die Menge dann wieder ins Theater strömte, begrüßte sie Otho mit lautem Klatschen und wetteiferte mit den Rittern, ihn mit Ehren zu überhäufen.

14. Nachdem Catilina und seine Verschworenen sich anfangs nicht zu regen gewagt hatten, wurden sie allmählich dreister. Sie hielten Zusammenkünfte und machten sich gegenseitig Mut, man müsse endlich mit Entschlossenheit vorgehen, ehe Pompeius zurückkäme. Es hieß schon, er sei mit seinem ganzen Heer auf dem Rückweg. Am ungeduldigsten waren Sullas Veteranen. Sie saßen verstreut in ganz Italien; die meisten von ihnen, wilde Haudegen, hatten sich überall in den Städten Etruriens niedergelassen und träumten von Raub und Plünderung, denn Reichtümer gebe es ja genug. Unter Manlius' Führung, der sich unter Sulla in den Kriegen ausgezeichnet hatte, schlossen sie sich Catilina an und strömten nach Rom, um Wahlhilfe zu leisten. Denn Catilina trat wiederum als Bewerber um das Konsulat auf in der Absicht, Cicero während der Unruhen, die mit solchen Wahlen stets verbunden waren, zu beseitigen. Auch der Himmel, so schien es, kündete die kommenden Ereignisse mit Erdbeben, Blit-

zen und Wundererscheinungen. Zuverlässiger waren allerdings die Anzeigen, die Menschen machten, aber sie reichten
noch nicht aus, um einen so vornehmen und einflußreichen
Mann wie Catilina zu überführen. Deshalb verschob Cicero
den Tag der Konsulwahl und lud Catilina vor den Senat,
um ihn wegen der ihm gewordenen Mitteilungen zu ver-
hören. Catilina bildete sich aber ein, im Senat säßen manche,
die es nach einem Umsturz gelüstete, und um seinen Verschworenen seine Schlagfertigkeit zu beweisen, gab er Cicero
die trotzige Antwort: „Wenn da zwei Körper sind, der
eine mager und abgezehrt, aber mit einem Kopf, der andere
stark und groß, aber ohne Kopf, und wenn ich diesem dann
einen Kopf aufsetzte, was ist denn schon Schlimmes dabei?"
Offenbar sollten diese dunklen Worte den Senat und das
Volk treffen, und Cicero geriet so in Furcht, daß er einen
Panzer anlegte und sich von den Vornehmen und vielen
jungen Leuten auf dem Weg von seinem Haus zum Marsfeld begleiten ließ. Mit Absicht ließ er die Tunika am Halse
offen, so daß man einen Teil des Panzers sehen konnte. Er
wollte allen, die es sahen, die Größe der Gefahr, in der er
schwebte, zum Bewußtsein bringen. Das Volk war empört
und nahm ihn schützend in seine Mitte. Bei der Wahl fiel
Catilina wieder durch. Gewählt wurden Silanus und Murena.

15. Schon bald nach diesen Ereignissen wurde aus den in
Etrurien zusammengezogenen Mannschaften ein Heer für
Catilina aufgestellt. Schon nahte der Tag, den die Ver-
schworenen für den Aufstand in Aussicht genommen hat-
ten, da erschienen um Mitternacht Mitglieder des höchsten
römischen Adels, Marcus Crassus, Marcus Marcellus und
Scipio Metellus vor Ciceros Haus. Sie klopften an die Tür,
riefen den Pförtner heraus und gaben ihm den Auftrag,
Cicero zu wecken und ihm ihr Kommen zu melden. Es war
allerdings ein wichtiger Anlaß, der sie zu Cicero führte.
Crassus hatte nach dem Abendessen von seinem Pförtner
Briefe bekommen, die ein Unbekannter abgegeben hatte.
Sie waren an verschiedene Empfänger gerichtet, der für
Crassus bestimmte trug keine Unterschrift. Crassus hatte nur

diesen Brief gelesen. Er enthielt die Nachricht, Catilina
wolle Mord und Totschlag über die Stadt bringen. Da in
dem Brief gleichzeitig die Mahnung enthalten war, Crassus
möge heimlich die Stadt verlassen, ließ er die anderen Briefe
ungelesen und eilte erschrocken über die drohende Gefahr
sofort zu Cicero. Er wollte sich aber auch von dem Verdacht reinigen, in den ihn seine Freundschaft mit Catilina
bringen konnte.

Nach reiflicher Überlegung berief Cicero am folgenden
Morgen den Senat. Er hatte die Briefe mitgebracht und gab
sie den Adressaten mit der Aufforderung, sie laut zu verlesen. Sie enthielten alle gleichlautend die Mitteilung von
dem geplanten Aufstand. Da außerdem der frühere Prätor
Quintus Arrius von den Truppenzusammenziehungen in
Etrurien berichtete und Manlius Meldung machte, die Verschworenen säßen in starken Abteilungen in der Nähe der
etrurischen Städte und warteten offenbar auf neue Nachrichten aus Rom, erging der Senatsbeschluß, die Konsuln
sollten freie Hand in ihren Entschließungen haben und nach
bestem Wissen und Gewissen für die Rettung der Stadt
sorgen. Ein solcher außerordentlicher Beschluß erging nur
in Zeiten höchster Gefahr für den Staat.

16. Als Cicero diese Vollmacht erhalten hatte, übertrug er
die Erledigung der Aufgaben außerhalb der Stadt Quintus
Metellus. Er selbst übernahm die Sicherung der Stadt. Die
Leibwache, von der er sich Tag für Tag begleiten ließ, war
so stark, daß ein großer Teil des Forums besetzt war, wenn
er mit seinen Begleitern dort erschien. Catilina konnte diese
Verzögerung nicht mehr ertragen und beschloß, so schnell
wie möglich zu Manlius nach Etrurien zum Heer zu gehen.
Doch gab er vorher noch Marcius und Cethegus den Befehl,
mit Dolchen bewaffnet zu Ciceros Haus zu gehen, als wollten sie ihm ihre Aufwartung machen, um dann über ihn herzufallen und ihn zu ermorden. Noch in der Nacht kam eine
römische Adlige, Fulvia, zu Cicero, berichtete ihm von dem
Mordanschlag und riet ihm, vor allem vor Cethegus auf der
Hut zu sein. Die beiden Kerle erschienen denn auch mit
Tagesanbruch. Da man sie nicht einließ, wurden sie grob

und schlugen Lärm vor der Tür. Dadurch machten sie sich nur noch verdächtiger.

Dann verließ Cicero das Haus, um den Senat in den Tempel des Juppiter Stesios oder Stator, wie die Römer ihn nennen, zu berufen. Der Tempel steht am Anfang der Via Sacra auf dem Weg zum Palatin. Auch Catilina erschien dort mit seinen Freunden, um sich zu rechtfertigen. Aber nicht ein Senator mochte neben ihm sitzen. Sie verließen die Bank, auf der er saß. Kaum fing er an zu sprechen, da unterbrach ihn schon der Lärm der Zuhörer. Schließlich erhob sich Cicero und forderte ihn auf, die Stadt zu verlassen, denn wenn er selbst seine Politik mit Worten, Catilina sie mit Waffen betriebe, so müsse eben die Mauer der Stadt sie voneinander trennen. Catilina verließ darauf mit dreihundert Bewaffneten sofort die Stadt und ließ Rutenbündel und Beile vor sich hertragen, als sei er römischer Beamter. Die Fahnen voran, zog er nach Etrurien zu Manlius. Obwohl ihm dort schon etwa zwanzigtausend Mann zu Gebote standen, begab er sich in die einzelnen Städte, um auch sie auf seine Seite zu bringen. So waren die Feindseligkeiten denn ausgebrochen, und Antonius erhielt den Auftrag, den Aufstand niederzuschlagen.

17. Inzwischen übernahm Cornelius Lentulus Sura die Führung der Anhänger Catilinas, die in der Stadt zurückgeblieben waren. Er gehörte einer vornehmen Familie an, war aber früher wegen seiner Liederlichkeit aus dem Senat gestoßen. In der damaligen Zeit bekleidete er zum zweitenmal die Prätur, wie es Sitte ist für Männer, denen die Römer den Weg in den Senat wieder öffnen wollen. Von der Entstehung seines Beinamens Sura erzählt man folgende Geschichte. In Sullas Zeit hatte er als Quästor Unsummen öffentlicher Gelder verschwenderisch verschleudert. Sulla verlangte im Senat ärgerlich Rechenschaft von ihm. Mit der gleichgültigsten Miene erhob er sich und erklärte, Rechenschaft könne er nicht geben, aber er hielt sein Bein hin, wie die Kinder es machen, wenn sie beim Ballspiel falsch gespielt haben. Seitdem hieß er Sura; denn *sura* ist das lateinische Wort für Bein. Als er ein andermal wieder vor den

Richtern stand, bestach er zwei von ihnen. Da er mit zwei Stimmen Mehrheit freigesprochen wurde, meinte er, das Geld, das er dem einen von den beiden gegeben habe, sei Verschwendung gewesen; er wäre bei seinem Freispruch auch mit einer Stimme Mehrheit zufrieden gewesen. Das war also Sura, den Catilina noch aufgehetzt hatte; zudem hatten ihm Lügenpropheten und Bettelpriester den Kopf verdreht. Sie erfanden Orakelsprüche und brachten sie in Verse, als wenn sie aus den sibyllinischen Büchern stammten. Die Sprüche kündeten ihm, das Schicksal habe für Rom drei Cornelier als Alleinherrscher bestimmt; zwei von ihnen, Cinna und Sulla, hätten diesen Spruch schon wahr gemacht; wenn der Gott also ihm als dem dritten und letzten Cornelier die Herrschaft anbiete, dann müsse er sie annehmen und dürfe nicht, wie Catilina, durch Zögern die Gelegenheit versäumen.

18. Es war ein teuflischer Plan, den Lentulus sich ausgedacht hatte. Er wollte den ganzen Senat und eine große Anzahl Bürger beseitigen; die Stadt selbst sollte in Brand gesteckt werden und niemand außer den Kindern des Pompeius Gnade finden. Lentulus wollte sie retten, um sie als Geiseln in der Hand zu haben während der Auseinandersetzung mit Pompeius. Denn die Gerüchte, daß er von seinem langen Feldzug endlich heimkehren würde, nahmen immer festere Gestalt an. Zur Ausführung des Unternehmens hatte man eine Nacht während der Saturnalien gewählt, und man war schon damit beschäftigt, Waffen, Werg und Schwefel zu Cethegus ins Haus zu schaffen, um es dort zu verbergen. Man teilte die Stadt in hundert Bezirke, die dann ebensovielen Leuten, die man zur Brandstiftung bestimmt hatte, zugeteilt wurden. Man hoffte, wenn die Stadt zugleich an vielen Stellen angezündet würde, dann würde sie im Nu überall in Flammen stehen. Andere sollten die Wasserleitungen absperren und jeden niedermachen, der Wasser holen wollte.

Während dieser Vorgänge befanden sich zwei Gesandte der Allobroger in Rom. Die Allobroger waren damals in einer üblen Lage und empfanden Roms Herrschaft besonders drückend. Lentulus sah in den Gesandten ein gutes Werkzeug, um Gallien aufzuwiegeln und für seine Pläne zu gewinnen. Deshalb weihte er sie in die Verschwörung ein und übergab ihnen Briefe an den Senat der Allobroger und an Catilina. Dem Senat der Allobroger versprach er die Freiheit für sein Volk, während er an Catilina schrieb, er solle die Sklaven freilassen und den Marsch auf Rom antreten. Den Brief an Catilina sollte Titus aus Kroton überbringen, der mit den Allobrogern reisen sollte. Während aber die Verschworenen in ihrem Leichtsinn ihre Sitzungen nur beim Wein in Weibergesellschaft abhielten, beobachtete Cicero ihre Pläne unermüdlich mit nüchterner und überlegter Klugheit. Denn er hatte nicht nur viele Leute, die, ohne zur Verschwörung zu gehören, die einzelnen Schritte überwachten und für Cicero ausspähten, er stand sogar mit manchen, die als Mitglieder galten und denen er rückhaltlos vertrauen konnte, heimlich in Verbindung. So erfuhr er von der Verabredung, die sie mit den Allobrogern getroffen hatten, und mit heimlicher Unterstützung durch die Allobroger ließ er den Krotoniaten Titus mitsamt den Briefen aufgreifen.

19. In der Frühe des nächsten Morgens berief er den Senat in den Tempel der Concordia, verlas die Briefe und ließ alle, die zu der Sache etwas zu sagen wußten, zu Wort kommen. Auch Junius Silanus berichtete, man habe Cethegus sagen hören, die Verschworenen wollten drei Konsuln und vier Prätoren umbringen. Anderes derart berichtete auch der Altkonsul Piso. Ferner fand der Prätor Sulpicius, der zu Cethegus geschickt wurde, in dessen Haus Pfeile, Lanzen, Speere und Waffen aller Art, vor allem Schwerter und Dolche, alles frisch geschliffen. Endlich sicherte der Senat dem Titus aus Kroton Straflosigkeit zu, wenn er alles entdecken wollte. So gelang es dann, Lentulus zu überführen. Er mußte auf sein Amt, also auf die Prätur, Verzicht leisten, vor dem versammelten Senat die purpurverbrämte Toga ablegen und mit dem einfachen Gewand seines neuen niedrigen Standes vertauschen. Dann wurde er mit seinen Anhängern den Prätoren übergeben, die sie in ‚freier Haft‘ halten sollten. Inzwischen war es Abend geworden, und das Volk wartete

noch immer in Scharen auf den Ausgang der Verhandlungen, als Cicero vor den Tempel trat und vor den Bürgern über die Ereignisse Bericht erstattete. Dann geleitete man ihn in feierlichem Zug zu dem Haus seines Freundes und Nachbarn, denn in seinem Haus feierten die Frauen die geheimnisvollen Mysterien zu Ehren der Göttin, die bei den Römern *Bona Dea*, bei den Griechen *Gynaikeia* heißt. Dieses Opfer wird alljährlich in dem Haus des Konsuls von dessen Gattin oder Mutter in Gegenwart der vestalischen Jungfrauen dargebracht. In dem Haus seines Freundes prüfte Cicero nun im kleinen Kreis seiner Freunde die Frage, was mit den Verhafteten geschehen solle. Vor der härtesten Strafe, die allerdings allein diesen ruchlosen Verbrechen entsprach, schreckte er zurück. Für einen solchen Schritt war er selbst nicht hart genug. Auch fürchtete er den Vorwurf, er habe die ihm übertragenen Befugnisse überschritten und keine Nachsicht gekannt gegenüber den Männern, die aus den ersten Häusern Roms stammten und viele mächtige Freunde hatten. Ging er aber mit gelinderer Strafe gegen sie vor, so mußte er neue Gefahren von ihrer Seite fürchten. Denn wenn er sie nicht dem Tode überlieferte, so würden sie sich doch nicht zufrieden geben, sondern selbst das Äußerste versuchen, weil der Wunsch nach Rache ihrer alten Bosheit neue Nahrung geben würde. Auch fürchtete er den Vorwurf unmännlicher Feigheit, er galt beim Volk ohnehin nicht als einer der Tapfersten.

20. Während Cicero noch schwankte, erschien den Frauen beim Opfer ein wundersames Zeichen. Auf dem Altar, dessen Feuer schon niedergesunken und erloschen schien, schlug plötzlich aus der Asche der verbrannten Baumrinden eine helle, starke Flamme empor. Die Frauen waren bleich vor Schrecken, doch die Vestalinnen forderten Ciceros Gattin Terentia auf, sofort zu ihrem Gatten zu eilen und ihm zu künden, er müsse den Entschluß, den er gefaßt habe, zum Wohl des Vaterlandes in die Tat umsetzen, denn die strahlende Flamme der Göttin verheiße Rettung und Ruhm. Terentia überbrachte die Weisung und drängte ihn zu scharfem Vorgehen gegen die Verschworenen, denn sie kannte keine

Milde und Rücksicht in ihrem Ehrgeiz und, wie Cicero selbst erzählt, nahm sie an seinen politischen Sorgen mehr Anteil als sie ihm an den häuslichen Angelegenheiten gestattete. Im gleichen Sinn sprachen auch sein Bruder Quintus und sein Freund, der Philosoph Publius Nigidius, mit dem Cicero gern und oft politische Fragen erörterte.

Als am nächsten Tag im Senat die Verhandlungen über die Strafe gegen die Verschwörer begannen, wurde Silanus zuerst um Meinungsäußerung gebeten. Er erklärte, man müsse sie ins Gefängnis führen und auf die härteste Strafe erkennen. Seiner Meinung schlossen sich die Folgenden ohne Ausnahme an bis auf Gaius Cäsar, den späteren Diktator. Er gehörte damals noch zu den Jüngeren und stand erst im Beginn seiner Laufbahn, die ihn auf die Höhe der Macht führen sollte; doch hatte er in seiner politischen Tätigkeit schon voller Hoffnung den Weg beschritten, auf dem er später den römischen Staat in eine Monarchie umwandelte. Niemand ahnte etwas von seinen Absichten, nur Cicero traute ihm niemals, aber einen Grund gegen ihn vorzugehen fand er nicht. Manche sagten sogar, sooft Cäsar sich auch fast in den Schlingen gefangen habe, so sei er doch immer wieder entschlüpft. Nach einem anderen Bericht übersah Cicero geflissentlich die Meldungen, die gegen Cäsar bei ihm eingingen, weil er dessen Freunde und Einfluß fürchtete. Es war jedermann klar, daß eher die Verschworenen mit Cäsar zusammen freigesprochen als er mit ihnen verurteilt werden würde.

21. Als nun die Reihe an ihm war, seine Meinung auszusprechen, schlug er vor, die Angeklagten nicht zum Tode zu verurteilen, sondern ihr Vermögen zu beschlagnahmen und sie selbst in italische Städte zu bringen, die Cicero bestimmen möge; dort sollten sie bis zum Abschluß des Kampfes gegen Catilina in Haft gehalten werden. Sein Vorschlag, mit der Kunst des großen Redners vorgetragen, erschien menschlich und fand selbst bei Cicero keine geringe Unterstützung. Denn als er sich erhob, um seine eigene Meinung darzulegen, sprach er ausführlich über beide Ansichten und stimmte bald dem ersten Vorschlag, bald dem von Cäsar

vorgetragenen zu. Nach Ansicht seiner Freunde war Cäsars
Vorschlag besonders auch für Cicero günstig, denn wenn die
Leute nicht hingerichtet würden, würde Cicero manchem
Tadel entgehen. Deshalb sprachen sie sich jetzt für Cäsars
Vorschlag aus, so daß sogar Silanus seine Worte zurück-
nahm und erklärte, er habe nicht die Todesstrafe gemeint;
denn die härteste Strafe für einen römischen Senator sei Ge-
fängnis.

Der erste, der sich diesem Vorschlag widersetzte, war Lutatius Catulus. Nach ihm nahm Cato das Wort und versuchte
mit hinreißenden Worten Cäsar selbst zu verdächtigen, so
daß der Senat in leidenschaftlicher Erregung das Todes-
urteil aussprach. Jedoch erhob Cäsar gegen die Beschlagnahme des Vermögens heftigen Einspruch und wehrte sich
dagegen, daß man aus seinem Antrag zwar den härtesten
Vorschlag annehme, aber von dem milden nichts wissen
wolle. Die Mehrheit bestand aber auf ihrem Wunsch, so
daß Cäsar sich mit der Bitte um Einschreiten an die Volkstribunen wandte. Diese schenkten ihm aber kein Gehör, doch
schließlich gab Cicero nach und verzichtete auf die Beschlagnahme.

22. Dann ging Cicero mit dem Senat fort, die Verschworenen zu holen. Sie waren an verschiedenen Stellen bei einzelnen Prätoren in ,freier Haft'. Zuerst holte er Lentulus vom
Palatin und ließ ihn über die Via Sacra mitten über das
Forum bringen. Roms vornehmste Männer begleiteten Cicero dabei, als bildeten sie seine Leibwache. Das Volk sah
mit Schaudern dem Vorgang zu und ging schweigend neben
dem Zug her. Vor allem der Jugend sah man das Entsetzen
an, glaubte sie doch, sie sollte jetzt unter Furcht und Zittern
in die altertümlichen Mysterien des aristokratischen Regiments eingeweiht werden. Als Cicero über das Forum zum
Gefängnis kam, übergab er Lentulus dem Henker, ihn hinzurichten. Dann führte er Cethegus und ebenso die übrigen
dorthin und ließ die Strafe an ihnen vollziehen.

Als er sah, daß noch viele Anhänger der Verschwörung auf
dem Forum zusammenstanden und ohne Kenntnis der Vorgänge auf die Nacht warteten, um die Führer, die sie noch

am Leben glaubten, zu befreien, rief er ihnen zu: „Sie haben gelebt!" So umschreiben die Römer gern das Wort Sterben, um die üble Vorbedeutung des Wortes zu vermeiden.

Inzwischen war es Abend geworden, und als Cicero über das Forum nach seinem Hause ging, begleiteten die Bürger ihn nicht mehr mit Schweigen. Wo er vorbeikam, wurde er mit Beifallsrufen und Klatschen begrüßt. Man pries ihn als den Retter des Vaterlandes, als den zweiten Gründer der Stadt. Die Straßen waren hell erleuchtet von den Lampen und Fackeln, die man vor den Haustüren angebracht hatte, und Frauen leuchteten von den Dächern herab, um den Helden zu ehren und zu sehen, der in feierlichem Zug von den vornehmsten, angesehensten Männern nach Hause geleitet wurde. Die meisten hatten große Kriege geführt, hatten Triumphe gefeiert und das Reich ausgedehnt weit über Länder und Meere. Als sie aber in dem Zug nebeneinander herschritten, gestanden sie sich, daß das römische Volk vielen Statthaltern und Feldherren für Reichtum, Beute und Macht gewiß großen Dank schulde, doch für seine Sicherheit und Rettung schulde es nur einem Mann, nur Cicero, Dank, der es aus dieser gewaltigen Gefahr gerissen hatte. Denn daß er den Verschworenen in den Arm gefallen war und sie der gerechten Strafe zugeführt hatte, war nicht das Wunderbare, sondern daß er den gefährlichsten Aufstandsversuch der damaligen Zeit mit dem denkbar geringsten Schaden ohne blutigen Kampf niedergeschlagen hatte. Denn auch Catilina mußte sehen, daß seine Anhänger, die ihm zugeströmt waren, ihn in demselben Augenblick verließen, als sie von Lentulus' und Cethegus' Geschick erfuhren. Mit den wenigen, die noch bei ihm aushielten, wagte er eine Schlacht gegen Antonius, in der er mit seinen Leuten fiel.

23. Indes gab es doch Leute genug, die Cicero wegen seiner Verdienste übelwollten und gegen ihn arbeiteten. Die erste Rolle spielten dabei einige von den für das nächste Jahr gewählten Beamten, Cäsar, der zum Prätor gewählt war, und die Volkstribunen Metellus und Bestia. Als sie ihr Amt antraten, wenige Tage bevor Ciceros Amtszeit ablaufen sollte, verboten sie ihm, bei der Niederlegung des Amtes die üb-

liche Rede zu halten. Sie schleppten sogar Bänke auf die Rostra, um ihm den Weg zu versperren und ihn am Sprechen zu hindern. Sie befahlen ihm, wenn er Wert darauf lege, so solle er den bei der Amtsniederlegung üblichen Eid schwören und dann die Rostra sofort verlassen. Cicero erklärte sich damit einverstanden und bestieg die Rednerbühne, um den Eid zu leisten. Als Stille eingetreten war, schwur er den Eid, allerdings nicht in dem von den Vätern ererbten Wortlaut, sondern in einer neuen, eigenen Formulierung, er habe wahrhaftig das Vaterland errettet und seine Herrschaft erhalten. Und das ganze Volk schwur diesen Eid mit ihm. Cäsar und die Tribunen waren empört und versuchten von neuem Cicero Schwierigkeiten zu machen. In der Absicht, seine Herrschaft zu brechen, beantragten sie das Gesetz, Pompeius mit seinem Heer zurückzuberufen. Aber es bedeutete damals für Cicero und die ganze Stadt viel, daß auch Cato in diesem Jahr Volkstribun war und sich solchen Machenschaften mit der gleichen Gewalt, wie sie seine Amtsgenossen besaßen, aber ungleich größerem Ansehen entgegenstellte. Er befreite Cicero nicht nur von diesen Schwierigkeiten, er pries auch in einer Rede vor dem Volk sein Konsulat so begeistert, daß das Volk Cicero mit den größten Ehren überhäufte und ihm den Ehrentitel ‚Vater des Vaterlandes‘ verlieh. Wahrscheinlich ist Cicero der erste, dem diese Ehre widerfuhr, weil Cato ihm vor dem Volk diesen Namen gegeben hatte.

24. Cicero stand in dieser Zeit auf dem Gipfel seiner Macht. Und doch schuf er sich manche Neider, gewiß nicht durch ein Verbrechen, aber sein Selbstlob und seine Ruhmredigkeit machten ihn unerträglich. Der Senat oder das Volk oder das Gericht konnten nicht zusammentreten, ohne daß man bis zum Überdruß die Geschichte von Catilina und Lentulus über sich ergehen lassen mußte. Schließlich kam es soweit, daß er sogar seine Bücher und Schriften mit solchen Lobeshymnen anfüllte. Selbst seine Reden, die sonst durch den Reiz ihrer Liebenswürdigkeit bezauberten, wirkten ermüdend und abstoßend; es war, als wenn diese Unausstehlichkeit sich wie ein böses Geschick an ihn heftete.

Aber trotz der unbeherrschten Ehrsucht kannte er keinen
Neid gegen andere. Neidlos pries er die Verdienste seiner
Vorgänger wie seiner Zeitgenossen, wovon seine Schriften
und manche noch heute bekannte Aussprüche Zeugnis ablegen. So soll er von Aristoteles als einem Strom fließenden
Goldes gesprochen haben. Von Platons Dialogen sagte er,
so würde Jupiter sprechen, wenn er der menschlichen Rede
fähig wäre. Theophrast pflegte er seine ganze Wonne zu
nennen. Als man ihn fragte, welche Rede von Demosthenes
ihm am besten gefalle, meinte er: „Die längste." Manche
schwärmerische Demosthenesverehrer sind allerdings empört
über das Wort, das Cicero einem Freunde in einem Brief
schrieb: manchmal schlummere auch Demosthenes in seinen
Reden ein. Aber sie vergessen dabei doch, daß Cicero ihm
an vielen Stellen begeistertes Lob spendet und den Reden
gegen Antonius, auf die er selbst die größte Mühe verwandt
hatte, den Titel ‚Philippische Reden‘ gegeben hat. Unter
den berühmten Rednern und Philosophen seiner Zeit gab
es überhaupt keinen, den er nicht durch freundliche Erwähnung in seinen Reden oder Schriften noch berühmter
gemacht hätte. Für den Peripatetiker Kratippos erwirkte er
bei Cäsar, als dieser Herr der Stadt war, das römische Bürgerrecht. Auf seine Anregung hin faßte auch der Areiopag
den Beschluß, Kratippos zu bitten, er möge in Athen bleiben, um die Erziehung der Jugend zu übernehmen, denn
das sei eine Auszeichnung für die Stadt. Man hat noch
Briefe von Cicero, die er hierüber an Herodes schrieb; übrigens auch andere Briefe an seinen Sohn, in denen er ihn bittet,
bei Kratippos Philosophie zu studieren. Von dem Rhetor
Gorgias wollte Cicero allerdings nichts wissen, er machte
ihm den Vorwurf, er erziehe die jungen Leute zu Trunk
und Spiel. Deshalb verbot er seinem Sohn den Umgang mit
ihm. Vielleicht sind dieser Brief und ein zweiter an Pelops
in Byzanz die einzigen unter den griechisch geschriebenen,
in denen er sich vom Zorn hat hinreißen lassen. Die Vorwürfe gegen Gorgias waren allerdings berechtigt, wenn er
wirklich so unbeherrscht und charakterlos war, wie man
von ihm glaubte. Dem Pelops aber machte Cicero in der

kleinlichsten Weise Vorwürfe, er habe sich nicht genügend
um die Ehrungen bemüht, die von den Byzantiern für ihn
hätten beschlossen werden sollen.

25. Ebenso bezeichnend für seinen Ehrgeiz wie dieser Brief
war es, daß er im Stolz auf seine Rednergabe das Gefühl
verlor für das, was sich schickte. Einst hatte er Munatius
verteidigt. Kaum war dieser freigesprochen, als er selbst
einen Freund Ciceros, Sabinus, verklagte. Darüber war
Cicero so empört, daß er sich in seinem Zorn zu den Worten
hinreißen ließ: „Munatius, war es dein Verdienst, daß du
freigesprochen wurdest, oder meins, weil ich die Richter am
hellen Tag in dichtes Dunkel hüllte?" Ein andermal fand er
mit den preisenden Worten, die er Marcus Crassus widmete,
lauten Beifall. Einige Tage darauf lästerte er ihn an derselben Stelle, und als Crassus ihm vorwarf: „Hast du mich
nicht selbst noch vor kurzem mit Lob überhäuft?", antwortete er: „Freilich, um meine Redekunst einmal an einem
schlechten Gegenstand zu erproben." Derselbe Crassus sagte
einmal, kein Crassus in Rom sei je älter als sechzig Jahre geworden, leugnete später diesen Ausspruch aber wieder und
meinte: „Was für einen Grund sollte ich dafür gehabt haben?" „Du wußtest", meinte Cicero, „daß die Römer das
gern hören, und deshalb redetest du ihnen nach dem Mund."
– Crassus war, wie er sagte, mit der Lehre der Stoiker recht
zufrieden, weil sie den Guten für reich erklärten. „Oder
sie gefallen dir", meinte Cicero, „weil sie lehren, daß dem
Weisen alles gehört." Denn man kannte Crassus' Geldgier.
-- An dem einen Sohn des Crassus glaubte man eine gewisse
Ähnlichkeit mit einem Axios feststellen zu können. Das
warf auf die Beziehungen zwischen seiner Mutter und Axios
ein böses Licht. Als der junge Mann eines Tages im Senat
mit seiner Rede viel Beifall fand, fragte man auch Cicero
nach seiner Meinung. Er sagte nur die beiden griechischen
Worte: „Ἄξιος Κράσσου" (des Crassus würdig).

26. Als Crassus dann vor seiner Abreise nach Syrien stand,
legte er doch mehr Wert auf Ciceros Freundschaft als auf
seine Feindschaft. Deshalb lud er sich mit der liebenswür-
digsten Miene bei ihm zu Gast. Cicero bewirtete ihn mit

der größten Freundlichkeit. Wenige Tage darauf verwandten sich einige Freunde bei ihm für Vatinius, der sich mit ihm – sie waren einander feind gewesen – wieder aussöhnen und seine Freundschaft wiedergewinnen wollte. Doch Cicero antwortete: „Will Vatinius etwa auch bei mir speisen?" So pflegte Cicero mit Crassus umzugehen.

Vatinius, der oft vor Gericht als Verteidiger auftrat, hatte eine Kropfgeschwulst am Hals. Cicero nannte ihn deshalb einen schwülstigen Redner. Als er hörte, Vatinius sei gestorben, dann aber die sichere Nachricht bekam, er lebe doch, meinte er: „Den Schurken soll der Tod treffen, der so schändlich gelogen hat."

Cäsar hatte im Senat den Antrag gestellt, seinen Veteranen in Kampanien Land anzuweisen. Manche Senatoren sprachen sich dagegen aus, und Lucius Gellius, wohl der Älteste unter ihnen, erklärte, solange er lebe, solle der Antrag nicht Gesetz werden. Da rief Cicero: „Dann müssen wir eben warten; Gellius verlangt ja keinen langen Aufschub."

Einen gewissen Octavius hatte man im Verdacht, er hätte afrikanisches Blut. Als er in einem Prozeß sagte, er könne Cicero nicht verstehen, meinte dieser: „Und du hast doch ein Loch im Ohr." – Als Metellus Nepos ihm vorwarf, durch seine Anklagen habe er mehr Leute ins Unglück gestürzt als durch seine Verteidigung gerettet, erwiderte er: „Ich gebe gern zu, daß meine Glaubwürdigkeit größer ist als meine Beredsamkeit."

Als ein junger Mann, der im Verdacht stand, seinen Vater mit einem vergifteten Kuchen beiseite geschafft zu haben, in seiner Frechheit sagte, er habe mit Cicero noch ein Hühnchen zu rupfen, antwortete dieser: „Das ist mir allerdings noch lieber als ein Kuchen von dir."

Publius Sestius hatte in einem Prozeß neben anderen auch Cicero als Verteidiger gewonnen, wollte aber keinen zu Wort kommen lassen und die Verteidigung allein führen. Als es nun schien, er würde freigesprochen, und die Richter schon beim Abstimmen waren, sagte Cicero zu ihm: „Heute, Sestius, mußt du die gute Gelegenheit noch einmal benutzen, morgen hast du hier ja nichts mehr zu sagen."

Publius Consta bildete sich auf seine juristischen Kenntnisse
viel ein, war aber im Grunde ein Dummkopf. Cicero rief
ihn einst in einem Prozeß als Zeugen auf. Als Consta erklärte, nichts zu wissen, bedeutete er ihm: „Du meinst wohl,
ich fragte dich nach juristischen Dingen?"

Als Metellus Nepos ihm während einer Auseinandersetzung
wiederholt zurief: „Wer ist überhaupt dein Vater, Cicero?",
versetzte Cicero: „Die Antwort auf diese Frage hat *dir*
deine Mutter allerdings schwieriger gemacht als mir." Nepos' Mutter hatte eben nicht den besten Ruf. Er selbst galt
als launischer Mensch. So ließ er eines Tages als Prätor in
Rom alles stehen und liegen und fuhr nach Syrien zu Pompeius. Ebenso überraschend kam er wieder zurück. Als er
dann seinen Lehrer Philagros mit allem Prunk beisetzen
ließ und das Grab mit einem steinernen Raben schmückte,
bestätigte Cicero ihm: „Das war ein guter Gedanke. Er hat
dich ja auch mehr fliegen als reden gelehrt."

Als Marcus Appius in einem Prozeß als Verteidiger einlei-
tend bemerkte, sein Freund habe ihn gebeten, Sorgfalt, Beredsamkeit und Treue zu beweisen, rief Cicero dazwischen:
„Und dann bist du so hartherzig, daß du keine der Eigenschaften zeigst, um die dein Freund dich gebeten hat?"

27. Wenn er sich gegen seine Feinde und Prozeßgegner so
bitteren Spott erlaubte, so mag das dem Redner und Advo-
katen schließlich hingehen; da er aber jeden, der ihm in den
Weg kam, dem Gelächter preisgab, so schuf er sich viele
Feinde. Auch davon einige Beispiele: Marcus Aquilius,
dessen beide Schwiegersöhne in der Verbannung waren,
nannte er Adrastos. Als Lucius Cotta, als großer Freund
des Weins bekannt, die Zensur bekleidete, ließ Cicero sich
in der Zeit, als er sich ums Konsulat bewarb, eines Tages
Wasser geben, um seinen Durst zu löschen. Seine Freunde
standen um ihn herum, als er trank. Da meinte er: „Ihr
habt ganz recht, wenn ihr fürchtet, der Censor könnte es
mir übelnehmen, wenn ich – Wasser trinke." – Als ihm
Voconius eines Tages mit seinen drei häßlichen Töchtern
entgegenkam, zitierte er den Vers: ,Denn gegen Phoibos'
Willen zeugt' er diese Kinder.' Als Marcus Gellius, an des-

sen Abstammung von freien Eltern man zweifelte, einst im Senat Briefe mit gellender Stimme verlas, sagte Cicero: „Wundert euch nicht darüber, auch er gehört zu denen, die laut (nach ihrer Freiheit) geschrien haben." – Faustus, dessen Vater Sulla als Diktator Ungezählte während der Proskriptionen hatte töten lassen, war in Schulden geraten, weil er sein Vermögen durchgebracht hatte, und mußte seinen Haushalt versteigern lassen. Da meinte Cicero, diese Versteigerung gefalle ihm besser als die von seinem Vater angesetzten.

28. Auf diese Weise hatte Cicero es mit vielen verdorben. Jetzt verbanden sich auch Clodius' Anhänger gegen ihn. Clodius, Sohn einer altadeligen Familie, war trotz seiner Jugend ein Ausbund an Frechheit. Er war in Cäsars Gattin Pompeia verliebt und schlich sich als Harfenspielerin verkleidet in ihr Haus, als die Frauen dort das geheimnisvolle Fest feierten, an dem teilzunehmen keinem Mann gestattet war. Und es war auch kein Mann dort. Clodius hoffte aber, weil er doch noch keinen Bart hatte, bei dieser Gelegenheit mit den Frauen unentdeckt leicht zu Pompeia kommen zu können. Als er nun in der Nacht in die weiten Räume des Hauses eintrat, konnte er sich nicht zurechtfinden und verlief sich. Dabei sah ihn eine Dienerin der Mutter Cäsars, Aurelia, und fragte ihn nach dem Namen. So wurde er gezwungen zu sprechen und erzählte, er suche Pompeias Abra. Die Dienerin hörte, daß das keine Frauenstimme war, schrie auf und rief die Frauen zusammen. Sie verschlossen sofort die Haustüren und durchsuchten den ganzen Palast. Schließlich fanden sie ihn in der Kammer der jungen Sklavin, mit der er zusammen ins Haus gekommen war. Da die Sache ruchbar wurde, trennte Cäsar sich von Pompeia, und ein Volkstribun erhob gegen Clodius Klage wegen Gotteslästerung.

29. Cicero war bis dahin Clodius' Freund gewesen. Während seines Kampfes gegen Catilinas Verschwörung hatte Clodius ihm manchen guten Dienst erwiesen und ihn gegen tätliche Angriffe geschützt. Als Clodius sich jetzt aber damit verteidigen wollte, er sei in jener Zeit überhaupt nicht in Rom gewesen, sondern habe sich fern von der Stadt aufge-

halten, erklärte Cicero als Zeuge, Clodius sei an dem Tage bei ihm im Haus gewesen und habe sich mit ihm über bestimmte Angelegenheiten unterhalten. Diese Aussage entsprach der Wahrheit. Allerdings munkelte man, Cicero habe nicht um der Wahrheit die Ehre zu geben seine Aussage gemacht, sondern um sich seiner Gattin Terentia gegenüber reinzuwaschen. Sie haßte Clodius wegen seiner Schwester Clodia, weil sie glaubte, Clodia habe die Absicht, Cicero zu heiraten. Besonders hatte sie einen Tarentiner Tullus im Verdacht, er wolle Clodia bei ihrem Plan helfen. Tullus gehörte zu Ciceros besten Freunden. Aber daß er so oft Besuche bei Clodia machte, die in der Nachbarschaft wohnte, hatte Terentias Verdacht erregt. Sie war ein böses Weib und führte ein strenges Regiment. Deshalb hetzte sie Cicero auf, sich an dem Angriff gegen Clodius zu beteiligen und das Zeugnis gegen ihn abzugeben. Außer ihm traten auch andere Vornehme als Zeugen gegen Clodius auf und beschuldigten ihn der verschiedensten Verbrechen: Meineid, Betrug, Bestechung der Wählermassen und Verführung. Lucullus brachte sogar Sklavinnen als Zeugen vor Gericht, Clodius habe mit seiner jüngsten Schwester – während ihrer Ehe mit Lucullus – sträflichen Umgang gehabt. Auch die Vermutung, daß er es mit seinen beiden anderen Schwestern ebenso getrieben hatte, war nicht unbegründet. Von ihnen war Tertia mit Marcius Rex, Clodia mit Metellus Celer verheiratet. Clodia hatte den Spottnamen Quadrantaria, weil einer ihrer Liebhaber ihr einst eine Kupfermünze statt der silbernen in die Geldtasche gesteckt hatte, und die kleinste Kupfermünze heißt bei den Römern Quadrans. Clodia vor allem war es, die ihren Bruder in Verruf brachte.

Trotz allem herrschte bei den Massen Erbitterung gegen die Männer, die sich zum Angriff gegen Clodius vereinigt hatten und gegen ihn Zeugnis ablegten, so daß die Richter in ihrer Angst sich durch Bewaffnete schützen ließen und die Zeichen auf ihren Stimmtäfelchen unleserlich machten. Doch schienen die Richter, die ihn freisprechen wollten, offenbar in der Mehrheit zu sein. Man sprach auch offen von Bestechung.

Daher sagte Catulus zu den Richtern, die ihm begegneten:
„Ihr habt wirklich zu eurer Sicherheit die Wache verlangt,
weil ihr bange wart, man würde euch euer Geld wieder
abnehmen." Und als Clodius sagte, Ciceros Zeugnis habe
bei den Richtern keinen Glauben gefunden, bekam er die
Antwort: „Wieso? Mir haben fünfundzwanzig Richter geglaubt, denn so viele haben dich verurteilt. Aber die anderen dreißig haben dir nicht geglaubt, denn sie haben dich
erst freigesprochen, als sie dein Geld in der Hand hatten."
Cäsar, der ebenfalls als Zeuge gegen Clodius geladen war,
verweigerte die Aussage. Er erklärte, er habe seiner Frau
durchaus nicht den Vorwurf des Ehebruchs gemacht; er habe
sich von ihr getrennt, weil nicht nur keine unreine Tat, sondern nicht einmal der Schatten eines Verdachts seine Ehe
trüben dürfe.

30. So war Clodius dieser Gefahr entgangen. Als er dann
zum Volkstribun gewählt war, ging er sofort zum Angriff
gegen Cicero vor und versuchte, alles gegen ihn in Bewegung zu setzen. Das Volk gewann er durch einige wohl-
meinende, entgegenkommende Gesetze, und den beiden
Konsuln versprach er einträgliche Provinzen, Piso sollte
Makedonien, Gabinius Syrien bekommen. Zudem mobili-
sierte er viele aus dem gewöhnlichen Volk zur Unterstützung
seiner Politik und bildete aus bewaffneten Sklaven eine
Leibwache.

Von den drei Männern, in deren Händen damals in Rom
die Macht lag, war Crassus Ciceros erklärter Feind, Pompeius schmollte mit beiden, und Cäsar war mit seinen Vorbereitungen fertig, um mit dem Heer nach Gallien zu gehen.
Bei ihm suchte Cicero Schutz, obwohl sie keine Freunde
waren und Cäsar ihm wegen der catilinarischen Verschwörung immer noch verdächtig war. Er sprach die Bitte aus,
Cäsar als Legat nach Gallien begleiten zu dürfen. Cäsar erfüllte ihm gern diesen Wunsch, doch Clodius spürte, daß
Cicero sich aus Angst vor ihm während seines Tribunats
außerhalb Roms aufhalten wollte. Deshalb stellte er sich
versöhnlich. Den größten Teil der Schuld an der Entfremdung schob er auf Terentia, während er Ciceros nur mit

ehrenden und freundlichen Worten gedachte, als habe er
keinen Grund zu Haß und Groll, sondern höchstens zu
unbedeutenden freundschaftlichen Beschwerden. So brachte
Clodius es endlich dahin, daß Cicero seine Furcht für
unbegründet hielt und auf seine Legatenstelle bei Cäsar verzichtete, um sich wieder der Politik zu widmen. Darüber
war Cäsar nun wieder verstimmt. Deshalb drängte er Clodius, endlich gegen Cicero vorzugehen, und machte den Riß
zwischen Pompeius und Cicero unheilbar. Außerdem erklärte er öffentlich vor dem Volk, seines Erachtens sei es
ungerecht und ungesetzlich, Männer ohne Richterspruch
hinzurichten, wie in dem Fall des Lentulus und Cethegus
und ihrer Genossen. Das war die Klage, die gegen Cicero
erhoben wurde, und gegen die er sich nun verteidigen sollte.
Bei der Gefahr, in die ihn diese Klage brachte, legte er
Trauerkleider an, ließ die Haare wachsen und ging durch
die Stadt, um das Volk um sein Mitleid anzuflehen. Aber
überall in den Straßen trat Clodius ihm an der Spitze seiner
frechen Spießgesellen entgegen. Die Kerle höhnten über
Ciceros Aussehen und Kleidung und warfen mit Steinen
und Straßenschmutz nach ihm, und wenn er versuchte, einem
Bürger seine Bitten vorzutragen, drängten sie ihn weg.

31. Doch fand Cicero auch Unterstützung. Die Ritter legten
zum Zeichen ihrer Verbundenheit mit ihm ebenfalls Trauerkleidung an, und mehr als zwanzigtausend junge Leute, die
sich wie er die Haare hatten wachsen lassen, begleiteten
ihn, wenn er seine Bittgänge bei dem Volk in der Stadt
machte. Als dann der Senat zusammentrat, um den Beschluß
zu fassen, auch das Volk solle Trauerkleidung anlegen, da
widersetzten die Konsuln sich diesem Beschluß, und Clodius' Banden umstanden bewaffnet die Kurie. In diesem
Augenblick zerrissen verschiedene Senatoren ihr Gewand
und stürzten laut schreiend hinaus. Aber selbst bei diesem
Anblick blieben Ciceros Gegner ungerührt. So hatte er nur
die Wahl, freiwillig in die Verbannung zu gehen oder mit
Waffengewalt den Kampf gegen Clodius aufzunehmen. In
dieser Not sah er sich gezwungen, Pompeius um Hilfe an-
zugehen. Pompeius hatte jedoch mit Absicht Rom verlassen

und hielt sich auf seinen Gütern im Albanergebirge auf. Nachdem Cicero zuerst vergeblich seinen Schwiegersohn Piso mit dem Anliegen zu ihm geschickt hatte, begab er sich schließlich selbst dorthin. Allein Pompeius, der davon unterrichtet war, empfand es unangenehm, mit ihm zusammenzutreffen: er mußte den Mann ehren und achten, der für ihn schwere Kämpfe in der Stadt durchgefochten und in der Politik viele Erfolge für ihn errungen hatte. Aber jetzt war er Cäsars Schwiegersohn, und dessen Bitten opferte er den Dank, den er Cicero für seine Verdienste schuldete. Deshalb verließ er durch eine Hintertür das Haus, um ihm aus dem Wege zu gehen. So verriet er Cicero.

Von allen verlassen wandte Cicero sich schließlich an die Konsuln. Gabinius wies ihn, wie immer, schroff ab, während Piso ihm in freundlichen Worten den Rat gab, die Stadt zu verlassen und vor Clodius' unverschämten Angriffen die Waffen zu strecken; wenn er sich jetzt in die veränderte Lage füge, könne er doch später einmal wieder der Retter des Vaterlandes werden, wenn Clodius es durch seine Umtriebe ins Unglück gebracht hätte. Auf diesen Bescheid hin beriet Cicero sich mit seinen Freunden. Lucullus verlangte, er solle bleiben, schließlich würde er doch als Sieger aus dem Ringen hervorgehen. Doch rieten andere ihm, in die Verbannung zu gehen, das Volk würde bald genug Sehnsucht nach ihm bekommen, wenn es erst genug hätte von Clodius' Verrücktheit. Dieser Vorschlag fand Ciceros Billigung. Das Standbild der Minerva, das lange in seinem Haus gestanden hatte und das er besonders verehrte, ließ er auf das Kapitol schaffen, um es der Göttin zu weihen mit der Inschrift: „Minerva, der Schützerin der Stadt." In Begleitung einiger Freunde verließ er um Mitternacht heimlich Rom und reiste zu Land durch Lukanien, um sich nach Sizilien zu begeben.

32. Als seine Flucht bekanntgeworden war, ließ Clodius ihn förmlich zur Verbannung verurteilen und veröffentlichte einen Erlaß, nach dem es in Italien in einem Umkreis von fünfhundert Meilen um Rom jedermann verboten war, Cicero Feuer und Wasser zu reichen oder ihn zu beherber-

gen. Aber die Verehrung, die Cicero genoß, war so groß, daß kaum einer sich um diesen Erlaß kümmerte. Herzliche Freundlichkeit begleitete ihn auf seiner Reise. Nur in dem lukanischen Städtchen Hipponium, das jetzt Vibo heißt, verschloß Vibius, der übrigens aus Sizilien stammte, Cicero die Tür, und er hatte doch viel Nutzen gehabt von Ciceros Freundschaft, der ihn in seinem Konsulatsjahr zum Kommandeur der Pioniere ernannt hatte. Trotzdem ließ er Cicero nur mitteilen, er könne irgendwo auf dem Land Aufenthalt nehmen. Auch der Prätor von Sizilien, Gaius Vergilius, der zu Ciceros besten Freunden gehört hatte, schrieb ihm, er möge Sizilien nicht betreten. In seiner Ratlosigkeit begab er sich nun nach Brundisium und fuhr von dort mit günstigem Wind nach Dyrrhachion. Aber auf See drehte der Wind, und so kam er am nächsten Tage nach Brundisium zurück. Doch fuhr er bald wieder ab. Als er dann in Dyrrhachion ankam und an Land gehen wollte, wurden Erde und Meer erschüttert; jedenfalls wird so erzählt. Aus diesem Ereignis schlossen die Wahrsager auf eine kurze Dauer der Verbannung; denn solche Beben deuteten auf einen schnellen Wechsel.

Wenn auch zahllose Männer Cicero in seiner Verbannung aus Freundlichkeit aufsuchten und die griechischen Städte ihn mit Ehren überhäuften, so verbrachte er seine Zeit doch in grenzenloser Traurigkeit. Wie ein unglücklich Liebender schaute er sehnsüchtig nach Italien hinüber. Das Unglück hatte ihm allen Mut genommen. Er war niedergeschlagen und verzagt, wie man es von einem Mann von seiner philosophischen Bildung nicht erwartet hätte. Und doch hatte er seinen Freunden gegenüber oft genug den Wunsch ausgesprochen, sie möchten ihn als Philosoph, nicht als Redner bezeichnen. Denn die Philosophie sei das Feld seiner wahren Tätigkeit, während die Redekunst nur das Handwerkszeug sei, dessen er sich als Politiker notgedrungen bediene. Aber die öffentliche Meinung besitzt die Kraft, alle persönliche Überzeugung wie eine Farbe fortzuwaschen von der Seele des Politikers. Im Verkehr mit den Massen gewinnen allmählich deren Leidenschaften Macht über den Politiker, mag er auch noch so auf der Hut sein, wenn er sich mit den Dingen dieser Welt abgibt, um nur an diesen Dingen, nicht an den Leidenschaften, die ihnen innewohnen, teilzuhaben.

33. Als Clodius endlich Cicero aus Rom vertrieben hatte, ließ er seine Villen verbrennen; er ließ sogar sein Haus in der Stadt in Asche legen und errichtete an dieser Stelle der Göttin der Freiheit einen Tempel. Der übrige Besitz sollte versteigert werden, und Clodius ließ ihn täglich ausbieten, ohne daß sich ein Käufer gefunden hätte. Clodius' Auftreten wurde schließlich sogar eine Gefahr für die Aristokraten. Er zog den Pöbel, der ohnehin zu den größten Ausschreitungen neigte, auf seine Seite und wagte sich jetzt auch an Pompeius. Er spottete über die Maßnahmen, die Pompeius während seines Feldzuges in Asien getroffen hatte. Pompeius spürte die Gefahr für sein Ansehen, die in solchen Angriffen lag, und machte sich Vorwürfe wegen seines Verrats an Cicero. Schnell entschlossen bot er alles auf, um mit Hilfe seiner politischen Freunde Cicero wieder aus der Verbannung zurückzuholen. Gegen Clodius' entschiedensten Widerspruch beschloß der Senat doch, ehe Cicero nicht zurückgekehrt sei, keinen Beschluß zu bestätigen und keine Amtshandlung vorzunehmen.

Im Konsulat des Lentulus im folgenden Jahr wurden die Unruhen in der Stadt noch ärger, so daß einige Volkstribunen mitten auf dem Forum verwundet wurden und Ciceros Bruder sich nur dadurch retten konnte, daß er sich unter den Erschlagenen totstellte. Unter dem Eindruck dieser Ereignisse änderte das Volk allmählich seine Meinung, und Annius Milo war der erste Volkstribun, der es wagte, gegen Clodius die Klage wegen Aufruhr zu erheben. Viele strömten auch Pompeius zu, nicht nur aus der Bevölkerung, auch aus den umliegenden Städten. Unter ihrem Schutz begab sich Pompeius auf das Forum und verjagte Clodius. Dann berief er das Volk zur Abstimmung über Ciceros Rückberufung. Es heißt, niemals habe ein Antrag größeren Beifall gefunden. Der Senat wollte hinter dem Volk nicht zurückstehen und beschloß Dankschreiben für alle Städte, die sich um Cicero bemüht hatten während seiner Verbannung.

Ciceros Haus in der Stadt und seine Villen, die Clodius hatte zerstören lassen, sollten auf Staatskosten neu errichtet werden.

So kehrte denn Cicero nach sechzehn Monaten der Verbannung in die Stadt zurück. Der Jubel, mit dem man ihn in den einzelnen Städten auf seiner Heimreise umdrängte, war so gewaltig, daß seine eigenen Worte hinter der Wahrheit zurückbleiben. Er sagt selbst, Italien habe ihn auf den Schultern nach Rom getragen. Sogar Crassus, der vor der Verbannung sein Feind gewesen war, trat ihm mit Liebenswürdigkeit entgegen und söhnte sich mit ihm aus; er wollte damit, wie er sagte, seinem Sohn Publius eine Freude machen, der Cicero schwärmerisch verehrte.

34. Es war nicht lange Zeit vergangen, als Clodius auf Reisen ging. Auf diesen Augenblick hatte Cicero gewartet. Von zahllosen Freunden begleitet begab er sich auf das Kapitol, nahm die Akten über Clodius' Tribunat, die dort lagen, mit Gewalt an sich und ließ sie vernichten. Auf Clodius' Beschwerde erklärte Cicero, als Patrizier sei Clodius nur unter Verletzung des Gesetzes Tribun der Plebs geworden, deshalb seien alle seine Amtshandlungen ungültig. Cato erhob entrüstet Widerspruch; er wolle Clodius gewiß nicht verteidigen und mißbillige dessen Handlungen durchaus; aber es sei eine unerhörte Vergewaltigung, wenn der Senat in die Aufhebung der großen Zahl von Erlassen und Beschlüssen willige, unter denen sich auch die Verfügungen befänden, die er in Cypern und Byzanz getroffen habe. Daraus entstand dann ein Streit zwischen Cato und Cicero, der allerdings nicht offen in Erscheinung trat, aber ihr freundschaftliches Verhältnis erlitt doch Einbuße.

35. Bald darauf wurde Clodius von Milo erschlagen. Da man diesen wegen Mord unter Klage stellte, wählte er Cicero zu seinem Verteidiger. Der Senat fürchtete, daß es bei den Verhandlungen gegen einen Mann wie Milo, der ebenso angesehen wie jähzornig war, zu Unruhen kommen könne. Deshalb ersuchte er Pompeius, wie schon bei anderen Verhandlungen auch diesmal den Vorsitz zu übernehmen und so über die Sicherheit der Stadt und der Gerichtshöfe zu

wachen. Er ließ noch in der Nacht die Anhöhen rings um das Forum von seinen Bewaffneten besetzen. Milo fürchtete deswegen, Cicero könne über den ungewohnten Anblick erschrecken und sich in seiner Verteidigung behindert fühlen. Er überredete ihn also, sich in einer Sänfte auf das Forum tragen zu lassen und darin zu warten, bis die Richter erschienen und der Gerichtshof zusammentrat. Aber Cicero fürchtete nicht nur den Anblick der Waffen, er hatte überhaupt jedesmal vor einer Rede Angst, und beim öffentlichen Auftreten legte sich sein Zittern erst, wenn er von dem Feuer der Rede gepackt wurde und so seine innere Ruhe wiedergewann. Als er einst Licinius Murena gegen eine Klage Catos verteidigen sollte und seinen Ehrgeiz dareinsetzte, Hortensius, der mit großem Beifall vor ihm gesprochen hatte, zu übertrumpfen, arbeitete er die ganze Nacht durch. Aber die Folge dieser Überanstrengung und Schlaflosigkeit war, daß er schlechter sprach als sonst. Als er damals die Sänfte verließ, sah er Pompeius auf den Höhen wie in einem Kriegslager stehen und das Forum umgeben von den blitzenden Waffen. Da entsetzte er sich. Zitternd vor Angst und stammelnd war er kaum imstande, seine Rede zu beginnen, während Milo kühn und keck dastand. Er hatte es nicht einmal für nötig gehalten, die Haare wachsen zu lassen und ein Trauergewand anzulegen. Diese Unbekümmertheit wird wohl hauptsächlich der Grund seiner Verurteilung gewesen sein. Doch in Ciceros Verlegenheit sah man mehr ein Zeichen seiner Freundesliebe als seiner Feigheit.

36. Nach dem Tod des jungen Crassus, der im Partherkrieg gefallen war, trat Cicero in das Kollegium der Auguren ein, wie die Römer diese Priester bezeichnen. Dann ging er als Statthalter nach Kilikien. Als solcher hatte er ein Heer von zwölftausend Mann und sechzehnhundert Reitern zur Verfügung. Vom Staat hatte er den Auftrag erhalten, in Kappadokien den Gehorsam gegen den König Ariobarzanes wiederherzustellen. Er hatte Erfolg mit seinen Bemühungen und konnte seinen Auftrag zur allgemeinen Zufriedenheit ohne Blutvergießen erledigen. Auch in

Kilikien schuf sein mildes Regiment Ruhe, obwohl die Bevölkerung seit der Niederlage der Römer gegen die Parther und dem Ausbruch der Unruhen in Syrien zum Aufruhr neigte. Cicero nahm selbst von Königen keine Geschenke an und ersparte den Bewohnern der Provinz die
Ausgaben für große Festessen. Doch lud er selbst täglich
feingebildete Männer an seine Tafel und bewirtete sie ohne
großen Aufwand freigebig. Seine Tür stand für jedermann
offen. Niemand traf ihn je schlafend. Schon am frühen
Morgen stand er vor seinem Schlafzimmer oder ging dort
auf und ab, um die Männer zu empfangen, die ihm ihre
Aufwartung machen wollten. In den Quellen wird berichtet, daß er keinen Menschen geißeln oder ihm das Gewand
vom Leib reißen ließ, keinen im Zorn beschimpfte oder aus
Übermut strafte. Als er entdeckte, daß in den Städten viele
öffentliche Gelder durch Unterschlagung verschwunden waren, ließ er sie wieder herbeischaffen und verhalf den Städten so zu ihrem früheren Reichtum. Wer das Unterschla-
gene wieder herausgab, behielt seine bürgerlichen Ehrenrechte und hatte sonst keine Strafe zu befürchten.
Er führte auch Krieg und überwältigte die Räuber, die sich
im Amanosgebirge festgesetzt hatten. Aus Anlaß dieses Sieges wurde er von seinen Soldaten zum Imperator ausgerufen. Als der Redner Cälius ihn bat, ihm für seine Spiele
in Rom Panther aus Kilikien zu schicken, schrieb er, stolz
auf seine militärischen Erfolge, in Kilikien gebe es keine
Panther mehr; sie seien alle nach Karien geflüchtet aus
Empörung darüber, daß man mit ihnen allein noch Krieg
führe, während sonst allgemeiner Friede herrsche.
Auf der Rückreise aus der Provinz machte Cicero einen Abstecher nach Rhodos. Dann blieb er noch mit besonderer
Freude einige Zeit in Athen in sehnsuchtsvoller Erinnerung
an seine Studienzeit. Dort machte er die Bekanntschaft der
großen Philosophen und Gelehrten und begrüßte seine alten
Freunde und Bekannten. Griechenland erwies ihm alle schuldigen Ehren, und so kehrte er endlich nach Rom zurück,
wo die politischen Verhältnisse in fieberhafter Erregung
schon zum Bürgerkrieg drängten.

37. Als der Senat ihm einen Triumph bewilligte, erklärte er, lieber Cäsar im Triumphzug folgen zu wollen, wenn es nur zur politischen Einigung kommen wollte. So wandte er sich mit seinen Ratschlägen immer wieder brieflich an Cäsar und trug Pompeius persönlich seine Sorgen vor, um den Groll, den sie gegeneinander hegten, zu lindern. Doch war der Riß zwischen ihnen unheilbar. Als Cäsar schließlich gegen Rom marschierte, wich Pompeius aus und verließ mit zahllosen Aristokraten die Stadt. Cicero folgte ihm nicht auf dieser Flucht, und man nahm allgemein schon an, er wolle auf Cäsars Seite treten. In der Tat weiß man, daß er lange unentschlossen hin- und herschwankte. Er schreibt in seinen Briefen, er wisse nicht, auf welche Seite er sich wenden solle. Denn Pompeius' Kriegsgrund, das sah er deutlich, war billig und gerecht, doch Cäsar war ohne Zweifel der größere Staatsmann und Feldherr und gewiß eher in der Lage, sich selbst und damit auch seine Freunde zu retten. So schrieb er denn, er wisse wohl, wen er fliehen solle, aber nicht, zu wem. Cäsars Freund Trebatius schrieb ihm, nach Cäsars Ansicht solle er sich auf jeden Fall ihm anschließen und teilhaben an seiner Hoffnung; wenn er sich aber seines Alters wegen dazu nicht entschließen könne, so möge er nach Griechenland gehen und, ohne Partei zu ergreifen, den Dingen ihren Lauf lassen. Da war Cicero doch befremdet, daß Cäsar nicht persönlich geschrieben hatte, und antwortete erregt, er werde gewiß nichts tun, dessen er sich angesichts seiner politischen Vergangenheit würde schämen müssen. Soweit die Zeugnisse aus seinen Briefen.

38. Kaum hatte Cäsar Italien verlassen, um nach Spanien zu gehen, da begab Cicero sich zu Pompeius. Dort fand er freundliche Begrüßung. Nur Cato machte ihm bei der ersten Unterredung Vorwürfe, daß er sich öffentlich Pompeius angeschlossen hätte; er selbst hätte billigerweise die Politik nicht verlassen können, der er seit dem Beginn seiner politischen Laufbahn gefolgt sei; doch mit Cicero liege die Sache anders. Für das Vaterland und für seine Freunde wäre es gewiß besser gewesen, wenn er, ohne sich für eine Seite zu entscheiden, in Rom geblieben wäre, um für die Zukunft

bereit zu sein; jetzt habe er sich ohne Not und ohne Überlegung Cäsars Feindschaft zugezogen und sei zu Pompeius
gekommen, um die größte Gefahr mit ihnen zu teilen. Catos
Worte machten Cicero wieder wankend. Dazu kam, daß
Pompeius ihm keine wichtigen Aufträge erteilte. Daran
hatte er freilich selbst schuld; denn er machte kein Geheimnis daraus, daß er seinen Schritt bereute. Von Pompeius'
Kriegsvorbereitungen sprach er geringschätzig und tadelte
in versteckten Andeutungen seine Maßnahmen. Auch die
Waffenkameraden verschonte er nicht mit seinen spöttischen
oder witzigen Bemerkungen. Er ging selbst immer ohne
Lächeln mit finsterer Miene durchs Lager, aber die andern
brachte er, auch wenn sie nicht wollten, zum Lachen. Auch
davon gehören einige Geschichtchen hierher. Als Domitius
einem Mann, der kein Soldat war, einen hohen militärischen
Rang verlieh und sich damit entschuldigte, es handle sich
um einen ehrenwerten, ruhigen Charakter, fragte Cicero:
„Warum sparst du ihn denn dann nicht als Vormund für
deine Kinder auf?" – Als man den Lesbier Theophanes, den
Kommandeur der Pioniertruppen, einst pries, weil er die
Rhodier wegen des Verlustes ihrer Flotte getröstet hatte,
meinte Cicero: „Wir dürfen uns also Glück wünschen, daß
wir einen Griechen als Kommandeur haben." – Cäsar war
fast in allen Gefechten Sieger geblieben und hatte die Pompeianer so gut wie eingeschlossen. Trotzdem machte Lentulus eines Tages die Bemerkung, er habe gehört, Cäsars
Freunde seien verzweifelt. Da sagte Cicero: „Du meinst
also, daß sie Cäsars Feinde sind." – Als ein Marcius frisch
aus Rom gekommen war und berichtete, zu Haus erzähle
man sich, Pompeius werde belagert, fragte Cicero ihn:
„Dann hast du also die weite Reise gemacht, um dich von
der Wahrheit zu überzeugen?" – Nach Pompeius' Niederlage erklärte Nonius, man habe Grund genug zur Hoffnung,
denn in Pompeius' Lager seien sieben Adler übriggeblie-
ben. Da bekam er von Cicero die Antwort: „Dein Trost
wäre gut, wenn wir mit Dohlen zu kämpfen hätten." –
Lentulus berief sich auf einige Orakel des Inhalts, Pompeius müsse schließlich doch Sieger bleiben, und Cicero er-

widerte: „Allerdings, aber diese Kriegslist hat uns jetzt das
Lager gekostet."

39. An der Schlacht bei Pharsalos nahm Cicero wegen
Kränklichkeit nicht teil. Als Pompeius dann nach der Schlacht
geflohen war, richtete Cato, der bei Dyrrhachion ein starkes Heer und eine große Flotte stehen hatte, an Cicero die
Bitte, er möge das Kommando übernehmen, wie es der
Brauch verlangte, weil Cicero als Altkonsul den höheren
Rang bekleidete. Cicero lehnte ab und wollte am liebsten
von dem ganzen Feldzug nichts mehr wissen. Das hätte ihn
freilich fast das Leben gekostet, da der junge Pompeius und
seine Freunde ihn Verräter schalten und das Schwert zogen.
Kaum konnte Cato ihn durch sein Einschreiten retten und
aus dem Lager bringen.

So kehrte Cicero denn nach Brundisium zurück und nahm
hier Aufenthalt, um Cäsars Rückkehr abzuwarten, der jedoch wegen seiner Unternehmungen in Kleinasien und
Ägypten lange ausblieb. Endlich wurde seine Ankunft in
Tarent gemeldet, und als er auf dem Wege nach Brundisium
war, fuhr Cicero ihm entgegen. Er war nicht ohne alle
Hoffnung, doch war es ihm ein peinlicher Gedanke, vor
vielen Leuten dem siegreichen Gegner bittend zu nahen.
Aber Cäsar ersparte ihm jede Demütigung. Als er Cicero
weit vor seinen Begleitern herankommen sah, stieg er ab,
um ihn zu begrüßen. Dann ließ er sich von ihm viele Stadien weit begleiten und unterhielt sich mit ihm in einsamem
Gespräch. Seit dieser Zeit behandelte er Cicero mit freundlicher Achtung. Als Cicero eine Lobschrift auf Cato verfaßt
hatte, schrieb er eine Erwiderung, in der er Cicero als den
großen Redner pries und sein Leben mit dem des Perikles
und Theramenes verglich. Ciceros Schrift hieß *Cato,* Cäsars
Gegenschrift *Anticato.*

Als Quintus Ligarius wegen seiner früheren Feindschaft
gegen Cäsar angeklagt wurde und Cicero seine Verteidigung
übernahm, soll Cäsar seinen Freunden gegenüber geäußert
haben: „Warum sollen wir nicht nach langer Zeit einmal
wieder Cicero sprechen hören? Denn das Urteil, daß Ligarius ein Schurke und mein Feind ist, ist ja schon lange ge-

fällt." Cicero hatte kaum zu sprechen begonnen, als Cäsar die Gewalt seiner Rede spürte. Staunen ergriff ihn über den Reiz der Darstellung, und bei den wechselnden Stimmungen, die Cicero im Verfolg seiner Rede weckte, sah man Cäsars Antlitz sich verfärben. In seinen Mienen spiegelten sich alle Regungen seiner Seele. Als der Redner schließlich auf die Ereignisse bei Pharsalos zu sprechen kam, wurde Cäsar so erregt, daß er zu zittern begann und einige Papiere, die er in der Hand hielt, fallen ließ. Cäsar war überwältigt und sprach Ligarius von der Anklage frei.

40. Als dann die Leitung des Staates in die Hände des einen Mannes überging, zog Cicero sich vom politischen Leben zurück und widmete seine Zeit einigen jungen Leuten, die Freude hatten an der Philosophie, und es war eigentlich der Verkehr mit diesen jungen Freunden, die zu den ersten Familien der Stadt gehörten, der ihm wieder den größten Einfluß gewann. Es war ihm ein Bedürfnis, Dialoge über Philosophie zu verfassen und zu übersetzen und die griechischen Begriffe aus dem Gebiet der Dialektik und Naturphilosophie ins Lateinische zu übertragen. Denn er ist es doch, wie berichtet wird, der zuerst oder doch mit besonderem Erfolg lateinische Bezeichnungen für die griechischen Ausdrücke wie ἡ φαντασία, ἡ ἐποχή, ἡ συγκατάθεσις, ἡ κατάληψις, ferner τὸ ἄτομον, τὸ ἀμερές, τὸ κενόν und viele ähnliche gefunden hat. Erst dadurch, daß er lateinischen Wörtern einen neuen Sinn gab oder ihre Bedeutung verengerte, machte er die griechischen Begriffe seinen Landsleuten verständlich und geläufig. Verse zu machen fiel ihm leicht, doch machte er von dieser Begabung nur zum Zeitvertreib Gebrauch. Wenn ihn die Lust packte, soll er es in einer Nacht auf fünfhundert Verse gebracht haben.

In dieser Zeit lebte er meistens auf seinem Landsitz bei Tusculum und führte, wie er an seine Freunde zu schreiben pflegte, ein Leben wie Odysseus' Vater Laertes. Wenn er so schrieb, war es entweder der Spott, den er so liebte, oder es war seine Sehnsucht nach der Politik und die Unzufriedenheit mit der Gegenwart. In die Stadt kam er nur selten, höchstens um Cäsar seine Aufwartung zu machen. Niemand übertraf ihn, wenn es galt, Cäsar zu ehren oder in neuen Lobsprüchen auf den Mann und sein Werk zu wetteifern. Dazu gehörte auch sein Wort von den Standbildern des Pompeius. Man hatte sie früher umgestürzt und beseitigt. Cäsar gab dann die Anweisung, sie wieder aufzustellen. Sein Befehl wurde sofort ausgeführt. Da prägte Cicero das Wort: „Durch diese Freundlichkeit, mit der die Cäsar die Bilder des Pompeius wieder aufrichtet, sichert er die eigenen."

41. Man spricht von seinem Plan, die Geschichte Roms von den Anfängen an darzustellen. Er wollte dabei viele Ereignisse aus der griechischen Geschichte einflechten und die Sagen und Geschichten, die er gesammelt hatte, in seiner Darstellung verwenden. Doch hinderten ihn immer wieder widrige Umstände und Ereignisse, die ihn selbst oder den Staat trafen. Allerdings trug er an den meisten selbst schuld. Da war zuerst seine Trennung von Terentia. Sie hatte während des Krieges überhaupt nicht für ihn gesorgt, so daß es ihm am Nötigsten fehlte, als er Rom verließ, und auch nach seiner Rückkehr hatte er ihre Aufmerksamkeit vermissen müssen. Während seines langen Aufenthaltes in Brundisium hatte sie es nicht für nötig gehalten, zu ihm zu kommen, und als ihre Tochter trotz ihrer Jugend die weite Reise unternahm, hatte sie ihr weder die nötige Begleitung noch genügende Mittel mitgegeben. Sie hatte sogar Ciceros Haus völlig vernachlässigt und ihn in drückende Schulden gestürzt. Jedenfalls waren das die Gründe, die Cicero für die Scheidung angab, und sie klangen gewiß sehr ehrenwert. Terentia bestritt sie allerdings, und daß man ihrer Verteidigung Glauben schenkte, hatte Cicero sich selbst zuzuschreiben, da er schon bald ein junges Mädchen heiratete, in ihre jugendliche Schönheit verliebt, wie Terentia in der Stadt verbreitete, wegen ihres Geldes, um seine Schulden zu bezahlen, wie sein Freigelassener Tiro berichtete. Denn das Mädchen war sehr reich, und Cicero war durch letztwillige Verfügung des Erblassers als Verwalter ihres Vermögens eingesetzt. Weil ihn aber seine Schulden drückten, hatte er sich von seinen Freunden und Bekannten überreden lassen, das junge Mädchen zu heiraten und mit ihrem Vermögen

seine Schuldner zu befriedigen. Antonius erlaubte sich allerdings in der Streitschrift, in der er sich gegen die Philippischen Reden wehrte, die Bemerkung, Cicero habe die Frau verstoßen, an deren Seite er alt geworden sei. Das war zugleich ein feiner Spott auf Ciceros eingezogenes Leben und seine Abneigung gegen Kriegsdienst und öffentliches Auftreten.

Bald nach dieser Heirat starb seine Tochter im Wochenbett. Sie war die Gattin des Lentulus, den sie nach dem Tod ihres ersten Gatten Piso geheiratet hatte. Von allen Seiten kamen die Freunde, um ihn zu trösten. Der Schlag hatte ihn tief getroffen, so daß er sich sogar von seiner jungen Frau wieder trennte, weil er glaubte, sie freue sich über den Tod seiner Tochter. 42. Soviel über Ciceros persönliche Verhältnisse.

An der Verschwörung gegen Cäsar nahm Cicero nicht teil, obwohl er zu Brutus' engstem Freundeskreis gehörte und gewiß kein anderer schwerer an den bestehenden Verhältnissen trug und sich mehr nach den alten Zeiten zurücksehnte. Aber die Verschworenen fürchteten seine Weichheit und das Alter, in dem auch die Tapfersten den Mut verlieren. Als Brutus und Cassius dann ihre Tat ausgeführt hatten und Cäsars Freunde zusammentraten, um die Mörder zu strafen, fürchtete man, die Stadt würde wieder in den Bürgerkrieg verwickelt werden. In der Sitzung des Senats, die Antonius als Konsul berief und mit einem kurzen Aufruf zur Einigkeit eröffnete, sprach Cicero ausführlich über die Lage und erinnerte den Senat daran, wie einst die Athener in einem ähnlichen Fall gehandelt hatten. So erreichte er es, daß der Senat Straflosigkeit für die Cäsarmörder beschloß und Cassius und Brutus zu Provinzialstatthaltern ernannte. Doch blieben alle diese Schritte erfolglos. Cäsars Ermordung hatte die Menge tief betrübt. Als die Römer nun den Leichenzug über das Forum kommen sahen und Antonius das blutbesudelte, von den Dolchen zerrissene Gewand zeigte, da kannte ihr Zorn keine Grenzen mehr. Auf dem ganzen Forum suchte man nach den Mördern, und Feuerbrände in den Händen stürzten sie zu den Häusern der Verschworenen, um sie in Flammen aufgehen zu lassen. Doch hatten diese Vorkehrungen getroffen und entgingen diesmal noch der ihnen drohenden Gefahr. Aber sie ahnten, daß ihnen Schlimmeres bevorstand und verließen die Stadt.

43. Jetzt erhob sich Antonius, und alle Welt fürchtete, er würde die Herrschaft an sich reißen. Vor allem Cicero hatte Anlaß genug, sich zu fürchten. Denn Antonius bemerkte wohl, daß sein Einfluß in Rom wieder gewachsen war, und wußte, daß er mit Brutus in enger Verbindung stand. Deshalb war Antonius Ciceros Anwesenheit in Rom höchst unerwünscht. Sie waren überhaupt niemals recht Freunde gewesen; das lag an der Verschiedenheit ihrer Naturen. Aus diesem Gefühl der Furcht heraus hatte Cicero zuerst Dolabella als Legat nach Syrien begleiten wollen. Aber die für das nächste Jahr gewählten Konsuln Hirtius und Pansa waren ehrenwerte Männer und Ciceros treue Anhänger. Sie baten ihn, sie nicht zu verlassen, und wenn er bleiben wolle, versprachen sie ihm, Antonius aus dem Weg zu räumen. Rechtes Zutrauen zu ihnen hatte er freilich nicht, aber er ließ Dolabella schließlich doch abfahren und reiste allein nach Griechenland mit dem Versprechen, nur den Sommer in Athen zu verbringen und zurückzukommen, wenn Hirtius und Pansa ihr Amt angetreten hätten. Doch traten auf der Reise unerwartete Hindernisse auf und, wie es oft geht, erhielt er aus Rom überraschende Nachrichten: Antonius sei wie verwandelt, in allen seinen Maßnahmen richte er sich jetzt nach den Wünschen des Senats, und es liege nur an Ciceros Abwesenheit, wenn die Lage sich nicht zum Besten kehre. Deshalb schalt er selbst auf seine Ängstlichkeit und kehrte nach Rom zurück.

Zunächst gingen seine Erwartungen denn auch in Erfüllung. Tausende strömten ihm entgegen aus Freude über die Erfüllung ihrer Sehnsucht. Der freundliche Empfang, der ihn vom Stadttor bis zu seinem Haus geleitete, dauerte fast einen ganzen Tag. Als Antonius dann am anderen Tag den Senat berief und auch Cicero um sein Erscheinen bat, ließ er sich entschuldigen. Er blieb zu Hause mit der Begrün-

dung, er sei von den Beschwerden der Reise noch zu er-
mattet. Der wahre Grund lag wohl in seiner Furcht vor einem Anschlag; es waren ihm schon unterwegs verdächtige
Anzeichen aufgefallen. Antonius war über den Verdacht
empört und schickte Bewaffnete mit dem Befehl, Cicero
vorzuführen oder sein Haus in Brand zu stecken. Doch bestürmte man ihn mit Bitten. Schließlich ließ er sich erweichen und begnügte sich damit, sich Sicherheiten geben zu lassen. Seitdem gingen sie aneinander vorbei, ohne sich zu be-
achten und waren voreinander auf der Hut, bis der junge
Cäsar Octavian aus Apollonia ankam und die Erbschaft
seines Adoptivvaters Cäsar übernahm. Dabei geriet er mit
Antonius in Streit über die fünfundzwanzig Millionen
Drachmen, die dieser aus dem hinterlassenen Vermögen zu-
rückbehielt.

44. Infolgedessen setzten sich Octavian, ferner Philippus,
der (zweite) Gatte der Mutter Octavians, und Marcellus,
der Octavians Schwester geheiratet hatte, mit Cicero in
Verbindung und vereinbarten mit ihm, er solle im Senat
und beim Volk die Macht seines Wortes und seiner Politik
zu Octavians Gunsten einsetzen; dafür versprach Octavian,
ihn mit seinem Geld und seinen Waffen gegen alle Angriffe
zu schützen. Denn es hatten sich schon viele von Cäsars
Veteranen um den jungen Octavian geschart.

Man weiß aber auch von einem wichtigeren Grund noch zu
berichten, der Cicero gern Octavians Freundschaft annehmen ließ. Es war wohl in der Zeit, als Pompeius und Cäsar
noch lebten, da träumte Cicero, die Senatorensöhne würden
auf das Kapitol berufen, da Jupiter einen von ihnen zum
Herrn Roms ernennen wolle. Neugierig kamen die Bürger
herbeigelaufen und drängten sich um den Tempel, während
die Knaben in ihren purpurverbrämten Gewändern schweigend dasaßen. Plötzlich öffneten sich die Tore, und die
Knaben erhoben sich, um einzeln an dem Gott vorbeizu-
gehen. Er sah sie alle prüfend an und entließ sie zu ihrem
Leidwesen. Als der junge Cäsar vor Jupiter trat, streckte
er die Rechte aus mit den Worten: „Römer, macht ihn zu
eurem Herrn, und eure Bürgerkriege werden ein Ende ha-

ben." Die Gestalt des Knaben, den Cicero im Traum gesehen hatte, prägte sich seiner Seele tief ein, obwohl er ihn nicht kannte. Als er am nächsten Tag zum Marsfeld kam, gingen die Knaben gerade von ihren Übungen nach Hause, und hier sah er ihn zum erstenmal, wie er ihn im Traum gesehen hatte. Bestürzt fragte er nach seinen Eltern. Sein Vater war Octavius, der nicht zum hohen Adel gehörte, während seine Mutter Atia eine Tochter von Cäsars Schwester war. Deshalb hinterließ ihm Cäsar, weil er selbst kinderlos war, sein Vermögen und seinen ganzen Besitz. Seit dieser Zeit behandelte Cicero ihn, wenn er ihm begegnete, mit besonderer Freundlichkeit, und der junge Mann erwiderte die Liebenswürdigkeit mit derselben Höflichkeit. Er war zufällig in Ciceros Konsulatsjahr geboren.

45. Dies sind jedenfalls die Gründe, die man für Ciceros Verhältnis zu Octavian erzählt. Doch war es vor allem der Haß gegen Antonius, der Cicero zum Verbündeten Octavians machte. Dazu kam sein Charakter, der nach Ruhm verlangte. So gedachte er, Octavians Macht mit seinem Einfluß zu verbinden. Denn der junge Octavian schmeichelte ihm so, daß er ihn sogar Vater nannte. Darüber war Brutus ärgerlich, und in seinen Briefen an Atticus schalt er auf Cicero, wenn er in seiner Angst vor Antonius Octavian den Hof mache, so tue er es gewiß nicht, um die Freiheit des Vaterlandes zu retten, sondern nur um selbst einen gnädigen Herrn zu bekommen. Trotzdem nahm Brutus Ciceros Sohn, der in Athen Philosophie studierte, zu sich, machte ihn zum Offizier und gab ihm manchen wichtigen Auftrag, den der junge Cicero geschickt ausführte.

Ciceros Macht in der Stadt hatte jetzt den Höhepunkt erreicht. Alle seine Wünsche konnte er durchsetzen. Er stürzte Antonius und zwang ihn, Rom zu verlassen. Während er dann die beiden Konsuln Hirtius und Pansa gegen ihn ins Feld stellte, erwirkte er beim Senat den Beschluß, Octavian als dem Vorkämpfer für das Vaterland Liktoren und alle Abzeichen der Prätorenwürde zu übertragen. Als sich nach Antonius' Niederlage und dem Tode der beiden Konsuln, die nach der Schlacht gestorben waren, beide Heere für Octa-

vian erklärten, bangte der Senat vor dem jungen Sieger,
dessen Glück so deutlich vor aller Augen lag. Man machte
deshalb den Versuch, ihm die Truppen durch Geschenke
und Beförderungen abwendig zu machen und seine Macht
einzuschränken, denn, da Antonius geflohen, brauche der
Staat keine Truppen mehr zur Verteidigung. Darüber erschrak Octavian und wandte sich insgeheim durch Unterhändler mit der Bitte um Zusammenarbeit an Cicero: wenn
er erreiche, daß sie beide das Konsulat bekämen, solle Cicero nach dem Amtsantritt die Führung der Geschäfte allein
in die Hand nehmen und seinen jungen Kollegen, dem es
nur um die Ehre des Titels zu tun sei, leiten. Octavian hat
später selbst zugegeben, daß er aus Furcht vor der Auflösung seines Heeres und vor der Gefahr der Isolierung Ciceros Ehrgeiz im richtigen Augenblick ausgenutzt habe, indem er ihm zur Bewerbung um das Konsulat riet und ihm
dafür seine Hilfe und Mitarbeit in Aussicht stellte.
46. Cicero war stolz auf dieses Angebot und ließ sich trotz
seines hohen Alters von dem Jüngeren überlisten. Er unterstützte seine Bewerbung und gewann ihm den Senat. Von
seinen Freunden mußte er sofort manchen Tadel hören, und
es dauerte nicht lange, bis er selbst zu der Erkenntnis kam,
daß er sich ins Unglück gestürzt und die Freiheit des Volkes
verraten hatte. Als nämlich Octavian trotz seiner Jugend
zum höchsten Amt emporgestiegen und Konsul geworden
war, nahm er auf Cicero keine Rücksicht mehr. Er schloß
Freundschaft mit Antonius und Lepidus, vereinigte seine
Truppen mit den ihren und teilte die Macht mit ihnen, als
handele es sich um ein gewöhnliches Besitztum.
Es wurde nun eine Liste von mehr als zweihundert Bürgern
aufgestellt, die sterben sollten. Am hitzigsten ging bei ihren
Auseinandersetzungen der Streit um Ciceros Ächtung, da
Antonius sich unversöhnlich zeigte, wenn sein alter Gegner
nicht als erster sterben sollte. Lepidus stand auf Antonius'
Seite, während Octavian sich gegen beide wehrte. Drei Tage lang dauerten die Verhandlungen in völliger Abgeschlos-
senheit fern von den Lagern mitten im Fluß auf einer Insel
in der Nähe von Bononia. An den beiden ersten Tagen

setzte Octavian sich, wie es heißt, mit aller Kraft für Cicero ein, doch am dritten Tag mußte er nachgeben und Cicero verraten. Man tauschte die Opfer untereinander aus: Octavian mußte Cicero preisgeben, Lepidus seinen Bruder Paulus und Antonius seinen Onkel mütterlicherseits, Lucius Cäsar. So traten sie in ihrem rasenden Zorn jegliches menschliche Gefühl mit Füßen, oder besser gesagt, sie erbrachten den Beweis, daß kein Tier wilder ist als der Mensch, wenn sich Leidenschaft und Macht einen.

47. Während dieser Vorgänge hielt Cicero sich mit seinem Bruder Quintus auf seinem Landsitz bei Tusculum auf. Als sie von der Ächtung erfuhren, entschlossen sie sich, nach Astura zu gehen, wo Cicero an der Küste ebenfalls ein Gut besaß. Von dort wollten sie sich dann nach Makedonien begeben. Denn es hieß, dort stehe Brutus mit einem siegreichen Heer. In tiefer Verzweiflung begannen sie ihre Reise. Unterwegs machten sie halt, ließen die Sänften nebeneinander stellen und klagten sich ihr Leid. Quintus war besonders verzagt, vor allem in dem Gedanken an alles, was ihnen fehlte: sie hätten ja nichts von Hause mitgenommen – auch Cicero hatte nur wenig Geld bei sich; es sei also doch besser, wenn Cicero die Flucht so schnell wie möglich fortsetze, während er selbst nach Hause zurückeilen wollte, um das Nötigste zu holen. Cicero erklärte sich einverstanden. Sie umarmten sich noch einmal und schieden unter Tränen voneinander. Wenige Tage später wurde Quintus von seinen Sklaven an die Häscher verraten und mit seinem Sohn ermordet.

Cicero gelangte inzwischen glücklich nach Astura, fand dort auch ein Schiff, das er sofort bestieg, und fuhr mit günstigem Wind an der Küste entlang bis nach Circei. Die Schiffer drängten auf sofortige Weiterfahrt, doch Cicero begab sich an Land, aus Furcht vor der Seereise oder weil er doch noch nicht alle Hoffnung auf Octavians Beistand aufgegeben hatte. Ungefähr hundert Stadien weit ging er landeinwärts in der Richtung nach Rom. Dann wurde er aber wieder unsicher, änderte seinen Entschluß und kehrte an die Küste von Astura zurück. In entsetzlicher Ratlosigkeit verbrachte er die Nacht. Er verfiel sogar auf den Gedanken, heimlich in Octavians Haus zu schleichen und sich an seinem Altar zu erstechen, um die Rache der Göttin herauszufordern. Aber von diesem Schritt hielt ihn die Furcht vor Martern zurück.

Wirre Pläne tauchten in seiner Seele auf und wurden ebenso schnell wieder verworfen. Schließlich vertraute er sich seinen Sklaven an und ließ sich von ihnen zur See nach Cajeta bringen. Dort besaß er einen Landsitz, auf den er sich im heißen Sommer gern zurückzog, wenn die Nordwinde den Aufenthalt dort besonders angenehm machten. Auch ein Tempel des Apollon stand dort in der Nähe mit dem Blick über das Meer. Von dort erhob sich ein Schwarm Raben und kam krächzend zu Ciceros Schiff geflogen, als es auf das Ufer zuhielt. Sie ließen sich auf die Rahen nieder, schrien und bissen in die Tauenden. Niemand zweifelte, daß das eine Unglücksverheißung war. Cicero ging aber trotzdem an Land und begab sich zu der Villa, um sich zur Ruhe zu legen. Inzwischen setzte sich der Rabenschwarm mit lautem Geschrei vor das Fenster. Einer flog sogar auf das Bett, wo Cicero in seine Toga gehüllt lag, und zog ihm mit dem Schnabel langsam das Gewand vom Gesicht. Bei diesem Anblick machten sich seine Diener bittere Vorwürfe, daß sie gleichmütig den Augenblick der Ermordung ihres Herrn herankommen ließen; unvernünftige Tiere brächten ihm Hilfe und sorgten voll Liebe für ihn in seiner unverschuldeten Not, während sie selbst nicht an die Rettung dächten. Mit Bitten und Gewalt hoben sie ihn schließlich in die Sänfte und wollten ihn wieder an die Küste bringen.

48. Inzwischen waren die Mörder mit ihren Leuten gekommen, der Hauptmann Herennius und der Kriegstribun Popilius, den Cicero einst erfolgreich gegen eine Anklage wegen Vatermord verteidigt hatte. Sie brachen die verschlossenen Türen auf, ohne Cicero zu finden. Die Leute im Hause erklärten, nichts zu wissen, bis ein junger Freigelassener des Quintus, den Cicero selbst in den Wissenschaften und Künsten ausgebildet hatte, Philologus hieß er, Cicero verriet. Er erzählte dem Tribunen von der Sänfte, die

durch die schattigen Laubengänge auf dem Wege nach dem Meer sei. Popilius eilte mit einigen Begleitern um das Haus herum zum Ausgang, während Herennius durch die Laubengänge rannte. Als Cicero ihn bemerkte, ließ er die Sklaven sofort die Sänfte niedersetzen. Die Linke, wie gewohnt, ans Kinn gelegt, schaute er unverwandt auf seine Mörder. Mit Schmutz und verwilderten Haaren bedeckt, das Gesicht von Sorgen und Kummer zerfurcht, machte er einen kläglichen Eindruck, so daß die meisten ihr Gesicht verhüllten, als Herennius ihm die tödliche Wunde beibrachte. Während er sich aus der Sänfte beugte, erhielt er den Stich in den Nacken. Er starb im vierundsechzigsten Lebensjahr. Herennius schlug ihm den Kopf ab und auf Antonius' Befehl auch die Hände, mit denen er die Philippischen Reden geschrieben hatte. So hatte Cicero die Reden, die er gegen Antonius hielt, genannt, und sie sind noch heute unter diesem Namen bekannt.

49. Als die abgehauenen Glieder in Rom eintrafen, führte Antonius zufällig bei einer Beamtenwahl den Vorsitz. Als er von dem Eintreffen hörte und die Glieder sah, schrie er den Leuten zu, nun hätten die Proskriptionen ein Ende. Dann gab er Befehl, Kopf und Hände über den Schiffsschnäbeln auf der Rednerbühne anzubringen. Es war ein schauerlicher Anblick für die Römer. Aber sie glaubten, nicht Ciceros Antlitz, sondern ein Bild der Seele des Antonius zu sehen. Nur in einem erwies Antonius sich schließlich gerecht. Er ließ Philologus an Pomponia, die Gattin des Quintus, ausliefern. Als sie ihn in die Hand bekommen hatte, ließ sie ihn foltern und zwang ihn sogar, sein eigenes Fleisch stückweise abzuschneiden, zu braten und zu verzehren. Jedenfalls erzählten einige Quellen so. Doch erwähnt Ciceros Freigelassener Tiro überhaupt nichts von dem Verrat des Philologus.

Man hat mir aber erzählt, daß viele Jahre später Octavian Augustus eines Tages zu einem seiner Enkel ins Zimmer trat. Dieser hatte ein Werk Ciceros in der Hand und wollte es bestürzt in seinem Gewand verbergen. Aber Augustus sah es, ließ sich das Buch geben und im Stehen las er lange darin,

Dann gab er es schließlich zurück mit den Worten: „Wortgewaltig war er, mein Sohn, wortgewaltig und ein Freund seines Vaterlands."

Als Octavian nach seinem endgültigen Sieg über Antonius das Konsulat übernahm, ernannte er Ciceros Sohn zu seinem Kollegen. In seinem Konsulat war es, als der Senat den Beschluß faßte, die Standbilder des Antonius zu vernichten und alle Ehrungen, mit denen man ihn einst überhäuft hatte, rückgängig zu machen. Auch erging ein Beschluß, aus dem Geschlecht des Antonius dürfe niemand den Namen Marcus führen. So hatte der Himmel dem Hause des Cicero die letzte Bestrafung des Antonius übertragen.

BRUTUS
(85—42 v. Chr.)

Des Marcus Brutus Ahnherr war Junius Brutus. Ihm hatten die Römer auf dem Kapitol unter den Bildern ihrer Könige ein bronzenes Standbild errichtet, das ihn mit dem gezogenen Schwert zeigte. Denn seiner Tatkraft hatte man die Vertreibung der Tarquinier zu verdanken. Hart war sein Charakter gewesen wie der Stahl des Schwertes. Keine Wissenschaft hatte seinen Sinn gemildert. So ließ er sich in seinem Zorn gegen die Tyrannen gar zum Mord an seinen eigenen Söhnen hinreißen. Doch Marcus, dem dieses Buch gilt, hatte durch seine Beschäftigung mit Wissenschaft und Philosophie sein Wesen geläutert. Die Natur hatte ihm Ruhe und Sanftmut geschenkt, aber er weckte sein Herz zu entschlossenem Handeln. So schien er allem Guten und Schönen zugewandt. Selbst die Männer, die ihm später wegen der Verschwörung gegen Cäsar grollten, schrieben allen Ruhm, den diese Tat brachte, Brutus zu. Alle Vorwürfe luden sie auf Cassius, Brutus' Verwandten und Freund, der nicht die Reinheit des Charakters besaß wie Brutus.

Brutus' Mutter Servilia führte ihr Geschlecht auf Servilius Ahala zurück. Als Spurius Mälius vor Zeiten sich zum Herrn Roms machen wollte und das Volk verhetzte, verbarg Ahala den Dolch in der Toga und begab sich aufs Forum. Dort näherte er sich dem Aufrührer, als habe er Persönliches mit ihm zu besprechen. Als Spurius sich zu ihm neigte, stieß er ihn nieder.

An dieser Abstammung des Brutus von Servilius besteht kein Zweifel. Anders steht es mit seiner Abstammung väterlicherseits. Seine Gegner, die ihn wegen Cäsars Ermordung mit Haß verfolgten, behaupteten, er habe mit dem Brutus, der einst die Tarquinier aus Rom vertrieb, nichts zu tun; denn, da dieser Brutus seine Söhne hat hinrichten lassen, sei er kinderlos gestorben. Ahnherr sei vielmehr ein Plebejer aus einer Familie gleichen Namens gewesen, der erst vor

kurzem in die Reihe der regierenden Familien aufgestiegen
sei. Dagegen gibt der Philosoph Poseidonius an, die erwach-
senen Söhne des Brutus seien, wie die Geschichte erzählt,
wirklich hingerichtet worden, doch sei ein dritter Sohn, noch
ein Kind, am Leben geblieben, und eben von diesem stamme
das Geschlecht. Poseidonius weiß auch zu berichten, daß
noch zu seiner Zeit manche berühmte Männer aus diesem
Geschlecht große Ähnlichkeit mit jenem Standbild des ältesten Brutus besaßen. Doch davon genug.

2. Brutus' Mutter Servilia war eine Schwester des Philosophen Cato, den Brutus über alle Maßen verehrte. Später
wurde der Onkel auch sein Schwiegervater. Unter den griechischen Philosophen war ihm, kurz gesagt, nicht ein einziger unbekannt. Aber seine Liebe galt vor allem Platons
Schülern. Die Neue und Mittlere Akademie, wie man sie
nennt, lehnte er ab und blieb Anhänger der Alten. Er war
ein Verehrer des Antiochos von Askalon; innige Freundschaft verband ihn mit dessen Bruder Aristos. Dieser war
vielleicht nicht ein so guter Redner wie manch anderer Philosoph, doch an Selbstbeherrschung und Milde kam er den
größten gleich. Empylos, den Brutus ebenso wie seine Freunde in den Briefen oft erwähnen und der in Brutus' Haus
lebte, war Redner. Er hinterließ eine kleine, aber ausgezeichnete Schrift über Cäsars Ermordung unter dem Titel
Brutus.

In der lateinischen Sprache war Brutus ein Meister des
Worts und ein geschickter Debatter; im Griechischen liebte
er die spartanische Kürze des Sprichworts, wovon er in seinen Briefen an manchen Stellen treffliche Proben gibt. So
schrieb er schon nach Kriegsbeginn an die Pergamener: „Wie
ich höre, habt Ihr Dolabella Geld gegeben. Wenn Ihr es
freiwillig getan habt, gebt Euer Unrecht zu. Hat man Euch
dazu gezwungen, so beweist es dadurch, daß Ihr auch uns
Geld gebt." Ein andermal schrieb er an die Samier: „Euer
Rat ist nichts wert, Eure Hilfe kommt zu spät. Was meint
Ihr, wie das enden soll?" Oder in einem anderen Brief: „Die
Xanthier haben meine Freundlichkeit von sich gewiesen;
diese Torheit hat ihrer Stadt das Grab geschaufelt. Die Pa-

tarier haben mir ihr ganzes Vertrauen geschenkt; jetzt erfreuen sie sich der völligen Freiheit. Ich stelle Euch frei, die Entscheidung der Patarier oder das Schicksal der Xanthier zu wählen." Das ist der Stil seiner ausgezeichneten Briefe.

3. Er war noch fast ein Knabe, als er mit seinem Onkel Cato ins Ausland ging, der nach Cypern gegen Ptolemaios gesandt war. Als Ptolemaios dann Selbstmord begangen hatte, blieb Cato in wichtigen Geschäften in Rhodos. Er hatte schon vorher einen seiner Freunde, Canidius, beauftragt, den Königsschatz des Ptolemaios in Verwahrung zu nehmen. Doch fürchtete er, Canidius würde der Versuchung, sich an den Geldern zu vergreifen, nicht aus dem Weg gehen. Deshalb bat er Brutus brieflich, so schnell wie möglich von Pamphylien, wo er sich damals aufhielt, um sich von einer Krankheit zu erholen, nach Cypern zurückzufahren. Diesen Auftrag übernahm er sehr ungern. Ihm war die Sache Canidius gegenüber, der darin einen schweren Vorwurf Catos sehen mußte, doch peinlich. Überhaupt betrachtete er seine Beauftragung mit einer solchen Aufgabe als unwürdig. In seinem Alter und bei seinem Interesse für die Wissenschaft hielt er sich für solche Dinge für zu gut. Trotzdem scheute er keine Mühe und fand Catos Anerkennung. Als er den Nachlaß des Königs zu Geld hatte machen lassen, brachte er fast den ganzen Erlös nach Rom.

4. Als dann der Staat von Parteiungen zerrissen wurde, als Pompeius und Cäsar zu den Waffen griffen und der Kampf um die Herrschaft begann, war man allgemein der Ansicht, Brutus würde auf Cäsars Seite treten, weil sein Vater nicht lange vorher auf Pompeius' Veranlassung den Tod gefunden hatte. Indessen sah Brutus es als seine Pflicht an, das Wohl des Staats über persönliche Empfindlichkeit zu stellen. Vor allem war er der Ansicht, Pompeius habe bessere Gründe für den Krieg als Cäsar. Deshalb schloß er sich ihm an. Vorher hatte er ihn allerdings nicht gegrüßt, wenn er ihm begegnete: er hielt es für Sünde, mit dem Mörder seines Vaters auch nur ein Wort zu wechseln. Jetzt unterstellte er sich seinem Befehl, weil er in ihm den Führer des Staates sah, und ging als Legat mit Sestius in dessen Provinz Kilikien.

Da hier alles ruhig blieb, während Cäsar und Pompeius in Makedonien zum Kampf um die Macht antraten, begab er sich dorthin, um freiwillig die Gefahr zu teilen. Deshalb heißt es in den Quellen auch, Pompeius sei in freudigem Staunen von seinem Sitz aufgesprungen, als Brutus zu ihm kam, und habe ihn begrüßt, als sei er der Würdigste unter den Anwesenden. Während des Feldzuges widmete er alle Zeit, die er nicht bei Pompeius verbrachte, seinen Studien und seinen Büchern, selbst unmittelbar noch vor der entscheidenden Schlacht.

Es war Mittsommer und die Hitze unerträglich, als man in diesen Tagen in sumpfigem Gelände das Lager aufschlug. Die Leute, die Brutus' Zelt herbeischaffen sollten, kamen nicht heran. So war er erschöpft, als er endlich gegen Mittag Gelegenheit fand, sich zu salben und ein wenig zu genießen. Während die anderen dann schliefen oder von ihren sorgenden Gedanken über die Zukunft wachgehalten wurden, beschäftigte Brutus sich bis zum Abend damit, einen Auszug aus Polybios zu machen.

5. Auch Cäsar soll um Brutus besorgt gewesen sein. Man erzählt, er habe seinen Offizieren befohlen, Brutus in der Schlacht zu schonen und auf keinen Fall zu töten. Wolle er sich freiwillig ergeben, so möge man ihn zu ihm bringen. Doch dürfe man keine Gewalt anwenden, wenn er sich mit der Waffe in der Hand gegen die Gefangennahme wehre. Man will wissen, Cäsar habe diesen Befehl gegeben aus Rücksich auf Brutus' Mutter Servilia. Als er noch jung war, hatte sie sich ihm in brennender Liebe ergeben, und er hatte Anlaß, zu glauben, daß Brutus sein Sohn war, weil er etwa aus der Zeit stammte, da ihre Leidenschaft am heißesten brannte. Als einst, so wird in den Quellen erzählt, im Senat über die catilinarische Verschwörung, die fast die Stadt an den Rand des Verderbens gebracht hatte, verhandelt wurde, standen Cato und Cäsar, die allerdings in dieser Frage erbitterte Gegner waren, nebeneinander. In diesem Augenblick wurde Cäsar ein kleiner Brief in den Sitzungssaal gebracht, den er schweigend durchlas. Da rief Cato, es sei empörend, daß Cäsar sich Briefe mit Verhaltungsmaßregeln von den Fein-

den liefern lasse. Darüber gab es Lärm unter den Anwesenden. Aber Cäsar reichte nur den Brief, wie er war, Cato hin, der darin ein verliebtes Schreiben seiner Schwester Servilia erkennen mußte. Da warf er es Cäsar vor die Füße mit den Worten: „Nimm's hin, du Trunkenbold!" Dann fuhr er in der Rede, in der er seine Stellungnahme begründete, fort. So berüchtigt war Servilias Liebe zu Cäsar.

6. Während Pompeius nach der Schlacht bei Pharsalos nach dem Meer zu floh und Cäsar das Lager des Gegners noch belagerte, gelang es Brutus, unbemerkt zum Lagertor hinauszukommen. Der Weg führte ihn in sumpfiges Gelände, reich an Tümpeln und Schilf. Doch fand er in der Nacht einen Ausweg und kam glücklich nach Larissa. Da er sich von dort an Cäsar wandte, ließ ihm dieser in der Freude über seine Rettung die Bitte übermitteln, er möge vor ihm erscheinen. Cäsar verzieh ihm nicht nur alles, er nahm ihn auch in den engsten Freundeskreis auf. Da niemand sagen konnte, wohin Pompeius sich auf seiner Flucht gewandt hatte, und alle ratlos waren, machte Cäsar mit Brutus allein einen weiten Gang und versuchte, ihn auszuforschen. Da seine Ansicht über Pompeius' Ziel, die er mit verschiedenen Überlegungen begründete, offenbar richtig war, eilte Cäsar sofort nach Ägypten, ohne sich noch um andere Meinungen zu kümmern Pompeius kam in der Tat, wie Brutus vermutet hatte, nach Ägypten und fand dort den Untergang, den das Schicksal ihm bestimmt hatte.

Brutus brachte dann auch die Aussöhnung zwischen Cäsar und Cassius zustande. Als er sich aber in Nikaia für König Deiotarus einsetzte, war er machtlos gegen die Fülle der erhobenen Beschuldigungen, doch rettete er durch seine dringenden Bitten dem König wenigstens einen großen Teil seines Reichs. Als Cäsar ihn zum erstenmal reden hörte, soll er seinen Freunden gegenüber geäußert haben: „Was der junge Mann will, weiß ich nicht; aber, was er will, das will er mit Entschlossenheit." Denn bei der Härte seines Charakters ließ er sich nur schwer erbitten und gewährte nicht jedem, um was er bat. Er hatte stets Gründe für sein Handeln und ließ sich in allem von der Rücksicht auf das Edle und Schöne

leiten. So waren alle seine Schritte, die er tat, bestimmt und
erfolgreich. Keine Schmeichelei konnte ihn bewegen, eine
ungerechte Bitte zu erfüllen. Wenn jemand selbst unver-
schämtem Drängen nicht zu widerstehen vermochte – man
pflegt dann ja zu sagen, man schäme sich, die Bitte abzu-
schlagen –, dann sah er darin einen Schimpf für einen gros-
sen Mann. Er sagte gern, wer nicht Nein sagen könne, habe
gewiß schon in der Jugend seinen Charakter verdorben.

Als Cäsar dann nach Afrika fahren wollte, um den Kampf
gegen Cato und Scipio aufzunehmen, machte er Brutus zum
Statthalter von Gallien, soweit es südlich der Alpen lag.
Seine Ernennung war ein Glück für Gallien. Die andern
Provinzen hatten unter der rücksichtslosen Habgier der bestellten Statthalter schwer zu leiden, als seien sie gerade eben
in die Hände der Sieger gefallen, während Brutus für seine
Provinz Trost und Erlösung von früherem Unglück bedeutete. Aber allem Dank wehrte er und wies nur auf Cäsar
hin. Als dieser dann nach seiner Rückkehr durch Italien
reiste, hatte er seine helle Freude an den Städten, die unter
Brutus' Regiment standen, und auch an Brutus selbst, der
seine Macht mehren sollte und überdies ein liebenswürdiger
Gesellschafter war.

7. Unter den Prätorämtern war die sogenannte städtische
Prätur die vornehmste. Man nahm also an, daß entweder
Brutus oder Cassius sie bekleiden würde. Manche wollen
wissen, Brutus und Cassius, die schon lange aus bestimmten
Gründen heimlich miteinander verfeindet waren, hätten sich
eben um diese Prätur noch mehr verfeindet, obwohl sie doch
verschwägert waren; Cassius hatte Brutus' Schwester Junia
geheiratet. In anderen Quellen heißt es allerdings, dieser
Streit sei Cäsars Werk gewesen, weil er jedem ohne Wissen
des anderen Hoffnungen gemacht hätte. In dieser Erregung
hätten sie sich verleiten lassen, im Wahlkampf gegeneinander aufzutreten. Brutus konnte sein Ansehen und seinen
edlen Charakter in die Waagschale legen, während Cassius
auf seine zahlreichen glänzenden Erfolge im Partherkrieg
hinweisen konnte. Cäsar hörte beide an und meinte dann
im Rat seiner Freunde: „Cassius hat gewiß die besseren

Gründe, doch bleibt uns nichts anderes, als Brutus die städtische Prätur zu geben." Cassius wurde mit einer anderen Prätur abgefunden, doch war sein Zorn über den Verlust größer als seine Erkenntlichkeit für den Gewinn.

Brutus hatte aber auch im übrigen, so weit er es selbst wünschte, an Cäsars Macht teil. Hätte er den Wunsch gehabt, so hätte er unter Cäsars Freunden der erste sein und den größten Einfluß besitzen können. Aber Cassius' Freunde ließen ihn nicht frei und versuchten, ihn Cäsar zu entfremden. Zwar hatte er selbst sich seit jenem Streit mit Cassius noch nicht wieder ausgesöhnt, doch mußte er von dessen Freunden immer wieder die Warnung hören, er dürfe sich doch von dem Zauberer Cäsar nicht betören lassen. Tyrannenfreundschaft und -gunst müsse er aus dem Wege gehen; denn damit wolle Cäsar nicht seine Tugend lohnen, er wolle vielmehr seine Stärke brechen und seine Selbständigkeit vernichten, um ihn zu seinem Werkzeug zu machen.

8. Indes regte sich auch bei Cäsar Verdacht gegen Brutus. Einflüsterungen gegen ihn fanden schließlich bei ihm Gehör. Er fürchtete seinen hohen Sinn, seine Beliebtheit, den großen Kreis seiner Freunde, und doch glaubte er an die Ehrlichkeit seines Charakters. Zum erstenmal sprach Cäsar seine Gedanken über Brutus aus, als man ihm hinterbrachte, Antonius und Dolabella seien Verschwörer. Über die wohlbeleibten, schönfrisierten Herren, meinte er, brauche man sich keine Sorgen zu machen, wohl aber über die blassen, mageren. Damit zielte er auf Brutus und Cassius. Als man ihn dann vor Brutus warnte, vor dem er sich hüten müsse, berührte er mit der Hand seinen Leib und sagte: „Meint ihr nicht, daß Brutus wartet, bis der dahin ist?", als wolle er sagen, keinem anderen als Brutus stehe nach seinem Tode die Fülle der Macht zu. Wahrhaftig, mir scheint, hätte Brutus es nur eine Weile über sich gebracht, neben Cäsar die zweite Rolle zu spielen, dann wäre er ohne Zweifel in Rom der Erste geworden, wenn er Cäsars Macht allmählich von ihrer Höhe hätte herabgleiten und den Ruhm seiner Siege hätte verwelken lassen. Aber Cassius, der Hitzkopf, schürte das Feuer bei Brutus. Er war mehr aus persönlichen Grün-

den ein Cäsarfeind als aus politischen ein Tyrannenhasser.
Brutus, heißt es, konnte nur die Herrschaft nicht ertragen,
Cassius haßte den Herrscher. Er hatte gegen Cäsar viel auf
dem Herzen, und die Geschichte mit den Löwen konnte er
ihm schon gar nicht vergessen. Er hatte sie für die Spiele,
die er als Ädil geben wollte, besorgt. Als Calenus aber Megara erobert hatte, wo sich die Löwen befanden, hatte Cäsar
sie dort vorgefunden und für sich behalten. Übrigens sollen
diese Löwen unter den Megarern böses Unheil angerichtet
haben. Als der Fall der Stadt bevorstand, hatten die Leute
die Käfige geöffnet und die Löwen von den Ketten freige-
macht. Sie meinten, die Tiere würden die eindringenden
Feinde aufhalten. Aber sie fielen über die Megarer selbst
her, die in ihrer Angst unbewaffnet hin- und herliefen, und
zerrissen sie. Selbst die Feinde ergriff Mitleid, als sie das
Schauspiel sahen. 9. Manche sehen in diesem Ereignis den
wichtigsten Grund für Cassius' Beteiligung an der Verschwörung. Dem ist aber nicht so.

In Cassius wohnte von jeher der Groll gegen Tyrannenart.
Das verriet er schon in seinen Knabenjahren, als er noch mit
Sullas Sohn Faustus zusammen zur Schule ging. Als dieser
eines Tages unter seinen Freunden mit der Allmacht seines
Vaters prahlte, stand Cassius auf und schlug ihm ins Gesicht.
Da Faustus' Vormünder und Freunde die Sache vor Gericht bringen wollten, versuchte Pompeius zu vermitteln,
ließ die beiden zu sich kommen und wollte sich von ihnen
den Vorfall erzählen lassen. Da soll Cassius gesagt haben:
„Mein lieber Faustus, unterstehe dich, die Worte, die mich
rasend gemacht haben, vor Pompeius zu wiederholen. Dann
schlage ich dir noch einmal ins Gesicht."

So war Cassius. Bei Brutus bedurfte es aber erst vieler Worte
seiner Freunde, um ihn wachzurütteln, vieler Mahnungen
seiner Mitbürger, schriftlich und mündlich, um ihn zur Tat
zu treiben. An dem Standbild seines Ahnen Brutus, der einst
die Königsherrschaft zertrümmert hatte, stand eines Tages
geschrieben: „Wenn du doch heute unter uns wärest!", ein
andermal: „Brutus sollte leben!" Da Brutus jetzt Prätor
war, fand man Morgen für Morgen Zettelchen auf seinem

Richterstuhl: „Brutus, du schläfst!" oder „Du bist kein Brutus!" Schuld an diesen Angriffen gegen Cäsar waren seine
Schmeichler. Sie hatten schon manche Ehrung für Cäsar erfunden, die nur Ärgernis erregte. Jetzt schmückten sie nächtlicherweile sogar sein Bild mit einem Diadem, weil sie das
Volk veranlassen wollten, Cäsar König, nicht mehr Diktator zu nennen. Aber sie erreichten nur das Gegenteil, wie ich
in Cäsars Leben ausführlicher erzählt habe.

10. Als Cassius seine Freunde aushorchte, wie sie sich zu
einer Verschwörung gegen Cäsar stellen würden, erklärten
sie sich alle unter der Bedingung einverstanden, daß Brutus
die Führung übernahm. Denn die Durchführung des Plans,
so meinten sie, verlangte nicht so sehr Gewalt und Tollkühnheit, wie den großen Namen eines Mannes, wie es eben
Brutus war, der fast wie ein Opferpriester den ersten Streich
tun und allein durch seine Beteiligung Zeugnis ablegen würde
von der Gerechtigkeit ihrer Sache. Wenn Brutus die Führung nicht übernehme, würde ihnen schließlich doch der Mut
fehlen oder nach der Tat schwerer Vorwurf auf ihnen lasten;
alle Welt würde meinen, wenn die Tat redlich gewesen
wäre, hätte Brutus seine Teilnahme nicht versagt.

Cassius konnte sich solchen Gründen nicht verschließen.
Trotz der Verstimmung, die zwischen ihm und Brutus
herrschte, suchte er ihn auf. Die Aussöhnung kam auch zustande, und nach manchem freundlichen Wort fragte Cassius, ob er gesonnen sei, an der Senatssitzung am ersten März
teilzunehmen; er erfahre, daß Cäsars Freunde dann den
Antrag einbringen wollten, ihn zum König auszurufen. Auf
Brutus' Antwort, er werde nicht teilnehmen, fragte Cassius:
„Wenn sie uns nun aber zwingen wollen?" Da sagte Brutus:
„In diesem Fall darf ich nicht mehr schweigen. Dann ist es
meine Pflicht, die Freiheit zu verteidigen und für sie zu
sterben." Cassius sprang auf mit den Worten: „Kein Römer
kann dulden, daß du stirbst. Kennst du dich nicht, Brutus?
Glaubst du wirklich, daß die Männer, die deinen Richterstuhl mit Zetteln bestreuen, hinter dem Webstuhl oder dem
Ladentisch herkommen? Ahnst du nicht, daß es die besten
Männer des Staates sind? Von den anderen Prätoren ver

langen diese Männer Geschenke, Schauspiele und Gladiato-
renkämpfe. Du hast deinen Ahnen gegenüber eine Schuld
abzutragen; von dir verlangen die Besten den Sturz der
Tyrannenherrschaft. Mit freudigem Herzen sind sie bereit,
alles für dich zu leiden, wenn du vor sie trittst, wie sie es
von dir verlangen und erwarten." Dann umarmte er Brutus
und nahm Abschied. So trennten sie sich, um zu ihren Freunden zu gehen.

11. Zu ihnen gehörte Quintus Ligarius, der früher Anhänger des Pompeius gewesen war. Wegen dieser Parteizuge-
hörigkeit war er einst angeklagt worden, aber Cäsar hatte
ihm Verzeihung gewährt. Doch vergaß Ligarius den Dank
für seine Begnadigung über seinem Haß gegen das Regiment, das ihn in die Gefahr der Verurteilung gebracht hatte.
So blieb er Cäsars erbitterter Feind, während er zu Brutus'
engstem Freundeskreis gehörte. Als er eines Tages krank
lag, begrüßte Brutus ihn mit den Worten: „Ligarius, es ist
keine Zeit, krank zu sein!" Da stützte er sich auf den Arm,
ergriff Brutus bei der Hand und stieß die Worte hervor:
„Brutus, wenn deine Gedanken aus dem Herzen eines Brutus stammen, dann bin ich gesund."

12. Dann versuchten sie in aller Heimlichkeit, Männer aus
dem Adel, denen sie vertrauen zu können glaubten, auszu-
horchen, teilten ihnen ihre Pläne mit und gewannen sie zur
Teilnahme. Sie trafen ihre Wahl nicht unter ihren Freunden
allein. Kühne Draufgänger, die selbst den Tod nicht scheuten, waren ihnen ebenso willkommen. Deshalb unterrichte-
ten sie Cicero auch nicht von ihrem Vorhaben trotz des
großen Ansehens, das ihm seine Treue und Ergebenheit bei
ihnen verschafft hatte. Er hatte niemals zu den Tapfersten
gehört und war bei seinem hohen Alter allmählich gar zu
vorsichtig geworden. Sie fürchteten, er möchte durch seine
langen Überlegungen, wie man vollständige Sicherheit erreichen könne, das lodernde Feuer der Begeisterung dämpfen, und ohne Schnelligkeit sei alles verloren. Deshalb überging Brutus auch den Epikureer Statilius und Catos verliebten Freund Favonius. Als er sie nämlich einmal bei Gelegenheit einer philosophischen Unterhaltung vorsichtig auszu-

horchen versuchte, hatte Favonius ihm die Antwort gegeben, schlimmer noch als eine ungesetzmäßige Monarchie sei ein Bürgerkrieg, und Statilius hatte als seine Meinung geäußert, für einen Weisen, der vernunftgemäß die Dinge abwäge, bestehe keine sittliche Verpflichtung, sich für Bettelvolk und Narren in Aufregung und Gefahr zu stürzen. Labeo, der an dem Gespräch teilnahm, widersprach beiden Ansichten, während Brutus das Gespräch auf ein anderes Gebiet lenkte, weil der Gegenstand wegen seiner Schwierigkeit doch keine Lösung zuließe. Später weihte er dann Labeo in die Pläne ein, der mit Freuden den Vorschlag annahm. Deshalb entschloß man sich, auch Brutus, mit dem Beinamen Albinus, hinzuzuziehen. Von Unternehmungslust und Tatkraft war bei ihm zwar nicht die Rede, aber er besaß eine starke Gladiatorenbande, die er für die Spiele in Rom unterhielt. Deshalb war seine Macht nicht zu verachten. Vor allem aber besaß er Cäsars Vertrauen. Als Cassius und Labeo mit ihm über diese Dinge verhandelten, gab er ihnen keine Antwort. Aber dann hatte er noch ein Gespräch mit Brutus, in dem er erfuhr, daß Brutus der Führer der Verschworenen sei. Daraufhin erklärte er sofort sein Einverständnis. Überhaupt war es Brutus' Ansehen, das der Verschwörung zahlreiche wertvolle Teilnehmer zuführte. Sie brauchten keine Eide zu schwören, nicht bei heiligen Opfern sich ihrer gegenseitigen Treue zu versichern, und doch wahrten sie in unverbrüchlicher Verschwiegenheit ihr Geheimnis. Selbst den Wahrsagungen, Prophezeiungen und Opferzeichen, mit denen die Götter die Stadt warnten, schenkte niemand Glauben.

13. Obwohl Brutus jetzt alles, was in Rom durch Klugheit, Adel und Heldentum einen Namen besaß, an sich gefesselt hatte und mit aller Klarheit die Gefährlichkeit der Lage übersah, versuchte er in der Öffentlichkeit, selbstbeherrscht seine Erregung zu verbergen. Doch zu Hause oder des Nachts fiel die Maske von ihm ab. Oft ließ ihn die Sorge aus dem Schlaf auffahren, oft war er in seine Überlegungen vertieft und mit den Schwierigkeiten seiner Pläne so beschäftigt, daß es seiner Frau, die bei ihm ruhte, auffiel, wie

ihn Sorgen drückten und seine Gedanken sich mit lästigen, schweren Plänen beschäftigten. Porcia war, wie ich schon erzählte, Catos Tochter. Brutus, übrigens ihr Vetter, war nicht ihr erster Gatte, er hatte sie nach dem Tode ihres ersten Gatten geheiratet. Sie war noch ganz jung und brachte aus ihrer ersten Ehe einen kleinen Buben mit, Bibulus, von dem es heute noch ein Büchlein *Brutus' Lebenserinnerungen* gibt. Porcia liebte ihren Gatten mit herzlicher Liebe und war eine tapfere, kluge Frau. Sie wagte es nicht, ihren Gatten nach seinem Geheimnis zu fragen, ehe sie sich nicht selbst auf die Probe gestellt. Sie nahm ein kleines Messer, wie es die Barbiere zur Nagelpflege benutzen, dann schickte sie ihre Dienerinnen aus dem Gemach und brachte sich einen tiefen Schnitt am Schenkel bei, so daß das Blut herausströmte. Es dauerte nicht lange, da brachte die Wunde ihr unerträgliche Schmerzen und hohes Fieber. Brutus ängstigte sich in aufgeregter Sorge. Da sprach Porcia, als ihre Schmerzen am schlimmsten waren, zu ihm: „Brutus, ich bin Catos Tochter und bin nicht in dein Haus gekommen, um als deine Buhlerin nur Tisch und Bett mit dir zu teilen. Ich will deine Gefährtin sein in frohen wie in schweren Stunden. An dir, meinem Gatten, ist kein Fehl. Aber wie soll ich dir meine Liebe und Anhänglichkeit zeigen, wenn ich dein verschwiegenes Leid nicht mit dir tragen, deine geheimen Sorgen nicht teilen darf? Ich weiß, ein Frauenherz gilt als zu schwach für ein Geheimnis. Aber vergiß nicht, Brutus, aus guter Erziehung, aus edlem Umgang erwächst dem Charakter die Kraft. Dazu noch eins: Ich bin Catos Tochter und Brutus' Weib. Das habe ich früher wenig geachtet. Jetzt weiß ich, daß Schmerz und Leid mich nicht niederzwingen können." Mit diesen Worten zeigte sie ihm die Wunde und erzählte von ihrer Tat. Staunend hob Brutus die Hände gegen den Himmel und flehte zu den Göttern, ihm Glück zu verleihen bei seinem Schritt, daß er würdig dastehe, würdig einer Porcia. Dann bemühte er sich um die Heilung seiner Gattin. 14. Inzwischen war eine Sitzung des Senats anberaumt, an der, wie man meinte, auch Cäsar teilnehmen würde. Man beschloß, in dieser Sitzung zur Tat zu schreiten. Denn bei

dieser Gelegenheit konnten sich die Verschwörer auch in
größerer Zahl versammeln, ohne Aufsehen zu erregen. Es war
ihnen auch lieb, wenn die ersten Männer Roms alle beisammen
wären, um, wenn die große Tat vollbracht, sich für die Freiheit einzusetzen. Es mochte ihnen auch scheinen, als habe
eine Gottheit ihnen den Platz bestimmt und verspreche
glückliches Gelingen: es war eine von den Säulenhallen, die
das Theater des Pompeius umgaben. Sie enthielt einen
Sitzungsraum, in dem ein Standbild des Pompeius stand.
Die Stadt hatte es ihm errichten lassen, um ihm zu danken,
daß er den Platz mit dem Theater und den Säulenhallen
geschmückt hatte. In diesen Saal wurde der Senat berufen
für die Mitte März; bei den Römern heißt dieser Tag Iden
des März. Ein Gott wollte offenbar Cäsar in diesen Raum
führen, um Rache zu nehmen an ihm für Pompeius.
Als der Tag gekommen war, nahm Brutus den Dolch unter
sein Gewand. Nur seine Gattin wußte davon. Dann verließ er das Haus. Die übrigen versammelten sich bei Cassius,
dessen Sohn an diesem Tag die *toga virilis* (Männertoga) bekommen sollte, und begleiteten ihn aufs Forum. Von dort
gingen sie in die Halle des Pompeius und warteten dort,
da Cäsar bald zu der Sitzung kommen mußte. In diesen
Augenblicken hätte man – eingeweiht in die bevorstehenden
Ereignisse – die unerschütterliche Ruhe und Selbstbeherrschung dieser Männer bewundern müssen. Manche unter
ihnen waren Prätoren. Ruhig hörten sie die streitenden Parteien an, als hätten sie keine andere Aufgabe; in angespann-
ter Aufmerksamkeit erteilten sie jedem wohlüberlegten Bescheid. Doch ereignete sich ein Zwischenfall. Als jemand
Brutus' Spruch nicht annehmen wollte, sich mit erregten
Worten auf Cäsar berief und die Versammelten zu Zeugen
aufrief, sagte Brutus mit einem Blick auf die Umstehenden:
„Mich hindert Cäsar nicht, nach dem Gesetz zu verfahren,
und er wird mich nicht daran hindern."
15. Doch verursachte ihnen der Zufall noch manche Aufregung. Am meisten beunruhigte sie zunächst, daß Cäsar
noch immer auf sich warten ließ, obwohl der Tag schon vor-
gerückt war. Nicht nur seine Gattin hielt ihn wegen unheil-

kündender Opferzeichen zu Hause, auch die Seher wollten ihn nicht fortgehen lassen. Dann trat jemand zu Casca, der zu den Verschworenen gehörte, griff nach seiner Hand und flüsterte ihm zu: „Casca, du hast uns das Geheimnis verschwiegen, aber Brutus hat mir alles entdeckt." Casca fuhr zusammen, da sagte jener lachend: „Woher hast du so plötzlich deinen Reichtum, du Glückspilz, daß du dich um das Ädilenamt bewerben willst?" Es hätte nicht viel gefehlt, so hätte Casca sich durch die mißverständlichen Worte täuschen lassen und alles verraten. Auch Brutus und Cassius erhielten von dem Senator Popilius Länas einen freundlicheren Gruß als sonst. Leise flüsterte er ihnen ins Ohr: „Ich wünsche euch alles Gute für euer Vorhaben. Doch tut bald, was ihr wollt, denn die Sache ist kein Geheimnis mehr." Mit diesen Worten entfernte er sich. Man mußte annehmen, daß er von der Tat erfahren hatte.

In diesem Augenblick bekam Brutus Nachricht von Haus, seine Gattin liege im Sterben. Der Gedanke an das Kommende hatte Porcia auf das leidenschaftlichste erregt. Unerträglich waren ihr die Sorgen, so daß sie kaum im Hause zu bleiben vermochte. Bei jedem Geräusch, bei jedem lauten Wort sprang sie auf, wie von bacchantischer Raserei ergriffen. Jeden, der vom Forum kam, fragte sie aus nach Brutus und schickte einen Boten nach dem andern dorthin. Als es schließlich immer länger dauerte, unterlag ihr Körper der Spannung. In der sorgenden Angst ihres Herzens verließen sie die Kräfte. Sie konnte sich nicht mehr in ihr Zimmer schleppen. Inmitten ihrer Dienerinnen wurde sie ohnmächtig und verlor die Besinnung. Ihre Gesichtsfarbe veränderte sich und die Stimme versagte. Bei diesem Anblick fingen die Dienerinnen an zu jammern, die Nachbarn stürzten an die Türen, und das Gerücht von ihrem Tod verbreitete sich im Augenblick. Doch kam sie bald wieder zum Bewußtsein und erholte sich schnell unter der liebevollen Pflege ihrer Dienerinnen. Brutus erschrak, wie zu erwarten, über die Nachricht, die man ihm brachte. Doch ließ er die Sache des Vaterlands nicht im Stich, um in seinem Schmerz nach Hause zu eilen.

16. Dann wurde endlich Cäsars Ankunft gemeldet. Er kam in einer Sänfte. Weil die Unglückszeichen bei den Opfern ihn doch erregt hatten, wollte er Unpäßlichkeit vorschützen und deshalb keine wichtigen Angelegenheiten erledigen und alles auf später verschieben. Als er aus der Sänfte stieg, stürzte Popilius Läna, derselbe, der kurz vorher Brutus glücklichen Erfolg seines Unternehmens gewünscht hatte, auf Cäsar zu und unterhielt sich längere Zeit mit ihm. Cäsar hörte ihm aufmerksam zu. Die Verschworenen, um sie so zu nennen, verstanden nicht, was da gesprochen wurde, aber mißtrauisch, wie sie waren, fürchteten sie, Läna verrate in dem Gespräch ihr Geheimnis. Da wollten sie ihre Sache schon verloren geben und sahen einander an. Ihre Blicke mahnten, nicht zu warten, bis sie verhaftet würden, sondern lieber freiwillig in den Tod zu gehen. Cassius und einige andere griffen schon unter die Toga, um den Dolch herauszuziehen, als Brutus an Länas Miene sah, daß er eine Bitte vortrug, keine Anklage. Doch sagte er nichts, weil zu viele Leute in der Nähe standen, die in die Verschwörung nicht eingeweiht waren. Aber ein froher Blick aus seinen Augen genügte, um Cassius wieder Mut zu machen. Nach einer Weile küßte Läna Cäsar die Hand und trat zur Seite. Offenbar hatte er aus irgendwelchen persönlichen Gründen Cäsar eine Bitte vorgetragen.

17. Der Senat trat vor Cäsar her in den Sitzungssaal, und die Verschworenen stellten sich um Cäsars Sessel, als wollten sie sich mit einer Bitte an ihn wenden. Indessen wandte Cassius seinen Blick auf Pompeius' Bild und richtete ein Gebet an ihn, als könne er es hören, während Trebonius an der Tür Antonius in ein Gespräch verwickelte, um ihn so außerhalb des Saales aufzuhalten. Dann trat Cäsar ein, der Senat erhob sich. Als Cäsar sich setzte, drängten sich die Verschworenen sofort um ihn und schoben Tillius Cimber aus ihren Reihen vor. Er sollte für seinen verbannten Bruder um Gnade bitten. Die Verschworenen unterstützten alle seine Bitte, griffen nach Cäsars Händen und überschütteten seine Brust und sein Haupt mit Küssen. Zunächst lehnte er die Bitte mit Freundlichkeit ab, als die Bitten aber nicht

aufhörten, stand er auf, um sich gewaltsam frei zu machen. In diesem Augenblick riß Tillius ihm mit beiden Händen das Gewand von der Schulter. Casca, der hinter ihm stand, zog als erster den Dolch und brachte ihm an der Schulter eine Wunde bei, die allerdings nicht tief ging. Cäsar packte den Dolchgriff mit seiner Hand und schrie auf lateinisch: „Casca, du Schurke, was tust du?", während Casca seinen Bruder auf griechisch um Hilfe rief. Von allen Seiten drangen jetzt die Mörder auf ihn ein. Er blickte um sich und wollte die Gegner fortstoßen. Da sah er, wie Brutus den Dolch gegen ihn erhob, ließ Cascas Hand, die er gepackt hielt, fallen, hüllte sein Haupt in die Toga und ließ sich wehrlos niederstechen. Mitleidlos stießen sie auf ihn ein, und in dem Getümmel verwundeten sie sich auch selbst, so daß alle blutbesudelt waren. Auch Brutus, der bei diesem Mord nicht beiseite stehen wollte, erlitt eine Wunde an der Hand.

18. So starb Cäsar. Nach seinem Tod trat Brutus in die Mitte um zu sprechen. Mit einigen beruhigenden Worten wollte er die Senatoren zum Bleiben veranlassen. Doch stürzten alle in ängstlicher Flucht fort. An den Türen gab es ein Stoßen und Drängen, und doch war kein Verfolger da, der sie getrieben hätte. Denn man war fest entschlossen, außer Cäsar niemand zu ermorden, wollte vielmehr alle aufrufen, der Freiheit sich zu erfreuen. Allerdings hatten sich bei den Besprechungen über ihr Unternehmen alle bis auf Brutus dafür eingesetzt, auch Antonius zu beseitigen. Er galt bei ihnen als Anhänger der Monarchie und als unruhiger Kopf. Man fürchtete seine Macht, die er sich durch seine Beliebtheit bei den Soldaten erworben hatte. Besonders gefährlich war er, weil er, ein selbstbewußter Willensmensch, gerade in dieser Zeit die Ehre hatte, als Cäsars Kollege das Konsulat zu bekleiden. Doch lehnte Brutus diesen Vorschlag ab, weil er sein Vorhaben nicht mit einer Tat der Ungerechtigkeit belasten wollte. Auch hoffte er, Antonius würde noch auf seine Seite treten. Denn er mochte den Glauben nicht aufgeben, auch Antonius, ein edler, aber auch ehrgeiziger Charakter, werde an dem Kampf um die

Freiheit für das Vaterland teilnehmen. Wenn Cäsar nur erst aus dem Wege geräumt war, mußte ihr Eifer für die heilige Sache auch Antonius mitreißen. So rettete Brutus Antonius das Leben; doch in der Bestürzung über den Mord entfloh er in der Verkleidung eines einfachen Bürgers.

Inzwischen zog Brutus mit seinen Freunden zum Kapitol. Den Dolch in den blutigen Händen riefen sie das Volk zur Freiheit auf. In den ersten Augenblicken nach dem Mord waren die Schreckensrufe durch die Stadt gehallt, waren die Massen in wilder Erregung durch die Straßen geströmt und hatten so die Unruhe immer weiter getragen. Alle hatten Mord und Plünderung erwartet. Aber da nichts dergleichen geschah, faßten Senatoren und auch manche Bürger sich ein Herz und gingen zu den Verschwörern aufs Kapitol. Als eine große Menge zusammengekommen war, hielt Brutus eine Ansprache, um die Gründe für das Geschehene darzulegen und das Volk für seine Sache zu gewinnen. Seine Worte fanden Beifall, und man rief Brutus zu, er solle mit seinen Freunden nur herunterziehen zum Forum. So stiegen sie denn entschlossen wieder vom Kapitol herab. Es war ein langer Zug der Verschwörer, Brutus an der Spitze, begleitet von den vornehmsten Adligen Roms, die ihn in feierlichem Zug von der Höhe zur Rednerbühne auf dem Forum geleiteten. Bei diesem Anblick wurde die Menge, in die sich auch viel rauflustiges, unruhiges Volk gemischt hatte, ängstlich und wartete schweigend und ruhig, was kommen würde. Als Brutus zu sprechen begann, wurde es totenstill auf dem Markt. Daß aber nicht alle mit der Tat einverstanden waren, zeigte sich, als Cinna das Wort nahm und anklagende Worte gegen Cäsar wagte. Da brach der Zorn der Menge aus, und man überhäufte Cinna mit Schmähungen. Die Verschworenen mußten sich wieder auf das Kapitol zurückziehen, und Brutus, der nicht ohne Grund eine Belagerung dort fürchten mußte, schickte die Männer, die sich ihm nach Cäsars Ermordung angeschlossen hatten, wieder fort. Weil sie an der Schuld keinen Teil hatten, wollte er sie auch nicht dieser Gefahr aussetzen.

19. Am nächsten Tag trat der Senat im Tempel der Tellus

zu einer Sitzung zusammen, in der Antonius, Plancus und Cicero, um die Einheit im Staat wiederherzustellen, Straflosigkeit beantragten. Man beschloß also, die Verschwörer außer Verfolgung zu setzen. Man ging sogar noch weiter und beauftragte die Konsuln, Vorschläge für besondere Auszeichnungen zu machen. Dann wurde die Sitzung geschlossen. Als Antonius dann seinen Sohn als Geisel aufs Kapitol geschickt hatte, kam Brutus mit seinen Freunden herunter. Es gab eine feierliche Begrüßung, man reichte sich die Hände und umarmte sich. Antonius lud Cassius in sein Haus und bat ihn, sein Gast zu sein. Brutus folgte Lepidus' Einladung. Die übrigen Verschwörer fanden bei ihren Verwandten oder Freunden herzliche Gastfreundschaft.

Am nächsten Morgen trat der Senat wieder zusammen. Man sprach Antonius den Dank des Senats aus, daß er den drohenden Bürgerkrieg schon im Entstehen unterdrückt hatte. Man vergaß auch nicht, Brutus zu ehren, und nahm dann die Verteilung der Provinzen vor. Brutus wurde Statthalter von Kreta, Cassius von Afrika. Trebonius sollte die Verwaltung von Asien, Cimber die von Bithynien übernehmen. Brutus Albinius schließlich wurde die Verwaltung des norditalischen Galliens übertragen.

20. Die Verhandlung wandte sich dann Cäsars Beisetzung und seinem Testament zu. Antonius verlangte öffentliche Verlesung des Testaments und sprach sich dagegen aus, daß man Cäsar ohne öffentliche Ehrung in aller Heimlichkeit beisetzen wollte; das würde beim Volk nur neue Erbitterung hervorrufen. Cassius erhob nachdrücklichst Einspruch, doch Brutus gab wieder nach, der zweite Fehler, den man ihm zum Vorwurf machte. Denn man verdachte es ihm schon, daß er Antonius am Leben gelassen und so die Verschworenen einem ebenso starken wie gefährlichen Feind überantwortet hatte. Daß er sich jetzt mit dem feierlichen Leichenbegängnis, wie es Antonius vorgeschlagen hatte, zufrieden gab, galt als die zweite Torheit.

Zunächst Cäsars Testament. Darin waren jedem Römer fünfundsiebzig Drachmen ausgesetzt. Auch die Parks jenseits des Tiber, wo jetzt der Fortunatempel steht, hatte

Cäsar ihnen vermacht. Da erwachte in den Herzen wieder die heiße Liebe zu dem Ermordeten, und Sehnsucht ergriff die Bürger nach dem großen Mann.

Dann das Leichenbegängnis. Als die Leiche aufs Forum gebracht war, hielt Antonius nach Vätersitte die Leichenrede. Seine Worte machten auf das Volk tiefen Eindruck. Als er das beobachtete, änderte er den Ton seiner Rede: Mitleid und Trauer wollte er in ihre Herzen senken. Er griff zu Cäsars blutigem Gewand, faltete es auseinander, um dem Volk die Menge der Wunden zu zeigen und die Stellen, an denen die Dolche das Gewand zerrissen hatten. Da waren alle Bande der Ordnung zerrissen. Die einen schrien, man solle die Mörder totschlagen, andere rissen, wie einst bei der Leichenfeier für den Volkstribunen Clodius, Tische und Bänke aus den Läden und Werkstätten, türmten sie aufeinander und errichteten einen gewaltigen Scheiterhaufen, auf dem sie dann die Leiche aufbahrten. So wurde sie verbrannt angesichts der zahllosen Tempel und der zahllosen heiligen Stätten. Als die Flamme aufloderte, stürzte das Volk von allen Seiten herbei, riß die brennenden Scheite heraus und lief zu den Häusern der Verschworenen, um sie in Brand zu stecken, aber diese waren auf der Hut gewesen und konnten sich gegen die Gefahr schützen.

Der Dichter Cinna, der in Rom lebte, hatte nichts mit der Verschwörung zu tun gehabt, er war sogar Cäsars Freund gewesen. In der Nacht hatte er einen Traum gesehen. Cäsar lud ihn zur Tafel, aber er lehnte ab. Doch Cäsar ließ nicht nach und drängte ihn zu kommen. Schließlich führte er ihn in eine unermeßlich weite finstere Gegend, wohin er nur widerwillig mit Schrecken folgte. Nach diesem Traum bekam er noch in der Nacht Fieber. Am Morgen, als das Leichenbegängnis stattfinden sollte, mochte er nicht fehlen. So kam er unter die Menge, in der schon gefährliche Erregung herrschte. Als man ihn sah, verwechselte man ihn mit dem Cinna, der erst vor kurzem Cäsar vor versammeltem Volk geschmäht hatte. So wurde er von der Menge zerrissen.

21. Schon Antonius' Verhalten hatte Brutus und seine

Freunde geschreckt. Cinnas Ermordung gab deshalb nur den
letzten Anstoß zu ihrem Entschluß, Rom zu verlassen. Zunächst blieben sie kurze Zeit in Antium, um in die Stadt
zurückzukehren, wenn der erste Zorn verraucht sei. Sie
glaubten, auf diesen Umschwung, wetterwendisch und lau-
nisch wie die Menge ist, nicht lange warten zu müssen. Sie
wußten ja, daß auch der Senat ihnen wohlwollte. Während
die Cinnamörder ungestraft geblieben waren, ließ er alle,
die an den Häusern der Verschworenen Brandstiftung versucht hatten, ausfindig machen und verhaften. Auch das
Volk sehnte sich schon wieder nach Brutus aus Ärger über
Antonius, der den Herrn zu spielen begann. Man erwartete,
Brutus würde die Spiele, die er als Prätor zu veranstalten
hatte, persönlich leiten. Doch erhielt Brutus auch eine andere Nachricht. Danach verlangten viele Veteranen Cäsars,
die er auf dem Land oder in den Städten angesiedelt hatte,
Brutus' Kopf und kamen in kleinen Trupps heimlich in die
Stadt. Deshalb verschob man die Rückkehr noch. Indessen
hatte das Volk auch in Brutus' Abwesenheit seine Freude
an den Spielen. Sie waren allerdings auch mit verschwenderischer Pracht ausgestattet. Brutus hatte schon vor langer
Zeit Massen wilder Tiere zusammengekauft. Jetzt gab er
Befehl, sie alle zu den Spielen zu verwenden und keins zu
verkaufen oder aufzusparen. Er reiste selbst nach Neapel,
um dort mit einer großen Zahl griechischer Künstler zu verhandeln. Um Canutius, einen berühmten Schauspieler, bei
seinen Spielen auftreten lassen zu können, schrieb er seinen
Freunden, sie möchten ihn doch mit freundlicher Überredung
zu gewinnen versuchen, denn ein Grieche sei zu groß, um
ihn zu zwingen. An Cicero wandte er sich brieflich mit der
Bitte, auf jeden Fall die Aufführungen zu besuchen.
22. So standen die Sachen, als die Lage sich von neuem änderte. Der junge Cäsar, Octavius, kam nach Rom. Er war
der Sohn von Cäsars Nichte. Dieser hatte ihn in seinem
Testament an Sohnes Statt angenommen und zu seinem
Erben eingesetzt. Als Cäsar ermordet wurde, studierte er in
Apollonia und wartete auf die Ankunft Cäsars, der unmittelbar vor dem Zug gegen die Parther stand. Aber auf die

erste Nachricht von Cäsars Tod kam er nach Rom. Um das Volk von vornherein für sich einzunehmen, nahm er den Namen Cäsar (Octavian) an und ließ, wie im Testament bestimmt, das Geld an das Volk austeilen. So arbeitete er gegen Antonius. Auch zog er viele Veteranen Cäsars durch Geschenke auf seine Seite. Als sich sogar Cicero aus Haß gegen Antonius für Octavian erklärte, machte Brutus ihm bittere Vorwürfe, Cicero fände ja nicht den Gedanken unerträglich, einen Herrn über sich zu haben, er habe nur Furcht vor einem Herrn, der ihn hasse. Und wenn er immer wieder in Wort und Schrift darauf hinweise, was für ein prächtiger Mensch Octavian sei, so habe seine Politik ja nur das Ziel, eine sanfte Sklaverei zu wählen. „Unsere Vorfahren haben aber nicht einmal väterlich milde Herren über sich geduldet." Freilich wisse er selbst in diesem Augenblick noch nicht, ob er sich zum Krieg oder Frieden entschließen werde. Nur ein Entschluß sei unumstößlich, keine Knechtschaft zu dulden. Er wundere sich aber, wenn Cicero zwar den Bürgerkrieg mit all seinen Gefahren fürchte, doch einen schimpflichen, ehrlosen Frieden nicht scheue; ob Cicero wirklich als Lohn für Antonius' Vertreibung das Recht verlange, Octavian zum Tyrannen zu machen?

23. So scharf sprach Brutus in seinen ersten Briefen über Cicero. Als die Bürger sich dann entzweiten und sich teils Antonius, teils Octavian anschlossen, als die Soldaten sich kaufen ließen und wie auf einer Versteigerung hinter dem Meistbietenden herliefen, verlor Brutus allen Mut und beschloß, Italien zu verlassen. Zu Lande begab er sich durch Lukanien nach Velia ans Meer. Als Porcia ihn hier verlassen und nach Rom zurückkehren wollte, versuchte sie, ihren tiefen Schmerz zu verbergen. Doch ein Gemälde verriet sie, so unerschütterlich sie sich bis dahin gezeigt hatte. Es war ein Bild aus der griechischen Geschichte: Hektors Abschied von Andromache. Sie war dargestellt, wie sie ihr Söhnlein von seinen Armen nahm und ihren Gatten dabei anschaute. Als Porcia das Bild sah, stürzten ihr die Tränen aus den Augen. War ihr doch, als sähe sie ihr eigenes Leid im Bilde. Noch einige Male trat sie an diesem Tag vor

das Gemälde und weinte. Als dann Brutus' Freund Acilius
Andromaches Worte an Hektor zitierte: ‚Hektor, du bist
mir ja Vater und liebende Mutter und mein geliebter Bruder, mein herrlicher Gatte', sagte Brutus mit einem leisen
Lächeln: „Doch Hektors Worte möchte ich nicht zu Porcia
sprechen: ‚Besorge du Spindel und Webstuhl und befiehl
den dienenden Mädchen.' Wäre sie nicht ein schwaches
Weib, würde kein Mann sie an Heldentum übertreffen. Ihr
Herz kämpft den Heldenkampf für die Freiheit so gut
wie wir." So erzählt Porcias Sohn Bibulus.

24. Von Velia fuhr Brutus nach Athen. Das Volk nahm ihn
mit Begeisterung auf und beschloß besondere Auszeichnungen für ihn. Er wohnte bei einem Freund und besuchte die
Vorlesungen des Akademikers Theomnestos und des Peripa-
tetikers Kratippos, mit denen er manches philosophische
Gespräch führte. So mochte es scheinen, als ob er nur seinen
wissenschaftlichen Neigungen lebe. In Wirklichkeit traf er
unauffällig alle Anstalten zum Krieg. Nach Makedonien
schickte er Herostratos, um die dort stehenden Truppen auf
seine Seite zu bringen. Auch die in Athen studierenden
jungen Römer wußte er zu gewinnen. Zu ihnen gehörte
Ciceros Sohn, den Brutus mit Lob überhäufte. Er schrieb,
ob im Wachen oder Schlafen, immer müsse er den edlen
Charakter, den erbitterten Tyrannenfeind bewundern.

Endlich enthüllte er seine Kriegsabsichten. In dieser Zeit
erhielt er die Nachricht, daß römische Schiffe mit einer Ladung Geld an Bord von Asien her unterwegs waren. Kommandant der Flotte war sein Bekannter Apuleius, ein fein-
gebildeter Mann. Brutus fuhr ihm bis Karystos entgegen.
Dort traf er mit ihm zusammen, gewann ihn leicht für seine
Sache und ließ sich die Schiffe übergeben. Zur Feier des Er-
folges veranstaltete er ein Fest; es war gerade an seinem
Geburtstag. Als man nach dem Essen zum Trinken überging,
brachte man auch Trinksprüche aus auf Brutus' Sieg und
Roms Freiheit. Da ließ er sich einen größeren Becher reichen,
um seine Gäste zu fröhlicher Ausgelassenheit zu bringen.
Den Becher in der Hand, zitierte er ohne ersichtlichen
Grund den Vers: ‚Mich hat ein böses Geschick und Letos

Sprosse getötet.' Als Fortsetzung dazu erzählt man eine andere Geschichte. Als Brutus zur letzten Schlacht bei Philippi ausrückte, gab er seinen Soldaten das Losungswort Apollon. So erscheint denn jener Vers als eine Prophezeiung seines Untergangs.

25. Antistius lieferte ihm von der Summe, die er persönlich nach Italien bringen wollte, fünfhunderttausend Drachmen aus. Auch die Soldaten, die von Pompeius' Heer seinerzeit in Thessalien zurückgeblieben waren und sich dort herumtrieben, schlossen sich mit Begeisterung an Brutus an. Fünfhundert Reiter nahm er Cinna ab, der sie Dolabella in Asien zuführen sollte. Dann segelte er nach Demetrias und beschlagnahmte dort eine Unmenge Waffen, die Cäsar für den Partherkrieg hatte herstellen lassen und die nun Antonius bekommen sollte.

Schon hatte der Prokonsul Hortensius ihm Makedonien übergeben, schon hatten die Könige und Fürsten der umliegenden Länder sich auf seine Seite gestellt, als die Nachricht einlief, Antonius' Bruder Gaius sei von Italien herübergekommen, um sich mit den Streitkräften zu vereinigen, die unter Vatinius in Epidamnos und Apollonia standen. Um ihm zuvorzukommen, brach Brutus mit seinen Leuten sofort auf. Es war ein böser Weg bei heftigem Schneesturm durch unwegsames Gelände, so daß der Troß mit der Verpflegung den Anschluß verlor. Als Brutus endlich in der Gegend von Epidamnos ankam, befiel ihn infolge der Anstrengungen bei der Winterkälte ein fast krankhafter Hunger. Solchem Leiden sind Tier und Mensch leicht ausgesetzt, wenn sie bei starkem Schneegestöber körperlich schwer angestrengt werden. Der Grund für diese Erscheinung ist noch nicht bekannt. Vielleicht wird die Wärme infolge der umgebenden Kälte verdichtet und innerhalb des Körpers aufgespeichert, wo sie dann die Nahrung plötzlich aufzehrt. Möglich ist auch eine andere Erklärung. Wenn der Schnee taut, entsteht ein scharfer, feiner Hauch, der in den Körper eindringt und die herausströmende Wärme vernichtet. Denn auch der Schweiß wird offenbar von der Hitze hervorgerufen, wenn sie von der auftreffenden Kälte auf der Haut aufgezehrt wird. Doch habe ich über dieses Problem an anderer Stelle ausführlich gesprochen.

26. Als Brutus bewußtlos dalag und es in dem ganzen Heer auch nicht einen Bissen mehr gab, mußten sie sich in ihrer Not an die Feinde wenden, liefen vor das Stadttor und baten die Wachen um Brot. Kaum hatten diese von Brutus' Ohnmacht gehört, als sie selbst herbeikamen und ihm zu essen und trinken brachten. Zum Dank dafür befahl Brutus nach dem Fall der Stadt, nicht nur seine Retter, sondern um ihretwillen alle zu schonen.

Gaius Antonius griff inzwischen Apollonia an und schickte den Truppen, die in der Nähe der Stadt standen, Befehl, zu ihm zu stoßen. Doch gingen sie zu Brutus über. Gaius Antonius mußte auch die Beobachtung machen, daß die Bewohner von Apollonia mehr zu Brutus neigten. Deshalb gab er die Stadt auf und marschierte nach Buthroton. Aber auf dem Weg dorthin verlor er zunächst drei Kohorten, die von Brutus zusammengehauen wurden. Dann versuchte er, den Durchmarsch durch das Gelände um Byllis zu erzwingen, das von seinen Gegnern schon besetzt war, erlitt aber in dem Kampf, den der junge Cicero ihm lieferte, eine Niederlage. Brutus verwendete ihn gern für solche Aufgaben und hatte ihm manchen Erfolg zu verdanken.

Dann stieß Brutus selbst auf Gaius Antonius, der in sumpfigem Gelände seine Truppen zu weit verzettelt hatte. Einen Angriff hielt Brutus für unnötig. Er gab nur seiner Reiterei Befehl ,Gaius Antonius mit seinen Truppen einzuschließen und jedes Blutvergießen zu vermeiden, die Leute würden ja doch bald ihre Kameraden sein. Seine Hoffnung erfüllte sich. Die Leute traten zu ihm über und lieferten ihm auch ihren Führer aus. Brutus hatte also jetzt eine ansehnliche Macht zusammen. Gaius Antonius behandelte er lange Zeit mit allen ihm zukommenden Ehren und ließ ihm auch die Abzeichen seines Amtes, obwohl Cicero nicht der einzige war, der sich von Rom aus schriftlich an ihn wandte, er solle Gaius Antonius beseitigen. Als dieser aber anfing, heimlich mit den Offizieren in Verbindung zu treten, und die Mannschaften zur Meuterei verführte, ließ Brutus ihn

auf ein Schiff bringen und stellte ihn unter Aufsicht. Die
Meuterer waren inzwischen nach Apollonia gezogen und
baten Brutus, zu ihm zu kommen. Er ließ ihnen antworten,
es sei nicht Römersitte, daß der Feldherr zu den Meuterern
komme; sie müßten zu ihm kommen und seinen Zorn über
ihr Verbrechen beschwichtigen. Als sie sich seinem Befehl
fügten, gewährte er ihnen die Verzeihung, um die sie
baten.

27. Als er dann nach Kleinasien hinübergehen wollte, berichteten Meldungen aus Rom von der Veränderung der
dortigen Lage. Der Senat hatte Octavian alle Unterstützung
geliehen in dem Kampf gegen Antonius. Als Octavian seinen
Gegner aber schließlich aus Italien verdrängt hatte, war er
selbst nicht minder gefährlich als der Vertriebene. Gegen
das Gesetz verlangte er das Konsulat und behielt seine starken Truppen auf Kriegsfuß, obwohl die Stadt kein Heer
nötig hatte. Es entging ihm nicht, daß der Senat über seine
Maßnahmen ungehalten war und deshalb sein Augenmerk
auf Brutus im fernen Griechenland richtete, ihn sogar durch
feierlichen Beschluß als Statthalter in seinen Provinzen bestätigte. So entschloß Octavian sich, Antonius seine Freundschaft anzutragen. Gleichzeitig schloß er die Stadt mit seinen Truppen ein und erzwang sich trotz seiner Jugend das
Konsulat, erst zwanzig Jahre alt, wie er in seinen *Lebenserinnerungen* sagt. Unmittelbar nach dem Amtsantritt ließ
er gegen Brutus und seine Freunde die Klage auf Mord
erheben mit der Begründung, sie hätten den ersten Mann
Roms, den Inhaber der höchsten Ehrenstellen des römischen
Volks, ohne Gericht und Urteil ermordet. Als Ankläger
wurden Lucius Cornificius gegen Brutus, Marcus Agrippa
gegen Cassius bestellt. Da die Angeklagten nicht erschienen,
wurden sie als schuldig verurteilt: man zwang die Richter
kurzerhand, ihre Stimmen abzugeben. Als der Herold nach
Vätersitte von der Rednerbühne auf dem Forum Brutus vor
Gericht gefordert hatte, da hatte sich, wie erzählt wird,
im Volk lautes Seufzen erhoben, der Adel hatte stumm auf
den Boden gesehen und Publius Silicius hatte seine Tränen
nicht verborgen. Deshalb stand er nicht lange danach auf

der Liste der Geächteten. Bald darauf schlossen sich Octavian, Antonius und Lepidus zum Triumvirat zusammen,
verteilten die Provinzen untereinander und verhängten
über zweihundert Männer den Tod. Unter denen, die starben, war auch Cicero.

28. Als die Nachricht von diesen Ereignissen nach Makedonien kam, schickte Brutus, so ungern er es tat, an Hortensius den Befehl, Gaius Antonius hinrichten zu lassen. Das
war die Vergeltung für den Mord an seinem Verwandten
Brutus Albinus und seinem Freund Cicero. Deshalb ließ
Marcus Antonius später Hortensius, als er ihn in der Schlacht
bei Philippi in seine Hand bekommen, in der Erinnerung
an den Tod seines Bruders niederhauen. Brutus gestand,
daß seine Scham über die Gründe, die zu Ciceros Ermordung führten, größer war als seine Trauer über den Tod
selbst. Die Schuld an diesem Verbrechen schob er allerdings
seinen Freunden in Rom zu. Wenn sie Tyrannenknechte
seien, so trügen sie eben selbst mehr Schuld daran als die
Tyrannen; denn gleichmütig sähen sie Dinge an, deren
bloße Erzählung ihnen unerträglich sein sollte.

Dann führte er sein Heer, das allmählich zu einer bedeutenden Stärke angewachsen war, nach Kleinasien hinüber
und ließ in Kyzikos und in den Häfen von Bithynien eine
Flotte ausrüsten, während er selbst in den Provinzen als
Statthalter die Verhältnisse in den einzelnen Städten ordnete und auch mit den dortigen Fürsten in politische Verbindung trat. Cassius, der in Ägypten stand, bekam Befehl,
sich nach Syrien zu begeben. Brutus erklärte ihm, wenn sie
eine Streitmacht geschaffen hätten, um die Tyrannen zu
vernichten, und damit in der Welt herumzögen, so geschehe
es, um das Vaterland zu befreien, nicht um für sich selbst
in den eroberten Ländern ein Reich aufzubauen. Das sei das
einzige Ziel, das man nicht aus dem Auge verlieren dürfe.
Deshalb solle man sich nicht zu weit von Italien entfernen,
vielmehr dorthin eilen und den Mitbürgern helfen. Cassius verschloß sich solchen Vorstellungen nicht und kehrte
zurück. Brutus zog ihm entgegen. In Smyrna trafen sie
zusammen, zum erstenmal, seit sie sich im Peiraieus getrennt

hatten und der eine nach Syrien, der andere nach Makedonien gezogen war. Mit freudiger Hoffnung sahen sie auf die Streitmacht, die ihnen jetzt zur Verfügung stand. Als sie Italien verlassen hatten, armseligen Verbannten gleich, hatte es ihnen an Geld wie an Waffen gefehlt. Nicht einen Einruderer, nicht einen Soldaten, nicht eine Stadt besaßen sie. Seitdem waren wenige Monate ins Land gegangen bis zu dem Wiedersehen. Jetzt besaßen sie Geld, geboten über Flotte, Heer und Reiterei und waren stark genug, den Kampf um die Herrschaft über das römische Reich aufzunehmen.

29. Cassius verlangte nicht mehr Ehre für sich, als er selbst Brutus zu erweisen gern bereit war. Doch ging Brutus häufig zu ihm, um ihm den Weg zu ersparen. Denn Cassius war der Ältere und körperlichen Anstrengungen kaum mehr gewachsen. Er galt als ausgezeichneter Kriegsmann, aber auch als jähzornig. Man wußte, daß er durch Furcht zu herrschen suchte, doch seinen Freunden gegenüber einen fröhlichen, nicht selten spöttischen Humor besaß. Brutus dagegen verdankte die Beliebtheit, die ihm in so reichem Maße entgegengebracht wurde, wie es heißt, dem Adel seines Wesens. Innig verehrt von seinen Freunden, bewundert vom Adel, gehaßt nicht einmal von seinen Feinden, besaß er eine seltene Herzensgüte und Hochsinnigkeit. Zorn, Sinnlichkeit und Habsucht waren ihm fremd. Was er als gut und gerecht erkannte, daran hielt er mit unerschütterlicher Geradheit fest.

Vor allem beruhten sein Ansehen und seine Beliebtheit auf dem Vertrauen, das man seinen politischen Plänen entgegenbrachte. Man hatte sich nicht einmal der Hoffnung hingeben mögen, Pompeius würde nach einem Sieg über Cäsar das Heer entlassen, wie das Gesetz es verlangte. Man hegte den Verdacht, er würde die Zügel für immer in der Hand behalten und das Volk trösten mit dem Titel *Konsul* oder *Diktator* oder einer anderen harmlosen Regierungsform. Und nicht zuletzt Cassius, der hitzige, jähzornige Mann, der schon oft den Gewinn über die Gerechtigkeit gestellt hatte, stand im Verdacht, seine gefährlichen Kriegszüge in den

fernen Ländern sollten ihm ein Reich, nicht den Bürgern die
Freiheit bringen. Auch in früheren Zeiten war das Vaterland für Männer wie Cinna, Marius und Carbo nur Sieges-
preis und Beutestück gewesen, denn das Ziel aller ihrer
Kämpfe war, um es einmal deutlich zu sagen, sich zum unumschränkten Herrn aufzuwerfen. Brutus aber wagten
selbst seine Gegner, wie es in den Quellen heißt, nicht einen
solchen Vorwurf zu machen. Viele wollen sogar von Antonius das Wort gehört haben, wenn Brutus gegen Cäsar
vorging, so sei er der einzige gewesen, der sich von dem
Glanz der Tat und dem scheinbaren Recht habe leiten lassen,
alle anderen aber trieb nur Haß und Neid.

Brutus vertraute denn auch weniger seiner Macht als der
Gerechtigkeit seiner Sache, wie er in seinen Briefen schreibt.
So schrieb er in dem Augenblick, als die Entscheidung nahte,
an Atticus, seine Lage könne nicht günstiger sein als jetzt.
Siege er, dann sei es ihm vergönnt, Rom die Freiheit zu
schenken, und falle er, so könne der Tod ihm nur die Rettung vor der Sklaverei bringen. Über ihr Schicksal gebe es
keinen Zweifel, ungewiß sei nur eins, ob sie in Freiheit leben
oder in Freiheit sterben würden. Marcus Antonius sei für
seine Torheit schon genug bestraft. „Obwohl er die Möglichkeit gehabt, in einer Reihe mit Männern wie Brutus, Cassius
oder Cato zu stehen, hatte er sich schon an Octavius gehängt
und spielte neben ihm eine bescheidene Rolle. Und wenn er
jetzt nicht an dessen Seite besiegt wird, wird er bald gegen
ihn kämpfen müssen." Seine prophetischen Worte sollten
sich nur zu bald erfüllen.

30. Während ihres Aufenthalts in Smyrna bat Brutus Cassius um einen Teil der Gelder, die dieser zusammengebracht
hatte; seine eigenen Mittel habe er für den Bau der Flotte
verwandt, mit der sie die Macht über das Mittelländische
Meer behaupten könnten. Cassius rieten seine Freunde ab:
„Es ist nicht recht, daß Brutus die Summen, die du sparsam
zusammenhältst, die zu erwerben dich der Haß der Menschen gekostet hat, in die Hände bekommt, um damit die
Liebe des Volkes und des Heeres zu gewinnen." Trotzdem
überließ Cassius ihm den dritten Teil.

Dann trennten sie sich wieder, um sich ihren verschiedenen Aufgaben zu widmen. Cassius nahm Rhodos und behandelte die Stadt mit ungebührlicher Härte. Und doch hatte er, als man ihn bei seinem Einzug in die Stadt als König und Herrn begrüßte, geantwortet: „Nicht König oder Herr bin ich, der ich den König und Herrn gestraft und erschlagen." Brutus verlangte von den Lykiern Geld und Truppen. Doch ließen die Städte sich von dem Hetzer Naukrates zur Empörung verleiten und besetzten die Höhen, um Brutus den Einmarsch zu verwehren. Brutus schickte gerade, als sie beim Essen waren, seine Reiter gegen sie, die an die sechshundert umbrachten. Dann nahm er einige kleine Städte und feste Plätze, ließ aber ihre Bewohner ohne Lösegeld frei, um durch Milde die Lykier zu gewinnen. Trotzdem blieben sie verstockt. Über den Schaden, den sie hatten, ärgerten sie sich, doch von Brutus' Güte und Liebenswürdigkeit dachten sie gering. Endlich trieb er die tapfersten Scharen des Volks in Xanthos zusammen und begann die Belagerung. Da der Fluß unmittelbar an der Stadt vorbeifloß, versuchten manche unter der Oberfläche des Wassers herzuschwimmen und sich so zu retten. Aber sie fingen sich in den Netzen, die man im Wasser bis auf den Grund herunterließ. Am oberen Rand hatte man Glocken angebracht, die sofort Zeichen gaben, wenn sich jemand in dem Netz verwickelt hatte.

Als dieser Versuch zu fliehen mißlungen war, machten die Xanthier eines Nachts einen Ausfall und steckten einige von den Belagerungsmaschinen in Brand. Doch die Römer merkten den Überfall und drängten sie bis an die Mauer zurück. In diesem Augenblick erhob sich ein Sturm und trieb die lodernden Flammen gegen die Zinnen der Mauer und setzte einige Häuser, die in der Nähe standen, in Brand. Aus Sorge um die Stadt befahl Brutus, den Bewohnern beim Löschen zu helfen. 31. Keine Feder kann die furchtbare Erregung schildern, die plötzlich über die Lykier kam und ihnen die Besinnung raubte. Man kann sie nur mit einer Art Todessehnsucht vergleichen. Alle miteinander, Freie und Sklaven, Frauen und Kinder, jung und alt schos-

sen von den Mauern auf die Feinde, die ihnen doch helfen
wollten, den Brand zu bekämpfen. Sie schleppten sogar
Schilf, Holz, alles Brennbare herbei und breiteten das Feuer
immer weiter aus in der Stadt. Mit verbissener Wut gaben
sie ihm immer wieder neue Nahrung. Als es weiter um sich
griff und schon rings um die Stadt hell aufloderte, ritt Brutus in tiefem Schmerz über das Unglück außen um die Stadt
herum. Er hätte von Herzen gern geholfen, und bittend
hob er die Hände zu den Xanthiern, sie sollten ihre eigene
Stadt doch schonen und sie retten lassen. Aber keiner achtete auf ihn. Alle suchten den Tod, wo sie ihn finden konnten, Männer und Frauen, sogar kleine Kinder sprangen
schreiend und kreischend ins Feuer, andere stürzten sich
von den Mauern herab in den Tod. Einige entblößten gar
den Hals und hielten ihn dem Schwert des Vaters hin und
baten ihn zuzustoßen. Als man nachher in die zerstörte
Stadt kam, sah man eine Frau in einer Schlinge hängen, die
Leiche ihres Kindes hing von ihrem Hals herunter, und,
eine brennende Fackel in der Hand, versuchte sie, ihr Haus
anzuzünden. Dies Bild war so schauerlich, daß Brutus den
Anblick nicht ertrug, und als man ihm davon erzählte,
brach er in Tränen aus. Er setzte eine Belohnung aus, wenn
es einem seiner Soldaten gelingen sollte, einem Lykier das
Leben zu retten. Es sollen aber im ganzen nur hundertundfünfzig Lykier gewesen sein, die es nicht verstanden, sich
der Rettung zu entziehen. So erlebten die Xanthier nach
langen Jahrhunderten wieder in dem vom Schicksal bestimmten Kreislauf die Zerstörung ihrer Stadt. Ihre Ver-
zweiflungstat erneuerte die Erinnerung an das Schicksal
ihrer Vorfahren. Auch sie hatten in gleicher Weise zur Zeit
der Perserkriege ihre Stadt in Brand gesteckt und sich den
Tod gegeben.

32. Als Brutus dann bemerkte, daß auch die Stadt Patara
Widerstand versuchte, zögerte er mit dem Angriff und
wußte sich nicht zu helfen. Er fürchtete, die Bewohner würden sich ähnlich sinnlos benehmen wie die Xanthier. Deshalb schenkte er einigen Frauen aus Patara, die als Kriegsgefangene in seiner Hand waren, die Freiheit. Es waren

Frauen, die zu den vornehmsten Familien der Stadt gehörten. Da sie in der Stadt Brutus' Mäßigung und Gerechtigkeit priesen, willigten die Bürger ein, sich Brutus zu fügen und die Stadt auszuliefern. Infolgedessen kamen auch die noch übrigen Lykier zu ihm und ergaben sich. Die Gerechtigkeit und Milde, mit der er sie behandelte, übertraf selbst ihre Hoffnung. Er verlangte von ihnen nur hundertundfünfzig Talente, verzichtete auf die Plünderung und zog dann nach Ionien, während Cassius in derselben Zeit die Rhodier zwang, ihm persönlich ihr ganzes Eigentum an Gold und Silber abzuliefern; dabei kamen fast achttausend Talente zusammen. Außerdem legte er der Stadt eine Strafe von weiteren fünfhundert Talenten auf.

33. Von vielen Fällen, in denen Brutus nach strenger Gerechtigkeit lohnte und strafte, könnte man berichten. Hier mag nur der eine Fall stehen, über den er selbst wie die besten Römer die größte Freude hatte. Als Pompeius der Große nach dem Verlust seiner Macht auf der Flucht vor dem Sieger Cäsar bei Pelusium in Ägypten landen wollte, hielten die Vormünder des jungen Königs mit ihren Freunden Rat. Man war sich aber über die zu ergreifenden Maßnahmen nicht einig. Manche wollten Pompeius ins Land lassen, andere wieder stimmten dafür, ihn abzuweisen. Zu dem Rat gehörte auch Theodotos von Chios, der bei dem König als Lehrer der Beredsamkeit angestellt war. In Ermangelung besserer Männer hatte man ihn gewürdigt, Mitglied des Rates zu werden. Er verwarf beide Ansichten, die vorgetragen waren, und wollte nichts davon wissen, Pompeius aufzunehmen noch ihn abzuweisen. In der Lage, in der sie sich befänden, könne ihnen nur eines helfen: Pompeius ins Land zu lassen und ihn dann zu töten. Seine Rede schloß er mit dem Wort: „Ein Toter beißt nicht." Der Rat trat seiner Meinung bei. So fiel Pompeius der Große, ein Beispiel für das Dunkel, das über jedem Menschenleben liegt. Sein Tod war das Werk der Beredsamkeit und Redegewalt des Theodotos, wie er selbst gern rühmend hervorhob. Als Cäsar dann bald darauf nach Ägypten kam, sühnten die Verbrecher ihr Verbrechen mit dem Tod. Nur

Theodotos gönnte das Schicksal noch eine Frist, in der er
ruhmlos in bitterer Armut ein unstetes Wanderleben führte.
Als Brutus jetzt durch Kleinasien zog, entging Theodotos
ihm nicht. Man griff ihn auf und richtete ihn. So fand er
im Tod den Ruhm, den das Leben ihm versagt hatte.

34. Brutus ließ nun Cassius die Bitte übermitteln, nach Sardes zu kommen. Bei seiner Ankunft ging er ihm mit seinen
Freunden entgegen. Das Heer, im Schmuck der Waffen angetreten, begrüßte beide mit dem Titel Imperator. Wie es
bei ihrem gewaltigen Unternehmen und der großen Zahl
ihrer Freunde und Offiziere unvermeidlich war, hatte sich
eine Fülle von gegenseitigen berechtigten und unberechtig-
ten Klagen angehäuft. Diese zu behandeln, war ihre erste
Sorge. Unmittelbar nach Cassius' Ankunft begaben sie sich
allein zur Besprechung. Hinter verschlossenen Türen trugen sie sich unter vier Augen ihre Klagen vor, ja sie be-
schimpften und beschuldigten sich gegenseitig. Leidenschaftliche Worte fielen, und schließlich brachen sie in Tränen
aus. Die Freunde waren bestürzt über die Härte und Heftigkeit ihres Zornes. Sie wußten nicht, was werden sollte.
Aber es war ihnen verboten, das Zimmer zu betreten. Doch
Favonius versuchte hineinzugehen. Er war Catos schwär-
merischer Verehrer und spielte mit leidenschaftlicher Liebe,
doch ohne die nötige Überlegung den Philosophen. Die
Diener wollten ihm den Eintritt verwehren. Aber es wäre
ein vergebliches Unterfangen gewesen, Favonius von einem
Plan abzubringen, den er einmal gefaßt hatte. In allem
war er heftig und voreilig. Seine Würde als Senator Roms
galt ihm nicht viel. Aber sein unbekümmerter Freimut, den
er den Kynikern abgesehen hatte, machte sein Benehmen
erträglich, und man nahm seine unpassenden Scherze schließlich lächelnd auf. Mit Gewalt stieß er die Tür auf und
drang ins Zimmer. Mit verstellter Stimme rief er den beiden die Verse zu, die Homer Nestor in den Mund legt:
‚Aber gehorcht, ihr beide seid jüngeren Alters als ich's bin'
und so weiter. Cassius lachte, Brutus warf ihn hinaus und
nannte ihn einen frechen Hund, einen äffischen Nachahmer
der Kyniker. Doch machte diese Szene dem Streit zwischen

Brutus und Cassius ein Ende, und sie trennten sich. Dann gab Cassius ein Essen, zu dem Brutus auch seine Freunde bat. Man war schon zu Tisch gegangen, als auch Favonius erschien. Brutus lehnte die Verantwortung dafür ab, daß Favonius uneingeladen erschien, und forderte ihn auf, sich mit einem geringeren Platz zu begnügen. Doch Favonius drängte sich mit Gewalt durch zu dem mittleren Sofa und nahm dort Platz. Scherz gab es allerdings genug nachher beim Trunk, nicht ohne Geist und Witz.

35. Am Tag darauf zog Brutus den Römer Lucius Ocella zur Verantwortung. Er war Prätor gewesen und hatte Brutus' volles Vertrauen genossen. Jetzt hatten die Bürger von Sardes ihn wegen Unterschlagung angeklagt. Brutus verurteilte ihn und erklärte ihn der bürgerlichen Ehrenrechte für verlustig. Darüber war Cassius aufgebracht. Er hatte wenige Tage vorher zwei Freunden, die desselben Verbrechens beschuldigt waren, unter vier Augen einen Verweis erteilt, sie im Gerichtsverfahren aber freigesprochen und weiterhin in seinen Diensten behalten. Daher machte er Brutus Vorwürfe, daß er in einer Zeit, in der eine Politik der Nachsicht und Milde angebracht sei, Recht und Gerechtigkeit übertrieb. Doch Brutus mahnte ihn, die Iden des März nicht zu vergessen, an denen sie Cäsar ermordet hätten, nicht weil er selbst alle Menschen ausplünderte, sondern weil er es seinen Kreaturen erlaubte. „Denn wenn es einen anständigen Vorwand gibt, die Gerechtigkeit beiseite zu setzen, so war es besser, sich Cäsars Freunde gefallen zu lassen, als den eignen Leuten Unrecht durchgehen zu lassen. Duldeten wir jene, so konnte man uns nur den Vorwurf der Feigheit machen, aber Gefahr bestand für uns nicht. Wenn wir aber unsere Anhänger nicht bändigen können, so verdienen wir den Vorwurf der Ungerechtigkeit, und Not und Gefahr werden uns dann nicht erspart bleiben." Nach solchen Grundsätzen handelte Brutus.

36. Als Brutus und Cassius Kleinasien verlassen wollten, soll Brutus eine gewaltige Erscheinung entgegengetreten sein. Sein Körper verlangte nicht viel Schlaf, und die Zeit, die er ihm opferte, hatte er durch vorsichtige Gewöhnung

aufs äußerste eingeschränkt. Am Tage legte er sich niemals
nieder; auch des Nachts schlief er nur, wenn er nichts zu
arbeiten hatte oder sich mit niemand unterhalten konnte,
weil alle anderen schliefen. Als dann der Krieg ausgebrochen war und die ganze Last der Geschäfte auf seinen Schultern ruhte, war er in seinen Gedanken immer mit der Zukunft beschäftigt. Dann pflegte er nach dem Abendessen
nur ein wenig zu schlummern, um in der Nacht noch un-
aufschiebbare Angelegenheiten zu ordnen. Lag nicht viel
vor, so daß er schnell damit fertig wurde, so pflegte er zu
lesen bis zur dritten Nachtwache. Um diese Zeit kamen
dann die Offiziere zu ihm.

Als er nun Asien verlassen wollte, war dunkle Nacht. Eine
Lampe erhellte nur schwach das Zelt, und das ganze Lager
lag in tiefem Schweigen. Brutus, tief in seine Gedanken versunken, glaubte jemand eintreten zu hören. Als er zum
Eingang blickte, sah er eine seltsame, furchtbare Gestalt
von ungeheurer, schreckenerregender Größe vor sich stehen.
Er riß sich zusammen und fragte: „Wer bist du? Gott oder
Mensch? Was soll dein Kommen?" Leise erklang die Antwort: „Ich bin dein böser Geist, Brutus. Bei Philippi wirst
du mich sehen." Ruhig antwortete Brutus. „Ja." 37. Als die
Erscheinung verschwunden war, rief er nach seinen Dienern. Sie erklärten, sie hätten nichts gesehen oder gehört.
Brutus blieb wach bis zum Morgen, dann ging er zu Cassius, um ihm von der Erscheinung zu berichten. Cassius gehörte zur Schule des Epikur und pflegte sich über solche
Dinge gern mit Brutus zu streiten. An diesem Morgen sprach
er zu Brutus: „Unsere Philosophie lehrt uns: Wir empfinden
und sehen alles nicht wirklich, sondern die Wahrnehmung
mit Hilfe unserer Sinne ist vieldeutig und dem Irrtum ausgesetzt, und unsere Phantasie zeigt noch lebhafter das Streben, ohne reale Grundlage sich umzuformen und zu verändern in jede beliebige Form. Während das Wachs seine
Prägung von außen empfängt, wohnt in der Seele das For-
mende und das Geformte als eine Einheit. So ist die Seele
leicht in der Lage, durch ihr eigenes Vermögen sich zu verändern und umzugestalten. Beweis dafür sind die Wand-

lungen der Träume in unserem Schlaf, wenn die Vorstellungskraft aus einem geringfügigen Eindruck mannigfache Leidenschaften und Bilder aller Art schafft. Immer in Bewegung zu sein, ist das Wesen der Vorstellungskraft. Diese Bewegung aber ist Phantasie und Vorstellung. Bei dir bringt aber auch die Überanstrengung des Körpers die Vorstellung in Erregung und führt sie auf Abwege. Daß es Dämonen gibt, ist nicht gerade wahrscheinlich, und wenn es sie gibt, so haben sie doch kaum menschliche Gestalt und Stimme, noch Gewalt über uns Menschen. Ich wäre freilich zufrieden, wenn sie diese Gewalt hätten; dann brauchten wir uns nicht auf Waffen, Pferde und Schiffe zu verlassen, dann würde die Hilfe der Götter uns Mut und Vertrauen schenken. Denn heilig und gerecht ist die Sache, deren Führer wir sind." Mit solchen Gründen gelang es Cassius, den Freund zu beruhigen.

Als die Mannschaften dann eingeschifft wurden, ließen sich zwei Adler auf die ersten Feldzeichen nieder. Sie machten die Überfahrt mit, ließen sich von den Soldaten füttern und begleiteten sie bis Philippi. Dort flogen sie am Tag vor der Schlacht davon.

38. Die meisten Völker, durch deren Gebiet sie auf ihrem Marsch zogen, hatte Brutus schon früher unterworfen. Wenn noch eine Stadt oder ein Fürst vergessen war, so brachten sie jetzt alles in ihre Gewalt. So kamen sie bis ans Meer der Insel Thasos gegenüber. Hier lag Norbanus mit seinen Truppen in einer Gegend, die Stena hieß, in der Nähe von Symbolon. Aber sie umgingen ihn und zwangen ihn dadurch, seine Stellung aufzugeben und abzurücken. Fast wäre es ihnen gelungen, ihn mitsamt seinem Heer gefangenzunehmen, weil Octavian wegen einer Krankheit nicht hatte herankommen können. Doch zog Antonius ihm so überraschend schnell zur Hilfe, daß selbst Brutus erstaunt war. Nach zehn Tagen zog auch Octavian heran und schlug sein Lager Brutus gegenüber auf, während Antonius Cassius gegenüber lag. Das Gebiet, das zwischen den beiden Lagern lag, nennen die Römer Philippi. Es waren die gewaltigsten Heere Roms, die dort zum Kampf gegeneinander antraten.

An Zahl war Brutus freilich Octavian unterlegen, doch in dem prunkenden Glanz der Waffen bot Brutus' Heer einen wundervollen Anblick. Die meisten Waffen waren mit Gold und Silber beschlagen, das Brutus verschwenderisch seinen Leuten zur Verfügung gestellt hatte, obwohl er in anderen Dingen seine Offiziere zur Einfachheit und Zurückhaltung anhielt. Aber er glaubte, wenn die Soldaten den Reichtum in ihren Händen hielten und auf ihrem Körper trügen, würden die Ehrgeizigen noch verwegener, die Habsüchtigen noch mutiger werden, weil sie die Waffen als ihre Schätze hüten mußten.

39. Oktavian ließ das Reinigungsopfer innerhalb des Lagers darbringen und den Leuten nur wenig Getreide und fünf Drachmen auf den Kopf zur Feier des Opfers austeilen. Brutus schalt deshalb über ihn, er sei ein armer Bettler oder ein Geizhals. Er selbst brachte das Opfer auf freiem Feld dar, wie die Sitte es ja auch verlangte. Opfertiere standen den einzelnen Abteilungen reichlich zur Verfügung, und fünfzig Drachmen bekam jeder Mann. Seine Leute gingen denn auch freudiger in den Kampf als Octavians. Doch trat ein Vorzeichen ein, das man als ungünstig für Cassius deutete. Als der Liktor ihm den Opferkranz reichte, war die untere Seite nach oben gekehrt. Man erzählt auch von einem anderen bösen Vorzeichen. Als kurz vorher bei der Prozession während eines feierlichen Spiels eine goldene Siegesgöttin des Cassius mitgeführt wurde, glitt der Träger aus, und das Bild der Göttin fiel zu Boden. Auch Aasvögel schwebten am Tage in großer Zahl über dem Lager, und Bienenschwärme sah man im Lager sich festsetzen. Die Seher trennten die Stelle, wo die Tiere saßen, von dem übrigen Lager ab, um die abergläubische Furcht zu bekämpfen, die allmählich sogar Cassius den Lehren Epikurs abtrünnig zu machen drohte und die Mannschaften schon ganz in ihren Bann gezogen hatte.

Deshalb wollte Cassius vorderhand von einem entscheidenden Kampf auch nichts wissen. Am liebsten hätte er den Krieg hingezogen. Geld besaß er genug, doch fehlte es ihm noch an Waffen und Mannschaften. Brutus hatte dagegen

schon immer auf schnelle Entscheidung gedrängt, um dem
Vaterland die Freiheit wieder zu erkämpfen oder alle Völker, die unter der Last der Abgaben, Kriegszüge und Forderungen seufzten, endlich zu erlösen. Er sah jetzt auch
seine Reiter in manchem Geplänkel und Scharmützel siegreich; so wuchs sein Mut. Auch die Tatsache, daß manche
zu den Feinden übergelaufen waren und solche Treulosigkeit, wie man von verleumderischen Zungen munkeln hören
konnte, auch weiterhin drohte, bewog manche Freunde des
Cassius, im Kriegsrat auf Brutus' Seite zu treten. Brutus'
Freund Atilius erhob freilich als einziger Einspruch und bat,
man möge wenigstens den Winter über noch warten. Auf
Brutus' Frage, welchen Vorteil er davon erhoffe, meinte er:
„Wenn sonst nichts, so werde ich wenigstens länger leben."
Diese Antwort nahm Brutus ihm sehr übel, auch die übrigen
fühlten sich dadurch vor den Kopf gestoßen. Man beschloß
den Kampf für den nächsten Tag.

40. Während des Abendessens war Brutus voll froher Hoffnungen und hatte seine Freude an philosophischen Gesprächen. Dann begab er sich zur Ruhe. Cassius speiste, wie
Messalla berichtet, im kleinen Kreis der Freunde in seinem
Zelt. Man sah ihn gegen seine Gewohnheit in Gedanken
versunken und schweigsam. Nach dem Essen griff er nach
Messallas Hand und sprach griechisch, wie er es gern tat,
wenn er besondere Freundlichkeit zeigen wollte: „Messalla,
du bist mein Zeuge, daß es mir nicht anders ergeht als Pompeius dem Großen. Man zwingt mich, um das Schicksal meines Vaterlandes zu würfeln und alles auf den Ausgang dieser einen Schlacht zu setzen. Doch laßt uns guten Mut
haben, wenn wir auf die Göttin des Geschicks schauen.
Wenn wir auch schlecht beraten sind, ihr zu mißtrauen
wäre unrecht." Das waren die letzten Worte, die Cassius,
wie Messalla erzählt, an ihn richtete. Dann verabschiedete
er sich und lud Messalla noch zum nächsten Tag zum Essen,
es sei sein Geburtstag.

Am folgenden Morgen wurde in den beiden Lagern des
Brutus und Cassius der purpurrote Feldherrnmantel aus-
gehängt als Zeichen zur Schlacht. Bei ihrer Besprechung, die

zwischen den beiden Lagern stattfand, sagte Cassius: „Möge es uns vergönnt sein, Brutus, zu siegen und allezeit in Glück miteinander zu leben. Doch des Menschen Zukunft ruht im Dunkel. Entscheidet die Schlacht gegen uns, so ist es leicht möglich, daß wir uns nicht wiedersehen. Wie denkst du über Flucht und Tod?" Brutus antwortete: „Als ich jung war, Cassius, und das Leben nicht kannte, habe ich – ich weiß selbst nicht, wie – ein großes Wort gesprochen. Ich tadelte Cato wegen seines Selbstmordes. Mir kam es wie Sünde vor und eines Mannes unwürdig, daß er sich seinem Dämon entzog und sein Schicksal nicht furchtlos auf sich nahm, sondern davonlief. Jetzt bin ich in den Wechseln des Schicksals ein anderer geworden. Wenn Gott heute gegen uns entscheidet, dann brauche ich es nicht noch einmal mit neuen Hoffnungen und neuen Rüstungen zu versuchen. Dann scheide ich aus dem Leben voll Dank an die Schicksalsgöttin, daß ich an den Iden des März dem Vaterland mein Leben schenken durfte und seit diesem Tag in Freiheit und Ruhm leben konnte." Bei diesen Worten lächelte Cassius und umarmte ihn mit den Worten: „Solche Gedanken im Herzen wollen wir in den Kampf ziehen. Dann werden wir siegen oder die Sieger nicht fürchten."

Dann besprachen sie in Gegenwart ihrer Freunde den Aufmarschplan. Brutus erbat sich dabei das Kommando auf dem rechten Flügel, das allerdings eigentlich Cassius wegen seines Alters und seiner Kriegserfahrung zustand. Indessen trat Cassius ihm gern diese Ehre ab und stellte ihm seine beste Legion unter Messallas Führung zur Verfügung. Auf Brutus' Befehl rückte dann sofort seine Reiterei im Schmuck ihrer prunkvollen Waffen aus. Mit derselben Schnelligkeit nahmen die Legionen ihre Stellungen ein.

41. An diesem Morgen waren Antonius' Leute damit beschäftigt, von dem Sumpf, in dessen Nähe sie lagerten, Gräben nach der Ebene hin zu ziehen, um die Wege, die von Cassius' Lager zum Meer führten, zu sperren. Octavian hatte die Tage vorher aufmerksam die Lage beobachtet. Doch war er an diesem Morgen wegen einer Unpäßlichkeit nicht im Lager. Deshalb behielten seine Leute die Gegend

im Auge. Als sie die Bewegung bei den Gegnern sahen, glaubten sie nicht an einen ernsthaften Kampf. Sie bildeten sich ein, der Gegner würde nur einen Vorstoß gegen die Arbeiter machen und mit leichten Geschossen und ein wenig Lärm die schanzenden Soldaten bei den Gräben beunruhigen. Sie schenkten also den Truppenbewegungen vor ihnen keine Aufmerksamkeit und wunderten sich nur über das laute Geschrei, das undeutlich und verworren von den Gräben her an ihr Ohr drang. In diesem Augenblick gingen Brutus' Zettel mit dem Losungswort bei den Offizieren von Hand zu Hand. Er selbst ritt an den Legionen entlang, um ihnen begeisternde Worte zuzurufen. Nur wenige hatten die Geduld, auf das Losungswort, das von Mann zu Mann weitergegeben werden sollte, zu warten. Die meisten stürzten plötzlich unter lautem Geschrei gegen den Feind vor. Infolge dieser Unordnung rissen die Legionen auseinander, und zuerst Messallas Legion, dann die Nachbarlegion stießen an Octavians linkem Flügel vorbei. Nur noch mit den hintersten Gliedern der Feinde kamen sie in leichte Berührung, doch ohne ihnen viel Verluste beizubringen. Dann gelangten sie in Octavians Lager. Ihn selbst hatte man, wie er in seinen Lebenserinnerungen erzählt, kurz vorher fortgeschafft. Sein Freund Marcus Antonius hatte nämlich einen Traum gehabt, Octavian solle sich entfernen und das Lager verlassen. Jetzt galt er als tot; man hatte die Sänfte, die von Speeren und Lanzen durchbohrt war, leer aufgefunden. Unter den Gefangenen im Lager richteten Brutus' Leute ein entsetzliches Gemetzel an. Zweitausend Spartaner, die kurz vorher zur Verstärkung eingetroffen waren, wurden niedergehauen.

42. Ein Teil von Brutus' Truppen war an dieser Umgehung Octavians nicht beteiligt gewesen, sie waren gegen dessen Front zum Angriff vorgegangen. Ohne Schwierigkeit zwangen sie ihre bestürzten Gegner zum Weichen und erschlugen im Nahkampf drei Legionen. Der Schwung des Sieges führte sie mit den Fliehenden zusammen in das feindliche Lager, Brutus in ihrer Mitte. Aber wenn die Sieger auch nicht an die schwache Stelle in ihrer Front dachten, die Besiegten

sahen sie zu ihrem Glück. Sie stießen gegen den ungedeck-
ten Flügel der feindlichen Front vor. Rechts von diesem
Flügel waren, wie erzählt, im Anfang der Schlacht Messallas
Leute mit ihrer Nachbarlegion abgerissen, um die Verfolgung aufzunehmen. Es gelang Octavians Leuten nicht, bei
diesem Ansturm die Mitte zu durchbrechen. Sie wurden in
einen langen Kampf verwickelt. Aber den linken Flügel, der
in völlige Unordnung geraten war und über den Verlauf
der Schlacht nichts ahnte, konnten sie zum Weichen bringen.
Sie verfolgten ihre Gegner bis ins Lager und fingen an zu
plündern. Von den Führern war keiner bei ihnen, Antonius
war bei Beginn der Schlacht dem Angriff aus dem Wege gegangen und hatte sich in den Sumpf zurückgezogen. Octavian
aber hatte man, seit er das Lager verlassen hatte, nicht mehr
gesehen. Allerdings behaupteten manche, sie hätten ihn erschlagen, zeigten Brutus ihr blutiges Schwert und beschrieben ihm sein Aussehen und Alter. Jetzt hatte auch die Mitte
ihre Gegner zurückgedrängt, und Brutus' Sieg war ebenso
unbestritten wie Cassius' Niederlage. Nur durch ein Mißverständnis verloren sie den Sieg: Brutus brachte Cassius
keine Hilfe, weil er ihn für siegreich hielt, und Cassius erwartete dessen Hilfe nicht, weil er ihn verloren glaubte. Als
Beweis für die Größe ihres Sieges gibt Messalla an, daß sie
den Feinden drei Adler und eine größere Anzahl Feldzeichen abgenommen hätten, ohne selbst auch nur ein Zeichen zu verlieren.
Als Brutus dann Octavians Lager verließ, das völlig zerstört war, wunderte er sich, daß er Cassius' Feldherrnzelt
nicht wie sonst über die andern hoch hinausragen sah, auch
die anderen Zelte nicht an der gewöhnlichen Stelle sah. Die
Feinde hatten sie nach ihrem Einbruch in das Lager sofort
niedergerissen und zerstört. Einige Begleiter, die offenbar
schärfere Augen hatten, erzählten ihm, man könne in Cassius' Lager viele blinkende Helme und silberne Schilde sich
bewegen sehen. Nach diesen Rüstungen und auch nach der
Zahl zu urteilen, könne das nicht die Lagerwache sein.
Trotzdem könne man aber auch keine Leichenhaufen erkennen, wie es doch sein müßte, wenn Cassius' starke Legio-

nen dort erschlagen wären. Erst in diesem Augenblick kam
Brutus der Gedanke, daß Cassius ein Unfall betroffen haben könnte. Deshalb ließ er eine kleine Besatzung in dem
eroberten Lager zurück, gab Befehl, seine Leute, die schon
auf der Verfolgung waren, zurückzurufen und zog sie zusammen, um Cassius zu helfen.

43. Nun die Geschehnisse bei Cassius' Heer. Er hatte den
ersten Vorstoß der Legionen des Brutus nur mit Bangen gesehen, weil die Leute ohne Befehl und Losungswort vorgegangen waren. Ebenso unzufrieden war er, daß sie nach
ihrem Sieg sofort mit dem Plündern begonnen hatten, anstatt das Einschließungsmanöver zu Ende durchzuführen
und den Feinden in den Rücken zu fallen. Da er, statt mit
kühner Entschlossenheit zuzugreifen, mit langer Überlegung
die Zeit verlor, wurde er von dem feindlichen rechten Flügel umgangen. Seine Reiterei riß sich sofort los und floh
nach dem Meer zu. Als er dann auch die Legionen weichen
sah, versuchte er sie zum Stehen zu bringen. Einem Fahnenträger, der fliehen wollte, riß er das Zeichen aus der Hand
und bohrte es vor sich in den Boden, obwohl nicht einmal
seine eigene Leibwache mehr bei ihm aushalten wollte. So
blieb ihm nichts anderes übrig, als sich auf eine Anhöhe zurückzuziehen, von der man die Ebene übersehen konnte.
Aber bei seiner Kurzsichtigkeit konnte er nur mit Mühe die
Plünderung seines eigenen Lagers erkennen. Seine Begleiter
sahen jedoch einen starken Haufen Reiter herankommen.
Brutus hatte sie abgeschickt, Cassius hielt sie aber für Feinde,
die ihn verfolgen sollten. Gleichwohl schickte er einen von
seinen Begleitern, Titinius, fort, um aufzuklären. Die Reiter sahen ihn schon von fern. Als sie ihn als Freund und Anhänger des Cassius erkannten, jubelten sie ihm vor Freude
zu. Seine Bekannten sprangen von den Pferden, um ihn mit
aller Herzlichkeit zu begrüßen. Die übrigen bildeten jubelnd und lärmend mit ihren Pferden einen Kreis und ahnten nicht, daß sie mit ihrer unbeherrschten Freude das
größte Unheil anrichteten. Cassius bildete sich ein, Titinius
sei tatsächlich Feinden in die Hände gefallen. Mit den Worten: „So sehr habe ich also am Leben gehangen, daß ich mich

nicht scheute, den Freund in die Gefangenschaft der Feinde
fallen zu sehen", begab er sich in eins der leeren Zelte und
zog seinen Freigelassenen Pindaros mit sich hinein. Seit dem
Unglück, das einst Crassus betroffen hatte, hatte er Pindaros für den Fall der Not bei sich. Den Gefahren des Parther-
krieges war er glücklich entronnen. Doch jetzt war der Augenblick gekommen, da er den Kriegsmantel über das Gesicht zog und seinen Nacken freimachte, um ihn dem Schwert
darzubieten. Man fand das Haupt später getrennt vom
Rumpf. Pindaros war seit dieser Tat verschwunden; deshalb kamen manche auf den Verdacht, er habe Cassius erschlagen, ohne Befehl gehabt zu haben. Ein wenig später
kamen die Reiter heran, und Titinius, im Schmuck des Kran-
zes, mit dem die Reiter ihn geehrt hatten, wollte zu Cassius
eilen. Erst aus dem Klagen und Weinen der betrübten
Freunde erfuhr er von Cassius' Tod und dem verhängnisvollen Mißverständnis. Er riß sein Schwert aus der Scheide
und mit einem Fluch auf seine Langsamkeit stieß er es sich
in die Brust.

44. Brutus kam auf die Kunde von Cassius' Niederlage her-
beigeritten. Doch erfuhr er von seinem Tod erst in der Nähe
des Lagers. Tränen in den Augen trat er an die Leiche. Er
wußte nur einen Namen für den toten Freund: ‚Der letzte
Römer.' Es war ihm, als könne der Stadt niemals wieder ein
Mann von solchem Seelenadel erstehen. Er ließ den Leichnam besorgen und nach Thasos überführen, weil er fürchtete, der Anblick der Bestattung könne seine Leute zu sehr
erschüttern.

Dann ließ er Cassius' Leute antreten und sprach ihnen Mut
zu. Da sie alle selbst das Nötigste eingebüßt hatten, ließ er
jedem Mann zweitausend Drachmen auszahlen, um ihm den
Verlust zu ersetzen. Seine Worte waren ihnen zu Herzen
gegangen, und die Größe des Geschenks überraschte sie.
Deshalb begleiteten sie ihn mit Jubelrufen, als er fortging.
Sie priesen ihn als den einzigen Unbesiegten unter den vier
Feldherren. Der Erfolg selbst legte Zeugnis davon ab, daß
er mit Recht auf einen Sieg hatte hoffen dürfen. Es waren
ja nur wenige Legionen gewesen, mit denen er den Flügel

der Feinde, der ihm gegenüberstand, zurückgeschlagen
hatte. Wenn er alle seine Legionen während des Kampfes
zur Verfügung gehabt hätte und nicht mehrere am Feinde
vorbeimarschiert wären und sich plündernd auf das Lager
gestürzt hätten, dann wäre voraussichtlich das ganze gegnerische Heer in die Niederlage hineingezogen worden.

45. Auf Brutus' Seite fielen achttausend Mann, eingerechnet
die Lagerssklaven, die Brutus übrigens Briges nannte. Den
Verlust der Feinde schätzte Messalla, wie er berichtet, auf
mehr als das Doppelte. Deshalb herrschte bei ihnen auch die
größte Niedergeschlagenheit, bis Cassius' Diener Demetrios
am Abend zu Antonius kam und ihm Mantel und Schwert
des Toten überbrachte. Dadurch hob sich die Stimmung im
Lager wieder, und am nächsten Morgen rückten sie zu
neuem Kampf aus.

Brutus hatte mit beiden Lagern seine Schwierigkeit; sein
eigenes war mit Gefangenen überfüllt, während Cassius'
Leute sich in den Wechsel des Oberbefehls nicht fügen
mochten und wegen ihrer Niederlage mit Haß und Neid auf
die Sieger blickten. Deshalb ließ er sein Heer zwar antreten,
wollte es aber nicht zur Schlacht kommen lassen. Von den
Gefangenen ließ er die Masse der Sklaven hinrichten, weil
sie sich in verdächtiger Weise unter den Soldaten herumtrieben. Von den Freien schenkte er einem Teil die Freiheit
unter der Begründung, sie seien eigentlich bei den Feinden
Gefangene gewesen; überhaupt seien bei seinen Gegnern nur
Gefangene und Sklaven, die Bürger und Freien seien in seinem Lager. Aber er mußte sehen, daß seine Freunde und
Offiziere in ihrem Haß gegen diese Leute unerbittlich blieben. Deshalb konnte er ihr Leben nur dadurch retten, daß
er sie versteckte und heimlich aus dem Lager schaffen ließ.

Unter den Gefangenen befanden sich auch der Mime Volumnius und der Possenreißer Saculio. Brutus wollte nichts
von ihnen wissen. Doch führten seine Freunde die beiden
ihm vor und beschuldigten sie, man sei noch nicht einmal
jetzt vor ihren Hohn- und Spottreden sicher. Brutus, mit
ganz anderen Gedanken beschäftigt, gab keine Antwort. Da
schlug Messalla Corvinus vor, man solle sie auf einem Ge-

rüst auspeitschen lassen und dann nackt den Feldherren der
Feinde zurückschicken; dann könnten sie einmal sehen, was
für famose Zechgenossen sie auf ihren Feldzügen brauchten.
Manche lachten über diesen Vorschlag; doch Publius Casca,
der den ersten Streich gegen Cäsar geführt hatte, meinte:
„Scherze und Possen sind kein Totenopfer für unseren Cassius. Brutus, jetzt mußt du zeigen, wie du das Andenken an
diesen Führer ehrst, ob du die Kerle, die doch nur höhnen
und spotten wollen, bestrafen oder begnadigen willst." Entrüstet antwortete Brutus: „Wozu fragt ihr mich denn erst,
Casca, und tut nicht gleich, was ihr vorhabt?" In dieser
Antwort sah man Brutus' Einverständnis und ließ die beiden Unglücklichen sofort abführen und hinrichten.

46. Dann gab Brutus Befehl, die Geschenke an die Mannschaften auszuteilen. Nur mit wenigen Worten wagte er,
ihnen seine Unzufriedenheit auszusprechen, daß sie sich,
ohne die Losung abzuwarten, und ohne Befehl in Unordnung auf die Feinde gestürzt hatten. Wenn sie sich aber in
Zukunft tapfer schlagen würden, versprach er ihnen als
Beute zwei Städte, Thessalonike und Lakedaimon, die sie
nach Herzenslust plündern könnten. Das ist die einzige Tat
in Brutus' Leben, die sich nicht verteidigen läßt, selbst wenn
man daran denkt, daß Antonius und Octavian viel größere
Grausamkeiten begingen, um ihre siegreichen Soldaten zu
belohnen. Sie enteigneten fast in ganz Italien die früheren
Grundbesitzer, damit ihre Veteranen Land und Städte bekamen, auf die sie doch gar keinen Anspruch hatten. Aber
ihr Kriegsziel war ja die Erringung der Macht, während
Brutus den Ruhm seiner Tugend, den er beim Volk genoß,
nur verteidigen konnte, wenn er mit den Waffen des Rechts
und der Gerechtigkeit siegte und sich rettete. Das Schlimmste war, daß diese Tat nach Cassius' Tod geschah, denn ihm
hatte man den Vorwurf gemacht, Brutus zu manchen Ge-
walttaten verführt zu haben. Aber wenn auf hoher See das
Ruder bricht, versuchen die Seeleute Bretter aneinanderzu-
fügen und zusammenzunageln, nicht kunstgerecht, sondern
wie es in dem bitteren Kampf gegen die Seenot eben geht.
So ging es auch Brutus. Er hatte in seiner gefährlichen Lage

in seinem ganzen Heer nicht einen Führer, der seiner Aufgabe gewachsen war. Deshalb mußte er mit denen vorliebnehmen, die ihm zur Verfügung standen, und manches tun und sagen, was diesen Männern gefiel. Seine größte Sorge war jetzt, Cassius' Leute wieder für den Kampf zu gewinnen. Es war schwer mit ihnen umzugehen; im Lager waren sie frech, weil Cassius nicht mehr da war, und im Kampf gegen die Feinde waren sie wegen ihrer Feigheit nicht zu gebrauchen, weil ihnen die Niederlage immer noch in den Gliedern steckte.

47. Bei Octavian und Antonius stand die Sache allerdings nicht besser. Die Lebensmittel wurden knapp, und da ihr Lager in einer Senke stand, mußten sie sich auf einen bösen Winter gefaßt machen. Sie waren an den Rand der Sümpfe gedrängt, und als nach der Schlacht die Spätherbstregen einsetzten, liefen die Zelte voll Schlamm und Wasser, das bald gefror. In dieser Not bekamen sie auch noch Nachricht, daß sie fern auf der See ein Unfall betroffen hatte. Eine Flotte, die auf Octavians Befehl Verstärkungen heranbringen sollte, war von Brutus' Schiffen überrascht und vernichtet worden. Nur ein paar Mann hatten sich retten können und mußten vor Hunger versuchen, von den Segeln und Tauen zu leben. Als diese Unglücksbotschaft kam, hätten Antonius und Octavian gern die Entscheidung herbeigeführt, ehe Brutus von dem Glück hörte, das ihm widerfahren. Denn die Seeschlacht und die erste Landschlacht hatten zufällig an demselben Tage stattgefunden. Doch vergingen mehr durch Zufall als aus Fahrlässigkeit der Flottenkommandanten zwanzig Tage, ehe Brutus von dem Erfolg zur See erfuhr. Denn sonst hätte er sich nicht zu der zweiten Schlacht drängen lassen; er war für lange Zeit mit Lebensmitteln versehen und saß in einer so günstigen Stellung, daß die Unbilden des Winters ihm nichts anhaben konnten und sein Lager für die Feinde unangreifbar war. Zudem beherrschte er die See, und bei Philippi war er mit seinen Legionen siegreich gewesen, war also gewiß berechtigt, voll Hoffnung in die Zukunft zu sehen.

Aber es schien, als sei die Zeit für die Demokratie in Rom

abgelaufen und die Zeit der Monarchie heraufgekommen. Der Gott selbst wollte Brutus von dem Schauplatz der Ereignisse abberufen; denn er allein stand noch dem Mann im Wege, der die Kraft besaß, Herr des Reiches zu werden. Deshalb verhüllte er Brutus die Nachricht von dem Erfolg. Und doch hätte dieser fast Kunde davon erhalten. Noch am Tage, bevor die Schlacht stattfinden sollte, kam spät am Abend ein Überläufer, Clodius, von den Feinden mit der Meldung, Octavian habe von der Vernichtung seiner Flotte gehört und wolle deshalb jetzt die Entscheidung erzwingen. Doch fand der Mann mit seiner Erzählung keinen Glauben. Man brachte ihn nicht einmal zu Brutus, weil man seine Worte als Mißverständnis oder gefällige Erfindung verachtete.

48. In dieser Nacht sah Brutus die Erscheinung noch einmal. Es war dieselbe gewaltige Gestalt. Stumm erschien sie, stumm verschwand sie. Allerdings erzählt der Philosoph Volumnius, der Brutus auf diesem Feldzug von Anfang an begleitete, nichts von diesem Bild. Er berichtet nur, der Adler der ersten Legion sei mit Bienen überdeckt gewesen. Auch erschien auf dem Arm eines der Hauptleute von selbst Rosenöl, das sich trotz aller Mühe nicht fortwischen oder abreiben ließ. Unmittelbar vor der Schlacht stürzten sich in der Luft über dem Raum zwischen den beiden Heeren zwei Adler zu wütendem Kampf aufeinander. Alle schauten in erwartungsvollem Schweigen dem Ringen zu, bis endlich der Adler über Brutus' Seite weichen und fliehen mußte. Auch die Geschichte von dem Neger ist wohlbekannt. Als das Lager geöffnet wurde, lief er zufällig dem Adlerträger in den Weg und wurde deshalb von den abergläubischen Soldaten niedergehauen.

49. Brutus ließ sein Heer zum Kampf antreten, aber lange zögerte er, den Befehl zum Angriff zu geben. Manches erregte seine Unruhe, als er an den Reihen entlang ritt; auch liefen manche Meldungen über verdächtige Erscheinungen bei ihm ein. Er bemerkte auch, daß die Reiterei sich scheute, zum Angriff vorzugehen, und abwartete, was beim Fußvolk geschah. Plötzlich brach ein Reiter aus dem Glied heraus

und ritt unmittelbar an Brutus vorbei zu den Feinden hinüber, es war ein ausgezeichneter Krieger, den Brutus wegen seiner Tapferkeit mit Ehren überhäuft hatte, Camulatus. Der Anblick schmerzte Brutus tief. Zorn und auch Furcht vor weiteren Fällen von Abfall und Verräterei drängten ihn zu schnellem Entschluß. Er führte seine Truppen gegen die Feinde um die neunte Stunde, als die Sonne die Himmelsmitte schon überschritten hatte. Auf seinem Flügel drang er siegreich vor und blieb dem weichenden linken Flügel der Feinde auf den Fersen. Starke Unterstützung fand er bei den Reitern, die mit dem Fußvolk gemeinsam in die Reihen der bestürzten Feinde einbrachen. Inzwischen mußten auf dem linken Flügel die Offiziere ihre Truppen immer weiter nach links schieben, um nicht umgangen zu werden. Aber da sie den Feinden zahlenmäßig unterlegen waren, entstanden in der Mitte Lücken. So geschwächt konnten sie dem Angriff der Feinde nicht den genügenden Widerstand entgegensetzen und begannen zu fliehen. Nach dem Durchbruch gelang es den Feinden, Brutus einzuschließen. Er bewies in diesem Augenblick alle Eigenschaften des tapferen Kämpfers und des erfahrenen Führers und versuchte, in der Drangsal mit Heldenmut und kühler Überlegung den Sieg zu erkämpfen. Aber was in der ersten Schlacht sein Glück war, sollte in dieser sein Unglück werden. Denn während damals der geschlagene Flügel der Feinde sofort vollkommen aufgerieben wurde, waren Cassius' Leute zwar auch zurückgedrängt worden, hatten aber doch nur geringe Verluste gehabt. Noch jetzt saß allen, die sich damals hatten retten können, der Schreck über ihre Niederlage in den Gliedern, und ihre Angst und Erregung steckte fast das ganze Heer an.

Hier stritt auch Catos Sohn Marcus in den Reihen der tapferen Kämpfer aus dem hohen römischen Adel. Selbst als er überwältigt wurde, tat er keinen Schritt zurück. Mit den Worten: „Ich bin Marcus Cato und Marcus Catos Sohn", fiel er nach tapferster Gegenwehr inmitten der erschlagenen Gegner. Es fielen auch an den anderen Stellen die Tapfersten, weil sie ihr Leben für Brutus einsetzten.

50. Zu Brutus' Kameraden gehörte Lucilius, ein anständiger Charakter. Als er auf der Flucht einige Barbarenreiter rücksichtslos auf Brutus zustürzen sah, beschloß er, alle Gefahr auf sich zu nehmen und ihnen in den Weg zu treten. Er blieb ein Stück zurück und rief den Verfolgern zu, er sei Brutus. Die Reiter glaubten ihm, weil er sie bat, ihn zu Antonius zu führen unter dem Vorwand, daß er sich vor Octavian fürchte, doch zu Antonius Vertrauen habe. Froh über ihren Fang, meinten sie, ein besonderes Glück gehabt zu haben, und nahmen ihn – es dämmerte schon – mit sich. An Antonius schickten sie Meldung voraus. Voll Freude ging er ihnen entgegen. Das Gerücht, daß Brutus lebend eingebracht wurde, verbreitete sich schnell, und die Leute strömten zusammen. Manche bedauerten sein Schicksal, andere hielten seinen Ruhm für befleckt, wenn er sich aus Angst vor dem Tod sogar von Barbaren habe fangen lassen. Als sie herankamen, zögerte Antonius, ihnen entgegenzugehen, weil er nicht wußte, wie er Brutus empfangen sollte. Da wurde Lucilius schon vor ihn geführt und sagte mit allem Freimut: „Marcus Brutus ist nicht gefangen, Antonius; und es wird ihn auch kein Feind fangen. Soviel Gewalt soll das Geschick niemals über die Tugend haben! Ob man ihn tot finden wird oder lebendig, man wird ihn immer seiner würdig finden. Ich stehe hier vor dir, weil ich deine Soldaten hintergangen habe, und bin bereit, selbst grausame Strafe dafür auf mich zu nehmen." Die Umstehenden erschraken bei diesen Worten, doch Antonius wandte sich an die Leute, die Lucilius gebracht hatten, und sagte: „Ich fühle mit euch, Kameraden, wenn ihr über den Betrug empört seid, weil ihr euch verhöhnt glaubt. Doch ist mir der Fang, den ihr bringt, lieber als die Beute, die ihr suchtet. Einen Feind suchtet ihr und bringt einen Freund. Bei den Göttern, ich hätte nicht gewußt, was ich mit Brutus hätte anfangen sollen, wenn er lebend in meine Hände gefallen wäre. Männer wie Lucilius sollen lieber meine Freunde als meine Feinde sein." Mit diesen Worten umarmte er ihn und bat einen seiner Freunde, die Sorge für ihn zu übernehmen. Antonius hatte an ihm einen treuen, zuverlässigen Helfer gefunden.

51. Es war schon dunkel, als Brutus über einen schmalen Fluß kam, dessen Ufer steil und bewaldet waren. Am jenseitigen Ufer beschloß er zu rasten. In einem Hohlweg, der durch einen gewaltigen Felsen abgeschlossen war, saß er nieder. Nur einige wenige Offiziere und Freunde waren in seiner Begleitung. Mit einem Blick zum sternenübersäten Himmel sprach er zwei Verse, von denen Volumnius den einen uns aufbewahrt hat: ‚Vergiß nicht, Zeus, wer Schuld an allem trägt.' Den anderen hat Volumnius, wie er sagt, vergessen. Nach einer Weile zählte er alle seine Freunde, die um ihn zu retten in der Schlacht gefallen waren, mit Namen einzeln auf; am schwersten seufzte er, als er Flavius' und Labeos Namen nannte. Labeo war sein Legat gewesen, Flavius hatte die Pioniertruppen geführt. In diesem Augenblick griff einer zu seinem Helm und lief zum Fluß. Er hatte Durst und sah, daß es Brutus nicht anders ging. Doch hörte man fast gleichzeitig von der anderen Seite her ein Geräusch, und Volumnius ging mit seinem Schildträger Dardanos hin, um nachzusehen. Als sie nach einer Weile zurückkamen, fragten sie nach dem Wasser. Mit seinem ausdrucksvollen Lächeln sagte Brutus zu Volumnius: „Es ist schon alle, aber man wird euch mehr holen." Man schickte also den Mann noch einmal. Aber er wurde verwundet und wäre fast den Feinden in die Hände gefallen. Nur mit Mühe konnte er sich retten.

Da Brutus annehmen konnte, daß von seinen Leuten in der Schlacht nicht eben viele gefallen waren, erklärte Statilius sich bereit, sich durch die Feinde durchzuschleichen (anders war es nicht möglich) und sich im Lager umzusehen. Wenn er dort alles in Ordnung fände, wollte er ein Fackelzeichen geben und zurückkommen. Statilius gelangte glücklich zum Lager und gab auch, wie verabredet, das Zeichen. Als er nach längerer Zeit noch nicht zurück war, meinte Brutus: „Wenn Statilius noch lebt, wird er zurückkommen." Aber auf dem Rückweg war er auf die Feinde gestoßen und von ihnen niedergehauen worden.

52. Als die Nacht weiterrückte, beugte Brutus sich im Sitzen zu seinem Sklaven Kleitos und sprach mit ihm. Kleitos schwieg und begann zu weinen. Da rief Brutus wieder den

Schildträger Dardanos zu sich und flüsterte ihm einige Worte
zu. Schließlich wandte er sich auf griechisch an Volumnius
und erinnerte ihn an ihre gemeinsame Studienzeit und bat
ihn, das Schwert mit anzufassen, um so dem Stoß stärkere
Wucht zu geben. Volumnius lehnte ab, ebenso die übrigen.
Da sagte einer, man dürfe nicht an dieser Stelle bleiben,
man müsse fliehen. Brutus erhob sich: „Freilich müssen wir
fliehen. Aber die Hände, nicht die Füße sollen uns diesen
Weg führen." Dann reichte er allen heiter die Hand und
sprach zu ihnen von seiner großen Freude, daß keiner der
Freunde ihn verlassen hatte. Für die Göttin des Glücks hatte
er nur wegen des Vaterlandes Worte des Tadels. Er selbst,
meinte er, sei mehr vom Glück gesegnet als die Sieger, nicht
gestern allein und ehegestern, auch in diesem Augenblick
noch; denn er hinterlasse den Ruhm seiner Tugend, den seine
siegreichen Gegner trotz ihrer Waffenerfolge und aller ihrer
Reichtümer nicht hinterlassen würden. Sie könnten ja dem
Vorwurf nicht entgehen, daß Ungerechte die Gerechten und
Schurken die Edlen in den Tod getrieben und sich einer
Herrschaft bemächtigt hätten, deren sie nicht wert seien.
Dann bat er sie mit herzlichen Worten, auf ihre Rettung
bedacht zu sein, und entfernte sich mit zwei oder drei Freunden, unter ihnen Straton, der seit ihren gemeinsamen rhetorischen Studien sein Freund war. Straton mußte ganz nahe
an ihn herantreten. Dann packte Brutus das bloße Schwert
mit beiden Händen am Griff, stemmte es auf die Erde und
stürzte sich hinein. So fand er den Tod. Nach anderen Berichten hielt er nicht selbst das Schwert. Vielmehr streckte
Straton es ihm auf seine dringenden Bitten entgegen. Aber
er konnte den Anblick nicht ertragen und wandte die Augen
ab. Wuchtig warf Brutus sich mit der Brust gegen das
Schwert, so daß es durch seinen Körper drang und schnell
den Tod herbeiführte.

53. Als Messalla, Brutus' Freund, sich später mit Octavian
ausgesöhnt hatte, stellte er ihm bei Gelegenheit Straton vor
und sagte unter Tränen: „Das ist der Mann, der meinem
Brutus den letzten Dienst geleistet hat." Octavian nahm
ihn freundlich auf, und in der Folge gehörte er in den Krie-

gen und besonders in der Schlacht bei Actium zu den Griechen, denen Octavian soviel zu verdanken hatte.

Später rühmte Octavian einmal Messalla, er, einst bei Philippi um Brutus' willen sein erbittertster Feind, habe sich bei
Actium als sein treuester Freund bewährt. Da meinte Messalla: „Ich habe es immer mit der besseren und gerechteren
Partei gehalten."

Als Antonius dann Brutus' Leichnam gefunden hatte, ließ er
ihn in sein eigenes kostbarstes Purpurgewand kleiden. Später
erfuhr er, daß das Gewand entwendet sei, und gab Befehl,
den Dieb hinzurichten. Die Asche des Toten wurde auf
seinen Befehl Brutus' Mutter Servilia überbracht.

Über Brutus' Gemahlin Porcia geben Valerius Maximus und
der Philosoph Nikolaos einstimmigen Bericht. Sie wollte
freiwillig aus dem Leben scheiden. Doch ihre Freunde ge-
statteten es ihr nicht und ließen sie nicht aus den Augen.
Deshalb riß sie glühende Kohlen aus dem Feuer und
schluckte sie herunter. Dann hielt sie den Mund fest geschlossen und machte so ihrem Leben ein Ende. Doch gibt es
von Brutus noch einen Brief an seine Freunde. Darin macht
er ihnen aus der Bekümmernis seines Herzens Vorwürfe
wegen Porcia: man habe sich wenig um sie gekümmert, und
deshalb habe sie wegen ihrer Krankheit sich entschlossen,
aus dem Leben zu gehen. Offenbar hat Nikolaos sich in der
Zeit ihres Todes geirrt. Denn von Porcias Krankheit, ihrer
Liebe zu Brutus und der Art ihres Todes spricht der Brief
übereinstimmend mit Nikolaos, vorausgesetzt, daß er echt
ist.

VERGLEICH ZWISCHEN DION UND BRUTUS

54. Unter den vielen Vorzügen, die beide Männer auszeichnen, besteht der größte doch darin, daß beide aus unschein-
baren Anfängen aufstiegen zu ihrer überragenden Höhe.
Aber darin übertrifft Dion den Brutus. Neben ihm stand
kein Nebenbuhler, der ihm den Ruhm streitig gemacht hätte,
wie Cassius neben Brutus stand. Cassius konnte sich an
Ehrenhaftigkeit und Ruhm gewiß nicht mit Brutus messen,
aber durch seine Kühnheit, Tüchtigkeit und Tatkraft war er

in den kriegerischen Unternehmungen ein unersetzlicher
Helfer. Deshalb schreiben manche ihm die eigentliche Ur-
heberschaft an den ganzen Verwicklungen zu und behaupten, Cassius sei der Anstifter der Verschwörung gegen Cäsar
gewesen, während Brutus sich ursprünglich ruhig habe verhalten wollen. Demgegenüber war Dion ganz auf sich gestellt. Wie er Waffen, Flotten und Truppen aus Eigenem
beschaffen mußte, so mußte er ohne Zweifel auch Freunde
und Mitarbeiter für sein Unternehmen selbst gewinnen. Und
während Brutus in den Kriegen Reichtum und Macht gewann, mußte Dion sein eigenes Vermögen dem Krieg opfern
und für die Freiheit seiner Mitbürger die Mittel verbrauchen, die für seinen Aufenthalt in der Verbannung bestimmt
waren. Ferner war es ja auch nur die bittere Not, die Brutus
und Cassius die Waffen in die Hand zwang. Anders konnten sie keine Sicherheit finden, als sie aus ihrem Vaterland
verbannt waren und nach ihrer Verurteilung zum Tode von
den Verfolgern durch die Länder gehetzt wurden. Deshalb
suchten sie mit der Macht der Waffen ihr Leben zu schützen
und nahmen die Gefahren des Kampfes auf sich, mehr für
sich als für ihre Mitbürger. Dion aber lebte in der Verbannung sorgloser und heiterer als selbst der Tyrann, der
ihn in die Verbannung geschickt hatte, und freiwillig nahm
er alle Gefahren auf sich, um Sizilien zu retten.

55. Man kann aber auch den Sturz des Dionysios nicht mit
Cäsars Ermordung vergleichen. Dionysios bekannte sich frei
und offen als Tyrann und hatte Sizilien in ein Meer des Unheils gestürzt. Cäsars Herrschaft hatte bei ihrem Beginn seinen Gegnern manche Ungelegenheit gebracht. Wer sich aber
mit den gegebenen Tatsachen abfand, erkannte bald, daß
sie nur ein Name und bloßer Schein war. Nicht *eine* Gewalttat, wie sie Tyrannenart ist, konnte man ihr vorwerfen. Ein
Gott vielmehr schien dem Vaterland, das nur noch in der
Monarchie seine Rettung finden konnte, den mildesten Arzt
geschenkt zu haben. Deshalb trug das Volk bald wieder
sehnsüchtiges Verlangen nach Cäsar und wurde von unerbittlichem Zorn gegen die Mörder ergriffen. Die Syrakusier
aber kannten gegen Dion keinen schwereren Vorwurf, als

daß er Dionysios hatte entkommen lassen und ihnen gewehrt hatte, das Grab seines Vaters zu erbrechen.

56. Kein Tadel trifft Dion als Feldherrn. In den Unternehmungen, die er selbst als Führer leitete, hatte er stets Erfolg. Wenn andere Fehler machten, wußte er die Folgen ab-
zuwenden und zum Guten zu kehren. Brutus dagegen handelte doch töricht, als er sich zu dem letzten Kampf, bei dem
alles auf dem Spiel stand, entschloß, und nach der Niederlage fand er keinen Weg, wieder zur Macht emporzusteigen.
Verzweifelt entsagte er allen Hoffnungen und wagte der
Schicksalsgöttin nicht einmal soviel Trotz zu bieten, wie es
wenigstens Pompeius' Sohn tat. Und doch besaß er nicht
nur so viel Truppen, daß er auf einen Erfolg rechnen
konnte, seine Flotte beherrschte sogar unbeschränkt die See.
Auch der bitterste Vorwurf, den man gegen Brutus erhebt,
bleibt Dion erspart. Cäsars Gnade hatte ihm das Leben geschenkt, und wenn er um das Leben eines Freundes bat, hatte
Cäsar sich ihm stets gefügt. Cäsars Freund durfte er sich
nennen und genoß manche Vorrechte und Ehren. Trotz
allem legte er Hand an seinen Retter. Im Gegensatz zu ihm
war Dion des Dionysios vertrauter Freund, die starke und
treue Stütze seiner Herrschaft. Erst als er aus der Heimat
vertrieben, als ihm seine Gattin geraubt und sein Vermögen
gestohlen war, griff er offen vor den Augen der Welt zu den
Waffen, und das war ein ehrlicher und gerechter Kampf.
Oder ist auch eine andere Art der Betrachtung möglich?
Wenn beide Männer Tyrannenhaß und Empörung gegen
Unrecht und Gewalt auszeichnete, so sind diese Eigenschaften bei Brutus lauter und rein. Denn er selbst konnte gegen
Cäsar keinen Vorwurf erheben, und für die Freiheit des
Staates setzte er sein Leben ein, während Dion nicht zu den
Waffen gegriffen hätte, wenn ihm kein Unrecht geschehen
wäre. Das geht auch aus Platons Briefen hervor, in denen
es ausdrücklich heißt, daß Dion nicht selbst von Dionysios
abfiel, sondern den Tyrannen stürzte, weil er ihn des Landes verwiesen hatte. Bei Brutus war es nur die Rücksicht
auf das Staatswohl, wenn er, der Feind des Pompeius, sein
Freund wurde und Cäsar als Feind gegenübertrat, denn auch

für Freundschaft und Feindschaft kannte er nur einen Maßstab, die Gerechtigkeit. Dion aber stand in freundlicher Gesinnung Dionysios zur Seite, solange er die Gunst des Tyrannen genoß, aber als er das Vertrauen verlor, begann er im Zorn den Krieg. Deshalb fand er auch nicht einmal bei allen Freunden Vertrauen. Sie konnten sich des Gedankens nicht erwehren, Dion würde nach der Beseitigung des Tyrannen die Herrschaft an sich reißen und seine Mitbürger mit einem harmloseren Namen als dem des Tyrannen betrügen. Von Brutus aber prägten selbst seine Feinde das Wort, daß er als einziger unter den Verschworenen von Anbeginn an nur ein Ziel kannte: den Römern ihre alte, von den Vätern ererbte Verfassung wiederzugeben.

57. Abgesehen aber von all diesen Umständen, ließ sich auch der Kampf gegen Dionysios nicht mit dem gegen Cäsar vergleichen. Selbst unter Dionysios' Freunden fand sich keiner, der ihn nicht verachtete; Wein und Spiel und Weiber waren sein einziger Zeitvertreib. Aber den Sturz Cäsars auch nur zu planen, unbekümmert um das Genie, die Kraft und das Glück eines Mannes, dessen Name selbst im fernen Parthien und Indien Könige aus dem Schlaf schreckte, dazu gehörte eine gewaltige Seele, die sich durch keinen Schreck von ihren Plänen abbringen ließ. Deshalb strömten Dion schon im Augenblick seiner Landung auf Sizilien ungezählte Tausende entgegen, um mit ihm gegen Dionysios zu kämpfen. Cäsars Ruhm aber schützte noch nach seinem Fall die Freunde, und sein Name machte das hilflose Kind, das sich nach ihm benannte, im Augenblick zum ersten Manne Roms und bewahrte ihn wie ein Zauberwort gegen Feindschaft und Macht eines Antonius.

Man könnte einwenden, daß Dion den Tyrannen in gewaltigen Kämpfen bezwang, während Cäsar waffenlos und ungeschützt war, als Brutus ihn erschlug. Aber eben dazu gehörte ja Klugheit und Feldherrnkunst, einen Mann wie Cäsar, den die Macht eines Reiches schützte, in einem Augenblick zu packen, in dem er waffenlos und ungeschützt war. Brutus fiel ja nicht allein oder nur mit wenigen Helfern über Cäsar her, als er ihn tötete. Sein Plan war von langer

Hand vorbereitet und wurde durchgeführt von einer Schar, in der sich auch nicht ein Verräter fand. Denn wenn Brutus vielleicht auch nicht von vornherein die Besten ausgelesen hatte, so hatte er doch durch das Vertrauen, das er den Auserwählten entgegenbrachte, ihr Vertrauen gewonnen. Dion aber vertraute sich Schelmen an, weil er es nicht verstand, Menschen zu beurteilen, oder er machte durch seine Behandlung aus Guten Schelme, und beides sollte einem klugen Manne nicht begegnen. Auch Platon kann ihm ja den Vorwurf nicht ersparen, daß er Männern seine Freundschaft schenkte, die ihm den Untergang brachten.

58. Und nach Dions Tod erhob sich kein Rächer für ihn. Brutus fand sogar unter den Feinden den Antonius, der ihm ein prächtiges Leichenbegängnis veranstaltete, und Augustus trug Sorge, daß die ihm beschlossenen Ehrenbezeugungen fortlebten. In Mailand in Norditalien stand ein Bronzebild des Brutus, eine ausgezeichnete Arbeit von starker Lebenswahrheit. Als Augustus es in späteren Jahren sah, ging er zunächst daran vorüber. Aber nach einer Weile blieb er stehen und rief im Beisein einer großen Menge den Rat der Stadt zu sich. Er bedeutete den Ratsherren, er habe in der Stadt eine Verletzung des Vertrages feststellen müssen, da sie einen Feind in ihren Mauern beherberge. Die Herren leugneten natürlich zunächst, und weil sie nicht ahnten, wen Augustus meinen könne, schauten sie sich ängstlich an. Da wandte Augustus sich nach dem Standbild um und sagte mit Stirnrunzeln: „Steht da nicht einer von unseren Feinden?" Bestürzt schwiegen sie. Aber Augustus sprach ihnen mit freundlichem Lächeln seine Anerkennung aus für die Treue, die sie dem Freund selbst im Unglück noch bewahrten, und gab Befehl, das Standbild an Ort und Stelle stehen zu lassen.

ANMERKUNGEN

Die vorausgesetzten Ziffern bedeuten die Seitenzahlen.
Begriffe, die sich aus dem Zusammenhang von selbst erklären, und Namen, über deren
Träger zum Verständnis der Erzählung nichts Wesentliches zu sagen war,
sind nicht aufgenommen.

CORIOLAN

1. QUINTUS: Quintus Marcius Rex, Prätor 144 v. Chr., erbaute die Wasserleitung, die als erste auch dem Kapitolin und den höher gelegenen Stadtteilen Wasser zuführte. Die Leitung kam aus dem oberen Aniotal. PUBLIUS ist vielleicht einer seiner Vorfahren.
CENSORINUS: Gaius Marcius Rutilus Censorinus Konsul 310. Von seiner doppelten Zensur 294 und 265 v. Chr. soll er seinen Beinamen bekommen haben.

2. DIKTATOR: Die Diktatur ist das außerordentliche Amt in Zeiten der Not mit besonderen Vollmachten. Zeitlich auf höchstens sechs Monate, die Dauer eines Sommerfeldzugs, beschränkt. Der Gehilfe des Diktators war der magister equitum, der Reiteroberst. Die letzten Diktaturen 216 und 202 v. Chr. – Sullas, Cäsars und Antonius' Diktaturen trugen einen anderen Charakter.

3. DIOSKUREN: ,Söhne des Zeus' und der Leda. Schon in Griechenland als die Helfer in aller Not, in Schlachten wie auf der hohen See verehrt. Sie erscheinen auf weißen Rossen. Ihr Kult kam von Griechenland über die griechischen Kolonien Unteritaliens nach Latium und Rom. In der Stadt wurde ihnen schon 484 v. Chr. ein Tempel geweiht. Auffallend ist, daß schon in so früher Zeit griechische Götter innerhalb der Stadt einen Tempel bekamen. Doch hat sich Castor stets besonderer Verehrung erfreut und war der Patron der römischen Ritterschaft.
IDEN DES JULI: Der 15. Juli.

4. SABINERKRIEG: Im Beginn des 5. Jahrhunderts stand Rom in kaum unterbrochenen Kämpfen um die Vorherrschaft mit den umliegenden Stämmen, den Etruskern, Sabinern, Äquern und Volskern.

5. ANIO: Linker Nebenfluß des Tiber, heute Aniene.
MENENIUS: Die Legende setzt sein Konsulat ins Jahr 503 v. Chr. und schreibt ihm einen Sieg über die Sabiner zu.

6. VOLKSTRIBUNEN: Eine Einrichtung, die gewiß nicht durch einen einmaligen Akt, wie Plutarch im Anschluß an die Legende schildert, eher durch den Lauf der politischen Entwick-

lung entstanden ist. Die Tribunen waren die Schützer der Plebs, des minderberechtigten Teiles der Bevölkerung Roms. Sie hatten das Recht, die Plebejer gegen die Beamten des Staates zu schützen, die Beamten notfalls in der Ausübung ihres Amtes zu hindern, die Plebs zu beschlußfassenden Versammlungen zu berufen und mit dem Senat in Verhandlungen zu treten. Die Beschlüsse der Plebs erhielten endlich sogar Gesetzeskraft auch für die Patrizier. Die Tribunen waren während ihrer Amtsdauer sakrosankt. ‚Daß der römische Staat dieses Amt jahrhundertelang nicht nur hat ertragen können, sondern es in die Hauptstütze der bestehenden Ordnung umgewandelt hat, gehört zu den wunderbarsten Erscheinungen in der Entwicklung dieses einzigartigen Staates‘ (Eduard Meyer).

VOLSKER: Volksstamm in Latium mit der Hauptstadt Antium (heute Anzio). Nach heftigem Widerstand wurden sie, wie alle Stämme Italiens, überwunden und durch römische Bürgerkolonien allmählich latinisiert, so daß sie selbst ihre Sprache einbüßten und das stadtrömische Latein annahmen.

CORIOLI: Stadt der Volsker in Latium. Schon Plinius nennt es unter den Städten, ‚die ohne Spuren zu hinterlassen verschwunden sind‘.

COMINIUS: Postumus Cominius Auruncus soll nach der Legende 497 v. Chr. den Saturntempel geweiht haben.

LARTIUS: Nach der römischen Sage 501 v. Chr. Konsul; der erste Diktator Roms.

10. NAMEN: Die Dreinamigkeit, ursprünglich den Römern fremd, ist durch den Einfluß der nichtindogermanischen Etrusker zu erklären. Praenomen Vorname, nomen gentile Familienname und cognomen Beiname.

Soter – Retter, Heiland; Kallinikos – Schönsieg; Physkon – Dickbauch; Grypos – Krummnase; Philadelphos – Bruderfreund, auch Schwesterfreund; Eudaimon – der Glückliche; Doson (der immer geben will, ohne es zu tun) – Versprecherich; Lathyros – (eine Art) Erbsen; Diadematus – Diademträger; Celer – der Schnelle; Sulla – der Fleckige (vgl. S. 78); Niger – Schwarzkopf; Rufus – Rotkopf; Caecus – der Blinde; Clodius – Klumpfuß.

11. VELITRÄ: Südöstlich von Rom im Volskerland. Heute Velletri.

13. ANYTOS: Im Jahr 410 v. Chr. entsandten die Athener ihn mit dem Auftrag, PYLOS, den Stützpunkt der Spartaner an der Westküste der Peloponnes, zu nehmen. Da er keinen Erfolg hatte, wurde er angeklagt. Sein Reichtum (er war Gerber) erlaubte ihm, sich den Freispruch durch Bestechung zu erkaufen. In späteren Jahren erhob er mit Meletos zusammen die Anklage gegen Sokrates.

14. PLATON: Plutarch hat offenbar Freude gehabt an diesem Wort. Vgl. Griechische Heldenleben. S. 125.

KLAMMERN: Der Text ist an dieser Stelle verderbt. Die Übersetzung stellt nur einen Versuch dar, den Sinn wiederzugewinnen.

GELON: Der aus Gela (in der Mitte der Südküste von Sizilien) stammende Herrscher von Syrakus 485–478 v. Chr. Am wichtigsten sein Sieg über die Karthager am Himera 480.

16. ÄDILEN: Die Träger der Polizeigewalt in Rom, doch gingen ihre Aufgaben über den Rahmen der modernen Polizei hinaus: Aufsicht über die Bautätigkeit, Feuerwehr, Sittenpolizei. Daneben hatten sie für die Marktordnung und die Versorgung der Stadt mit Korn und Öl zu sorgen. Schließlich hatten sie nicht nur die Aufsicht über die öffentlichen Spiele, sondern hatten sie selbst zu veranstalten. Das konnte in der späteren Zeit Vermögen verschlingen, war aber für jeden, der sich bei den Wählermassen der Weltstadt beliebt machen wollte, unerläßlich.

17. TARPEJISCHER FELSEN: Der Westabhang des Kapitols, von dem zum Tode verurteilte Verbrecher hinabgestürzt wurden.

19. NUNDINAE: Der Anfangstag der bürgerlichen achttägigen Woche; zwar auf dem Lande frei von körperlicher Arbeit, aber für die Rechtsprechung freigegeben.

APPIUS CLAUDIUS: Appius Claudius Sabinus Inregillensis war aus dem Gebiet der Sabiner in Rom eingewandert. Nach der Legende, der Plutarch hier folgt, ist er der große Volksfeind. Aber alle Nachrichten über ihn sind Erfindungen der römischen Geschichtsschreibung.

20. TRIBUS UND ZENTURIEN: Da jede der vier städtischen und siebzehn ländlichen Tribus eine Stimme hatte und in den Tribus selbst nach Köpfen abgestimmt wurde, so war damit von vornherein die Überlegenheit der Masse gegeben. Dagegen standen in der Zenturienversammlung die 98 Zenturien der beiden reichsten Klassen den 95 Zenturien der gesamten übrigen Bevölkerung gegenüber. Das hätte in diesem Fall für Coriolan die Freisprechung bedeutet.

21. ZITAT: Herakleitos Diels-Kranz Vorsokratiker[5] Nr. 85.
ODYSSEUS: Odyssee 4, 246.

26. CIRCEI: An der Küste des Volskerlandes zwischen Anzio und Terracina.
TOLERIUM, LAVICUM, PEDUM UND BOLA lagen in der Gegend des heutigen Tivoli und Palestrina. Die Orte waren schon in der historischen Zeit verschwunden.

27. LAVINIUM: In Latium südöstlich von Ostia.

28. CLUILISCHER GRABEN: Ein Abzugsgraben.

30. HOMER: Odyssee 21, 1. Das zweite Zitat klingt an Odyssee 14, 178 an. Seite 220 die übrigen Zitate: Odyssee 9, 339; Ilias 1, 188. 6, 161.

31. VALERIUS: Publius Valerius Poplicola, der mit Brutus und Lucretius den letzten König Roms vertrieb, erhielt seinen Beinamen (zu populus, Volk) wegen seiner Volksfreundlichkeit.

36. HERAKLEITOS: Diels-Kranz Vorsokratiker[5] Nr. 86.

TIBERIUS GRACCHUS

39. TIBERIUS: Der Vater Tiberius Sempronius Gracchus war 169 v. Chr. Zensor. Die beiden Triumphe feierte er über die Keltiberer und Sarden. Ebenso angesehen als Feldherr wie als Politiker. Er heiratete die Tochter des Publius Cornelius Scipio Africanus Maior.
PTOLEMAIOS: Gemeint ist Ptolemaios VI. Philometor.

40. KLEON: Vgl. Griechische Heldenleben S. 69 und Anmerkung dazu.
DRUSUS: Vgl. S. 66.

41. APPIUS: Appius Claudius Pulcher. Konsul 143 v. Chr. Ein ausgezeichneter, zielbewußter Mann.

42. FANNIUS: Gaius Fannius war 122 v. Chr. Konsul, aber damals allmählich schon Gegner des Gaius Gracchus geworden. Vgl. S. 66. Berühmt als Verfasser einer wertvollen Geschichte Roms von der Gründung bis auf seine Zeit. Sein Werk ist verschollen.
MANCINUS: Gaius Hostilius Mancinus 137 v. Chr. Konsul. Er wurde später aus dem Senat gestoßen, doch wieder aufgenommen.

44. SAMNITEN: Die Konsuln des Jahres 321 v. Chr. Spurius Postumius Albinus und Titus Valerius Calvinus wurden bei Caudium von den Samniten besiegt, unters Joch geschickt und zu einem Frieden gezwungen, den der Senat jedoch nicht anerkannte. Sie wurden den Feinden ausgeliefert, aber von ihnen freigelassen und nach Rom zurückgeschickt.

45. LÄLIUS: Gaius Lälius Sapiens, der Freund des Scipio Africanus Minor, war 151 v. Chr. Volkstribun, als er sein Ackergesetz einbrachte.
DIOPHANES, BLOSSIUS UND ANTIPATROS: Stoiker. Der Bedeutendste unter ihnen Antipatros, der Lehrer des großen Panaitios.
SCÄVOLA: Publius Mucius Scävola, Konsul 133 v. Chr., war ein ausgezeichneter Jurist und Redner. Sein Sohn ist der bekannte Jurist Quintus Mucius Scävola Pontifex, den Cicero als seinen Lehrer rühmt.

50. OBOLE: Etwa dreizehn Pfennig.

51. NASICA: Publius Cornelius Scipio Nasica Corculum. Sein Sohn ist Publius Cornelius Scipio Nasica Serapio, der Gegner der Gracchen.

ATTALOS: Attalos III. Philometor, 138–133 v. Chr., vermachte sein Reich den Römern unter der Bedingung, daß die Griechenstädte frei blieben. Die Dynastie der Attaliden hatte in der Diadochenzeit ihr Reich im Nordwesten Kleinasiens begründet und in anderthalb Jahrhunderten in Krieg oder Frieden mit den Nachbarn, Griechen und Römern, behauptet. Der große Altar der Stadt Pergamon befand sich in Berlin.

METELLUS: Vielleicht ist der Konsul von 123 v. Chr. Quintus Cäcilius Metellus gemeint, der wegen seines Sieges über die Seeräuber bei den Balearen Balearicus hieß.

53. TARQUINIUS: Tarquinius Superbus, der letzte römische König. Nach der Sage ein herrischer Tyrann, der wegen des Verbrechens seines Sohnes Sextus Tarquinius an der Lucretia auf Veranlassung des Junius Brutus gestürzt und vertrieben wurde. Offenbar waren die Tarquinier ein etruskisches Adelsgeschlecht. Denn daß im 6. Jahrhundert Etrusker in Rom herrschten, gilt heute als gesichert.

54. HÜHNER: Im Krieg war die Beobachtung der fressenden Hühner leichter durchzuführen als die langwierige Beobachtung des Vogelflugs. Wichtig war, daß die Hühner so hastig fraßen, daß ihnen ein Teil des Futters wieder aus dem Schnabel fiel. Cicero berichtet, daß man die Hühner deshalb hungern ließ und ihnen dann breiförmiges Futter vorsetzte.

55. MUCIUS: Vgl. Scävola S. 46.

FULVIUS: Marcus Fulvius Flaccus, der Freund der Gracchen, war Mitglied der Kommission zur Ackerverteilung. Als er im Jahr 122 v. Chr. Volkstribun war, kämpfte er auf Gaius Gracchus' Seite und wurde getötet, sein ältester Sohn erschlagen, der jüngere hingerichtet. Seine einzige überlebende Tochter heiratete später Gaius Julius Cäsar. Vgl. S. 68, 72.

56. NASICA: Vgl. Anmerkung zu S. 51.

58. ARISTONIKOS: Halbbruder des Attalos III. Philometor von Pergamon. Er wollte das Testament seines Bruders nicht anerkennen, erhob sich, wurde aber besiegt und schließlich in Rom erdrosselt.

NEPOS: Zeitgenosse Ciceros, gestorben 32 v. Chr. Historiker, von dem vor allem die Biographien einer Anzahl griechischer Feldherren erhalten sind.

BRUTUS: Decimus Junius Brutus Callaicus, Konsul 138 v.

Chr., berühmt durch seine Verwaltung Spaniens und seine
Siege über die spanischen Kallaiker und Lusitanier. Er war
im Jahr 121 Gegner des Gaius Gracchus.

GAIUS GRACCHUS

61. CICERO: de divinatione 1, 56; 2, 136.

62. FREGELLÄ: Heute Ceprano, südöstlich von Rom im Gebiet
der Volsker. Ursache des Aufstandes war der Streit um das
römische Bürgerrecht, das man den italischen Bundesgenossen
versprochen hatte. Aber weil in seiner Verleihung Verzögerungen eintraten, erhoben sich verschiedene Städte, unter
ihnen Fregellä, 125 v. Chr.
FALISKER: Am mittleren Tiber, durch lange Jahrhunderte
Feinde Roms. Sie hatten wohl im Jahre 241 v. Chr. den
Tribun GENUCIUS beschimpft.
VETURIUS: Vielleicht ist Gaius Veturius Cicurinus, Konsul
455 v. Chr., gemeint.
OCTAVIUS: Vgl. S. 47.

64. COMITIUM: Die Rostra standen zwischen dem eigentlichen
Forum und dem Comitium. Jenseits des Comitiums lag die
Kurie, wo die Senatssitzungen stattfanden. – Übrigens irrt
Plutarch hier. Nicht Gaius Gracchus sondern Gaius Licinius
Crassus, Volkstribun 145 v. Chr., wandte sich als Erster
gegen das Volk auf dem Forum.

66. FANNIUS: Vgl. Anmerkung zu S. 42.
DRUSUS: Marcus Livius Drusus erwarb sich durch seinen politischen Kampf gegen Gaius Gracchus so große Verdienste um
das Senatsregiment, daß er als patronus senatus bezeichnet
wurde.

68. FULVIUS: Vgl. Anmerkung zu S. 55.
MANIPEL: Die römische Legion (bis 6000 Mann stark) bestand
aus 10 Kohorten, die Kohorte aus 3 Manipeln, der Manipel
aus 2 Zenturien.
OPIMIUS: Lucius Opimius, der erbitterte Gegner des Gaius
Gracchus, wurde später wegen Tötung von Bürgern angeklagt,
aber freigesprochen. Von seinen späteren Schicksalen berichtet
Plutarch S. 75 f. Opimius starb in Dyrrhachion in der Verbannung.

70. SARDONISCHES GELÄCHTER: Vom sardonischen Lachen wird
schon bei Homer gesprochen, z. B. Odyssee 20, 302. Doch ist
eine Deutung des rätselhaften Worts bisher noch nicht gelungen, obwohl schon im Altertum Versuche gemacht wurden.
Es ist nicht einmal gewiß, ob das Wort nicht im Altertum
‚sardanisch‘ gelautet hat. Vgl. Pohlenz, Berliner philologische
Wochenschrift 1916 Sp. 949.

72. SENATUS CONSULTUM: Videant consules, ne quid res publica detrimenti capiat: Die Konsuln sollen Sorge tragen, daß der Staat keinen Schaden leidet. Es ist das Notstandsrecht mit der diktatorischen Vollmacht, unter Waffengewalt einzuschreiten. Seit den Gracchen wurde das Recht, das ursprünglich nur dem Landesfeind gegenüber galt, auch auf den politischen Gegner ausgedehnt.

74. DIANA: Alte italische Göttin, ursprünglich Frauen- und Geburtsgöttin. Später wurde mit ihr der Kult der griechischen Artemis verbunden, so daß sie nunmehr auch die Göttin der Jagd, des Waldes und des Mondes wurde.
HOLZBRÜCKE: Pons sublicius, die erste Brücke über den Tiber, ursprünglich aus Holz, damit sie während Kriegsgefahr abgebrochen werden konnte. In der Gegend des heutigen Ponte Emilio.
ERINYEN: Plutarch denkt an die römischen Furien; aber in Wirklichkeit handelt es sich um den Hain der Furrina, einer Göttin, über deren Wesen schon in Ciceros Zeit der beste Kenner des römischen Altertums, Varro, nichts mehr wußte.

SULLA

77. SULLA: Lucius Cornelius Sulla Felix wurde 138 v. Chr. geboren. Er starb 78 v. Chr.
RUFINUS: Publius Cornelius Rufinus Konsul 290 v. Chr., unterwarf endgültig die Samniten der Herrschaft Roms.
FELSEN: Der Tarpejische Felsen am Südabhang des Kapitols war die Hinrichtungsstätte, benannt nach einem Tarpeius, der als Gegner des Romulus als Erster hier herabgestürzt sein soll.

78. JUGURTHA: Vgl. S. 75.

79. TEKTOSAGEN: Ein keltischer Stamm zwischen Narbonne und dem Nordhang der Pyrenäen.
MARSER: Ein germanischer Stamm, der damals drohte, sich mit den Teutonen zu verbinden und mit ihnen gemeinsam nach Italien zu ziehen.
CATULUS: Q. Lutatius Catulus war 102 v. Chr. Konsul. Siegt mit Marius zusammen bei Vercellae; später Gegner des Marius.
EURIPIDES: Phönissen 531 ff.

81. CÄSAR: Nicht Gaius Julius Cäsar. Denn da Sulla 93 v. Chr. Prätor war, muß es etwa der Oheim Cäsars gewesen sein, um den es sich hier handelt.
PARTHER: Vgl. Anmerkung zu S. 160.

82. TIMOTHEOS: Sein Vater Konon war Alkibiades' Nachfolger in der Führung der athenischen Flotte. Die Verdienste des

Timotheos liegen vor allem in dem Wiederaufbau der athenischen Macht in dem sogenannten zweiten attischen Seebund.

83. DENKWÜRDIGKEITEN: Sie waren Sullas Alterswerk, an dem er bis kurz vor seinem Tod arbeitete. Von den 22 Büchern sind nur Bruchstücke erhalten, doch hat Plutarch im „Marius" und „Sulla" das Werk benutzt, das nach seinem Charakter eine Verteidigungsschrift Sullas darstellt und deshalb historisch nur mit Vorsicht zu gebrauchen war.

METELLUS: Quintus Cäcilius Metellus Pius, der Gegner des Marius und Anhänger des Sulla, führte später von 79–71 v. Chr. den Krieg gegen Sertorius. Über ihn schreibt Plutarch im Leben des Pompeius S. 139 ff.

LAVERNÄ: In den Abruzzen.

84. ALBINUS: Aulus Postumius Albinus hatte im Krieg gegen Jugurtha eine schwere Niederlage erlitten. Er war ein Bruder des Spurius Postumius Albinus, Konsul, 110 von Jugurtha bestochen.

POMPEIUS: Quintus Pompeius Rufus, Konsul 88 v. Chr., wurde später auf Veranlassung des Pompeius Strabo von seinen Soldaten ermordet.

86. BELLONA: Neben Mars, als dessen Schwester oder Gattin sie galt, die Göttin des Kriegs. Schon 296 v. Chr. wurde ihr ein Tempel in der Nähe des späteren Circus Flaminius geweiht. Er wurde für Senatssitzungen benutzt, wenn sie nicht innerhalb der Stadt stattfinden durften, etwa beim Empfang ausländischer Gesandter.

SULPICIUS: radikaler Anhänger des Marius.

87. DIOSKURENTEMPEL: Er gehört zu den ältesten römischen Tempeln und wurde schon 484 v. Chr. eingeweiht. Auffallend ist, daß schon in so früher Zeit griechische Götter innerhalb der Stadt einen Tempel bekamen. Doch hat sich Castor stets besonderer Verehrung erfreut und war der Patron der Ritterschaft.

KONSUL POMPEIUS: Vgl. S. 84. Sein Sohn Quintus Pompeius Rufus, der von den Banden erschlagen wird, war Sullas Schwiegersohn.

NOLA: Östlich von Neapel in Kampanien.

88. GÖTTIN: Es ist die Göttin Mâ-Bellona, die Sulla in dem kappadokischen Komana kennenlernte, als er 92 v. Chr. als Proprätor dorthin kam. Bei der Rückkehr des Heeres kamen in seinem Gefolge auch Priester dieser Göttin nach Rom. Wegen des blutigen Zeremoniells dieser asiatischen Göttin wurde sie mit Bellona gleichgesetzt, aber ihr Kult wurde erst sehr spät staatlich anerkannt.

89. CINNA: Lucius Cornelius Cinna, Konsul 87 v. Chr., hatte

Sulla geschworen, die Sache des Marius zu verlassen. Da er den Eid brach, wurde er von Octavius aus der Stadt getrieben. In blutigen Kämpfen richtete er mit Marius zusammen seine Herrschaft auf, bis er nach Sullas Rückkehr getötet wurde. Vgl. S. 125.

90. KAP MALEA: Gemeint sind die Inseln des Ägäischen Meeres.

93. OCTAVIUS: Gnäus Octavius, Konsul 87 v. Chr., war der Führer der Optimatenpartei und deshalb der Gegner Cinnas, als dieser sich wieder den Marianern näherte. Nach der Rückkehr des Marius wurde er von Censorinus erschlagen.
FLACCUS: Vgl. S. 102, 107.
ÖLFLASCHEN: Aus Leder.

94. KERAMEIKOS: Stadtteil im Norden Athens, der teilweise außerhalb der Mauern lag.
DIPYLON: Dieses Tor trennte den inneren Kerameikos vom äußern.

95. PHILON: Er stammte aus Eleusis und lebte in der zweiten Hälfte des vierten Jahrhunderts. Er gehört zu den großen Architekten des antiken Griechenlands. Das Zeughaus, dessen Zerstörung Plutarch erwähnt, soll die Ausrüstung für 400, nach anderen sogar für 1000 Kriegsschiffe enthalten haben. Die Inschrift mit den Bauangaben des Zeughauses ist wiedergefunden und gibt die Möglichkeit, sich ein Bild von dem Bau zu machen. Philon war in seinem Fach auch schriftstellerisch tätig.
MUNYCHIA: Der kleinere der beiden athenischen Häfen, östlich vom Peiraieus.

96. ELATEIA: Nördlich des Parnaß an der Paßstraße zwischen dem Spercheios- und Kephisostal. Es sperrte die Verbindung zwischen Nord- und Mittelgriechenland.

97. PANOPEUS: An der Grenze von Phokis und Boiotien am Kephisos. Militärisch wichtige Stadt.
LEBADEIA: In Boiotien, nicht weit von der phokischen Grenze. Es war berühmt im Altertum durch das Heiligtum und Orakel des Trophonios, der ein Höhlengott war und den Orakelsuchenden während ihres Schlafes Weissagungen gab. Praxiteles hatte für ihn eine Statue geschaffen. Vgl. S. 98.
PARAPOTAMIOI: Die Stadt wurde nach Herodot von Xerxes zerstört und von den Griechen nicht wieder aufgebaut. Ihre Lage war schon im Altertum nicht mehr bekannt.
CHALKASPIDEN: Eine Truppe, die ihren Namen von ihren ‚ehernen Schilden' bekommen hatte.

98. JUBA: Vgl. S. 261.

99. MURENA: Lucius Licinius Murena kommandierte in der Schlacht bei Chaironeia den linken Flügel. Vgl. S. 99.

102. FLACCUS: Lucius Valerius Flaccus wurde 86 v. Chr. nach Marius' Tod von Cinna für den Rest des Jahres zum Konsul ernannt und mit dem Kommando betraut. Da er aber mit seinem Legaten Fimbria in Streit geriet, ließ dieser ihn töten. Vgl. S. 93, 107.

MELITEIA: Nördlich der Thermopylen auf dem Weg nach Thessalien.

CHALKIS: Auf Euböa gegenüber der boiotischen Küste.

103. TILPHOSSION: In Boiotien.

ORCHOMENOS: In Boiotien am Nordufer des Kopaissees; nach Theben die größte Stadt der Landschaft. Bekannt durch seine Überreste aus mykenischer Zeit.

105. DELION: In Boiotien nahe der attischen Grenze.

106. LARISSA: Die wichtigste Stadt Thessaliens.

107. MAIDIKE: In Thrakien.

PHILIPPI: In Makedonien in der Nähe des heutigen Kavala.

DARDANOS: An der Südküste des Hellespont.

108. THYATEIRA: In Lydien in Kleinasien, an der Straße Sardes-Pergamon.

APELLIKON: Nach dem Bericht des Strabon, dem Plutarch an dieser Stelle wahrscheinlich folgt, war der literarische Nachlaß des Aristotelesschülers Theophrast, in dem sich auch die Werke des Aristoteles befanden, in die Hände des Neleus von Skepsis (im nordwestlichen Kleinasien in der Troas) gefallen. Seine Nachkommen hatten den Schatz verborgen, um ihn vor der Sammelwut der pergamenischen Könige zu retten. Allerdings hatten die Bücher bei dieser Art der Aufbewahrung gelitten und kamen um 100 v. Chr. in schlechtem Zustand durch Kauf an den Büchersammler Apellikon von Teos. Daß Theophrast in der Tat seinen Nachlaß Neleus vermacht hat, geht aus Theophrasts Testament hervor, das bei Diogenes Laërtius überliefert ist. Aber unglaublich ist es, daß außer diesen Exemplaren, von denen Plutarch berichtet, nicht auch noch andere existiert haben sollen.

109. AIDEPSOS: Im Norden der Insel Euböa an der Westküste. Es war im Altertum ein berühmter Badeort.

110. TIFATE: Gebirgszug im Nordosten von Capua.

NORBANUS: Gaius Norbanus Pulbus, Konsul 83 v. Chr.

111. LUCULLUS: Marcus Licinius Lucullus war der Bruder des Lucius Lucullus, der gegen Mithridates kämpfte und von Pompeius abgelöst wurde. Vgl. S. 154 ff.

SCIPIO: Lucius Cornelius Scipio Asiaticus, Konsul mit Norbanus im Jahr 83 v. Chr. Vgl. S. 128.

CARBO: Gnäus Papirius Carbo, Konsul zum drittenmal im Jahr 82 v. Chr. Über seinen Tod vgl. S. 131.

SIGNIA: Südöstlich von Rom in der Mitte von Latium; im allgemeinen wird die Schlacht nach dem zwischen Präneste und Signia gelegenen Sacriportus benannt. Die Schlacht fand 82 v. Chr. statt.

FENESTELLA: Er lebte im Anfang des ersten nachchristlichen Jahrhunderts und schrieb ein Geschichtswerk.

113. TELESINUS: Pontius Telesinus fiel in dieser Schlacht 82 v. Chr. an der Porta Collina. Sein Bruder rettete sich nach Präneste und gab sich dort nach dem Fall der Stadt den Tod.

114. OFELLA: Quintus Lucretius Ofella. Über seine Ermordung vgl. S. 118.

ANTEMNÄ: Am Zusammenfluß des Anio und des Tiber.

117. CATILINA: Lucius Sergius Catilina. Über seine Verschwörung vgl. S. 216 ff. und 287 ff.

119. LEPIDUS: Marcus Ämilius Lepidus, Konsul 87 v. Chr.

121. ARCHIMIMUS: Schauspieler in einem Mimus, d. h. einem Spiel, das in monologischer oder auch dialogischer Form Szenen aus dem Volksleben vorführte.

KALLISTHENES: Vgl. Plutarch, Griechische Heldenleben S. 227 ff.

POMPEIUS

123. POMPEIUS: Gnäus Pompeius Magnus, geboren 106 v. Chr., gestorben 48 v. Chr.

PROMETHEUS: Herakles' Vater war Zeus, der Prometheus an den Felsen hatte schmieden lassen.

STRABO: „Der Schielende". Pompeius Strabo hatte in den Provinzen in Krieg und Frieden seine Pflicht getan, aber er war dem Adel verhaßt, daher die ungünstige Beurteilung.

PHILIPPUS: Lucius Marcius Philippus, Konsul 91 v. Chr.

124. GEMINIUS: Anhänger des Pompeius, auf dessen Geheiß er 77 v. Chr. Marcus Brutus ermordete. Vgl. S. 138.

LUCULLUS: Lucius Licinius Lucullus, Konsul 74 v. Chr., kämpfte lange im dritten Mithridatischen Krieg, bis er auf Veranlassung der Ritter, die seine strenge Gerechtigkeit haßten und fürchteten, abberufen und durch Pompeius ersetzt wurde. Vgl. 154 ff. Sein Reichtum noch heute gerühmt. Er war ein verständiger Kenner der griechischen Kunst und Literatur und auch selbst schriftstellerisch tätig.

125. CINNA: Vgl. S. 89.

ASKULUM: Hauptstadt von Picenum, das heutige Ascoli. Im Bundesgenossenkrieg nach hartnäckiger Verteidigung gestürmt und zerstört. Später wieder aufgebaut.

127. CARBO: Gnäus Papirius Carbo, der Sohn des bei Noreia 113
v. Chr. von den Kimbern besiegten Carbo, war Sullas Gegner; er wurde von Pompeius gefangen und hingerichtet.
AUXIMUM: Heute Osimo, südlich von Cap Ancona.

128. BRUTUS: Lucius Junius Brutus Damasippus, Prätor 82 v.
Chr.
SCIPIO: Lucius Cornelius Scipio Asiaticus, Konsul 83 v. Chr.
Vgl. S. 111.
ÄSIS: An der Grenze zwischen Umbrien und Picenum, nörd-
lich von Cap Ancona.

130. METELLA: Cäcilia Metella, Tochter des Lucius Cäcilius Me-
tellus Dalmaticus, heiratete in erster Ehe Marcus Ämilius
Scaurus; 88 v. Chr. wurde sie Sullas Gattin. Sie war mit
ihm zusammen vor Athen. Vgl. S. 93. Als sie vor Sullas
Triumph tödlich erkrankte, schickte er ihr den Scheidebrief.
Vgl. S. 120. Ihre Kinder Faustus und Fausta.

131. PERPERNA: Anhänger des Marius; er schloß sich später Ser-
torius an und ermordete ihn, um sich an seine Stelle zu
setzen. Über sein Ende vgl. S. 142.
MAMERTINER: Italische Söldner aus Kampanien, die in
Syrakus gedient hatten, überfielen auf ihrem Rückmarsch
Messana (Messina) und setzten sich dort fest, so daß der
Brückenkopf Siziliens nunmehr in italischer Hand war.
OPPIUS: Vgl. Anmerkung zu S. 226.

132. HIMERA: An der Nordküste Siziliens, östlich von Palermo.
MEMMIUS: Lucius Memmius war später Quästor in Spanien
und fiel vor Sagunt.

134. JARBAS: Regierte zusammen mit Hiempsal II., lebte bis nach
62 v. Chr.

135. MARIUS: Gemeint ist der jüngere Marius.
SERTORIUS: Quintus Sertorius hatte in den Kämpfen gegen
die Kimbern und Teutonen und in Spanien seinen Mann gestanden. Als Anhänger des Marius und Cinna wurde er von
Sulla proskribiert, aber von den aufständischen Lusitaniern
in Spanien zum Führer ausgerufen. Verstärkt durch die Legionen des Perperna leistete er den Römern in dem gebir-
gigen Land als Meister des Kleinkrieges durch lange Jahre
Widerstand. Er bildete in Spanien ein zweites Rom, richtete
einen Gegensenat, auch römische Schulen ein. Mit Sullas Gegnern in Italien stand er in ständiger Verbindung. Schließlich
wurde er von Perperna ermordet. Mommsen Römische Geschichte, Band III, S. 37: „So endigte einer der größten, wo
nicht der größte Mann, den Rom bisher hervorgebracht, ein
Mann, der unter glücklicheren Umständen vielleicht der Re-
generator seines Vaterlandes geworden sein würde, durch

den Verrat der elenden Emigrantenbande, die er gegen die Heimat zu führen verdammt war. Die Geschichte liebt die Coriolane nicht; auch mit diesem hochherzigsten, genialsten, bedauernswertesten unter allen hat sie keine Ausnahme gemacht."

VALERIUS: Marcus (oder Manius) Valerius söhnte die Plebs, die aus der Stadt auf den Heiligen Berg gezogen war, wieder mit den Patriziern aus.

RULLUS: Der Urgroßvater des Fabius Maximus, einer der großen Feldherren, die für Rom Mittelitalien unterworfen haben. Zwischen 332 und 295 mehrmals Konsul. Vgl. S. 29, 135.

137. LEPIDUS: Marcus Ämilius Lepidus, Konsul 78 v. Chr., war wegen seiner Verwaltung Siziliens, während der er die Bevölkerung ausgesogen hatte, in Verruf.

CATULUS: Quintus Lutatius Catulus Capitolinus, Sohn des Catulus, der mit Marius 101 v. Chr. bei Vercellä siegte. Vgl. S. 80.

138. BRUTUS: Marcus Junius Brutus, Volkstribun 78 v. Chr. Er verteidigte 77 Mutina, das heutige Modena, hartnäckig gegen Pompeius. Er war der Vater des Cäsarmörders. Vgl. S. 192, 268 ff.

139. METELLUS: Vgl. Anmerkung zu S. 83.

140. LAURON: Südlich von Valencia.

141. SUKRON: Heute Júcar.

142. LUCULLUS: Vgl. S. 124.

143. SKLAVENKRIEG: 73–71 v. Chr. Er war nur einer der vielen durch die furchtbare soziale Not hervorgerufenen Aufstände, die von Griechenland her über Sizilien bis nach Italien durch viele Jahrzehnte wüteten. Die Gracchische Reform war ja auch nur ein Versuch gewesen, diesen Zuständen abzuhelfen. Auch die catilinarische Verschwörung war nur auf solchem Boden möglich gewesen. Schon in der damaligen Zeit hatte der Tribun Lucius Philippus gesagt: non esse in civitate duo milia hominum, qui rem haberent: Es gäbe im Staat keine zweitausend Menschen, die Vermögen besäßen. Rom brauchte zwei Jahre, um Spartacus und seine zu allem entschlossenen Scharen niederzukämpfen. In der letzten Schlacht, die sie Crassus lieferten, sollen 35 000 gefallen sein. Ein Rest, der entkam und sich nach Gallien durchschlagen wollte, lief Pompeius in den Weg und wurde von ihm vernichtet.

CRASSUS: Marcus Licinius Crassus Dives. Mit Caesar und Pompeius zusammen Triumvir. Geboren 115/114 v. Chr. Er fiel 53 bei Karrhä gegen die Parther.

147. KILIKIEN: Der Südosten Kleinasiens südlich des Taurus, durch die tiefen Buchten an seiner Küste und die Gebirgstäler zum Schlupfwinkel für das straff organisierte Seeräubertum wie geschaffen.

KLAROS: Apollotempel und -orakel. In der Nähe von Kolophon. – DIDYMA: Ebenfalls Apolloheiligtum südlich von Milet, berühmt durch die deutschen Ausgrabungen. – SAMOTHRAKE: Sitz des Kabirenkultes. Es waren vier segenspendende Götter, die in mystischem Kult verehrt wurden. Später wurden sie den Dioskuren gleichgesetzt. – HERMIONE: An der Südküste der Argolis; Kultstätte der Demeter Chthonia. – EPIDAUROS: An der Ostküste der Argolis. In der Nähe der Stadt lag das Heiligtum des Heilgottes Asklepios, die weitberühmte Heil- und Wallfahrtsstätte. – TAINARON: Heute Kap Matapan. – KALAURIA: Insel an der Ostküste der Argolis. – LACINIUM: Heute Cap Colonne an der Ostküste von Kalabrien.

MITHRAS: Vgl. Griechische Heldenleben S. 202 und Anm.

148. GABINIUS: Aulus Gabinius, Volkstribun 67 v. Chr. In späteren Jahren hat er für Rom in Judäa gegen Aristobulos und dessen Sohn Alexander gekämpft und in der römischen Politik des Ostens eine Rolle gespielt. Vgl. auch S. 174.

STADIEN: Vierhundert Stadien rund achtzig Kilometer.

153. SOLOI: An der Südküste Kleinasiens; nach dem Wiederaufbau durch Pompeius bekam es den Namen Pompeiopolis.

TIGRANES: König von Armenien 97–56 v. Chr., ein kriegsmächtiger Fürst und Verbündeter des Mithridates; 68 wird er von Lucullus geschlagen, erobert aber sein Reich zurück. Von seinem Sohn Tigranes verraten, muß er sich Pompeius ergeben. Er bleibt König von Armenien, während sein Sohn als Gefangener nach Rom gebracht wird.

METELLUS: Quintus Cäcilius Metellus Creticus. Konsul 69 v. Chr. Er war später in Rom Pompeius' energischster Gegner.

ACHILL: Ilias 22, 207.

154. MANILIUS: Gaius Manilius, Volkstribun 66 v. Chr.

ARAXES: Heute Aras, südlich des Kaukasus.

159. SOPHENE: Der westliche Teil Armeniens zwischen Tauros und Antitauros.

160. PARTHER: Sie gründeten um 250 v. Chr. ein Reich das vom Euphrat und Tigris bis ans Kaspische Meer reichte. Seit ihrer ersten Berührung mit den Römern 92 v. Chr. bis ins dritte christliche Jahrhundert hinein ruhte der Kampf zwischen ihnen und Rom nur zeitweilig. Bei Horaz sind sie nach den Germanen die gefährlichsten Feinde des Reiches.

MOSCHISCHE GEBIRGE: Gebirgskette im Süden des Kaukasus, etwa in dem Raum zwischen Batum und Tiflis.

SATURNALIEN: Am 17. Dezember das Fest ausgelassener Fröhlichkeit, an dem man sich mit Kerzen, tönernen Puppen und anderen Dingen beschenkte und die Sklaven von ihren Herren bedient wurden.

KYRNOS: Sonst Kyros, heute Kur genannt. Jetzt vereinigt er sich mit dem Araxes (Aras), aber im Altertum scheint er seine eigene Mündung gehabt zu haben.

161. HYRKANIEN: Südöstlich des Schwarzen Meeres; 330 v. Chr. von Alexander unterworfen.

PHASIS: Heute Rion, südlich des Kaukasus. An seiner Mündung endete die Handelsstraße von Indien.

AMAZONEN: Sie werden schon in der Ilias erwähnt und spielen in der griechischen Sage eine große Rolle. Offenbar steckt in der Sage die Erinnerung an altes Mutterrecht.

162. ELYMAIER: Nördlich vom Persischen Golf, östlich des Schatt-el-Arab.

GORDYENE: Am oberen Tigris; es gehörte zu Armenien.

ARBELITIS: Landschaft im alten Assyrien.

163. THEOPHANES: Er stammte aus Lesbos und begleitete Pompeius auf seinen Feldzügen als Historiograph. Er riet Pompeius zu der verhängnisvollen Flucht nach Ägypten. Vgl. S. 205.

RUTILIUS: Publius Rutilius Rufus war nicht ohne politische und militärische Verdienste. Als er bei der Verwaltung der Provinz Asien den Rittern, d. h. den Großkaufleuten, zu scharf auf die Finger sah, wurde er von ihnen angeklagt und verurteilt. Er lebte als stoischer Philosoph in Mitylene und Smyrna, von allen geachtet. Er schrieb eine Selbstbiographie und ein Werk über römische Staatsverhältnisse; beide Bücher verloren. Cicero gedenkt seiner oft mit ehrenden Worten.

AMISOS: An der Südküste des Schwarzen Meeres.

164. TRIARIUS: Nach ruhmvollen Erfolgen unterliegt er 67 v. Chr. Mithridates bei Zela.

165. AMANOS: Der östlichste Ausläufer des Tauros.

CATO: Marcus Porcius Cato Uticensis, Urenkel Catos des Älteren. Geboren 95 v. Chr. Er war der große Gegner des Pompeius, und seine Feindschaft gegen Cäsar wird von Plutarch in dessen Leben immer wieder hervorgehoben. Nach dem Untergang der republikanischen Freiheit gab er sich selbst im April 46 v. Chr. in Utica den Tod.

166. PETRA: Südlich des Toten Meeres. Es war der wichtige Kreuzungspunkt der westöstlichen und nordsüdlichen Karawanenstraße; Hauptstadt der Nabataier.

167. PHARNAKES: Er wird zwar von Pompeius als König anerkannt, erhebt sich aber später gegen Rom und wird von
Cäsar bei Zela geschlagen. Vgl. S. 257.

169. MUCIA: Die Tochter des Quintus Mucius Scävola Pontifex,
die Mutter des Gnäus Sextus Pompeius. In Ciceros Briefen
steht nichts über die Gründe der Scheidung, doch berichtet
Sueton (Cäsar 50) von ihrem Verhältnis zu Cäsar.

170. PISO: Marcus Pupius Piso Calpurnianus, ein alter Kriegskamerad des Pompeius, Konsul 61 v. Chr.
AFRANIUS: Lucius Afranius, von niederer Herkunft, aber
als Pompeiusanhänger 60 v. Chr. mit dem Konsulat belohnt.
Vgl. S. 195, 245, 249, 259.

171. KOMMAGENE: Zwischen Tauros und dem oberen Euphrat.

172. CLODIUS: Publius Clodius Pulcher, ein übler Bandenführer
bewaffneter Gladiatoren. Um Volkstribun werden zu können, trat er aus der Nobilität zur Plebs über. Seinen ursprünglichen Namen Claudius änderte er in Clodius, weil
das o vulgärer klang als au. Er war Ciceros fanatischster
Gegner und bekämpfte selbst Pompeius, der ihn groß gemacht hatte. Schließlich wurde er von den Banden seines
Gegners Milo, der nicht besser war, erschlagen. Vgl. S. 217.

173. KONSUL: Cäsar war 59 v. Chr. mit Marcus Calpurnius Bibulus Konsul. Bibulus war mit Cäsar zusammen auch Ädil
und Prätor gewesen, hatte sich aber neben Cäsar niemals
durchsetzen können. Seine Polemik war geistreich, aber wir-
kungslos.
CALPURNIA: Tochter des Lucius Calpurnius Piso Cäsonius.
Als Clodius ihn wegen Erpressung anklagte, veranlaßte Cäsar seine Freisprechung. Auch sein Konsulat 58 v. Chr. hatte
er Cäsar zu verdanken.

174. GABINIUS: Siehe Anmerkung S. 148.

176. SPINTHER: Publius Cornelius Lentulus Spinther, Konsul 57
v. Chr. Seinen Wunsch, die Mission nach Ägypten zu übernehmen, erfüllte Pompeius nicht.

177. PTOLEMAIOS: Unter Ptolemaios X. Auletes hatte Rom die
zu Ägypten gehörige Insel Cypern eingezogen. Dadurch
entstand in Ägypten eine Erhebung gegen den König. Er
mußte 58 v. Chr. nach Rom fliehen, wurde aber auf Pompeius' Veranlassung wieder als König eingesetzt.
TIMAGENES: Er stammte aus Alexandria, geboren nach 80
v. Chr. Als Gefangener lebte er in Rom im Kreis des Augustus. Er verfaßte mehrere bedeutende, uns leider verlorene historische Werke.
SEEFAHRT: Πλεῖν ἀνάγκη, ζῆν οὐκ ἀνάγκη.
LUCA: Heute Lucca.

178. ÜBERSATT: Pompeius meint, daß aller Zorn und Haß gegen ihn, den Marcellinus in sich hineingefressen hätte, wieder heraus müsse: ἐμετικός vom Brechreiz geplagt.

179. DOMITIUS: Lucius Domitius Ahenobarbus war zunächst Pompeius' Gegner, söhnte sich später mit ihm aus. Bei Pharsalos vertraute Pompeius ihm den linken Flügel an. Vgl. S. 197, 243, 252.
KONSULAT: 55 v. Chr.

181. CRASSUS: Er wurde 53 v. Chr. von den Parthern bei Karrhä in Mesopotamien besiegt und bald darauf bei einer Verhandlung erschlagen. Die Niederlage war so vernichtend, daß selbst die römischen Feldzeichen den Feinden in die Hände fielen. Sie wurden erst unter Augustus wieder zurückgegeben.
KOMÖDIE: Comicorum Atticorum fragmenta (Kock) Band 3, S. 484.
DICHTER: Ilias 15, 189.
DOMITIUS: Gnäus Domitius Calvinus wurde erst im Juli 53 v. Chr. zum Konsul gewählt. Vgl. S. 251.

182. KONSULWAHLEN: Sie fanden Anfang 52 v. Chr. statt.
INTERREX: Die Einrichtung des Interrex stammte aus der Königszeit, in der nach dem Tode des Königs bis zur Neuwahl für je fünf Tage ein Interrex gewählt wurde. In republikanischer Zeit nur selten gewählt, wenn weder ein Nachfolger oder Kollege vorhanden war, noch ein anderer Magistrat den fehlenden vertreten konnte.

183. METELLUS: Quintus Cäcilius Metellus Pius Scipio. Bei Pharsalos führte er das Zentrum, erlitt bei Thapsus 46 v. Chr. eine völlige Niederlage und gab sich selbst den Tod. Vgl. S. 260.

186. PAULLUS: Lucius Ämilius Paullus, Konsul 50 v. Chr.
CURIO: Gaius Scribonius Curio, der „talentvolle Taugenichts".
MARCUS ANTONIUS: Geboren 82 oder 81 v. Chr. Cäsarianer. Nach Cäsars Ermordung war er der führende Kopf unter den Gegnern der Cäsarmörder; er hielt die berühmte Leichenrede auf den Ermordeten, die den Umschwung in der Stimmung herbeiführte. Mit Octavian und Lepidus schloß er 43 v. Chr. das sogenannte zweite Triumvirat, bei dem er den Osten erhielt. Es kam aber zu Streitigkeiten, in der Seeschlacht bei Aktion am 2. September 31 v. Chr. wurde er besiegt und gab sich auf die falsche Nachricht von Kleopatras Selbstmord selbst den Tod.

187. MARCELLUS: Gaius Claudius Marcellus, Konsul 50 v. Chr.

188. LENTULUS: Lucius Cornelius Lentulus Crus war für 49 v. Chr. zum Konsul gewählt. Gegner Cäsars. Bald nach Pom-

peius' Ermordung kam er nach Ägypten, wo er getötet wurde. Vgl. S. 209.

ILLYRIEN: Etwa das Gebiet zwischen Kärnten und Albanien. Es gehörte zu Cäsars Statthalterschaft, deren Hauptländer die beiden Gallien, d. h. Norditalien und Frankreich mit Belgien, waren.

189. WÜRFEL: *Ανερρίφθω κύβος.*

190. METELLUS: Lucius Cäcilius Metellus, Volkstribun 49 v. Chr.

DYRRHACHIUM: Heute Durazzo, Ausgangspunkt der Via Egnatia, der einzigen Straße, die vom Adriatischen Meer her in das Innere Illyriens und Makedoniens führte.

192. LABIENUS: Titus Attius Labienus war von Cäsar wegen seiner wichtigen Erfolge in Gallien mit Ehren überhäuft worden. Trotzdem verließ er Cäsar und kämpfte gegen ihn, bis er bei Munda fiel.

BRUTUS: Marcus Junius Brutus war der Sohn des Verteidigers von Mutina. Vgl. S. 138. Über seine Teilnahme an der Ermordung Cäsars und sein Ende vgl. S. 268 ff.

193. ORIKON: In der Nähe des heutigen Valona in Albanien.

194. ATHAMANEN: An der Grenze zwischen Epeiros und Thessalien in der Nähe der südlichen Pindospässe.

195. TUSKULANUM: Die Gegend um Tuskulum, heute Frascati.

196. NABATAIER: Ihre Hauptstadt Petra. Vgl. S. 166.

PHARSALOS: In Thessalien. Die Schlacht fand am 9. August 48 v. Chr. statt.

197. DOMITIUS: Vgl. S. 179.

201. HOMER: Ilias II, 544.

POLLIO: Gaius Asinius Pollio, geboren 76 v. Chr., war Cäsarianer. Wichtiger aber ist, daß er für das literarische Leben in Rom seine ganze Kraft einsetzte. Er gehörte zum Kreis des Dichters Catull und war selbst ein vielseitiger Schriftsteller und urteilsfähiger Kritiker.

LARISSA: Nördlich von Pharsalos.

TEMPETAL: Zwischen Olymp und Ossa.

202. DEIOTARUS: Vierfürst der galatischen Tolistoboier in Kleinasien; Freund vor allem des Pompeius und Cicero. Er nahm an der Schlacht bei Pharsalos teil. Als man ihm später in Rom den Vorwurf machte, er hätte Cäsar ermorden wollen, verteidigte Cicero ihn in einer berühmten Rede.

DICHTERWORT: Euripides frgm. 953 Nauck[2].

AMPHIPOLIS: An der Mündung des heutigen Struma.

204. KRATIPPOS: Von Pergamon. Lehrer von Ciceros Sohn. Peripatetiker. Wir kennen von ihm nur wenige Bemerkungen über die Weissagung.

ATTALEIA: Heute Adalia an der Südküste Kleinasiens.

205. Juba: König von Numidien, Gegner Cäsars. Er tötet sich nach dessen Sieg bei Thapsus. Vgl. S. 258 ff.

Ptolemaios: Mit dem Beinamen Dionysios. Er war der Sohn des Ptolemaios X. Auletes, der durch Pompeius seinen Thron zurückerhalten hatte. Vgl. S. 177.

Arsakes: Der damalige Partherkönig hieß Orodes. Vielleicht liegt eine Verwechslung mit dem Gründer der Dynastie Arsakes (um 250 v. Chr.) vor.

206. Seleukeia: Welche Stadt gemeint ist, ist unsicher.

Pelusium: Bedeutender Hafen am östlichsten Nilarm.

Schwester: Kleopatra war von ihrem Vater Ptolemaios X. Auletes als Mitregentin ihres Bruders Ptolemaios Dionysios eingesetzt. Erst nach dessen Niederlage und Tod wird sie durch Cäsar Alleinherrscherin.

207. Septimius: Er war in Pompeius' Heer während des Seeräuberkriegs Kriegstribun gewesen und später nach Ägypten gekommen, um Ptolemaios Auletes wieder auf den Thron zu setzen.

Sophokles: Fragment 789 Nauck².

209. Lentulus: Vgl. S. 188.

GAIUS JULIUS CÄSAR

Wahrscheinlich ist die Einleitung, die von Cäsars Abstammung und Jugend gehandelt haben wird, verlorengegangen.

210. Cäsar: Geboren am 13. Juli 100 v. Chr. (nach Mommsen schon 102 v. Chr.), ermordet am 15. März 44 v. Chr.

Cinna: Vgl. Anmerkung zu S. 89.

Nikomedes: Nikomedes IV. Philopator, wie schon Vater und Großvater, Freund der Römer. Er vermacht sein Reich Rom.

Pharmakusa: In der Nähe von Milet.

211. Apollonios: Redner, Schriftsteller und Redelehrer von hohem Ansehen auch für politische Missionen von den Rhodiern benutzt. Bei einem solchen Aufenthalt in Rom hörte Cicero ihn.

212. ‚Cato‘: Cicero hatte 46 v. Chr. eine Lobrede auf den jüngeren Cato Uticensis geschrieben, die wegen ihres Freimuts Cäsars Ärger erregte. Cäsar stellte in seinem ‚Anticato‘ mit größter Erbitterung Cato als verächtlich, ja als lächerlich hin, nicht ohne allerdings Cicero stark zu schmeicheln. Vgl. S. 260.

213. Gattin: Cornelia, Cinnas Tochter, starb 68 v. Chr.

Pompeia: Sie war die Tochter des Quintus Pompeius Rufus und der Cornelia, einer Tochter Sullas. Sie gilt hier als Cäsars dritte Gemahlin, weil er vor seiner Ehe mit Cornelia mit Cossutia, der Tochter eines römischen Ritters, verlobt gewesen war.

215. CATULUS: Quintus Lutatius Catulus war der Sohn des Siegers von Vercellä. Er war ein aufrechter Mann, der gern anerkannte Führer des Senats. Er stand an der Spitze der Optimatenpartei, ohne ihre Fehler zu verteidigen. Er unterlag Cäsar bei der Wahl zum Pontifex Maximus.
ISAURICUS: Publius Servilius Vatia Isauricus hatte als erster Römer den Tauros überschritten und über die Isaurer, die mit den kilikischen Seeräubern verbündeten Bergstämme, gesiegt.

217. CLODIUS: Vgl. S. 172.
BONA DEA: „Gute Göttin". Ursprünglich nur Beiname der altrömischen Göttin Fauna. Wohl um 272 v. Chr. dringt von Tarent her die Verehrung einer griechischen Göttin Damia nach Rom. Auch bei ihrem Fest war die Anwesenheit der Männer verboten. Damia und Fauna-Bona dea verschmolzen miteinander.

218. ABRA: Es heißt eigentlich Lieblingssklavin, vielleicht ein semitisches Wort.

219. CRASSUS: Vgl. S. 143 und 181.

220. KALLAIKER: Im Nordwesten Spaniens.

226. OPPIUS: Gaius Oppius besaß Cäsars besonderes Vertrauen, der ihn für private wie politische Unterhandlungen gern benutzte. Von seinem „Leben Cäsars" können wir uns kein Bild machen.
TIGURINER: Ein helvetischer Stamm, der 58 v. Chr. beim Saone-Übergang schwere Verluste erlitt.

228. SEQUANER: Ein keltischer Gau in der heutigen Franche-Comté.

229. NERVIER: Zwischen Schelde und Sambre. Die Schlacht fand 57 v. Chr. an der Sambre statt.

230. FAVONIUS: Vgl. S. 189.

231. TANUSIUS: Geminus Tanusius hat ein Geschichtswerk wohl nach Cäsars Tod geschrieben, das uns nicht erhalten ist. Es scheint cäsarfeindlich gewesen zu sein.

233. AMBIORIX: Führer der Eburonen zwischen Maas und Rhein. Der Stamm hat jahrelang gegen Cäsar gekämpft und wurde 53 v. Chr. von Cäsar bis auf geringe Reste vernichtet.
CICERO: Quintus Tullius Cicero, den Bruder des Redners, hatte Cäsar als Bürgen für das Wohlverhalten seines Bruders mit nach Gallien genommen.

234. VERCINGETORIX: Der große Führer des gefährlichen Auf-

standes 52 v. Chr. Er nahm Gergovia und besiegte Cäsar,
wurde aber, als er eine offene Schlacht wagte, geschlagen und
zog sich nach Alesia zurück. Die Niederlage des Entsatz-
heeres zwang die Stadt zur Übergabe. Damit war die Freiheit des keltischen Gallien zu Grabe getragen. Vercingetorix
wurde 46 v. Chr. in Rom enthauptet.

235. ALESIA: In der Côte d'or bei Alise Sainte Reine. Die Stadt
lag auf einem Plateau, das sich 160–170 m über dem Tal erhebt. Ergebnisreiche Ausgrabungen im vorigen Jahrhundert.

238. NOVUM COMUM: Das heutige Como.

241. POLLIO: Vgl. Anmerkung zu S. 201.

243. DOMITIUS: Vgl. Anmerkung zu S. 177.
CORFINIUM: In den Abruzzen.

245. AFRANIUS: Vgl. Anmerkung zu S. 170.

250. PHARSALOS: Vgl. S. 196.
TRAUM: Den Traum erzählt Plutarch im Leben des Pompeius, S. 196.

251. SKOTUSSA: In der Nähe von Pharsalos.
DOMITIUS: Gnäus Domitius Calvinus, Konsul 53 v. Chr.
Ursprünglich Cäsars Gegner, tritt er im Bürgerkrieg auf
seine Seite. Vgl. S. 182, 257, 348.

252. DOMITIUS: Lucius Domitius Ahenobarbus. Vgl. Anmerkung zu S. 177.

254. TRALLES: In Karien, östlich von Ephesos am Mäander.
PATAVIUM: Padua, die Heimat des LIVIUS, der hier 59 v.
Chr. geboren wurde. In Rom schrieb er die Geschichte Roms
seit der Gründung in 142 Büchern, von denen uns 35 erhalten sind.

255. THEODOTOS: Vgl. S. 206.
VATER: Gemeint ist Ptolemaios X. Auletes. Vgl. S. 177, 205.

257. DOMITIUS: Der Cäsarianer. Vgl. S. 251.

258. ‚BÜRGER': Die Anrede ‚Bürger' quirites bedeutete allerdings
die härteste Strafe, die Cäsar aussprechen konnte, die Entlassung aus dem Kriegsdienst.

259. THAPSOS: Südöstlich von Karthago am Meer. Die Schlacht
fand am 6. April 46 v. Chr. statt.

261. SOHN: Er lebte bis 25 v. Chr. in Rom und regierte dann bis
22 n. Chr. auf dem väterlichen Thron. Seine literarische
Tätigkeit war sehr umfangreich, aber unselbständig.
BEVÖLKERUNGSZAHL: Es handelte sich nicht, wie Plutarch
irrtümlich angibt, um die Feststellung der Bevölkerungszahl,
sondern um die Zahl der Getreideempfänger, die vom Staat
unterhalten wurden. Vgl. Sueton, Cäsar 41.

262. Munda: In Spanien; die Lage ist noch nicht festgestellt. Der Tag der Schlacht war der 17. März 45 v. Chr.

263. Clementia: Die Verkörperung der Gnade und Milde. Cäsar war in dem Tempel Hand in Hand mit der Göttin dargestellt.

267. Luperkalien: Die Luperci sind die Priester des Faunus und ihrem Namen nach doch wohl die Wolfsabwehrer; vielleicht sollte ihr Umlauf die Herden vor Wölfen schützen, doch hat sich damit auch ein Fruchtbarkeitszauber verbunden.

268. Schwiegersohn: Die Mutter des Cäsarmörders Marcus Junius Brutus war Servilia, die Schwester des Cato Uticensis. Brutus heiratete in zweiter Ehe die Tochter dieses Cato. Brutus' Abstammung von dem Königsmörder ist nicht beweisbar.

269. Strabon: 63 v. Chr. bis 19 n. Chr. Er schrieb zwei Werke über Geschichte und Geographie; wertvoll weniger durch eigene Forschung als durch die von ihm benutzten Quellen.

270. Lepidus: Marcus Ämilius Lepidus, der Cäsarianer, schloß Ende 43 v. Chr. mit Antonius und Octavian das Triumvirat, spielte aber neben seinen Kollegen niemals eine Rolle und wurde mit der Provinz Afrika abgefunden. Augustus internierte ihn schließlich in Circeii.

274. Der jüngere Cäsar: Gaius Octavius, der Enkel der Schwester Cäsars, Julia, wurde nach dem Tode seines Vaters von Cäsar adoptiert und zum Erben eingesetzt. Daher sein Name Gaius Julius Cäsar Octavianus, später Imperator Cäsar Augustus.

275. Cinna: Gaius Helvius Cinna war 44 v. Chr. Volkstribun; man verwechselte ihn mit dem Cäsarmörder Cornelius Cinna.

276. Philippi: In Makedonien in der Nähe des heutigen Kavala. Octavian und Antonius siegten im Herbst 42 v. Chr. in zwei Schlachten über Brutus und Cassius.

CICERO

278. Helvia: Cicero spricht an keiner Stelle von seiner Mutter. Sein Bruder Quintus schildert sie in einem Brief (ad fam. 16, 26, 2) als sorgsame Hausfrau, die selbst leere Flaschen versiegelte, damit die Sklaven sich nicht entschuldigen konnten, die Flaschen seien leer gewesen, wenn sie sie ausgetrunken hätten.

Tullus Attius: Ausführlich berichtet Plutarch über ihn im ,Coriolan' 22, S. 21 ff.

Geburtstag: Im Jahr 106 v. Chr.

279. PLATON: Staat 475 b; Kröners Taschenausgabe Band 111, Platons Staat S. 184.

GLAUCUS: Ein Meergott, minder vornehm als der große Poseidon, daher von den Fischern besonders verehrt. – Von Ciceros Gedicht ist weiter nichts bekannt.

PHILON: Philon von Larissa kam in der Zeit des ersten mithridatischen Krieges nach Rom. Im Jahr 88 v. Chr. war Cicero sein Schüler. Mit Philon kehrte die Akademie wieder zum Dogmatismus zurück. Während KLEITOMACHOS, eine Generation vor Philon, als Anhänger des KARNEADES (156/155 in Rom) die Möglichkeit, die Wahrheit zu erkennen, leugnete und nur aus den Bedürfnissen der Praxis heraus die Wahrscheinlichkeit als möglich erklärte, milderte Philon wieder diese Skepsis. Sein Hauptinteresse galt der Ethik, wodurch er besonders dem Bedürfnis der Römer entgegenkam.

SCÄVOLA: Quintus Mucius Scävola Augur, Konsul 117 v. Chr., und sein Sohn Quintus Mucius Scävola Pontifex Maximus, Konsul 95 v. Chr., beide hervorragende, durch strenge Rechtlichkeit ausgezeichnete Verwaltungsbeamten und Juristen.

280. ANTIOCHOS VON ASKALON: Er war der Schüler Philons von Larissa. Seine Lehre wollte aus den bis dahin sich gegenüberstehenden Schulen der Stoa, der Akademie und des Peripatos ein einheitliches Lehrgebäude schaffen. Ein Eklektiker im guten Sinn.

KARNEADES: Vgl. Anmerkung zu S. 279.

281. XENOKLES: Xenokles aus Adramyttion (in Mysien), Menippos aus Stratonikeia (in Karien) und Dionysios aus Magnesia in Lydien oder Karien) werden von Cicero im ‚Brutus‘ 315 f. als seine Lehrer und als Meister der Beredsamkeit genannt.

282. GRÄCULUS: ‚Griechlein‘. Der Römer, dessen Ziel die politische Laufbahn und der Kriegsruhm war, konnte nur mit Geringschätzung auf die politisch ohnmächtigen, auf ihre Kunst und Bildung stolzen Griechen herunterschauen.

ROSCIUS: Quintus Roscius Gallus Comoedus, ein freigelassener Sklave. Er wurde später von Cicero in einem Prozeß verteidigt.

ÄSOP: Clodius Äsopus war berühmt als tragischer Schauspieler. Er war mit Cicero befreundet.

ATREUS: Thyestes hatte Aërope, die Gattin seines Bruders Atreus verführt. Atreus schlachtete deshalb die Kinder des Thyestes und tötete ihn selbst. Die Fabel ist von Sophokles und Euripides dramatisch behandelt.

284. VERRES: Gaius Verres hatte schon vorher bei der Verwal-

tung von Norditalien und Kleinasien sich zu bereichern verstanden. Seine Aussaugung Siziliens 73–71 v. Chr. führte zur Anklage. Er wurde verbannt.

HORTENSIUS: Quintus Hortensius Hortalus, etwas älter als Cicero, Konsul 69 v. Chr. Der elegante, berühmte Advokat war oft Ciceros Gegner. Er konnte es nicht verwinden, daß der Jüngere ihm den Rang abgelaufen hatte. Auch in ihrer Auffassung über den Stil der Rede standen sie gegeneinander. Trotzdem hat Cicero in seinen späteren rhetorischen Schriften die Größe seines damals schon verstorbenen Gegners gern anerkannt.

285. TERENTIA: Sie stammte aus einer patrizischen Familie, die aber nicht zu den ersten Geschlechtern Roms gehörte. Auch ihre Mitgift war nach den damaligen Begriffen nicht groß. So wird es doch wohl keine bloße Vernunftehe gewesen sein, die Cicero mit ihr schloß. Bis zu ihrer Scheidung, von der Plutarch S. 319 erzählt, wird das Verhältnis der beiden Ehegatten ebenso gewesen sein wie in den meisten Ehen Roms.

CRASSUS: Marcus Licinius Crassus Dives war zunächst Anhänger Sullas. Er machte sich um die Beendigung des Sklavenkrieges und die Besiegung des Spartacus verdient. Seinen politischen Einfluß in Rom verdankte er hauptsächlich seinem unermeßlichen Reichtum, den er vor allem in den sullanischen Proskriptionen zusammengerafft und später bedenkenlos vergrößert hatte. Er stand fast immer im politischen Gegensatz zu Pompeius. Im Jahr 60 schlossen Crassus, Cäsar und Pompeius das erste Triumvirat. Crassus fand den Tod im Kampf gegen die Parther bei Carrhä 53 v. Chr.

286. LICINIUS: Gaius Licinius Macer, Volkstribun 73 v. Chr., wurde 60 v. Chr. angeklagt und verurteilt.

VATINIUS: Vgl. Anmerkung zu S. 303.

287. PONTOS UND ARMENIEN: Es handelt sich um den Dritten mithridatischen Krieg. Nachdem Pompeius 66 und 65 siegreich gegen Mithridates und seinen Schwiegersohn Tigranes, König von Armenien, gekämpft hatte, organisierte er in den nächsten Jahren die Verwaltung des nunmehr römisch gewordenen Kleinasiens.

CATILINA: Lucius Sergius Catilina, ein verschuldeter Patrizier, gedachte durch Ausnutzung der verzweifelten sozialen Lage weiter Bevölkerungsschichten zur Macht zu kommen.

288. ANTONIUS: Gaius Antonius, der Oheim des späteren Triumvirn, war eine recht unerfreuliche Erscheinung. Er wurde 61 v. Chr. als Statthalter in Makedonien von den über seine Erpressungen empörten Untertanen erschlagen.

SULLAS GESETZE: Sulla hatte 80 v. Chr. nicht nur bei der ersten

Proskription 40 Senatoren und 1600 Ritter beseitigen lassen, er hatte auch das Gesetz gegeben, daß die Söhne und Enkel der Geächteten sich nicht mehr um ein Amt bewerben durften.

290. OTHO: Der Volkstribun Lucius Roscius Otho beantragte 67 v. Chr. dieses Gesetz.

BELLONA: Die Göttin des Krieges, als Schwester oder Gattin des Mars verehrt. Sie erhielt schon bald nach 300 v. Chr. einen Tempel in der Nähe des späteren Circus Flaminius.

291. SILANUS: Decimus Junius Silanus, Konsul 62 v. Chr. Er stimmte zunächst für die Hinrichtung der Catilinarier. Vgl. S. 301.

MURENA: Lucius Licinius Murena, Konsul 62 v. Chr., wurde von Cato wegen Bestechung angeklagt. Cicero verteidigte ihn.

SCIPIO METELLUS: Vgl. Anmerkung zu S. 334.

292. METELLUS: Quintus Cäcilius Metellus Celer siegte 62 v. Chr. bei Fäsulä (heute Fiesole) über die Verschworenen. Er starb plötzlich 59; die Schuld an seinem Tod schrieb man seiner Gattin Clodia zu. Vgl. S. 306 und die Anmerkung dazu.

FULVIA: Die Geliebte des Quintus Curio, der ihr die Pläne der Verschwörer verriet.

293. STATOR: Der Kult des Juppiter Stator, der dem Heer Standhaftigkeit verleiht, ist alt. Vielleicht schon um 294 v. Chr. wurde ihm ein Tempel geweiht, an den Plutarch hier denkt. Ein zweiter Tempel wurde 146 v. Chr. in der Nähe des Circus Flaminius erbaut.

294. SATURNALIEN: Vgl. Anmerkung zu S. 160.

ALLOBROGER: Wichtiger Keltenstamm zwischen Rhone und Isère. Sie waren damals in schwierige finanzielle Verhältnisse geraten, worauf die Catilinarier ihre Hoffnung bauten. Aus Cäsars Gallischem Krieg sind sie als treue Römerfreunde bekannt.

295. CONCORDIA: Der Tempel der Concordia, oberhalb des Forums, wurde 366 v. Chr. nach Beendigung der Ständekämpfe gegründet und 121 nach Abschluß der gracchischen Unruhen erneuert. Er wurde noch einmal im Jahr 10 n. Chr. geweiht.

PISO: Hier ist Gaius Calpurnius Piso, der Konsul von 67 gemeint, nicht der Schwiegervater Cäsars.

SULPICIUS: Gaius Sulpicius, Prätor 63 v. Chr. Sonst nicht bekannt.

296. BONA DEA: Vgl. Anmerkung zu S. 217.

297. NIGIDIUS: Publius Nigidius Figulus, Prätor 58 v. Chr., ein Polyhistor, der über Theologie, Naturwissenschaften und

Grammatik arbeitete, uns aber nur aus Fragmenten kenntlich ist. Er war Pythagoreer und astrologisch interessiert.

298. CATULUS: Vgl. Anmerkung zu S. 215.
CATO: Marcius Porcius Cato Uticensis, geb. 95 v. Chr.,
war der fanatische Republikaner und Gegner des Pompeius.
In seinem unbeugsamen, der Gerechtigkeit wie einer ver-
sinkenden Geschichtsepoche zugewandten Starrsinn, versuchte er, nach Cäsars Sieg 46 bei Thapsus mit verzweifelten Anstrengungen die Freiheit Roms vor dem kommenden
Monarchen zu retten. Als er die Unmöglichkeit des Widerstandes einsah, gab er sich bei Utica (westlich von Karthago) selbst den Tod. — Seine Biographie aufzunehmen, verbot leider der Raummangel.

299. „Sie haben gelebt!": Vixerunt.
METELLUS: Vgl. Anmerkung zu S. 303.
BESTIA: Lucius Calpurnius Bestia hatte zu den Catilinariern
gehört, war aber der Strafe entgangen. Aus Haß gegen Cicero verbot er ihm, beim Ausscheiden aus dem Amt die
übliche Schlußrede zu halten.

301. ARISTOTELES: Die Stelle steht bei Cicero im Lucullus
(Acad. priora) 2, 38, 119.
PLATONS Dialoge: Cicero Brutus 31, 121.
KRATIPPOS: Wir wissen von seiner Lehre wenig. Cicero
nennt ihn (div. 1, 3, 5) seinen Freund und bezeichnet ihn
schmeichelhaft als einen der größten Peripatetiker. Später
lebte Kratippos wieder in Mytilene, wo ihn Pompeius auf
seiner Flucht nach Ägypten besuchte. Vgl. ‚Pompeius‘ 75,
S. 203.
HERODES: Ein Herodes war Geschäftsführer des Atticus;
vielleicht ist er hier gemeint.
GORGIAS: Lehrer der Redekunst in Athen. Ciceros Sohn
spricht (ad fam. 16, 21, 6) von dem Verbot seines Vaters,
weiter mit ihm zu verkehren. Der Brief des Vaters ist ebensowenig erhalten wie die anderen von Plutarch erwähnten.

302. MUNATIUS UND SABINUS: Sie sind im Kreise Ciceros sonst
nicht nachweisbar. Es liegt wohl ein Versehen Plutarchs vor.

303. VATINIUS: Publius Vatinius, ein skrupelloser Anhänger Cäsars, deshalb Cicero immer unangenehm. Trotzdem mußte
er ihn einmal auf Cäsars Wunsch verteidigen. Von 45 an
war er Statthalter in Illyrien; nach Cäsars Tod übergab er
Brutus die Provinz. Vgl. S. 286 und 351.
GELLIUS: Lucius Gellius Poplicola, Konsul 72 v. Chr., war
136 geboren. Ein eifriger Anhänger Ciceros.
OCTAVIUS: Nicht weiter bekannt. – Die Sitte, Schmuck in
einem Ohr zu tragen, war afrikanisch.
METELLUS: Quintus Cäcilius Metellus Nepos verbot 62 als

Volkstribun Cicero, die bei Niederlegung des Konsulats übliche Rede zu halten. Vgl. S. 299.

SESTIUS: Publius Sestius, Cäsaranhänger, trat für Ciceros Rückberufung aus der Verbannung ein. Da Clodius ihn wegen Unterschlagung und Gewalttat anklagte, übernahm Cicero seine Verteidigung. Vgl. S. 331.

304. CONSTA: Sonst unbekannt; vielleicht ist der Name in den Handschriften verderbt.

ADRASTOS: König von Argos. Er gab seine beiden Töchter Tydeus und Polyneikes, die aus ihrer Heimat vertrieben waren, in die Ehe.

COTTA: Lucius Aurelius Cotta, Konsul 65 v. Chr., Zensor 64. Er war es, der für Cicero zum Dank für die Niederschlagung der catilinarischen Revolution die sog. ovatio, eine weniger ehrenvolle Art des Triumphes, beantragt hatte.

PHOIBOS: Das Zitat stammt aus Euripides' verlorenem Drama Oidipus. Trag. Graec. frgm. S. 911 Nauck[2].

GELLIUS: Sonst unbekannt.

305. CLODIUS: Anmerkung zu S. 172.

POMPEIA: Diese Geschichte erzählt Plutarch ausführlicher im ‚Cäsar' 9, Römische Heldenleben, Kröner, S. 217 ff.

ABRA: Vgl. Anmerkung zu S. 218.

306. CLODIA: Schwester des berüchtigten Clodius. Catull hat sie unter dem Namen Lesbia in seinen Liedern unsterblich gemacht. Eine der unerfreulichsten Erscheinungen in der Sittengeschichte Roms. Vgl. Anmerkung zu S. 292.

MARCIUS: Quintus Marcius Rex, Konsul 68 v. Chr. als Feldherr in verschiedenen Kämpfen bewährt.

METELLUS: Vgl. Anmerkung zu S. 292.

307. PISO: Lucius Calpurnius Piso Cäsoninus, der Schwiegervater Cäsars, Konsul 58. Wegen seiner Übergriffe in seiner Statthalterschaft in Makedonien von Cicero aufs heftigste angegriffen.

GABINIUS: Aulus Gabinius, Konsul 58. Er unterstützte Clodius' Antrag, Cicero zu verbannen. Er war der treue Anhänger des Pompeius und hat in seinem Gefolge und später auch allein im Osten politisch und militärisch eine wichtige Rolle gespielt.

309. PISO: Gaius Calpurnius Piso Frugi. Er starb schon 57 v. Chr.

310. VIBO: Als griechische Kolonie unter dem Namen Hipponium gegründet. Wichtiger Stützpunkt der römischen Macht in der Südwestspitze Italiens im Bruttierland, nicht, wie Plutarch angibt, in Lukanien.

DYRRHACHION: Heute Durazzo.

311. LENTULUS: Publius Cornelius Lentulus Spinther, Konsul 57 v. Chr.

MILO: Titus Annius Milo Papinianus, Sohn eines Papius, vom mütterlichen Großvater adoptiert. Volkstribun 57 v. Chr. Als Pompeius sich des Clodius und seiner Banden nicht mehr erwehren konnte, nahm er Milo als Bandenführer in Sold; Clodius von diesem erschlagen, Milo trotz Ciceros Verteidigung verurteilt.

CLODIUS: Cicero bestritt die Rechtsgültigkeit der Adoption, weil der Adoptierende jünger war als Clodius.

313. MURENA: Lucius Licinius Murena hatte sich in den Kriegen gegen Mithridates ausgezeichnet. Nach seiner Bewerbung um das Konsulat wurde er wegen Bestechung der Wählermassen angeklagt, von Cicero, Crassus und Hortensius verteidigt und freigesprochen.

CRASSUS: Publius Licinius Crassus Dives, Sohn des S. 286 erwähnten Crassus; Freund Ciceros. Er kämpfte unter Cäsar in Gallien und fiel, wie sein Vater, bei Carrhä im Partherkrieg 53 v. Chr. Seine Witwe Cornelia wurde die Gattin des Pompeius. Von seiner Liebe zu ihr spricht Plutarch im ,Pompeius' 53, S. 179.

PARTHERKRIEG: Vgl. Anmerkung zu S. 160.

AUGUREN: Bei der engen Verbindung des römischen staatlichen Lebens mit den Göttern konnte kein wichtiger Staatsakt, z. B. Amtsantritt der Magistrate, Ausmarsch des Heeres, Volksversammlungen ohne vorherige Erforschung des göttlichen Willens vollzogen werden. Diese ursprünglich rein religiöse Einrichtung wurde später zu einem Werkzeug der Politik. Das Kollegium der Auguren (seit Sulla 15 Mitglieder) gehörte zu den vornehmsten der Stadt.

KAPPADOKIEN: Der Osten Kleinasiens zwischen Schwarzem Meer und Tauros.

314. AMANOSGEBIRGE: Der östliche Ausläufer der Tauros vom Golf von Alexandrette bis zum Euphrat, bekannt durch seine räuberische Bevölkerung.

KARIEN: Der Südwesten Kleinasiens.

316. DOMITIUS: Lucius Domitius Ahenobarbus, Konsul 54 v. Chr., sollte als Cäsars Nachfolger Gallien übernehmen, wurde aber im Anfang des Bürgerkrieges von Cäsar bei der Einnahme von Corfinium gefangen. Freigelassen, schloß er sich Pompeius an. Nach der Schlacht bei Pharsalos wurde er auf der Flucht getötet.

THEOPHANES: Er begleitete Pompeius auf seinen Feldzügen als sein begeisterter Geschichtsschreiber. Doch kennen wir sein Geschichtswerk nur aus den Erwähnungen bei anderen Historikern. Pompeius schenkte ihm das Bürgerrecht und machte ihn zum Kommandeur der Pioniertruppen. Vgl. Anmerkung zu S. 163.

317. Pharsalos: Vgl. Anmerkung zu S. 196.

Der junge Pompeius: Er setzte nach Pharsalos den Kampf gegen Cäsar fort und wurde 45 bei Munda in Spanien geschlagen und auf der Flucht ermordet.

‚Cato‘: Vgl. Anmerkung zu S. 212.

Ligarius: Quintus Ligarius blieb auch nach dem Freispruch, den er Cicero zu verdanken hatte, Cäsars erbitterter Feind und gehörte später zu den Verschworenen. Er kam 43 durch die Proskriptionen mit seinen Brüdern um.

318. Griechische Ausdrücke: ἡ φαντασία Vorstellungskraft; ἡ ἐποχή Zurückhaltung des Urteils; ἡ συγκατάθεσις Zustimmung; ἡ κατάληψις das Erfassen mit dem Geist, das Begreifen, der Begriff; τὸ ἄτομον und τὸ ἀμερές das Unteilbare, das unendlich Kleine; τὸ κενόν das Leere.

Tusculum: Das heutige Frascati.

319. Junges Mädchen: Publilia. Ihr Vater hatte Cicero zum Erben eingesetzt mit der Verpflichtung, das Vermögen der Publilia zu übergeben. Da Cicero in Schulden steckte, vor allem weil er der geschiedenen Terentia die Mitgift zurückzahlen mußte, heiratete er Publilia. Doch stellte sich bald gegenseitige Abneigung heraus, und Cicero trennte sich wieder von ihr. Freilich mußte er nun auch diese Mitgift wieder zurückzahlen, aber der Tod hinderte ihn daran. Publilia hat später wahrscheinlich noch einmal geheiratet.

Tiro: Marcus Tullius Tiro war Ciceros Privatsekretär. Ursprünglich Sklave, wurde er wegen seiner außerordentlichen Treue und Zuverlässigkeit freigelassen.

320. Seine Tochter: Tullia war in erster Ehe mit Gaius Calpurnius Piso, der nach wenigen Jahren starb, verheiratet, in zweiter vielleicht mit Furius Crassipes. Die nächste Ehe mit Publius Cornelius Dolabella war unglücklich. Doch konnte Cicero sich aus politischen Gründen, um Dolabella nicht vor den Kopf zu stoßen, lange nicht zur Scheidung entschließen. Der Sohn, von dem hier die Rede ist, wurde mehrere Monate nach der Scheidung geboren. – Weshalb Dolabella hier (wie auch in einigen Briefen Ciceros) Lentulus heißt, ist nicht ganz durchsichtig. Vgl. Anm. zu S. 319.

Antonius: Marcus Antonius, Cäsars treuer Anhänger, hatte an seiner Seite in Gallien und im Bürgerkrieg gekämpft. Im Jahr 44 bekleidete er mit Cäsar zusammen das Konsulat. Im Krieg gegen die Cäsarmörder siegte er mit Octavian bei Philippi. Nach der Schlacht übernahm er die Regierung des Ostens, geriet aber in Konflikt mit Octavian. Am 2. September 31 wurde er bei Actium geschlagen und gab sich den Tod.

321. Dolabella: Publius Cornelius Dolabella war Ciceros

Schwiegersohn, Cäsaranhänger. Er bekam von Antonius die Statthalterschaft von Syrien zugewiesen.

HIRTIUS UND PANSA: Aulus Hirtius und Gaius Vibius Pansa, Konsuln 43 v. Chr., Cäsaranhänger. Sie siegen bei Mutina April 43 über Antonius. Hirtius fiel in der Schlacht, Pansa erlag am Tag darauf seinen Verwundungen.

322. CÄSAR OCTAVIAN: Vgl. Anmerkung zu S. 274.

APOLLONIA: Südlich von Durazzo, Ausgangspunkt der Via Egnatia, die ins Innere von Mittelgriechenland führte.

MUTTER OCTAVIANS: Atia, die Tochter des Marcus Atius Balbus und der Schwester Cäsars, Julia, war die Gattin des Gaius Octavius. Nach dem Tod des Octavius heiratete sie Lucius Marcius Philippus.

323. ATTICUS: In Brutus' Briefen 1, 17, 5.

ANTONIUS' NIEDERLAGE: Vgl. Anmerkung zu S. 320.

324. LEPIDUS: Vgl. Anmerkung zu S. 270.

BONONIA: Das heutige Bologna.

325. ASTURA: Zur Zeit Ciceros eine kleine Insel in der Mündung des Astura an der latinischen Küste bei Anzio mit einem Landgut des Cicero. Heute ist die Insel mit dem Festland verwachsen.

327. POMPONIA: Die Schwester des Atticus. Sie lebte mit Quintus Cicero in unglücklicher Ehe.

BRUTUS

329. JUNIUS BRUTUS: Lucius Junius Brutus war nach dem Sturz des Königsgeschlechts der Tarquinier angeblich 509 v. Chr. der erste Konsul. Da seine Söhne sich an einer Verschwörung der Tarquinier beteiligten, verurteilte er sie zum Tode.

CASSIUS: Gaius Cassius Longinus war 85 v. Chr. geboren. Er kämpfte unter Crassus in Syrien und führte im Bürgerkrieg Pompeius' Flotte. Nach Pharsalos söhnte er sich mit Cäsar aus. Das übrige erzählt Plutarch.

SERVILIA: Die Stiefschwester des Cato Uticensis und Gattin des Marcus Junius Brutus, den Pompeius nach der Einnahme von Mutina 77 töten ließ. (Vgl. Plutarch ‚Pompeius‘ 16, S. 138.) Ihr Verhältnis zu Cäsar, von dem Plutarch S. 331 erzählt, ist unhistorisch.

MÄLIUS: Spurius Mälius wollte nach der Legende 440 v. Chr. sich zum König machen und wurde deshalb von Gaius Servilius AHALA erschlagen.

330. POSEIDONIOS: Geboren um 135 v. Chr. in Apameia, lebte er später in Rhodos und unternahm weite Reisen nach dem Westen aus wissenschaftlichem Interesse. Er beherrschte Mathematik, Geographie, Geschichte ebenso genial wie die Phi-

losophie, in der er der schöpferische Schüler seines Lehrers, des Stoikers Panaitios war. Da seine Werke verloren gingen und nur ein Abglanz von ihnen in den Schriften seiner späteren Benutzer erhalten ist, wurde er bis in die neueste Zeit unterschätzt. Allmählich beginnt sich das Bild seiner Größe in der wissenschaftlichen Forschung zu klären.

CATO: Gemeint ist der Cato Uticensis, zu dem die Anmerkung zu S. 298 zu vergleichen ist. Er heißt hier Philosoph, weil er die stoische Lehre, deren Anhänger er war, durch seinen freiwilligen Tod besiegelt hat. – Seine Tochter Porcia heiratete nach dem Tod ihres ersten Gatten, des Calpurnius Bibulus, im Jahr 45 Brutus. Sie war eine ebenso fanatische Anhängerin der Republik wie ihr Gatte. Die Nachricht von ihrem Selbstmord, die Plutarch S. 379 erzählt, klingt unwahrscheinlich.

ANTIOCHOS: Vgl. die Anmerkungen zu S. 279 und 280.

XANTHOS UND PATARA: Zwei Städte im Westen der Südküste von Kleinasien. Von ihrer Einnahme durch Brutus berichtet Plutarch S. 357 ff.

331. PTOLEMAIOS: Ptolemaios XI., der Regent von Cypern, das die Römer damals vom ägyptischen Reich abtrennten.

PAMPHYLIEN: An der Südküste Kleinasiens zwischen Lykien und Kilikien.

SESTIUS: Vgl. Anmerkung zu S. 303.

333. LARISSA: Vgl. Anmerkung zu S. 201.

DEIOTARUS: Vgl. Anmerkung zu S. 202.

334. SCIPIO: Quintus Cäcilius Metellus Pius Scipio, Sohn des Publius Cornelius Scipio Nasica, war von Quintus Metellus Pius adoptiert (vgl. S. 291). Bei Pharsalos kämpfte er auf Pompeius' Seite, übernahm dann das Kommando über die Pompeianer, wurde aber bei Thapsus von Cäsar geschlagen und gab sich den Tod.

336. CALENUS: Quintus Fufius Calenus stand im Bürgerkrieg auf Cäsars Seite und eroberte für ihn 48 v. Chr. Griechenland.

337. CÄSARS LEBEN: Plutarch ,Cäsar' 60 f., S. 266 ff.

338. LIGARIUS: Vgl. Anmerkung zu S. 317.

FAVONIUS: Er wollte Catos schwärmerisch verehrtes Wesen nachahmen. In seiner Politik war er seltsam schwankend: er trat gegen Pompeius auf, als man ihm unbeschränkte Vollmacht erteilen wollte, aber selbst nach Pharsalos verließ er ihn nicht. An der Verschwörung gegen Cäsar nahm er nicht teil, trat aber später auf Brutus' und Cassius' Seite. Nach der Schlacht von Philippi ließ Octavian ihn hinrichten. – Vgl. S. 189, 230.

339. LABEO: Pacuvius Antistius Labeo, der Vater des berühmten

Juristen Labeo, war Jurist. Plutarch nennt ihn S. 351 Antistius. Über seinen Tod vgl. S. 377.

ALBINUS: Decimus Junius Brutus Albinus hatte unter Cäsar in Gallien an dem Kampf gegen die Veneter und gegen Vercingetorix teilgenommen. Im Bürgerkrieg hatte Cäsar ihn mit der Führung der Flotte betraut und ihm zur Belohnung die Verwaltung Oberitaliens übertragen. Trotzdem nahm er an der Verschwörung teil. Er wurde später von Antonius getötet.

340. BIBULUS: Porcias Sohn aus ihrer ersten Ehe mit Marcus Calpurnius Bibulus. Seine ‚Erinnerungen' gehören in die Reihe der damals nicht seltenen Werke, in denen man seine eigenen Taten verherrlichen oder verteidigen wollte. Sie sind nicht erhalten.

342. CASCA: Publius Servilius Casca Longus, Volkstribun von 43.

343. TREBONIUS: Auch Gaius Trebonius war Cäsars Legat in Gallien und Britannien gewesen und von Cäsar noch im Jahr 45 v. Chr. zum Konsul bestimmt worden. Er wurde 43 getötet.
CIMBER: Lucius Tillius Cimber war ebenfalls Cäsars Freund gewesen. Wahrscheinlich ist er bei Philippi gefallen.

345. CINNA: Lucius Cornelius Cinna hatte auf Sertorius' Seite in Spanien gefochten. Von Cäsar begnadigt, wurde er 44 Prätor. Mit ihm verwechselte die Volksmenge den Volkstribunen desselben Jahres, Gaius Helvius Cinna. Vgl. S. 347 und 275.

346. PLANCUS: Lucius Munatius Plancus hatte in Gallien und im Bürgerkrieg im Heer Cäsars gedient und war von ihm ausgezeichnet worden. Trotzdem trat er nach Cäsars Ermordung für die Straffreiheit der Cäsarmörder ein. Später schloß er sich den Triumvirn an. Seine politische Überzeugung bestand darin, stets zu der erfolgreichen Partei zu gehören.

348. CICERO: In seinem Brief an Atticus (15, 26, 1) weigert er sich, Brutus' Bitte zu erfüllen, und bittet Atticus, an seiner Stelle ins Theater zu gehen.
PARTHER: Von diesem Plan spricht Plutarch auch im ‚Cäsar' 58, S. 264.

350. BRUTUS AN CICERO: ad Brutum 1, 16 und 17. Vgl. S. 323.
VELIA: Südlich des Golfs von Salerno. Schon im 6. Jahrhundert gegründete griechische Kolonie, berühmt als Sitz der eleatischen Philosophenschule.
ZITAT: Ilias 6, 429, 491.
THEOMNESTOS: Schulhaupt der Akademie um 44 v. Chr. Sonst kaum bekannt.

KRATIPPOS: Vgl. Anmerkung zu S. 301.

APULEIUS: Marcus Apuleius war 43 Quästor in Griechenland und lieferte dort Schiffe und Gelder an Brutus aus. Cicero (Philipp. 10, 11, 24) lobt ihn, weil er Brutus als erster bei der Aufstellung des Heeres unterstützt habe.

KARYSTOS: An der Südspitze von Euboia.

ZITAT: Ilias 16, 849. – Letos Sohn ist Apollon, dessen Name als der ‚Zerstörer‘ gedeutet wurde.

351. ANTISTIUS: Vgl. Anmerkung zu S. 339 (Labeo).

DEMETRIAS: Thessalische Stadt an der Nordküste des Pagasäischen Golfs, ausgezeichneter Stützpunkt im Kampf gegen Thessalien.

HORTENSIUS: Quintus Hortensius Hortalus war der Sohn des Redners Hortensius (vgl. Anmerkung zu S. 284). Mit dem Geld seines Vaters verstand er nicht umzugehen, doch im Bürgerkrieg war er ein brauchbarer Truppenführer auf Cäsars Seite. Er wurde von Antonius proskribiert und getötet. Vgl. S. 354.

GAIUS ANTONIUS: Er war von seinem Bruder Marcus Antonius gegen den Willen des Senats zum Statthalter von Makedonien ernannt. Brutus belagerte ihn 43 v. Chr. in Apollonia und ließ ihn im folgenden Jahr töten. Vgl. S. 354.

VATINIUS: Vgl. Anmerkung zu S. 303.

EPIDAMNOS: Der ältere Name für Dyrrhachion.

APOLLONIA: Vgl. Anmerkung zu S. 322.

352. BUTHROTON: Hafen an der Küste von Epeiros, Korfu gegenüber.

BYLLIS: Wahrscheinlich in der Nähe von Apollonia.

353. CORNIFICIUS: Lucius Cornificius hat später als Flottenkommandant und als Statthalter von Afrika Augustus wertvolle Dienste geleistet.

AGRIPPA: Marcus Vipsanius Agrippa war der Jugendfreund Octavians und hat mit ihm von dem Augenblick seiner Landung in Italien nach Cäsars Ermordung ein langes Leben hindurch als großer Politiker, erfolgreicher Verwaltungsbeamter und siegreicher Feldherr und Flottenführer mit ihm zusammengearbeitet.

354. KYZIKOS: An der Südküste des Marmarameeres.

356. CARBO: Gnäus Papirius Carbo war Sullas Gegner. Vgl. Plutarch ‚Sulla‘ 28, ‚Pompeius‘ 10, S. 111 und 131.

359. PELUSIUM: Im östlichen Nildelta. Als Hafen und militärischer Stützpunkt wichtig. – Über Pompeius' Flucht und Tod ausführlicher Plutarch im ‚Pompeius‘ 76, S. 205 ff.

HOMER: Ilias 1, 259.

362. EPIKUR: Athen, 341–270 v. Chr. Die ‚Lust‘ ist ihm das Frei-

sein vom Schmerz des Körpers, besonders aber der Seele; daher das höchste Ziel die Gemütsruhe. Weil sie aber durch die Teilnahme an dem Staatsleben gefährdet wird, soll der Philosoph sich von der Politik fernhalten. Die Götter kümmern sich nicht um die Menschen, weil sie in ewiger Ruhe und Sorglosigkeit leben. Deshalb ist auch die Furcht vor ihnen töricht. – Seine Lehre schon im Altertum mißverstanden, so daß das Wort epikuräisch, wie es heute gebraucht wird, den echten Sinn der Lehre Epikurs verfehlt.

363. NORBANUS: Gaius Norbanus Flaccus war Legat unter Antonius und Octavian. Später kämpfte er in Spanien und wurde Statthalter von Kleinasien.
STENA: Wahrscheinlich der Paß, der von dem heutigen Kavala nach Norden in die Ebene von Philippi führt.

365. MESSALLA: Marcus Valerius Messalla Corvinus ging nach Philippi zu Antonius und Octavian über. Er war 31 v. Chr. mit Augustus zusammen Konsul, woraus sich sowohl sein Ansehen beim Kaiser wie seine Treue zu ihm ergibt.

371. BRIGES: Auch Bryges genannt. Es ist ein in verschiedenen Gegenden der Balkanhalbinsel seßhaftes Volk, das zu den Thrakern gehört.

375. CATOS SOHN: Marcus Porcius Cato hatte seinen Vater, den Uticensis, begleitet, als er nach der Schlacht von Pharsalos den Krieg gegen Cäsar führte. Bei Utica hatte er den Selbstmord seines Vaters nicht hindern können. Von Cäsar begnadigt, wurde er nach dessen Ermordung Brutus' Anhänger und fiel bei Philippi. Er war wohl der letzte dieses großen Geschlechtes.

377. VERSE: Euripides Medea 332.

385. FLAVIUS: Gaius Flavius, Freund des Brutus und des Gaius Piso, des Schwiegersohnes Ciceros.
LABEO: Vgl. Anmerkung zu S. 339.

379. VALERIUS: Valerius Maximus schrieb nach 31 n. Chr. eine noch erhaltene, ohne viel Geist zusammengestellte Beispielsammlung berühmter Taten und Worte, wie sie in Rhetorenschulen gern und fleißig gebraucht wurden.
NIKOLAOS: Er war 64 v. Chr. in Damaskos geboren. Ein außerordentlich fruchtbarer Schriftsteller; er befaßte sich mit Geschichte, Völkerkunde, Meteorologie, Philosophie. Er schrieb Dramen und eine Selbstbiographie. Außer Fragmenten ist seine Pflanzengeschichte in einer lateinischen Bearbeitung erhalten.
VERGLEICH: Das Charakteristische an Plutarch ist es, daß er fast überall einen Griechen und einen Römer als Parallelgestalten einander gegenüberstellt. So gehören z. B. aus den

zwei Bänden dieser Übersetzung folgende Helden zusammen: Perikles und Fabius Maximus; Alkibiades und Coriolanus; Alexander und Cäsar; Agis und Kleomenes und die beiden Gracchen. Oft hat Plutarch an die Darstellung der Lebensgeschichte eine Synkrisis, einen Vergleich der beiden Männer, angeschlossen. Hier mag die Synkrisis des Dion und Brutus als ein Beispiel für viele stehen. – Vgl. Griechische Heldenleben, Kröner, S. XXVI.

383. PLATON: Briefe 3, 4, 7, 8, 13.

ÜBERSICHT ÜBER DIE RÖMISCHE GESCHICHTE

Zu dem Leben C o r i o l a n s, wie es Plutarch im Anschluß an römische Quellen so wirkungsvoll geschildert hat, ist zu sagen, daß alle Nachrichten über den Helden sich nicht in den historischen Verlauf der Ereignisse einordnen lassen. Der Charakter der Erzählung macht es deutlich, daß erst in langer Zeit die einzelnen Teile der Legende zusammengewachsen sind. So ist das tragische Bild des gewaltigen Mannes entstanden, der als echter Aristokrat den Kampf gegen die Masse führt, der aber als echter Römer die Liebe zur Heimatstadt schließlich doch über seinen Haß gegen die Masse siegen läßt.

Wenn man von diesem Vorspiel aus älterer Zeit absieht, das mehr der Legende als der wirklichen Geschichte angehört, umschließt nur ein einziges Jahrhundert die Geschichte der Männer, deren Lebensbilder in diesem Band vereinigt sind. Sie setzt etwa ein mit dem schicksalsschweren Jahr 133, in dem der jüngere Scipio Africanus die spanische Bergfestung Numantia eroberte und der ältere Gracchus seinen Kampf für die Wiederansiedlung des von seiner Scholle verdrängten italischen Bauerntums begann, und sie endet mit dem Jahr 42, da der Cäsarmörder Brutus sich den Tod gab.

Das 2. Jahrhundert v. Chr. war für den römischen Staat ein Jahrhundert raschen Wachstums und starker Umwälzungen. Zu dem ungeheuerlichen Aderlaß, den das Wüten des Hannibalischen Kriegs in Italien selbst in anderthalb Jahrzehnten der Bauernbevölkerung gebracht hatte, traten die nie endenden Kriege, die Jahr für Jahr die Jungmannschaft in die Provinzen führten. Zudem war in Italien die Entwicklung dahin gegangen, daß der landwirtschaftliche Grundbesitz sich in den Händen der römischen Reichen zusammengeballt hatte und die Bauern, verarmt und vertrieben, als Proletarier in die Hauptstadt gezogen waren. Woher sollten Roms Heere ihre Mannschaften holen, wenn Italiens Dörfer sich entvölkerten und statt der Bauerngehöfte sich an den Rändern der menschenleeren Weideflächen Sklavenkasernen erhoben mit ihren stets zur Meuterei geneigten, teilweise fremdrassigen Sklavenmassen? Die Gefahr, die darin für die national-italische Wehrkraft lag, sah mancher, ohne den Mut zu besitzen, zu dem einzig rechten Mittel zu greifen. Denn das hätte geheißen, im Kampfe gegen die Besitzenden die Landlosen wieder aus der Stadt hinauszuführen und seßhaft zu machen. T i b e r i u s und G a i u s G r a c c h u s besaßen den Mut. Sie waren die Söhne der Cornelia aus der Familie der Scipionen, einer der edelsten Frauen, von denen die römische Geschichte berichtet. Den Weg, seinem Volk zu helfen, bot Tiberius das Amt als Volkstribun. Als er 133 dieses Amt bekleidete, versuchte er durch die Erneuerung einer alten vergessenen Bestimmung, die landlose Bevölkerung wieder in den Besitz der verlorenen Güter zu bringen. Die Nobilität, die den Verlust lange besessenen Gutes befürchten mußte, raste, Italien zerfiel in zwei feindliche Lager. Tiberius brachte sein Gesetz durch, aber bei der Abstimmung über seine Wiederwahl wurde er mit 300 Anhängern erschlagen, und vergebens versuchte sein Bruder Gaius, die Leiche zur Bestattung zu bekommen. Gaius war neun Jahre jünger als sein Bruder, und wenn Tiberius aus Liebe zu seinem Volk die Ackergesetzgebung erkämpft hatte, so war Gaius gewiß von derselben Liebe erfüllt. Aber ebenso heiß durchglühte ihn der Haß gegen die Nobilität und das Senatsregiment, die Mörder seines Bruders. Nach Tiberius' Tod blieb der Ausschuß zur Ackeranweisung, in den auch Gaius als Mitglied gewählt wurde, zunächst bestehen. Aber dann wurde seine Tätigkeit durch ein Gesetz des erbittertsten Gegners der Gracchen, des Scipio Nasica, lahmgelegt. Bald darauf fand man Scipio tot auf: niemand hat den Tod erklären können. Unablässig arbeitete Gaius an seinen politischen Zielen, bis er 123 Volkstribun wurde. Daß er die Äckerverteilung wieder weitertrieb, war sachlich gerechtfertigt. Aber der Sicherung seiner persönlichen Stellung diente es, wenn er durch die in ihren Auswirkungen gar nicht zu übersehende Getreideverbilligung die großstädtische Bevölkerung an sich fesseln wollte, und Rache war es, als er dem Senat die Besetzung der Gerichtshöfe entzog und sie den Rittern übertrug. Von weiteren politischen Arbeiten wissen wir wenig. Allmählich verlor er aber die Anhänglichkeit des Volkes, und als es zum letzten Kampf mit der wieder erstarkten Senatspartei kam, fand er den Tod: einer der großen Männer der Geschichte, die, von ihrem Volke unverstanden, auf die Bahn des Aufruhrs getrieben werden und so scheitern müssen.

Seit dem Tribunat des Tiberius Gracchus 133 ist das römische Volk ein volles Jahrhundert hindurch von den erbittertsten, verlustreichsten Bruderkämpfen zerrissen worden. Mit Marius kam die Volkspartei zum Regiment, nach seinem Tod setzte Sulla noch einmal die Senatspartei in den Sattel. Wie ungeheuerlich aber die Lebenskraft dieses Volkes war, kann man daran ermessen, daß neben diesen inneren Kämpfen gleichzeitig immer wieder die Grenzen weiter hinausgerückt wurden oder gegen anstürmende Feinde verteidigt werden mußten. Mithridates, König von Pontus am Schwarzen Meer, hatte an einem Tag des Jahres 88 alle Italiker in Kleinasien ermorden lassen. Um die Ruhe in Italien während seiner Abwesenheit zu sichern, stürzte S u l l a Marius' Herrschaft, um dann mit dem Heer gegen Mithridates zu ziehen. Während er in Griechenland, dann in Asien gegen den Empörerkönig kämpfte, brachen die von ihm geordneten Verhältnisse in Rom wieder zusammen. Unter Marius' und Cinnas sinnloser Willkür – man kann die Ausdrücke nicht scharf genug wählen – verbluteten die Angehörigen der Nobilität und Ritterschaft, bis endlich nach fast fünfjähriger Abwesenheit Sulla heimkehrte als Sieger über den Osten und nun die ebenso grausige Niedermetzelung der Marianer einsetzte. Als Sulla dann die Herrschaft seiner Partei durch gesetzliche Maßnahmen fest gegründet hatte, zog er sich ins Privatleben zurück (79). Aber seine Schöpfung war nicht von Dauer: denn die gegnerische Partei war zwar unterdrückt, aber nicht vernichtet. Zudem war in der letzten Zeit der alte römische Grundsatz, daß das Konsulamt nur einmal im Leben ein Jahr lang verwaltet werden solle, immer öfter durchbrochen worden. Marius hatte eine Weissagung seiner Jugend erfüllt und siebenmal das höchste Amt bekleidet, Sulla in der Diktatur mit königlicher Gewalt geherrscht. So hatten sich in der Ordnung des alten römischen Freistaates, der nichts mehr haßte und fürchtete als das Königtum, die Zeichen einer neuen, andersgearteten Zeit gezeigt, die von der Herrschaft e i n e s Mannes getragen sein sollte, wie schon Marius und Sulla begonnen hatten, ihrer Epoche Gepräge und Namen zu geben. Als Sullas Stern verblaßte, begann der des P o m p e i u s zu steigen. Er hatte auf eigene Kosten ein Heer aufgestellt, um es Sulla bei seiner Heimkehr aus dem Osten 83 zuzuführen. Dann kämpfte er in den siebziger Jahren in Spanien gegen die Marianer und ihren genialen und unglücklichen Führer Sertorius; auf dem Rückmarsch rieb er die elenden Reste flüchtender Sklavenscharen auf, verbündete sich in Rom mit dem reichsten Emporkömmling der Zeit, Crassus, säuberte in einem wahrhaft groß angelegten Feldzug das Mittelmeer von den Seeräubern und war Staatsmann und Mensch genug, sie nach ihrer Niederwerfung anzusiedeln. Da sich Mithridates, diesmal mit seinem Schwiegersohn Tigranes von Armenien, wieder erhoben hatte und das Ende schlimmer schien als der Anfang, erhielt Pompeius den Oberbefehl im Osten. Aber ihm ging es um mehr als um den Kampf gegen Mithridates, und er hat sich dort als der große Schöpfer eines römischen Friedens bewährt nicht nur durch die Einrichtung oder Neuordnung von drei Provinzen: er hat auch durch das Eingreifen in die inneren Verhältnisse der mehr oder weniger befreundeten, noch selbständigen Staaten die Herrschaftsansprüche Roms deutlich genug gezeigt. In Jerusalem belagerte er die Gegner der Römerfreunde auf der Burg und betrat das Allerheiligste. Fünf Jahre hat Pompeius im Osten geweilt, und indem er Ordnung und Frieden stiftete, schuf er für Jahrhunderte die Grundlagen der Verwaltung dieser Gebiete. Es ist ein Unrecht der Geschichte, daß seine Romanisierung des Ostens gegenüber der Latinisierung des Westens durch Cäsar so oft vergessen wird. Als er dann 61 nach Italien zurückkehrte, entließ er nach der Landung bei Brundisium sein Heer, und dadurch gab er, der im Osten unumschränkt geherrscht hatte, alle Macht aus der Hand.

Dies sollte auch Marcus Tullius C i c e r o zu spüren bekommen, der sich immer wieder für Pompeius eingesetzt hatte. Über sein Leben sind wir durch ihn selbst und durch zeitgenössische Quellen besser unterrichtet als über das Leben irgendeines anderen antiken Menschen. Es ist hier nicht der Ort, von Ciceros literarischer Bedeutung, von seiner Stellung im Geistesleben Roms, von seiner Wirkung als der erste große Humanist des Abendlandes zu reden. Einige Stichworte mögen kurz das Leben dieses (wie immer man über ihn als Politiker urteilen mag) außergewöhnlichen Mannes umreißen. Geboren war Cicero im selben Jahr wie Pompeius (106) als Sohn eines römischen Ritters in Arpinum. Früh nach Rom gekommen, erhielt er dort eine vorzügliche Erziehung und Ausbildung bei den berühmtesten Rechts- und Redelehrern seiner Zeit. Seinen ersten Kriegsdienst leistete er im Bundesgenossenkrieg unter dem Vater des Pompeius, nahm aber am folgenden Bürgerkrieg nicht teil, sondern befaßte sich intensiv mit dem Studium der Philosophie und Redekunst, um dann nach der Konsolidierung der Verhältnisse durch Sulla als Redner aufzutreten und sogleich Aufsehen zu erregen, namentlich durch einen Prozeß gegen einen Günstling Sullas. Eine längere Bildungsreise führte Cicero von 79–77 in den griechischen Osten, vor allem nach Athen und Rhodos. 75 Quästor in Sizilien. Fünf Jahre später vertrat Cicero die Interessen der Sizilier gegen ihren schamlosen Ausbeuter Verres. 69 Ädil, 66 Prätor. In diesem Jahre erste öffentlich-politische Rede für den Oberbefehl des Pompeius im Kriege gegen Mithridates. Für das Jahr 63 zum Konsul gewählt, deckte er die katilinarische Verschwörung auf und ließ sich vom Senat Vollmacht geben, einige der Hauptädelsführer hinrichten zu lassen. Diese staatsrechtlich umstrittene Entscheidung führte schließlich, da Cicero nicht den Anschluß an die Triumvirn, vor allem Cäsar, fand, im Frühjahr 58 zu seiner Verbannung nach dem nördlichen Griechenland, von wo er erst im Herbst 57 nach Rom zurückkehren durfte. Von diesem Schlage hat sich Cicero politisch nie wieder erholt. Praktisch war er in den folgenden Jahren durch die Triumvirn von der Politik ausgeschaltet. 51/50 Prokonsul in Kilikien. Nach seiner Rückkehr nach Rom brach der Bürgerkrieg zwischen Cäsar und Pompeius aus, in dem Cicero nach vorsichtiger Zurückhaltung und längerem Schwanken sich doch auf die Seite des Pompeius und der Republikaner stellte. In Pompeius' Heerlager erlebte er die Niederlage von Pharsalos im August 48 mit, zog sich dann aber von den Republikanern zurück und wurde von Cäsar in Gnade aufgenommen. Innerlich

blieb er freilich dem Sieger und alleinigen Machthaber fern.
Nach Cäsars Ermordung setzte er sich im Kampf gegen Antonius durch seine sog. Philippischen Reden wieder mannhaft für
die Republik ein und fiel Ende 43 durch Mörderhand als Opfer
seiner republikanischen Überzeugungen.

Pompeius' größerer Gegenspieler war C ä s a r . Auch er hatte in
jungen Jahren seine Pflichten erfüllt im Heeresdienst wie in
der Verwaltung, war als Erster mit auf die feindliche Mauer
gestürmt und hatte lieber im elenden spanischen Gebirgsnest der
Erste, als in Rom der Zweite sein wollen, hatte sich in den verworrenen Umtrieben der Parteien in Rom wohl gefühlt und sie
noch mehr verwirrt, hatte Schulden über Schulden gemacht und
alle bezahlt und hatte in allem nur ein Ziel gekannt, auch in
Rom der Erste zu sein. Als er 61 in Spanien Kriegsruhm gewonnen hatte, war er so mächtig, daß im nächsten Jahr das erste
Triumvirat zustande kam, demgegenüber alle Parteien machtlos
waren: Pompeius, Crassus, Cäsar: der Ruhm, der Reichtum, das
Genie. Als Cäsar dann nach seinem Konsulat (59) für lange
Jahre nach Gallien ging und Rom seinen politischen Gegnern
überließ, mochten sie frohlocken. Aber Cäsar kannte seinen Weg.
Er wußte, daß Italien gegen die unwiderstehliche Gewalt der
Germanen nur am Rhein, nicht an den Alpen verteidigt werden
könne und Gallien für die Verteidigung der Festung Italien das
Vorfeld bilden müsse. Er wußte aber auch, daß nicht politisches
Ränkespiel ihm die erste Stelle in Rom bringen könne, daß nur
ein Heer ihm den Weg zum Thron öffnen könne. Und es war
ein scharfes Schwert, das er sich in neun Jahren schweren Kampfes gegen Germanen, Britannier und Gallier geschmiedet hatte,
als er 49 über den schmalen Grenzbach Rubico ging, um den
Endkampf gegen Pompeius aufzunehmen. Pompeius hatte seinen
Freunden zwar versprochen, wo er auf den Boden stampfe,
würden Soldaten aus dem Boden wachsen. Aber da man keine
Vorbereitungen getroffen hatte, wuchsen sie nicht, und so mußte
man Rom, dann Italien kampflos Cäsar überlassen, um nach
Griechenland überzusetzen. Da Pompeius die See beherrschte,
zog Cäsar mit seinen Legionen nach Rom zurück, von dort nach
Spanien zum Kampf gegen die Legionen seines Gegners, um sich
den Rücken zu decken, dann durch Südfrankreich und ganz Italien zurück bis Brundisium; fast unvorstellbar die Anforderungen, die Cäsar an die Marschfähigkeit seiner Mannschaften
stellte. Meisterhaft war es auch, wie es Cäsar gelang, sein Heer
nach Griechenland hinüberzubringen trotz der Überlegenheit,
mit der Pompeius das Meer beherrschte. Aber auch Pompeius
zeigte sich als der große Taktiker, als er Cäsars Versuch, bei
Dyrrhachium seine Versorgung zu unterbinden, zerschlug und
ihm in zwei Schlachten den Herrn zeigte (48). Cäsar gelang es,
sich vom Gegner zu lösen und sich durch das Gebirge in den

Osten Griechenlands zu ziehen. Dort in der Ebene von Pharsalos, bot Pompeius ihm die Schlacht an, die Cäsar gewinnen mußte. Er gewann sie mit 22 000 Mann und 1000 Reitern gegen 45 000 Mann und 7000 Reitern der Gegner. Pompeius, der Unbesiegte, brach zusammen, und auf der Flucht fand er, als er in Ägypten landen wollte, einen schmählichen Tod. Als man Cäsar Haupt und Ring des Toten reichen wollte, wandte er sich ab und weinte.

So hatte die Not der Zeit ihre Erfüllung gefunden: der Staat, der nach der Erschütterung der inneren Kämpfe nach der Führung durch den Einen verlangte, war in die Hände Cäsars gelegt. Freilich bedurfte es noch vieler Feldzüge nach Kleinasien 47, Afrika 46, Spanien 45, um den letzten Widerstand der Gegner zu brechen; kostbare Monate verspielte er in Alexandria. Aber es geschah in Rom nichts mehr gegen oder ohne seinen Willen: auf allen Gebieten begann der Neuaufbau des zusammengebrochenen Staates. Der einfache Mann in Rom wie die Statthalter in den Provinzen an den Grenzen des Reiches spürten den Willen des Einen. Daß er historisch richtig gehandelt, haben die folgenden Jahrhunderte bewiesen, da die Militärmonarchie das Reich durch alle Stürme aufrechterhalten hat.

Aber Cäsar mußte sterben, weil er den Widerstand der republikanischen Senatsopposition unterschätzt hatte. Ihr Führer und geistiges Oberhaupt war M. Junius B r u t u s , geb. 85 v. Chr., Neffe des Cato Uticensis, und wie dieser im Bürgerkrieg anfangs Gegner Cäsars. Nach Pharsalos machte er jedoch seinen Frieden mit dem Sieger und wurde von diesem zu bedeutsamen Ämtern und Aufgaben herangezogen, so zur Prätur im Jahre 44. Trotzdem beteiligte er sich an der Verschwörung, die zur Ermordung Cäsars an den Iden des März 44 führte. Als die Cäsarerben Antonius und Octavian in Italien das Feld behaupteten, wich er mit Cassius nach dem Osten aus und organisierte von dorther den republikanischen Widerstand. Bei Philippi kam es 42 zur Entscheidungsschlacht, die mit der Niederlage der Republikaner endete. Als letzter Zeuge republikanischer Freiheit gab sich Brutus nach dieser Schlacht selbst den Tod.